THE CANADIAN CHARTER OF RIGHTS AND FREEDOMS
Third Edition

Edited by
Gérald-A. Beaudoin & Errol Mendes

Contributions by

G.-A. Beaudoin
C.F. Beckton
P. Blache
W. Black
A.-M. Boisvert
F. Chevrette
I. Cotler
H. Cyr
B. Dickson
P. Foucher
P. Garant
J. Gee

D. Gibson
G.A. Jodouin
J.E. Magnet
E. Mendes
A. Morel
K. Norman
D. Sanders
C.L. Smith
K.E. Swinton
L. Tassé
R. Tassé
A. Tremblay

THE CANADIAN CHARTER OF RIGHTS AND FREEDOMS

Third Edition

Edited by

The Honourable Gérald-A. Beaudoin, O.C., Q.C.,
B.A., M.A., LL.L., LL.D. (Hon.), D.E.S.D., F.R.S.C.

and

Errol Mendes, LL.B., LL.M.,
Barrister & Solicitor, Law Society of Upper Canada,
Director, Human Rights Research & Education Centre,
University of Ottawa

© 1996 Human Rights Research and Education Centre,
University of Ottawa

All rights reserved. No part of this publication may be reproduced, stored in a retrieval system, or transmitted, in any form or by any means, electronic, mechanical, photocopying, recording, or otherwise, without the prior written permission of the publisher.

The publisher is not engaged in rendering legal, accounting or other professional advice. If legal advice or other expert assistance is required, the services of a competent professional should be sought. The analysis contained herein represents the opinions of the authors and should in no way be construed as being either official or unofficial policy of any governmental body.

Canadian Cataloguing in Publication Data

    Main entry under title:

    The Canadian Charter of Rights and Freedoms

    3rd ed.
    Second ed. edited by Gérald-A. Beaudoin and Ed
    Ratushny.
    Includes bibliographical references.
    ISBN 0-459-56014-X (bound)
    ISBN 0-459-56041-7 (pbk.)

    1. Canada.   Canadian Charter of Rights and Freedoms.
    2. Civil rights — Canada.   3. Canada — Constitutional
    law.   I. Beaudoin, Gérald A., 1929-   . II. Mendes,
    Errol.

    KE4381.5.Z85C36   1995   342.71'085   C95-933088-7
    KF4483.C519C36   1995

The paper used in this publication meets the minimum requirements of American National Standard for Information Sciences — Permanence of Paper for Printed Library Materials, ANSI Z39.48-1984.

Since the texts were not submitted or translated at the same time, the effective date to which the case law has been analyzed, varies with each chapter.

CARSWELL
Thomson Professional Publishing

One Corporate Plaza, 2075 Kennedy Road, Scarborough, Ontario M1T 3V4
Customer Service:
Toronto 1-416-609-3800
Elsewhere in Canada/U.S. 1-800-387-5164
Fax 1-416-298-5094

Preface

On December 2nd, 1982, the first edition was released of both the *Canadian Charter of Rights and Freedoms* and *La Charte canadienne des droits et libertés*, a collective work of 15 authors under the editorship of Professors Tarnopolsky and Beaudoin from the University of Ottawa.

It was the first work of this kind devoted to our constitutional *Charter*. The work was published the very same year of the coming into force of our constitutional *Charter of Rights*.

This collective work proved very successful and has been quoted frequently, in both English and French versions, by our courts at every level, including the Supreme Court of Canada. Indeed, in October 1985, at a colloquium on the Supreme Court of Canada held in Ottawa, Chief Justice Dickson described the *Charter* as posing the greatest challenge in the entire history of the Court.

In March 1989, a second edition expanded to 21 authors, from all parts of Canada, under the editorship of Professors Beaudoin and Ratushny, who was taking charge from Walter Tarnopolsky who was appointed to the Ontario Court of Appeal. Moreover, the vacuum of case law and corresponding speculation, which formed the context of the first edition, was replaced by the 50 *Charter* decisions rendered by the Supreme Court of Canada, as well as a torrent of *Charter* decisions flowing from other courts.

From 1984 to 1995, the Supreme Court of Canada has rendered more than 275 rulings on the *Charter*.

We publish today a new edition of this collective work. We deeply regret that this edition is not bilingual as were the two former editions.

Because of lack of money to ensure an adequate translation we decided to publish the chapters in the language of the author. We think that this is preferable to the alternative of not publishing all the chapters.

This work includes 20 chapters. Each author is responsible for his or her chapter.

All the original authors were invited to participate and most were able to do so. A few were prevented by their office or other circumstances from doing so, namely, Mr. Justice Walter Tarnopolsky and Dean William Lederman who have both passed away since the last edition. We deeply miss their great contribution to the area. Others who were not able to contribute include the Honourable Michel Bastarache, appointed to the New Brunswick Court of Appeal, and Professors Edward Ratushny and Peter Hogg.

Those who have accepted the challenge to be new contributors to the work are the Right Honourable Brian Dickson, former Chief Justice of Canada, Professors Errol Mendes, Katherine Swinton, Anne-Marie Boisvert, André Jodouin and Pierre Foucher and lawyers Louis Tassé and John Gee.

We would like to take this occasion to pay a personal tribute to Walter Tarnopolsky, who died in 1993 and who was a colleague and close friend as a professor at the Ottawa Law School and Director and Founder of the Human Rights Centre, before being appointed to the Ontario Court of Appeal. His contribution to the understanding of human rights in Canada has been enormous, indeed unmatched as a teacher, author and judge.

We are grateful to all of the authors who have joined us.

We also wish to thank, in a very special way Pierre Thibault, a lawyer who has played an important role and who revised all texts, which is no easy task, as well as Claire Gauvreau who has incorporated all corrections and was in charge of the clerical work.

Dated at Ottawa, November 1995.

Gérald-A. Beaudoin
Errol Mendes
Co-Editors

Contributors

Gérald-A. Beaudoin. Professeur émérite, Université d'Ottawa (droit civil). B.A. (Montréal) 1950; LL.L. (Montréal) 1953; M.A. (droit) (Montréal) 1954; D.E.S.D. (Ottawa) 1958. Docteur en droit, *honoris causa* (Louvain-La-Neuve) 1989. Boursier Carnegie, 1954. Prix de l'ACFAS, en sciences humaines, mai 1987. Conseiller de la Reine depuis 1969. Professeur titulaire, Université d'Ottawa, Section de droit civil, 1969-1989; doyen 1969-79; professeur invité du 1er juillet 1989 au 30 juin 1994; professeur émérite depuis le 1er juillet 1994. Conseiller parlementaire à la Chambre des communes, 1965-69; vice-président pour le Canada de l'Institut international de droit d'expression française (IDEF) depuis 1973; directeur associé du Centre des droits de la personne de l'Université d'Ottawa, 1981-86 et directeur de juillet 1986 à septembre 1988. Président pour le Canada de la Commission internationale des juristes (1990-92). Membre du Barreau du Québec, 1954. Membre de l'Association du Barreau canadien, 1954. Membre de la Société royale du Canada, 1977. Membre de l'Académie des lettres du Québec, 1983. Membre de l'Académie internationale de droit comparé, 1984, membre titulaire, 1987. Membre du Comité de rédaction française des lois constitutionnelles canadiennes de 1985 à 1990. Officier de l'Ordre du Canada, 1980. Nommé sénateur en septembre 1988. *Sujets d'enseignement* : droit constitutionnel, droits fondamentaux. *Publications* : *Essais sur la Constitution*, 1979; *Le partage des pouvoirs*, 1980, 1982, 1983 (3e éd.); *La Constitution du Canada*, 1990. Co-éditeur et co-auteur de la *Charte canadienne des droits et libertés*, 1982, Wilson et Lafleur; *Canadian Charter of Rights and Freedoms*, 1982, Carswell. Deuxième édition de ces deux ouvrages en 1989. Co-auteur : *Mécanismes pour une nouvelle constitution*, 1981; *Les quotidiens et la loi*, 1982; *La Charte canadienne des droits et libertés*, 1983. Auteur d'un grand nombre d'articles de droit dans les revues canadiennes et étrangères. Éditeur des ouvrages collectifs suivants : *As The Charter Evolves — Ainsi évolue la Charte*, 1990; *Your clients and the Charter / Vos clients et la Charte*, 1989; *Vues canadiennes et européennes des droits et libertés*, 1989; *Charter cases / Causes invoquant la Charte*, 1987; *The Supreme Court of Canada — La Cour suprême du Canada*, 1986. Co-président du Comité parlementaire mixte du Sénat et de la Chambre des communes sur la formule d'amendement (1991); co-président du Comité parlementaire mixte du Sénat et de la Chambre des communes sur le renouvellement du Canada (1991-1992). Président du Comité sénatorial sur les affaires juridiques et constitutionnelles (1993-).

Clare F. Beckton. B.A. (Saskatchewan) 1971; LL.B. (Saskatchewan) 1974; LL.M. Programme (University of Illinois) 1975; Equality Rights Coordinator, Department of Justice, Ottawa (since 1984). Professor on leave from Dalhousie (since 1984); Associate Professor and Assistant Professor at Dalhousie (since 1975). Member, Nova Scotia Barristers' Society. *Teaching subjects:* Human Rights, Constitutional Law, Administrative Law, Public Law, Evidence. *Publications: The Media and the Law in Canada* (Carswell, 1982); *Constitutions of the World: Canada* (Oceana Publications) (contributor); "Freedom of Expression — Access to the Courts" (1983) 61 *Can. Bar. Rev.* 101; "Freedom of Expression under the Charter" in Tarnopolsky & Beaudoin (eds.), *The Canadian Charter of Rights and Freedoms* (Carswell, 1982); "The Impact on Women of Entrenchment of Property Rights" (1985) 9 *Dalhousie L.J.* 288; co-author of *The Courts and the Charter / Les tribunaux et la Charte* (U. of T. Press, 1985). Member of the Royal Commission on the Economic Union and Development Prospects for Canada (1984-1985).

Pierre Blache. Professeur titulaire, Université de Sherbrooke. B.A. (Montréal) 1959; LL.L. (Montréal) 1962; LL.D. (Montréal) 1975. Professeur titulaire, Université de Sherbrooke. Barreau du Québec, 1963. *Sujets d'enseignement* : droit constitutionnel, libertés publiques, droit administratif. *Publications* : «Liberté de circulation et d'établissement», dans *Charte canadienne des droits et libertés* (G.-A. Beaudoin et E. Ratushny, Wilson et Lafleur et Carswell, 1989); «Le pouvoir de dépenser au coeur de la crise constitutionnelle canadienne» (1993) 14 *R.G.D.* 29-69; «La Charte canadienne : obstacle post-moderne à l'émergence d'un Québec moderne et rassembleur?» (1993) *R.J.T.*

William Black. Associate Professor, University of British Columbia. B.A. (Stanford); LL.B. (Harvard). Director, Human Rights Research and Education Centre and Visiting Professor, University of Ottawa, 1989-1993; Associate Professor, University of British Columbia, 1975-present; Assistant Professor, 1970-75; Tutorial Assistant, University of East Africa, 1967-69. *Teaching subjects*: Constitutional Law and Human Rights.

Anne-Marie Boisvert. Professeur agrégée, Université de Montréal. LL.B. (Montréal) 1984; LL.L. (Harvard) 1987. Professeur agrégée, Université de Montréal, 1987; stagière, Cour suprême du Canada, 1985-86. Membre du Barreau du Québec. *Sujets d'enseignement* : droit pénal, protection du consommateur, introduction au droit.

François Chevrette. Professeur titulaire, Université de Montréal. B.A., 1961; LL.L. (Montréal), 1964; Barreau du Québec, 1966; D.E.S. (Paris), 1968. Professeur titulaire, Université de Montréal, depuis 1977; professeur agrégé, 1971-1977; professeur adjoint, 1968-71; doyen 1984-1988. *Sujets d'enseignement* : droit constitutionnel, droits et libertés de la personne.

Irwin Cotler. Professor, McGill University; Visiting Professor, Harvard Law School (1983-84). Member of Quebec Bar. *Teaching subjects*: Constitutional Law, Human Rights Law, International Law, Poverty Law. *Publications: The Sharansky Case*; "Freedoms of Assembly, Association, Conscience and Religion" in Tarnopolsky & Beaudoin, eds., *Canadian Charter of Rights and Freedoms* (Carswell, 1982); Co-editor of *Law and Poverty in Canada*. First New Member of Killam Lectureship (1978) for his contribution to human rights. Legal Adviser to many Soviet dissidents, including Anatoly Sharansky, and political prisoners in Argentina and South Africa. Special Legal Adviser, Civil Liberties, to the MacDonald Commission of Inquiry into the R.C.M.P. Member of the Board of Directors of the Canadian Human Rights Foundation and the International Commission of Jurists (Canadian Section).

Hugo Cyr. Etudiant au Programme national de la Faculté de droit de l'Université McGill.

Brian Dickson. Man. Law Sch., LL.B. 1938 (Gold Medallist); D.Cn.L., St. Johns Coll. 1965; LL.D. Univ. of Man. 1973; Univ. of Sask. 1978; Univ. of Ottawa 1979; Queen's Univ. 1980; Dalhousie Univ. 1983; York Univ. 1985; Univ. of B.C. 1986; Univ. of Toronto 1986; Laurentian Univ. 1986; Yeshiva Univ. 1987; McGill Univ. 1987; Carleton Univ. 1988; D.C.L., Univ. of Windsor 1988; Mount Allison Univ. 1989; Brock Univ. 1990; Univ. of Winnipeg 1991; Univ. of Western Ont. 1992; Hon. Prof. Univ. of Manitoba 1985. Chief Justice of Canada Supreme Court of Canada 1984-90; called to Bar of Man. 1940; practised law with Aikins, MacAuley 1945-

63; Lectr., Manitoba Law Sch. 1948-54; cr. Q.C. 1953; appointed to Court of Queen's Bench, Manitoba 1964; Court of Appeal 1967; Supreme Court of Canada 1973; served with Royal Cadn. Arty., 1940-45 (wounded, despatches); Hon. Col. 30th Field Regiment, RCA, retired; Life Bencher, Law Soc. Man.; The Order of the Buffalo Hunt (Man.); Hon. Bencher, Lincoln's Inn, London 1984; Knight, Order of St. John, 1984; Hon. Fellow, American Coll. of Trial Lawyers 1986; Chmn. Bd. of Govs., Univ. of Man. 1971-73; Anglican Church of Can. (Chancellor, Dioc. of Rupert's Land 1960-71).

Pierre Foucher. Professeur titulaire, Université de Moncton. LL.L. (Montréal) 1977; LL.M. (Queen's) 1980. Professeur titulaire, Université de Moncton. Membre du Barreau du Québec. *Sujets d'enseignement* : droit constitutionnel, droit administratif, droits fondamentaux, droit municipal. *Publications* : «Les droits linguistiques en 1990», dans *Les droits de la personne au Canada*, Centre de Recherche et d'enseignement sur les droits de la personne, Ottawa, 1990, p. 131-154; *Les droits scolaires des minorités linguistiques au Canada*, 1985, Ministère des approvisionnements et services du Canada; en collaboration, *Les droits linguistiques au Canada*, 1986 Yvon Blais Inc., Montréal.

Patrice Garant. Professeur titulaire, Université Laval. LL.L. (Laval), 1962; L. ès. L. (Laval), 1967; Docteur d'État en Droit (Paris), 1966. Professeur titulaire, Université Laval, depuis 1966. Vice-doyen 1973-1976, 1981-1985. Membre du Barreau du Québec, Société Royale du Canada 1993. *Sujets d'enseignement* : droit administratif, droit constitutionnel. *Sujets de recherche* : droit administratif, Chartes, droit de l'éducation. Auteur de plusieurs articles et ouvrages, dont : *Droit administratif*, 3e éd., Yvon Blais Inc., 1991 (3 volumes).

John Gee. B.Sc. (Alberta) 1986; M.B.A. (Alberta) 1991; LL.B. (Alberta) 1992. Recipient of the Sydney B. Woods Memorial Prize in Constitutional Law, the Bishop and McKenzie Prize in Company and Commercial Law, the Macleod Dixon Scholarship, the Board of Governors Prize in Law, and the Louise McKinney Scholarship; and was editor-in-chief of the Alberta Law Review. Articled with Milner Fenerty and was admitted to the Alberta Bar in 1995. He is now an assistant to Michael Henry, M.L.A., as well as a freelance legal researcher.

Dale Gibson. B.A. (Manitoba) 1954; LL.B. (Manitoba) 1958; LL.M. (Harvard) 1959. University of Manitoba: Professor (since 1968); Associate Professor (1964-68); Assistant Professor (1959-64). Member of the Manitoba Law Reform Commission (1971-79). Editor of the Manitoba Law Journal (1963-66). Member of Manitoba Bar (1959). *Teaching subjects*: Constitution Laws, Torts, Legal Process. *Publications: Substantial Justice — Law and Lawyers in Manitoba 1670-1970* (with Lee Gibson) (1972); "Enforcement of the Canadian Charter of Rights and Freedoms", in Tarnopolsky & Beaudoin, eds., *Canadian Charter of Rights and Freedoms* (Carswell, 1982); *Attorney for the Frontier: Enos Stutsman* (with Lee Gibson and Cameron Harvey) (1983); Editor and Contributor (with Janet Baldwin) of *Law in A Cynical Society: Law and Public Opinion in the 1980s* (1985); *The Law of the Charter: General Principles* (Carswell, 1986); *The Law of the Charter: Equality Rights* (Carswell, 1990).

Guy André Jodouin. Professeur titulaire, Université d'Ottawa (droit civil). B.A., B.Ph, LL.L., D.E.S.D., D.E.A. Professeur titulaire, Université d'Ottawa (droit civil). *Sujets d'enseignement* : droit pénal, histoire du droit.

Joseph Eliot Magnet. Professor, University of Ottawa (Common Law). B.A. (Long Island) 1968; LL.B. (McGill) 1976; LL.M. (Ottawa, Civil Law) 1978; Ph.D. (McGill) 1983. Professor, University of Ottawa, Common Law (since 1985); Associate Professor, 1980-85; Assistant Professor, 1977-80; Law Clerk to Rt. Hon. Brian Dickson, Supreme Court of Canada, 1976-77. Member of the Law Society of Upper Canada, Crown Attorney, Ottawa, 1989-90. Legal Counsel in constitutional litigation. Advisor to the Federal, Provincial and Territorial Governments on various constitutional matters. *Teaching subjects:* Constitutional Law, Administrative Law, Advanced Constitutional Law. *Publications: Constitutional Law of Canada* (Carswell 1983, 1129 p.; Supplement, 1984, 311 p.; 2nd ed., 2 vols., 1600 pp. 1985; 3rd ed., 1987; 4th ed., 1989; 5th ed. 1993); *Withholding Treatment from Defective Newborn Children* (Les Éditions Yvon Blais / Brown Legal Publications, Montréal, 1985, 306 pp.); *Official Languages of Canada: Perspectives From Law; Policy and the Future* (Montreal: Les Éditions Yvon Blais, 1994, 390 pp.).

Errol P. Mendes. LL.B. (University of Exeter, England) 1977; LL.M. (University of Illinois) 1979. Director, Human Rights Research and Education Centre, University of Ottawa (since 1993); Associate Professor of Law, University of Western Ontario (since 1984); Assistant Professor of Law, University of Alberta (1979-84); Visiting Professor, Université de Montréal and McGill University (1989-90). Member, Law Society of Upper Canada (1986); Editor-in-Chief, *National Journal of Constitutional Law* (since its conception, 1991, Carswell, Toronto); Tribunal Member, Ontario Human Rights Code; Member, Canadian Human Rights Tribunal; author of numerous articles, briefs and chapters on Constitutional Law, Human Rights and International Trade and Business Law. Adviser to governments and aboriginal organizations on constitutional law reform. Project Director

Contributors

for the Human Rights Research and Education Centre for major human rights / constitutional initiatives in Brazil, China, Indonesia and India.

André Morel. Professeur titulaire, Université de Montréal. LL.L. (Montréal), 1953; M.A. (droit) (Montréal), 1954; Docteur en droit (Paris), 1957. Professeur titulaire, Université de Montréal, depuis 1969; professeur agrégé, Université de Montréal, depuis 1963; professeur adjoint, Université de Montréal, depuis 1957; professeur associé, Université de Montpellier (France), 1967-69. Membre du Barreau du Québec. Membre de la Commission des droits de la personne du Québec, 1981-1991. *Sujets d'enseignement* : histoire du droit, libertés publiques, introduction au droit.

Ken Norman. Professor, University of Saskatchewan. B.A., LL.B. (Saskatchewan); B.C.L. (Oxon). Professor, University of Saskatchewan since 1975. Member of the Law Society of Saskatchewan. *Teaching subjects*: Human Rights, Labour Law, Legal Theory, Administrative Law.

Douglas E. Sanders. Professor, University of British Columbia. B.A. (Alberta) 1960; LL.B. (Alberta) 1961; LL.M. (California, Berkeley) 1963. Professor, U.B.C. since 1977; Associate Professor, Windsor, 1969-72; *Teaching subjects*: Constitutional Law, International Law, Native Law. *Publications:* "The Indian Lobby", in Banting, Simeon, *And No One Cheered* (Metheun, 1983, 301-332); The U.N. Working Group on Indigenous Populations, (1989) 11 *Human Rights Quarterly*, 406-433; "Pre-Existing Rights", in Beaudoin, & Ratushny (eds.), *The Canadian Charter of Rights and Freedoms*, Second Edition (Carswell, 1989, 707-738).

Lynn C. Smith. Dean, University of British Columbia. B.A. (Hons.) (University of Calgary) 1967; LL.B. (U.B.C.) 1973. Dean, University of British Columbia, since 1991; Professor, 1990-91, Associate Professor, 1981-90. In private practice, 1974-81. B.C. Bar, 1974. Queen's Counsel, 1992. *Teaching subjects:* Constitutinal Law (the Charter), Evidence, Civil Litigation, Equality Rights. *Publications: Righting the Balance: Canada's New Equality Rights* (ed.-in-chief) (with G. Côté-Harper, R. Elliot and M. Seydegart) (1986); "The Equality Rights" (with W. Black), in Beaudoin & Ratushny (eds.), *The Canadian Charter of Rights and Freedoms*, Second Edition (Carswell, 1989); *Civil Jury Instructions* (1989, with updates) (with Hon. John Bouck).

Katherine E. Swinton. Professor, University of Toronto. B.A. (Hon.) (Alberta) 1971; LL.B. (Osgoode Hall) 1975; LL.M. (Yale) 1977. Professor, University of Toronto since 1988; Associate Dean (1985-88), Associate Professor (1982-87); Assistant Professor (1979-82), University of Toronto;

Assistant Professor, Osgoode Hall Law School, 1977-79; Law Clerk to the Rt. Hon. R.G.B. Dickson, 1975-76. Member of the Law Society of Upper Canada. *Teaching subjects:* Constitutional Law, Labour Law, Federalism, Equality in Employment. *Publications: Studies in Labour Law* (edited with K.P. Swan) (Butterworths, 1983); *Competing Constitutional Visions: The Meech Lake Accord* (edited with C.J. Rogerson) (Carswell, 1988); *The Supreme Court and Canadian Federalism: The Laskin-Dickson Years* (Carswell, 1990).

Louis Tassé. LL.B. (Montréal), 1988. Avocat au contentieux des affaires fiscales du ministère de la Justice du Canada (Montréal) depuis 1990.

Roger Tassé. B.A., 1952; LL.L., 1955; D.E.S.D., 1958. Sous-ministre de la Justice et Sous-procureur général du Canada (1977-1985). Solliciteur-adjoint du Canada (1972-1977). O.C. 1981; C.R. 1971. Président du Comité sur la faillite et l'insolvabilité, 1970. Président du Comité sur les jeunes délinquants, 1975. Avocat-conseil chez Gowling, Strathy, Henderson (Ottawa). Co-auteur de : *Canada: Reclaiming the Middle Ground*, IRPP, 1994.

André Tremblay. Professeur, Université de Montréal. LL.L. (Laval), 1963; D.E.S. (droit public) (Université d'Ottawa), 1964; LL.D. (droit public) (Université d'Ottawa), 1966. Professeur à l'Université de Montréal depuis 1970. Professeur à la Faculté de droit de l'Université d'Ottawa, 1966-1970. Président de l'Association canadienne des professeurs de droit, 1974-75. Conseiller constitutionnel du gouvernement du Québec, 1986 à 1992. *Sujets d'enseignement* : droit constitutionnel et administratif. *Publications : Les compétences législatives au Canada, Ottawa*, Éditions de l'Université d'Ottawa, 1967; *Précis de droit municipal*, Wilson et Lafleur, 1973; *Précis de droit constitutionnel*, Thémis, 1982; *Droit constitutionnel — Principes*, Thémis, 1993; *La réforme de la Constitution au Canada*, Thémis, 1995.

Table of Contents

Preface v
List of Contributors vii
Table of Cases xxxvii

PART I
GENERAL OVERVIEW, INTERPRETATION AND APPLICATION

Chapter 1   **The Canadian Charter of Rights and Freedoms: Context and Evolution**
— Brian Dickson

     1. Introduction 1-2
     2. The Concept of the *Charter* 1-2
        (a) The *Constitution Act*, 1867 1-3
        (b) The Division of Powers 1-3
        (c) The Implied *Bill of Rights* Cases 1-3
        (d) International Influences 1-4
        (e) The *Canadian Bill of Rights* 1-5
        (f) The Pre-*Charter* Context 1-6
     3. Patriation of the Constitution and Adoption of the *Canadian Charter of Rights and Freedoms* .. 1-7
        (a) The Patriation Reference 1-7
        (b) November 5, 1981 and April 17, 1982 1-11
     4. The *Charter of Rights and Freedoms* 1-12
     5. Evolution — The Influence of the *Charter* 1-14

	(a) Legislative and Judicial Roles	1-14
	(b) Judicial Independence	1-16
	(c) The Changing Face of Litigants Before the Courts	1-17
	(d) The Academic Community	1-17
6. Conclusions		1-17

Chapter 2 **Application de la Charte canadienne des droits et libertés (articles 30, 31, 32, 33 et 52)**
— *Roger Tassé et Louis Tassé*

1. La Charte canadienne des droits et libertés et les territoires du Nord canadien (article 30)	2-2
2. La Charte n'élargit pas les compétences législatives (article 31)	2-5
3. À qui incombe l'obligation de respecter les droits et libertés garantis par la Charte canadienne des droits et libertés? (article 32)	2-6
(a) La Charte encadre et contraint l'action de l'État	2-7
(b) Le pouvoir législatif: le Parlement et les législatures provinciales	2-8
(i) Le Sénat et la Chambre des communes et l'obligation de respect	2-9
(ii) La législation déléguée	2-11
(iii) Les territoires du Nord	2-13
(iv) Les municipalités	2-15
(v) Conclusion	2-16
(c) Le pouvoir exécutif: le gouvernement du Canada et les gouvernement provinciaux	2-16
(i) La notion de gouvernement	2-17
(A) Les ministères, conseils, offices, commission, etc.	2-18
(B) Les sociétés d'État et entités publiques	2-19
(C) Les sociétés dont les activités sont réglementées par l'État	2-24
(D) Les sociétés commerciales en général	2-25
(E) Les corporations municipales	2-26
(F) Les universités et les collèges communautaires	2-26
(G) Les commissions scolaires, les centres hospitaliers, etc.	2-27

(H) Les corporations professionnelles	2-28
(ii) Les actions ou activités du gouvernement auxquelles s'applique la Charte	2-28
(iii) L'article 1 de la Charte et l'action exécutive	2-30
(d) Le pouvoir judiciaire: les tribunaux judiciaires	2-32
(i) Les tribunaux sont-ils couverts par le mot «gouvernement» à l'article 32?	2-33
(ii) L'application de la Charte à la common law	2-34
(iii) L'application de la Charte au Code civil du Québec	2-37
4. Les clauses dérogatoires (article 33)	2-41
(a) L'importance historique de l'article 33	2-42
(b) Les droits et libertés qui peuvent être affectés	2-42
(c) Les autorités habilitées à adopter des clauses dérogatoires	2-43
(d) Les conditions d'application de l'article 33	2-44
(e) Une clause dérogatoire est valide au maximum pour cinq ans	2-46
(f) Effet des clauses dérogatoires	2-47
(g) L'article 33 et la rétroactivité	2-47
(h) L'article 1 et l'article 33	2-48
(i) L'utilisation de l'article 33	2-48
5. La suprématie de la Charte canadienne des droits et libertés (article 52)	2-49
(a) Les personnes qui peuvent se réclamer de l'article 52	2-52
(b) La signification de l'expression «règle de droit»	2-53
(c) L'application de la Charte aux autres dispositions de la Constitution	2-55
(d) La sanction d'un conflit loi-Charte	2-56
(i) La détermination de l'incompatibilité	2-57
(ii) Les conséquences de l'incompatibilité	2-59
(A) L'interprétation atténuée	2-59
(B) L'interprétation large	2-63

	(iii) La suspension temporaire des effets	2-67
	(iv) La grille proposée dans *Schachter*	2-67
	(v) Effet invalidant ou prépondérant de la Charte	2-69

Chapter 3 **The Crucible of the Charter: Judicial Principles v. Judicial Deference in the Context of Section 1**
— *Errol P. Mendes*

1. Introduction	3-2
2. Origins	3-5
3. The Reasonable and Demonstrably Justified Standard: Two Requirements Articulated as One Standard	3-6
4. "Prescribed by Law"	3-6
5. Burden and Standard of Proof	3-9
6. Free and Democratic Society	3-10
7. The *Oakes* Test	3-11
(a) Analysis of the Four Requirements	3-12
(i) Sufficiently Important Objective	3-12
(ii) Rational Connection to the Objective ..	3-20
(iii) Least Drastic Means	3-22
(iv) Proportionality Between Effects and Objective	3-29
8. Conclusion	3-32

PART II
FUNDAMENTAL FREEDOMS, DEMOCRATIC RIGHTS AND MOBILITY RIGHTS

Chapter 4 **Freedom of Religion (Subsection 2(*a*))**
— *Katherine Swinton*

1. Introduction	4-1
2. The Framework Established	4-2
3. The Scope of Section 2(*a*)	4-7
(a) Internal Limits	4-7
(b) Defining Religion	4-8
4. Sunday Closing Laws	4-9
5. Religion in the Schools	4-15
(a) Religious Practices	4-16
(b) School Funding	4-18
6. The Future	4-26
7. Conclusion	4-28

Chapter 5 **Freedom of Expression in Canada — 13 Years of Charter Interpretation (Subsection 2(*b*))**
— *Clare Beckton*

1. Freedom of Expression 5-1
   (a) Commercial Expression 5-3
       (i) Language of Commercial Activity 5-9
       (ii) Free Press — Access to the Courts —
            Fair Trial 5-10
       (iii) Identity 5-17
   (b) Hate Propaganda 5-19
   (c) Activity on Streets, Airports, etc. 5-26
   (d) Obscenity and Prostitution 5-30
2. Positive Right 5-38
3. The Interrelationship Between Section 2(*b*) and Other Rights 5-40
4. Conclusion 5-42

Chapter 6 **Freedom of Peaceful Assembly and Freedom of Association (Subsections 2(*c*) and (*d*))**
— *Ken Norman*

1. Freedom of Peaceful Assembly 6-1
   (a) American Doctrine Respecting Picketing 6-3
   (b) American Right of Assembly Doctrine Generally 6-4
   (c) Criminal and Quasi-Criminal Prohibitions .. 6-6
   (d) Litigation Under Section 2(*c*) 6-7
   (e) "Peaceful Assembly" in Other Human Rights Instruments 6-9
2. Freedom of Association 6-9
   (a) Collective Bargaining and the *Charter* 6-11
   (b) International Commitments 6-12
   (c) Placing Collective Bargaining and the *Charter* at Arm's Length 6-16
   (d) Freedom from Unions 6-22
   (e) The Criminal Law 6-25
   (f) The Family 6-29
   (g) Other Statutory Restrictions 6-30
3. Conclusion 6-31

Chapter 7 **Des droits démocratiques (articles 3, 4 et 5)**
— Gérald-A. Beaudoin

1. Introduction	7-2
2. Le droit vote, la représentation, le droit d'éligibilité (article 3)	7-4
(a) Le droit de vote	7-4
(i) Introduction	7-4
(ii) Importance	7-5
(iii) Protection avant le rapatriement de la Constitution	7-5
(iv) Protection constitutionnelle: la Charte canadienne des droits et libertés	7-7
(v) Droit comparé	7-12
(A) Aux États-Unis	7-12
(B) En France	7-13
(vi) Que disent nos mesures législatives électorales?	7-13
(vii) Les personnes inhabiles à voter	7-14
(viii) Analyse des exceptions	7-16
(A) Le directeur général des élections et son adjoint	7-16
(B) Le directeur du scrutin de chaque circonscription	7-17
(C) Les détenus dans les pénitenciers	7-17
(1) La situation avant 1993	7-18
(2) La situation depuis 1993	7-20
(D) Les personnes privées du droit de vote pour manoeuvres frauduleuses ou illicites	7-21
(E) Autres cas	7-21
(ix) Le vote	7-21
(A) La question de la résidence	7-21
(B) L'exercice du droit de vote	7-22
(C) Le recensement	7-23
(D) Le vote par anticipation	7-23
(E) Le vote à l'étranger	7-24
(F) Les dépenses électorales	7-24
(b) La représentation dans les assemblées législatives	7-27
(i) La représentation selon la population	7-27
(ii) Une personne, un vote	7-29

(A) La situation aux États-Unis		7-30
(B) La situation au Canada		7-31
(iii) La question de la proportionnelle		7-35
(c) Le droit d'éligibilité		7-35
(d) Les recommandations de la Commission Lortie de 1991		7-40
(e) Conclusion		7-44
3. De la durée maximale des assemblées législatives (article 4)		7-44
(a) La durée de la Chambre des communes		7-44
(i) Principe général		7-44
(ii) Exceptions		7-45
(b) Le mandat électoral des députés provinciaux		7-46
4. La séance annuelle des assemblées législatives (article 5)		7-47
5. Conclusion générale		7-48
Chapter 8	**Les libertés de circulation et d'établissement** — *Pierre Blache*	
	1. Introduction	8-2
	2. La liberté de circulation internationale	8-3
	(a) Nature	8-3
	(b) Titulaires	8-3
	(c) Portée	8-6
	3. La liberté de circulation et d'établissement intracanadienne	8-8
	(a) Nature	8-9
	(b) Titulaires	8-10
	(c) Portée des droits sous l'alinéa 6(2)*a*	8-11
	(d) Portée des droits sous l'alinéa 6(2)*b*	8-14
	4. Les limites inhérentes à la liberté de circulation intracanadienne	8-18
	(a) Les lois et usages d'application générale non discriminatoires quant à la résidence provinciale	8-20
	(b) Les lois établissant de justes conditions de résidence pour l'obtention des services sociaux publics	8-23
	(c) Les mesures d'amélioration pour défavorisés dans les provinces victimes de sous-emploi	8-23

5. Les limites aux libertés de circulation internationale et intracanadienne découlant de l'article 1 8-24

Re **PART II**: See also *Chapter 20* **Hate Speech, Equality, and Harm Under the Charter**, by Irwin Cotler.

PART III
LEGAL RIGHTS

Chapter 9 **Fundamental Rights, Fundamental Justice (Section 7)**
— *Patrice Garant*

1. Introduction	9-3
2. The Affirmation of the Rights to Life, Liberty and Security of the Person	9-3
(a) Scope of Section 7 — Ratione Personae	9-3
(i) The Word "Everyone" and Corporations	9-3
(ii) The Word "Everyone" and Citizenship	9-4
(iii) The Source of the Infringement	9-5
(b) Life, Liberty and Security: Distinct or Interchangeable Concepts	9-5
(c) Positive or Negative Rights?	9-6
(d) The Object of the Rights	9-7
(i) The Right to Life	9-7
(A) The Beginning of Life	9-7
(B) The End of Life	9-11
(1) The Law Reform Commission	9-11
(2) Current Law	9-12
(ii) The Right to "Liberty" of the Person	9-12
(iii) The Right to "Security of the Person ..	9-17
(A) The Notion of "Security" of the Person	9-17
(e) The Nature of Protected Interference	9-24
(i) Infringement of the Right to Life	9-24
(A) Interruption of Pregnancy	9-24
(B) Interruption of Treatment and Euthanasia	9-25
(1) The Right to Refuse Treatment	9-27

(C) The Death Penalty	9-28
(ii) Infringement of the Right to Liberty	9-29
(iii) Infringement of the Right to Security of the Person	9-30
(A) Interference With Physical Integrity	9-31
(1) Medical Treatment	9-31
(2) Experimentation on Humans	9-31
(3) Sterilization	9-31
(B) Infringement of the Right to Physical, Mental and Social Well-being	9-34
3. The Protection of the Rights to Life, Liberty and Security of the Person	9-35
(a) The Meaning and Scope of the "Due Process of Law" Clause	9-36
(b) The Meaning and Scope of the "Principles of Fundamental Justice" Clause	9-40
(i) Under Traditional Public Law	9-40
(ii) The Case Law Prior to the 1985 Supreme Court Decision	9-46
(iii) The Case Law Subsequent to the 1985 Supreme Court Decision	9-49
(c) Fundamental Justice and Fundamental Precepts of our Judicial System	9-53
(d) Fundamental Justice and Administrative Justice	9-60
(i) In the Area of Imprisonment	9-61
(ii) In Matters of Immigration, the Right to Asylum, Extradition and Deportation	9-66
(iii) In Regulatory Matters	9-71
(iv) The Independence and Impartiality of Administrative Tribunals	9-76
(A) Independence	9-76
(1) The Individual Dimension — Security of Tenure	9-77
(2) Financial Security	9-79
(3) The Institutional Dimension	9-81
(4) The Notion of Independence Applied to Administrative and Quasi-judicial Tribunals	9-83
(B) Institutional Impartiality	9-86

(v) Conclusion		9-89
(e) Fundamental Justice and Criminal Justice		9-90
(i) The Right to the Presumption of Innocence		9-91
(ii) The Right to a Fair Trial		9-91
(iii) The Right to a Full Answer and Defence		9-92
(iv) The Right to Silence and the Protection Against Self-incrimination		9-94
(v) Mens Rea in Penal Matters		9-95
(vi) Fundamental Justice and Sentencing		9-98
(f) The Relationship Between Section 7 and Section 1 of the *Charter*		9-98
4. General Conclusion		9-100

Chapter 10 **La protection en matière de fouilles, perquisitions et saisies, en matière de détention, la non-rétroactivité de l'infration et la peine la plus douce (articles 8 et 9, alinéas 10*c*), 11*e*), 11*g*) et 11*i*))**
— *François Chevrette et Hugo Cyr*

1. La protection contre les fouilles, les perquisitions ou les saisies abusives	10-2
(a) Définition et extension des concepts	10-6
(i) Les notions de fouille et de perquisition	10-6
(ii) La notion de saisie	10-17
(b) Ce qui est abusif et ce qui ne l'est pas	10-22
(i) Les conditions générales de conformité à l'article 8	10-23
(A) Le mandat ou autorisation préalable	10-25
(B) Une autorité décidant de façon judiciaire	10-27
(C) Des motifs raisonnables et probables	10-28
(D) Une exécution non abusive	10-31
(E) Un contrôle a posteriori	10-32
(ii) Le régime d'exception	10-34
(A) L'urgence ou l'état de nécessité	10-34
(1) L'urgence comme motif de dispense d'autorisation préalable	10-34

(2) Quelques applications particulières 10-39
- La fouille incidente à l'arrestation 10-39
- La prise en chasse (hot pursuit) 10-41
- Les véhicules 10-42

(B) Une attente réduite ou inexistante de protection 10-43

(1) Consentement et renonciation 10-44
- Conditions générales 10-44
- Les objets bien à la vue (plain view) 10-46
- Les choses abandonnées ... 10-47
- Les lieux publics 10-49

(2) Quelques restrictions non volontaires à l'attente de protection 10-50
- Le milieu carcéral 10-51
- Les contrôles douaniers et de sécurité aérienne 10-52
- Fouilles, perquisitions et saisies administratives 10-53

2. La protection contre la détention ou l'emprisonnement arbitraires 10-61
   (a) Les concepts de détention et d'emprisonnement 10-61
   (b) Le caractère arbitraire de la détention 10-63
   (c) Le rôle de l'article 9 10-69
3. Le droit à l'habeas corpus 10-71
   (a) Conditions d'application 10-73
   (b) Étendue et procédure de contrôle 10-79
4. La mise en liberté sous cautionnement 10-86
5. Le droit de ne pas être déclaré coupable d'une infraction rétroactive 10-94
   (a) La notion d'infraction 10-94
   (b) L'existence et l'inexistence d'une infraction 10-99
   (c) Le droit international 10-103
6. Le droit de bénéficier de la peine la moins sévère 10-108

Chapter 11 **The Role of the Accused in the Criminal Process (Sections 10(*a*), (*b*), 11(*a*), (*c*), (*d*) and 13)**
— *Anne-Marie Boisvert*

1. Introduction 11-2
2. The Investigatory Stage 11-4
   (a) The Starting Point of Constitutional Protection: The Concepts of Arrest and Detention 11-7
   (b) The Right to be Informed of the Reasons for Arrest or Detention: Section 10(*a*) 11-14
      (i) The Moment at Which the Information Must be Provided 11-15
      (ii) The Information to be Provided 11-15
   (c) The Right to Counsel and the Right to be Informed Thereof: Section 10(*b*) 11-18
      (i) The Right to Counsel and the Right to Remain Silent 11-18
         (A) The Right to be Informed of the Right to Counsel 11-22
            (1) The Timing of the Information 11-24
            (2) The Content of the Warning .. 11-26
            (3) The Duty to Inform and The Waiver of the Right to Counsel 11-28
            (4) A Specific Obligation: Information Concerning Duty Counsel 11-32
            (5) Waiver of the Right to be Informed 11-34
         (B) The Right to Counsel 11-35
3. The Trial Stage 11-40
   (a) The Concept of Person Charged with an Offence 11-40
   (b) The Right to be Informed of the Specific Offence: Section 11(*a*) 11-43
   (c) Non-Compellability and Protection Against the Use of Previous Testimony: Sections 11(*c*) and 13 11-44
      (i) The Right of Non-Compellability 11-45

(ii)	The Witness's Right to Protection with Regard to the Subsequent Use of His Testimony	11-48
(iii)	The Limits of Sections 11(*c*) and 13 and the Residual Protection Offered by Section 7	11-50
(d) Section 11(*d*)		11-59

Chapter 12 **Les garanties en matière de procédure et de peines (alinéas 11*b*), *f*) et *h*), articles 12 et 14)**
— *André Morel*

1. Le droit d'être jugé dans un délai raisonnable 12-2
   (a) Les intérêts protégés ou l'objet du droit 12-3
   (b) Les titulaires du droit et le début du délai 12-6
   (c) Les facteurs pertinents 12-9
   (d) La réparation 12-11
2. Le droit à un procès avec jury 12-13
   (a) La portée du droit 12-14
      (i) Le critère de sévérité de la peine 12-15
      (ii) La renonciation au droit de bénéficier d'un procès avec jury 12-20
   (b) L'exception au droit 12-23
3. Le droit à l'assistance d'un interprète 12-26
   (a) Les différences de contenu et de formulation 12-27
   (b) L'objet du droit 12-29
   (c) Domaines d'application 12-30
   (d) L'étendue du droit 12-33
   (e) L'exercice du droit 12-36
   (f) La renonciation au droit 12-39
   (g) La réparation en cas de violation 12-40
4. Le droit de n'être pas jugé plus d'une fois pour la même infraction 12-41
   (a) Identité des infractions 12-43
   (b) Acquittement ou condamnation antérieure .. 12-46
   (c) Punition 12-47
5. La protection contre les traitements ou peines cruels et inusités 12-49
   (a) Les peines ou traitements cruels et insuités par leur nature 12-53
   (b) Les peines ou traitements exagérément disproportionnés 12-56
   (c) Les peines ou traitements arbitraires 12-62

(d) L'application de la disposition limitative 12-63

Chapter 13 **La Charte canadienne et la nouvelle légalité**
— *André Jodouin*
1. Introduction 13-1
2. Principe de la légalité et théorie de l'imprécision 13-6
   (a) Le principe de la légalité 13-6
   (b) La théorie de l'imprécision 13-9
3. Théorie de l'imprécision et mécanismes de réduction 13-16
   (a) La qualification constitutionnelle de l'imprécision 13-16
   (b) La base juridique de l'imprécision et la structure d'interprétation des droits constitutionnels 13-18
4. Imprécision, standards et création judiciaire 13-22
   (a) Imprécision et standards 13-22
   (b) Imprécision et rôle des tribunaux 13-25
5. Conclusion 13-30

PART IV
EQUALITY, LINGUSITIC, EDUCATIONAL AND ABORIGINAL RIGHTS, AND THE MULTICULTURAL HERITAGE OF CANADIANS

Chapter 14 **The Equality Rights**
— *William Black and Lynn Smith*
1. Introduction 14-2
2. The Meaning of Equality 14-6
   (a) The Notion of Formal Equality and its Limitations 14-7
   (b) Bases of Comparison 14-8
      (i) Comparisons of People and Groups 14-8
      (ii) Comparisons of Treatment or of Consequences 14-10
         (A) Removal of Conditions of Subordination or Disadvantage 14-12
         (B) Creation of Conditions for Self-fulfilment 14-13
         (C) Equal concern and respect 14-13
   (c) The Model of Equality Adopted by Canadian Courts 14-15
      (i) *Andrews, Turpin* and Section 15(1) 14-15

		(A) Rejection of the Similarly Situated Test	14-19

        (A) Rejection of the Similarly Situated Test 14-19
        (B) Protecting Groups as Well as Individuals 14-20
        (C) Persistent Disadvantage Independent of the Challenged Law or Conduct 14-21
        (D) Measurement in Terms of Disproportionate Adverse Effects, not Intent 14-25
        (E) Recognizing a Duty to Accommodate as Integral to Equality 14-27
    (ii) Section 15(2) 14-27
  3. Jurisprudence since *Andrews* and *Turpin* 14-29
    (a) General Summary of Recent Trends 14-29
    (b) Section 15 and Section 1 14-35
    (c) Enumerated Grounds 14-41
      (i) Sex Discrimination Cases 14-41
      (ii) Age Discrimination Cases 14-50
      (iii) Disability, Religion and the Duty to Accommodate 14-53
      (iv) Race, Colour and National or Ethnic Origin 14-59
    (d) Unenumerated Grounds 14-61
      (i) Criteria for Assessing Unenumerated Grounds 14-61
      (ii) Notable Cases 14-65
  4. Relation to Other Rights 14-69
    (a) Related *Charter* Sections — Sections 25, 27, 28 and 29 14-69
      (i) Section 25 14-69
      (ii) Section 27 14-69
      (iii) Section 28 14-69
        (A) Preventive Effects 14-69
        (B) Positive Effects 14-70
      (iv) Section 29 14-72
    (b) Interpretation of Other *Charter* Provisions .. 14-72
    (c) Interpretation of Statutory and Common Law Rules 14-73
  5. Conclusion 14-73

Chapter 15 Les droits linguistiques (articles 16 à 22)
— André Tremblay
1. Introduction 15-2
2. Le principe fondamental de l'égalité linguistique
   15-7
   (a) Antécédent statutaire de principe : l'article 2
       de la *Loi sur les langues officielles* 15-7
   (b) La portée de paragraphe 16(1) de la *Charte* :
       une déclaration qui prime toute autre
       législation fédérale 15-8
       (i) Le caractère «officiel» de l'anglais et
           du français 15-9
       (ii) L'égalité de statut et des droits et
            privilèges du français et de l'anglais
            quant à leur usage dans les institutions
            du Parlement et du gouvernement du
            Canada 15-11
   (c) La mise en oeuvre de l'égalité linguistique .. 15-22
3. L'objectif constitutionnel de Progression vers
   l'égalité de Statut ou d'Usage du français : le
   paragraphe 16(3) 15-25
4. La garantie constitutionnelle de la continuité des
   droits linguistiques actuels : la garantie de la
   «préoccupation limitée» 15-27
   (a) Les débats et travaux parlementaires 15-29
   (b) Les documents parlementaires :
       l'accroissement du bilinguisme ou l'égalité
       des deux langues 15-29
   (c) Les procédures devant les tribunaux établis
       par le Parlement 15-32
   (d) Le droit du public de communiquer en
       français ou en anglais avec le siège ou
       l'administration centrale des institutions
       fédérales : un droit à délimiter ultimement
       par voie législative 15-35
   (e) Les droits et privilèges des autres langues ... 15-37
5. Conclusion 15-37

Chapter 16 Les droits scolaires des minorités linguistiques
— Pierre Foucher
1. Introduction : Contexte constitutionnel et social
   16-2
2. Les concepts de base 16-4

  (a) Les sources 16-4
  (b) L'objet de l'article 23 16-6
   (i) L'aspect réparateur 16-6
   (ii) La dualité linguistique 16-8
  (c) Le contenu de l'article 23 16-9
   (i) Les «ayants droit» et l'admission 16-9
    (A) Conditions générales 16-9
    (B) Les trois catégories d'ayants droit 16-11
    (C) L'exclusivité 16-13
   (ii) Les droits garantis 16-15
    (A) L'instruction 16-16
    (B) Les établissements d'enseignement 16-18
    (C) La gestion 16-20
    (D) La qualité 16-23
   (iii) Les conditions d'application 16-24
    (A) Les nombres 16-24
    (B) La discrétion dans le choix des moyens et la compétence provinciale 16-28
 3. Situation actuelle et perspectives d'avenir 16-29
  (a) La situation actuelle 16-29
   (i) Les Maritimes 16-29
   (ii) Le Québec 16-33
   (iii) L'Ontario 16-35
   (iv) L'Ouest 16-37
   (v) La périphérie 16-40
  (b) Bilan et perspectives 16-44
   (i) Bilan de la jurisprudence 16-44
   (ii) Bilan des réactions provinciales 16-45
   (iii) Perspectives d'avenir : nouveaux champs d'intérêt 16-45
 4. Conclusion : L'effet global de l'article 23 16-47

Chapter 17 **Pre-Existing Rights: The Aboriginal Peoples of Canada (Sections 25 and 35)**
— *Douglas Sanders*
 1. The Development of a Rights-Based Jurisprudence 17-1
 2. The Indian, Inuit and Métis Peoples 17-20
 3. Aboriginal Rights 17-23
 4. Treaties 17-26

5. Hunting and Fishing 17-27
6. Self-Government 17-28
7. Human Rights Norms 17-33
8. International Law Developments 17-35
9. Conclusion 17-37

Chapter 18 Multiculturalism in the Canadian Charter of Rights and Freedoms
— Joseph Eliot Magnet
1. Section 27 and Constitutional Interpretation 18-2
2. Should Section 27 be Taken Seriously? 18-3
3. Domestic Sources 18-4
4. International Sources 18-8
5. Jurisprudence 18-15
6. Need for Mediating Principles 18-20
7. Mediating Principles 18-25
   (a) Antidiscrimination 18-25
   (b) Symbolic Ethnicity 18-26
   (c) Structural Ethnicity 18-28
       (i) Definition 18-28
       (ii) Content 18-28
       (iii) Examples and Application 18-29
8. The Multiculturalism Principle and Collective Rights 18-36
9. Problems of Cultural Autonomy 18-42
   (a) Minimum Standards 18-42
   (b) Inclusion and Exclusion 18-46
10. Conclusion 18-49

PART V
ENFORCEMENT OF THE CHARTER

Chapter 19 Enforcement of the Canadian Charter of Rights and Freedoms
— Dale Gibson and John Gee
1. Introduction 19-2
2. General Enforcement — Section 24(1) 19-3
   (a) Others Countries 19-3
   (b) History of Section 24(1) 19-4
   (c) Standing to Sue 19-6
       (i) Private Interest 19-7
       (ii) Public Interest 19-11
   (d) Impending Infringements 19-15
   (e) "Court of Competent Jurisdiction" 19-19

		(i) "Court"	19-20
		(ii) Competence Under Section 24(1)	19-21
		(iii) Appropriateness	19-25
		(iv) Competence Under Section 52(1) and Inherent Jurisdiction	19-27
	(f)	Types of Remedies Available	19-28
		(i) Positive and Negative Remedies	19-29
		(ii) Acquittal and Staying or Quashing Proceedings	19-30
		(iii) Prerogative Remedies	19-32
		(iv) Declarations of Rights	19-35
		(v) Injunctions	19-37
		(vi) Damages	19-43
		(vii) Other Remedies	19-45
3.	Exclusion of Evidence — Section 24(2)		19-47
	(a) Application		19-48
	(b) Elements of Disrepute		19-49
		(i) Fairness of the Trial	19-52
		(ii) Seriousness of Charter Violation	19-53
		(iii) Impact of Exclusion	19-58
4.	Inherent Powers of Superior Courts		19-59
5.	Enforcement Statutes		19-61

Chapter 20 **Hate Speech, Equality, and Harm Under the Charter: Towards a Jurisprudence of Human Dignity for a "Free and Democratic Society"**
— *Irwin Cotler*

1. Introduction		20-3
2. Nature and Extent of Hate Propaganda in Canada		20-6
3. The Canadian Legal Regime of Hate Propaganda Regulation — A Typology of Remedies		20-12
(a) Criminal Law Remedies		20-13
(i) Hate Propaganda — The Origins, Enactment, and Application of Anti-Hate Speech Laws		20-13
(A) Advocacy or Promotion of Genocide (Section 318)		20-15
(B) Public Incitement of Hatred (Section 319(1))		20-15
(C) Wilful Promotion of Hatred (Section 319(2))		20-16
	(1) *R. v. Keegstra*	20-18

                    (2) *R. v. Andrews and Smith* 20-22
            (D) Interception, Seizure and
                Forfeiture of Hate Materials
                (Sections 184.2, 320, 319(4)) 20-24
        (ii) Spreading False News (Section 181) ... 20-26
            (A) *R. v. Zundel* 20-27
        (iii) Defamatory Libel (Sections 298-301) .. 20-30
        (iv) Sedition (Sections 59, 61) 20-31
    (b) Federal Human Rights Legislation 20-31
        (i) *Canada (Human Rights Commission v.
            Taylor* 20-32
    (c) Administrative Remedies 20-37
        (i) *Canada Post Corporation Act* 20-37
        (ii) *Customs Tariff Act* 20-38
        (iii) *Broadcasting Act* 20-39
    (d) Provincial Human Rights Legislation 20-40
        (i) Human Rights Codes 20-40
            (A) Creation of a Discriminatory
                Environment 20-41
            (B) Racial Harassment 20-44
            (C) Discriminatory Notices 20-45
        (ii) Group Libel Legislation 20-45
            (A) Manitoba *Defamation Act* 20-46
            (B) British Columbia *Civil Rights
                Protection Act* 20-46
    (e) Civil Remedies for Discrimination 20-46
        (i) Is There a Tort of Discrimination at
            Common Law? 20-46
        (ii) Is There a Remedy for Discrimination
            under Quebec Civil Law? 20-47
    (f) International Human Rights Law — A
        Source and Validation of Legal Remedy 20-49
    (g) Other Remedies 20-53
        (i) Prohibition of Racist Associations 20-53
        (ii) Non-Registration or Dissolution of
            Racist Organizations 20-54
        (iii) Restrictions on Racist Political Parties
            20-54
        (iv) Prohibition of Holocaust Denial 20-55
4. Hate Speech Jurisprudence: Principles and
Perspectives 20-56

(a) Principle One: "Chartering Rights": The Constitutionalization of Freedom of Expression — The "Lifeblood of Democracy" 20-56
(b) Principle Two: Freedom of Expression — Fundamental — But not an Absolute Right 20-57
(c) Principle Three: The Scope of Freedom of Expression and the "Purposive" Theory of Interpretation 20-58
(d) Principle Four: Freedom of Expression and the "Contextual" Principle 20-59
(e) Principle Five: Freedom of Expression in a Free and Democratic Society 20-60
(f) Principle Six: Freedom of Expression in Comparative Perspective 20-61
(g) Principle Seven: Freedom of Expression in the Light of "Other Rights and Freedoms" 20-61
(h) Principle Eight: Freedom of Expression and the Principle of Equality: Hate Propaganda as a Discriminatory Practice 20-62
(i) Principle Nine: Freedom of Expression, Group Libel, and the Harms-Based Rationale 20-62
(j) Principle Ten: Freedom of Expression, Hate Propaganda, and International Law 20-64
(k) Principle Eleven: Freedom of Expression and the Multicultural Principle 20-67
(l) Principle Twelve: Freedom of Expression and the Principle of "Abhorrent Speech" ... 20-68
(m) Principle Thirteen: Freedom of Expression, and the "Slippery Slope" 20-68
5. Freedom of Expression, Hate Speech, and the American First Amendment Doctrine 20-69
6. Prosecuting Hate Speech: Constitutional Validity, Practical Efficacy, and the Dialectics of Inversion 20-74
7. Conclusion 20-77

Appendix **The Canadian Charter of Rights and Freedoms** ... A-1

Table of Cases

A.D., Re. **19**-55
A.U.P.E. v. R. **6**-15
ACL Can. Inc. v. Hunter **19**-23
Adler v. Ontario .... **4**-22, 23 to 25; **14**-56, 58, 72
Affaire intéressant la Loi sur la citoyenneté et Charles Emmanuel Noailles ... **12**-48
Air Canada c. Colombie-Britannique **10**-100
Air Canada c. Joyal **15**-13
Alberta Human Rights Comm. and Alberta Blue Cross Plan, Re **10**-55
Alex Couture Can. v. Canada (A.G.) **6**-30
Alliance des professeurs de Montréal c. Procureur général du Québec **2**-45
Alvero-Rautert v. Canada (Min. of Employment & Immigration) **19**-45
Amax Potash Ltd. v. Saskatchewan **19**-42
American Booksellers Ass'n. Inc. v. Hudnut **20**-69
American Cyanamid Co. v. Ethicon Ltd. **19**-38
Amyotte c. Le procureur général du Québec **10**-82
Andrews v. Law Society (B.C.) .. **3**-10, 13, 14, 32, 33; **14**-2, 7, 10, 14 to 21, 25, 27 to 31, 33 to 36, 42, 44, 54, 58, 61, 64 to 66, 74, 75

Apsit v. Manitoba (Human Rights Comm.) **14**-29
Argentine c. Mellino **10**-92; **12**-6
Arizona c. Hicks **10**-47
Arnold c. Ontario (P.G.) **7**-22
Ashby c. White **15**-24; **19**-2
Assn. des gens de l'air du Québec Inc. c. Otto Lang **15**-10, 13, 14
Assn. of Professional Engineers of Sask. v. S.G.E.U. **6**-24
Attis v. Bd. of Education, Dist. No. 15 .... **20**-42
Avery v. Midland County **18**-44
B. (R.) v. C. (H.) **6**-30
B. (R.) v. Children's Aid Society of Metropolitan Toronto **4**-8, 27
B.C. (Milk Bd.) v. Clearview Dairy Farm Inc. **6**-30
B.C. Motor Vehicle Act, Re **10**-71
B.C. Power Corp. v. B.C. Electric Co. **19**-42
B.C. Securities Commission c. Branch **10**-56
B.C.G.E.U. v. British Columbia (A.G.) **6**-8
B.C.G.E.U c. Procureur général de la Columbie-Britannique **2**-35
Badger c. R. .... **7**-18 to 20
Baker c. Carr **7**-30, 32
Baker c. Tanner **10**-21

Baker Lake (Hamlet) v. Canada (Min. of
 Indian Affairs & Northern Development)
 .... **17**-12
Bakery & Pastry Drivers v. Wohl **6**-4
Bal v. Ontario (A.G.) **4**-24
Balderstone and The Queen, Re **2**-29
Bankers' Trust Co. c. Blodgett **10**-101
Barker c. Wingo **12**-5
Baron c. Canada ... **2**-58; **10**-15, 27, 29, 55
Barrera c. Canada (Ministre de l'Emploi et
 de l'Immigration) **12**-61
Barrett v. Winnipeg (City) **18**-37
Basile c. Nouvelle-Écosse (P.G.) **8**-19,
 21, 22
Basile c. Nova Scotia (A.G.). See Basile c.
 Nouvelle-Écosse (P.G.)
Bassett v. Canada **19**-23
Batary v. Saskatchewan (A.G.) **11**-51
Beauchamp c. Choquette **12**-46
Beauchamp c. La Cité d'Outremont
 .... **10**-101
Beauharnais v. Illinois ... **20**-58, 64, 70, 71
Beaulieu, Re **17**-6
Becker and the Queen in Right of Alberta,
 Re **10**-20, 21
Bélanger c. Commission de révision du
 comté de Sauvé **7**-37
Belczowski v. Canada (P.G.) **7**-20
Belgoma Transportation Ltd. and Director
 of Employment Standards, Re **10**-55
Bell Can. c. Québec (Comm. de la santé et
 de la sécurité au travail) **15**-5
Bell Telephone Co. of Canada, Re **10**-8
Belliveau c. R. **10**-65
Belzil c. R. **10**-112
Bertram S. Miller Ltd. v. R. **10**-18, 19,
 56, 57; **19**-44
Beswick v. Beswick **19**-41
Betrand v. Dussault **18**-37
Bhadauria v. Bd. of Governors of Seneca
 College .... **20**-46 to 48
Bhindi and B.C. Projectionists, Re .. **2**-31,
 37, 40
Bigelow v. Virginia **5**-7
Bilodeau c. A.G. Manitoba. See Bilodeau c.
 P.G. (Man.)
Bilodeau c. P.G. (Man.) **15**-17, 21, 33
Bingeman c. McLaughlin **10**-97
Black v. Law Society (Alta.) .. **2**-12; **6**-31;
 8-10 to 17, 19, 20, 22, 23, 25; **19**-37
Blaikie c. P.G. du Québec (No. 1). See
 Quebec (A.G.) v. Blaikie

Blaikie c. Procureur général du Québec. See
 Québec (A.G.) v. Blaikie
Blainey v. Ont. Hockey Assn. ... **14**-14, 39
Blanchette c. Cie d'assurance du Can. sur la
 vie **20**-47, 48
Blentzas c. La Reine **12**-34
Bliss v. Canada (A.G.) **14**-41, 44, 45
Blouin v. Canada **19**-44
Borowski v. Canada (A.G.) **14**-50
Borowski v. Canada (Min. of Justice)
 .... **1**-17
Boucher c. C.E.Q. **7**-24
Boucher v. R. **7**-26; **20**-31
Boudreau v. Thaw **19**-10
Bouie c. City of Columbia **10**-102
Bowles c. Bank of England **10**-100
Branch v. B.C. Securities Comm. ... **11**-46,
 47, 49, 57 to 59, 60
Branti v. Finkel **6**-21
Brockville and Elizabethtown Election, Re
 .... **7**-6
Brooks v. Can. Safeway Ltd. **14**-8, 16,
 19, 41 to 43, 45
Brooks' Detention, Re **10**-74
Brooks-Bidklake Whittall Ltd. c. Colombie
 britannique (P.G.) **8**-14
Brophy v. Manitoba (A.G.) **18**-37
Brouillette c. Fatt **10**-74
Brown v. Bd. of Education **14**-5
Brown v. British Columbia (Min. of Health)
 .... **14**-29
Brown v. Louisiana **6**-5
Bryntwick and National Parole Bd., Re
 .... **10**-90
Buckley v. Valeo **6**-21, 22; **7**-25
Buckman c. Button **10**-109
Bureau métropolitain des écoles
 protestantes de Montréal c. Ministre de
 l'Éducation de la province de Québec
 .... **15**-2, 10, 23
Burnham v. Metropolitan Toronto Police
 .... **11**-41
Burrows c. La Reine **12**-46
Butcher c. La Reine **12**-37
C.H. Giles & Co. v. Morris **19**-41
C.P.R. v. Zambri **6**-28, 29
Cabaret Sex Appeal Inc. v. Montréal (Ville)
 .... **5**-36
Cadeddu and the Queen, Re **10**-83
Calder v. British Columbia (A.G.) .. **17**-10,
 16, 17, 23, 25; **20**-6
Calder c. Bull **10**-101

Table of Cases xxxix

Caldwell v. Stuart **4**-25; **18**-29, 30, 43, 44
Camarano v. United States **5**-7
Campbell c. Attorney General of Ontario **2**-29
Campbell c. Canada (P.G.) **7**-29
Campeau c. Canada **10**-109
Canada v. Finlay **19**-14
Canada v. Prince Edward Island **19**-43
Canada c. Schmidt **10**-92; **11**-41; **12**-6, 16, 47, 61
Canada (A.G.) v. Canard **1**-6
Canada (A.G.) v. Dupond **6**-2, 6
Canada (A.G.) v. Gould **19**-39
Canada (A.G.) v. Lavell **1**-6; **17**-33, 34
Canada (A.G.) v. Law Society (B.C.) **6**-27, 28; **19**-23
Canada (A.G.) v. Vincer **19**-20
Canada (Cdn. Human Rights Comm.) v. Taylor .... **3**-20; **14**-72; **20**-4, 32 to 34, 56, 69
Canada (Comm. des droits de la personne) c. Taylor **13**-9, 25
Canada (Human Rights Commn.) v. Cdn. Liberty Net **20**-4, 36
Canada (Human Rights Commn.) v. Heritage Front **20**-4
Canada (Min. of Justice) v. Borowski **19**-12, 13
Canada (P.G.) c. Reform Party of Can. **7**-26
Canada (Secrétaire d'Etat) c. Delezos **12**-48
Canada Labour Congress v. Bhindi **19**-25, 59
Canada Safeway Ltd. v. R. **4**-13
Cardozo v. Canada **20**-39
Carlic v. R. **19**-42
Caron c. Jacques **10**-65
Carter c. La Reine **12**-8, 9
Casimel v. I.C.B.C. **17**-6
Catholic Children's Aid Society of Metropolitan Toronto v. S. (T.) **6**-29
Cawley c. Branchflower **7**-6
Cdn. Civil Liberties Assn. v. Canada (A.G.) **6**-8
Cdn. Civil Liberties Assn. v. Ontario (Min. of Education) .... **4**-16 to 19, 24
Cdn. Council of Churches v. R. **19**-15
Cdn. Human Rights Act, and Knodel v. British Columbia (Medical Services Comm.) **14**-65

Cdn. Marconi Co. c. Cour des sessions de la paix **10**-99
Cdn. National Railway Co. v. Canada (Cdn. Human Rights Comm.) **14**-21
Cdn. National Transportation v. Canada (A.G.) **18**-4
Cdn. Newspapers Ltd. v. Canada **5**-17
Cdn. Odeon Theatres Ltd. v. Sask. (Human Rights Comm.) **14**-11, 25, 58
Cdn. Pacific Ltd. v. Paul **17**-24
Cdn. Union of Postal Workers c. Canada Post Corp. **10**-5, 55
Central Hudson Gas & Electric Corp. v. Public Service Comm. of New York **5**-7, 8
Central Okanagan School Dist. No. 23 v. Renaud **14**-25, 58
Chambly (Comm. scolaire régionale) v. Bergevin **4**-15
Chaplinsky v. New Hampshire **20**-58
Chaput v. Romain **19**-43
Chartrand c. P.G. Québec **2**-29
Chiarelli c. Canada (Ministre de l'Emploi et de l'Immigration) **8**-3; **12**-61
Chief Ominayak and the Lubicon Lake Band v. Canada **18**-11
Christie v. Leachinsky **11**-14
Chromiak v. R. **10**-62; **11**-8
Chyz and Appraisal Institute of Canada, Re **2**-25
Cité de Québec c. Mahoney **10**-36
Citizens Against Rent Control v. Berkley **6**-19, 32
Clark c. C.N.R. **10**-98
Clarkson c. R. **2**-32; **12**-20, 39
Claxton v. Saanichton Marine Ltd. **17**-27
Cloutier c. Langlois **10**-39, 40
Coalition of Citizens for a Charter Challenge v. Metropolitan Authority **19**-19
Cohen v. California **20**-68
Cole c. Young **10**-102
Colet c. La Reine **10**-32, 38
Collin v. Lussier **19**-44
Collin v. Smith **6**-5; **20**-69
Comité paritaire de l'industrie de la chemise c. Potash **10**-7, 15, 54, 56
Comité pour la République du Canada c. Canada **2**-58; **13**-9
Commission ontarienne des droits de la personne c. Etobicoke **2**-31

Table of Cases

Committee for the Commonwealth of Can. v. Canada **5**-2, 3, 28, 29
Commodore Business Machines Ltd. v. Canada (Director of Investigation & Research) **19**-46
Connell Construction v. Plumbers & Steamfitters, Local 100 .... **6**-27
Connick v. Myers **6**-20
Conseil du patronat du Québec Inc. v. Quebec (A.G.) **19**-14
Continental Bank of Can. v. Rizzo . **19**-24
Co-op Ctee on Japanese Cdns. v. Canada (A.G.) **6**-21
Corbeil and the Queen, Re. **10**-81
Corbett v. R. **11**-45, 46
Cornelius v. N.A.A.C.P. Legal Defense & Educ. Fund Inc. **20**-72
Corp. of the Cdn. Civil Liberties Assn. v. Canada (A.G.) **19**-14
Corp. professionnelle des médecins du Québec c. Thibault **12**-47
Courchene v. Marlborough Hotel Co. **20**-46
Cowan v. C.B.C. **19**-12
Cox v. Louisiana **6**-8
Cox v. New Hampshire **6**-5
Craton v. Winnipeg School Div. No. 1 .... **14**-74
Crawford c. St-John **7**-6
Crease v. Canada **19**-7
Crossman v. R. **15**-25; **19**-44
Crothers c. Simpson Sears Ltd. **10**-90
Crowe v. Canada **14**-60
Cuddy Chicks Ltd. v. Ontario (Labour Relations Bd.) **19**-21
Cunningham c. Homma **7**-6; **8**-14
Dagenais v. CBC .. **2**-34, 37; **3**-31; **5**-2, 10, 13, 17, 18, 20, 41; **14**-37, 73; **19**-45
Dagenais c. Société Radio-Canada. See Dagenais v. CBC
Daniels v. White **17**-7
Danson v. Ontario (A.G.) **19**-7, 25, 59
Darbishire c. The Queen **10**-68; **12**-16
Dartmouth/Halifax (County) Regional Housing Authority v. Sparks . **14**-60, 68
De Bernonville c. Langlais **10**-76
Deborah, Re. **17**-6
Dechow v. R. **5**-31
Dedman c. La Reine **10**-64
Dehghani v. Canada (M.E.I.) **11**-13
Delgamuukw v. British Columbia .. **17**-24, 31, 37

Dersch v. Canada (A.G.) **10**-33, 60; **11**-60
Dersch c. Canada (Procureur général). See Dersch v. Canada (A.G.)
Devine c. Québec (Procureur général) **2**-61; **15**-2
Dhillon v. F.W. Woolworth **20**-41
Di Iorio v. Warden of the Montreal Jail **11**-51
Di Stefano, Re. **10**-92
Dick v. R. **17**-8, 17, 23
Dickason v. University of Alberta .. **14**-16, 37, 52
Dicks c. R. **10**-43
Director of Public Prosecutions c. Lamb **10**-109
Dobney Foundry Ltd. v. Canada (A.G.) **19**-45, 46
Douglas/Kwantlen Faculty Assn c. Douglas College **2**-23, 26, 27; **3**-10; **10**-5; **14**-17, 50; **19**-21
Downes v. Canada (Min. of Employment & Immigration) **6**-29
Dreaver v. R. **17**-4, 5
Droit de la famille-206 .... **10**-16
Droit de la famille-2206 .... **10**-4
Dubois v. R. **10**-110; **11**-49, 56, 59
Dumont v. Canada (A.G.) **17**-22
Dupont c. Rhéault **12**-47
E. v. E. **14**-54
Eagle Disposal Systems Ltd. c. Canada (Min. of the Environment) **12**-48
Eastmain Band v. Gilpin **17**-30
Eaton v. Brant (County) Bd. of Education **14**-13, 28, 56
Eccles c. Bourque **10**-42
Edmonton Journal v. Alberta (A.G.) **3**-22; **5**-17; **20**-19, 60, 61
Egan v. Canada .... **2**-66, 67; **3**-21, 24, 32; **14**-8, 14, 19, 29, 30, 32 to 38, 44, 55, 61 to 63, 65, 66
Eldrigde v. British Columbia **14**-57, 58
Elrod v. Bums **6**-20
Energy Probe v. Canada (A.G.) **19**-14
Eskimo Inhabitants of Quebec **17**-20
Essex (County) Roman Catholic Separate School Bd. v. Porter **18**-43
États-Unis c. Allard **12**-6
États-Unis c. Cotroni **8**-6, 25
Evans and the Queen, Re. **2**-19; **10**-65
Evans v. B.B.C. **19**-40

Table of Cases xli

Ex parte Clarke (no. 1); Ex parte White **10**-82
Ex parte Fong Goey Jow **10**-79
Ex parte Kleinys **10**-74; **12**-51
Ex parte Mitchell **10**-82
Ex parte Thaw (No. 1) **19**-10
F.K. Clayton Group Ltd. c. M.R.N. **10**-56
Faber v. R. **11**-51
Fédération des infirmiers et infirmières du Québec c. Québec (Procureur général) **15**-31
Felderer v. Sweden **20**-67
Ferncraft Leather Inc. c. Roll, Harris, Hersh & Dainow **12**-36
Fidelity Ins. Co. of Can. c. Cronkhite Supply Ltd. **2**-20
Fieldhouse c. Canada **10**-52
Firefighters v. Stotts **14**-9
Ford v. Quebec (A.G.) **1**-13; **2**-45, 47, 49; **3**-27; **5**-4, 9; **20**-19
Forget c. Kaplan **7**-17
Fort Frances Pulp & Power Co. c. Manitoba Free Press Co. **7**-46
Four B Mfg. Ltd. v. U.G.W. **17**-32
Fraser v. Nova Scotia (A.G.) **6**-8, 30; **7**-38
Fraser c. The Queen **10**-91
Frey c. Fedoruk **13**-8
Gagnon c. La Reine **10**-79, 94, 97
Garrod v. Rhema Christian School ... **4**-25
Garton c. Whelan **12**-9
Gathercole, Re **20**-30
General Motors Corp. v. Bowling **6**-31
General Motors of Can. Ltd. c. City National Leasing **10**-15
Genest v. R. **12**-13; **20**-30
Gershman v. Manitoba (Vegetable Producers Marketing Bd.) **19**-43
Gilchuk v. Ins. Corp. of B.C. **19**-48, 49
Gittens, Re. **10**-85; **12**-48, 52
Gittens Deportation Order, In re. See Gittens, Re
Glimmerveen and Hagenbeck v. The Netherlands **20**-67
Global Communications Ltd. and Canada (A.G.), Re **10**-92
Global Communications Ltd. v. California **5**-12
Glowczewski c. Canada (Min. of National Defence) **10**-92

Goldhar c. The Queen **10**-79
Gondariz c. La Reine **12**-34, 36
Gould v. Canada (A.G.) **7**-19; **19**-39
Gould v. Yukon Order of Pioneers, Dawson Lodge No. 1 .... **6**-19
Graff v. R. **11**-46
Gralewicz c. R. **13**-8
Grand Council of Crees (Que.) v. R. **19**-42
Grant c. Gould **12**-25
Gravesham Borough Council v. British Railway Bd. **19**-41
Gray and Min. of Manpower & Immigration, Re **6**-29
Gray c. Sanders **7**-30, 32
Grayned v. City of Rockford **6**-4
Greer v. Spock **6**-4
Gregory v. Chicago **6**-5
Griggs v. Duke Power Co. **14**-17
Guerin v. R. **17**-1, 2, 16, 19, 23, 25
Gustavson Drilling (1964) Ltd. c. Ministre du Revenu national **2**-47
Hadley v. Junior College District (Kansas City) **18**-44
Haig v. Canada .... **5**-38, 39 to 41; **7**-8; **10**-88; **14**-63, 65
Harrison v. Carswell **6**-4
Harrison v. University of B.C. ... **2**-23, 24, 27; **3**-10; **14**-50
Hart c. Community School Bd. **15**-24
Henry Birks & Sons (Montreal) Ltd. v. Montreal (City) **4**-3
Hill v. Church of Scientology **2**-36
Hills v. Canada (A.G.) **6**-31
Hinds and the Queen, Re **10**-91, 92
Hobbins v. R. **11**-5
Holmes (Deputy Sheriff) c. Canada **10**-21
Hoogbruin v. British Columbia (A.G.) **7**-24
Horbas v. Canada (Min. of Employment & Immigration) **6**-29
Horvath v. R. **11**-5
Hothi v. R. **4**-27
Howard v. Stony Mountain Institution **19**-37
Howard v. University of B.C. ... **14**-58, 59
Howard Smith Paper Mills Ltd. c. The Queen **10**-96
Humber College v. O.P.S.E.U. **4**-9
Hunt v. Halcan Log Services Ltd. .. **17**-24

xlii   Table of Cases

Hunter v. Southam Inc. **2**-51, 58, 65, 66, 69; **5**-12, 18; **10**-3, 8, 9, 11, 15, 24, 27, 54, 55, 59; **12**-29; **14**-6; **15**-9; **18**-4, 36; **20**-57
Hurd c. Canada (Ministre de l'Emploi et de l'Immigration) **12**-48
Hutto c. Finney **15**-24
Hy & Zel's Inc. v. Ontario (A.G.) ... **4**-13; **19**-10, 15
Ictensev c. Canada (Min. of Employment & Immigration) **12**-31, 40
Idziak v. Canada **19**-35
Idziak c. Canada (Ministre de la Justice) **10**-75, 76, 78, 85, 86
Information Retailers Assn. of Metropolitan Toronto Inc. v. Metropolitan Toronto (Municipality) **5**-33
Ins. Corp. of B.C. v. Heerspink **6**-15
Institut professionnel de la Fonction publique du Canada c. Territoires-du-Nord-Ouest (Commissaire) **2**-66
Irwin Toy Ltd. v. Quebec (A.G.) .. **3**-9, 11, 24 to 26; **5**-2 to 4, 8, 9, 20, 24, 26 to 29, 38; **13**-7, 9, 19, 20, 25; **14**-8, 36 to 39; **15**-15, 23; **19**-10; **20**-20, 29, 59, 77
Ivan Kitok v. Sweden **18**-11
Jack and the Queen, Re **10**-82
Jack v. R. **17**-17
Jackson c. Pénitencier de Joyceville **10**-52
James Richardson & Sons Ltd. v. M.N.R. **19**-23
Jamieson and the Queen, Re **10**-63; **11**-46
Jamieson c. Canada (Min. of Justice) **12**-61
Jamieson c. Directeur du centre de prévention Parthenais **12**-61
Jane Doe v. Metropolitan Toronto (Municipality) Commissioners of Police **19**-44
Janzen v. Platy Enterprises Ltd. **14**-41, 42; **20**-63
Jaundoo v. A.G. of Guyana **19**-42
Jeanette Rankin Brigade v. Chief of Capital Police **6**-5
Jim Pattison Industries Ltd. c. La Reine **10**-18
Johnson v. Ontario **19**-24
Jolivet c. R. **7**-19
Jones and the Queen, Re **10**-111

Jones v. Meehan **17**-16
Jones c. Procureur général du Nouveau-Brunswick **15**-2, 17, 18, 25, 28
Jonson v. Ponoka County (Bd. of Education) No. 3 .... **19**-21
Joyal c. Air Can. .... **15**-5, 12, 20 to 22
Kane v. Church of Jesus Christ Christian-Aryan Nations (No. 3) **20**-4
Katie, Re **17**-6
Katz c. United States **10**-9, 14
Keegstra v. One Yellow Rabbit Theatre Assn. **19**-45
Kelly c. Prince Edward Island (Registrar of Motor Vehicles) **10**-110
Kelso v. Canada **19**-36
Kent (Dist.) v. Storgoff **6**-7
Khaki v. Cdn. Liberty Net **20**-4, 35
Kienapple c. La Reine **12**-42
Kindler c. Canada (Ministre de la Justice) .... **12**-50, 53 to 55, 61, 62
Klein and the Law Society of Upper Canada, Re **2**-12; **5**-3
Knox Contracting Ltd. c. Canada ... **10**-55
Kodellas c. Saskatchewan (Human Rights Comm.) **12**-7
Kolnberger v. R. **11**-46
Korponay c. Canada (Procureur général) **12**-20, 39
Kot and the Queen, Re **10**-82
Kourtessis v. M.N.R. **19**-23, 36
Kravets v. Canada (Min. of Employment & Immigration) **19**-18
Kruger c. Manuel **8**-21
Kruger v. R. **17**-17
Kunnath c. The State **12**-30
L.K. v. Netherlands **20**-51
L.M.L., Re **10**-63
Labrie c. Machineries Kraft du Québec Inc. **12**-32, 34, 38
Laforest c. Paradis **10**-56
Lamberti c. La Reine **12**-46
Lancaster c. Shaw **7**-6
Lapierre c. Barrette **10**-90
Laporte and the Queen, Re **10**-7
Lavell c. Canada (P.G.) **8**-4
Lavers v. British Columbia (Min. of Finance) **19**-23
Lavers c. Canada (Min. of Finance) **12**-48
Lavigne v. O.P.S.E.U. **2**-27; **6**-7, 23, 24; **7**-25, **18**-42, 47

Table of Cases xliii

Lavigne c. Syndicat des employés de la fonction publique de l'Ontario. See Lavigne v. O.P.S.E.U.
Lavoie v. Nova Scotia (A.G.) **19**-41
Law v. Canada (Solicitor Gen.) **19**-21
Law Society of Upper Canada c. Skapinker **2**-51
Layne c. Reed **12**-18
Le Bureau métropolitain des écoles protestantes de Montréal c. Ministre de L'Éducation de la province de Québec **15**-30
League for Human Rights B'Nai Brith Can. (Midwest Region) v. Man. Knights of the Ku Klux Klan **20**-4
Leard, Re **10**-56
Leary v. R. **11**-66, 67
Lebel c. R. **10**-110
Lefebvre c. R. **10**-68
Legal Services Society (B.C.) v. Brahan **19**-46
Lehnert v. Ferris Faculty Assn. **6**-31
Leiba c. Canada (Ministre de la Main-d'oeuvre et de l'Immigration) **12**-31, 40
Lepage c. La Reine **12**-58
Lévesque v. Canada (A.G.) **15**-24, 25; **19**-43
Levitz c. Ryan **10**-68
Lewis v. Burnaby School District No. 41 .... **14**-52
Lewis v. M.N.R. **19**-45
Liyanage c. The Queen **10**-99
London Drugs Ltd. v. Red Deer (City) **4**-13
Lovelace v. Canada **17**-34; **18**-10
Lowes v. U.K. **20**-67
Lowry et Lepper c. La Raine **12**-34
Luscher v. Deputy M.N.R. (Customs & Excise) **3**-7; **5**-33; **20**-38
Lyons c. La Reine **12**-6, 16, 56, 57, 59
M.H. and the Queen, Re **10**-63
MacDonald c. Marriott **12**-48
MacDonald v. Montreal (City) **12**-29, 30, 33, 34, 39; **15**-3, 4, 17, 29, 33; **18**-37
MacKay c. La Raine **12**-24, 25
MacKay v. Manitoba **4**-26; **7**-24
Mackeu v. Ottawa Roman Catholic Separate School Bd. **18**-37
MacMillan Bloedel Ltd. v. Mullin .. **17**-24
Madisso c. Bell Can. **2**-25

Mahe v. Alberta .... **14**-14; **15**-11; **18**-17 to 19, 29
Malartic Hygrade Gold Mines Ltd. c. Québec **8**-20, 21; **12**-36
Maltby v. Saskatchewan (A.G.) **6**-30; **7**-19; **10**-52
Manitoba (A.G.) v. Forest **18**-37; **19**-27, 35, 60
Manitoba (A.G.) c. Groupe Québecor Inc. **12**-17
Manitoba (A.G.) v. Metropolitan Stores (MTS) Ltd. **2**-57; **19**-38
Manitoba Language Rights Order No. 3, Re **15**-31
Manychief v. Poffenroth **17**-6
Mapp v. Ohio **19**-48
Marchand v. Simcoe (County) Bd. of Education **15**-25; **19**-39, 41
Marcoux and Solomon v. R. **11**-48
Marks v. U.S. **10**-102
Marshall c. Gorge Vale Golf Club .. **12**-38
Martens c. British Columbia (A.G.) **10**-86
Martin v. Law Soc. (B.C.) **6**-21
Martin c. Perrie **10**-98
Martineau c. Le Comité de discipline des détenus de l'Institution de Matsqui **2**-29
Masella c. Langlais **10**-76, 77
Maxie c. Canada (Comm. nat. des libérations cond.) **10**-65
McCann c. La Reine **12**-55
McCorkell v. Riverview Hospital **19**-45
McCutcheon and City of Toronto, Re **10**-111
McDonald and the Queen, Re **10**-111
McGillivary v. New Brunswick **19**-44
McKay v. The Queen **2**-57
McKinney v. University of Guelph ... **2**-7, 16, 23, 24, 26, 27; **3**-10, 30; **14**-17, 19, 25, 26, 29, 31, 36 to 39, 50 to 52
McLean c. Nouvelle-Écosse (P.G.) **7**-21, 39
McLeod and Min. of National Revenue, Re **10**-57
Meier and United States of America, Re **10**-92
Meunier c. La Reine **12**-34
Mia c. British Columbia (Medical Services Comm.) **8**-15, 17, 21

xliv Table of Cases

Michaud c. Nouveau-Brunswick (Min. of Justice) **12**-46
Michell v. Dennis **17**-6
Mills c. La Reine .... **10**-89; **12**-3 to 5, 8 to 11, 20
Milne c. Canada **12**-59
Milton and the Queen, Re **10**-56
Ming c. Canada (Ministre de l'Emploi et de l'Immigration) **12**-31, 37, 40
Minister of National Revenue c. Russell **10**-57
Ministre de la Justice du Canada c. Borowski **7**-27
Ministre du Revenu national c. Kruger Inc. **10**-56, 59
Miron v. Trudel .... **2**-66, 67; **14**-14, 19, 20, 29, 30, 32 to 36, 38, 43 to 45, 55, 61 to 63, 66, 67
Mitchell and the Queen, Re **10**-109; **12**-52
Mitchell c. La Reine **10**-83
Moge v. Moge **14**-47
Mohammad v. Mariposa Stores Ltd. **20**-44
Montréal (Ville de) c. Cie de fiducie Morguard **10**-20
Montreal Lithographing Ltd. c. Sous-ministre du Revenu national **10**-20
Moore, Re **12**-52
Moore v. Ontario **19**-44
Moore v. R. **11**-4; **19**-21
Morand c. Québec (Procureur général) **15**-33
Morgan c. Ile-du-Prince-Édouard (P.G.) **7**-6, 7
Morgentaler v. Ackroyd **19**-39
Morris National Inc. v. Canada **19**-45
Motor Vehicle Act de la C.-B. **10**-77
Mousseau v. Canada (A.G.) **19**-23
Mulcahy v. R. **6**-26
Muldoon c. Canada (P.G.) **7**-15
Murdoch v. Pennsylvania **5**-7
N. v. D. **19**-18
N.A.P.E. v. Newfoundland **6**-11
N.B. Broadcasting Co. v. Nova Scotia (Speaker of the House of Assembly) **4**-21
N.L.R.B. v. Retail Store Employees Union **6**-4
N.L.R.B.B. v. Fruit & Vegetable Packers & Warehousemen **6**-4

Nagotcha v. R. **11**-5
National Citizens' Coalition Inc. v. Canada (A.G.) **3**-13; **6**-21; **7**-25, **19**-14, 18
Native Women's Assn. of Can. c. Canada. See Native Women's Assn. of Canada v. R.
Native Women's Assn. of Canada v. R. **2**-10; **5**-39, 40; **14**-49, 71; **18**-47
Natural Parents v. Superintendent of Child Welfare **17**-23
Nebraska Press Assn. v. Stuart **5**-11
Nelles v. Ontario **19**- 44
New Brunswick Broadcasting Co. c. Nouvelle-Écosse (Président de l'Assemblée législative) **2**-9
New York v. Ferber **20**-72
New York Times v. Sullivan **20**-68
Nguyen c. Canada (Ministre de l'Emploi et de l'Immigration) **12**-61
Nightengale Galleries Ltd. c. Director of Theatres Branch **10**-20, 21
Norberg v. Wynrib **14**-47
North Pert Hessin c. Lloyd **7**-6
Northwest Child and Family Services Agency c. L. (E.) **15**-33
Nouvelle-Écosse (P.C.) c. Canada (P.G.) **7**-37
Nova Scotia Bd. of Censors v. McNeil **1**-17; **7**-27; **19**-12, 13
Nowegijick v. R. **17**-16, 17
Nunes c. Ministre de l'Emploi et de l'immigration **10**-56
O'Callaghan c. Parker **12**-25
O'Hara v. British Columbia **11**-59
Oil Chemical & Atomic Wks Int. Union v. Imperial Oil Ltd. **6**-10; **7**-25
Olson c. La Reine **12**-55
O'Malley v. Simpsons Sears Ltd. ... **14**-11, 25, 58
Ontario c. Canadien Pacifique Ltée **13**-15
Ontario (A.G.) v. Bear Island Foundation **17**-24
Ontario (A.G.) v. Hamilton Street Railway **4**-3
Ontario (Human Rights Comm.) v. Ontario **19**-29
Ontario (Human Rights Comm.) v. Simpsons-Sears Ltd. **4**-10
Ontario (Procureur général) c. Reale **12**-30, 34, 35, 40

Table of Cases　xlv

Ontario Chrysler (1977) Ltd. c. Ontario (Director of the Consumer Protection Division of the Ministry of Consumer & Commercial Relations) **10**-55
Ontario Film & Video Appreciation Society v. Ontario (Bd. of Censors) ... **2**-70; **3**-7; **5**-32
Ontario Mining Co. v. Seybold **17**-3
Ontario Teachers and Essex Co. School Bd., Re **2**-28
Operation Dismantle Inc. v. R. ... **2**-19, 28, 29, 34, 53; **10**-74; **19**-15, 18, 19, 36, 37
Ordonnance: droits linguistiques au Manitoba **15**-3
Osborne v. Canada (Treasury Bd.) **3**-8; **6**-30; **7**-38; **13**-9, 25
Oshaweetok c. La Reine **12**-46
Ouellette v. Douglas **19**-48
Ozubko and Manitoba Horse Racing Comm., Re **10**-56
P. c. S. **2**-40
P. (D.) v. S. (C.) **4**-7
P.G. de la Province de Québec c. Blaikie. See Quebec (A.G.) v. Blaikie.
P.G. Québec c. Blaikie (No. 2) ... **2**-14, 15, 23, 43, 53, 54; **8**-20, **15**-4, 17
P.G. Québec c. Collier **15**-21, 31
P.I.P.S. v. Northwest Territories **6**-17
P.S.A.C. v. Canada **6**-11, 16
Pagan, Re **19**-32
Pannu c. Le ministre de l'emploi et de l'immigration **10**-85
Paquette c. R. **15**-27
Parks v. Christian Horizons **4**-28
Pasco v. C.N.R. **17**-24
Paulette, Re **17**-12
Pearlman c. Comité judiciaire de la Société du Barreau du Manitoba **12**-7
Peel Bd. of Education v. Ontario (Human Rights Comm.) **4**-27
Peel (Regional Municipality) v. Great Atlantic & Pacific Co. of Can. **4**-13
Peg-Win Real Estate and Winnipeg Real Estate Bd., Re **2**-25
Pellant v. Hebert **18**-37
Penikett c. Canada **2**-10
Perreault c. R. **10**-68
Perry c. Vancouver **10**-47
Peter v. Beblow **14**-47
Picard c. Renaud **12**-48
Pickering v. Bd. of Education **6**-20
Piercey v. General Bakeries Ltd. **19**-11

Pigeon c. R. **10**-64
Pilote c. Corp. de l'hôpital Bellechasse de Montréal **15**-33
Pitts Atlantic Construction Ltd. v. U.A., Loc 740 .... **6**-7
Plourde c. Gauvreau **7**-37
Point v. Dibblee Construction Co. **17**-4
Porter c. Canada **12**-48
Posadas de Puerto Rico Associates v. Tourism Co. of Puerto Rico **5**-8; **20**-72
Potma v. R. **19**-33
Powell c. McCormack **7**-37
Powell Duffryn Steam Coal Co. v. Taff Vale Railway Co. **19**-40
PPG Industries Can. Ltd. c. Canada (Procureur général) **12**-19
Prairie Treaty Nations Alliance v. Mulroney **18**-47
Pratte v. Maher **11**-45
Preiser c. Rodriguez **10**-78
Prete v. Ontario (A.G.) **19**-44
Print Three Inc. and the Queen, Re . **10**-27
Procureur général du Man. c. Metropolitan Stores (MTS) Ltd. **15**-25
Procureur général du Québec c. Brunet **15**-31
Procureur général du Québec c. Dominion Stores **15**-2
Protection de la jeunesse — 425 .... **10**-42, 68
Protection de la jeunesse — 564 .... **10**-66
Provincial Elections Act, Re **7**-6
Québec (Comm. des droits de la personne) c. Deux-Montagnes (Comm. Scolaire) **20**-45
Québec (A.G.) v. Blaikie .... **2**-14, 15, 23, 43, 53, 54; **15**-30 to 32; **19**-27, 60
Quebec (A.G.) v. Laurendeau **12**-16; **19**-26
Québec (P.G.) c. Lits d'eau illimités (1985) Inc. **10**-55
Québec (P.G.) c. Quebec Assn. of Protestant School Bd. **7**-16; **19**-18
Québec (Sous-Ministre du Revenu) c. Forages M.S.E. Inc. **10**-56
Quebec Assn. of Protestant School Bds. v. Québec (A.G.) (No. 2). See Québec (P.G.) c. Quebec Assn. of Protestant School Bds.
R. and Brooks, Re **10**-91
R. and Shea, Re **10**-47

R. c. Alderton **10**-8, 40
R. c. Ali **10**-97
R. v. Alphonse **17**-27
R. c. Alton **10**-111
R. v. Altseimer **10**-68; **11**-46
R. v. Amway Corp. **11**-45, 47, 50
R. c. Andrew **10**-67
R. v. Andrews .. **18**-18; **20**-4, 22 to 24, 31, 34, 56, 59, 68, 74
R. v. Anson **19**-26, 34
R. c. Antoine **12**-9
R. c. Arroyo **10**-53
R. c. Art **12**-48
R. v. Askov **12**-2, 3, 5, 6, 10, 11; **19**-30
R. v. B. (G.) **11**-44
R. c. B. (J.W.) **10**-110
R. v. Baig **11**-36
R. v. Bank of N.S. **19**-34
R. v. Banville **5**-12
R. c. Barbeau **10**-110
R. v. Bartle **11**-32, 34; **19**-49
R. v. Bartleman **17**-17
R. c. Bastarache **15**-22
R. c. Baylis **10**-27
R. v. Bazinet **11**-11
R. c. Beare **10**-11
R. v. Beare; R. v. Higgins **11**-46
R. v. Beason **19**-34
R. c. Beaulieu **10**-16
R. c. Belliveau; Belliveau c. Warden of Dorchester Penitentiary **12**-48
R. c. Belliveau et Losier **10**-47
R. c. Bennett **12**-45
R. c. Berger **12**-34
R. v. Bernard **11**-66; **13**-26
R. c. Bichel **10**-56
R. v. Big M Drug Mart Ltd. ...... **2**-52, 69; **3**-13, 14; **4**-3, 5 to 9, 11 to 13, 16 to 18; **5**-6, 39; **7**-4; **8**-23; **12**-16, 29; **15**-9; **18**-8, 16, 36, 42, 44; **19**-8, 9, 14, 28, 35; **20**-28, 58, 62
R. v. Binder **11**-45
R. c. Bingley **10**-96, 98
R. c. Bisson **10**-33
R. v. Black .. **11**-17, 18, 21, 23, 26, 30, 36; **19**-53
R. v. Blackwoods Beverages Ltd. ... **19**-26
R. c. Blinch **10**-46
R. c. Boersma **10**-47
R. v. Borden **10**-8, 11, 32, 45; **11**-26
R. v. Bouchard **11**-45
R. v. Boudreau **10**-43; **11**-6, 23

R. v. Bourget **19**-30
R. c. Bourne **12**-48
R. v. Boutin **11**-11
R. c. Bowen **10**-40, 69; **12**-60
R. c. Branco **10**-91
R. c. Brazier **10**-20
R. v. Brodie **5**-31
R. v. Brooks **19**-22
R. c. Brown **10**-65; **12**-57, 58
R. v. Broyles **11**-19, 20
R. c. Bruce **12**-55
R. c. Bryant **12**-22
R. v. Brydges **11**-22, 32, 37
R. c. Buckler **12**-51
R. c. Burke **10**-64
R. v. Burlingham **11**-20, 27, 36, 37; **19**-49, 53
R. c. Burnshine **10**-112
R. v. Butler **3**-8, 14, 26; **5**-34; **6**-7, 30; **13**-9, 20; **14**-13, 19, 72
R. v. Buzzanga and Durocher **20**-17
R. v. C. (T.L.) **14**-53
R. c. C.I.P. Inc. .... **12**-7, 10 to 12; **12**-19
R. v. Cameron **10**-30, 76; **19**-35
R. v. Campbell **6**-7
R. v. Canadiana Recreational Products Ltd. **19**-47
R. v. Cancor Software Corp. **11**-43
R. c. Cardinal **12**-7
R. v. Carlini Brothers Body Shop Ltd. **19**-47
R. v. Caron **19**-56, 57
R. v. Carrier **20**-26
R. v. Carriere **19**-55
R. v. Carroll **10**-29; **19**-45
R. c. Catudal **12**-26
R. c. Cayer **10**-64
R. c. Cdn. International Paper Co. .. **10**-96
R. c. Century 21 Ramos Realty Inc. **12**-47
R. v. Chambers **11**-18, 46
R. c. Chandra Dharma **10**-96
R. v. Chapman **12**-4; **19**-45
R. v. Chapman and Currie **12**-2
R. v. Charles **10**-68; **19**-46
R. v. Chaulk **3**-25; **11**-62
R. c. Cheecham **10**-42, 43
R. c. Chipak **10**-47
R. c. Christiensen **10**-65
R. v. Clarke **19**-57
R. v. Clarkson . **11**-18, 21, 22, 28 to 31, 69
R. v. Clunas **11**-47

R. v. Cobham	**11**-32
R. v. Cohen	**19**-59
R. c. Cohn	**12**-17, 18
R. v. Colarusso	**10**-19, 60; **19**-59
R. v. Collins	**6**-8; **10**-3, 23, 26, 31; **19**-49, 52, 56, 59
R. v. Conway	**12**-20, 47; **19**-31
R. c. Corbett	**13**-22
R. c. Corinthian	**10**-53
R. v. Crate	**12**-22; **19**-23
R. v. Crawford	**11**-46
R. c. Cross	**15**-30
R. c. Cullen	**12**-41
R. c. Cusson	**10**-47
R. v. Cutforth	**19**-31
R. c. D. (I.D.)	**10**-42
R. c. Dacey	**12**-44
R. c. Daniels	**12**-48
R. v. Daviault	**3**-15, 17, 18, 25, 33; **11**-66, 67
R. v. Davidson	**19**-31
R. c. Dawdy	**10**-108
R. c. De Baie	**12**-48
R. v. Debot	**10**-29, 32, 40; **11**-8, 23 to 25
R. c. Dellacio	**10**-89, 90
R. v. Dennison	**19**-47
R. v. Derriksan	**17**-7
R. c. Dersch	**10**-19
R. v. Desjardins	**19**-30
R. v. Devasagayam	**19**-27
R. v. DeWael	**19**-47
R. v. Dick	**12**-50; **17**-27
R. c. Dilling	**10**-49
R. c. Dombrowski	**10**-29, 30
R. v. Dominion News & Gifts Ltd.	**5**-31
R. v. Dostaler	**19**-47
R. v. Douglas	**19**-31
R. v. Downey	**3**-26; **11**-62, 64
R. c. Doz	**12**-17
R. c. Drda	**10**-68
R. v. Drybones	**1**-6; **17**-33
R. c. Duarte	**10**-12, 28, 61
R. v. Dubois	**11**-50
R. c. Duguay	**10**-65, 66
R. v. Dunn	**10**-114, 115; **13**-8, 30; **14**-5, 8
R. v. Duvivier	**19**-26
R. c. Dyment	**10**-8, 10, 11, 16, 17, 19, 23, 25, 48, 60
R. c. Eddy (T.)	**10**-42
R. c. Edwards	**10**-46
R. v. Edwards Books & Arts Ltd.	**3**-9, 19, 20, 23, 24, 29; **4**-10, 12 to 15, 18, 22 to 24; **14**-36, 54, 57
R. v. Electrical Contractors' Assn.	**6**-27
R. c. Elendiuk	**12**-48
R. v. Elliott	**19**-46
R. v. Ellis-Don Ltd.	**11**-65
R. v. Elshaw	**11**-12, 13; **19**-53, 56
R. c. Elzein	**10**-49
R. c. Emke	**10**-64
R. v. Erickson	**19**-24, 31
R. c. Ertel	**10**-67
R. v. Esposito	**11**-10
R. v. Eton Construction Co.	**19**-27
R. v. Evans	**11**-15, 17, 18, 26, 27, 36; **12**-39
R. c. Falconer Marine Industries Ltd.	**7**-22
R. c. Farinacci	**10**-91
R. c. Fegan	**10**-4
R. c. Ferguson	**10**-49
R. v. Fields	**6**-9
R. v. Finta	**10**-105, 106; **11**-44
R. c. Firkins	**10**-96
R. c. Fisher	**12**-59
R. c. Fitch	**10**-5
R. c. Folk	**10**-49
R. c. Foster	**10**-68
R. c. Fourteen Twenty-Five Management Ltd.	**10**-56
R. c. Fowler	**10**-45
R. v. Fox	**17**-27
R. v. François	**11**-46, 47
R. c. Furtney	**10**-100; **13**-11
R. v. G. (D.F.)	**14**-53
R. c. G. (J.M.)	**10**-5, 57
R. c. Galbraith	**10**-30
R. v. Gamble	**10**-77 to 80, 82, 84, 86, 109; **19**-23, 34
R. c. Gamble and Nichols	**10**-84
R. c. Garcia	**10**-41
R. c. Garcia-Guiterrez	**10**-40
R. c. Gardiner	**12**-34
R. c. Garofoli	**10**-27, 29, 30, 33
R. v. Garrett	**19**-20
R. v. Gash	**11**-6
R. c. Gautreau	**15**-37; **19**-26
R. v. Généreux	**3**-23, 33; **10**-28, 29, 92; **11**-42; **14**-64, 65
R. c. Genest	**10**-27, 31, 35, 49, 60
R. v. George	**17**-7, 12
R. v. Germain	**19**-44
R. c. Gimson	**10**-11, 12
R. c. Gittens. See Gittens, Re	
R. v. Gladstone	**17**-27
R. v. Gladue	**17**-27

Table of Cases

R. c. Goltz .... **12**-56 to 58
R. v. Goncalves **19**-56
R. v. Gonzales **14**-20
R. v. Goreham **11**-43
R. v. Grafe **11**-9, 11
R. v. Grant **2**-68; **10**-12, 34, 35, 37, 42; **11**-13, 24
R. v. Gratton **11**-35
R. c. Gray **10**-27, 63
R. c. Green **12**-48
R. v. Greffe ... **10**-7, 30, 53, 60; **11**-17, 27; **19**-53
R. c. Grenier **10**-12, 47
R. c. Grimba **12**-34
R. v. Grimes **19**-46
R. c. Grosky **10**-56
R. c. Haché **15**-22, 37
R. c. Hafey **13**-8
R. v. Halpert **19**-47
R. v. Hamill **10**-31; **19**-59
R. c. Hamilton **10**-111
R. c. Hanneson **12**-21
R. c. Harb **10**-20, 30
R. v. Harper **11**-32
R. v. Harrison **19**-7, 45
R. c. Harrison (G.M.) **10**-44
R. v. Harrold **6**-6
R. c. Hasselwander **13**-27
R. v. Hawkins **11**-11
R. v. Heaslip **19**-30
R. v. Hébert .... **10**-13; **11**-5 to 7, 14, 18 to 23, 29 to 31, 40, 54; **19**-56
R. v. Heisler **19**-54
R. c. Henderson **10**-110
R. c. Henry **10**-52
R. c. Hertrich **12**-34
R. v. Hess .... **2**-59; **14**-23, 29, 31, 34, 42 to 44, 70, 71
R. v. Heywood ..... **11**-44; **13**-9 to 11, 13
R. v. Hicks **11**-11, 14
R. v. Hoaglin **20**-26
R. v. Holmes **2**-60; **11**-61
R. v. Horse **17**-17
R. v. Horseman **17**-17, 27
R. v. Horvath **11**-30
R. c. Huber **12**-48
R. v. Hufsky ... **10**-13, 57, 62 to 64; **11**-24
R. c. Hundal **13**-24
R. v. I. (L.R.) and T. (E.) **11**-31
R. c. Iron **10**-64
R. c. Ironeagle **10**-65
R. c. Island Farm & Fish Meal Ltd. **10**-56

R. v. Jack **17**-7; **19**-35
R. v. Jackson **19**-22
R. c. Jacobson **10**-95
R. v. Jacoy **11**-8; **19**-52, 56, 59
R. v. Jedynack **19**-47
R. v. Jewitt **12**-46; **19**-31, 33
R. c. Jobidon **13**-28, 29
R. v. Jobin **11**-58
R. v. Johnstone **19**-9
R. v. Jones ... **3**-24; **4**-9, 18, 19; **11**-18, 21, 41, 52, 53
R. v. Judge of the General Sessions of the Peace for the Court of York, Ex parte Corning Glass Works of Can. Ltd. **11**-47
R. c. K. **12**-4
R. c. Kalanj **11**-42; **12**-8
R. c. Karas **12**-34
R. c. Katsigiorgis **10**-27
R. v. Keegstra .... **3**-22, 25, 32; **5**-2, 5, 19, 26, 35, 36, 41; **10**-103; **11**-62, 64; **13**-9, 20; **14**-19, 72; **18**-18, 25; **20**-4, 18 to 20, 22 to 24, 28, 29, 31, 34, 49, 52, 56 to 60, 62, 64, 65, 67 to 72, 74 to 76
R. v. Kelly **11**-15; **12**-58
R. v. Kendall **19**-34
R. v. Kent **12**-36; **18**-17
R. c. Kevork **10**-91
R. v. Keyowski **12**-47; **19**-31
R. v. King **19**-18
R. v. Kirby **20**-26
R. c. Klimchuk **10**-43
R. v. Kokesch ... **10**-12, 35, 49; **19**-57, 58
R. v. Konechny **10**-69; **18**-8
R. v. Krakowski **19**-26, 34
R. c. Krug **12**-44, 45
R. v. Kuldip **11**-46, 50
R. c. Kumar **12**-58
R. v. L. (T.P.) **11**-41
R. c. L. (W.K.) **12**-9
R. c. L.G.T. **10**-110
R. v. Laba **3**-31; **11**-64
R. c. Lachance **10**-33
R. v. Ladouceur **10**-63, 64; **11**-24
R. v. Lagiorgia **19**-46
R. c. Landry **10**-42
R. v. Langlois **11**-68
R. v. Lapointe **11**-29
R. c. Lauzon; R. c. Drummond; R. c. McKnight; R. v. Chase **10**-114
R. v. Lavallee **14**-47
R. c. Lawrence **10**-45
R. v. Leary **3**-18

R. c. LeBeau; R. c. Lofthouse **10**-49; **13**-10
R. c. LeBlanc **10**-48
R. v. Lee **3**-19; **10**-68, 89, 92; **12**-13, 20, 22
R. c. Lee Kun **12**-27, 28, 30
R. c. Lefebvre **12**-60
R. c. Legere **10**-8, 40, 45
R. v. Lerat **17**-27
R. c. Lerke **10**-5
R. c. Leskiw **12**-45, 46
R. v. Letourneau **19**-31
R. c. Levine **10**-99
R. v. Light **19**-31
R. c. Lightbody **10**-111
R. c. Linklater **12**-48
R. c. Lofthouse **10**-49; **13**-10
R. c. Logan **2**-59
R. c. Longtin **10**-47
R. v. Lucas **11**-43
R. c. Luke **10**-114
R. c. Lukes **7**-20
R. c. Lunn **10**-26
R. c. Luxton **10**-69; **12**-56, 57, 60
R. c. Lyons. See Lyons c. La Reine
R. v. Lyons **10**-64, 65, 67, 69; **19**-46
R. v. M. (C.) **14**-24
R. c. MacDonald **10**-62; **12**-26
R. c. MacEachern **12**-26
R. c. Macooh **10**-41, 66
R. c. Madden **10**-94
R. c. Madsen **10**-66
R. v. Maitland **19**-58
R. c. Maltais **10**-95
R. v. Manninen **11**-18, 21, 22, 25, 30, 35, 36, 39, 50
R. v. Marshall **19**-47
R. v. Martin **11**-65
R. v. Mason **19**-45
R. c. Massia **15**-31
R. v. Matheson **11**-33
R. c. McComber **10**-40
R. v. McGibbon **11**-33
R. c. McGlone **10**-96
R. c. McGregor **10**-35, 63
R. c. McIntosh **10**-65
R. c. McKinlay Transport Ltd. **10**-20, 54, 56
R. c. McNabb **12**-22
R. v. McPherson **17**-23
R. c. Mehdi **10**-56
R. v. Meier **19**-35

R. v. Mellenthin .. **10**-43 to 45, 47, 60, 66; **11**-20; **19**-53
R. v. Meltzer **19**-23
R. c. Melvin (J.E.) **10**-45
R. c. Mercer **10**-46
R. c. Mercure **15**-2, 3, 17, 21, 33, 35
R. c. Meyers **10**-4
R. c. Michaud **10**-110
R. v. Mickey **11**-11
R. c. Millar **10**-89
R. c. Miller **10**-40, 72, 77, 84, 85; **12**-50, 51, 54, 62
R. v. Mills **19**-21, 24, 25, 30, 32
R. c. Milne **10**-65, 69, 109
R. v. Mincovitch **19**-26
R. c. Misra **12**-47
R. c. Mitchell **10**-68; **12**-60
R. v. Mohl **19**-53
R. c. Molloy **10**-111
R. c. Moore **10**-65
R. v. Moosehunter **17**-8
R. v. Morales **2**-60; **10**-66, 67, 88, 93; **11**-60; **13**-9, 13, 14, 25, 30
R. v. Moran **11**-11, 12
R. c. Morgentaler **2**-60, 61; **3**-8; **4**-8; **12**-45, 47; **13**-9, 25, **14**-46, 50, 70; **19**-20, 26, 32
R. c. Morin .... **12**-3, 5, 6, 9 to 12, 44
R. c. Morphet **10**-89, 92, 93
R. v. Morris **19**-30
R. c. Morrison **10**-40; **12**-52
R. v. Moyer **11**-44
R. v. Multitech Warehouse Direct (Ont.) Inc. **19**-34
R. c. Murphy **10**-90; **12**-28
R. c. Musitano **12**-7
R. c. Musurichan **10**-29
R. v. N.M. Paterson & Sons Ltd. **11**-47
R. v. N.T.C. Smokehouse Ltd. **17**-28
R. c. Nakoneshny **10**-52
R. v. Nash **19**-21
R. c. Naslik **13**-24
R. c. National Trust Co. **8**-5
R. c. Neilsen **10**-11
R. c. Neufeld **10**-64
R. v. Nielsen **10**-43, 45, 47; **11**-46
R. c. Nixon **12**-58
R. v. Noble **10**-27, 31; **19**-58
R. v. Nova Scotia Pharmaceutical Society ..... **3**-8; **11**-44; **13**-9 to 15, 17, 20 to 27
R. v. Nugent **11**-40

Table of Cases

R. v. Oakes .... **1**-18; **2**-30, 62, 68, 69; **3**-4, 9, 11, 12, 20, 23 to 25, 27, 29 to 32, 34, 35; **4**-6, 12, 17, 27; **5**-15, 21, 41, 42; **7**-4, 15, 16, 20; **11**-59, 60, 63 to 65; **12**-27, 29; **13**-8, 14, 19; **14**-18, 36 to 39, 66; **18**-8; **20**-61
R. v. O'Connor **19**-31
R. c. O'Flaherty **10**-26
R. v. Ojibway **17**-7
R. c. Olivier **10**-109
R. v. Osborn **20**-30
R. v. Osolin **10**-91; **14**-73
R. v. P. (M.B.) **11**-18, 44, 48, 52, 59
R. v. P. (E.K.) **19**-9
R. v. Pamajewon **17**-31
R. c. Paquette **15**-3
R. c. Paré **15**-27
R. v. Parnell **6**-26
R. c. Paul **13**-8; **19**-53
R. v. Pawlowski **19**-47
R. v. Pearson .... **10**-67, 73, 80 to 82, 85 to 87, 89, 92; **11**-60; **19**-35
R. c. Pellerin; R. c. Lauzon **10**-110
R. v. Penner **19**-55
R. v. Penno **11**-67
R. v. Petrovic .... **12**-34 to 38; **19**-46
R. c. Pithart **10**-65
R. c. Plant **10**-10, 12, 16, 21, 50
R. v. Playford **11**-35
R. c. Plourde **10**-41
R. v. Pohoretsky **10**-7, 39, 60; **19**-53
R. c. Pomfret **10**-83, 85
R. c. Potvin **10**-91, 114; **12**-6, 7, 12; **19**-31
R. v. Primeau **11**-58
R. c. Prince **12**-27, 42, 45
R. v. Prosper .... **11**-22, 33, 37 to 39
R. v. Prozniak **11**-32
R. v. Punch **18**-18
R. v. Quan **19**-24
R. c. Quinn **12**-9
R. c. R. (E.) **10**-110
R. v. R. (T.) (No. 1) **19**-18
R. c. R.L. **12**-20
R. v. Rahey .... **10**-74; **12**-2 to 5, 10 to 12, 20; **19**-27, 30; **20**-70
R. v. Rahn **11**-7
R. c. Randall **12**-28
R. c. Rao **2**-61, 68
R. c. Reale **12**-33
R. v. Red Hot Video Ltd. **5**-34; **14**-71
R. v. Reddick **11**-11
R. c. Reimer **10**-68

R. c. Remlinger **10**-65
R. c. Ringuette **15**-27
R. v. Ritter **19**-26, 32
R. v. Robertson **4**-3
R. v. Robinson **19**-22
R. c. Rodney **10**-52
R. c. Rodriguez **10**-49
R. c. Rosestad **12**-51
R. v. Ross **11**-25, 35, 36; **19**-53
R. v. Rothman **11**-6; **19**-50, 52, 55
R. c. Rourke **12**-9
R. v. Rowbotham **10**-47; **11**-33; **19**-9, 30, 46
R. c. Ruiz **10**-47
R. v. Ruston **19**-23
R. c. S. (C.) **10**-57
R. v. S. (R.J.) ... **11**-18, 21, 22, 30, 45, 46, 49, 50, 52 to 55, 59, 60, 69
R. v. S. (S.) **14**-52, 53, 64
R. c. Sadjade **12**-35, 36, 38
R. c. Salituro **2**-36
R. c. Salomon **10**-45
R. c. Sandhu **10**-26
R. v. Sarnia Home Entertainment Library Ltd. **19**-57
R. v. Sault Ste. Marie **11**-65; **13**-3
R. c. Sawyer **12**-58
R. v. Schmautz **11**-9, 17, 25, 26
R. v. Schwartz **3**-19
R. v. Seaboyer **2**-66; **3**-15, 16, 25, 28, 29, 33; **14**-72; **19**-24
R. c. Selhi **12**-46
R. c. Shand **12**-51, 58
R. c. Sheppard **10**-56, 98
R. c. Sherratt **12**-14
R. v. Shubley **11**-41; **12**-7, 43, 45
R. c. Sieben **10**-31, 66
R. v. Siegel **19**-26
R. v. Sikyea **17**-7, 16
R. c. Silveira **10**-26, 36
R. v. Simmons **10**-15, 32, 34, 53; **11**-8, 13; **19**-52, 56
R. v. Simon **17**-4, 17
R. c. Simpson **10**-66
R. v. Sioui **17**-17
R. v. Skead **6**-9
R. v. Skinner **6**-25
R. c. Slaney **10**-69
R. v. Smith .. **10**-68; **11**-11, 16, 17, 27, 39; **12**-17, 52, 54 to 58, 62, 63; **14**-60; **19**-27
R. v. Smith & Rhuland Ltd. **6**-10, 20, 21
R. v. Soares **11**-11

Table of Cases li

R. v. Sophanow (No. 2) **5**-13; **19**-18
R. v. Southam Inc. **5**-18; **19**-7
R. c. Sparks **10**-90
R. v. Sparrow .... **17**-2, 18, 19, 24 to 27, 29 to 31
R. c. Spence **10**-65, 71
R. v. Spina **19**-45
R. v. St. Pierre **11**-62
R. v. Stagnitta **6**-25
R. v. Stevens **10**-45; **19**-59
R. v. Stinchcombe **11**-60; **19**-47
R. c. Storrey **10**-65, 66
R. v. Strachan **10**-23, 27, 31; **11**-8, 38; **19**-49, 52
R. v. Sullivan **12**-26; **14**-73; **19**-31
R. c. Sussex Justices **7**-17
R. v. Swain **2**-66, 67; **3**-27; **10**-67, 69, 74; **13**-19, 20, 22; **14**-17, 54, 75
R. c. Switzer **10**-31
R. v. Sybrandy **19**-46
R. v. Syliboy **17**-4, 17, 37
R. c. Sylvester **10**-89
R. c. T.R. (No. 2) **12**-45
R. v. T. (S.L.) **11**-11
R. c. Tam **10**-4
R. c. Tanguay **12**-35
R. v. Taylor **17**-12; **19**-9
R. c. Tessier **10**-26
R. v. Therens ... **3**-6, 7; **10**-62; **11**-7, 9, 10, 13, 14, 23 to 25, 30, 69; **12**-27, 29; **18**-4; **19**-48, 52, 53, 55, 56, 59
R. v. Thompson **10**-27, 31; **19**-33, 34, 54, 58
R. v. Thomsen **3**-6; **10**-62; **11**-8, 10, 23, 24
R. c. Timmons **12**-46
R. c. Tobac **12**-52
R. v. Tomaselli **19**-55
R. c. Tomaso **10**-48
R. v. Towne Cinema Theatres Ltd. ... **5**-31
R. v. Tran .... **12**-20, 29, 30, 34 to 40; **18**-20
R. v. Trask **11**-7
R. c. Travers **12**-44, 45
R. v. Tremblay **10**-110; **11**-36, 39; **15**-27; **19**-53
R. c. Tsang **12**-34, 37
R. v. Turlon **11**-33
R. c. Turner **10**-96
R. v. Turpin ... **12**-13, 15, 20; **14**-2, 15, 17, 22 to 24, 28, 62 to 64, 65, 74

R. v. V. (W.J.) **19**-31
R. v. Vaillancourt **2**-60; **11**-60; **19**-23
R. c. Van Rassel .... **12**-42 to 44
R. v. Vermette **12**-17, 18; **19**-19, 31
R. c. Vernacchia **10**-110
R. v. Videoflicks Ltd. **2**-62; **4**-11; **18**-5, 8, 15, 16; **20**-64
R. v. Voss **11**-11
R. c. Vukelich **10**-83
R. c. W. (J.P.) **10**-46
R. v. W.H. Smith **18**-15
R. v. Ward **11**-30
R. c. Watts **12**-28
R. v. Wesley **17**-4, 5
R. v. Westfair Foods Ltd. **4**-13
R. v. White **17**-8
R. v. Whitfield **11**-7
R. v. Whittle .... **11**-20, 22, 28 to 31
R. v. Wholesale Travel Group Inc. .. **2**-59, 60; **3**-26; **11**-65; **13**-5, 6; **14**-17; **19**-9
R. v. Whyte **11**-61, 64
R. c. Wiggins **10**-12
R. v. Wigglesworth **11**-40, 41
R. c. Wigman **10**-102
R. c. Wiley **10**-5, 12, 30
R. v. Williams **10**-40, 45; **19**-31; **20**-30
R. c. Wills **10**-44, 45
R. c. Wilson **10**-33, 64, 66
R. c. Wintergreen Transport Corp. .. **10**-56
R. v. Wise **10**-12, 28, 43, 60; **19**-53
R. v. Wong **10**-12, 26, 30, 49; **19**-53, 58
R. v. Woolley **11**-19
R. v. Wray **11**-6
R. v. Wright **11**-11
R. v. Xenos **19**-31
R. v. Yorke **11**-10
R. v. Young **11**-35; **12**-9; **19**-47
R. v. Yuskow **11**-24
R. c. Zaharia and Church of Scientology of Toronto **10**-19
R. v. Zevallos **19**-26, 34
R. c. Zlatic **13**-26, 29, 30
R. v. Zlomanchuk **19**-58
R. v. Zundel **5**-22, 25, 27; **14**-72; **20**-27, 29, 59
R. v. Zundel (No. 2) **20**-28
R. v. 421375 Ont. Ltd. **19**-47
R. ex rel. Angus c. Knox **7**-6
R.A.V. v. St. Paul **20**-3, 69
R. L. Crain Inc. v. Couture **19**-18, 45

Table of Cases

R.W.D.S.U. v. Saskatchewan **3**-30; **6**-16; **18**-8
R.W.D.S.U., Loc. 580 v. Dolphin Delivery Ltd. **6**-3; **20**-19
Rahey c. La Reine **2**-32, 35
Ramsden v. Peterborough (City) ... **5**-2, 29
Rasmussen c. Canada (Min. des Pêches et Océans) **10**-56
Recorder's Court of Quebec c. Dufour **10**-79
Redland Bricks Ltd. v. Morris **19**-41
Reference re Alberta Legislation **1**-4
Reference re Amendment of the Constitution of Canada **1**-8
Reference re Amendment of the Constitution of Canada (No. 3) **1**-9
Reference re an Act to Amend the Education Act **4**-20; **18**-17, 26, 45
Reference re Education Act (Ont.) .. **18**-17
Ref. re French Language Rights **15**-27
Reference re Language Rights Under s. 23 of the Manitoba Act, 1870 .... **3**-8
Reference re Manitoba Language Rights **5**-9; **18**-37, 38; **19**-60, 61
Reference re Procedures and the Mental Health Act **10**-75, 83
Reference re Public Service Employee Relations Act (Alta.) **3**-5; **6**-11, 16, 18, 22; **14**-31; **20**-64, 65
Reference re Roman Catholic Separate High Schools Funding **14**-57
Reference re s. 94(2) of the Motor Vehicle Act (B.C.) **1**-15; **3**-19
Reference re ss. 193 & 195.1(1)(c) of the Criminal Code (Can.) **3**-11, 22, 26; **5**-2, 5, 35, 36; **20**-19
Rererence re Sections 14 & 20 of Electoral Boundaries Commn. Act (Sask.) ... **4**-21
Reference re Workers' Compensation Act, 1983 (Nfld.) **14**-17, 65
Reference Re Yukon Elections Residency Requirements **7**-22
Relford c. Commandant of U.S. Disciplinary Barracks **12**-25
Renaud v. Central Okanagan School District No. 23 .... **4**-10
Renvoi: droits linguistiques au Manitoba **15**-3, 4, 17, 21, 24, 30
Renvoi: loi anti-inflation **7**-46
Renvoi: Motor Vehicle Act de la C.-B. **12**-19, 29, 39; **13**-3, 12
Renvoi relatif à l'art. 193 et à l'al 195.1(1)(c) du Code Criminel (Man.) **13**-9, 20, 25, 27
Renvoi relatif à l'extradition de Ng (Can.) **12**-61
Renvoi relatif au Code criminel (Man.) **13**-16
Renvoi relatif au par. 94(2) de la Motor Vehicle Act (B.C.) **2**-51, 60, 69
Renvoi relatif au projet de loi 30, an Act to amend the Education Act (Ontario) **2**-55; **8**-4
Renvoi relatif aux droits linguistiques au Manitoba **2**-67
Renvoi: Résolution pour modifier la Constitution **7**-28, 49
Renvoi sur la loi de la presse de l'Alberta **7**-26
Renvoi sur le Sénat **7**-29
Renvoi sur les circonscriptions électorales (Saskatchewan) **7**-7, 32, 34, 49
Resolution to Amend the Constitution, Re **1**-9; **3**-8
Restaurant Le Clémenceau Inc. c. Drouin **10**-29
Retention of Seized Goods, Re **10**-18
Reyes v. Canada (A.G.) **6**-30
Reynolds c. Colombie-Britannique (P.G.) **7**-18, 19
Reynolds c. Sims **7**-5, 31, 32
Reza v. Canada **19**-23
Rio Hotel Ltd. v. New Brunswick (Liquor Licensing Bd.) **6**-30; **19**-38
RJR-Macdonald Inc. v. Canada (A.G.) **5**-8, 38; **15**-25; **19**-38
Roach v. Canada (Min. of State for Multiculturalism & Culture) **6**-7
Roberge c. P.G. Québec **7**-24
Roberts v. Canada **17**-24
Robin v. Collège de St. Boniface ... **18**-37
Rock Island Express Ltd. and Board of Commissioners of Public Utilities, Re **10**-57
Rocket c. Collège royal des chirurgiens dentistes de l'Ontario **2**-65, 66
Rocket v. Royal College of Dental Surgeons (Ont.) **3**-21; **20**-19
Rodriguez v. British Columbia (A.G.) **3**-15, 16, 25, 26, 29, 30, 33; **14**-19, 29, 55, 75
Roenspies c. Saskatchewan Government Insurance **12**-58

Table of Cases

Rollinson v. Canada **19**-44
Roncarelli c. Duplessis .. **1**-4; **6**-21; **19**-43
Ross v. Moncton Bd. of School Trustees, Dist. No. 15 .... **20**-41 to 43
Roth v. U.S. **20**-72
Roy c. Hackett **12**-36, 40
Royal Bank of Can. c. Niagara Falls (City) **10**-20
Rudolph c. Canada **10**-107
Rudolph Wolff & Co. v. Canada **14**-65
Russow v. British Columbia (A.G.) .. **4**-17
Rutherford c. La Reine **12**-26
Ryan v. Mutual Tontine Westminster Chambers Assn. **19**-40
S. and Min. of Social Services, Re **6**-29
S. (M.K.) v. Nova Scotia (Min. of Community Services) **6**-29; **14**-60
S.A.N.B. v. Assn. of Parents for Fairness in Education, Grand Falls Dist. 50 Branch **18**-37
S.D.G.M.R. c. Dolphin Delivery Ltd. .... **2**-7, 18, 23, 25, 33 to 35, 37, 38, 53; **7**-26; **10**-4, 75
S.I.U. v. Stern **6**-27
Sacco v. Ontario (A.G.) **6**-30
Sadjade c. La Reine **12**-40
Saskatchewan (Human Rights Comm.) v. Bell **20**-4, 45
Saumur v. Canada (A.G.) **19**-12, 16
Saumur v. Quebec (City) **1**-4; **4**-3; **6**-7
Sawridge Band v. Canada. See Twinn v. R.
Scales v. Cheese **19**-60
Schachter c. Canada . **2**-41, 59, 63, 65, 67, 68; **3**-19; **10**-35, 93; **14**-40
Schachtschneider v. Canada ... **4**-26; **14**-24
Schindler c. Deputy Min. of National Revenue for Customs & Excise .. **10**-53
Schneider v. R. **19**-17
Schofield c. La Reine **12**-34
Scott v. British Columbia (A.G.) **19**-14
Serrano c. Canada **10**-22
Serrurier c. Ottawa (City) **12**-37, 40
Shiloh Spinners Ltd. v. Harding **19**-41
Shingoose v. Saskatchewan (Min. of Social Services) **6**-29
Shuttlesworth v. Birmingham **6**-5
Sideleau c. Davidson **7**-37
Silano v. British Columbia **19**-14
Simms v. Ford of Canada **20**-41
Sinclair c. Québec (Procureur général) **15**-31

Singh v. Canada (Min. of Employment & Immigration) **3**-19; **19**-20, 22
Skapinker c. Law Society of Upper Canada .... **8**-11, 12, 14 to 16, 18
Sky Petroleum Ltd. v. V.I.P Petroleum Ltd. **19**-41
Slaight Communications Inc. v. Davidson **2**-12, 57; **3**-7; **20**-49, 65
Smith v. Collin **6**-5
Smith, Kline & French Laboratorte v. Canada (A.G.) **14**-16
Smythe c. La Reine **10**-68
Société Asbestos Ltée c. Société nationale de l'amiante **15**-21
Société des Acadiens du Nouveau-Brunswick Inc. c. Association of Parents for Fairness in Education ... **8**-2; **12**-30, 31, 33; **15**-10, 11, 17 to 19, 22, 25, 28, 29, 33, 34, 36
Société Radio-Canada c. Lessard ... **10**-28
Société Radio-Canada c. Nouveau-Brunswick (Procureur général) ... **10**-28
Society of Upper Canada c. Skapinker **10**-90
Sodowski c. La Reine **12**-36
Soenen and Thomas, Re **10**-52
Solosky v. Canada **10**-52; **19**-36, 37
Solosky c. La Reine. See Solosky v. Canada.
Solvent Petroleum Extraction Inc. c. M.R.N. **10**-47
Southam Inc. v. Hunter **10**-4, 7; **19**-39
St. Catharines Milling & Lumber Co. v. R. **17**-3, 10, 17, 25
St. Jean v. R. .... **2**-13 to 15; **15**-22
Starr v. Houlden **11**-59
Steele c. Établissement Mountain ... **12**-56 to 59
Steele v. Mountain Institution **19**-35
Stenner v. British Columbia (Securities Commn.) **19**-45
Stoffman v. Vancouver General Hospital **2**-7, 23, 24, 28; **3**-10; **14**-50
Storey c. Zazalenchuk **7**-22
Surrey (District) v. Peace Arch Enterprises Ltd. **17**-32
Swan c. Canada **10**-16
Swann c. Charlotte-Mecklenburg Bd. of Education **15**-24
Switzman v. Elbling **6**-20; **7**-26
Symes v. Canada .... **14**-19, 21, 23, 25, 26, 29, 34, 43, 45 to 48, 55, 73

Table of Cases

Syndicat des employe's de la fonction publique de l'Ontario **7**-38
Syndicate professionnel des infirmières et infirmiers de Chicoutimi c. Hôpital de Chicoutimi Inc. **15**-31
Tagomak, Re **17**-6
Talfree c. Clark **7**-37
Taylor v. Canada (Cdn. Human Rights Comm.) .... **5**-24 to 26, 41
Temple c. Bulmer **7**-16, 37
Tétreault-Gadoury v. Canada (Employment & Immigration Comm.) **3**-27; **14**-26, 40, 52; **19**-21
Théberge c. Landry **7**-37
Thibaudeau v. Canada (Min. of National Revenue) ... **2**-66, 67; **14**-26, 27, 30, 33, 34, 47, 48, 62, 67
Thibeault v. Corporation professionnelle des médecins **11**-41
Thompson c. R. **10**-49
Thomson Newspapers Ltd. v. Canada (Dir. of Investigation & Research) .. **10**-4, 13, 15, 20, 54, 55, 59; **11**-51
Thomson Newspapers Ltd. c. Canada (Directeur des enquêtes et recherches, Commisison sur les pratiques restrictives du commerce). See Thomson Newspapers Ltd. v. Canada (Dir. of Investigation & Research)
Thornhill v. Alabama **6**-3
Thorson v. Canada (A.G.) **1**-17; **7**-27; **15**-12; **19**-12, 13
Thwaites c. Health Sciences Centre Psychiatric Facility **10**-63, 68
Tiny Roman Catholic Separate School Bd. v. R. **4**-20; **18**-37
Tito v. Waddell **19**-41
Touat c. Montréal (Ville de) **10**-5
Tremblay v. Daigle **14**-17
Trimm v. Durham Regional Police Force **11**-41; **12**-45
Trimm c. Police régionale de Durham. See Trimm v. Durham Regional Police Force.
Trumbley v. Metropolitan Toronto Police **11**-41; **12**-45
Tucker c. Canada (Cour suprême du Can.) **15**-36
Tung c. Canada (Ministre de l'Emploi et de l'Immigration) **12**-31
Turkiewicz c. La Reine **12**-38
Twinn v. Canada (No. 2) **18**-30

Twinn v. R. **17**-34; **18**-30
Twinn v. R. (No. 4) **18**-30
Tyler v. M.N.R. **19**-19
Tyndall v. Manitoba (Labour Bd.) **6**-24
U.M.W., Local 1562 v. Williams ... **19**-60
U.S. v. Carolene Products **14**-63
U.S. v. Cotroni **3**-24
U.S. c. Ironworker Local 86 .... **15**-24
U.S. c. Loud Hawk **12**-7
U.S. v. O'Brien **6**-4
U.S. Civil Services Comm. v. Nat. Assn. of Letter Carriers **6**-20
U.S. ex rel. Standing Bear v. Crook **18**-49
Union Colliery Co. c. Bryden **8**-14
United Nurses (Alb.) c. Alberta (P.G.) **10**-103; **13**-8, 11
United Steelworkers of America c. Weber **15**-24
University of B.C. v. Berg **14**-54
Untermyer c. Anderson **10**-101
Unterreiner c. La Reine **12**-31, 37, 38
Valente c. La Reine **12**-17
Valentine v. Christensen **5**-7
Valin v. Langlois **7**-37
Vanguard Coatings & Chemicals Ltd. c. M.R.N. **10**-21
Vergis v. Canada (Labour Relations Bd.) **19**-19, 22
Vespoli v. R. **19**-44
Vézeau v. R. **11**-46
Videotron Ltée v. Industries Microlec Produits Électroniques Inc. **11**-42
Village of Skokie v. National Socialist Party of America **6**-5
Vincent v. Québec (Cour du Québec (Chambre Criminelle et Pénale)) **19**-46
Violi c. Superintendent of Immigration **10**-70
Virginia State Bd. v. Virginia Citizens Consumer Counsel **5**-7
W. (P.M.) v. Dir. of Child Welfare **6**-29; **19**-8
Wadden v. R. **11**-46
Wah-Shee, Re **17**-6
Waite c. Manitoba (Min. of Highways & Transportation) **15**-32
Walter v. Alta. (A.G.) **4**-3
Walton v. Canada (A.G.) **19**-18
Ward v. R. **11**-5

Warren, Re **11**-43
Warriner c. Pénitencier de Kingston
.... **10**-52
Washington v. Davis **14**-17
Weatherall v. Canada **10**-13, 15, 51;
   12-55; **14**-13, 22, 24, 31, 35, 43 to 45
Webb c. British Columbia (Director, Lower
   Mainland Regional Correctional Centre)
   .... **10**-63, 66
Weber c. Canada (Ministre de la Main-
   d'oeuvre et de l'Immigration) **12**-31,
   32, 35
Wesberry c. Sanders **7**-5
Whitfield c. Cdn. Marconi Co. **2**-31
Wicks and Armstrong, Re **10**-96
Wigglesworth c. La Reine **12**-6, 7, 45
Wildman c. R. **10**-96, 97
Williams v. Canada **17**-16
Willick v. Willick **14**-47, 48, 73
Winner c. S.M.T. (Eastern) Ltd.
   .... **7**-6, 7; **8**-10

Winnipeg School Div. No. 1. v. Craton,
   .... **6**-15
Wong c. M.E.I. **10**-107
Woolmington v. D.P.P. **11**-65
Workers' Compensation Bd. of N.S. and
   Coastal Rentals, Sales & Service Ltd.
   .... **10**-20
Wyllie c. Wyllie **12**-38
X. v. The Federal Republic of Germany
   .... **20**-67
Young v. Young .. **2**-40; **4**-7, 8; **5**-41 to 43;
   6-29; **14**-54, 73
Yri-York Ltd. v. Canada (A.G.) **19**-18
Ziegler c. Hunter **10**-17
Zucchiatti v. Griffiths **19**-49
Zundel v. R. **20**-4, 73, 76, 77
Zylberberg v. Sudbury (Bd. of Education)
   .... **4**-16 to 19, 24
116845 Can. Inc. c. Québec (Régie des
   permis d'alcool) **12**-37, 40
143471 Can. Inc. c. Quebec (A.G.)
   .... **10**-56

PART I

General Overview, Interpretation and Application

1

The Canadian Charter of Rights and Freedoms: Context and Evolution

*Brian Dickson**

1. Introduction
2. The Concept of the *Charter*
   (a) The *Constitution Act, 1867*
   (b) The Division of Powers
   (c) The Implied *Bill of Rights* Cases
   (d) International Influences
   (e) The *Canadian Bill of Rights*
   (f) The Pre-*Charter* Context
3. Patriation of the Constitution and Adoption of the *Canadian Charter of Rights and Freedoms*
   (a) The Patriation Reference
   (b) November 5, 1981 and April 17, 1982
4. The *Charter of Rights and Freedoms*
5. Evolution — The Influence of the *Charter*
   (a) Legislative and Judicial Roles
   (b) Judicial Independence
   (c) The Changing Face of Litigants Before the Courts
   (d) The Academic Community
6. Conclusions

---

* Former Chief Justice of the Supreme Court of Canada.

1. INTRODUCTION

On April 17, 1982 the Canadian Constitution was formally patriated, severing Britain's last legal, though vestigial, power of amendment over Canada's Constitution. An important part of this historic event was the entrenchment in the *Constitution Act, 1982* of the *Canadian Charter of Rights and Freedoms*, a development that profoundly altered the Canadian constitutional mosaic.

Certain rights and freedoms were entrenched in the Constitution. Most of these rights were not new, in the sense that they had long since been implicitly recognized as part of Canadian constitutional tradition. For example, the presumption of innocence, freedom of speech, freedom of religion, freedom of the press, and the right to a fair trial — all vital parts of our democratic process.

With the advent of the *Charter*, the principles on which the rights and freedoms of Canadians are based have the status of constitutional law. The new Constitution made it abundantly clear that Canadian courts must deny effect to any federal or provincial statute that offends the rights and freedoms guaranteed by the *Charter*. The judiciary's responsibility and power to uphold these rights and freedoms now exists as an integral part of the process of Canadian government. The fundamental principle underlying this dimension of our most basic law is that there are some phases of Canadian life which should normally be beyond the reach of any majority, save by constitutional amendment.

It is, however, to lose sight of Canadian constitutional history to suggest that with the arrival of the *Charter*, suddenly all radically changed. The entrenchment of rights and freedoms in the Constitution was instead part of an ongoing process of ancient origin for the protection of fundamental rights and freedoms, one shaped by constant pressure to protect the individual. Moreover, when one bears in mind that the *Charter* contains provisions that not only require courts to balance the rights of the individual with the needs of government but also enable governments to override some of these rights, it becomes clear that the advent of the *Charter* was a somewhat less radical development than might have been the case. Although the arrival of the *Charter* has meant a new role for Canadian courts, that role is well rooted in the judiciary's heritage and recent events in the courts' history are but a manifestation of the political fabric of Canada's ongoing evolution.

2. THE CONCEPT OF THE *CHARTER*

Many were the influences which led to the concept and content of the *Charter*, among them the following:

(a) The *Constitution Act, 1867*

The Constitution to which Canadians first agreed in 1867 was one that placed criminal law exclusively in the hands of the federal Parliament, thereby reflecting an important decision to ensure a uniform set of norms governing the relationship between individual and State. Many of the concepts found in the *Charter* have their roots in ideas about procedural fairness and basic legal rights that were embodied in nineteenth century criminal law.

Those ideas about fundamental rights and freedoms reflected in such historic documents as the *Magna Carta*, the *Bill of Rights* of 1689, the *Habeas Corpus Acts*, the *Settlement Act* of 1701, have long been an important part of the Canadian legal tradition and were referred to by the preamble to the *British North America Act of 1867* (now the *Constitution Act, 1982*) which provided that Canada should have a Constitution "similar in principle to that of Great Britain".

(b) The Division of Powers

Judicial review of legislative action is not new. Canada's courts have resolved questions of constitutional law from the very beginning, albeit in connection with the division of powers. Section 91 of the *Constitution Act, 1867* granted power to the federal Parliament to legislate exclusively with respect to various matters. Section 92 of the *Act* granted other exclusive powers to the provincial legislatures. From the earliest days Canadian courts were called upon to delineate the limits of a legislative competence when the validity of legislation was challenged on the basis that Parliament or a legislature had legislated beyond the limit of its powers. The power of courts to strike down legislation on the ground that it did not fall within the legislative competence of the Parliament of Canada or one of the provincial legislatures, as the case might be, was therefore established at an early date. It was only natural that in a federal state the judicial system would be expected to resolve constitutional differences. The *Canadian Charter of Rights and Freedoms*, of course, brought into question issues entirely unrelated to the classical questions of distribution of powers. But that the courts were able to move more smoothly into resolving these new issues was in large part due to a well established tradition of judicial review of legislative action.

(c) The Implied *Bill of Rights* Cases

The Supreme Court of Canada developed the so-called implied *Bill of Rights* theory from the 1930's through to the 1950's. Drawing principally upon the federal government's exclusive power in relation to criminal law, provincial statutes that infringed individual liberty were held to be unconstitutional.[1]

These cases reflect an early effort on the part of the Supreme Court to ensure that the State should not be able to violate certain basic and uniform values linked to conceptions of liberty. The theory underlying these cases was not, however, without its weaknesses and the debate surrounding the decisions contributed to a growing recognition that there was a need for more clearly defined constitutional protection for basic rights and liberties. For those who had grown up with the British tradition of parliamentary sovereignty, in which courts are obliged to respect the will of the legislature, the line of reasoning set out in the implied *Bill of Rights* cases marked a rather novel development. It meant that the highest court was prepared to protect individual rights, even if limited to reviewing legislation on the basis of the division of powers. The implied *Bill of Rights* cases indicate that liberty was important to Canadians. But these cases were few and far between. Moreover, they have sometimes been perceived as strained in their reasoning, precisely because the constitutional discourse at the time had to be stretched to deal with issues that courts had not traditionally felt able to confront. In the end, it was impossible for the Court to develop a complete code for the protection of rights and freedoms. Nor did canons of statutory interpretation in settings like the criminal law — canons that nonetheless reflect a commitment to liberty — provide accused parties with a fully developed body of procedural protection from the State.

The Supreme Court's development of the implied *Bill of Rights* theory was a measure of the increased importance courts were coming to play in Canadian society and reflected expectations that they should on occasion act as a buffer between citizens and government.

(d) International Influences

The movement toward entrenching a statement of fundamental rights and freedoms within a document like the *Charter* was also symptomatic of a profound set of changes which had taken place at the international level. The movement towards greater protection of human rights started with the enactment of the *Universal Declaration of Human Rights* in 1948. Then came the United Nations' adoption of the *International Covenant on Economic, Social and Cultural Rights* and the *International Covenant on Civil and Political Rights* in 1966. Canada demonstrated its deep commitment to this international movement through ratification in 1976 of the *U.N. Cov-*

---

[1] See, for example, *Reference re Alberta Legislation*, [1938] S.C.R. 100; *Saumur v. Quebec (City)*, [1953] 2 S.C.R. 299; *Roncarelli c. Duplessis*, [1959] S.C.R. 121.

enants on Economic, Social and Cultural Rights and Civil and Political Rights.[2]

The emergence of an international law of human rights has been one of the most remarkable legal developments during the past half century. It is a development in which large segments of the world community and Canada can take pride. For many countries (Canada being no exception) participating in this international phenomenon has been an integral step in the process of developing their own body of laws concerning human rights.

The *Universal Declaration of Human Rights* marked the worldwide abhorrence of human rights violations that had occurred in many countries during the Second World War. The *Universal Declaration* signalled, however, more than mere abhorrence. It also vividly underlined a commitment, forged through events leading up to and including the Second World War, to usher in a new period of human history, one characterized by a profound respect for human rights.

Since 1948 there have been many new developments and new documents in the domain of international protection for human rights. Some of those documents are worldwide in application: for example, the *International Covenants* already alluded to. Others are regional in their coverage: for example, the European Convention of Human Rights and Fundamental Freedoms. Some are even more narrowly focused: the *Charter* is one example; more recently one might look to Hong Kong's adoption of a *Bill of Rights* in 1990 and to South Africa's new constitution which was modelled in part on Canada's *Charter*. Taken together these contributions to the protection of human rights represent a major and highly beneficial development on the world stage in this latter part of the 20th century.

International developments were reflected or paralleled in domestic Canadian law. Shortly after the Second World War many Canadians and, in particular, the Canadian Bar Association, sought constitutional and statutory protection of human rights. This agitation led first to the enactment of the *Saskatchewan Human Rights Code* and, over time, to the *Canadian Bill of Rights*, the enactment of human rights codes by other provinces, the *Canadian Human Rights Act* and, ultimately, the *Canadian Charter of Rights and Freedoms*. The cumulative result of these developments is a comprehensive and generous legal regime for the protection of human rights in Canada.

(e) The *Canadian Bill of Rights*

Influenced by the growing post-war trend in the international community toward the codification of basic human rights, Prime Minister

---

[2] 999 U.N.T.S. 171.

Diefenbaker introduced a *Canadian Bill of Rights* in 1960. The document reflected a growing concern that an expanding modern government should respect the rights of those it was there to serve. The *Bill* gave statutory recognition to many of these rights.

Courts were cautious in their approach to the *Bill of Rights*, caught between deference to the legislature and to their hesitatingly expanding mandate. Because the *Bill* was but a statute, judges found themselves bound to the traditional concept of Parliamentary supremacy. The *Bill* suffered also from several infirmities. As a statute of Parliament, it was subject to change at will. It applied only to the laws of Canada and therefore did not touch provincial statutes. Finally, it was not clear whether the *Bill of Rights* empowered the courts to strike down federal legislation which offended its dictates or was merely meant to serve as an aid to interpretation.

The high water mark for the former view was *Drybones*[3] in which the Supreme Court of Canada struck down a section of the *Indian Act*[4] which made it an offence for an aboriginal to be in an intoxicated state off a reserve. A non-Indian was not subject to any such sanction.

Lavell[5] and *Canard*[6] reflect a more cautious attitude which characterized the Supreme Court's approach to the *Bill of Rights* in later years. To many a constitutionally entrenched *Charter of Rights* was the only way to remedy this awkward state of affairs and to ensure that rights would be protected from the coercive power of the State.

A spirit of uneasiness colours most of the later cases decided under the *Canadian Bill of Rights*. Many judges were clearly troubled by the *Drybones* decision.[7] Should a majority of the nine appointed judges of the Supreme Court of Canada be permitted to render inoperative acts of elected officials? Judicial review, it was urged, was an undemocratic shoot on an otherwise respectable tree; it should be cut off or at least kept well pruned. It was also said that the participation of the courts in what was seen by critics of judicial review as largely a political function would lead to the destruction of the independence of judges, and thus compromise other aspects of their work. The propriety of judicial review itself was never far from the surface.

(f) The Pre-*Charter* Context

By the 1980's, many of the elements necessary for a *Charter of Rights* were present: a commitment to a unified set of norms governing the individual's relation with the State in a criminal law setting; experience with

---

[3] *R. v. Drybones*, [1970] S.C.R. 282.
[4] *Indian Act*, R.S.C. 1970, c. I-6, s. 94(*b*). [now R.S.C. 1985, c. I-5].
[5] *Canada (A.G.) v. Lavell*,[1974] S.C.R. 1349.
[6] *Canada (A.G.) v. Canard*, [1976]1 S.C.R. 170.
[7] *Supra*, note 3.

constitutionally mandated judicial review of legislative action in the realm of the division of powers; tentative steps by the judiciary to uphold rights in the implied *Bill of Rights* cases; a growing recognition at an international level that human rights should be constitutionally protected; and further steps on the part of the legislature and the courts to marry this international movement with the dictates of a parliamentary democracy through the adoption of a *Bill of Rights*. In this rich environment, one critical ingredient was lacking: constitutional legitimization of these fundamental rights.

3. PATRIATION OF THE CONSTITUTION AND ADOPTION OF THE *CANADIAN CHARTER OF RIGHTS AND FREEDOMS*

(a) The Patriation Reference

On October 2, 1980 a proposed Resolution was published by the Government of Canada, intended for submission to the House of Commons and later to the Senate of Canada. The Resolution contained an address to be presented to Her Majesty the Queen in right of the United Kingdom. The address, laid before the House of Commons on October 6, 1980, recited that "Canada has requested and consented to the enactment on an Act of the United Kingdom to give effect" to certain provisions including the enactment of a statute, *The Constitution Act, 1981*. The statute proposed had appended to it another statute providing for the patriation of the *British North America Act, 1867* with an amending formula and a *Charter of Rights and Freedoms*.

Prior to the introduction of the proposed Resolution into the House of Commons, protracted negotiations took place at a number of federal-provincial constitutional conferences commencing in February, 1968. No agreement was reached, however, as to the terms of any amending formula nor on the inclusion of a *Charter of Rights and Freedoms*. The Government of Canada ultimately decided to act unilaterally, taking the position that the British Parliament was bound to act in accordance with a proper request from the federal government, and that whatever role the Canadian provinces might play in constitutional amendments was a matter of no consequence as far as the United Kingdom Parliament was concerned. In other words, the Government of Canada contended that the British Parliament could not look behind any federal request for constitutional amendment. Two of the provinces, Ontario and New Brunswick, supported the federal government's position; eight of the provinces did not.

The Foreign Affairs Committee (the Kershaw Committee) of the British House of Commons considered the federal and provincial positions and, after consultations with leading British legal authorities, brought in a lengthy report (House of Commons Sessions 1980-1981) which included the following conclusions:

14.8 The UK Parliament's fundamental role in these matters is to decide whether or not a request conveys the clearly expressed wishes of Canada as a whole, bearing in mind the federal character of the Canadian constitutional system [paras 107, 111].

14.9 Where a requested amendment or patriation would directly affect the federal structure of Canada, and the opposition of Provincial governments and legislatures is officially represented to the UK Government or Parliament, the UK Parliament is bound to exercise its best judgment in deciding whether the request, in all of the circumstances, conveys the clearly expressed wishes of Canada as a federally structured whole [para 114].

14.10 In those circumstances, it would be proper for the UK Parliament to decide that the request did not convey the clearly expressed wishes of Canada as a federally structured whole because it did not enjoy a sufficient level and distribution of Provincial concurrence. But Parliament would be justified in regarding as sufficient a level and distribution of Provincial concurrence commensurate with that required by the least demanding of the formulae for a post-patriation amendment (similarly affecting that federal structure) which have been put forward by the Canadian authorities (see para 114).

On the Canadian scene the eight dissenting provinces mounted a legal challenge. Three of the provinces, Manitoba, Newfoundland and Quebec, in separate References, sought the opinion of their respective courts of appeal. They maintained that both legally and conventionally the consent of all of the provinces was required for the address to go forward to the Queen.

The responses of the three courts of appeal differed. The Manitoba Court of Appeal held, by a majority, that the federal government did not need the consent of the provinces to proceed, and, by a majority, held that there was no convention requiring provincial consent.[8] The Newfoundland Court of Appeal, in reasons of the court concurred in by all three judges who sat on the Reference, held that (a) if the amendments to the Constitution of Canada were enacted, federal-provincial relations would be affected; (b) it was a constitutional convention that the House of Commons and Senate of Canada would not request Her Majesty to lay before the U.K. Parliament a measure to amend the Constitution of Canada affecting federal-provincial relationships without first obtaining the agreement of the provinces; and (c) the agreement of the provinces was constitutionally required for amendment to the Constitution where such amendment would affect federal-provincial relationships.[9] The Quebec Court of Appeal held that if the proposed *Canada*

---

[8] *Reference re Amendment of the Constitution of Canada*, (1981) 117 D.L.R. (3d) 1 (Man. C.A.).

[9] *Reference re Amendment of the Constitution of Canada*, (1981) 118 D.L.R. (3d) 1 (Nfld. C.A.).

Act and *Constitution Act* should come into force they would affect the legislative competence and the status or role of the provincial legislatures within the Canadian federation. Four of the five judges sitting on the Reference held that the Canadian Constitution empowered the Senate and House of Commons to cause the Canadian Constitution to be amended without the consent of the provinces and in such manner as to affect the status or role of the provincial legislatures. One of these judges, Bisson J.A., later Chief Justice of Quebec, rejected altogether the proposition that there was any convention requiring provincial consent; in his view, the effect of the *Statute of Westminster, 1931*[10] was to leave the power to amend the Constitution in the U.K. Parliament.[11]

Appeals as of right were taken to the Supreme Court of Canada from the judgments delivered in the three References. The federal government withheld further action on the Resolution until the Supreme Court had delivered judgment on its constitutional validity. The appeals were consolidated, and came before the Supreme Court in late April, 1981. Thirty-seven counsel appeared over five days of argument. The Attorneys General of all ten provinces were heard, as was the Attorney General of Canada and the Four Nations Confederacy Inc. On September 28, 1981 judgment was delivered in what was undoubtedly one of the most important cases ever decided by the Supreme Court.[12] Two issues were central:

(a) Was the agreement of the provinces constitutionally (*legally*) required for amendment to the Constitution of Canada where such amendment would alter the powers granted by the Constitution to the provinces? Seven of the nine members of the Supreme Court hearing the appeals responded to this question in the negative. The other two members of the Court held that the federal Parliament had neither the statutory basis to enact the proposed Resolution nor the power to implement a measure contrary to the *British North America Act*. This minority held that the two Houses of the Canadian Parliament lacked legal authority, of their own motion, "to obtain constitutional amendments which would strike at the very basis of the Canadian federal system, *i.e.* the complete division of legislative powers between the Parliament of Canada and the provincial legislatures".[13]

(b) Was it a constitutional *convention* that the House of Commons and Senate of Canada would not request Her Majesty to lay before Parliament a measure to amend the Constitution of Canada affecting federal-provincial relationships without first obtaining the agreement of the provinces? A majority of the Court (somewhat differently constituted than the one that

---

[10] *Statute of Westminster, 1931*, R.S.C. 1985, Appendix II, No. 27.
[11] *Reference re Amendment of the Constitution of Canada (No. 3)* [1981] C.A. 80 (Que.).
[12] *Re Resolution to Amend the Constitution*, [1981] 1 S.C.R. 753.
[13] *Ibid.*, p. 841.

had dealt with the first question) answered this question in the affirmative. A minority of three answered in the negative. The majority adopted the definition of a convention given by the Chief Justice of Manitoba, Freedman, C.J.M., in the *Manitoba Reference,* which read, in part, "a convention occupies a position somewhere in between a usage or custom on the one hand and constitutional law on the other", "nearer to law than to usage or custom".[14]

The Court held that the discussion might perhaps be summarized in an equation: constitutional conventions plus constitutional law equal the total Constitution of the country. The Court, in common with the three provincial appellate courts, dismissed the argument that the question ought not to be answered because it did not raise a justiciable issue and was accordingly not appropriate for a court. The Court held that the issue whether a particular convention exists or not is a purely political question. The case before the Court was not confined to an issue of pure legality but had to do with a fundamental issue of constitutionality and legitimacy. The Court noted that it was not asked to enforce a convention; it was asked to recognize it if it existed.[15] On the issue of whether convention existed, counsel for Canada, Ontario and New Brunswick submitted that there was no constitutional convention requiring provincial agreement. Counsel for seven of the eight provinces (other than Saskatchewan) submitted that the convention did exist and it required the agreement of all the provinces. Counsel for Saskatchewan submitted that a convention did exist and while it required only a "substantial measure" of provincial agreement, the Resolution before the Court had not received a sufficient measure of provincial consent, an argument with which the majority of the Court agreed.

The majority of the Court considered the class of constitutional amendments contemplated and concluded that they abridged federal and provincial legislative powers and directly affected federal-provincial relationships. The Court then listed the statutes, twenty-two in number, enacted over the years by the Parliament at Westminster to modify the Constitution of Canada, a number of which appeared to have been enacted by the Parliament of Westminster on its own initiative and not in response to a joint resolution of the Senate and House of Commons. Five of the amendments directly affected federal-provincial relationships in the sense of changing provincial legislative powers. Every one of the five amendments was agreed upon by each province whose legislative authority was affected. The Court observed that each of the five amendments affected a limited change in legislative powers, affecting one head of legislative competence, whereas if the proposed *Charter of Rights* became law, every head of provincial (and federal)

---

[14] *Ibid.,* p. 883.
[15] *Ibid.,* p. 885.

legislative authority could be affected. "This Charter would thus abridge provincial legislative authority on a scale exceeding the effect of any previous constitutional amendment for which provincial consent was sought and obtained".[16]

The Court commented that most declarations made by statesmen favoured the conventional requirement of provincial consent. These included declarations by the Hon. L.S. St. Laurent, (Minister of Justice) and at a later date, by Prime Minister Diefenbaker. In considering the measure of provincial support required, the Court held it to be sufficient to decide that at least a "substantial measure" of provincial consent was required; in the Court's view the situation where Ontario and New Brunswick agreed with the proposed amendment, with the eight other provinces opposing it, did not pass muster. The Court concluded that the reason for the rule was the federal principle, Canada is a federal union and "the federal principle cannot be reconciled with a state of affairs where the modification of provincial legislative powers could be obtained by the unilateral action of the federal authorities".[17] Then followed this paragraph which expressed the essence of the case:

> We have reached the conclusion that the agreement of the provinces of Canada, no views being expressed as to its quantification, is constitutionally required for the passing of the "Proposed Resolution for a Joint Address to Her Majesty the Queen Respecting the Constitution of Canada" and that the passing of this Resolution without such agreement would be unconstitutional in the conventional sense.[18]

In short, the Canadian Parliament had the legal power to seek the proposed amendment to the *British North America Act* by the United Kingdom but, in the circumstances, it was bound by convention to obtain a substantial measure of provincial consent before doing so. The convention was unenforceable in a court of law but was constitutionally binding upon the political actors.

(b) November 5, 1981 and April 17, 1982

Following the Supreme Court's judgment on the *Patriation Reference* public opinion seemed strongly in favour of a *Charter*. Intense negotiations ensued between the federal and provincial governments, culminating in an agreement reached on November 5, 1981. All provinces, other than Quebec, agreed to support a federal proposal for patriation of the Constitution with an amending procedure and a *Charter of Rights and Freedoms*. That was

---

[16] *Ibid.*, p. 897.
[17] *Ibid.*, p. 905-906.
[18] *Ibid.*, p. 909.

an historic day for Canada given that the federal and provincial governments had wrangled for some fifty years on the language of an amending procedure. The resolution was passed in Canada by the House of Commons on December 2, 1981 and by the Senate on December 8, 1981. It was passed by the House of Commons in the United Kingdom on March 8, 1982 and by the House of Lords on March 25, 1982.

On April 17, 1982, the Queen came to Ottawa to proclaim *Constitution Act, 1982* and the *Charter* was officially entrenched in the Constitution of Canada.

4. THE *CHARTER OF RIGHTS AND FREEDOMS*

Section 52 of the *Charter* states explicitly that "the Constitution of Canada is the supreme law of Canada and any law that is inconsistent with the provisions of the Constitution is, to the extent of the inconsistency, of no force or effect". The effect is that the *Charter* overrides inconsistent statutes. Section 24 stresses that anyone whose rights or freedoms have been infringed or denied may apply to a court to obtain such remedy as the court considers appropriate and just in the circumstances. These provisions make it abundantly clear that the courts are empowered to review legislation that violates the *Charter*. It simply is not possible, in the face of these sections, to get into protracted debate about the constitutional legitimacy of judicial review of governmental action. Unlike the *American Bill of Rights*, the *Charter* makes it clear that the Canadian courts have an express mandate, indeed a duty, to review government action. It is also noteworthy that the infirmities to which the *Canadian Bill of Rights* was subject are not reflected in the *Charter*.

The advent of the *Charter* was a somewhat less radical development than some in Canada would suggest. The document continues to reflect part of Canada's experience with the British parliamentary system and it is profoundly sensitive to the fact that on some occasions rights have to be balanced with competing values. Indeed, the *Charter*'s very first section recognizes that there can be limits on rights in a free and democratic society. Consequently, the structure of Canadian *Charter* jurisprudence reflects a two step process of reasoning in which courts first look to see if a right has been infringed and, if so, proceed to section 1 as a second step in which they assess whether the measure in question constitutes a reasonable limit justified in a free and democratic society. This introduces the need to balance the right of the individual against society's reasons for restricting that right in the context of a given case. Thus, although the arrival of the *Charter* has meant a new role for Canadian courts, that role is well rooted in a heritage that has long displayed sensitivity to the need for government to get on with the business of governing. Unless the impugned legislation runs counter to what can be justified in a free and democratic society, the legislatures have the plenary right to identify important policy objectives and implement them by law.

The Canadian *Charter* differs in a number of significant respects from like documents of other lands. For example, the *Charter* serves to make clear that liberty in Canada is but one component of a much larger matrix of values. Interpretive sections in the *Charter* such as section 25 — which recognizes and affirms existing treaty rights of the aboriginal peoples of Canada, section 27 — which speaks to multiculturalism, and section 28 — which affirms gender equality, all affect the interpretation of *Charter* rights in ways that reflect important features of the Canadian social and political fabric. These provisions, along with others regarding the important matters of language and educational rights, reflect the unique history of Canadian society. Moreover, they reveal that the political fabric into which the *Charter* is woven has distinctive features not found elsewhere, including the United States.

Section 15, the equality provision, represents one of the most important and dynamic forces of change on the road to social justice. Section 15 reflects profound concern for equality of treatment of all people of Canada, regardless of race, national or ethnic origin, colour, religion, sex or mental or physical disability. It seeks to extend the blessing of freedom and equality under law to members of society who have not previously enjoyed its full measure, to ensure that minority groups are not subjected to unfair treatment at the majority's hand.

The *Charter* contains a provision which is probably unique to Canada. Section 33, known as the "notwithstanding" clause, or the "override power", permits Parliament or the legislature of a province to declare expressly that an Act or a provision shall operate notwithstanding a provision included in a certain section of the *Charter*. The fundamental rights, legal rights and equality rights have been made subject to the "notwithstanding" clause. The clause has rarely been used, with one notable exception. The National Assembly of Quebec had resort to it in overriding a judgment of the Supreme Court of Canada respecting the use of the English language on commercial signs.[19]

Behind the decision to include sections 1 and 33 in our *Charter* lie complex issues about the nature and function of the judiciary and its relationship to other actors in our system of government. The very same political fabric that affects questions of judicial independence and justiciability has helped to shape the values found within, and the structure of, the *Charter*, as well as the judiciary's approach to that document.

---

[19] *Ford v. Quebec (A.G.)*, [1988] 2 S.C.R. 712.

Through the *Charter*, the supreme law of this country now provides a mechanism for progressive change in the legal relations of the individual with government by subjecting legislation and government action to scrutiny in the courts on the basis of fundamental rights and freedoms. At the same time, and perhaps more significant, the *Charter* represents an anchor in the storm of social evolution; it ensures that those values, unique to Canada as a nation and fundamental to Canada's orderly, democratic society, are immutable and shielded from encroachment by majority will. The goals sought to be achieved include: democracy, social justice, freedom, equality and human dignity. Canadian society is to be free and democratic.

The protection of the rights of individuals and groups is given profound and articulate expression in the *Charter of Rights and Freedoms*. It is a document that is clearly influenced by the best traditions underlying other human rights documents, including international documents and the *American Bill of Rights*. But at bottom, the *Canadian Charter* is a distinctly Canadian document. Its provisions manifest a distinctly Canadian social experience which combines shared adherence to the protection of political, legal, egalitarian and social rights.

5. EVOLUTION — THE INFLUENCE OF THE *CHARTER*

(a) Legislative and Judicial Roles

The change made by the *Charter* has undoubtedly been significant but not out of keeping with Canadian legal and political traditions, nor has it imposed an unmanageable burden upon the judiciary.

Critics of the *Charter* prominently display parliamentary supremacy and the submission of the judiciary to the will of the legislature as virtues lost in 1982. They advance this alleged absolute sovereignty of the elected bodies and a secondary role for the courts as the distinguishing feature of Canadian government. This criticism mistakes the nature of legislative sovereignty, and the traditional role of the judiciary in Canada; it misunderstands the change created by the *Charter*; and it ignores the features which have always and will continue to distinguish Canadian society.

Canadian legislative bodies have never enjoyed the same unfettered power as the British Parliament. Even a cursory examination of the *British North America Act, 1867* and other Canadian constitutive instruments indicate how far from absolute was the supremacy of Parliament and the provincial legislatures before 1982. In addition to the restrictions imposed by sections 91 and 92, two substantive limitations of legislative power designed to protect vulnerable minorities have always been central elements of the Canadian Constitution: section 93's protection of rights to denominational education; and section 133's guarantee of equal access to the laws of Parliament and Quebec for anglophones and francophones in either of Canada's official languages.

In many ways, the integrity and distinctiveness of the Canadian confederation have historically rested on the restrictions on full legislative sovereignty embedded in the *British North America Act, 1867*, restrictions that were shielded from change by the lack of a domestic amending procedure. Parliamentary sovereignty has always been a relative, rather than an absolute, principle in Canada. There is no fundamental incongruity between Canada's constitutional history and traditions and an entrenched *Charter*.

Similarly, there is no incompatibility between the level of judicial review required by an entrenched *Charter of Rights and Freedoms* and the traditional role of the judiciary in Canada. Judicial review of executive action is a well established and proper function of courts in all jurisdictions which enjoy the tradition of serving as a buffer against incursions by the State on the rights of the individual. The judiciary has also taken an active role in ruling on the constitutionality of legislation. Much of the present face of the Canadian federation, and the balance of political, economic and cultural forces that has been achieved, can be attributed to judicial decisions regarding constitutional division of legislative power. Indeed, as indicated earlier, decisions regarding legislative competence have intermittently served as a means, albeit an imperfect one, for protecting human rights.

The power of judicial review in Canada was not one claimed by the judiciary. Statesmen at the federal and provincial level resolved themselves to subordinate their legislative competence to the strictures of the *Charter* and in express terms mandated the courts to strike the appropriate balance between the will of the collectivity and the aspirations of the individual, between personal freedom and governmental action. The *Charter* reflects an agreement by the federal and provincial governments to limit their legislative sovereignty so as not to infringe on certain rights and freedoms. As the Supreme Court has pointed out,[20] the *Charter* and the decision to confer a broader mandate upon the courts was the conscious political choice of the people's elected representatives. The experience since the *Charter* has shown the legislative and judicial roles to be not that of rivals but of partners, with mutual respect and a recognition by the judiciary that the primary policy role rests with Parliament which alone determines the wisdom of legislation.

It is the case, however, that the bounds for judicial review of legislation and governmental action have undoubtedly been greatly expanded by the *Charter*. The role of the courts as an important public institution has been enhanced and the responsibility of its judges and officers has increased as

---

[20] *Reference re s. 94(2) of the Motor Vehicle Act (B.C.)*, [1985] 2 S.C.R. 486 at p. 545.

a result. The degree to which the *Charter* represents a natural development of constitutional and social order will depend now on how the *Charter* is interpreted and applied; in short, upon how successful the courts are in developing a jurisprudence which is truly Canadian in scope, sensibility and outlook.

As the early cases on the *Charter* have stated, the interpretive principles to which a court will have recourse in expounding the meaning of a constitutional provision are, of necessity, wider than the rules of statutory interpretation applicable to the explication of ordinary legislation. The Constitution calls for liberal and purposive interpretation unconfined by the strictures of narrow literalism, particularly because it includes an entrenched protection of rights and freedoms. A flexible, broad and purposive approach does not, however, constitute a licence to rely on personal, political or philosophical preferences as the basis for interpretation. While many *Charter* cases raise questions of genuine first impression, the values judges draw out of the sections of the *Charter* must find expression in the language of its guarantees and roots and in the purpose they enshrine. Interpretation must always, and firmly, be based upon the text of the Constitution, in its words, in its structure, in the relationship among its parts, illuminated by its social and historical context.

(b) Judicial Independence

As the *Charter* brings new judicial power and responsibilities, it also brings, as a necessary corollary, increasing importance to the issue of the independence of the judiciary as a prerequisite for the proper operation of a constitutional state. Judicial independence is part of British, as it is part of Canadian, constitutional law. In his two outstanding articles on the independence of the judiciary, the late Professor Lederman quoted Dr. A.L. Goodhard's proposition that one of the four primary principles of English constitutional law is "[t]hat there shall be an independent judiciary".[21] This principle dates back to the 19th century and the *Act of Settlement*. It is derived also through the *Constitution Act, 1982*, which says that our constitution is to be similar in principle to that of the United Kingdom.

The principle of judicial independence took on new importance in Canada with the entrenchment of a *Charter of Rights and Freedoms*. Because individuals now have constitutionally protected rights which they are increasingly asserting before the courts, it is critical as never before that judicial independence be fully assured.

---

[21] W. Lederman, "The Independence of the Judiciary" (1956) 34 *Can. Bar Rev.* 769-809 and 1139-1179, p. 770.

(c) The Changing Face of Litigants Before the Courts

Since the *Charter*, public interest groups have appeared increasingly as litigants or as *amicus curiae* intervener. The federal government's Court Challenges Program contributed to this process. The program assisted in funding selected constitutional challenges in recognition of the broad public ramifications and the particular interests affected by the legislation under review.

Although not necessarily related to the *Charter*, broadened rules in relation to standing before the Supreme Court have also served to open the door to litigants and issues which hitherto would not have been heard.[22]

Interventions by the provincial attorneys general representing the public interest in defending the constitutionality of the impinged statute is another example of non-party participation. A party who challenges the constitutional validity of a statute is required to give notice to the relevant attorney general who then has the right to intervene in the proceeding and to present whatever evidence or argument he or she deems necessary.

(d) The Academic Community

The challenge the *Charter* has offered members of the academic community is manifest. It calls upon these members to give meaning and content to the general language of the *Charter's* many guarantees. The wealth of academic writing, texts, articles, reviews, has been unprecedented, monumental and of prime importance in the development of *Charter* jurisprudence. It has been creative and rigorous in analysis and argument.

6. CONCLUSIONS

Although the *Charter* has been part of the Canadian scene for some years, it is still too early to reach any firm conclusions as to its influence, or as to its merits or demerits. Some tentative views may however be expressed.

The courts have had before them many issues of profound importance. People in increasing numbers have been coming to the courts for the assertion of rights to political, economic and social equality. American experience gives credence to the comments of Alexis de Tocqueville in 1832 that "scarcely any political question arises in the United States that is not resolved, sooner or later, into a judicial question".[23] And so, it seems in Canada.

---

[22] See: *Thorson v. Canada (A.G.)*, [1975] 1 S.C.R. 138; *N.S. Bd. of Censors v. McNeil*, [1976] 2 S.C.R. 265; *Borowski v. Canada (Min. of Justice)*, [1981] 2 S.C.R. 575.

[23] A. de Tocqueville, *Democracy In America* (New York: A.A. Knopf), Volume I.

The challenge that the *Charter* presents lies in securing for people the rights embodied in the *Charter*. Courts, practising lawyers, and legal academics together, face the necessity of shaping laws which give order, form and reality to social relationships within the new constitutional and political infrastructure and in guarding the supremacy of law and the rights and freedoms assured by law.

The inclusion in section 1 of the *Charter* of the words "free and democratic" are of prime importance. As the Supreme Court in *Oakes* stated:

> Inclusion of these words as the final standard of justification for limits on rights and freedoms refers the Court to the very purpose for which the *Charter* was originally entrenched in the Constitution: Canadian society is to be free and democratic. The Court must be guided by the values and principles essential to a free and democratic society which I believe embody, to name but a few, respect for the inherent dignity of the human person, commitment to social justice and equality, accommodation of a wide variety of beliefs, respect for cultural and group identity, and faith in social and political institutions which enhance the participation of individuals and groups in society.[24]

In deference to legislative choice, the courts have been properly reluctant to second-guess the legislature on economic and social policy decisions, based on the conviction that with respect to resources and training, lawmakers are in a better position than courts to make policy choices between competing interests.

Yet, as Pierre Elliott Trudeau, then Prime Minister of Canada, wrote in the foreword to the federal publication *"The Charter of Rights and Freedoms: A Guide for Canadians"*:

> If the long and searching public debate leading up to patriation of the Constitution proved nothing else, it proved that Canadians need and want their rights and freedoms protected. Enshrining these rights in our constitution is an essential part of that process.[25]

Since the inception of the *Charter*, all Canadians have constitutionally entrenched rights and freedoms and know they have an appeal to the courts if those rights have been infringed or denied.

Although final assessment on the impact of the *Charter* is not possible, four tentative conclusions are warranted:

1. The *Charter* was a natural extension of developments both at home and on the international stage. The document does give courts new respon-

---

[24] *R. v. Oakes*, [1986] 1 S.C.R. 103, p. 136.
[25] Government of Canada, *The Charter of Rights and Freedoms: A Guide for Canadians* (Ottawa, Supply and Services Canada, 1982), p. 76, p. ii.

sibilities, but these are but the extension of responsibilities that they were, in any event, slowly being asked to assume.
2. The *Charter* has not radically altered the balance of power between courts and the legislature. The legislature remains the lead player in this partnership. But this does not mean that there have not been dramatic changes. Clearly there have been. The legislatures have been forced to review and, if necessary, revise past legislation and to draft current and future legislation in order to live up to the responsibilities assumed upon enactment of the *Charter*.
3. The *Charter* does not mark an abrupt departure from this country's basic values. On the contrary, it is no more than a codification of those values, one designed to ensure that government is faithful to our most basic notions of justice. The courts have not sought to discard these values; instead, they have shown concern to remain true to those values by repeatedly placing the *Charter* in a Canadian social, political and historical context.
4. The *Charter* was designed to force governments to live up to certain fundamental responsibilities. The courts, although more prominent than they used to be, were simply entrusted with a role they have long fulfilled, reminding government on occasion of the constraints to which its activities are subject.

There is no doubt that the *Charter* is an absolutely fundamental constitutional document. It puts Canada in the mainstream of the post World War II movement towards conscious recognition of, and protection for, fundamental rights. The *Charter* is the logical culmination of Canadian developments in the field of human rights — it builds on provincial and federal human rights codes and the *Canadian Bill of Rights*. At bottom, the *Charter* protects those basic values which most Canadians share and cherish.

2

Application de la Charte canadienne des droits et libertés

(articles 30, 31, 32, 33 et 52)

Roger Tassé* et Louis Tassé**

1. La *Charte canadienne des droits et libertés* et les territoires du Nord canadien (article 30)
2. La *Charte* n'élargit pas les compétences législatives (article 31)
3. À qui incombe l'obligation de respecter les droits et libertés garantis par la *Charte canadienne des droits et libertés*? (article 32)
    (a) La *Charte* encadre et contraint l'action de l'État
    (b) Le pouvoir législatif : le Parlement et les législatures provinciales
        (i) Le Sénat et la Chambre des communes et l'obligation de respect
        (ii) La législation déléguée
        (iii) Les territoires du Nord
        (iv) Les municipalités
        (v) Conclusion
    (c) Le pouvoir exécutif : le gouvernement du Canada et les gouvernements provinciaux
        (i) La notion de gouvernement
            (A) Les ministères, conseils, offices, commissions, etc.
            (B) Les sociétés d'État et entités publiques
            (C) Les sociétés dont les activités sont réglementées par l'État

---

* Avocat-conseil, Gowling, Strathy, Henderson (Ottawa).
** Avocat, ministère de la Justice du Canada, contentieux des affaires fiscales (Montréal).

(D) Les sociétés commerciales en général
(E) Les corporations municipales
(F) Les universités et les collèges communautaires
(G) Les commissions scolaires, les centres hospitaliers, etc.
(H) Les corporations professionnelles
   (ii) Les actions ou activités du gouvernement auxquelles s'applique la *Charte*
   (iii) L'article 1 de la *Charte* et l'action exécutive
(d) Le pouvoir judiciaire : les tribunaux judiciaires
   (i) Les tribunaux sont-ils couverts par le mot «gouvernement» à l'article 32?
   (ii) L'application de la *Charte* à la «common law»
   (iii) L'application de la *Charte* au «*Code civil du Québec*»
4. Les clauses dérogatoires (article 33)
   (a) L'importance historique de l'article 33
   (b) Les droits et libertés qui peuvent être affectés
   (c) Les autorités habilitées à adopter des clauses dérogatoires
   (d) Les conditions d'application de l'article 33
   (e) Une clause dérogatoire est valide au maximum pour cinq ans
   (f) Effet des clauses dérogatoires
   (g) L'article 33 et la rétroactivité
   (h) L'article 1 et l'article 33
   (i) L'utilisation de l'article 33
5. La suprématie de la *Charte canadienne des droits et libertés* (article 52)
   (a) Les personnes qui peuvent se réclamer de l'article 52
   (b) La signification de l'expression «règle de droit»
   (c) L'application de la *Charte* aux autres dispositions de la Constitution
   (d) La sanction d'un conflit loi-*Charte*
      (i) La détermination de l'incompatibilité
      (ii) Les conséquences de l'incompatibilité
         (A) L'interprétation atténuée
         (B) L'interprétation large
      (iii) La suspension temporaire des effets
      (iv) La grille proposée dans *Schachter*
      (v) Effet invalidant ou prépondérant de la *Charte*

1. LA CHARTE CANADIENNE DES DROITS ET LIBERTÉS ET LES TERRITOIRES DU NORD CANADIEN (ARTICLE 30)

Comme l'a noté la professeure Katherine Swinton, dans la première édition de cet ouvrage, l'article 30 de la *Charte* qui prévoit que «les dispositions qui visent les provinces, leur législature ou leur assemblée législative visent également le territoire du Yukon, les Territoires-du-Nord-Ouest ou leurs autorités législatives compétentes» ne présente pas beaucoup de difficultés.[1]

Cet article établit en effet que, pour les fins de la *Charte*, les territoires du Nord canadien sont traités comme s'ils étaient effectivement des provinces, et leurs autorités législatives, de la même façon. Les autorités législatives compétentes des territoires du Nord sont donc tenues à l'obligation de respecter la *Charte*, dans leur activité législative, au même titre que les autorités législatives provinciales.

On peut penser que, même en l'absence d'une telle disposition, les autorités législatives des territoires du Nord canadien auraient été assujetties aux dispositions de la *Charte*. Les pouvoirs législatifs qu'elles détiennent leur sont dévolus en effet par le Parlement et, en conséquence, elles auraient été contraintes de respecter la *Charte* tout autant que le Parlement dans l'exercice de leur compétence législative. L'autorité à qui est délégué le pouvoir de légiférer ne peut se soustraire aux contraintes auxquelles est assujettie l'autorité qui a délégué son pouvoir.

Cet article a cependant le mérite de lever toute ambiguïté qui aurait pu découler de l'article 32 de la *Charte*. On aurait pu prétendre en effet que le conseil législatif des territoires, composé de représentants élus de la population des territoires, constitue une entité distincte du Parlement et du gouvernement du Canada et qu'en conséquence la *Charte* ne pourrait les contraindre. Une telle prétention ne saurait valoir face aux dispositions de l'article 30.

Mais même en admettant que les autorités législatives des territoires soient assujetties à la *Charte*, une ambiguïté aurait persisté : les dispositions qui visent les provinces comme entité géographique auraient-elles été applicables aux territoires? On pense en particulier aux articles garantissant la liberté de circulation et d'établissement (article 6) et les droits à l'instruction dans la langue de la minorité (article 23).[2] Les territoires n'ayant pas le statut de province, on aurait pu prétendre, non sans raison, que les dispositions de la *Charte* qui visent les provinces comme entité géographique ne s'appliquent pas aux territoires. Bien sûr, on aurait pu rétorquer par un

---

[1] K.E. SWINTON, «Application de la *Charte canadienne des droits et libertés*» dans G.-A. BEAUDOIN et W.S. TARNOPOLSKY, *Charte canadienne des droits et libertés*, Montréal, Wilson et Lafleur Ltée, 1982, 770 p., p. 51.

[2] Voir aussi les articles 3 et 4 de la *Charte* portant sur les droits démocratiques et le mandat maximal des assemblées législatives provinciales. L'article 30 assure l'application de ces dispositions aux conseils législatifs des territoires. Les territoires pourraient aussi, à notre avis, invoquer les dispositions du paragraphe 16(3) de la *Charte*, qui prévoit qu'il est loisible au Parlement et aux législatures provinciales (donc aux conseils législatifs des territoires) «de favoriser la progression vers l'égalité de statut et d'usage du français et de l'anglais».

argument fondé sur le statut quasi provincial des territoires pour prétendre, par analogie, que ces dispositions s'appliquent aussi aux territoires.

L'article 30 lève ainsi toute ambiguïté à cet égard. Lorsque le paragraphe 6(2) de la *Charte* garantit à tout citoyen canadien le droit de se déplacer dans tout le pays et d'établir sa résidence et de gagner sa vie dans toute province, il faut y lire aussi, dans tout territoire. De même en est-il des droits à l'instruction dans la langue de la minorité qui sont établis en fonction de la province de résidence des parents. Ici encore, le mot «province» par application de l'article 30, comprend les territoires.

Mais qu'en est-il de l'article 32 et particulièrement de l'alinéa (1) *b*) qui prévoit que la *Charte* s'applique «à la législature et au gouvernement de chaque province, pour tous les domaines relevant de cette législature»? Le mot «gouvernement» n'apparaît pas à l'article 30 et ne parle que des provinces et de leur législature ou assemblée législative. À première vue, la partie de l'alinéa 32(1) b) qui vise le «gouvernement» des provinces ne serait donc pas rendue applicable aux «gouvernements» des territoires, pour la bonne raison que l'article 30 ne fait pas référence aux gouvernements provinciaux. En conséquence, la *Charte* ne s'appliquerait pas aux gouvernements, c'est-à-dire au pouvoir exécutif et administratif, des territoires. Un tel résultat serait pour le moins étonnant et pourrait être évité si l'on pouvait prétendre que le mot «provinces» à l'article 30 doit s'entendre non seulement des provinces, comme entité géographique, mais aussi des gouvernements provinciaux. Toutefois, le mot «province» n'est nulle part utilisé dans la *Charte* dans le sens de gouvernement provincial.

Mais il y a peut-être une autre façon d'aborder la question. On pourrait prétendre en effet que l'article 30 ne s'applique qu'aux dispositions de la *Charte* qui le précèdent, soit les articles 1 à 29. Dans ces articles, qui enchâssent les droits et libertés garantis par la *Charte*, seuls les mots «provinces, assemblée législative et législature» sont utilisés. Les mots «gouvernement provincial» n'étant pas utilisés dans ces articles, il n'y avait pas de raison de les inclure à l'article 30.

Selon cette interprétation, l'article 30 ne s'appliquerait pas à l'article 32. Cet article, en effet, se situe en quelque sorte en dehors du corps principal de la *Charte* en stipulant que les droits et libertés garantis par les articles qui précèdent l'article 32 s'appliquent à l'État canadien dans son entier, dans son ordre fédéral et provincial. Contrairement à la *Déclaration canadienne des droits*, qui n'affecte que les domaines de compétence fédérale, l'article 32 précise en effet que toutes les compétences souveraines de l'État, aussi bien fédérales que provinciales, sont assujetties à la *Charte*. Dans ce contexte, il n'eût sûrement pas été approprié d'y faire mention spécifique des territoires qui ne détiennent aucun pouvoir *souverain* de l'État. Pour la même raison, il ne serait pas approprié d'étendre l'application de l'article 30 aux dispositions de l'article 32. Cela n'est simplement pas approprié, ni nécessaire. À cet égard, il est révélateur, à notre avis, que l'article 30 précède, plutôt que suive, l'article 32.

Mais revenons à la question première : la *Charte* s'applique-t-elle au gouvernement, c'est-à-dire au pouvoir exécutif et administratif des territoires? Une première constatation s'impose. Les territoires ne participant pas à la souveraineté de l'État, leur pouvoir exécutif et administratif ne leur vient pas de la *Constitution*, mais leur est plutôt délégué par l'autorité fédérale. On pourrait prétendre dès lors que l'exercice des pouvoirs de nature exécutive et administrative dévolus aux territoires est assujetti à la *Charte* en raison des dispositions de l'alinéa 32 (1) a) de la *Charte* qui stipule qu'elle s'applique «au Parlement et gouvernement du Canada, pour tous les domaines relevant du Parlement, y compris ceux qui concernent le territoire du Yukon et les Territoires-du-Nord-Ouest». Dès lors, les territoires seraient contraints par la *Charte*, dans la même mesure que peuvent l'être le Parlement et le gouvernement du Canada pour toutes fins législatives ou exécutives et administratives.[3]

2. LA CHARTE N'ÉLARGIT PAS LES COMPÉTENCES LÉGISLATIVES (ARTICLE 31)

L'article 31 stipule que «la présente charte n'élargit pas les compétences législatives de quelque organisme ou autorité que ce soit».

La *Charte* limite et contraint, comme nous le verrons lors de l'examen de l'article 32, l'autorité législative du Parlement et des législatures. Elle ne peut toutefois être invoquée pour en élargir les compétences. Le Parlement canadien ne pourrait en conséquence s'appuyer sur la *Charte* pour adopter des lois en dehors de son domaine de compétences législatives en vue de pallier une incurie présumée des autorités provinciales. La professeure Swinton a montré dans la première édition de cet ouvrage les différences qui existent à cet égard entre la *Charte* et le *Bill of Rights* américain. Aux États-Unis, en effet, le Congrès peut faire des lois pour assurer le respect des garanties des treizième (garantie contre l'esclavage), quatorzième (le droit au «due process») et quinzième (l'égalité de protection des lois) amendements du *Bill of rights* américain, à l'encontre de toute législation des États qui enfreint ces garanties.[4] Le Parlement canadien ne saurait, en s'appuyant sur la *Charte*, s'arroger des compétences législatives qui ne lui appartiennent pas pour assurer le respect de la *Charte* par les provinces.

C'est donc aux tribunaux, par le biais de l'article 52 de la *Loi constitutionnelle de 1982*, que revient la responsabilité d'assurer le respect de la

---

[3] K.E. SWINTON, *supra*, note 1 : voir la discussion concernant les territoires dans la Partie 3, en regard de l'article 32, p. 2-13 à 2-15.
[4] *Id.*, p. 52 et s.

Charte. En effet, en vertu de cet article seront déclarées inopérantes par le tribunal compétent les dispositions incompatibles de toute règle de droit.[5]

3. À QUI INCOMBE L'OBLIGATION DE RESPECTER LES DROITS ET LIBERTÉS GARANTIS PAR LA CHARTE CANADIENNE DES DROITS ET LIBERTÉS? (ARTICLE 32)

Il est relativement aisé de déterminer qui sont les bénéficiaires des droits et libertés garantis par la *Charte*. Il est beaucoup plus difficile d'établir à qui la *Constitution du Canada* impose l'obligation de les respecter.

De toute évidence, la *Charte* encadre et contraint l'action de l'État en lui imposant l'obligation de respecter les valeurs qu'elle garantit. Mais comment définir l'État pour les fins de l'application de la *Charte*? Faut-il entendre l'État dans toutes ses activités législatives, exécutives et judiciaires? L'obligation de respect est évidemment imposée au Parlement et aux législatures provinciales, dépositaires du pouvoir législatif de l'État canadien. Mais est-ce que sont aussi tenus à l'obligation de respect tous les organismes et toutes les personnes qui exercent une autorité législative qui leur est déléguée par le Parlement ou les législatures? Le gouvernement, dépositaire du pouvoir exécutif de l'État, est bien sûr tenu à l'obligation de respect. Mais comment définir le gouvernement pour ces fins? Faut-il comprendre dans cette expression les sociétés d'État, les sociétés mandataires de l'État, les sociétés privées réglementées par l'État, les sociétés privées qui bénéficient de l'assistance financière de l'État? Et que dire des organismes gouvernementaux locaux, comme les corporations municipales, les commissions scolaires? Ou encore, qu'en est-il des universités, des collèges communautaires ou des centres hospitaliers? Ces organismes font-ils partie du giron gouvernemental et, à ce titre, sont-ils assujettis à la *Charte*? Finalement, dans quelle mesure les tribunaux eux-mêmes, expression du pouvoir judiciaire de l'État, sont-ils tenus à l'obligation de respecter la *Charte*?

Évidemment, ces interrogations seraient superflues s'il était établi que tous — et non seulement l'État — sont tenus à l'obligation de respect. Plusieurs l'ont prétendu au cours des premières années qui ont suivi l'entrée en vigueur de la *Charte*.[6] Mais une des premières décisions de la Cour

---

[5] Voir *infra*, Partie 5.
[6] Parmi les auteurs qui ont prétendu que la *Charte* oblige les particuliers autant que l'État, voir : D. GIBSON, «The Charter of Rights and the Private Sector» (1982) 12 *Man. L.J.* 213; «*Distinguishing the Governors from the Governed : The meaning of «government» under S. 32(1) of the Charter*» (1983) 13 *Man. L.J.* 505; *The Law of the Charter : General Principles*, Calgary, Carswell, 1986; D. LLUELLES et P. TRUDEL, «L'application de la *Charte canadienne des droits et libertés* aux rapports de droit privé» dans «La *Charte canadienne des droits et libertés* : concepts et impacts» (1984) 18 *R.J.T.* 219; M. MANNING, *Rights, Freedoms and the Courts : A Practical Analysis of the Constitution Act*,

suprême du Canada a rejeté sans équivoque la thèse de l'application générale de la *Charte* aux rapports de droit privé,[7] avec le résultat que l'une des questions les plus complexes posées par la *Charte* consiste à cerner et à définir qui est tenu de la respecter.

Pour nous, le mot «État» dans ce contexte est donc simplement une façon commode de référer à l'ensemble des pouvoirs publics qui sont assujettis à la *Charte* sans vouloir nécessairement y assujettir toutes les institutions de l'État. Le juge La Forest exprime bien cette idée lorsqu'il écrit, dans *Stoffman* c. *Vancouver General Hospital* que «les mentions au paragraphe 32(1) du «gouvernement du Canada» et du «gouvernement de chaque province» ne pouvaient être interprétées de manière à faire relever de la *Charte* l'ensemble de cette entité vague que l'on désigne parfois de nos jours en science politique comme [traduction] «l'État»»[8].

Ce sont ces questions que nous nous proposons d'examiner dans ce chapitre.

(a) La *Charte* encadre et contraint l'action de l'État

Les dispositions de l'article 32 de la *Charte* ne laissent aucun doute quant à l'application de la *Charte* à l'État entendu comme l'ensemble des pouvoirs publics, par opposition au secteur privé, encore qu'il faille définir les conditions auxquelles les institutions de l'État seront tenues au respect des valeurs garanties par la *Charte*. Elles se lisent comme suit :

> «Application de la *charte*
>
> **32.**(1) La présente *charte* s'applique :
> a) au Parlement et au gouvernement du Canada, pour tous les domaines relevant du Parlement, y compris ceux qui concernent le territoire du Yukon et les Territoires-du-Nord-Ouest;
> b) à la législature et au gouvernement de chaque province, pour tous les domaines relevant de cette législature».[9]

Toronto, Emond-Montgomery, 1982; Y. De MONTIGNY, «Section 32 and equality rights» dans A.F. BAYEFSKY et M. EBERTS, *Equality rights and the Canadian Charter of Rights and Freedoms*, Toronto, Carswell, 1985; B. SLATTERY, «Charter of Rights and Freedoms — Does it Bind Private Persons?» (1985) 63 *R. du B. can.* 148.

[7] *SDGMR* c. *Dolphin Delivery Ltd.*, [1986] 2 R.C.S. 573, [1987] 25 C.R.R. 321 (C.S.C.). Voir aussi le juge La Forest dans l'arrêt *McKinney* c. *Université de Guelph*, [1990] 3 R.S.C. 229, p. 266. «Ce serait porter sérieusement atteinte à l'objet clair de l'article 32, qui est de restreindre l'application de la *Charte* aux actions législatives et gouvernementales, que d'en étendre l'application aux sociétés privées et ce serait faire fi des motifs déjà mentionnés qui justifient de restreindre ainsi l'application de ces restrictions de la *Charte*».

[8] [1990] 3 R.C.S. 483, p. 506.

[9] *Loi de 1982 sur le Canada*, Annexe B, Partie I, (R.U.), 1982, c. 11, en abrégé «la *Charte*

Est-il besoin de noter que, contrairement à la *Déclaration canadienne des droits* de 1960 qui n'affecte que le domaine des compétences fédérales,[10] c'est tout l'État canadien, dans sa composante autant provinciale que fédérale, qui est assujetti aux dispositions de la *Charte* ? Le premier paragraphe de l'article 32 l'établit sans équivoque.

(b) Le pouvoir législatif : le Parlement et les législatures provinciales

C'est l'ensemble du pouvoir législatif de l'État canadien qui est tenu de respecter les valeurs garanties par la *Charte*, soit le Parlement et les législatures provinciales sur qui repose la totalité de la souveraineté législative au Canada.

Le Parlement est défini à l'article 17 de la *Loi constitutionnelle de 1867*, comme consistant en la Reine (représentée au Canada par le gouverneur général), une chambre haute appelée le Sénat et la Chambre des communes. C'est au Parlement ainsi composé que la *Loi constitutionnelle de 1867* confie l'exercice des compétences législatives fédérales.

L'exercice des compétences législatives provinciales est confié par ailleurs aux législatures provinciales composées d'un lieutenant-gouverneur et d'une assemblée législative.[11]

L'article 52 de la *Loi constitutionnelle de 1982* affirme solennellement qu'est inopérante toute règle de droit qui ne respecte pas les dispositions de la *Charte*.[12] L'expression «règle de droit», bien sûr, désigne entre autres les lois adoptées par le Parlement et les législatures provinciales. L'action conjuguée des articles 32 et 52 mène clairement à la conclusion que les constituants entendaient assujettir la législation fédérale et provinciale aux impératifs de la *Charte*.

---

canadienne» ou «la *Charte*». Le paragraphe 32 (2) prévoyait que l'article 15 garantissant les droits à l'égalité n'entrerait en vigueur que trois ans après la proclamation de la *Charte*. Ce paragraphe est donc désuet depuis le 17 avril 1985, la *Charte* étant entrée en vigueur trois ans auparavant.

[10] S.C. 1960, c. 44; L.R.C. (1985), App. III.

[11] Voir, par exemple, en ce qui concerne l'Ontario et le Québec, les articles 69 et 71 de la *Loi constitutionnelle de 1867* (telle qu'amendée). À cet égard, il faut noter que la modification de la *Constitution* est autorisée par proclamations adoptées par les assemblées législatives provinciales, et non par les législatures provinciales. Les lieutenants-gouverneurs ne participent donc pas au processus d'adoption de modifications à la *Constitution*. Le gouverneur général du Canada, par ailleurs, tout en proclamant les modifications autorisées par les deux Chambres fédérales et le nombre requis d'assemblées législatives, ne participe pas à proprement parler à l'adoption des résolutions modificatrices de la *Constitution*, contrairement à ce qui se passe pour l'adoption des lois fédérales.

[12] Le premier paragraphe de cet article se lit comme suit : «52(1) La Constitution du Canada est la loi suprême du Canada; elle rend inopérantes les dispositions incompatibles de toute autre règle de droit». Sur le sens à donner à l'expression «règle de droit» voir *infra*, Partie 5.

(i) *Le Sénat et la Chambre des communes et l'obligation de respect*

Il n'y a donc pas de doute que le Parlement et les législatures provinciales sont assujettis à l'obligation de respecter la *Charte* dans l'exercice de leurs compétences législatives respectives. Mais qu'en est-il du Sénat et de la Chambre des communes pris séparément? Le Sénat et la Chambre des communes, tout en étant des composantes fondamentales du Parlement dans le processus d'adoption des lois fédérales, ne constituent pas à proprement parler le Parlement. Une assemblée législative provinciale ne constitue pas non plus à proprement parler une «législature». S'ensuit-il que le Sénat et la Chambre des communes, pris séparément, et les assemblées législatives provinciales ne sont pas assujettis à la *Charte*?

La question s'est posée dans l'arrêt *New Brunswick Broadcasting Co. c. Nouvelle-Écosse (Président de l'Assemblée législative)*.[13] Il s'agissait de savoir si une personne avait un droit constitutionnel à assurer la retransmission par télévision des débats de l'assemblée législative de la Nouvelle-Écosse.

Le juge McLachlin, parlant au nom de la majorité, a conclu que le «terme «législature» ne saurait être interprété de façon restrictive de manière à viser seulement les actes dont l'organisme législatif et le représentant de la Reine sont conjointement responsables»[14]. Sans décider que l'assemblée législative était un acteur gouvernemental, la majorité a déterminé qu'elle est, en tant qu'organisme public, susceptible de porter atteinte aux libertés individuelles et qu'elle pourrait, dans certaines circonstances, être assujettie à la *Charte*.

La majorité a conclu cependant que la *Charte* ne s'applique pas à l'exercice de privilèges inhérents par un organisme comme l'assemblée législative, bénéficiant d'un statut constitutionnel. En d'autres mots, le tribunal s'est refusé à reconnaître que la *Charte* avait éliminé l'autorité constitutionnelle que la Chambre des communes et les assemblées législatives possèdent d'exclure des étrangers et d'assujettir au contrôle supérieur des tribunaux la décision du président quant à ce qui gêne le fonctionnement de l'assemblée.

Le juge en chef Lamer était plutôt d'avis que le mot «législature», à l'article 32, ne comprenait pas ses composantes prises individuellement. Selon le juge en chef, les privilèges de l'assemblée législative qui ont fait l'objet d'une législation pourraient par ailleurs être soumis à la *Charte*, mais pas les privilèges qui ne découlent pas d'une loi.

Le juge Sopinka exprimait, pour sa part, l'avis que l'exercice d'un privilège par une assemblée législative était assujetti à la *Charte*, mais qu'une violation pourrait être justifiée en vertu de l'article 1.

---

[13] [1993] 1 R.C.S. 319.
[14] *Id.*, p. 370.

Il faut souligner aussi que la *Charte* ne s'applique pas au Sénat, à la Chambre des communes et aux assemblées législatives provinciales dans l'exercice de leurs responsabilités pour les fins de la modification de la Constitution. En d'autres termes, la *Charte* ne s'applique pas aux procédures d'amendement de la Constitution.[15]

Mais que penser de l'appareil administratif du Sénat et de la Chambre des communes? Les responsables de ces appareils administratifs, le Président du Sénat et le Président de la Chambre, sont-ils tenus, par exemple, à l'obligation de respecter la *Charte* dans leurs rapports avec leur personnel de soutien? Les personnes qui sont affectées par leurs décisions peuvent-elles exiger le respect de la *Charte*?

Il n'y a pas de doute que la législation adoptée par le Parlement concernant le Sénat et la Chambre des communes ainsi que leur personnel est assujettie à la *Charte*. Toute l'action législative du Parlement est en effet assujettie à la *Charte* par l'application des paragraphes 32(1) et 52(1). Ainsi en est-il, par exemple, de la *Loi sur le Parlement du Canada*[16] et de la loi reconnaissant le droit d'association à certains membres du personnel des deux chambres du Parlement.[17]

Ces initiatives législatives sont donc assujetties au pouvoir de révision des tribunaux en vertu de l'article 52 de la *Loi constitutionnelle de 1982* pour en assurer la conformité avec les dispositions de la *Charte*. De même, ceux qui invoquent les dispositions de cette législation pour justifier leurs actions sont assujettis au même pouvoir de révision. Les politiques d'embauche, de promotion, d'octroi de contrats devraient en conséquence pareillement se conformer aux dispositions de la *Charte*.

Mais l'emprise de la *Charte* sur le Sénat et la Chambre des communes et les assemblées législatives est encore plus grande. En effet, comme nous l'avons évoqué dans la dernière édition de cet ouvrage,[18] elle s'étend à toutes les actions du Sénat, de la Chambre des communes ou de l'assemblée législative prises, par exemple, au cours ou à la suite de procédures d'enquête ou disciplinaires affectant les droits individuels. Il pourrait en être ainsi, à titre d'exemple, des sanctions à caractère pénal qu'elles pourraient infliger à une personne reconnue coupable de «mépris de Parlement». La *Charte* s'applique au Parlement dans l'exercice de son pouvoir législatif. Il serait incongru que les Chambres ne soient pas tenues d'en respecter les

---

[15] *Penikett c. Canada* (1988), 45 D.L.R. (4e) 108 (C.A.Y.), permission d'en appeler à la Cour suprême du Canada refusée. *Native Women's Association of Canada c. Canada*, [1992] 2 C.F. 462 (C.F.), [1992] 3 C.F. 192 (C.A.F.); [1994] 3 R.C.S. 627.
[16] L.R.C. 1985, c. P-1.
[17] *Loi sur les relations de travail au Parlement*, L.R.C. 1985, c. P-1.3.
[18] G.A. BEAUDOIN et E. RATUSHNY, *Charte canadienne des droits et libertés*, Montréal, Wilson et Lafleur Ltée, 1989, 1058p., p. 83.

dispositions lorsque leurs actions non législatives portent atteinte aux valeurs fondamentales protégées par la *Charte*.[19]

(ii) *La législation déléguée*

S'il est clair que l'action législative du Parlement et des législatures doit se conformer aux dispositions de la *Charte*, qu'en est-il de la législation déléguée?

Il est clair qu'en confiant à d'autres, que ce soit au Conseil des ministres, à un ministre, à un fonctionnaire, à une commission ou à un tribunal administratif, le pouvoir de légiférer à leur place, le Parlement et les législatures doivent respecter les dispositions de la *Charte*. En effet, la législation habilitant une personne ou un organisme à exercer une autorité législative doit elle-même être respectueuse de la *Charte*. Le paragraphe 52(1) de la *Loi constitutionnelle de 1982* ne permettrait pas qu'il en soit autrement. Mais il ne suffit pas, à notre avis, que la législation habilitante ne porte atteinte en aucune manière aux libertés et droits garantis par la *Charte*. L'autorité habilitée doit aussi être respectueuse de la *Charte* dans l'exercice des pouvoirs législatifs que lui confère le Parlement ou la législature. L'autorité à qui est attribué le pouvoir de légiférer est assujettie aux mêmes obligations et contraintes que l'autorité habilitante. Autrement, il serait trop facile au Parlement et aux législatures de ne pas donner suite à leurs obligations constitutionnelles en confiant à d'autres le pouvoir d'exercer leur autorité. C'est donc dire que l'autorité d'établir des règlements conférée au Conseil des ministres, à un ministre, à des fonctionnaires, à des commissions ou aux tribunaux administratifs doit toujours être exercée dans le respect des droits et libertés garantis par la *Charte*. Mais il y a plus. En effet, non seulement les règlements eux-mêmes ne doivent-ils pas porter atteinte aux droits et libertés garantis par la *Charte*, mais les actions prises en vertu de ces règlements doivent aussi être respectueuses de la *Charte*.[20] Il n'est d'ailleurs pas nécessaire que la personne qui exerce cette autorité législative ou prend ces actions fasse partie à proprement parler du gouvernement. Il suffira qu'elle appuie son action sur les dispositions d'une loi ou d'un règlement pour être assujettie à la *Charte*.

---

[19] Voir à cet égard H. STREET, *Freedom, The individual and the law*, 4e éd. Baltimore, Penguin Books, 1977, et spécialement, le chapitre 6, intitulé : *Freedom of expression : contempt of court and contempt of Parliament*, où l'auteur donne de nombreux exemples d'abus commis par les deux chambres du Parlement britannique au cours de l'histoire, v.g. condamnations à l'emprisonnement de journalistes sans qu'ils aient l'opportunité de se faire entendre, etc. Voir également *New Brunswick Broadcasting* qui semble laisser la porte ouverte à une telle conclusion, *supra*, note 13.

[20] P.W. HOGG, *Constitutional Law of Canada*, 3e éd., Toronto, Carswell, 1992, 1478 p., p. 836.

C'est en vertu de ces principes que le juge en chef Lamer, dans *Slaight Communications Inc.* c. *Davidson* a pu écrire qu'il «est impossible d'interpréter une disposition législative attributrice de discrétion comme conférant le pouvoir de violer la *Charte* à moins, bien sûr, que ce pouvoir soit expressément conféré ou encore qu'il soit nécessairement implicite. Une telle interprétation nous obligerait en effet, à défaut de pouvoir justifier cette disposition législative aux termes de l'article premier, à la déclarer inopérante».[21]

La législation déléguée a connu, au cours des vingt-cinq dernières années, un essor phénoménal. Les interventions gouvernementales à caractère réglementaire sont beaucoup plus nombreuses de nos jours que les interventions à caractère proprement législatif. Dans le domaine fédéral, on ne compte plus les lois adoptées par le Parlement qui confient au Conseil des ministres, à un ministre, à une commission ou à un tribunal administratif, le pouvoir d'adopter des règlements, et donc d'exercer, par voie de délégation, l'autorité législative du Parlement. La situation n'est guère bien différente au palier provincial. Autant la législation habilitante que la législation subordonnée doivent respecter les droits et libertés garantis par la *Charte*, sous peine d'être déclarées inopérantes ou inconstitutionnelles par les tribunaux en vertu du paragraphe 52(1) de la *Charte*.

C'est le cas, par exemple, des corporations professionnelles à qui l'État confie la tâche de réglementer les professions et d'en contrôler l'exercice. Les législatures provinciales ont délégué à ces corporations professionnelles une autorité à caractère législatif. Elles exercent, en effet, en vertu de la législation les constituant et les régissant, un pouvoir législatif subordonné. L'exercice de ce pouvoir est assujetti à l'obligation de respecter les droits et libertés garantis par la *Charte*. Les tribunaux ont d'ailleurs déjà eu l'occasion de se prononcer en ce sens dans le cas de la profession juridique. Ainsi, le juge Callaghan, dans l'affaire *re Klein and the Law Society of Upper Canada* a-t-il écrit :

> In promulgating rules relating to legal advertising or relations between the press and the bar, the Law Society is performing a regulatory function on behalf of the «legislature and government» of Ontario within the meaning of s. 32 of the Charter (...) In my view, the fact that the Rules and commentaries in the Code of professional conduct have not been adopted under the *Law Society Act* does not prevent them from falling within the ambit of the Charter (...) In enforcing the prohibition against fee advertising and commenting to the press through the disciplinary process, the Law Society effectively makes these prohibitions part of the law of Ontario and subject to the constitutional constraints of the Charter.[22]

---

[21] [1989] 1 R.C.S. 1038, p. 1078.
[22] (1985), 13 C.R.R. 120, p. 153-154; voir aussi, *Black c. Law Society of Alberta*, [1989] 1 R.C.S. 591.

Application de la Charte canadienne des droits et libertés

Une conclusion identique devrait être tirée dans le cas de toute personne ou tout organisme à qui le Parlement ou une législature provinciale confie l'autorité d'exercer une parcelle de leur pouvoir législatif.

(iii) *Les territoires du Nord*

Qu'en est-il des territoires du Nord canadien? Ces principes s'appliquent-ils à ces territoires, dont le statut n'est pas protégé par la *Constitution canadienne* et dont l'existence relève entièrement du Parlement canadien?

Il n'y a aucun doute que la législation organique des territoires du Yukon et du Nord-Ouest, qui pourvoie à leur bon gouvernement et leur délègue l'autorité législative nécessaire à ces fins, est assujettie aux dispositions de la *Charte*. L'alinéa 32(1) a) est explicite à cet égard. La *Charte* en effet s'applique au Parlement et au gouvernement du Canada, pour tous les domaines relevant du Parlement, «y compris ceux qui concernent le territoire du Yukon et les Territoires-du-Nord-Ouest». Étant donné que les territoires du Nord canadien exercent, par voie de délégation leur venant du Parlement, des compétences qui, généralement, dans le reste du Canada, sont confiées par la *Constitution* aux provinces, cette précision de l'article 32 vise sans doute à éliminer toute ambiguïté possible quant à l'application de la *Charte* à la législation fédérale relative aux territoires, spécialement dans les domaines de compétence dits «provinciaux».[23]

Dans l'exercice du pouvoir législatif qui leur est reconnu par l'autorité fédérale, les autorités territoriales sont, à notre avis, assujetties à l'obligation de respecter la *Charte* pour les raisons déjà invoquées. La législation adoptée par le Conseil législatif des territoires doit donc être conforme aux dispositions de la *Charte*. Il devrait aussi en être de même des actions administratives prises par les autorités territoriales en vertu de la législation fédérale habilitante ou de la législation territoriale.

Dans l'arrêt *St-Jean*,[24] la Cour suprême du Yukon devait décider de l'application de l'article 133 de la *Loi constitutionnelle de 1867* au Conseil législatif du Yukon. Plus précisément, il s'agissait de savoir si les lois ou ordonnances du territoire constituaient des lois du Parlement au sens de l'article 133 et devaient en conséquence être imprimées et publiées dans les deux langues officielles.

---

[23] Le juge Myer, de la Cour suprême du territoire du Yukon, a exprimé l'avis dans l'arrêt *St. Jean v. R.*, [1987] N.W.T.R. 118, que : «the purpose of mentioning the Yukon Territory, expressly in s. 32(1) *a*), seems to me to be simply to ensure that those Charter protections, which apply in all of the provinces of Canada in matters relating to federal as compared with provincial matters, will also apply in the Yukon Territory in those areas not delegated to the Commissioner in Council by s. 16 of the Yukon Act and therefore not covered by s. 30 and s. 32(1) *b*) of the *Charter*» (p. 130-131).

[24] *Id.*

On se rappellera que la portée des mots «lois de la législature» avait été examinée par la Cour suprême du Canada dans les arrêts *Blaikie*.[25] La Cour avait alors donné aux mots «lois de la législature» une portée beaucoup plus considérable que leur sens ordinaire pouvait de prime abord suggérer et avait ainsi étendu l'application de l'article 133 à de vastes secteurs de la réglementation gouvernementale fédérale et provinciale. La Cour avait cependant refusé d'étendre la portée des mots «lois de la législature» aux règlements municipaux pour des raisons historiques et juridiques.

C'est pour des raisons semblables que la Cour suprême du Yukon a refusé de reconnaître que les ordonnances du Conseil législatif du territoire constituaient des «lois du Parlement» au sens de l'article 133 de la *Loi constitutionnelle de 1867*.

L'arrêt *St-Jean*[26], non plus que les arrêts *Blaikie*[27], ne sauraient, à notre avis, s'appliquer au paragraphe 32(1) de la *Charte*. Dans ces affaires, il s'agissait de définir le sens des mots «*lois du Parlement*» à l'article 133. Ces mots n'apparaissent pas au paragraphe 32(1) et il n'y a guère de raison valable pour que les ordonnances du Conseil législatif des territoires ne soient pas assujetties à la *Charte* en vertu du principe que l'autorité à qui est délégué le pouvoir de légiférer est assujettie, dans l'exercice de ce pouvoir, aux mêmes contraintes qui affectent l'autorité délégante. Cette conclusion découle d'ailleurs clairement des termes de l'article 30 de la *Charte*. La même conclusion s'impose aussi, à notre avis, en ce qui concerne l'exercice du pouvoir exécutif des territoires.[28]

Mais les organes législatifs et exécutifs des territoires sont-ils des institutions du Parlement et du gouvernement du Canada pour les fins du paragraphe 16(1) de la *Charte*, donnant ainsi au français et à l'anglais un statut et des droits et privilèges égaux quant à leur usage au Conseil législatif et dans les institutions du gouvernement des territoires?

L'expression «institutions du Parlement et du gouvernement du Canada» prête à ambiguïté, spécialement en ce qui a trait au Parlement. Il pourrait s'agir en effet aussi bien des institutions *créées* par le Parlement que des institutions qui *constituent* le Parlement. Adopter le premier sens amènerait à inclure dans cette expression tous les organismes créés par le Parlement. Elle devrait s'entendre alors de tous les organismes publics qui doivent leur existence à une mesure du Parlement. Elle inclurait les territoires et aussi les tribunaux judiciaires qui doivent leur existence à une loi adoptée par le Parlement.

---

[25] *Blaikie c. P.G. du Québec (No. 1)* (1979), 101 D.L.R. (3e) 394 (C.S.C.), et *P.G. du Québec c. Blaikie (No. 2)* (1981), 123 D.L.R. (3e) 15 (C.S.C.).

[26] *St. Jean c. R., supra*, note 23.

[27] *Blaikie (No. 1)* et *Blaikie (No. 2), supra*, note 25.

[28] Voir *infra*, Partie 1.

L'expression peut, par ailleurs, s'entendre de ces institutions qui constituent à proprement parler le Parlement. L'expression désignerait alors uniquement le Sénat et la Chambre des communes, leurs comités respectifs, tous les organes administratifs du Parlement proprement dit, ainsi que les institutions rattachées directement au Parlement, tel le Vérificateur général, le Commissaire aux langues officielles, le Directeur général des élections, etc. Selon cette interprétation, le Conseil législatif des territoires ne serait pas une institution du Parlement, au sens du paragraphe 16(1), même s'il est une créature du Parlement.[29] Dans l'affaire *St-Jean*,[30] la Cour a conclu que ni le Conseil législatif ni le gouvernement exécutif du territoire ne constituaient une «institution du Parlement ou du gouvernement du Canada» au sens du paragraphe 16(1) de la *Charte*.

(iv) *Les municipalités*

À l'instar des territoires du Nord canadien, les municipalités n'ont pas un statut protégé par la *Constitution*. Leur existence et leurs pouvoirs dépendent entièrement de l'autorité législative des provinces.

Même si les municipalités ne sont pas explicitement mentionnées à l'article 32 de la *Charte* lorsqu'il y est question des provinces, il nous paraît indéniable que les lois organiques des municipalités sont assujetties aux dispositions de la *Charte*. Il en est ainsi, selon nous, parce que toute action législative provinciale doit, par l'application des paragraphes 32(1) et 52(1), être respectueuse de la *Charte*. À cet égard, il nous semble clair que les arrêts de la Cour suprême dans les affaires *Blaikie*[31] ne sauraient être invoqués pour appuyer la proposition que la *Charte* ne s'applique pas aux municipalités. L'article 32 ne limite pas l'application de la *Charte* aux «lois de la législature» (article 133 de la *Loi constitutionnelle de 1867*). Il en applique les dispositions à la législature elle-même.

En conséquence, les municipalités seraient assujetties à l'obligation de respecter les droits et libertés garantis par la *Charte* dans l'exercice des pouvoirs législatifs que leur attribue la législature, comme c'est le cas de tout autre organisme exerçant une compétence législative déléguée. C'est dire que les règlements établis par les municipalités qui ne respectent pas les dispositions de la *Charte* seraient assujettis au pouvoir de révision des tribunaux qui pourraient les déclarer inopérants et sans effet en vertu de l'article 52. Le fait que l'article 30 de la *Charte* ait prévu qu'il en soit ainsi de façon explicite dans le cas des territoires, n'affecte en aucune manière,

---

[29] À propos de la notion «institutions du Parlement et du gouvernement du Canada», voir la définition établie par le Parlement pour les fins de la *Loi concernant le statut et l'usage des langues officielles du Canada*, L.C. 1988, c. 38, art. 3.
[30] *St. Jean c. R.*, *supra*, note 23.
[31] *Blaikie (No. 1)* et *Blaikie (No. 2)*, *supra*, note 25.

à notre avis, la validité de cette proposition en ce qui a trait aux municipalités. En effet, la situation particulière des territoires, qui, par définition, sont territorialement situés en dehors des provinces et exercent une compétence législative déléguée du Parlement dans des domaines de compétence dits provinciaux, exigeait la levée de toute ambiguïté pouvant résulter du caractère quasi provincial de leurs activités législatives. Ce n'est point le cas des municipalités et il n'y avait donc pas d'ambiguïté à éliminer à leur sujet.[32]

Dans l'arrêt *McKinney* c. *Université de Guelph,*[33] le juge La Forest a écrit que «si la *Charte* vise les municipalités, c'est parce que les municipalités exercent une fonction purement gouvernementale. Elles adoptent des règles qui ont force de loi auprès du public en général et prévoient des peines pour ceux qui y contreviennent (...) [34].» Le juge Sopinka ajoutait, après avoir souligné que la *Charte* a pour rôle de protéger le particulier contre le pouvoir coercitif de l'État, qu'il devait y avoir un élément de coercition pour que les dispositions adoptées par une institution puissent être qualifiées de «loi» et donc être assujetties à la *Charte.*[35]

(v) *Conclusion*

S'il est clair que le Parlement et les législatures provinciales sont tenus de respecter les droits et libertés garantis par la *Charte* dans leurs activités législatives, il en est de même de toute personne ou tout organisme privé ou public à qui le Parlement ou une législature délègue le pouvoir de légiférer en leur lieu et place. Le Conseil législatif des territoires, les municipalités, le gouverneur général en conseil, les ministres, enfin tous ceux à qui est attribué, par le Parlement ou la législature, le pouvoir de légiférer sont aussi tenus à l'obligation de respect. De même, toute personne qui invoque à l'appui de son action un texte législatif pourra se voir opposer les dispositions de la *Charte*.

(c) Le pouvoir exécutif : le gouvernement du Canada et les gouvernements provinciaux

Sous ce titre, nous examinerons deux questions principales : d'abord, ce qu'il faut entendre par «gouvernement» dans le cadre de l'article 32 de la *Charte* et, en second lieu, les types d'activités gouvernementales aux-

---

[32] L'article 30 se lit comme suit : «Dans la présente charte, les dispositions qui visent les provinces, leur législature ou leur assemblée législative visent également le territoire du Yukon, les territoires du Nord-Ouest ou leurs autorités législatives compétentes».

[33] [1990] 3 R.C.S. 229.

[34] *Id.*, p. 270.

[35] *Id.*, p. 444-445.

quelles s'applique la *Charte*. Finalement, nous dirons un mot de l'action exécutive en regard de l'article 1 de la *Charte*.

(i) *La notion de gouvernement*

L'article 32 étend l'application de la *Charte* non seulement au Parlement et aux législatures provinciales, mais aussi au gouvernement du Canada et aux gouvernements provinciaux. C'est dire que la *Charte* s'applique non seulement à l'activité législative de l'État, mais pareillement à ses activités à caractère exécutif ou administratif.

Dans ce contexte, que faut-il entendre par le mot «gouvernement»?

L'article 9 de la *Loi constitutionnelle de 1867* consacre la fonction du gouverneur général dont le titulaire exerce au gouvernement du Canada des fonctions au nom de la Reine. C'est donc le gouverneur général qui exerce le pouvoir exécutif dont la Reine est investie à l'égard du Canada. Ces pouvoirs, il les exerce seul ou plus généralement avec l'accord du Conseil privé pour le Canada. Le lieutenant-gouverneur de chaque province, dont le poste est prévu à l'article 58 de la *Loi constitutionnelle de 1867*, représente par ailleurs la Couronne du chef de la province.

De nos jours, les fonctions des représentants de la Reine sont plutôt symboliques, leurs pouvoirs réels ayant été considérablement amenuisés avec le temps. Le pouvoir exécutif de l'État, au sens strict, est exercé, au fédéral, par le gouverneur général en conseil, c'est-à-dire le gouverneur général agissant sur avis du Conseil privé ou d'un comité du Conseil privé — et au provincial, notamment au Québec, par le lieutenant-gouverneur agissant sur avis du Conseil exécutif. Il en résulte que le pouvoir exécutif de l'État canadien, dans sa composante fédérale et provinciale, continue toujours d'être formellement attribué à la Couronne, même si effectivement les pouvoirs exécutifs de l'État sont exercés par le Cabinet ou le Conseil des ministres.

Effectivement, la Couronne agissant par ses représentants, sous le chef du gouvernement fédéral ou de la province et dans leurs sphères respectives de compétence, possède tous les attributs de la personnalité juridique. Elle est capable de posséder, d'acquérir et d'aliéner des biens et d'ester en justice. Elle peut dispenser des services, exploiter des entreprises, administrer des programmes. Elle possède évidemment tous les pouvoirs que lui accorde la *Constitution* ainsi que certaines prérogatives et immunités qui lui sont particulières et dont ne peuvent se réclamer ses sujets.[36]

Le pouvoir exécutif s'entend aussi, dans son sens large, de l'administration publique.

---

[36] Sur toute cette question, voir R. DUSSAULT et L. BORGEAT, *Traité de droit administratif*, t.1, 2e éd., p. 63-69, et P.W. HOGG, *supra*, note 20, p. 234-235.

Les notions de pouvoir législatif et de pouvoir exécutif ne sont pas parfaitement étanches, et il arrive que le pouvoir législatif — c'est le cas notamment de la délégation d'autorité législative — attribue un pouvoir de légiférer à un organisme exerçant essentiellement un pouvoir exécutif. C'est le cas, par exemple, chaque fois que le Parlement attribue un pouvoir de réglementation au Conseil des ministres ou au gouverneur général en conseil. En adoptant des règlements, le Conseil des ministres exerce alors une fonction de nature législative et non exécutive.

Par ailleurs, les organes administratifs de l'État, tels les ministères et les organismes de consultation, d'adjudication, de réglementation, de gestion administrative ou commerciale, en principe, font partie de la branche exécutive de l'État même si, dans un sens restreint, ils ne font pas partie du pouvoir exécutif.

Dans le cadre de l'article 32 de la *Charte*, une première constatation paraît donc s'imposer. L'expression «gouvernement» désigne assurément la Couronne fédérale et provinciale. Elle désigne aussi, à notre avis, toutes les personnes et tous les organismes qui effectivement exercent le pouvoir exécutif de l'État fédéral par opposition au pouvoir législatif qui est attribué au Parlement du Canada. En d'autres mots, au palier fédéral, l'expression s'entend des organismes qui exercent une fonction exécutive ou administrative. C'est dire que l'expression «gouvernement du Canada» ne désigne pas, dans le contexte de l'article 32, le «gouvernement du Canada» dans le sens plus large et général de «l'État fédéral», dans ses composantes législative, exécutive et judiciaire, mais plutôt l'État dans sa branche exécutive et administrative.[37]

Mais même dans ce sens restreint, que faut-il entendre par l'expression «gouvernement ?»

(A) Les ministères, conseils, offices, commission, etc. Au palier fédéral, l'expression «gouvernement du Canada» désigne, nous l'avons vu, la Couronne elle-même à qui est attribuée la responsabilité de veiller au bon gouvernement du Canada. Elle désigne aussi tous ceux et celles qui agissent au nom du Souverain ou qui exercent en son nom, en ses lieu et place, le pouvoir exécutif de l'État fédéral. C'est le cas du Conseil des ministres, du premier ministre et de ses ministres, des fonctionnaires, des représentants et mandataires du gouvernement du Canada lorsqu'ils exercent les pouvoirs

---

[37] Voir l'arrêt *Dolphin Delivery Ltd.*, *supra*, note 7, p. 598. Même s'il n'y a pas d'équivalent de l'article 9 de la *Loi constitutionnelle de 1867*, en ce qui concerne les provinces, l'expression «gouvernement de chaque province» doit s'entendre de la puissance publique provinciale, habituellement désignée de façon formelle «Sa Majesté la Reine du Chef de la province...», ou encore «la Couronne provinciale», c'est-à-dire le lieutenant-gouverneur en conseil.

du Souverain ou agissent au nom de la Couronne. Les ministères, directions, bureaux et organismes administratifs établis sous le régime des lois du Parlement du Canada sont aussi compris dans cette expression.[38]

Il devrait en être de même des organismes établis sous le régime des lois du Parlement pour exercer une fonction de surveillance ou de réglementation. Ce serait le cas, par exemple, de l'*Office national des transports* qui exerce une fonction de surveillance et de réglementation dans le domaine du transport national, de l'*Office national de l'énergie* qui possède une autorité importante dans le domaine de la gestion des ressources énergétiques, du *Conseil de la radiodiffusion et des télécommunications canadiennes (CRTC)* qui exerce son autorité dans le domaine des communications et de la *Commission des libérations conditionnelles* qui participe à l'administration de certaines peines d'emprisonnement imposées par les tribunaux judiciaires. Ces organismes exercent une fonction gouvernementale et sont, à notre avis, assujettis à l'obligation de respecter les droits et libertés garantis par la *Charte* dans toutes leurs actions. L'*Office national de l'énergie*, à titre d'exemple, est autant lié par la *Charte* que le *ministère des Ressources naturelles* peut l'être. À cet égard, l'Office et le ministère partagent la même obligation de respect.

Cela étant dit, cependant, il restera à déterminer dans chaque affaire particulière quel droit ou liberté garanti par la *Charte* a été violé pour donner ouverture à un recours. Dans le cas de permis émis par le *CRTC*, il pourrait s'agir, en toute hypothèse, de la liberté d'expression garantie par l'alinéa 2 b) de la *Charte*. Par ailleurs, les garanties juridiques de la *Charte* seront primordiales dans le cadre des procédures menées devant la *Commission des libérations conditionnelles* et affectant la liberté des détenus.[39]

(B) Les sociétés d'État et entités publiques. Qu'en est-il des sociétés d'État? La *Société Radio-Canada,*[40] société mandataire de l'État, est-elle tenue de respecter les droits et libertés garantis par la *Charte*? Traditionnellement, les sociétés d'État mandataires ont été considérées comme exerçant leurs pouvoirs et attributions au nom de la Couronne et, à ce titre, capables de bénéficier des prérogatives et immunités de la Couronne, les sociétés d'État non mandataires n'étant pas habilitées à s'en prévaloir.[41]

---

[38] Voir, en ce qui concerne le Conseil des ministres, le juge en chef Dickson, dans *Operation Dismantle Inc.* c. *La Reine*, [1985] 1 R.C.S. 441, p. 455, à l'effet que les décisions du Conseil des ministres sont susceptibles d'être révisées par les tribunaux pour en assurer la conformité avec la *Charte* et que l'exécutif du gouvernement est assujetti à l'obligation générale d'agir en conformité des préceptes de la *Charte*.

[39] Voir *Re Evans and The Queen* (1987), 30 C.C.C. (3e) 313 (C.A. Ont.).

[40] L.C. 1991, c. 11.

[41] Voir la *Loi sur la participation publique au capital de Petro-Canada*, L.C. 1991, c. 10.

Examinons ce que donnerait l'application de ce critère à la question de savoir si une société d'État est couverte par l'expression «gouvernement du Canada». D'abord, disons qu'il suffirait souvent de consulter la loi organique de la société pour déterminer si le Parlement a prévu expressément qu'elle est mandataire de l'État. Dans l'affirmative, la société serait assujettie à l'obligation de respect. Mais même si la loi constitutive ne prévoit pas expressément que la société est mandataire de la Couronne, il n'est pas impossible qu'elle le soit par application des règles de la *common law* élaborées au cours des ans en vue de déterminer si certaines entreprises publiques bénéficient des mêmes prérogatives et immunités que la Couronne, entre autres, en matière de responsabilité civile et pénale, d'immunité fiscale ou d'inapplication des lois.

En bref, la réponse à la question de savoir si une société est mandataire de la Couronne, en vertu de la *common law*, dépend de la nature et de l'étendue du contrôle que la Couronne ou ses représentants exercent sur la société. Plus considérable sera le contrôle ministériel sur la société, plus grandes seront les chances que la société soit reconnue comme mandataire de l'État. Comme le professeur Hogg le souligne, il n'est pas suffisant qu'un ministre exerce un contrôle *de facto* sur la société; il doit s'agir d'un contrôle *de jure*. L'attention des tribunaux se portera sur l'étendue du contrôle que la législation reconnaît au ministre, non pas sur le contrôle que le ministre exerce dans les faits. Le pouvoir de désigner les dirigeants de la société ou des membres à son conseil d'administration ou encore l'affectation de fonds publics à la société, ne sont pas suffisants en soi pour justifier la conclusion que la société est mandataire de la Couronne. Par ailleurs, la présence d'un ministre à la tête d'une société suffira pour justifier la conclusion que la société est mandataire de la Couronne.[42]

En vertu de ces principes, les sociétés désignées comme mandataires de l'État par voie judiciaire seraient aussi assujetties à l'obligation de respecter la *Charte*, pas seulement celles qui sont nommément désignées mandataires par législation. Le contrôle qu'exerce l'État sur de telles sociétés serait suffisant pour les amener dans le giron de l'appareil gouvernemental auquel s'applique la *Charte*.

En vertu de cette approche, les sociétés d'État non mandataires ne seraient pas assujetties à la *Charte*. Leur autonomie de statut et d'action leur

---

[42] Voir en particulier l'arrêt de la Cour suprême du Canada dans l'affaire *Fidelity Ins. Co. of Can. c. Cronkhite Supply Ltd.*, [1979] 2 R.C.S. 27, et généralement P.W. HOGG, *supra*, note 20, p. 260-261. Voir la *Loi sur la gestion des finances publiques*, L.R.C. 1985, c. F-11, en vertu de laquelle le gouverneur en conseil peut donner des instructions à une société d'État appartenant à Sa Majesté, s'il estime qu'il est d'intérêt public de le faire. De telles instructions devraient, selon nous, être conformes à la *Charte*, de même que toute action prise par la société sur la base de ces instructions.

éviterait d'être incluses dans la notion de «gouvernement» au sens de l'article 32 de la *Charte*.

Cette approche fondée sur une interprétation littérale de l'expression «gouvernement du Canada» mène à des résultats étonnants. Ainsi, la *Société Radio-Canada*, société mandataire de l'État, serait assujettie à la *Charte*, mais non pas les sociétés privées de radiodiffusion concurrentes. Par exemple, la *Société Radio-Canada* serait en conséquence tenue à l'obligation de respecter la liberté fondamentale d'expression garantie par l'alinéa 2 b) de la *Charte*, mais non pas les sociétés privées concurrentes.

Les professeurs Swinton et Gibson ont étudié ces questions et examiné quelques solutions possibles.

Ainsi, la professeure Swinton a prôné l'adoption de la notion de «fonction gouvernementale». Il ne suffirait pas alors qu'une entreprise soit mandataire de la Couronne pour être assujettie à la *Charte*. Toute entreprise mandataire ou non, privée ou non, serait assujettie à la *Charte* à la condition qu'elle exerce une «fonction gouvernementale».[43]

Mais quel sens donner à la notion de «fonction gouvernementale»? Le professeur Gibson s'est attardé à démontrer les difficultés de définir une telle notion.[44] Il n'existe pas de critères communément acceptés qui permettent de déterminer clairement quand une fonction a un caractère proprement gouvernemental.

La conduite des affaires étrangères de l'État, sa défense, la réglementation des transports aériens, par exemple, constituent sans doute une fonction gouvernementale. Mais la situation s'embrouillera assez rapidement. La livraison du courrier, avec l'avènement des messageries modernes et l'avènement de concurrents à la Société canadienne des postes, constitue-t-elle à proprement parler une fonction gouvernementale? Le transport aérien des passagers s'accommode bien des entreprises du secteur privé. Il serait difficile de prétendre qu'une société d'État oeuvrant comme transporteur aérien exerce une fonction gouvernementale.[45]

Et la radiodiffusion? Les entreprises du secteur privé comme CTV et TVA, qui oeuvrent dans ce domaine exercent-elles une fonction gouvernementale à proprement parler? La *Société Radio-Canada, Radio-Québec* et *TV Ontario,* qui relèvent du secteur public, exercent-elles, à proprement parler, une fonction gouvernementale? Et la vente de boissons alcooliques traditionnellement confiée, dans notre pays, à des entreprises publiques serait-elle une fonction gouvernementale? Cesserait-elle d'être une fonction gouvernementale lorsqu'elle est exercée par l'entreprise privée? Poser ces

---

[43] K.E. SWINTON, *supra,* note 1, p. 72-73.
[44] D. GIBSON, *supra,* note 6, *The Law of the Charter : General principles,* p. 100 et s.
[45] La loi constitutive de la *Société Air Canada,* même avant sa privatisation, stipulait que la Société n'était pas un mandataire de Sa Majesté. L.R.C., 1985, c. A-10, art. 24.

questions, c'est dire la difficulté de définir ce que constitue une fonction gouvernementale.

Le professeur Gibson a exploré plusieurs façons de définir la notion de «fonction gouvernementale», pour conclure qu'aucune n'était réellement satisfaisante. C'est une des raisons d'ailleurs qui l'ont amené à prôner l'application de la *Charte canadienne* à tout le secteur privé.

Parce que les méthodes traditionnelles d'interprétation de l'expression «gouvernement du Canada» mènent à des conclusions incongrues, nous avons suggéré, dans l'édition précédente de cet ouvrage,[46] qu'il serait loisible aux tribunaux, à notre avis, d'adopter une interprétation téléologique de l'article 32 de la *Charte*. La notion de gouvernement serait alors éclairée par une analyse des buts poursuivis par les constituants lorsqu'ils ont enchâssé tel droit ou telle liberté spécifique dans la *Constitution canadienne*. La réponse à la question de savoir si une entreprise privée est assujettie à l'obligation de respecter un droit ou une liberté spécifiquement protégé par la *Charte* serait dès lors fondée sur un examen de la nature des activités de l'entreprise, du rôle que ces activités jouent dans le maintien et l'épanouissement d'une société libre et démocratique fondée, par exemple, sur le respect de la personne, la tolérance et le principe de l'égalité sans discrimination, et finalement, de la gravité de la menace que la violation reprochée à l'entreprise représente pour le respect de la valeur à laquelle il est porté atteinte.

Selon cette grille d'analyse, une atteinte à la liberté d'expression garantie par l'alinéa 2 b) de la *Charte* serait traitée selon la gravité de l'atteinte perpétrée par l'entreprise privée sur les valeurs que protège la liberté d'expression.

À titre d'exemple, toute atteinte sérieuse à la liberté d'expression politique, dans des circonstances mettant en danger la bonne marche et la qualité de notre régime démocratique, contreviendrait à la *Charte* autant de la part de la société d'État que des sociétés de radiodiffusion privées. Le rôle dominant des entreprises de radiodiffusion dans la poursuite des objectifs de démocratie et de liberté (d'expression, par exemple) que poursuit la *Charte* exigerait qu'elles soient assujetties à l'obligation de respecter ces valeurs fondamentales chaque fois que leurs actions les mettraient dangereusement en péril.

Cette façon d'aborder la question de l'application de la *Charte* mettrait en sourdine une interprétation littérale de l'article 32 fondée sur des grilles d'analyse établies pour d'autres fins pour se mettre à l'écoute des objectifs fondamentaux poursuivis par la *Charte*. La Cour suprême du Canada a adopté une approche téléologique qui s'apparente à celle dont il est question

---

[46] *Supra*, note 18, p. 95.

ici lorsqu'elle a défini le sens à donner aux mots «lois de la législature» de l'article 133 de la *Loi constitutionnelle de 1867* dans les arrêts *Blaikie*.[47]

Il semble bien, cependant, que l'arrêt *Dolphin Delivery*[48] ait solidement fermé la porte à une telle technique d'interprétation de la *Charte*. La méthode adoptée par la Cour suprême dans cet arrêt s'apparente à la façon traditionnelle d'aborder l'interprétation des textes législatifs et laisse peu de place à une interprétation téléologique des dispositions de l'article 32.

Depuis l'arrêt *Dolphin Delivery*[49], la Cour suprême a eu l'occasion de préciser sa pensée sur la question dans quatre arrêts importants, spécialement *McKinney* c. *Université de Guelph*.[50]

Dans l'arrêt *McKinney*, le juge La Forest, parlant au nom de la majorité, a noté que «plusieurs institutions de notre société exercent des fonctions qui sont incontestablement de nature publique importante, tout en ne faisant pas partie du gouvernement»[51]. Il donne comme exemples les chemins de fer et les transporteurs aériens ainsi que les orchestres symphoniques et les écoles d'apprentissage. Reprenant l'analyse du juge McIntyre dans l'arrêt *Dolphin Delivery*[52], il écrit que «le critère de l'objet public est simplement inadéquat, il regorge de difficultés et d'incertitudes. Ce n'est tout simplement pas le critère qu'impose l'article 32».[53]

C'est en suivant une grille d'analyse qui s'apparente à la méthode traditionnelle évoquée plus haut, et après avoir constaté que l'université est légalement autonome et indépendante du gouvernement quant à ses décisions, que le juge La Forest rejette l'argument que l'université fait partie de l'appareil gouvernemental au sens de l'article 32, de sorte que leurs actions, en tant que telles, ne relèvent pas de la *Charte*.[54]

Le juge La Forest souligne cependant :

> [q]u'il peut y avoir des situations relatives à des activités spécifiques où l'on peut dire à juste titre que la décision est celle du gouvernement ou que la participation gouvernementale à la décision est suffisante pour en faire un acte du gouvernement, mais rien n'indique en l'espèce que le gouvernement a participé à la décision et, comme je l'ai souligné, la loi n'impose pas la retraite obligatoire aux universités.[55]

---

[47] *Supra*, note 25.
[48] *Dolphin Delivery Ltd., supra*, note 7.
[49] *Id.*
[50] [1990] 3 R.C.S. 229. Voir aussi *Stoffman* c. *Vancouver General Hospital*, [1990] 3 R.C.S. 483, *Harrison* c. *Université de la Colombie-Britannique*, [1990] 3 R.C.S. 451 et *Douglas/Kwantlen Faculty Association* c. *Douglas College*, [1990] 3 R.C.S. 570.
[51] *Id.*, p. 269.
[52] *Supra*, note 7.
[53] *Supra*, note 50, p. 269.
[54] *Id.*, p. 275.
[55] *Id.*, p. 274.

Le juge Sopinka, pour sa part, tout en indiquant son accord avec le juge La Forest, en vient à la conclusion que les fonctions principales d'une université ne sont pas gouvernementales. Pour les juges Wilson et Cory, par ailleurs, les universités sont comprises dans l'expression «gouvernement» au sens de l'article 32. Essentiellement, les mêmes points de vue ont été exprimés dans l'arrêt *Harrison*[56].

L'arrêt *Stoffman*[57] a donné l'occasion à la Cour suprême de confirmer et aussi de préciser les principes énoncés dans les arrêts *McKinney*[58] et *Harrison*[59] dans leur application à un hôpital.

Le juge La Forest, s'exprimant au nom de la majorité, a conclu que l'article 32 ne s'appliquait pas à l'hôpital en cause, entre autres parce qu'il s'agissait d'un organisme autonome, dont la fonction ne pouvait être considérée comme gouvernementale au simple motif qu'il fournissait un service public. Le juge a noté que le règlement attaqué n'avait été adopté ni par le pouvoir exécutif ni par le pouvoir législatif, que le pouvoir du ministre se limitait à un contrôle général des objectifs de la loi constituante de l'hôpital et que le règlement attaqué ne mettait pas en oeuvre une politique ministérielle. Même si le règlement attaqué n'était entré en vigueur qu'avec l'approbation du ministre de la Santé, le règlement n'en demeurerait pas moins un règlement de gestion interne de l'hôpital et de son personnel. L'approbation ne constituait donc pas une action du pouvoir exécutif du gouvernement. Dans les circonstances, la conclusion que l'article 32 ne s'appliquait pas à l'hôpital s'imposait donc.

(C) Les sociétés dont les activités sont réglementées par l'État. Qu'en est-il des sociétés commerciales dont les activités sont réglementées par un organisme gouvernemental comme, par exemple, le *Conseil de la radiodiffusion et des télécommunications canadiennes (CRTC)*? Le fait que les activités d'une entreprise privée soient réglementées par l'État est-il suffisant pour permettre de conclure que cette société est assujettie à l'obligation de respecter la *Charte*?

Comme nous l'avons déjà vu, le CRTC est assujetti à l'obligation de respect dans l'établissement de sa réglementation concernant les entreprises de communications qui tombent sous sa juridiction. Les décisions ponctuelles prises par le CRTC en vertu de la législation fédérale ou sa propre réglementation doivent pareillement respecter la *Charte*. Ainsi en est-il, à notre avis, des permis émis par le Conseil et des conditions qu'il y attache.

---

[56] *Supra*, note 50.
[57] *Stoffman c. Vancouver General Hospital*, [1990] 3 R.C.S. 483.
[58] *Supra*, note 50.
[59] *Supra*, note 50.

De plus, suite à la décision de la Cour suprême dans l'affaire *Dolphin Delivery*,[60] la *Charte* pourrait bien être invoquée à l'encontre d'une société privée dont les activités sont réglementées par l'État, dans la mesure où la société invoquerait une intervention gouvernementale (législative ou autre) pour justifier l'action qui fait l'objet du litige. Il en serait ainsi, à titre d'exemple, d'une société qui invoquerait une législation fédérale pour justifier une politique de mise à la retraite obligatoire de ses employés ayant atteint un certain âge. Mais dans de tels cas, la *Charte* pourrait être invoquée, non pas parce qu'il s'agit d'une société dont les activités sont réglementées par l'État ou l'un de ses organismes, mais à cause d'une intervention gouvernementale rendant applicables les dispositions de la *Charte*. Ce n'est que dans cette mesure que la *Charte* pourrait être invoquée à l'encontre d'une entreprise réglementée par l'État.[61]

(D) Les sociétés commerciales en général. Le simple fait qu'une société commerciale tienne son existence de l'autorité gouvernementale ne saurait être suffisant pour l'assujettir à l'obligation de respect. Les *sociétés créées par l'État* en vertu de lois générales ou particulières n'en sont pas pour autant des *sociétés d'État*. Elles en sont la création, mais elles ne font pas partie de l'appareil gouvernemental. Conclure le contraire équivaudrait en pratique à étendre l'application de la *Charte* à une portion considérable du secteur privé. Ainsi en a-t-il été décidé par la Cour du Banc de la Reine de la Saskatchewan dans une affaire impliquant l'*Appraisal Institute of Canada*, une association volontaire incorporée en vertu d'une loi du Parlement du Canada, ne possédant par ailleurs aucun pouvoir statutaire. Le juge Wright écrivait :

> If a body exercises a statutory power — that is authority expressly granted by a legislative body — it may be brought within the scope of the *Charter* as it represents a kind of governmental power. Conversely, if the body scrutinized is a private and voluntary association or corporation created pursuant to a general or public law of the legislature, it cannot and should not be categorized as governmental in nature even if its activities affect important interests of its members.[62]

---

[60] *Supra*, note 7.

[61] Voir l'arrêt *Madisso* c. *Bell Canada* où il a été décidé que le fait qu'une entreprise était réglementée par le CRTC était insuffisant pour conclure que la *Charte canadienne* s'y appliquait, (1985), 22 C.R.R. 162 (H.C. Ont.), confirmée en appel (Ont. C.A.) le 25 février 1987.

[62] *Re Chyz and Appraisal Institute of Canada* (1985), 13 C.R.R. 3, p. 12 (B.R. Sask.). La Cour d'appel de la Saskatchewan a renversé cette décision mais sans discuter la *Charte des droits*, (1986), 20 C.R.R. 272. Voir aussi *Re Peg-Win Real Estate and Winnipeg Real Estate Board* (1985), 19 D.L.R. (4e) 438 (B.R. Man.), confirmé par la Cour d'appel du Manitoba (1986), 37 Man. R. (2e) 183; et D. GIBSON, *supra*, note 6, p. 105.

Pareillement, le fait pour une société de recevoir une aide financière gouvernementale ne serait évidemment pas suffisant en soi pour la faire tomber dans le giron gouvernemental et l'assujettir ainsi à la *Charte*.[63]

(E) Les corporations municipales. Les corporations municipales présentent un intérêt particulier. Comme nous l'avons vu, l'obligation de respecter la *Charte* rejoint les municipalités dans l'exercice du pouvoir législatif que leur délèguent les législatures provinciales. C'est dire que la réglementation municipale est assujettie à la *Charte*. De plus, il semble bien que toute action municipale qui se réclame de cette réglementation ou de leur législation constituante soit aussi assujettie à l'obligation de respect. Mais qu'en est-il de ces actions qui ne se fondent ni sur un règlement ni sur la législation organique de la municipalité? Qu'en serait-il, par exemple, des lignes directrices internes d'une municipalité qui établiraient des limites excessives à la liberté d'expression de ses employés? Qu'en serait-il d'une politique d'octroi de contrats municipaux qui violerait les droits et libertés garantis par la *Charte*? En d'autres mots, si la *Charte* s'applique à l'action législative ou réglementaire de la municipalité, s'applique-t-elle aussi à son action exécutive ou administrative?

L'article 32 stipule que la *Charte* s'applique aux institutions législatives et exécutives de l'État fédéral et, aussi, provincial. À première vue, en adoptant une interprétation étroite de cet article, on serait amené à conclure que les municipalités ne font pas partie du «gouvernement» provincial, au sens de l'article 32, et qu'en conséquence la *Charte* ne les atteint pas, en ce qui concerne tout au moins leur fonction exécutive ou administrative. Mais ce serait à notre avis donner un sens trop étroit à l'article 32. Au Canada, les municipalités occupent une place prépondérante dans la vie de leurs ressortissants et exercent à leur endroit une fonction gouvernementale qu'elles tiennent d'ailleurs de l'autorité provinciale qui est elle-même assujettie à la *Charte*. À notre avis, il serait incongru que de tels organismes gouvernementaux ne soient pas assujettis à l'obligation de respecter la *Charte*, alors que l'autorité gouvernementale provinciale de qui ils tiennent toute leur autorité le sont.[64]

(F) Les universités et les collèges communautaires. Comme nous l'avons déjà évoqué, l'application de la *Charte* aux universités a fait l'objet

---

[63] Voir entre autres *McKinney, supra,* note 50, p. 273 et *Douglas College, supra,* note 50, p. 584-585.

[64] Voir la discussion concernant l'application de la *Charte* aux municipalités dans l'exercice de leur autorité législative, *supra,* p. 2-15 à 2-16. Nous ne connaissons pas de décisions concernant le pouvoir exécutif ou administratif des municipalités au sens dont il est question ici.

de décisions importantes de la Cour suprême, qui a conclu que les universités ne sont pas, en règle générale, assujetties à l'obligation de respect. Dans chaque cas, il s'agissait de savoir si le gouvernement provincial exerçait sur l'université en question un contrôle tel, dans sa nature et son étendue, qu'il était permis de conclure que l'université appartenait effectivement au giron gouvernemental. La réponse a été négative.[65]

Les points de vue exprimés dans l'arrêt *McKinney*[66] ont été repris dans l'arrêt *Harrison*[67]. Après une étude exhaustive du cadre juridique dans lequel évoluent les universités en Ontario, du rôle joué par le gouvernement dans leurs affaires au niveau des budgets, des frais de scolarité, etc., et du statut des universités ontariennes généralement dans la société moderne et, plus particulièrement, dans sa relation avec le gouvernement provincial, le juge La Forest en est arrivé à la conclusion que la *Charte* n'oblige pas les universités.

La Cour suprême en est arrivée à une conclusion différente dans le cas des collèges communautaires de l'Ontario.[68]

Le juge La Forest, parlant au nom de la Cour, a repris les principes qu'il avait énoncés dans l'arrêt *McKinney*[69] et en est venu à la conclusion que la *Charte* s'appliquait parce que la convention collective qui faisait l'objet du litige avait été signée par le Conseil des Régents, formé en vertu de la loi provinciale, dont la tâche consistait à assister le ministre responsable des collèges et universités. Ce conseil était mandataire du gouvernement et constituait une émanation de l'État, en ce sens qu'il était contrôlé par le ministre et faisait effectivement partie de la structure de l'État. Le fait que la convention collective avait été conclue par un mandataire du gouvernement en vertu d'un pouvoir conféré par la loi constituait une mesure gouvernementale qui rendait applicable la *Charte*.[70]

(G) Les commissions scolaires, les centres hospitaliers, etc. La situation des commissions scolaires, des centres hospitaliers et des centres locaux de santé communautaire soulève la même question. Ces organismes seront assujettis à l'obligation de respect uniquement s'il est possible de démontrer que le gouvernement exerce sur eux un contrôle d'une nature et d'une étendue qui justifient la conclusion qu'ils appartiennent au giron gouvernemental. La réponse à cette question pourra varier selon la législation

---

[65] Voir *supra*, note 50.
[66] *Id.*
[67] *Id.*
[68] *Lavigne* c. *Syndicat des employés de la fonction publique de l'Ontario*, [1991] 2 R.C.S. 211.
[69] *Supra*, note 50.
[70] Voir au même effet : *Douglas/Kwantlen Faculty Assn.* c. *Douglas College*, [1990] 3 R.C.S. 570.

organique, et donc aussi d'une province à l'autre, mais généralement la réponse sera affirmative.[71]

(H) Les corporations professionnelles. Selon la grille d'analyse adoptée par la Cour suprême, les organismes responsables de la réglementation des professions ne seraient sans doute pas liés suffisamment de près au gouvernement provincial pour justifier la conclusion que l'article 32 s'y applique et que la *Charte* les oblige en ce qui concerne, à titre d'exemple, l'embauche de leur personnel ou leur politique d'octroi de contrats de services. Cette constatation n'entache en rien la conclusion tirée antérieurement à l'effet que ces organismes sont liés par la *Charte* lorsqu'ils exercent les pouvoirs législatifs que la législature leur délègue ou lorsque leur action se fonde sur la loi provinciale ou une réglementation établie en vertu de cette dernière, en ce qui concerne par exemple leurs pouvoirs d'intervention disciplinaire.[72]

(ii) *Les actions ou activités du gouvernement auxquelles s'applique la Charte*

L'emprise de la *Charte* sur les activités du gouvernement ou des organismes qui lui sont liés d'assez près pour justifier la conclusion qu'ils font partie du gouvernement et l'application de l'article 32 est totale. C'est en tout cas ce qui semble ressortir de la décision de la Cour suprême du Canada dans l'arrêt *Operation Dismantle Inc.*[73]

C'est le juge en chef Dickson qui écrivait dans cet arrêt que «les décisions du Cabinet sont assujetties au contrôle judiciaire et à l'examen des tribunaux aux fins de vérifier leur compatibilité avec la *Constitution*».[74] «Je ne doute pas», ajoutait-il «que l'exécutif du gouvernement canadien ait l'obligation d'agir conformément aux préceptes de la *Charte*».[75] Et Madame le juge Wilson exprimait son désaccord avec l'argument soumis par le Procureur général du Canada selon lequel l'application de la *Charte* devait

---

[71] Voir, en ce qui concerne les commissions scolaires, *Ontario Teachers and Essex Co. School Board* (1987), 58 O.R. (2e) 545, où la *Divisional Court of the Ontario High Court of Justice* a décidé que «a school board is created under a comprehensive statute dealing with education and has a clearly defined role within the scheme of the statute, and (...) in consequence (...) the actions of a board may properly be said to be, for the purposes of the Charter, the actions of the «legislature» or «government» of Ontario». (p. 561). En ce qui concerne les centres hospitaliers, voir entre autres *Stoffman, supra,* note 57.

[72] Voir les autorités citées à la note 22.

[73] *Supra,* note 38.

[74] *Id.,* p. 455.

[75] *Id.*

être restreinte, lorsque le gouvernement est en cause, à l'exercice de pouvoirs découlant directement de la loi.[76]

Il semble bien, en conséquence, que toutes les actions et activités du gouvernement et des organismes qui font partie du gouvernement ou considérés comme tels pour les fins de l'article 32 de la *Charte* soient assujetties aux droits et libertés garantis par la *Charte*. Il devrait en être ainsi, à titre d'exemple, des politiques d'embauche du gouvernement, de l'octroi de contrats, des nominations qu'il effectue, des passeports qu'il émet, etc. La *Charte* embrasse toutes les décisions de l'administration gouvernementale même si ces décisions ne se réclament pas d'une loi ou d'un règlement adopté par l'autorité législative et ne constitue pas l'exercice d'une autorité statutaire. Si elles s'en réclament ou si elles constituent un tel exercice, elles sont alors assujetties à la *Charte* à double titre. À cet égard, la décision de la Cour suprême du Canada dans l'arrêt *Martineau*,[77] établissant qu'une décision du Comité de discipline des détenus de Matsqui n'était pas révisable parce que de nature administrative, ne saurait s'appliquer dans le cadre de l'article 32. Dans cet arrêt, le juge Pigeon a noté que le Commissaire des pénitenciers avait agi non pas en qualité de législateur, mais en qualité d'administrateur.[78] Selon nous, le Commissaire serait soumis à la *Charte* pour tous les actes qu'il pose en l'une qualité ou l'autre.

Pour les mêmes raisons, comme l'a décidé la Cour suprême du Canada dans l'arrêt *Operation Dismantle*,[79] l'exercice de la prérogative royale est assujetti aux dispositions de la *Charte*. Il en serait de même, selon nous, des immunités particulières dont peut encore se prévaloir la Couronne. Pareillement, il y a lieu de croire que les procureurs généraux, fédéral et provinciaux, sont tenus de respecter les droits et libertés garantis par la *Charte* dans l'exercice des pouvoirs que leur reconnaît la prérogative royale. Il en est de même, en principe, de l'exercice des pouvoirs que leur attribue le *Code criminel*. Mais encore faut-il déterminer si les dispositions particulières de la *Charte* s'appliquent, comme dans *Operation Dismantle*, aux circonstances de l'instance où la question est soulevée.[80]

Enfin, l'article 32 stipule que la *Charte* s'applique «*au gouvernement du Canada pour tous les domaines relevant du Parlement du Canada*». Les

---

[76] *Id.*, p. 463.
[77] *Martineau* c. *Le Comité de discipline des détenus de l'Institution de Matsqui*, [1978] 1 R.C.S. 118.
[78] *Id.*, p. 129. À notre avis, une directive du Commissaire ne constituerait pas par ailleurs une «règle de droit» au sens de l'article 1 de la *Charte*.
[79] *Supra*, note 38.
[80] Voir entre autres : *Campbell* c. *Attorney General of Ontario*, (1987) 58 O.R. (2e) 209 (H.C. Ont.), *Re Balderstone and The Queen* (1984), 8 C.C.C. (3e) 532. (Man. C.A.) Permission d'interjeter appel rejetée, *id.*, *Chartrand* c. *P.G. Québec*, [1987] R.J.Q. 1732 (C.S.Q.). Permission d'interjeter appel rejetée (1988), 41 C.C.C. (3e) vi (C.S.C.).

domaines en question — puisqu'il s'agit du Parlement — sont les domaines de compétence législative mentionnés aux articles 91 et autres de la *Loi constitutionnelle de 1867*. Mais l'on sait que le pouvoir exécutif au sein de l'État canadien est réparti entre le fédéral et les provinces sur la même base que les compétences législatives, avec le résultat que la compétence législative du Parlement ou des provinces dans un domaine particulier emporte aussi la compétence exécutive.[81]

(iii) *L'article 1 de la Charte et l'action exécutive*

En vertu de l'article 1 de la *Charte*, seule une règle de droit peut restreindre les droits et libertés garantis par la *Charte*, et ce, uniquement dans les limites qui soient raisonnables et dont la justification puisse se démontrer dans le cadre d'une société libre et démocratique. Maintes fois, l'enjeu de contestations en vertu de la *Charte* sera de savoir si une règle de droit donnée — habituellement il s'agira d'une disposition législative, mais il pourra aussi s'agir d'une règle de la *common law* — restreignant un droit ou une liberté garantis par la *Charte* est conforme aux prescriptions de l'article 1 de la *Charte*.[82]

Mais qu'en est-il de l'action exécutive ou administrative, par opposition à l'action législative? Le pouvoir exécutif peut-il restreindre les droits et libertés garantis par la *Charte*, sans le secours d'une règle de droit au sens prévu à l'article 1 de la *Charte*?

La règle de droit constitue le bien propre de l'autorité législative et, aussi, des tribunaux, lorsqu'elle est dérivée de la *common law*. Les gouvernements ne possèdent pas d'autorité législative à proprement parler, sauf par voie de délégation leur venant du pouvoir législatif. Qu'en est-il alors des restrictions imposées aux droits ou libertés garantis par la *Charte* par l'administration gouvernementale, sans le secours d'une autorité statutaire conférée par le Parlement ou, à tout le moins, d'une règle de *common law*? Serait-il possible, par exemple, à l'administration gouvernementale de se soustraire aux obligations de la *Charte*, avec le consentement du bénéficiaire des droits et libertés qui y sont garantis, dans le cadre d'un contrat de services ou de l'acquisition d'une propriété, etc.? Il nous semblerait incongru qu'il en soit ainsi. En effet, les dispositions de l'article 1 de la *Charte* sont fort onéreuses pour qui veut les invoquer,[83] et il serait inconvenant que le pouvoir exécutif puisse plus facilement que l'autorité législative se soustraire aux obligations imposées par la *Charte*. Pour ce faire, le gouvernement devrait

---

[81] P.W. HOGG, *supra*, note 20, p. 298.
[82] Quant à la notion de «règle de droit» dans le cadre de l'article 1 de la *Charte*, voir D. GIBSON, *supra*, note 6, *The Law of the Charter : general principles*, p. 152 et s.
[83] *R. c. Oakes*, [1986] 1 R.C.S. 103.

toujours être obligé de s'appuyer sur une règle de droit, au sens de l'article 1 de la *Charte*.

Reconnaître la validité de clauses restrictives lorsqu'elles sont agréées par le bénéficiaire du droit ou de la liberté affectés ne serait pas sans poser de sérieux problèmes. Serait-il suffisant d'obtenir le consentement du bénéficiaire du droit ou de la liberté, sans égard au caractère ou aux circonstances de l'atteinte portée au droit ou à la liberté garantis par la *Charte*? À tout le moins, les tribunaux se réserveraient sans doute un droit de regard pour décider si une telle clause est raisonnable ou non. Mais quels critères guideraient alors les tribunaux? S'agirait-il de critères inspirés des dispositions de l'article 1, la volonté des contractants se substituant en quelque sorte à la règle de droit, pivot de cet article?[84]

Il est vrai que la Cour d'appel du Québec, dans un arrêt rendu en vertu de la *Déclaration canadienne des droits*, a reconnu la validité d'une restriction à la liberté d'association prévue à un contrat d'emploi et à laquelle l'employé avait consenti. En l'occurrence, l'employé d'une entreprise oeuvrant dans le Grand Nord canadien avait pris l'engagement de ne pas fréquenter les Esquimaux. La Cour d'appel a refusé de reconnaître que la clause contrevenait aux dispositions de la *Déclaration canadienne des droits* relatives à la liberté d'association.[85]

Il n'est pas certain que cette solution soit retenue pour les fins de la *Charte*. En effet, les dispositions de la *Charte* sont assorties d'une clause prévoyant spécifiquement les conditions auxquelles des restrictions peuvent être apportées aux droits et libertés garantis par la *Charte*. En conséquence, il ne serait pas sage de laisser au seul consentement des parties à un contrat la possibilité d'apporter des restrictions aux droits et libertés qu'elle garantit. Que l'État puisse trop facilement imposer sa volonté à ses cocontractants serait un grand risque. Si le pouvoir exécutif juge que de telles restrictions sont justifiées, il serait éminemment souhaitable et conforme à l'esprit, sinon à la lettre, de la *Charte* que l'autorité compétente adopte les règles de droit nécessaires à de telles restrictions dans le cadre des exigences imposées par l'article 1.

Il n'est pas sans intérêt, à cet égard, de rappeler que la Cour suprême du Canada a décidé, dans l'arrêt *Commission ontarienne des droits de la personne* c. *Etobicoke*[86], que les parties ne pouvaient, dans une convention collective, renoncer aux dispositions du *Ontario Human Rights Code* con-

---

[84] Voir les propos de D. GIBSON à cet égard, *supra*, note 6, p. 168, ainsi que ceux du juge Anderson de la Cour d'appel de la Colombie-Britannique dans l'affaire *Bhindi and B.C. Projectionists* (1987), 24 C.R.R. 302, p. 312-314.
[85] *Whitfield* c. *Canadian Marconi Co.*, [1968] B.R. 92. À noter que le contrat d'emploi était intervenu entre un particulier et une entreprise privée, elle-même liée par contrat au gouvernement fédéral.
[86] [1982] 1 R.C.S. 202, p. 213-214.

cernant l'âge de la retraite obligatoire. Une telle conclusion s'imposerait encore davantage dans le cas de la *Charte*, qui fait partie de la Constitution, la loi fondamentale.[87]

La Cour suprême du Canada a déjà eu l'occasion de reconnaître qu'il était loisible à un accusé de renoncer à certaines garanties juridiques, reconnues par la *Charte*, en matière de procédure (articles 7 à 14), sans toutefois s'exprimer sur le fondement juridique de telles renonciations.[88] À notre avis, il n'est pas certain que ces décisions soient applicables aux autres droits et libertés garantis par la *Charte*.

(d) Le pouvoir judiciaire : les tribunaux judiciaires

La *Charte* oblige-t-elle seulement les pouvoirs législatif et exécutif de l'État? Oblige-t-elle aussi le pouvoir judiciaire? La juxtaposition du mot «Parlement», dépositaire du pouvoir législatif, au mot «gouvernement» dépositaire du pouvoir exécutif, donne à entendre que le pouvoir judiciaire n'est pas tenu à l'obligation de respect.

Pourtant, comme l'a montré le professeur Hogg, certaines dispositions de la *Charte* obligent nécessairement les tribunaux.[89] Il en est ainsi, par exemple, du droit de tout inculpé d'être jugé dans un délai raisonnable, droit garanti par l'alinéa 11 *b*) de la *Charte*. Cette disposition oblige les tribunaux, comme en a décidé la Cour suprême du Canada dans l'affaire *Rahey c. La Reine*.[90] Comme l'a souligné le juge La Forest dans cette cause : «... les tribunaux, à titre de gardiens des principes enchâssés dans la *Charte*, doivent eux-mêmes être assujettis à l'examen que prévoit la *Charte* dans l'exécution de leurs fonctions.[91]» Le même raisonnement prévaudrait dans le cas de l'alinéa 11 *i*), qui garantit à tout inculpé le droit «de bénéficier de la peine la moins sévère, lorsque la peine qui sanctionne l'infraction dont il est déclaré coupable est modifiée entre le moment de la perpétration de l'infraction et celui de la sentence». Cette disposition oblige certainement le tribunal à qui il incombe d'imposer une peine. Un autre exemple nous vient de l'article 14, qui établit le droit à un interprète dans certaines circonstances. Cette disposition impose évidemment au tribunal l'obligation d'assurer la présence de services d'interprètes adéquats. Dans ce contexte, il est légitime

---

[87] Voir par ailleurs D. GIBSON, *supra*, note 6, p. 163-168.
[88] Voir, entre autres, l'arrêt *Clarkson c. R.*, [1986] 1 R.C.S. 383, qui examine la question de savoir à quelles conditions un accusé aura renoncé au droit à l'assistance d'un avocat garanti par l'alinéa 10 *b*) de la *Charte*. Les principes énoncés dans cet arrêt s'appliqueraient sans doute à toute renonciation à une garantie légale en matière de procédure, mais pas nécessairement aux autres garanties, droits ou libertés enchâssés dans la *Charte*.
[89] P.W. HOGG, *supra*, note 20, p. 843-844.
[90] [1987] 1 R.C.S. 588.
[91] *Id.*, p. 633.

de dire que la *Charte*, ou à tout le moins certaines de ses dispositions, oblige les tribunaux.

Mais est-il possible de pousser le raisonnement plus loin et de prétendre que les tribunaux sont compris dans le mot «gouvernement» au sens de l'article 32? Plus particulièrement, c'est là poser la question de l'application de la *Charte* à la *common law*, ce qui nous amènera à nous demander si la *Charte* s'applique pareillement à la *common law* et au droit civil du Québec.

(i) *Les tribunaux sont-ils couverts par le mot «gouvernement» à l'article 32?*

Répondre à cette question par l'affirmative aurait des conséquences importantes. Comme l'a fait remarquer le professeur Hogg, une telle conclusion mènerait à l'imposition des contraintes de la *Charte* à certaines activités privées qui en seraient autrement exemptées. En d'autres mots, en vertu de cette théorie, les tribunaux devraient s'abstenir de prêter leur concours à un plaideur dans un litige privé, lorsque la réparation demandée entraînerait une violation d'un droit ou d'une liberté garantis par la *Charte*, même dans le cas où il n'existe aucune intervention du Parlement ou du gouvernement. L'action des tribunaux dans de telles circonstances constituerait elle-même une action gouvernementale assujettie aux impératifs de la *Charte*.[92]

La Cour suprême du Canada, dans l'arrêt *Dolphin Delivery*,[93] a rejeté cette façon de voir. Dans cette affaire, il s'agissait de savoir si une règle de *common law*, selon laquelle le piquetage secondaire constitue un délit et peut faire l'objet d'une injonction visant à l'empêcher pour le motif qu'il incite à rompre un contrat, constitue, comme ce serait le cas d'une disposition législative, une intervention gouvernementale emportant l'application de la *Charte*. La Cour suprême a jugé que la réponse devait être négative, l'ordonnance du tribunal ne pouvant être assimilée dans l'instance à un élément d'action gouvernementale. En principe, les décisions des tribunaux elles-mêmes ne sauraient dès lors constituer l'élément d'intervention gouvernementale nécessaire pour invoquer la *Charte*.

Le juge McIntyre, parlant au nom de cinq des sept juges constituant le banc en l'instance, a noté que :

Le terme «gouvernement» utilisé à l'article 32 désigne non pas le gouvernement au sens général — c'est-à-dire au sens de l'ensemble de l'appareil gouvernemental de l'État — mais plutôt une branche de gouvernement. Le terme «gouvernement», qui suit les termes «Parlement» et «législatures», doit

---

[92] P.W. HOGG, *supra*, note 20, p. 843-844, et D. LLUELLES et P. TRUDEL, *supra*, note 6.
[93] *Dolphin Delivery Ltd.*, *supra*, note 7.

alors, semble-t-il, désigner la branche exécutive ou administrative du gouvernement. C'est en ce sens qu'on parle en général du gouvernement du Canada ou d'une province. Je suis d'avis que le mot «gouvernement» utilisé à l'article 32 de la *Charte* désigne le pouvoir exécutif à l'échelon fédéral et à l'échelon provincial.[94]

Même si, dans un sens bien large, les tribunaux judiciaires peuvent être considérés comme l'un des trois organes fondamentaux de l'État, leurs décisions ne peuvent être assimilées à un élément d'intervention gouvernementale au sens de l'article 32.

Le juge McIntyre ajoute par la suite que :

> Les actes de la branche exécutive ou administrative du gouvernement se fondent généralement sur une loi, c'est-à-dire sur un texte législatif. Toutefois, ces actes peuvent se fonder sur la *common law* comme dans le cas de la prérogative (...). Ces actes sont (...) inconstitutionnels dans la mesure où ils sont autorisés ou justifiés par une règle de *common law* qui constitue ou engendre une atteinte à une liberté ou à un droit garantis par la *Charte*.[95]

Et le juge McIntyre de conclure :

> La *Charte* ne s'applique à la *common law* que dans la mesure où la *common law* constitue le fondement d'une action gouvernementale qui, allègue-t-on, porte atteinte à une liberté ou à un droit garantis.[96]

L'arrêt *Operation Dismantle*,[97] où l'action gouvernementale dont on se plaignait tirait sa source de la prérogative royale, illustre bien, à notre avis, les propos du juge McIntyre.

Le juge McIntyre invoque un argument d'opportunité pratique pour appuyer son refus d'assimiler l'ordonnance d'un tribunal à un élément d'action gouvernementale aux fins de l'application de la *Charte*, lorsqu'il dit que «considérer l'ordonnance d'un tribunal comme un élément d'intervention gouvernementale nécessaire pour invoquer la *Charte* aurait pour effet, me semble-t-il, d'élargir la portée de la *Charte* à pratiquement tous les litiges privés».[98]

(ii) *L'application de la Charte à la common law*

La Cour suprême a eu l'occasion d'expliciter sa position relativement aux principes énoncés dans l'arrêt *Dolphin Delivery*,[99] spécialement dans l'arrêt *Dagenais c. Société Radio-Canada*.[100]

---

[94] *Id.*, p. 598.
[95] *Id.*, p. 599.
[96] *Id.*
[97] *Supra*, note 38.
[98] *Dolphin Delivery Ltd., supra*, note 7, p. 600.
[99] *Id.*
[100] *Dagenais c. Société Radio-Canada*, [1994] 3 R.C.S. 835.

Dans cet arrêt se posait la question de l'application de la *Charte* au pouvoir reconnu aux tribunaux par la *common law* de prononcer une ordonnance de non-publication (dans l'instance, la télédiffusion d'une mini-série) en vue d'assurer un procès juste et équitable aux accusés, un droit garanti par l'alinéa 11 *d*) de la *Charte*. La Société Radio-Canada invoquait pour sa part la liberté d'expression garantie par l'alinéa 2 *b*) de la *Charte* dans son opposition à toute ordonnance de non-publication.

Le juge en chef Lamer, s'exprimant au nom de la majorité, en se fondant sur l'arrêt *Dolphin Delivery*,[101] arrive à la conclusion que la règle de *common law* en cause ne satisfait pas aux principes de la *Charte* et en propose une nouvelle formulation qui en respecte davantage les impératifs.

Madame le juge McLachlin, dans des motifs distincts, arrive à la même conclusion mais par un cheminement différent. Après avoir cité le juge LaForest dans l'arrêt *Rahey*,[102] et le juge en chef Dickson dans l'arrêt *B.C.G.E.U.* c. *Procureur général de la Colombie-Britannique*[103], elle conclut que les ordonnances des tribunaux dans le domaine criminel, qui affectent les droits des accusés ou les procédures leur permettant de les faire valoir, lorsque ces droits sont garantis par la *Charte,* doivent elles-mêmes être conformes à la *Charte*. À son avis, c'est là le minimum requis pour donner leur plein sens aux droits garantis par la *Charte*. Donc, de l'avis du juge McLachlin, il n'était pas nécessaire d'examiner la question de savoir si la *Charte* s'applique ou non à la règle de *common law* en litige puisque le résultat était dicté par la *Charte* elle-même.

Dans l'affaire *B.C.G.E.U.*,[104] la Cour avait été amenée à examiner l'application de la *Charte* à l'ordonnance d'un juge qui, de sa propre initiative, avait prononcé une injonction interdisant le piquetage aux abords du palais de justice. Après avoir rappelé que, selon l'arrêt *Dolphin Delivery*[105], la *Charte* s'applique à la *common law*, sauf lorsque la *common law* est invoquée relativement à un différend purement privé, le juge en chef Dickson note que ce qui est en cause, c'est le pouvoir de sanctionner une violation du droit criminel selon la *common law*. Il en arrive à la conclusion : que la Cour a agi de sa propre initiative, non pas à la requête d'un particulier, pour des motifs de caractère entièrement «public» plutôt que «privé»; qu'il s'agit de l'application du droit criminel pour défendre la primauté du droit et que, en conséquence, l'action de la Cour doit se conformer aux normes fondamentales de la *Charte*.[106]

---

[101] *Supra*, note 7.
[102] *Supra*, note 90.
[103] [1988] 2 R.C.S. 214.
[104] *Id.*
[105] *Supra*, note 7.
[106] *Supra*, note 103, p. 243-244.

Le juge McIntyre dans l'arrêt *Dolphin Delivery*,[107] après avoir refusé d'assimiler une ordonnance judiciaire à un élément d'action gouvernementale, avait quelque peu atténué ses propos en écrivant que «le judiciaire devrait expliquer et développer des principes de *common law* d'une façon compatible avec les valeurs fondamentales enchâssées dans la Constitution».[108] En ce sens, donc, la *Charte* peut avoir un impact pour les parties privées, même dans les litiges où aucune «action gouvernementale» n'est invoquée, dans le cas où est contesté un principe de la *common law*.

En d'autres mots, la *Charte*, en principe, n'atteint ni ne contraint la *common law* dans le cadre d'un litige privé, mais les tribunaux sont cependant conviés à imprégner cette même *common law* des valeurs fondamentales de la *Charte* et à la modifier en conséquence. Une *Charte* qui atteindrait et contraindrait la *common law* dans les litiges privés aurait pour effet en quelque sorte d'en faire des litiges constitutionnels. Mais ces litiges ne perdraient pas leur caractère privé s'il s'agissait uniquement d'imprégner la *common law* des valeurs enchâssées dans la *Charte*. La Cour suprême a eu l'occasion de donner suite à cette invitation du juge McIntyre.

Dans l'affaire *R. c. Salituro*, le juge Iacobucci, s'exprimant pour la Cour, a écrit que «s'il est possible de modifier [la *common law*] de manière à la rendre compatible avec les valeurs de la *Charte*, sans perturber le juste équilibre (...) elle doit être modifiée».[109] La règle de *common law* en litige, faisant d'un conjoint irrémédiablement séparé un témoin inhabile à témoigner contre l'autre conjoint, a été déclarée incompatible avec les valeurs de la *Charte* et, en conséquence, modifiée par la Cour. Ce rôle des tribunaux dans l'élaboration de la *common law* n'est donc pas fondé sur le fait que le pouvoir judiciaire est couvert par l'article 32. Il s'explique plutôt par le principe que les tribunaux, et spécialement les tribunaux supérieurs, sont les gardiens de la *Constitution* et que, dans l'élaboration des règles de *common law*, la responsabilité d'assurer la conformité de la *common law* avec les valeurs fondamentales de la *Charte* leur incombe.

Mais il y a des limites à cette responsabilité. Ainsi, la Cour d'appel de l'Ontario a refusé d'apporter des modifications substantielles, sinon majeures, que l'on prétendait devoir être apportées par la Cour pour rendre le libelle diffamatoire de *common law* compatible avec la *Charte*. Une réforme de cette ampleur ne relevait pas des tribunaux mais de la législature.[110]

On peut tirer un certain nombre de conclusions à la suite des décisions de la Cour suprême du Canada :

(1) Les tribunaux ne sont pas couverts par l'article 32, en ce sens qu'ils ne

---

[107] *Supra*, note 7.
[108] *Id.*, p. 603.
[109] [1991] 3 R.C.S. 654, p. 675-676.
[110] Hill v. *Church of Scientology* (1994), 18 O.R. (3e) 385.

sont pas couverts par le mot «gouvernement» qu'on y trouve. *(Dolphin Delivery)*
(2) Les tribunaux, par ailleurs, sont les gardiens des valeurs garanties par la *Charte* et doivent en assurer l'application dans les ordonnances qu'ils rendent, de leur propre initiative et dans l'intérêt public. *(B.C.G.E.U.)*
(3) Les tribunaux sont aussi assujettis à la *Charte*, dans le cadre de procédures menées par les autorités gouvernementales, en matière pénale par exemple *(Rahey)*.
(4) La *Charte* s'applique aux règles de *common law*. Que l'État invoque une loi ou une règle de *common law* pour imposer des limites à un droit ou une liberté garantis par la *Charte*, le résultat est le même : c'est l'État qui agit. Les tribunaux doivent alors s'assurer que la règle de *common law* invoquée est conforme à la *Charte*. *(Dagenais)*
(5) La *Charte* ne s'applique pas lorsque la *common law* est invoquée relativement à un différend purement privé. Mais les tribunaux assument la responsabilité, dans la mesure du possible, de modifier la *common law* de manière à la rendre compatible avec les valeurs de la *Charte*. *(Salituro)*

(iii) *L'application de la Charte au Code civil du Québec*

Étant donné que le droit privé, au Québec, a été codifié, il serait donc, à première vue tout au moins, directement assujetti aux dispositions de la *Charte*, contrairement à la *common law* dont l'élaboration est l'oeuvre des tribunaux judiciaires à laquelle la *Charte* ne s'appliquerait que de façon indirecte, comme nous venons de le voir. Il y aurait donc une disparité importante quant à l'impact de la *Charte* sur le droit privé québécois et la *common law*.[111]

Cependant, en examinant la question de plus près, on se rend compte qu'en pratique, l'impact de la *Charte* sur le *Code civil* du Québec et la *common law* des autres provinces n'est pas aussi différent qu'il peut paraître à première vue.

Notons, en premier lieu, que la *Charte* s'applique lorsqu'une autorité gouvernementale invoque une règle de *common law* ou les dispositions du *Code civil* pour justifier une restriction à un droit ou une liberté garantis par la *Charte*. L'intervention gouvernementale suffira pour provoquer l'application de la *Charte* indépendamment de savoir si le principe invoqué par l'autorité gouvernementale trouve sa source dans la *common law* ou le droit civil. Le résultat sera le même dans les deux cas.

Par ailleurs, dans le cadre d'un litige privé, le fait que le droit privé du Québec ait été codifié ne sera pas suffisant, semble-t-il, pour emporter

---
[111] Voir le juge Anderson dans l'arrêt *Bhindi, supra*, note 84, p. 314.

l'application de la *Charte*. Le résultat, à cet égard, n'est pas différent dans le cas d'un litige privé mettant en jeu des principes de *common law*.

Comme nous l'avons déjà noté, par ailleurs, les tribunaux assument la responsabilité de modifier la *common law*, même dans son application à des litiges privés, de façon à en assurer la conformité avec les valeurs de la *Charte*. Le droit privé du Québec ayant été codifié, il serait à cet égard imperméable à la *Charte*, les modifications qui s'imposent relevant davantage du législateur que du pouvoir judiciaire.

Le *Code civil* du Québec n'est pas, à notre avis, complètement à l'abri de la *Charte*.

En effet, il est possible d'entrevoir que les notions d'ordre public, de faute et de délit, notions propres au droit privé, autant en vertu du *Code civil* du Québec qu'en vertu de la *common law* dans les autres provinces, seront influencées par les valeurs fondamentales que garantit la *Charte* et seront possiblement des voies importantes par lesquelles la *Charte* pourrait imprégner les rapports de droit privé.

Les dispositions du *Code civil* du Québec qui garantissent la liberté de tester nous permettront d'illustrer la problématique soulevée à cet égard par les décisions de la Cour suprême du Canada concernant la *Charte* et son application à la *common law*.

Le *Code civil* du Québec garantit à toute personne ayant la capacité requise la liberté de disposer de ses biens (article 703), sous réserve des conditions contraires à l'ordre public (article 757).

Une disposition législative garantissant la liberté de tester, sans plus, pourrait fort bien être incompatible avec les dispositions de la *Charte* dans la mesure où elle permettrait à un testateur, par exemple, d'obliger le bénéficiaire à choisir entre, d'une part, accepter le legs et, d'autre part, être privé de l'une ou l'autre des libertés garanties par la *Charte*. Il en serait ainsi de la clause testamentaire qui obligerait le légataire à se convertir à une religion en particulier, à défaut de quoi il perdrait son legs. Une telle clause serait contraire à l'alinéa 2 a) de la *Charte* qui garantit la liberté de conscience et de religion. Il serait fort douteux que l'on puisse prétendre qu'une loi qui garantirait sans réserve aucune la liberté absolue de tester soit conforme à la *Charte*. Une telle disposition législative constituerait en effet, à notre avis, une intervention gouvernementale suffisante pour rendre applicable les dispositions de la *Charte*. Cependant, une règle de *common law* garantissant la même liberté absolue de tester ne serait pas suffisante, sur la base de l'arrêt *Dolphin Delivery*[112], pour fonder un recours en vertu de la *Charte*. Les tribunaux pourraient bien, par ailleurs, modifier la *common law*, dans cette hypothèse, pour la rendre compatible aux valeurs dont est imprégnée la *Charte*.

---

[112] *Supra*, note 7.

Mais le *Code civil* ne garantit pas la liberté absolue de tester. En effet, le testateur ne peut, en vertu de l'article 757, stipuler des conditions contraires à l'ordre public.

Ces réserves du législateur sont, à notre avis, suffisantes pour assurer la validité des dispositions du *Code civil* face aux dispositions de la *Charte*. La notion d'ordre public est en effet susceptible d'être influencée par les libertés garanties par la *Charte*. En d'autres mots, les dispositions du *Code civil* ne seraient pas incompatibles avec la *Charte* dans la mesure où les libertés garanties par l'article 2 de la *Charte*, à titre d'exemple, sont reconnues comme partie intégrante de la notion d'ordre public. Dans la mesure où le droit civil lui-même reconnaît, par le biais de la notion d'ordre public, les libertés garanties par cet article, il n'y aurait pas incompatibilité avec la *Charte*.

C'est ainsi qu'une clause d'un testament brimant la liberté de religion du légataire désigné serait nulle comme contraire à l'ordre public. La nullité résulterait de l'application d'une notion de droit civil, la notion d'ordre public, informée par les valeurs de la *Charte*, et non directement de l'application de la *Charte*. Distinction importante, la question en serait une de droit privé, et non de droit constitutionnel, avec toutes les conséquences que cela peut comporter en ce qui concerne la procédure et les réparations.

Les professeurs Lluelles et Trudel ont exprimé l'avis, à cet égard, que la *Charte* :

> (...) est susceptible d'entraîner des modifications au sein de plusieurs des institutions les plus centrales du droit civil québécois (...) Le contenu de notions floues que comporte le droit civil, telles que l'ordre public et la faute, ne saurait désormais être défini de manière à brimer la *Constitution*. Au contraire, la *Constitution*, en raison de sa nature supra-légale, impose désormais des cadres à l'intérieur desquels devra être défini le contenu des notions floues essentielles à l'application des principes de droit civil.[113]

Ces notions floues, dont parlent les professeurs Lluelles et Trudel, ne sont d'ailleurs pas étrangères à la *common law*. Les notions d'ordre public, de faute et de négligence de la *common law*, tout en ayant été marquées par leur évolution particulière, ne sont pas fondamentalement différentes des notions d'ordre public et de faute du droit civil. Ces notions de droit privé, telles que définies par la *common law*, seraient aussi susceptibles d'être influencées par la *Charte*, mais seulement de façon indirecte, comme nous l'avons évoqué plus haut.

---

[113] *Supra*, note 6, p. 251 et 252.

À cet égard, les décisions de la Cour suprême du Canada dans les arrêts *P. c. S.*[114], et *Young* c. *Young*[115], où est examinée la notion d'intérêt de l'enfant dans des procédures de garde ou d'accès, en regard du droit civil du Québec, de la *common law* et de l'impact de la *Charte*, sont d'un grand intérêt.

Mais s'il est juste de dire que les notions d'ordre public, de délit et de faute doivent être informées par les valeurs enchâssées dans la *Constitution*, faudrait-il croire que ces valeurs ont un caractère absolu et ne sauraient être assujetties à aucune restriction?

On sait évidemment que tel n'est généralement pas le cas des droits et libertés garanties par la *Charte*. L'article 1 permet en effet que ces droits et libertés soient restreints par une règle de droit dans des limites qui soient raisonnables et dont la justification puisse se démontrer dans le cadre d'une société libre et démocratique. Les conditions d'application de cet article sont rigoureuses, comme en fait foi l'arrêt de la Cour suprême du Canada dans l'affaire *Oakes*.[116]

On peut se demander, dans la perspective des valeurs de la *Charte* qui informent les notions d'ordre public et de faute, si les droits et libertés garantis par la *Charte* revêtiraient un caractère absolu, que la volonté des contractants ne saurait atténuer. La question n'est pas sans importance. Si le législateur ne peut restreindre les droits et libertés garantis par la *Charte* qu'en ayant recours à une règle de droit qui répond aux exigences de l'article 1, qu'en serait-il des contractants? Pourraient-ils prévoir, par consentement mutuel, des restrictions à ces mêmes libertés sans pour autant pécher contre l'ordre public?

Il n'est pas facile de répondre à ces questions. Comme on l'a vu, lorsque le gouvernement est l'un des contractants, il semble bien qu'il ne puisse, même avec le consentement de son cocontractant, convenir de conditions restreignant les droits et libertés garantis par la *Charte* sans le secours d'une règle de droit conforme aux exigences de l'article 1 de la *Charte*.[117]

---

[114] [1993] 4 R.C.S. 141.
[115] [1993] 4 R.C.S. 3. L'application de la *Charte* à une demande de droit d'accès présentée en vertu de la *Loi sur le divorce*, s'est posée dans cette affaire et le juge McLachlin, entre autres, a jugé qu'il n'était pas nécessaire de décider de la question en l'espèce (p. 120). Voir aussi le juge L'Heureux-Dubé (p. 100). Le juge Sopinka dans le même arrêt a cependant souligné que : «Un texte général dans une loi qui, par sa portée, est susceptible de conférer le pouvoir de ne pas tenir compte de valeurs protégées par la *Charte* doit être interprété de manière à respecter ces valeurs» (p. 107).
[116] *Supra*, note 83. Voir D. GIBSON, *supra*, note 6, *The Law of the Charter : general principles*, 1986, p. 99. Voir aussi le juge Anderson dans l'arrêt *Bhindi*, *supra*, note 84, aux pages 313-314, où il illustre bien à notre avis, comment la *Charte* pouvait influencer la «*common law*» et, spécialement, la notion d'ordre public.
[117] Voir *supra*, p. 24 et s.

Lorsque les contractants sont des parties privées, la situation se présente différemment dans l'hypothèse où la *Charte* ne s'applique pas directement aux rapports de droit privé. En effet, ce n'est que par le biais des notions floues de droit privé que la *Charte* aura son influence, comme par exemple dans la définition du contenu de la notion d'ordre public. Des clauses contractuelles restreignant la liberté d'association ou la liberté d'expression garanties par l'article 2 pourraient fort bien être déclarées invalides comme contraires à l'ordre public. Mais dans ce cadre, les libertés d'association et d'expression seraient-elles définies uniquement en fonction de l'article 2 de la *Charte* ou en fonction à la fois de l'article 2 et de l'article 1 de la *Charte*? Ces libertés pourraient-elles s'accommoder de restrictions dont conviennent les parties, et si oui, à quelles conditions les tribunaux accepteront-ils de reconnaître la validité de telles restrictions?

4. LES CLAUSES DÉROGATOIRES (ARTICLE 33)

Comme nous l'avons vu,[118] la *Charte* constitue une limite à la suprématie du Parlement et des législatures provinciales dans l'exercice des compétences législatives que leur reconnaît la Constitution canadienne. C'est dire que la législation subordonnée qui s'en autorise doit respecter les droits et libertés garantis par la *Charte*. Toute disposition législative qui ne respecte pas les droits et libertés garantis par la *Charte* est inopérante.

Ce n'est pas dire que les droits et libertés que garantit la *Charte* ont un caractère absolu. Le premier article de la *Charte* stipule en effet que les droits et libertés garantis par la *Charte* «peuvent être restreints par une règle de droit, dans des limites qui soient raisonnables et dont la justification puisse se démontrer dans le cadre d'une société libre et démocratique». C'est évidemment aux tribunaux et, ultimement, à la Cour suprême du Canada, qu'il incombe de déterminer si les limites que le Parlement et les législatures imposent aux droits et libertés constitutionnelles sont conformes aux normes de l'article premier de la *Charte*. L'action du pouvoir législatif est donc, même dans le cadre de cet article, assujettie au pouvoir de révision des tribunaux. Mais comme l'a souligné le juge Heald dans l'arrêt *Schachter c. Canada*, «l'article 33 de la *Charte* [...] préserve expressément la suprématie parlementaire concernant les droits énoncés à l'article 2 ainsi qu'aux articles 7 à 15 de la *Charte*».[119]

L'article 33 de la *Charte* se lit ainsi :

33. (1) Le Parlement ou la législature d'une province peut adopter une loi où il est expressément déclaré que celle-ci ou une de ses dispositions a effet

---
[118] Voir Partie 3.
[119] [1990] 2 C.F. 129, p. 148 (C.A.F.)

indépendamment d'une disposition donnée de l'article 2 ou des articles 7 à 15 de la présente charte.

(2) La loi ou la disposition qui fait l'objet d'une déclaration conforme au présent article et en vigueur a l'effet qu'elle aurait sauf la disposition en cause de la charte.

(3) La déclaration visée au paragraphe (1) cesse d'avoir effet à la date qui y est précisée ou, au plus tard, cinq ans après son entrée en vigueur.

(4) Le Parlement ou une législature peut adopter de nouveau une déclaration visée au paragraphe (1).

(5) Le paragraphe (3) s'applique à toute déclaration adoptée sous le régime du paragraphe (4).

(a) L'importance historique de l'article 33

L'inclusion de l'article 33 dans la *Charte*, le 5 novembre 1981, a permis au premier ministre Trudeau de rallier les provinces récalcitrantes à son projet de résolution constitutionnelle.[120]

Une des grandes objections soulevées par les provinces récalcitrantes au projet fédéral concernait les pouvoirs que la *Charte* proposée reconnaissait aux tribunaux au détriment du principe de la suprématie des Parlements. En garantissant aux élus du peuple le pouvoir d'imposer ultimement leur volonté dans nombre de domaines touchés par la *Charte,* l'entente de novembre 1981 assurait que le dernier mot reviendrait aux législateurs plutôt qu'aux tribunaux. Il s'agissait là d'une concession de taille au principe de la suprématie traditionnelle des Parlements en régime de gouvernement britannique. La présence de cet article 33, en permettant au Parlement et aux législatures de légiférer en dérogeant à plusieurs des droits et libertés garantis par la *Charte*, confirme donc en principe — tout au moins — la suprématie du pouvoir législatif sur le pouvoir judiciaire.[121]

(b) Les droits et libertés qui peuvent être affectés

Ce ne sont pas tous les droits et toutes les libertés garantis par la *Charte* qui peuvent faire l'objet de clauses dérogatoires en vertu de l'article 33 de la *Charte*. De telles clauses ne peuvent être adoptées par le Parlement ou les législatures — on l'aura noté — qu'en regard des droits et libertés

---

[120] L'Ontario et le Nouveau-Brunswick avaient depuis le début soutenu le gouvernement fédéral dans sa démarche visant au rapatriement de la Constitution canadienne. Le Québec n'a pas donné son aval à l'entente intervenue en novembre 1981.

[121] Sur la genèse historique de l'article 33, voir J.G. MATKIN, «The negotiation of the Charter of rights : the provincial perspective» dans J.M. WEILER et R.M. ELLIOT, *Litigating the values of a nation : the Canadian Charter of rights and freedoms*, Toronto, Carswell, 1986, p. 27 et s. Voir aussi D. GIBSON, *The Law of the Charter : general principles, supra*, note 6, p. 124 et s.

garantis par les articles 2 (les libertés fondamentales), les articles 7 à 14 (les garanties juridiques) et l'article 15 (les droits à l'égalité). Les droits démocratiques (articles 3 à 5), la liberté de circulation et d'établissement (article 6), les dispositions relatives aux langues officielles du Canada (articles 16 à 22), les droits à l'instruction dans la langue de la minorité (article 23) et l'égalité de garantie des droits pour les deux sexes (article 28) ne peuvent donc faire l'objet de clauses dérogatoires en vertu de l'article 33 de la *Charte*, et le Parlement et les législatures ne peuvent pas, dans l'exercice de leurs compétences législatives respectives, y porter atteinte.

(c) Les autorités habilitées à adopter des clauses dérogatoires

L'article 33 reconnaît explicitement au Parlement et aux législatures des provinces le pouvoir d'adopter une loi qui déroge aux dispositions de la *Charte*. Il semble bien que seuls le Parlement et les législatures provinciales agissant dans leur domaine de compétences respectives puissent exercer ce pouvoir.

Il est clair que les organismes subordonnés, tel le Conseil des ministres, les agences gouvernementales et les corporations municipales, ne sont pas habilités à adopter des clauses dérogatoires. Seuls le Parlement et les législatures provinciales possèdent le pouvoir d'adopter des lois dans leur domaine de compétences respectives, et il serait tout à fait incongru de donner au mot *loi* à l'article 33 le sens étendu donné à ce mot par la Cour suprême du Canada dans les arrêts *Blaikie*.[122] Dans le cadre de l'article 33, le mot *loi* ne peut s'entendre de règlement ou de toute autre législation subordonnée établis par un organisme délégué. Toute autre conclusion conduirait à la banalisation de la *Charte* et amènerait l'adoption de clauses dérogatoires sans que le Parlement ou la législature provinciale ait eu à se prononcer sur la question. Un tel résultat serait nettement contraire à l'objectif poursuivi par les constituants en adoptant l'article 33.[123]

Mais qu'en est-il des conseils législatifs des territoires du Nord canadien? Sont-ils habilités à adopter des clauses qui dérogeraient aux droits et libertés garantis par la *Charte*?

En raison des principes que nous avons déjà évoqués, il y aurait lieu de penser que les conseils législatifs des territoires ne sont pas habilités à agir en vertu de l'article 33. Seul le Parlement pourrait, en effet, en vertu de ces principes, adopter des clauses dérogatoires, même dans les domaines de compétences dites *provinciales* concernant les territoires.

À notre avis, l'article 30 de la *Charte*, qui prévoit que les dispositions qui visent les provinces, leur législature ou leur assemblée législative visent

---

[122] *Supra*, note 25.
[123] Voir sur cette question, D. GIBSON, *supra*, note 6, p. 127-128.

également le territoire du Yukon, les Territoires-du-Nord-Ouest ou leurs autorités législatives compétentes, n'est pas de nature à contredire cette conclusion. En effet, comme nous l'avons prétendu lorsque nous avons examiné la situation des territoires du Nord en regard de la *Charte*,[124] les dispositions de l'article 30 ne sauraient s'appliquer aux dispositions de l'article 32, non plus qu'aux dispositions de l'article 33. Comme dans le cas de l'article 32, l'article 33, selon nous, ne s'applique qu'aux autorités qui détiennent, dans leur sphère de compétences respectives, la plénitude de la souveraineté étatique, et non pas aux organismes subordonnés.

(d) Les conditions d'application de l'article 33

L'adoption de clauses dérogatoires est assujettie à trois conditions importantes que stipule l'article 33.

D'abord, l'intention de déroger à la *Charte* canadienne doit être énoncée de façon expresse. Il ne suffirait pas qu'une loi soit manifestement contraire à une disposition de la *Charte* pour conclure à l'intention du législateur de déroger à la *Charte*. À cet égard, une intention présumée ne serait guère suffisante.

En second lieu, cette intention de déroger doit faire partie de la loi que le législateur souhaite soustraire à l'application de la *Charte*. À cet égard, la déclaration que ferait un ministre à la Chambre des communes ou ailleurs, visant à soustraire une loi de l'application de la *Charte*, n'aurait guère d'effet.

Finalement, la déclaration de déroger doit clairement indiquer la disposition de la *Charte* à laquelle le législateur veut faire échec. Il ne suffirait pas que la loi prévoit que la *Charte* n'a pas d'application, sans stipuler les dispositions particulières qui ne s'appliquent pas.

Toutes ces conditions, on l'aura compris, visent à assurer que la décision législative d'adopter une clause dérogatoire soit prise en toute connaissance de cause, favorisant ainsi une discussion publique des enjeux soulevés par l'utilisation de l'article 33. La comparaison avec les dispositions de la *Déclaration canadienne des droits* relatives aux clauses dérogatoires[125] met bien en évidence d'ailleurs la volonté des constituants de contraindre le législateur qui souhaite déroger aux dispositions de la *Charte* à se soumettre à certaines conditions strictes. C'est aux tribunaux qu'il revient d'apprécier si l'exercice que font les législateurs de ce pouvoir

---

[124] Voir Partie 1.
[125] L'article 2 de la *Déclaration canadienne des droits* se lit en partie comme suit : «*Toute loi du Canada, à moins qu'une loi du Parlement du Canada ne déclare expressément qu'elle s'appliquera nonobstant la Déclaration canadienne des droits, doit s'interpréter et s'appliquer...*» (L.R.C. 1985, App. III).

exceptionnel de déroger aux dispositions de la *Charte* est conforme aux conditions prévues à l'article 33.

La première décision relative à ces conditions de l'article 33 fut rendue par le juge en chef Deschênes dans l'arrêt *Alliance des professeurs de Montréal et al c. Procureur général du Québec*[126], alors que la Cour supérieure du Québec avait à décider de la validité de la *Loi concernant la loi constitutionnelle de 1982*, qui soustrayait toutes les lois de la province aux dispositions des articles 2 et 7 à 15 de la *Charte*.

Le juge de première instance avait décidé qu'il était loisible au législateur d'adopter une loi à caractère général à condition que chaque loi à laquelle la clause dérogatoire s'applique y soit effectivement assujettie. Il n'était pas nécessaire, selon la Cour, que la clause dérogatoire stipule précisément quel droit ou liberté étaient affectés.

La Cour d'appel du Québec a toutefois renversé la décision du juge en chef Deschênes en attribuant à l'article 33 des conditions beaucoup plus strictes que ce dernier. Elle a décidé que la loi provinciale ne saurait être valide parce que le législateur provincial avait omis d'indiquer les dispositions de la *Charte* auxquelles il souhaitait faire échec.[127]

De plus, pour le juge Jacques, les mots «indépendamment d'une disposition donnée» de l'article 33 ne trouvent leur raison d'être que s'ils signifient une disposition indiquée et précisée dans la loi qui entend déroger.[128] Bien plus, la loi dérogatoire ne doit pas, selon le juge Jacques, se contenter d'un simple renvoi aux numéros de ces articles auxquels elle entend déroger.[129]

Cet arrêt de la Cour d'appel a été porté en appel devant la Cour suprême. Cependant, l'appel n'a jamais été entendu puisque le délai de validité de 5 ans a expiré et que la loi dérogatoire n'a pas été renouvelée. Quoi qu'il en soit, la Cour suprême a malgré tout eu l'occasion de se prononcer sur cette analyse de la Cour d'appel du Québec dans l'arrêt *Ford c. Procureur général du Québec*.[130] Le débat traitait principalement de la validité de la *Charte de la langue française*, qui visait notamment à imposer le français comme langue unique d'affichage commercial. Le gouvernement du Québec ayant invoqué les dispositions de l'article 33, la Cour suprême a considéré la validité de la loi, en l'occurrence la même loi qui avait fait l'objet de la décision de la Cour d'appel dans l'arrêt *Alliance des professeurs de Montréal*.

Dans le cadre de son analyse, la Cour suprême a rejeté clairement l'approche restrictive adoptée par la Cour d'appel du Québec :

---

[126] [1985] C.S. 1272 (C.S. Qué.).
[127] [1985] C.A. 376 (C.A. Qué.)
[128] *Id.*, p. 379.
[129] *Id.*, p. 380.
[130] [1988] 2 R.C.S. 712.

> L'exigence d'un lien ou d'un rapport apparent entre la loi dérogatoire et les droits et libertés garantis auxquels on veut déroger semble ouvrir la voie à un examen au fond, car il semble exiger que le législateur précise les dispositions de la loi en question qui pourraient par ailleurs porter atteinte à des droits ou à des libertés garantis spécifiés. Ce serait exiger dans ce contexte une justification *prima facie* suffisante de la décision d'exercer le pouvoir dérogatoire et non simplement une certaine expression formelle de cette décision. Rien dans les termes de l'art. 33 ne permet d'y voir une telle exigence.[131]

De même, la Cour suprême rejeta l'exigence retenue par la Cour d'appel du Québec relativement à un renvoi plus précis aux dispositions auxquelles la loi entend déroger. Sur ce point, la Cour a écrit :

> La principale condition de forme, imposée par l'art. 33, est donc que la déclaration dérogatoire dise expressément qu'une loi ou une de ses dispositions a effet indépendamment d'une disposition donnée de l'art. 2 ou des art. 7 à 15 de la *Charte*. Avec égards pour le point de vue contraire, la Cour est d'avis qu'une déclaration faite en vertu de l'art. 33 est suffisamment explicite si elle mentionne le numéro de l'article, du paragraphe ou de l'alinéa de la *Charte* qui contient la disposition ou les dispositions auxquelles on entend déroger. Bien entendu, si l'on entend ne déroger qu'à une partie de la disposition ou des dispositions d'un article, d'un paragraphe ou d'un alinéa, il faut que des mots indiquent clairement ce qui fait l'objet de la dérogation. Pour autant que les exigences tenant au processus démocratique soient pertinentes, telle est la méthode employée dans la rédaction des lois pour renvoyer aux dispositions à modifier ou à abroger. Il n'y a aucune raison d'exiger davantage en vertu de l'article 33.[132]

S'il pouvait apparaître souhaitable que les conditions d'application de l'article 33 soient interprétées de façon rigide, il est maintenant clair, à la suite de cette décision de la Cour suprême, que ce n'est pas le cas. En ce sens, il semblerait donc que la Cour suprême a conclu que le processus législatif aboutissant à l'adoption d'une loi dérogatoire est suffisamment large et ouvert pour permettre la tenue de tous les débats publics nécessaires pour juger de la pertinence de la clause dérogatoire proposée.

(e) Une clause dérogatoire est valide au maximum pour cinq ans

Le législateur peut stipuler pour combien de temps la clause dérogatoire qu'il adopte demeurera en vigueur, mais une telle clause ne peut en aucun cas avoir effet pour plus de cinq ans. Elle peut cependant être renouvelée, en suivant la même procédure, pour des périodes successives de cinq ans.

---

[131] *Id.*, p. 740-741.
[132] *Id.*, p. 741.

Cette limite temporelle à la validité des clauses dérogatoires démontre bien la volonté du constituant de s'assurer que les citoyens ne soient pas privés de leurs droits et libertés constitutionnels sans raisons valables établies après un examen sérieux et éclairé des enjeux. Il est remarquable, à cet égard, que les clauses dérogatoires dont la durée maximale est de cinq ans ne pourront normalement être reconduites qu'après l'élection d'un nouveau gouvernement.

(f) Effet des clauses dérogatoires

L'adoption d'une clause dérogatoire a pour effet de suspendre l'application de la *Charte* pour toute la durée prévue de la clause qui ne peut, quoi qu'il en soit, dépasser les cinq ans. Dès lors, aucun recours judiciaire ne peut être exercé durant cette période de temps en vertu de la *Charte*, dont l'application est effectivement suspendue. Dès que la clause cesse d'être en vigueur, la *Charte* reprend évidemment sa place et s'applique à nouveau.

(g) L'article 33 et la rétroactivité

La Cour suprême, toujours dans l'arrêt *Ford*,[133] a également examiné la question de la possibilité de donner une portée rétroactive à l'exercice de l'article 33 de la *Charte*. Après avoir constaté que le texte législatif, tant dans sa version anglaise que française, pouvait être interprété de deux façons différentes, la Cour s'est appuyée sur les principes généraux en matière de rétroactivité des lois. Citant d'abord le professeur Pierre-André Côté, qui fait état du principe de la non-rétroactivité des lois dans son ouvrage *Interprétation des lois,* la Cour poursuit :

> Dans l'arrêt *Gustavson Drilling (1964) Ltd.* c. *Ministre du Revenu national,*[1977] R.C.S. 271, le juge Dickson (maintenant juge en chef) écrivait ceci au nom de la majorité (à la p. 279) :
>
> Lorsque, comme en l'espèce, une disposition habilitante est ambigüe sur le point de savoir si elle autorise la rétroactivité de la législation, la même règle d'interprétation s'applique. En l'espèce, le par. 33(1) se prête à deux interprétations possibles; l'une permet au Parlement ou à une assemblée législative d'édicter des dispositions dérogatoires rétroactives, l'autre n'autorise que des dérogations applicables pour l'avenir. Nous concluons que la seconde interprétation, qui est la plus étroite, est l'interprétation exacte et que l'art. 7 ne peut donner un effet rétroactif à une disposition dérogatoire.[134]

---

[133] *Supra*, note 130.
[134] *Id.*, p. 744-745

(h) L'article 1 et l'article 33

Certains auteurs se sont demandé si les exigences de l'article 1 de la *Charte* s'appliquaient à l'exercice du pouvoir dérogatoire prévu à l'article 33.

Si tel était le cas, le Parlement ou la législature provinciale ne pourraient se prévaloir de la clause dérogatoire que dans des limites qui soient raisonnables et dont la justification puisse se démontrer dans le cadre d'une société libre et démocratique. Ce serait imposer des exigences importantes à l'utilisation du pouvoir de déroger et reconnaître aux tribunaux, non seulement le pouvoir de veiller à ce que soient remplies les conditions de forme auxquelles est assujetti le pouvoir de déroger, mais aussi les conditions de fond contenues à l'article 1. [135]

Mais c'est là une conclusion difficile à accepter. Une clause dérogatoire adoptée conformément à l'article 33 a pour effet de suspendre les droits ou libertés auxquels elle déroge. Il est difficile de voir comment l'article 1 pourrait alors continuer de s'appliquer à un droit ou à une liberté ainsi suspendus. Le paragraphe 33(2) est intéressant à cet égard. Il stipule en effet que la loi à laquelle s'applique la clause dérogatoire a l'effet qu'elle aurait, sauf la disposition en cause de la *Charte*. Cela revient à assurer la suprématie du législateur malgré les dispositions contraires de la *Charte* et à retirer du même coup aux tribunaux leur pouvoir de révision des actions législatives pour en assurer la conformité avec la *Charte*.

L'article 1 s'applique aux actions législatives limitant les droits et libertés garantis par la *Charte*. Mais justement, les clauses dérogatoires adoptées en vertu de l'article 33 ont pour effet de suspendre, ou de mettre en veilleuse ces droits et libertés. Les clauses dérogatoires privent donc de tout objet les exigences imposées par l'article 1 pour justifier une limite législative à un droit ou une liberté.[136]

(i) L'utilisation de l'article 33

À notre connaissance, seules les provinces de Québec et de la Saskatchewan ont adopté des clauses dérogatoires en vertu de l'article 33 de la *Charte*.

---

[135] Voir B. SLATTERY, «Override clauses under section 33» (1983), 61 *R. du B. can.* 391, et D.J. ARBESS, «Limitations on Legislative Override Under the Canadian Charter of Rights and Freedoms : a Matter of Balancing Values» (1983) 21 *Osgoode Hall L.J.* 113, qui prétendent que l'article 1 s'applique à l'article 33.

[136] Voir D. GIBSON, *supra*, note 6, p. 130-131, et P.W. HOGG, *Constitutional Law of Canada, supra*, note 20, p. 897-898, qui expriment aussi l'avis que les clauses dérogatoires adoptées conformément à l'article 33 ne sont pas assujetties aux exigences de l'article 1 de la *Charte*.

En juin 1982, le Québec, on l'a vu, a adopté une loi d'application générale incorporant une clause dérogatoire à chacune de ses lois existantes. Cette loi générale a été déclarée invalide par la Cour d'appel du Québec et, de ce jugement, il y a eu appel à la Cour suprême.[137] Le Québec n'a pas reconduit la loi de 1982 et cette loi a cessé d'avoir effet. Les clauses dérogatoires particulières adoptées après juin 1982 par la législature du Québec continuent d'avoir effet. Elles cessent d'être en vigueur cinq ans après leur adoption, à moins d'être reconduites par la législature. Ce fut le cas notamment des clauses dérogatoires dans des lois relatives à l'éducation, qui ont été reconduites en juin 1994, faisant échec aux dispositions de l'alinéa 2 *a*) et de l'article 15 de la *Charte*.[138]

À la suite de la décision de la Cour suprême dans l'arrêt *Ford* [139], le Québec a modifié la *Charte de la langue française* de façon à imposer l'unilinguisme français dans l'affichage public et la publicité à l'extérieur des commerces tout en permettant le bilinguisme à l'intérieur des commerces, en ayant recours à une clause dérogatoire, conformément à l'article 33 de la *Charte*.[140] Depuis, cependant, à la suite de l'adoption de la *Loi 86*, en 1993, le bilinguisme est permis, en matière d'affichage commercial, selon certaines modalités.

À notre connaissance, la Saskatchewan est la seule autre province à avoir adopté une clause dérogatoire à une occasion.[141]

5. LA SUPRÉMATIE DE LA CHARTE CANADIENNE DES DROITS ET LIBERTÉS (ARTICLE 52)

Dès son origine, la *Loi constitutionnelle de 1867* a constitué la norme suprême de la législation adoptée au Canada par le Parlement et les législatures provinciales. Très tôt, après la création du Canada en 1867, le Comité judiciaire du Conseil privé et, éventuellement, la Cour suprême du Canada ont exercé le droit de réviser la législation canadienne pour en assurer la conformité avec la *Loi constitutionnelle de 1867*. Loi impériale, la *Loi constitutionnelle de 1867* avait suprématie sur toutes les lois adoptées par les corps législatifs canadiens par l'effet du *Colonial Laws Validity Act*,[142] qui prévoyait que toute législation coloniale incompatible avec une législation impériale applicable à la colonie était invalide.[143]

---

[137] Voir *Ford* c. *Procureur général du Québec, supra*, note 130.
[138] L.Q. 1994, c. 11, art.1.
[139] *Supra*, note 130.
[140] L.Q. 1988, c. 54, art. 10.
[141] S.S., 1984-85-86, c-111, *The SGEU Dispute Settlement Act*.
[142] 28 & 29 Vict., c-63 (R.U.).
[143] Sur toute la question de la révision judiciaire des lois au Canada voir : P.W. HOGG, *Constitutional Law of Canada, supra*, note 20, p. 116 et s. et B. STRAYER, *The Canadian Constitution and the Courts*, 2e éd., Toronto, Butterworths, 1983, c. 1.

La doctrine de la suprématie de la *Constitution du Canada* sur les lois adoptées par les corps législatifs canadiens subsiste toujours, mais trouve dorénavant son fondement explicite dans le paragraphe 52(1) de la *Loi constitutionnelle de 1982*, qui déclare solennellement que : «La Constitution du Canada est la loi suprême du Canada; elle rend inopérantes les dispositions incompatibles de toute autre règle de droit.» Même si l'article ne confie pas explicitement aux tribunaux judiciaires la responsabilité d'assurer la conformité des lois canadiennes à la norme suprême de la Constitution, cette responsabilité découle implicitement de cet article.[144] Le paragraphe 52(2) déclare expressément que la *Constitution du Canada* comprend la *Loi constitutionnelle de 1982*, dont la *Charte canadienne des droits et libertés* constitue la partie I. C'est là une reconnaissance constitutionnelle dont n'a jamais bénéficié la *Déclaration canadienne des droits*[145] adoptée par le Parlement canadien en 1960, ce qui a pu expliquer l'attitude timide des tribunaux et, notamment, de la Cour suprême du Canada face aux difficultés d'interprétation que présentait la *Déclaration*, au cours des années qui ont suivi son adoption.

On ne peut pas dire que les difficultés d'interprétation de la *Charte* manquent. Au contraire. Mais la Cour suprême a déjà eu l'occasion à plusieurs reprises de souligner le caractère fondamentalement différent de la *Charte* et de l'interpréter avec tous les égards à cause de l'importance de ce document.

Ainsi, la Cour suprême du Canada, dans sa toute première décision concernant la *Charte*, parlant par la plume du juge Estey, indiquait de quelle manière elle envisageait sa nouvelle responsabilité en vertu de la *Constitution* :

> En l'espèce, nous sommes appelés à remplir une tâche nouvelle, savoir interpréter et appliquer la *Charte canadienne des droits et libertés* (...). Il ne s'agit pas d'une loi ordinaire ni même d'une loi de nature exceptionnelle comme la *Déclaration canadienne des droits*.
>
> (...) évidemment la *Déclaration canadienne des droits* est, quant à sa forme, identique à toutes les autres lois du Parlement. Elle a été conçue et adoptée en vue de remplir un rôle plus fondamental que les lois ordinaires du pays. Elle ne fait cependant pas partie de la Constitution de ce dernier. Elle se situe probablement quelque part entre une loi ordinaire et un texte constitutionnel (...)
>
> Il y a quelques considérations simples mais importantes qui guident les cours dans l'interprétation de la *Charte*; elles sont plus en évidence et perceptibles que dans le cas de la *Déclaration canadienne des droits*. La *Charte* ne tire pas son origine de l'un ou l'autre niveau de compétence législative du gouvernement, mais de la Constitution elle-même. Elle appartient au fond

---

[144] B. STRAYER, *id.*, p. 33.
[145] L.R.C. 1985, App. III.

même du droit canadien. En réalité, elle est «la loi suprême du Canada» : *Loi constitutionnelle de 1982,* art. 52. Il n'est pas facile de la modifier. Le processus délicat et constant d'ajustement de ces dispositions constitutionnelles est traditionnellement laissé, par nécessité, au pouvoir judiciaire. Il faut maintenir l'équilibre entre la souplesse et la certitude. Il faut, dans la mesure où il est possible de les prévoir, s'adapter dès à présent aux situations futures. La *Charte* a été conçue et adoptée pour guider et servir longtemps la société canadienne. Une interprétation étroite et formaliste, qui n'est pas animée par un sens des inconnus de l'avenir, pourrait retarder le développement du droit et par conséquent celui de la société qu'il sert. Nous sommes aux prises avec cela depuis longtemps dans le processus de développement des institutions gouvernementales en vertu de *l'A.A.N.B., 1867* (maintenant la *Loi constitutionnelle de 1867*). La *Loi constitutionnelle de 1982* apporte une nouvelle dimension, un nouveau critère d'équilibre entre les individus et la société et leurs droits respectifs, une dimension qui, comme l'équilibre de la Constitution, devra être interprétée et appliquée par la Cour.[146]

Dans la deuxième décision rendue par la Cour suprême relativement à la *Charte,* le juge Dickson, tel qu'il était alors, s'exprimait de façon toute aussi éloquente :

> L'interprétation d'une constitution est tout à fait différente de l'interprétation d'une loi. Une loi définit des droits et des obligations actuels. Elle peut être facilement adoptée et aussi facilement abrogée. Par contre, une constitution est rédigée en prévision de l'avenir. Elle vise à fournir un cadre permanent à l'exercice légitime de l'autorité gouvernementale et, lorsqu'on y joint une *Déclaration* ou une *Charte des droits,* à la protection constante des droits et libertés individuels. Une fois adoptées, ses dispositions ne peuvent pas être facilement abrogées ou modifiées. Elle doit par conséquent être susceptible d'évoluer avec le temps de manière à répondre à de nouvelles réalités sociales, politiques et historiques que souvent ses auteurs n'ont pas envisagées. Les tribunaux sont les gardiens de la constitution et ils doivent tenir compte de ces facteurs lorsqu'ils interprètent ses dispositions.[147]

Le pouvoir de révision des tribunaux judiciaires s'est donc considérablement agrandi avec l'adoption de la *Loi constitutionnelle de 1982* et spécialement de la *Charte canadienne des droits et libertés.* Comme l'a fait remarquer le juge Lamer dans le *Renvoi relatif au par. 94(2) de la Motor Vehicle Act (B.C.),*[148] ce n'est pas une responsabilité que les tribunaux judiciaires se sont attribuée; c'est une responsabilité que les autorités constituantes leur ont confiée en prenant la décision historique d'enchâsser la *Charte* dans la *Constitution canadienne.*

L'article 52 est au coeur de la problématique de la *Charte.* Il constitue l'un des instruments fondamentaux de la mise en oeuvre des principes et

---
[146] *Law Society of Upper Canada* c. *Skapinker,* [1984] 1 R.C.S. 357, p. 365-367.
[147] *Hunter* c. *Southam Inc.,* [1984] 2 R.C.S. 145, p. 155.
[148] [1985] 2 R.C.S. 486, p. 497.

des valeurs enchâssés dans la *Charte*, l'autre instrument se trouvant à l'article 24 de la *Charte*.

Notre propos, dans la suite de ces quelques lignes, consistera à cerner la portée de l'article 52 et, ce faisant, sa valeur fondamentale, laissant à d'autres le soin d'examiner les autres recours auxquels donne ouverture l'article 24.

(a) Les personnes qui peuvent se réclamer de l'article 52

Le juge Dickson, tel qu'il était alors, a expliqué dans l'arrêt *R. c. Big M Drug Mart Ltd*,[149] que le paragraphe 24(1) de la *Charte* n'était pas le seul recours qui s'offre face à une loi inconstitutionnelle. Lorsque la contestation est fondée sur l'inconstitutionnalité, comme c'était le cas en l'espèce, il n'est pas nécessaire de recourir à l'article 24 et, d'ajouter le juge Dickson, «l'effet particulier qu'elle a sur l'auteur de la contestation est sans importance».[150]

Après avoir fait allusion à l'article 52, le juge Dickson poursuit en notant que :

> De ce principe, il découle indubitablement que nul ne peut être déclaré coupable d'une infraction à une loi inconstitutionnelle (...). Tout accusé, que ce soit une personne morale ou une personne physique, peut contester une accusation criminelle en faisant valoir que la loi en vertu de laquelle l'accusation est portée est inconstitutionnelle.[151]

L'intimée en l'espèce, une société commerciale, soutenait que la loi en vertu de laquelle elle était accusée était incompatible avec l'alinéa 2*a*) de la *Charte* et, en conséquence, inopérante en raison de l'article 52 de la *Loi constitutionnelle de 1982*. Il importe peu qu'une personne morale puisse ou non jouir de la liberté de religion garantie par cet alinéa pour invoquer l'article 52. La question véritable est de savoir si la loi porte atteinte à la liberté de religion. «C'est la nature de la loi, et non pas le statut de l'accusée, qui est en question.»[152]

Ces propos du juge Dickson ne sont pas sans importance. Un accusé n'a pas à démontrer qu'il est personnellement le bénéficiaire d'un droit ou d'une liberté garantis par la *Charte* pour réussir sa contestation. Il lui suffira de démontrer que la loi sur laquelle on s'appuie pour le poursuivre n'est pas conforme aux principes et aux valeurs enchâssés dans la *Charte* pour obtenir un acquittement.

---

[149] [1985] 1 R.C.S. 295, p. 313.
[150] *Id.*
[151] *Id.*, p. 313-314.
[152] *Id.*, p. 314.

(b) La signification de l'expression «règle de droit»

Le paragraphe 52(1) stipule que la «Constitution du Canada rend inopérantes les dispositions incompatibles de toute autre règle de droit.» Que faut-il entendre par l'expression «règle de droit» dans ce contexte?

Le propre d'une règle de droit est de constituer une norme coercitive. La règle de droit oblige, sous peine de sanction appropriée, ceux qui y sont assujettis. À ce titre, la règle de droit comprendra, bien sûr, la législation. L'expression comprendra aussi, comme l'a décidé la Cour suprême du Canada dans l'affaire *Dolphin Delivery Inc.*,[153] une règle de *common law*. Le juge McIntyre y a exprimé l'opinion qu'il n'y a pas de doute que la *Charte* s'applique à la *common law* :

> Adopter une interprétation du paragraphe 52(1) qui soustrairait à l'application de la *Charte* l'ensemble de la *common law* qui régit dans une large mesure les droits et les obligations des individus dans la société, serait totalement irréaliste et contraire aux termes clairs utilisés dans ce paragraphe.[154]

Le juge en chef Dickson, dans l'affaire *Operation Dismantle Inc.* c. *La Reine*,[155] a laissé entendre que l'expression *règle de droit* à l'article 52 ne serait pas confinée aux lois, aux règlements et à la *common law* et pourrait fort bien s'entendre de «tous les actes effectués selon des pouvoirs découlant d'une règle de droit».[156] Le juge Wilson, pour sa part, dans cette même cause, s'était dite prête à présumer, sans toutefois le décider, que la décision du gouvernement canadien de conclure un accord avec le gouvernement américain en vue de permettre des essais des missiles de croisière américains en territoire canadien était couverte par l'expression *règle de droit* à l'article 52.[157]

Les règlements présentent un intérêt particulier étant donné les arrêts de la Cour suprême du Canada dans les affaires *Blaikie*.[158]

La Cour suprême avait à décider si l'article 133 de la *Loi constitutionnelle de 1867*, qui stipule que «les actes du Parlement du Canada et de la législature de Québec devront être imprimés et publiés dans ces deux langues» (français et anglais), s'applique aux règlements et spécialement aux règlements des municipalités et des commissions scolaires.

Après avoir noté qu'il y avait une certaine intégration du pouvoir exécutif provincial à la législature, la Cour exprime l'avis que :

---

[153] *Dolphin Delivery Ltd., supra*, note 7.
[154] *Id.*, p. 593. Le juge McIntyre devait par ailleurs considérablement restreindre la portée de cette affirmation en précisant plus tard que la «*Charte* ne s'applique à la *common law* que dans la mesure où la *common law* constitue le fondement d'une action gouvernementale qui, allègue-t-on, porte atteinte à une liberté ou à un droit acquis.» (p. 599).
[155] *Supra*, note 38.
[156] *Id.* p. 459.
[157] *Id.*
[158] *Supra*, note 25.

On doit considérer les pouvoirs législatifs ainsi délégués par la Législature à un organisme constitutionnel qui en fait partie comme une extension de son propre pouvoir législatif, et, par conséquent, les mesures législatives décrétées en vertu de cette délégation comme les actes de la Législature au sens de l'article 133 de *l'A.A.N.B.*[159]

Ce qui amène la Cour à conclure que l'article 133 s'applique «aux règlements adoptés par le gouvernement du Québec, à un ministre ou à un groupe de ministres ainsi qu'aux règlements de l'Administration et des organismes parapublics (...) qui, pour entrer en vigueur, sont soumis à l'approbation de ce gouvernement, d'un ministre ou d'un groupe de ministres».[160] Les mesures édictées par le pouvoir exécutif sont donc assimilées aux mesures adoptées par la législature pour les fins de l'article 133. Les mesures réglementaires qui n'ont pas besoin de l'action positive du pouvoir exécutif pour leur insuffler vie ne sont pas assimilées à des mesures adoptées par la législature pour les fins de cet article et ne sont pas considérées comme étant *des actes de la législature*. Il s'agit là, entre autres, des règlements d'organismes adoptés sans le concours du pouvoir exécutif en vertu d'un pouvoir législatif délégué. Ces règlements ne sont pas assujettis à l'article 133.

À notre avis, cet arrêt ne s'applique pas à l'article 52, dont les termes sont différents de l'article 133. Ce dernier article s'applique aux *actes du Parlement et de la législature du Québec*. Cette expression s'entend normalement de la législation adoptée par le Parlement ou la législature. Le motif qui a incité la Cour à inclure dans cette expression les règlements du gouvernement, c'est que «l'obligation imposée par l'article 133 de *l'A.A.N.B.* serait tronquée si l'on interprétait cet article de façon à ne pas le rendre applicable à ces règlements».[161] Or le paragraphe 52(1) emploie l'expression *règle de droit*, qui est évidemment plus large que l'expression *actes du Parlement et de la législature de Québec*. Il n'y a pas de raison valable, à notre avis, pour que l'expression *règle de droit* s'entende uniquement de ces règlements définis par les arrêts *Blaikie*[162], auxquels est applicable l'article 133. À notre avis, *règle de droit* devrait s'entendre, à l'article 52, de toute législation déléguée, y compris les règles ou directives de régie interne.

Dans le même arrêt, la Cour suprême du Canada a conclu, pour des raisons historiques et aussi juridiques, que les règlements des organismes municipaux et scolaires n'étaient pas assujettis aux dispositions de l'article 133 de la *Loi constitutionnelle de 1867*. Pour les raisons déjà mentionnées,

---

[159] *Id.*, p. 320.
[160] *Id.*, p. 333.
[161] *Id.*, p. 321.
[162] *Supra*, note 115.

nous sommes d'avis que cette décision ne s'applique pas au paragraphe 52(1) de la *Loi constitutionnelle de 1982* et que les règlements adoptés par les organismes municipaux et scolaires constituent une *règle de droit* au sens du paragraphe 52(1).[163]

Finalement, s'il s'impose que l'expression *règle de droit* ait un sens large de façon à ce que les tribunaux puissent exercer un contrôle efficace des actions législatives de l'État pour en assurer la conformité avec les dispositions de la *Charte*, le sens de cette expression dans le cadre de l'article 1 de la *Charte* devrait plutôt être circonscrit avec précaution. Comme le suggère le professeur Gibson, le but de l'article 1 est de ne permettre des restrictions aux droits et libertés garantis par la *Charte* que dans des circonstances exceptionnelles. Donner un sens trop libéral à l'expression *règle de droit* dans le cadre de l'article 1 de la *Charte* pourrait en vider de sens les prescriptions très strictes.[164]

(c) L'application de la Charte aux autres dispositions de la Constitution

La *Charte canadienne des droits et libertés* fait partie de la *Constitution du Canada* (paragraphe 52(2)). La question se pose de savoir si les dispositions de la *Charte* s'appliquent aux autres dispositions de la *Constitution*. A titre d'exemple, l'article 99 de la *Loi constitutionnelle de 1867*, modifié en 1960, qui établit à 75 ans la limite d'âge pour le maintien en fonctions des juges des cours supérieures, est-il assujetti au droit à l'égalité devant la loi indépendamment de toute discrimination fondée sur l'âge, garanti par l'article 15 de la *Charte*?

Dans l'affaire du *Renvoi relatif au projet de loi 30, an Act to amend the Education Act (Ontario)*,[165] la Cour suprême avait à se prononcer sur la question de savoir si la *Charte* s'appliquait au *projet de loi 30*, qui avait pour but de mettre en oeuvre une politique de financement complet des écoles séparées catholiques de niveau secondaire en Ontario.

Plusieurs des avocats qui ont comparu devant la Cour ont reconnu que si la *Charte* s'applique d'une manière ou d'une autre au *projet de loi 30*, celui-ci est discriminatoire et viole les articles 2 et 15 de la *Charte*.

Mais la Cour a refusé de reconnaître que la *Charte* en entier s'appliquait à l'article 93 de la *Loi constitutionnelle de 1867*, qui attribue aux provinces

---

[163] Voir D. GIBSON, *The Law of the Charter : General Principles, supra*, note 6, p. 153. L'application de la *Charte* aux organismes municipaux et scolaires est examinée aux pages 2-15 et s. et 2-27 et s.

[164] *Id.*, p. 96 et s. Voir également la dissidence de Madame le juge L'Heureux-Dubé dans *McKinney* c. *University of Guelph*, [1990] 3 R.C.S. 229, p. 386, qui reprend en substance le raisonnement du professeur Gibson.

[165] [1987] 1 R.C.S. 1148.

la compétence législative en matière d'éducation tout en protégeant les droits des minorités confessionnelles (protestante et catholique romaine).

Le juge Estey s'est exprimé clairement sur la question :

> Le rôle de la *Charte* n'est pas conçu dans notre philosophie du droit comme opérant automatiquement l'abrogation de dispositions de la Constitution du Canada, laquelle inclut tous les documents énumérés à l'article 52 de la *Loi constitutionnelle de 1982*. Une action fondée sur la *Loi constitutionnelle de 1867* est bien entendu assujettie au contrôle de la *Charte*. C'est là une chose fort différente que de dire qu'une compétence législative expresse, existant avant avril 1982, a été entièrement supprimée par la simple arrivée de la *Charte*. C'est une chose de contrôler et, lorsque cela s'impose, de restreindre l'exercice d'un pouvoir de légiférer; c'en est une toute autre que de dire qu'une compétence législative entière a été supprimée de la Constitution par l'introduction de ce pouvoir judiciaire de contrôle. Le pouvoir de créer un réseau d'écoles séparées catholiques, ou d'y ajouter, qu'on retrouve au paragraphe 93(3), prévoit expressément que la province peut légiférer relativement à un système scolaire reposant sur la religion financé à même le trésor public (...) [La Charte] ne saurait être interprétée comme rendant *ipso facto* inconstitutionnelles les dispositions expressément autorisées par la *Loi constitutionnelle de 1867*.[166]

Comme l'avait signalé la majorité de la Cour d'appel de l'Ontario, «those educational rights, granted specifically to the Protestants in Quebec and the Roman Catholics in Ontario, make it impossible to treat all Canadians equally».[167]

Mais ce n'est que le caractère essentiellement catholique et protestant qui sera protégé par l'article 93 de la *Loi constitutionnelle de 1867* (et aussi l'article 29 de la *Charte*). La *Charte*, et notamment la liberté de conscience et de religion garantie par l'alinéa 2a) et les droits à l'égalité protégés par l'article 15, ne seront donc inapplicables aux écoles séparées que dans la mesure où ils portent atteinte au caractère catholique ou protestant, selon le cas, de ces écoles.[168]

(d) La sanction d'un conflit loi-*Charte*

La primauté de la *Constitution du Canada* emporte des conséquences draconiennes : les dispositions incompatibles de toute autre règle de droit sont inopérantes (article 52).

---

[166] *Id.*, p. 1206-1207.
[167] (1986) 53 O.R. (2e) 513, p. 575 (C.A. Ont.).
[168] *Id.*, p. 576. Selon cette approche, un conseil d'écoles catholiques aurait le droit de renvoyer des enseignants catholiques pour s'être mariés civilement, mais ce même conseil n'aurait pas le droit de refuser d'engager des femmes.

À cause de leur titre de gardiens de la *Constitution*, il revient aux tribunaux de déclarer inconstitutionnelles les lois adoptées par le Parlement ou les législatures qui dépassent leur domaine de compétences législatives respectif. Avec l'avènement de la *Charte*, les tribunaux se sont vu attribuer la responsabilité additionnelle d'assurer la conformité des mesures législatives adoptées par l'État fédéral et provincial avec la *Charte* et de déclarer inopérantes les dispositions de toute loi qui violent les droits et les libertés garantis par la Constitution.

(i) *La détermination de l'incompatibilité*

Il est entendu que la première étape à franchir demeure la détermination de l'incompatibilité de la disposition visée.

Les tribunaux pourront éviter de déclarer une loi incompatible avec la *Charte*, et donc inopérante, lorsqu'elle est susceptible de plus d'une interprétation, en choisissant l'interprétation qui est compatible avec la *Charte*.

Le juge Beetz, dans l'arrêt *Manitoba (P.G.)* c. *Metropolitan Stores Ltd.*,[169] a expliqué ce principe ainsi :

> Cette règle d'interprétation est bien connue et est généralement acceptée et appliquée sous l'emprise des dispositions de la Constitution relatives au partage des pouvoirs entre le Parlement et les législatures provinciales. C'est cette règle qui a amené une «interprétation atténuée» *(reading down)* de certaines lois rédigées en des termes suffisamment larges pour viser des objets hors de la compétence de la législature qui les a adoptées : *McKay* v. *The Queen*, [1965] R.C.S. 798. Dans l'arrêt *Southam* (...), qui porte sur la *Charte*, on a conclu, à la p. 169, «[qu']il n'appartient pas aux tribunaux d'ajouter les détails qui rendent constitutionnelles les lacunes législatives». Mais il y était question d'une «interprétation large» *(reading in)* et non pas d'une «interprétation atténuée» *(reading down)*. Quant à savoir si cette règle d'interprétation s'applique par ailleurs dans le domaine de la *Charte* est un point controversé.[170]

Cette controverse, dont faisait état le regretté juge Beetz, a subséquemment été réglée par la Cour suprême. Ainsi, dans *Slaight Communications Inc.* c. *Davidson*,[171] le juge Lamer affirma :

> [q]uoique cette Cour ne doive pas ajouter ou retrancher un élément à une disposition législative de façon à la rendre conforme à la *Charte*, elle ne doit pas par ailleurs interpréter une disposition législative, susceptible de plus d'une

---

[169] [1987] 1 R.C.S. 110.
[170] *Id.*, p. 125. Dans l'affaire *McKay*, la Cour suprême a *interprété* un règlement municipal prohibant les enseignes sur les terrains privés comme ne s'appliquant pas à la réclame électorale fédérale, un domaine législatif réservé au Parlement.
[171] [1989] 1 R.C.S. 1038.

interprétation, de façon à la rendre incompatible avec la *Charte* et, de ce fait, inopérante.[172]

Lorsqu'une loi est susceptible de recevoir plus d'une interprétation, il est normal que les tribunaux retiennent l'interprétation qui ne viole pas la *Charte*. La loi ne saurait en effet être interprétée de façon à constituer une violation de la *Charte*. Cette technique d'interprétation permettrait à la loi de subir avec succès la révision judiciaire tout en assurant la conformité avec la *Charte*.

Mais cette règle d'interprétation est bien limitée. Étant donné qu'il s'agit d'une règle d'interprétation, elle ne saurait être utilisée pour fonder une interprétation contraire aux termes mêmes de la loi. Ainsi, on ne saurait se réclamer de cette règle pour substituer le mot *peut* au mot *doit* dans une disposition législative.

Le juge en chef Dickson, dans l'affaire *Hunter*,[173] a bien illustré les limites de cette règle interprétative lorsqu'il a écrit :

> En l'espèce, l'incompatibilité évidente avec l'art. 8, qui se manifeste par l'absence d'un arbitre neutre et impartial, fait en sorte que les arguments des appelants concernant l'ajout, au moyen d'une interprétation large, des critères appropriés applicables à la délivrance d'un mandat, sont purement théoriques. Cependant, même s'il n'en était pas ainsi, je serais peu disposé à donner suite à ces arguments. Même si les tribunaux sont les gardiens de la Constitution et des droits qu'elle confère aux particuliers, il incombe à la législature d'adopter des lois qui contiennent les garanties appropriées permettant de satisfaire aux exigences de la Constitution. Il n'appartient pas aux tribunaux d'ajouter les détails qui rendent constitutionnelles les lacunes législatives. Si elles n'offrent pas les garanties appropriées, les lois qui autorisent des fouilles, des perquisitions et des saisies sont incompatibles avec l'art. 8 de la *Charte*. Comme je l'ai dit, toute loi incompatible avec les dispositions de la Constitution est, dans la mesure de cette incompatibilité, inopérante. J'estime que les par. 10(1) et 10(3) de la *Loi relative aux enquêtes sur les coalitions* sont incompatibles avec la *Charte* et inopérants, tant parce qu'ils ne spécifient aucun critère approprié applicable à la délivrance des mandats que parce qu'ils désignent un arbitre qui n'a pas les qualités voulues pour les décerner.[174]

Comme l'a signalé le professeur Gibson, l'affaire *Hunter*[175] soulevait une question complexe, à savoir, la mise en place de procédures pour

---

[172] *Id.*, p. 1078. Cette affaire traitait de la validité d'une ordonnance rendue par un arbitre à la suite d'un congédiement illégal. Ce principe fut depuis repris par la Cour suprême à plusieurs occasions, notamment dans *Comité pour la République du Canada* c. *Canada*, [1991] 1 R.C.S. 139 et *Baron* c. *Canada*, [1993] 1 R.C.S. 416, et semble maintenant bien établi à titre de règle d'interprétation en matière de *Charte*.

[173] *Hunter* c. *Southam Inc., supra*, note 147.

[174] *Id.*, p. 168-169.

[175] *Id.*

l'obtention d'autorisations pour fins de perquisition qui respectent la *Charte*. Ces procédures peuvent prendre plusieurs formes et il ne serait guère approprié que les tribunaux fassent ce choix. Un tel choix relève des parlementaires.[176]

(ii) *Les conséquences de l'incompatibilité*

Lorsque l'incompatibilité est établie, il incombe aux tribunaux de déterminer la réparation qui doit être accordée. Comme l'a souligné le juge en chef Lamer dans l'arrêt *Schachter* c. *Canada* :

> Un tribunal jouit d'une certaine latitude dans le choix de la mesure à prendre dans le cas d'une violation de la *Charte* qui ne résiste pas à un examen fondé sur l'article premier. L'article 52 de la *Loi constitutionnelle de 1982* prévoit l'annulation des dispositions incompatibles de toute règle de droit. (...) Selon les circonstances, un tribunal peut simplement annuler une disposition, il peut l'annuler et suspendre temporairement l'effet de la déclaration d'invalidité ou il peut appliquer les techniques d'interprétation atténuée ou d'interprétation large.[177]

Lors de cette étape, plusieurs méthodes pourraient être appliquées : la dissociation, l'interprétation atténuée, l'interprétation large, la distinction des effets, l'exemption constitutionnelle, etc. Dans le cadre de notre analyse, à l'instar du juge en chef Lamer dans ses motifs dans *Schachter c. Canada*,[178] nous les avons regroupées sous deux thèmes : l'interprétation atténuée et l'interprétation large.

(A) L'interprétation atténuée. L'interprétation atténuée peut prendre plusieurs formes. Celle qui doit être considérée en premier lieu est toutefois la dissociation. Dès qu'une incompatibilité est constatée, le tribunal devra déterminer si celle-ci entraîne l'invalidité de l'ensemble de l'article, ou si au contraire, le reliquat peut survivre de façon autonome.

Un exemple de l'emploi d'une telle méthode se retrouve dans *R.* c. *Hess et Nguyen*.[179] Dans cette affaire, les intimés avaient soulevé l'argument que le paragraphe 146(1) du *Code criminel*, en vertu duquel ils avaient été accusés, portait atteinte au droit à la liberté garanti par l'article 7 de la *Charte*, en retirant le moyen de défense de la bonne foi. Ce paragraphe se lisait ainsi :

---

[176] D. GIBSON, *supra*, note 6, p. 188.
[177] [1992] 2 R.C.S. 679, p. 695.
[178] *Id.*, p. 679.
[179] [1990] 2 R.C.S. 906. Voir également les arrêts *R.* c. *Logan*, [1990] 2 R.C.S. 731, et *R.* c. *Wholesale Travel Group Inc.*, [1991] 3 R.C.S. 154.

> Est coupable d'un acte criminel et passible de l'emprisonnement à perpétuité, toute personne du sexe masculin qui a des rapports sexuels avec une personne du sexe féminin
> a) qui n'est pas son épouse, et
> b) qui a moins de quatorze ans,
> que cette personne du sexe masculin la croie ou non âgée de quatorze ans ou plus.

En donnant raison aux intimés, la Cour suprême, sous la plume du juge Wilson, conclut que la réparation appropriée était simplement d'amputer le paragraphe 146(1) du *Code criminel* du dernier paragraphe, laissant la portion restante telle quelle et opérante.

De même, le juge en chef Lamer, dans une affaire[180] qui traitait de la validité de certaines dispositions de la *Loi sur la concurrence*,[181] écrivait :

> Lorsqu'on applique le par. 52(1) de la *Loi constitutionnelle de 1982* aux faits en l'espèce, il ne faut pas oublier que le par. 52(1) dispose que la Constitution rend inopérantes les disposition *incompatibles* de toute autre règle de droit. L'analyse qui précède révèle que ce sont seulement les alinéas c) et d) du par. 37.3(2) et les mots «elle prouve que» qui viole la Constitution. La supression de ces alinéas et de ces mots du par. 37.3(2) ne va pas à l'encontre d'un «ensemble de dispositions indissociables» conçu par le législateur; elle maintient plutôt autant que possible l'infraction de publicité fausse ou trompeuse dans son ensemble et le moyen de défense connexe, *dans les limites acceptables sur le plan constitutionnel.*[182]

Mais il est entendu que cette technique n'est pas d'application universelle. L'arrêt *Morgentaler*[183] illustre bien la portée limitée de la technique de la divisibilité des textes, dans les cas où la disposition visée fait partie d'un «ensemble de dispositions indissociables», pour reprendre les termes du juge en chef Lamer.

Dans cette affaire, la Cour suprême a d'abord conclu que le paragraphe 251(4) du *Code criminel* était incompatible avec la *Charte*, puisqu'il violait le droit à la vie et à la sécurité de la personne prévu à l'article 7. La question devenait alors de savoir si les autres dispositions de l'article 251 du *Code criminel* demeuraient valides. Le juge en chef Dickson, sur ce point, a conclu :

---

[180] *R. c. Wholesale Travel Group Inc.*, id.
[181] L.R.C. 1985, c. C-34.
[182] *Supra*, note 179, p. 207. En appliquant la technique de la division des textes, la Cour suprême s'est appuyée sur les trois décisions suivantes : *Renvoi relatif au par. 94(2) de la Motor Vehicle Act (B.C.)*, [1985] 2 R.C.S. 486, *R. c. Vaillancourt*, [1987] 2 R.C.S. 636 et *R. c. Holmes*, [1988] 1 R.C.S. 914. Le juge en chef Lamer a d'ailleurs repris ce raisonnement dans *R. c. Morales*, [1992] 3 R.C.S. 711.
[183] [1988] 1 R.C.S. 30.

(...) dans l'arrêt *Morgentaler* (1975), à la page 676, la Cour a jugé que : «l'art. 251 est un code sur l'avortement, un code entier et complet en lui-même». Ayant jugé que ce «code entier» enfreint la *Charte,* il n'appartient pas à la Cour de sélectionner divers aspects de l'art. 251 pour, en fait, réécrire l'article. Le pourvoi doit donc être accueilli et l'art. 251, en son entier, annulé en vertu du paragraphe 52(1) de la *Loi constitutionnelle de 1982.*[184]

L'autre méthode qui découle de l'interprétation atténuée est la distinction des effets, également appelée «exemption constitutionnelle».

Le professeur P.-A. Côté explique que cette technique «consiste dans la distinction, parmi les effets d'une loi, de ceux qui sont contraires à la Constitution et de ceux qui ne le sont pas, en vue d'en arriver à la déclaration d'invalidité limitée aux effets inconstitutionnels de la loi litigieuse».[185]

Nos tribunaux ont eu l'occasion, à quelques reprises, de se prévaloir de cette technique.

Ainsi, la Cour d'appel de l'Ontario, dans l'arrêt *Regina* c. *Rao,*[186] où était contestée la validité de l'alinéa 10(1) *a)* de la *Loi sur les stupéfiants,*[187] a utilisé cette technique d'interprétation.

L'alinéa 10(1) *a)* autorise la perquisition sans mandat de tout endroit autre qu'une résidence par un agent de la paix qui a des motifs raisonnables de croire qu'un narcotique se trouve en cet endroit.

Le juge Martin exprimait l'opinion suivante :

> I have, for the reasons which I have set forth, concluded that the search of an office without a warrant where the obtaining of a warrant is not impracticable, is unreasonable and, to that extent, s. 10(1) *a)* is of no force or effect. On the other hand, the search of an office without a warrant in circumstances where it is not practicable to obtain a warrant may be entirely reasonable. Further, a warrantless search of vehicles, vessels or aircraft, which may move quickly away, may be reasonable where there are reasonable grounds for believing that such contains a narcotic.
>
> Section 10(1) *a)* does not, on its face, necessarily clash with s. 8 of the *Charter* although in some circumstances a warrantless search authorized by that subsection may, in fact, infringe the constitutional requirement of reasonableness secured by s. 8 of the *Charter,* depending upon the circumstances surrounding the particular search. The statute is inoperative to the extent that it authorizes an unreasonable search.[188]

---

[184] *Id.*, p. 80. Voir également *Devine* c. *Québec (Procureur général)*, [1988] 2 R.C.S. 790, p. 815 et s.
[185] P.-A. CÔTÉ, «La préséance de la *Charte canadienne des droits et libertés*» dans *«La Charte canadienne des droits et libertés* : concepts et impacts» (1984), 18 *R.J.T.* 105, p. 127.
[186] (1984), 46 O.R. (2e) 80 (C.A. Ont.).
[187] L.R.C. 1985, c. N-1.
[188] *Supra*, note 186, p. 109.

Et un peu plus loin, le juge Martin d'ajouter, après s'être référé à l'arrêt *Oakes*[189] :

> The Court in that case held that it was not entitled to rewrite the provisions of s. 8 of the Act or to apply it on a case-by-case basis, depending upon whether the facts of a given case made the presumption created by the section reasonable. The presumption created by the section was on its face unreasonable and hence could not survive when measured against the *Charter's* guarantee of the presumption of innocence. In my view, the warrantless search powers conferred by s. 10(1) *a*) of the *Narcotic Control Act* are not on their face necessarily unreasonable and do not necessarily collide with the *Charter*, although warrantless searches authorized by s. 10(1) *a*) may in some circumstances, come into collision with the *Charter's* protection against unreasonable searches and seizures. It is not like the reverse onus contained in s. 8 of the *Narcotic Control Act* which on its face collided with the presumption of innocence secured by s. 8 of the *Charter*. The right to be presumed innocent prescribed by s. 11 *d*) of the *Charter* is a concept of fixed meaning (even if there is not universal agreement as to that meaning), whereas whether a particular search and seizure, under statutory authority, meets the standard of reasonableness may depend upon the circumstances surrounding that search and seizure.
>
> Accordingly, I do not consider that s. 10(1) *a*) is unconstitutional, but hold that it is inoperative to the extent that it is inconsistent with s. 8 of the *Charter*. In my opinion, s. 10(1) *a*) is inoperative to the extent that it authorizes the search of a person's office without a warrant, in the absence of circumstances which make the obtaining of a warrant impracticable; beyond that it is unnecessary to go in the present case. In that respect, my views differ somewhat from those of the trial judge.[190]

Dans de telles circonstances, comme le note le juge Martin, la loi sera inopérante dans la mesure seulement où elle autorise une perquisition abusive. La déclaration d'invalidité sera alors restreinte à ce cas d'application. C'est la loi dans cette application particulière qui sera déclarée inopérante. La loi continuera de s'appliquer cependant dans les autres cas.

Une autre illustration de ce principe d'interprétation nous vient de l'arrêt *Videoflicks*, de la Cour d'appel de l'Ontario.[191]

Dans cette affaire était contestée la validité de la *Loi sur les jours fériés dans le commerce de détail*.[192] Cette loi défend généralement l'ouverture des commerces le dimanche et il s'agissait de savoir si la loi violait l'alinéa 2 *a*) de la *Charte* qui garantit la liberté de religion.

La Cour en est venue à la conclusion que la législation était valide, que sa finalité n'était pas de protéger le caractère religieux du dimanche et

---

[189] *Supra*, note 83.
[190] *Supra*, note 186, p. 109-110.
[191] *Regina* c. *Videoflicks Ltd.* (1985), 14 D.L.R. (4e) 10 (C.A. Ont.).
[192] S.R.O. 1980, c. 453.

qu'il ne s'agissait donc pas d'une loi concernant la religion. Mais comme l'a noté le juge Tarnopolsky, une loi peut être valide, en ce sens que son objet et sa finalité relèvent de l'autorité législative qui l'a adoptée, et en même temps, dans ses effets, violer les dispositions de la *Charte*. Pour le juge Tarnopolsky, il s'agit là d'une question vitale. Elles seront rares en effet les lois qui violent la *Charte* à leur face même. Ce serait grandement diminuer l'impact de la *Charte* que d'en limiter la portée à la loi dans sa substance. Le juge s'exprimait ainsi :

> In my view the interpretation of the *Charter* necessarily requires an assessment of the «effect» of impugned legislation. Intent and purpose will undoubtedly still have relevance. For the most part, however, in determining the appropriate balance between government action of the one hand and individual rights as set out in the *Charter* on the other, it will be the determination of the «effect» or «effects» of impugned legislation that is most important. While a law may have a legitimate purpose, its actual operation may result in the infringement of rights and freedoms guaranteed by the *Charter*. In the absence of legislative resort to s. 33 of the *Charter*, it will be rare indeed that legislation will have the direct and open purpose of taking away *Charter* rights or limiting *Charter* freedoms. An adverse impact, however, can occur as a result of the operation and enforcement of legislation or even because of its intended scope. To ignore the «effect» of the Act in issue before this Court would be to ignore reality and to concede the rights of the individual or a minority to the interests of the majority, even if these interests appear legitimate as far as the majority are concerned.[193]

Ce qui amène la Cour à décider, entre autres, que la législation prohibant l'ouverture des commerces le dimanche ne pouvait s'appliquer aux commerces des Juifs orthodoxes qui, se conformant en toute sincérité aux principes de leur croyance religieuse, n'ouvraient pas leur commerce le samedi.

Dans les circonstances, la loi litigieuse est valide, mais déclarée inopérante dans la mesure où dans ses effets c'est-à-dire dans son application concrète, elle est incompatible avec la liberté de religion garantie par la *Charte*.

(B) L'interprétation large. La technique de l'interprétation large vise plutôt à bonifier le texte législatif attaqué en y ajoutant des mots qui n'y sont pas. Cette possibilité a notamment été considérée par la Cour suprême dans *Schachter*.[194]

Dans cette affaire, l'épouse de Monsieur Schachter avait reçu des prestations de maternité pendant 15 semaines en vertu de l'article 30 de la

---

[193] *Supra*, note 191, par le juge Tarnopolsky, p. 31.
[194] *Supra*, note 177.

Loi de 1971 sur l'assurance-chômage. Celui-ci prit trois semaines de congé sans traitement pour lesquelles il a produit une demande de prestations en vertu du même article 30. Mais, puisque cet article est limité aux prestations de maternité, il a ensuite déposé une formule de demande de «prestations de paternité» en vertu de l'article 32 de la même loi. Cet article prévoit le versement de prestations aux parents adoptifs pendant 15 semaines à la suite du placement d'un enfant dans leur foyer. Dans un tel cas, les parents peuvent se partager les prestations comme ils l'entendent. La demande de Monsieur Schachter a été refusée parce qu'il n'était pas «disponible pour travailler», motif d'exclusion pour tous les prestataires, sauf ceux faisant une demande de prestations de maternité ou d'adoption.

D'un commun accord, les parties ont présenté ce litige directement en Cour fédérale, Section de première instance, escamotant l'étape du juge-arbitre. Le juge de première instance a conclu à une violation de l'article 15 de la *Charte* en ce que l'article 32 établit une discrimination entre les parents naturels et les parents adoptifs relativement au congé parental. Il a accordé une réparation sous forme de jugement déclaratoire en vertu du paragraphe 24(1) de la *Charte* et octroyé aux parents naturels les mêmes prestations que celles accordées aux parents adoptifs en vertu de l'article 32 de la *Loi de 1971 sur l'assurance-chômage*. Devant la Cour d'appel, la Commission de l'emploi et de l'immigration a concédé que l'article 15 de la *Charte* était violé en l'espèce, ne contestant que la réparation accordée par le juge de première instance. La Cour d'appel a maintenu la décision de ce dernier.

Préalablement à l'audition de cet appel en Cour suprême, le législateur a jugé bon de modifier les dispositions contestées qui prévoient, depuis, que les parents naturels ont droit, selon des modalités identiques, aux mêmes prestations que les parents adoptifs, pendant une période totale de 10 semaines au lieu des 15 semaines prévues initialement.

Les questions constitutionnelles formulées en Cour suprême étaient les suivantes : (1) le paragraphe 52(1) de la *Loi constitutionnelle de 1982* exige-t-il que l'article 32 de la *Loi de 1971 sur l'assurance-chômage* soit déclaré inopérant parce qu'il crée un bénéfice inégal contrairement à l'article 15 de la *Charte*?; et (2) le paragraphe 24(1) donne-t-il à la Section de première instance de la Cour fédérale le pouvoir de statuer que les parents naturels ont droit aux mêmes prestations que les parents adoptifs?

Le juge en chef Lamer a d'abord constaté les difficultés inhérentes à l'application de la technique de l'interprétation large avant de formuler une grille d'analyse (à laquelle nous reviendrons plus tard) qui, sans être exhaustive, est fort détaillée. Selon ce dernier, la principale difficulté en matière d'interprétation large se situe au niveau du degré de bonification à apporter à une loi non conforme à la *Charte*. Il écrit :

> (...) [d]ans certains cas, il ne sera pas possible, à partir d'une analyse fondée sur la Constitution, de déterminer avec suffisamment de précision dans quelle mesure il faut élargir la portée d'une loi pour la rendre compatible avec la Constitution. Il appartient alors aux législateurs et non aux tribunaux de combler les lacunes.[195]

Après une longue analyse, le juge en chef Lamer en arrive à la conclusion que l'interprétation large ne devrait pas être appliquée en l'espèce :

> Il vaut la peine de signaler qu'en l'espèce le Parlement a modifié la disposition attaquée par suite de la présente action et que cette modification n'est pas celle qu'aurait imposée une interprétation large. Le Parlement a accordé les mêmes prestations aux parents adoptifs et aux parents naturels, mais pas aux mêmes conditions que celles que prévoyait initialement l'art. 32. Les deux groupes reçoivent maintenant les mêmes prestations pendant dix semaines au lieu de quinze. Cette situation constitue une illustration utile des risques de l'interprétation large dans le cas où l'intention législative n'est pas claire relativement aux questions financières. En l'espèce, donner une interprétation large à la disposition ne favoriserait pas nécessairement l'atteinte de l'objectif législatif et empiéterait manifestement sur les décisions financières puisqu'on forcerait ainsi le Parlement à affecter au programme plus de fonds qu'il ne le souhaite ou qu'il n'est mesure d'affecter.[196]

La Cour suprême a donc répondu affirmativement à la première question, déclarant inopérant de ce fait l'article 32 de la *Loi de 1971 sur l'assurance-chômage*. Ayant rejeté l'application de la bonification judiciaire, la seconde question a reçu une réponse négative.

Le juge en chef Lamer, toujours dans l'arrêt *Schachter*, a déclaré également que :

> (...) [l]orsque l'on détermine s'il faut donner une interprétation large à un texte législatif, la question n'est donc pas de savoir si les tribunaux peuvent prendre des décisions qui entraînent des répercussions de nature financière, mais bien jusqu'à quel point il est de circonstance de le faire. De toute évidence, il ne conviendrait pas d'accorder une réparation qui entraîne un empiétement tellement important sur ce domaine qu'il modifie la nature du régime législatif en question.[197]

Cette citation illustre bien l'importance qui doit être accordée à la préoccupation première qu'est l'ingérence possible des tribunaux dans le rôle exclusif des législateurs, dont nous avons discuté précédemment.

De même, le juge en chef Lamer, dans son analyse qui lui a permis de tirer des lignes directrices quant à l'application de l'article 52 de la *Loi*

---

[195] *Id.*, p. 705, s'appuyant sur les arrêts *Hunter, supra*, note 147 et *Rocket* c. *Collège royal des chirurgiens dentistes de l'Ontario*, [1990] 2 R.C.S. 232.
[196] *Id.*, p. 724.
[197] *Id.*, p. 709-710.

constitutionnelle de 1982, souligne assez clairement que l'interprétation large est en définitive une technique d'exception. Une simple revue des arrêts *Hunter,*[198] *Rocket,*[199] *Institut professionnel de la Fonction publique du Canada c. Territoires-du-Nord-Ouest (Commissaire),*[200] *Swain*[201] *et R. c. Seaboyer,*[202] révèle effectivement que les tribunaux hésitent à employer cette technique. C'est d'ailleurs ce qui a permis au juge en chef Lamer de conclure que :

> La Cour ne devrait pas avoir recours à l'interprétation large dans les cas où la façon de procéder à l'élargissement d'une loi ne se dégage pas avec suffisamment de précision des exigences de la Constitution. Dans ces cas, le recours à l'interprétation large équivaudrait à faire des choix particuliers entre diverses options dont aucune ne ressort avec suffisamment de précision de l'interaction de la loi en question et des exigences de la Constitution. Cette responsabilité incombe au législateur et non aux tribunaux.[203]

Mais si l'interprétation large relève de l'exception, l'emploi de cette technique s'imposera dans certains cas. Ainsi, dans *Miron c. Trudel,*[204] la Cour suprême, sous la plume de madame le juge McLachlin, a effectivement adopté cette réparation.

Dans cette affaire, monsieur Miron, conjoint de fait de madame Vallière, avait présenté une réclamation d'indemnité d'assurance-accidents fondée sur la police d'assurance de cette dernière. La police d'assurance de madame Vallière, dont les modalités étaient établies sous le régime de la *Loi sur les assurances,*[205] s'étendait uniquement au conjoint marié. Il s'agissait alors de déterminer si cette condition était discriminatoire, violant ainsi les dispositions de l'article 15 de la *Charte.*

Madame le juge McLachlin, après avoir constaté qu'il s'agissait effectivement de discrimination, a considéré les différentes formes de réparation qui pouvaient être accordées. Elle conclut :

> Je suis persuadée qu'il s'agit en l'espèce de l'un de ces cas exceptionnels où une ''interprétation large'' rétroactive peut être justifiée. Les modifications de 1990 fournissent la meilleure preuve possible de ce que la législature aurait fait s'il lui avait fallu régler le problème soulevé par les appelants. Les seules réclamations en jeu sont d'ordre pécuniaire et elles peuvent facilement être

---

[198] *Supra,* note 147.
[199] *Supra,* note 195.
[200] [1990] 2 R.C.S. 367.
[201] *R. c. Swain,* [1991] 1 R.C.S. 933.
[202] [1991] 2 R.C.S. 577.
[203] *Supra,* note 177, à la page 707.
[204] [1995] 2 R.C.S. 418. Voir également les jugements dissidents dans *Thibaudeau c. R.,* [1995] 2 R.C.S. 627 et *Egan c. Canada,* [1995] 2 R.C.S. 513.
[205] L.R.O. 1980, c. 218.

calculées et réglées. Fait plus important encore, ce résultat aura pour effet de corriger une injustice qui autrement aurait pu demeurer inchangée.[206]

Il est donc clair que les tribunaux, lorsqu'ils examinent la possibilité de bonifier un texte, doivent considérer minutieusement les agissements du législateur quant à la loi visée. Un amendement subséquent, comme dans *Schachter*[207] et *Miron*,[208] pourra s'avérer déterminant dans la décision d'accorder une telle réparation.

(iii) *La suspension temporaire des effets*

Les conséquences d'une déclaration d'invalidité étant sérieuses, les tribunaux ont considéré la possibilité de suspendre temporairement les effets d'une telle déclaration. A cet égard, le juge en chef Lamer, dans *Schachter*, écrit :

> Un tribunal peut déclarer une loi ou une disposition législative inopérante, mais suspendre l'effet de cette déclaration jusqu'à ce que le législateur fédéral ou provincial ait eu l'occasion de combler le vide. Cette méthode est fort appropriée lorsque l'annulation d'une disposition présente un danger pour le public (*R. c. Swain*, précité) ou porte atteinte à la primauté du droit (*Renvoi relatif aux droits linguistiques au Manitoba*, [1985] 1 R.C.S. 721).[209]

La décision de suspendre les effets d'une déclaration d'invalidité peut être basée sur plusieurs critères. Toujours dans *Schachter*, le juge en chef Lamer précise qu'il faut considérer l'impact qu'une telle déclaration pourrait avoir sur le public, et non sur les tribunaux ou les gouvernements.[210] Dans *Egan*,[211] le juge Iacobucci, dans son jugement dissident, a mis l'accent sur l'intérêt public qui était impliqué, précisant qu'il était nécessaire d'accorder un délai de grâce aux législateurs concernés pour adopter une législation compatible avec la *Charte*. Ces mêmes considérations ont également été retenues par les juges L'Heureux-Dubé et McLachlin dans leur dissidence dans l'affaire *Thibaudeau*.[212]

(iv) *La grille proposée dans Schachter*

Comme nous l'avons mentionné précédemment, le juge en chef Lamer a procédé à une longue analyse des différents modes de réparation à la suite

---

[206] *Supra*, note 204, p. 510.
[207] *Supra*, note 177.
[208] *Supra*, note 204.
[209] *Supra*, note 177, p. 715.
[210] Voir également les motifs des juges L'Heureux-Dubé et McLachlin, dans leur dissidence respective dans *Thibaudeau, supra*, note 204.
[211] *Supra*, note 204.
[212] *Supra*, note 204.

de l'application de l'article 52 de la *Loi constitutionnelle de 1982,* dans l'arrêt *Schachter.*[213] Cette analyse lui a permis de dégager une grille d'analyse détaillée qui comporte trois grandes étapes.

Dans un premier temps, il s'agit de déterminer l'étendue de l'incompatibilité. S'inspirant des critères développés dans l'arrêt *Oakes*[214] quant au test de l'article 1 de la *Charte,* cette étendue sera déterminée de façon large, étroite ou souple, selon que la législation visait des objectifs réels et urgents, qu'il existe un lien rationnel entre ces objectifs et les moyens choisis, et que ces derniers sont proportionnels.

Dans un deuxième temps, l'interprétation large ou atténuée sera retenue si elle favorise un objectif législatif évident, n'empiète pas sur le domaine législatif ni sur les décisions financières concernant le régime législatif visé.

Dans un troisième temps, la suspension temporaire des effets sera nécessaire si l'annulation de la disposition législative constitue un danger pour le public, pose une menace à la primauté du droit ou retire un bénéfice à un groupe sans pour autant profiter au groupe lésé dans ses droits.

Cette grille a le mérite de proposer une synthèse des différentes méthodes d'interprétation qui sont, en bout de ligne, complémentaires voire interdépendantes. Le meilleur exemple de ce fait réside en la comparaison de la décision du juge Martin dans l'affaire *Rao*[215] et l'arrêt rendu subséquemment par la Cour suprême dans *R. c. Grant,*[216] qui soulevaient tous deux la question de la validité d'une perquisition exécutée sans mandat.

Dans l'affaire *Rao,*[217] le juge Martin avait restreint le caractère inopérant de l'alinéa 10(1)*a*) de la *Loi sur les stupéfiants* à la situation précise où il autorisait une perquisition sans mandat dans des circonstances où il aurait été possible d'en obtenir un. Les perquisitions sans mandat en situation d'urgence n'étaient donc pas visées. Il est clair que le juge Martin a appliqué la technique de la distinction des effets pour arriver à cette conclusion. Parallèlement, le juge Sopinka, dans l'arrêt *Grant,*[218] a utilisé la technique de l'interprétation atténuée pour conclure que l'article 10 de la *Loi sur les stupéfiants* ne violait pas la *Charte.* Selon ce dernier, cet article ne permettait les perquisitions sans mandat que dans les situations d'urgence. Le résultat final, dans ces deux arrêts, est le même malgré l'utilisation de techniques différentes.

Mais comme le juge en chef Lamer l'a souligné, cette grille n'est pas exhaustive. Les tribunaux seront sans doute confrontés à des situations où ces critères d'application ne seront pas entièrement adéquats.

---

[213] *Supra,* note 177.
[214] *Supra,* note 83.
[215] *Supra,* note 186.
[216] [1993] 3 R.C.S. 223.
[217] *Supra,* note 215.
[218] *Supra,* note 186.

(v) *Effet invalidant ou prépondérant de la Charte*

Dans un article remarquable, le professeur Pierre-André Côté a examiné la question de savoir si la *Charte* a, à l'égard des lois, un effet invalidant ou un effet prépondérant.[219] Adopter la technique de la nullité, fondée initialement sur les dispositions du *Colonial Laws Validity Act*,[220] amènerait à conclure que la *Charte* pose des limites à la compétence législative du Parlement et des législatures provinciales. Comme le rappelle le professeur Côté, «la nullité ne constitue pas la seule technique susceptible d'assurer la primauté de la *Charte* : le Constituant pouvait se contenter de donner à la *Charte* un effet prépondérant».[221] Et l'auteur de se demander : «Peut-on concevoir que notre droit reconnaisse désormais deux sanctions distinctes pour l'inconstitutionnalité des lois, soit l'ineffectivité pour les lois contraires à la *Charte* et l'invalidité pour les autres...»?[222]

Le professeur Côté examine cinq facteurs susceptibles de guider les tribunaux pour cerner l'intention du constituant quant aux conséquences qui découleront de l'incompatibilité d'une loi avec la *Charte* : les textes, les travaux préparatoires, le principe de stabilité du droit, la nature du conflit *loi-Charte*, et les autorités. Il en arrive à la conclusion que «la question reste posée et c'est la Cour suprême qui pourra y donner une réponse définitive».[223]

La question n'est pas sans importance pratique, car, comme le fait remarquer le professeur Côté :

> Si la loi contraire à la *Charte* est réputée *ultra vires*, on ne peut concevoir qu'elle puisse un jour reprendre effet, à moins que le législateur ne la réadopte à la suite d'une modification à la *Charte* ou ne l'édicte à nouveau avec des modifications de nature à faire disparaître l'incompatibilité ou à écarter la primauté de la *Charte* par une disposition dérogatoire. Si, au contraire, la loi inconciliable avec la *Charte* doit être réputée simplement inopérante, on peut envisager qu'elle reprenne son effet lorsque sera écarté ce qui fait obstacle à son application.[224]

La question a fait l'objet de peu de commentaires dans les arrêts rendus jusqu'à maintenant, la plupart des arrêts s'exprimant en termes de prépondérance sans se prononcer explicitement sur la question de l'invalidité.[225]

---

[219] *Supra*, note 185.
[220] 1865, (R.U.), 28-29 Vict., c. 63. Cette loi prévoyait que toute loi coloniale incompatible avec les lois impériales applicables aux colonies «*shall, to the Extent of such Repugnancy, but not otherwise, be and remain absolutely void and inoperative*». (Art. 2).
[221] *Supra*, note 185, p. 108.
[222] *Id.*, p. 110.
[223] *Id.*, p. 119.
[224] *Id.*, p. 119.
[225] Voir, entre autres, *Hunter, supra*, note 147, *Big M Drug Mart, supra*, note 149, *Renvoi relatif au par. 94(2) de la Motor Vehicle Act (B.C.), supra*, note 182, et *R. c. Oakes, supra*, note 83.

La Cour d'appel de l'Ontario, dans l'affaire *Re Ontario Film and Video Appreciation Society and Ontario Board of Censors*,[226] tout en confirmant la décision du tribunal dont il y avait appel que certaines dispositions du régime ontarien de censure du cinéma étaient incompatibles avec l'alinéa 2 *b*) de la *Charte*, qui garantit la liberté d'expression, s'est déclarée prête à aller plus loin. Le juge en chef associé de l'Ontario, M. le juge MacKinnon écrit en effet :

> We would go further than the Divisional Court on this issue. In our view, s. 3(2) *a*), rather than being of «no force or effect», is *ultra vires* as it stands. The subsection allows for the complete denial or prohibition of the freedom of expression in this particular area and sets no limits on the Board of Censors. It clearly sets no limit, reasonable or otherwise, on which an argument can be mounted that it falls within the saving words of s. 1 of the *Charter* — subject only to such reasonable limits prescribed by law.[227]

Le juge en chef associé n'explique pas les raisons qui l'ont amené à conclure que les dispositions de la loi étaient non seulement inopérantes mais *ultra vires* et donc invalides. Il semble cependant qu'en s'exprimant ainsi le juge en chef tenait à écarter la conclusion à laquelle en était venue la *Divisional Court* :

> This does not mean that the censorship scheme set out in the *Theatres Act* is invalid. Clearly the classification scheme by itself does not offend the *Charter*. Nor do we find that ss. 3, 35 and 38 are invalid but the problem is that standing alone they cannot be used to censor or prohibit the exhibition of films because they are so general, and because the detailed criteria employed in the process are not prescribed by law. These sections, insofar as they purport to prohibit or to allow censorship of films, may be said to be «of no force or effect», but they may be rendered operable by the passage of regulations pursuant to the legislative authority or by the enactment of statutory amendments, imposing reasonable limits and standards.[228]

En s'exprimant comme elle l'a fait et en qualifiant la loi d'*ultra vires*, la Cour d'appel semble avoir voulu écarter la possibilité que la loi puisse reprendre son effet à la suite de l'adoption d'un règlement ou même d'une modification législative faisant disparaître l'incompatibilité avec la *Charte*.

Comme l'a suggéré le professeur Côté, la question de savoir si la *Charte* a un effet invalidant ou un effet prépondérant reste posée.

---

[226] (1984), 7 C.R.R. 129 (C.A. Ont.).
[227] *Id.*, p. 131.
[228] *Ontario Film and Video Appreciation Society and Ontario Board of Censors* (1984), 5 C.R.R. 373, p. 383 (C. Div. Ont.).

3

The Crucible of the Charter: Judicial Principles v. Judicial Deference in the Context of Section 1*

(Section 1)

*Errol P. Mendes***

1. Introduction
2. Origins
3. The Reasonable and Demonstrably Justified Standard: Two Requirements Articulated as One Standard
4. "Prescribed by Law"
5. Burden and Standard of Proof
6. Free and Democratic Society
7. The *Oakes* Test
    (a) Analysis of the Four Requirements
        (i) Sufficiently Important Objective
        (ii) Rational Connection to the Objective
        (iii) Least Drastic Means
        (iv) Proportionality Between Effects and Objective
8. Conclusion

---

* The author wishes to thank Karen L. Rudner and Paulette Corriveau for their invaluable research assistance on this Chapter.
** Director of the Human Rights Research and Education Centre, University of Ottawa.

1. INTRODUCTION

Grand constitutional documents are born of revolution, civil wars, or in Canada's case, interminable constitutional negotiations and committees. The people's representatives hand over their constitutional documents to the legal profession and the judiciary to apply in particular disputes and so interpret and apply the fundamental constitutional values of their society. Grand statements of fundamental rights and liberties of the people gives way to "legal reasoning" hammered out in the cloisters of the legal and judicial communities. Finally, constitutional text is created anew veiled in legal tests, principles and formulae.

The judiciary, in particular, have traditionally evolved such tests to avoid the appearance that they are involved in undemocratic decision-making on the fundamental values and norms of society.[1] In this fashion, they seek to weave the veil of neutral principles of constitutional interpretation.[2] Thus, fundamental policy decision-making takes the appearance of

---

[1] Philosophers of law have also struggled to develop principles of judicial review which maintain democratic integrity. J.H. Ely for example, advocated a form of judicial review which can be reconciled with "electorally accountable decision-making". This can only occur if constitutional adjudication is confined to "enforcing norms which are stated or clearly implicit in the written Constitution." This form of "clause bound interpretivism" should result in judges confining themselves to "questions of participation, and not the substantive merits of the political choice under attack." Ely's concept of judicial review is essentially a procedural one which is aimed at protecting the democratic processes of political change and ensuring "discrete and insular minorities" are afforded the same protection that others obtain through the representative system. See J.H. Ely, *Democracy and Distrust: A Theory of Judicial Review* (Cambridge, Mass.: Harvard University Press, 1980). For Canadian support of Ely's thesis, see H.S. Fairley, "Enforcing the Charter: Some Thoughts on an Appropriate and Just Standard for Judicial Review" (1983) 4 *Sup. Ct. L. Rev.* 217. Our own home grown constitutional philosopher, Patrick Monahan, would reject Ely's approach as unattainable. He seems surprised that the Canadian Supreme Court could contemplate applying "the standards of the Charter", without an inquiry into the wisdom of the legislation under review. He claims that "even a cursory analysis of the language and structure of the Charter indicates that most Charter litigation may well turn on the issue of the 'wisdom' of legislative choices. . . . Section 1 of the Charter appears to invite the Court to assess and to second-guess the 'wisdom' of the balance struck by the legislature." See P. Monahan, *Politics and the Constitution: The Charter, Federalism and the Supreme Court of Canada* (Toronto: Carswell, 1987), p. 53. Bickel comes up with an intriguing intermediate position. He claims that in judicial review, courts "should declare as law only such principles as will in time, but in a rather intermediate future gain general assent." See A. Bickel, *The Least Dangerous Branch* (Indianapolis: Bobbs-Merrill, 1962), p. 239.

[2] Herbert Wechsler argues for more judicial restraint than even Ely and may be regarded as the father of neutral principles: "To be sure, the courts decide, or should decide, only the case they have before them. But must they not decide on grounds of adequate neutrality and generality, tested not only by the instant application but by others that the principles imply." See H. Wechsler, "Toward Neutral Principles of Constitutional Law" (1959) 73

formalistic application of tests, principles and formulae where as Unger points out, "the mere invocation of rules and deductions of conclusions from them is believed sufficient for every authoritative legal choice".[3]

It is through such legal rules and deductions that, if you choose to believe it, law becomes separated from morality and politics.[4] It is through such rules and deductions that judges can attempt to stand behind a Rawlsian veil of self-imposed political ignorance and hand down decisions to society that can, most of the time, avoid allegations of political, social and economic bias.[5]

Judicial treatment of section 1 of the *Canadian Charter of Rights and Freedoms*[6] is a case in point. It is arguably the most important statement of our democratic polity. It states:

> The *Canadian Charter of Rights and Freedoms* guarantees the rights and freedoms set out in it subject only to such reasonable limits prescribed by law as can be demonstrably justified in a free and democratic society.

So in Canada, one finds no grand and eloquent statement of self-evident truths about humankind's freedom, equality and liberty at the beginning of our fundamental human rights document. Instead, at the outset, there is a warning that rights and freedoms are guaranteed, but not absolutely.[7] In this

---

Harv. L. Rev. 1, p. 15. The formalist legacy by Wechsler is still making its presence felt today.

[3] R. Unger, *Law in Modern Society* (New York: Free Press, 1976), p. 194. He continues: "it does not *pretend* to describe the actual causes and motives of decision" [*emphasis my own*].

[4] The Critical Legal Studies movement developed, in part, around an attempt to deny the neutrality of Law. See D. Kairys (ed.), *The Politics of Law: A Progressive Critique* (New York: Pantheon, 1982), p. 1; and A. Hutchinson and P. Monahan, "Law, Politics, and the Critical Legal Scholars: The Unfolding Drama of American Legal Thought" (1984) 36 *Stan. L. Rev.* 199. It should be noted that these critical legal scholars could be regarded as the children of the Legal Realists. See O.W. Holmes, "The Path of the Law", in O.W. Holmes (ed.), *Collected Legal Papers* (London: Constable and Co., 1920), p. 167; and J. Frank, "The Judging Process" in J. Arthur and W. Shad (eds.), *Readings in Philosophy of Law* (New Jersey: Prentice Hall, 1984), p. 96.

[5] In order to arrive at principles of justice, the Rawlsian paradigm requires us to enter a "veil of ignorance" such that "it should be impossible to tailor principles to the circumstances on one's own case." Rawls explains his veil as follows: "one excludes the knowledge of those contingencies which set men at odds and allows them to be guided by their prejudices." See J. Rawls, *A Theory of Justice* (Cambridge: Harvard University Press, 1971), pp. 18-19.

[6] *Canadian Charter of Rights and Freedoms* (being Part 1 of the *Constitution Act, 1982* [en. by the *Canada Act, 1982* (U.K.), c. 11, s. 1]) [hereinafter *Charter*].

[7] When section 1 of the *Charter* finally emerged from the discussions which preceded patriation, it did so as the result of the competing notions of parliamentary sovereignty and individual autonomy. It should also be noted that section 33, which enables Parliament or a legislature of a province to override section 2 or sections 7 to 15, further confirms the limited nature of the guarantee of rights and freedoms under the *Charter*.

fashion, section 1 gives to the Canadian judiciary an extraordinarily vague yardstick to ascertain just how limited the guarantee of rights and freedoms is to be. To say that this most critical section of the *Charter* is "open-textured" is to make the ultimate understatement.[8]

First there is the eternally malleable concept of "reasonable limits". This is then combined with the onerous evidentiary burden placed on those who wish to limit such rights to "demonstrably justify" these "reasonable limits prescribed by law".[9] Then both requirements are embedded in the context of the contestable and conflicting concepts of a free and democratic society.[10] Is it any wonder that the Supreme Court of Canada eventually reached out for the comfort of legal tests, principles and formulae to interpret and apply section 1? Such rules would be a solution to the "Millian Dilemma; the establishment of some neutral normative method by which to provide determinate guidance for the choice between individual freedom and collective control."[11]

The Supreme Court began to formulate a series of legal tests to interpret section 1, culminating in the *R. v. Oakes*[12] decision.

This Chapter will:

1. discuss the birth and evolution of section 1;
2. examine each of the requirements embodied in the distinct phrases in section 1, namely "reasonable and demonstrably justified", "prescribed by law" and, "free and democratic society";
3. analyze the four branches of the *Oakes* test which set out the requirements that must be fulfilled for a limit to be "reasonable and demonstrably justified in a free and democratic society"; and
4. discuss how the Supreme Court of Canada seems to be vacillating between a rigid application of judicially evolved tests principles and formulae and somewhat unpredictable judicial deference in the interpretation of section 1.

---

[8] See H.L.A. Hart, *The Concept of Law* (Oxford: Clarendon, 1961), pp. 123-132. Hart uses the term "open-textured" to describe the inherent ambiguity in virtually all rules which, because of limitations of language and the indeterminacy of human aims, lacks specificity.

[9] *Charter, supra*, note 6, section 1.

[10] For a discussion of the essential contestability of these concepts, see J. Gray, "Political Power, Social Theory, and Essentially Contested Concepts", in D. Miller and L. Siedentop (eds.), *The Nature of Political Theory* (Oxford: Clarendon, 1983). See also J. Lively, *Democracy* (Oxford: Blackwell, 1975); and C.B. MacPherson, *The Real World of Democracy* (Oxford: Clarendon, 1966).

[11] Hutchinson citing J.S. Mill, *Utilitarianism, Liberty, Representative Government* (Londres: J.M. Dent & Sons, 1910), constructs the Millian dilemma in this fashion, see A.C. Hutchinson, *Dwelling on the Threshold* (Toronto: Carswell, 1988), p. 152.

[12] *R. v. Oakes*, [1986] 1 S.C.R. 103 [hereinafter *Oakes*].

2. ORIGINS

Section 1 was included in the *Charter of Rights and Freedoms* as a reaction to the fact that the *American Bill of Rights* guaranteed individual rights absolutely, without any limitations.[13] Fearful of creating a society that may guarantee its liberty, but lose its values of community and representative democracy, the constitutional drafters sought to wrap the guaranteed rights and freedoms with an extremely flexible limitation clause. Such a clause would offer society through its legislative and executive representatives a recourse to avoid liberty and freedom undermining the very community whose rights and freedoms the *Charter* was supposed to protect.

Section 1 was amended to its present form, as set out above, in April of 1981. The original 1980 version provided that *Charter* rights were "subject only to such reasonable limits as are generally accepted in a free and democratic society with a parliamentary system of government."[14] This original draft came under severe criticism by, among others, the Canadian Human Rights Commission. The Commission issued a statement to the Hays-Joyal Committee submitting that the original version offered

> ... unacceptably broad excuses for the limitation of rights and freedoms ... any general limitation clause in the Charter should accord with the accepted clauses in the International Bill of Rights (*i.e.*, the Universal Declaration of Human Rights, the International Covenant on Economic Social and Cultural Rights, the International Covenant on Civil and Political Rights, and the Optional Protocol to that Covenant). . . .[15]

In the face of such opposition to the original version of section 1, amendments were made to harmonize the wording with Canada's obligations under international human rights instruments and customary international law. However, opinion was still divided as to the efficacy of including a limitation clause since some feared that it might water down the *Charter*.[16]

---

[13] See J. Cameron, "The Original Conception of Section 1 and its Demise: A Comment on Irwin Toy Ltd v. Attorney General of Quebec" (1989) 35 *McGill L.J.* 253, pp. 254, 257; and H. Marx, "Entrenchment, Limitations and Non-Obstante" in W.S. Tarnopolsky & G.-A. Beaudoin (eds.), *Commentary: The Canadian Charter of Rights and Freedoms* (Toronto: Carswell, 1982), pp. 63-66.

[14] A.F. Bayefsky, *International Human Rights Law: Use in Canadian Charter of Rights and Freedoms Litigation* (Toronto: Butterworths, 1992), p. 39.

[15] *Ibid.* Indeed, Dickson C.J. stated in *Reference re Public Service Employee Relations Act (Alberta)*, [1987] 1 S.C.R. 313 at p. 349: "I believe that the *Charter* should generally be presumed to provide protection at least as great as that afforded by similar provisions in international human rights documents which Canada has ratified."

[16] P.W. Hogg and R. Penner, "The Contribution of Chief Justice Dickson to an Interpretive Framework and Value System for Section 1 of the Charter of Rights" (1991) 29 *Man. L.J.* 428, p. 431.

3. THE REASONABLE AND DEMONSTRABLY JUSTIFIED STANDARD: TWO REQUIREMENTS ARTICULATED AS ONE STANDARD

While section 52 of the *Constitution Act, 1982*,[17] seemingly grants courts the wide latitude to deem legislation to be of no force or effect, section 1 limits this power of judicial review, stating that legislation that contravenes a right can still be preserved if it is reasonable and demonstrably justified in a free and democratic society.

The Supreme Court has determined that a two-step approach is involved in the judicial task of reviewing legislation under section 1:

1. The Court will evaluate whether the legislation in question has violated any one of the rights or freedoms guaranteed by the *Charter*. If the legislation is deemed not to have infringed a *Charter* right, the Court will not proceed to a section 1 analysis and the legislation will stand.
2. On the other hand, if the Court finds there to be a violation of the enumerated rights apart from the considerations involved in section 1, it will automatically shift to a section 1 analysis to determine whether the encroachment upon the right can be justified.[18]

Although the rights and freedoms guaranteed by the *Charter* are not absolute, in order for a Court to uphold a law that limits a right, it must balance the value of that individual freedom against the value of the collective goal. A Court must be satisfied that a limit on such a right is *both* reasonable and demonstrably justified. These two requirements, however, have not been dealt with separately by the courts but rather have been treated as a single standard. This may be explained by the fact that logic dictates that in order for a limit to be demonstrably justified it must also be reasonable, therefore making a double inquiry redundant.[19]

4. "PRESCRIBED BY LAW"

The addition of this phrase in the April 1981 amendment meant that a law that violates a *Charter* right cannot be upheld as a "reasonable limit" if it has not been "prescribed by law." The Supreme Court first elaborated upon this term in *R. v. Therens*[20] wherein Mr. Justice Le Dain stated:

---

[17] Section 52(1) of the *Charter* reads as follow: "The Constitution of Canada is the supreme law of Canada, and any law that is inconsistent with the provisions of the Constitution is, to the extent of the inconsistency, of no force or effect."
[18] P.W. Hogg, *Constitutional Law of Canada* (Toronto: Carswell, 1992), p. 852.
[19] P.W. Hogg, "Section 1 Revisited" (1991) 1 *NJCL/RNDC* 1-24, p. 2.
[20] (1985), 18 D.L.R. (4th) 655 (S.C.C.). Le Dain's definition was approved by the Court in *R. v. Thomsen*, [1988] 1 S.C.R. 640, p. 650.

The requirement that the limit be prescribed by law is chiefly concerned with the distinction between a limit imposed by law and one that is arbitrary. The limit will be prescribed by law within the meaning of s. 1 if it is expressly provided for by statute or regulation, or results by necessary implication from the terms of a statute or regulation or from its operating requirements. The limit may also result from the application of a common law rule.[21]

The Supreme Court in *R. v. Therens* held that the failure of a police officer to inform the accused of his right to retain and instruct counsel, when demanding a breathalyzer test pursuant to section 235 of the *Criminal Code*, was a violation of section 10(*b*) of the *Charter*. Furthermore, this violation resulted from the officer's own failure to pay attention to the guarantees expressed in the *Charter* rather than from any limit prescribed by Parliament.[22]

The case of *Slaight Communications Inc. v. Davidson*[23] stands in sharp contrast to *Therens*. In *Slaight* it was held that a discretionary order by a federal labour adjudicator who derived his authority from section 61.5(9) of Canada *Labour Code* violated a Toronto radio station's freedom of expression but was a limit prescribed by law. This despite the fact that it could be argued that the limits stemmed from the very broad adjudicative discretion in the *Labour Code* and had not been articulated with any real precision. The provision indicated that the adjudicator had the latitude to

---

[21] *Therens, ibid.*, p. 680. It should be noted that previous lower court decisions articulated the meaning behind "prescribed by law." For example, the Divisional Court in *Ontario Film & Video Appreciation Society v. Ontario (Bd. of Censors)* (1983), 41 O.R. (2d) 583, p. 592, (affirmed by C.A. (1984), 5 D.L.R. (4th) 766) held that the censorship provisions of the *Theatres Act*, R.S.O. 1980, c. 498, violated the applicant's freedom of expression and were not "prescribed by law." Although the board had been granted the power by the legislature to prohibit the exhibition of any film to which it disapproved, these limits were not prescribed by law due to their discretionary character. "... [L]aw cannot be vague, undefined, and totally discretionary; it must be ascertainable and understandable. Any limits placed on the freedom of expression cannot be left to the whim of an official; such limits must be articulated with some precision or they cannot be considered to be law."

In addition, the Federal Court of Appeal in *Luscher v. Dep. M.N.R. (Customs & Excise)* (1985), 17 D.L.R. (4th) 503 held that a law that prohibits the importation of obscene and immoral material is too vague and imprecise to constitute a reasonable limit prescribed by law.

One writer sees these judgments as "formalistic" rather than "legalistic" interpretations. Whereas the former focuses on the form/content of the law or regulation, *etc.* and requires that it be reasonably accessible and sufficiently precise, the latter simply gives a rubber stamp to any legislation that has come into effect in conformity with the judicial system in place; see Gaudet, "La règle de droit au sens de l'article premier de la Charte canadienne des droits et libertés: Commentaires sur l'affaire Slaight Communications Inc. c. Davidson [1989] 1 R.C.S. 1038" (1990) 20 *R.D.U.S.* 448, pp. 456, 458-461, 463.

[22] *Ibid.*, p. 662.

[23] [1989] 1 S.C.R. 1038 [hereinafter *Slaight*].

require the employer to "do any other like thing that it is equitable to require the employer to do in order to remedy or counteract any consequence of the dismissal."[24]

Another line of interpretation by the Supreme Court has deemed legislation to be "void for vagueness" and thus not "prescribed by law" if the Court finds that it does not have sufficient guidance to determine its meaning. This doctrine was articulated in *R. v. Butler*[25] by Sopinka J. who adopted the test set out in *Osborne v. Canada (Treasury Bd.)*,[26] namely, "whether the law is so obscure as to be incapable of interpretation with any degree of precision using the ordinary tools. . . ."[27] The legislation at issue was section 163(8) of the *Criminal Code* which provided that "any publication a dominant characteristic of which is the *undue* exploitation of sex, or of sex and any one or more of . . . crime, horror, cruelty and violence, shall be deemed to be obscene." Sopinka J. cited *R. v. Morgentaler*[28] in which Beetz J. found that a provision can still be prescribed by law even though terms contained therein may be subject to different legal interpretations by the courts. Since the term "undue" had been given meaning in prior judgments, it was considered to be "prescribed by law" despite the lack of a precise technical definition.[29]

It should be noted that the idea of the paramountcy of "law," *i.e.*, formal and ascertainable executive and legislative norms as opposed to arbitrary acts of private individuals and government officials, is not a new concept unique to section 1, but is, rather, a fundamental principle articulated as "the rule of law".[30]

---

[24] See Gaudet, *supra*, note 21, p. 467.
[25] [1992] 1 S.C.R. 452 [hereinafter *Butler*].
[26] [1991] 2 S.C.R. 69, p. 94.
[27] *Supra*, note 25, p. 490.
[28] [1988] 1 S.C.R. 30, p. 107. *Butler*, *supra*, note 25, p. 491.
[29] *Ibid.* The above analysis is subject to the caveat stated by the Supreme Court of Canada in *R. v. N.S. Pharmaceutical Society* (1992), 74 C.C.C. (3d) 289, where the Court held that the doctrine of vagueness, founded on the concept of the rule of law, was also a principle of fundamental justice under section 7 of the *Charter* and was also relevant to the minimal impairment test under section 1. However, the Court went on to conclude that the doctrine of vagueness used in the context of the minimal impairment test became part of the related concept of overbreadth of the impugned law. The Court would therefore be hesitant to find an impugned law so vague as to not be prescribed by law. Rather they would prefer to deal with the impugned legislation under the minimal impairment test set out in *Oakes*.
[30] For example, in *Re Resolution to Amend the Constitution*, [1981] 1 S.C.R. 753, pp. 805-806, the Court referred to the rule of law as "a highly textured expression . . . conveying, for example, a sense of orderliness, of subjection to known legal rules and of executive accountability to legal authority."

In addition, the majority in *Reference re Language Rights Under s. 23 of the Manitoba Act, 1870*, [1985] 1 S.C.R. 721, pp. 748-749, described the rule of law as a "fundamental

Put another way, the phrase "prescribed by law" requires that "the legislature [provide] an intelligible standard according to which the judiciary must do its work."[31] One could argue that this is a form of double deference. First, to the legislature to allow them to enact provisions which although vague, are not beyond the ability of the judiciary to interpret. Second, there is a form of self-deference that the judiciary can turn such legislated vagueness into sufficient precision and certainty to satisfy the requirements of section 1. Given the track record of the courts on interpreting the vastly open-textured terms of section 1 itself, this form of self-deference may not be justified.

In this sense, section 1 could, in itself, amount to a substantive right bestowing upon Canadians the fundamental right that governments can only affect their rights and freedoms in accordance with the rule of law.

5. BURDEN AND STANDARD OF PROOF

The burden of proof in a section 1 defence "rests upon the party seeking to uphold the limitation"[32] and the civil standard of "proof by a preponderance of probability"[33] is to be applied "rigorously". However, in *R. v. Edwards Books & Arts Ltd.*,[34] Dickson C.J.C. advocated a more relaxed approach when he stated that "[b]oth in articulating the standard of proof and in describing the criteria comprising the proportionality requirement the Court has been careful to avoid rigid and inflexible standards."[35] Indeed, the weight of the burden of proof may vary according to the particular agenda of the Court and according to which sections of the *Charter* have been infringed and against whom. At one point the Court seemed of the view that if the infringement involves the violation of guarantees designed

---

principle of our Constitution" and defined it as meaning that "the law is supreme over officials of the government as well as private individuals, and thereby preclusive of the influence of arbitrary power." Further, "the rule of law expresses a preference for law and order within a community rather than anarchy, warfare and constant strife. ..."

See also: L.E. Weinrib, "The Supreme Court of Canada and Section One of the Charter" (1988) 10 *Sup. Ct. L. Rev.* 469, pp. 475-477.

[31] *Irwin Toy Ltd. v. Québec (A.G.)*, [1989] 1 S.C.R. 927, p. 982 [hereinafter *Irwin Toy*].

[32] *Oakes, supra,* note 12, p. 137. Dickson C.J.C. points to the word "demonstrably" as indicating that the burden of proof will be shouldered by those wishing to limit the *Charter* right.

[33] *Ibid.* The Court did not adopt the more onerous criminal standard of "proof beyond a reasonable doubt" because "concepts, such as 'reasonableness', 'justifiability' and 'free and democratic society' are simply not amenable to such a standard." However, section 1 demands a very high degree of probability considering that the party is attempting to justify an infringement of a right guaranteed by the *Charter.* (p. 138.)

[34] [1986] 2 S.C.R. 713 [hereinafter *Edwards Books*].

[35] *Ibid.*, pp. 768-769.

to protect disadvantaged individuals and groups, the Supreme Court will exact a more rigorous burden of proof.

This view was articulated by Wilson J. in *Andrews v. Law Society of British Columbia*:[36] "Given that s. 15 is designed to protect those groups who suffer social, political and legal disadvantage in our society, the burden resting on government to justify the type of discrimination against such groups is appropriately an onerous one."[37]

However, the Supreme Court seemed to have reversed itself on this elevation of the equality guarantee in section 15 as regards the burden of proof in a quartet of cases that dealt with the mandatory retirement of employees at 65 years of age.[38] In these cases the Court held that where the *Charter* applies, the mandatory retirement exemptions to the bans on age-based discrimination provisions in the various human rights codes would contravene section 15, but would be saved by section 1. The Court reasoned that as the purpose of the human rights codes were to further the equality rights objectives in relations between private parties, courts should not force the legislature to move to the equality objectives faster than it had planned.[39]

As one author has put it, such judicial deference turns section 1 on its head and disregards the core purpose of section 15.[40] The effect is to permit legislatures to offer less protection from anti-discrimination practices in the private sector to some classes of individuals than others — in this case the elderly. Such judicial deference to the burden of justification under section 1 could also skewer the analysis on the other tests under section 1 as has been cogently argued was the case in the mandatory retirement decisions of the Supreme Court.[41]

Judicial deference under the section 1 analysis to legislative stereotyping of the elderly and other disadvantaged groups could undermine the core objectives of the equality guarantee in section 15 of the *Charter*.[42]

6. FREE AND DEMOCRATIC SOCIETY

Chief Justice Dickson, in *R. v. Oakes*, focused upon the final words of section 1 as they were seen as "the ultimate standard against which a limit

---

[36] [1989] 1 S.C.R. 143 [hereinafter *Andrews*].
[37] *Ibid.*, p. 154.
[38] *McKinney v. University of Guelph*, [1990] 3 S.C.R. 229; *Harrison v. University of B.C.*, [1990] 3 S.C.R. 451; *Stoffman v. Vancouver General Hospital*, [1990] 3 S.C.R. 483; *Douglas/Kwantlen Faculty Assn. v. Douglas College*, [1990] 3 S.C.R. 570.
[39] *McKinney, ibid.*, pp. 317-319, per La Forest J.
[40] D. Lepofsky, "The Canadian Judicial Approach to Equality Rights: Freedom Ride or Rollercoaster?" (1991-92) 1 *NJCL/RNDC* 315, p. 337.
[41] *Ibid.*, pp. 343-354.
[42] See the arguments of Lepofsky in this regard, *ibid.*, pp. 348-359.

on a right or freedom must be shown, despite its effect...."[43] Because Canada is a free and democratic society, the courts must be guided by the values inherent in these concepts such as:

> ... respect for the inherent dignity of the human person, commitment to social justice and equality, accommodation of a wide variety of beliefs, respect for cultural and group identity, and faith in social and political institutions which enhance the participation of individuals and groups in society.[44]

Lamer J. gave further meaning to these principles in *Reference re ss. 193 & 195.1(1)(c) of the Criminal Code (Canada)*[45] when he stated that citizens living in a free and democratic society should be "able, as far as possible, to foresee the consequences of their conduct, in order that persons be given fair notice of what to avoid, and that the discretion of those entrusted with law enforcement is limited by clear and explicit legislative standards."[46] It is interesting to note that the Court here seems to be reiterating the same rule of law principles discussed above under "prescribed by law."

In addition, McIntyre J., in *Irwin Toy*, stated that freedom of expression is "a principle of vital importance in a free and democratic society."[47]

These interpretations of a free and democratic society are open-ended and may possibly conflict with each other.[48] However, inherent in the discussion about the meaning of the phrase is a struggle to find a judicial principle that would form the basis of the interpretative task set by section 1. Yet these pronouncements seem to have fallen into the background, while judicial deference in interpreting formalistic tests have taken overwhelming prominence. These formalistic tests were to be subsumed under the name of the first case in which the Supreme Court undertook to interpret the open-textured nature of section 1, namely *R. v. Oakes*. The test, of course, became known as the "*Oakes* test".[49]

7. THE *OAKES* TEST

Dickson C.J.C., speaking for a unanimous Court in *Oakes*, adopted an approach which seems to embed fundamental judicial principles in formal-

---

[43] *Supra*, note 12, p. 136.
[44] *Ibid.*
[45] [1990] 1 S.C.R. 1123 [hereinafter *Prostitution Reference*].
[46] *Ibid.*, p. 1152. Lamer indicated that in the criminal law context this takes on an added importance.
[47] *Supra*, note 31, p. 1008.
[48] For this author's assessment of how the Court's early decisions seemed to have preferred "social justice and equality" over the other principles, see E.P. Mendes, "In Search of a Theory of Social Justice; The Supreme Court Reconceives the Oakes Test" (1990) 24 *R.J.T.* 1, p. 6, note 15.
[49] *Supra*, note 12.

istic tests in the interpretation and application of section 1 when he articulated the four requirements that must be satisfied to prove that a law limiting a right or freedom is reasonable and demonstrably justified in a free and democratic society:

1. Sufficiently Important Objective
    "... the objective, which the measures responsible for a limit on a *Charter* right or freedom are designed to serve, must be 'of sufficient importance to warrant overriding a constitutionally protected right or freedom' ".[50]

The remaining requirements set out "a form of proportionality test" which evaluates the means adopted to achieve the objective:

2. Rational Connection to the Objective
    "... the measures adopted must be carefully designed to achieve the objective in question. They must not be arbitrary, unfair or based on irrational considerations. In short, they must be rationally connected to the objective."[51]
3. Least Drastic Means
    The law in question "should impair 'as little as possible' the right or freedom in question".[52]
4. Proportionality Between Effects and Objective
    "... there must be a proportionality between the effects of the measures which are responsible for limiting the *Charter* right or freedom, and the objective which has been identified as of 'sufficient importance'."[53]

(a) Analysis of the Four Requirements

(i) *Sufficiently Important Objective*

In *Oakes*, Dickson C.J.C. outlined the criteria necessary to demonstrate that the objective of the impugned law is of sufficient importance to justify limiting a *Charter* right: the objective must be consistent with the "principles integral to a free and democratic society ... at a minimum ... an objective [must] relate to concerns which are pressing and substantial in a free and democratic society...."[54]

These requirements appear at first sight to place a rather onerous burden on the party wishing to have the limitation upheld since, for example, the term "pressing" denotes only those goals which are immediate in nature.

---
[50] *Ibid.*, p. 138.
[51] *Ibid.*, p. 139.
[52] *Ibid.*
[53] *Ibid.*
[54] *Ibid.*, pp. 138-139.

Thus, an objective designed to combat unfairness or injustice over the long term could be rejected[55] because it impacts on rights and freedoms in the present. Such was the case in *National Citizens' Coalition Inc. v. Canada (A.G.)*[56] where the Court held that sections 70.1(1) and 72 of the *Canada Elections Act* which prohibited third party campaign spending during elections violated section 2(*b*) of the *Charter* and could not be saved by section 1. The Court reasoned that:

> Fears or concerns of mischief that may occur are not adequate reasons for imposing a limitation. There should be actual demonstration of harm or a real likelihood of harm to a society value before a limitation can be said to be justified.[57]

However, McIntyre J. in *Andrews*[58] recognized the difficulties inherent in requiring that the objective be "pressing and substantial". He stated that such a test may deny Canadian society the benefits of "sound social and economic legislation".[59] In its place, he would apply a less stringent test:

> In my opinion, in approaching a case such as the one before us, the first question the Court should ask must relate to the nature and the purpose of the enactment, with a view to deciding whether the limitation represents a legitimate exercise of the legislative power for the attainment of a desirable social objective which would warrant overriding constitutionally protected rights.[60]

In general, the Supreme Court has often been reluctant to second guess the legislature's choice of objective, especially if the legislation can be characterized as having a social justice agenda.

Early in the history of section 1 there arose one notable exception in the jurisprudence to such deference to the legislature, namely the landmark decision in *R. v. Big M Drug Mart Ltd.*[61] In that case, the Supreme Court held that the objective of the *Lord's Day Act*,[62] the federal Sunday closing law, was to "compel the observance of the Christian Sabbath."[63] Given the fact that the purpose of the impugned legislation was clearly religious (thereby contravening the *Charter* right of freedom of religion) rather than the secular objective of providing a common day of rest for employees, it could not be said to justify limiting that constitutionally guaranteed freedom.

---

[55] E.P. Mendes, *supra*, note 48, p. 7.
[56] (1984), 11 D.L.R. (4th) 481 (Alta. Q.B.).
[57] *Ibid.*, p. 496.
[58] *Andrews*, *supra*, note 36, p. 143.
[59] *Ibid.*, p. 184.
[60] *Ibid.*
[61] [1985] 1 S.C.R. 295 [hereinafter *Big M*].
[62] R.S.C. 1970, c. L-13.
[63] *Supra*, note 61, p. 351.

Perhaps the anomaly that this early case represented could be explained on the basis that where the Supreme Court found no secular social justice agenda involved in the impugned legislation, they applied a more formalistic interpretation of the "pressing and substantial" test.

In order to discover the true objective of the Act, the Supreme Court in *Big M* focused on its legislative history and noted that an objective cannot evolve with the passing of time or change with the social climate. In the words of Dickson C.J.C.: "Purpose is a function of the intent of those who drafted and enacted the legislation at the time, and not of any shifting variable."[64]

Again, in *Butler*,[65] Sopinka J., writing for the majority, resisted giving support to the shifting purpose rule. The challengers to the obscenity provisions of the *Criminal Code* had argued that the original purpose of these provisions was to safeguard society from the corrupting influence of obscene materials but the government was now arguing a shifting purpose by characterizing the objective as preventing violence against women and children. Sopinka J. deferred to the legislature and upheld the obscenity provisions by framing the objective in general terms as preventing harm to society. Thus, it did not matter whether the harm was immorality or the prevention of violence towards women and children.

It follows that if the Court wishes to take an activist stance to strike down legislation that does not have a defendable social justice agenda and find the impugned legislation invalid it will define the objective very narrowly, in a fashion which is unlikely to be regarded as pressing and substantial. For example, in *Andrews*,[66] the majority defined the purpose of section 42 of the *Barrister and Solicitors Act*,[67] which limited membership to the bar to Canadian citizens, as the not very worthy cause of restricting entry to the legal profession.

It could therefore be argued that it is at this stage that judicial deference has the greatest impact because how the Court characterizes the objective of the impugned legislation essentially determines whether legislation should be struck down or upheld. The outcome of the remaining parts of the proportionality test is really dependent on the original characterization of the objective of the legislation as set out by the Court.

Some commentators have argued that recent Supreme Court case law seems to indicate that their treatment of the sufficiency of the objective of the impugned law illustrates the trend away from judicial activism to def-

---

[64] *Ibid.*, p. 335. See also The Honourable Mr. Justice R.P. Kerans, "The Future of Section One of the Charter" (1989) 23 *U.B.C. Law Rev.* 567, p. 573.
[65] *Supra*, note 25.
[66] *Supra*, note 36.
[67] R.S.B.C. 1979, c. 26.

erence.[68] While some of the most recent and high profile cases bear such a thesis out, others do not. However, many of the most recent cases indicate another trend; fundamental policy and value choices are again bursting through the formalistic tests, in such a fashion that they often split the Court into nearly equally divided camps. The cases that will be examined for this trend are *Rodriguez v. British Columbia (A.G.)*,[69] *R. v. Seaboyer*[70] and *R. v. Daviault*.[71] In all these cases, the initial characterization of the objectives of the law created sharp divisions in the Supreme Court.

In *Rodriguez*, Mr. Justice Sopinka, writing for the majority, after finding that the *Criminal Code* provisions on assisted suicide did not violate the principles of fundamental justice under section 7 of the *Charter*, in extreme summary fashion decided there was a violation of section 15.[72] He began his analysis of whether section 1 would nevertheless save the law by referring back to his characterization of the objectives of the law in his section 7 analysis.[73] This analysis involved an extensive examination of the Canadian and other western democracies' records in this area. Based on this examination he concluded that the purpose of the provisions was the state's interest in protecting life and reflected the policy of the state that human life should not be devalued by allowing death to be chosen over life, even by the terminally ill. The fundamental policy and value choice of the majority comes out in their assessment that the active participation by one individual in the death of another is intrinsically morally and legally wrong. Second, the majority held that the objective of the blanket prohibition against assisted suicide was that there was no other way to prevent abuses against vulnerable individuals, including the terminally ill.[74] From this characterization of the objective, it became clear that the law would pass all the other proportionality tests, which it did, and section 241(*b*) of the *Criminal Code*[75] was upheld by the majority.

The dissenting judgment of Madam Justice McLachlin concluded that the *Criminal Code* provision violated section 7 of the *Charter* since it imposed an arbitrary limit on the appellant's security of the person by

---

[68] C.M. Dassios and C.P. Prophet, "Charter Section 1: The Decline of Grand Unified Theory and the Trend Towards Deference in the Supreme Court of Canada." (1993) 15 *Advocates' Q.*, p. 292.
[69] [1993] 3 S.C.R. 519 [hereinafter *Rodriguez*].
[70] [1991] 2 S.C.R. 577 [hereinafter *Seaboyer*].
[71] [1994] 3 S.C.R. 63 [hereinafter *Daviault*]. It should be noted that Bill C-72, *An Act to Amend the Criminal Code*, was introduced on February 24th, 1995 as a reaction to the Supreme Court decision. It received Royal Assent on July 13, 1995 [S.C. 1995, c. 32].
[72] *Supra*, note 69, pp. 612-613.
[73] *Ibid.*, p. 613.
[74] *Ibid.*
[75] R.S.C. 1985, c. C-46.

depriving her of the right to make decisions about her own body. This deprivation also offended the principles of fundamental justice.[76]

Chief Justice Lamer in his dissent concluded that section 15 of the *Charter* was also violated as the prohibition against assisted suicide created a fundamental inequality. The prohibition prevented persons physically unable to end their lives unassisted, from choosing suicide when that option is available to other members of the public.[77]

In both dissenting judges' analysis of the sufficiency of the objectives of the impugned provisions under section 1, they characterized the law primarily as the protection of persons who may be vulnerable to the influence of others and who may not truly and of their own free will consent to assisted suicide.[78] This was also the more narrower characterization of the objective of the assisted suicide provisions by Mr. Justice Sopinka writing for the majority.

However, the narrower characterization of the objective of the impugned provisions led the dissenting judges to easily find the violation of the appellant's section 7 and section 15 rights were not acceptable because it did not constitute minimal impairment of her guaranteed rights. They were prepared to suspend the invalidity of the legislation and grant the appellant a constitutional exemption while Parliament came up with a more tailored provision on assisted suicide.[79]

Mr. Justice Cory in his brief dissent agreed with the judgments of both McLachlin J. and Lamer C.J.C. His opinion, however, is extremely interesting because in its strong affirmation that the prohibition against assisted suicide violated sections 7 and 15 of the *Charter*, his fundamental policy and value choices come out from behind any form of neutral constitutional principles. He asserts firmly that death, and the right to die with dignity, is an integral part of living and is entitled to constitutional protection under section 7.[80] He also concluded that the right to choose death with dignity is denied to those who are physically handicapped by the prohibition against assisted suicide and thus their section 15 equality rights are violated.[81] The judgment, thus, does not make any pretence of applying neutral constitutional principles.

This is also apparent in the earlier case of *Seaboyer*[82] where Madam Justice McLachlin, writing for the majority, began by characterizing section 276 of the *Criminal Code* as designed to prevent the use of irrelevant

---

[76] *Rodriguez, supra*, note 69, pp. 617-624.
[77] *Ibid.*, pp. 549-550.
[78] *Ibid.*, pp. 625 and 558.
[79] *Ibid.*, pp. 570-578 and 629.
[80] *Ibid.*, p. 630.
[81] *Ibid.*, p. 631.
[82] *Supra*, note 70.

evidence in a trial for sexual assault where the primary aim is to make the finding of consent more probable or to diminish the credibility of the victim.[83] She then concluded that the section was too broad as it excluded certain types of evidence that would legitimately be admissible. Given that this infringed the accused's right to liberty under section 7 of the *Charter*, the objective of the section could not justify limiting the right of the accused to present relevant evidence in his defence and the discretion of the trial judge to admit such evidence if it were otherwise properly admissible.[84]

Madam Justice L'Heureux-Dubé, in her dissent, found that the objective of section 276 was to prevent sexual discrimination against women in sexual assault cases and to encourage women to report the crime.[85] It was by characterizing the objective of the legislative provisions in such a social, political, historic and legal context that she was able to justify, under section 1, the infringement on the accused's rights.

In determining that the legislature's objective in the enactment of section 276 of the *Criminal Code* was to restrict irrelevant evidence rather than the protection of female victims in sexual assault cases, one commentator concludes that Madam Justice McLachlin did not balance the interests of all the parties which were in question, but only considered those of the accused.[86]

Preferring the absolute integrity of the criminal justice process to protect the rights of the accused over the interests or rights of victims has become a fundamental policy and value issue in our society and one which our society is as much divided over as is the Supreme Court. There was no doubt that such fundamental policy and value decisions would come up again in the criminal justice process.

It did so in the more recent case of *Daviault*, where the Supreme Court also proved that the initial characterization of the objective of the impugned law as being relevant only in the rarest of cases may be determinative of whether an infringement of the *Charter* has occurred or not.

The sole issue before the Court was whether evidence of extreme intoxication amounting to a state of automatism could negate the intent required for conviction for general intent offences and in particular for the offence of sexual assault. A common law principle enunciated by the Supreme Court itself had mandated that extreme intoxication could not negate the *mens rea* for general intent offences.[87]

---

[83] *Ibid.*, p. 604.
[84] *Ibid.*, pp. 620-621 and 625.
[85] *Ibid.*, pp. 702-703.
[86] F. Houle, "L'innocence à tout prix! L'affaire Seaboyer à la Cour Suprême du Canada" (1992) 5 *Can. J. of Women and the Law* 179, p. 184.
[87] *Supra*, note 71, p. 78.

The majority of five judges held that the accused would be denied his right to fundamental justice under section 7 of the *Charter*, if the mental aspect of the crime of sexual assault was eliminated.[88] The dissenting three judges argued that section 7 of the *Charter* would not be violated if the intention to become drunk could be substituted for the intention to commit the crime.[89] Justice Cory, writing for the majority, disposed of the section 1 analysis in one very short paragraph, stating that the denial of even a minimal mental element required for sexual assault offends the *Charter*, and is so drastic and so contrary to the principles of fundamental justice, it could not be justified under section 1.[90]

The majority produced social science research from Australia and New Zealand which showed that the defence of extreme intoxication would only be available in the rarest of cases.[91] Ignoring the impact their ruling may have on the reporting of sexual assault, the majority came to the conclusion that the invalidation of the common law rule would not result in urgent policy or pressing objectives needing to be addressed.

History has proved the majority mistaken. The defence of extreme intoxication was successfully used in two cases that followed on the heels of the decision and the federal government began to urgently develop a legislative response to the decision.

In contrast, Judge Sopinka in his dissent stated that the common law rule which held that drunkenness cannot negate the *mens rea* of a general intent offence should be maintained. He concluded that the objective of the common law principle was that

> Individuals who through their own fault or negligence place themselves in an autonomous state by consuming alcohol or drugs deserve to be held legally responsible for their actions. . . . Such individuals deserve to be punished for their crimes rather than be dealt with under provisions of the *Criminal Code*, designed for individuals who are found not to be criminally responsible on account of a mental disorder.[92]

The *Daviault* decision[93] points to the rather worrying possibility that if the Court characterizes the impugned law to be concerned with only

---

[88] *Ibid.*, p. 90.
[89] *Ibid.*, pp. 115-116.
[90] *Ibid.*, pp. 92-93.
[91] *Ibid.*, pp. 98-100 and 103.
[92] *Ibid.*, p. 130. The common law rule which the majority struck down was the pre-*Charter* decision in *R. v. Leary*, [1978] 1 S.C.R. 29, where the Court held that drunkenness could not negate the *mens rea* of a general intent offence. The majority held that this ruling offended sections 7 and 11(*d*) of the *Charter*. The majority held that in general intent offences like sexual assault, evidence of intoxication must go the jury if the evidence demonstrated that the intoxication produced a state of awareness akin to automatism or insanity.
[93] *Supra*, note 71.

extremely rare situations, this may be determinative of their interpretation of section 1. There are not many institutions who are capable of accurately foretelling the future.

It is clear from the analysis of the above cases that the way in which the objective of the impugned law is characterized will, to a great extent, determine whether a legislation or a common law principle can be declared invalid or not.

The Supreme Court has also frowned upon the legislature citing administrative convenience as a justification for limiting a *Charter* right. For example, Lamer J. stated in *Reference re s. 94(2) of the Motor Vehicle Act (British Columbia)*[94] that "administrative expediency [should only be considered a legitimate objective] in cases arising out of exceptional conditions, such as natural disasters, the outbreak of war, epidemics and the like."[95] This opinion was reiterated by Wilson J. in *Singh v. Canada (Min. of Employment & Immigration)*,[96] by Lamer C.J.C. again in *Schachter v. Canada*[97] and by Dickson C.J.C. in *R. v. Schwartz*,[98] who stated that "administrative convenience...is rarely if ever an objective of sufficient importance."[99]

However, in this area too, there has not been consistency. The legislation in *Edward Books* was considered by Chief Justice Dickson to be one of those rare exceptions where administrative convenience was considered a sufficiently important objective because it involved "alternate forms of business regulation [which] do not generally impinge on the values and provisions of the *Charter of Rights* and the resultant legislation need not be tuned with great precision in order to withstand judicial scrutiny".[100] Likewise in *R. v. Lee*[101] the majority upheld a section of the *Criminal Code*

---

[94] [1985] 2 S.C.R. 486.
[95] *Ibid.*, p. 518.
[96] [1985] 1 S.C.R. 177. This case revolved around the question of whether every refugee arriving to Canada had to be given a full hearing. The Attorney General of Canada justified limiting such due process rights under section 7 as this would save the government time and money. Wilson J. rejected these utilitarian considerations: "Certainly the guarantees of the *Charter* would be illusory if they could be ignored because it was administratively convenient to do so. . . . The principles of natural justice and procedural fairness which have long been espoused by our courts, and the constitutional entrenchment of the principles of fundamental justice in s. 7, implicitly recognize that a balance of administrative convenience does not override the need to adhere to these principles." (pp. 218-219).
[97] (1992), 93 D.L.R. (4th) 1 (S.C.C.). Lamer C.J.C. emphasizes that budgetary considerations are not a legitimate objective and thus cannot justify an infringement under section 1 (p. 21).
[98] [1988] 2 S.C.R. 443.
[99] *Ibid.*, p. 472.
[100] *Supra*, note 34, p. 772. Dickson C.J.C. stated that "simplicity and administrative convenience are legitimate concerns for the drafters of such legislation."
[101] [1989] 2 S.C.R. 1384.

which provided that an accused lost his/her right to be tried by a jury if he/she did not appear for jury selection and had no legitimate excuse. Thus, in that case the majority considered costs, the efficiency of the administration of justice and the reduction of administrative inconvenience to be a legitimate objective.[102]

It seems in this area also, judicial deference has undermined what seemed like a sacrosanct position against the use of administrative convenience as an objective of sufficient importance to pass the exigencies of section 1.

The remaining branches of the *Oakes* test,[103] namely "rational connection", "least drastic means" and "proportional effects" all fall within what has been termed the "proportionality test."[104]

(ii) *Rational Connection to the Objective*

This part of the proportionality test can only be at issue when the objective of the law has been deemed to be of sufficient importance to justify limiting a *Charter* right.

The requirement that the means by which the law is implemented be rationally connected to the objective "calls for an assessment of how well the legislative garment has been tailored to suit its purpose."[105] To illustrate, at issue in *Oakes*[106] was the validity of section 8 of the *Narcotic Control Act*[107] which placed the onus on the accused to prove that he/she was not in possession of an illegal substance for the purpose of trafficking after simple possession had been proven.[108]

As this author has described elsewhere, this test may seem a little irrational itself. It assumes that there will be situations where the government, although having a pressing and substantial objective, will choose irrational means to achieve it.[109] Chief Justice Dickson in *Oakes* admitted that there was a rational connection between the reverse onus clause of

---

[102] Wilson J., in her dissent, remained true to form when she held that the objective of reducing administrative inconvenience and expense was not a sufficiently important objective that could justify limiting section 11(*f*), *i.e.*, the *Charter* right to a trial by a jury. (*Ibid.*, p. 1420.)

[103] *Supra*, note 12.

[104] In *Canada (Cdn. Human Rights Comm.) v. Taylor*, [1990] 3 S.C.R. 892, Dickson C.J.C. stated (at p. 925): "... the various categories of the *Oakes* approach to proportionality are simply intended to provide an analytical framework. The rigid compartmentalization of these categories is illogical for each involves the consideration of what we would generally term 'proportionality', and no bright line separates one from the other."

[105] *Edward Books*, *supra*, note 34, p. 770.

[106] *Supra*, note 12.

[107] R.S.C. 1970, c. N-1 [now R.S.C. 1985, c. N-1].

[108] *Oakes, supra*, note 12, p. 141.

[109] See E. Mendes, *supra*, note 48.

section 8 of the *Narcotic Control Act* and the sufficiently important objective of making it easier to convict drug traffickers.[110] Yet the Court went on to deny there was a rational connection by focusing exclusively on the "internal" rationality of the reverse onus clause.[111] The Court determined that it would be irrational to infer that a person had an intent to traffic on the basis of his or her possession of a very small quantity of narcotics.[112] This confirms the view that the Court actually decided the case on the basis of the second part of the proportionality test; that is to say, even if the rights limitation was rationally connected to the objective, was it impairing the right or freedom in question as little as possible?[113]

If the above analysis of the irrationality of the rationality test is accurate, it would not be surprising to discover that it is rare that the courts will find that a law is not rationally connected to the objective. According to Professor Peter Hogg, *Oakes* is the only case to date where such a finding was made.[114]

In keeping with the trend towards judicial deference in the interpretation of section 1, the Court now seems to apply a standard of "minimal rationality".[115] Those defending any limitation on guaranteed rights must only demonstrate that the means chosen will further the objective. This standard is reflected in cases such as *Rocket v. Royal College of Dental Surgeons (Ont.)*,[116] where McLachlin J., writing for the majority, found that legislation which limited the ability of dentists to advertise was rationally connected to the objective because the "objectives of promoting professionalism and avoiding irresponsible and misleading advertising will clearly be furthered by s. 37(39)".[117]

---

[110] *Oakes, supra,* note 12, pp. 141-142.
[111] *Ibid.,* p. 142.
[112] *Ibid.*
[113] See E. Mendes, *supra,* note 48, p. 10.
[114] *Supra,* note 19, p. 16.
  It should be noted, however, that in the recent decision of *Egan v. Canada* (1995), 124 D.L.R. (4th) 609 (S.C.C.) [hereinafter *Egan*], L'Heureux-Dubé J. and Iacobucci J., in their respective dissents, found that the exclusion of same sex couples (as provided in section 2 of the *Old Age Security Act*) is not rationally connected to the objective of ensuring that when one partner retires, the couple will continue to receive income equivalent to the amount that would be earned if both were retired. Iacobucci J. stated (at p. 680) that "If there is an intention to ameliorate the position of a group, it cannot be considered entirely rational to assist only a portion of that group." It should be noted that five members of the Court upheld the legislation while four dissented.
[115] R. Elliot, "Developments in Constitutional Law: The 1989-90 Term" (1991) 2 *Sup. Ct. L. Rev.* (2d) 83, p. 142.
[116] [1990] 2 S.C.R. 232.
[117] *Ibid.,* p. 250.

A further example of this relaxed standard can be found in *Edmonton Journal v. Alberta (A.G.)*,[118] in which Wilson J. found it sufficient to state without further explanation that legislation which limited media coverage of matrimonial proceedings was rationally connected to the objective of protecting privacy.[119]

It should be noted that this more flexible approach has not been limited to the civil context. For example, the Supreme Court held in the *Prostitution Reference* that these sections which prohibited communication for the purpose of solicitation in places open to public view were rationally connected to the objective of preventing "the public display of the sale of sex and any harmful consequences that flow from it."[120] Lamer J. had no difficulty justifying this finding on the basis that the legislation "reduce[s] or limit[s] the mischief"[121] by criminalizing the conduct that produces it. Some would argue it may be more rational and perhaps more honest for the government to simply reduce or limit the mischief by appropriate legislative methods.

In a similar deferential vein, Dickson C.J.C., writing for the majority in *R. v. Keegstra*,[122] found that the hate propaganda sections of the *Criminal Code* would satisfy the rational connection test unless the party challenging the provisions could demonstrate that they had either an adverse objective or no impact on the objective of promoting equality in a multicultural society free from hate-mongering.[123] This, of course, would be very difficult, if not impossible to prove. This reasoning also seems to switch the burden of proof back to the party alleging an infringement of guaranteed rights!

Again it seems that the judicial principles embedded in the formalistic test of rationality have encountered the demands of pragmatism and judicial deference to legislative goals.

(iii) *Least Drastic Means*

Once the legitimate objective and rational connection requirements are satisfied, only then can the legislation in question proceed to the third step of least drastic means which was adopted from American jurisprudence interpreting the First Amendment.[124] This second part of the proportionality test is in theory anti-collectivist[125] in nature because as one author has put

---

[118] [1989] 2 S.C.R. 1326 [hereinafter *Edmonton Journal*].
[119] *Ibid.*, p. 1367.
[120] *Supra*, note 45, p. 1212.
[121] *Ibid.*, pp. 1195-1196.
[122] [1990] 3 S.C.R. 697 [hereinafter *Keegstra*].
[123] *Ibid.*, p. 53.
[124] P.A. Chapman, "The Politics of Judging: Section 1 of the Charter of Rights and Freedoms" (1986) 24 *Osgoode Hall L.J.* 867, p. 883.
[125] In this sense, I intend the term to mean interpreting constitutional documents in a fashion that favours the individual good over the societal good. There is a third type of good,

it "in one sense, a less repressive or even non-repressive alternative is always available, provided that the government is willing to sacrifice effectiveness."[126]

While the Supreme Court has been, in general, deferential to the legislature in finding that the legislative objective is sufficiently important and that a law is rationally connected to the objective, the same "rubber stamp" has not always been applied to the requirement of least drastic means.[127] Indeed, this requirement has very frequently become the focus of the section 1 inquiry. For example, Lamer J., speaking for the majority in *R. v. Généreux*,[128] focused his decision upon the least drastic means requirement and effectively ignored the other branches of the test.[129]

In *Edward Books*,[130] Dickson C.J.C., the creator of the *Oakes* test,[131] sought to infuse flexibility in his creation. He realized that a rigid, formalistic application of the "least drastic means" test could have the detrimental effect of undermining the government's program of social justice which has as its object "the improvement of the conditions of less advantaged people."[132] As discussed above, in these early *Charter* cases, the Court seems particularly deferential where the impugned law has a social justice agenda.

Dickson C.J.C. also seemed to recognize that too high a standard was demanded of the legislature since he reformulated the test to require that the law impair the freedom in question "as little as is reasonably possible."[133] The inquiry focused on "whether there is some reasonable alternative scheme which would allow the province to achieve its objective with

---

namely the group good which forms the basis of the notion of collective rights. For an erudite analysis of the three concepts, see Garet, "Communality and Existence: The Rights of Groups" (1983) 56 *S.Cal. L. Rev.* 1001, referred to in E.P. Mendes, "Two Solitudes, Freedom of Expression and Collective Linguistic Rights in Canada: A Case Study of the Ford Decision" (1991) 1 *NJCL/RNDC* 283, p. 301.

[126] See P.A. Chapman, *supra*, note 124, p. 883.
[127] See P.W. Hogg, *supra*, note 19, p. 17.
[128] [1992] 1 S.C.R. 259, pp. 313-314 [hereinafter *Généreux*].
[129] *Ibid.*, pp. 313-314. Dassios and Prophet, *supra*, note 68, p. 305 uses *Généreux*, to show that the Supreme Court will only alter its habit of deference if it feels uniquely well-qualified with respect to the issues before it. The facts in this case involved a challenge to the court martial process. The Court held that certain of the judicial procedures established under the *National Defence Act*, R.S.C. 1985, c. N-5 violated the section 11(*d*) rights of military personnel tried under the court martial process. The Court went on to state that this violation could only pass the second arm of the proportionality test in *Oakes* under the most extraordinary of circumstances and did not do so on this occasion. Dassios and Prophet claim that in this case the Court was certain of its experience and competence in cases involving the judicial process and therefore departed from its deferential approach to section 1 in general and the minimal impairment test in particular.
[130] *Supra*, note 34.
[131] *Supra*, note 12.
[132] *Supra*, note 34, p. 779.
[133] *Ibid.*, p. 772.

fewer detrimental effects. . . ."[134] A required deference to the legislature was implied when he further stated that the Court was "not called upon to substitute judicial opinions for legislative ones as to the place at which to draw a precise line."[135]

In a similar fashion, La Forest J. observed that "a legislature must be given reasonable room to manoeuvre."[136] In a later case, he reiterated that this branch of the *Oakes* test must be characterized by flexibility.[137] In so doing, he criticized Dickson C.J.C.'s statement in *Oakes* that the means should impair "as little as possible":

> The difficulty I have with this approach is that it seeks to apply the *Oakes* test in too rigid a fashion, without regard to the context in which it is to be applied.[138]

In *Irwin Toy*, the majority held that the courts should practice judicial restraint only in cases where the government is "mediating between the claims of competing groups" or safeguarding the interests of vulnerable groups. The Court further asserted that it will not, in the name of minimal impairment, take a restrictive approach to social science evidence and require the legislatures to choose the least ambitious means to protect vulnerable groups.[139] In these cases, the government need only demonstrate a

---

[134] *Ibid.*, p. 773.
[135] *Ibid.*, p. 782.
[136] *Ibid.*, p. 795.
[137] *United States v. Cotroni*, [1989] 1 S.C.R. 1469, p. 1489 [hereinafter *Cotroni*]. In support of this view, he cited *R. v. Jones*, [1986] 2 S.C.R. 284, p. 300; *Edward Books*, *supra*, note 34, pp. 768-769, 772.

La Forest J., speaking for the majority in *Cotroni* held that section 6 (mobility right) was infringed as little as possible by the extradition of a Canadian citizen to the United States.
[138] *Cotroni, ibid.*
[139] *Supra*, note 31, pp. 993-999.

It is interesting to note that Sopinka J. in *Egan*, *supra*, note 114, followed the deferential approach adopted by the majority in *Irwin Toy* stating (at p. 655) that "the legislation in question represents the kind of socio-economic question in respect of which the government is required to mediate between competing groups rather than being the protagonist of an individual. In these circumstances, the court will be more reluctant to second-guess the choice which Parliament has made. . . ." He then went on to emphasize the novelty of equating same-sex couples with heterosexual spouses and stated (at p. 656) that because of this novelty he was ". . . not prepared to say that by its inaction to date, the government has disentitled itself to rely on s. 1 of the Charter." Sopinka J.'s decision was the fifth vote that swung the Court to uphold the legislation. It should be noted that his approach was severely criticized by Iacobucci J. and L'Heureux-Dubé J. The former went so far as to state (at p. 688) that Sopinka had "introduce[d] two unprecedented and potentially undefinable criteria into s. 1 analysis. [And was using s. 1] . . . in an unduly deferential manner well beyond anything found in the prior jurisprudence of this court." L'Heureux-Dubé J. also took umbrage at the novel approach stating (at pp. 652-653) that "[t]here is a first time to every discrimination claim. To permit the novelty of the appel-

reasonable basis for believing that the means employed were the least drastic means possible.

In contrast, the courts must adopt a more rigid approach in those cases in which "the government is best characterized as the singular antagonist of the individual whose right has been infringed."[140] In other words, in criminal cases, the Court at one time recommended a rigid application of the *Oakes* test.[141] As the legislation in question in *Irwin Toy*[142] banned commercial advertising aimed at children under the age of 13, it could be seen as protecting a group vulnerable to media manipulation and thus merited a more relaxed application of the *Oakes* test.[143]

This analysis was recently applied by Lamer C.J.C. in his dissent in *Rodriguez*.[144] While the impugned legislation was a *Criminal Code* provision, the state could not be seen as the "singular antagonist of the individual" because the case had not been generated by a criminal prosecution.[145]

A lingering question is whether it is too simplistic to characterize the criminal justice process as only involving the state as being the singular antagonist of the individual. This characterization makes no mention of the interests of victims as the *Seaboyer*[146] and *Daviault*[147] decisions amply illustrated. Likewise as the *Keegstra* decision[148] demonstrated, some offences involve mediating between the claims of competing groups. In the area of hate propaganda, the competing claims include those of many neo-fascist groups and those groups targeted by their venom.

However, it may not be surprising to discover that the so-called strict standard of the minimal impairment test has not really been applied to criminal cases. Moreover, the trend towards deference to legislative decisions is also far advanced even in the criminal justice area. In *R. v. Chaulk*[149] the impugned legislation was section 16(4) of the *Criminal Code* which places the onus of proving the defence of insanity on the accused. The defendant argued that such a provision was contrary to section 11(*d*) of the *Charter* (the presumption of innocence). Lamer C.J.C., in upholding the

---

lant's claim to be a basis for justifying discrimination in a free and democratic society undermines the very values which our Charter, including s. 1, seeks to preserve."

[140] *Ibid.* Also see R. Elliot, *supra*, note 115, p. 147.
[141] *Supra*, note 12.
[142] *Supra*, note 31.
[143] *Supra*, note 12.
[144] *Supra*, note 69.
[145] *Ibid.*, p. 563.
[146] *Supra*, note 70.
[147] *Supra*, note 71.
[148] *Supra*, note 122.
[149] (1991), 2 C.R. (4th) 1 (S.C.C.) [hereinafter *Chaulk*]. The impugned legislation was section 16(4) of the *Criminal Code*, the presumption of sanity, which the challengers argued was contrary to section 11(*d*) of the *Charter* (the presumption of innocence).

legislation, formulated the test as "whether Parliament could reasonably have chosen an alternative means which would have achieved the identified objective as effectively."[150]

In evolving this more relaxed test in the criminal justice area, Lamer C.J.C. looked to *Irwin Toy*[151] and the *Prostitution Reference*[152] as the basis for the conclusion that Parliament has no obligation to choose the "absolutely least intrusive means" of meeting its objective.[153] It is sufficient that Parliament has chosen from a "range of means" which infringe the *Charter* right "as little as is reasonably possible."[154] While he listed several hypothetical provisions which might infringe upon the *Charter* to a lesser extent, he acknowledged that these may or may not achieve the desired objective as effectively as the legislation already in place.[155]

As is evident from the above, the origins of the relaxed test can be traced to the majority decision of Dickson C.J.C. in the *Prostitution Reference* in which he phrased the question as "can effective yet less intrusive legislation be imagined?"[156] Thus, the government is not obligated to devise

---

[150] *Ibid.*, p. 31. Cory J. in *R. v. Downey*, [1992] 2 S.C.R. 10 [hereinafter *Downey*] affirmed this less stringent test (pp. 37-38). He seems to have focused on the societal interests at stake rather than applying the *Oakes* test in a formalistic manner. In this case, it was held that the reverse onus clause in section 195(2) of the *Criminal Code* infringed section 11(*d*) but was saved by section 1. The clause read as follows: "evidence that a person lives with or is habitually in the company of prostitutes is, in the absence of evidence to the contrary, proof that the person lives on the avails of prostitution." The societal interest at stake was combatting the social problems flowing from prostitution such as drug abuse and violence, as well as the goal of successfully prosecuting pimps (p. 39).

Dassios and Prophet, *supra*, note 68, pp. 304-305, demonstrate that this relaxed approach to the minimal impairment test was evident in some of the other major criminal cases decided by the Court, including *Butler*, *supra*, note 25 and *R. v. Wholesale Travel Group Inc.*, [1991] 3 S.C.R. 154.

[151] *Supra*, note 31.
[152] *Supra*, note 45.
[153] *Downey*, *supra*, note 150, p. 33.
[154] *Ibid.*
[155] *Ibid.*, p. 32.
[156] *Supra*, note 45, p. 1137. Dickson C.J.C. emphasized that the Fraser Committee and the Justice and Legal Affairs Committee had presented many alternatives that were considered less effective than the legislation in question (pp. 1137-1138).

Lamer J. (as he then was) reiterated this view and further stated that because prostitution is "an especially contentious and at times morally laden issue", the Court has an obligation to defer to the choice Parliament made after it weighed the "competing political pressures" (p. 1199).

Lamer C.J.C. reiterated this position in *Rodriguez*, *supra*, note 69, and cited the *Prostitution Reference* when he stated that assisted suicide may also be seen as "contentious" and "morally laden" requiring a certain amount of deference towards the state's choice of policy options (p. 564, Sopinka J. concurring, p. 614). However, Chief Justice Lamer still found that section 241(*b*) of the *Criminal Code* which prohibited aiding a person to commit suicide, failed the least drastic means test as it "encompass[ed] not only

"... the perfect scheme that could be imagined by this Court or any other Court"[157] to satisfy this branch of the test.

Yet another variation of this more deferential approach to *Oakes* can be found in *Tétreault-Gadoury v. Canada (Employment & Immigration Commn.)*, where the Court asked whether the government could "show that it had a reasonable basis for concluding that it has complied with the requirement of minimal impairment."[158]

The Court has thus effectively reformulated the minimal impairment test to being a reasonable impairment test. The motivating force for this reformulation is again judicial deference to legislative goals. However, even with this watered down formulation of minimal impairment, the Court claims it will still seek to limit judicial deference. In *R. v. Swain*,[159] the Court concluded that where a common law rule infringes a *Charter* right, there is no room for judicial deference. Such a conflicting common law rule must be reformulated to avoid a conflict with the *Charter*.

The least drastic means or minimal impairment branch of the proportionality test has been used by the Supreme Court to attempt a balance between collective rights and individual rights. For example, the case of *Ford v. Quebec (A.G.)*[160] involved five businesses which sought a declaration that sections 58 and 69 of the *Charter of the French Language*[161]

---

people who may be vulnerable to the pressure of others but also persons with no evidence of vulnerability" (p. 567).

[157] *Ibid.*, p. 1138. Madam Justice Wilson, in her dissent, adopted a more rigid approach to the "least drastic means test" when she asserted that prohibiting any and all means of communication with a person in a public place for the purpose of prostitution was too broad and over-inclusive as it could criminalize even communication for a lawful purpose. Wilson J. seems to show consistency in this area. In her dissent in *Chaulk, supra*, note 149, she argued that as the state was acting as the singular antagonist of a very basic right of the accused the strict application of the minimal impairment test was called for. She argued that the government's objective could more minimally impair the accused's right if the burden was placed on the accused to lead evidence that makes insanity a live issue fit and proper to be left to the jury (p. 75).

For a forceful analysis and critique of the Court's decisions in this area, especially the inconsistencies and the undermining of any *Charter* standards in this area, see also D. Stuart, "Will Section 1 Now Save any Charter Violation? The Chaulk Effectiveness Test is Improper" (1991) 2 *C.R.* (4th) 107, p. 111.

[158] [1991] 2 S.C.R. 22, p. 44.
[159] [1991] 1 S.C.R. 933.
[160] [1988] 2 S.C.R. 712 [hereinafter *Ford*].
[161] Sections 58 and 69 (R.S.Q. c. C-11), commonly known as *Bill 101* stated:

58. Public signs and posters and commercial advertising shall be solely in the official language.

Notwithstanding the foregoing, in the cases . . . prescribed by regulation of the Office de la langue française, public signs and posters and commercial advertising may be both in French and in another language or solely in another language.

69. . . . [O]nly the French version of a firm name may be used in Quebec.

infringed freedom of expression as they required the exclusive use of french in commercial signs. The Court held that the legislation in question did not impair freedom of expression as little as possible. The Court even suggested a different legislative scheme which would satisfy the minimal impairment test. For example, the Court suggested that requiring the predominant display of the French language, even its marked predominance, would be proportional to the goal of promoting and maintaining a French "visage linguistique" in Quebec. It would therefore be justified under the *Quebec Charter* and the *Canadian Charter*.

However, even here there is a cautious form of judicial deference. The Court concluded that the Attorney General for Quebec had not produced sufficient evidence for showing that the means chosen, the exclusive use of French, impaired the freedom of expression of the merchants in question as little as possible.[162] Thus, the Supreme Court believed that the collectivist goal of the francophone majority in Quebec to protect the french culture was a legitimate legislative objective, but could have been protected in a way that did not completely eradicate the individual right of English-speaking merchants to freedom of expression. Section 1 was not used as a blunt instrument to dis-entitle Quebeckers of their linguistic security interests under Bill 101, rather the Court gently suggested a more appropriate balancing of collective rights and individual rights to achieve a just result.[163]

However, the Court has also used the "least drastic means" test to undermine certain valued collectivist goals, which may have been designed to protect certain collective interests of vulnerable groups, such as the interests of sexual assault victims in the criminal justice area. For example, as discussed above, in *Seaboyer*,[164] the rape shield provisions of the *Criminal*

---

[162] *Supra*, note 160, p. 780. See also *supra*, note 31, *Irwin Toy*, where the Court commented on *Ford* stating that the government failed to introduce any evidence "to show that the exclusion of all languages other than French was necessary to achieve the objective of protecting the French language . . ." (p. 999).

For a case study of this decision and of the major players involved in it, see Mendes, *supra*, note 48.

[163] Bill 178 (S.Q. 1988, c. 54), *An Act to Amend the Charter of the French Language* was passed and the notwithstanding clause was invoked subsequent to this decision due to the pressure upon Premier Bourassa to respond to francophone allegations that *Bill 101* had been tampered with. As a result, three individuals, John Ballantyne, a painter, Elizabeth Davidson, a designer, and Gordon McIntyre, the proprietor of a funeral home, applied to the Human Rights Committee of the United Nations asserting that the federal government and the province of Quebec violated their rights under articles 2, 19, 26 and 27 of the *United Nations Civil and Political Covenant*. Canada was found to be in violation of paragraph 19(2) of the *Covenant*, namely the right to freedom of expression with their language, and Premier Bourassa was obliged to change the legislation to achieve a balance between collective and individual rights, which followed the Supreme Court's recommendations in *Ford*.

[164] *Supra*, note 70.

Code restricting the defence's right to cross-examine and lead evidence of a complainant's sexual history and conduct during a sexual assault trial was held to be too drastic a means of preventing false inferences that the complainant may have consented or is lying.[165] This decision resulted in a storm of protest by many women's groups and eventually the government had to introduce legislation that would counter the effects of the ruling.[166]

In *Seaboyer*,[167] Madam Justice McLachlin for the majority also concluded that although an accused's right to a fair trial would have been compromised under the impugned provisions infrequently, the blanket provision which rendered the victim's sexual history irrelevant as evidence was a violation which could not be justified.

Conversely, in *Rodriguez*,[168] the majority judged that the blanket prohibition of assistance to physically handicapped individuals who wish to end their lives was an acceptable infringement of section 15 since it was the only way in which abuses could be prevented.

These decisions concerning when an infringement of the *Charter* is acceptable under the minimal impairment test shows the unpredictability of judicial deference in the Supreme Court. The effects of this unpredictability seem particularly sensitive when they involve the groups which were targeted for protection under section 15 of the *Charter*.

(iv) *Proportionality Between Effects and Objective*

Even if the impugned legislation satisfies all three previous steps, "it is still possible that, because of the severity of the deleterious effects of a measure on individuals or groups, the measure will not be justified by the purposes it is intended to serve."[169] Thus, in theory, even if the least drastic means are employed, they may still be too severe to maintain. Indeed, the more severe the deleterious effects, the more important the government objective must be in order to satisfy this branch of the *Oakes* test.[170] As Dickson C.J.C. stated in *Edward Books*, the "effects [of the legislation]

---

[165] *Supra*, note 70, p. 626 (McLachlin J.).
[166] The amendments to the *Criminal Code* introduced changes to section 276(1) which reads as follows: "In proceedings in respect of an offence under section 151, 152, 153, 155 or 159, subsection 160(2) or (3) or sections 170, 171, 172, 173, 271, 272 or 273, evidence that the complainant has engaged in sexual activity whether with the accused or with any other person, is not admissible to support an inference that, by reason of the sexual nature of that activity, the complainant (a) is more likely to have consented to the sexual activity that forms the subject-matter of the charge; or (b) is less worthy of belief." The remainder of the section deals with procedural matters.
[167] *Supra*, note 70.
[168] *Supra*, note 69.
[169] *Supra*, note 12, p. 140.
[170] *Ibid.*

must not so severely trench on individual or group rights that the legislative objective, albeit important, is nevertheless outweighed by the abridgment of rights."[171]

It is often the case that once the Court finds that the least drastic means requirement is satisfied, it will deem there to be proportionality between effects and objective as well. Indeed, in certain cases such as *R.W.D.S.U. v. Saskatchewan*,[172] *McKinney v. University of Guelph*,[173] and *Rodriguez*[174] this latter requirement was barely analyzed as a component separate and apart from the least drastic means test.

Professor Peter Hogg has described this fourth step as a test of the objective of the law rather than of the means since it weighs the benefit of the objective against the cost of the violation of the *Charter* right.[175] As such, it is seen as merely reiterating the "sufficiently important objective" test. In fact, Professor Hogg surmises that if an objective is held to be sufficiently important, the effects of the legislation will not be deemed to be too severe.[176] If this is true then the judicial deference paid at the stage of deciding whether the impugned law has a sufficiently important objective, as discussed above, becomes even more critical to the outcome of any section 1 interpretation.

Other authors have commented on how ineffectual this last branch of the *Oakes* test seems. One writer has advanced the view that ". . . the third step has no real weakening impact on the first two steps. It comes too late in the process . . . it seems that it is a step that should almost never be reached."[177]

Another jurist has asserted that the last two branches of the *Oakes* test[178] are really in fact one because "[o]ne requires that the limit 'impair the right as little as possible'; the other that it not 'so severely trench' that its legislative objective is outweighed by the abridgment of rights."[179]

---

[171] *Supra*, note 34, p. 768.
[172] [1987] 1 S.C.R. 460, pp. 477-483.
[173] *Supra*, note 38, p. 289. La Forest J., for the majority, concluded that it was "evident" from his analysis of the minimal impairment test that the effects of the university's mandatory retirement policy did not outweigh the objective. ". . . [t]he same factors have to be balanced in dealing with deleterious effects and I need not repeat them."
[174] *Supra*, note 69, p. 614. Sopinka J., speaking for the majority, felt that no analysis was necessary as "[i]t follows from the above [analysis of the least drastic means test] that I am satisfied that the final aspect of the proportionality test, balance between the restriction and the government objective is also met."
[175] *Supra*, note 19, p. 23.
[176] *Ibid.*, p. 24.
[177] P. Blache, "The Criteria of Justification Under Oakes: Too Much Severity Generated Through Formalism" (1991) 20 *Man. L.J.* 437, p. 443.
[178] *Supra*, note 12.
[179] R. Kerans, *supra*, note 64, p. 570.

A recent decision of the Supreme Court has further complicated the meaning of this last branch of the *Oakes* test.[180] In *Dagenais v. CBC*,[181] Chief Justice Lamer stated:

> ... I believe the third step of the *Oakes* test requires both that the underlying objective of a measure and the salutary effects that actually result from its implementation be proportional to the deleterious effects the measure has on fundamental rights and freedoms. A legislative objective may be pressing and substantial, the means chosen may be rationally connected to that objective, and less rights-impairing alternatives may not be available. Nonetheless, even if the importance of the *objective itself* (when viewed in the abstract) outweighs the deleterious effects on protected rights, it is still possible that the actual *salutary effects* of the legislation will not be sufficient to justify these negative effects.[182]

The Chief Justice therefore concluded that the third part of the *Oakes* test should be re-phrased as follows:

> ... there must be a proportionality between the deleterious effects of the measures which are responsible for limiting the rights and freedoms in question and the objective, *and there must be a proportionality between the deleterious and salutary effects of the measure*[183]

Applying this re-shaped third part of the *Oakes* test in *Dagenais* to the issue of publication bans in the trial process, the Chief Justice concluded that a similar view of proportionality must inform the common law rule governing publication bans. He concluded that this approach would result in a ban that has a serious deleterious effect on freedom of expression and has few salutary effects on the fairness of a trial, and would not be authorized by the common law.[184]

In a subsequent case, *R. v. Laba*,[185] Justice Sopinka applied the third part of the *Oakes* test[186] in the manner in which it had been re-shaped by Chief Justice Lamer in *Dagenais*[187] to determine the constitutionality of section 394(1)(*b*) of the *Criminal Code* of Canada.

This final part of the *Oakes* test[188] may finally be coming alive after its new remoulding by Chief Justice Lamer in *Dagenais*.[189] However, it remains to be seen whether there will be universal acceptance by all members of the

---

[180] *Supra*, note 12.
[181] [1994] 3 S.C.R. 835.
[182] *Ibid.*, pp. 887-888.
[183] *Ibid.*, p. 889.
[184] *Ibid.*
[185] [1994] 3 S.C.R. 965.
[186] *Supra*, note 12.
[187] *Supra*, note 181.
[188] *Supra*, note 12.
[189] *Supra*, note 181.

Court of this revival of what was seen as a redundant part of the *Oakes* test.[190]

8. CONCLUSION

In the beginning the Supreme Court evolved the *Oakes* test.[191] It continues to cite *Oakes* as a formalistic foundation to embed fundamental judicial principles to be used in the interpretation of section 1. As discussed in the introduction, this may well be an inevitable step in the evolution of judicial review of entrenched rights documents. By this method the judiciary attempt to avoid the appearance they are involved in undemocratic decision-making on the fundamental norms and values of a society that has a representative form of government.

The second stage in the evolution of the interpretation of section 1 is the recognition that formalistic applications of rules can never precisely determine what limits on rights are demonstrably justified in a free and democratic society. As discussed above, various judges consistently began to express a discomfort with the rigid and inflexible application of the *Oakes* test[192] which originated from one criminal case involving legal rights.

Thus, as we have seen, the test had to be re-shaped and moulded carefully to adapt to changing needs, the nature of the interests in question and the particular circumstances of the case. Indeed, Dickson C.J.C., the creator of the test, recognized this and wished to make it "clear that a rigid and formalistic approach to the application of section 1 must be avoided."[193]

La Forest J. offered an alternative to *Oakes*: "I prefer to think in terms of a single test for s. 1, but one that is to be applied to vastly differing situations with the flexibility and realism inherent in the word 'reasonable' mandated by the Constitution."[194]

In the early cases the move to have greater flexibility in the interpretation of section 1 was motivated by a desire of the Supreme Court to uphold legislation that had a defendable social justice agenda.

The third stage in the evolution of the interpretation of section 1 has seen, as discussed in this Chapter, a rather unpredictable resort to judicial deference by the Supreme Court even in the relaxed interpretation of the proportionality tests as enunciated by *Oakes*.[195] This stage permeates even the most recent decisions of the Court. Perhaps the worst example of this unpredictability is the approach enunciated by Sopinka J. in *Egan*.[196]

---

[190] *Supra*, note 12.
[191] *Ibid.*
[192] *Ibid.*
[193] *Keegstra, supra,* note 122, p. 737. Dickson C.J.C. was writing for the majority.
[194] *Andrews, supra,* note 36, p. 198.
[195] *Supra*, note 12.
[196] *Supra*, note 114.

One set of writers has seen some method in the trend towards judicial deference. Dassios and Prophet assert that the Supreme Court is attempting to avoid clear conflicts with the exercise of legislative power and for that reason has chosen to focus on the rational connection and least restrictive means test. Focusing on these tests, the Court will only move to an activist analysis under a section 1 analysis and strike down the impugned law where it is sure of its expertise.[197] This is likely to occur where the impugned law involves the judicial process as in *Généreux*,[198] or the criminal trial process as in *Seaboyer*,[199] or more recently in *Daviault*,[200] or where the legal profession is involved as in *Andrews*.[201]

This seems a plausible thesis which may take some of the unpredictability out of the trend towards judicial deference in the interpretation of section 1. However, it also does not afford the Supreme Court much courage. The Court cannot be taken to be so timorous that it will only be willing to consider as unreasonable limits on rights in a free and democratic society, those laws which deal in areas that they are well acquainted with. I suggest that the rather fluid state of the interpretation of section 1 by the Supreme Court is due to the fact that the Court has reached the fourth stage of the evolution of their interpretative task demanded by this crucible of the *Charter*.

The fourth stage in the evolution of the interpretation of section 1 has witnessed the realizations that there is no way to escape from deciding fundamental policy and value choices inherent in applying the section. No amount of application of seemingly neutral judicial principles will avoid this result. After this realization occurs, individual members of the Supreme Court will more and more resort to intuitive, rather than logical or consistent methods of interpreting section 1 of the *Charter*. In *Rodriguez*,[202] Justice Sopinka barely sketched out a section 15 analysis before he resorted to a section 1 analysis. He made the assumption that there was infringement and continued to a somewhat pre-determined section 1 analysis, based on values he had already clearly enunciated in his analysis of section 7.

In *Daviault*,[203] the section 1 analysis is a paragraph long which merely states that the common law principle would not fulfil the requirements to be upheld under that section. It could be argued that the absence of clear and consistent section 1 analysis in many of the more recent cases discussed in this Chapter seems to prevent the appropriate protection that should have

---

[197] *Supra*, note 68.
[198] *Supra*, note 128.
[199] *Supra*, note 70.
[200] *Supra*, note 71.
[201] *Supra*, note 36.
[202] *Supra*, note 69.
[203] *Supra*, note 71.

been accorded to some of the most vulnerable groups and individuals in our society.

In this fourth stage in the evolution of the interpretation of section 1, who the members of the Supreme Court are will be as important as what the Supreme Court precedents are in this area. In a recent lecture, Mr. Justice La Forest has admitted as much. He stated that balancing, whether under section 1 or under provisions providing for internal balancing, such as under sections 7 and 8 of the *Charter*, does not provide easy answers. He continued:

> I think if you were to press those who came out on either side of a complex issue like mandatory retirement, say, they would retain their positions, but also remain fully aware that hostages are left on both sides. We undoubtedly derive assistance from a principled approach and the development of relevant criteria, but in the end we must select what we think is the best balance between competing interests in the particular circumstances before us. That is what we are there for.[204]

In a similar fashion, Madam Justice Bertha Wilson has also concluded that the application of the *Oakes* test[205] is merely a matter of choice for the Supreme Court. Her precise words on this point are:

> ... The Court seems to have concluded that the strict application of *Oakes* may be appropriate in some cases and the more flexible approach of reasonableness in others.[206]

Already there is a growing body of literature which examines *Charter* precedent on the basis of the personalities of the individual members of the Supreme Court.[207] Professors Morton, Russell and Riddell have also pointed out that the statistics do not bear out completely the trend towards deference. They point out that from 1984 through 1987, the Court accepted only two out of ten section 1 arguments by governments. During the next three years it accepted more section 1 defences than it rejected (16 out of 30). But in 1991 to 1992, the authors claim that the Court reverted to its initial pattern of rejecting government's section 1 arguments. The authors argue that the

---

[204] G.V. La Forest, "The Balancing of Interests under the *Charter*" (1992) 2 *NJCL/RNDC* 133, pp. 161-162.

[205] *Supra*, note 12.

[206] B. Wilson, "Building the Charter Edifice: The First Ten Years" in G.-A. Beaudoin (ed.), *The Charter: Ten Years Later* (Cowansville, Québec: Les Éditions Yvon Blais Inc., 1992), p. 96.

[207] For example, see Morton, Russell, Riddell, "The *Canadian Charter of Rights and Freedoms*: A Descriptive Analysis of the First Decade, 1982-1992" (1994) 5 *NJCL/RNDC* 1, especially pp. 34-55. See also A. Lajoie *et al.*, "Les représentations de société libre et démocratique à la cour Dickson: la rhétorique dans le discours judiciaire canadien" (1994) 32 *Osgoode Hall L.J.* 295-391.

Court's early resistance to section 1 arguments by governments was part of the initial *Charter* activism by the Court. It may also have represented the unpreparedness of government lawyers for section 1 arguments, particularly the need for extrinsic evidence. The authors then postulate the trend towards deference in the next stage may just have been the breakdown in the initial honeymoon consensus. Finally they assert the overall erratic pattern of the Court's section 1 rulings may simply reflect the subjective and discretionary nature of the *Oakes* test.[208]

It is also important to note that very important issues and cases are being decided by very slim majorities under the section 1 analysis. A question that lingers is whether the fact that issues such as euthanasia and the rights of the accused versus the interests of sexual assault victims, or the rights of those discriminated upon on the basis of sexual orientation, are being decided by such a slim majority as is demonstrably justified in a free and democratic society?!

---

[208] *Ibid.*, pp. 30-31.

PART II

Fundamental Freedoms, Democratic Rights and Mobility Rights

4

Freedom of Religion
(Subsection 2(a))

Katherine Swinton*

1. Introduction
2. The Framework Established
3. The Scope of Section 2(a)
    (a) Internal Limits
    (b) Defining Religion
4. Sunday Closing Laws
5. Religion in the Schools
    (a) Religious Practices
    (b) School Funding
6. The Future
7. Conclusion

1. INTRODUCTION

When the Supreme Court of Canada first embarked on the interpretation of the guarantee of "freedom of conscience and religion" in section 2(a) of the *Canadian Charter of Rights and Freedoms*, it was apparent that there was a wide spectrum of behaviour to which the section might be found to afford protection. As the early cases came before the Court, it became

---

* Professor, Faculty of Law, University of Toronto.

necessary to determine whether the guarantee included only a freedom to hold a set of beliefs, or should encompass the right to practise those beliefs without interference by the state. If the latter, would indirect burdens on the practice of religion, as well as direct restraints, be prohibited? And, most importantly, would the right allow the state to promote religion, or include an obligation to provide positive support for religious practices — for example, in the form of funding for religious education? In answering these questions, the Supreme Court of Canada and lower courts have had to confront difficult questions about individual liberty, equality for minority religious groups, the interaction of church and state in Canada, and the relationship between constitutional provisions from the 1867 Constitution and the more recent amendments in 1982. The result has been an uneasy blend of liberty and equality concepts, and impetus towards greater state neutrality with respect to religion.

This Chapter provides an overview of the debate about the meaning of freedom of religion under the Canadian *Charter*, beginning with a description of the Supreme Court's earliest cases, which established the framework for further decisions. The remainder of the Chapter is organized more thematically, looking at decisions respecting Sunday shopping, religion in the schools, and religion in the family. The Chapter ends with a discussion of some of the areas in which future litigation can be anticipated, suggesting ways in which courts might try to deal with the competing values in this area.

While the guarantee in section 2(*a*) is written in the form of a "freedom", which implies a focus on individual liberty from government interference, there is inevitably a strong equality concern in the jurisprudence under section 2(*a*) as well, which emerged in the early Supreme Court cases. Recognition of the practices and values of the many religions observed by Canadians often requires changes to society's rules and practices to accommodate diversity. This is true, in part, because existing institutions and rules often reflect the fact that the majority traditionally followed Christian religions, with the result that those religions have an ongoing privilege, even in a society that is increasingly secular. With the entrenchment of the *Charter*, courts must determine how far the obligation of accommodation extends, and when other values, such as gender equality or freedom of expression, take priority over freedom of religion.

2. THE FRAMEWORK ESTABLISHED

Prior to the entrenchment of the *Canadian Charter of Rights and Freedoms* in 1982, religion had been a subject of constitutional interest in three ways.[1] First, there was explicit mention of religion in section 93 of the *Constitution Act, 1867* in the form of constitutional protection for existing denominational schools.[2] Second, the distribution of legislative powers had been interpreted to permit the federal government, through the criminal law power in section 91(27), to legislate with respect to religious observance and to prevent profanation of the Sabbath.[3] At various times, the courts also employed this distribution of powers doctrine to protect religious minorities from prejudicial action by provincial governments, characterizing laws that restricted freedom of religion as falling within federal jurisdiction over criminal law.[4] However, this proved an uneasy mechanism to protect civil rights, since the courts were often unwilling to characterize a law on the basis of its impact on religion, when there were defensible purposes for it under distribution of powers analysis.[5] Finally, the *Canadian Bill of Rights* contained a guarantee of freedom of religion, but that provision, like the rest of the Bill, offered no real solace to those challenging laws affecting religious beliefs and practices.[6]

The early Supreme Court decisions on section 2(*a*) of the *Charter of Rights* signalled a significant change, not only in the interpretation of rights generally in Canada, but in particular with respect to freedom of religion. The first of these cases was *Big M Drug Mart*, which involved a constitutional challenge to the federal *Lord's Day Act*.[7] That Act generally prohibited retail sales on Sundays, unless provincial law provided otherwise. In order to survive a constitutional challenge on the basis of the distribution of powers, the Act had to be characterized as religious in purpose, designed to prevent the profanation of the Christian Sabbath. Thus, it could be upheld as federal law under the criminal law power.[8]

---

[1] More detailed background material is found in I. Cotler, "Freedom of Conscience and Religion" in G.-A. Beaudoin and E. Ratushny (eds.), *The Canadian Charter of Rights and Freedoms*, 2nd ed. (Toronto: Carswell, 1989), p. 165.

[2] The interpretation of that section, its applicability, and its counterparts in other than the original four confederating provinces is discussed *infra*, pp. 16-17.

[3] For example, *Ont. (A.G.) v. Hamilton Street Railway*, [1903] A.C. 524 (P.C.). For further discussion, see P. Hogg, *Constitutional Law of Canada*, 3rd ed. (Toronto: Carswell, 1992), pp. 482-484.

[4] See, for example, *Henry Birks & Sons (Montreal) Ltd. v. Montreal (City)*, [1955] S.C.R. 799 and *Saumur v. Quebec (City)*, [1953] 2 S.C.R. 299.

[5] See, for example, *Walter v. Alta. (A.G.)*, [1969] S.C.R. 383, upholding Alberta's restrictions on communal land holdings despite the impact on Hutterite colonies.

[6] For example, *R. v. Robertson*, [1963] S.C.R. 651 upheld the federal *Lord's Day Act*.

[7] *R. v. Big M Drug Mart*, [1985] 1 S.C.R. 295, 18 D.L.R. (4th) 321 (subsequent references to D.L.R.).

[8] *Ibid.*, pp. 367-368. At p. 368, Dickson J. notes, "Were its purpose not religious but rather the secular goal of enforcing a uniform day of rest from labour, the Act would come under s. 92(13), property and civil rights in the province and, hence, fall under provincial rather than federal competence...."

But that same religious purpose made the law vulnerable under section 2(*a*) of the *Charter* — unless section 2(*a*) were to be given a narrow meaning as protecting freedom of religious belief and/or practice, but not freedom from compelled respect for another's religion. The Supreme Court of Canada was not prepared to adopt such a narrow interpretation. Writing for the majority, Dickson J. stated:

> The essence of the concept of freedom of religion is the right to entertain such religious beliefs as a person chooses, the right to declare religious beliefs openly and without fear of hindrance or reprisal, and the right to manifest belief by worship and practice or by teaching and dissemination.[9]

But the guarantee went beyond this freedom to practise one's religion and included the freedom not to have to adhere to others' religions. Most importantly for future cases, Dickson J. noted that religious freedom included protection from coercion:

> Freedom means that, subject to such limitations as are necessary to protect public safety, order, health, or morals or the fundamental rights and freedoms of others, no one is to be forced to act in way contrary to his beliefs or his conscience.[10]

Included, as well, in this passage and others in the reasons is the view that freedom of religion is to be limited only when it causes harm to others.[11]

This generous approach to the scope of the right seems consistent with Canadian obligations under the *International Covenant on Civil and Political Rights*, which includes, in Article 18(1), the individual's "freedom to have or to adopt a religion or belief of his choice, and freedom, either individually or in community with others and in public or private, to manifest his religion or belief in worship, observance, practice and teaching." The article goes on to specify in paragraph 2 that "No one shall be subject to coercion which would impair his freedom to have or to adopt a religion or belief of his choice."[12]

While sources such as this are helpful in interpretation, Dickson J. also searched for the underlying purposes in protecting freedom of religion. Drawing on the lessons of history, he noted the divisiveness of religious issues over time and the increasing recognition that it is wrong to force individuals to adhere to a particular set of beliefs. Noting that "[a]ttempts to compel belief or practice denied the reality of individual conscience and

---

[9] *Ibid.*, p. 353.
[10] *Ibid.*, p. 354.
[11] See also *ibid.*, p. 361.
[12] *International Covenant on Civil and Political Rights*, 21 U.N. GAOR Supp. 16, Canada Treaty Series 1976 No. 47. This right is subject to the limitations clause in paragraph 3, which permits limitations to protect public safety, order, health or morals or the fundamental rights or freedoms of others.

dishonoured the God that had planted it in His creatures", he emphasized the "centrality of individual conscience" to constitutional protection for freedom of religion.[13] Just as freedom of expression is constitutionally protected in order to promote individual self-development and autonomy, so, too, are religious beliefs and choices respected because of their importance to self-definition and fulfilment.[14]

Within Canadian society, there is also a relationship between religion and multiculturalism, since many of the religions seeking constitutional protection and accommodation are practised by ethnic minorities. Therefore, in the quest for equality in the multicultural society recognized by section 27 of the *Charter*, it is important to respect the diversity of religious practices, as well as other characteristics and needs of those communities.

Dickson J. noted this in his discussion of the merits in *Big M*,[15] which included many interesting references to both liberty and equality. The *Lord's Day Act* was held to violate section 2(*a*) because of its coercive effect, in that it forced everyone, whether believers or non-believers, to comply with the values of Christian morality. While the language here seems to emphasize individual liberty or freedom from state coercion, Dickson J. went on, in a number of passages, to emphasize the discriminatory aspect of legislation which gave primacy of respect to the Christian religion:

> In proclaiming the standards of the Christian faith, the Act creates a climate hostile to, and gives the appearance of discrimination against, non-Christian Canadians.[16]

This seems to be the language of equality, even though at the time of the litigation the equality guarantee in section 15 of the *Charter* was not yet in force.[17] However, Dickson J. drew support from the requirement in section 27 of the *Charter* to interpret the document in a manner that preserves and enhances Canada's multicultural heritage.

This equality element is interesting for a number of reasons. First, it demonstrated a judicial sensitivity to the perspective of those forced to comply with the Act, for whom such legislation was a clear reminder that those who did not observe Sunday as a day of religious significance were

---

[13] *Supra*, note 7, p. 361.
[14] *Ibid.* at p. 361. William Black describes other reasons for protecting religious freedom in "Religion and the Right of Equality" in A. Bayefsky and M. Eberts (eds.), *Equality Rights and the Canadian Charter of Rights and Freedoms* (Toronto: Carswell, 1985), p. 131 at pp. 134-136: to protect individuals from the fear of divine retribution, to protect the individual's moral self respect, and to give individuals "the maximum opportunity for emotional and spiritual development". Dickson J. seemed to have opted for the latter, the widest reading of the guarantee.
[15] *Supra*, note 7.
[16] *Ibid.*, p. 354.
[17] Section 15 came into effect April 17, 1985, three years after the rest of the *Charter*.

different from the majority, and an assertion that their religion was not deserving of equal respect. This judicial sensitivity to perspective has been important in other cases which follow.

Second, the language of equality opened up a wider field for litigation than the language of liberty might, especially before section 15 came into effect. While liberty implies a freedom of choice or space to operate without government interference (or "freedom from"), the language of equality implies certain requirements of fairness on the part of governments in their treatment of various religions and recognizes the differential impact of laws on various religious groups. One possible way to achieve fairness is through state neutrality with regard to religious matters; another is for the state to take positive action to treat religions with equal respect, often by accommodation to ensure that unfair burdens on the practice of religion are removed. As the Canadian Constitution does not include an "anti-establishment" clause like that found in the First Amendment of the United States Constitution,[18] it does not mandate state neutrality with regard to religion in general. Nevertheless, if the state is required to treat all religions equally, the only feasible way to achieve this may be through a significant degree of neutrality, as we shall see in later cases dealing with religion in the schools.

Having found a violation of section 2(a), the Court then turned to section 1 to determine whether the government could prove that the limitation was a reasonable limit in a free and democratic society. Because of the clear religious purpose of the *Lord's Day Act*, the legislation did not survive under section 1 of the *Charter*, and it was held invalid. In many ways, *Big M*[19] was not a difficult case to decide, since the legislation could only be justified as an attempt to protect the Christian majority's religious beliefs — described by Dickson J. as a "fundamentally repugnant" purpose.[20]

---

[18] The First Amendment of the American Constitution provides that "Congress shall make no law respecting an establishment of religion, or prohibiting the free exercise thereof. . .". In *Big M*, the Supreme Court cautioned against the use of American jurisprudence because of the differences in wording in the two constitutions (*supra*, note 7, p. 356). For a discussion of the tension in the American jurisprudence between the free exercise and anti-establishment clauses, see L. Tribe, *American Constitutional Law*, 2nd ed. (Mineola, N.Y.: Foundation Press, 1988), ch. 14.

[19] *Supra*, note 7.

[20] *Ibid.*, p. 366. *Big M* pre-dated *R. v. Oakes*, [1986] 1 S.C.R. 103, 26 D.L.R. (4th) 200, the leading section 1 case, which requires that a government prove that the impugned legislation serves a pressing and substantial objective and that there is proportionality between ends and means — that is, that there is a rational connection between the measures chosen and the attainment of the objective, the means used minimally impair the Charter rights, and there is proportionality between the effects on the right and the objective sought (at

From this brief overview of the framework of section 2(*a*), the rest of the chapter turns to particular problems in the application of the guarantee.

3. THE SCOPE OF SECTION 2(*a*)

(a) Internal Limits

When Dickson J. in *Big M* determined that freedom of religion does not allow an individual to injure or harm another,[21] it was unclear whether this concept of harm would come into the definition of the right or the determination of reasonable limitations in section 1. In a later case, *Young*,[22] members of the Court seemed to employ the concept of harm at the definitional stage to determine the scope of the right. There, a non-custodial parent attacked a judicial order, made at the trial level, which restricted his right to discuss religion with his children or to take them to his church. That order was varied by the British Columbia Court of Appeal to remove these conditions on the basis that they were not in the best interests of the children, especially in light of an undertaking which he had given that he would not take the children to church nor on proselytizing missions if they objected.

On appeal, his claim based on section 2(*a*) of the *Charter* was rejected, as the Court held that custody and access issues were to be determined on the basis of the "best interests of the child" test. That test did not violate section 2(*a*), since the section does not protect religious activity that is harmful to another. In other words, religious communications from the parent determined not to be in the child's best interests are harmful and excluded from the protection of section 2(*a*).[23] However, on the merits, the majority upheld the Court of Appeal's determination that the trial judge's restrictions on the access parent were not necessary under the "best interests of the child test", since discussion of religious belief between parents and children was not proven to be harmful.[24]

---

p. 227 D.L.R.). In reaching its result, the Court rejected the earlier *Bill of Rights* decision in *Roberston, supra*, note 6, that had upheld the *Lord's Day Act*.

[21] *Supra*, note 7, pp. 354, 361.

[22] *Young v. Young*, [1993] 4 S.C.R. 3, 108 D.L.R.(4th) 193.

[23] This is the thrust of the reasons of L'Heureux-Dubé and McLachlin JJ., pp. 253 and 273-274 (although there is little detail on the Charter issue in the reasons of L'Heureux-Dubé J., since she did not believe that the Charter applied to custody orders). La Forest, Gonthier, Cory and Iacobucci JJ. concurred in the constitutional discussions on section 2(*a*) with some qualifications.

[24] See, as well, *P. (D.) v. S.(C.)* (1993), 108 D.L.R. (4th) 287 (S.C.C.) upholding restrictions on the access parent's religious activities. For further discussion of these issues, see John T. Syrtash, *Religion and Culture in Canadian Family Law* (Toronto: Butterworths, 1992) and an excellent review of it by S. Van Praagh in (1993) 38 *McGill L.J.* 233, as well as G.D. Chipeur and T.M. Bailey, "Honey, I Proselytized the Kids: Religion as a Factor in Child Custody and Access Disputes" (1994) 4 *N.J.C.L.* 101.

While the Court in *Young* [25] seemed to treat section 2(*a*) as containing internal limits, such as a harm principle, more recent cases seem to have rejected this approach, leaving issues of harm to the discussion of reasonable limitations under section 1. In a case involving the rights of Jehovah's Witnesses to deny medical treatment in the form of a blood transfusion for their infant child, the majority of the Court held that there was a violation of the right to freedom of religion, because the parents were being denied the right to raise their child in accordance with their religious beliefs. Any discussion about the state's interest in protecting the child from harm must arise under section 1 (where the state's justification for intervening was accepted).[26]

Thus, the approach to section 2(*a*) is similar to that under the guarantee of freedom of expression in section 2(*b*) — the right is to be broadly construed, leaving limitations to governments to justify under section 1.

(b) Defining Religion

To date the Supreme Court of Canada has had little to say about the meaning of "conscience" and "religion". In *Big M*,[27] the Court emphasized that the guarantee protects non-believers as well as religious observers from compelled observance.[28] Only Wilson J. in *Morgentaler* has interpreted the freedom of conscience aspect.[29] There, in holding that the *Criminal Code* provisions controlling access to abortions violated freedom of conscience, she said that freedom of conscience and religion should extend to "conscientiously-held beliefs, whether grounded in religion or in a secular morality".[30] Were this to be adopted as the majority view, it would give a very broad reach to section 2(*a*), since it would allow an individual to resist government action whenever his or her strongly held moral or political beliefs were in issue — for example, by the individual who opposes compulsory military service for reasons of conscience, because he thinks war is morally wrong.[31]

---

[25] *Supra*, note 22.
[26] *B. (R.) v. Children's Aid Society of Metropolitan Toronto*, [1995] 1 S.C.R. 315, per La Forest J., with Gonthier, McLachlin, L'Heureux-Dubé, and Sopinka JJ. concurring on this point (paras. 110-111).
[27] *Supra*, note 7.
[28] *Ibid.*, p. 362.
[29] *R. v. Morgentaler*, [1988] 1 S.C.R. 30, 44 D.L.R. (4th) 385, pp. 494-497.
[30] *Ibid.*, p. 496. Her inquiry into section 2(*a*) led her to conclude that state actions which violate that section do not comport with principles of fundamental justice in section 7. In *B.*, *supra*, note 26, La Forest J. (for a plurality) endorsed a broad reading of "liberty" in section 7 that suggested it includes a right to make personal decisions of "fundamental personal importance", which suggests that he might be sympathetic to a broad reading of section 2(*a*) as well (p. 23).
[31] While this definition of conscience seems to overlap with the freedom of thought contained

Courts may be reluctant to give such as broad reading to section 2(*a*), seeing the guarantee as limited to the realm of spiritual beliefs. But this still leaves them with the difficult task of deciding what is a protected religion. While the inquiry into "conscience" seems to focus on the sincerity of the individual and the importance of the belief asserted, often the focus will be on a group to determine whether their beliefs and practices constitute a "religion". The delicacy of defining religion is illustrated by an arbitration award, *Re Humber College*,[32] in which the arbitration board held that a member of the Wicca faith was unjustly denied paid leave for religious holidays under a collective agreement. While the board quoted the evidence of an expert witness on what constitutes a religion,[33] it was reluctant to make its own definitive determination of what constitutes a religion and, more importantly, what is a central tenet thereof.[34]

Nevertheless, adjudicators will find that they cannot escape the determination of what constitutes a sincere religious belief in order to decide whether a law or practice infringes the rights of an individual.[35] Cases like *Humber College*[36] are important precedents emphasizing that such determinations should not be made simply on the basis of theocratic standards that define religion on the basis of worship of a central being — even if the preamble to the *Charter* includes a reference to the fact that Canada is founded upon principles that include the "supremacy of God".

4. SUNDAY CLOSING LAWS

More difficult cases on Sunday closing laws were soon to follow *Big M*,[37] with the added complication that they were secular in purpose. Such "common pause day" laws have been enacted by the provinces under their authority to legislate with respect to property and civil rights under section 92(13) of the *Constitution Act, 1867* so as to provide a common day of rest for workers, particularly in the retail industry. Thus, these were a form of labour standards legislation with no underlying religious purpose.

---

in section 2(*b*), it would give greater protection, since section 2(*a*) protects conduct in accordance with one's conscientious beliefs, not just freedom of thought and debate.

[32] *Humber College v. O.P.S.E.U.* (1987), 31 L.A.C. (3d) 266 (Swan).

[33] *Ibid.*, p. 272: "A set of beliefs and practices of a community pertaining to a spiritual dimension in the cosmos and in human beings, the practices and rituals being so designed to permit adherents to live their lives in relation to that spiritual dimension". Note that in contrast to Wilson J.'s approach in *Morgentaler*, *supra*, note 29, there is an emphasis here on a pattern of beliefs and some degree of organization or community with respect to those beliefs.

[34] *Ibid.*, pp. 275-276.

[35] This was noted by La Forest J. in his concurring reasons in *R. v. Jones*, [1986] 2 S.C.R. 284, 31 D.L.R. (4th) 569, p. 591 (D.L.R.).

[36] *Supra*, note 32.

[37] *Supra*, note 7.

In *Edwards*,[38] the Supreme Court made the important determination that even laws secular in purpose could infringe the guarantee of freedom of religion in the *Charter*, if their effect was to interfere with freedom of religion in a way that was more than trivial and insubstantial. In the words of Dickson C.J.C.:

> The Constitution shelters individuals and groups only to the extent that religious beliefs or conduct might reasonably or actually be threatened. For a state-imposed cost or burden to be proscribed by s.2(*a*) it must be capable of interfering with religious belief or practice. In short, legislative or administrative action which increases the cost of practising or otherwise manifesting religious beliefs is not prohibited if the burden is trivial or insubstantial. . . .[39]

While the Court emphasized that not all burdens were violations of the guarantee, inevitably, this "adverse effects" approach opened up a very wide range of practices and rules to constitutional scrutiny, with the result that there are difficult choices to be made about the significance of the interference and, under section 1, about the scope of exemptions from the rules and appropriate accommodations.[40]

Edwards involved a challenge to Ontario's *Retail Business Holidays Act*.[41] At the time of the litigation, section 2 of the Act required retail businesses to close Sundays, but provided an exception in section 3(4) for a number of stores, including those which had closed in a period encompassing Friday evening and Saturday if the store employed less than eight people serving the public and was less than 5000 square feet in area. Those ineligible for the exemption argued that the law violated section 2(*a*) of the *Charter*, because it protected Sunday observers from competition on the day when they observed their religious obligations. In contrast, adherents of religions with another holy day were forced to close Sunday, and thus were under financial pressure to open on their day of worship to avoid the cost of two days of closure each week. Even if they decided to remain closed on their day of worship, they faced a financial disadvantage that Sunday

---

[38] *Edwards Books & Art Ltd. v. R.*, [1986] 2 S.C.R. 713, 35 D.L.R. (4th) 1 (subsequent references to D.L.R.).

[39] *Ibid.*, pp. 34-35 (D.L.R.). At this point in his reasons, Dickson C.J.C. wrote for a majority of the Court (himself, Chouinard, Le Dain, and Wilson JJ.).

[40] This adverse effects approach is similar to the concept of constructive discrimination in the interpretation of human rights legislation. Since *Ontario (Human Rights Commn.) v. Simpsons-Sears Ltd.* (1985), 23 D.L.R.(4th) 321 (S.C.C.), the Supreme Court has recognized that discrimination on listed grounds such as religion can occur directly or indirectly. The case law on adverse effects discrimination and the duty to accommodate show how difficult these questions are. See, for example, *Renaud v. Central Okanagan School District No. 23* (1992), 95 D.L.R. (4th) 577 (S.C.C.).

[41] R.S.O. 1980, c. 453.

observers escaped.⁴² On both counts, they argued, the law imposed an unacceptable burden on their freedom of religion.

These arguments appealed to the majority of the Court, who found a violation in the "competitive disadvantage experienced by non-exempt Saturday-observing retailers as a result of the Act" vis-à-vis Sunday observers.⁴³ Dickson C.J.C. was by no means suggesting that all burdens associated with religious practices must be removed, for he noted that the state is normally under no duty to take affirmative action to protect the individual from the costs of religious adherence.⁴⁴ The problem here was the comparative burden on observers of different faiths. Therefore, the underlying theme seemed to be, as in some of the passages in *Big M*,⁴⁵ the equality of religions — manifested here in the Court's concern about the preferential treatment of Christian religions.

The majority's approach was rejected by Beetz J. and McIntyre J. who concurred with him. They found it inappropriate to consider equality, at a time when section 15 of the *Charter* was not yet in effect. Beetz J. took the view that there was no violation of freedom of religion, because the choice to close on a day other than Sunday was caused by an individual's religious beliefs, not by any action of the state.⁴⁶ Were there no Sunday closing law, the religious observer would still be at a disadvantage compared to non-observers. If the state required closure on another day — say Monday — the religious observer would still close two days, one because the state required this, and one due to religious choice. For Beetz J., the fact that the common pause day was Sunday made no difference — the choice to close on another day was voluntary and a cost dictated by religion, not by state infringement of religious freedom.

From a strict liberty analysis, this reasoning may seem persuasive. The guarantee of freedom of religion can be seen as giving one a space to operate free from state interference. Thus, the individual who closes on Saturday seems to do so because of personal choice, not state action. However, this liberty analysis is quite abstract and actually misses the larger social context within which religious freedom is exercised. In particular, it misses the fact that *Sunday* has been chosen as the pause day, and that choice has religious roots, which confers an enduring benefit on Sunday observers. Even if the pause day has a secular basis today, there is still a "taint" from the religious roots which makes the choice appear far from neutral to those who do not follow the Christian tradition. If the Sunday closing law were left intact

---

⁴² *Edwards, supra*, note 38, pp. 38-40.
⁴³ *Ibid*, p. 39.
⁴⁴ *Ibid.*, p. 39.
⁴⁵ *Supra*, note 7.
⁴⁶ *Supra*, note 38, pp. 56-58. He adopted the argument of A. Petter, "Not: 'Never on a Sunday': *R. v. Videoflicks Ltd. et al.*" (1984-85) 49 *Sask. L. Rev.* 96.

under section 2(*a*), the result would be that the zone of "freedom" would be different across religions.[47]

The majority's empathy for the perspective of Saturday observers in *Edwards*[48] reflects once again the concern voiced in *Big M*[49] about the dangers of creating the appearance of a hierarchy of religions. Yet the empathy exhibited in defining the right did not, in the opinion of many, carry through to the ultimate determination under section 1 of the *Charter*, where the law was upheld. Using the *Oakes* test,[50] Dickson C.J.C. and three other judges did emphasize that a Sunday closing law must contain some form of exemption for religious minorities,[51] but he, Chouinard and Le Dain JJ. found the Ontario law a reasonable limit. With many a reference to the need to "balance" competing interests, he found that the objective of protecting vulnerable workers and the peace of the common pause day outweighed the interests of those members of religious minorities who operated larger establishments.[52]

In contrast, Wilson J. in dissent would have struck down the size and area limits on the exemption because of the unprincipled difference in treatment among members of the same religious group. In her view, the majority could make no reasoned argument for treating large and small retailers from the Sabbatarian religions in different ways, since the law indicated that the legislature had been unable to decide when freedom of religion should take priority and when the common pause day was more important.[53] Therefore, all should be accommodated by having access to the exemption.

La Forest J. wrote separate reasons emphasizing that Sunday closing laws could be upheld even without an exemption for religious minorities. His reasons are replete with references to the relative strengths and weaknesses of courts versus legislatures to make the difficult decisions about the relative merits of a common pause day versus some type of exemption. Noting that various provinces had chosen different approaches — some with no exemptions, some with limited ones like Ontario's, and others with

---

[47] Patrick Monahan and Andrew Petter are extremely critical of *Edwards*, but they also note this underlying concern with the historical roots of the pause day in "Developments in Constitutional Law: The 1986-87 Term" (1988) 10 *S.C.L.R.* 61 at 85. Others would be more sympathetic to the result — see, for example, Martha Minow's call for judging difference in "Foreword: Justice Engendered" (1987) 101 *Harv. L. Rev.* 10.
[48] *Supra*, note 38.
[49] *Supra*, note 7.
[50] *R. v. Oakes, supra,* note 20.
[51] This was required in order to satisfy the minimal impairment part of *Oakes, ibid.*
[52] *Supra*, note 38, pp. 48-52. *Edwards* was, of course, an important case in the development of section 1, for it signalled a relaxation of the minimal impairment test by Dickson C.J.C., and La Forest J. discussed the need for flexibility in its application.
[53] *Ibid.*, p. 61.

broader ones implemented through administrative oversight, he concluded that the courts should not choose one model over another, since there were reasonable grounds for supporting various approaches, including a common pause day rigidly enforced without exemption.[54]

Thus, *Edwards*[55] required the Court to confront more difficult issues than it had in *Big M*,[56] since the law served legitimate and important purposes, yet had an unavoidable impact on certain religions. Any accommodation of those religions raised other concerns, including the impact on effective enforcement and worker protection, and the Court had to determine when it would substitute its decision for the legislature's in satisfying competing interests.

The *Edwards*[57] case was by no means the end of the Sunday closing litigation,[58] but the framework had been clarified: serious impacts on the practice of religion could cause an infringement of section 2(*a*), and some exemption from Sunday closing laws for other religious observers was necessary to pass *Charter* scrutiny.[59] The most detailed revisitation of the issue after *Edwards*[60] came in the Ontario Court of Appeal judgment in the *A & P* case,[61] in relation to an amended version of the legislation in *Edwards*.[62] Ontario had changed the *Retail Business Holidays Act*[63] to allow any retailer to open Sunday if it had a practice of closing on another day of the week because of the religion of the owner. In addition to an attack on

---

[54] *Ibid.*, pp. 66-67.
[55] *Supra*, note 38.
[56] *Supra*, note 7.
[57] *Supra*, note 38.
[58] The Supreme Court of Canada has not dealt with the merits of the issue again, since it avoided them in *Hy & Zel's Inc. v. Ontario (Attorney-General)*, [1993] 3 S.C.R. 675, 107 D.L.R. (4th) 634 (subsequent references to D.L.R.), by denying the corporation standing to bring an application for a declaration that Ontario's law requiring closure on certain holidays, including Sundays, violates sections 2(*a*) and 15. Major J. for the majority made no decision on whether a corporation can have religious rights, deciding only that there was no evidence that the plaintiff's rights had been violated and there were other reasonable methods to raise the *Charter* issue (p. 663).
[59] See, for example, *R. v. Westfair Foods Ltd.* (1989), 65 D.L.R. (4th) 56 (Sask. C.A.), granting the remedy of an exemption from a Sunday closing law for Sabbatarians, even though the law did not do so at the time, and *Canada Safeway Ltd. v. R.*, [1989] 5 W.W.R. 122 (B.C. C.A.), striking down a regulation without adequate accommodation for Saturday observers. A bylaw was upheld in *London Drugs Ltd. v. Red Deer (City)* (1988), 52 D.L.R. (4th) 203 (Alta. C.A.), leave to appeal to S.C.C. refused, [1988] 6 W.W.R. lxix (note) (S.C.C.) because there was a choice for a retailer as to the day of closing.
[60] *Supra*, note 38.
[61] *Peel (Regional Municipality) v. Great Atlantic & Pacific Co. of Can.* (1991), 78 D.L.R. (4th) 333 (Ont. C.A.), leave to appeal to S.C.C. granted (1991), 85 D.L.R.(4th) viii (note), appeal discontinued 11 C.R.R. (2d) 383n.
[62] *Supra*, note 38.
[63] *Supra*, note 41.

the Sunday closing provisions, the retailers challenged the provisions requiring closure on certain other days, including New Year's Day, Good Friday, Christmas Day and December 26.

On the Sunday closing issue, the Court found that Ontario had cured the defect in the legislation noted in *Edwards*.[64] Since all retailers could take advantage of the exemption if they closed on another day of the week, section 2(*a*) of the *Charter* was not infringed. No longer did the legislation impose competitive pressures on retailers who closed on a day other than Sunday for religious reasons. If they chose to close that day, they could be open on Sunday. Thus, like any Sunday observer, they would lose one day's business because of their religious beliefs.[65] Moreover, the retailer required to declare his religious beliefs in order to gain the exemption could not claim that this was a significant interference with freedom of religion (nor was there an undue burden on Saturday observing consumers).

More problematic, one would have thought, was the compelled closure on Good Friday and Christmas Day. However, the Court noted that these days should be viewed as secular common pause days, rather than as religious holidays. Even if there is a cost imposed on members of religions who do not observe these days, the Court noted that the cost was trivial, and there was no evidence of any coercive impact on anyone's freedom of religion.[66]

It is interesting to note the shift in the language in the Court of Appeal, away from Dickson C.J.C.'s apparent emphasis on equality in *Edwards*,[67] to focus on coercion.[68] But if equality among religions is relevant to section 2(*a*) (as well as section 15), then there is room for concern here. Even if Good Friday and Christmas Day have a significant secular focus, they also continue to have important religious significance for Christians — probably more so than routine Sunday worship for a great many. But even if we accept that these are just pause days, as is the Sunday chosen for retail closing, there is clearly an advantage for Christians in this legislation. They are protected from competition on their two holiest days, whereas there is no equivalent protection for those who close on other days for their religious purposes — for example, the Jewish retailer who closes on Rosh Hoshannah or Yom Kippur.[69] Surprisingly, the language of equality used

---

[64] *Supra*, note 38.
[65] *Supra*, note 61, p. 345.
[66] *Ibid.*, p. 348.
[67] *Supra*, note 38.
[68] The language of coercion had become more central with the religious education cases which are described below.
[69] In contrast, under human rights legislation, the Supreme Court of Canada has upheld a determination that requiring a school board to pay Jewish teachers who take religious holidays off is required under the Quebec *Charter of Human Rights and Freedoms*. Failure

in *Edwards*[70] seems to have been replaced by a concern for coercion, and the degree to which these closings interfere with the practice of minority religions — with the Court of Appeal concluding that the burden is only trivial.

Consistently with *Edwards*,[71] one would have thought that there was a violation of section 2(*a*) here on the basis of the "equal liberty" analysis. But this does not mean the Court erred in upholding the legislation. To allow religious minorities to claim an exemption on these holidays, provided they closed on their own holy days, could create difficult enforcement problems (since it would be harder to check that the store had closed for other religious days). There could also be serious ramifications for employees who desire those days off — whether for religious or secular reasons.[72] The likely implication from *Edwards*[73] is that the challenge would fail under section 1, even if a violation of section 2(*a*) or the equality rights in section 15 had been found, for the jurisprudence tries to strike a balance between the competing interests of various religions and employee groups desirous of common pause days, often ending up with results that do not satisfy any group completely.

Ironically, much of this litigation has become moot in effect, since Sunday shopping has become the norm in many areas in recent years, although there is still room for dispute about compulsory closure on holidays such as Good Friday and Easter Sunday.

5. RELIGION IN THE SCHOOLS

Litigation over religion and education has taken a variety of forms. One set of cases deals with the degree to which the state can permit religion in the education system. A second deals with the claim that parents have the right to educate their children in accordance with their religious beliefs.

---

to pay is a form of religious discrimination, and it would not be undue hardship in the circumstances to compensate for the days off (*Chambly (Commission scolaire régionale) v. Bergevin* (1994), 115 D.L.R. (4th) 609 (S.C.C.)).

[70] *Supra*, note 38.

[71] *Ibid.*

[72] Human rights codes, for example, will not help the employee who refuses to work for family reasons — and they are not particularly helpful to those who wish to refuse for religious reasons but also wish to continue in employment, since there is such a delay in settlement of human rights claims, as well as a reluctance to use the process in ongoing employment situations.

An underlying theme in these *Charter* cases may be that the Court is less likely to require a religious exemption where there is a financial cost at issue that is not that significant (*e.g.*, two or three days closing), especially where other vulnerable groups are affected.

[73] *Supra*, note 38.

(a) Religious Practices

Two significant cases of the Ontario Court of Appeal have dealt with religious education in the public school system, resulting in a determination that the state cannot promote religious indoctrination in such schools. In *Zylberberg*,[74] the issue was the validity of regulations under the *Education Act*[75] which required public schools to open with the Lord's Prayer or other suitable prayers and passages from the Bible or other suitable readings. In *Canadian Civil Liberties Association* [hereinafter *Elgin County*],[76] the issue was the requirement of two periods of religious instruction in public schools each week, which, in the case of Elgin County where the litigation commenced, had been provided for a significant period of time by members of a local Bible study club. In both cases, the legislation and, in more detail, the regulations provided an exemption for the children of parents who objected to the practices or instruction, which allowed them to be excused from participation.

History and practice in the particular cases revealed that the purpose behind the regulations was to indoctrinate children in the Christian faith. Had there been no exemption, the regulations seemed clearly coercive within the tests developed earlier by the Supreme Court of Canada in *Big M*,[77] since the purpose and effect would be to require all, whether believers or non-believers, to conform to Christian religious practices. However, the exemption appeared to complicate the issue, and, in the view of the dissenting judge in *Zylberberg*,[78] Lacourcière J.A., saved the regulation.

In contrast, the majority in both cases emphasized that the effect of the exemption must be considered from the perspective of the religious minority or the non-observer. It required these children and their parents to make a statement about religion that the majority was not required to make. Moreover, in the school setting, there would be real pressure on children not to object and real discomfort from the fact of objecting and, therefore, being labelled "different." In the words of the majority in *Zylberberg*:

> ...the exemption provision imposes a penalty on pupils from religious minorities who utilize it by stigmatizing them as non-conformists and setting them apart from their fellow students who are members of the dominant religion.[79]

---

[74] *Zylberberg v. Sudbury (Bd. of Education)* (1988), 52 D.L.R. (4th) 577 (Ont. C.A.)
[75] *Education Act*, R.S.O. 1980, c. 129 [now R.S.O. 1990, c. E.2].
[76] *Cdn. Civil Liberties Assn. v. Ontario (Min. of Education)* (1990), 65 D.L.R. (4th) 1 (Ont. C.A.) [hereinafter *Elgin County*].
[77] *Supra*, note 7.
[78] *Supra*, note 74.
[79] *Zylberberg, supra,* note 74, p. 592 and repeated again in *Elgin County, supra,* note 76, p. 23.

In neither case was the Court willing to uphold the regulation after finding that the purpose was religious indoctrination. While there were arguments under section 1 about the benefits of religious instruction to teach children morality, the Court concluded that there were other effective methods to teach children about morality without imposing Christian practices on them. However, the judges emphasized that there was no prohibition on the teaching of religion — provided that the line between indoctrination and education was observed.[80]

The interesting question for the future is the degree to which religion can be an element of public school life. In *Zylberberg*,[81] the Court made reference, without giving specific approval, to the Toronto Board of Education approach to opening exercises, which offered readings from a wide variety of religious and non-religious sources.[82] In *Elgin County*,[83] it was emphasized that teaching about religions was perfectly acceptable, provided that there was no attempt at indoctrination.

Although the message with regard to the opening exercises might be that equality of religions is permissible, a close reading of *Zylberberg*[84] suggests that any form of religious statement in which students are required to participate should be seen as an infringement of section 2(*a*) of the *Charter*. This is a form of coerced observance, even if no particular religion is favoured, and the message from *Big M*[85] seemed to be that the choice of whether or not to observe and how is up to the individual. Therefore, any form of religious *observance* seems impermissible in public schools.[86]

More problematic is the issue whether schools can *recognize* religious traditions without running afoul of section 2(*a*) — for example, through winter concerts that contain songs about Christmas and Hanukkah or displays of Christmas trees and menorahs. Is state neutrality required with respect to the recognition of holidays that have some religious connection? To answer, we must return to the analysis in earlier cases. The emphasis in the cases described seemed to be on coerced observance (as in *Elgin*

---

[80] In *Zylberberg* and *Elgin County*, *ibid.*, the Court held that the purpose — imposing religious practices — was not acceptable under s. 1, but then went on to discuss the rational connection and minimal impairment tests. See also *Russow v. British Columbia (A.G.)* (1989), 62 D.L.R. (4th) 98 (B.C. S.C.).

[81] *Supra*, note 74.

[82] *Ibid.*, p. 599.

[83] *Supra*, note 76.

[84] *Supra*, note 74.

[85] *Supra*, note 7.

[86] Undoubtedly, proponents of school prayer would argue that the offering of a wide variety of prayers and readings infringes one's freedom of religion in a minor way and helps teach tolerance. However, the fact of a prayer, without a further discussion of context with regard to religions, seems to do little to promote understanding, and arguably does not pass the rational connection test in *Oakes*, *supra*, note 20.

County,⁸⁷ *Zylberberg*,⁸⁸ or *Big M*⁸⁹) and serious state interference with the practice of one's religion (as in *Edwards*⁹⁰). The message is not necessarily state neutrality with respect to religion (or, to use the American term, the message is not "anti-establishment"). It is clear that the context of the religious practice was extremely important in the schools cases, where the judges were concerned that no one be compelled to make a religious statement. Were a winter concert only to contain Christian hymns, then constitutional problems would seem to arise, since the concert resembles a form of religious observance. But where a concert contains a variety of songs, this would seem to refute the argument that singing a particular song with a religious theme was a form of coerced observance, rather than an acknowledgement of a particular tradition. Indeed, to take the argument to the point that there can be no songs with religious content sung in public schools would be to deny children access to a wealth of classical music.

Similarly, with respect to the marking of various holidays, context becomes important. Technically, display of a variety of symbols may not seem a form of coercion within section 2(*a*). However, failure to honour the variety of practices adhered to in the community might well be seen as religious discrimination within section 15 of the *Charter*, since the recognition of only one tradition and the failure to provide information about another seems to create an unacceptable hierarchy, in the words of *Big M*.⁹¹

In sum, these cases require the state to be neutral with respect to religious observance in the public schools, although school boards need not remove all references to religious traditions from the curriculum or other activities.

(b) School Funding

While the cases described above argue that the state should not impose religious practices on an individual, a second set of cases focuses on state interference with religious practice through the design of the education system. For example, in *Jones*,⁹² the Supreme Court of Canada rejected a parent's claim that the guarantee of religious freedom shielded him from the requirement to obtain a certificate of efficient instruction in order to avoid the mandatory attendance requirement for his children under Alberta's school legislation. The appellant operated a school in the fundamentalist church of which he was the pastor. While there may have been an impact

---

[87] *Supra*, note 76.
[88] *Supra*, note 74.
[89] *Supra*, note 7.
[90] *Supra*, note 38.
[91] *Supra*, note 7.
[92] *Supra*, note 35.

on his belief that a parent's duty to educate his children comes from God, not the secular authorities, the majority of the Court concluded that the appellant had failed to show any substantial interference with his belief that God, and not the state, was the source of his authority to educate his children. Therefore, the majority found no violation of section 2(*a*).[93]

In *Jones*,[94] the Court noted that the school legislation made an effort to accommodate religious diversity by allowing parents to choose to educate their children outside the secular public school system. For many parents, this conferral of religious space is not enough, and cases have been launched to try to compel state financial support for religious schools, as well. They argue that their religion requires that they educate their children in schools in which religious teachings are an integral part of the whole curriculum. The public school system, with its secular focus, especially after *Zylberberg*[95] and *Elgin County*,[96] is inaccessible to them, yet the state requires them to provide acceptable education for their children. In order to do so, they argue, their religious schools should be funded. Otherwise, individuals with financial constraints will be forced to send their children to public schools in violation of their religious principles.

This argument, based on section 2(*a*) and a claim to religious freedom, is bolstered by appeal to other parts of the Constitution, specifically the constitutional protection for denominational schools in section 93 of the *Constitution Act, 1867* and its counterparts in other provincial constitutional Acts.[97] Section 93 guarantees the rights and privileges held by denominational schools in a province at the time it entered Confederation. As a consequence of the application of these provisions, the rights of religious schools vary from province to province, depending on the educational structure at the time each province joined the union. For example, section 93 guarantees funding and autonomy for Roman Catholic schools in Ontario, as well as both Roman Catholic and Protestant schools in Quebec. While

---

[93] *Ibid.*, pp. 578-579, per Wilson J. writing for the majority on this point. She stated that any impact on the appellant's religious belief was at most "formalistic and technical". La Forest J., writing for himself and two others, assumed that there was an interference with religious freedom (at 591), but the requirement of the certificate was a minimal intrusion and demonstrably justified in a free and democratic society to vindicate the state's compelling interest in ensuring adequate education for children (pp. 592-594).

[94] *Ibid.*

[95] *Supra*, note 74.

[96] *Supra*, note 76.

[97] Section 93 of the *Constitution Act, 1867*, applying to the four original confederating provinces, British Columbia, and Prince Edward Island, provided that "Nothing in any such Law [a provincial law relating to education] shall prejudicially affect any Right or Privilege with respect to Denominational Schools which any Class of Persons have by law in the Province at the Union." Different versions are applicable to Manitoba, Saskatchewan, Alberta and Newfoundland. See Hogg, *supra*, note 3, pp. 1227-1238.

the Newfoundland Terms of Union protect a larger number of denominational schools, such schools have no constitutional basis in British Columbia, Nova Scotia or Prince Edward Island.[98]

These rights were further recognized in section 29 of the *Canadian Charter of Rights and Freedoms*, which provides that nothing in the *Charter* "abrogates or derogates from any rights or privileges guaranteed by or under the Constitution of Canada in respect of denominational, separate or dissentient schools."

Those seeking funding of other religious schools have argued that religious freedom in section 2(*a*) does not require state neutrality with respect to religion. Indeed, section 93 of the *Constitution Act, 1867* suggests a long-standing acceptance of a positive role for the state in religious education. Alternatively, the earlier provisions provide a useful comparator for purposes of an equality argument under sections 2(*a*) and 15, for if the state funds some religious schools, it seems to infringe the constitutional guarantee of equality if other religious schools are denied funding.

The privileged place of the religions protected by section 93 and its counterparts was first challenged in litigation that arose when Ontario decided, in 1986, to extend funding for Roman Catholic schools beyond the Grade 10 level, where it had rested for decades. The immediate response from other religious groups, as well as the operators of non-denominational independent schools, was that sections 2(*a*) and 15 of the *Charter of Rights* required similar treatment for them as well. For the Supreme Court of Canada in the "*Bill 30*" case,[99] difficult questions were raised about the appropriate relationship between the 1867 constitutional document and the more recent 1982 amendments, including section 29 of the *Charter*.

The Court unanimously agreed that there was no *Charter* violation in the decision to fund Roman Catholic and not other schools. Wilson J., for a narrow majority, overruled an earlier Privy Council decision, *Re Tiny Township*,[100] to hold that there was an existing constitutional right within section 93(1) to full funding for Roman Catholic schools in Ontario.[101] She then went on to hold that rights guaranteed under section 93(1) were protected from *Charter* scrutiny by section 29, although in her view, section 29 was not necessary in order to confer this protection. Describing section 93 as a "fundamental part of the Confederation compromise", she held that the *Charter* could not be used to affect legislation enacted with respect to denominational schools under section 93, whether in relation to constitu-

---

[98] Cotler, *supra*, note 1, p. 171.
[99] *Reference re an Act to Amend the Education Act*, [1987] 1 S.C.R. 1148, 40 D.L.R. (4th) 18 [hereinafter *Bill 30*] (subsequent references to D.L.R.).
[100] *Tiny Roman Catholic Separate School Bd. v. R.*, [1928] A.C. 363 (P.C.) (overruled *ibid.*, p. 58).
[101] *Supra*, note 99, p. 58.

tionally guaranteed rights or the extension of their privileges under the province's power in section 93(3).[102] The result was special treatment for certain denominational schools, with access to that privilege varying from province to province.

The case raises a number of questions about constitutional interpretation in general, as well as with respect to religious freedom. The Court used the 1867 Constitution as a check on the *Charter*, something it has done in a number of other cases.[103] Clearly, it is quite defensible to interpret one constitutional document in light of the other — indeed, it is important for the Court to do so. But even if the 1867 Constitution reflects a certain historical compromise responsive to the divisive religious issues of the day, should that compromise limit the rights of other religious groups in another century?[104] If Canadian society is multicultural and diverse in its religious practices, should the *Charter* be so limited in its scope as not to provide equal treatment for all religions?

While some point to section 29 to support the argument that existing denominational rights deserve special treatment, that section does not really provide an answer, for it says that the *Charter* shall not "derogate" from existing constitutional rights — that is, those rights cannot be taken away by the interpretation of the *Charter*. But the extension of equal treatment to other religions is not obviously an interference with the rights of other religions. In fact, to justify the conclusion in *Bill 30*,[105] one cannot look to history alone; rather, conclusions must also be made about contemporary society and the meaning of equality and religious freedom today. If section 93 schools are in a special place to which others cannot aspire, the Supreme Court must be concluding that contemporary society is generally committed to non-denominational education and state neutrality with respect to funding of religious education, except in the case of this historical anomaly. Thus,

---

[102] *Ibid.*, p. 60. Unfortunately, she seemed to imply that any exercise of power under section 93 was immune from *Charter* scrutiny. Such an interpretation would be inconsistent with *Charter* review to date, which obviously allowed courts to scrutinize exercises of legislative power under sections 91 and 92 of the *Constitution Act, 1867*. It is important to see the further statement, p. 61: "But the province is master of its own house when it legislates under its plenary power in relation to denominational, separate or dissentient schools. This was the agreement at Confederation and, in my view, it was not displaced by the enactment of the *Constitution Act, 1982* . . . Even if Bill 30 is supportable only under the province's plenary power and s. 93(3), it is insulated from *Charter* review."

[103] See also *Reference re Sections 14 & 20 of Electoral Boundaries Commn. Act (Sask.)*, [1991] 2 S.C.R. 158, 81 D.L.R. (4th) 16; *N.B. Broadcasting Co. v. Nova Scotia (Speaker of the House of Assembly)* (1993), 100 D.L.R. (4th) 212 (S.C.C.), and B. Slattery, "The Constitutional Priority of the Charter" in K. Swinton and C. Rogerson (eds.), *Competing Constitutional Visions: The Meech Lake Accord* (Toronto: Carswell, 1988), p. 81.

[104] Implicitly, we are back to the perennial debate in constitutional interpretation about "progressive interpretation" versus historical or original meaning.

[105] *Supra*, note 99.

section 29 of the *Charter* was included in 1982 to help define section 2(*a*) and to protect religious funding that would otherwise be in violation of the *Charter*'s commitment to religious freedom and equality.[106]

The Supreme Court avoided this type of discussion, as well as an examination of the merits of the *Charter* claim, in *Bill 30*,[107] but another round of litigation raised the issue again. In *Adler*,[108] Ontario parents with children in private religious schools argued that the failure to provide public funding violated sections 2(*a*) and 15 of the *Charter*. The argument was based on the requirement in section 21 of the Ontario *Education Act*[109] which requires compulsory education of children. The parties argued that they were required by law to send their children to school and, in the absence of public funding for religious schools, they were compelled, because of their financial circumstances, to send their children to non-denominational public schools, which interfered with the practice of their religion.

Clearly, the case had important implications for the future, since, if successful, it would require public financial support for the exercise of religion, which would pose difficult remedial problems for the courts.[110] However, the Court of Appeal did not accept the claim. Indeed, Dubin C.J.O., for a unanimous five person Court, held that there was no violation of section 2(*a*) with respect to school funding. Section 21 of the *Education Act*[111] was interpreted as requiring compulsory education, but not compulsory attendance at a non-denominational school. In reasons reminiscent of those of Beetz J. in *Edwards*, he held that the parents' decision to have their children attend private religious schools flowed from their religious beliefs, not state action. In his words, section 2(*a*) guarantees:

> ... the freedom to pursue one's religion or beliefs without government interference, and the entitlement to live one's life free of state-imposed religions or beliefs. It does not provide, in my view, an entitlement to state support for the exercise of one's religion. Thus, in order to found a breach, there must be some state coercion that denies or limits the exercise of one's religion.[112]

---

[106] See Black, *supra*, note 14, p. 170: "... it can also be argued that the section would be unnecessary unless the *Charter* would have been in conflict with section 93 of the *Constitution Act, 1867* in the absence of such a special exception." He is disagreeing here with Cotler, *supra*, note 1, who argued that s. 29 recognized the legitimacy of state establishment of religion.

[107] *Supra*, note 99.

[108] *Adler v. Ontario* (1994), 116 D.L.R.(4th) 1 (Ont. C.A.), leave to appeal to S.C.C. granted (1995), 119 D.L.R. (4th) vi (note) (S.C.C.).

[109] *Supra*, note 75.

[110] For example, are the religious adherents entitled to a tax exemption for the portion of their taxes paid to the local school system or a per capita grant similar to that given to separate schools?

[111] *Supra*, note 75.

[112] *Supra*, note 108, p. 11. See also pp. 17-18.

Here, the complaint was characterized as one about government inaction, rather than improper action. Implicitly, the Court has taken the view that section 2(*a*) is a "negative right", protecting one from government interference, not a "positive right" to support for the exercise of one's religion.

Because of the *Bill 30* case,[113] section 15 was of no help to the parties. Because section 93 of the *Constitution Act, 1867* and section 23 of the *Constitution Act, 1982* (linguistic education) were exhaustive with respect to the state's obligation to permit and fund religious and language instruction, "no claim based on alleged unequal treatment under section 15(1) may be asserted by an individual in the protected areas of minority language education rights and denominational education rights."[114] With the comparison between these religious schools and the Roman Catholic schools ruled out, the Court concluded that the reason religious schools were not funded was because of their private character.[115] There was no discrimination in the *Education Act*[116] funding on the basis of religion, nor was there any adverse effect discrimination on the basis of religion. Essentially, the Court concluded that there was no government obligation to facilitate access to private schools, whether religious or not.[117]

While the Ontario Court of Appeal may well have reached the correct result, their reasoning can be criticized for its lack of empathy for the perspective of the rights claimants. While technically it is their religion that leads them to choose religious schools for their children, the fact that the state organizes its schools in a secular fashion (outside the Roman Catholic system) is an important consideration in the case. Secular schools are quite acceptable to members of certain religions and to those espousing no religion, but they are unacceptable to religions like those of the litigants in *Adler*.[118] Thus, they are required to bear a burden — the cost of their children's education — when those of other religions do not bear the cost.

Again, the argument contains echoes of equality, as did *Edwards*,[119] although this argument is not just a section 15 argument — rather, the argument reflects concerns about equal opportunity to exercise freedom of religion. But there is a problem with the argument not present in *Edwards*.[120] There, the fact that Sunday had been chosen as the pause day seemed to

---

[113] *Supra*, note 99.
[114] *Ibid.*, p. 23.
[115] *Ibid.*, pp. 23-24.
[116] *Supra*, note 75.
[117] Weiler J.A. dissented on a further issue of whether the failure to provide school health support services to religious schools violated the *Charter*. While the majority rejected this claim, she found an unjustifiable violation of s. 15 (*supra*, note 108, pp. 53-58).
[118] *Ibid.*
[119] *Supra*, note 38.
[120] *Ibid.*

carry an ongoing hint of state favouritism to Christian religions. In contrast, the secularism of the school system, while compatible with some religions, is not rooted in the Christian tradition.[121] As well, in *Edwards*,[122] the state could cure any defect in the Sunday closing law through an abolition of that law or the granting of an exemption for religious observers to give them space to pursue their religion. Here, an exemption has already been granted from the secular school system, and what is sought is funding for a religious system. The thrust of the argument is that the state must provide support for religion, even if the individual has insufficient funds to do so. And it must do so by changing a secular system of public education into something quite different — a mixed secular and religious system. Yet as noted by the Supreme Court in *Edwards*,[123] the government has no constitutional obligation to provide positive support for the practice of religion — especially, in light of *Bill 30*,[124] through extension of the denominational school system. Indeed, there may be constitutional problems if the government funds religious schools, in that some children may feel coerced into religious observance if the neighbourhood school is religious in orientation. As well, there may be difficulty in treating all religions fairly, since small numbers of students may make schools for some denominations impractical.[125]

But even if one accepts the argument that there is a denial of the right to freedom of religion here because of the impact on some people's religious practices, there are some important section 1 considerations that were considered by the trial judge, Anderson J., in *Adler*[126] and approved by the

---

[121] In fact, that tradition had sought to impose religious practices and education in the form of the regulations struck down in *Zylberberg* and *Elgin County*, *supra*, notes 74 and 76.
[122] *Supra*, note 38.
[123] *Ibid.*
[124] *Supra*, note 99.
[125] Winkler J. in the Ontario Court (General Division) concluded that the earlier decisions required the publicly funded school system to be non-denominational in *Bal v. Ontario (A.G.)* (1994), 21 O.R. (3d) 681. In this case, parents sought to preserve existing alternative schools in the public system which had offered a religious perspective. Those schools had been eliminated following *Zylberberg* and *Elgin County*, and the parents' arguments that this denied their rights under sections 2(*a*) and (*b*) and 15 were rejected (pp. 704-714). What the parents sought was a declaration that it was permissible to fund religious schools as one option in the public system. Winkler J. was concerned that this would deny some children freedom from religious observance if the closest school was religious in nature (*e.g.*, if all the parents in a small town opted for Christian religious teaching and only a few objected — as in *Elgin County*). He was also sympathetic to the government's fears that it could not fund all religions equally. If his judgment means that there is no constitutional obligation to fund religious schools, it seems consistent with *Adler*. However, his decision is troubling if it suggests that governments cannot give financial support, as a matter of discretion, for religious activity, for this implies a constitutional obligation of state neutrality.
[126] *Adler v. Ontario* (1992), 94 D.L.R. (4th) 417 (Ont. Ct. (Gen. Div.)), p. 440*ff.*, affirmed

Court of Appeal. The ideal of the public school system is to provide universal access to a secular education, with one of the important goals the teaching of tolerance and respect for different views. Some of the religious groups who will seek funding have a very different objective that rejects free debate on many issues and refuses to accord respect to different views and values. Indeed, their reason for wanting to control educational content is to teach certain accepted truths and moral practices. Some of those values may be inconsistent with other values accepted in Canadian society, such as gender equality or absence of discrimination on the basis of marital status or the importance of vigorous debate to the pursuit of truth.[127] While it might be possible for the government to scrutinize religious systems and to decide which are ''appropriate'' for funding, this would be seen by those under scrutiny as an unacceptable intrusion into religious freedom.

The courts will also be asked to consider the costs of financing alternative schools, including the impact on the public system of the diversion of funds in a case like *Adler*.[128] As well, they will be asked to weigh the danger of increasing divisiveness that can come when religious groups go to separate institutions, rather than join in one institution where they can learn about and from each other.

There are real concerns about judicial competence to make a decision about the redesign of school financing and to choose between the competing interests and values at issue. To date, the courts have determined that while there are good reasons for according space for religious groups to profess their own beliefs (as current legislation recognizes), it is inappropriate to place a constitutional obligation on governments to support religious education through financial arrangements.

This debate about separate schools reflects a related and larger debate about multiculturalism in Canadian society: should the state have to provide space for and prohibit discrimination against cultural and racial minorities, or must it go further and provide positive support for difference, even when

---

(1994), 116 D.L.R. (4th) 1 (C.A.), leave to appeal to S.C.C. granted (1995), 119 D.L.R. (4th) vi (note) (S.C.C.).

[127] Evidence of this is found in the exemption from human rights codes of certain religious practices, which might otherwise violate other parts of the Code, such as protection from discrimination on the basis of marital status or sex — see, for example, *Ontario Human Rights Code*, R.S.O. 1990, c. H.19, s. 24(1)(a), *Caldwell v. Stuart*, [1984] 2 S.C.R. 603 or *Garrod v. Rhema Christian School* (1992), 15 C.H.R.R. D/477 (Ont. Bd. of Inquiry). Martha Minow argues that such exemptions must be granted in order to respect religious difference. She would handle concerns about intolerance by ensuring that group members have an ''exit option'' (''Putting Up and Putting Down: Tolerance Reconsidered'' (1990) 28 *Osgoode Hall L.J.* 409).

[128] *Supra*, note 108.

that can be divisive and inimical to the protection of other values?[129] This is a difficult and controversial debate, which to date seems to require, in jurisprudential terms, some effort to accommodate difference — but subject to concerns about costs and the impact on the rights and interests of other groups.

6. THE FUTURE

Future *Charter* litigation with respect to freedom of religion will often be framed as "effects based", for there are a myriad of public policies that detrimentally affect the freedom of religion of various groups. Already, some have reached the courts — for example, in *Schachtschneider*,[130] a married woman unsuccessfully argued that her freedom of religion was undermined by income tax provisions favouring common law couples with children; in *MacKay*,[131] a claim that use of tax funds to reimburse election expenses did not infringe an individual's freedom of conscience.

Those cases were easily dismissed as not constituting serious burdens on the individual's beliefs or practices. More difficult will be those cases where government rules impinge on freedom of religion, yet have another underlying purpose. Already some of these cases are arising, sometimes before human rights commissions or courts, sometimes without a specific *Charter* basis. The examples are many: dress codes that prevent the wearing of a turban by a Sikh man in the RCMP, a head scarf (the hijab) by a Muslim girl in a school, or the possession of a kirpan (a ceremonial dagger worn by males of the Sikh religion) in a courtroom or a schoolyard. Other cases will arise: challenges to public school schedules that fail to take account of the religious holidays of certain groups, objections to the practice of having boys and girls sit together or participate together in athletic activities like swimming, or demands for curriculum changes to remove certain references (*e.g.*, the teaching of Salman Rushdie's *Satanic Verses*) or demands to add other kinds of content, such as the teaching of creationism.

In each of these cases, there will be a threshold issue whether the practice seriously interferes with freedom of religion. Assuming that in each of these cases, it can be argued that this is true, what then? As in the human rights area, the courts will have to develop principles to deal with these

---

[129] See, for example, N. Bissoondath, "I am Canadian", *Saturday Night*, October, 1994, p. 11.

[130] She argued unsuccessfully that the incentive to engage in a common law relationship in order to reduce taxes by gaining access to the "equivalent to married" deduction for a dependent child interfered with the teachings of her religion which forbid cohabitation (*Schachtschneider v. Canada* (1993), 105 D.L.R. (4th) 162 (Fed. C.A.)).

[131] *MacKay v. Manitoba* (1985), 24 D.L.R. (4th) 587 (Man. C.A.), affirmed on other grounds [1989] 2 S.C.R. 357, 61 D.L.R. (4th) 385.

claims, ideally under section 1 of the *Charter*. Cases where the individual seeks an exemption from a general rule will often be easier than those where further types of accommodation are required — for example, it seems easy to justify the waiver of a rule about no hats where the reason for the head covering is religiously motivated and there is no harm to others resulting from the waiver. Often, such an exemption will be necessary for the rule to pass the minimal impairment aspect of the *Oakes* test.[132]

But even here, the decisions will not always be easy, as demonstrated by the current controversy in a number of jurisdictions over Muslim girls wearing head scarves in schools. Some see this as a symbol of women's oppression, especially in light of the treatment — indeed, persecution — of women by certain Islamic groups in countries like Saudi Arabia and Algeria. While some Muslim women might prefer not to wear the hijab, there are many who choose to do so in Canada, and their freedom of religion is denied if they are forbidden from doing so. If the *Charter* guarantee of freedom of religion is to be limited when its practice causes harm, it is incumbent on those wishing to forbid the wearing of the hijab to demonstrate such harm. The fact that observers may be discomfited is generally not an acceptable principle in human rights cases, nor should it be under the *Charter*.

However, to the extent there is harm or a real risk of harm associated with a claim for exemption from existing rules, then it is arguable that the value of freedom of religion must give way — for example, the wearing of a full scale ceremonial dagger in a public school yard might be forbidden.[133] Nevertheless, some form of accommodation may still be possible, such as the wearing of a smaller version.[134]

More problematic are the cases where more significant accommodation is required — for example, changes to school schedules or alterations to the curriculum. When a number of different groups need accommodation, as in revisions to the school year to take into account a wide variety of religious holidays, the courts will face a complicated task, for accommodation through redesign will at some point become disruptive to overall educational needs. More significantly, altering the curriculum to reflect the religious beliefs of a particular group may at some point interfere with other *Charter*

---

[132] *Supra*, note 20.
[133] Contrast, for example, *Hothi v. R.*, [1985] 3 W.W.R. 256 (Man. Q.B.), affirmed (1985), 35 Man. R. (2d) 159 (C.A.), leave to appeal to S.C.C. refused (1986), 43 Man. R. (2d) 240 (note) (S.C.C.), forbidding the wearing of a four inch ceremonial dagger (kirpan) in a court room, with *Peel Bd. of Education v. Ontario (Human Rights Commission)* (1991), 14 C.H.R.R. D/403 (Ont. Div. Ct.), leave to appeal to Ont. C.A. refused (1991), 3 O.R. (3d) 531n (C.A.), finding a no kirpan rule on school property unacceptable because of the safety precautions that could reasonably be imposed.
[134] The harm principle would undoubtedly come into play to protect children in cases where religious practices can harm them — *e.g.*, parental refusal to allow a necessary blood transfusion to save life as in *B. (R.)*, *supra*, note 26.

values, such as the freedom of other groups not to be subject to religious practices, their right to freedom of expression, or their equality rights.

Inevitably, the courts will have to choose between different *Charter* values and competing interests in some of these cases.[135] One cannot say, in the abstract, how such cases should be decided. However, one can hope that the courts are sensitive to the need to provide a generous scope for religious freedom, while at the same time recognizing the impact of that guarantee on other values in Canadian society.

7. CONCLUSION

The Supreme Court of Canada has had a number of opportunities to examine section 2(*a*) of the *Charter*. Their efforts to protect religious practice and belief from both direct and indirect encroachment by the state is to be applauded in a society committed to tolerance and respect for multiculturalism. The concept of religious freedom evolving recognizes the necessary intertwining of equality and liberty in the definition of freedom of conscience and religion in Canada.

Yet there is still much to determine about the appropriate degree of accommodation for religious practices and the extent to which the state has an obligation to facilitate the practice of religion. These will be difficult cases because of the many interests engaged and, at times, the limits of judicial expertise and legitimacy to make decisions with significant implications for broad areas of public policy.

---

[135] Boards of inquiry have sometimes tried to do so as well by interpreting religious exemptions strictly, as in *Parks v. Christian Horizons* (1991), 16 C.H.R.R. D/40 (Ont. Bd. of Inquiry).

5

Freedom of Expression in Canada — 13 Years of Charter Interpretation
(Subsection 2(b))

Clare Beckton*

1. Freedom of Expression
    (a) Commercial Expression
        (i) Language of Commercial Activity
        (ii) Free Press — Access to the Courts — Fair Trial
        (iii) Identity
    (b) Hate Propaganda
    (c) Activity on Streets, Airports, *etc.*
    (d) Obscenity and Prostitution
2. Positive Right
3. The Interrelationship Between Section 2(*b*) and Other Rights
4. Conclusion

1. FREEDOM OF EXPRESSION

The *Charter of Rights and Freedoms* has not heralded a new era of freedom of expression. Instead it has created a mechanism for examination of what values are truly fundamental and worthy of protection.

---

* General Counsel, Department of Justice, Ottawa. The views expressed in this article are strictly those of the author and not the Department of Justice.

In the past few years, the courts and in particular the Supreme Court of Canada have had a number of opportunities to interpret the ambit of the guarantees in section 2(*b*) of the *Charter*. There have been cases raising the constitutionality of the hate propaganda provisions of the *Criminal Code*,[1] the ability to distribute information on public property,[2] the ambit of protection for commercial speech,[3] prostitution provisions of the *Criminal Code*[4] and other issues. A key aspect of freedom of expression that is the subject of much debate is the free-press fair trial issue.[5] This has been raised in Canada in the much publicized murder cases involving Paul Bernardo and Karla Homolka and in the United States respecting the high profile trial and proceedings relating to O.J. Simpson.

The courts have been called upon to develop tests to assist in the interpretation of the guarantees and to balance the interests that are at stake. It is fair to say that the courts have struggled with some of the issues resulting in some lack of clarity with respect to their interpretation of section 2(*b*). The courts have grappled with the challenge of creating an interpretation that is uniquely Canadian. In that attempt they have on occasion examined the American jurisprudence to see if there were helpful ideas and guides that could assist in the Canadian approach. In addition, some of the language of the American approach has crept into the judgments of the Supreme Court such as form and content. However, it is apparent from these early judgments that the Supreme Court has adopted a much broader approach than the Americans to the interpretation of what expression falls within the ambit of the section 2(*b*) guarantee. Instead of excluding expression which is not directly related to democratic values, the courts have chosen instead to find that these can be limited by other compelling and overriding governmental objectives. In fact it may be postulated, from the decisions to date, that the courts will be more willing to find overriding interests of the State the further the expression is from the core of democratic values such as obscenity or hate propaganda.

The Supreme Court's approach has not always been consistent. In *Irwin Toy*,[6] a test was formulated for analyzing whether expression was included in the ambit of section 2(*b*). However, in subsequent cases such as

---

[1] *R. v. Keegstra*, [1990] 3 S.C.R. 697, [1991] 2 W.W.R. 1, 61 C.C.C. (3d) 1, 1 C.R. (4th) 129.
[2] *Committee for the Commonwealth of Can. v. Canada*, [1991] 1 S.C.R. 139, 77 D.L.R. (4th) 385, 120 N.R. 241 (subsequent references to D.L.R.); see also *Ramsden v. Peterborough (City)*, [1993] 2 S.C.R. 1084, 156 N.R. 2, 106 D.L.R. (4th) 233, 23 C.R. (4th) 391.
[3] *Irwin Toy Ltd. v. Quebec (A.G.)*, [1989] 1 S.C.R. 927, 94 N.R. 167, 58 D.L.R. (4th) 577.
[4] *Reference re ss. 193 & 195.1(1)(c) of the Criminal Code (Can.)*, [1990] 1 S.C.R. 1123, [1990] 4 W.W.R. 481, 56 C.C.C. (3d) 65 [hereinafter *Prostitution Reference*].
[5] See *Dagenais v. CBC*, [1994] 3 S.C.R. 835.
[6] *Supra*, note 3.

Committee for the Commonwealth[7] other criteria were added which limited access to the section 2(*b*) guarantee. It appears that these additional tests have not added value to this analysis but rather have only served to confuse the issue.

The Supreme Court has been clear that it is not prepared to protect expression that is communicated by violent actions against other persons although it was not necessarily prepared to exclude threats of violence.

In some instances, one questions whether the courts have articulated the full range of values that may be served by the freedom of expression guarantees. Cases where, for example, the expression has been unpopular, the courts appear to have taken a more restrictive approach as to what constitutes core values. This enabled them to find the balance necessary to support the restrictions pertaining to unpopular forms of expression.

It is evident from the number of cases that have already reached the Supreme Court that freedom of expression is an important guarantee which will engender a number of challenges to governmental action. Since it encompasses such a broad range of human activity, the scope of potential challenges has not yet been realized.

This Chapter will examine some of the recent jurisprudence and analyze the success and limitations of the current development. While there are many cases in all of the areas to be discussed, the primary focus will be Supreme Court of Canada decisions.

(a) Commercial expression

The lower courts experienced difficulties in deciding whether commercial expression should be within the ambit encompassed by section 2(*b*). Commercial expression may be defined as expression of any kind that advertises a product or service for profit or for some business purpose.

In fact some courts held that commercial expression was not protected because it flowed from the realm of economic activity while political expression flowed from politics and government.[8] In a democratic society, the economic realm must be subordinate to the political realm. The Quebec Court of Appeal had taken the opposite view in *Irwin Toy*[9] where they held that economic choices of Canadians are as important as artistic and cultural choices. In order for choices to be informed, it is necessary to have commercial advertising.

---

[7] *Supra*, note 2.
[8] *See Klein v. L.S.U.C.; Dvorak v. L.S.U.C.* (1985), 16 D.L.R. (4th) 489, 13 C.R.R. 120 (Ont. Div. Ct.).
[9] *Supra*, note 3.

In 1989 the Supreme Court, in *Irwin Toy*,[10] had the opportunity to clarify these conflicting views with respect to commercial expression. *Irwin Toy* began as a challenge to provisions of the *Quebec Consumer Protection Act*[11] which placed limitations upon the ability of advertisers to direct their advertising at children under the age of 13. The trial judge had dismissed the action by Irwin Toy, however, they had been successful in the Court of Appeal where the Court found that the provisions were an unjustifiable limitation upon freedom of expression. The Supreme Court began their analysis by pointing out that it had not been called upon to deal with this issue in previous cases. In *Ford*,[12] the Court addressed the issue of choice of language as a form of expression. While there was a commerciality aspect to the question in *Ford*,[13] it was merely ancillary to the question of language. Thus the question still remained whether expression directly related to commercial activities was within the ambit of the guarantee. In other words, did restrictions on the type of advertising permissible when it was aimed at children fall within the scope of the section 2(*b*) guarantee.

The Court proceeded to articulate the first step of the test to determine if a measure is contrary to freedom of expression. It adopted the position that human activity should not be excluded on the basis of the content or meaning being conveyed. The Court was quick to point out that violence even as a form of expression did not fall within the ambit of section 2(*b*). This was an interesting aside since it was not an issue in this case. The advertising in question aimed to convey a message and therefore had an expressive content. At that point the Court moved on to the second step in the analysis.

The next step was to decide if the purpose or effect of the government action was to restrict freedom of expression. If the purpose of the legislation was to restrict freedom of expression, it would, according to the Court, necessarily infringe the guarantee. The Court reasoned that if the government objective was to control attempts to convey a meaning by aiming at the content of the expression or by restricting a form of expression tied to content, its purpose infringed the guarantee. On the other hand, where the purpose was to control the physical consequences of the activity, then it would not infringe the guarantee. The Court went on to say that assessing the purpose is not necessarily sufficient to determine the matter. If the purpose of the legislation is not aimed at the content of expression, nonetheless the effect may be to infringe on the guarantee.

---

[10] *Ibid.*

[11] *Consumer Protection Act*, R.S.Q., c. P-40.1, ss. 215, 248, 249, 252, 278, 282, 316, 364.

[12] *Ford v. Quebec (A.G.)*; [1988] 2 S.C.R. 712, 90 N.R. 84, 54 D.L.R. (4th) 577 (subsequently referenced to S.C.R.).

[13] *Ibid.*

To make a claim of this nature, the Court indicated that the plaintiff would have to identify the particular meaning that he seeks to convey and further how it relates to what the Court considered to be some of the underlying values of freedom of expression. The Court identified these as the pursuit of truth, participation in the community or individual self-fulfilment and human flourishing. In this particular case, the Court had no trouble in assessing the purpose of the consumer legislation as prohibiting particular content of expression since it was aimed squarely at the messages that could be conveyed by the advertisers.

Having found that the purpose was to curtail expression, the Court then moved to section 1 of the *Charter* and section 9.1 of the *Quebec Charter*. The majority concluded that protection of a vulnerable group (in this case children under the age of 13), is pressing and substantial. It is interesting to note that the legislature had relied upon reports and social science evidence as the basis of its decision to protect children from advertising messages that are manipulative. Importantly the Court re-emphasized that legislatures need to have a margin of appreciation to form legislative objectives without having conclusive social science evidence. This is also evident in later cases such as *Keegstra*[14] and the *Prostitution Reference*[15] where the lack of conclusive evidence as to harm did not result in legislative objectives being considered insubstantial or disproportionate.

The Court concluded, after examining reports prepared before the legislation was enacted, that there was minimal impairment consistent with the objectives even though there was evidence existing that "other less intrusive options reflecting more modest objectives were available to the government". Again, the Court emphasized that legislatures need not choose the least ambitious means provided there is a sound evidentiary basis for the measure taken.

Stopping at this point, one must question the type of analysis that the Court used to arrive at the conclusion that there was an infringement such that a justification was necessary pursuant to section 1. First, it is questionable that such a broad purpose and effect test was necessary in this case since it was very clear on its face that the legislation was aimed at the message being conveyed. There could be no doubt that this was expression. An overly broad analysis at such an early stage of the development of the section 2(*b*) jurisprudence must, as of necessity, result in some later mental gymnastics to rationalize the approach when presented with a more complex set of circumstances. It is also puzzling as to why the Court felt it necessary to expound upon the effects test when it was clear that the purpose of the legislation was to restrict a form of expression. Furthermore, when describ-

---

[14] *Supra*, note 1.
[15] *Supra*, note 4.

ing the values underlying freedom of expression, this was done in a very narrow fashion that could potentially exclude a wide range of expression.

The most troubling aspect of the test is the distinction between purpose and effect. There is no question that the purpose and effect may not be the same in some instances. But one must ask for the purposes of the analysis what is truly important in determining whether a section 1 analysis is required. The question must be does the law or action infringe upon the guarantee. This must then relate to the ultimate effect of the legislation. Does it impair the ability of the communicator to convey his or her message? If the answer is yes, then surely it does not matter at this stage what the legislative purpose was at the time of enactment. This is not to say however, that the purpose of a law is not important in the overall analysis of whether a law ultimately can withstand the challenge. It is clear, however, that not every effect would necessarily be sufficient to warrant a justification under section 1. Many laws have effects that are not intended and often these effects may be minor in nature. It does not benefit a legislative system to have to justify every effect. There must be some criteria for determining the required effect. Initially, the effects must be harmful to the exercise of free expression.

Secondly, one might seek some guidance from the criteria from the Court's analysis in *Big M Drug Mart Ltd*[16] to indicate that the effect must be serious and substantial. This is not to say that any particular test is a panacea for interpretation. Instead, I believe it is vital to always keep in mind the purpose and values expressed in section 2(*b*). It is possible to give a broad ambit to the guarantees expressed therein because the *Charter* contains the test in section 1 which permits an appropriate balance to be drawn by the courts between the individual's right and the State's goals embodied in the law at issue. This, as I have stated before is a useful tool for avoiding the tortured tests that the courts in the United States have used to deal with complicated situations where rights and interests collide.

David Lepofsky[17] in a recent article has explored this issue in great detail. While I do not necessarily agree with his total assessment, it provides a useful examination of the approach adopted by the Court in this case.

It is instructive that the Supreme Court chose to follow the more recent approach of the United States courts in finding that commercial expression is included in the ambit of the First Amendment guarantees. Initially, the American courts had essentially taken the position that commercial expression was not deserving of protection, basically on the assumption that it did

---

[16] *R. v. Big M Drug Mart*, [1985] 1 S.C.R. 295, [1985] 3 W.W.R. 481, 18 C.C.C. (3d) 385, 18 D.L.R.(4th) 321.

[17] D. Lepofsky, "The Supreme Court's approach to Freedom of Expression *Irwin Toy v. Quebec* (Attorney General) — and the Illusion of s. 2(b) Liberalism" 3 *NJCL/RNDC* 37.

not serve any important values which were worthy of protection.[18] In *Valentine v. Christensen*,[19] the Supreme Court in 1942 held with little discussion or analysis that the First Amendment did not extend to "purely commercial advertising".

By the 1970's, the American courts began to display some unease about making such a sharp distinction between commercial and non-commercial expression. In 1975, in *Bigelow v. Virginia*,[20] which involved a prosecution for placing an advertisement in New York promoting legal abortion services, the court indicated that *Valentine v. Christensen*[21] did not support any sweeping proposition that advertising is unprotected *per se*. The following year, in *Virginia State Board v. Virginia Citizens Consumer Counsel*,[22] the Supreme Court declared unconstitutional a ban on the advertising of prescription drug prices. While the Court in that case made it clear that the First Amendment protection extended to even pure commercial expression, it emphasized that the courts need not be so vigilant in protecting commercial expression as they must be in protecting other expression. It appeared that the Court considered that the value served by commercial expression was not as high as other forms of expression.

In *Central Hudson Gas and Electric Corp. v. Public Service Commission of New York*,[23] Justice Powell for the Court articulated a four–part analysis which is similar to section 1 of the *Canadian Charter*. He wrote:

> In commercial speech cases, then, a four–part analysis has developed. At the outset, we determine whether the expression is protected by the First Amendment. For commercial speech to come within that provision, it at least must concern lawful activity and not be misleading. Next, we ask whether the asserted governmental interest is substantial. If both inquiries yield positive answers, we must determine whether the regulation directly advances the governmental interest asserted and whether it is not more extensive than is necessary to serve that interest.[24]

Thus, the Court required a State to demonstrate a substantial interest that is served by the commercial speech regulation and that the regulation be carefully drawn to advance that interest. To do so, the State must show that the regulation directly advances the State's substantial interest and that it impairs freedom of speech as little as possible.

---

[18] See *e.g.*, *Camarano v. United States*, 358 U.S. 498 (1959); *Murdoch v. Pennsylvania*, 319 U.S. 105 (1943).
[19] *Valentine v. Christensen*, 316 U.S. 52; (1942) 625 Ct. 920.
[20] 421 U.S. 809 (1975).
[21] *Supra*, note 19.
[22] 425 U.S. 748 (1976).
[23] 447 U.S. 557 (1980).
[24] *Ibid.*, p. 566.

In *Posadas de Puerto Rico Associates v. Tourism Co. of Puerto Rico*,[25] the Court applied the *Central Hudson* test[26] in a manner that attracted much criticism because it appeared to give precedence to governmental interests that were not substantial and did not minimally impair the First Amendment guarantees. This case involved activities that have generally been considered fair game for regulation, *i.e.*, gambling, prostitution and consumption of tobacco and alcoholic beverages. This case may be of interest as the Supreme Court of Canada grapples with the issue of tobacco advertising in *RJR-Macdonald Inc. v. Canada (A.G.)*.[27] The American cases provide a rich resource of material since they have addressed a multiplicity of issues relating to the regulation of commercial speech. While it is not necessary to adopt the analysis or tests used, the discussion of legislative interests may be informative to Canadian courts.

Our Canadian Supreme Court had the advantage of facing the question at a time when advertising has become such an important part of our daily lives. Commercial expression can range from ads for soap or cereal to personal columns where individuals are seeking a date or a mate. In today's complex society, commercial expression is a valuable way to inform consumers about a wide range of products and services that may enhance self-fulfilment of an individual. *Irwin Toy*[28] was a significant case because it set out the test to be followed in subsequent cases in analyzing measures which may infringe the section 2(*b*) guarantees. It also was an indication for the broad and liberal approach the Court would take in interpreting section 2(*b*).

As mentioned above, another case which involves advertising is currently before the Supreme Court. In *RJR-Macdonald Inc. v. Canada (A.G.)*,[29] the issue involves the *Tobacco Products Control Act*[30] which has as a general objective to protect the health of all Canadians, in particular the young against inducements to use tobacco and to enhance public awareness of the hazards of tobacco use. Section 3 of the *Act* contains a statement that there is evidence of an undeniable link between tobacco use and the incidence of numerous debilitating and fatal diseases. Section 4 imposes a general and absolute ban on any form of advertising of tobacco products "offered for sale" in Canada.

The appeal Court reversed the trial Judge's finding that the legislation was an unjustifiable limitation on section 2(*b*) of the *Charter*. It found the existence of a major and pressing social objective given the extent of tobacco

---

[25] 106 S.Ct. 2968 (1986).
[26] *Supra*, note 23.
[27] (1993), 102 D.L.R. (4th) 289 (C.A. Qué.), reversed (21 septembre 1995), Docs. 23460, 23490 (S.C.C.).
[28] *Supra*, note 3.
[29] *Supra*, note 27.
[30] *Tobacco Products Control Act*, S.C. 1988, c. 20 [now R.S.C. 1985, c. 14 (4th Supp.)].

consumption and the subsequent health and other problems that it brings. While not everyone is in agreement that a ban on tobacco products will achieve the objective, there was sufficient evidence put forward to find a rational connection between the objectives sought and the means utilized. The measures selected attack a form of commercial expression in order to protect against the serious health problems posed by tobacco production. (Judgment was rendered by the Supreme Court of Canada since this article was written. The Supreme Court held on September 21, 1995, that the *Tobacco Products Control Act* was constitutional on division of powers grounds, but the provisions dealing with advertising and promotion violated section 2(*b*) of the *Charter*. The analysis does not, however, add much to the development of the jurisprudence on section 2(*b*).)

It is evident that the jurisprudence relating to commercial expression is just developing and the courts will be faced with a multiplicity of these issues in the years to come. The tobacco case will be important to legislatures who wish to use limitations on commercial advertising to prevent information dissemination about products that may be harmful.

(i) *Language of Commercial Activity*

Another issue that actually came before the Supreme Court prior to *Irwin Toy*[31] focused on the question of language and expression. In *Ford v. Quebec (A.G.)*,[32] a challenge was made to section 58 of the *Charter of the French Language*. Section 58 provided that public signs, posters and commercial advertising shall be solely in the official language except as otherwise provided in the Act and regulations. The issue, as expressed by the Supreme Court, was whether the freedom of expression guaranteed by section 2(*b*) of the *Canadian Charter of Rights and Freedoms* and by section 3 of the *Quebec Charter of Human Rights and Freedoms* includes the right to express oneself in the language of one's choice. The Court immediately made it clear that they intended to interpret the two guarantees in the same fashion. The Court turned to their decision in the *Reference re Manitoba Language Rights*[33] to underscore the significance of language in our society:

> The importance of language rights is grounded in the essential role that language plays in human existence, development and dignity. ... Language bridges the gap between isolation and community, allowing humans to delineate the rights and duties they hold in respect of one another, and thus to live in society.[34]

---

[31] *Supra*, note 3.
[32] *Supra*, note 12.
[33] *Reference re Manitoba Language Rights*, [1985] 1 S.C.R. 721.
[34] *Ibid.*, p. 744.

Given this backdrop, the Court held that: "Language is so intimately related to the form and content of expression that there cannot be true freedom of expression by means of language if one is prohibited from using the language of one's choice. Language is not merely a means or medium of expression; it colours the content and meaning of expression".[35] The Court took some pains to distinguish between the freedom to express oneself in the language of one's choice and the language rights provisions of the *Charter*. In essence, while the *Charter* contains language guarantees these are focused on what the government must do to ensure that these guarantees are met within the sphere of governmental activities. The Court went on to hold that in this case commercial expression was not excluded from the ambit of section 2(*b*). In the final analysis, the Court concluded that while the province had a serious and legitimate aim in establishing their language policy, the material before them did not demonstrate the necessity of requiring usage only of the French language to protect the French language in Quebec nor was the provision proportionate to that legislative purpose. In essence, it could not meet the proportionality test in section 1 and there was no sound basis for the legislative conclusions.

This decision is very important because it establishes early the importance of language to communication of a message. It is interesting because the case does allude to the fact that freedom to express oneself in the language of one's choice does not mean that one nonetheless is guaranteed that others will comprehend the message. Nor is this the final word because there will no doubt be situations relating to the workplace, for example, where linguistic requirements will be valid even if they might infringe freedom of expression.

(ii) *Free Press — Access to the Courts — Fair Trial*

Many of the cases, in particular the earlier cases, under section 2(*b*) related to the court process dealing with issues such as laws which impose restrictions on access to juvenile trials, publication bans on evidence given at a preliminary hearing, and orders prohibiting publication of identity. In recent years, the issue of publication bans has become a subject of much public debate kindled by high profile cases in both Canada and the United States. In Canada, the ban against the CBC from broadcasting the miniseries, "The Boys of St. Vincent", pending the trial of members of a Catholic religious order in Ontario, was the subject of much public debate and an action by the CBC to challenge the validity of the prohibition.[36] This case will be discussed in detail later.

---

[35] *Supra*, note 12, p. 748.
[36] *Dagenais, supra*, note 5.

Many of the cases in Canada that have raised concerns involve individuals accused of sex crimes, whether sexual assault or murder following the commission of a sexual assault. The Bernardo-Homolka cases have resulted in much public debate following a ban on publication of Ms. Homolka's evidence until such time that her estranged husband can be tried. Recently, the Supreme Court of Canada refused leave for the CBC to appeal the lower court decision imposing the ban.[37] This decision may have been influenced by the fact that the case was ready to start and this would have delayed the case. Furthermore, the ban is only temporary as the evidence will come out at the trial of Paul Bernardo. In the interim period, there has been a great deal of dissemination of the information through American sources and computer networks.

In the United States, the courts have tended to defer largely to the values of free expression and have generally held that pre-trial gag orders are an unacceptable restraint on freedom of expression.[38] This has included juvenile proceedings and cases affecting the privacy of children. While the United States courts have considered the need for a fair trial to be a strong interest worthy of protection, alternate methods of protection have been considered to be superior to abridging free expression in order to accomplish that result. In the United States, as a result, evidence relating to the offence is often published in advance of the trial and in high profile cases this can be done in a very sensationalist manner. A perfect example of this is the very high profile trial of O.J. Simpson charged with murdering his wife and one of her friends. In this case, many pieces of evidence have been discussed publicly and much speculation has surrounded the production of this evidence. The selection of the jury has been very difficult one surmises partially as a result of the excessive publicity and, to compensate for permitting the publicity there are a number of opportunities to challenge each juror. In that case, there were times to date when the judge obviously contemplated the imposition of a gag order.

As the O.J. Simpson trial preceded in a carnival-like atmosphere, it has raised questions about the possibility of a fair trial for him or a fair prosecution. The whole emphasis on freedom of speech and the press may in fact have gone too far in this case. Ironically, in a case involving a non-celebrity it is unlikely to have this same impact. In those cases where a high profile figure or a particularly brutal crime is involved, it truly tests how far freedom of expression can be extended without sacrificing a fair trial.

---

[37] *CBC v. R.* (May 4, 1995), File No. 24579 (S.C.C.).
[38] *Nebraska Press Assn. v. Stuart*, 427 U.S. 539 (1976) was the beginning where although the judgment did not preclude prior restraint of criminal trial coverage, lower courts have treated it as tantamount to an absolute prohibition on such prior restraints refusing to permit orders limiting press coverage of judicial proceedings.

Clearly in some cases for a variety of reasons, the balance may not be appropriately drawn in the United States context.

As stated the lower court jurisprudence in Canada to December 1994 seemed to place a strong emphasis on protecting a fair trial. In *Global Communications Ltd. v. California*,[39] the Ontario Court of Appeal upheld an order made at a bail hearing for Catherine Smith, who was seeking to avoid extradition to the United States, where she was accused of murdering John Belushi. The order made was to prohibit publication of any evidence taken at the bail hearing until she was discharged or her hearing in California was concluded. The plaintiff alleged that section 457.2(1) of the *Criminal Code*, which permitted such an order, was an arbitrary infringement on the right of freedom of expression. The provision required an order to be made upon application, irrespective of the evidence presented. The Court noted that it was indeed true that such an order would not be permitted in the United States, but then went on to make the important point that the United States has other procedures, such as more searching examination of jurors and sequestration of juries, which minimizes the impact of advance publicity. He concluded that in Canada these measures were not as stringent. Fundamentally though, each country aims to ensure that an accused is given a fair trial despite the difference in reaching this result.

In deciding that the order should stand, the Court emphasized that proceedings were still open to the public and that the ban, unlike some of the other cases, was only temporary. In balancing the interest, the Court indicated that this evidence may cause severe prejudice to an accused person who is attempting to obtain a fair trial. The Court seemed to ignore the fact that it was a mandatory order and seemed to be particularly influenced by the fact that it was temporary and that access to the Court was still open. It was difficult at the time to rationalize the decision with *Southam*[40] where the Court had been concerned because that judges were left with no discretion to assess the particular degree of prejudice in each case. While a temporary ban was less restrictive, no demonstration was made that it was necessary to impose a ban in every case where an application is made to ensure a fair trial. A similar result had been reached in *R. v. Banville*[41] which dealt with a provision of the *Criminal Code* which permitted an order, upon application, banning evidence introduced at the preliminary inquiry until the conclusion of the case.

---

[39] (1984), 44 O.R. (2d) 609, 2 O.A.C. 21, 10 C.C.C. (3d) 97, 7 C.R.R. 22, 5 D.L.R. (4th) 634 (C.A.).

[40] *Hunter v. Southam Inc.*, [1984] 2 S.C.R. 145, affirming (*sub nom. Southam Inc. v. Combines Investigation Branch, Dir. of Investigation & Research*), [1983] 3 W.W.R. 385 (Alta. C.A.).

[41] (1983), 3 C.C.C. (3d) 312, 145 D.L.R. (3d) 595 (N.B.Q.B.).

However, in *R. v. Sophonow (No. 2)*,[42] the Manitoba Court of Appeal refused to grant an order restricting the publication of extra-judicial commentary concerning Sophonow's guilt or innocence pending his appeal. While the Court criticized the media for the excess in their stories, they refused to make a blanket order on the basis that such an order would be equivalent to censorship. One might add that the likelihood of prejudice was far less likely than at the trial level.

On December 8, 1994, the Supreme Court rendered their first judgment in a case which squarely raised a fair trial freedom of expression issue in the context of common law rules.[43] In this case, the CBC wanted to broadcast a mini-series entitled "The Boys of St. Vincent". The respondents were former and present members of a Catholic religious order charged with physical and sexual abuse of young boys in their care at training schools in Ontario. Their counsel applied to a Superior Court judge for an injunction restraining the CBC from airing the mini-series at a time when some of the trials were already in progress. The trial judge granted the injunction prohibiting the broadcast until after the trials of the four clergy were completed. The ban was to apply all across Canada and prohibited any advertising in connection with the program. The Court of Appeal limited the application of the prohibition to the Province of Ontario and one Montreal station whose signals could be accessed in Ontario. The Appeal Court also reversed the ban which had prohibited any publicity about the broadcast.

Initially, the Court focused on the procedure that a third party must use in order to challenge a gag order made by a judge in relation to a criminal trial. The Court was influenced to essentially create a new procedure to ensure that an appeal could occur prior to the conclusion of the trial.

This case differed from some of the other lower court decisions, in that it was dealing with a common law rule which provides judges with the discretion to order a publication ban in certain circumstances. The Chief Justice, for the majority, made it clear that such common law discretion must be exercised within the boundaries set by the principles of the *Charter*.

He stated that the pre-*Charter* common law rule governing publication bans emphasized the right to a fair trial over the freedom of expression interests of those affected by the ban. He then went on to point out that it is inconsistent with the *Charter* to give greater weight to one right over another. The *Charter* requires a balance that can fully respect both rights. Further, the common law rule had to be modified so as to require a consideration of both the objectives of a publication ban and the proportionality of the ban to its effect on protected *Charter* rights. He stated the modified rule as follows:

---

[42] (1983), 34 C.R. (3d) 287, 6 C.C.C. (3d) 396, 150 D.L.R. (3d) 590 (Man. C.A.).
[43] *Dagenais, supra*, note 5.

A publication ban should only be ordered when:
(a) Such a ban is *necessary* in order to prevent a real and substantial risk to the fairness of the trial, because reasonably available alternate measures will not prevent the risk; and
(b) The salutary effects of the publication ban outweigh the deleterious effects to the free expression of those affected by the ban.[44]

The Chief Justice then proceeded to analyze the facts of this case against the new test that he articulated. The objective of the ban was clearly to diminish the risk that the trial of the four individuals might be rendered unfair by the broadcast prior to the completion of the trials. The Chief Justice emphasized that the objective of the ban must be to prevent real and substantial risks and not remote and speculative dangers. Part of the analysis will also focus on the extent to which the ban trenches upon the guarantee of freedom of expression. The Chief Justice found however that the ban here was aimed at preventing a real and substantial risk to the fairness of the trial of the four accuseds. Having found this, he went on to the next step which was to ask whether the ban was necessary. In order to make that assessment, an examination must be made of the alternatives to a publication ban. Here the Chief Justice built in another test that the (1) ban must be as narrowly circumscribed as possible (while still serving the objectives); and (2) there must be no other effective means available to achieve the objective. While the circumstances of this case no longer required this, he mentioned alternatives such as changing venues, allowing challenges for cause, sequestering juries and adjourning the trials. It is questionable, given the American context, whether these will necessarily work in high profile cases.

The Chief Justice decided that the original ban was too broad and that there were alternative courses of action that could have been taken in this case. Having concluded at this point that the ban did not meet these elements of the test, it was not necessary to consider the salutary and deleterious impact on freedom of expression. Despite this fact, the Chief Justice still felt it necessary to talk in more detail about publication bans.

He said that it is important to reject the clash model since it is more useful in the American context. Secondly, the interests between a fair trial and freedom of expression are not always in conflict because many times publicity serves the interests of a fair trial. He went on to point out that publication bans do not always restrict freedom of expression with the aim of ensuring a fair trial because it can be for the protection of vulnerable witnesses, preservation of the privacy of the victim, national security or a host of other reasons. Not ordering bans can also in some cases serve the interests of a fair trial by ensuring that individuals who have relevant information are more likely to hear about the case and come forward, and amongst

---
[44] *Ibid.*, p. 878.

other things subjects the process to public scrutiny which can prevent wrongdoing by the State or Court.

The Chief Justice also expressed some concerns about the efficacy of some publication bans. In particular, he pointed out in this case the material that was the subject of the process was identifiable and finite, and was easier to contain by for example instructions to the jury. On the other hand, when the pre-trial publicity is more prolonged and concerns matters that will be the subject of the trial, it may leave impressions in the mind of the jury which may be more difficult to dispel. He also indicated that in our information age, it is much more difficult to contain the information even when issuing a ban. This was very clear following the Karla Homolka trial where information was obtained through American sources and disseminated on the internet.

The above analysis is an important part of the addition to the *Oakes* test[45] that the Chief Justice states is necessary in the determination of whether a ban meets the requirements of the *Charter*. The Chief Justice points out that if the risk to a fair trial can be remedied by means short of a publication ban then a ban will not meet the *Charter* requirements. In this regard, even if a ban can meet the first two elements of the *Oakes* test,[46] it still must pass an additional hurdle that is that there must be a proportionality between the deleterious effects and the saluatory effects. He then rephrased the third part of the *Oakes* test[47] as: "... there must be a proportionality between the deleterious effects of the measures which are responsible for limiting the rights or freedoms in question and the objective, *and there must be a proportionality between the deleterious and the salutory effects of the measures*".[48]

In the situations where the rights of the accused are in direct conflict with the rights of the media it will be important to conduct an analysis of common law bans in a manner that recognizes that there are two fundamental rights at issue. This will be particularly important when assessing alternatives and proportionality of the impact of the ban on free expression to its salutary effects on the fairness of the trial.

The Chief Justice finally concluded by establishing some guidelines for practise with respect to the application of the common law rule for publication bans. It is important to make a distinction between the common law rule and bans that may stem from legislation where there is also a Parliamentary objective. The guidelines are as follows:

---

[45] *R. v. Oakes*, [1986] 1 S.C.R. 103.
[46] *Ibid.*
[47] *Ibid.*
[48] *Supra*, note 5, p. 889.

(a) At the motion for the ban, the judge should give the media standing (if sought) according to the rules of criminal procedure and the established common law principles with regard to standing.

(b) The judge should, where possible, review the publication at issue.

(c) ... the party seeking the ban bears the burden of proving that the proposed ban is necessary...

(d) The judge must consider all other options besides the ban and must find that there is no reasonable and effective alternative available.

(e) The judge must consider all possible ways to limit the ban and must limit the ban as much as possible; and

(f) The judge must weigh the importance of the objectives of the particular ban and its probable effects against the importance of the particular expression that will be limited to ensure that the positive and negative effects of the ban are proportionate.[49]

This is clearly a milestone in terms of interpretation of section 2(*b*) as it relates to the important interests of preservation of the integrity of the trial process while not subrogating the values that freedom of expression serves in disseminating information and itself helping to ensure a trial is conducted fairly. It is evident that this can be difficult in some cases where publicity may be a double-edged sword which results in degradation of a trial process instead of benefit. In some cases, it may be that the benefits of disseminating information about the issues underlying the court case outweigh the possible harm to the trial process itself.

The decision has moved Canada much closer to the American position than pre- and early *Charter* cases. It will be significant to ensure that if the courts proceed with this approach that the alternatives to preserve a fair trial are available in Canada. This may require some legislative change since the system of challenges to potential jurors is somewhat limited.

There is no doubt that the Chief Justice has correctly identified the need to give equal weight to potentially conflicting *Charter* guarantees. This will not excuse judges in future cases from being very vigilant to ensure the process does not move the balance between freedom of expression and a fair trial too far to either side which serves no real interests. No doubt publication bans at common law will still have their place in protecting the vulnerable. For example, a serious issue has arisen with respect to the exclusion of the public when a video will be shown in the Bernardo trial. The video is apparently horrific and its dissemination would cause severe distress to the families of the victims. This raises the serious question of whether prurient interest in itself is sufficient to warrant placing freedom of expression above other values in this instance. The harm protected against may not necessarily be a fair trial but emotional well-being. Further, it may

---

[49] *Ibid.*, pp. 890-891.

be such that harm is caused to young viewers who may see clips that could be played on newscasts.

What is certain is that *Dagenais*[50] will not be the last word for several reasons. First, while guidelines have been articulated it is more apropos for common law discretion. Where legislative bans are imposed, different issues will arise. Secondly, there are a myriad of concerns such as in the Homolka type case which have not yet been addressed. *Dagenais*[51] was relatively easy because the ban was of a specific item of evidence which could be more easily dealt with. Thirdly, criteria and concerns will differ depending on whether the trial is before a judge and jury or a judge alone. Finally, the O.J. Simpson case raises serious issues of whether alternate methods of protecting a fair trial are sufficient if evidence is freely discussed prior to the commencement of a trial.

The courts have dealt with a number of issues relating to access to courts, trial proceedings and the rights of journalists. In *Edmonton Journal*,[52] sections 30(1) and (2) of the *Alberta Judicature Act*[53] were challenged. Section 30(1) limited the publication of information arising out of court proceedings in matrimonial disputes except information such as the parties' names, a concise statement of charges and defence and the judge's summations, jury findings and the court judgment. Section 30(2) limited information that could be published in civil proceedings prior to trial again limiting it to names of the parties and a concise statement of the nature of the claim or defence. The Court found that while the legislatures had a legitimate objective of protection of privacy and the encouragement of access to the courts in sensitive matters, it is not proportional nor does it impair freedom of expression as little as possible. Justice Cory, for the majority, stressed that the public's need to know is undeniable and the principle of an open court is fundamental. Thus, the limitation could not be justified under section 1.

The legislation was obviously pre-*Charter* and was not designed to achieve its objectives in a manner that affects as little as possible the vitally important interest of freedom of expression.

(iii) *Identity*

In *Canadian Newspapers Ltd.*,[54] the Supreme Court of Canada upheld section 442(3) of the *Criminal Code*. This section permits, upon application

---

[50] *Ibid.*
[51] *Ibid.*
[52] *Edmonton Journal v. Alberta (A.G.)*,[1989] 2 S.C.R. 1326, 102 N.R. 321, 64 D.L.R. (4th) 577.
[53] *Alberta Judicature Act*, R.S.A. 1980, c. J-1.
[54] *Cdn. Newspapers Ltd. v. Canada*, [1988] 2 S.C.R. 122, 43 C.C.C. (3d) 24, 52 D.L.R. (4th) 690.

by the victim in a sexual assault case, an order directing that her identity and any information that would disclose it should not be published in any newspaper or radio or television broadcast. The Court held that the objective of fostering victims of sexual assault by protecting them from the trauma of widespread publication was a pressing and substantial concern. There was a rational connection since fear of publication is a factor that influences reporting assaults. Any lesser impairment through a discretionary ban would not meet the objectives because it would deny the victim the certainty of privacy before the complaint was made. There is no question here but that the court was influenced by the serious nature of the problem that exists in our society relating to sexual assaults.

In a recent decision, Justice Ritter of the Alberta Queen's Bench, refused a millionaire permission to hide his identity during testimony in a case involving a sensational hearing of charges against Marilyn Tan, who allegedly injected her lover with AIDS-tainted blood.[55] The judge said that the administration of justice would fall into disrepute if the wealthy could use their power and wealth to get different treatment. Furthermore, the concern for privacy was not sufficient to override the public's right to know — an important part of freedom of expression.

The Courts have been willing to impose bans with respect to identity where there is a compelling governmental objective and the legislation is appropriately tailored. Juvenile hearings continue to be *in camera* in general with protection of the identity of the juveniles in question. This was determined in a challenge to the *Young Offenders Act*[56] by Southam press[57] following a successful challenge of section 12(1) of the *Juvenile Delinquents Act*.[58] The Court in *Southam* concluded that while sections 38(1) and 39(1) of the *Young Offenders Act* did impose a limitation upon freedom of expression, this was a justifiable restriction given the compelling objectives of the legislature.

Many of the cases involving access to the courts and publication bans are initiated by the media who wish to have access to the information that is subject of the ban. In that manner, the media play a vital role in protecting the freedom of expression guarantee from unjustifiable limitations. Their challenges have resulted in refinements to the law as witnessed in cases such as *Dagenais*[59] and *Hunter v. Southam*.[60] The courts must, however,

---

[55] Alberta Queen's Bench, May 8, 1995.
[56] *Young Offenders Act*, R.S.C. 1985, c. Y-1.
[57] *R. v. Southam Inc.* (1984), 12 C.R.R. 212 (Ont. H.C.), affirmed (1986), 20 C.R.R. 7 (Ont. C.A.), leave to appeal to S.C.C. refused (1986), 20 C.R.R. 7n (S.C.C.).
[58] *Hunter v. Southam Inc.*, *supra*, note 40.
[59] *Supra*, note 5.
[60] *Supra*, note 40.

continue to be vigilant to ensure that they maintain a balance and do not unnecessarily expand one right at the expense of another.

(b) Hate Propaganda

During the Second World War, the danger of advocating or inciting hatred against a particular group was graphically and horrifically brought to the attention of the people of Canada. In 1966, the Special Committee on Hate Propaganda in Canada pointed out the need to have provisions of the *Criminal Code* which would be directed at hate propaganda.[61] After referring to the atrocities committed in Italy and Germany where false propaganda had spread hatred, the Committee went on to say that "both experience and the changing circumstances of the age require us to look with great care at abuses of freedom of expression". Since these words were written, the world has had the occasion to watch in horror the devastating consequences of hatred against one group by another such as the mass genocide in Rwanda.

Granted this was not a situation of a democracy turning against a segment of its own population but it does very dramatically demonstrate the dangers of demeaning one group in society. That is not to say that in Canada advocates of hatred would be able to turn our society against one of its member groups in that dramatic a fashion. There are no doubts, however, that hatred can cause pain and suffering even in the absence of physical violence.

The *Charter* always requires a balance between the rights and the responsibilities of Canadians. Since the *Charter* came into force, the courts have been faced with challenges to the hate propaganda sections of the *Criminal Code*, the spreading false news section and the federal human rights legislation prohibiting telephonic messages likely to expose a person or a group to hatred or contempt.

In *Keegstra*,[62] an Alberta school teacher was charged under section 281.2(2) of the *Code* with wilfully promoting hatred against an identifiable group by communicating anti-semitic statements to his students. Keegstra challenged section 281.2 of the *Code* on the basis that it was an unjustifiable infringement of section 2(*b*) of the *Charter*. Mr. Keegstra was convicted at trial and appealed to the Alberta Court of Appeal on the basis primarily that section 281.2 was an unjustifiable infringement on his freedom of expression as guaranteed in section 2(*b*) of the *Charter*. The Court of Appeal unanimously accepted his arguments and therefore struck down his conviction. The Crown appealed this judgment to the Supreme Court of Canada

---

[61] Report of the Special Committee on Hate Propaganda in Canada, 1966.
[62] *Supra*, note 1.

where on December 13, 1990, the majority upheld the constitutional validity of section 281.2 of the *Code*.

The Supreme Court articulated the constitutional questions as: whether section 281.2(2) [now section 319(2)] was an infringement of section 2(*b*) of the Charter and if so, could it be upheld under section 1.

Chief Justice Dickson commenced by outlining the history of the hate propaganda legislation in Canada concluding with the Report of the Special Committee which had recommended amendments to the *Criminal Code*. He emphasized that the recurrent theme running through their report was the need to prevent the dissemination of hate propaganda without unduly infringing freedom of expression. He also noted that the amendments to the *Code* were essentially along the lines of those which the Committee had recommended.

The Chief Justice then went on to ask the first question that must be answered in assessing whether there is an infringement of section 2(*b*) and that is whether section 2(*b*) is broad enough to encompass the expression in question. Justice Dickson referred to the broad analysis outlined in *Irwin Toy*[63] to conclude that the expression in question was encompassed within section 2(*b*) because it is attempting to convey a message and was not violent action. It is interesting to note that the Chief Justice emphasized that threats of violence were not excluded from the definition of expression and therefore the ambit of section 2(*b*) protection. The Chief Justice then went on to examine the relevance of other sections of the *Charter* and international agreements where Canada is a party. He came to the careful conclusion that the contextual factors and values at stake should be assessed under section 1 and not as a means of restricting the ambit of the freedom of expression guarantee. This approach ensures that the balancing can occur in a context where a balancing test has already been clearly established. This is also the approach that has been followed in *Dagenais*.[64]

In approaching the balancing task pursuant to section 1 of the *Charter*, the Chief Justice issued an admonition that "the proper judicial perspective under section 1 must be derived from an awareness of the synergetic relation between two elements: the values underlying the *Charter* and the circumstances of the particular case".

He then went on to examine the relevance of the United States jurisprudence. He cautioned that while there are useful lessons in the jurisprudence, it must be examined in the context of the values that make Canada unique. While the general American jurisprudence is that the suppression of hate propaganda is incompatible with the guarantee of free expression, this is inconsistent with international commitments to eradicate hate prop-

---

[63] *Supra*, note 3.
[64] *Supra*, note 5.

aganda and the special role given multiculturalism and equality in the Canadian *Charter*.

The Chief Justice then asked whether the objectives of the legislation relate to concerns that were pressing and substantial. In making this assessment, he looked at statements from the Cohen Committee report, international instruments and the equality guarantees of the *Charter* since the objectives are enhanced if the purpose is to promote equality of all individuals. He concluded after also using section 27 as further support that the objectives were indeed pressing and substantial.

The second branch of the *Oakes* test[65] posed the greatest challenge for the Chief Justice which was to determine if the means chosen to further the objective were proportional to the ends. At this point, the Chief Justice chose to point out that it is destructive to a democracy to treat all expression as equally crucial to those values at the core of section 2(*b*). Therefore, the further the expression is from the core values encompassed by section 2(*b*) the easier to justify the limitation on that form of expression. Using this analysis, it was not difficult to conclude that expression intended to promote hatred is of limited importance when measured against freedom of expression values and therefore should not be accorded the greatest weight in the section 1 analysis. He also stated that as a result of the lesser value served, limitations on this type of expression would be easier to justify. He concluded that the means chosen were proportional although there were certainly arguments put forward to the contrary that the legislation does not accomplish its aims because it may, for example, promote the cause of hate mongering by giving individuals charged a great deal of media attention. Arguments were put forward that the legislation was too broad in that it would also limit merely unpopular or unconventional expression. After a lengthy examination, the Chief Justice concluded that it was not too broad because it contained a stringent *mens rea* requirement; the meaning of hatred is restricted to the most severe and deeply held emotion; private conversation is excluded, the focus of the hatred must be to an identifiable group and there were defences under section 319(3).

The dissent started from the same premise that the expression in question was protected under section 2(*b*). However, they went on to point out that it protects not only meritorious expression but even expression that challenges the very basic conceptions about our society. The attempt to confine the guarantee to expression whose content is judged to be in furtherance of limited democratic values would strike at the very essence of the freedom. This is in sharp contrast to the Chief Justice who judged that because the expression contributes little to democratic values, it would be easier to justify any limitations imposed on that type of expression. In the

---

[65] *Supra*, note 45.

section 1 analysis, the dissent held that while the objectives of section 319(2) are sufficient to override the guarantee of freedom of expression, section 319(2) fails to meet the proportionality test because there is not a strong and evident connection between the criminalization of hate propaganda and its suppression. Secondly, the provision does not interfere as little as possible with freedom of expression.

The provision is overbroad in that hatred is capable of a very broad definition and is highly subjective making it unclear when someone has gone beyond acceptable bounds. There is no requirement that there be actual harm nor incitement to hatred, nor is there much limitation with respect to the circumstances except that it does not encompass private conversations. Finally, it is not clear that the sanctions of the criminal law are necessary given the availability of other appropriate remedies. The final conclusion of the dissent was that any benefit from the suppression is clearly outweighed by the significant infringement on freedom of expression.

The majority, contrary to their stated position, have weighed the expression in the context of its content. In other words, if the expression is unpopular and contrary to prevailing views, it will be easier to justify a limitation. It seems that the dissent have struck an important note in emphasizing that the very essence of free expression is protecting expression that challenges the very foundation of our democracy but does not enter the realm of inciting the destruction of that democracy through the means of violence. To adopt the majority approach would be to allow expression to be judged on the basis of its content, a very unsatisfactory approach no matter what one's personal views about the content of the expression may be. Therefore, it seems that the majority allowed their concerns about the dissemination of hate propaganda, a very legitimate concern, colour the approach to interpreting the guarantee in section 2(*b*) and thus made it difficult to apply in a universal context.

That was not, however, the only word from the Supreme Court on issues relating to hate propaganda. The Supreme Court addressed another section of the *Criminal Code* relating to false information in *Zundel*.[66] Zundel was charged with an offence pursuant to section 181 of the *Criminal Code* as a result of the publication of a pamphlet entitled "Did Six Million Really Die". Section 181 basically makes it an offence to publish a statement or news that one knows is false and that causes or is likely to cause injury or mischief to a public interest. The majority examined whether the provision was an infringement of the guarantees in section 2(*b*) of the *Charter*. In so doing, they examined the purpose underlying section 2(*b*) and concluded that it serves to protect the right of the minority to express its view thereby precluding the majority's perception of the "truth" from

---

[66] *R. v. Zundel*, [1992] 2 S.C.R. 731, 95 D.L.R. (4th) 202, 16 C.R. (4th) 1.

smothering that of the minority. After analyzing the issue, the Court concluded that the falsity of the expression is not sufficient to remove it from the protection of section 2(*b*) since it is very difficult sometimes to distinguish between something that is true or false. Further, the purpose and effect of the legislation is to restrict expressive activity. The majority went on to state that it could not be saved under section 1 because it did not relate to an objective of pressing and substantial concern.

The Court refused to accept the objectives postulated by the minority. The original intention was to protect the powerful from slander. In the 20th century, it was moved from the sedition to the nuisance section of the *Criminal Code* suggesting that it did not have a deeply compelling objective. Further, the fact that this section was rarely used speaks against it being fundamental to the maintenance of a free and democratic society. Even if one could ascribe a pressing and substantial objective to section 181, it lacked proportionality between the reach of section 181 and the "evil" to which it is directed. There is no limit to what may be considered false nor to the phrase "injury" or "mischief" to a public interest. The majority pointed out that with such broad statements, a very wide range of expression could be encompassed. This would have the potential of inhibiting freedom of expression because individuals may not express themselves for fear that they will fall within the confines of the provision because no clear parameters have been provided. Furthermore, the consequences are serious since one could be imprisoned pursuant to the section. Therefore, it also fails the test of minimal impairment.

In her conclusion, Madam Justice McLachlin castigates her dissenting colleagues for their approach which in her opinion attempted to rewrite section 181 to give it more particularity that is not supported by its history, underrated the potential for section 181 in its current broad form to "chill" the speech of persons who may have otherwise exercised their freedom of expression and went beyond accepted principles of statutory and *Charter* interpretation.

Justices Iacobucci and Cory ascribed to section 181 the same purposes as contained in section 319(2) of the *Criminal Code*, that of protecting the vulnerable against injurious expression aimed at minority groups. The dissent also found that section 319(2) supported the goals of equality and preservation and enhancement of the multicultural society embodied in sections 15 and 27 of the *Charter*. They were able to find that there was a rational connection between the suppression of the publication of deliberate and injurious lies and the protection of society from harms caused by calculated falsehoods. They disagreed that the section was overbroad on the assumption that the requirements of proof beyond a reasonable doubt and the limitations within the section made it the least impairment possible.

It is interesting to speculate how one provision could attract such a diversity of views. It seems that the dissent were rightfully very concerned about the impact of hatred conveyed by means of expressive activity of this type on vulnerable groups in our society. While that objective is very laudable, it is very hard to make the connection between section 181 and this goal. While section 319(2) of the *Code* has a clear legislative history which lends itself to this interpretation, it is hard to support the analysis of the dissent in respect of section 181. Further, one may conclude that the hate propaganda provisions should be sufficient to catch harmful expression without having to create a new provision through creative judicial interpretation.

Another significant decision of the Supreme Court in this area was *Taylor*.[67] In this case, Taylor and the Western Guard Party maintained a recorded message service. The messages contained among other things statements denigrating the Jewish race and religion. In 1979, complaints were filed under section 13(1) of the *Canadian Human Rights Act*. That section makes it a discriminatory practice to communicate telephonically any matter likely to expose a person or a group to hatred or contempt on the basis of a prohibited ground such as race and religion. A Human Rights Tribunal had ordered the appellants to cease and desist. The appellants had continued to disseminate the messages and were ultimately convicted of contempt. In 1983, the Commission sought a new order for a committal of Taylor and the appellants alleged that section 13(1) was contrary to section 2(*b*) of the *Charter*. The Federal Court at both the trial and the appeal level had rejected the appellants arguments.

The majority in the Supreme Court also rejected the arguments of the appellants. They used the *Irwin Toy* test[68] to conclude that it fell within the ambit of section 2(*b*) because it was activity that conveys or attempts to convey a meaning. Further, the purpose is to constrain expression communicated by telephone and therefore it clearly meets the test in *Irwin Toy*[69] and clearly infringes the section 2(*b*) guarantee such that it necessitates a justification under section 1. They could not agree with a Human Rights Commission suggestion to exclude it from section 2(*b*) on the basis that the telephonic messages were an antithesis to the values protected by that section.

The majority had no difficulty concluding that seeking to prevent harms caused by hate propaganda was the objective behind section 13(1) and it was obviously one of pressing and substantial importance sufficient

---

[67] *Taylor v. Canada (Cdn. Human Rights Commn.)*, [1987] 3 F.C. 593, 37 D.L.R. (4th) 577 (C.A.), appeal dismissed [1990] 3 S.C.R. 892.
[68] *Supra*, note 3.
[69] *Ibid.*

to warrant some limitation on freedom of expression. The majority harkened also to the Cohen Committee and international instruments to support their analysis. The Chief Justice pointed out that while expressive activities advocating unpopular or discredited positions are not as a matter of course to be given reduced protection, when expression is extreme in its attack on the section 2(*b*) rationale and the limitation does not severely restrict expression that supports the values served by section 2(*b*) this affects the proportionality analysis. The Court concluded that section 13(1) was proportionate to the government's objective. The section is neither overbroad nor vague in that "hatred" or "contempt" are sufficiently precise words to limit its application and impact to those activities which are contrary to the government objectives. The majority rejected the position that an intent to discriminate is not a precondition of a finding of discrimination. They pointed out that human rights legislation focuses on effects and not intent which is very consistent with the notion that it is not only direct discrimination but also systemic discrimination which is the target of human rights legislation.

The dissent, however, argued that section 13(1) was too broad and therefore did not meet the proportionality test. Again they focused on the words "hatred" and "contempt" which they viewed as vague and susceptible of a wide range of meanings. They saw the lack of a requirement of intent as strengthening this position. Further the absence of any defences, the lack of an exemption for truthful statements and the inclusion of private communications between consenting adults, supported its failure to meet the proportionality test. They also felt that nowhere in the *Act* itself was there an attempt to balance the need to protect freedom of expression.

It is interesting to note that most members of the dissent in *Keegstra*[70] and *Taylor*[71] ultimately constituted the majority in *Zundel*[72] where the legislation was struck down. It is apparent from these cases that it is extremely difficult to resist finding constitutional legislation that is aimed at protection of vulnerable groups. It does, however, suggest cause to pause and ask if this isn't truly the heart of freedom of expression. It can only have real meaning when it is tested by tolerance for ideas that are conflicting or even obnoxious and repugnant. Perhaps there are mechanisms that exist to achieve protection without subverting other significant values. In addition, one might wonder if the provisions could not have been more narrowly crafted to limit their impact on freedom of expression while still achieving the legitimate objectives of the government. There seems to be considerable

---

[70] *Supra*, note 1.
[71] *Supra*, note 67.
[72] *Supra*, note 66.

merit in the dissenting views in *Taylor*[73] and *Keegstra*[74] with respect to the proportionality between the measures and the objectives no matter how sympathetic one may be to the objectives underlying this legislation.

(c) Activity on Streets, Airports, *etc.*

Several Supreme Court of Canada decisions have dealt with the question of expression in public places such as the streets and airports. These are very important issues since they go to the heart of the guarantee and include having to grapple with the balancing of the modern realities of commerce and movement of people and vehicles. In January 1991, the Supreme Court delivered its judgment in *Committee for the Commonwealth of Canada*.[75]

In March 1984, members of the *Comité pour la république du Canada* went to the airport at Dorval in Montreal to "discuss with the public the aims and objectives of the Comité", *etc.* The plaintiffs were asked to leave the airport because they were engaging in political propaganda. The plaintiffs sought a declaration that the defendant (Her Majesty the Queen), had not observed their fundamental freedom of expression and that the areas of the Montreal airport open to the public constitute a public forum for the exercise of fundamental freedoms. They succeeded at the trial level and this was appealed to the Federal Court of Appeal.

The Federal Court of Appeal dismissed the appeal, holding that the judgment should be varied by declaring only that the defendant did not observe the plaintiffs' fundamental freedoms.

The Supreme Court decision unfortunately did little to clarify the question. In fact, the Court was very divided and some of the judgments developed tests that are clearly restrictive of the guarantee and incompatible with the Court's approach in *Irwin Toy*[76] and *Keegstra*.[77]

The Chief Justice, in his analysis added a further hurdle to a finding that a limitation was an infringement of section 2(*b*) of the *Charter*. He examined the "public forum" doctrine articulated by United States courts. This is used to describe certain places which are by their nature ideally suited to free expression. This characterization required the American courts to make an exception to the absolute nature of a government's right to use its property in favour of the guarantees in the First Amendment. The Chief Justice saw no need to incorporate this doctrine into the Canadian law since section 1 of the *Charter* allows for this kind of balancing whereas the United

---

[73] *Supra*, note 67.
[74] *Supra*, note 1.
[75] *Supra*, note 2.
[76] *Supra*, note 3.
[77] *Supra*, note 1.

States Constitution did not contain such a balancing test. However, he went on to accept the underlying principle of the doctrine which is that:

> ... the legal analysis must involve examining the interests at issue, namely the interest of the individual wishing to express himself in a place suitable for such expression and that of the government in effective operation of the place owned by it.[78]

He then went on to further define how this balance should occur such that an individual "will only be free to communicate in a place owned by the state if the form of expression he uses is compatible with the principle function or intended purpose of that place".[79] This balancing in section 2(*b*) was to be effected by saying that freedom of expression when dealing with it in places owned by the government is circumscribed at least by the function of the place. He went on, however, to find that the function of an airport was such that expression could occur without interfering with the operation of the airport. While the Chief Justice argued that this approach is similar to that in *Irwin Toy*[80] that some expression is not protected such as violence, it is clearly not. The expression on government property is trying to convey a meaning and therefore is not different from that in *Irwin Toy*[81] or *Zundel*.[82] The sole distinction was the place where the expression occurred was government property. His approach allows expression to be limited without subjecting it to the much more stringent balancing test in section 1 which is I submit where the appropriate balance should occur. It also places the onus on the applicant to demonstrate that the expression is compatible with the function whereas the onus should properly rest on those who would limit the expression.

The Chief Justice utilized statutory interpretation to find section 7 of the *Airport Regulations* did not encompass this activity and therefore it was not necessary to go to a section 1 justification.

Madam Justice L'Heureux-Dubé commences her analysis with an examination of the breadth of the section 2(*b*) guarantee and its significance in our democratic society. This was somewhat reminiscent of the extensive examination which was given in *Irwin Toy*.[83] She then went on to clearly apply the purpose and effect doctrine to conclude that there was no question but the restrictions imposed by the airport official had the effect of restricting freedom of expression and therefore there was a breach of section 2(*b*). She clearly recognized that there was an issue relating to the uses of government

---

[78] *Supra*, note 2, p. 392.
[79] *Ibid.*, p. 395.
[80] *Supra*, note 3.
[81] *Ibid.*
[82] *Supra*, note 66.
[83] *Supra*, note 3.

property which differed from those related to private property but confirmed that unlike the United States First Amendment, section 1 is broad enough to encompass the balancing. She stated: "This enables us to construct a contextual rather than a categorical approach, focusing not only on the scope of the right, but also on the setting in which the freedom of expression claim is made".[84] In continuing with her section 1 analysis, she accepted that the *Charter* does not provide a right of access to all public property and in some cases such as prisons, restrictions will be relatively easy to justify. She went on to find the *Airport Regulations* did not meet the requirements of section 1. In so doing, she seemed to suggest time, place and manner restrictions would not need to meet an overriding governmental test to meet the requirements of section 1.

McLachlin J. articulated yet a third approach which was between those of Justice L'Heureux-Dubé and the Chief Justice which she describes in a sense as the two extremes. She stated that the *Charter* cannot reasonably be read as conferring a constitutional right to use all government property for purposes of public expression. She reasoned that the section 2(*b*) protection lies "somewhere between the extremes of absolute government control of expression on state-owned property on the one hand, and *prima facie* protection for all expression on state-owned property on the other".[85] While she could not find a satisfactory test, she essentially outlined that a test should conform to the following criteria:

> ... be based on the values and interests at stake and not be confined to the characteristics of particular types of government property. ... extend constitutional protection to expression on some but not all government property. ... when, as a general proposition, the right to expression on government property arises. ... this should be primarily definitional rather than one of balancing ....[86]

Then the test moves to section 1 to balance the individual versus state interests that are inherent in this process.

At the end of the day, one must question whether it was necessary to depart from the *Irwin Toy* analysis.[87] If one utilizes the criteria of values underlying the guarantee and examines the expression in question, it does not seem necessary to create a new test. Clearly the expression in this case met the criteria for protection, *i.e.*, political expression. The question of government property utilization lends itself to a section 1 analysis and keeps the process uncluttered. Although the Court rejected the American approach, two of the approaches moved toward a more complicated process which entails the danger of diluting the guarantee in section 2(*b*). In addition,

---

[84] *Committee for the Commonwealth of Canada, supra,* note 2, p. 422.
[85] *Ibid.*, pp. 451-452.
[86] *Ibid.*, pp. 236-237.
[87] *Supra,* note 3.

it created confusion for lower courts who will be called upon to make decisions on complicated questions of expression on government and public property.

In *Ramsden*,[88] the Court was faced with a public property question barely two years after *Committee for the Commonwealth*.[89] In this case, Justice Iacobucci wrote the judgment for the Court. The respondent had affixed posters on hydro poles as a means of advertising upcoming performances of his band. This was in contravention of the municipal by-law which prohibited the affixing of posters on any public property. The Court of Appeal had reversed a conviction of breach of the by-law on the basis that it infringed the respondent's freedom of expression.

Justice Iacobucci had little difficulty in finding that posters convey a meaning whether they are advertising political speech or art. The second question was whether postering on public property falls within section 2(*b*). At this point, he reiterated the three approaches put forward in *Committee for the Commonwealth*,[90] but stated that he did not have to decide upon any one approach since it was clear that under any of the approaches postering under section 2(*b*) would be protected. Postering is clearly within the values underlying freedom of expression, in particular, participation in social and political decision-making. While the purpose of the by-law was aimed at the consequences of postering, nonetheless it had the effect of restricting expression. There was no doubt that the objectives of preventing litter, traffic hazards, *etc.*, were clearly pressing and substantial but the by-law, by imposing a complete ban, did not restrict expression as little as was reasonably possible. The proportionality between the effects and objective was not achieved by a total ban.

Justice Iacobucci was careful not to choose one of the positions put forward earlier by his colleagues thereby not moving toward greater clarity. Basically, he applied an *Irwin Toy* type test,[91] although it was obvious that he did not wish to suggest that any of the previous approaches were incorrect.

However, if one examines the result of the analysis, it is evident that there is little need to use a threshold test that requires balancing in section 2(*b*). The public property questions do not differ, for example, from hate propaganda or obscenity except that the expression occurs on public or government property which may have other uses. Therefore, it will be a question of whether this expression can occur without unduly impeding these functions. There is little doubt that the *Irwin Toy* analysis[92] as sug-

---

[88] *Ramsden v. Peterborough (City)*, [1993] 2 S.C.R. 1084, 156 N.R. 2, 106 D.L.R. (4th) 233, 23 C.R. (4th) 391.
[89] *Supra*, note 2.
[90] *Ibid.*
[91] *Supra*, note 3.
[92] *Ibid.*

gested by Madam Justice L'Heureux-Dubé would be more than adequate and would make it more difficult to erode the values protected by the guarantee. Further, it is not desirable to follow the American example where a multitude of tests complicate the analysis of the First Amendment guarantees. Granted, without a limitation clause doctrine of this kind may be necessary, there is little need to engage in that kind of complicated analysis with the *Canadian Charter of Rights and Freedoms.* The fact that the expression occurs on government or public property should be a factor considered under section 1 in dealing with overriding objective and proportionality but not as part of defining the ambit of the guarantee. It will be necessary in the future for the Supreme Court to clarify this issue since the current judgments make it very difficult to discern a principle for future interpretation.

(d) Obscenity and Prostitution

The question of pornography or obscenity has long been of concern to Canadians, although in recent years it has attracted much greater attention. This has resulted from the increased concern that viewing pornography may result in harm both in that it is generally degrading to women and the fear that it may lead to violence against women. Increasing incidence of sexual assault against women and children focuses more attention on obscenity and pornography and these possible harms.

In 1985, the Fraser Committee examined the issue in Canada and the feelings of Canadians toward this subject.[93] At that time, the Fraser Committee concluded that there were two kinds of harm flowing from pornography. These were the offence done to the public, who were involuntarily subjected to it and the broader social harm which undermines the right to equality in section 15 of the *Charter*. This stems from the hypothesis that much of the material is demeaning and degrading in its treatment of women which results in a denial of equality. If women are perceived as objects for obscene purposes, then it becomes very difficult to seek the equality guaranteed in the *Charter*. In 1986, the Attorney General's Commission on Pornography in the United States supported a national attack on pornography concluding that there had been a dramatic increase in pornographic material in that country and harm could result from exposure to this material.[94]

The *Criminal Code* has contained a prohibition against the sale and distribution of obscene material for a number of years. In 1959, the *Code*

---

[93] Report of the Special Committee on Pornography and Prostitution, Canada, 1985.
[94] Attorney General's Commission on Pornography, U.S. Department of Justice *Final Report* 1986.

was amended to include a definition of obscenity to assist Canadians to know when they might be in contravention of the law.[95] The new definition, however, proved to be anything but a simplified method of ascertaining whether material is obscene. For example, to determine if a book or piece of art is obscene, the section requires that one of the dominant characteristics must be the "undue exploitation of sex". This will depend upon the author's purpose, the literary or artistic merit of the work and whether the work offends against community standards.[96] The test of community standards is a very difficult one since it will vary from region to region.[97] In *Towne Cinema Theatres Ltd*,[98] Dickson C.J. characterized the community standards test in the following manner:

> Since the standard is tolerance, I think the audience to which the allegedly obscene material is targeted must be relevant. The operative standards are those of the Canadian community as a whole, but since what matters is what other people may see, it is quite conceivable that the Canadian community would tolerate varying degrees of explicitness depending upon the audience and the circumstances.[99]

In all the cases involving the *Criminal Code*, the primary focus was an attempt to ascertain whether the material in question was obscene. In the majority of the cases, no concern was expressed for the freedom of expression issue, although Justice Freedman, in *Dominion News*,[100] did raise some concerns when he emphasized that in borderline cases tolerance was to be preferred to proscription, because suppression of a publication that is not clearly obscene may have repercussions and implications beyond what is immediately visible by inhibiting creative impulses and endeavours which ought to be encouraged in a free society.

However, since the *Charter* came into force in 1982, the courts have been forced to grapple with not only trying to find whether material is obscene, but also with assessing the impact of obscenity laws on the guarantees of freedom of expression in section 2(*b*). This is a difficult task because obscenity, like abortion, is a very emotional topic with very strong views expressed by the opposing parties in the debate. There are those who

---

[95] See section 163(8) of the *Code* which states: "For the purposes of this Act, any publication a dominant characteristic of which is the undue exploitation of sex, or of sex and any one or more of the following subjects, namely, crime, horror, cruelty and violence, shall be deemed to be obscene."

[96] See *R. v. Brodie*, [1962] S.C.R. 681; *Dechow v. R.* (1978), 35 C.C.C. (2d) 22 (S.C.C.).

[97] *R. v. Towne Cinema Theatres Ltd.*, [1985] 1 S.C.R. 494, 18 C.C.C.(3d) 193, p. 205, 18 D.L.R. (4th) 1 (subsequent references to D.L.R.).

[98] *Ibid.*

[99] *Ibid.*, p. 13.

[100] *R. v. Dominion News & Gifts Ltd.*, [1963] 2 C.C.C. 103 (Man. C.A.), reversed [1964] S.C.R. 251. The dissent of Freedman J.A. was upheld by the Supreme Court of Canada.

argue that the publication or dissemination of obscene material should only be limited when it can be shown that other interests clearly override.[101] Others indicated that obscene publications or statements are not a form of expression and therefore not worthy of protection under section 2(*b*).[102] Little assistance can be gleaned from the American courts since they are still struggling with this issue. In *Roth*,[103] the United States Supreme Court held that obscenity was not worthy of protection under the First Amendment stating that "implicit in the history of the First Amendment is the rejection of obscenity as utterly without redeeming social importance".[104] While in *Miller*,[105] the Supreme Court articulated a definition of obscenity that was similar to that in Canada, the Court did not specify any clear approach to obscenity and the First Amendment.

Some of the earlier cases under the *Charter* dealt with censorship laws. In *Ontario Film & Video Appreciation Society v. Ontario (Board of Censors)*,[106] the challenge was to sections 3(2)(a), 35 and 38 of the *Ontario Theatres Act*.[107] This *Act* granted the Ontario Board of Censors power to "censor any film" and "subject to the regulations, to approve, prohibit or regulate the exhibition of any film in Ontario". All films had to be submitted to the Board and no film could be shown unless it was approved by the Board. The Court was quick to quash the decision of the Board relating to the film "Amerika". According to the Court, there was no need to strike down the provisions of the *Theatres Act*, but merely to state that they could not be used to censor films because, in the absence of criteria, they are too broad. In expressing concern about the impact on freedom of expression, the Court made it clear that the freedom of expression of the viewer as well as the exhibitor was at stake when censorship laws were used. Again the Court made it explicit that all forms of expression, whether oral, written, pictorial, sculpture, music, dance or film, are equally protected by the *Charter*. Therefore, there was no question that the section 2(*b*) protections encompassed the exhibition of films. The Court used the "prescribed by law"

---

[101] See Burstyn (ed.), *Women Against Censorship* (Douglas and McIntyre 1985). This book is a collection written by a number of Canadian feminists who argue that pornography degrades women. Censorship is not the solution and in fact can also work against feminist forms of expression.

[102] See *e.g.* K. Lahey, "The Charter and Pornography; Toward a Restricted Theory of Constitutionally Protected Expression", in J.M. Weiler and R.M. Elliot (eds.), *Litigating the Values of a Nation: The Canadian Charter of Rights and Freedoms* (Toronto: Carswell, 1986), p. 265.

[103] 354 U.S. 476 (1957).

[104] *Ibid.*

[105] 413 U.S. 15 (1973).

[106] (1983), 5 C.R.R. 373 (Ont. Div. Ct), affirmed (1984), 7 C.R.R. 129 (Ont. C.A.).

[107] R.S.O. 1980, c. 498.

limitation in section 1 to ascertain that the lack of criteria made it impossible for the government to justify the actions of the censor board.

Similarly in *Luscher v. Deputy M.N.R. (Customs & Excise)*,[108] the Court was faced by a challenge to a statutory prohibition of the importation of obscene materials. Section 14 of the *Customs Tariff*[109] prohibits the importation of:

> Books, printed paper, drawings, paintings, prints, photographs or representations of any kind of a treasonable or seditious, or of an immoral or indecent character.

In this case, the Court seemed to accept that the material aimed at was a form of expression encompassed by section 2(*b*) because they immediately proceeded to focus on the question whether it was a reasonable limit. The Court determined that the words "immoral" or "indecent" were too broad to meet the requirement of "prescribed by law", since in their present form they could exclude all kinds of speech because they were not defined. Secondly, the Court went on to say that those words were highly subjective and emotional in their content. As a consequence, this provision cannot be supported as a reasonable limit. In making their determination, the Court was quick to point out that section 2(*b*) is designed to protect thought, expression and depiction, not acts or deeds. This is an important fact because it is essential in determining acceptable limits; there will be much greater tolerance of thought and expression than action. Finally, in *Information Retailers Assn. of Metropolitan Toronto Inc. v. Metropolitan Toronto (Municipality)*,[110] the question related to a by-law which regulated the sale of adult books and magazines. The by-law defined an "adult book or magazine" as one which: (1) portrays or depicts by means of photographs, drawings or otherwise, female breasts, any person's public perineal and perianal areas and buttocks, and (2) appeals to, or is designed to appeal to erotic or sexual appetites or inclinations. The by-law required a licence and required these books to be displayed in a special way. The Court determined that, while freedom of expression is important, sometimes another value such as protection of children permits reasonable limitations. In this case, while the Court agreed with the principle, they held that the by-law was overly broad and would discourage the display of books that might be borderline. Thus, the by-law would have to be redrafted to be more specific. Both of these cases demonstrate the need for precision when imposing limitations on rights. This can create problems for legislators who must struggle to find language that is precise enough but which still captures the values to be protected.

---

[108] (1985), 15 C.R.R. 167 (Fed. C.A.).
[109] R.S.C. 1970, c. C-41 [now R.S.C. 1985, c. C-54].
[110] (1985), 22 D.L.R. (4th) 161 (Ont. C.A.).

Yet when a serious challenge was made to section 159(8) of the *Criminal Code*, even though the courts had indicated that laws must not be vague, they held that section 159(8) test did not infringe this requirement.[111] The British Columbia Court of Appeal, in *Red Hot Video*,[112] seemed to accept that obscenity was a form of speech and went on to assess whether section 159(8) was an infringement of section 1 of the *Charter*. They held that there was nothing vague about the community's standards test even though community standards may vary.

Finally, in 1992, the Supreme Court had occasion to determine the validity of the former section 159(8) now section 163(8) of the *Criminal Code*.[113] In that case, the accused operated a shop selling and renting "hard core" video tapes and magazines as well as sexual paraphernalia. He was charged pursuant to section 163 and convicted. The Supreme Court had to answer the question of whether, and to what extent, Parliament could legitimately criminalize obscenity. Sopinka J., writing for the majority, determined that the focus should be on section 163(8) which is the definition of obscene and which makes the remainder of the section operative. He initially examined the community standard of tolerance test which had been developed to interpret the words "undue exploitation of sex". Secondly, he examined the "degradation or dehumanization" test which focused on when material becomes undue through its degradation of the human dimension of life. Further, the internal necessities test was examined which looks at the context and whether the exploitation of sex has a justifiable role in advancing the literature or work. Mr. Justice Sopinka recognized immediately the need to ascertain the interrelationship of the three tests in order to make a useful *Charter* analysis. He found it instructive to divide pornography into three categories: (1) explicit sex with violence; (2) explicit sex without violence but which subjects people to treatment that is degrading or dehumanizing and; (3) explicit sex without violence that is neither degrading nor dehumanizing. Sopinka J. defined violence to include both actual physical violence and threats of physical violence. The test was what the community would tolerate others being exposed to on the basis of the degree of harm that may flow from such exposure. Harm was defined to mean creation of a predisposition to act in an antisocial manner. The stronger the risk of harm, the lesser the likelihood of community tolerance.

Focusing this on the three categories, Justice Sopinka concluded that explicit sex with violence would most certainly constitute an undue exploitation of sex. Explicit sex without violence but which subjects people to

---

[111] *R. v. Red Hot Video Ltd.*, (1985), 18 C.C.C. (3d) 1 (B.C. C.A.), leave to appeal to S.C.C. refused (1985), 46 C.R. (3d) xxv.

[112] *Ibid.*

[113] *R. v. Butler*, [1992] 1 S.C.R. 452, 70 C.C.C. (3d) 129, 134 N.R. 81, 89 D.L.R. (4th) 449, 11 C.R. (4th) 137.

treatment that is degrading or dehumanizing would be undue if the risk of harm is substantial. The third category will generally be tolerated providing it does not employ children in its production. If the work in question contains material that would constitute by itself the undue exploitation of sex, then the work must be examined as a whole because it is only that which places it in a broader context of purpose for the obscene work. In other words, if when examined in the context of the whole work, it would be tolerated by the community then the artistic material would not be obscene.

Sopinka J. went on to find that obscenity falls within the ambit of the protection in section 2(*b*). He stressed that the meaning sought to be expressed does not need to be redeeming in the eyes of the Court to warrant protection. The purpose of section 2(*b*) is to protect thoughts and feelings that may be conveyed freely in non-violent ways without fear of censure. There was no doubt that the purpose of section 163(8) was to prohibit certain types of expressive activity and thereby infringes section 2(*b*) of the *Charter*.

In response to appellants arguments that the provision was too vague to be a limit prescribed by law Justice Sopinka stated that standards such as "undue" are an inevitable part of the law.

He found that the overriding objective of section 163(8) is avoidance to harm to society. He made it clear that an objective of maintaining a certain standard of public and sexual morality merely because it reflected the standards of a particular community would not be an overriding objective for the purposes of section 1. Ultimately, he concluded that section 163(8) met the proportionality test because the kind of expression that is obscene did not stand on an equal footing with other types of expression that went to the core of the values underlying freedom of expression. This is similar to the analysis in *Keegstra*[114] and the *Prostitution Reference*.[115] The Court concluded there was a rational connection between the measures and the objective because it is reasonable to assume that exposure to images bears a causal relationship to changes in attitudes and beliefs. Section 163(8) minimally impairs the right because it does not prohibit sexually erotic material providing it is not violent nor degrading; materials with artistic, literary or scientific merit are not captured, the previous attempts to find a more explicit definition have failed and it does not apply to private viewing. Is there a balance between the effects of section 163(8) and its objective? The Court concluded yes because it is limited to the prohibition of distribution of sexually explicit materials accompanied by violence or that are degrading or dehumanizing; the expression was far from the core values underlying section 2(*b*), and the legislation was of fundamental importance because it is aimed at avoiding harm to groups such as women and children.

---

[114] *Supra*, note 1.
[115] *Supra*, note 4.

Throughout this judgment, Justice Sopinka has carefully interwoven the pre-*Charter* analysis of what constitutes undue exploitation into the tests established under sections 2(*b*) and 1. This enabled him to narrowly define the expression that was encompassed by section 163(8) in order to suppress any possibility of an overbreadth argument. By also defining the objective as prevention of harm to vulnerable groups such as women and children, he carefully avoided the fact that in reality community moral standards do influence the definition of obscenity. The objectives are easier to sustain here and in *Keegstra*[116] when actual harm need not be shown nor a direct link between hate propaganda or obscenity and harm to society need not be shown but only evidence from studies that this type of material in general is harmful. As with hate propaganda, it is difficult to establish a direct causal relationship except in the few cases where an offender admits to the causal relationship after committing a sexual offence. However, at a time when equality and multiculturalism have become predominant values in our society, we appear to be prepared to accept less than direct proof of harmful results. It is important that the Court has made it clear that community standards of tolerance are not sufficient since there will always be some individuals who will try to impose a very inhibiting standard on their fellow citizens.

In *Cabaret Sex Appeal*,[117] the Quebec Court of Appeal dealt with a by-law prohibiting a proprietor from "exposing" or maintaining (outside his bar) an image representing the human body. The respondents had advertised their nude dancers by displaying images representing the human body, generally models of scantily clad and well endowed young women. The Court found that the by-law was in violation of section 2(*b*) and could not be saved by section 1. While the objective of defending the dignity of women and youth was sufficient, it was not proportional nor minimally impaired the right because there was no evidence that these images did any harm and they were clearly not pornographic. The Court made it clear that political correctness was not a basis for suppression of freedom of expression. This is important at a time when political correctness is in vogue.

Soliciting for the purposes of prostitution was the basis for the challenges in the *Prostitution Reference*.[118] In 1987, the Lieutenant Governor in Council of Manitoba referred the question of the constitutionality of sections 193 and 195.1(1)(*c*) of the *Criminal Code* to the Manitoba Court of Appeal. Section 193 prohibits the keeping of a common bawdy-house and section 195.1(*c*) prohibits a person from communicating or attempting to commu-

---

[116] *Supra*, note 1.
[117] *Cabaret Sex Appeal Inc. v. Montréal (Ville)*, [1994] R.J.Q. 2133 (C.A.).
[118] *Reference re ss. 193 & 195.1(1)(c) of the Criminal Code, supra*, note 4.

nicate with any person in a public place for the purpose of engaging in prostitution or of obtaining the sexual services of a prostitute.

Chief Justice Dickson wrote the majority judgment along with Justices Sopinka and La Forest. He had no difficulty finding that the scope of freedom of expression extends to the activity of communication for the purpose of engaging in prostitution. The objective of the provision is to address solicitation in public places thereby trying to eliminate the various forms of social nuisance engendered by solicitation. He disagreed with Justice Lamer that it had a broader social purpose of curbing exposure of prostitution, drugs, violence and crime to vulnerable young people and eliminating the social and economic disadvantage that street solicitation represents for women. It is difficult to accept this latter exposition since eliminating the ability to solicit merely drives prostitution to less occupied streets and more private areas which arguably results in increased danger for those engaged in prostitution. Furthermore, the legislation was in response to public complaints about the nuisance created by solicitation in residential and business areas of cities.

Justice Dickson easily found a rational connection between the objective and the measure. In assessing proportionality, the majority again specified that the communication regarding an economic transaction or sex for sale did not lie at or near the core of the guarantee of freedom of expression. The legislation is not unduly intrusive merely because it extends to the general curtailment of visible solicitation for the purposes of prostitution and not merely to areas where there are people who may be offended by its presence. The Court also considered the numerous views and possible approaches the legislature had to choose from and the balance between criminalization of the nuisance aspect of prostitution as opposed to prostitution itself. While communication is a broad word, it was limited to an interpretation consistent with the purposes of the legislation despite its criminal nature.

It is interesting that Justices Wilson and L'Heureux-Dubé dissented on the basis that section 195.1(1) failed to meet the proportionality test because it was not sufficiently tailored to the objective and is a more serious curtailment than the objectives would warrant. It was not limited to places where there are many people to be inconvenienced or offended and the word "communicates" encompasses every conceivable form of expression. There is no requirement to show that the particular communication in question would lead to undesired consequences. Therefore rendering criminal the communicative acts of persons engaged in a lawful activity which is not shown to be harming anybody cannot be justified by the legislative objective advanced in its support. This may be very important as the Court grapples with cases such as *R.J.R. MacDonald Inc.*[119] which relate to prohibition of advertising of a product that is clearly legal to buy and sell.

It appears that the dissent did not agree with the majority assessment that it was merely economic expression and therefore far from the core of freedom of expression guarantees. Justice Lamer's justification, which might have strengthened this argument, was clearly rejected. It appeared that, given the serious difficulty in creating a balanced section, the majority chose to give leeway to Parliament and the choice made at the time the legislation was enacted. The dissent however, pointed out that the legislature did have less intrusive choices which they chose not to adopt. Implicit in the judgment of the dissent is the concern that the legislature had not really addressed the true issues mentioned as the objective of the legislation in the judgment of Justice Lamer that is the harm resulting from prostitution. If so it might have been easier for them to find that the measures met the proportionality test in section 1.

Again, in these cases, the courts were asked to deal with issues relating to unpopular forms of expression. They did, however, follow the *Irwin Toy* approach[120] in their analysis instead of developing new tests.

2. POSITIVE RIGHT

In *Haig*[121] at issue was the right of a citizen to vote in the referendum on the *Charlottetown accord*. Because of different residency requirements in federal and Quebec legislation, he was unable to vote in Quebec because he had not been a resident of Quebec for six months, neither could he meet the requirements in Ontario because he had moved to Quebec. One of his arguments was that his freedom of expression was infringed by his inability to participate in the referendum. Madam Justice L'Heureux-Dubé, in writing the judgment for the majority, pointed out that case law and academic writing traditionally classified freedom of expression in terms of negative rather than positive entitlements. She described this aptly when she said: "The traditional view in colloquial terms, is that the freedom of expression contained in section 2(b) prohibits gags, but does not compel the distribution of megaphones".[122] She also stated that no case yet had been decided which placed a positive obligation on the courts to provide a platform to facilitate the exercise of freedom of expression. Madam Justice L'Heureux-Dubé, in response to appellants' arguments, expressed the view that any analysis of

---

[119] *RJR-Macdonald Inc. v. Canada (A.G.)*, [1993] R.J.Q. 375, 102 D.L.R. (4th) 289 (C.A.), reversed (21 septembre 1995), Docs. 23460, 23490 (C.S.C.).
[120] *Supra*, note 3.
[121] *Haig v. Canada*, [1993] 2 S.C.R. 995, 156 N.R. 81, 105 D.L.R. (4th) 577, 16 C.R.R. (2d) 193 (subsequent references to D.L.R.).
[122] *Ibid.*, p. 604.

rights cannot be dogmatic and make a clear distinction between positive and negative rights. In reality, it is not always possible to do so. She pointed out, referring to the purposive approach adopted in *Big M. Drug Mart Ltd.*[123] that a situation may arise where restraint may not be sufficient and positive government action may be required. Examples may be "legislative intervention aimed at preventing certain conditions which muzzle expression ...".[124] She made it clear this was not such a case since section 2(*b*) does not impose a positive obligation on the government to consult its citizens through referendums nor is there a corresponding right of a citizen to express his opinion through the means of a referendum.

This judgment is significant in that a majority judgment of the Supreme Court found that positive action may be required in some cases to protect the freedom of expression guarantee and therefore such a claim may one day be founded. It is interesting that she links this to section 15 where it is implicit that achieving equality may require fostering mechanisms for disadvantaged groups to be heard.

A second case also dealt with this issue raised in *Haig*.[125] In *Native Women's Assn. of Canada*,[126] the Native Women's Association sought access to funding provided to four national Aboriginal organizations as part of the constitutional discussions and consultation process leading to the *Charlottetown accord*.[127] The Native Women's Association was not one of the groups that had access to the funds nor were they invited to participate in the discussions. They alleged that, among other claims, their rights under section 2(*b*) of the *Charter* were infringed because they were excluded from the process. The majority in this case seemed to back away somewhat from the majority in *Haig*.[128] Sopinka J. for the majority stated:

> The freedom of expression guaranteed by s. 2(b) of the *Charter* does not guarantee any particular means of expression or place a positive obligation upon the Government to consult anyone. The right to a particular platform or means of expression was clearly rejected by this Court in *Haig*.[129]

He went on to say that the Association had many opportunities to participate in the debate. He did, however, suggest that in certain "extreme circumstances the provision of a platform of expression to one group may infringe the expression of another and thereby require the Government to provide an equal opportunity for the expression of that group".[130]

---

[123] *Supra*, note 16.
[124] *Supra*, note 121, p. 607.
[125] *Ibid.*
[126] *Native Women's Assn. of Can. v. Canada*, [1994] 3 S.C.R. 627.
[127] *Ibid.*
[128] *Supra*, note 121.
[129] *Supra*, note 126, p. 663.
[130] *Ibid.*, p. 664.

The Court thereby appears to reaffirm its finding in *Haig*[131] that freedom of expression may include a positive component and could in some circumstances impose a positive obligation on the government to facilitate expression. While there is no right to any particular means of expression where the government chooses to provide a specific platform, it must do so even-handedly in a manner consistent with the *Charter*. The majority stated that it would be "rare indeed that the provision of a platform or funding to one or several organizations will have the effect of suppressing another's freedom of speech",[132] but he went on to say categorically that section 2(*b*) does not require the government to consult anyone. Here Madam Justice L'Heureux-Dubé split from the majority with respect to what this means by saying the outcome here should not be seen as a limitation upon *Haig*.[133] She reiterated that the approach in *Haig*[134] affords significant relevance to circumstances in determining the nature of any obligation. She agreed in the result that this case was not one where freedom of expression had been denied.

There is no question but in the future the Court will be faced with a situation where they may be compelled to find that positive action is required. In a multicultural society, it is not inconceivable that minorities, to achieve other valid *Charter* objectives, may require positive assistance including the expression of their views on key subjects.

Certainly in the jurisprudence to date, it has not been necessary to squarely face the issue but it is comforting to know that the door has been left open; albeit it is only a small crack if the view of the majority in the *Native Women's Association*[135] is followed. It is more probable that such a case may arise in the context of section 15 rights as opposed to section 2(*b*).

3. THE INTERRELATIONSHIP BETWEEN SECTION 2(*b*) AND OTHER RIGHTS

As is inevitable, each *Charter* section must have a relationship with other sections sometimes coming directly in conflict in a particular fact situation. The Supreme Court has addressed this issue both from the perspective of possible conflict and from usage which may enhance support for a limitation which may be placed upon section 2(*b*). As a result of the broad interpretation placed by the courts in section 2(*b*), it is necessary to use tools to protect the clarity of other *Charter* rights.

---

[131] *Supra*, note 121.
[132] *Supra*, note 126, p. 657.
[133] *Ibid.*, p. 668.
[134] *Supra*, note 121.
[135] *Supra*, note 126.

Justice McLachlin clearly recognized this in *Young v. Young*,[136] where she stated: "Interpreting freedom of expression broadly, in the religious context will nullify the principle that freedom of religion does not protect conduct which injures others or which conflicts with their parallel rights to hold and manifest beliefs of their own".[137] She said that the Court must endeavour to interpret the related rights in a "coherent" manner. As a consequence, she determined that, in relation to a question of religious instruction, the limits of the guarantee of freedom of expression should govern in that context. Thus she was able to preserve meaning to the religious guarantee that may have been lost if freedom of expression had been the dominating influence.

In *Haig*,[138] Madam Justice L'Heureux-Dubé similarly expressed the view that in cases when issues of expression are strongly linked to equality guarantees, the better wisdom would be to address them within the boundaries of section 15. This is particularly relevant in the context of positive rights where it could be argued that section 15 is more ideally suited for such an analysis. However, it must be borne in mind that whichever section is used can have significant impacts for a claimant since section 15 requires more hurdles to move to section 1 where the onus shifts to the government to justify the limitation.

In *Keegstra*[139] and *Taylor*,[140] the Court used sections 15 and 27 to assist in finding that there was an overriding objective to the hate propaganda and prohibiting "hate" messages legislation. In using sections 15 and 27 to bolster the objectives, it was a means to support a restriction on section 2(*b*) and balance the potential conflict between the need for equality and the guarantee of freedom of expression.

The most challenging case for this has been, without question, *Dagenais v. CBC*[141] where two *Charter* sections were clearly at issue although not necessarily in conflict. Since the common law test respecting a fair trial had clearly weighed in favour of restricting freedom of expression, the Court had to modify it to make it implicit that the two rights are of equal importance. The Chief Justice, as stated earlier, restated the *Oakes* test.[142]

It became apparent to the Chief Justice that the traditional *Oakes* test[143] may not result in an appropriate balance between the values underlying two

---

[136] *Young v. Young*, [1993] 4 S.C.R. 3, [1993] 8 W.W.R. 513, 160 N.R. 1 (subsequent references are to S.C.R.).
[137] *Ibid.*, p. 123.
[138] *Supra*, note 121.
[139] *Supra*, note 1.
[140] *Supra*, note 67.
[141] *Supra*, note 5.
[142] *Supra*, note 45.
[143] *Ibid.*

Charter rights. The third element requires that the salutory effects of the measures must outweigh the deleterious effects. The focus being that unless the measure's positive effects are greater than the harm done to freedom of expression or *vice versa* in a different situation, the measure cannot meet the justificatory standard. In effect a form of balance of probabilities standard has been developed. I submit this addition to *Oakes*[144] is only necessary where a measure protecting one right guaranteed by the *Charter* has the potential to infringe upon another *Charter* right. Apart from that situation, it may be over-restrictive in efforts to impose justifiable limitations where only one *Charter* right is at stake.

The interrelationship of rights will be a continuing challenge as *Charter* interpretation continues through the myriad of fact situations that will come before the courts. The challenge always will be to ensure that each section is given a reasonable interpretation so that a broad expansive interpretation of one right does not unduly restrict another.

4. CONCLUSION

Thirteen years of *Charter* interpretation have given us food for thought in relation to freedom of expression. It is evident from the number of section 2(*b*) challenges heard by the Supreme Court, that it is an issue that is very significant to Canadians. There is no question but that the Court will have to deal with many more complicated issues in the years to come.

It is heartening that the Court has not followed the United States approach in a number of areas such as obscenity, which is restrictive, and free press-fair trial which is an overly broad protection. There is, however, a concern that the Court may be over-emphasizing their willingness to accept limitations where the expression is very unpopular, controversial or unpleasant. It is difficult sometimes to draw the line which will permit vigorous dissenting voices to be heard in the realm of ideas and theories or expressed through the various art forms. It is, as the courts have quite rightly pointed out, something quite different when the expression is translated into actions which are violent in nature.

Courts will have to be cautious not to build in tests which unnecessarily complicate the analysis and place restrictions on the ambit of the guarantee in section 2(*b*). The circumstances and purposes are best dealt with under section 1 where an appropriate balancing mechanism exists.

That is not to say, however, that section 2(*b*) should be over-expansive. It is not every trivial breach that should necessitate a justification under section 1. Furthermore, as wisely put by Justice L'Heureux-Dubé in *Young*

---

[144] *Ibid.*

v. Young,[145] it is better to interpret issues under other sections if they are primarily in relation to other guarantees, for example, such as religious freedom or equality. This preserves the balance between the sections. In addition it may be easier to achieve a desired result when the argument pertains to another guarantee, for example the debate on positive rights may find its best expression under section 15 as opposed to section 2 of the *Charter*.

It will be interesting to watch in the years to come as section 2(*b*) jurisprudence is expanded and refined with each new challenge. Courts must be prepared to make adjustments if later circumstances demand redefinition of preliminary analysis. It is in this fashion that the guarantee can continue to develop and flourish. Courts need only look to the United States for centuries of proof of this statement.

---

[145] *Supra*, note 136.

6

Freedom of Peaceful Assembly and Freedom of Association
(Subsections 2(c) and (d))

Ken Norman*

1. Freedom of Peaceful Assembly
    (a) American Doctrine Respecting Picketing
    (b) American Right of Assembly Doctrine Generally
    (c) Criminal and Quasi-Criminal Prohibitions
    (d) Litigation Under Section 2(c)
    (e) "Peaceful Assembly" in Other Human Rights Instruments
2. Freedom of Association
    (a) Collective Bargaining and the *Charter*
    (b) International Commitments
    (c) Placing Collective Bargaining and the *Charter* at Arm's Length
    (d) Freedom from Unions
    (e) The Criminal Law
    (f) The Family
    (g) Other Statutory Restrictions
3. Conclusion

1. FREEDOM OF PEACEFUL ASSEMBLY

[T]he basic problem is one of compromise between public order and convenience on the one hand and individual liberty on the other. Throughout the

---

* Professor, Faculty of Law, University of Saskatchewan.

analysis of this problem, however, there is assumed as a general proposition that a broad right of peaceable assembly is a vital element in the maintenance of the democratic process.[1]

Standing in sharp contrast are the following holdings of the majority of the Supreme Court of Canada in *Dupond*:

> Demonstrations are not a form of speech but of collective action. They are of the nature of a display of force rather than of that of an appeal to reason; their inarticulateness prevents them from becoming part of language and from reaching the level of discourse.
>
> ... The right to hold public meetings on a highway or in a park is unknown to English law. Far from being the object of a right, the holding of a public meeting on a street or in a park may constitute a trespass against the urban authority in whom the ownership of the street is vested even though no one is obstructed and no injury is done; it may also amount to a nuisance.
>
> ....
>
> Being unknown to English law, the right to hold public meetings on the public domain of a city did not become part of the Canadian Constitution under the preamble of the *British North America Act, 1867*.[2]

Dupond has been the subject of a good deal of criticism, both before and after the advent of section 2 (*c*).[3] Berger's conclusion, authored two years before the *Canadian Charter of Rights and Freedoms*, has continued currency in the effort to breath life into section 2(*c*):

> The Supreme Court in the 1980s will be forced to grapple with the ramifications of its judgment in *Dupond* in any consideration of the true nature of Canadian democracy.[4]

The 1980's have come and gone but the Court has yet to come to grips with section 2(*c*). Some indication of what it might say if, following the American

---

[1] M.G. Abernathy, *The Right of Assembly and Association*, 2nd ed. (University of South Carolina Press, 1981), p. 4.

[2] *Canada (A.G.) v. Dupond*, [1978] 2 S.C.R. 770, pp. 797-798, per Beetz J. for the majority.

[3] K. Swinton, "Comments" (1979) 57 *Can. Bar Rev.* 326; C.F. Beckton, "*A.G. for Canada v. Claire Dupond:* The Right to Assemble in Canada?" (1979) 5 *Dalhousie L.J.* 169; T.R. Berger, "The Supreme Court and Fundamental Freedoms: The Renunciation of the Legacy of Mr. Justice Rand" (1980) 1 *Sup. Ct. L. Rev.* 460; I. Cotler, "Freedom of Assembly, Association, Conscience and Religion", in the first edition of W.S. Tarnopolsky & G.-A. Beaudoin, *Canadian Charter of Rights and Freedoms: Commentary* (Toronto: Carswell, 1982), c. 6; E. Vogt, "Dupond Reconsidered: Or the "Search for the Constitution and the Truth of Things Generally"", [1982] *U.B.C. L. Rev. (Charter ed.)* 141; R. Stoykewych, "Street Legal: Constitutional Protection of Public Demonstration in Canada" (1985) 43 *U.T. Fac. L. Rev.* 43; and D. Holland, "Freedom of Expression in Public Places, A Constitutional Comparison" (LL.M. thesis, University of Toronto, 1985) [unpublished], p. 195 *et seq.*

[4] T.R. Berger, *ibid.*, p. 467.

lead, assembly comes to be linked to speech, can perhaps be derived from *Dolphin Delivery*.[5] McIntyre J., speaking for the Court, except for Beetz J. on this point, expressed the opinion that there is always some element of expression in picketing. In other words, contrary to *Dupond*, demonstrations do indeed reach the level of constitutionally protected discourse:

> The union is making a statement to the general public that it is involved in a dispute, that it is seeking to impose its will on the object of the picketing, and that it solicits the assistance of the public in honouring the picket line. Action on the part of the picketers will, of course, always accompany the expression, but not every action on the part of the picketers will be such as to alter the nature of the whole transaction and remove it from *Charter* protection for freedom of expression.[6]

That *Dolphin Delivery* was treated as an expression case does not necessarily detract from its importance to section 2(*c*). As MacGuigan has pointed out, freedom of assembly is best regarded as an aspect of freedom of expression.[7] What seems to follow from McIntyre J.'s *dictum* is that a distinct Canadian course may come to be set on the matter of picketing as a constitutionally protected expressive and assembly activity. The distinction between ''speech'' and ''conduct'' which has emerged in recent years in American doctrine was argued in *Dolphin Delivery*[8] but is implicitly rejected by the Court.

(a) American Doctrine Respecting Picketing

The Supreme Court of the United States came down strongly in support of picketing as a constitutionally protected activity in *Thornhill*.[9] An Alabama statute which banned all forms of labour picketing, under which Thornhill was convicted, did not pass muster with the Court. Mr. Justice Murphy linked picketing to a basic tenet of democracy in these words:

> Free discussion concerning the conditions in industry and the causes of labour disputes appears to us indispensable to the effective and intelligent use of the processes of popular government to shape the destiny of modern industrial society. The issues raised by regulations, such as are challenged here, infringing upon the right of employees effectively to inform the public of the facts of a labour dispute, are part of this larger problem.[10]

---

[5] *R.W.D.S.U., Loc. 580 v. Dolphin Delivery Ltd.,* [1986] 2 S.C.R. 573.
[6] *Ibid.*, p. 588.
[7] M.R. MacGuigan, ''Hate Control and Freedom of Assembly'' (1966) 31 *Sask. Bar Rev.* 32.
[8] *Supra*, note 5, p. 587.
[9] *Thornhill v. Alabama*, 310 U.S. 88 (1940).
[10] *Ibid.*, p. 102.

This sweeping assertion that picketing was a form of protected speech was weakened by two doctrines fashioned over the years since *Thornhill*. First, at least in labour disputes, picketing which combines speech with action has been held to be without constitutional protection.[11] Second, if the picketers have an "unlawful objective", the picket line may well run afoul of statutory prohibitions which will withstand judicial review under the *American Bill of Rights*.[12] This narrowing of Thornhill has been criticized as bordering on a retreat,[13] but it does reveal the Supreme Court of the United States to be engaged in a delicate balancing process.[14]

(b) American Right of Assembly Doctrine Generally

Mr. Justice Powell's concurring opinion in *Spock*[15] outlines the settled framework of analysis engaged in by the Supreme Court of the United States in right of assembly cases. Like other First Amendment rights, right of assembly is not absolute but may be circumscribed when necessary to further a sufficiently strong public interest:

> But our decisions properly emphasize that any significant restriction of First amendment freedoms carries a heavy burden of justification.[16]

In striking the balance, the Court has often divided, as it did in *Spock*, but it usually does so by asking itself the question "whether the manner of expression is basically incompatible with the normal activity of a particular place at a particular time."[17] In *Spock*, the majority of the Court found that Dr. Benjamin Spock and his colleagues in The People's Party and Socialist Workers' Party enjoyed no generalized constitutional right to make political speeches or distribute leaflets on the Fort Dix military reserve.

The vigorous political activism, fuelled first by the civil rights movement and then by opposition to the war in Vietnam, involved the Supreme

---

[11] *N.L.R.B.B. v. Fruit & Vegetable Packers & Warehousemen*, 377 U.S. 58 (1964); *Bakery & Pastry Drivers v. Wohl*, 315 U.S. 769 (1942). That this "speech-plus-conduct" doctrine seems not to apply outside the field of labour disputes is demonstrated in *U.S. v. O'Brien*, 391 U.S. 367 (1968).

[12] *N.L.R.B. v. Retail Store Employees Union*, 447 U.S. 607 (1980). The Supreme Court refused to protect a consumer picket line because it threatened a third party business with ruin.

[13] J. Etelson, "Picketing and Freedom of Speech: Comes the Evolution" (1976) 10 *John Marshall Jo. of Prac. & Proc.* 1.

[14] As what must now stand simply as pre-*Charter* historical footnote, the majority of the Supreme Court of Canada flatly rejected an invitation to engage in such an exercise in *Harrison v. Carswell*, [1976] 2 S.C.R. 200, pp. 218-219, per Dickson J.

[15] *Greer v. Spock*, 96 S. Ct. 1211 (1976).

[16] *Ibid.*, p. 1220.

[17] *Grayned v. City of Rockford*, 408 U.S. 104, p. 116 (1972).

Court of the United States in several opportunities to think again about the doctrine in *Cox*,[18] which permits a local authority to require that a licence or permit be obtained before holding a parade. In *Shuttlesworth*,[19] a parade ordinance which left a Police Commissioner with the authority to arbitrarily deny a permit was struck down. In *Gregory*,[20] a Chicago ordinance which prohibited such things as collecting in crowds to the annoyance or disturbance of other persons did not pass muster. In *Jeanette Rankin Brigade*,[21] a coalition of women against the war in Vietnam who wanted to march on Capitol Hill successfully challenged a statute which prohibited all assemblies aimed at publicizing a party, organization or movement.

The high-water mark of this doctrine is generally regarded to be the *Skokie* decision of the Illinois Supreme Court.[22] The proposed parade of Nazis through Jewish neighbourhoods containing many survivors of the holocaust was initially enjoined on the ground of the "fighting words" doctrine. But the Court quashed the injunction, ruling that even the anticipation of a hostile audience would not justify a prior restraint of the proposed parade. Ordinances, passed by the village of Skokie designed to curb the proposed street activities of the Nazis, were eventually struck down by the Seventh Circuit Court of Appeals.[23] Abernathy sums up the developing doctrine concerning the right of assembly in these words:

> With the exception of assemblies in private shopping centres, the protections afforded by the decisions of the Court to the right of assembly in the past two decades have at least remained firm and, in some instances, have been broadened. Demonstrations and picketing are increasingly, being used as tools of interest groups to attempt to influence public opinion and, ultimately, public policy.
>
> The decisions of the United States Supreme Court have come down strongly on the side of protection to such assemblies as long as the purposes and conduct are lawful and the times and places are not inappropriate for such gatherings . . . . [G]overnmental restrictions, to be upheld, must be shown to

---

[18] *Cox v. New Hampshire*, 312 U.S. 569 (1941). For criticism of the *Cox* doctrine which allows a local authority to impose a tax or fee for a parade licence or permit, see D. Goldberger, "A Reconsideration of Cox v. New Hampshire: Can Demonstrators Be Required to Pay the Costs of Using America's Public Forums?" (1983) 62 *Texas L. Rev.* 403.

[19] *Shuttlesworth v. Birmingham*, 394 U.S. 147 (1969).

[20] *Gregory v. Chicago*, 394 U.S. 111 (1969).

[21] *Jeanette Rankin Brigade v. Chief of Capitol Police*, 342 F. Supp. 575 (1972).

[22] *Village of Skokie v. National Socialist Party of America*, 373 N.E. 21 (Ill. App. Ct., 1977).

[23] *Collin v. Smith*, 578 F. 2d 1197 (1978). The Supreme Court refused leave to appeal in *Smith v. Collin*, 439 U.S. 916 (1978). The Court had clearly made the point in *Brown v. Louisiana*, 383 U.S. 131 (S.C. 1966) that the mere threat or likelihood of violence from onlookers put a burden on the police to control the crowd. It did not serve as a warrant to curtail the proposed parade. See "Note: Free Speech and the Hostile Audience" (1951) 26 *N.Y.U.L. Rev.* 489.

accomplish justifiable ends with the least feasible impediment to the exercise of that right.[24]

(c) Criminal and Quasi-Criminal Prohibitions

Unlawful assemblies and riots are proscribed in sections 63 to 69 of the *Criminal Code*.[25] Section 63 is of particular interest because it requires the Crown to prove that someone was fearful, on reasonable grounds, rather than prove the fact of a tumultuous disturbance of the peace.[26]

> **63.**(1) An unlawful assembly is an assembly of three or more persons who, with intent to carry out any common purpose, assemble in such a manner or so conduct themselves when they are assembled as to cause persons in the neighbourhood of the assembly to fear, on reasonable grounds, that they
> (a) will disturb the peace tumultuously; ...

Stoykewych has argued that what emerged as doctrine under section 63 and its predecessor, is a sort of "heckler's veto"[27] which, 50 years ago, was established in a line of successful prosecutions of assemblies of unemployed workers.[28] If the Supreme Court of Canada adopts a test which at all resembles that of the American Supreme Court, this section will not stand.[29] In addition, the *Criminal Code* creates an offence of causing a public disturbance in section 175. As well, the offence of obstructing a police officer in the execution of his duty of keeping the peace or in anticipation of a breach of the peace, created by section 129, has obvious implications for any sort of robust public assembly.

Quasi-criminal municipal bylaws and ordinances frequently have something to say about public assemblies. They range from the outright ban of *Dupond*,[30] where the City of Montreal passed an ordinance prohibiting "the holding of any assembly, parade or gathering on the public domain of the City of Montreal for a time-period of 30 days" to an "anti-noise" bylaw of the City of Vancouver in *Harrold*,[31] which prohibited any objectionable noise "either in or on a public or private place or premises in such a manner as to disturb the quiet, peace, rest or enjoyment of the neighbourhood, or of persons in the vicinity, or the comfort or convenience of the public". Neither Claire Dupond nor Mr. Harrold and his colleagues in the International

---

[24] Abernathy, *supra*, note 1, p. 266.
[25] R.S.C. 1985, c. C-46.
[26] I. Cotler, *supra*, note 3, p. 144.
[27] *Supra*, note 3, pp. 55-56.
[28] *Ibid.*, p. 78.
[29] See *Skokie, supra,* note 22.
[30] *Supra,* note 2, p. 784.
[31] *R. v. Harrold*, [1971] 3 W.W.R. 365, p. 366 (B.C.C.A.), leave to appeal to S.C.C. refused (1971), 3 C.C.C. (2d) 387 (S.C.C.).

Society for Krishna Consciousness (Canada) Ltd. were successful in their attempts to attack these restrictive regulations. Similarly, a challenge to a Toronto bylaw banning meetings in certain parks held without permission as to time and place being first obtained from a Commissioner of Parks, received short shrift from McRuer C.J.H.C. in *Campbell*.[32] In *Saumur*,[33] a Quebec City bylaw requiring that printed materials could only be distributed on the streets with the prior written permission of the Chief of Police, barely withstood scrutiny by a badly split Supreme Court. However, Saumur's conviction was quashed. All of this would simply astonish an American constitutional scholar.

Only one municipal restriction on assembly has failed to survive judicial scrutiny. In *Storgoff*,[34] a bylaw prohibiting a certain class of Doukhobors from entering the Municipality of Kent was struck down, on a division of powers analysis by the Supreme Court of British Columbia. But the judgment offers no support at all for freedom of assembly. It simply turns on the characterization of the bylaw as criminal in nature and thus within the competence of the federal Parliament and not the Municipality of Kent.

(d) Litigation Under Section 2(c)

There are few reported cases on the freedom of peaceful assembly. The reason for this may be that the courts have come to the view that this fundamental freedom does not go beyond protecting the physical gathering of people. This is Linden J.A.'s explanation in *Roach*.[35] There is some irony here given the Supreme Court's point in *Lavigne* [36] that section 2(*d*) ought to afford a broader protection for freedom of association in Canada since it is expressly mentioned in section 2 rather than being subsumed under First Amendment speech rights in the United States. The same might be said of the express mention of assembly in section 2(*c*).

In *Butler*,[37] a federal inmate learned from the Trial Division of the Federal Court that section 2(*c*) was powerless to prevent his being transferred to another prison for reasons of security. Butler, who was an active member of a group seeking to practise aboriginal religious ceremonies, was said to possess no assembly rights such as to trump the institutional need to preserve discipline and security. In *Pitts Atlantic Construction*,[38] the New-

---

[32] *R. v. Campbell* (1962), 35 D.L.R. (2d) 480 (Ont. H.C.), affirmed (1963), 38 D.L.R. (2d) 579 (Ont. C.A.).
[33] *Saumur v. Quebec (City)*, [1953] 2 S.C.R. 299.
[34] *Kent (Dist.) v. Storgoff* (1962), 38 D.L.R. (2d) 362 (B.C.S.C.).
[35] *Roach v. Canada (Min. of State for Multiculturalism & Culture)* (1994), 164 N.R. 370, p. 384 (Fed. C.A.).
[36] *Lavigne v. O.P.S.E.U.*, [1991] 2 S.C.R. 211, p. 331, per La Forest J.
[37] *R. v. Butler* (1983), 5 C.C.C. (3d) 356 (Fed. T.D.).
[38] *Pitts Atlantic Construction Ltd. v. U.A., Loc. 740* (1984), 7 D.L.R. (4th) 609 (Nfld. C.A.).

foundland Court of Appeal upheld a statute prohibiting secondary picketing by a labour union. The Court found that freedom of assembly was not infringed because primary picketing was not prohibited. Thus, the impugned statute was characterized as simply regulating rather than prohibiting picketing by specifying the place and time when it could be lawfully undertaken. The British Columbia Court of Appeal approved an injunction preventing pickets from locating at the doors of court houses in the province in the *British Columbia Government Employees' Union* case.[39] Although the matter was not even argued, the Court ruled that it was prepared to assume that the injunction infringed the picketers' assembly and expression rights. It then easily justified such an incursion under section 1 in the name of "the public's unfettered right to access to the courts of justice".[40] Before the Supreme Court of Canada the appellant union advanced no section 2(*c*) argument.

In *Canadian Civil Liberties Association*,[41] Potts J. of the Ontario Court found that the statutory mandate of the Canadian Security Intelligence Service (C.S.I.S.) did not infringe section 2(*c*). The argument of the Canadian Civil Liberties Association that members of social action groups felt a "chilling effect" on their right to participate in peaceful marches and demonstrations due to an apprehension that C.S.I.S. might engage in surveillance of them was rejected on the ground that the American First Amendment indirect "chilling effect" doctrine has not been adopted in section 2 *Charter* analysis by Canadian courts.[42]

Three of the four cases which have seen section 2(*c*) successfully relied upon are authored by Provincial and County Court judges. In *Fraser*,[43] the Supreme Court of Nova Scotia found provisions of the *Civil Service Act*,[44] which prohibited civil servants from assembling at "members only" partisan political meetings, to infringe section 2(*c*). The Court went on to find that, under section 1 analysis, as less restrictive means might have been used to achieve the legislative objectives, there was no sound basis for upholding the statute. In *Collins*,[45] an accused charged with obstruction

---

[39] *B.C.G.E.U. v. British Columbia (A.G.)* (1985), 20 D.L.R. (4th) 399 (B.C. C.A.), affirmed [1988] 2 S.C.R. 214.

[40] *Ibid.* (C.A.), p. 406. See *Cox v. Louisiana*, 379 U.S. 536 at 559 (U.S.S.C., 1965) for discussion of the question of how highly the State's legitimate interest in keeping the court houses free of picketers might be put. It is a good question whether the issue is as simple as physical access or whether it has more to do with saving the judiciary from "mob" pressures.

[41] *Cdn. Civil Liberties Assn. v. Canada (A.G.)* (1992), 91 D.L.R. (4th) 38 (Ont. Gen. Div.), Potts J.

[42] *Ibid.*, p. 67.

[43] *Fraser v. Nova Scotia (A.G.)* (1986), 30 D.L.R. (4th) 340, 74 N.S.R. (2d) 91 (N.S.T.D.).

[44] S.N.S. 1980, c. 3.

[45] *R. v. Collins* (1982), 31 C.R. (3d) 283, 4 C.R.R. 78 (Ont. Co. Ct.).

during the course of a demonstration against the Cruise missile at Litton Systems, successfully attacked a bail condition which required him to not attend at or near Litton Systems, in part, on the ground that the government had not shown anything other than a speculative reason for his freedom of assembly to be so curtailed. In *Fields*,[46] an accused was convicted of wilfully damaging a vehicle which had attempted to cross a picket line. He was placed on nine months' probation with a condition that he take no part in any strike of a firm other than one at which he was employed. Salhany, Co. Ct. J. found this sweeping restriction to infringe Fields' freedom of peaceful assembly. Finally, in *Skead*,[47] the accused were denied a permit to march through Calgary in their "Long Walk in Total Objection to the Canadian Constitution". They marched anyway in an orderly and peaceful fashion and still found themselves charged with obstruction. The Court acquitted them, in part, on the footing that the behaviour of the police amounted to an infringement of the accuseds' rights of expression and assembly.

(e) "Peaceful Assembly" in Other Human Rights Instruments

It is a matter of some interest that the language of assembly rights changed between 1960 and 1982. In the *Canadian Bill of Rights*, section 1(*e*) spoke of "freedom of assembly and association" in one breath. In the *Charter*, they are split apart into two separate subsections because that is the way they are treated in the *International Covenant Civil and Political Rights*.[48] By the same token, "assembly" is modified by the word "peaceful". Article 20 of the *Universal Declaration of Human Rights*,[49] article 18 of the *International Covenant on Civil and Political Rights*[50] and article 11 of the *European Convention on Human Rights*[51] all refer to "peaceful assembly".

2. FREEDOM OF ASSOCIATION

> The most natural privilege of man, next to the right of acting for himself, is that of combining his exertions with those of his fellow creatures and of acting in common with them. The right of association therefore appears to me

---

[46] *R. v. Fields* (1984), 42 C.R. (3d) 398 (Ont. Co. Ct.).
[47] *R. v. Skead*, [1984] 4 C.N.L.R. 108 (Alta. Prov. Ct.).
[48] See *infra*, note 55.
[49] Adopted and proclaimed by the General Assembly of the United Nations resolution 217 A (III) of December 10, 1948.
[50] Adopted and opened for signature, ratification and accession by the General Assembly of the United Nations resolution 2200 A (XXI) of December 16, 1966; in force March 23, 1976.
[51] Signed by the Council of Europe on November 4, 1950; in force September 3, 1953.

almost as inalienable in its nature as the right of personal liberty. No legislator can attack it without impairing the foundations of society.[52]

Although de Tocqueville was speaking in universals, Lindsay has argued that the belief in both England and America in the primary importance of free association, stemming as it does from religious dissenters, especially the Puritan congregations, goes to the very heart of our conception of democracy:

> It makes a profound difference to the temper of English and American democratic thought that it started with the non-political and voluntary democratic organizations, regarding them as the true type of democracy and the state as only imperfectly imitating them: regarding therefore the state's use of force as its inherent defect and not as its glory. That attitude which abides persistently in English and American democracy is part of its inheritance from the Puritans of the Left.[53]

Prior to the entrenchment of the *Charter*, however, there is little to be found in Canadian law and legal literature on the subject of freedom of association.[54] Some statutory protection of association linked with peaceable assembly existed, beginning with the *Saskatchewan Bill of Rights* in 1947.[55] However, there are practically no cases. Only twice did Supreme Court judges deal with the question. Rand J. found freedom of association to be part of an implied bill of rights in *Smith & Rhuland*[56] and Abbott J. founded a dissent on the matter in the *Oil Chemical & Atomic Workers* case.[57]

It is, thus, particularly worth noting that the framers of the *Charter* saw fit to have freedom of association stand alone. However, this conclusion

---

[52] A. de Tocqueville, *Democracy in America*, ed. by P. Bradley (New York: 1945), p. 196.

[53] A.D. Lindsay, *The Modern Democratic State* (London: Oxford University Press, 1943), p. 121.

[54] D.A. Schmeiser, in *Civil Liberties in Canada* (London: Oxford University Press, 1964), pp. 221-222, spends less than two pages on the topic, and asserts that freedom of association is inseparably connected with freedom of speech and of the press and will stand or fall with them. W.S. Tarnopolsky, in *The Canadian Bill of Rights*, 2nd rev'd ed. (Toronto: Macmillan, 1975), pp. 201-209, devotes a few more paragraphs to the matter. And this is after 17 years of experience under the *Bill of Rights*. This discussion includes treatment of freedom of assembly.

[55] *Saskatchewan Bill of Rights Act*, S.S. 1947, c. 35, s. 5. This was followed in 1960 by s. 1(e) of the *Canadian Bill of Rights*, S.C. 1960, c. 44, guaranteeing assembly and association, and the Quebec *Charter of Human Rights and Freedoms*, S.Q. 1975, c. 6, s. 3 protecting peaceable assembly and association along with other fundamental freedoms.

[56] *R. v. Smith & Rhuland Ltd.*, [1953] 2 S.C.R. 95.

[57] *Oil Chemical & Atomic Wks. Int. Union v. Imperial Oil Ltd.*, [1963] S.C.R. 584. It is possible to read Martland J.'s judgment, for the majority, as endorsing a civil right of association in voluntary organizations. However, he finds trade unions to be legal entities not governed by the same principles as those which would apply to voluntary associations.

was not reached until the third draft of the *Charter*.[58] This version was submitted to the Special Parliamentary Committee on the Constitution by the Minister of Justice on January 12, 1981, following weeks of hearings by that Committee, and was justified on the footing that assembly and association were expressed separately in the *International Covenant on Civil and Political Rights*.[59]

Cavalluzzo made much of both of these points, arguing that the American doctrine of freedom of association, being derivative of other First Amendment freedoms, ought to be seen to be less robust and that Canada's international commitments, especially under the *International Labour Organization's 87th Convention, Concerning Freedom of Association and Protection of the Right to Organize*, ratified by Canada in 1972, might be looked to in developing a strong doctrine of freedom of association.[60] MacNeil rejected both of these points.[61]

(a) Collective Bargaining and the *Charter*

No Canadian institution was more in question, in the aftermath of the *Charter*'s proclamation, than that of collective bargaining. Litigation in this area, before both courts and labour boards, produced more decisions on freedom of association and its limitations than all other areas of dispute

---

[58] The first two drafts contained section 2(c) which provided for "freedom of peaceful assembly and of association".

[59] R. Elliot, "Interpreting The Charter — Use of The Earlier Versions As An Aid", [1982] *U.B.C. L.* Rev. (Charter ed.) 11, p. 25, where the government's Explanatory Note states that "Paragraph (c) would be divided into two paragraphs to make it clear that the freedoms contained therein are separate freedoms and need not exist in conjunction. These freedoms are expressed separately in the International Covenant on Civil and Political Rights".

[60] P.J.J. Cavalluzzo, "Freedom of Association and the Right to Bargain Collectively", in J.M. Weiler & R.M. Elliot (eds.), *Litigating the Values of a Nation: The Canadian Charter Of Rights and Freedoms* (Toronto: Carswell, 1986) p. 189, at pp. 197 and 195. In *Lavigne v. OPSEU*, [1991] 2 S.C.R. 211, each of the three judgments — Wilson, La Forest and McLachlin JJ. — rejects the American approach to freedom of association as being narrower in a general sense and with regard to collective bargaining, more confining for unions. For a discussion of the theoretical basis for Cavalluzzo's second point, see A. Brudner, "The Domestic Enforcement of International Covenants on Human Rights: A Theoretical Framework" (1985) 35 *U.T.L.J.* 219.

[61] M. MacNeil, "Recent Developments in Canadian Law: Labour Law" (1986) 18 *Ottawa L. Rev.* 83, p. 92. On both points, MacNeil cites *Reference re Public Service Employee Relations Act (Alta.)* (1984), 85 C.L.L.C. 14,027 (Alta. C.A.), affirmed (1987), 87 C.L.L.C. 14,021 (S.C.C.). On the second point, he argues that international covenants are not helpful in interpreting freedom of association because there is a lack of consensus on its meaning and because Canada's international obligations do not force the courts to give terms contained in those obligations a generous interpretation. Additional support for this latter contention is to be found in *N.A.P.E. v. Newfoundland* (1985), 85 C.L.L.C. 14,020, p. 12,090 (Nfld. T.D.); and *P.S.A.C. v. Canada*, [1984] 2 F.C. 562, pp. 582-586 (T.D.).

about freedom of association put together.[62] In light of this predictable story, it is particularly strange that organized labour did not put forward any significant effort to influence the framers of the *Charter*. Weiler explains that the Canadian Labour Congress (C.L.C.) decided that its priority at the time, in the fall of 1980, was to concentrate its energies on the issue of unemployment. Thus, only a short written submission from the C.L.C. was received by the Special Committee, together with a somewhat longer brief from the British Columbia Federation of Labour.[63] The C.L.C.'s decision largely to opt out of the framing process is criticized by Weiler as being "monumentally wrong", given the marked successes of many other special interest groups before the Special Committee.[64] Perhaps supporters of collective bargaining took some comfort from the Acting Minister of Justice's assurance directed to the Special Committee that collective bargaining was included by necessary implication within the reach of freedom of association.[65]

As it has turned out this comfort was short lived. On two fronts the institution of collective bargaining found itself excluded from *Charter* scrutiny by the Supreme Court. The first dealt with whether freedom of association brought with it the right to form and join trade unions and the necessarily incidental right of union members to strike in furtherance of a union's collective bargaining goals. The second entails the other side of the coin. Does freedom of association necessarily carry with it the obverse right to be free from association by way of forced union dues payments?

(b) International Commitments

In addition, some labour supporters might have assumed that Canada's international obligations would ensure that the *Charter* would be interpreted

---

[62] By the end of 1986, some 29 cases had addressed freedom of association and collective bargaining, as opposed to only 19 non-collective bargaining freedom of association cases arising out of such diverse institutions as prisons, law societies, families, bawdy houses, political parties, marketing and licensing boards, landed immigrant status and citizenship status.

[63] J.M. Weiler, "The Regulation of Strikes and Picketing Under the Charter", in Weiler & Eliot, *supra*, note 60, pp. 211-213.

[64] *Ibid*.

[65] Minutes of Proceedings and Evidence of the Special Joint Committee of the Senate and of the House of Commons on the Constitution of Canada, Issue No. 43, pp. 69-70:

> Testimony of Hon. Robert Kaplan: "Our position on the suggestion that there be specific reference to freedom to organize and bargain collectively is that it is already covered in the freedom of association that is provided in the *Declaration or Charter*, and that by singling out association for bargaining, one might tend to diminish all the other forms of association which are contemplated — church associations; associations of fraternal organizations or community organizations." Both P.J.J. Cavalluzzo, *supra*, note 60, p. 207, and MacNeil, *supra*, note 61, p. 87, cite this important statement.

in such a way as to protect workers' rights to bargain collectively and to strike.[66] Most recently, Canada was party to the *Final Act of the Conference on Security and Cooperation in Europe* (the Madrid Conference), signed on March 15, 1983. It states, in part:

> The participating States will ensure the right of workers freely to establish and join trade unions, the right of trade unions freely to exercise their activities and other rights as laid down in relevant international instruments. They note that these rights will be exercised in compliance with the law of the State and in conformity with the State's obligations under international law.[67]

In 1976, Canada ratified and acceded to the two great Covenants flowing from the *Universal Declaration of Human Rights.* Article 22 of *the International Covenant on Civil and Political Rights* provides:

1. Everyone shall have the right to freedom of association with others, including the right to form and join trade unions for the protection of his interests.
2. No restrictions may be placed on the exercise of this right other than those which are prescribed by law and which are necessary in a democratic society in the interests of national security or public safety, public order (*ordre public*), the protection of public health or morals or the protection of the rights and freedoms of others. This article shall not prevent the imposition of lawful restrictions on members of the armed forces and of the police in their exercise of this rights.
3. Nothing in this article shall authorize States Parties to the International Labour Organization Convention of 1948 concerning Freedom of Association and Protection of the Right to Organize [hereinafter referred to as I.LO. *Convention No. 87*] to take legislative measures which would prejudice, or to apply the law in such a manner as to prejudice, the guarantees provided for in that Convention.[68]

Article 8 of the *International Covenant on Economic, Social and Cultural Rights* states:

1. The States Parties to the present Covenant undertake to ensure:
    (a) The right of everyone to form trade unions and join the trade union

---

[66] For recent books on the ILO and the international and regional instruments which it has promoted on freedom of association and workers' collective rights see, Ewing, Gearty & Hepple's, *Human Rights and Labour Law* (London: Mansell Publishing Ltd., 1994); Council of Europe, *Freedom of Association* (Norwell, MA: Kluwer Academic Publishers, 1994).

[67] *Ibid.*, p. 195.

[68] Adopted and opened for signature, ratification and accession by the General Assembly of the United Nations resolution 2200 A (XXI) of December 16, 1966; in force March 23, 1976.

of his choice, subject only to the rules of the organization concerned, for the promotion and protection of his economic and social interests. No restrictions may be placed on the exercise of this right other than those prescribed by law and which are necessary in a democratic society in the interests of national security or public order or for the protection of the rights and freedoms of others;

(b) The right of trade unions to establish national federations or confederations and the right of the latter to form or join international trade-union organizations;

(c) The right of trade unions to function freely subject to no limitations other than those prescribed by law and which are necessary in a democratic society in the interests of national security or public order or for the protection of the rights and freedoms of others;

(d) *The right to strike, provided that it is exercised in conformity with the laws of the particular country. [Emphasis added.]*[69]

The implication of articles 3, 8 and 10 of *I.L.O. Convention No. 87*, ratified by Canada in 1972, has repeatedly been said to prevent States Parties from banning the right to strike, at wholesale. These articles provide:

Article 3

1. Workers' and employers' organisations shall have the right to draw up their constitutions and rules, to elect their representatives in full freedom, to organize their administration and activities and to formulate their programmes.
2. The public authorities shall refrain from any interference which would restrict this right or impede the lawful exercise thereof.

Article 8

1. In exercising the rights provided for in this Convention workers and employers and their respective organisations, like other persons or organized collectivities, shall respect the law of the land.
2. The law of the land shall not be such as to impair, nor shall it be so applied as to impair, the guarantees provided for in this Convention.

Article 10

In this Convention the term "Organization" means any Organization of workers or of employers for furthering and defending the interests of workers or of employers.[70]

---

[69] Adopted and opened for signature, ratification and accession by United Nations General Assembly resolution 2200 A (XXI) of December 16, 1966; in force January 3, 1976.

[70] Adopted on July 9, 1948 by the General Conference of the International Labour Organization at its thirty-first session.

Four separate I.L.O. bodies have interpreted these provisions so as to imply a right to strike. They are: A Commission of Inquiry into Greece, the Committee of Experts, the Fact-Finding and Conciliation Committee and the Freedom of Association Committee. Bendel has forcefully argued that these interpretations ought to be deferred to by Canadian courts.[71]

This argument from deference is bolstered by the view taken of domestic human rights legislation by the Supreme Court of Canada. Beginning with *Heerspink*[72] and culminating in *Craton*,[73] human rights laws have been placed on a sort of quasi-constitutional pedestal above all other legislation. In *Craton*, McIntyre J. said, for the Court:

> Human rights legislation is of a special nature and declares public policy regarding matters of general concern. [It] is not constitutional in nature in the sense that it may not be altered, amended, or repealed by the Legislature. It is, however, of such nature that it may not be altered, amended, or repealed, nor may exceptions be created to its provisions, save by clear legislative pronouncement. To adopt and apply any theory of implied repeal by later statutory enactment to legislation of this kind would be to rob it of its special nature and give scant protection to the rights it proclaims.[74]

Brudner makes an argument, which would apply to an international human rights treaty, such as *I.L.O. Convention No. 87*, in the following language:

> [I]nternational covenants on human rights may lay claim to the same deference that is accorded statutes as authoritative sources for the elaboration of common-law principles. Indeed, if statutes deserve this respect because the legislature reflects most authentically the moral consciousness of a nation, how much more worthy of regard are international human rights norms, which, denuded even of national particularity, express the purest moral insight of an epoch?[75]

In further support of the right to strike, Bendel has contended that:

> [A] good arguable case can be made for the existence of a rule of customary law, binding on Canada, to the effect that the right to strike is to be enjoyed by all workers except those in genuinely essential services.[76]

Canada's official position on the matter of the right to collective bargaining and the right to strike based upon international commitments can be seen in

---

[71] M. Bendel, "The International Protection of Trade Union Rights: A Canadian Case Study" (1981) 13 *Ottawa L. Rev.* 169, where the judgment of the Alberta Court of Queen's Bench in *A.U.P.E. v. R.* (1980), 120 D.L.R. (3d) 590, affirmed (1981), 130 D.L.R. (3d) 191 (C.A.), leave to appeal to S.C.C. refused (1981), 130 D.L.R. (3d) 191n (S.C.C.), is criticized for ignoring *Convention No. 87*.
[72] *Ins. Corp. of B.C. v. Heerspink*, [1982] 2 S.C.R. 145.
[73] *Winnipeg School Div. No. 1 v. Craton*, [1985] 2 S.C.R. 150.
[74] *Ibid.*, p. 156.
[75] A. Brudner, *supra*, note 60, p. 243.
[76] *Supra*, note 71, p. 191.

two statements. First, at the time of ratification of Convention No. 87, in 1972, the Preamble to Part V of the *Canada Labour Code*[77] was enacted with these two provisos:

And Whereas Canadian workers, trade unions and employers recognize and support freedom of association and free collective bargaining as the bases of effective industrial relations for the determination of good working conditions and sound labour-management relations;

And Where as the Government of Canada has ratified Convention No. 87 of the International Labour Organization concerning Freedom of Association and Protection of the Right to Organize and has assumed international reporting responsibilities in this regard.

Although Canada has yet to ratify *Convention No. 98 concerning the Right to Organize and to Bargain Collectively*,[78] due to certain provinces continuing to exclude professionals and farm workers from collective bargaining, the government of Canada has stated that "there is substantial compliance in Canada with the basic provisions of the Convention".[79]

(c) Placing Collective Bargaining and the *Charter* at Arm's Length

On April 9, 1987, the Supreme Court pretty much put an end to the speculation as to whether the *Charter*'s guarantee of freedom of association might provide some comfort to unions when it delivered its judgments in three cases which have come to be known as the *Labour Trilogy*, the *Alberta Reference, Dairy Workers and Public Service Alliance*.[80] The challenged statutes in these cases respectively banned strikes in the public sector, ordered striking dairy workers back to work and imposed wage freezes and limits on public servants. Only two of the six participating judges relied on Canada's international human rights commitments in the field of labour. Chief Justice Dickson, writing in dissent for himself and Wilson J., found that international law provides "a fertile source of insight into the nature and scope of the freedom of association of workers".[81] He said that it is a

---

[77] S.C. 1972, c. 18.
[78] Adopted July 1, 1949, by the General Conference of the International Labour Organization at its thirty-second session.
[79] Labour Canada, *Canada and the International Labour Code* (1978), p. 7.
[80] *Reference re Public Service Employee Relations Act (Alta.)*, [1987] 1 S.C.R. 313; *R.W.D.S.U. v. Saskatchewan*, [1987] 1 S.C.R. 460; *P.S.A.C v. Canada*, [1987] 1 S.C.R. 424. From the point of view of the definition of freedom of association, the *Alberta Reference* opinions are the vital ones. In the other two cases, the discussion proceeds on the footing of the meaning given to section 2(*d*) in *Alberta Reference*. Dickson C.J.C. and Wilson J. discuss section 1 at some length in their dissenting opinions in *Dairy Workers* and *Public Service Alliance* cases. Section 1 does not arise in the plurality opinions.
[81] *Alberta Reference, ibid.*, p. 348.

"clear consensus amongst the I.L.O. adjudicative bodies that Convention No. 87 goes beyond merely protecting the formation of labour unions and provides protection of their essential activities — that is of collective bargaining and the freedom to strike".[82] He went so far as to declare that there ought to be a presumption that the *Charter* provides protection at least as great as that afforded by similar provisions in international human rights documents which Canada has ratified.[83]

The balance of the panel of the Supreme Court said nothing at all on the subject. The plurality opinion authored by Le Dain J., concurred in by Beetz and La Forest JJ., takes only a few lines beyond two pages in order to assert the conclusion that collective bargaining and the right to strike are not constitutionally justiciable as embraced by the fundamental freedom of association. McIntyre J. reached the same conclusion after discussing the meaning to be given to section 2(*d*). As for the reading given to section 2(*d*) by McIntyre J., one is left with little more than a gloss on the narrow and individualistic American approach to freedom of association.

A reader's guide to what might be made of section 2(*d*) and the *Labour Trilogy* is provided by Sopinka J.'s judgment three years later in *Professional Institute v. N.W.T.*[84] Four propositions emerge from the case:

1. s. 2(*d*) protects the freedom to establish, belong to and maintain an association;
2. s. 2(*d*) does not protect an activity solely on the ground that the activity is a foundational or essential purpose of an association;
3. s. 2(*d*) protects the exercise in association of the constitutional rights and freedoms of individuals;
4. s. 2(*d*) protects the exercise in association of the lawful rights of individuals.

The first proposition received support from all the judges in the *Labour Trilogy*. Thus, Sopinka J. asserts that "any governmental restriction on the formation of or membership in associations would fall afoul of this aspect of s. 2(*d*)." The second proposition amounts to a clear rejection of the argument advanced by Dickson C.J.C. and Wilson J. that section 2(*d*) ought to extend protection to all activities which were directed at an association's reason for being. The example cited by McIntyre J. in support of this stance was the gun club example. Suppose government banned the individual ownership of guns. There would be no *Charter* bar to such a prohibition. Surely then section 2(*d*) ought not to be read as somehow constitutionally permitting a gun club to avoid the ban simply because the association's

---

[82] Ibid., p. 359.
[83] *Ibid.*, p. 349.
[84] *P.I.P.S. v. Northwest Territories (Comm.)*, [1990] 2 S.C.R. 367, pp. 402 *et seq.*

principal reason for being is the ownership and use of guns.[85] The third proposition is supported in Le Dain J.'s judgment on the ground that freedom of association is especially important for the exercise of other fundamental freedoms, such as expression, conscience and religion. McIntyre J. agreed that individual constitutional rights were not diminished when exercised in association with others. The fourth proposition is said by Sopinka J. perhaps to be the most controversial of the four as it is not mentioned by half of the Court, for whom Le Dain J. wrote. But, it is stressed by the dissenters, Dickson C.J.C. and Wilson J. and agreed with by McIntyre J. Sopinka J. lends his support for this proposition saying that it follows from the first:

> If the freedom to establish, belong to and maintain an association is to have any meaning, it must include the freedom of individuals to join together in pursuit of objects they could lawfully pursue as individuals. A restriction on the collective exercise of an activity legally permitted to individuals is essentially an attack on the ability of individuals to establish an association for that purpose.[86]

Beatty and Kennett have advanced an argument that the effect of the *Labour Trilogy* ought to be reversed by the Supreme Court on this sort of analysis. Their case is that the right to strike is an individual right which ought not to be lost when a person acts in association with others.[87] But, it should be noted that in *P.I.P.S.* Sopinka J.'s analysis of the four propositions from the *Labour Trilogy* with regard to the challenged legislative restriction, which permitted only those employees' associations which had statutory incorporation to bargain collectively, led him to the conclusion that collective bargaining was not protected by section 2(*d*). Further, Weiler has lent his support to such a conclusion with pragmatic arguments supporting Le Dain J.'s grave reservations in the *Labour Trilogy* about the invitation presented to the Supreme Court by unions to constitutionalize the work place by including the right to strike in the protection of section 2(*d*).[88] Weiler offers the argument that even though the application of the principle argued for by Beatty and Kennett might do the trick of constitutionalizing the right to bargain collectively and to strike, it would also support a business price-fixing cartel's argument that, thanks to section 2(*d*) anti-combines laws do not stand in its way:

---

[85] *Alberta Reference, supra*, note 80, pp. 404 and 405. This example was provided by P. Gall in "Freedom of Association and Trade Unions: A Double-Edged Constitutional Sword" in Weiler & Elliot's, *Litigating the Values of a Nation: The Canadian Charter of Rights and Freedoms* (Toronto: Carswell, 1986).

[86] *Supra*, note 84, p. 403.

[87] D. Beatty & S. Kennett, "Striking Back: Fighting Words, Social Protest and Political Participation in Free and Democratic Societies" (1988) 67 *Can. Bar Rev.* 573.

[88] P.C. Weiler, "The Charter at Work: Reflections on the Constitutionalizing of Labour and Employment Law" (1990) 40 *U.T.L.J.* 117.

The fact is that the same human or economic action takes on an entirely different hue and entails qualitatively different costs (and benefits) when it is engaged in by organized groups rather than by single individuals.[89]

This cartel example seems to have similar stopping power to the gun club example in the second proposition. However, in *Citizens Against Rent Control*[90] the Supreme Court of the United States condemned an ordinance which placed a cap of $250 on contributions made to referendum committees on the ground that individuals acting in association must be as free to pursue lawful aims as each of them would be as individuals.

Some questions which remain outstanding are:

1. What will be said about governmental interference with the internal organization or structure of an association? Under American constitutional doctrine, this would infringe on freedom of association.[91]

2. How is a balance to be struck between freedom of association and equality values? In *Gould*,[92] Wachowich J. discusses at some length American and British cases dealing with the conflict between governmental efforts to eliminate discrimination and freedom of association.[93] At stake in the litigation was whether the Yukon Order of Pioneers was offering a "public" service so as to bring it within the purview of the *Yukon Human Rights Code*. The *Charter* was not involved because there was no issue of governmental action. But, freedom of association was argued because it is guaranteed under Part 1 "The Bill of Rights" of the *Yukon Human Rights Code*. The trial court found in favour of the Yukon Order of Pioneers. On appeal, this judgment was confirmed, but without any discussion of freedom of association and equality values.[94]

Another unexamined issue would arise where the government singles out an association, or persons affiliated with that association, for discriminatory treatment on racial, religious or political grounds. There is no attempt to brand the association, as such, but rather the government aims at persons

---

[89] *Ibid.*, p. 147.
[90] *Citizens Against Rent Control* v. *Berkley*, 454 U.S. 290 (1981).
[91] See, L. Tribe, *American Constitutional* Law, 2nd. ed. (Mineola N.Y.: Foundation Press, 1988), pp. 1010-1022.
[92] *Gould* v. *Yukon Order of Pioneers, Dawson Lodge No. 1* (1991), 87 D.L.R. (4th) 618. (Y.T. S.C.), affirmed (1993), 100 D.L.R. (4th) 596 (Y.T. C.A.), leave to appeal to S.C.C. granted (1993), 163 N.R. 319 (note) (S.C.C.).
[93] *Ibid.* (Y.T.S.C.), pp. 655 to 671. For a discussion of the challenge facing women seeking entry into "private" mens' clubs, see Laframboise & West, "The Case of All-Male Clubs: Freedom to Associate or Licence to Discriminate?" (1987-88) 2 *C.J.W. L.* 335.
[94] *Gould* v. *Yukon Order of Pioneers, Dawson Lodge No. 1* (1993), 100 D.L.R. (4th) 596 (Y.T. C.A.). This judgment was appealed and has been argued before the Supreme Court.

who have affiliated with it. Although *Switzman*[95] was treated as a "speech" case, Cotler suggests that it had associations elements in it, such as to make it an example of:

> [W]hat . . . *Switzman* illustrates, is not the branding of an organization, such as the Communist Party as unlawful, or interference with the internal structure or activity of an otherwise protected association, denying certification to an organization because its leader is a Communist. Rather, what you had here is the prohibition of an act (propagation of Communism), on discriminatory grounds (political belief), and the punishment of anyone "associated" with the act (the occupant of premises used for the propagation of Communism.)[96]

3. How is the case where associational ties are made the basis for a denial of a government benefit to be resolved? That is, where government makes non-membership in disfavoured associations a condition of various opportunities, or conditions such opportunities on oaths of disaffiliation with such associations.

The Supreme Court of the United States has a doctrine reaching back to Reconstruction, in the aftermath of the Civil War, which sees restrictions on this model struck down because they are unrelated to occupational qualification. The trick is to be able to make a sufficient connection between political association or ideas and occupation. In *Pickering*,[97] the Court said that a teacher could not be dismissed for criticizing the Board of Education because, on a balancing test, the speech interests of the public employee weighed against the disruptive effect of the employee's criticism on the governmental authority's capacity to provide its mandated services, were of more significance. But in *National Association of Letter Carriers*,[98] a law which restricted federal employees from taking an active part in political campaigns or organizations was upheld. And, in *Myers*,[99] the *Pickering* doctrine was narrowed in favour of the state by reducing its burden of proof of disruption of public services due to the criticism of an employee, especially in cases where the employee is commenting on a matter of personal interest rather than of public concern.

The Supreme Court of the United States has developed a doctrine which speaks to the practice of political patronage. In the *Burns* decision,[100]

---

[95] *Switzman v. Elbling*, [1957] S.C.R. 285.
[96] I. Cotler, "Freedom of Assembly, Association, Conscience and Religion", in W.S. Tarnopolsky & G.-A. Beaudoin's, *Canadian Charter of Rights and Freedoms: Commentary* (Toronto: Carswell, 1982), c. 6, p. 172.
[97] *Pickering v. Bd. of Education*, 391 U.S. 563 (1968). A similar line of reasoning was followed by Rand J. in *R. v. Smith & Rhuland Ltd.*, [1953] 2 S.C.R. 95.
[98] *U.S. Civil Service Comm. v. Nat. Assn. of Letter Carriers*, 413 U.S. 548 (1973).
[99] *Connick v. Myers*, 103 S. Ct. 1684 (1983).
[100] *Elrod v. Burns*, 427 U.S. 347 (1976).

the Court held that patronage dismissals infringed upon First Amendment rights of association and belief, but exempted employees in confidential policy positions. In *Branti*,[101] the Court tightened up the test in favour of First Amendment rights by imposing a burden on the State of demonstrating that a certain political party affiliation is a requirement for a particular public office to be effectively discharged.

The most cited Canadian example of judicial review condemning a government which moved to deny a certain benefit to a person on the footing of this association with a disfavoured organization is the *Roncarelli* case.[102] However, no clear doctrine has been developed, as the checkered history of the cases in this area demonstrate.[103]

4. What happens where a governmental actor inquires of an organization who its members are, or, of an individual, what organizations he or she has joined?

As Tribe has pointed out, American case law in this area has been anything but constant:

> Early cases, never quite repudiated, upheld state power to ascertain the membership of the Ku Klux Klan and the Communist Party. Later cases, now clearly representing settled law, refused to permit suspicion of connection with the Communist Party to justify compelled disclosure of the membership of the NAACP. In a parallel vein, early cases upheld contempt convictions for refusing to answer legislative questions about past or present Communist Party membership, while later cases held such questions impermissible at least when the membership was other than extremely recent.[104]

In *Buckley*,[105] the Supreme Court dealt with the issue of compelled disclosure of political contributions, siding very strongly with the individual's First Amendment rights. It ruled that the State may only compel such disclosure if it can demonstrate that its demand is the very least restrictive means available to serve the compelling State interest in an open political process.

In *National Citizens' Coalition Inc.*,[106] Medhurst J., of the Alberta Court of Queen's Bench, found himself faced with a similar situation and adopted the same line as *Buckley*, although the case was presented and

---

[101] *Branti v. Finkel*, 445 U.S. 507 (1980).
[102] *Roncarelli v. Duplessis*, [1959] S.C.R. 121.
[103] See *Smith & Rhuland Ltd, supra*, note 56; *Martin v. Law Soc. (B.C.)*, [1950] 3 D.L.R. 173 (B.C.C.A.); *Co-op Ctee. on Japanese Cdns. v. Canada (A.G.)*, [1947] A.C. 87 (P.C.); and I. Cotler's discussion, *supra*, note 96, pp. 177-182.
[104] L. Tribe, *supra*, note 91, pp. 1019-20.
[105] *Buckley v. Valeo*, 424 U.S. 1 (1976).
[106] *National Citizens' Coalition Inc./ Coalition nationale des citoyens Inc. v. Canada (A.G.)* (1984), 11 D.L.R. (4th) 481 (Alta. Q.B.).

determined as an expression rather than an association case. The Court found two provisions of the *Canada Elections Act*,[107] which forbade anyone other than a registered political party or candidate from incurring election expenses during a campaign to be contrary to section 2(*b*) of the *Charter*. The argument from equality of the government, that without such a restriction an unfair advantage would go to those third parties who have large amounts of money at their disposal, was rejected. The testimony of an American constitutional expert to the effect that *Buckley* was distinguishable on the ground that Canada might be said to be more fundamentally committed to ensuring that its electoral system "equalizes the ability of all citizens to participate in elections by limiting campaign expenditures" than was the United States, was not taken up by Medhurst J.

(d) Freedom from Unions

In the aftermath of the *Labour Trilogy* and *P.I.P.S.*, the big question was whether the Supreme Court would stick to the policy of not constitutionalizing collective bargaining issues when faced with a dissenting individual's claim to section 2(*d*) protection. The testing question became does it necessarily follow that the guarantee of freedom of association must carry with it the right to be free from association in the same way that freedom of religion protects the atheist? Gall so argued.[108] He began with the libertarian proposition that freedom for the individual is at the heart of the *Charter*.[109] Freedom means choice. This means not only that freedom from association is a corollary of section 2(*d*), but that it must be seen to carry no less importance. As a bolster for his argument, Gall pointed out that both the Irish and the German constitutional protection of associational rights have been interpreted so as to include the right not to associate.[110] Fichaud added the Indian Constitution to the list.[111]

---

[107] R.S.C. 1970, c. 14 (1st Supp.) [now R.S.C. 1985, c. E-2].

[108] P.A. Gall, "Freedom of Association and Trade Unions: A Double-Edged Constitutional Sword", in Weiler & Elliot, *supra*, note 60, p. 245.

[109] For McIntyre J.'s endorsement of this debatable point, see the recent *Alberta Reference* case, *supra*, note 80.

[110] *Supra*, note 108, p. 250.

[111] J. Fichaud, "Analysis of the Charter and its Application to Labour Law" (1984) 8 *Dalhousie L.J.* 402 , p. 415. But the majority of the European Court of Human Rights avoided commenting specifically on the right not to associate in *Young, James & Webster* (1981), 3 E.H.R.R. 20. The upshot of the decision was that the plaintiffs were protected from losing their jobs for refusing to join a union under a newly-bargained closed shop agreement, but this result was not justified on the footing that they possessed the "freedom from" association.

The first case on this issue saw the trial judge, White J., adopt just such an approach. In *Lavigne*,[112] the question before the Court was whether a compulsory union dues check-off clause between a governmental agency and a union, sanctioned by statute, was constitutionally impermissible under section 2(*d*), to the extent that such dues were applied by the union to social rather than bilateral collective bargaining issues.[113] In response to this judgment, Etherington offered a prudent purposive analysis of forced association which would save from section 2(*d*) all forced taxation, regulatory and membership payments. Forced association would not be constitutionally permissible, however, if it could be shown that an individual's liberty interests, in terms of the development of self-potential, were threatened or unless free and democratic political processes were detrimentally affected.[114] Etherington offered four dangers to liberty interests where section 2(*d*) might be called in aid should a government force payments from a person in return for services. They are:

1. Governmental establishment of, or support for, particular political parties or causes.
2. Impairment of the individual's freedom to join or associate with causes of his choice.
3. The imposition of ideological conformity.
4. Personal identification of an objector with political or ideological causes supported by a service association.[115]

When *Lavigne* reached the Supreme Court,[116] Etherington's purposive definition was endorsed by La Forest J., carrying Sopinka and Gonthier JJ. However La Forest J. notes that it might be argued that the values identified by Etherington are merely some of those protected by section 2(*d*).[117]

The upshot of the three judgments in *Lavigne* is consistent with the stance taken in the *Labour Trilogy* not to constitutionalize collective bargaining issues. But, the judgments do not say this in so many words. However, four of the panel of seven, Wilson J. for Cory, L'Heureux-Dubé and

---

[112] *Lavigne v. O.P.S.E U.* (1986), 29 D.L.R. (4th) 321 (H.C.), additional reasons at (1987), 41 D.L.R. (4th) 86 (H.C), (reversed (1989), 56 D.L.R. (4th) 474 (C.A.), affirmed [1991] 2 S.C.R. 211, application for re-hearing refused (1991), 4 O.R. (3d) xii (note) (S.C.C.)).

[113] *Ibid.* Section 53(l) of the *Collective Bargaining Act*, R.S.O. 1980, c. 74, stated: "The parties to an agreement may provide for the payment by the employees of dues or contributions to the employee organization." On the facts before White J., the parties had so provided.

[114] B. Etherington, "Freedom of Association and Compulsory Union Dues: Towards a Purposive Conception of a Freedom to not Associate" (1987) 19 *Ottawa L. Rev.* 1.

[115] *Ibid.*, pp. 43-44.

[116] [1991] 2 S.C.R. 211, application for re-hearing refused (1991), 4 O.R. (3d) xii (note) (S.C.C.).

[117] *Ibid.*, p. 328.

McLachlin JJ., rule on the footing that forcing union dues from a Rand formula employee on a "no free riders" rationale did not run afoul of section 2(*d*). Their view was that the constitutional values in play involved not association, but the enforced support of views, opinions or actions which one does not share. Accordingly, the appropriate sections of the *Charter* are 2(*b*) and 7. As for section 2(*d*) Mr. Lavigne's objection had to do with the objects of the union which the *Labour Trilogy* and *P.I.P.S.* said section 2(*d*) does not protect. As Wilson J. put it:

> Since s. 2(d) protects both individuals and collectivities, if the objects of an association cannot be invoked to advance the constitutional claims of unions, then neither, it seems to me, can they be invoked in order to undermine them.[118]

McLachlin J.'s judgment leaves open the question of what might be the result of a direct challenge to a "closed shop" where one must hold a union card to be employed or to a "union shop" where one must join the union once one takes up employment. This is because she sides with La Forest J. in saying that section 2(*d*) protects the freedom not to associate. Thus, *Lavigne* leaves us with four of a panel of seven who endorse the "freedom from" interpretation of section 2(*d*). This, however, does not mean that "closed" and "union" shops will be struck down when there is a sufficient "governmental actor" connection under section 32.[119] As means of strengthening the voice and power of unions, they may well be saved under the broad section 1 analysis provided by La Forest J. In *Lavigne,* La Forest J. explains that the governmental purposes behind unions being able to direct money to social and political issues outside the realm of their direct bargaining interest contributed in part by compulsory dues check-offs from Rand formula, non-union employees such as Mr. Lavigne, are twofold. First they enable unions to participate in the broader political, economic and social debates:

> Government policy on day-care, for example, will affect what a union can achieve for its members at the bargaining table. If universal day-care is paid for by taxpayers as a whole, union negotiators in a particular workplace will not have to pay for it by making wage concessions as a way of convincing the

---

[118] *Ibid.*, p. 264, per Wilson J.

[119] See *Assn. of Professional Engineers of Sask. v. S.G.E.U.* (1992), 91 D.L.R. (4th) 694 (Sask. Q.B.), affirmed (1993), 106 D.L.R. (4th) 767 (Sask. C.A.), leave to appeal to S.C.C. refused (1994), 110 D.L.R. (4th) vii (note) (S.C.C.) for a ruling that a "union" shop clause, as is mandated by *The Saskatchewan Trade Union Act* does not violate section 2(*d*). By analogy see *Tyndall v. Manitoba (Labour Bd.)* (1994), 91 Man. R. (2d) 222 (Q.B.), affirmed (1994), 95 Man. R. (2d) 248 (C.A.), leave to appeal to S.C.C. refused (1995), 118 D.L.R. (4th) vii (note) (S.C.C.), application for re-hearing refused (1995), 120 D.L.R. (4th) vi (note) (S.C.C.) for a judgment finding that the forced amalgamation of two bargaining units on the merger of two corporations does not involve any violation of the affected employees' freedom of association.

employer to provide it. Even if the government introduces certain taxes, the balance of power between workers and management may be affected. Concerned to cushion their membership against a tax's inflationary effect, unions may have to make concessions in areas they would otherwise have fought for, such as vacation time or worker safety. This, then, is one of the principal objectives that lies behind the government's willingness to force contribution to union coffers knowing that it will be spent on things not immediately related to collective bargaining on behalf of the workers making the contributions.[120]

The second governmental objective is that of contributing to democracy in the workplace:

> The old slogan that self-government entails the right to be wrong may be a good way of summing up the government's objective of fostering genuine and meaningful democracy in the workplace.[121]

(e) The Criminal Law

There are a number of crimes which may invoke section 2(*d*) scrutiny. The first such provision dealt with by the Supreme Court was the prohibition on communicating in public for the purpose of prostitution [s. 213(1)(*c*), formerly s. 195.1(1)(*c*)]

In *Stagnitta*,[122] and *Skinner*,[123] Dickson C.J.C., Lamer, La Forest and Sopinka JJ., found no violation of section 2(*d*). Communication between a prostitute and a potential customer is commercial expressive rather than associational activity.[124]

Wilson and L'Heureux-Dubé JJ., in dissent, argued that the most basic aspect of freedom of association, which is the ability of one person to associate with another in pursuit of a common goal, was engaged in the prostitute's conversation with the potential customer. It "... is the fact that the parties to this transaction associate that is relevant to a s. 2(*d*) analysis, not the fact that the reason for which they associate is to effect a commercial transaction in which sex is ultimately exchanged for money."[125]

In light of *Stagnitta* and *Skinner*, section 2(*d*) challenges to the crimes involving conspiracy are unlikely to succeed. However, a brief discussion of this field may be of some use. The breadth of common law conspiracy is made clear by the progressively expansive definitions provided a century ago by Willes J. and Fitzgerald J.:

---

[120] *Supra*, note 116, per La Forest J., pp. 334-335.
[121] *Ibid.*, p. 335.
[122] *R. v. Stagnitta*, [1990] 1 S.C.R. 1226.
[123] *R. v. Skinner*, [1990] 1 S.C.R. 1235.
[124] *Ibid.*, p. 1244.
[125] *Ibid.*, p. 1251.

> A conspiracy consists not merely in the intention of two or more, but in the agreement of two or more to do an unlawful act, or to do a lawful act by unlawful means. So long as such a design rests in intention only, it is not indictable. When two agree to carry it into effect, the very plot is an act in itself . . . punishable if for a criminal object or for the use of criminal means.[126]
>
> Conspiracy has been aptly described as divisible under three heads — i.e., where the end to be attained is in itself a crime; where the object is lawful, but the means to be restored to are unlawful; and where the object is to do injury to a third party or to a class, though if the wrong were effected by a single individual it would be a wrong but not a crime.[127]

Related statutory conspiracy provisions are seditious conspiracy, in section 59(3) of the *Criminal Code* and treasonable conspiracy, in section 46(2)(*c*), (*e*) and (4). Then there are the peculiar provisions of section 466 dealing with conspiracy in restraint of trade:

> (1) A conspiracy in restraint of trade is an agreement between two or more persons to do or to procure to be done any unlawful act in restraint of trade.
>
> (2) The purposes of a trade union are not, by reason only that they are in restraint of trade, unlawful within the meaning of subsection (1).

Just why this offence remains under the *Criminal Code* is something of a mystery given the penal provisions of the *Competition Act*.[128]

> 32.(1) [45.1] Every one who conspires, combines, agrees or arranges with another person
> (*a*) to limit unduly the facilities for transporting, producing, manufacturing, supplying, storing or dealing in any product,
> (*b*) to prevent, limit or lessen, unduly, the manufacture or production of a product, or to enhance unreasonably the price thereof,
> (*c*) to prevent, or lessen, unduly, competition in the production, manufacture, purchase, barter, sale, storage, rental, transportation or supply of a product, or in the price of insurance upon persons or property, or
> (*d*) to otherwise restrain or injure competition unduly,
> is guilty of an indictable offence and is liable to imprisonment for five years or to a fine of one million dollars or to both.
> (1.1) For greater certainty, in establishing that a conspiracy, combination, agreement or arrangement is in violation of subsection (1), it shall not be necessary to prove that the conspiracy, combination, agreement or arrangement, if carried into effect, would or would be likely to eliminate, completely or virtually, competition in the market to which it relates or that it was the

---

[126] *Mulcahy v. R.* (1868), L.R. 3 H.L. 306, p. 317.
[127] *R. v. Parnell* (1881), 14 Cox C.C. 508 (Q.B.), p. 513.
[128] R.S.C. 1970, c. C-23, as am. 1974-75-76, c. 76, s. 14; 1986, c. 26, s. 301 [now R.S.C. 1985, c. C-34].

object of any or all of the parties thereto to eliminate, completely or virtually, competition in that market.

Section 4(1) provides for an exemption for combinations of employees with respect to activities "for their own reasonable protection". But it is far from settled just what the courts may make of this exception, which is based upon the exemption in section 466(2) of the *Criminal Code*. With regard to the latter provision, the Supreme Court of Canada in *Stern*[129] found the expulsion of a union member for failing to comply with a boycott of a third party to be unlawful. Fauteux J. said:

> The criminal law has been amended to grant immunity to trade unions from prosecution for agreements in restraint of trade. This is qualified immunity which flows from a policy designed to promote legitimate endeavours of the working classes. It does not follow that this special immunity will operate in cases of combinations absolutely foreign to such endeavours and of which the end or the means are unlawful.[130]

In the *Electrical Contractors*[131] case, several electrical contractors were found guilty of a conspiracy to suppress competition. What is particularly interesting is that the union was a very significant partner in the impugned scheme. The union, in effect, policed the system by refusing to send its members to work for any contractor who was not a member of the conspiring association of employers. Yet, the union was not charged. Adams points out that there is a similar ambiguity in the combines law of the United States:

> While historically American courts have also given broad scope to the immunity afforded to trade unions, the recent case of *Connell Construction v. Plumbers & Steamfitters, Local* 100 striking down a construction industry subcontracting clause extending beyond a particular job site demonstrates that the exemption in that country is by no means clear.[132]

In Law Society of B.C. v. Canada (A.G.),[133] the Supreme Court of Canada determined that section 32 of the *Combines Investigation Act*[134] did not apply to the Benchers of the Law Society of British Columbia in the exercise of their discretionary power to discipline a member for advertising in violation of their rules. This "division of powers" judgment effectively exempts from section 32 a professional body's capacity to define professional misconduct as it sees fit despite the Court's acknowledgment that amend-

---

[129] *S.I.U. v. Stern*, [1961] S.C.R. 682.
[130] *Ibid.*, p. 688.
[131] *R. v. Electrical Contractors' Assn.*, [1961] O.R. 265 (C.A.).
[132] G.W. Adams, *Canadian Labour Law* (Toronto: Canada Law Book Inc., 1985), p. 861.
[133] *Canada (A.G.) v. Law Society (B.C.)*, [1982] 2 S.C.R. 307.
[134] R.S.C. 1970, c. C-23; see now the *Competition Act, supra*, note 128.

ments to section 32 proclaimed in 1975 were aimed at expanding the ambit of the section to include professions.[135]

The *Criminal Code* speaks to the matter of several other economic offences which may be committed by a combination of persons. Section 422 creates an indictable offence punishable by imprisonment for up to five years for wilfully breaking a contract, alone or in combination with others which puts life or "valuable" property at risk. There is a saving provision protecting union activity which reads:

> (2) No person wilfully breaks a contract within the meaning of subsection (1) by reason only that
> (*a*) being the employee of an employer, he stops work as a result of the failure of his employer and himself to agree upon any matter relating to his employment, or,
> (*b*) being a member of an organization of employees formed for the purpose of regulating relations between employers and employees, he stops work as a result of the failure of the employer and a bargaining agent acting on behalf of the organization to agree upon any matter relating to the employment of members of the organization,
> if, before the stoppage of work occurs, all steps provided by law with respect to the settlement of industrial disputes are taken and any provision for the final settlement of differences, without stoppage of work, contained in or by law deemed to be contained in a collective agreement is complied with and effect given thereto.

Section 423 includes in its definition of the crime of intimidation "watching and besetting" which, on its fact, might well prevent all forms of picketing activity by unions or consumers or citizens. However, it allows for an exception so long as the person is watching and besetting "for the purpose only of obtaining or communicating information". Further protection for the freedom of workers to associate in trade unions can be found in section 425 which makes it a summary conviction offence for an employer to discriminate against an employee on the ground that he is a member of a union. Finally, there are the saving provisions of section 467 which prevent a person from being convicted of conspiracy by reason only that he refuses to work with a certain person or for a certain employer or acts in support of his union. As Tarnopolsky has pointed out, these saving provisions of the *Criminal Code* were summarized by Locke J. in the *Zambri* decision in these terms:

> The objections to the legality of strikes on the ground that they are unlawful conspiracies or in restraint of trade which might formerly be made the subject

---

[135] *Jabour, supra*, note 133, p. 346, per Estey J.

of criminal charges have long since disappeared by reason of the provisions of the *Criminal Code*.[136]

(f) The Family

In *Horbas*,[137] section 4(3) of the *Immigration Regulations*,[138] which is aimed at preventing contrived marriages for the purposes of immigration, was found by the Trial Division of the Federal Court not to infringe on freedom of association. In *Downes*,[139] the deportation of a parent who faced leaving his children behind in Canada was found not to be against section 2(*d*) of the *Charter*. In the opinion of McNair J. of the Federal Court Trial Division, freedom of association did not include the parent/child relationship. In *Re S.*,[140] it was held that the apprehension of a child in need of protection under a child welfare statute was justified under section 1 even if such an act violated the child's freedom of association. The Ontario Court of Appeal went further in *Catholic Children's Aid Society*[141] and declared that fundamental freedoms have no application to the family. In particular, this means that birth parents have no section 2(*d*) claim when denied access to information as to the whereabouts of an adopted child. In any case, even if section 2(*d*) was applicable to family association, section 1 would justify the denial of this information to birth parents. *In Nova Scotia (Min. of Community Services)*,[142] the Nova Scotia Court of Appeal endorsed a similar position. In *Young*,[143] the Supreme Court rejected a section 2(*d*) challenge by a non-custodial father to a court order preventing him from prosthelatiz-

---

[136] W.S. Tarnopolsky, *The Canadian Bill of Rights*, 2nd ed. (rev.) (Toronto: Macmillan, 1975), p. 209. This assertion by Locke J. is from *C.P.R. v. Zambri*, [1962] S.C.R. 609, p. 621.
[137] *Horbas v. Canada (Min. of Employment & Immigration)* (1985), 22 D.L.R. (4th) 600 (Fed. T.D.). In *Re Gray and Min. of Manpower & Immigration*, May 6, 1985 (Fed. T.D.), Denault J., a similar decision was handed down stating that freedom of association does not embrace freedom to marry.
[138] SOR/78-172.
[139] *Downes v. Canada (Min. of Employment & Immigration)* (1986), 4 F.T.R. 215 (T.D.).
[140] *Re S. and Min. of Social Services*, [1983] 21 A.C.W.S. (2d) 219 (Sask. Q.B.), per Halvorson J. For a similar decision, see *Shingoose v. Saskatchewan (Min. of Social Services)* (1983), 149 D.L.R. (3d) 400 (Sask. Q.B.), leave to appeal granted (1983), 4 D.L.R. (4th) 765 (Sask. C.A.), where the Court found that even if section 2(*d*) extended to the parent/child relationship, section 1 saved the child apprehension section. See also *W. (P.M.) v. Dir. of Child Welfare* (1985), 40 Alta. L.R. (2d) 31 (Q.B.), for the ruling that an adoption order which had the effect of severing the relationship between a child and a grandmother was not offensive to section 2(*d*).
[141] *Catholic Children's Aid Society of Metropolitan Toronto v. S.(T)* (1989), 60 D.L.R. (4th) 397 (Ont. C.A.).
[142] *S. (M.K.) v. Nova Scotia (Min. of Community Services)* (1989), 19 R.F.L. (3d) 75 (C.A.), leave to appeal to S.C.C. refused (1989), 102 N.R. 240 (note) (S.C.C.).
[143] *Young v. Young*, [1993] 4 S.C.R. 3, 108 D.L.R. (4th) 193.

ing his children in the Jehovah's Witness faith without his wife's prior consent. To the same effect see *B. (R.)*,[144] where the Quebec Court of Appeal rejected a similar plea from a Jehovah's Witness father to treat section 2(*d*) as covering the association between parents and their children.

(g) Other Statutory Restrictions

Several other regulatory restrictions on association have passed judicial muster since the proclamation of the *Charter*. Only three have not. In *Clearview Dairy Farm Inc.*,[145] a milk board's requirement that a producer not sell his milk privately was found not to infringe upon the producer's freedom of association. Similarly, in *Rio Hotel Ltd.*,[146] a liquor licence which prevented its holder from providing striptease entertainment survived judicial scrutiny under section 2(*d*). Prison restrictions on visiting rights for remand inmates were found not to infringe section 2(*d*) in *Re Maltby*.[147] The transfer of a federal inmate from one prison to another was said not to infringe section 2(*d*) in *Butler*.[148] In *Reyes*,[149] the statutory grant of discretionary power to the Governor in Council to refuse to grant citizenship in a case where public order or security was at risk was found to be constitutionally permissible, so far as section 2(*d*) was concerned. In *Alex Couture*,[150] the Quebec Court of Appeal found that the restrictions imposed on corporate mergers by the *Competition Act* did not violate section 2(*d*).

The three judgments which have relied on freedom of association are remarkable due to the size and long-standing traditions of the impugned restrictive institutions. In *Fraser*,[151] several provisions of the Nova Scotia *Civil Service Act*[152] were found to offend freedom of association. Civil

---

[144] *B. (R.) v. C. (H.)* (1993), 38 A.C.W.S. (3d) 315 (Que. C.A.).
[145] *British Columbia (Milk Bd.) v. Clearview Dairy Farm Inc.* (1986), 69 B.C.L.R. 220 (S.C.), affirmed (1987), 12 B.C.L.R. (2d) 116 (C.A.), leave to appeal to S.C.C. refused [1987] 4 W.W.R. lxvi (note) (S.C.C.).
[146] *Rio Hotel Ltd. v. New Brunswick (Liquor Licensing Bd.)* (1986), 69 N.B.R. (2d) 20 (C.A.), affirmed [1987] 2 S.C.R. 59.
[147] *Maltby v. Saskatchewan (A.G.)* (1982), 143 D.L.R. (3d) 649 (Sask. Q.B.), affirmed (1984), 10 D.L.R. (4th) 745 (Sask. C.A.).
[148] *Butler v. R., supra*, note 37.
[149] *Reyes v. Canada (A.G.)* (1983),149 D.L.R. (3d) 748 (Fed. T.D.).
[150] *Alex Couture Can. v. Canada (A.G.)* (1991), 83 D.L.R. (4th) 577 (Que. C.A.), leave to appeal to S.C.C. refused (1992), 91 D.L.R. (4th) vii (note) (S.C.C.).
[151] *Fraser v. Nova Scotia (A.G.)* (1986), 30 D.L.R. (4th) 340 (N.S. T.D.). A different decision was reached in *Osborne v. Canada (Treasury Bd.)*, [1986] 3 F.C. 206 (T.D.), reversed in part [1988] 3 F.C. 219 (C.A.), affirmed [1991] 2 S.C.R. 69, where statutory restrictions on the political activities of federal public servants were upheld. To the same effect with regard to a statute barring school board employees from running for membership on the board, see *Sacco v. Ontario (A.G.)* (1991), 77 D.L.R. (4th) 764 (Ont. Gen. Div.).
[152] *Supra*, note 44.

servants were prevented by these sections from working for a political party or contributing money thereto, at a provincial level. Exceptions were allowed in the arena of municipal politics. The government's section 1 justification fell on barren ground because the Court was satisfied that less restrictive means were available than the prohibitory measures set forth by the statute. In *Black*,[153] the walls which the Law Society of Alberta had erected to prevent non-residents from practising in partnership with Albertan firms were brought down by the minority of the Supreme Court of Canada, per McIntyre J., because they violated section 2(*d*). The minority sided with the Alberta Court of Appeal in rejecting the argument that freedom of association must be read as only addressing those associations which are formed in order to express or advance some other fundamental freedom listed in section 2 of the *Charter*. McIntyre J. concluded that association to gain a livelihood was a freedom so fundamental as not to require formal expression in section 2. The Law Society's section 1 argument foundered for the same reason as was given in *Fraser*. La Forest J., speaking for the majority of the Supreme Court, reached the same outcome by relying on section 6 (mobility rights). In *Hills*,[154] the Supreme Court looked to the principles behind section 2(*d*) in order to prove an interpretation of the word "financing" in the *Unemployment Insurance Act* so as to entitle an employee who was out of work due to a strike against the same company by another local of his union to receive U.I.C. benefits. The only associational link between the claimant and the striking local was the fact that he had paid dues to the parent international union. L'Heureux-Dubé J., for the majority, adopted the reasoning in a like American case, *General Motors*:[155]

> The effect of interpreting "financing" as GM suggests would be to burden arbitrarily, affiliations among bargaining units at the same establishment. Only by remaining independent, or affiliating solely with workers at other plants, could local bargaining units assure that no innocent bystanders would be denied unemployment compensation.[156]

3. CONCLUSION

Though, *in dicta*, the Supreme Court has sought to distance itself from a narrow American reading of freedom of association,[157] as in the previous

---

[153] *Black v. Law Society (Alta.)*, [1989] 1 S.C.R. 591.
[154] *Hills v. Canada (A.G.)*, [1988] 1 S.C.R. 513.
[155] *General Motors Corp. v. Bowling*, 426 N.E. 2d 1210 (1981).
[156] *Supra*, note 154, p. 558 quoting from Simon J. in *General Motors*, p. 1213.
[157] For a recent case where the American Supreme Court has found agency shop (Rand Formula) compelled dues being utilized to subsidize political activities outside the limited contexts of contract ratification or implementation to violate the First Amendment, see *Lehnert v. Ferris Faculty Assn.*, 111 S. Ct. 1950 (1991).

edition of this chapter, an appropriate ending for this commentary remains Tribe's initial criticism of American freedom of association doctrines as being "insufficiently sensitive to the social dimension of humanity and the communal dimension of society":[158]

> For association in its communal sense — activity understandable only as it exists in the context of group experience, as in a family or a commune, for example — has thus far been of no real concern in first amendment doctrine. Likewise, ardent believers in the richness and diversity of a pluralist society . . . will find little comfort in the freedom of association as it has evolved under the umbrella of the first amendment.[159]

---

[158] L. Tribe, *American Constitutional Law* (Mineola, N.Y.: Foundation Press, 1978), p. 700.

[159] *Ibid.*, p. 701. Tribe is rather more hopeful in his second edition arguing that if recent developments, beginning with *Citizens Against Rent Control*, *supra*, note 90, continue then some comfort might be found in freedom of association by believers in freedom of association in its communal sense. Tribe, *supra*, note 91, p. 1011.

7

Des droits démocratiques
(articles 3, 4 et 5)

*Gérald-A. Beaudoin**

1. Introduction
2. Le droit de vote, la représentation, le droit d'éligibilité (article 3)
    (a) Le droit de vote
        (i) Introduction
        (ii) Importance
        (iii) Protection avant le rapatriement de la Constitution
        (iv) Protection constitutionnelle : la *Charte canadienne des droits et libertés*
        (v) Droit comparé
            (A) Aux États-Unis
            (B) En France
        (vi) Que disent nos mesures législatives électorales?
        (vii) Les personnes inhabiles à voter
        (viii) Analyse des exceptions
            (A) Le directeur général des élections et son adjoint
            (B) Le directeur du scrutin de chaque circonscription
            (C) Les détenus dans les pénitenciers
                (1) La situation avant 1993
                (2) La situation depuis 1993
            (D) Les personnes privées du droit de vote pour manoeuvres frauduleuses ou illicites

---

* Professeur émérite à la Faculté de droit de l'Université d'Ottawa et sénateur.

                (E) Autres cas
        (ix) Le vote
                (A) La question de la résidence
                (B) L'exercice du droit de vote
                (C) Le recensement
                (D) Le vote par anticipation
                (E) Le vote à l'étranger
                (F) Les dépenses électorales
    (b) La représentation dans les assemblées législatives
        (i) La représentation selon la population
        (ii) Une personne, un vote
                (A) La situation aux États-Unis
                (B) La situation au Canada
        (iii) La question de la proportionnelle
    (c) Le droit d'éligibilité
    (d) Les recommandations de la Commission Lortie de 1991
    (e) Conclusion
3. De la durée maximale des assemblées législatives (article 4)
    (a) La durée de la Chambre des communes
        (i) Principe général
        (ii) Exceptions
    (b) Le mandat électoral des députés provinciaux
4. La séance annuelle des assemblées législatives (article 5)
5. Conclusion générale

«Le gouvernement de la démocratie fait descendre l'idée des droits politiques jusqu'au moindre des citoyens.» Alexis de Tocqueville, *De la démocratie en Amérique.*

«The foundation of all democracy is that the people have the right to vote.» Sir Winston Churchill, *The Wit and Wisdom of Winston Churchill,* 1994.

1. INTRODUCTION

La démocratie est un système politique au sein duquel la volonté du peuple est souveraine. Le peuple peut exercer ce pouvoir de plus d'une manière; par exemple, de façon directe, comme dans les cités-états de la Grèce antique ou de façon moins directe, en choisissant ses représentants et ses dirigeants.

Il a fallu attendre plusieurs siècles pour voir se développer le concept de démocratie représentative. Les idées et les écrits de Locke, Montesquieu, Voltaire, Rousseau, Payne, de Tocqueville et de beaucoup d'autres en ont favorisé l'avènement dans nos sociétés occidentales.

C'est au XIXe siècle que nos droits démocratiques modernes ont commencé à voir le jour.

Des droits démocratiques 7-3

Le droit de choisir ceux qui gouvernent, le droit de se porter candidats aux charges publiques, le droit de voter périodiquement, librement et secrètement et le droit pour les élus de siéger régulièrement constituent les assises des droits démocratiques.

Le Canada vit sous un régime de démocratie parlementaire.

Les articles 3, 4 et 5 de la *Charte canadienne des droits et libertés* portent sur les droits démocratiques.

Ces articles se lisent comme suit :

3. Tout citoyen canadien a le droit de vote et est éligible aux élections législatives fédérales et provinciales.

4.(1) Le mandat maximal de la Chambre des communes et des assemblées législatives est de cinq ans à compter de la date fixée pour le retour des brefs relatifs aux élections générales correspondantes.

(2) Le mandat de la Chambre des communes ou celui d'une assemblée législative peut être prolongé respectivement par le Parlement ou par la législature en question au-delà de cinq ans en cas de guerre, d'invasion ou d'insurrection, réelles ou appréhendées, pourvu que cette prolongation ne fasse pas l'objet d'une opposition exprimée par les voix de plus du tiers des députés de la Chambre des communes ou de l'assemblée législative.

5. Le Parlement et les législatures tiennent une séance au moins une fois tous les douze mois.»

Le droit de vote et le droit d'éligibilité n'étaient pas enchâssés dans la *Loi constitutionnelle de 1867*. Le principe de la session annuelle cependant était prévu à l'article 20 de cette loi; cet article a été remplacé par l'article 5 de la *Charte* de 1982. Le droit d'élire périodiquement un gouvernement est mentionné à l'article 50 de la *Loi constitutionnelle de 1867*; il est complété par l'article 4 de la *Charte* pour la prolongation du Parlement ou d'une assemblée législative en cas d'urgence. Cet article 4 remplace en partie le paragraphe 91(1) (abrogé en 1982) qui, en 1949, avait été ajouté à la *Loi constitutionnelle de 1867*. La *Charte canadienne des droits et libertés* assure le droit de vote aux élections fédérales et provinciales à tout citoyen canadien sans distinction. Cette *Charte* fait partie intégrante de notre Constitution.

Alors que des secteurs fort importants de la *Charte canadienne des droits et libertés* sont assujettis, par le jeu de l'article 33, à l'usage possible de la clause «nonobstant», il n'en est pas ainsi des droits démocratiques. On ne peut passer outre aux articles 3, 4 et 5 que par une modification constitutionnelle formelle.

L'article 1 de la *Charte canadienne des droits et libertés* contient une clause limitative qui se lit ainsi :

> La *Charte canadienne des droits et libertés* garantit les droits et libertés qui y sont énoncés. Ils ne peuvent être restreints que par une règle de droit, dans des limites qui soient raisonnables et dont la justification puisse se démontrer dans le cadre d'une société libre et démocratique.

C'est ce critère qu'il faut sans cesse garder présent à l'esprit quand nous analyserons les exceptions aux droits énoncés à l'article 3 de la *Charte*.

L'arrêt *Oakes*[1] fut le premier à préciser en détail la portée de la restriction autorisée par l'article 1. Comme il se doit, un chapitre du présent ouvrage collectif est consacré à cet article 1. Il suffit pour le moment de dire que l'objectif visé par une loi qui restreint un droit ou une liberté doit être important et que les moyens pour l'atteindre doivent être proportionnés au but poursuivi. Ce critère est exigeant, comme nous le verrons.

Notre étude comprendra trois parties :

I. Le droit de vote, la représentation et le droit d'éligibilité aux élections législatives fédérales ou provinciales.

II. La durée maximale des assemblées législatives.

III. La séance annuelle des assemblées législatives.

2. LE DROIT DE VOTE, LA REPRÉSENTATION, LE DROIT D'ÉLIGIBILITÉ (ARTICLE 3)

Nous diviserons l'étude de cette première partie en trois sections : a) le droit de vote; b) la question de la représentation; c) le droit d'éligibilité.

(a) Le droit de vote

(i) *Introduction*

Le droit de vote a été obtenu de haute lutte. Comme on le sait, il est loin d'exister dans tous les pays. Il a fait l'objet de chartes, de conventions et d'accords internationaux.

L'article 25 du *Pacte international relatif aux droits civils et politiques*[2] prévoit que :

> Tout citoyen a le droit et la possibilité, sans aucune des discriminations visées à l'article 2 et sans restrictions déraisonnables :
>
> a) De prendre part à la direction des affaires publiques, soit directement soit par l'intermédiaire de représentants librement choisis;

---

[1] *R. c. Oakes*, [1986] 1 R.C.S. 103. La Cour suprême avait commencé à élaborer le test de la proportionnalité dans *R. c. Big M. Drug Mart Ltd.*, [1985] 1 R.C.S. 295.

[2] *Cf. La Charte internationale des droits de l'homme*, Ottawa, ministère des Approvisionnements et Services Canada, 1980. Le *Pacte international relatif aux droits civils et politiques* a pris effet le 23 mars 1976.

b) De voter et d'être élu, au cours d'élections périodiques, honnêtes, au suffrage universel et égal et au scrutin secret, assurant l'expression libre de la volonté des électeurs;

c) D'accéder, dans des conditions générales d'égalité, aux fonctions publiques de son pays.

Ce *Pacte* fut officiellement ratifié par le Canada le 19 mai 1976 et vint en vigueur chez nous le 19 août 1976. Le 10 décembre 1975 les dix provinces avaient donné leur assentiment lors d'une conférence fédérale-provinciale des ministres chargés de faire respecter les droits fondamentaux.

(ii) *Importance*

L'importance du droit de vote ne peut être exagérée. Après le droit à la vie et à la liberté, c'est l'un des droits les plus fondamentaux qui soient.

[TRADUCTION]
Dans tout pays démocratique le droit de vote fait partie des droits politiques. En fait, c'est la clé de voûte dans l'arche de notre système moderne des droits politiques dans notre pays.[3]

Le droit de vote est à la base de nos systèmes politiques démocratiques. Aux états-Unis, dans l'affaire *Wesberry* c. *Sanders*[4], le juge Black de la Cour suprême écrit : [TRADUCTION] «Les autres droits, même les plus fondamentaux, sont illusoires, si le droit de voter est sapé à sa base.» Dans l'affaire *Reynolds* c. *Sims*[5], la Cour suprême américaine note que : [TRADUCTION] «(...) le droit d'exercer le droit de vote librement et sans entrave est une sauvegarde des autres libertés civiles et des droits politiques (...)»

(iii) *Protection avant le rapatriement de la Constitution*

Les législatures provinciales pouvaient légiférer sur le droit électoral en vertu du paragraphe 92(1) de la *Loi constitutionnelle de 1867*. Le Parlement central pouvait adopter des mesures législatives sur le droit électoral fédéral en vertu de l'article 18, du paragraphe 91(1) et de son pouvoir résiduel. Les pouvoirs énoncés aux paragraphes 91(1) et 92(1) (maintenant

---

[3] Hon. J. McRUER, *Royal Commission Inquity Into Civil Rights*, Vol. 4, Rapport no 2, Toronto, Imprimeur de la Reine, 1969, p. 1561. «In any truly democratic country the right or power to vote should be included as a political right. In fact, it is the keystone in the arch of the modern system of political rights in this country.»

[4] *Wesberry* c. *Sanders* 376 U.S. 1 (1964), p. 17. «Other rights, even the most basic, are illusory if the right to vote is undermined.»

[5] *Reynolds* c. *Sims* (1964), 377 U.S. 533 (1964), p. 562. «The right to exercise the franchise in a free and unimpaired manner is preservative of other basic civil and political rights (...)»

abrogés) se retrouvent aux articles 44 et 45 de la *Loi constitutionnelle de 1982*. Au Canada, certaines chartes des droits et libertés de nature quasi constitutionnelle protègent le droit de vote[6] et, bien sûr, nos lois électorales dans les ordres fédéral et provincial de gouvernement prévoient le droit de vote. Certains articles comme les articles 41, 50 et 51 de la *Loi constitutionnelle de 1867* en traitent. Le droit de vote faisait aussi partie de nos usages et conventions constitutionnels; mais le principe du droit de suffrage universel n'était pas inscrit expressément dans la Constitution écrite. On sait que l'on peut déroger aux chartes quasi constitutionnelles en le prévoyant expressément. Le législateur pouvait donc accorder le droit de vote ou le retirer, à volonté.

Dans l'arrêt *Homma*[7], le Comité judiciaire du Conseil privé jugea *intra vires* une loi de la Colombie-Britannique qui enlevait le droit de suffrage aux Chinois, aux Japonais et aux Indiens; il s'agissait là d'un exercice valide du paragraphe 92(1) de la *Loi constitutionnelle de 1867* qui habilite une province à modifier sa Constitution.

Dans l'affaire *Winner*[8], le juge Rand réfère à l'affaire *Homma*[9] et fait remarquer que les sujets britanniques ne jouissent pas tous des mêmes privilèges sur le plan politique; le juge en chef Laskin y réfère dans l'instance *Morgan*[10].

Ce n'est que progressivement que le droit de vote a été étendu. Au début, ce droit était relié au droit de propriété; de plus, il n'était pas secret. Le suffrage féminin est récent, il remonte à la Première Guerre mondiale dans l'ordre fédéral et à la Seconde au Québec; ce n'est que récemment que le suffrage est vraiment devenu universel[11]. Mais même s'il était passé dans nos moeurs, il ne jouissait pas d'une garantie constitutionnelle.

---

[6] Voir, par exemple l'article 22 de la *Charte des droits et libertés de la personne* du Québec qui prévoit que : «Toute personne légalement habilitée et qualifiée a droit de se porter candidat lors d'une élection et a droit d'y voter», L.R.Q., c. C-12. Voir aussi l'article 8 du *Saskatchewan Human Rights Code*, S.S. 1981, c. S-24.1. Me P. BOYER dans son ouvrage intitulé : *Political Rights : The Legal Framework of Elections in Canada*, Toronto, Butterworths, 1981, soit un an avant la *Charte*, écrit à la page 124 que même si le droit de vote n'est pas «enchâssé» dans notre Constitution les tribunaux l'ont protégé de façon tout aussi efficace. Il cite de nombreux arrêts à l'appui : *Re North Pert Hessin* c. *Lloyd* (1891), 21 O.R. 538; *Re Brockville and Elizabethtown Election* (1871), 32 U.C.Q.B. 132; *Re Provincial Elections Act* (1903), 10 B.C.R. 114 (C.A.); *Lancaster* c. *Shaw* (1906), 12 O.L.R. 66 (C.A.); *Cawley* c. *Branchflower* (1884), 1 B.C.R. (Pt 2) 35; *R. ex rel. Angus* c. *Knox* (1912), 1 D.L.R. 843 (C.S. Alta.); *Crawford* c. *St-John* (1898), 34 N.B.R. 560 (C.A.).

[7] *Cunningham* c. *Homma*, [1903] A.C. 151.

[8] *Winner* c. *S.M.T. (Eastern) Ltd.*, [1951] R.C.S. 887, p. 919.

[9] *Cunningham* c. *Homma*, *supra*, note 7.

[10] *Morgan* c. *Ile-du-Prince-Édouard (P.G.)*, [1976] 2 R.C.S. 349.

[11] *Loi concernant les élections fédérales*, S.C. 1919-20, ch. 46, paragraphe 29(1); *Loi accordant aux femmes le droit de vote et d'éligibilité*, S.Q. 1940, c. 7. Voir T. CASGRAIN,

(iv) *Protection constitutionnelle : la Charte canadienne des droits et libertés*

L'article 3 de la *Charte canadienne des droits et libertés* donne maintenant au droit de vote une valeur constitutionnelle normative et expresse. Il oblige le Parlement et les législatures à le reconnaître et à le respecter.

Depuis l'entrée en vigueur de la *Charte canadienne des droits et libertés*, tout citoyen canadien a le droit de vote. C'est le Parlement fédéral qui a compétence exclusive pour légiférer sur la citoyenneté. Les arrêts *Winner*[12] et *Morgan*[13] ne laissent aucun doute là-dessus. Cette matière, qui se rattache en partie au paragraphe 91(25) de la *Loi constitutionnelle de 1867*, entre également dans la compétence résiduelle fédérale[14]. L'article 3 constitutionnalise le droit de vote et le droit d'éligibilité aux élections fédérales et provinciales. Le Yukon et les Territoires du Nord-Ouest sont considérés, pour cette fin, comme des provinces, ainsi que l'établit l'article 30 de la *Charte*.

Dans le *Renvoi sur les circonscriptions électorales de la Saskatchewan*[15], que nous analysons en profondeur plus loin, les juges McLachlin et Cory ont donné chacun leur opinion sur la portée du droit de vote au Canada. Celle de madame le juge McLachlin a rallié la majorité de ses collègues :

> (...) l'histoire du droit de vote au Canada et le contexte dans lequel il existait lors de l'adoption de la *Charte* étayent la conclusion que la garantie de ce droit vise non pas à atteindre l'égalité absolue des électeurs, dans la mesure où cela est possible, mais de façon plus générale à assurer une représentation effective[16].

Le juge Cory s'exprime ainsi :

> Le droit de vote est synonyme de démocratie. Il est la condition préalable la plus fondamentale de notre système de gouvernement. (...) [C]haque vote doit

---

Une femme chez les hommes, Montréal, éditions du Jour, 1971.
— En France, J.P. COT et P. GABONT, dans *Citoyens et Candidats*, Paris, Laffont, 1977, écrivent à la page 15 : «Chaque citoyen a une voix égale dans l'élection politique, ceci depuis 1848 pour les hommes, 1945, pour les femmes».
— Aux États-Unis, les femmes ont le droit de voter depuis 1919-20 comme nous le verrons plus loin.
  Le suffrage pour les autochtones, sans restriction et qualification, dans l'ordre fédéral du gouvernement, remonte à 1960 (Il en est également ainsi pour les Doukhobors). P. BOYER, *supra*, note 6, p. 134.
[12] *Winner* c. *S.M.T. (Eastern) Ltd.*, *supra*, note 8.
[13] *Morgan* c. *Ile-du-Prince-Édouard (P.G.)*, *supra*, note 10.
[14] Une première loi sur la citoyenneté vint en vigueur le 1er janvier 1947, une seconde en 1977. Voir G.-A. BEAUDOIN, *La Constitution du Canada*, Montréal, Wilson & Lafleur, 1990, p. 601.
[15] *Renvoi sur les circonscriptions électorales (Saskatchewan)*, [1991] 2 R.C.S. 158.
[16] *Ibid.*, p. 186.

être relativement égal à tout autre vote. (...) [L]es personnes libres ont toujours recherché l'égalité relative du pouvoir électoral[17].

Nous reviendrons plus loin en détail sur la question de l'égalité du vote et sur le principe de la représentation effective.

Qu'en est-il des élections aux niveaux municipal et scolaire? L'article 3 ne les mentionne pas. A ces niveaux, la protection est celle qui existait le 17 avril 1982; sur le plan municipal, le vote n'est protégé que par des lois. Il en est ainsi sur le plan scolaire, à moins qu'aux termes de l'article 93, on puisse relier le droit de voter aux droits confessionnels. La solution relève ici de l'étude de l'article 93 de la *Loi constitutionnelle de 1867* et non de la *Charte*[18].

Qu'en est-il du référendum?

L'article 3 de la *Charte* ne garantit pas le droit de vote lors d'un référendum, déclare la Cour suprême du Canada dans l'arrêt *Haig*[19]. Madame le juge L'Heureux-Dubé écrit au nom de la majorité :

> La formulation de l'art. 3 de la *Charte*, tout comme son objet d'ailleurs, est claire et non ambiguë : il se limite aux élections de députés provinciaux et fédéraux. Comme un référendum ne constitue donc aucunement de telles élections, les citoyens canadiens ne sauraient invoquer le droit constitutionnel, découlant de l'art. 3 de la *Charte*, de voter à un référendum[20].

Les faits dans cette affaire sont assez particuliers. En octobre 1992, deux référendums ont été tenus afin de soumettre au verdict populaire l'*Entente de Charlottetown*[21] : un référendum a eu lieu dans neuf provinces et deux territoires, ce référendum étant administré selon la *Loi référendaire*[22] et la *Loi électorale du Canada*[23]; l'autre référendum eut lieu au Québec et fut administré selon la *Loi sur la consultation populaire*[24] et la *Loi modifiant la Loi sur le processus de détermination de l'avenir politique et constitu-*

---

[17] *Ibid.*, p. 165.
[18] Voir G.-A. BEAUDOIN, *La Constitution du Canada supra*, note 14, et plus particulièrement le chapitre XII intitulé «L'éducation, la culture et la langue».
[19] *Haig* c. *Canada (Directeur général des élections)*, [1993] 2 R.C.S. 995.
[20] *Ibid.*, p. 1033.
[21] L'*Entente de Charlottetown* a été conclue en août 1992 à la suite de négociations entre les représentants des dix provinces, des deux territoires, des quatre nations autochtones et du gouvernement fédéral. Cette Entente portait notamment sur les points suivants : la clause Canada, l'union sociale et économique, la réforme du Sénat, la Cour suprême, la Chambre des communes, les conférences des premiers ministres, le partage des pouvoirs, le droit à l'autonomie gouvernementale des peuples autochtones et la procédure de modification de la Constitution.
[22] *Loi référendaire*, L.C. 1992, ch. 30.
[23] *Loi électorale du Canada*, L.R.C. 1985, ch. E-2.
[24] *Loi sur la consultation populaire*, L.R.Q., ch. C-64.1.

tionnel du Québec[25]. Monsieur Haig, résident de l'Ontario de 1989 à août 1992, avait déménagé au Québec en août 1992. Il ne put voter au Québec lors du référendum car il n'y résidait pas depuis au moins six mois comme l'exige la loi québécoise. Il ne put voter non plus en Ontario, car il n'était plus un résident de cette province, au moment du recensement. Haig prétendait que son droit de vote avait été brimé. En outre, il était d'avis que le directeur général des élections aurait dû exercer son pouvoir discrétionnaire de façon à ce qu'il puisse voter.

Madame le juge L'Heureux-Dubé traite d'abord de l'interprétation qu'il faut donner à la législation référendaire. Il ressort de la *Loi référendaire* fédérale qu'un référendum peut être tenu dans une ou plusieurs provinces. Pour pouvoir voter il faut avoir qualité d'électeur *et* résider dans une section de vote dans une province ou un territoire où se tient le référendum. Haig ne répondait pas aux critères de la loi fédérale. Le juge L'Heureux-Dubé explique :

> M. Haig a cessé de résider ordinairement en Ontario en août 1992 et, à la date du recensement en vue du référendum fédéral, il résidait ordinairement au Québec. Puisque le Québec ne figurait pas parmi les provinces énumérées dans la proclamation fédérale, aucun bref n'a été délivré ni aucune section de vote établie au Québec pour le référendum fédéral. A la date du recensement, M. Haig ne résidait pas ordinairement dans une section de vote établie et il n'avait pas, en conséquence, le droit de voter à ce référendum. Voilà donc qui paraît concluant en ce qui concerne l'interprétation de la *Loi référendaire* (Canada) et de la *Loi électorale du Canada*. Aussi bien l'objet que le texte de ces lois sont clairs et non ambigus et personne ne conteste les faits[26].

Et elle conclut ainsi sur cette question :

> Je conclus que la *Loi référendaire* (Canada) et la *Loi électorale du Canada* ne sauraient, à juste titre, être interprétées comme attributives du droit de vote aux citoyens canadiens qui, à la date du recensement, ne résidaient pas ordinairement dans une province ou un territoire où, aux termes du décret, allait se tenir le référendum fédéral[27].

En ce qui a trait au pouvoir discrétionnaire du directeur général des élections, le juge L'Heureux-Dubé estime que ce pouvoir ne lui permet pas de s'écarter du régime législatif instauré par la *Loi référendaire* fédérale. Le juge L'Heureux-Dubé écrit :

> Le décret ordonnait la tenue d'un référendum dans des provinces et territoires clairement indiqués. Les électeurs qui ne résidaient pas ordinairement dans

---

[25] *Loi modifiant la Loi sur le processus de détermination de l'avenir politique et constitutionnel du Québec*, L.Q. 1992, ch. 47.
[26] *Supra*, note 19, p. 1021-1022.
[27] *Ibid.*, p. 1025.

l'un ou l'autre de ces provinces ou territoires n'avaient pas le droit de voter à ce référendum. Le directeur général des élections ne saurait, dans l'exercice de son pouvoir discrétionnaire, accorder un droit de vote qui dépasse les limites fixées dans le décret. Si, en effet, il adaptait la loi de manière à élargir la portée du décret sous-jacent, le directeur général des élections excéderait sa compétence et, à mon avis, il courrait le risque que sa décision soit déclarée nulle sur requête en révision judiciaire[28].

Elle en tire les conclusions suivantes :

Or, la *Loi électorale du Canada*, telle qu'elle a été adaptée en vue du référendum, vise à faire en sorte que les personnes ayant droit de vote se voient accorder la possibilité de l'exercer. Elle n'a pas pour objet d'admettre à voter ceux qui n'en ont pas le droit[29]. (soulignement du tribunal.)

De toute façon, le directeur général des élections jouit d'un pouvoir discrétionnaire qu'il peut exercer comme bon lui semble, dans la mesure où il respecte la *Charte*. Mais il ne pouvait outrepasser le décret. Le directeur général des élections a donc judicieusement exercé son pouvoir discrétionnaire.

Avant d'étudier la question relative à l'article 3 de la *Charte*, le juge L'Heureux-Dubé remarque que la *Loi sur la consultation populaire*, qui impose un critère de résidence, n'a pas été contestée en l'espèce. De plus, elle insiste beaucoup sur le fait qu'il y a eu *deux* référendums au Canada le 26 octobre 1992. Elle affirme :

---

[28] *Ibid.*, p. 1026.

[29] *Ibid.*, p. 1027. Monsieur le juge Cory diverge toutefois d'opinion sur ce point. Monsieur le juge en chef Lamer est d'accord avec le juge Cory quand il affirme :

«A mon avis, il serait erroné de conclure automatiquement que les personnes déménagées au Québec avant la date du recensement référendaire pouvaient, pour ce seul motif, être privées du droit de vote dans une section de vote fédérale à l'extérieur du Québec. Ces personnes pouvaient exercer leur droit de vote si l'on pouvait établir qu'elles avaient conservé un lien important avec une section de vote au sein du territoire référendaire fédéral. On aurait fort bien pu conclure qu'elles résidaient ordinairement dans ce territoire aux fins du vote, selon les faits présentés aux responsables des élections. Il ne faut jamais oublier que l'expression «réside ordinairement» doit être interprétée d'une façon large et libérale dans le but d'habiliter la personne à voter. Ce serait aller carrément à l'encontre de l'objet de la *Loi électorale du Canada* et de notre concept de gouvernement démocratique si des règles rigides étaient appliquées trop rapidement et avaient pour effet de priver du droit de vote, sans véritable justification, des Canadiens désireux de voter à un référendum. En l'espèce, il aurait fallu examiner les liens entre M. Haig et une circonscription d'Ottawa ou toute autre circonscription au sein du territoire référendaire fédéral. Son déménagement à Hull ne devrait pas avoir eu pour effet de priver automatiquement M. Haig de son droit de vote. Toutefois, il est impossible de déterminer quelle est la politique exacte du directeur général des élections sur cette question. L'appelant a choisi de se présenter directement devant les tribunaux sans d'abord chercher à se faire recenser dans une section de vote au sein du territoire référendaire fédéral avec laquelle on aurait pu conclure qu'il avait des liens suffisants pour l'habiliter à voter.» (*Ibid.*, p. 1057) (soulignement du tribunal).

> Le Québec n'avait pas à obtenir l'autorisation fédérale de tenir son référendum et la loi référendaire québécoise ne relevait ni du contrôle ni du pouvoir fédéral. S'il avait voulu tenir un référendum «national», le gouvernement fédéral aurait pu inclure le Québec dans la proclamation. Il était en droit de le faire, mais il s'en est abstenu, comme il avait aussi le droit de le faire. (...)
> De fait, il n'y a rien dans la Constitution canadienne qui se rapporte aux référendums, et encore moins qui autorise les gouvernements, soit fédéral, soit provinciaux, à procéder à ce type de consultation, ou qui les en empêche. Les assertions contraires des appelants sont tout simplement insoutenables. La décision de tenir un référendum fédéral dans neuf provinces et deux territoires n'allait pas à l'encontre de la Constitution. Il s'agissait d'un choix d'ordre politique, d'un choix qu'admettait la législation applicable et d'un choix conforme aux principes du fédéralisme[30].

L'article 3 de la *Charte* garantit le droit de vote à tout citoyen canadien lors des élections fédérales et provinciales, sous réserve de certaines exceptions[31]. Il s'agit d'un droit positif. C'est pourquoi le juge L'Heureux-Dubé écrit :

> Les gouvernements fédéral et provinciaux sont obligés de tenir régulièrement des élections afin de permettre aux citoyens de choisir leurs représentants. L'omission de tenir ces élections constituerait une violation de la *Charte* dont le gouvernement serait comptable et provoquerait sans doute une crise constitutionnelle. Puisque les résultats d'élections lient évidemment les citoyens dans une société démocratique, ne pas donner suite à ces résultats représenterait une contravention grave à la Constitution[32].

Et elle distingue entre un «référendum» et une «élection générale» :

> Un référendum, par contre, n'est, au fond, qu'un processus de consultation, un moyen de recueillir des opinions. Voter à un référendum diffère sensiblement de voter à des élections. Premièrement, à moins de s'y astreindre dans une loi, un gouvernement n'est pas tenu de consulter les citoyens par voie référendaire. Il peut, comme l'a fait le Québec dans la loi 150, s'obliger à tenir un référendum particulier, mais, sauf une telle loi, ce type de consultation n'a rien d'obligatoire. Deuxièmement, bien qu'un référendum puisse peser très lourd sur le plan politique et qu'un gouvernement puisse choisir de donner suite aux résultats référendaires, ceux-ci ne lient le gouvernement que si un texte législatif le prescrit. En l'absence d'un texte législatif ayant force obligatoire, les citoyens du pays n'auraient droit à aucun remède juridique si le gouvernement n'agissait pas en conformité avec les résultats. L'unique remède en pareil cas relèverait de l'arène politique plutôt que judiciaire. Ces différences viennent donc renforcer le point de vue selon lequel le droit de vote garanti par la Constitution ne comprend pas le droit de voter à un référendum[33].

---

[30] *Ibid.*, p. 1030.
[31] Voir *infra*, sous les rubriques 2(a)(vii) et 2(a)(viii).
[32] *Supra*, note 19, p. 1032.
[33] *Id.*

Le juge L'Heureux-Dubé conclut que le droit de vote de Haig n'a pas été brimé car l'article 3 de la *Charte* garantit le droit de vote lors des élections fédérales et provinciales, non lors d'un référendum[34].

(v) *Droit comparé*

(A) Aux États-Unis. La section 2 de l'article 1 de la Constitution américaine de 1787 prévoit l'élection tous les deux ans par le peuple des États des membres de la Chambre des représentants. Selon le Dix-septième amendement, le Sénat est composé de deux sénateurs pour chaque état, élus par le peuple de ces états pour six ans.

Plusieurs autres modifications ont été apportées à la Constitution américaine portant sur le droit de vote :

> [TRADUCTION]
> XVe Le droit de vote des citoyens des États-Unis ne pourra être refusé ni limité par les États-Unis, ni par aucun État pour raison de race, couleur ou état antérieur d'esclavage;
> XIXe Le droit de vote des citoyens des États-Unis ne pourra être refusé, ni limité par les États-Unis, ni par aucun état, pour raison de sexe;
> XXIVe Le droit de vote des citoyens des États-Unis pour les élections primaires ou autre élection pour le Président ou le Vice-Président, pour le collège électoral pour la présidence ou la vice-présidence, ou pour un Sénateur ou un Membre de la Chambre des représentants ne pourra être refusé, ni limité par les États-Unis, ni par aucun état pour défaut de paiement d'une taxe de scrutin ou autre taxe;
> XXVIe Le droit de vote d'un citoyen des États-Unis, qui a dix-huit ans ou plus, ne doit être refusé ni limité par les États-Unis ni par aucun État, pour raison d'âge[35].

---

[34] Monsieur le juge en chef Lamer et monsieur le juge Iacobucci sont dissidents. Les motifs de dissidence du juge Iacobucci portent sur l'alinéa 2b) de la *Charte*.

[35] Traduction de A. TUNC et S. TUNC, *Le système constitutionnel des États-Unis d'Amérique*, vol. 2, Paris, Domat Montchrestien, 1954, Volume 2, p. 499-500.

«XV. The right of citizens of the United States to vote shall not be denied or abridged by the United States or by any State on account or race, color or previous condition of servitude.» (1869-70)

«XIX. The right of citizens of the United States to vote shall not be denied or abridged by the United States or by any State on account of sex.» (1919-20)

«XXIV. The rights of citizens of the United States to vote in any primary or other election for President or Vice-President, for electors for President or Vice-President, or for Senator or Representative in Congress, shall not be denied or abridged by the United States or any State by reason of failure to pay any poll tax or other tax.» (1962-64)

«XXVI. The rights of citizens of the United States who are eighteen years of age or older to vote shall not be denied or abridged by the United States or any State on account of age.» (1971)

Aux États-Unis, l'existence et l'exercice du droit de vote sont prévus dans la Constitution et les lois des États. Une fois prévu dans la Constitution d'un État, le droit de vote ne peut plus être écarté. Les États, selon la Constitution fédérale, ne peuvent discriminer en la matière et doivent respecter le «*due process of law*». Le législateur doit respecter le principe du vote «libre et égal».

La Constitution américaine donne le pouvoir aux États d'imposer certaines restrictions au droit de vote, comme par exemple, la nationalité, la résidence, les antécédents judiciaires.

(B) En France. L'article 3 de la Constitution prévoit que :

> Le suffrage peut être direct ou indirect dans les conditions prévues par la Constitution. Il est toujours universel, égal et secret. Sont électeurs, dans les conditions déterminées par la loi, tous les nationaux français majeurs des deux sexes, jouissant de leurs droits civils et politiques[36].

Les qualités pour se porter électeurs ou candidats se ressemblent dans nos démocraties, encore que certaines constitutions soient plus explicites que d'autres. Plusieurs pays fixent à dix-huit ans l'âge requis pour exercer le droit de vote.

Dans la *Charte canadienne des droits et libertés* de 1982, l'on n'a pas prévu le secret du vote non plus que l'âge du vote. C'est une lacune, à notre avis. Le législateur doit intervenir, et les tribunaux également au besoin. Nous ne pouvons voir comment dans nos démocraties modernes, le vote puisse ne pas être secret. Au niveau fédéral, le vote secret existe depuis 1875.

(vi) *Que disent nos mesures législatives électorales?*

L'article 50 de la *Loi électorale du Canada*[37] pose le principe de base que tout homme ou toute femme qui a atteint l'âge de dix-huit ans et est citoyen canadien a qualité d'électeur. A cela, s'ajoute le critère de la résidence ordinaire prévu aux articles 55 à 62.

Selon le paragraphe 53(1) de la *Loi électorale du Canada* :

> Sous réserve des autres dispositions de la présente loi, toute personne qui a qualité d'électeur a le droit d'avoir son nom inscrit sur la liste électorale de la section de vote où elle réside ordinairement à la date du recensement relative à l'élection et de voter au bureau du scrutin établi dans cette section de vote.

---

[36] *Constitution du 4 octobre 1958* dans *Les Constitutions de la France depuis 1789*, par J. GODECHOT, Paris, Garnier-Flammarion, 1970, p. 424 et 425.

[37] *Loi électorale du Canada*, *supra*, note 23.

C'est en 1970 qu'au niveau fédéral, le droit de vote fut fixé à dix-huit ans[38].

L'âge prévu dans la *Loi électorale du Canada* apparaît raisonnable. C'est l'âge de la majorité dans toutes les provinces. Ce sont les provinces qui ont compétence pour fixer l'âge de la majorité, en vertu du paragraphe 92(13) de la *Loi constitutionnelle de 1867*. La loi fédérale pourrait se contenter de se replier sur le critère de la majorité fixée par les provinces. Elle peut aussi établir l'âge elle-même.

Une seule province, la Colombie-Britannique, prévoyait le droit de vote à dix-neuf ans aux élections provinciales. Il en était également ainsi dans les Territoires du Nord-Ouest[39]. Depuis 1992, cependant, cette disparité n'existe plus[40]; au niveau fédéral et dans toutes les provinces, l'âge du vote est fixé à dix-huit ans.

La *Loi électorale du Canada* assure le secret du vote aux articles 129 et 129.1.

Toute personne qui a qualité d'électeur n'est pas nécessairement habile à voter.

(vii) *Les personnes inhabiles à voter*

Sont inhabiles à voter selon l'article 51 de la *Loi électorale du Canada*, tel que modifié en 1993 :

   a) le directeur général des élections;
   b) le directeur général adjoint des élections;
   c) le directeur de scrutin de chaque circonscription tant qu'il reste en fonctions, sauf en cas de partage des voix lors d'un recomptage, ainsi que le prévoit la présente loi;
   d) abrogé[41];

---

[38] *Loi électorale du Canada*, S.C. 1969-70, ch. 49, art. 14(1).

[39] Pour l'âge requis pour voter dans les dix provinces on consultera les dispositions législatives suivantes : Colombie-Britannique, R.S.B.C. 1979, c. 103, art. 2(1)*a*); Alberta, R.S.A. 1970, c. E-2, art. 1 *f.1*)(ii); Saskatchewan, R.S.S. 1978, c. E-6, art. 28(2)*b*); Manitoba, R.S.M. 1987, c. E-30, art. 32(1)*b*); Ontario, R.S.O. 1980, c. 133, art. 10(1)*a*); Québec, L.R.Q. 1977, c. E-3, art. 48(3)*e*); Nouveau-Brunswick, S.R.N.B. 1973, c. E-3, art. 43(1)*a*); Nouvelle-écosse, R.S.N.S. 1967, c. 83, art. 25*a*); Ile-du-Prince-édouard, R.S.P.E.I. 1974, c. E-1, art. 20*a*); Terre-Neuve, R.S. Nfld. 1970, c. 106, art. 3*a*) mod. par 1974 S. Nfld., c. 80, art. 3.

[40] Pour la Colombie-Britannique, voir : *Election Amendment Act*, B.C.S. 1992, c. 72. Pour les Territoires du Nord-Ouest, voir : *Loi modifiant la Loi électorale*, T.N.-O., projet de loi 8.

[41] Avant 1993, les juges nommés par le gouverneur en conseil à l'exception des juges de la Cour de citoyenneté, n'avaient pas le droit de voter. Depuis 1993, les juges nommés par le fédéral ont le droit de voter.

L'exception d'avant 1993 visait les juges présidant les cours prévues à l'article 96

e) toute personne détenue dans un établissement correctionnel et y purgeant une peine de deux ans ou plus;
f) abrogé[42];
g) toute personne inhabile en vertu d'une loi relative à la privation du droit de vote pour manoeuvres frauduleuses ou actes illégaux.

Comme le droit de voter est un «droit constitutionnel», et comme l'article 3 l'énonce de façon absolue, l'on peut se demander s'il peut exister des exceptions. C'est à la lumière du critère énoncé dans la clause limitative à l'article 1 de la *Charte canadienne des droits et libertés*, et interprété dans l'arrêt *Oakes*[43], qu'il faut analyser les exceptions et se demander si elles

---

de la *Loi constitutionnelle de 1867* ou des cours analogues, (les juges des cours d'appel par exemple) ainsi que les cours créées par une loi fédérale aux termes de l'article 101 de la *Loi constitutionnelle de 1867*, comme la Cour suprême du Canada et la Cour fédérale. Une tradition basée sur la séparation des pouvoirs et sur le principe de l'indépendance judiciaire voulait que les juges ne votent pas. Pourtant, dans de grandes démocraties comme le Royaume-Uni, la France et les États-Unis, les juges ont droit de vote. Ce droit, à mon avis, ne met pas en jeu leur indépendance judiciaire. Le juge Walsh, le 3 novembre 1988, dans l'affaire *Muldoon*, déclara que l'alinéa 14(4)d) de la *Loi électorale du Canada*, qui enlève le droit de vote aux juges nommés par le gouverneur général, est invalide, en vertu des articles 3, 24 et 52(1) de la *Loi constitutionnelle de 1982* (voir : *Muldoon* c. *Canada (P.G.)*, [1988] 3 C.F. 628).

Les juges nommés par les provinces ne sont pas mentionnés dans les exceptions. Il n'y a pas d'obstacles à leur vote, aux élections fédérales. Les juges devraient aussi pouvoir voter aux élections provinciales. Les provinces ne doivent pas les en empêcher, à notre avis.

[42] Ces exceptions se retrouvent en général dans des lois électorales provinciales *mutatis mutandis*. Les exceptions relatives aux juges des cours supérieures (ancien alinéa 14d)) et aux malades mentaux (ancien alinéa 14f)) ont été abrogées en 1993; voir L.C. 1993, ch. 19, art. 23. Pour les détenus, le texte a été modifié comme nous le verrons plus loin.

Depuis 1993, le malade mental peut voter.

Les malades chroniques peuvent dans notre système exercer leur droit de vote dans les hôpitaux. Des bureaux de scrutin sont prévus à cet effet.

Le malade qui suit un traitement régulier peut voter par anticipation ou pouvait encore jusqu'en 1993 voter par procuration. Nous croyons que la *Loi électorale du Canada* ici respecte les critères énoncés aux articles 1 et 3 de la *Charte canadienne des droits et libertés*.

Monsieur le Bâtonnier Viateur Bergeron, professeur de droit, dans son ouvrage consacré aux malades mentaux, affirme que seuls ne devraient pas avoir droit de vote : 1) ceux qui sont en cure fermée, 2) ceux qui sont sous l'administration du curateur public; 3) ceux qui sont interdits.

V. BERGERON, *L'attribution d'une protection légale aux malades mentaux*, Montréal, Yvon Blais, 1981, p. 87 et 193-194.

Le 17 octobre 1988, dans l'affaire *Canadian Disability Rights Councils* c. *R.*, [1988] 3 C.F. 622, le juge Barbara Reed de la Cour fédérale du Canada, *in banco*, en est venue à la conclusion que l'alinéa 14(4)*f*) de la *Loi électorale du Canada* qui nie de façon absolue le droit de vote aux handicapés mentaux, viole l'article 3 de la *Charte* et est déclaré invalide.

[43] *R.* c. *Oakes*, *supra*, note 1.

sont acceptables dans une société libre et démocratique. Dans la négative, il nous faut conclure qu'un tribunal doit les écarter au motif qu'elles contreviennent à l'article 3 de la *Charte canadienne des droits et libertés* et ne peuvent se justifier sous l'article 1 de cette *Charte*.

A notre avis, très peu d'exceptions peuvent se justifier à la lumière du critère établi dans l'arrêt *Oakes*[44].

La question de la négation du droit de vote et d'éligibilité, par opposition à sa restriction se pose ici également. Le droit de vote dans nos lois est nié à ceux qui n'ont pas dix-huit ans. L'article 1 de la *Charte* parle de restriction et non de négation. Depuis 1984, la Cour suprême semble bien admettre que la restriction d'un droit peut aller dans certains cas jusqu'à sa négation. C'est également notre avis. Il s'agit toutefois d'un *obiter dictum* dans l'affaire de la *Loi 101*[45].

(viii) *Analyse des exceptions*

(A) Le directeur général des élections et son adjoint. Le directeur général des élections est un haut fonctionnaire qui relève de la branche législative et non de la branche exécutive de l'État[46]. Il est nommé par résolution de la Chambre des communes. Il a rang de sous-ministre et reçoit le traitement d'un juge de la Cour fédérale; il ne peut être révoqué que par le gouverneur général sur adresse des deux chambres législatives fédérales; il possède des pouvoirs étendus et joue un rôle important au sein de la démocratie canadienne, plus précisément dans la mise en oeuvre du processus électoral. Il se doit, par définition, d'être impartial et de jouir de la confiance la plus absolue de la part de tous les partis politiques à la Chambre des communes. Selon une tradition, consacrée par la *Loi électorale du Canada*, il est déclaré inhabile à voter.

A notre avis, la Cour suprême pourrait accepter une pareille exception à l'article 3 de la *Charte canadienne des droits et libertés*. Cette exception répond au critère énoncé dans la clause limitative de l'article 1. C'est une question d'appréciation, bien sûr. Au Royaume-Uni, le greffier de la Couronne en Chancellerie ne vote pas. Au Québec, le directeur général des élections ne vote pas non plus[47].

---

[44] *Id.*
[45] *Québec (P.G.)* c. *Quebec Association of Protestant School Boards*, [1984] 2 R.C.S. 66.
[46] Comme le souligne le juge en chef Duff dans l'affaire *Temple* c. *Bulmer*, [1943] R.C.S. 265, p. 267 au sujet du directeur des élections au niveau provincial (et ceci s'applique au niveau fédéral) il s'agit d'un «officer under the control of the Legislative Assembly and answerable to the Legislative Assembly». La charge fut créée en 1920. Ce haut fonctionnaire succède au greffier de la Couronne en Chancellerie. Ce greffier existe au Royaume-Uni; voir Sir B. COCKS, *Erskine May's Treatise of the Law, Privileges, Proceedings and Usage of Parliament*, 17e éd., Londres, Butterworths, 1964, p. 181-182 et 186-187.
[47] *Loi électorale*, L.Q. 1979, c. 56, art. 3.

Ce qui vaut pour le directeur général des élections vaut aussi pour le directeur général adjoint, vu qu'aux termes de la *Loi électorale du Canada*[48], le premier peut déléguer des pouvoirs importants au second. Il est raisonnable que ces deux officiers soient nettement au-dessus de la mêlée. Ainsi que le disait monsieur le juge en chef Lord Hewart dans l'affaire *R.* c. *Sussex Justices* :

[TRADUCTION]
... une longue série d'arrêts démontre bien qu'il ne suffit pas que justice soit rendue mais qu'il doit apparaître clairement et manifestement qu'elle est rendue[49].

On pourrait ici appliquer par analogie ce principe judiciaire au processus électoral.

(B) Le directeur du scrutin de chaque circonscription. Ce personnage, en fait, dispose d'un vote conditionnel. Il n'exerce son droit de vote qu'en cas d'égalité des voix lors d'un recomptage.

On ne voit pas trop bien pourquoi cet officier est privé, au départ, de son droit de vote; surtout qu'on lui reconnaît un droit de vote en cas d'égalité des voix. Pourquoi lui enlever le droit de voter et ce en secret alors que dans les cas rarissimes où il est invité à voter, ce vote devient connu de tous?

Les juges ont reçu du Parlement et des législatures provinciales le pouvoir de se prononcer en matière de contestation d'élections. Si une contestation avait lieu dans la circonscription où il a voté, un juge, saisi du dossier, n'aurait qu'à se récuser en faveur d'un collègue d'une autre circonscription.

(C) Les détenus dans les pénitenciers. Les détenus dans les prisons provinciales ont depuis 1993 droit de vote aux élections fédérales. L'exception demeure pour les détenus incarcérés dans les pénitenciers, toutefois.

Au Québec, les détenus dans les prisons ont droit de vote et peuvent exercer ce droit dans les institutions carcérales lors d'une élection générale provinciale. Les détenus dans les pénitenciers, au Québec, ont également droit de vote au provincial et peuvent effectivement l'exercer en raison d'une entente entre le directeur général des élections du Québec et le directeur d'un établissement de détention fédéral ou provincial[50].

---

[48] *Loi électorale du Canada, supra,* note 23, alinéa 51a) et article 10.
[49] [1924] 1 K.B. 256, p. 259 :
    ... [A] long line of cases shows that it is not merely of some importance but is of fundamental importance that justice should not only be done, but should manifestly and undoubtedly be seen to be done.
[50] *Loi électorale,* L.R.Q., c. E-3.2, art. 217, qui remplace L.R.Q. c. E-3.1, L.Q. 1984, c. 51,

La privation du droit de vote est sans doute considérée, traditionnellement, comme une punition qui vient s'ajouter à celle d'être privé de la liberté. Pour justifier cette exception, on allègue également la question de la sécurité.

On a fait aussi valoir la raison selon laquelle les prisonniers n'ont pas accès aux candidats. C'est beaucoup moins vrai maintenant que les candidats paraissent à la télévision et parlent à la radio; de plus, les prisonniers lisent les journaux. Les prisonniers dans nos établissements carcéraux pourraient avoir accès à l'information au point de pouvoir voter de façon éclairée.

Est-il raisonnable dans une société libre et démocratique de priver plusieurs prisonniers du droit de vote? Les motifs qui justifient la perte de la liberté valent-ils pour la perte du droit de vote? Nous nous rejouissons de la modification de 1993. Pour les détenus dans les pénitenciers, nous croyons que les tribunaux, en se repliant sur la *Charte*, devraient reconnaître le droit de vote à *tous* les détenus; l'exception nous apparaît contraire au principe de l'article 3 de la *Charte canadienne des droits et libertés* et ne peut, à notre avis, se justifier sous l'article 1 de la *Charte*.

(1) La situation avant 1993. Si l'on excepte l'affaire *Badger*[51], les tribunaux, dans l'ensemble, n'ont reconnu le droit de vote que pour les personnes en probation.

Dans l'arrêt *Reynolds*[52], la Cour d'appel de la Colombie-Britannique confirme, à la majorité, une décision de la Cour suprême provinciale à l'effet que les personnes en probation doivent avoir droit de vote. Dans cette instance, Reynolds, qui était en probation, souhaitait pouvoir voter ainsi que poser sa candidature à l'élection provinciale. Il se heurta à un refus, en première instance, à cause de l'alinéa 3(1)(*b*) de la *Loi électorale de la Colombie-Britannique*[53] qui nie le droit de vote aux personnes détenues ainsi qu'à celles qui sont en probation. De plus, ceux qui ne peuvent voter ne sont pas aptes à se porter candidats.

La négation du droit de vote, dans le cas d'une personne en probation, selon la Cour d'appel, ne peut se justifier sous l'article 1 de la *Charte*. Monsieur le juge en chef Nemetz exprime l'avis que le droit de vote dans

---

art. 519. Dans l'affaire *Forget* c. *Kaplan*, (1981) 2 C.H.R.R.D. D/441 des détenus dans un pénitencier ont demandé à la Cour fédérale de première instance d'enjoindre le ministre responsable des pénitenciers de ne pas les empêcher de voter à une élection québécoise. Monsieur le juge Marceau jugea que ce n'était pas le droit de vote qui était en jeu mais bien l'incidence de l'incarcération sur l'exercice du droit de vote. La Cour rejeta la requête au motif que la loi électorale québécoise ne saurait dicter à l'autorité fédérale un mode d'organisation de son système d'incarcération.

[51] *Badger* c. *R.* (1986), 30 D.L.R. (4th) 108 (B.R. Man.).
[52] *Reynolds* c. *Colombie-Britannique (P.G.)* (1983), 143 D.L.R. (3d) 365 (C.S. C.B.).
[53] R.S.B.C. 1979, c. 103.

une société libre et démocratique est un pas essentiel à la réintégration pleine et entière de l'individu dans la société.

Dans cette affaire *Reynolds*[54], la Cour d'appel de la Colombie-Britannique déclare cependant qu'empêcher un prisonnier détenu dans une institution carcérale de voter est une limite qui se justifie sous l'article 1 de la *Charte*.

Dans l'affaire *Maltby et al.*[55], la Cour d'appel de la Saskatchewan arrive à la conclusion qu'une disposition de la loi électorale de cette province, qui n'offre pas aux personnes en attente de procès un type de mécanisme leur permettant d'exercer leur droit de vote, contrevient à l'article 3 de la *Charte* et ne peut se justifier sous l'article 1. Pareil mécanisme existe déjà pour les détenus à l'hôpital ou au sanatorium.

Dans l'affaire *Jolivet*[56], deux détenus tentent de faire déclarer invalide l'alinéa 14(4)*e*) de la *Loi électorale du Canada*[57] qui refuse aux personnes détenues dans les pénitenciers l'exercice du droit de vote. Monsieur le juge Taylor arrive à la conclusion que l'on peut restreindre le droit de vote; l'ordre et la discipline rendent impossible l'exercice pour le prisonnier d'un choix démocratique libre et éclairé; la négation du droit de vote peut se justifier dans ce cas, écrit le juge Taylor. Certaines limites imposées par l'incarcération font en sorte que les prisonniers ne sont pas en mesure d'exercer un choix électoral judicieux.

Nous croyons qu'à l'ère de l'électronique, cet argument a perdu de son poids.

Dans l'affaire *Gould*[58], la Cour suprême du Canada confirme une décision de la Cour fédérale d'appel et refuse l'émission d'une injonction pour permettre à un détenu de voter à l'élection fédérale du 4 septembre 1984. Monsieur le juge Mahoney de la Cour d'appel fédérale fait remarquer, au nom de la majorité, que le but d'une injonction interlocutoire est de maintenir le *statu quo* ou de rétablir ce qui existait avant, et non d'accorder au demandeur le redressement demandé dans son action.

Monsieur le juge en chef Thurlow, dissident, avait remarqué :

> Il me semble que lorsque c'est nécessaire, la Cour doit être prête à innover afin d'imaginer des procédures et des moyens, non encore employés jusqu'à maintenant, pour faire respecter les droits garantis par la *Charte*[59].

Dans l'affaire *Badger*[60], le juge Scollin de la Cour du Banc de la Reine du Manitoba arrive à la conclusion que l'alinéa 31 *d*) de la *Loi électorale*

---

[54] *Supra*, note 52.
[55] *Maltby* c. *Saskatchewan (P.G.)* (1984), 10 D.L.R. (4th) 745 (C.A. Sask.).
[56] *Jolivet* c. *R.* (1983), 7 C.C.C. (3d) 431 (C.S.C.B.).
[57] *Loi électorale du Canada*, *supra*, note 23.
[58] *Gould* c. *Canada (P.G.)*, [1984] 2 R.C.S. 124.
[59] *Gould* c. *Canada (P.G.)*, [1984] 1 C.F. 1133, p. 1138.
[60] *Badger* c. *R.*, *supra*, note 51.

du Manitoba[61], qui prévoit que toute personne confinée à une prison ou une place de détention et purgeant une peine pour une infraction ne peut voter à une élection provinciale, va à l'encontre de l'article 3 de la *Charte* et ne constitue pas une limite raisonnable sous l'article 1 de cette *Charte*. Cette prohibition absolue et totale faite sans distinction ne répond pas au critère de la proportionnalité élaboré dans l'affaire *Oakes*[62]. A notre avis, cet arrêt va dans la bonne direction.

Dans l'arrêt *Lukes*[63], la Cour du Banc de la Reine du Manitoba confirme le jugement de première instance, rejetant de ce fait la demande d'ordonnance des appelants[64]. Dans cette affaire, les appelants, qui étaient des prisonniers dans un établissement carcéral fédéral, demandaient qu'une ordonnance soit émise à l'endroit du directeur général des élections du Manitoba, pour enjoindre ce dernier à établir des directives par lesquelles ils auraient pu exercer leur droit de vote. Étant donné les contraintes de temps (les élections avaient lieu le lendemain) et diverses précisions qui étaient requises, la Cour refusa d'émettre l'ordonnance. Si les élections n'avaient pas été aussi rapprochées, la Cour aurait-elle été disposée à émettre l'ordonnance? Il y a peut-être lieu de le croire, compte tenu des motifs invoqués pour refuser l'émission de cette ordonnance[65].

(2) La situation depuis 1993. Dans l'arrêt *Belczowski*[66], la Cour fédérale a statué que la privation du droit de vote des détenus est incompatible avec l'article 3 de la *Charte* et ne se justifie pas sous l'article 1. Ce jugement fut confirmé par la section d'appel de la Cour fédérale[67].

La Cour suprême du Canada, dans un très bref jugement[68], a confirmé que l'alinéa 51e) de la *Loi électorale du Canada*, qui prive les détenus de l'exercice de leur droit de vote, enfreint l'article 3 de la *Charte* et ne se justifie pas sous l'article 1 parce qu'il a une portée trop large. Le critère de l'atteinte minimale n'est pas rencontré.

Quelques semaines après la publication de ce jugement, le Parlement du Canada adoptait le projet de loi C-114, *Loi modifiant la Loi électorale du Canada*, afin d'octroyer le droit de vote aux détenus qui purgent une peine de moins de deux ans d'emprisonnement[69].

---

[61] *Loi électorale du Manitoba, supra*, note 39.
[62] *R. c. Oakes, supra*, note 1.
[63] *R. c. Lukes*, [1986] 39 Man. R. (2d) 107 (B.R. Man.).
[64] *Ibid.* Jugement rendu en même temps que l'affaire *Badger, supra*, note 51.
[65] *Id.*, p. 112.
[66] *Belczowski* c. *Canada (P.G.)*, [1991] 3 C.F. 151.
[67] *Belczowski* c. *Canada (P.G.)*, [1992] 2 C.F. 440.
[68] *Belczowski* c. *Canada (P.G.)*, sub nom. *Sauvé* c. *Canada (P.G.)*, [1993] 2 R.C.S. 438.
[69] Alinéa 51e), modifié par la *Loi modifiant la Loi électorale du Canada*, L.C. 1993, ch. 19, art. 23.

Cette nouvelle restriction respecte-t-elle la *ratio decidendi* de l'arrêt *Sauvé*[70]? Constitue-t-elle une atteinte minimale? La plupart des prisonniers au Canada purgent une peine de plus de deux ans d'emprisonnement. Ils n'ont pas droit de vote. La catégorie exclue est plus considérable que la catégorie de détenus ayant droit de vote. Une telle restriction, trop générale, ne respecte pas, à notre avis, le critère de l'atteinte minimale.

(D) Les personnes privées du droit de vote pour manoeuvres frauduleuses ou illicites. Cette disposition de la loi constitue d'une part une punition pour le coupable et vise d'autre part à protéger la société. Cette punition ne vaut que pour un temps. Cette restriction au droit de vote semblait répondre jusqu'ici aux critères acceptables dans une société libre et démocratique. Cependant, dans l'affaire *McLean*[71], madame le juge en chef Glube de la Nouvelle-Écosse en vint à une conclusion différente. Nous analysons cette décision plus loin, sur le plan du droit à l'éligibilité, avant notre conclusion sur la première partie.

(E) Autres cas. Il y a d'autres personnes qui ne votent pas. Au premier rang vient le Souverain. La Reine Elizabeth II est, en droit constitutionnel, Reine du Canada, mais elle n'est pas une citoyenne canadienne et, en conséquence, ne vote pas.

Qu'en est-il des représentants de la Couronne? Le gouverneur général et les lieutenants-gouverneurs doivent continuer, en pratique, à ne pas exercer leur droit de vote. Le choix du Premier ministre par le représentant de la Couronne est presque toujours automatique; cependant, en cas d'impasses rarissimes, ce représentant peut être appelé à choisir et à inviter une personne plutôt qu'une autre à former un cabinet; il ne convient pas qu'il vote. La loi lui permet de voter, ce qui, à notre avis, ne manque pas de surprendre!

L'ancien article 15 de la *Loi électorale du Canada* qui enlevait le droit de vote à certaines personnes rémunérées pour leur travail à l'occasion des élections a été abrogé en 1983[72]. Cette disposition ne pouvait se concilier avec le principe énoncé à l'article 3 de la *Charte*, à notre avis.

(ix) *Le vote*

(A) La question de la résidence. Il est raisonnable que le droit de vote comporte certains critères de résidence.

---

[70] *Supra*, note 68. Au moment d'écrire ces lignes, la constitutionnalité de cette disposition faisait l'objet d'une contestation devant la Cour fédérale par messieurs Sauvé et McCorrister.
[71] *McLean* c. *Nouvelle-Écosse (P.G.)*, (1987) 76 N.S.R. (2d) 296 (C.S. N.-É.).
[72] L.C. 1980-81-82-83, ch. 164, art. 5.

Les tribunaux ont eu l'occasion de se prononcer sur le délai obligatoire de résidence pour pouvoir voter. Dans l'arrêt *Storey* c. *Zazelenchuk*[73], la Cour du Banc de la Reine de la Saskatchewan a décidé qu'un délai de six mois est raisonnable au sens de l'article 1 de la *Charte*.

Dans l'affaire *Reference Re Yukon Elections Residency Requirements*[74], la Cour d'appel de la Colombie-Britannique a reconnu unanimement qu'une période de résidence de douze mois était raisonnable. L'article 3 comprend implicitement un délai. La Cour s'exprime en ces termes : «(...) Residency is implied (...) in order to reflect the geographic distribution of political units within our Canadian federal system[75].» Le souci d'établir une période de résidence minimale est un objectif gouvernemental légitime : 1) il garantit l'intégrité du processus électoral, 2) il permet que l'électorat soit bien informé des thèmes électoraux, 3) et il assure que l'électeur aura un intérêt suffisant dans sa circonscription électorale.

Le délai de résidence de douze mois existe au Yukon et dans les Territoires du Nord-Ouest. Un délai de six mois est de rigueur dans les dix provinces. Au niveau fédéral, aucun délai n'est prescrit. N'oublions pas, cependant, qu'il faut résider au Canada depuis au moins trois ans avant de devenir citoyen canadien et d'être éligible à voter.

(B) L'exercice du droit de vote. L'électeur doit disposer d'un temps raisonnable pour aller voter le jour du scrutin. Nos lois prévoient que l'employeur doit accorder à ses employés un temps pour aller voter et ce, bien sûr, sans perte de salaire. Au niveau fédéral, depuis 1969-1970, la législation prévoit un laps de quatre heures.

Dans l'affaire *Falconer Marine Industries Ltd*[76], un juge de la Cour de comté de la Colombie-Britannique arriva à la conclusion que la mesure législative ne signifie pas que l'employé dispose de deux (c'était deux heures à l'époque) heures de congé pour aller voter. Si l'employé ne bénéficie que de son heure de dîner pour aller voter, l'employeur devra accorder une période raisonnable, jusqu'à deux heures, si nécessaire, pour permettre à son employé d'aller voter. En permettant à l'employé de quitter à quatre heures, l'employeur avait satisfait à son obligation dans cette instance.

---

[73] *Storey* c. *Zazalenchuk* (1984), 36 S.R. 103. Dans l'affaire *Arnold* c. *Ontario (P.G.)* (1988), 61 O.R. (2d) 481, la Cour de justice de l'Ontario a conclu que l'alinéa 15(1)c) de la loi électorale ontarienne (S.O. 1984, c. 54), qui impose comme critère préalable au droit de vote une période de résidence de six mois pour une élection provinciale, est incompatible avec l'article 3 de la *Charte*, mais constitue une limite raisonnable en vertu de l'article 1.

[74] *Reference Re Yukon Elections Residency Requirements* (1986), 27 D.L.R. (4th) 146 (C.A. Yukon).

[75] *Id.*, p. 148.

[76] *R.* c. *Falconer Marine Industries Ltd.*, [1945] 3 W.W.R. 653 (B.C. Co. Ct.).

Me Patrick Boyer, dans un de ses ouvrages consacrés au droit de vote, écrit que si un employé dispose de quatre heures pour aller voter, cela ne signifie pas que son employeur soit dans l'obligation de lui accorder quatre heures au milieu de la journée. Si la fermeture des bureaux de scrutin est prévue pour 19h00 heures, et que le travail se termine d'ordinaire à 17h00 heures, l'employeur doit permettre à ses employés de quitter à 15h00 heures afin qu'ils disposent de quatre heures consécutives pour aller voter[77].

(C) Le recensement. Le recensement des électeurs au niveau fédéral est fait à chaque élection. Une procédure est prévue à cet effet dans la *Loi électorale du Canada*. Les listes permanentes ne sont pas prévues sauf en Colombie-Britannique. Le Québec et l'Alberta ont inauguré un système de listes établies annuellement. Les listes permanentes seront-elles rendues nécessaires par l'article 3 de la *Charte canadienne des droits et libertés*? Il n'y a pas ici de lien absolu, à notre avis. Cependant, reste l'obligation de rendre nos listes aussi parfaites que possible.

(D) Le vote par anticipation. Il arrive que lors du vote, plus d'un voteur soit absent de son lieu de résidence ordinaire. C'est pour cette raison que le vote par anticipation a été prévu aux articles 280 à 290 de la *Loi électorale du Canada*.

Le principe veut que ceux qui ne peuvent pas voter le jour de l'élection puissent voter par anticipation; peuvent s'en prévaloir, par exemple, les vacanciers; sinon ils perdent leur droit de vote, si, au jour du scrutin, ils se trouvent ailleurs qu'à leur lieu de résidence. Les handicapés peuvent aussi voter par anticipation. Ceux qui pouvaient voter par procuration, peuvent le faire par anticipation, depuis l'abrogation du vote par procuration.

L'article 3 de la *Charte canadienne des droits et libertés* a amené le législateur à favoriser le vote par correspondance, pour ceux qui ne peuvent se déplacer, tout en prenant les mesures appropriées pour écarter toute fraude possible[78].

Le vote de protestation présente un certain intérêt. Le directeur général des élections, dans son rapport de 1985[79], recommande une modification en ce sens. Ainsi, il serait possible pour un électeur d'inscrire «un vote de protestation en faisant une marque à un endroit réservé à cette fin sur le

---

[77] P. BOYER, *supra*, note 6, p. 123.
[78] Voir les dispositions des *Règles électorales spéciales* prévues à l'annexe II de la *Loi électorale du Canada*, *supra*, note 23.
[79] J.-M. HAMEL, *Rapport du Directeur général des élections du Canada proposant des modifications à la Loi électorale*, Ottawa, Approvisionnements et Services Canada, 1985, 26 p., p. 6-7.

bulletin de vote». Cette suggestion nous apparaît se conformer à nos préoccupations démocratiques.

(E) Le vote à l'étranger. D'autres personnes peuvent maintenant exercer leur droit de vote. Ce sont les membres des forces armées, les fonctionnaires fédéraux, les électeurs qui sont absents du Canada depuis moins de cinq ans mais qui ont l'intention d'y revenir, certaines personnes incarcérées et tout autre électeur qui désire se prévaloir des dispositions de l'annexe II de la *Loi électorale du Canada*. C'est pourquoi le vote par procuration a été aboli[80].

(F) Les dépenses électorales. Dans les affaires *Roberge*[81] et *Boucher*[82], la Cour supérieure a décidé que la liberté d'expression ne comprend pas la liberté de faire des dépenses pour s'exprimer. Le point en litige portait sur l'article 3 de la *Charte des droits et libertés de la personne du Québec*. La Cour conclut que la législation québécoise qui réglemente les dépenses qui peuvent être faites en période référendaire ou en période électorale ne va pas à l'encontre de l'article 3 de la *Charte* québécoise. L'affaire *Roberge* fut portée en appel et la Cour d'appel, dans un jugement non rapporté rendu en novembre 1987, a confirmé ce point de vue.

Dans l'arrêt *Mackay*[83], les appelants prétendaient que la *Loi sur le financement des campagnes électorales* du Manitoba[84] brimait la liberté d'expression des contribuables parce qu'elle autorise le remboursement, à

---

[80] Voir les alinés 51.1*a*), 51.1*d*), 51.1*e*) et 51.1*f*).

La Cour d'appel de la Colombie-Britannique s'est penchée sur la question du vote par procuration dans l'affaire *Hoogbruin et al.* ((1986), 70 B.C.L.R. 1). Deux étudiants de la Colombie-Britannique, Hoogbruin et Raffa, en raison de leurs études en Ontario, étaient absents de leur province. Leurs noms apparaissaient sur la liste électorale. Cependant, la loi de leur province ne prévoyait pas l'exercice du droit de vote pour les personnes absentes le jour de l'élection. Les deux étudiants n'avaient la possibilité que de voter par anticipation ou de se présenter au bureau de scrutin le jour de l'élection. Les études se prolongeant au-delà du jour de scrutin, aucune des deux options ne permettaient aux deux étudiants d'exercer leur droit de vote.

La Cour d'appel, par la voix de monsieur le juge en chef Nemetz, invalida le paragraphe 2(1) du *Elections Act* au motif que cette mesure ne prévoyait pas de procédure pour rendre efficace le droit de vote. Il ne suffit pas de prévoir le droit de vote, encore faut-il le rendre efficace, sinon il devient dépourvu de substance. Le vote par procuration a depuis lors été abrogé (L.C. 1993, ch. 19, art. 80).

[81] *Roberge* c. *P.G. Québec*, (14 janvier 1982), 500-05-004628-804, monsieur le juge Guérin (C.S.), conf. par (18 décembre 1987), 500-09-000175-82, Messieurs les juges Dugas, Nichols et Paré (C.A.).

[82] *Boucher* c. *C.E.Q.*, [1982] C.S.P. 1003.

[83] *MacKay* c. *Manitoba (P.G.)*, [1989] 2 R.C.S. 357.

[84] *Loi sur le financement des campagnes électorales*, L.M. 1982-83-84, c. 45.

même le trésor public, de certaines dépenses électorales des partis politiques qui obtiennent plus de 10 % des suffrages exprimés lors d'une élection provinciale[85]. La Cour suprême rejette cette prétention. Au contraire, dit la Cour[86], la loi encourage la diffusion et l'expression des idées et elle n'interdit à personne d'exprimer ses opinions[87].

Aux états-Unis, dans l'affaire *Buckley* c. *Valeo*[88], la Cour suprême a jugé valides les limites imposées par la loi aux contributions électorales individuelles, mais invalides, parce que contraires à la liberté d'expression, les restrictions aux dépenses électorales.

Dans l'affaire *National Citizens' Coalition Inc.*[89], le juge Medhurst de la Cour du Banc de la Reine de l'Alberta déclare incompatibles avec l'alinéa 2b) de la *Charte* le paragraphe 70.1(1) et l'article 72 de la *Loi électorale du Canada*[90]. Se posait la question de savoir si ces articles qui limitent aux partis enregistrés le droit d'engager des dépenses électorales pour favoriser un candidat ou s'y opposer vont à l'encontre de la liberté d'expression. Le juge au procès répond par l'affirmative. Il ajoute que pareille restriction ne peut se justifier sous l'article 1. La crainte qu'un dommage puisse survenir n'est pas suffisante pour imposer une limite à la liberté d'expression. Ce dommage doit être actuel et réel.

Le droit de vote est étroitement lié à la liberté de pensée, la liberté de presse et la liberté d'expression.

Dans l'arrêt *Oil, Chemical and Atomic Workers International Union*[91], antérieur à la *Charte*, la Cour suprême confirma la validité d'une loi de la Colombie-Britannique empêchant les syndicats ouvriers de contribuer financièrement à la caisse électorale des partis politiques, à partir de l'argent prélevé à même le salaire d'un employé. On reconnaît qu'il s'agit d'un exercice valide de la compétence des provinces en matière de «propriété et de droits civils». Il n'y a pas là un accroc injustifiable à la liberté d'expression.

Toutefois, dans l'arrêt *Lavigne*[92], la Cour suprême a statué que le précompte obligatoire des cotisations syndicales (formule Rand) ne brime

---

[85] *Supra*, note 83, p. 359.
[86] *Ibid.*, p. 366-367.
[87] Notons, par ailleurs, que la Cour suprême a servi une sérieuse mise en garde aux plaideurs : l'absence de fondement factuel à l'appui d'une contestation fondée sur la *Charte* est une lacune fatale. *Ibid.*, p. 361-362.
[88] *Buckley* c. *Valeo* (1976), 424 U.S. 1.
[89] *National Citizens' Coalition Inc.* c. *P.G. du Canada* (1984), 11 D.L.R. (4th) 481 (B.R. Alta.). On note que l'affaire n'a pas été portée en appel.
[90] *Loi électorale du Canada*, *supra*, note 23.
[91] *Oil, Chemical and Atomic Workers International Union* c. *Imperial Oil Ltd.*, [1963] R.C.S. 584.
[92] *Lavigne* c. *Syndicat des employés de la fonction publique de l'Ontario*, [1991] 2 R.C.S. 211.

pas la liberté d'expression de monsieur Lavigne. Même si son syndicat utilise une partie des cotisations syndicales de ses membres pour encourager un parti politique, monsieur Lavigne demeure libre d'exprimer ses opinions.

Dans plusieurs arrêts, la Cour suprême du Canada a eu l'occasion de se prononcer sur la très grande importance de la liberté d'expression dans une démocratie parlementaire comme la nôtre : *Renvoi sur la loi de la presse de l'Alberta*[93], *Boucher c. R.*[94], *Switzman c. Elbling*[95] et, depuis l'avènement de la *Charte* constitutionnelle, les arrêts *Dolphin Delivery*[96], *Ford*[97] et bien d'autres. Comme le remarque monsieur le juge McIntyre dans l'arrêt *Dolphin Delivery*, la liberté d'expression était un droit constitutionnel même avant l'avènement de la *Charte canadienne des droits et libertés*, un droit que la Cour suprême avait en quelque sorte constitutionnalisé.

Il écrit à cet égard :

> La liberté d'expression n'est toutefois pas une création de la *Charte*. Elle constitue l'un des concepts fondamentaux sur lesquels repose le développement historique des institutions politiques, sociales et éducatives de la société occidentale. La démocratie représentative dans sa forme actuelle, qui est, en grande partie le fruit de la liberté d'exprimer des idées divergentes et d'en discuter, dépend pour son existence de la préservation et de la protection de cette liberté[98].

Dans l'arrêt *Canada (P.G.) c. Reform Party of Canada*[99], trois juges[100] de la Cour d'appel de l'Alberta ont déclaré que l'alinéa 319c) et l'article 320 de la *Loi électorale du Canada* sont inconstitutionnels au motif qu'ils briment la liberté d'expression et le droit de vote des électeurs. Ces dispositions portent sur le temps d'émission octroyé par les radiodiffuseurs aux partis politiques lors des campagnes électorales. En restreignant indûment le temps d'émission en fonction du nombre de sièges obtenus par les partis politiques, ces dispositions font en sorte que les petits partis sont défavorisés et discriminés par rapport aux grands partis politiques; les petits partis, ne pouvant acheter de temps d'émission supplémentaire, voient leur liberté d'expression violée. Une telle violation ne se justifie pas sous l'article 1 de la *Charte*, selon trois juges de la Cour d'appel albertaine.

Deux autres juges[101] quant à eux auraient de plus invalidé les articles 303, 307, 310 et 316 de la *Loi électorale du Canada*. Ces articles visent

---

[93] *Renvoi sur la Loi de la presse de l'Alberta*, [1938] R.C.S. 100.
[94] *Boucher c. R.*, [1951] R.C.S. 265.
[95] *Switzman c. Elbling*, [1957] R.C.S. 285.
[96] *S.D.G.M.R. c. Dolphin Delivery Ltd.*, [1986] 2 R.C.S. 573.
[97] *Ford c. Québec (P.G.)*, [1988] 2 R.C.S. 712.
[98] *Supra*, note 96, p. 583.
[99] *Canada (P.G.) c. Reform Party of Canada*, (10 mars 1995), no. 13908, (C.A. Alb.).
[100] Ce sont les juges McFadyen, Belzil et Côté.
[101] Ce sont les juges Conrad et Harradence.

l'interdiction de radiodiffuser à l'étranger (article 303), le temps d'émission accordé aux partis enregistrés (article 307), les critères de répartition de temps d'émission (article 310) et le temps d'émission gratuit (article 316). Ces dispositions briment la liberté d'expression des partis politiques et privent les électeurs d'information relative à l'exercice de leur droit de vote. Contrairement à l'opinion des juges majoritaires, les juges dissidents estiment que ces articles ne peuvent être dissociés des articles 319 et 320, de sorte que l'ensemble du régime législatif restreignant le temps d'émission accordé aux partis politiques lors des campagnes électorales doit être jugé inconstitutionnel parce qu'incompatible avec l'alinéa 2b) et l'article 3 de la *Charte* et non justifié en vertu de l'article 1.

Disons en terminant que les tribunaux reconnaîtront, en tout état de cause, un *locus standi* à tout électeur, vu que le droit de vote est à la base de notre système de démocratie parlementaire; tout citoyen pourra soulever devant les tribunaux la question du droit de vote. Les arrêts *Thorson*[102], *McNeil*[103] et *Borowski*[104] sont pertinents. La *Charte canadienne des droits et libertés* elle-même prévoit un recours particularisé à son paragraphe 24(1).

(b) La représentation dans les assemblées législatives

Nous vivons dans un système de démocratie représentative. Le peuple désigne ses représentants au sein des assemblées législatives. C'est un droit démocratique de base.

Ce concept soulève trois questions que nous étudions successivement :

- la représentation selon la population
- le principe «une personne, un vote»
- la proportionnelle

(i) *La représentation selon la population*

Elle est très intimement reliée à la question du droit de vote. Le principe de la «représentation selon la population» a vu le jour sous le Régime de l'Union de 1840-1867. Elle est expressément consacrée dans la partie écrite de notre Constitution par l'article 51 de la *Loi constitutionnelle de 1867*. Elle suivit de près l'avènement du «gouvernement responsable» qui veut que pour se maintenir au pouvoir le gouvernement doive conserver la confiance des députés. Ce principe du gouvernement responsable fait partie de

---

[102] *Thorson* c. *Canada (P.G.)*, [1975] 1 R.C.S. 138.
[103] *Nova Scotia Board of Censors* c. *McNeil*, [1976] 2 R.C.S. 265.
[104] *Ministre de la Justice du Canada* c. *Borowski*, [1981] 2 R.C.S. 575.

nos conventions constitutionnelles[105]. Comme l'explique la Cour suprême dans le *Renvoi sur le rapatriement*[106], ces conventions font bel et bien partie de la Constitution du Canada bien que nos tribunaux, en principe, ne peuvent y donner suite, en cas de violation; le remède est alors politique.

Le «gouvernement représentatif» pour sa part remonte bien avant la Confédération. Il fut acquis en Nouvelle-Écosse en 1758, à l'Île-du-Prince-Édouard en 1773, au Nouveau-Brunswick en 1784, dans les Haut et Bas Canada, en 1791, à Terre-Neuve en 1832, en Colombie-Britannique en 1856, au Manitoba en 1870, et dans les Territoires en 1885[107].

L'article 51 de la *Loi constitutionnelle de 1867* prévoit le rajustement après chaque recensement décennal de la représentation à la Chambre des communes. Cet article est impératif. Même si le Parlement a une certaine discrétion, il doit voir à ce rajustement après chaque recensement décennal. Le Parlement peut augmenter le nombre de députés à la Chambre des communes «pourvu que demeure intacte la proportion établie par la présente loi dans la représentation des provinces,» dit l'article 52 de la *Loi constitutionnelle de 1867*.

La procédure de modification de la Constitution prévoit à l'article 42 de la *Loi constitutionnelle de 1982* qu'il faut l'accord du pouvoir fédéral et de sept provinces comportant 50% de la population pour modifier «le principe de la représentation proportionnelle des provinces à la Chambre des communes».

L'article 51A de la *Loi constitutionnelle de 1867* prévoit que :

> Nonobstant toute disposition de la présente loi, une province doit toujours avoir droit à un nombre de membres à la Chambre des communes non inférieur au nombre de sénateurs représentant cette province.

Dans la procédure de modification, il est prévu à l'alinéa 41b) de la *Loi constitutionnelle de 1982* qu'il faut l'accord des «onze» pour modifier «le droit d'une province d'avoir à la Chambre des communes un nombre de députés au moins égal à celui des sénateurs par lesquels elle est habilitée à être représentée lors de l'entrée en vigueur de la présente partie.»

Le Parlement fédéral, qui retient aux termes de l'article 44 de la *Loi constitutionnelle de 1982* un certain pouvoir d'amendement de la Constitution du Canada, peut-il modifier l'article 51?

---

[105] *Décisions constitutionnelles*, Ottawa, Centre d'édition du Gouvernement du Canada, 1981, aux pages 86, 87 et 88. «Les ministres doivent continuellement jouir de la confiance de la chambre élue de la législature, personnellement et collectivement.» (p. 87).
[106] *Renvoi : Résolution pour modifier la Constitution*, [1981] 1 R.C.S. 753.
[107] W.F. DAWSON et R.M. DAWSON, *Democratic government in Canada*, 4e éd., Toronto, University of Toronto Press, 1971, p. 6, note 1.

Le Parlement fédéral sur la base du paragraphe 91(1) (abrogé en 1982) a modifié l'article 51 de la Constitution, en 1952[108] et en 1974[109], au chapitre du rajustement à la Chambre des communes, et il a porté à deux le nombre de députés des Territoires du Nord-Ouest aux Communes[110]. L'article 51 fut de nouveau modifié en 1986[111].

Dans le *Renvoi sur le Sénat*[112], la Cour suprême a restreint l'expression «Constitution du Canada» énoncée au paragraphe 91(1) à la Constitution fédérale interne. Le Parlement fédéral, selon l'article 44 de la *Loi constitutionnelle de 1982*, peut modifier la Constitution du Canada en ce qui a trait au pouvoir exécutif fédéral, au Sénat et à la Chambre des communes, mais sous réserve des articles 41 et 42.

Dans l'affaire *Campbell et al.*[113], la question du pouvoir fédéral de modifier l'article 51 sans l'accord des provinces fut soulevée devant la Cour suprême de la Colombie-Britannique.

Monsieur le juge en chef McEachern arriva à la conclusion que la redistribution électorale qui réduit de cinq à quatre le nombre des circonscriptions électorales à Vancouver ne brime pas le principe de la représentation selon la population, prévu dans la Constitution. Il n'est pas nécessaire, à son avis, que cette représentation soit mathématiquement parfaite. La représentation repose en premier lieu sur la population mais pas uniquement sur cette dernière.

La Cour d'appel confirma le jugement de première instance; la Cour suprême du Canada refusa la demande d'autorisation d'appel, le 30 mai 1988.

Sous cette seconde rubrique de la représentation dans les assemblées législatives, il faut se demander quel est l'effet des articles 3 et 15 de la *Charte canadienne des droits et libertés* sur les écarts dans le nombre des électeurs, que nous rencontrons d'une circonscription à l'autre et qui sont autorisés par nos lois. On doit aussi en second lieu étudier la question du système proportionnel[114]. Nous abordons ces deux questions dans l'ordre.

(ii) *Une personne, un vote*

La théorie du «one person, one vote» fut mise en oeuvre aux États-Unis. Au Canada, monsieur le juge McRuer en a traité :

---

[108] *Acte de l'Amérique du Nord Britannique*, (1952) S.C. 1952, c. 15 (abrogé).
[109] *Loi constitutionnelle de 1974*, S.C. 1974-75-76, ch. 13.
[110] *Loi constitutionnelle no. 1 de 1975*, S.C. 1974-75-76, ch. 28.
[111] L.C. 1986, ch. 8.
[112] *Renvoi sur le Sénat*, [1980] 1 R.C.S. 54.
[113] *Campbell* c. *Canada (P.G.)*, [1988] 2 W.W.R. 650 (C.S. C.-B.).
[114] *Commission de l'unité canadienne, (Rapport Pepin-Robarts), Se retrouver*, Ottawa, Approvisionnement et Services, 1979, p. 112-114.

[TRADUCTION]
> La théorie : «un homme, un vote» est sans aucun doute, à la base même du processus démocratique en ce pays. Mais le droit de vote est extrêmement difficile à définir dans des formules constitutionnelles.
>
> Le fait est qu'il est des plus difficile de définir dans un libellé constitutionnel comment le principe démocratique «un homme, un vote», doit s'exprimer[115].

Examinons d'abord trois causes américaines célèbres sur la question.

(A) La situation aux États-Unis. Dans l'affaire *Baker* c. *Carr*[116], on posa le principe que les tribunaux pouvaient se prononcer sur le bien-fondé des critères et barèmes de la représentation par circonscription. La Cour suprême a déclaré que l'étalon de mesure devait être juste, acceptable et raisonnable.

Dans l'affaire *Gray* c. *Sanders*[117], la Cour suprême a conclu que le système de «l'unité de comté», qui donnait lieu à un vote disproportionné, allait à l'encontre de la «protection égale» et des «garanties légales suffisantes» du célèbre Quatorzième amendement. La Cour déclara que cette clause de la «protection égale des lois» exige que chaque voteur soit égal à tout autre voteur quand il dépose son bulletin de vote.

Le juge W.O. Douglas, au nom de la Cour, fit remarquer *inter alia* :

[TRADUCTION]
> 1) «qu'une fois que les catégories de voteurs sont choisies et leurs qualifications spécifiées, on ne peut, sur le plan constitutionnel, échapper à l'égalité du pouvoir de voter»; 2) «que l'on contrarie le principe de l'égalité au Quatorzième amendement (...) en utilisant, pour le comptage des votes dans les élections des États le système de «l'unité de comté» qui a pour résultat de donner une valeur et un poids différents aux votes exprimés»; 3) «qu'il est de l'essence du système fédéral américain qu'une chambre législative soit composée d'élus sans égard à la population»; 4) «que les États peuvent dans

---

[115] J. McRUER, *supra*, note 3, p. 1596 :
> No doubt «one man one vote» is the essential basis of the democratic process in this country. But the right to vote is extremely difficult to define in constitutional terms (...) The point is that it is most difficult to define in constitutional terms how the simple democratic principle of «one man one vote» should be expressed.

[116] *Baker* c. *Carr* (1962), 369 U.S. 186, 7 L. Ed. (2d) 663.

[117] *Gray* c. *Sanders* (1963), 372 U.S. 368, 9 L. Ed. (2d) 821. Le texte du Quatorzième amendement a été traduit par A. Tunc, *supra*, note 35, p. 498 :
> 1. ... [N]or shall any State deprive any person of life, liberty, or property without due process of law; nor deny to any person within its jurisdiction the equal protection of the laws. (texte original)
>
> 2. Représentatives shall be apportioned among the several States according to their respective numbers, counting the whole number of persons in each State, excluding Indians not taxed (...) (texte original).

certaines limites spécifier les qualifications des voteurs aux élections fédérales et à celles des États; au fait, la Constitution s'en remet aux qualifications arrêtées par le droit des États, même pour les élections fédérales»; 5) «que le concept de l'égalité sur le plan politique à partir de la *Déclaration d'Indépendance* jusqu'à l'*Adresse de Gettysburg* de Lincoln, jusqu'aux XVe, XVIIe et XIXe Amendements ne peuvent signifier qu'une chose : «une personne, un vote»»; 6) «qu'une fois qu'une unité géographique pour l'élection d'un représentant est désignée, tous ceux qui participent à l'élection doivent avoir une voix égale, sans égard à la race, au sexe, à l'occupation, au revenu, et à l'emplacement du foyer au sein de l'unité[118].»

Dans l'affaire *Reynolds* c. *Sims*[119], la Cour suprême des États-Unis énonça le célèbre principe du «one man, one vote» qu'il convient maintenant de désigner : «une personne, un vote».

(B) La situation au Canada. Le système en vigueur chez nous est-il en accord avec les articles 1, 3 et 15 de la *Charte canadienne des droits et libertés*?

Avant l'avènement de la *Charte*, Me Yves Caron[120] avait analysé la situation en 1967, au moment où les grandes causes américaines faisaient beaucoup de bruit. Chez nous les disparités sont beaucoup plus grandes que dans la république voisine. Nous avons le système du district urbain, du district semi-urbain et du district rural. Le Canada est un pays peu peuplé et fort vaste. Ces deux facteurs rendent extrêmement difficile l'égalité dans les circonscriptions. A ces facteurs viennent s'ajouter *inter alia* ce que Me

---

[118] 1. «Once the class of voters is chosen and their qualification specified, there is no constitutional way by which equality of voting power may be evaded». (Headnote 17), 9 L. Ed. 2d 821, p. 823.

2. «The equal protection clause of the Fourteenth Amendment is violated by the use, in tabulating the votes in statewide elections, of a county unit system which resultats in disproportionate vote weighting». (Headnote 19), 9 L. Ed. 2d 821, p. 824.

3. «Nor does it present the question, inherent in the bicameral form of our Federal Government, whether a State may have one house chosen without regard to population» 9 L. Ed. 2d 821, p. 828.

4. «States can within limits specify the qualifications of voters in both state and federal elections; the Constitution indeed makes voters' qualifications rest on state law even in federal elections» (p. 829), 9 L. Ed. 2d 821.

5. «The conception of political equality from the Declaration of Independence, to Lincoln's Gettysburg Address, to the Fifteenth and Nineteenth Amendments can mean only one thing - one person, one vote» 9 L. Ed. 2d 821, p. 830-831.

6. «Once the geographical unit for which a representative is to be chosen is designated, all who participate in the election are to have an equal vote, whatever their race, whatever their sex, whatever their occupation, whatever their income, and wherever their home may be in that geographical unit.» 9 L. Ed. 2d 821, p. 829-830.

[119] *Reynold* c. *Sims, supra*, note 5.

[120] Y. CARON, «Un homme, un vote?», (1967) 2 *R.J.T.* 209.

Yves Caron appelle les accidents géographiques[121], comme les chaînes de montagnes et les régions isolées.

La jurisprudence canadienne s'est nettement démarquée de la jurisprudence américaine[122] dans le *Renvoi sur les circonscriptions électorales de la Saskatchewan*[123], où la Cour suprême du Canada a rejeté le principe «une personne, un vote», pour lui substituer le principe de la «représentation effective.»

Il est surprenant qu'une telle décision ait fait si peu de bruit chez nous. Elle a pourtant une portée considérable.

La Cour suprême a statué, à la majorité, dans ce renvoi, que l'article 3 de la *Charte* ne consacre pas le principe «une personne, un vote». L'article 3 garantit plutôt le droit à une «représentation effective», concept plus large que celui de l'égalité du suffrage, selon madame le juge McLachlin :

> (...) l'objet du droit de vote garanti à l'art. 3 de la *Charte* n'est pas l'égalité du pouvoir électoral en soi mais le droit à une «représentation effective». Notre démocratie est une démocratie représentative. Chaque citoyen a le droit d'être *représenté* au sein du gouvernement[124].

Il s'agit de la première décision de la Cour suprême sur cette question. Le juge McLachlin précise tout d'abord, au nom de la Cour, qu'en délimitant ses circonscriptions électorales une province exerce une compétence législative. Cet exercice est assujetti à l'article 3 de la *Charte*, d'écrire le juge McLachlin, rejetant ainsi l'argument selon lequel la loi créant les circonscriptions électorales ferait partie de la Constitution du Canada et, de ce fait, serait à l'abri d'une contestation fondée sur la *Charte*.

En l'espèce, le procureur général de la Saskatchewan a soumis à sa Cour d'appel un renvoi qui portait sur la délimitation des circonscriptions électorales de la province. A cet égard, la *Electoral Boundaries Commission Act*[125] a créé une commission parlementaire chargée de réviser la répartition électorale de la province. Cette loi a cependant imposé deux conditions à la Commission : 1) un quota strict pour les comtés urbains et ruraux; et 2) la concordance des comtés avec les délimitations municipales existantes. Selon la Cour d'appel, la carte électorale résultant du rapport de la Commission qui, dans certains cas, autorise des écarts de représentation allant de 15 % à 25 %, porte atteinte à l'article 3 de la *Charte* parce qu'elle s'écarte trop du principe «une personne, un vote» et ne se justifie pas sous l'article 1.

---

[121] *Id.*, p. 227.
[122] Voir les arrêts *Reynolds* c. *Sims*, *supra*, note 5; *Gray* c. *Sanders*, *supra*, note 117; *Baker* c. *Carr*, *supra*, note 116.
[123] *Renvoi sur les circonscriptions électorales (Saskatchewan)*, *supra*, note 15.
[124] *Ibid.*, p. 183.
[125] S.S. 1986-87-88, c. E-6.1.

C'est précisément sur le «processus» que la minorité de la Cour fonde sa dissidence[126]. Monsieur le juge Cory croit que l'imposition des deux conditions n'était pas nécessaire. Il n'y avait pas de conditions imposées en 1981, et c'est pourquoi la Commission de l'époque arriva à un résultat beaucoup plus équitable. La législature, en imposant des conditions, s'est ingérée dans le travail de la Commission, ce qu'elle n'aurait pas dû faire, selon le juge Cory[127]. Il ajoute :

> Le droit de vote est si fondamental qu'une telle ingérence suffit pour constituer une violation de l'art. 3 de la *Charte*. Une réduction du pouvoir électoral individuel est une violation du système démocratique[128].

Le procureur général, de l'avis du juge Cory, n'a pas expliqué pourquoi il fallait s'écarter du niveau d'égalité plus élevé atteint en 1981[129]. Il conclut en ces termes :

> Le droit fondamental qu'est le droit de vote ne devrait pas être réduit sans solide justification. Toute dilution de l'importance et de la signification d'un suffrage est un affaiblissement du processus démocratique. Aucune explication solide n'a été avancée en l'espèce pour justifier une loi qui a clairement pour effet de diminuer les droits des électeurs urbains et de réduire la représentation des habitants des villes à l'assemblée législative. La démocratie peut trop facilement être érodée par la dilution des droits et de la représentation des électeurs. Le droit de vote est trop précieux et important pour être diminué inutilement ou déraisonnablement[130].

Le juge McLachlin, au nom de la majorité[131], est d'avis que le processus fut équitable. La participation du législateur n'a pas rendu le processus injuste ou arbitraire[132]. Monsieur le juge Sopinka ajoute, dans des motifs distincts, que l'opinion du juge Cory «(...) présuppose l'existence d'une sorte de garantie constitutionnelle du processus (...) [et que] il n'y a aucune raison d'interdire à la législature des lignes directrices strictes définissant les pouvoirs à conférer à la Commission[133]».

Quant au droit de vote comme tel, le juge McLachlin remarque qu'il faut l'étudier dans le contexte général de la *Charte*. Elle revient sur l'interprétation des droits et libertés garantis par la *Charte* et expose trois doctrines pertinentes à la solution du pourvoi :

---

[126] La minorité est formée du juge en chef Lamer et des juges L'Heureux-Dubé et Cory.
[127] *Supra*, note 15, p. 171.
[128] *Ibid.*, p. 172.
[129] *Ibid.*, p. 173.
[130] *Ibid.*, p. 174.
[131] La majorité est composée des juges La Forest, Sopinka, Gonthier, McLachlin, Stevenson et Iacobucci.
[132] *Supra*, note 15, p. 194.
[133] *Ibid.*, p. 198.

1) «(...) la *Charte* est greffée sur l'arbre qu'est la Constitution du Canada (...)[134]»
2) «(...) il faut tenir compte de considérations pratiques en interprétant la Constitution (...)[135]»
3) «(...) dans l'interprétation des droits individuels conférés par la *Charte*, la Cour doit se laisser guider par l'idéal d'une «société libre et démocratique» qui fonde la *Charte*[136].»

L'égalité absolue est, en pratique, impossible à atteindre. Le juge McLachlin estime qu'il faut plutôt parler de la «parité relative du pouvoir électoral[137]». Conclure autrement, précise le juge McLachlin, constituerait un rejet de nos institutions démocratiques existantes :

> (...) peu de choses dans l'histoire ou la philosophie de la démocratie canadienne permettent de croire que les rédacteurs de la *Charte* visaient principalement, en édictant l'art. 3, à atteindre la parité électorale. Cet objet serait un rejet du système actuel de la représentation électorale au Canada. Les circonstances qui ont mené à l'adoption de la *Charte* contredisent toute intention de rejeter les institutions démocratiques existantes[138].

Le juge McLachlin souligne quelques facteurs à considérer dans l'étude du droit de vote, liste qui, précise-t-elle, n'est pas exhaustive : les caractéristiques géographiques, l'histoire, les intérêts de la collectivité, la représentation des groupes minoritaires, les prévisions démographiques. Elle conclut en ces termes :

> En règle générale, les écarts de population entre les circonscriptions urbaines et rurales sont petits et ne dépassent pas ce à quoi on peut s'attendre compte tenu des plus grandes difficultés que comporte la représentation des régions rurales. Les écarts entre certaines circonscriptions données semblent être justifiés par des facteurs tels que les caractéristiques géographiques, les intérêts de la collectivité et les tendances démographiques. On n'a pas sérieusement prétendu que les limites septentrionales étaient inadéquates, étant donné la faible densité de la population et les problèmes de communication dans la région. Je conclus que la violation de l'art. 3 n'a pas été établie[139].

À notre avis, le *Renvoi sur les circonscriptions électorales (Saskatchewan)*[140] est trop généreux. Une disparité de 25 % et plus dans certains cas

---

[134] *Ibid.*, p. 180.
[135] *Ibid.*, p. 181.
[136] *Id.*
[137] *Ibid.*, p. 183.
[138] *Ibid.*, p. 185; voir aussi p. 187.
[139] *Ibid.*, p. 197. Pour des commentaires sur ce renvoi, voir : R.E. CHARNEY, «Saskatchewan Election Boundary Reference : «One Person - Half a Vote»», (1991) 1 *N.J.C.L./R.N.D.C.* 225-234; D. JOHNSON, «Canadian Electoral Boundaries and the Courts Practices, Principles and Problems», (1994) 39 *R.D. McGill* 224-247.
[140] *Supra*, note 123.

est difficilement acceptable; 10 %, peut-être 15 % seraient plus acceptables, ainsi que le propose la Commission Lortie, comme nous le verrons plus loin.

Il est vrai que la *Charte* n'avait pas pour but de «rejeter nos institutions démocratiques». Mais au chapitre des droits démocratiques, cette *Charte* avait pour but de les perfectionner.

L'argument du juge Cory, dissident, emporte notre adhésion.

(iii) *La question de la proportionnelle*

Au Canada, tout comme au Royaume-Uni ou aux États-Unis, nous avons le système uninominal à un tour. C'est le régime de l'élection directe, à majorité simple, à un seul tour. La France a adopté le système du scrutin uninominal majoritaire à deux tours. Plusieurs démocraties, pour leur part, ont instauré chez elles la représentation proportionnelle. On pourrait discuter longtemps des mérites et des désavantages des systèmes respectifs. Le débat n'est pas clos. Au Canada, un député peut être élu, en pratique, par moins de 35 % des voix exprimées dans une circonscription. Ainsi, une nette majorité peut se prononcer contre lui; il n'en est pas moins élu. Ce fait est-il conciliable avec la teneur de l'article 3 de la *Charte canadienne des droits et libertés*? Disons tout de suite qu'aux États-Unis, la Cour suprême, qui a imposé le principe «une personne, un vote», n'a pas déclaré qu'il fallait introduire la proportionnelle. En Australie, au niveau du Sénat, existe le «vote préférentiel» qui réunit plusieurs avantages de l'un et de l'autre systèmes. Nous ne croyons pas que les articles 3 et 15 nous obligent à instaurer la proportionnelle au Canada.

(c) Le droit d'éligibilité

L'article 3 de la *Charte canadienne des droits et libertés* prévoit que tout citoyen canadien est éligible aux élections législatives fédérales ou provinciales. C'est à la lumière de l'article 1 de la *Charte* qu'il faut examiner les exceptions.

Pour être candidat à une élection il faut avoir la qualité d'électeur. Ainsi le prescrit l'article 76.1 de la *Loi électorale du Canada*[141] en renvoyant à l'article 51 de la même loi qui porte sur la qualité d'électeur. Il n'est pas nécessaire d'avoir sa résidence dans la circonscription où l'on est candidat.

Ne sont pas éligibles cependant, aux termes de l'article 77 :

77.(1) Les individus mentionnés au présent article ne peuvent se porter candidats à une élection durant la période spécifiée pour chacun d'eux, savoir :
a) toute personne qui, selon le cas :

---

[141] *Loi électorale du Canada*, *supra*, note 23.

(i) a été reconnue, d'après le rapport du juge lors de l'instruction d'une pétition d'élection, comme s'étant livrée à des manoeuvres frauduleuses à une élection et, selon un rapport présenté au président de la Chambre des communes, a eu l'occasion de se faire entendre à sa propre décharge, puis a été expressément déclarée inéligible,
(ii) a été déclarée coupable par un tribunal compétent d'avoir commis, à une élection, une infraction qui constitue une manoeuvre frauduleuse,
(iii) a été condamnée à payer une amende pour s'être livrée à une manoeuvre frauduleuse,
(iv) a été trouvée coupable, au cours de tout procès où, après avis de l'accusation, elle a eu l'occasion d'être entendue, d'une manoeuvre frauduleuse ou d'une infraction qui constitue une manoeuvre frauduleuse,

au cours des cinq années qui suivent la date où elle a été ainsi reconnue, expressément déclarée inéligible à la suite d'un rapport, déclarée coupable, condamnée ou trouvée coupable;

b) toute personne qui, selon le cas :

(i) a été reconnue, d'après le rapport du juge lors de l'instruction d'une pétition d'élection, comme ayant commis un acte illégal à une élection et, selon un rapport présenté au président de la Chambre des communes, a eu l'occasion de se faire entendre à sa propre décharge, puis a été expressément déclarée inéligible,
(ii) a été déclarée coupable par un tribunal compétent d'avoir commis, à une élection, une infraction qui constitue une pratique illégale,
(iii) a été condamnée à payer une amende pour avoir commis un acte illégal,
(iv) a été trouvée coupable, au cours de tout procès où, après avis de l'accusation, elle a eu l'occasion d'être entendue, d'un acte illégal ou d'une infraction qui constitue un acte illégal,

au cours des cinq années qui suivent la date où elle a été ainsi reconnue, expressément déclarée inéligible à la suite d'un rapport, déclarée coupable, condamnée ou trouvée coupable;

c) [abrogé][142];
d) toute personne qui est membre de l'assemblée législative d'une province, tant qu'elle en est membre;
e) toute personne qui occupe la charge de shérif, de greffier de la paix ou de procureur de la Couronne dans un comté ou un district judiciaire, tant qu'elle occupe cette charge;
f) [abrogé][143];

---

[142] Aux termes de l'ancien alinéa 21c), les membres des commissions royales et les employés permanents ou temporaires de la Couronne n'étaient pas éligibles à se porter candidats. Voir L.C. 1993, ch. 19, art. 34.

[143] Aux termes de l'ancien alinéa 21f), les membres des forces armées n'étaient pas éligibles à se porter candidats.

g) toute personne qui est membre du Conseil du territoire du Yukon ou du Conseil des Territoires du Nord-Ouest, pendant qu'elle en est membre;

h) toute personne qui, aux termes de l'article 51, est déclarée inhabile à voter, tant qu'elle n'est pas habile à voter en vertu de cet article;

i) toute personne qui est un juge nommé par le gouverneur en conseil, à l'exception des juges de la citoyenneté nommés sous le régime de la *Loi sur la citoyenneté*;

j) toute personne qui est détenue dans un établissement correctionnel et y purge une peine pour avoir commis une infraction;

k) les fonctionnaires électoraux.

(2) Une personne est déchue de son droit d'être candidat si elle s'est portée candidat à une élection antérieure et si le rapport visé à l'article 228 n'a pas été produit relativement à cette élection dans les délais ou les délais additionnels impartis pour sa production.»

Il est normal que le directeur général des élections, son adjoint, les juges, les détenus, ne puissent être candidats, et ce, pour des motifs qui, bien sûr, varient d'une catégorie à l'autre.

Les députés provinciaux et les membres du Conseil du Yukon et des Territoires du Nord-Ouest ne peuvent être élus à la Chambre des communes. Le double mandat électoral qui existait au début de la Confédération et qui a d'ailleurs été aboli, par la suite, allait au fond contre le principe même du fédéralisme.

Comment une même personne peut-elle représenter deux ordres de gouvernement qui, de par la Constitution, ont des pouvoirs législatifs et exécutifs exclusifs et qui, selon la jurisprudence, ne peuvent se déléguer des pouvoirs législatifs[144]? Cette exception va de soi.

L'article 39 de la *Loi constitutionnelle de 1867* déclare qu'un sénateur ne peut être député. Il est clair que les sénateurs ne doivent pas être en

---

[144] Voir le fameux arrêt *Nouvelle-Écosse (P.C.)* c. *Canada (P.G.)*, [1951] R.C.S. 31. Si le Parlement ne peut déléguer des compétences législatives aux législatures, il peut déléguer des pouvoirs aux tribunaux. Comme le souligne le juge en chef Deschênes dans l'affaire *Bélanger* c. *Commission de révision du comté de Sauvé*, [1973] C.S. 814, p. 820-821 «(...) de temps immémorial dans le régime parlementaire britannique, et au début du régime parlementaire canadien, le Parlement s'était jalousement réservé le contrôle de sa propre procédure et de son mécanisme électoral»; il cite à l'appui l'arrêt *Théberge* c. *Landry*, [1876] 2 A.C. 102. Le principe énoncé dans *Théberge* c. *Landry* fut suivi dans l'instance *Valin* c. *Langlois*, [1880] 3 R.C.S. 1 et [1879-80] 5 A.C. 115. Le Parlement a subséquemment délégué des pouvoirs aux juges et aux tribunaux. Mais ces derniers n'ont de pouvoirs que ceux qui leur sont délégués. Le pouvoir des Chambres est interprété de façon libérale ainsi qu'en font foi les arrêts *Temple* c. *Bulmer*, [1943] R.C.S. 265, *Talfree* c. *Clark* (1943), 3 D.L.R. 684 (C.S.C.) et *Sideleau* c. *Davidson*, [1942] R.C.S. 318 et *Plourde* c. *Gauvreau*, [1913] 47 R.C.S. 211. Soulignons qu'aux États-Unis, chaque Chambre juge de la validité des élections, de la composition («membership») de la Chambre en vertu de la section 5 de l'article 1 de la Constitution; on lira avec intérêt sur cette question l'arrêt *Powell* c. *McCormack* (1969), 395 U.S. 486.

mesure de se porter candidats au poste de députés. Les deux chambres législatives fédérales se doivent d'être mutuellement exclusives.

Les fonctionnaires, pour se présenter, peuvent obtenir un congé[145]. Cette disposition satisfait à l'article 3 de la *Charte canadienne des droits et libertés*, à notre avis.

Dans l'affaire *Fraser c. Nouvelle-Écosse (P.G.)*[146], monsieur le juge Grant, de la Cour suprême de la Nouvelle-Écosse, conclut que le paragraphe 34(3) et l'alinéa 35(c) du *Civil Service Act*[147] de la Nouvelle-Écosse qui *inter alia* empêchent les fonctionnaires de s'engager dans un travail partisan en matière d'élections fédérales ou provinciales et ne prévoient pas l'obtention de congés électoraux, vont à l'encontre du droit de se porter candidat prévu à l'article 3 de la *Charte* et ne peuvent se justifier sous l'article 1 de la *Charte*; ces articles à son avis violent aussi la liberté d'expression, la liberté d'assemblée et d'association et les droits à l'égalité, sans que l'article 1 puisse les justifier.

Par contre, dans l'affaire *Syndicat des employés de la fonction publique de l'Ontario*[148], la Cour suprême du Canada disposa des questions soulevées sur la base du partage des pouvoirs; la question de la *Charte* ne fit pas l'objet d'une décision, car l'affaire était antérieure à l'adoption de la *Charte*, encore qu'il y eut partage d'avis sur l'opportunité pour la Cour de se prononcer sur ce point (4-3). Dans cette affaire se posait notamment la question de la validité d'une loi ontarienne qui obligeait les fonctionnaires de l'Ontario, désireux de se présenter aux élections fédérales, à obtenir au préalable un congé sans solde, et qui empêchait les fonctionnaires de participer aux campagnes électorales fédérales.

La Cour, se basant sur le paragraphe 92(4) de la *Loi constitutionnelle de 1867* et sur l'ancien paragraphe 92(1) de cette loi, prononça la validité de la loi ontarienne sur le plan du partage des pouvoirs. Avec raison, selon nous.

Dans cette affaire, la Cour suprême renvoya à l'affaire *Fraser*[149] où elle avait dressé quelques paramètres au droit du fonctionnaire de critiquer le gouvernement qui l'emploie.

Par ailleurs, dans l'arrêt *Osborne*[150], la Cour suprême a conclu que le principe de la neutralité politique des fonctionnaires qui, avec le temps,

---

[145] Voir l'article 87 de la *Loi électorale du Canada*, *supra*, note 23. Le fonctionnaire désireux de se porter candidat fait une demande de congé sans solde.

[146] *Fraser* c. *Nouvelle-Écosse (P.G.)* (1987), 30 D.L.R. (4th) 340 (C.S. N.-é.).

[147] *Civil Service Act*, 1980 (N.S.) c. 3.

[148] [1987] 2 R.C.S. 2.

[149] [1985] 2 R.C.S. 455.

[150] *Osborne* c. *Canada (Conseil du Trésor)*, [1991] 2 R.C.S. 69. Voir aussi l'article de P. GARANT, «La Charte constitutionnelle de 1982 et la démocratie électorale canadienne», (1991) 21 *R.D.U.S.* 429-477.

s'est mué en convention constitutionnelle, n'exige pas une interdiction absolue visant tous les fonctionnaires, peu importe l'échelon où ils se situent, de participer à des activités politiques partisanes, comme le prescrit l'article 33 de la *Loi sur l'emploi dans la fonction publique*[151]. Cet article brime clairement la liberté d'expression des fonctionnaires fédéraux, puisqu'ils sont passibles de sanctions disciplinaires et même de renvoi, s'ils participent à des activités politiques partisanes. L'article 33 ne se justifie pas sous l'article 1 de la *Charte*, selon monsieur le juge Sopinka, car il a une portée excessive et ne porte pas le moins possible atteinte à la liberté d'expression des fonctionnaires. Monsieur le juge Stevenson est dissident.

Le droit de vote et le droit d'éligibilité sont deux droits bien différents. Les exceptions peuvent se recouper en partie mais non en totalité. Ainsi, un juge peut voter mais il ne peut, bien sûr, se porter candidat aux élections fédérales ou provinciales.

Un mot de la célèbre affaire *MacLean*[152].

Reconnu coupable d'avoir présenté des comptes de dépenses frauduleux au montant de 22,000$, le député Billy Joe MacLean de l'Assemblée législative de la Nouvelle-écosse fut condamné, en 1986, à payer une somme de 6 000$ et à rembourser ladite somme de 22 000$. A cause de son refus de démissionner comme député, il fut expulsé de la Chambre par une loi spéciale intitulée : *An Act respecting Reasonable Limits for Membership in the House of Assembly*[153]. Cette loi prévoyait en outre que toute personne condamnée pour une infraction punissable de plus de cinq années d'emprisonnement ne pouvait se présenter aux élections provinciales pour cinq ans.

Le député MacLean décida de se présenter comme candidat indépendant à l'élection partielle déclenchée pour lui trouver un successeur. Il attaqua la validité de la loi.

Saisie de la question, madame le juge en chef Glube arriva à la conclusion que la législature pouvait expulser le député pour acte frauduleux. Cependant la législature, à son avis, ne pouvait, à cause de l'article 3 de la *Charte*, empêcher pendant cinq ans M. MacLean de faire acte de candidature, le choix relevant alors de l'électorat.

M. MacLean fut réélu le 24 février 1987 comme candidat indépendant lors de l'élection partielle.

Cette décision se défend.

---

[151] *Loi sur l'emploi dans la fonction publique*, L.R.C. 1985, ch. P-33, art. 33.
[152] *McLean* c. *Nouvelle-Écosse (P.G.)*, *supra*, note 71.
[153] *An Act Respecting Reasonable Limits For Membership in the House of Assembly*, S.N.S. 1986, c. 104.

(d) Les recommandations de la Commission Lortie de 1991

Disons un mot du volumineux rapport de la Commission royale sur la réforme électorale et le financement des partis.

La Commission royale sur la réforme électorale et le financement des partis (Commission Lortie) déposait son rapport final en novembre 1991[154].

Parmi ses principales recommandations, la Commission Lortie propose d'étendre le droit de vote au directeur général des élections[155], aux directeurs de scrutin[156] ainsi qu'aux juges[157] et aux Canadiens qui résident à l'étranger[158]. Seuls devraient être inhabiles à voter aux élections fédérales les incapables[159], les aliénés mentaux[160], les personnes reconnues coupables d'un crime pouvant entraîner l'emprisonnement à vie et condamnées à dix ans ou plus de détention[161] et ceux qui n'ont pas la citoyenneté canadienne[162]. L'âge électoral est fixé à 18 ans[163]. La Commission Lortie recommande aussi que la *Loi électorale du Canada* spécifie que le droit de vote implique le droit au secret du vote[164], et que le vote de chaque électeur ait le même poids[165].

La Commission Lortie propose de modifier l'article 51 de la *Loi constitutionnelle de 1867*[166]. Cette recommandation se lit comme suit :

Recommandation 1.4.1
   Nous recommandons que l'article 51 de la *Loi constitutionnelle de 1867* soit modifié de façon à consacrer les principes suivants :

---

[154] Ce rapport comprend quatre volumes : *Pour une démocratie électorale renouvelée* (Volumes 1 et 2); *Proposition de loi* (Volume 3); et *Ce que les Canadiens et Canadiennes nous ont dit* (Volume 4). Voir aussi, à titre explicatif : P. LORTIE, «Les principes de la réforme électorale», (1993) 16 *Revue parlementaire canadienne* 2-6. Pierre Lortie expose les six principes qui ont guidé la Commission royale sur la réforme électorale et le financement des partis : 1) la garantie de l'exercice du droit de vote; 2) la nécessité de faciliter l'accession à la députation; 3) assurer l'égalité et l'efficacité du vote; 4) affirmer la primauté des partis dans le système politique canadien; 5) assurer le caractère juste et équitable du processus électoral; et 6) nécessité de renforcer la confiance du public dans l'intégrité du processus électoral.
[155] Recommandation 1.2.2.
[156] Recommandation 1.2.3.
[157] Recommandation 1.2.5.
[158] Recommandation 1.2.8.
[159] Recommandation 1.2.6(1).
[160] Recommandation 1.2.6(2).
[161] Recommandation 1.2.7.
[162] Recommandation 1.2.10.
[163] Recommandation 1.2.9.
[164] Recommandation 1.2.1.
[165] Recommandation 1.4.3.
[166] Recommandation 1.4.1.

1. Soixante-quinze sièges sont attribués au Québec et le nombre de sièges accordés aux autres provinces est fonction du ratio de leur population par rapport à celle du Québec.

2. Au besoin, des sièges additionnels sont attribués à certaines provinces pour assurer :

   i) que la clause sénatoriale soit respectée;
   ii) qu'aucune province ne perde plus d'un siège par redistribution; et
   iii) qu'aucune province n'ait moins de sièges qu'une autre moins populeuse.

La création de circonscriptions autochtones est aussi suggérée par la Commission Lortie[167], de même que l'accroissement du nombre de femmes députées à la Chambre des communes[168] en permettant des remboursements aux partis qui favorisent des candidates.

La Commission Lortie propose un plafonnement des dépenses électorales, tant pour les candidats et les partis enregistrés que pour les tiers. Les dépenses des tiers quant à elles sont limitées à 1 000$ par groupe[169]. La Commission précise que la mise en commun de fonds est interdite[170]. Toutes ces dépenses seront rajustées annuellement[171]; les dons de plus de 250$ devront être déclarés[172].

De plus, tout parti politique enregistré pourra acheter un maximum de 100 minutes de temps d'antenne aux radiodiffuseurs[173]. La Commission Lortie recommande cependant l'abolition du temps d'antenne gratuit pour les partis politiques pour le remplacer par un régime de diffusion gratuite de messages politiques[174]. Elle est par ailleurs d'avis de ne pas imposer la tenue de débats télévisés entre les chefs de parti[175]. La campagne électorale devrait durer au moins 40 jours et, au plus, 47 jours[176]. Les bureaux de scrutin devraient être ouverts pendant 12 heures plutôt que 11 heures comme c'est le cas actuellement[177].

La Commission Lortie recommande la création d'une Commission électorale du Canada :

Recommandation 1.7.24

Nous recommandons :

a) que soit créée, sous le nom de Commission électorale du Canada, une

---

[167] Recommandation 1.4.12.
[168] Recommandation 1.5.11.
[169] Recommandation 1.6.6a).
[170] Recommandation 1.6.6c).
[171] Recommandation 1.6.8a).
[172] Recommandations 1.7.3, 1.7.4 et 1.7.5.
[173] Recommandations 1.6.14, 1.6.15 et 1.6.16.
[174] Recommandations 1.6.22 à 1.6.26.
[175] Recommandation 1.6.27.
[176] Recommandation 2.3.1a).
[177] Recommandation 2.3.3.

commission formée de sept membres nommés par une majorité des deux tiers à la Chambre des communes;

b) que la Chambre des communes désigne, parmi les membres de la Commission, un directeur général ou une directrice générale des élections, qui présidera également la Commission;

c) que la Chambre des communes nomme deux membres de la Commission au poste de vice-président ou vice-présidente;

d) que le directeur général des élections et président de la Commission ou la directrice générale des élections et présidente de la Commission soit nommé pour sept ans, ou jusqu'à son remplacement;

e) que les autres membres de la Commission soient nommés pour cinq ans ou jusqu'à leur remplacement;

f) qu'au moment de la création de la Commission, trois de ses six premiers membres soient nommés pour sept ans par souci de continuité;

g) que les mandats du directeur général ou de la directrice générale des élections et des commissaires soient renouvelables;

h) 1. qu'une majorité des commissaires soit autorisée à demander au Conseil canadien de la magistrature d'examiner l'opportunité de révoquer un ou une commissaire pour l'une des raisons énoncées aux alinéas 65(2)a) à d) de la *Loi sur les juges*;
   2. la recommandation du Conseil devrait être adressée au président ou à la présidente de la Chambre des communes; et
   3. toute révocation ne se ferait que sur adresse de la Chambre, par un vote des deux tiers;

i) que, pendant leur mandat, le directeur général ou la directrice générale des élections et les commissaires ne puissent occuper une charge ou être employés d'une quelconque façon par un parti politique, ni être membres ni faire un don politique ou contribuer à une fondation politique; et

j) que le directeur général des élections et président de la Commission ou la directrice générale des élections et présidente de la Commission touche un traitement égal à celui du ou de la juge en chef de la Cour fédérale du Canada; que le traitement des deux vice-présidents ou vice-présidentes soit égal à celui des juges de ce tribunal; et que la rémunération des autres membres de la Commission soit fixée par le gouverneur en conseil.

Le mandat de cette Commission, qui remplacerait Élections Canada et le Bureau du directeur général des élections, serait le suivant :

Recommandation 1.7.25

Nous recommandons, de plus, que la Commission électorale du Canada soit notamment habilitée à :

1. formuler des politiques et guider le directeur général ou la directrice générale des elections en matière de mise en oeuvre des politiques;

2. diffuser des énoncés de politique aux partis politiques enregistrés, aux candidats et candidates, aux agents et agentes et à d'autres particuliers ou groupes concernés;

3. rendre une décision sur les appels interjetés par des citoyens ou citoyennes, des candidats ou candidates, des partis ou des agents ou agentes à propos de décisions prises par des membres du personnel électoral;

4. tenir des audiences publiques au sujet des règlements, des politiques et des lignes directrices;

5. répondre aux demandes de décisions préalables ou de bulletins d'interprétation émanant de partis politiques enregistrés, de candidats ou candidates ou d'agents ou agentes;

6. recommander des modifications législatives;

7. établir des règlements qui devront être déposés directement auprès du président ou de la présidente de la Chambre des communes et seront réputés adoptés s'ils ne sont pas renvoyés pour débat ou à un comité dans les quinze jours de séance suivant leur dépôt;

8. exercer les fonctions de l'actuel arbitre en matière de radiodiffusion;

9. déposer son budget d'exploitation annuel auprès du Conseil du Trésor;

10. déposer auprès du Parlement un rapport annuel sur l'administration des élections et l'application de la Loi; et

11. tenir un registre des partis politiques, des associations de circonscription et des fondations de parti.

La Commission électorale du Canada pourrait aussi siéger comme tribunal administratif pour juger des contraventions à la *Loi électorale du Canada*[178].

Le Parlement fédéral a légiféré pour mettre en vigueur une partie de ce rapport de façon à ce que les modifications à la *Loi électorale du Canada* s'appliquent aux élections générales de 1993. Le projet de loi C-114 est une première étape dans la refonte de notre loi électorale.

Comme nous l'avons vu ci-haut, les incapacités de voter applicables aux juges et aux personnes souffrant de maladies mentales sont supprimées[179]. D'autres pourraient voter selon une procédure spéciale[180] : les membres du personnel des Forces armées canadiennes, les membres de la fonction publique du Canada ou d'une province en poste à l'étranger, les personnes qui sont absentes du Canada depuis moins de cinq ans et qui ont l'intention de revenir demeurer au Canada, les personnes incarcérées qui ont le droit de voter (les détenus qui purgent une peine de moins de deux ans d'emprisonnement), et tout autre électeur qui désire se prévaloir des Règles électorales spéciales.

Outre ces modifications, le projet de loi porte sur des changements administratifs.

---

[178] Recommandation 1.7.29. Pour un commentaire sur la réforme électorale, voir P. LORTIE, «Les principes de la réforme électorale», *supra*, note 154.

[179] Article 23 du projet de loi C-114, devenu L.C. 1993, ch. 19. Voir les alinéas 51d) et f) de la *Loi électorale du Canada*, *supra*, note 23.

[180] Article 26 du projet de loi C-114, devenu L.C. 1993, ch. 19, art. 23, maintenant l'article 51.1 de la *Loi électorale du Canada*, *supra*, note 23.

(e) Conclusion

Disons, en terminant cette première partie, que le droit de vote et le droit d'éligibilité sont reliés sous plusieurs aspects à plus d'une grande liberté fondamentale, comme la liberté d'opinion, la liberté d'expression, la liberté d'association et la liberté de presse, comme l'ont d'ailleurs souligné certains arrêts dont nous avons traité ci-haut.

3. DE LA DURÉE MAXIMALE DES ASSEMBLÉES LÉGISLATIVES (ARTICLE 4)

L'article 4 de la *Loi constitutionnelle de 1982* fixe cette limite à cinq ans et pour la Chambre des communes et pour les assemblées législatives des provinces, sauf en cas de guerre, d'invasion ou d'insurrection réelles ou appréhendées.

(a) La durée de la Chambre des communes

(i) *Principe général*

L'article 50 de la *Loi constitutionnelle de 1867* prévoit que la durée de la Chambre des communes sera de cinq ans, à compter du jour du rapport des brefs d'élection, à moins, (ainsi le veut le principe chez nous du gouvernement responsable), qu'elle ne soit plus tôt dissoute par le gouverneur général.

Ainsi avons-nous de par le texte même de la Constitution le droit d'élire périodiquement notre gouvernement.

En moyenne, les législatures durent quatre ans; ainsi le veut la tradition; mais elles peuvent durer moins ou encore davantage. Rares sont les législatures fédérales qui se rendent à la limite de cinq ans; certaines sont courtes et peuvent ne durer que quelques mois.

La plupart du temps la législature prend fin au moment où le Premier ministre juge le temps favorable pour demander au représentant de la Couronne de dissoudre le Parlement. La convention veut que le gouverneur général, sauf exceptions très rares, suive alors l'avis du Premier ministre[181]. Un de ces cas rares serait celui où un gouvernement minoritaire à une élection générale n'obtiendrait pas un vote de confiance au début de la session suivant immédiatement l'élection; le gouverneur général pourrait alors refuser la dissolution et inviter le chef de l'Opposition à former un gouvernement.

---

[181] Commission de l'unité canadienne, (Rapport Pepin-Robarts), *Définir pour choisir, vocabulaire du débat*, Ottawa, Approvisionnements et Services, 1979, p. 37, sous le mot : Gouverneur général.

Des droits démocratiques 7-45

Certaines législatures prennent fin plus tôt à la suite d'un vote de non-confiance. Ce phénomène s'est produit souvent dans notre histoire parlementaire. On l'a vu en 1979, en 1974, en 1963 par exemple. Le principe du gouvernement responsable est solidement ancré dans nos conventions constitutionnelles[182].

Le droit d'élire un gouvernement périodiquement relève en partie de notre droit constitutionnel et en partie de nos conventions constitutionnelles. Il est prévu également à l'alinéa 25*b*) du *Pacte international relatif aux droits civils et politiques* dont nous avons parlé dans nos premières pages.

Monsieur le juge McRuer souligne l'importance des élections périodiques :

[TRADUCTION]
Ainsi que les autorités en droit constitutionnel ci-haut citées l'ont fait remarquer, les élections périodiques et le processus parlementaire d'adoption des lois font appel à la raison, à la nature raisonnable de l'homme. La reconnaissance la plus haute de l'égalité des hommes et de la valeur humaine, dans le domaine juridique et politique est le droit de chacun de voter selon le principe du suffrage universel pour les adultes, à des élections libres et périodiques, et, dans des circonscriptions électorales qui sont établies de façon à ce que le vote d'un individu équivaille substantiellement en influence à celui d'une autre personne[183].

(ii) *Exceptions*

Le paragraphe 4(2) de la *Loi constitutionnelle de 1982* se lit comme suit :

(2) Le mandat de la Chambre des communes ou celui d'une assemblée législative peut être prolongé respectivement par le Parlement ou par la législature en question au-delà de cinq ans en cas de guerre, d'invasion ou d'insurrection, réelles ou appréhendées, pourvu que cette prolongation ne fasse pas l'objet d'une opposition exprimée par les voix de plus du tiers des députés de la Chambre des communes ou de l'assemblée législative.

Avant le rapatriement, le paragraphe 91(1) de la *Loi constitutionnelle de 1867* (paragraphe maintenant abrogé) prévoyait une exception à la durée quinquennale des législatures fédérales. En cas de guerre, d'invasion ou

---

[182] *Supra*, note 105, p. 87.
[183] J. McRUER, *supra*, note 3, p. 1590 :
«As the constitutional authorities cited earlier have pointed out, periodic elections and the parliamentary process of law-making are appeals to reason - to the rational nature of man. The highest recognition of the equality and final worth of human individuals in the realm of politics and law is the right of each to vote on the basis of universal adult suffrage, in periodic and free elections, where the constitutiencies are so arranged by population that one man's vote is substantially as great in influence as another's.»

d'insurrection, réelles ou appréhendées, le mandat électoral pouvait être prolongé pourvu que cette prolongation ne fît pas l'objet d'une opposition exprimée par les voix de plus du tiers des députés à la Chambre des communes[184]. Cette dernière disposition est reprise au paragraphe 4(2) de la *Charte canadienne des droits et libertés* et étendue aux provinces. En 1916, on le sait, il a fallu un amendement à la Constitution, adopté par le Parlement de Westminster, pour prolonger d'une année la législature fédérale élue en 1911[185].

Ce délai de cinq ans est un droit démocratique. En cas de prolongation dans une situation d'urgence, la Cour suprême pourrait être appelée à se prononcer dans des cas d'abus évidents. La Cour suprême pourrait aussi connaître de la situation de l'urgence pour le partage des compétences entre les deux ordres de gouvernement.

Cette situation d'urgence définie à l'article 4 de la *Charte* diffère du pouvoir d'urgence reconnu par la jurisprudence en temps de guerre[186] et en temps de paix[187]. Sur le plan parlementaire, une situation d'urgence peut donner lieu à une extension de la vie de la législature. Sur le plan constitutionnel, elle permet au Parlement central d'empiéter dans les sphères législatives provinciales[188] selon la théorie du pouvoir d'urgence.

La Couronne peut elle aussi voir au respect de la Constitution[189].

(b) Le mandat électoral des députés provinciaux

L'article 85 de la *Loi constitutionnelle de 1867* prévoit que la législature de l'Ontario et celle du Québec dureront quatre ans à moins que l'assemblée ne soit plus tôt dissoute par le lieutenant-gouverneur de la province. Cependant, en vertu du pouvoir provincial d'amendement prévu au paragraphe 92(1), la durée maximale de la législature en Ontario et au Québec a été portée à cinq ans[190].

---

[184] La Chambre des communes comprend actuellement 295 députés. Pour que la législature soit prolongée en cas de guerre, d'invasion ou d'insurrection réelles ou appréhendées, il faut que pas plus de 99 députés ne s'y opposent. Pour le reste, une simple majorité à la chambre suffit. Lors des prochaines élections fédérales, en 1997 ou 1998, la Chambre des communes comptera 301 députés. Le paragraphe 91(1) est abrogé par la *Loi constitutionnelle de 1982*.

[185] *Acte de l'Amérique du Nord Britannique*, 6-7 George V, c. 19 (R.U.) abrogé par 17-18 George V, c. 42.

[186] *Fort Frances Pulp and Power Co. c. Manitoba Free Press Co. Ltd.*, [1923] A.C. 695.

[187] *Renvoi : loi anti-inflation*, [1976] 2 R.C.S. 373.

[188] Monsieur le juge Beetz, dans le *Renvoi sur la loi anti-inflation, id.*, définit le pouvoir d'urgence comme donnant au Parlement «une compétence concurrente et prépondérante sur des matières qui normalement relèvent exclusivement des provinces», *id.*, p. 463.

[189] *Supra*, note 105, p. 89, «(...) en droit, le gouvernement est en poste de par le bon plaisir de la Couronne bien que par convention il le soit de par la volonté du peuple».

[190] R.S.O. 1980, c. 235, art. 3; L.R.Q. 1977, c. L-1, art. 31, modifié par L.Q. 1979, c. 56, art. 252.

Au Manitoba, l'article 19 de la loi constitutive de cette province reprend en substance l'article 50 de la *Loi constitutionnelle de 1867*. Le mandat électoral toutefois est de quatre ans; cependant, la législature manitobaine a porté ce terme à cinq ans[191].

Le cas des autres provinces est réglé par leur loi constitutive, par des mesures constitutionnelles ou par des lois[192].

Toute législature provinciale, avant le rapatriement, pouvait même prolonger sa vie normale, au-delà de cinq ans, en se repliant sur le paragraphe 92(1) (maintenant abrogé) de la *Loi constitutionnelle de 1867*.

Aux termes de l'article 4 de la *Charte canadienne des droits et libertés*, toute législature provinciale est ici dorénavant sur le même pied que la législature fédérale et pour la durée de la législature et pour l'extension de vie en cas d'urgence. Il faudra l'approbation des deux tiers de l'assemblée législative pour la prolongation au-delà de cinq ans.

4. LA SÉANCE ANNUELLE DES ASSEMBLÉES LÉGISLATIVES (ARTICLE 5)

L'article 20 de la *Loi constitutionnelle de 1867* prévoyait :

> Il y aura une session du Parlement du Canada une fois au moins chaque année, de manière qu'il ne s'écoule pas un intervalle de douze mois entre la dernière séance d'une session du Parlement et sa première séance de la session suivante.

L'article 86 de la *Loi constitutionnelle de 1867* reprend la teneur de l'article 20 et l'étend au Québec et à l'Ontario. Il en est également ainsi de l'article 20 de la *Loi de 1870 sur le Manitoba*.

Avant le rapatriement, le paragraphe 91(1) de la *Loi constitutionnelle de 1867* empêchait le Parlement fédéral de modifier l'article 20 (tout comme l'article 50 d'ailleurs), mais les législatures provinciales n'étaient pas soumises à pareil empêchement exprès.

Les articles 20 et 86 de la *Loi constitutionnelle de 1867* et l'article 5 de la *Loi constitutionnelle de 1982* diffèrent. L'article 20 prévoit une *session* du Parlement du Canada une fois au moins chaque année. L'article 5 de la *Charte canadienne des droits et libertés* prévoit une *séance* au moins une fois tous les douze mois. Le même principe s'applique et au Parlement et aux législatures provinciales.

Disons en premier lieu que la nouvelle formulation est beaucoup plus en accord avec ce qui se passe depuis quelques années, à savoir qu'une session dure souvent plus d'un an et que l'on recourt à l'ajournement plutôt

---

[191] Voir S.R.M. 1979, c. L-110, art. 5(1).
[192] L'article 8 du *Saskatchewan Human Rights Code, supra*, note 6 prévoit que «(...) every qualified voter resident in Saskatchewan (...) shall possess the right to require that no Legislative Assembly shall continue for a period in excess of five years.»

qu'à la prorogation, afin de permettre aux comités parlementaires de siéger plus fréquemment durant les périodes où les chambres ont ajourné. Soulignons en second lieu que l'article 20 de la *Loi constitutionnelle de 1867* est abrogé par la *Loi constitutionnelle de 1982*.

Selon l'article 20, il ne doit pas s'écouler plus de douze mois entre deux sessions. Ce texte fut adopté à l'époque où les sessions étaient beaucoup plus courtes qu'aujourd'hui. Dorénavant, les sessions dureront plus ou moins longtemps, mais entre deux séances, il ne devra pas s'écouler plus que onze mois et trente jours.

Une session peut être fort courte. Ainsi en 1940, le Premier ministre MacKenzie King planifia une session d'une journée[193].

Chez nous, nous ne connaissons pas le «gouvernement par décrets» sur des périodes étendues. Le gouverneur en conseil et le lieutenant-gouverneur en conseil se prévalent de leur pouvoir réglementaire; mais les Chambres siègent régulièrement, et ce, même en cas d'urgence. Il apparaît très improbable qu'il y ait «suspension» des séances des Chambres législatives au Canada pour une longue période. Il vaut mieux prévenir, cependant.

Disons, enfin, que nos conventions constitutionnelles sont très importantes pour le fonctionnement du parlementarisme et qu'elles font partie de la Constitution canadienne. Elles viennent compléter les trois articles de la *Charte* qui portent sur les droits démocratiques.

Qu'arriverait-il si un premier ministre ne voulait pas procéder à une séance annuelle? Saisie de la question, la Cour pourrait déclarer qu'il faut procéder mais ne pourrait par injonction le forcer à agir. Le recours ultime serait alors entre les mains du gouverneur général. Il serait au pouvoir de ce dernier de congédier le Premier ministre et d'inviter une autre personne à former un gouvernement. Pareil cas ne s'est jamais présenté.

5. CONCLUSION GÉNÉRALE

De tous les droits inscrits dans la *Charte canadienne des droits et libertés*, les droits démocratiques sont ceux sur lesquels les divers gouvernements au Canada arrivèrent le plus facilement à se mettre d'accord. Le Québec ne s'est pas opposé à cette partie de la *Charte*, en novembre 1981, au contraire! Aussi ne faut-il pas se surprendre que la clause «nonobstant» ne s'applique pas à ce secteur de la *Charte*, et qu'aucun gouvernement, en novembre 1981, n'ait insisté pour en prévoir l'application possible.

Notre Constitution de 1867 décrit le système parlementaire qui est le nôtre et contient quelques articles qui assurent dans une certaine mesure les

---

[193] 6e session, XVIIIe Législature, le 25 janvier 1940.

droits démocratiques. Avec les années, le principe démocratique s'est enraciné dans nos lois et dans nos conventions.

Dans le *Renvoi sur le rapatriement*[194], la Cour suprême a traité longuement et en profondeur des conventions de la Constitution et elle a déclaré que plusieurs aspects de notre système parlementaire et démocratique sont protégés par des conventions : démission du gouvernement, choix du premier ministre, dissolution des Chambres, etc. Elle a affirmé qu'en «droit, le gouvernement est en poste de par le bon plaisir de la Couronne, bien que par convention il le soit de par la volonté du peuple[195].»

On oublie parfois, tant la chose est devenue naturelle pour nous, que le droit de voter périodiquement, d'accéder aux charges publiques, de maintenir au pouvoir un gouvernement ou de le renverser, a été acquis de haute lutte. On oublie combien récent est le suffrage universel.

Il est fort heureux que notre loi fondamentale consacre enfin de façon expresse, pour tout citoyen canadien, le droit de vote et le droit d'éligibilité dans les Chambres législatives. On doit donner le droit de vote à certaines catégories de gens qui actuellement ne l'ont pas. Nous avons tout de même progressé ces dernières années, sur ce plan. Il nous faut aussi améliorer les autres formes que peut revêtir le droit de vote, notamment, le vote par anticipation, par correspondance et le vote à l'étranger.

Il y a encore trop d'écarts, selon nous, entre les circonscriptions électorales. La décision de la Cour suprême, dans le *Renvoi sur les circonscriptions électorales (Saskatchewan)*[196], analysée ci-haut, n'emporte pas notre adhésion. Mais bien sûr, elle fait loi. Le *Pacte international relatif aux droits civils et politiques*, auquel le Canada a adhéré, impose le suffrage égal, ne l'oublions pas.

Ces dernières années, les deux ordres de gouvernement ont commencé à légiférer sur le financement des élections; on vise à l'épuration et à la transparence de notre système. Il nous faut persister dans cette voie; la constitutionnalisation du droit de vote et du droit d'éligibilité ne peut que nous aider. La *Charte canadienne des droits et libertés* a une valeur normative bien sûr, mais elle doit avoir également pour les citoyens une valeur éducative.

La constitutionnalisation du vote entraîne-t-elle le vote obligatoire? En Australie, contrairement au Canada, le vote est obligatoire tant au niveau fédéral qu'au niveau des États.

On peut trouver plus d'une bonne raison d'instaurer le système du vote obligatoire; mais elles ne découlent pas de la constitutionnalisation du vote. Si le droit de vote existe, pourquoi n'aurions-nous pas aussi pour certains

---

[194] *Renvoi : Résolution pour modifier la Constitution*, supra, note 106.
[195] *Supra*, note 105, p. 89.
[196] *Supra*, note 123.

motifs le droit de ne pas l'exercer ou encore d'inscrire sur le bulletin un vote de protestation? Je ne crois pas que l'article 3 de la *Charte canadienne des droits et libertés* exige que le vote devienne obligatoire.

Il ne faut pas manquer non plus de souligner ici la clause limitative prévue à l'article 1 de la *Charte canadienne des droits et libertés* qui permet de restreindre les droits par une règle de droit dans des limites raisonnables et dont la justification puisse se démontrer dans le cadre d'une société libre et démocratique. On s'appuie, une fois de plus, sur les valeurs démocratiques.

C'est avec à-propos que notre Constitution consacre, de façon on ne peut plus expresse, la durée des législatures.

Il est heureux également que l'article 5 de la *Charte* énonce plus clairement le principe que tout gouvernement ne peut gouverner sur une longue période sans le concours de la Chambre élue et sans avoir à répondre aux représentants du peuple.

Même si les conventions et les lois assurent le secret du vote au Canada, nous aurions préféré qu'on le prévoie expressément dans la *Charte*. C'est une lacune, à notre avis.

Nos parlementaires auraient avantage à mettre en oeuvre d'autres recommandations du rapport Lortie, dont nous avons traité ci-haut.

Les articles 3, 4 et 5 de la *Charte* font partie de la *Constitution du Canada* et ils ne peuvent être modifiés aux termes de l'article 52 de la *Loi constitutionnelle de 1982* qu'en suivant la procédure de modification prévue à la Partie V de cette loi.

On prend souvent pour acquis les droits démocratiques qui sont les nôtres, oubliant combien il est facile pour le législateur qui le désire de revenir en arrière. Notre histoire mentionne quelques retours en arrière, tant en temps de paix qu'en temps de guerre[197]. Les articles 3, 4 et 5 de la *Charte canadienne des droits et libertés*, qui retiennent peut-être peu l'attention, au premier regard, et qui semblent aller de soi, ajoutent beaucoup à notre système électoral et à notre régime parlementaire. Puissent les législateurs puiser dans les articles 3, 4 et 5 de la *Charte* l'inspiration nécessaire pour parfaire notre système démocratique, et les tribunaux, un point d'appui solide et additionnel dans l'interprétation des lois qui portent sur les processus démocratique et électoral chez nous.

---

[197] Voir P. BOYER, *supra*, note 6, p. 134.

8

Les libertés de circulation et d'établissement

Pierre Blache*

1. Introduction
2. La liberté de circulation internationale
    (a) Nature
    (b) Titulaires
    (c) Portée
3. La liberté de circulation et d'établissement intracanadienne
    (a) Nature
    (b) Titulaires
    (c) Portée des droits sous l'alinéa 6(2)*a*)
    (d) Portée des droits sous l'alinéa 6(2)*b*)
4. Les limites inhérentes à la liberté de circulation intracanadienne
    (a) Les lois et usages d'application générale non discriminatoires quant à la résidence provinciale
    (b) Les lois établissant de justes conditions de résidence pour l'obtention des services sociaux publics
    (c) Les mesures d'amélioration pour défavorisés dans les provinces victimes de sous-emploi
5. Les limites aux libertés de circulation internationale et intracanadienne découlant de l'article 1

---

* Professeur à la Faculté de droit de l'Université de Sherbrooke.

1. INTRODUCTION

L'article 6 de la *Charte canadienne*[1] oppose trois obstacles à quiconque cherche à en percer le sens.[2] Le premier en importance a trait à la nature et la finalité des libertés en cause, question dont la portée ne saurait être surestimée. Il faut en effet savoir s'il s'agit de libertés de la personne essentiellement ou plutôt de libertés à visées économiques ou politiques. La réponse pourra d'ailleurs varier selon que l'interrogation porte sur l'une ou l'autre des libertés énoncées à l'article 6. L'interprétation risque aussi de procéder selon des perspectives différentes selon la nature de ces libertés, se faisant plus créatrice s'il s'agit de libertés personnelles ou plus soucieuse de refléter l'intention originelle au cas où nous nous trouverions face à un choix sur l'organisation économique ou politique canadienne.[3]

Le second obstacle que présente la disposition concerne la cohérence interne à conserver dans l'interprétation des libertés y consacrées. La rédaction de l'article 6 rend difficile le dégagement de son unité organique. Sans doute, on ne se surprend pas d'avoir à scinder l'interprétation des aspects internationaux et intracanadien de la disposition. Mais la recherche de l'unité organique s'avère fort ardue aussi face aux formules retenues pour décrire le droit à la mobilité intracanadienne, comme on le rappellera plus loin.

Enfin, la disposition offre cette particularité de comporter ses propres limites, en plus de celles découlant de l'article 1, et leur rôle et leur portée n'apparaissent pas d'emblée. La présence de ces limites inhérentes n'est sans doute pas propre à cette disposition dans la *Charte canadienne*, mais le fait que l'article 6 en présente deux, les paragraphes 6(3) et 6(4), soulève de difficiles questions tant à propos de leur rapport au texte énonciatif proprement dit, le paragraphe 6(2), qu'en regard de l'article 1 de la *Charte*.

---

[1] Voir R.A.J. BEAUDRY, «Charter Mobility Rights: Five Years Down the Road» dans N.R. FINKELSTEIN et B.M. ROGERS (éd.), *Charter Issues in Civil Cases*, Toronto, Carswell, 1988, p. 151-169; P. BERNHARDT, «Mobility Rights: Sectio 6 of the Charter and the Canadian Economic Union» (1987) 12 *Queen's Law Journal* 199-238; H. BRUN et C. BRUNELLE, «Les statuts respectifs de citoyen, résident et étranger, à la lumière des chartes des droits» (1988) 29 *C. de D.* 689-731; J.B. LASKIN, «Mobility Rights under the Charter» (1982) 4 *Supreme Court L.R.* 89-106; M. JACKMAN, «Interprovincial Mobility Rights under the Charter» (1985), 43 *U. of T. Fac. L. Rev* 16-44; D.A. SCHMEISER et K.J. YOUNG, «Mobility Rights in Canada» (1983) 13 *Man. L.J.* 615; J. STE-MARIE et B. CARILLO-TERRONES, *Le droit à la mobilité*, (1992) 6 *R.J.E.U.L.* 90.

[2] Les recherches en vue de la mise à jour de ce chapitre furent menées avec la précieuse collaboration de madame Nathalie Bellefleur, au cours de l'été 1994.

[3] Nous évoquons ici la distinction entre les droits fondés sur des principes et ceux résultant de compromis politique de laquelle le juge Beetz faisait dépendre des approches interprétatives plus ou moins fécondes dans *Société des Acadiens du Nouveau-Brunswick Inc.* c. *Minority Language School Bd. No. 50*, [1986] 1 R.C.S. 549, p. 580.

Afin de rendre compte adéquatement des solutions que la Cour suprême a trouvées aux problèmes reliés à ces obstacles, nous avons divisé l'étude en quatre parties. La première est consacrée à la définition de la liberté de circulation internationale elle-même. La seconde porte sur la liberté de circulation intracanadienne. Celle-ci comporte trois aspects qu'il faudra distinguer : le droit de se déplacer dans tout le pays, d'établir résidence en toute province, et de gagner sa vie dans toute province. Dans la troisième partie, nous analyserons l'impact des limites que la liberté de circulation intracanadienne subit en raison des paragraphes (3) et (4) de l'article 6. Il faudra, en dernier lieu, préciser le rôle de l'article 1 en regard de l'ensemble de l'article 6.

2. LA LIBERTÉ DE CIRCULATION INTERNATIONALE[4]

Afin de cerner le sens de cette première liberté de circulation, il convient d'en préciser la nature, d'en identifier les titulaires et d'en circonscrire la portée.

(a) Nature

Le paragraphe 6(1) ne confère-t-il qu'une «liberté» au sens strict, qui engendre seulement un devoir d'abstention de la part de l'État? Faut-il plutôt penser qu'il oblige l'État à porter assistance au citoyen en difficulté retenu en territoire étranger contre son gré? Si c'était le cas, on voit mal pourquoi il ne pourrait exiger assistance pour quitter le Canada. Nous pensons que les répercussions radicales d'une interprétation créant un devoir d'assistance étatique suggèrent que le texte laconique du paragraphe 6(1) ne comporte que l'octroi d'une liberté ou zone d'autonomie.[5]

(b) Titulaires

La liberté de circulation internationale est accordée aux seuls citoyens canadiens et à tout citoyen canadien.[6] Il faut sÛrement conclure que toute distinction entre catégories de citoyens, comme par exemple entre naturalisés et citoyens canadiens de naissance, est interdite en ce qui regarde l'octroi même de la liberté de circulation.

---

[4] Voir : A.J. ARKELIAN, «Freedom of Movement of Persons Between States and Entitlement to Passports», (1985) 49 *Sas. Law. Rev.* 15-35; J.G. CASTEL et S.A. WILLIAMS, «The Extradition of Canadian Citizens and Sections I and 6(1) of the Canadian Charter of Rights and Freedoms» (1987) 25 *Annuaire canadien de droit international* 263-299.
[5] Voir *supra*, note 1, P. Bernhardt, p. 207.
[6] *Chiarelli* c. *Canada (Ministre de l'Emploi et de l'Immigration)*, [1992] 1 R.C.S. 711.

Mais il n'est pas évident que des distinctions ne sont pas permises entre citoyens dans la reconnaissance et l'exercice de cette liberté.[7] Celles-ci ne contreviennent pas à la liberté elle-même. Elles créent des différences dans la part de liberté reconnue à chaque citoyen au-delà du seuil minimal en deçà duquel aucun ne peut subir une restriction à sa liberté de circulation proprement dite. Nous pensons que, des distinctions de ce genre, seules celles qui tombent par ailleurs sous le coup des normes antidiscriminatoires de la *Charte* seront prohibées. Ces dispositions antidiscriminatoires affectent le pouvoir de légiférer sur la citoyenneté, la naturalisation et les étrangers, quel que soit le type de normes édictées dans l'exercice d'une telle compétence, y compris celles qui définissent le citoyen canadien. Il ne faudrait pas, à cet égard, croire qu'une argumentation comme celle du juge Ritchie dans *Lavell*[8] pourrait trouver application. S'il avait pu prétendre que la définition des Indiens par le Parlement canadien pouvait se faire à l'abri de toute limitation pouvant découler des normes égalitaires de la *Déclaration canadienne des droits*, c'est que celle-ci n'était pas apte à ses yeux à affecter le partage des compétences effectué sous la *Loi constitutionnelle de 1867*. Nous ne sommes plus en présence d'un texte de la nature de la *Déclaration* et il faut conclure que l'article 6 de la *Charte*, norme constitutionnelle, peut restreindre toute espèce de normes faites dans l'exercice de l'une ou l'autre des compétences conférées, y compris celles qui définissent le citoyen canadien et traitent ainsi d'un sujet qu'il faut aborder pour légiférer effectivement sur la citoyenneté.

Le renvoi ontarien sur l'éducation[9] ne saurait, en effet, être interprété comme niant toute portée aux normes de la *Charte canadienne* sur l'exercice du pouvoir de légiférer sur la citoyenneté, la naturalisation et les étrangers. La Cour suprême s'est bornée en effet à y préciser que la *Charte canadienne* ne pouvait fonder l'annulation d'un octroi de compétence effectué ailleurs dans la constitution formelle. Elle a, à la même occasion, rappelé que l'exercice des compétences, à ne pas confondre avec l'octroi du pouvoir lui-même, était soumis à la *Charte*.[10]

---

[7] Il faut en effet distinguer entre normes discriminatoires comportant négation d'un droit ou d'une liberté qu'elles particularisent et celles engendrant simplement une distinction dans leurs modalités. Voir P. CARIGNAN, «L'égalité dans le droit : une méthode d'approche appliquée à l'article 10 de la *Charte des droits et des libertés de la personne*» (1987) 21 *R.J.T.* 491, pp. 507-508.

[8] *Lavell* c. *Canada (P.G.)*, [1974] R.C.S. 1349. Le savant juge avait alors conclu que la *Déclaration canadienne* ne pouvait limiter le pouvoir fédéral de définir le sens du terme «Indien» à l'article 91 de la *Loi constitutionnelle de 1867* car cette opération était nécessaire à l'exercice de la compétence constitutionnelle.

[9] *Renvoi relatif au projet de loi 30, Loi modifiant la Loi sur l'Éducation (Ontario)*, [1987] 1 R.C.S. 1148, pp. 1197 et 1206.

[10] *Id.*, p. 1207 en particulier.

À notre avis, les tribunaux canadiens sont même habilités à intervenir dans la définition du concept constitutionnel de citoyenneté en se fondant sur plus que les seules normes antidiscriminatoires de la *Charte*. Au-delà des critères prévalant lors de l'adoption de la *Charte*, le recours au droit international ne leur est pas interdit, pas plus que l'exploitation des virtualités qu'une interprétation téléologique permettra de mettre à jour éventuellement. Ainsi pourront-ils trouver l'équilibre entre des solutions exclusivement tirées de l'ordre juridique contemporain de l'avènement de la *Charte* et d'autres en rupture totale avec l'histoire du concept de citoyenneté.

La solution préconisée ici, qui évite de concéder au Parlement central une totale liberté dans la définition du citoyen, et limite ainsi son pouvoir de distinguer entre citoyens, offre l'avantage de sauvegarder la primauté des normes de la *Charte* concernant les droits et libertés des citoyens. C'est son plus grand mérite. Elle participe ainsi de l'esprit qui a prévalu, à une autre époque, sur un problème analogue. Ainsi, quand il s'agissait de déterminer si les législatures provinciales pouvaient édicter les normes relatives au *situs* des biens, personnes, ou transactions pour fin d'application de la limite territoriale à laquelle est soumis leur pouvoir de taxer sous le paragraphe 92(2) de la *Loi constitutionnelle de 1867*, on leur a nié ce pouvoir. Et l'on a eu recours au principe du droit international privé britannique.[11]

L'utilisation de l'expression «citoyen canadien» au paragraphe 6(1) pose aussi la question de savoir si les personnes morales sont titulaires des libertés de circulation internationales. La plupart des auteurs estiment que seules les personnes physiques sont visées.[12] Nous continuons de penser de même. Trois motifs plaident, en effet, en ce sens. À strictement parler, le droit canadien contemporain n'étendait pas le concept de citoyenneté aux personnes morales.[13] De plus, les personnes morales sont dans l'incapacité d'exercer les droits protégés par l'article 6 puisque ces derniers semblent se limiter à une liberté de circulation physique.[14] Enfin, la relation étroite existant entre cette disposition et l'article 12 du *Pacte international relatif aux droits civils et politiques* nous incite également à préconiser l'existence d'un droit individuel.

---

[11] *R. c. National Trust Co*, [1933] R.C.S. 670; G. LA FOREST, *The Allocation of Taxing Power under the Canadian Constitution*, Toronto, Association canadienne d'études fiscales, 1967, pp. 94-121.

[12] P. BERNHARDT, *supra*, note 1, p. 325; J.P. GERVAIS, «Les personnes morales et la Charte canadienne des droits et libertés», (1993) 38 *R.D. McGill* 263, p. 306; T. LEE et M.J. TREBILCOCK, «Economic Mobility and Constitutional Reform», (1987) 37 *U.T.L.J.* 268, p. 285; P.W. HOGG, *Constitutional Law of Canada*, 3e éd., Toronto, Carswell, 1992, 34. 1(d).

[13] S. SLOSAR, «*La citoyenneté canadienne et ses effets juridiques*», (1979) 10 *R.D.U.S.* 157, p. 176.

[14] J.B. LASKIN, *supra*, note 1, pp. 90-91.

(c) Portée

L'article 6 accorde d'abord le droit de «demeurer» au Canada aux citoyens canadiens. La Cour suprême a eu l'occasion[15] de préciser que ce droit comprenait celui de ne pas être extradé. Il ne fallait donc pas y voir seulement une protection contre l'expulsion comme certains[16] l'avaient prétendu dans une étude du plus grand intérêt. La disposition confère purement et simplement le droit de demeurer au Canada.

Trois considérations ont particulièrement influencé la Cour à ce propos. Elle a, d'une part, opté pour cette lecture généreuse en raison du «rapport étroit qui existe entre un citoyen et son pays».[17] Le terme «demeurer» l'a aussi frappé. Enfin, elle a noté que le choix d'un tel mot était particulièrement significatif dans un contexte où existaient plusieurs modèles, nationaux et internationaux, où les termes étaient ceux d'«exil» ou «expulsion».[18]

Il faut cependant souligner que la Cour a noté que «la violation du paragraphe 6(1) qui résulte de l'extradition se situe à la limite («*the outer edges*») des valeurs fondamentales que cette disposition cherche à protéger».[19] À ses yeux l'objectif premier («*the central trust*») du paragraphe 6(1) est de protéger contre l'exil et le bannissement. Ces mesures heurtent en effet de plein fouet l'intérêt premier en jeu, «le rapport étroit qui existe entre un citoyen et son pays», en ce qu'elles entraînent «l'exclusion de la participation à la communauté nationale».[20] Par là la Cour identifiait avec fermeté le lien intense entre le concept de citoyenneté et la liberté de circulation internationale. Nous verrons qu'elle a poursuivi sur cette lancée en ce qui concerne la liberté de circulation intracanadienne.[21]

Cette disposition, en elle-même, ne consacre pas, par ailleurs, un droit de demeurer où bon nous semble au Canada. Elle n'empêcherait donc pas un parlement par ailleurs compétent d'assigner une zone d'habitation à un citoyen canadien au Canada.

La même disposition confère au citoyen le droit d'entrer au Canada comme celui d'en sortir. Le premier, comme le droit de demeurer, ne crée pas de liberté d'établissement en quelque lieu choisi au Canada. On y satisfait en permettant l'entrée. Le second vise seulement la sortie.

Certains[22] ont proposé que ce droit contenait un droit au passeport et que, de ce fait, le régime canadien actuel heurtait l'article 6 puisqu'il per-

---

[15] *États-Unis* c. *Cotroni*, [1989] 1 R.C.S. 1469.
[16] Voir J.G. CASTEL et S.A. WILLIAMS, *supra*, note 4.
[17] *Supra*, note 15, p. 1480.
[18] *Id.*, p. 1481.
[19] *Ibid*.
[20] *Id.*, pp. 1482.
[21] Voir *infra*, pp. 11-12.
[22] Voir J.B. LASKIN, *supra*, note 1, pp. 90-91 et A.J. ARKELIAN, *supra*, note 4, pp. 23 et ss.

mettait à des fonctionnaires, investis d'un très grand pouvoir discrétionnaire, de refuser l'émission d'un tel passeport. L'on a fait valoir, en ce sens, l'obligation d'interpréter la *Charte* de façon réaliste. Ainsi, dans un monde où beaucoup de pays exigent le passeport canadien à l'entrée, il faut voir dans le droit à celui-ci un corollaire du droit de sortir du Canada.[23] On a également estimé que cette façon de procéder ne respectait pas les exigences de l'article 1 puisque ce dernier exige que la restriction soit le fruit d'une règle de droit.

Par analogie avec les deux autres, ce droit de sortir du Canada ne confère peut-être pas le droit d'aller où l'on veut hors du Canada. Ainsi peut-on prétendre que les autorités compétentes conserveraient, s'il ne leur est pas enlevé par d'autres sources de droit, le pouvoir de restreindre la permission de quitter le Canada en interdisant l'accès dans certains pays.[24] Il faut enfin remarquer qu'il s'agit d'interdire aux parlements les prohibitions d'entrée et de sortie. Toute disposition qui se bornerait à édicter des règles de nature administrative concernant la procédure à suivre pour exercer le droit d'entrée ou de sortie échapperait à l'article 6 de la *Charte*.

Il faut noter que l'on n'a pas créé le droit du citoyen canadien de ne pas demeurer au Canada. La symétrie qui a joué pour le droit d'entrée et de sortie ne joue plus et l'on se borne à édicter le droit de demeurer au Canada.[25] L'on comprend aisément cette attitude si l'on songe au rôle déterminant que le lien territorial jouait dans le droit de la citoyenneté au moment où la *Charte* fut adoptée. Ainsi y prévoyait-on la perte automatique de citoyenneté canadienne pour les citoyens nés à l'étranger après le 15 février 1977 à moins qu'ils entament une procédure de conservation.[26]

L'objet du paragraphe 6(1) de la *Charte* peut donc se décrire comme suit. Il confère une liberté publique. Celle-ci est accordée à des «citoyens canadiens», expression sujette au contrôle des tribunaux judiciaires. On ne peut distinguer entre citoyens canadiens quant à l'octroi même de la liberté de circulation internationale elle-même, ni discriminer dans la reconnaissance et l'exercice de celle-ci. Les personnes morales ne paraissent pas être des citoyens canadiens au sens de la *Charte*. Le droit de demeurer au Canada, comme celui d'y entrer, ne comporte pas, si l'on s'en tient au seul paragraphe 6(1), le droit d'établissement au Canada en un lieu choisi par le titulaire du droit. Le droit de sortir du Canada ne comprend pas la faculté absolue de choisir sa destination. Les réglementations administratives ou non prohibitives sont autorisées. Il n'existe pas de droit du citoyen canadien de

---

[23] A.J. ARKELIAN, *id.*, p. 2425 et H. BRUN et C. BRUNELLE, *supra*, note 1, p. 694.
[24] H. BRUN et C. BRUNELLE, *supra*, note 1, p. 686.
[25] L'on ne peut pas inférer un droit de demeurer indéfiniment à l'extérieur du Canada du seul droit d'en sortir.
[26] S. SLOSAR, *supra*, note 13, p. 180.

demeurer indéfiniment à l'extérieur du Canada par opposition à un droit de séjourner qui est inhérent au droit de sortir du Canada.

3. LA LIBERTÉ DE CIRCULATION ET D'ÉTABLISSEMENT INTRACANADIENNE[27]

La liberté de circulation intracanadienne a suscité davantage de débats que celle que protège le paragraphe 6(1) de la *Charte canadienne*. Cela tient aux diverses finalités que l'on peut attribuer au paragraphe 6(2), mais aussi beaucoup à sa rédaction ambiguë.

En ce qui regarde les finalités, les professeurs Lee et Trebilcock[28] ont signalé que trois objectifs pouvaient inspirer l'établissement de mesures de mobilité économique : la liberté et la vie privée, la citoyenneté, et l'efficacité économique. La Cour, on le verra, a cherché à relier le paragraphe 6(2) davantage aux deux derniers, mais s'est refusée à reconnaître au dernier un rôle dominant comme on l'avait invitée à le faire.[29] Peut-être a-t-elle été alors influencée par les mises en garde selon lesquelles il importait, en contexte fédératif, d'assurer une place à la concurrence intergouvernementale.[30]

La rédaction du paragraphe 6(2) lui-même a conduit à se demander s'il fallait y voir un, deux, ou trois droits distincts : celui d'accéder à une province ou un territoire pour y résider et y gagner sa vie, ceux d'accéder à une province ou un territoire pour y résider et de se déplacer pour y gagner sa vie, ou ceux d'accéder à une province ou un territoire, d'y accéder pour y résider, et de se déplacer vers lui pour y gagner sa vie sans y résider. À ces questions se greffent quelques autres : celle de savoir si le paragraphe 6(2) donne droit d'aller, de résider, de gagner sa vie sur tout le territoire canadien ou seulement d'accéder à toute province ou territoire, celle de

---

[27] Voir E.S. BINAVINCE, «The Impact of Mobility Rights: The Canadian Economic Union — A Boom or a Bust?» (1982) 14 *Ottawa L. Rev.* 340-365; A. BRETON, «Mobility and Federalism» (1987) 37 *U.T.L.J.* 318-326; P. BRUN, *La liberté d'établissement de la Charte canadienne des droits et libertés,* (1988) 2 *R.J.E.U.L.* 132; M. DéCARY, «L'impact de l'article 6 de la Charte canadienne sur les plans conjoints et autres formes de règlementation provinciale des marchés, Droit commercial — Avenues Nouvelles», dans *Formation permanente du Barreau du Québec,* 1988, pp. 209-237; B. GODBOUT, «Le droit au travail : une garantie constitutionnelle à définir : Est-ce que les Chartes reconnaissent le droit au travail? L'étendue de ce droit et ses limites», dans *Développements récents en droit administratif,* Formation permanente du Barreau du Québec, 1992, pp. 121-146; T. LEE et M. TREBILCOCK, «Economic Mobility and Constitutional Reform», (1987) 37 *U.T.L.J.* 268-317; C. JACQUIER, «La liberté de circulation des étudiants au Canada : une liberté garantie et quasi absolue», (1985) 16 *R.G.D.* 511-574.

[28] *Id.,* pp. 281-282.

[29] E.S. BINAVINCE, *supra,* note 27.

[30] A. BRETON, *supra,* note 27.

définir l'ampleur de droits accessoires à celui de résider, et celle de la nature exacte de la mobilité requise sous l'alinéa 6(2)*b*), si une telle mobilité l'est.

À ces difficultés s'ajoutent celles découlant de la présence du paragraphe 6(3) qui joue ici un rôle analogue à celui des principes de justice fondamentale quant à la protection de la vie, la liberté, et la sécurité à l'article 7 de la *Charte*.

Avant d'exposer l'état du droit sur ces divers aspects de la portée de la liberté intracanadienne, il convient d'en identifier la nature et les titulaires.

(a) Nature

L'étude de cet aspect invite à aborder deux questions : sommes-nous en présence d'une liberté ou d'un droit? Quel est le but des libertés ou des droits dont il s'agit?

Il faut d'abord déterminer si la disposition se borne à n'exiger de l'État qu'une abstention ou si elle comporte des exigences plus grandes. Il nous semble que cette disposition entraîne dans le cas de la résidence plus qu'une simple interdiction de prohiber dans quelque province, sans toutefois contraindre en elle-même à des interventions législatives. L'alinéa 6(3)*b*) implique en effet plus que l'interdiction de prohiber. L'on y prévoit que les droits conférés au paragraphe (2) sont subordonnés «aux lois prévoyant de justes conditions de résidence en vue de l'obtention des services sociaux publics». Si des services sociaux publics sont offerts aux résidents, les conditions de résidence y relatives devront être justes. Il y a donc plus qu'une interdiction de prohiber. Par ailleurs, l'alinéa 6(3)*b*) ne comporte pas une obligation pour l'État d'offrir des services sociaux. Son sens est d'exiger que la période de résidence requise pour l'accès aux services sociaux soit raisonnable. Il ne va pas au-delà et n'entre en jeu que si des services sociaux sont offerts aux résidents. L'exigence du paragraphe 6(2) se définit donc comme celle de contraindre l'État non pas seulement à ne pas viser directement les libertés y mentionnées, mais à ne pas édicter de règles de résidence relatives à l'accès aux services sociaux qui soient déraisonnables et affectent ces libertés.[31]

Ce qui précède ne concerne toutefois que le droit à la résidence dans une province ou de résidence et travail dans une même province. Peut-on penser que les droits d'accès ou de travail dans une province autre que celle où l'on réside créent une obligation de légiférer à l'État? Il ne semble pas. L'alinéa 6(3)*a*), qui vise l'ensemble des droits du paragraphe 6(2), ne contient qu'une prohibition de discriminer en fondant une classification principalement sur la province de résidence antérieure ou actuelle. Encore une

---

[31] P. BERNHARDT, *supra*, note 1, pp. 213-214; P. BRUN, *supra*, note 27, pp. 9-10, 24-25; P.W. HOGG, *supra*, note 12, 43 I.C.; J.B. LASKIN, *supra*, note 4, p. 96.

fois, il n'en découle pas d'obligation stricte de légiférer mais une contrainte sur la façon de légiférer en rapport avec ces droits.

Confrontée aux diverses finalités susceptibles d'être assignées au paragraphe 6(2), la Cour suprême a esquissé sa conception face à celles-ci dans *Black*.[32] Elle paraît bien avoir placé au sommet la citoyenneté à laquelle elle a toutefois rattaché un souci accessoire concernant l'unité économique.[33] Ainsi, après avoir rappelé la portée limitée de l'article 121 de la *Loi constitutionnelle de 1867* sur la liberté de circulation, et le célèbre *dictum* du juge Rand, dans *Winner*[34] liant à la citoyenneté le droit de tout Canadien de séjourner et de travailler dans toute province, le juge La Forest, pour la majorité, écrit :

> Mais la citoyenneté et les droits et obligations qui lui sont inhérents ne sont pas seulement pertinents en ce qui concerne le souci de l'État de bien structurer l'économie. La citoyenneté définit les rapports des citoyens avec leur pays et les droits qui leur échoient à cet égard, un facteur qui n'avait pas échappé au juge Rand comme il ressort de l'extrait déjà reproduit. Cette interprétation se dégage du texte de l'article 6 de la *Charte* qui n'est pas formulé en fonction des éléments structuraux du fédéralisme, mais en fonction des droits des citoyens et des résidents du Canada. Il y a corrélation entre citoyenneté et nationalité. La citoyenneté comporte le droit inhérent de résider n'importe où dans le pays et de gagner sa vie sans égard aux frontières provinciales. La *Charte* rend ce droit expressément applicable aux citoyens de même qu'aux résidents permanents.[35]

À ses yeux, le paragraphe 6(2) ne doit donc pas être diminué en raison de l'ajout des résidents permanents aux titulaires des droits qu'il confère. La signification de cette extension est plutôt de faire participer ces derniers à une protection axée sur la citoyenneté. Une interprétation téléologique généreuse dans cette perspective est donc justifiée. Une telle approche, on s'en doute, conduit à accorder une large portée de la disposition, comme nous le verrons plus loin.

(b) Titulaires

Les libertés conférées par le paragraphe 6(2) le sont aux citoyens canadiens et à «toute personne ayant le statut de résident permanent au Canada». Nous avons exposé plus haut nos vues sur la désignation des titulaires de libertés.[36] Elles nous paraissent applicables tant à la désignation des «résidents permanents» qu'à celle des «citoyens» effectuée au paragra-

---

[32] *Black* c. *Law Society (Alta.)*, [1989] 1 R.C.S. 591.
[33] *Id.*, pp. 608-612.
[34] *Winner* c. *S.M.T. (Eastern) Ltd.*, [1951] R.C.S. 887, pp. 919-920.
[35] *Supra*, note 32, p. 612.
[36] Voir *supra*, pp. 3-5.

phe 6(2).³⁷ Toutefois, en raison du rôle clé que la majorité a accordé au concept de citoyenneté dans la démarche téléologique, le contrôle judiciaire de la définition de résident permanent risque de procéder d'une conception exigeante qui tendra peut-être à rapprocher la notion de résident permanent de celle de citoyen.

Le paragraphe 6(2) s'applique-t-il aux seules personnes physiques ou vise-t-il aussi les personnes morales? Nous pensons qu'il ne crée de liberté d'établissement que pour les personnes physiques.³⁸ D'une part, les titulaires désignés, citoyens et résidents permanents, ne comprenaient que des personnes physiques aux yeux du droit canadien au moment de l'adoption de la *Charte*. D'autre part, la formule du paragraphe 6(2) impose cette interprétation. On y accorde tous les droits mentionnés à tout citoyen canadien et à toute personne ayant le statut de résident permanent. Or, l'un de ces droits n'a de sens que si le titulaire est une personne physique. Il s'agit du droit de «gagner (leur) vie» ou «to pursue the gaining of a livelihood». à ces considérations s'ajoute, depuis la décision *Black*,³⁹ le lien étroit établi entre les droits sous le paragraphe 6(2) et la citoyenneté. Il nous semble en effet que la finalité proprement économique que l'on pouvait songer à assigner à cette disposition y fut subordonnée à la citoyenneté.⁴⁰

Faut-il étendre la liberté d'établissement aux travailleurs autonomes aussi bien qu'aux employés? Oui, puisqu'aucune restriction ne saurait découler à ce propos du libellé du paragraphe 6(2) et que le but de la disposition appelle cette lecture.

(c) Portée des droits sous l'alinéa 6(2)*a*

Ce paragraphe soulève plusieurs difficultés. N'y confère-t-on qu'un droit de se déplacer dans une province ou un territoire canadien⁴¹ pour y résider, ou deux droits : celui de circuler entre provinces et territoires et celui d'y établir sa résidence? Le droit ou les droits en cause sont-ils d'accéder à ces provinces ou territoires ou d'y circuler ou/et établir sa résidence en quelque point de ceux-ci? Le droit de résider comporte-t-il des corollaires ou faut-il l'interpréter comme une faculté protégée d'implantation géogra-

---

37 Il est à noter toutefois que le juge Arnup a, dans l'affaire *Skapinker* c. *Law Society of Upper Canada*, (1983) 145 D.L.R. (3d) 502 (C.A. Ont.), p. 514, clairement admis que la définition de résident permanent telle qu'elle apparaît dans la *Loi sur l'immigration* était applicable à l'article 6 de la *Charte*.

38 Voir aussi C. JACQUIER, *supra*, note 27, p. 532; P.W. HOGG, *supra*, note 12, 43 I.C.; J.B. LASKIN, *supra*, note 1, p. 90; D.A. SCHMEISER et K.J. YOUNG, *supra*, note 1, p. 627.

39 *Supra*, note 32.

40 Voir *contra*, J.P. GERVAIS, *supra*, note 12, pp. 308-309.

41 En vertu de l'article 30 de la *Charte* les dispositions de celle-ci visant les provinces visent également les territoires.

phique, sans plus? Enfin, quel sens faut-il donner à l'expression «dans toute province» que l'on retrouve aux alinéas 6(2)*a*) et 6(2)*b*)?

Nous reportons la dernière question aux développements consacrés à l'alinéa 6(2)*b*). La Cour suprême paraît en effet y avoir apporté une réponse de principe dans *Black*[42] en se penchant sur le droit de «gagner (sa) vie dans toute province».

Sur la première question, la Cour suprême, dans l'arrêt *Skapinker*[43], avait émis l'avis qu'il ne s'agissait que d'un seul droit. Le juge Estey y écrit :

> Les deux droits (à l'al. (a) et à l'al. (b)) se rapportent au déplacement dans (into) une autre province, soit pour y établir sa résidence, soit pour y travailler sans y établir sa résidence.[44]

Plusieurs considérations pouvaient appuyer une telle lecture. D'une part, le rattachement immédiat du droit de se déplacer à celui d'établir une résidence suggère un rapport de finalité. D'autre part, le fait que les deux droits soient regroupés dans un même sous-paragraphe alors que leur autonomie aurait justifié deux sous-paragraphes séparés porte à inférer la présence d'un seul droit ou d'un rapport accessoire à principal entre l'accès et la résidence. L'on peut aussi remarquer que la structuration du texte français, telle que manifestée par le titre et les notes marginales, corrobore cette interprétation. Le titre annonce deux libertés, celle de circulation et celle d'établissement. Or le paragraphe 6(1) concerne la circulation selon la note marginale. On est donc en droit de s'attendre au seul droit d'établissement au paragraphe 6(2). C'est ce que confirme la note.

Mais les propos de la majorité dans *Black* s'écartent de cette opinion. Ainsi y lit-on que :

> Le paragraphe 6(2) était destiné à protéger le droit d'un citoyen (et par extension celui d'un résident permanent) de se déplacer à l'intérieur du pays [to move about the country], d'établir sa résidence à l'endroit de son choix et de gagner sa vie sans égard aux frontières provinciales.[45]

Ces propos nous semblent devoir peser d'un grand poids quand viendra le temps de trancher ce débat. Ils s'inscrivent en effet dans le droit fil de la conception généreuse axée sur la citoyenneté articulée par la Cour dans la même décision. Aussi croyons-nous que l'alinéa 6(2)*a*) doit maintenant être compris comme attributif des droits de circuler entre provinces ou territoires et d'y établir résidence.

---

[42] *Supra*, note 32.
[43] *Skapinker* c. *Law Society of Upper Canada*, [1984] 1 R.C.S. 357.
[44] *Id.*, p. 382.
[45] *Supra*, note 32, p. 620.

Mais il y a plus. Il semble que l'on doive lire ces droits non pas comme ceux de se déplacer vers des provinces ou territoires canadiens ou d'y établir résidence. Ils protégeraient le déplacement et l'établissement de résidence n'importe où à l'intérieur de chaque province ou territoire contre toute réglementation «en fonction des frontières provinciales».[46] L'extrait de *Black* que nous avons cité plus haut est à cet effet. La Cour y décrit le but de l'alinéa 6(2)*a*) comme celui de protéger ainsi le droit «*to move about the country*» et «*to reside where he or she wishes*». Une telle interprétation s'écarte clairement du texte anglais de l'alinéa 6(2)*a*) où les droits sont décrits comme ceux «*to move to and take up residence in any province*» et de la formulation française «d'établir leur résidence dans toute province» bien qu'elle s'harmonise par ailleurs partiellement avec la mention, en français, du droit «de se déplacer dans tout le pays». Elle se défend toutefois, dans la perspective téléologique mentionnée plus haut, laquelle s'impose particulièrement dans ce cas où d'importantes divergences existent entre les textes anglais et français. Il faut toutefois éviter de conclure qu'il s'ensuit que la liberté de circuler, d'établir sa résidence et de travailler, en quelque lieu dans une province ou un territoire, est protégée en tant que telle. C'est tout autre chose. Nous doutons fort que l'article 7 puisse, à ce propos, prendre le relais et fonder une telle liberté. La tendance à restreindre la protection de l'article 7 aux seuls cas où une personne est en relation avec le système judiciaire[47] joue plutôt contre une telle interprétation.

Le droit de résider en quelque lieu du pays sans être soumis à des règles faites «en fonction de frontières provinciales» comporte des corollaires. Ainsi faut-il y greffer le droit aux services sociaux publics offerts aux résidents comme nous l'avons déjà indiqué. L'alinéa 6(3)*b*) commande une telle interprétation. Ce droit ne comprendrait pas cependant celui d'être propriétaire. La Cour d'appel de l'Ile-du-Prince-Édouard a eu l'occasion, récemment, de rendre une décision[48] qui paraît bien s'accorder avec cette interprétation que le texte de la disposition appuie. Aussi, l'arrêt *Morgan*[49] s'applique-t-il toujours.[50] Par ailleurs, ce droit comporterait celui de transporter les biens nécessaires à résider ou gagner sa vie.[51]

Nous croyons en effet que ce droit comporte aussi celui de gagner sa vie. Sans doute, la jurisprudence canadienne antérieure à la *Charte* s'était-elle bornée, semble-t-il, à incorporer au droit de résider seulement celui de ne pas se voir nier tout travail dans une province. Mais la conception généreuse de la circulation intracanadienne retenue par la Cour suprême

---

[46] *Ibid.*
[47] P.W. HOGG, *supra*, note 12, 44.7.b.
[48] *McCarten* c. *P.E.I.* (1994), 117 N.fld and P.E.I.R. 1, pp. 3-4.
[49] *Morgan* c. *Ile-du-Prince-Édouard*, [1976] 2 R.C.S. 349.
[50] P.W. HOGG, *supra*, note 12, 43.1(e).
[51] *Id.*, 43.2(a); P. BRUN, *supra*, note 27, pp. 15-16.

dans *Black* nous paraît bien justifier une interprétation plus large du concept de résidence de l'alinéa 6(2)*a*). Quoiqu'il en soit, nous faisons valoir plus loin que ce droit de gagner sa vie dans sa province à l'abri de tout règlement fondé sur sa résidence antérieure est conféré à l'alinéa 6(2)*b*), nonobstant l'ambiguïté des propos du juge Estey dans l'affaire *Skapinker*. Nous y revenons ci-après.

(d) Portée des droits sous l'alinéa 6(2)*b*)

La première question à explorer ici est celle de savoir quels emplois sont en cause. Cela n'engage-t-il qu'à ne pas interdire tous les emplois dans la province à des citoyens canadiens ou résidents permanents? N'est-on pas plutôt obligé de n'interdire aucun emploi à un citoyen canadien ou un résident permanent? Une ancienne jurisprudence canadienne[52] jette une lumière utile sur cette question. On y décida d'invalider des lois provinciales prohibant à des étrangers l'accès à certains emplois parce qu'on y vit, dit-on, une prohibition générale d'accès au marché du travail. Le rappel des considérations qui justifièrent alors ce choix peut aider à choisir parmi les interprétations évoquées. Le Comité judiciaire du Conseil privé prétendait livrer le véritable motif de la décision rendue dans *Union Colliery* c. *Bryden*[53] dans les termes suivants dans *Cunningham* c. *Tomey Homma*[54]:

> This Board . . . came to the conclusion that the regulations there impeached were not really aimed at the regulation of coal mines at all, but were in truth devised to deprive the Chinese, naturalized or not, of the ordinary rights of the inhabitants of British Columbia and, in effect, to prohibit their continued residence in that province, since it prohibited their earning their living in that province.

L'on voit ici que le refus de permettre de travailler dans la province est assimilé au refus d'autoriser à résider. Si l'on adopte ce point de vue, il faut conclure que l'alinéa 6(2)*b*) de la *Charte canadienne des droits et libertés* ne saurait se limiter à empêcher de travailler, car déjà l'alinéa 6(2)*a*) interdit de prohiber la résidence. Nous sommes donc autorisés à conclure que l'alinéa 6(2)*b*) empêche les parlements de nier à quelque citoyen ou résident permanent le droit d'occuper quelque emploi que ce soit et non pas seulement tous les emplois, interdiction déjà visée par la liberté d'établir

---

[52] *Union Colliery Co.* c. *Bryden*, [1899] A.C. 580, interprété dans *Cunningham* c. *Tomey Homma*, [1903] A.C. 151, p. 157, et *Brooks-Bidklake Whittall Ltd* c. *Colombie britannique (P.G.)*, [1923] A.C. 450, p. 457.
[53] *Supra*, note 52.
[54] *Supra*, note 52.

résidence.[55] Il semble que cette vue s'imposera. Personne, dans l'arrêt *Skapinker*,[56] n'a en effet tenté de convaincre la Cour que l'exigence de citoyenneté canadienne était compatible avec l'alinéa 6(2)*b*) puisqu'elle n'empêchait nullement l'exercice de nombreuses autres fonctions dans la province. Il faut aussi conclure que ce paragraphe ne confère pas le droit au travail en soi, c'est-à-dire sans qu'aucune mobilité ne soit présente.

Qu'en est-il du droit de «gagner leur vie dans toute province» ou «to pursue the gaining of a livelihood in any province»? Les titulaires n'ont pas à résider dans la province où ils gagnent leur vie. La Cour suprême l'a clairement affirmé dans l'arrêt *Skapinker*. Le texte se situe dans une section consacrée à la liberté de circulation et d'établissement. L'ensemble du libellé de l'alinéa (6)(2)*b*) s'accorde par ailleurs parfaitement avec le titre de la section car il traite du lieu où l'on pourra gagner sa vie et donne le droit de le faire «dans toute province». Son objet est d'abolir les barrières frontalières provinciales. L'article ne vise pas plus, et l'on ne saurait y lire un droit au travail qui suppose l'abolition de bien d'autres obstacles. La Cour suprême a fait siennes ces raisons dans l'arrêt *Skapinker*.

Une question connexe, évoquée plus haut, est celle de savoir si l'alinéa 6(2)*b*) s'applique à une personne qui s'est déplacée vers une province ou un territoire pour y résider. Dans l'hypothèse où «résider» ne comprendrait pas le droit au travail dans un contexte de déplacement, l'alinéa 6(2)*b*) devient la seule source possible du droit de travailler dans sa province pour une personne s'y étant déplacée.

À ce propos, la décision unanime de la Cour suprême dans l'affaire *Skapinker* contenait des passages qui pouvaient faire penser que seul le cas d'une personne résidant hors de la province de travail était couverte par ce paragraphe. Mais une telle lecture ne s'impose pas. Ainsi, quand la Cour a écrit: «Les deux droits (à l'al. *a*)) et (à l'al. *b*)) se rapportent au déplacement dans une autre province, soit pour y établir sa résidence, soit pour y travailler sans y établir sa résidence», en *obiter dictum* il n'est pas évident qu'elle limite la portée de l'alinéa 6(2)*b*) à la personne ne résidant pas dans la province où elle travaille. Elle a pu inclure le résident. Le professeur Hogg

---

[55] Le juge Dea, dans l'arrêt *Black* c. *Law Society (Alberta)*, (1984), 33 Alta L.R. (2d) 214 (B.R. Alta.), p. 239, partage notre opinion mais pour des motifs différents puisqu'il écrit : «A broad and liberal interpretation of s. 6(2)(*b*) does not permit of a construction which would hold that so long as the plaintiffs may pursue the gaining of their livelihood in ''some way'' that no infringement occurs». Voir aussi *Mia* c. *British Columbia (Medical Services Commission), (1985) 61 B.C.L.R. 273 (C.S.)* dans lequel le juge McEachern écrit : «*This is because the language of Charter, s. 6(2)(b), . . .* ''to pursue the gaining of a livelihood . . .'', *can only mean the right to practise on a viable economic basis*». Dans cette affaire le «plan» contesté n'interdisait pas aux nouveaux résidents de travailler. Ce qu'il empêchait, c'était l'émission d'un «billing number» permettant aux médecins d'être payés pour leurs services directement par l'état.

[56] *Supra*, note 43.

semble bien avoir ainsi interprété le texte à l'époque et continué de le lire ainsi.⁵⁷ Nous sommes d'accord, particulièrement depuis l'éclairage apporté dans *Black* où la majorité décrit le droit en question comme celui de «gagner sa vie sans égard aux frontières provinciales».⁵⁸

La question suivante nous mène au coeur du problème concernant la nature du droit de gagner sa vie : la mobilité est-elle requise et, si oui, quelle en est la nature? Dans *Black*,⁵⁹ la majorité a offert des précisions sur la nature d'une telle mobilité tout en se gardant de conclure que cette dernière était requise sous l'alinéa 6(2)*b*).

Afin de comprendre la portée des motifs de la majorité il faut rappeler que les règlements de la *Law Society* dont la constitutionnalité était contestée n'empêchaient pas directement les avocats qui ne résidaient pas en Alberta d'y pratiquer le droit eux-mêmes ou avec d'autres. Ils interdisaient seulement aux avocats albertains de s'«associer ou se joindre de quelque autre manière» à des avocats qui ne résidaient pas ordinairement en Alberta. La mobilité mise en cause était donc celle de liens d'association entre avocats résidant en Alberta et ceux n'y résidant pas. Pouvait-on, dans ces circonstances, conclure que la mobilité que le juge Estey avait jugé nécessaire sous l'alinéa 6(2)*b*) était restreinte?

La majorité rappela que les propos du juge Estey sur la mobilité n'étaient pas nécessaires à sa décision dans l'affaire *Skapinker* où il s'agissait d'une personne qui résidait dans la province où il cherchait à pratiquer le droit. C'est parce qu'il s'agissait d'un cas de résidence dans la province de travail et non pas en raison de l'absence de quelque mobilité de non-résident que l'alinéa 6(2)*b*) ne trouva pas application dans l'affaire *Skapinker*. Donc, l'exigence de mobilité elle-même qui y fut énoncée le fut dans un *obiter dictum*. Dans *Black*, le juge La Forest, pour la majorité, se garde bien d'appuyer cet *obiter*. Ainsi se contente-t-il de présumer seulement,⁶⁰ sans le décider ou exprimer d'avis, que la mobilité est requise sous l'alinéa 6(2)*b*). Il semble donc que la Cour se soit réservée la possibilité d'évacuer toute condition de mobilité quand il s'agit de l'alinéa 6(2)*b*). Elle a préféré ne pas se prononcer directement sur la nécessité de la mobilité du non-résident vers la province ou le territoire de travail, se bornant à juger que, de toute façon, une mobilité d'un type suffisant existait en l'espèce pour qu'une restriction au droit protégé par le paragraphe 6(2)*b*) existe.

Se penchant donc plutôt sur la nature de la mobilité, elle précisa que la mobilité personnelle d'un non-résident voulant gagner sa vie n'était pas requise quoique présente en l'espèce en pratique.⁶¹ Ainsi estimait-elle que

---

[57] P.W. HOGG, *supra*, note 12, 43d.
[58] *Supra*, note 32, p. 620.
[59] *Supra*, note 32.
[60] *Id.*, pp. 615 et 619.
[61] *Id.*, pp. 619-620.

le paragraphe s'appliquerait à celui ou celle qui résiderait et pratiquerait en Alberta, du seul fait qu'il recevrait irrégulièrement la visite de ses associés de l'extérieur de la province.[62] À ses yeux la mobilité est axée sur la pertinence de cette dernière à l'activité de gagner sa vie, et toute mobilité pertinente en ce sens[63] suffit. Elle n'a pas à être régulière ou prononcée pour qu'entre en jeux la protection de l'alinéa 6(2)*b*).

Plusieurs considérations inspirèrent cette prise de position. Aux yeux de la Cour ce serait trop demander aux cours de justice que de contrôler le nombre de déplacements inter provinciaux. Une approche téléologique, dont les éléments furent rappelés plus haut, justifie d'interpréter plus globalement la mobilité.[64] L'expression «gagner sa vie», à ne pas assimiler à l'expression «travailler dans une province» indiqua-t-elle, «n'implique pas de déplacement physique de l'individu vers la province».[65] Interpréter le paragraphe comme permettant «à une personne de gagner sa vie partout au Canada» s'accorde fort bien, souligne-t-elle, avec les termes «liberté de circulation et d'établissement» de la rubrique avec lesquels l'interprétation n'a qu'à être compatible.[66] L'alinéa 6(3)*a*), révélateur indirect de la portée des droits du paragraphe 6(2) en général, semble par ailleurs signifier que les mots «dans toute province» à l'alinéa 6(2)*b*) évoquent la province simplement comme lieu d'où émanent des lois ou usages plutôt que la province vers laquelle on devrait se déplacer.[67]

Une dernière question mérite l'attention. Dans *Black*, la Cour a aussi souligné qu'«il est important que les tribunaux examinent le contenu de dispositions qui, à première vue, ne semblent pas nuire au droit de gagner sa vie et s'assurent que les protections découlant de l'alinéa 6(2)*b*) ne sont pas, par de telles dispositions, à toutes fins pratiques contournées [*rendered impotent*].[68] À ce propos, l'affaire *Mia*[69] lui paraissait une décision louable. On y avait émis l'opinion que le seul refus d'un numéro de facturation à des médecins voulant exercer en Colombie-Britannique suffisait à restreindre le droit de gagner sa vie et que le fait que les candidats pouvaient exiger le paiement directement des patients n'avait pas pour conséquence que le droit de gagner sa vie n'était pas atteint. De même, la majorité estima-t-elle dans *Black* qu'il suffisait que le droit soit menacé dans sa viabilité ou en

---

[62] *Id.*, p. 620.
[63] *Ibid.*
[64] *Id.*, pp. 620-621.
[65] *Id.*, p. 621.
[66] *Ibid.*
[67] *Id.*, pp. 621-622.
[68] *Id.*, p. 619.
[69] *Mia* c. *British Columbia (Medical Services Commission)*, (1985), 17 D.L.R. (4th) 385 (C.S. C.B.).

pratique pour qu'il y ait restriction.[70] En conséquence, elle jugea dans l'espèce que l'interdiction faite aux non-résidents de s'associer avec des avocats résidents entraînait une restriction au droit de gagner sa vie sous l'alinéa 6(2)*b*). Que ces non-résidents ne se voient pas directement refusé de pratiquer le droit en Alberta importait peu, car «les associations constituent le mode d'organisation le plus courant des cabinets d'avocats».[71] La viabilité du droit était affectée, car les non-résidents étaient restreints gravement quant à la manière [*severely restricted in the way*][72] selon laquelle ils pouvaient exercer en Alberta.

4. LES LIMITES INHÉRENTES À LA LIBERTÉ DE CIRCULATION INTRACANADIENNE

Avant d'aborder le contenu même des limites énoncées aux paragraphes 6(3) et 6(4), il nous faut étudier deux questions générales suscitées par ceux-ci. La réponse à ces questions est déterminante pour l'identification du fardeau à supporter lors des recours sous l'article 6.

Le paragraphe 6(3) crée-t-il une exemption relative ou absolue? Opter pour la première solution aurait pour effet de limiter l'exception aux mesures portant *prima facie* atteinte aux droits protégés par le paragraphe 6(2), alors qu'un choix en faveur de la seconde nous forcerait à appliquer les exigences du paragraphe 6(3) à toute mesure tombant sous le coup des termes qui y sont utilisés. Cette dernière interprétation aurait pour répercussion d'interdire toute mesure ne répondant pas aux exigences du paragraphe 6(3), et ce, indépendamment du fait qu'elle soit ou non relative à la circulation interprovinciale.

Nous sommes d'avis que le paragraphe 6(3) ne s'applique qu'à des mesures qui, par ailleurs, comportent une atteinte au paragraphe 6(2). Le paragraphe 6(3) ne prohibe pas toute mesure ne satisfaisant pas aux exigences établies au paragraphe 6(3). La rédaction de ce dernier paragraphe appuie cette conclusion puisque celui-ci y est présenté comme un énoncé des critères selon lesquels des mesures, qui autrement seraient contraires au paragraphe 6(2), seront exemptées.

Notre prétention est confirmée par la démarche suivie par la Cour suprême dans l'arrêt *Skapinker*.[73] La Cour, en effet, a cherché à voir s'il existait une atteinte aux droits du paragraphe 6(2) et non pas à vérifier si la norme en litige répondait aux exigences du paragraphe 6(3). Une telle approche révèle qu'à ses yeux le contrôle sous le paragraphe 6(3) ne devait

---

[70] *Supra*, note 32, p. 618.
[71] *Id.*, p. 619.
[72] *Ibid.*
[73] *Supra*, note 43.

s'exercer que là où une atteinte aux droits protégés par le paragraphe 6(2) avait été antérieurement constatée. La Cour d'appel de la Nouvelle-écosse a suivi une démarche identique dans l'affaire *Basile*.[74] La majorité de la Cour suprême, dans *Black*, a clairement adopté ce point de vue. Pour elle, le paragraphe 6(3) est, en quelque sorte, une note (*footnote*) au paragraphe 6(2) dont il nuance (*qualifies*) seulement la portée.[75]

La seconde difficulté que suscite le paragraphe 6(3) est de savoir s'il constitue la seule source de justification pour l'État, lequel ne pourrait tenter de s'expliquer sous l'article 1 au cas d'échec à ce stade. La Cour suprême a écarté cette interprétation.[76] À ses yeux, le paragraphe 6(3) est une composante de l'énoncé des droits à la circulation intracanadienne plutôt qu'une véritable limite, extérieure à l'énoncé du droit, qui se substituerait à l'article 1 de la *Charte*. Selon une telle lecture, si la mesure étatique attaquée ne tombe sous aucun des alinéas du paragraphe 6(3), l'on a seulement démontré alors une restriction aux droits énoncés aux paragraphes 6(2) et 6(3), et non pas que la restriction au paragraphe 6(2) est injustifiée. La solution est analogue à celle prévalant sous l'article 7 en ce qui concerne l'irrespect des principes de justice fondamentale.[77]

Le paragraphe 6(4) pose les mêmes problèmes. L'on peut se demander aussi s'il comporte une limite absolue ou relative. Il me paraît évident qu'il s'agit d'une exemption absolue puisque les formules utilisées dans les deux versions indiquent bien qu'il s'agit d'immuniser l'ensemble des mesures mentionnées, qu'elles affectent ou non les droits de circulation. On a écrit : «n'ont pas pour objet d'interdire» et «*do not preclude*» de façon à bien indiquer que les droits susmentionnés n'ont aucun rapport avec ces mesures. Il y a de plus une absence de liens nets entre les mesures mentionnées au paragraphe 6(4) et les droits de circulation; un territoire extérieur est simplement interdit.

Il est par ailleurs tout à fait possible pour l'État de tenter de se justifier sous l'article 1 s'il a échoué sous le paragraphe 6(4). Sur ce point aussi la Cour suprême a nettement fait son choix. Après avoir rappelé que certains auteurs avaient «laissé entendre que les par. 6(3) et (4) équivalent à une détermination complète des limites justifiables relatives au par. 6(2) et rendent ainsi superflu le recours à l'article premier»[78] elle a exprimé son désaccord avec l'ensemble de cette thèse. Sans doute, en l'espèce, n'avait-elle pas à se prononcer sur les rapports du paragraphe 6(4) et de l'article 1, mais les raisons qu'elle donna nous semblent applicables autant au paragraphe 6(4) qu'au paragraphe 6(3).

---

[74] *Basile* c. *Nouvelle-Écosse (P.G.)*, (1984), 62 N.S.R. (2d) 410 (C.A.).
[75] *Supra*, note 32, p. 624.
[76] *Ibid.*
[77] P.W. HOGG, *supra*, note 12, 44.3.
[78] *Supra*, note 32, p. 624.

Voyons maintenant quelle est la portée de chacune des limites inhérentes à l'énoncé des droits à la circulation intracanadienne tel qu'on le trouve aux paragraphes 6(2), (3) et (4).

(a) Les lois et usages d'application générale non discriminatoires quant à la résidence provinciale

Une simple lecture du texte de l'alinéa 6(3)*a*) nous révèle les conditions auxquelles doit satisfaire la mesure considérée ici : être une loi ou une pratique, s'appliquer d'une façon générale, être en vigueur dans une province, ne pas discriminer principalement en fonction de la résidence antérieure ou actuelle.

Le terme «loi», à notre avis, inclut les règlements adoptés en vertu d'une habilitation statutaire.[79] Cette position peut sembler inconciliable avec l'interprétation proposée par le juge Deschênes dans *Malartic Hygrade Gold Mines (Québec) Ltd.*[80] Dans cette affaire, le juge, s'inspirant directement de la décision rendue par la Cour suprême dans l'affaire *Blaikie*[81] relativement à l'article 133 de la *Loi constitutionnelle de 1867*, a limité la portée du terme loi en matière réglementaire aux règlements soumis à l'approbation du gouvernement. Nous croyons toutefois que cette position est discutable face à une disposition étendant son emprise aux «lois et usages». De plus, l'article 6 se trouve dans une *Charte des droits et libertés*, document commandant une interprétation large et libérale.[82] Enfin, le fait qu'on ait utilisé le terme «*laws*» dans le texte anglais milite également en faveur de notre position.

Quant aux «usages» mentionnés, nous croyons qu'ils doivent constituer des pratiques d'une nature coutumière ou quasi législative. S'il s'agit d'usages (*practices*) ceux-ci doivent en effet être en vigueur (*in force*). Il faut se garder toutefois d'exiger qu'ils soient des «règles de droit» au sens de l'article 1, car l'alinéa 6(3)*a*) n'est pas tant une permission de s'écarter de droits qui seraient énoncés au paragraphe 6(2) qu'une partie de l'énoncé des droits. Interpréter autrement serait importer dans le paragraphe 6(3) une signification contraire à sa nature de disposition énonciatrice, signification qui ne serait vraiment appropriée que si le paragraphe 6(3) était un substitut de l'article 1.

---

[79] Voir *Black* c. *Law Society (Alberta)* (1984), 33 Alta. L.R. (2d) 214 (C.A.), dans lequel le juge a conclu qu'un règlement constituait une loi d'application générale et ceci sans s'interroger quant au type de règlement, *i.e.* quant aux formalités devant être accomplies pour son entrée en vigueur.

[80] *Malartic Hygrade Gold Mines Ltd.* c. *Québec*, [1982] C.S. 1146, pp. 1153-1154.

[81] *Québec (P.G.)* c. *Blaikie*, [1981] 1 R.C.S. 312, p. 333.

[82] Voir en ce sens D. GIBSON, «Interprétation de la Charte canadienne des droits et libertés : considérations générales», dans G.A. BEAUDOIN ET W.S. TARNOPOLSKY, *Charte canadienne des droits et libertés*, Montréal, Wilson et Lafleur, 1982, pp. 29-48.

La seconde condition, quant à elle, exige que ces lois et usages s'appliquent généralement. Cette expression fut interprétée dans l'affaire *Manuel*[83] concernant la *Loi sur les Indiens*.[84] L'honorable juge Dickson a alors énoncé deux critères permettant de déterminer si une loi est une loi d'application générale. Il faut, selon lui, vérifier dans un premier temps si la loi s'étend uniformément sur tout le territoire. Dans l'éventualité d'une réponse affirmative, il faut, dans un second temps, considérer l'intention et les effets de la loi. Celle-ci ne doit en aucun cas être *«in relation to»* une classe de citoyens de façon à affecter le statut ou la capacité d'un groupe particulier.[85]

Nous pensons que les deux critères de l'affaire *Kruger* ne sont pas appropriés à l'alinéa 6(3)*a*). Le premier ne s'impose guère puisque les règles de droit et usages visés par ce paragraphe sont expressément qualifiés territorialement par les mots «en vigueur dans une province», lesquels désignent autant une partie de territoire provincial que sa totalité. La Cour d'appel de Nouvelle-Écosse a adopté cette conclusion et appliqué l'alinéa 6(3)*a*) à des règlements municipaux.[86] Mais d'autres tribunaux ont conclu différemment.[87] L'emploi des mots «*law*» et usages, sans rattacher ces actes à des autorités au moins d'envergure provinciale, suggère que des institutions locales sont aussi visées, dont les lois et usages demeurent d'application générale sans devoir pour autant s'étendre à l'ensemble du territoire provincial.[88]

Le second critère de *Manuel*, excluant les règles relatives à une classe de citoyens des règles d'application générale, a été parfois écarté[89] dans des affaires relatives à des règlements concernant les membres du Barreau. Il y a de bonnes raisons en ce sens. D'une part s'il fut utilisé dans *Manuel* c'est dans un contexte particulier. Il s'agissait de déterminer quand une loi provinciale devenait une loi sur les Indiens en tant que tels et empiétait sur la compétence fédérale à leur sujet. Nous ne sommes plus dans un cas de partage des compétences. D'autre part, la suite de l'alinéa 6(3)*a*) suppose elle-même un pouvoir de viser des classes de personnes par les lois et usages d'application générale en question. On y prohibe seulement les distinctions fondées principalement sur la province de résidence antérieure ou actuelle.

---

[83] *Kruger* c. *Manuel*, [1978] 1 R.C.S. 104.
[84] S.R.C. 1970, ch. I-6; L.R.C. 1985, ch. I-5.
[85] C'est d'ailleurs ce test en deux volets qui a conduit certains auteurs à exprimer leur désaccord avec quelques décisions rendues relativement à l'article 6 de la *Charte*. Voir entre autres, M. JACKMAN, «Interprovincial Mobility Rights Under the Charter» (1984-85) 2 *U.T. Fac. L. Rev.* 16, pp. 31-33.
[86] *Basile* c. *Nouvelle-écosse (P.G.)*, *supra*, note 74.
[87] *Mia*, *supra*, note 69; *Demaere* c. *Canada*, [1983] 2 C.F. 755.
[88] H. BRUN et C. BRUNELLE, *supra*, note 1, p. 706.
[89] *Basile* c. *Nouvelle-Écosse (P.G.)*, *supra*, note 74; *Malartic Hygrade Gold Mines Ltd* c. *Québec*, *supra*, note 80.

Nous pensons donc que l'expression «d'application générale» désigne simplement toute loi en usage qui, dans sa formulation, ne comporte pas le type de discrimination axée sur la province de résidence antérieure ou actuelle.

Finalement, la dernière exigence est à l'effet que ces mesures ne doivent pas discriminer principalement sur la base de la province de résidence antérieure ou actuelle. Cette exigence nous force à nous interroger sur trois aspects du concept de discrimination : l'intention, l'impact et l'énoncé discriminatoires.

Il est évident que la discrimination textuelle, la dernière de celles mentionnées, est visée par l'alinéa 6(3)*b*). La Cour d'appel de la Nouvelle-Écosse l'a clairement affirmé dans une affaire concernant un règlement qui exigeait d'être résident permanent de la province pour obtenir un permis de vendeur itinérant.[90] Elle infirmait ainsi le jugement de première instance où l'on avait jugé le règlement non discriminatoire sur la base de la résidence puisqu'il était conçu pour protéger les consommateurs et non pas pour discriminer quant à la résidence provinciale.[91] Nous partageons l'avis de la Cour d'appel à l'effet qu'un texte discriminant à sa face même n'a pas à être le fruit d'une intention discriminatoire.

Dans *Black*, la Cour suprême arrive à la même conclusion face à un règlement dont la formulation comportait une classification basée sur la résidence actuelle.[92] Le juge La Forest, pour la majorité, estime se trouver face à une discrimination fondée principalement sur la résidence actuelle en invoquant simplement la présence de la classification au texte du règlement[93] dont il estime, par ailleurs, qu'il vise le même but discriminatoire. Il ne paraît donc pas faire de la présence d'un but discriminatoire identique une condition de plus pour conclure qu'il y a «principalement» discrimination prohibée à l'alinéa 6(3)*a*), contrairement à certains.[94]

L'effet discriminatoire, au sens de l'alinéa 6(3)*a*), au moins s'il est le plus grave, suffira sans but et sans texte discriminatoire. C'est l'opinion émise par la majorité dans *Black*[95] même si, en l'espèce, elle n'eut pas à trancher sur cette seule base. Elle estima en effet que ceux qui voulaient établir des liens interprovinciaux étaient «les plus durement touchés»[96] par un règlement dont la formulation ne comportait pas de discrimination fondée sur la résidence actuelle. Bien que la majorité ait estimé que le but du règlement était aussi discriminatoire, elle ne semble pas en avoir fait une

---

[90] *Basile c. Nouvelle-Écosse (P.G.)*, *supra*, note 74.
[91] *Basile c. Nova Scotia (A.G.)*, (1983), 148 D.L.R. (3d) 382 (C.S. N.-É.), p. 384.
[92] *Supra*, note 32, p. 599.
[93] *Id.*, p. 625.
[94] H. BRUN et C. BRUNELLE, *supra*, note 1, p. 707; P. BRUN, *supra*, note 27, p. 23.
[95] *Supra*, note 32, p. 625.
[96] *Id.*, p. 626.

condition pour juger que la discrimination était principalement fondée sur le motif prohibé à l'alinéa 6(3)*a*).

Le but seul peut-il suffire? Nous croyons que oui. D'une part la Cour suprême, dans *Black*, a invoqué le principe posé dans *Big M Drug Mart*[97] selon lequel le but ou l'effet d'une mesure suffisait pour causer une restriction à un droit ou une liberté.[98] D'autre part, le but nous semble tout à fait approprié pour décider si un motif de discrimination est le principal ou non.[99]

(b) Les lois établissant de justes conditions de résidence pour l'obtention des services sociaux publics

Cette exception ne requiert pas beaucoup d'explications. Les lois visées comprennent évidemment des règlements fondés sur une habilitation statutaire. Le sens de la limite est simplement de révéler que le droit aux services sociaux publics ne naît pas dès l'établissement physique de résidence. Des conditions peuvent être établies à ce propos. Vraisemblablement, celles-ci pourront varier selon le caractère plus ou moins nécessaires à la résidence des divers services sociaux publics disponibles. Faut-il y voir l'apparition d'une obligation d'offrir certains services? Certains le croient.[100] Une telle lecture nous paraît fort discutable. Elle risque d'aboutir à l'attribution de plus de droits sociaux à ceux et celles qui déplacent leur résidence à l'intérieur du Canada qu'aux autres Canadiens. Nous pensons toutefois que, pour certains services sociaux essentiels, les conditions de résidence seront soumises à un contrôle fort rigoureux. L'accès immédiat ou presque pourra s'imposer pour certains d'entre eux.[101]

(c) Les mesures d'amélioration pour défavorisés dans les provinces victimes de sous-emploi

Le paragraphe 6(4) fut introduit dans la disposition par l'Accord constitutionnel du 5 novembre 1981; il ne faisait donc pas partie de la disposition proposée initialement.[102]

Les mesures permises par ce dernier pourront être le fruit de toutes les autorités soumises à la *Charte canadienne* et susceptibles d'instaurer de telles mesures.

---

[97] *R.* c. *Big M Drug Mart Ltd.*, [1985] 1 R.C.S. 295.
[98] *Supra*, note 32, p. 625.
[99] H. BRUN et C. BRUNELLE, *supra*, note 1, p. 707.
[100] Voir J.B. LASKIN, D.A. SCHMEISER et K.J. YOUNG, *supra*, note 1.
[101] P. BRUN, *supra*, note 27, p. 24; J.B. LASKIN, *supra*, note 1, p. 102.
[102] Pour une étude historique du droit à la libre circulation sous la *Charte*, voir D.A. SCHMEISER et K.J. YOUNG, *supra*, note 1, pp. 624-626.

Bien qu'elle ait été inspirée d'un souci de protection de l'emploi de la main-d'oeuvre provinciale, la disposition protège des mesures visant d'autres objectifs. Il s'agit en l'occurrence de toutes celles destinées à «améliorer . . . la situation d'individus défavorisés socialement ou économiquement». Il faudra d'ailleurs préciser les critères permettant de repérer les individus défavorisés socialement ou économiquement. Il nous semble, à cet égard, que cet état devrait se définir à partir d'une comparaison intraprovinciale entre la situation commune et le groupe cible. Il faudra, de plus, déterminer quand une loi, un programme ou une activité est «destiné» à améliorer la situation de tels individus. Le risque paraît réel que l'interprétation éventuelle de cette disposition ne protège pas les politiques discriminatoires en matière d'emploi autant que certains puissent l'espérer. Leur manque à viser directement à l'amélioration de certaines catégories spécifiques d'individus les privera peut-être de la protection de l'alinéa 6(3)*b*). Enfin, cette disposition visant l'amélioration de la situation de ces personnes «dans» une province, il s'ensuit que ces mesures devront s'appliquer à des catégories d'individus dans la province et que celles ordonnées à l'amélioration du sort de tous les résidents d'une province seront exclues.

5. LES LIMITES AUX LIBERTÉS DE CIRCULATION INTERNATIONALE ET INTRACANADIENNE DÉCOULANT DE L'ARTICLE 1

Nous avons déjà[103] indiqué que l'article 1 s'appliquait à l'article 6. Il reste maintenant à souligner son importance accrue dans ce contexte et à préciser quels principes régissent sa mise en oeuvre ici.

La possibilité de se justifier sous l'article 1 d'avoir porté atteinte à l'une ou l'autre des libertés de circulation importe d'autant plus que les parlements canadiens ne peuvent exercer leur pouvoir de déroger dans ce cas. Cela aurait pu justifier une déférence plus grande à l'endroit des parlements, en particulier en ce qui concerne la circulation intracanadienne. Mais les paragraphes 6(3) et 6(4), relatifs au paragraphe 6(2), introduisent une flexibilité indéniable qui rend moins opportune une déférence sous l'article 1. Quant à la liberté de circulation internationale des citoyens sous le paragraphe 6(1), elle s'est acquise un statut qui l'associe désormais aux libertés fondamentales traditionnelles.

La jurisprudence canadienne révèle que les parlements ne bénéficient pas d'une déférence particulière pour les atteintes à l'article 6. Les principes généraux relatifs à la mise en oeuvre de l'article 1 paraissent bien trouver toute leur application et permettre d'aller de la déférence à la rigueur selon les cas.

---

[103] *Supra*, p. 22.

L'affaire *Cotroni*[104] est éclairante à cet égard. L'on y jugea justifiée une extradition bien qu'elle ait concerné en grande part des faits intervenus au Canada et que les crimes en cause soient susceptibles de fonder des poursuites au Canada. Mais cette conclusion ne procéda nullement d'une attitude déférente de la part de la Cour. C'est en recourant aux considérations habituelles qu'elle se refusa à sanctionner l'atteinte au droit de demeurer au Canada. Ainsi souligna-t-elle que «l'extradition se situe à la limite des valeurs fondamentales»[105] que l'article 6 protège. Celui-ci à ses yeux, avait d'abord pour but de mettre à l'abri de «l'exclusion de la participation à la communauté nationale»[106] par l'expulsion. Elle fit aussi valoir que les valeurs que visait à promouvoir l'extradition étaient de celles «qui occupent une place centrale dans une société libre et démocratique».[107] Le recours à la distinction entre le coeur des intérêts protégés et leurs aspects moins centraux et l'insistance sur le fait que les objectifs étatiques reflétaient des valeurs centrales à une société libre et démocratique relèvent des considérations usuelles fondant une moindre rigueur du contrôle exercé sous l'article 1. On trouve dans *Black*[108] une autre illustration remarquable du contrôle, rigoureux cette fois, inspiré des principe généraux élaborés dans la mise en oeuvre de l'article 1. L'article 6 ne jouit pas d'un régime particulier.

---

[104] *États-Unis d'Amérique* c. *Cotroni*, [1989] 1 R.C.S. 1469.
[105] *Id.*, p. 1481.
[106] *Id.*, p. 1482.
[107] *Ibid.*
[108] *Supra*, note 32, pp. 626-634.

PART III

Legal Rights

9

Fundamental Rights, Fundamental Justice*

(Section 7)

Patrice Garant

1. Introduction
2. The Affirmation of the Rights to Life, Liberty and Security of the Person
    (a) Scope of Section 7 — Ratione Personae
        (i) The Word "Everyone" and Corporations
        (ii) The Word "Everyone" and Citizenship
        (iii) The Source of the Infringement
    (b) Life, Liberty and Security: Distinct or Interchangeable Concepts
    (c) Positive or Negative Rights?
    (d) The Object of the Rights
        (i) The Right to Life
            (A) The beginning of life
            (B) The end of life
                (1) The Law Reform Commission
                (2) Current law
        (ii) The Right to "Liberty" of the Person
        (iii) The Right to "Security" of the Person
            (A) The notion of "security" of the person
    (e) The Nature of Protected Interference
        (i) Infringement of the Right to Life

---

* Translated from French.

(A) Interruption of pregnancy
(B) Interruption of treatment and euthanasia
(1) The right to refuse treatment
(C) The death penalty
(ii) Infringement of the Right to Liberty
(iii) Infringement of the Right to Security of the Person
(A) Interference with physical integrity
(1) Medical treatment
(2) Experimentation on humans
(3) Sterilization
(B) Infringement of the right to physical, mental and social well-being
3. The Protection of the Rights to Life, Liberty and Security of the Person
  (a) The Meaning and Scope of the "Due Process of Law" Clause
  (b) The Meaning and Scope of the "Principles of Fundamental Justice" Clause
     (i) Under Traditional Public Law
     (ii) The Case Law Prior to the 1985 Supreme Court Decision
     (iii) The Case Law Subsequent to the 1985 Supreme Court Decision
  (c) Fundamental Justice and Fundamental Precepts of our Judicial System
  (d) Fundamental Justice and Administrative Justice
     (i) In the Area of Imprisonment
     (ii) In Matters of Immigration, the Right to Asylum, Extradition and Deportation
     (iii) In Regulatory Matters
     (iv) The Independence and Impartiality of Administrative Tribunals
        (A) Independence
           (1) The individual dimension — security of tenure
           (2) Financial security
           (3) The institutional dimension
           (4) The notion of independence applied to administrative and quasi-judicial tribunals
        (B) Institutional impartiality
     (v) Conclusion
  (e) Fundamental Justice and Criminal Justice
     (i) The Right to the Presumption of Innocence
     (ii) The Right to a Fair Trial
     (iii) The Right to a Full Answer and Defence
     (iv) The Right to Silence and the Protection Against Self-incrimination
     (v) Mens Rea in Penal Matters
     (vi) Fundamental Justice and Sentencing
  (f) The Relationship Between Section 7 and Section 1 of the *Charter*
4. General Conclusion

1. INTRODUCTION

Section 7 of the *Canadian Charter of Rights and Freedoms*[1] raises difficulties of two kinds. On the one hand, it entrenches three fundamental rights — the rights to life, liberty and security of the person. On the other hand, section 7 provides for the protection of these rights from interference by public authorities, by requiring that they act in accordance with the "principles of fundamental justice".

In the first part of this chapter we will be concerned with the meaning of the affirmation of these fundamental rights. In the second part we will study fundamental justice and the relationship between this requirement and the fundamental rights protected by the *Charter*. This study is difficult in that it requires us to synthesize, in a few pages, three of the most difficult texts in the domain of fundamental liberties. Moreover, while it was not difficult before 1982 to describe the state of existing with regard to the principles of fundamental justice, it was significantly less easy to articulate the protection of these rights in the procedural context — a context that seems to fluctuate or be seriously imprecise. With the advent of the *Charter*, controversy has gradually emerged, respecting the scope of the expression "principles of fundamental justice" in the context of the *Charter*. The Supreme Court of Canada has finally had occasion to rule on this and in so doing has given the expression an extremely broad scope.

2. THE AFFIRMATION OF THE RIGHTS TO LIFE, LIBERTY AND SECURITY OF THE PERSON

(a) Scope of Section 7—Ratione Personae

It is appropriate to begin this study of the constitutive elements of section 7 of the *Charter* with a careful examination of the word "everyone" in order to determine the categories of protected persons. Additionally, we will examine from what source the infringement must originate in order to entitle one to protection.

(i) *The Word "Everyone" and Corporations*

The issue of whether the expression "everyone" includes corporations arose immediately upon the introduction of the *Charter*. The courts have been almost unanimous in holding that this expression is broad enough to

---

[1] Part I of the *Constitution Act*, 1982 (en. by the *Canada Act* 1982 (U.K.), c. 11, Sched. B).

include corporations.² Some argued against this extension by noting that some *Charter* rights cannot be claimed by a corporation. However, it was quickly decided that the expression "everyone" includes corporations and must be so interpreted whenever the rights claimed are capable of applying to corporations.

This proposition is supported by the *Southam* case³ which concerned section 8 of the *Charter*. This section protects against unreasonable searches and seizures, a protection which is easily applicable to corporations. Given that the expression "everyone" used in section 7 is identical to that used in section 8, it could hardly be given a different meaning.

(ii) *The Word "Everyone" and Citizenship*

One must deal with the question of whether it is possible to restrict application of section 7 to Canadian citizens. Contrary to other provisions of the *Charter* which guarantee certain rights only to Canadian citizens, section 7 does not contain any such limitation. The Supreme Court of Canada, speaking through Madam Justice Wilson, has held that "everyone" refers to any person whose life, liberty or security is infringed, provided that the person is present in Canada:

> Counsel for the Minister concedes that "everyone" is sufficiently broad to include the appellants in its compass and I am prepared to accept that the term includes every human being who is physically present in Canada and by virtue of such presence amenable to Canadian law.⁴

One may ask what would happen if a Canadian, while visiting abroad suffered an infringement of a right protected by section 7 through the application of a Canadian law. Could this person rely on the *Charter*, or are we to take Madam Justice Wilson literally when she says that "the term includes every human being who is physically present in Canada and by virtue of such presence amenable to Canadian law"? It appears that Madam Justice Wilson is here speaking only of the situation of the non-citizen. As for Canadian citizens, wherever they may be found and to the extent they are subject to Canadian laws, they are covered by the *Charter*. The language of Madam Justice Wilson raises another problem, however, when she states

---

² See, *inter alia, R. v. Balderstone* (1983), 2 C.C.C. (3d) 37 (Man. Q.B.), affirmed (1983), 8 C.C.C. (3d) 532 (Man. C.A.), leave to appeal to S.C.C. refused 8 C.C.C. (3d) 532n (S.C.C.); *Seaway Trust Co. v. Ontario* (1983), 143 D.L.R. (3d) 623 (Ont. Div. Ct.); *R.L. Crain Inc. v. Couture* (1983), 6 D.L R. (4th) 478 (Sask. Q.B.); *Southam Inc. v. Hunter* (1982), 136 D.L.R. (3d) 133 (Alta. Q.B.), affirmed (1982), 42 A.R. 108 (Alta. C.A.); *Gershman Produce Co. v. Manitoba (Motor Transport Bd.)* (1984), 14 D.L.R. (4th) 722 (Man. Q.B.), reversed (1985), 22 D.L.R. (4th) 520 (Man. C.A.).
³ *Hunter v. Southam Inc*, [1984] 2 S.C.R. 145.
⁴ *Singh v. Canada (Min. of Employment & Immigration)*, [1985] 1 S.C.R. 177, p. 202.

that "everyone" encompasses "human beings". It will suffice to this point to simply allude to the controversy concerning the potential person or the foetus; the matter will be examined more fully below.[5]

(iii) *The Source of the Infringement*

For the *Charter* to apply, must the infringement complained of be exclusively and directly the result of an action by a Canadian authority?

For example, in the case of the Sikhs, the issue was whether section 7 applied to a deportation order where the infringement was liable to result more from the state to which the person was to be deported than from Canadian authorities. Mr. Justice Pratte of the Federal Court of Appeal declared that:

> The decision of the Board did not have the effect of depriving the applicant of his right to life, liberty and the security of the person. If the applicant is deprived of any of those rights after his return to his country, that will be as a result of the acts of the authorities or of other persons of that country, not as a direct result of the decision of the Board. In our view, the deprivation of rights referred to in section 7 refers to a deprivation of rights by Canadian authorities applying Canadian law.[6]

Madam Justice Wilson, however, considered that the decision of the Board to return the appellants to their own country where they would possibly be victims of corporal punishment constituted a violation of section 7, since it was made by a Canadian authority applying Canadian laws. Thus, where a decision by a Canadian authority exposes a person to an infringement of life, liberty or security, this will suffice to make section 7 applicable to that authority.

The infringement must result from the application of a Canadian law and not from the application of a foreign law. Furthermore section 7 may not be invoked by a person who refuses to testify before a Canadian court by relying on a law of the Bahamas.[7] On the other hand, it applies in extradition matters, but only to Canadian authorities.[8]

(b) Life, Liberty and Security: Distinct or Interchangeable Concepts

Given the obvious connections among interferences with life, liberty and security of the person in many circumstances, it is not clear whether

---

[5] See section 2(*d*)(i) "The right to life", *infra*.
[6] *Singh v. Canada (Min. of Employment & Immigration)*, [1983] 2 F.C. 347, p. 349.
[7] *R. v. Spencer*, [1985] 2 S.C.R 278.
[8] *Canada v. Schmidt*, [1987] 1 S.C.R. 500; *Argentina (Republic) v. Mellino*, [1987] 1 S.C.R. 536.

the framers of the *Charter* envisaged the pro don of a single reality or single right having different facets but complementing each other most of the time.

This theory was advanced by Mr. Justice Marceau of the Federal Court of Appeal in the *Operation Dismantle* case.[9] According to Mr. Justice Marceau, the legislator did not create three distinct rights in section 7 but really one single right which may only be interfered with by respecting the principles of fundamental justice. Such a view of section 7 can only find support through a narrow interpretation of its terms.

The opinion of Mr. Justice Marceau was the subject of some criticism in the *Singh* case, a recent decision of the Supreme Court of Canada.[10] Strictly speaking, the "one right" theory was not categorically rejected. However, it was strongly tempered by a refusal to envisage the three concepts globally and by an attempt rather to specify the meaning of each of the three elements. Madam Justice Wilson thought that independent hearing must be given to these three rights.[11] This has since been confirmed by the Court in the judgment by Lamer J. in *Reference re s. 94(2) of the Motor Vehicle Act (B.C.)*,[12] and by Chief Justice Dickson in the *Morgentaler* case.[13]

While the debate has not yet been definitively resolved, in our view the theory of three rights gives a much better perspective of the rights guaranteed, namely the right to life, the right to liberty and the right to security of the person.

(c) Positive or Negative Rights?

A number of authors have raised the question of whether the *Charter* envisages a negative or a positive protection for the rights it confers.[14] According to the theory of negative rights, the objective is the absence of all coercion *vis-à-vis* the person. Under the other theory the objective is the imposition of positive obligations on the state with a view to protecting and, indeed, even promoting these rights.

---

[9] *Canada v. Operation Dismantle Inc.*, [1983] 1 F.C. 745 (C.A.), affirmed (*sub. nom. Operation Dismantle v. R.*), [1985] 1 S.C.R. 441. This is also the view of the Court of Appeal of Saskatchewan ("bound in one structure with a mutual and reciprocal influence on each other"); *Beare v. R.*, [1987] 4 W.W.R. 309 at 317, reversed [1988] 2 S.C.R. 387.
[10] *Supra*, note 4.
[11] *Ibid.*, at 204.
[12] [1985] 2 S.C.R. 486, p. 500.
[13] *R. v. Morgentaler*, [1988] 1 S.C.R. 30, p. 45.
[14] The problem is very well treated in an article by T.J. Christian, "Section 7 of the Charter of Rights and Freedoms: Constraints on State Action" (1984) 22 *Alta. L. Rev.* 222 at 227, 228; see also the article by T. Lee, "Section 7 of the *Charter*: An Overview" (1985) 43 *U.T. Fac. L. Rev.* 1 at 8, where the author argues in favour of the theory of positive rights relying on the affirmative style of the first part of s. 7.

The courts have addressed this question but have not as yet given a sufficiently precise answer so as to enable an overall conclusion in favour of one theory or the other. Moreover, one has the impression that the answer may vary according to which of the three rights is in issue. This point will be developed below.

(d) The Object of the Rights

(i) *The Right to Life*

What is life, this precious thing that Western civilization has traditionally surrounded with the greatest of respect? Is there a judicial definition of this concept? What are the criteria that allow us to determine the beginning of life, and to determine death? These are the difficult questions that we must briefly attempt to answer.

(A) The beginning of life. We do not propose to give an account of the range of opinions on this question, but to review them briefly without distinguishing those whose foundation is theological, philosophical or legal. Keyserlingk summarizes opinion with regard to that which he calls the attributes which constitute personhood:

> But at least there is a certain consistency in agreement (among those who feel person is relevant) in the questions asked and in the conviction or intuition that the central question has to do with personhood, and that the attributes which constitute it are the actual or potential capacity for functions variously referred to as self-awareness, consciousness, rationality, self-consciousness, freedom, communication, etc.
>
> These attributes often overlap and some argue that just one or another of them is sufficient. Some insist that at the moment of conception all these functions are potentially present genetically, and that [therefore] potential persons are in fact persons, with all the rights of persons. Others disagree and maintain that a foetus only moves from potential person without rights to actual person with rights when the anchor of moral prerogatives and rights becomes present in the foetus' biological constitution. That anchor or "fundamentum" (it is argued) is the constitutive potential for self-awareness, the applicable criterion of which is the presence of a nervous system complete in its basic cellular structure, though not necessarily yet fully developed as in adults. In this view and according to this criterion a foetus would become a person possibly at four months and certainly by seven months.[15]

He concludes in these terms:

---

[15] Law Reform Commission of Canada, *Sanctity of Life or Quality of Life* (study paper) by E.W. Keyserlingk (1979), p. 95.

In my view this latter position is more compelling than the previous which identifies actual personhood with potential personhood based on genetics. But my real point here is only that both of these views, like all others, tend to consider as normative of personhood (and rights) similar stable attributes of foetal life. The attributes are in fact similar in substance to the ones I and others propose as normative at other stages in life when faced with treatment decisions, namely a minimal capacity (at least potentially) to experience and to relate.[16]

From a strictly legal point of view, the Supreme Court of the United States, in the celebrated 1973 case of *Roe v. Wade*,[17] refused to resolve the difficult question of the moment when human life begins, deciding only that from the moment of viability, the state has an interest in protecting this potential life. Judge Blackman of the United States Supreme Court thus introduced a new concept, that of "potential life".

The theory of potential life has been rejected in an interesting case that came before the courts of Saskatchewan.[18] In this matter it was argued that section 251(4) of the *Criminal Code* dealing with abortion was contrary to section 7 of the *Charter* since it infringed the right to life.

After reviewing the Canadian legislation, Mr Justice Matheson declared that the foetus has never been recognized as a human being. The judge maintained that, if the framers had intended to include the foetus within the term "everyone", they would have indicated this intention more clearly. Accordingly, it was a matter for Parliament, and not the Court, to determine the advisability of extending to the foetus the protection accorded to human persons. The judge thus concluded that a foetus was not included in the term "everyone". For its part, the Court of Appeal considered that the term "everyone" must have the same meaning throughout sections 7 to 14 and this can only include human being as defined in the *Criminal Code*:

> **206**. (1) A child becomes a human being within the meaning of this Act when it has completely proceeded, in a living state, from the body of its mother.

Civil law considers the foetus "an unborn child" who has certain rights without having legal personality. According to Michele Rivet, who gives a good summary of Quebec law on the subject: "we may thus define the unborn child by reference to a negative: he is not a human being and he does not possess legal personality." [19] (Translation).

---

[16] *Ibid.*
[17] 410 U.S. 113 (1973).
[18] *Borowski v. Canada (A.G.)* (1984), 4 D.L.R. (4th) 112 (Sask. Q.B.), affirmed [1987] 4 W.W.R. 385 (Sask. C.A.), affirmed [1989] 1 S.C.R. 342 (referring to *Criminal Code*, R.S.C. 1970, c. C-34).
[19] M. Rivet, "La situation juridique de l'enfant non encore né au Canada: Canada, droit

Article 18 of the *Civil Code* provides that "every human being possesses juridical personality"; section 1 of the *Quebec Charter of Human Rights and Freedoms*[20] is to the same effect. Neither the *Civil Code* nor the Quebec legislature has indicated precisely when legal personality begins; the cases indicate that it is with birth: "a child yet to be born is certainly not a person and the principles of civil law concerning death do not apply."[21] (Translation).

In 1933, the Supreme Court of Canada, in a classic fashion, recognized by a majority "the separate existence of an unborn child", but had recourse to a legal fiction to explain why the unborn child could be considered as "another" for the purposes of article 1053 of the *Civil Code*.[22]

Civil law recognizes certain patrimonial rights in the unborn child, the viable foetus; consideration is also taken of the status of the unborn child for certain particular legal ends, such as establishment of legitimacy.[23] However, civil law does not recognize the principle that foetal life is human life that merits protection by the recognition of the right to life.

At common law the situation is essentially the same.[24] With regard to whether or not the foetus enjoys legal personality, there are two tendencies: one confers legal personality on the foetus, the other, which is predominant, refuses to go to that length.[25] Mr. Keyserlingk, in a study published by the Law Reform Commission of Canada, summarizes the common law position as follows:

> But this does not mean an unborn child has no rights in law. Though not considered a "legal person" in the full sense before birth, it is noteworthy that courts in many jurisdictions, including Canada, allow the recovery of damages for injuries caused to them before birth. It may not be entirely logical especially since no right to the logically prior "right to life" of an unborn child is recognized, but whether "formally" considered a person or not, a number of cases, statutes and articles suggest that the injured foetus is at least to this extent treated as if a person.[26]

---

civil" (13e Colloque international de droit comparé) (Editions de l'Université d'Ottawa, 1975) 73 at 75. See also by the same author, "Le droit à la vie ou l'hominisation' du XXIe siècle: l'ethique et le droit répondent à la science", in D. Turp & G.-A. Beaudoin (eds.), *Perpectives canadiennes er européennes des droits de la personne* (Cowansville: Yvon Blais, 1986), p. 445.

[20] R.S.Q., c. C-12.
[21] *Langlois v. Meunier*, [1973] C.S. 301 at 305 (Qué. S.C.).
[22] *Montreal Tramways Co. v. Léveillé*, [1933] S.C.R. 456, p. 463.
[23] M. Rivet, "La situation juridique . . .," *supra*, note 19, and Kouri, "Réflextions sur le statut juridique du foetus" (1980-81) 15 *R.J.T.* 193.
[24] K. Weiler & K. Catton, "The Unborn Child in Canadian Law" (1976) 14 *Osgoode Hall L.J.* 643.
[25] *Ibid.*, p. 655.
[26] Keyserlingk, *supra*, note 15, p. 94.

As the law, whether criminal or civil, refuses to grant legal personality, and thus human personality, to the foetus, it is to related disciplines that we must turn to determine the question. Here we discover that the question of the beginning of life is liable to be posed in the same terms as that of the end of human life. We will return to this issue in considering the views of biologists, philosophers and theologians with regard to the notion of "human person".

Certain authors, on the basis of an affirmation that at a certain stage of its development the foetus becomes a "potential person" conclude for this reason that the law should recognize the right to life. The courts have already recognized the right of the foetus to "non-negligent treatment", and this presupposes the recognition of a right to life.[27] Kluge states that there is a flagrant contradiction in the law:

> The right to life and the right to non-negligent treatment are just such rights. The latter presupposes the former, since the right to a certain sort of treatment cannot attach to an individual unless that individual has a right to live. Therefore, if a foetus has the right to non-negligent treatment, it will also have the right to life.[28]

Professor Kouri is of the view that it would be logical to recognize a right to life and to inviolability in favour of the foetus:

> We believe that the infant once conceived is invested with the qualities, a subject of law, subject to a condition subsequent if it is not born living or viable.[29] (Translation).

According to this author, in the event that the condition is realized, the right of the foetus disappear retroactively, in such a fashion that academic question as to whether or not the "infant once conceived is a person" need not be asked. [30]

As the *Charter* uses the term "everyone" (chacun) to designate person entitled to the right and not the expression "all persons" (toute personne), perhaps the intention of the legislators was to move away from the traditional concept of "human person" and to turn towards the notion of potential person so that the "viable foetus" would be protected by section 7.

It will be up to the Supreme Court of Canada to rule either in favour of the traditional interpretation of "human person" or in favour of a different solution. Relying on the use of the term "everyone", will the Court extend

---

[27] E.H.W. Kluge, "The Right to Life of Potential Persons" (1976-77) 3 *Dalhousie L.J.* 837. Rivet claims that "the right to life contained in the Charter extends as much to the right to give life as to the right to have access to life" [translation]: see "La situation juridique...", *supra*, note 19, p. 476.

[28] *Ibid.*, pp. 846-847.

[29] Kouri, *supra*, note 23, p. 197.

[30] *Ibid.*

the protection of section 7 to potential persons, that is, to the "viable foetus"? It is our view that the Court will adopt as cautious an attitude as that of the lower courts because of the difficulty in reconciling the right to life of this so-called "potential" person with the right of the pregnant woman to freely dispose of that part of herself that is, in certain respects, the foetus.

(B) The end of life. When does life, this reality that the law protects against any invasion, cease? It is recognized that the definiton of death is not a purely bio-medical problem; it is a complex problem having legal, moral and social aspects. The Law Reform Commission of Canada has performed important work on this subject, to which it is essential to refer. The differences between the definition of death included in the proposed reforms of the Law Reform Commission and the defintion in current law will be noted.

(1) The Law Reform Commission. The Law Reform Commission has proposed a text to be incorporated in the *Interpretation Act*,[31] which may serve as a useful guide. In the Working Paper, No. 23, and its Report to Parliament, No. 15,[32] the Commission recommends:

(2) That Parliament adopt the following amendment to the Interpretation Act, R.S.C. 1970, c. I-23.

Section 28A-Criteria of death.
For all purposes within the jurisdiction of the Parliament of Canada

(1) a person is dead when an irreversible cessation of all that person's brain functions has occurred.
(2) the irreversible cessation of brain functions can be determined by the prolonged absence of spontaneous circulatory and respiratory functions.
(3) when the determination of the prolonged absence of spontaneous circulatory and respiratory functions is made impossible by the use of artificial means of support, the irreversible cessation of brain functions can be determined by any means recognized by the ordianry standards of current medical practice.[33]

It is hoped that Parliament approves the recommendation of the Law Reform Commission, which is based on serious inter-disciplinary research and reflection.

---

[31] R.S.C. 1970, c. I-23 [now R.S.C. 1985, c. I-21].
[32] Law Reform Commission of Canada, *The Criteria for the Determination of Death* (Working Paper No. 23) (Ottawa: 1979), pp. 58-59.
[33] Law Reform Commission of Canada, *The Criteria for the Determination of Death* (Report No. 15) (Ottawa: 1981), pp. 24-25.

(2) Current Law. Only the province of Manitoba has adopted a legislative definition of death, based on irreversible cessation of cerebral function.[34]

With regard to the case law, no Canadian court has directly pronounced on the legal criteria for death. Most of the cases refer to the classic criteria of cardiac and respiratory arrest. However, two decisions, including one in 1976 from the Manitoba Court of Appeal, appear to recognize criteria of a neurological type.[35]

Now that the *Charter* is in effect, it will be ncecessary to opt between the following solutions with regard to the beginning of life and the concept of "everyone" referred to in section 7. From one point of view, "everyone" may include the viable foetus. The only possible point of departure for such a position is the theory of "potential personhood", recognized for certain purposes by civil law, or at least implicit in certain rules of civil law. Criminal law is to a contrary effect, and brings no reinforcement to such a position. On the other hand "everyone" may refer only to male or female persons at the moment of birth. This solution is based on the statements found in the civil cases that refuse to recognize complete legal personality in a child not yet born; it is not a human person even if by a legal fiction it has certain rights. This solution is consistent with the criminal law and the previously cited *Borowski* case.[36]

With regards to the definition of death, we hope that the recommendation of the Law Reform Commission of Canada contained in Report No. 15, will receive an attentive ear from Parliament and thus finally clarify Canadian law on this subject.

(ii) *The Right to "Liberty" of the Person*

The liberty of the person envisaged by section 7 must be distinguished from those liberties encumerated in section 2, which is also concerned with the person, but from its moral, spiritual or psychological aspect.

Certainly in a general sense, one can conceive that the term "liberty" has a value with regards to all the rights and freedoms recognized by the *Charter*. However, the structure of the *Charter* requires us to give the concept a residual and restrictive sense in considering section 7. Contrary to the *Canadian Bill of Rights*, which recognizes the right to liberty in

---

[34] *Vital Statistics Act*, R.S.M. 1970, c. V-60, s. 2.1 (am. 1975, c. 51), enacted following the Report of the Law Reform Commission of Manitoba entitled *Report on Statutory Definition of Death* (Winnipeg: 1974).

[35] *R. v. Kitching*, [1976] 6 W.W.R. 697 (Man. C.A.), leave to appeal to S.C.C. dismissed (1977), 32 C.C.C. (2d) 159n (S.C.C.); *R. v. Page* (unreported), cited in *Report in Statutory Definiton of Death, supra*, note 34.

[36] *Supra*, note 18.

section 1 in a broad and introductory way, section 7 of the *Charter* is concerned with the right to liberty following other provisions which grant rights of a moral order, like the fundamental freedoms (section 2), democratic rights (sections 3 to 5), and mobility rights (section 6). The "liberty" envisaged by section 7 is found in a section devoted to "legal rights" and it precedes sections 8 to 14, which deal with various aspects of liberty of the person, and notably, though not exclusively, with physical liberty.

This concept of "liberty", however, has given rise to numerous debates in the case law. The issue is whether this right includes only physical liberty or all forms of liberty. There are two conflicting views on this subject. The first favours a narrow interpretation which seeks to limit section 7, protection to interferences with physical liberty such as detention or search.[37] However, it is difficult to reconcile this approach with sections 8 to 14 which explicitly provide protection against this kind of interference. Why would the framers have included a section that adds nothing to rights explicitly protected by sections 8 to 14?

Logically, then, we must turn to a solution similar to that adopted by American courts that extends the sphere of protection to the domain of personal privacy.[38] In fact, simply reading the language of the provision would lead one to believe that what the legislature wished to protect is the physical integrity of the person and all that is closely connected therewith. However, the American precedent cannot be slavishly followed for the respective provisions differ. While the Canadian version speaks of "liberty and security of the person", the American text, in addition explicitly including the right to property, does not specifically employ the phrase "of the person" and this lends itself lo a broader interpretation. The American provision reads as follows: ". . . not be deprived of life, liberty, or property, without due process of law".

---

[37] *Pannu v. Canada (Min. of Employment & Immigration)*, [1983] 1 F.C. 204 (T.D.) (detention under *the Immigration Act); Lussa v. Health Science Centre* (1984), 5 C.H.R.R. D/ 2203 (Man. Q.B.) (detention in a psychiatric centre); *Canada v. Schmidt, supra,* note 8 (extradition). Issues relating to parole of inmates concern their liberty: *Latham v. Canada (Solicitor General)*, [1984] 2 F.C. 734 (T.D.); *Bryntwick v. Canada (National Parole Bd.)*, [1987] 2 F.C 184 (T.D.); *Litwack v. Canada (National Parole Bd.)*, [1986] 3 F.C. 532 (T.D.) (imposing unduly restrictive conditions on parole found to be contrary to s. 7). The threat of potential imprisonment affects liberty: *Grande Prairie (City) v. Wylrykush* (1987), 78 A.R. 17 (Alta. Prov. Ct.). However, the threat of fine only does not go to liberty: *Kindersley (Town) v. Boisvert*, [1986] 6 W.W.R 636 (Sask. Q.B.); the transfer of a prisoner does not affect his liberty: *Pilon v. Yeomans*, [1984] 2 F.C. 932 (T.D.); *Horbas v. Canada (Min. of Employment & Immigration)*, [1985] 2 F.C. 359 (T.D.) (freedom to choose a spouse anywhere in the world is not included).

[38] *Belloti v. Baird*, 444 U.S. 821 (1979) (right to an abortion for a woman despite the opposition of those around her), *Griswald v. Connecticut*, 381 U.S. 479 (1965) (right to use oral contraceptives; private life of a couple is a "protected zone").

Despite a reluctance on the part of most Canadian courts to give the word "liberty" a broader meaning than physical liberty,[39] there are some cases which move in the other direction and prefer the broader American sense. In *R. v. Rowland*,[40] the right not to be deprived of a driver's licence was considered to fall within section 7:

> I am not persuaded that the right to liberty guaranteed by s. 7 should be limited to matters of physical restraint of the person. In both the International Covenant on Civil and Political Rights and the European Convention on Human Rights, the right to "liberty and security of person" is stated in a context which clearly restricts the meaning of the words to the area of arrest and detention. In contrast, s. 7 stands alone, unless it can be said to be qualified by ss. 8 to 14, inclusive. In my opinion, there is nothing in the latter sections, read together with s. 7, which indicates that the rights protected therein are definitive or descriptive of the right to liberty. I do not intend to venture an opinion as to what restraints or classes of restraints on individual activity might amount to an interference with the right to liberty guaranteed by s. 7. I am of the view, however, that the right of an individual to use the public highways is a right which comes within the concept of the right to liberty guaranteed by the Charter. It follows that a deprivation of that right through suspension of an individual's operator's licence must be in accordance with the principles of fundamental justice.[41]

This innovative and interesting theory, which nevertheless preserves a physical connotation in that the deprivation of a driver's licence hampers the person in his freedom of movement, was adopted by the British Columbia Court of Appeal in the *Robson* case.[42] More recently, the Alberta Court of Appeal rejected this point of view and held that the right to freedom of movement did not include the freedom to select the means of transportation.[43]

---

[39] See *supra*, note 37.
[40] (1984), 10 D.L.R. (4th) 724 (Alta. Q.B.).
[41] *Rowland, ibid.* at 733; see also *Ginther v. Sask. Government Ins.*, [1987] 5 W.W.R. 350 (Sask. Q.B.).
[42] *R. v. Robson* (1984), 11 D.L.R. (4th) 727 (B.C.S.C.), affirmed (1985), 19 D.L.R. (4th) 112 (B.C.C.A.). Section 214(2) of the *Motor Vehicle Act* was held to be contrary to s. 7 because it permitted a police officer to suspend a driver's licence for a period of 24 hours where an individual was suspected of having consumed alcohol. The provision restricted the right to liberty of an individual (freedom of movement) without respecting the principles of fundamental justice.
[43] *R. v. Neale*, [1986] 5 W.W.R. 577 (Alta. C.A.), leave to appeal to S.C.C. refused [1987] 1 W.W.R lxviii (note) (S.C.C.). The Court expressly declined to follow the American case *Meyer v. Nebraska*, 262 U.S. 396 (1923); *Léger v. Montréal (Ville)*, [1986] D.L.Q. 391 (Que. C.A.) (s. 7 does not create the right to drive without a seat belt).

In the *Morgentaler* case,[44] the courts in Ontario decided that the right to privacy which, for example, permits a woman to obtain an abortion, is not protected by section 7. Before extending the protection of section 7 to a right, the Court must determine that the liberty relied on is considered to be fundamental in Canada. This would be true, for example, of the right to marry or have children, as was recognized by the Supreme Court in *E. v. Eve*.[45] This could be true of the right of parents to educate their children as they see fit, as was suggested by the Supreme Court in the *Jones* decision.[46]

In the *Morgentaler* case,[47] Madam Justice Wilson enlarged the concept of liberty of the person by introducing a new dimension, namely the right to dignity: the right of an individual to "a degree of a autonomy in making decisions of fundamental personal importance", the right to "a degree of personal autonomy over important decisions intimately affecting their private lives".[48] Referring to American case law, the learned justice ruled that this liberty includes the right to marry and to procreate, the right to attend private schools, etc.

This approach is appealing. As underlined by Tanya Lee, constitutional interpretation must evolve and should not always look to a tradition which often is outmoded and discriminatory:

> If constitutional interpretation is to be constantly evolving it cannot be unduly fettered to the past. Second, the traditions of a society are not necessarily admirable. Thus, for example, a tradition of Canadian society may be that of treating women as second-class citizens. Finally, if traditions represent the majority view of past generations, it is open to the same objections that consensus was. The views of the majority should not be the basis on which minority rights are protected. The anomaly of using the traditional approach becomes apparent when the constitutional challenge is to the provisions of a statute and the answer to that challenge is that the statute has existed a long period of time. The *Charter* was not implemented merely to prevent the incursion of recent statutes into rights.[49]

We must press for a new interpretation and a broad reading of the terms employed in a constitutional document such as the *Charter*. As T.J. Christian[50] observes, a broad interpretation of the concept of "liberty is necessary to protect the many aspects of liberty that are not expressly enumerated in the *Charter*."

---

[44] *R. v. Morgentaler* (1984), 12 D.L.R. (4th) 502 (Ont. H.C.), affirmed on this point by (1984), 14 D.L.R. (4th) 184 (Ont. C.A.).
[45] [1986] 2 S.C.R. 388.
[46] *R. v. Jones*, [1986] 2 S.C.R. 284.
[47] *Supra*, note 44. However, Wilson J. was the only judge to base his or her decision to legalize abortion liberty (reasons at pp. 163-172).
[48] *Ibid.*
[49] Lee, *supra*, note 14, p. 5.
[50] Christian, *supra*, note 14, p. 231.

However, this concept of liberty does not cover rights that are economic in character, such as the right to practise a profession;[51] the right to enlist in the armed forces;[52] the right to engage in commerce or business;[53] the right to offer professional services,[54] any form of the right to work or of economic rights;[55] and, of course, the right to property.[56] Equally, this concept of liberty does not extend to the right to access to the courts, notably the right to take proceedings against the Crown.[57]

While section 7 envisages the protection of a general right to liberty, the weight of the case law is against a concept extending to the totality of human activities.[58]

---

[51] *Stoffman v. Vancouver General Hosp.* (1986), 30 D.L.R. (4th) 700 at 717 (B.C.S.C.), affirmed [1988] 2 W.W.R. 708 (B.C.C.A.), leave to appeal to S.C.C. granted [1990] 3 S.C.R. 483; *Beltz v. Law Society of B.C.* (1987), 31 D.L.R (4th) 685 (B.C.S.C.).

[52] *R. v. Sylvestre*, [1986] 3 F.C. 51 (C.A.). Similarly for the public service: *Forgie v. Canada (P.S.S.R.B.)* (1987), 32 C.R.R. 191 (Fed. C.A.).

[53] *Parkdale Hotel Ltd. v. Canada (A.G.)*, [1986] 2 F.C. 514 (T.D.); *Edwards Books & Art Ltd. v. R.*, [1986] 2 S.C.R. 713; *R.V.P. Enterprises Ltd v. British Columbia (Min. of Consumer & Corporate Affairs)* (1987), 37 D.LR. (4th) 148 (B.C.S.C.), affirmed (*sub non R.V.P. Enterprises Ltd. v. British Columbia (A.G.)*, [1988] 4 W.W.R. 726 B.C.CA.), leave to appeal to S.C.C. refused [1988] 6 W.W.R. lxix (note) (S.C.C.); *R. v. Myrrmidon Inc.*, [1987] 6 W.W.R. 204 (Man. Q.B.), affirmed [1988] 5 W.W.R. 385 (Man. C.A.); *Groupe des Éleveurs de volailles de l'est de l'Ont. v. Cdn. Chicken Marketing Agency*, [1985] 1 F.C. 280 (T.D.); *Reference re ss. 193 & 195.1(1 (c) of the Criminal Code*, [1987] 6 W.W.R. 289 (Man. CA.), affirmed [1990] 1 S.C.R. 1123 (including the business of prostitution). *Contra, Assn. des Détaillants Alimentation du Qué v. Ferme Carnaval Inc.*, [1986] RJ.Q. 2513 at 2530 (Qué. S.C.).

[54] *Wilson v. British Columbia (Medical Services Comm.)* (1987), 36 D.L.R (4th) 31 (B.C.S.C.), reversed (1988), 53 D.L.R. (4th) 171 (B.C.C.A.), leave to appeal to S.C.C. refused [1989] 3 W.W.R. lxxi (note) (S.C.C.).

[55] *Byrt v. Saskatchewan*, [1987] 2 W.W.R. 475 (Sask. Q.B.).

[56] *Zutphen Bros. Const. Ltd. v. Dywidag Systems Int. Can. Ltd.* (1987), 35 D.L.R (4th) 433 (N.S.C.A), reversed [1990] 1 S.C.R. 705; *Mirhadizadeh v. Ont.* (1986), 33 D.L.R. (4th) 314 (Ont. H.C.), affirmed (1989), 60 D.L.R. (4th) 597 (Ont. C.A.); *Smith, Kline & French Laboratories v. Can. (A.G.)*, [1986] 1 F.C. 274 (T.D.), affirmed [1987] 2 F.C. 359 (C.A.), leave to appeal to S.C.C. refused (1987), 27 C.R.R. 286n (S.C.C.).

[57] *Ibid.* Also: *Budge v. Alberta (Workers Compensation Board)*, [1987] 6 W.W.R. 217 (Alta. Q.B.), reversed [1991] 3 W.W.R. 1 (Alta. C.A.); see O.H. Jack, "Suing the Crown and the Application of the Charter" (1986-87), 7 *Advocates Quarterly* 227-336.

[58] *R. v. Neale, supra*, note 43, p. 583 (" ... is not to embrace the full range of human conduct"). *Contra, Dion v. Canada (P.G.)*, [1986] R.J.Q. 2196 at 2201 (Que. S.C.). According to this judge, liberty "encompasses the right of a citizen, if only occasionally, to make use of certain hallucinogenic substances and the right to refuse to provide a sample of urine" [translation]; position held by the Supreme Court of British Columbia in *R. v. Speicher* (1983), 150 D.L.R (3d) 167. See also *Lee, supra*, note 14.

(iii) *The Right to "Security" of the Person*

(A) The notion of "security" of the person. The Law Reform Commission defines "security" thus:

> Security of the person means not only protection of one's physical integrity; but the provision of necessaries for its support.[59]

This notion of security corresponds to the World Health Organization's definition of health as "a state of complete physical, mental, and social well-being". The right to security understood in this sense is defined by article 25 of the *Universal Declaration of Human Rights, 1948*:

> Every one has the right to a standard of living adequate for the health and well-being of himself and of his family, including food, clothing, housing and medical care and necessary social services, the right to security in the event of unemployment, sickness, disability, widowhood, old age, or other lack of livelihood in circumstances beyond his control.

If one accepts this concept of security of the person one concludes, as the Law Reform Commission did, that "[t]hose general terms of wide public use have ethical, social and political implications and their reach extends to every element of human happiness".[60] However, to accept such a proposition would effectively commit us to accepting the previously discussed theory of positive rights.

The term "security", as found in the *Canadian Bill of Rights* of 1960, has not been interpreted by the courts. Of course, since 1982 there have been many attempts to delineate the scope of this concept.[61]

In many of the cases decided to date, it was the protection of physical security of the person which was in issue. In this context, the Supreme Court of Canada has held that section 7 is designed to protect not only against all forms of corporal punishment or physical suffering, but also against the threat of such punishment or suffering.[62]

The problem of extending the concept of security to protection of property or private property has also arisen. One will recall that the ideal of

---

[59] Law Reform Commission of Canada, *Medical Treatment and the Criminal Law* (Working Paper No. 26) (Ottawa: Supply and Services, 1980), p. 7.

[60] *Ibid.*

[61] Many scholars have attempted to determine just how far the notion of security goes: see P.W. Augustine, "Protection of the Right to Property under Canadian Charter of Rights and Freedoms" (1986), 18 *Ottawa L.R.* 66 *et seq.*; G.J. Brandt, "Canadian Charter of Rights and Freedoms — Right to Property as an Extension of Personal Security — Status of Undeclared Rights" (1983), 61 *Can. Bar Rev.* 398, on the right to property; and C.P. Stevenson, "A New Perspective on Environmental Rights After the Charter" (1983), 21 *Osgoode Hall L.J.* 390, where the possibility of including the right to protection of the environment in the right to security was considered.

[62] Singh, *supra*, note 4, p. 207.

protecting the right to property, along the lines of the American Constitution, was expressly rejected during the debates surrounding adoption of the *Charter*.[63] Despite this, some examples have been made to introduce a very broad interpretation of security which would lead to the same result, namely the protection of the free enjoyment of property. These efforts have not succeeded.

In fact, when the New Brunswick Court of Queen's Bench accepted this extended interpretation, thereby giving the term "security" a certain economic connotation,[64] the Court of Appeal rejected its analysis and excluded the right to property from section 7. Mr. Justice La Forest, sitting then in the Court of Appeal, wrote as follows:

> The Courts should not, for example, place themselves in the position of frustrating regulatory schemes or measures obviously intended to reallocate rights and resources simply because they affect vested rights ...
>
> It is probably to avoid difficulties of this kind that the security of property was not expressly protected by the *Canadian Charter of Rights and Freedoms*.[65]

This interpretation was recently reaffirmed, by way of *obiter* dictum, in a case before the Federal Court of Appeal. The Court wrote the following:

> We should not leave this application without expressing the view that by no stretch of the imagination can the refusal of the Minister of Energy, Mines and Resources to make a discretionary grant based on hardship to Regal Petroleum Limited be said to constitute an infringement of the latter's right to life, liberty and security of the person guaranteed by section 7 of *Canadian Charter of Rights and Freedoms*.[66]

One notes the strong reluctance of judges to bring economic protection within the purview of the words used in section 7, namely "security of the person". This attitude is expressed both in *obiter* and in the reasons for judgment. The result has been followed in a wide variety of cases where attempts were made to invoke section 7 in challenging statutes or regulations affecting the right to property[67] or economic interests connected to the

---

[63] See the views of the then Minister of Justice, Jean Chretien, in the Debates of the Special Joint Committee of the Senate and the House of Commons (Vol. 45 at pp. 10-11).

[64] *R. v. Fisherman's Wharf Ltd.* (1982), 135 D.L.R. (3d) 307 (N.B.Q.B.), affirmed (1982), 44 D.L.R. (3d) 21 (N.B.C.A.).

[65] *Re Estabrooks Pontiac Buick Ltd.* (1982), 144 D.L.R. (3d) 21 at 31 (N.B.C.A.).

[66] *Regal Petroleum Ltd. v. Canada (Min. of Energy, Mines & Resources)* (1985), 63 N.R. 135 at 136 (Fed. C.A.).

[67] *Axler v. R.* (May 31, 1982) No T-2631-82 (F.C.), *Nova Scotia (Workers' Compensation Board) v. Coastal Rentals, Sales & Service Ltd.* (1983), 12 D.L.R. (4th) 564 (N.S.T.D.); *Becker v. Alberta* (1983), 148 D.L.R (3d) 539 (Alta. C.A.); *R. v. Yellowquill* (1984), 12 W.C.B. 9 (Man. Q.B.).

exercise of the right to property.[68]

Attempts have been made to relate the idea of security to measures taken by penitentiary authorities affecting the situation of inmates, especially those concerning the transfer of inmates between institutions. In one 1983 case, the Trial Division of the Federal Court held that the transfer of an inmate with a heart condition to a maximum security unit where it would be more difficult to obtain access to adequate medical services constituted an infringement of his right to security.[69] The Court of Appeal reversed this decision, reasoning that "there was nothing in the evidence on the basis of which it could be said that the respondent's transfer jeopardized the security of his person".[70] However, the Court did not rule on the relation between the difficulty of access to medical services and the security of the person. In another case, the Federal Court held that the transfer of inmates from a medium security institution to a maximum security institution did not constitute a violation of the *Charter* and that there was no duty on the administrative authority responsible for the transfer to grant a hearing.[71]

The common law has traditionally maintained that a person's reputation is one of the most precious rights which the law must secure. As Blackstone wrote:

> The security of his reputation or good name from the arts of detraction and slander, are rights to which every man is entitled, by reason and natural justice; since without these it is impossible to have the perfect enjoyment of any other advantage or right.[72]

If the protection of reputation were to be linked to the idea of security, one can imagine the considerable impact this would have on the large number of administrative or disciplinary decisions affecting the integrity of the reputations of those being administered. This possibility has been considered by the courts which have not seen fit to give a clear or affirmative answer. The balance of opinion appears to reject the idea of extending section 7 protection to the right to a secure reputation. In a case before the Federal Court, Trial Division, Mr. Justice Collier, in *obiter*, said:

---

[68] *Gershman Produce Co. v. Manitoba (Motor Transport Bd.), supra*, note 2; *Appotive v. Ottawa (City)* (1984), 16 O.M.B R. 316 (Ont. H.C.).

[69] *Collin v. Lussier*, [1983] 1 F.C. 218 (T.D.), reversed *infra*, note 70, to the same effect, see *R. v. Chester* (1984), 5 Admin. L.R. 111 (Ont. H.C.).

[70] *Lussier v. Collin*, [1985] 1 F.C. 124 at 125 (C.A.); to the same effect, see *Pilon v. Yeomans supra*, note 37.

[71] *Pilon, ibid.*, p. 941.

[72] W. Blackstone, *Commentaries on Laws of England* (U. of Chicago Press: 1979), 117 at p. 125.

> In any event I am not persuaded the right "to life, liberty and security of the person" includes interference with one's good name, reputation, or integrity.[73]

In a case involving the publication of the name of an individual accused of gross indecency, along with a statement of the accusations made against him and information on the proceedings, the Court held that the right preserve a person's good reputation within the community was not necessarily included in section 7 when set against the freedom of the press.[74] In any case, it is always possible to avoid the question, at least in part, by applying the test in section 1. It is almost inevitable that these kinds of interferences with reputation will pass the test of section 1 as they will often result from administrative decisions and their publication in newspapers at the time of the proceedings. It will thus be difficult to find much protection for reputation in section 7 of the *Charter*.

Prior to the *Morgentaler* decision on January 28, 1988,[75] the chief tendency of the courts when faced with the concept of security was to restrict it to what is encompassed by the physical and mental integrity of the person in a broad sense.[76] However, in certain cases the Court was prepared to extend the concept to whatever concerns human dignity. This could include a right to reputation, personal autonomy and privacy. Thus in the *Crain* case, one reads:

> Furthermore, the phrase "security of the person" includes a right to personal dignity and a right to an area of privacy or individual sovereignty into which the State must not make arbitrary or unjustified intrusions. These considerations also underlie the privilege against self-incrimination.[77]

In another 1984 case, the concept of security is once again extended to cover the private life or the autonomy of the individual.[78] In that case, the complainant was slightly wounded in the head as a result of an accident. At the hospital, without obtaining the consent of the patient, the attending physician took a blood sample which was not required for treatment. The physician gave the sample to the police and it showed a blood alcohol content in excess of the limit provided for in section 236 of the *Criminal*

---

[73] *MacBain v. Canada (Cdn. Human Rights Comm.)*, [1984] 1 F.C. 696 at 710 (T.D.), reversed [1985] 1 F.C. 856 *(sub nom. MacBain v. Lederman)* (C.A.).
[74] *R. v. Several Unnamed Persons* (1983), 4 D.L.R. (4th) 310 (Ont. H.C.).
[75] *Supra*, note 13.
[76] *R. v. Videoflicks* (1984), 14 D.L.R. (4th) 10 at 48 (Ont. C.A.), reversed in part *(sub nom. Edwards Books & Art v. R.) supra*, note 53; *Re Kahlon*, [1985] 2 F.C. 124 (T.D.), reversed [1986] 3 F.C. 386 (C.A.) (normal disquiet and anxiety attributable to a separation).
[77] *R.L. Crain Inc. v. Couture, supra*, note 2, p. 502; *S.(S.) v. Director of Child & Family Services*, [1987] 5 W.W.R. 309 (Man. Q.B.).
[78] *R. v. Dyment* (1984), 9 D.L.R (4th) 614 (P.E.I.T.D.), affirmed (1986), 26 D.L.R. (4th) 399 (P.E.I. C.A.), affirmed [1988] 2 S.C.R. 417.

Code. The judge noted that both at the time of the accident and at the hospital, neither the police officer nor the physician had reason to believe that the individual was impaired. He accordingly felt bound to exclude this evidence, it having been obtained in violation of the individual's right to privacy and autonomy.

The Court of Appeal of British Columbia, however, did not consider the fact that a 10-year-old girl was obliged to undergo a hysterectomy to be an infringement of the right to security in the sense of personal autonomy.[79] In that case, a mentally handicapped 10-year-old girl reacted fearfully to the sight of blood. To avoid multiple crises which would arise with the onset of menstruation, her parents decided that she should have a hysterectomy. The official guardian objected, claiming that the right to security provided for in section 7 gave the young girl the right to decide for herself whether or not to have children. The Court did not accept this argument and agreed with the parents on the ground that the hysterectomy was in the best interest of the child.

There is an aspect of security of the person that might be called psychological security — that is, protection against anxiety or stress. In a case decided before the High Court of Ontario, a young girl, following a multiple rape, laid charges and testified at the preliminary hearing of some of the accused. However, she refused to testify at the hearing of another accused because prior to the hearing she had received telephone calls which, even though no words were spoken, she took to be threatening. In refusing to testify, she invoked her right to security. The High Court held that for there to be an infringement of rights,

> ... it is necessary for there to be some serious and substantial interference with them. It is not enough, in my view, to cause only upset, worry and anxiety, for these fleeting feelings may be present, to a greater or lesser extent, in a great many situations. ...
>
> I am unable to hold that the security of the person of this particular applicant had been interfered with by the State in requiring her to testify at the preliminary hearing in this case. Although it is clearly a stressful situation for her to testify, and it would certainly be to her emotional detriment, the evidence is not strong enough for me to conclude that her security of the person would be interfered with. Anxiety and stress, as real and as unpleasant as they may be, are not enough to qualify as infringements of the security of the person.[80]

This case does not completely shut the door to protection for psychological security; all depends on the seriousness of the interference in the

---

[79] *Re K.* (1985), 63 B.C.L.R. 145 (C.A.), application for leave to appeal dismissed [1985] 4 W.W.R. 757 (S.C.C.).
[80] *R. v. X.* (1983), 3 D.L.R. (4th) 253 at 256, 257 (Ont. H.C.).

circumstances of the case. More recently, however, the Court of Appeal of Saskatchewan refused to consider employment discrimination as an infringement of psychological security.[81]

The January 28, 1988 decision in the *Morgentaler* case[82] finally affirmed a concept of security extending to the psychological as much as to the physical dimension. The five judges in the majority ruled that all "serious psychological tension caused by the State" is an interference with security.[83] They referred to the following passage from the dissenting opinion of Mr. Justice Lamer in the *Mills* case:

> [S]ecurity of the person is not restricted to physical integrity; rather, it encompasses protection against "overlong subjection to the vexations and vicissitudes of a pending criminal accusation".... These include stigmatization of the accused, loss of privacy, stress and anxiety resulting from a multitude of factors, including possible disruption of family, social life and work, legal costs, uncertainty as to the outcome and sanction.[84]

This extension of the concept of security to all forms of psychological trauma caused by state action is extremely dangerous, in our view, unless strictly confined to the field of criminal law. Even then, it exposes courts to the duty of carefully sifting through the provisions of the *Criminal Code*, all of which are likely to be a source of tension and anguish. This could be the case of the power constraining the state in fiscal matters, in matters of economic regulation, etc.

Another aspect of the notion of security which is closely connected to the theory of positive rights is what we commonly refer to as social security, particularly the right to social assistance benefits. This theory of positive rights, which would oblige the government to furnish social assistance

---

[81] *Kodellas v. Sask. (Human Rights Comm.)* (1986), 34 D.L.R. (4th) 30 (Sask. Q.B), motion to extend deadline to appeal [1987] 3 W.W.R. 558 (anxiety caused by the Human Rights Commission's attitude in response to a complaint of sexual discrimination and assault was found to be an infringement of security); *Pasqua Hospital v. Harmatiuk* (1987), 5 W.W.R. 98 at 114 (Sask. C.A.); *West End Construction Ltd. v. Ontario (Min. of Labour)* (1986), 33 D.L.R. (4th) 285 (Ont. Div. Ct.), reversed in part (1989), 62 D.L.R. (4th) 329 (Ont. C.A.) (awarding exemplary damages for discrimination). Prohibiting an action in damages for injury caused by an accident in the workplace is not an infringement of security: *Terzian v. Ontario (Worker Compensation Board)* (1983), 148 D.L.R. 3d) 380 (Ont. Div. Ct.); *Martin v. Iliffe* (1984), 7 D.L.R. (4th) 755 (Man. Q.B.) (concluding trial by jury in civil matter). *Contra*, see *Dion v. Canada (P.G.), supra*, note 58, p. 2202 (Que. S.C.) (prohibition against taking hallucinogenic substances would be infringement of the right of a prisoner to seek well-being, the right and perhaps even the pleasure of becoming moderately intoxicated!).

[82] *Supra*, note 13.

[83] *Ibid.* (Dickson C.J.C., p. 45, Beetz J., p. 80, Wilson J., p. 161).

[84] *R. v. Mills*, [1986] 1 S.C.R. 863, p. 919, cited in Morgentaler, *ibid.*, by Dickson C.J.C. at 55 and Wilson J. at 173.

benefits, has been argued on a number of occasions without receiving acceptance by Canadian judges. In a case before the Manitoba Court of Appeal, the question was whether social assistance benefits could be cut without contravening section 7 of the *Charter*. An affirmative reply was given to the question as asked.[85] The theory of positive rights has been rejected in a case relating to the financial protection of elderly persons.[86]

To arrive at a coherent interpretation of the *Charter*, one in keeping with its underlying philosophy, we believe it is necessary clearly to distinguish between approaches based on the theory of negative rights and those based on the theory of positive rights. It seems contrary to the spirit of a liberal type of *Charter*, such as ours, to argue that it may oblige the state to take positive measures aimed at favouring the promotion of particular rights. The rights to life, liberty and security are not creatures of the *Charter*, the *Charter* merely enshrines them by providing protection against certain infringements. On the one hand there is nothing in the second half of section 7 nor in section 1 to suggest that the framers envisaged the imposition of positive obligations on the state. On the other hand, the *Charter* did not abolish the sovereignty of Parliament nor the democratic process, which is normally used to establish such positive measures directed at procuring peace, order and security in society. This is not the proper role of the judicial power.

Moreover, even assuming that the *Charter* embodies a theory of negative rights alone, prudence is still required in moving from the concept of physical security to the domain of psychological or economic security. In doing so, one enters a sphere which is imprecise, uncertain and full of subjective factors which accord poorly with the imperatives of even such an inexact science as the law. Countless standards, provisions and measures which affect the security of individual citizens are established by public authorities. Would it be necessary to see in each case an interference with or a threat to the security of the individual or corporation?

We believe that it is necessary to accept a fairly broad concept of the notion of security, one encompassing a state of physical, mental and social well-being. Nevertheless, it is necessary to distinguish the ideal proposed to the state as the political authority from the much more limited task imposed on the state as judicial authority. While the political branch may attempt to embrace all aspects of human well-being, it is not for the judicial branch to play this role, even in a secondary way.

---

[85] *Ellliot v. Manitoba (Dir. of Social Services)* (1982), 17 Man. R. (2d) 350 (C.A.).
[86] *Manitoba Society of Seniors Inc. v. Greater Winnipeg Gas Co.* (1982), 18 Man. R. (2d) 440 (C.A.).

(e) The Nature of Protected Interference

In the context of section 7, interference with the three fundamental rights set out therein must come from a public authority, for in the tradition of our public law, the principles of fundamental justice apply above all to the public administration. In what ways, then, might the authorities engage in such interference?

(i) *Infringement of the Right to Life*

(A) Interruption of pregnancy. Given the present state of our law, the interruption of pregnancy or abortion does not constitute an interference with human life, as the foetus or child is not regarded as a human person. That is the effect of the *Borowski* case,[87] at least until the Supreme Court of Canada renders its judgment.

In criminal law, homicide, which constitutes the ultimate interference with life, is possible only with regard to an infant who is born viable, as provided in section 206 [223] of the *Criminal Code*. Section 221 [238] stipulates that the fact of causing death during the act of birth of a child who has not become a human being constitutes a crime, but not a murder. In addition, the section does not apply to a person who, in good faith, acts to preserve the life of the mother (therapeutic abortion).

Similarly, under section 226 [242] of the *Code*, it is a crime but not a murder for a pregnant woman about to give birth to fail to obtain necessary assistance. Finally, section 251 [287] makes it a crime to procure or seek to procure a miscarriage, unless the miscarriage fits the definition of a therapeutic abortion. However, as a result of the Supreme Court decision in the *Morgentaler* case,[88] this is no longer the law. In all of these provisions, the legislature has obviously taken the view that these interferences with life amount to the extinction of a being that has not "become a human being", to use the expression of section 221 [238] even though the interference occurs during the act of birth.

Section 251 [287] of the *Criminal Code*, authorizing therapeutic abortion, cannot be considered as legalizing an interference with the right to life, for legally the foetus is not a person. Section 251 [287] of the *Code* was challenged in cases prior to the *Charter* using the *Bill of Rights*. In 1976, in the *Morgentaler* case, the Supreme Court of Canada ruled that Parliament had the constitutional authority needed to enact section 251.[89] Subsequently, the Ontario Court of Appeal, in the *Dehler* case,[90] held that the therapeutic

---

[87] *Borowski v. Canada (A.G.), supra,* note 18.
[88] *Supra,* note 13.
[89] *Morgentaler v. R.,* [1976] 1 S.C.R. 616.
[90] *Dehler v. Ottawa Civic Hospital* (1979), 25 O.R. (2d) 748 (H.C.), affirmed (1980), 29 O.R. (2d) 677 (C.A.).

abortion permitted by section 251 could not constitute murder since it did not contravene section 1 of the *Bill of Rights* concerning the right to life. Therapeutic abortion does not interfere with the life of a person because the foetus is legally not yet recognized as a person.

It remains to be seen whether the analysis found in the case law to date regarding the legal status of the foetus will resist pressures coming as much from medical science as from those with moral concerns. The debate is far from over.

(B) Interruption of treatment and euthanasia. Does the "right to life" recognized by section 7 imply that the human person whose life is menaced by illness or accident has a right to require adequate treatment from public authorities or that all possible treatment should be used? If so, at what point would the interruption of treatment not be considered a violation of this right?

The right of access to medical care, which is part of the right to security of the person, must be considered in the context of the right to life when one is in a terminal phase. Interruption or refusal of treatment can thus become an interference with life if there is still hope that life would otherwise continue. If a clear definition of death could be arrived at, as we have seen, this difficulty would be largely resolved.

In addition, it is important here to distinguish between what we normally call "ordinary" care and treatment and "extraordinary" care and treatment in terminal illnesses.[91] With regard to that ordinary care and treatment necessary to the patient's survival, our law already recognizes an obligation imposed on public establishments and doctors. Section 43 of the Québec *Public Health Protection Act*[92] requires that:

> An institution or a physician shall see that care or treatment is provided to every person in danger of death.

If the theory of positive rights were to be adopted, section 7 of the *Charter* could be considered as enshrining the right to this treatment and care.

What about extraordinary treatment? One should point out, first of all, that the concept of extraordinary treatment is difficult to define. The Law Reform Commission of Canada has made it the subject of several important studies.

Does the automatic termination of treatment in the terminal phase give rise to difficulties under section 7 of the *Charter*? Professor Dickens summarizes the state of the law as follows:

---

[91] On these questions see the following: B.M. Dickens, "The Right to Natural Death" (1981) 26 *McGill L.J.* 847 at 856; A.J. Fama, "Classification of Critically Ill Patients: A Legal Examination" (1980) 24 *St-Louis University L.J.* 514; *Dehler, supra*, note 90.

[92] R.S.Q., c. P-35.

Regarding extraordinary care, however, the patient and the patient's family cannot insist that it be given, since allocation of the perhaps scarce and costly resource is discretionary. The decision is governed by factors such as clinical assessment of individual prognosis, and the needs of other patients in the hospital and prospective patients in the community. Further, where extraordinary means are initiated, they remain discretionary on the part of those bound by a legal duty of care. They may thereafter be withdrawn at will and without consent, unless the patient's prognosis has changed with the effect of making those medical means ordinary in the circumstances of the patient. Discretion on use of extraordinary means is mutual, however such means cannot be applied over the patient's refusal.[93]

Can one rely on section 7 of the *Charter* to claim, as has been attempted in the United States,[94] that the refusal to provide extraordinary treatment or the withdrawal of such treatment by medical authorities, constitutes a decision that has to be taken in conformity with fundamental justice, that is, pursuant to an adequate procedure? It is in these term that the problem will most likely arise in our view.

If the person is incapable of manifesting his or her will and has never made known his or her intentions, both law and practice opt for life:

> The proposed system of rules should never depart from the principle that in the absence of reasons to the contrary the patient would prefer life to death, even when unable to express that preference.[95]

However, this presumption weakens when the patient is in a terminal phase, for where the result is certain and its course irreversible, one is less hesitant in withdrawing extraordinary care. Maintaining such care would amount to imposing cruel and unusual treatment. In such cases, the right to a dignified death is therefore implicitly recognized.[96] In positing a right to a dignified death, one raises the delicate question of euthanasia. The problem is posed in these terms:

> If a person has a right to a dignified death, and the suffering or the type of illness which affects the person impedes him or her from the exercise of this right, should it be considered a crime to give aid or assistance to this person? Logically, one must admit that the right to death authorizes the non-aggressive intervention of a third part to aid the victim who may not, given his or her

---

[93] Dickens, *supra*, note 91, p. 862.
[94] "Due Process in the Allocation of Scarce Life-Saving Resources" (1975) 84 *Yale L.J.* 1734.
[95] Law Reform Commission of Canada, *Euthanasia, Assisting Suicide and Interrupting Treatment* (Report No. 20) (Ottawa: Supply and Services, 1983), p. 11.
[96] M. Ouellette, "La Charte canadienne et certains problèmes de bioéthique" (1984) 18 *R.J.T.*: 271 at 273.

condition, achieve his or her choice. Humanitarian reasons favour this solution, but the risks of abuse are great.[97] [Translation.]

The Law Reform Commission of Canada has, moreover, refused to recommend the decriminalization of euthanasia and murder by compassion. It is not in favour of the recognition of active euthanasia in any of its forms and has recommended that the current prohibition of the *Criminal Code* concerning homicide be maintained, as well those relating to murder by compassion.[98] These refer to active euthanasia, which demands positive conduct, rather than passive euthanasia, which consists in the failure to provide extraordinary care or its interruption in order to permit a dignified death, conduct which may be justified even under the *Charter*.

(1) The right to refuse treatment. The criminal law preserves the fundamental principle of the common law which recognizes the right to refuse treatment, except where expressly forbidden by legislation. The case law confirms this right of refusal.[99] Civil law cases take the same approach, provided the patient is an adult with legal capacity.[100]

The question whether or not it is necessary to respect a refusal of treatment which is considered to be unreasonable or irrational is controversial; certain cases have recognized such a right.[101] On the other hand, it seems that American case law is to the effect that the right to refuse treatment does not apply to justify a choice which the majority would consider irrational.[102]

In *Canada (A.G.) v. Notre-Dame Hospital*,[103] the issue was whether a person may withhold consent to a medical act capable of saving his life. The Superior Court of Quebec dismissed the application, maintaining that respect for life is paramount over respect for free will and that the right to refuse treatment must not prevail where the choice is one the majority would consider irrational. This debate presupposes the distinction between "ordinary" and "extraordinary" care and treatment in terminal illness.[104]

---

[97] *Ibid.*, at 279. See also F. Carnerie, "Euthanasia and Self-Determination" (1987) 32 *McGill L.J.*. 299; J.L Baudouin, "La liberté du patient devant le traitement et la mort" in D. Turp & G. Beaudoin (eds.), *Perspectives canadiennes et euopéennes des droits de la personne*, (Cowansville: Yvon Blais, 1986), p. 505.

[98] Supra, note 95, p. 78.

[99] *R. v. Burns*, [1965] 4 C.C.C. 298 (Ont. H.C.); *Laporte v. Laganière* (1972), 18 C.R.N.S. 357 (Que. Q.B.).

[100] See the cases cited in Working Paper No. 26, *supra*, note 59, p. 146, note 375.

[101] *Ibid.*, p. 144, note 356.

[102] L. Kennedy, "The Legal Effect of Requests by Terminally Ill and Aged Not to Receive Further Treatment from Doctors" [1976] *Crim. L. Rev.* 217.

[103] (1984), 8 C.R.R. 382 (Que. S.C.).

[104] See *supra*, note 91.

There are two situations which appear to be equally complex: first, that of the adult who is completely unable to express his consent and, second, that of the minor. In the case where the adult patient is completely incapable of consenting, the doctrine of implied consent authorizes medical personnel to administer treatment, even if extraordinary. Dickens summarizes the law in the following manner:

> The law presumes the patient's wish to survive in life and optimal health. The law may go further, however, and permit treatment to save [a patient's] life over the protests of the would-be suicide; it has been seen that such a patient's mental balance will be questioned, and any error in management will be legally justifiable if it favours life and preservation of the patient's future options.[105]

This doctrine has been adopted by several provinces as the basis of hospital regulations in which it is stipulated that, if the patient is not able to consent to surgical intervention and is in danger of death, the surgeon may nonetheless proceed.[106]

With regard to minors, consent is normally granted by the parents or guardians, but certain legislation dispenses with the necessity of obtaining such authorization. Section 7 protects the right to life of the minor whose parents would deny medical treatment.[107]

The moment the right to refuse medical care can legitimately be exercised by other persons on behalf of the patient, the problem of procedure arises. It is to procedure that recent legislation on natural death has turned its attention, inspired by a California statute enacted in 1977. A comparable Act was proposed in Ontario in March 1977.[108] This kind of legislation, dealing with the right to a natural death, is not contrary to section 7 of *Charter*.

(C) The death penalty. Death by hanging constituted, in Canadian criminal law, a legal form of interruption of life. However, the *Criminal Amendment Act* (No. 2)[109] abolished the death penalty, so that there is no longer any reason to consider the procedural requirements imposed on such a penalty in criminal law. However, the death penalty still applies for two crimes contemplated by the *National Defence Act*.[110] The crime of spying

---

[105] Dickens, *supra*, note 91, p. 851.
[106] *Ibid.*, p. 852.
[107] *M. v. Director, Child Welfare Act* (1986), 32 D.L.R. (4th) 394 (Alta. Q.B.), appeal quashed (*sub nom. Re S.E.M.*) (1988), 88 A.R 346 (C.A.); *Re K. (R.)* (1987), 79 A.R. 140 (Alta. Fam. Ct.); *Supt. of Family & Child Services for British Columbia D. (R.)*, [1983] 3 W.W.R. 618 (B.C.S.C.).
[108] Dickens, *supra*, note 91, p. 873.
[109] S.C. 1974-75-76, c. 105.
[110] R.S.C. 1970, c. N-4, ss. 68-69 [now R.S.C. 1985, c N-5, ss. 78, 79].

on behalf of an enemy and that of mutiny with violence committed by a person subject to the code of military discipline. It is thus still relevant to ask whether the death penalty constitutes a violation of the right to life capable of contravening section 7 of the *Charter*.

The interpretation of section 2(*a*) of the *Canadian Bill of Rights* by the majority of the Supreme Court of Canada in the *Miller* case was to the effect that: it cannot be that Parliament intended to create anew the absolute right not to be deprived of life under any circumstances.[111]

This interpretation cannot be applied to the *Charter*. If Parliament re-establishes the death penalty, it would do so in the face of a right enshrined in section 7 of the *Charter* and any such legislation would thus be subject to the test imposed by section 1 thereof. However, the arguments raised by the appellant in the *Miller* case[112] would have to be studied by the Court, which would have to take account of the evolution in social, and moral ideas, and of progress in the discipline of criminology and in related disciplines.

(ii) *Infringement of the Right to Liberty*

Apart from the infringements expressly listed in sections 8 to 10 of the *Charter*, measures aimed at restricting the free disposition of one's body or one's physical person, including the prohibition against suicide, are also infringements on liberty. Measures aimed at requiring medical or prophylactic treatment are infringements on liberty as well.

The civil law recognizes a principle of corporeal autonomy implying the right to dispose of one's own body, the right to refuse medical care and treatment, the right to therapeutic sexual sterilization or contraceptive sterilization and the right to consent to medical or scientific experimentation.[113] These rights are subject, however, to various limits imposed in the public interest. Notable examples include the obligatory treatment of alcoholism or drug addiction (*Criminal Code* section 239(5) [255(5)]) and obligatory psychiatric evaluation (*Criminal Code* sections 465, 543, 608.2, 738(5),(6)) [537, 615, 681, 803(5), (6)]. One may also refer to the obligatory committal provided for by provincial laws dealing with protection of the mentally ill.[114] At the federal level, section 19 [22] of the *Penitentiary Act*[115] stipulates that

---

[111] *R. v. Miller*, [1977] 2 S.C.R. 680, p. 704.
[112] *Ibid.*
[113] On these questions see R. Kouri & M. Ouellette-Lauzon, "Corps humain et liberté individuelle" (1975) 6 *R.D.U.S.* 85; F. Héleine, "Dogme de l'intangibilité du corps humain et ses atteintes normalisées dans le droit des obligations du Quebéc contemporain" (1976) 36 *R. du B.* 2.
[114] *Mental Patients Protection Act*, R.S.Q., c. P-41.
[115] R.S.C. 1970, c. P-6 [R.S.C. 1985, c. P-5].

the Minister may enter into agreement with the government of a province for the confinement in a psychiatric hospital or other appropriate institution of detained persons having been declared to suffer from mental illness or other mental disability. Other examples are found in legislation dealing with venereal disease[116] and in all the various measures that may be taken under the *Public and Health Protection Act*,[117] the *Occupational Health and Safety Act*,[118] etc.

The repeal in 1972 of the criminal law prohibition against suicide[119] reinforces the idea of the free disposition of one's own person. However, section 14 of the *Criminal Code* still prohibits a person from consenting "to have death inflicted on him". This section contemplates primarily euthanasia, duels and suicide pacts. These prohibitions constitute the limits on the freedom enshrined in section 7. With regard to suicide, it is conceivable that the public interest could require regulation of the circumstances in which it may be carried out. Such legislation might prohibit public immolation, certain forms of hunger strikes, etc. This type of regulation would, in our opinion, meet the requirements of section 1 of the *Charter*.

We have seen above that the concept of liberty cannot be limited to physical liberty. Many fetters to liberty are contained in our statutes and regulations. Numerous infringements on the right to liberty, as that term is understood here, are provided for in laws that impose a duty on public authorities to introduce particular measures. In cases where the administration has an obligation to act, the principles of fundamental justice have no application.

(iii) *Infringement of the Right to Security of the Person*

Security of the person is a concept so large that the possibilities of its infringement are numerous. Certainly, the state or appropriate public authority has as one of its essential obligations that of procuring the maximum security for its citizens. Nonetheless, certain measures, even though taken in the interests of the general public, constitute infringement of the right of security of the person.

We will attempt briefly to illustrate what could constitute such infringement, and to distinguish infringement of physical integrity from infringement of physical, mental and social well-being. One will recall that section 7 of the *Charter* may apply to the free disposition of one's body by a capable, consenting adult as well as the treatment or surgical intervention which a

---

[116] *Public Health Act*, R.S.Q., c. P-35, which presently covers this subject, as the *Venereal Diseases Act*, R.S.Q. 1964, c. 168, was repealed in 1972.
[117] *Ibid.*
[118] R.S.Q. c. S-2-1.
[119] S. 225 of the *Criminal Code*, R.S.C. 1970, c. C-34, repealed S.C. 1972, c. 13, s.16.

person can insist upon receiving; it applies above all to any infringement by an external authority.

(A) Interference with physical integrity. Interference with physical integrity raises important moral and legal problems. We shall deal with three sorts: medical or surgical treatment, experimentation on humans and sterilization.

(1) Medical treatment. In certain cases, treatment is made obligatory by legislation; in such cases it constitutes an infringement of liberty. Even though imposed for the purposes of improving the security or well-being of all persons, it nonetheless may constitute a risk to this very same security. When a surgical treatment capable of saving life is imposed by law or regulation, the right to security may be infringed by this very same act. In fact, whether it occurs following consent or not, medical treatment which entails a risk for physical integrity constitutes an act which infringes the security of the person.

(2) Experimentation on humans. Both therapeutic and pure experimentation have recently been the object of intense reappraisal.[120] Certain forms of experimentation, whether therapeutic or purely scientific, impose a risk of serious harm to the integrity of the person. Any regulation or legislation of these scientific or medical activities must conform to the requirement of the *Charter*.

In this matter, as in the case of ordinary medical treatment, the rule of consent is fundamental, but this rule involves complex arrangement in the case of minors or the mentally ill; this question has been thoroughly discussed in recent writings.[121] Under the *Charter*, it is necessary that any legislation or regulation concerning these matters conform to sections 1 and 7.

(3) Sterilization. Imposed sterilization constitutes an infringement of one's physical integrity.[122] Normally one distinguishes three types of sterilization: therapeutic, eugenic and contraceptive.[123] Whether we are concerned with sterilization of competent or incompetent normal persons or of

---

[120] J.L. Baudouin, "L'experimentation sur les humains: un conflitt de valeurs" (1981) 26 *McGill L.J.* 809, pp. 819-831.
[121] See W.F. Bowker, "Minors and Mental Incompetents: Consent to Experimentation, Gifts of Tissue and Sterilization" (1980) 261 *McGill L.J.* 951; Baudouin, *supra*, note 120.
[122] See J.L. Baudouin, "Corps human et actes juridiques" (1976) 6 *R.D.U.S.* 387.
[123] Kouri & Ouelette-Lauzon, *supra*, note 113.

persons suffering from mental illness, it seems evident that sterilization constitutes an infringement of the right to physical integrity conferred by section 7 of the *Charter*. However, the issue merits special attention in the case of persons who are mentally ill, because the sterilization of such persons cannot be voluntary. The case law indicates that such sterilization must be expressly authorized by legislation or by a superior court exercising its *parens patriae* jurisdiction.[124] It requires as well a procedural framework which conforms to the principles of fundamental justice.

A case decided in 1985[125] is a good illustration of the problem. It concerned a mentally handicapped 10-year-old girl who experienced intense fear at the sight of blood. To spare her the recurring crises which would arise with the onset of menstruation, her parents decided to have her undergo a hysterectomy. The official guardian [Public Trustee] objected. Relying on the right to security under section 7, he argued that the young girl had the right to decide for herself whether or not she wanted children. The court did not accept this argument and held in favour of the parents on the grounds that the hysterectomy was in the best interest of the child.

This case, far from giving a definitive solution to the problems of sterilization for the mentally handicapped, shows us rather that when the delicate question of sterilization of a person afflicted with such a handicap arises, it is necessary to look at all aspects of the problem before making a decision: degree of the handicap, reactions to various situations, etc. Each case must be decided on its own facts, but always bearing in mind the requirements of section 7, since sterilization, whether justified or not, is in every case a significant interference with bodily integrity affecting the right to security protected by section 7.

Non-consensual sterilization was legalized in Alberta from 1928 to 1971 by virtue of the *Alberta Sterilization Act*.[126] During this period, of 4,725 cases submitted for consideration, 2,822 sterilizations were authorized. A Commission composed of four persons, two doctors and two members of the public, was charged with the administration of the legislation. The legislation detailed five categories of persons upon who sterilization could be imposed,[127] and established two criteria for sterilization: danger of the transmission of the incapacity or mental deficiency offspring, and the

---

[124] *Re Eve* (1981), 115 D.L.R (3d) 283 and 320 (P.E.I.C.A.), reversed (*sub nom. E. v. Eve*), *supra*, note 45. On these questions, see the working paper prepared for the *Colloque sur la sterilisation des déficients mentaux*: Barreau du Québec (Montreal: November 13-14, 1981). See also B. Starkman, "Sterilization of the Mentally Retarded Adult: The Eve Case" (1981) 26 *McGill L.J.* 931.

[125] *Re K.*, *supra*, note 79.

[126] S.A. 1928, c. 37, repealed S.A. 1972, c. 87.

[127] Law Reform Commission of Canada, *Sterilization and the Mentally Handicapped* (Working Paper No. 24) (Ottawa: 1979).

risk of mental injury for the individual or his offspring. Where the Commission was of the view that a psychotic person was capable of giving a valid consent, his consent was required; if the patient was incapable, the husband, wife, parent, guardian or Minister of Health could consent on his behalf. In the case of a person who was mentally deficient, no consent was required. Personal consent of the individual was required for the three other categories. As revealed by the Blair Report in 1968, the Alberta legislation raised many difficulties in its application. In 1972, the legislation was repealed.

In British Columbia, legislation on eugenic sterilization was in effect from 1933 to 1973.[128] A tripartite Commission, composed of a judge, a psychiatrist and a social worker, administered the legislation. Sterilization was authorized by the Commission wherever procreation seemed likely to result in children who, for hereditary reasons, would have had a tendency to serious mental illness or serious intellectual deficiency. The legislation required the consent of the individual if he was capable of giving it; if not, consent of the spouse, parent, guardian, or Secretary of the Province was necessary.

Numerous difficulties caused the legislatures of these two provinces to abandon eugenic sterilization. The arguments most frequently raised against such legislation included the weakness of the eugenic rationale, the gravity of the socio-political consequences, psychological damage often suffered and finally difficulty in reconciling coercive sterilization and the fundamental rights of human beings. These difficulties have been summarized by the federal Law Reform Commission as follows:

> In summary, widespread sterilization of mentally handicapped persons has been opposed on the grounds that it discriminates against certain classes and races because the criteria for determining mental retardation and mental illness differentiate between classes and races; that it is difficult to determine equitably who should be sterilized because of the imperfections of intelligence tests and the lack of knowledge concerning the role of cultural deprivation in individual and familial deprivation; that there is doubt that anyone is qualified to make decisions about who should be sterilized; that sterilization will be used punitively; that sterilization is immoral and that individual right and dignity have priority, in any case, over the societal benefits that would be derived from such a policy. There is also concern that the need for social services is being translated as a need for a sterilization program.[129]

The federal Law Reform Commission recommended the retention of four categories of sterilization:

(a) *Voluntary therapeutic sterilization:* this would be any procedure carried

---

[128] See the *Sexual Sterilization Act*, R.S.B.C. 1960, c. 353, s. 5(1).
[129] *Supra*, note 127, p. 60.

out for the purpose of ameliorating, remedying, or lessening the effect of disease, illness, disability, or disorder of the genito-urinary system, and with the fully-informed consent of the patient.
(b) *Emergency therapeutic sterilization*: this would be the same procedure as in (a) (above) carried out in the medical emergency and where the patient or next-of-kin is unable to give consent.
(c) *Voluntary non-therapeutic sterilization*: this would be a safe and effective procedure resulting in sterilization when there is no disease, illness, disability or disorder requiring treatment but the surgery is performed, with the fully-informed consent of the patient, for
   (i) the control of menstruation for hygienic purposes;
   (ii) the prevention of pregnancy in a female; and
   (iii) the prevention of ability to impregnate by a male.
(d) *Involuntary non-therapeutic sterilization*: this classification would be for the same procedures as in (c) (above) but where the person is not competent to give consent.[130]

(B) Infringement of the right to physical, mental and social well-being. If we define the term "security of the person" in the broad sense that we have done, there are numerous ways in which public authorities may interfere with the right to physical, mental and social well-being of any person or group. For example, the granting of a construction permit for a factory which will pollute, or the authorization to market or to transport a dangerous product, or the authorization to construct or to demolish a public building in certain areas. Of course, it will not be easy to demonstrate that a given decision in fact constitutes an infringement of the right to security.

This point was confirmed in the *Operation Dismantle* case[131] which concerned the government's decision to permit American cruise missile tests in Canada. It was argued that this decision could possibly threaten the physical, mental and social well-being of the population. The Supreme Court asserted that the nexus between the governmental decision and the infringement of the right must be clear:

> It is apparent, however, that the violation of s. 7 alleged turns upon an actual increase in the risk of nuclear war, resulting from the federal cabinet's decision to permit the testing of the cruise missile. Thus, to succeed at trial, the appellants would have to demonstrate, *inter alia*, that the testing of the cruise missile would cause an increase in the risk of nuclear war. It is precisely this link between the cabinet decision to permit the testing of the cruise and the increased risk of nuclear war which, in my opinion, they cannot establish.[132]

---

[130] *Ibid.*, pp. 123-124.
[131] *Operation Dismantle Inc. v. R.*, [1985] 1 S.C.R. 441.
[132] *Ibid.*, p. 451.

Finally, one must deal with the question whether the *Charter* protects against all infringement or only against serious infringement. A decision of the High Court of Ontario in 1984[133] opted clearly for the second alternative. In order for there to be a violation of the right to security, it held, the infringement must be serious and substantial.[134]

This restrictive view was confirmed by the Supreme Court of Canada, which leads one to suppose that this is the approach to follow. In *Operation Dismantle*,[135] Madam Justice Wilson required a serious and substantial infringement but above all a real infringement, as we have seen. Though not excluding threats from the purview of section 7, she suggested that the mere possibility of an increase in danger to life would not constitute a violation of the right to security contained in section 7 of the *Charter*.

Chief Justice Dickson arrived at virtually the same conclusion. He ruled that:

> ... the causal link between the actions of the Canadian government, and the alleged violation of appellants' rights under the *Charter* is simply too uncertain, speculative and hypothetical to sustain a cause of action.[136]

This restrictive conception of what counts as infringement of a right should serve as a valuable guide in the useful and coherent application of the *Charter*, thereby permitting the elimination of futile and abusive claims before the courts.

3. THE PROTECTION OF THE RIGHTS TO LIFE, LIBERTY AND SECURITY OF THE PERSON

The startling originality of section 7 lies in it relating the infringement of these rights to the principles of fundamental justice. This section is one of several which are grouped together under the heading ''legal rights'', suggesting that the framers envisaged a specific legal protection rather than a simple unqualified recognition of these three rights. Indeed, in *Operation Dismantle*,[137] the Supreme Court of Canada appeared to take the view that the first part of section 7 does not have an independent existence.

It follows that one cannot, in dealing with a law or a measure which affects the right to life, liberty or security, proceed directly to section 1 of the *Charter* with a view to determining whether it represents a limitation that is reasonable. Nor can one seek a remedy from a court of competent jurisdiction under section 24 in disregard of section 7.

---

[133] *R. v. X., supra*, note 80.
[134] *Ibid.*, pp. 256-257.
[135] *Supra*, note 131, pp. 489-491.
[136] *Ibid*, p. 447.
[137] *Ibid.*

Thus, section 7 does not forbid infringements of three enshrined rights; rather, it forbids doing so without respecting the principles of fundamental justice.

For all practical purposes, then, section 7 creates the right to fundamental justice where there is an infringement of the right to life, liberty or security. It is this right to fundamental justice which may not be limited save in conformity with the requirements of section 1.[138] When one is faced with an alleged violation of section 7, a three-step process must be followed. First of all, determine whether there has been an infringement of one of the three rights. If so, secondly, determine whether the right to fundamental justice has been violated. If so, thirdly, determine whether this violation is justified under section 1.[139]

Section 7 should be understood as having a content independent of the sections which follow it (sections 8-15) under the heading "legal rights".[140] However, this does not prevent a claimant from invoking section 7 along with one or more of the following sections, as frequently happens in practice.

Before studying this new constitutional concept of "fundamental justice", it will be useful to look briefly at the case law interpreting the 1960 *Canadian Bill of Rights*, which contains a concept that is significantly broader and more vague, namely "due process of law". The change in perspective should be noted as we look first at the scope of the protection afforded by the 1960 provision as construed by the courts.

(a) The Meaning and Scope of the "Due Process of Law" Clause

The "due process of law" clause included in the *Canadian Bill of Rights* was borrowed from the Fourteenth Amendment of the American Constitution, but the judicial interpretation that the clause has received in Canada was more directly inspired by the British tradition of the "rule of law".[141]

This clause, invoked in the United States in thousands of cases, has been given a substantive and procedural content by the American courts. The clause served to formulate a concept of protection of individual rights inspired by the philosophy of "*laissez-faire*" in the face of socio-economic intervention by the state. This tendency was abandoned by the Supreme Court of the United States in the late 1930s.

---

[138] *Singh, supra*, note 4, pp. 220-221, *per* Wilson J.
[139] Very well illustrated, the Saskatchewan Court of Appeal in *Beare v. R., supra*, note 9, p. 321; *Pasqua Hospital v. Harmatiuk, supra*, note 80, p. 113. It is also the approach adopted by the Superior Court in *Morgentaler, supra*, note 13.
[140] *R.L Crain Inc. v. Couture, supra*, note 2.
[141] On the entire question, see W.S. Tarnopolsky, *The Canadian Bill of Rights*, 2nd rev. ed. (Toronto: McClelland & Stewart, 1975), p. 222 *et seq.*

With regard to its procedural content, the clause has had considerable effect, particularly since 1960. It has served to support the constellation of rights recognized by the Constitution. It guarantees, in a general fashion, the entitlement of all citizens to equitable treatment, whenever their rights are affected. Thus, the clause has served to protect the citizen against unreasonable search and seizure[142] and from cruel and unusual punishment;[143] it prevents an individual from being forced to testify against oneself;[144] it confers on the accused the right to cross-examine witnesses[145] and to be represented by counsel;[146] it even obliges the state in some circumstances to supply an accused with legal assistance so that a defence can be made.[147] The clause has served to protect the accused against involuntary confession and to ensure that he has legal representation from the moment that he is considered to be a suspect. It requires that an accused be informed of the right to legal representation and has a speedy trial.[148] The clause ensures that there are procedures in place to secure the obligatory presence of witnesses.[149] The clause has preserved the right to trial by jury[150] and has protected the accused against double jeopardy.[151]

Canadian case law has not given the "due process of law" clause in section 1 of the *Canadian Bill of Rights* the same breadth. Rather, there has been a tendency to interpret the clause as meaning "according to law" — that is, conforming to the provisions of existing law or legislation.

In the first two cases in which the clause was considered, *Sun v. Canada (A.G.)*.[152] and *Rebrin v. Bird*,[153] the Supreme Court was content to determine whether or not deportation orders were taken in conformity with the procedural requirements of the *Immigration Act*.[154] The persons affected by the orders, the Court held, had not been deprived of their liberty otherwise than by regular application of law.

In the decade from 1960 to 1970, Canadian courts manifested a good deal of reticence in establishing a precise content to the "due process"

---

[142] *Mapp v. Ohio*, 367 U.S. 643 (1961).
[143] *Robinson v. California*, 370 U.S. 660 (1962).
[144] *Malloy v. Hogan*, 378 U.S. 1 (1964); *Murphy v. Waterfront Comm.*, 378 U.S. 52 (1964).
[145] *Pointer v. Texas*, 380 U.S. 400 (1965).
[146] *Betts v. Brady*, 316 U.S. 455 (1942); *Bute v. Illinois*, 333 U.S. 640 (1948).
[147] *Gideon v. Wainwright*, 372 U.S. 335 (1963); *Miranda v. Arizona*, 384 U.S. 36 (1966); *Escobedo v. Illinois*, 378 U.S. 478 (1964).
[148] *Klopper v. North Carolina*, 386 U.S. 213 (1967).
[149] *Washington v. Texas*, 385 U.S. 817 (1966).
[150] *Duncan v. Louisiana*, 391 U.S. 145 (1968).
[151] *Benton v. Maryland*, 395 U.S. 784 (1969).
[152] [1961] S.C.R. 70.
[153] [1961] S.C.R. 376.
[154] R.S.C. 1952, c. 325.

clause.[155] On March 30, 1972, in *R. v. Lowry*,[156] the Supreme Court of Canada linked the clause to section 2(*e*) of the *Bill of Rights*, relating to the right to an impartial hearing according to the principles of fundamental justice, in interpreting section 613(4)(*b*)(ii) of the *Criminal Code*. Section 613(4)(*b*)(ii) [now 686(4)(*b*)(ii)] confers a power on the Court of Appeal to make a finding of guilt and impose an appropriate sentence where the accused was acquitted as a result of an error of law. Then the *Curr* decision[157] was rendered.

In the *Curr* case,[158] May 1, 1972, the Supreme Court of Canada decided that sections 223 and 224A(3) [now sections 241(2) and 258(2)] of the *Criminal Code* are compatible with sections 1(*a*) and (*b*) and 2(*d*) and (*f*) of the *Bill of Rights*. These sections of the *Criminal Code* provide that the refusal or default of an accused to submit to a breathalyzer test may not be admitted in evidence against him. A majority of the court (five judges) concurred with the judgment of Mr. Justice Laskin, confirming the Court of Appeal of Ontario, and held that the provisions of the *Criminal Code* were not incompatible with the *Bill of Rights*. With respect to the "due process of law" clause, Mr. Justice Laskin was of the view that the clause could impose procedural requirements beyond those imposed by section 2 of the *Bill of Rights*, though he admitted that he could not imagine what they could be:

> [T]he phrase "due process of law" has its context in the words of s. 1(*a*) that precede it. In the present case, the connection stressed was with "the right of the individual to . . . security of the person". It is obvious that to read "due process of law" as meaning simply that there must be some legal authority to qualify or impair security of the person would be to see it as declaratory only. On this view, it should not matter whether the legal authority is found in enacted law or in unenacted or decisional law.
>
> . . . .
>
> I am unable to appreciate what more can be read into s. 1(*a*) from a procedural standpoint than is already comprehended by s. 2(*e*) ("a fair hearing in accordance with the principles of fundamental justice") and by s. 2(*f*) ("a fair and public hearing by an independent and impartial tribunal").[159]

Moreover, Mr. Justice Laskin, without directly ruling on the issue of whether to review the substance of the legislation, left the door open to that possibility in the following passage:

---

[155] See Tarnopolsky, *supra*, note 141, p. 229.
[156] [1974] S.C.R. 195.
[157] *R. v. Curr*, [1972] S.C.R. 889.
[158] *Ibid.*
[159] *Ibid.*, pp. 897-898.

Assuming that "except by due process of law" provides a means of controlling substantive federal legislation — a point that did not directly arise in *Regina v. Drybones* — compelling reasons ought to be advanced to justify the Court in this case to employ a statutory (as contrasted with a constitutional) jurisdiction to deny operative effect to a substantive measure duly enacted by a Parliament constitutionally competent to do so, and exercising its powers in accordance with the tenets of responsible government, which underlie the discharge of legislative authority under the *British North America Act*. Those reasons must relate to objective and manageable standards by which a Court should be guided if scope is to be found in s. 1(*a*) due process to silence otherwise competent federal legislation. Neither reasons nor underlying standards were offered here. For myself, I am not prepared in this case to surmise what they might be.[160]

The former Chief Justice of the Supreme Court again opened this door in 1976 when he indicated in the *Morgentaler* case:

> I am not, however, prepared to say, in this early period of the elaboration of the impact of the *Canadian Bill of Rights* upon federal legislation, that the prescriptions of s. 1(*a*) must be rigidly confined to procedural matters. There is often an interaction of means and ends, and it may be that there can be a proper invocation of due process of law in respect of federal legislation as improperly abridging a person's right to life, liberty, security and enjoyment of property. Such a reservation is not, however, called for in the present case.[161]

The Supreme Court was called upon to interpret this phrase once more in *Miller v. R*.[162] Two accused were condemned to death for the murder of a police officer, in accordance with sections 214(2) and 218(1) of the *Criminal Code*.[163] They argued that the *Criminal Code* sections were incompatible with the "due process" clause. Mr. Justice Ritchie, speaking for the majority, defined the phrase as follows:

> The declaration of the right of the individual not to be deprived of life which is contained in s. 1(*a*) is clearly qualified by the words "except by due process of law", which appear to me to contemplate a process whereby an individual *may* be deprived of life. At the time when the *Bill of Rights* was enacted there did not exist and had never existed in Canada the right not to be deprived of life in the case of an individual who had been convicted of "murder punishable by death" by the duly recorded verdict of a properly instructed jury and, in my view, the "existing right" guaranteed by s. 1(*a*) can only relate to individuals who have not undergone the process of such a trial and conviction.[164]

---

[160] *Ibid.*, pp. 899-900.
[161] *Morgentaler v. R.*, [1976] 1 S.C.R. 616, p. 633.
[162] [1977] 2 S.C.R. 680.
[163] The death penalty provisions were later repealed by the *Criminal Law Amendment Act (No. 2)*, S.C. 1974-75-76, c. 105.
[164] *Miller, supra*, note 162, p. 704.

Mr. Justice Laskin, speaking for himself and two of his colleagues stated:

> I take the same view here as I expressed in the majority judgment of this Court in *Curr v. The Queen* at p. 896, that is, that it is s. 2 of the *Canadian Bill of Rights* which gives force to s. 1 and hence, especially since the prescriptions of s. 2 are stated to be effective "in particular", I would not diminish their import by reference to what is more generally prescribed in s. 1. [165]

Following the judgment in *Curr*,[166] the provincial courts and the Federal Court were called upon to interpret and apply the phrase, but these courts adopted almost unanimously the view that "due process of law meant no more than the law existing or in force".[167]

According to the opinion of Mr. Justice Laskin, to give the due process clause a scope going beyond the strictly procedural one would require convincing reasons or an authority granted by the Constitution itself and not an ordinary statute such as the *Bill of Rights*.

The history of the interpretation of the due process clause probably convinced the framers of the *Charter* to abandon that phrase and to substitute a reference to the principles of fundamental justice. We shall attempt to define the nature and scope of this concept as it is presently understood.

(b) The Meaning and Scope of the "Principles of Fundamental Justice" Clause

(i) *Under Traditional Public Law*

These principles, arising from the common law, consist of a body of rules which are termed "rules of natural justice". In their modern formulation, they originated in England in the 17th century and underwent significant development beginning around the middle of the 19th century.

The terms "fundamental justice", "natural justice" or even "British justice" have always been considered as synonymous. They signify an attachment to fundamental values of the legal system known as the common law.[168]

---

[165] *Ibid.*, pp. 686-687.
[166] *Supra*, note 157.
[167] D. Mullan, "Human Rights and Administrative Fairness" in R.St. J. MacDonald and J.P. Humphrey (eds.), *The Practice of Freedom* (Toronto: Butterworths, 1979), p. 111 at 126: citing *Canada (National Capital Comm.) v. LaPointe* (1972), 29 D.L.R. (3d) 376 at 379 (Fed. T.D.); see also Tarnopolsky, *supra*, note 141, pp. 234-235.
[168] See De Smith's *Judicial Review of Administrative Action*, 4th ed., J.M. Evans (ed.) (London, 1980), pp. 156-277; P. Garant, *Droit Administratif*, 2nd ed. (Montreal: Yvon Blais, 1985) chs. 15-16; M. Loughlin, "Procedural Fairness: A Study of the Crisis in Administrative Law Theory" (1978) 28 *U.T.L.J.* 215; D. Mullan, "Fairness: the New Natural Justice?" (1975) 25 *U.T.L.J.* 281; D. Mullan, "Martineau and Butters v. Matsqui

These rules have almost always been considered rules of procedure applicable to inferior jurisdictions and, by extension, to administrative authorities charged with determining the rights of persons affected. However, the notion of procedure has been conceived of in a sufficiently broad fashion so as to include even rules concerning status, conduct and attitudes.

The principles of natural justice have always had, as their central objective, the protection of the individual against public authority exercising judicial or quasi-judicial power. This includes courts of civil or criminal jurisdiction, as well as administrative authorities having a power of decision which must be exercised in a quasi-judicial manner. Certain private authorities called "domestic tribunals" had these principles applied to them in certain circumstances. In addition, "the duty to act fairly" has been imposed on authorities applying administrative processes leading to a determination of rights or interests. Scholars have called this development "new natural justice".[169]

Case law from the Supreme Court of Canada, notably the decisions in *Nicholson*[170] and *Martineau*,[171] clearly delineate the distinction between traditional natural justice and the new natural justice. This distinction is in some respects captured by Parliament in section 28 of the *Federal Court*

Institution Inmate Disciplinary Board: Its Potential Impact on the Jurisdiction of the Trial Division of the Federal Court" (1978) 24 *McGill L.J.* 92; N. Brown & M. Bouchard, "Le controle judicaire en droit britannique: justice naturelle ou 'fairness'?" (1977) 18 *C. de D.* 155; J.H. Grey, "The Duty to Act Fairly After Nicholson" (1980) 25 *McGill L.J.* 598; R.A. Macdonald, "Judicial Review and Procedural Fairness in Administrative Law" (1980) 25 *McGill L.J.* 520 and (1981) 26 *McGill L.J.* 1; R. Carter, "Fair Play Comes to Canada" (1979) 44 *Sask L. Rev.* 349; D.P. Jones, "Administrative Fairness in Alberta" (1980) 18 *Alta. L. Rev.* 351; M. Rankin & M. Horne, "Procedural Fairness — Standing — Statutory Power of Decision — Judicial Review Procedure Act — *Islands Protection Society et al. v. The Queen in Right of British Columbia et al.* (1979-80) 14 *U.B.C.L. Rev.* 205; G. Pepin, "Pouvoir de surveillance de la Court supérieure — Justice naturelle" (1979) 39 *R. du B.* 121. See also D.H. Clark, "Natural Justice: Substance and Shadow" [1975] *Pub. L.* 27; J.M. Evans, "Some Limits to the Scope of Natural Justice" (1973) 36 *Mod. L. Rev.* 439; Lord Morris of Borth-y-Gest, "Natural Justice" (1973) 26 *Current Legal Prob.* 1; C.P Seepersad, "Fairness and Audi Alteram Partem" [1975] *Pub. L.* 242; G.D.S. Taylor, "Fairness and Natural Justice — Distinct Concepts or Mere Semantics?" (1977) 3 *Monash L. Rev.* 191; G.D. Taylor, "Natural Justice — The Modem Synthesis" (1975) 1 *Monash L. Rev.* 258; G.D.S. Taylor, "The Unsystematic Approach to Natural Justice" (1973) 5 *N.Z.U.L. Rev.* 373; P. Wallington, "Natural Justice and Delegated Legislation" (1974) 33 *Cambridge L.J.* 26.

[169] See Mullan, "Fairness: the New Natural Justice?" *ibid.*; P. Garant *et al.*, "L'equité procédurale et la révolution tranquille du droit administratif" (1986) 16 *R.D.U.S.* 495.

[170] *Nicholson v. Haldimand-Norfolk (Regional Municipality) Commissioners of Police*, [1979] 1 S.C.R. 311.

[171] *Martineau v. Mastqui Institution*, [1978] 1 S.C.R. 118 and *(No. 2)*, [1980] 1 S.C.R. 602.

Act.[172] The consequences of this distinction on the content of the rules is significantly less clear, as we shall see.

Section 7 of the *Charter* is designed to impose a certain procedural structure upon decisions that may constitute an infringement of the three rights enshrined therein. That constitutes, without doubt, minimal protection. To discover the scope of this protection one can consult the standard works on administrative law, which provide analysis and synthesis of the requirements of traditional natural or fundamental justice that are applicable to the exercise of quasi-judicial functions, and the requirements which flow from the new natural justice that are applicable to purely administrative functions.

Without doubt, the advent of the *Charter* has reinforced judicial control of procedural unfairness in the broadest sense of the term.[173] One noteworthy development has been the very diverse range of application of the new natural justice. By way of illustration, we will examine several situations where the courts have upset administrative decisions for not respecting procedural fairness in the context of section 7 of the *Charter*.

The High Court of Ontario[174] has held that the decision to transfer an inmate must be made according to procedural fairness. This means that the decision must be preceded by a sufficiently detailed notice so that the inmate can make representations in a timely fashion. The same Court held that there was a requirement for the Parole Board to grant an in-person hearing when considering the revocation of parole. This was so regardless of the fact that no such requirement existed under either federal or provincial legislation or the common law. The Court explained as follows:

> Considering that the rights protected by s. 7 are the most important of all those enumerated in the *Charter*, that deprivation of those rights has the most severe consequences upon an individual, and that the *Charter* establishes a constitutionally mandated enclave for protection of rights, into which government intrudes at its peril, I am of the view that the applicant could not be lawfully deprived of his liberty without being given the opportunity for an in-person hearing before his parole was revoked.[175]

---

[172] R.S.C. 1985, c. F-7.

[173] See *R. v. Young* (1984), 13 C.C.C. (3d) 1 (Ont. C.A.). See also Lee, *supra*, note 14, p. 12, where she claims that the field of procedural protection is very extensive. See also *Staples v. Canada (National Parole Bd.)*, [1985] 2 F.C. 438 (T.D.); *Law v. Canada (Solicitor General)*, [1985] 1 F.C. 62 (C.A.); A.W. MacKay, "Fairness after the Charter: A Rose by Any Other Name?" (1985) 10 *Queen's L.J.* 263; F. O'Connor, "The Impact of the Canadian Charter of Rights and Freedoms on Parole in Canada" (1985) 10 *Queen's L.J.* 336.

[174] *R. v. Chester, supra*, note 69.

[175] *R. v. Cadeddu; R. v. Nunery* (1982), 40 O.R. (2d) 128 at 139 (H.C.); also *Martens v. British Columbia (A.G.)* (1983), 7 C.R.R. 354 (B.C.S.C.); *R. v. Lowe* (1983), 5 C.C.C. (3d) 535

The courts have gone so far as to affirm that the exclusion of the inmate during even part of the hearing amounts to a refusal to hear him and so does not conform to the requirements of fundamental justice.[176]

In another case, it was held that revoking an inmate's participation in a program of non-escorted leave without giving the inmate an opportunity to be heard is contrary to section 7. The Federal Court took the view that the liberty in question, even though considerably more limited than the liberty at stake in parole, was nevertheless of the same character.[177] On the other hand, a probation order prohibiting an accused from residing near the place where the offences had been committed was not considered contrary to section 7.[178] Similarly, where a condition not to consume alcohol was, without notice, added to a parole order originally granted without condition, it was held valid. Since parole is a privilege, adding a condition does not terminate it and therefore does not infringe the protected liberty.[179]

The issue of the right to be represented by counsel before administrative bodies has been frequently debated in the context of section 7 of the *Charter*. The Federal Court had been quite conservative, however. In the *Howard* case, Mr. Justice Thurlow made the following remarks:

> I am of the opinion that the enactment of section 7 has not created any absolute right to counsel in all such proceedings. It is undoubtedly of the greatest importance to a person whose life, liberty or security of the person are at stake to have the opportunity to present his case as fully and adequately as possible. The advantages of having the assistance of counsel for that purpose are not in doubt. But what is required is an opportunity to present the case adequately and I do not think it can be affirmed that in no case can such an opportunity be afforded without also as part of it affording the right to representation by counsel at the hearing.
>
> Once that position is reached it appears to me that whether or not the person has a right to representation by counsel will depend on the circumstances of the particular case, its nature, its gravity, its complexity, the capacity of the inmate himself to understand the case and present his defence. The list is not exhaustive.[180]

In the *Latham* case, Mr. Justice Strayer maintained that:

> ... the guarantee in section 7 of the *Charter* requires that a parolee should have every reasonable opportunity to be represented by counsel at a revocation

---

(B.C.S.C.); *Latham v. Canada (Solicitor General)*, supra, note 37; *Hewitt v. Canada (National Parole Bd.)*, [1984] 2 F.C. 357 (T.D.); *Re Conroy, infra*, note 179.

[176] See *Martens, ibid.*, and *Lowe, ibid.*
[177] *Cadieux v. Mountain Institution* (1985), 13 C.C.C. (3d) 330 (Fed. T.D.).
[178] *Saila v. R.*, [1984] N.W.T.R. 176 (N.W.T.S.C.).
[179] *Re Conroy* (1983), 149 D.L.R (3d) 610 (Ont. H.C.).
[180] *Howard v. Stony Mountain Institution*, [1984] 2 F.C. 642 at 662-663 (C.A.), appeal quashed [1987] 2 S.C.R 687.

hearing. The importance of the outcome to him, at least in a case like the present, means that a fair procedure requires that he should have counsel if he so wishes and if he can find counsel willing to serve. Sufficient time should be assured to him to make all reasonable efforts to achieve this.[181]

It appears that with the adoption of the *Charter* and section 7, procedural requirements may well be more stringent than ever before. Given the fundamental character of the rights protected, it is natural that any interference with them must conform to stringent standards.

In purely administrative matters, as well as in strictly quasi-judicial matters, the influence of section 7 of the *Charter* has been equally felt. The *Singh* case, dealing with deportation, is a notable example.[182] In this case, the Supreme Court of Canada, sitting with a six-judge bench, heard an appeal in which the appellant Sikhs claimed refugee status within the meaning of the United Nations Convention relating to the status of refugees. The Minister of Employment and Immigration, on the advice of the Refugee Status Advisory Committee, had rejected the appellants' claim and they were not able to obtain a review of their claim by the Immigration Appeal Board. The Federal Court of Appeal then dismissed the application to review and set aside that was finally brought by the applicants. The issue before the Supreme Court was whether the procedure relating to the claim for refugee status provided for in the *Immigration Act 1976*[183] conformed to the *Charter*. The Court ultimately ordered the matter referred to the Immigration Appeal Board so that the Board could hold a formal hearing on the merits in conformity with the principles of fundamental justice enshrined in section 7 of the *Charter*. Madam Justice Wilson, along with Chief Justice Dickson and Mr. Justice Lamer, felt that "the present situation raised the constitutional protection furnished by the *Charter*" and consequently based her decision on it even though the *Canadian Bill of Rights* clearly remained applicable by virtue of section 26 of the *Charter*.

The decision process leading to the determination of refugee status can be understood as being made up of three steps. The first two are purely administrative while the third is a quasi-judicial or judicial procedure. The claim for refugee status is received by the Minister of Immigration and gives rise to an inquiry. Should a refusal be contemplated, with the consequence of a possible deportation order or notice to depart the country, a senior immigration officer must hold an examination under oath. The transcript is sent to the Refugee Status Advisory Committee which then advises the Minister. It is the Minister who makes the decision. These stages have a

---

[181] *Latham v. Solicitor General of Canada, supra*, note 37, p. 749.
[182] *Singh, supra*, note 4, pp. 215-216.
[183] S.C. 1976-77, c. 52.

simple administrative character, but the procedure followed must nevertheless conform to the principle of procedural fairness.

Madam Justice Wilson undertook to determine the content of this procedural fairness by recalling the general rules of administrative law. Varying according to the circumstances and economy of the law in question, this duty of procedural fairness requires the administration at least to permit the appellants to make their case other than through their submissions or interviews alone. The Court came to the same conclusion with respect to the Refugee Status Advisory Committee since this body, even though not clothed with a power of decision, does not make available the policies and the information used in assessing the claim. The overall process proceeds thus in what amounts to a vacuum, very much contrary to the requirements of procedural fairness. The decision of the Minister may be appealed to the Immigration Appeal Board, an autonomous quasi-judicial body, by way of an application for a redetermination. By virtue of section 71 of the Act, the Board is only obliged to hold a hearing where "it is of the opinion that there are reasonable grounds to believe that a claim could be established". Thus, the Act expressly authorizes the Board not to hold a hearing. However, the issue is whether this option is compatible with section 7 of the *Charter*. Prior to the *Charter*, it was recognized that the legislator could expressly relax or even exclude the principles of fundamental natural justice.

In order for the applicants to demonstrate to the Board that the Minister has acted in error, they must at least be made aware of the reasons for the decision of the Minister. Once this is conceded, it follows that this "highly adversarial" procedure must give the applicants access to their files so that they might prepare their case.[184]

Fundamental justice was violated both by the Minister and the Committee in this case because they did not permit the applicants access to all the files which concerned them. However, the more serious error was that, by refusing a hearing, the Immigration Appeal Board impeded the applicants from obtaining justice. However, Madam Justice Wilson qualified the requirement to hold a formal hearing, stating:

> My greatest concern about the procedural scheme envisaged . . . is not, therefore, with the absence of an oral hearing in and of itself, but with the inadequacy of the opportunity the scheme provides for a refugee claimant to state his case and know the case he has to meet.[185]

These cases help to advance administrative law. We are witnessing the development of this branch of the law due to the constitutionalization of certain of its elements; the consequence is the raising of standards and the tightening up of procedural requirements.

---

[184] *Singh, supra*, note 4, pp. 214-216.
[185] *Ibid.*, p. 214.

(ii) *The Case Law Prior to the 1985 Supreme Court Decision*

The question that arose after 1982 was whether the framers of section 7, even though they used existing legal terms, envisaged giving them a different significance or scope.

Until the beginning of 1985, the majority of judges who pronounced on the meaning of the expression "fundamental justice" considered that the expression ought to have a procedural content.[186] On this point, the Supreme Court of Canada decision in *Curr v. R.*[187] was cited as an authority to be used in the interpretation of section 7. It appears that in referring to the Supreme Court decision in *Duke v. R.*, the Ontario Court of Appeal adopted the same view when it said:

> The concepts of "fundamental justice" and "fair hearing" relevant here are the same whether considered under ss. 7 and 11(*d*) of the *Charter*, under s. 2(*e*) and (*f*) of the *Bill of Rights*, or under the common law. In so far as this case is concerned, while the *Charter* accords recognition to the well-established rights asserted by the appellant, it effects no change in the law respecting those rights. Sections 7 and 11(*d*) cannot be construed to operate so as to reverse the decision reached in the like circumstances of *Duke* that non-production of evidence of this kind does not infringe the right to a fair trial in accordance with fundamental justice.
>
> This is not to suggest that "the principles of fundamental justice" now recognized by the *Charter of Rights and Freedoms* are immutable. "Fundamental justice", like "natural justice" or "fair play", is a compendious expression intended to guarantee the basic right of citizens in a free and democratic society to a fair procedure. The principles or standards of fairness essential to the attainment of fundamental justice are in no sense static, and will continue as they have in the past to evolve and develop in response to society's changing perception of what is arbitrary, unfair or unjust.[188]

In a more recent case, the Court of Appeal of Manitoba adopted the same point of view:

> With respect, it is my opinion that the learned provincial court judge was in error in reviewing the substantive justification for deprivation of liberty.

---

[186] See *R. v. Holman* (1982), 16 M.V.R. 225 (B.C. Prov. Ct.), affirmed (1982), 17 M.V.R 306 (B.C.S.C.); *R. v. Jamieson* (1982), 70 C.C.C. (2d) 430 (Que. S.C.); *R. v. Anson*, [1982] 5 W.W.R. 280 (B.C. Co. Ct.), affirmed [1983] 2 W.W.R. 654 (B.C.S.C.), affirmed [1983] 3 W.W.R. 336 (B.C.C.A.); *R. v. D.A.C.* (1983), 9 W.C.B. 201 (Man. Prov. Ct.); *R. v. Carrière* (January 3, 1983) Bélanger J. (Ont. Prov. Ct.); *R. v. Gustavson* (1982), 143 D.L.R (3d) 491 (B.C.S.C.); *R. v. Mason* (1983), 1 D.L.R. (4th) 712 (Ont. H.C.); *R. v. McIntyre* (1982), 69 C.C.C. (2d) 162 (Alta. Q.B.); *R. v. Duff*, [1982] B.C.D. Crim. Conv. 5445-02.

[187] *Supra*, note 157.

[188] *R. v. Potma* (1983), 41 O.R (2d) 43 at 52 (C.A.), leave to appeal to S.C.C. refused (1983), 41 O.R. (2d) 43n (S.C.C.). *Duke v. R.* [1972] S.C.R. 917.

My reading leads me to the conclusion that the phrase "principles of fundamental justice" in the context of s. 7 of the *Charter* as a whole does not go beyond the requirement of fair procedure and was not intended to cover substantive requirements as to the policy of the law in question. To hold otherwise would require all legislative enactments creating offenses to be submitted to the test of whether they offend the principles of fundamental justice. In other words, the policy of the law as determined by the Legislature would be measured against judicial policy of what offends fundamental justice. In terms of procedural fairness, that is an acceptable area for judicial review but it should not, in my view, be extended to consider the substance of the offence created.[189]

Mr. Justice Strayer of the Federal Court, who had already expressed the same opinion in 1981 in his capacity as Associate Deputy Minister when appearing before the Special Joint Committee of the Senate and the House of Commons on the Constitution, adopted the same approach in 1985:

Further, I have held elsewhere and remain of the view that there are no substantive rights guaranteed by section 7. Rather, its purpose is to provide procedural protection with respect to the manner of denial of those rights.[190]

Moreover, this was the view of the Court of Appeal in *R. v. Swain*[191] when it considered the decision-making procedures of section 542 [now 614] of the *Criminal Code*.

What, then, do we mean by "procedure" as opposed to substantive law and what is the specific scope of the protection provided by section 7? In a criminal matter, it is necessary to consider as "procedure" everything that concerns the means or manner in which evidence is obtained. Thus, it includes a remand to trial on consent by counsel for the accused;[192] it also includes section 507(*b*) [now 577(*b*)] of the *Criminal Code*,[193] which concerns the preferring of an indictment after an accused has been discharged

---

[189] *R. v. Hayden* (1983), 3 D.L.R. (4th) 361 at 363 (Man. C.A.), leave to appeal to S.C.C. refused (1983), 3 D.L.R (4th) 361n (S.C.C.).

[190] *Group des Éleveurs de volailles de l'est de l'Ont. v. Cdn. Chicken Marketing Agency*, *supra*, note 53, p. 323. See also *Latham v. Canada (Solicitor General)*, *supra*, note 37; *R. v. Jamison*, *supra*, note 186; *R. v. Mason*, *supra*, note 186; *P.S.A.C. v. Canada*, [1984] 2 F.C. 889 (C.A.), affirmed [1987] 1 S.C.R. 424; *R. v. Potma*, *supra*, note 188; *R. v. Chester*, *supra*, note 69; *Eve Studio v. Winnipeg (City)* (1984), 28 Man. R. (2d) 211 (Man. Q.B.), affirmed (1985), 31 Man. R. (2d) 9 (Man. C.A), leave to appeal to S.C.C. refused (1985), 58 N.R 160 (S.C.C.).

[191] (1986), 53 O.R. (2d) 609 (C.A.). See the Annotation of A. Manson, (1986) 50 C.R. (3d) 101.

[192] *R. v. Brittain* (Sask. Q.B.) Estey J. (June 2, 1982).

[193] See, *e.g.*, *R. v. Balderstone*, *supra*, note 2; *R. v. Stolar* (1983), 20 Man. R. (2d) 132 (C.A.), leave to appeal to S.C.C. refused (1983), 21 Man. R. (2d) 240 (S.C.C.); *R. v. M.* (1982), 39 O.R. (2d) 732 (H.C.), affirmed (1982), 39 O.R. (2d) 732 at 733 (C.A.); *R. v. Provençal* (March 15, 1983) Montreal No. 500-01-001-585-83 (Qué. S.C.).

at a preliminary hearing.[194] The Manitoba Court of Queen's Bench maintained in *Balderstone*[195] that the decision of the Attorney General was not a quasi-judicial one. It was a purely discretionary power which did not have to be exercised in a "judicial manner". Consequently, the indictment could not be quashed on the grounds that the accused had not been heard or consulted by the Attorney General.

Generally speaking, the courts have tended to treat legislative provisions relating to evidence, especially in respect to criminal proceedings, as questions of procedure. Thus, in *R. v. Gallant*,[196] it was decided that section 7 would be infringed should the Crown be allowed to enter into evidence prior convictions for robberies committed by the accused in a trial for possession of stolen property. In *R. v. Kehayes*,[197] the Court decided, in proceedings under section 4(2) of the *Narcotic Control Act*,[198] that section 8 of that Act, which created a presumption against a person in possession of a narcotic, did not relieve the Crown from its duty to make a complete case before the accused produced his defence. However, this did not mean that a reversal of the burden of proof, as is the case of section 457(5.1) [515(6)] of the *Criminal Code*, is contrary to section 7 of the *Charter*.[199] Similarly, section 8 of the *Narcotics Control Act*,[200] which shifted the burden of the proof, was not, in itself, contrary to section 7 of the *Charter*.[201]

The Superior Court of Québec has given a very wide meaning to the concept of procedure. It is to cover the totality of the "judicial process." Since fundamental justice requires that this process be clothed with the greatest integrity and impartiality, in *R. v. Vermette*[202] it considered that section 7 of *Charter* was violated because of the intemperate and abusive words spoken by the Premier of Quebec in the House and extensively reported in the media. The behaviour of the Premier was considered to be an unprecedented attack on the judicial system. At issue was the trial of members of the Royal Canadian Mounted Police accused of a break-in and theft of Parti Québécois membership lists.

On the other hand, some procedural matters, such as entering a stay of prosecution by the Crown because the principal witnesses were not avail-

---

[194] See, in particular, *Balderstone, supra*, note 2, and *Provençal, supra*, note 193.
[195] *Supra*, note 2.
[196] (1982), 38 O.R. (2d) 788 (Prov. Ct.).
[197] (1982), 54 N.S.R. (2d) 587 (Co. Ct.).
[198] R.S.C. 1970, c. N-1.
[199] See *R. v. Franforth*, [1982] B.C.D. Crim. Conv. 5160-01.
[200] *Supra*, note 198.
[201] This proposition was established in many cases. See *R. v. Anson, supra*, note 186; *R. v. Cranston* (1983), 55 N.S.R. (2d) 376 (T.D.), leave to appeal to C.A. refused (1983), 60 N.S.R (2d) 269 (C.A.); *R. v. Clarke & Norwood*, [1982] B.C.D. Crim. Conv. 5455-04 (B.C.S.C.).
[202] (1982), 30 C.R. (3d) 129 (Que. S.C.), affirmed (1984), 45 C.R. (3d) 341 (Que. C.A.).

able, have been found not to constitute violations of the right to a full and complete defence.[203]

An unwarranted delay in the execution of an arrest warrant without any explanation on the part of the Crown has been considered a violation of section 7.[204] Similarly, it was held that sections 7 and 9 of the *Charter* were violated when an accused was detained for a 40-hour period before being brought before a justice.[205] It appears that any "abuse of process" may be remedied by the Court on the basis of section 7 of the *Charter*.[206]

(iii) *The Case Law Subsequent to the 1985 Supreme Court Decision*

The Court of Appeal of British Columbia in its judgment in *Reference re s. 94(2) of the Motor Vehicle Act (B.C.)*[207] held that:

> With these considerations in mind the meaning to be given to the phrase "principles of fundamental justice" is that it is not restricted to matters of procedure but extends to substantive law and that the courts are therefore called upon, in construing the provisions of s. 7 of the *Charter*, to have regard to the content of legislation.[208]

This approach will be followed. After 1985, one finds a number of judgments of superior courts that are along the same lines.[209] There are certain scholars who have likewise adopted this point of view.[210]

---

[203] *R. v. Marquez* (July 22, 1982) No. 5875/81 (Man. Co. Ct.).

[204] *R. v. Belton* (1982), 29 C.R. (3d) 59 (Man. Prov. Ct.), reversed (1983), 31 C.R. (3d) 223 (Man. C.A.), leave to appeal to S.C.C. refused (1983), 20 Man. R. (2d) 179 (S.C.C.).

[205] *R. v. Sybrandy* (January 19, 1983) Sherwood J. (Ont. Prov. Ct.).

[206] See *R. v. Bruneau* (1982), 2 C.R.R. 223 (B.C.S.C.), where a *mandamus* was granted to require the judge to rule on the question whether there had been an abuse of process.

[207] (1983), 147 D.L.R. (3d) 539 (B.C.C.A.), affirmed *infra*, note 212.

[208] *Ibid.*, p. 546. See also *R. v. Stevens* (1983), 3 C.C.C. (3d) 198 (Ont. C.A.), affirmed [1988] 1 S.C.R. 1153.

[209] *R.L. Crain Inc. v. Couture*, *supra*, note 2, p. 507 (Mr. Justice Scheibel held "The phrase 'principles of fundamental justice' should not be interpreted as limiting the courts to a review of procedural matters"); *R. v. Watch* (1983), 10 C.C.C. (3d) 521 (B.C.S.C.); *R. v. Robson, supra*, note 42; *Howard v. Stony Mountain Institution, supra*, note 180; *Lasalle v. Leclerc Institute* (1983), 5 Admin. L.R. 23 (Fed. T.D.); *R. v. Westfair Food Ltd.*, [1985] 3 W.W.R. 423 (Sask. Q.B.); *R. v. Campagna* (1982), 141 D.L.R. (3d) 485 (B.C. Prov. Ct.).

[210] D.P. Jones, "Natural Justice and Fairness in the Administrative Process" (1983) 43 *R. du B.* 456; J.D. Whyte, "Fundamental Justice: The Scope and Application of Section 7 of the Charter" (1983) 13 *Man. L.J.* 455 at 461-462; T.J. Christian, "Section 7 of Charter of Rights and Freedoms: Constraints on State Action" (1984) 22 *Alta. L. Rev.* 222 at 239; T. Cumming, "Fundamental Justice in the Charter" (1986) 11 *Queen's L.J.* 134; Mackay, *supra*, note 173; L. Tremblay, "Section 7 of the Charter: Substantive Due Process?" (1984) 18 *U.B.C. L. Rev.* 201.

This issue came before the Supreme Court on an appeal from the previously cited decision of the Court of Appeal of British Columbia. Section 94(1) of the *Motor Vehicle Act*[211] of that province provided for minimum periods of imprisonment for a person convicted of driving on a public highway without a valid driver's licence or while that person's driver's licence was suspended. Section 94(2) went on to stipulate that this offence was one of absolute liability in that there could be a conviction whether or not the accused knew that his licence was suspended. The issue before the Court was to determine if an absolute liability offence for which a mandatory term of imprisonment was the punishment violated the fundamental right guaranteed by section 7 of the *Charter*.

In a unanimous judgment, the Court held that section 94(2) was incompatible with section 7. To arrive at this conclusion, the Court examined the meaning of the expression "fundamental justice". It went on to hold that this expression did not have an exclusively procedural content but, also, a substantive content.

Mr. Justice Lamer, with the concurrence of five other judges, wrote the principal judgment. Madam Justice Wilson, providing reasons of her own, arrived at the same conclusion though by a slightly different approach.

To determine the scope of this expression, Mr. Justice Lamer examined the general objectives of the *Charter*. He then proceeded to a detailed study of the legislative text, its structure and organization, as well as its context. According to Mr. Justice Lamer, "fundamental justice" constitutes neither a right nor a protected interest, but a qualification of the right not to be deprived of one's life, liberty or security of the person. This expression has a particular function, namely to establish the parameters of the right. Furthermore, he considered that sections 8 to 14, being specific infringements of the right to life, liberty and security, may aid in its interpretation. They are, according to him, examples of cases where there is an infringement of the right to life, to liberty and to security of the person in ways which do not conform to the principles of fundamental justice. It flows from this analysis that the expression "fundamental justice" in section 7 is a broader concept than that of "natural justice" and that the choice of determining its parameters has been left to the courts.

Mr. Justice Lamer refused to accept the evidence and testimony presented by the drafters of section 7 before the Special Joint Committee on the Constitution as a conclusive element in the interpretation of the expression in question. In this evidence and testimony, the concept of "fundamental justice" was equated with "natural justice". Equally, he refused to apply the case law relating to section 2(*e*) of the *Canadian Bill of Rights* where the expression "fundamental justice" appears. According to these

---

[211] R.S.B.C. 1979, c. 288.

cases, the expression has an exclusively procedural connotation. In the *Bill of Rights*, the expression is associated with the "right to a fair hearing" which it qualifies, whereas in section 7 of the *Charter*, the expression is associated with a much more fundamental right.

The final argument which led him to think that "fundamental justice" is not equivalent to "natural justice" was based on the attitude of the legislators. They could easily have used the expression "natural justice", which is now well understood, but they chose not to do so. Mr. Justice Lamer concluded that "we must, as a general rule, be loath to exchange the terms actually used with terms so obviously avoided".[212]

Mr. Justice Lamer also discussed the issue of absolute liability in the context of the criminal law. According to him, this kind of liability does not in itself violate section 7. It is the combination of imprisonment and absolute liability which violates the section.

Madam Justice Wilson rehearsed the same argument as Mr. Justice Lamer. The legislator, being fully familiar with the concept of "natural justice", chose not to use it and chose instead to use different words to express a different concept. She interpreted section 7 of the *Charter* very broadly. According to her, this section must not be limited to procedural injustice. She stated:

> It has been argued very forcefully that s. 7 is concerned only with procedural injustice but I have difficulty with that proposition. There is absolutely nothing in the section to support such a limited construction.[213]

In her view, section 7 was meant to cover substantive injustices as well: "[I]t is hard to see why one's life and liberty should be protected against procedural injustice and not against substantive injustice".[214] She justified her view with reference to the preamble of the *Charter* where the rule of law is recognized as one of the foundations of our society and to section 1 which sets out the guarantee in general terms.

The effect of this case is to introduce a new concept into our legal system, namely "fundamental justice", a concept which is highly imprecise. This was recognized by Mr. Justice Lamer himself:

> Consequently, those words cannot be given any exhaustive content or simple enumerative definition, but will take on concrete meaning as the courts address alleged violations of s. 7.[215]

Most certainly the Supreme Court took advantage of this case to end a conflict over the interpretation of one of the most important provisions of

---

[212] *Reference re s. 94(2) of the Motor Vehicle Act* (B.C.), [1985] 2 S.C.R. 486, p. 503.
[213] *Ibid.*, at pp. 530-531.
[214] *Ibid.* p. 531.
[215] *Ibid.*, p. 513.

the *Charter*, even though it could have resolved the case before it in dramatic fashion by focusing on the essential issue. The heart of the problem was that the legislation in question absolutely excluded any defence. A statute creating an absolute liability offence in principle violates section 7 to the extent that a sentence of imprisonment is possible.[216]

The fallout from the *Reference Motor Vehicle Act* case[217] has not been long in coming. The courts have held that the *Identification of Criminals Act*[218] is contrary to fundamental justice to the extent that it applies to individuals charged, but not convicted, with indictable offences.[219]

If one turns from criminal law to administrative law, the implication of Mr. Justice Lamer's observations are cause for a certain amount of dismay. To permit judges to review not simply the fairness of the administrative or quasi-judicial procedure, but the substantive merits of a regulation or a decision so as to determine whether it is just or reasonable, is this not to initiate judicial review of the expediency of administrative action? Herein lies a dilemma. How are we to live with such an interpretation of a *Charter* that is meant to ensure the rule of law, not the rule of judicial wisdom.[220]

Up to this point, the administrative law matters brought before the courts have mainly been concerned with procedural issues, such as the right to examine or cross-examine witnesses.[221] In another case, the issue was whether the failure of a human rights commission to investigate a complaint of sexual discrimination in a timely fashion was contrary to fundamental justice.[222] Finally, in two other cases, the issues raised were the right to a hearing[223] and the right to be represented by counsel,[224] neither of which were held to be absolute rights.

---

[216] Lamer J., in *Reference re s. 94(2) of the Motor Vehicle Act (B.C)*, *supra*, note 212. See also *R. v. Metro News Ltd.* (1986), 32 D.L.R. (4th) 321 (Ont. C.A.), leave to appeal to S.C.C. refused (1986), 32 D.L.R. (4th) 321n (S.C.C.) (s. 159(*b*) of the *Criminal Code* contrary to s. 7 of the *Charter*).

[217] *Supra*, note 212.

[218] R.S.C. 1970, c.I-1 [now R.S.C. 1985, c.I-1].

[219] *Beare v. R.*, *supra*, note 9.

[220] The Federal Court held that certain conditions of a parole order were too restrictive: *Litwack v. Canada (National Parole Bd.)*, *supra*, note 37.

[221] *Re Davenport*, [1987] 1 W.W.R. 666 (B.C.C.A.), leave to appeal to S.C.C. refused [1987] 2 W.W.R. lxx (note) (S.C.C.); *College of Physicians & Surgeons (Ont.) v. K.* (1987), 36 D.L.R. (4th) 707 (Ont. C.A.).

[222] *Kodellas v. Sask. (Human Rights Comm.)*, *supra*, note 81; *Argentina (Republic) v. Mellino*, *supra*, note 8 (delay found not unreasonable in an extradition matter); *Robinson v. College of Physicians & Surgeons* (B.C.) (1986), 32 D.L.R. (4th) 589 (B.C.S.C.) (delay found not abusive).

[223] *Dempsey v. R.*, [1987] 1 F.C. 528 (T.D.), affirmed (1987), 34 C.C.C. (3d) 95 (Fed. C.A.); *MacDonald v. Canada (National Parole Board)*, [1986] 3 F.C. 157 (T.D.); *Tonato v. Canada (Minister of Employment & Immigration)*, [1985] 1 F.C. 925 (T.D.); *Kindler v.*

The *Morgentaler (No. 2)* case was in the end dealt with by the majority of the Supreme Court of Canada as an administrative law case.[225] The majority found that the procedure provided by section 251 of the *Criminal Code* for obtaining a therapeutic abortion did not conform to fundamental justice for several reasons, which varied according to the judges: difficult access, cumbersome procedure, inadequate composition, lengthy delays, lack of precise criteria, etc. It becomes evident that the judges deliberately mixed together the design of the procedure itself with its implementation, which then led them to rule on the human and financial resources provided by the administration or the legislator.

(c) Fundamental Justice and Fundamental Precepts of our Judicial System

In a landmark 1985 case, the Chief Justice stated that "the principles of fundamental justice are to be found in the basic tenets of our legal system".[226]

It is up to the courts to specify these precepts due to the specific position held by the courts in the constitutional structure of our democratic type of government since the advent of the *Charter*. They will do so by referring to common law, the relevant jurisprudence, to the study of customs, the object of these customs, and the underlying principles.[227] It is also necessary to balance the interests of the state and those of the individual by studying "the main principles and policies which have animated legislative and judicial practice in this area".[228] These principles concern not only the rights of the individual but also the protection of society and "require that a fair balance be struck . . . both substantively and procedurally".[229]

These principles of fundamental justice are difficult to outline because they are not exhaustive.[230] They have a residual role and are often used to

---

Canada (Min. of Employment & Immigration), [1985] 1 F.C. 676 (T.D.), reversed [1987] 3 F.C. 34 (C.A.).

[224] *Mitchell v. Crozier*, [1986] 1 F.C. 255 (T.D.); *Howard v. Stony Mountain Institution*, *supra*, note 180.

[225] *Supra*, note 13.

[226] *Reference re s. 94(2) of the Motor Vehicle Act (B.C.)*, *supra*, note 212.

[227] *Rodriguez v. B.C.*, [1993] 3 S.C.R. 519, pp. 592-593.

[228] *R. v. Beare*, [1988] 2 S.C.R. 387-402; *R. v. Lyons*, [1987] 2 S.C.R. 309, p. 327; *Thompson Newspapers Ltd. v. Canada (Director of Investigation & Research)*, [1990] 1 S.C.R. 425, p. 439.

[229] *Cunningham v. Canada*, [1993] 2 S.C.R. 143, pp. 151-152; *Singh v. Canada (Min. of Employment & Immigration)*, [1985] 1 S.C.R. 177, p. 212; *Pearlman v. Law Society (Manitoba)*, [1991] 2 S.C.R. 869, p. 882.

[230] *Reference Re Criminal Code (Man.)*, [1990] 1 S.C.R. 1123, p. 1178.

support the principles of other sections of the *Charter*, in order to create a coherent set of principles.[231]

Some of these principles transcend all branches of the law, while others apply to criminal law and others apply principally to administrative law, in its general sense. Jurisprudence tends to avoid establishing these principles as being equivalent to precepts which are so fundamental that they constitute an essential part of our judicial system; this is the case for example, with the right to be represented by a lawyer under all circumstances.[232]

Other principles, have a more valuable application and scope. This is the case with the right to silence, the principle prohibiting self-incrimination, the principle of independence and impartiality applicable to all courts, etc.

At least one of these principles, that which stems from the doctrine of vagueness, is overwhelmingly important.[233]

The advent of the *Charter* not only permitted citizens to protest laws and regulations which directly infringed upon their protected rights and liberties, but also allowed texts which could potentially restrict these rights and liberties to be challenged.

This concept came to us from American law which distinguishes "vagueness" and "overbreadth" in the 8th Amendment. These notions were differentiated by the Supreme Court but they may be intermeshed when vagueness is invoked in order to apply the *Oakes* Test under section 1 of the *Charter*.

The Supreme Court distinguished between two types of vague clauses which corresponded to the preoccupation regarding the primacy of law as stated by Judge Lamer in *Reference Re Criminal Code*. The clause which does not give "a reasonable warning" to the citizen on the one hand, and the clause which does not sufficiently outline the discretionary power of the authorities which are in charge of applying the law, leaves a "large place to arbitrariness".[234] This approach was unanimously upheld by the Court in *Pharmaceutical Society (Nova Scotia)*.[235]

The vagueness doctrine plays a triple role in litigious issues. First of all, it may be invoked in order to raise the possibility of a text which has been qualified as vague as being incompatible with another clause of the *Charter* which does not inherently or intrinsically contain any limitations,

---

[231] *R. v. Hébert*, [1990] 2 S.C.R. 151; *R. v. R.J.C.*, Supreme Court J.E. 95-299; *B.C. Securities Consumer v. Branch*, Supreme Court J.E. 95-848.

[232] *Delghani v. Canada (Min. of Employment & Immigration)*, [1993] 1 S.C.R. 1053.

[233] Please see P. Garant, "L'imprécision en droit administratif et en droit constitutionel: un défi à l'intelligence moyenne" (1993) 4 *N.J.C.L.* 75; J. Daniels, "Valid despite vagueness: the relationship between vagueness and chilling objective" (1994) 58 *Sask. L. Rev.* 101-136.

[234] *Reference Re Criminal Code (Man.)*, *supra*, note 230.

[235] *R. v. Nova Scotia Pharmaceutical Society* [1992] 2 S.C.R. 606.

thereby excluding sections 7, 8, 15. Thus, one can maintain that the text which places a limitation on a protected right is so vague that it does not constitute a "rule of law" in the sense of section 1 "in limine" ("in the beginning"). Second, it may be invoked in order to raise the possibility of a vague text being incompatible with a section of the *Charter* that contains an inherent or intrinsic limitation, such as section 7. Thus, the vagueness is seen to be contrary to the principles of fundamental justice. Third, the text being contested restricts one or another of the rights protected by the *Charter* and this restriction is a "rule of law". The text may be so vague that it cannot pass the *Oakes* test, specifically that of the rational link, the minimal restriction, etc.

It was in the *Morgentaler* case that the Supreme Court linked, for the first time, the notion of vagueness to the principles of fundamental justice.[236] Judge Dickson stated that the clause being contested violated the dispositions of fundamental justice because of "the failure to provide an adequate standard for therapeutic abortion: the term 'health' was ambiguous". Judge Dickson concluded that "the absence of any clear legal standard to be applied by the committee in reading its decision is a serious procedural flaw".[237] Judge Beetz, however, with the support of three other judges and the Ontario Court of Appeal on this point, believed that the expression "the continuation of the pregnancy . . . would or will be likely to endanger her life or health" constituted, on a legal level, an acceptable criteria which can be used by the committees to make decisions. "The word 'health' is not vague but plainly refers to the physical or mental health of the pregnant woman".[238]

Judge Lamer, in *Reference Re Criminal Code*,[239] with the support of the majority of the Court, re-examined this theory. In this reference case, the Court was asked to decide if certain sections of the *Criminal Code* (which has now become section 210) prohibited the establishment of a bawdy-house and whether or not paragraph 195(1)(c) [now s. 213] criminalizes the action of arresting or the attempt to arrest, or communicating with a person who was attempting to either obtain sexual services or deliver sexual services.

The theory following which a law, which would otherwise be valid, is null because of vagueness, is well established in the United States.[240] Its origins can be traced back to 1925 when the Supreme Court declared that

---

[236] *R. v. Morgentaler,* [1988] 1 S.C.R. 30.
[237] *Ibid.*, pp. 68-69; on this point, he is in agreement with the majority.
[238] *Ibid.*, pp. 106 and 108.
[239] *Supra,* note 230, p. 1140 *et seq.*
[240] L. Tribe, *American Constitutional Law*, 2nd. ed. (Mineola, N.Y.: Foundation Press, 1988), p. 1033.

the regular application of the law is made difficult by bylaws which have an unacceptable degree of vagueness.

> ... a statute which either forbids or requires the doing of an act in terms so vague that men of common intelligence must necessarily guess at its meaning and differ as to its application, violates the first essential of due process of the law.[241]

The American case of *Grayned v. City of Rockport* spelled out the approach which must be adopted in order to classify cases of vagueness:

> Vague laws offend several important values. First, because we assume that man is free to steer between lawful and unlawful conduct, we insist that laws give the person of ordinary intelligence a reasonable opportunity to know what is prohibited, so that he may act accordingly.... Second, if arbitrary and discriminatory enforcement is to be prevented, laws must provide explicit standards for those who apply them. A vague law impermissibly delegates basic policy matters to policemen, judges and juries for resolution on an *ad hoc* and subjective basis, with the attendant dangers of arbitrary and discriminatory application.[242]

The American cases revealed that one of the goals was to prevent the granting of too much discretionary power to the authorities who were charged with interpreting and applying the laws. Judge Lamer, therefore, asked the following question:

> ... is the statute so pervasively vague that it permits a ''standardless sweep'' allowing law enforcement officials to pursue their personal predilections?[243]

Judge Lamer also presented another objective:

> Clearly, it seems to me that if a person is placed at risk of being deprived of his liberty when he has not been given fair notice that his conduct falls within the scope of the offence as defined by Parliament, then surely this would offend the principles of fundamental justice.[244]

Thus, the doctrine of vagueness does not require that a law have an absolute certainty, since the courts are in place in order to interpret the laws. What is important, therefore, is that a law, whose possible sanction includes the deprivation of a person's liberty or security, must not be of an ''unacceptable degree of vagueness''.[245]

---

[241] *Connally v. General Construction Co.*, 269 U.S. 385 (1926), translated passage found in *Reference Re Criminal Code (Man.), supra*, note 230, p. 1151.
[242] 408 U.S. 104 (1972), excerpt from *Reference Re Criminal Code (Man.), supra*, note 230, p. 1153.
[243] *Supra*, note 230, p. 1157.
[244] *Ibid.*, p. 1155.
[245] *Ibid.*, p. 1157.

The Supreme Court unanimously confirmed this approach in the July 1992 case of *R. v. Nova Scotia Pharmaceutical Society*. Under section 7 of the *Charter* "it is a principle of fundamental justice that the laws may not be too vague".[246]

The dispute centred around section 45 of the *Competition Act*[247] which criminalized the offence of preventing or lessening unduly competition. Judge Gonthier, speaking for the Court, proceeded to give a long overview. He recalled that the "doctrine of vagueness" rests upon the primacy of law and upon the principles which state that citizens must be reasonably forewarned and that the discretionary power in terms of the application of the law must be limited. The reasonable forewarning of citizens contains a formal aspect (the awareness of the legal text itself) and a material aspect (the awareness that a certain conduct is subject to certain legal restrictions). The primary concern about limiting the discretionary power in terms of the application of the law is that a law must not lack so much precision that its application has an effect of automatically declaring an individual guilty.

According to Judge Gonthier, therefore, the doctrine of vagueness can be summarized by the following proposition: a law will be judged to be so vague that it is unconstitutional if it lacks precision to the point that it cannot sufficiently guide the judicial debate. That is to say, for attempting to understand its meaning by reasoned analysis which applies legal criteria. The term "judicial debate" is not used in order to express a new norm or to avoid that which the Supreme Court has already created. Rather, it covers the same norm and the same criteria of reasonable warning and the limitation of discretionary power in the application of the law, considered in the global context of an analysis of the quality and of the limits of the knowledge which the citizens have with regards to the application of the law. The criteria of the absence of the judicial debate is naturally connected to the principles of the primacy of law. The legislative clauses not only bring out into the open what is generally accepted and what is generally not accepted, but they also give certain indications with regards to the limits of what is acceptable. They provide a boundary, a guide to help control conduct, but certainty exists only when the law is applied by a competent authority. By stating what is acceptable and what is not acceptable, these norms may give rise to a judicial debate. Thus, they limit the discretionary power by introducing dividing lines and they sufficiently outline a level of risk under which citizens must be warned with regards to the norm to which they are subject. One cannot ask for more assurance from the law. The modern state intervenes in certain parts of legislative texts which are inevitably general, but with regards to their foundation, these texts must nonetheless remain

---

[246] [1992] 2 S.C.R. 606, p. 626.
[247] R.S.C. 1985, c. C-34.

intelligible. The norm of the "absence of judicial debate" applies to all legal texts in civil law, criminal law, administrative law, or any other type of law.

It was judged that section 45 [previously 31(1)(c)] does not, because of its vagueness, violate section 7 of the *Charter*. According to Judge Gonthier, this clause states a general norm which represents a clear principle which has a meaningful sense and application. Even though it has no precise technical sense, the word "unduly" is a commonly used word which indicates a sense of seriousness.

In addition, given the fact that section 32(1)(c) of the law is one of the oldest and one of the most important elements of Canadian economic policy and that it rationally leads to a discussion of the seriousness of the competitive effects, the legislators sufficiently limited the level of risk and the terms of the debate in order to satisfy the constitutional norm. Section 32(1)(c) becomes even more precise when one considers the content of the inquiry itself. The rest of the law and jurisprudence outlines the main factors of the examination process with regards to the market structure and the behaviour of the parties to the agreement, which in turn eliminates all imprecision which may remain.

In writing for the majority in the 1992 case of *Morales*, Chief Justice Lamer confirmed this approach, even if it is no longer section 12(e) of the *Charter* which is invoked to protect vagueness in section 515(10)(b) of *Criminal Code*. This section stipulates that the detention under guard of a person accused of a criminal act or of drug trafficking is justified only if "his detention is necessary in the public interest or for the protection or safety of the public". It is the "public interest" factor which is most strongly contested.

The majority believes that the criteria of public interest is so vague that it leaves a "standardless sweep" even if it is a judge who has rendered the decision. In citing *Nova Scotia Pharmaceutical Society*, it was recalled that the norm of vagueness applies "to all enactments, irrespective of whether they are civil, criminal, administrative or other".[248] Chief Justice Lamer added:

> A provision does not violate the doctrine of vagueness simply because it is subject to interpretation. To require absolute precision would be to create an impossible constitutional standard.[249]

However, one must see whether or not the courts can grant a "constant and settled meaning" to an expression such as public interest.

After reviewing the jurisprudence, the Court concluded that the expression constitutes "a discretionary norm":

---
[248] *R. v. Morales*, [1992] 3 S.C.R. 711, p. 729.
[249] *Ibid.*

The term provides no guidance for legal debate. The term authorizes a standardless sweep, as the court can order imprisonment whenever it sees fit.[250]

This term does not give any indication if it is susceptible of furthering the judicial debate. It leaves a large level of discretion since the Court may order an individual to be in prison whenever it judges this to be in the best interests. After this surprising declaration, the Court once again refers to *Nova Scotia Pharmaceutical Society*:

> What becomes more problematic is not so much general terms conferring broad discretion, but terms failing to give direction as to how to exercise this discretion, so that this exercise may be controlled.[251]

The majority of the Court concluded that the term "public interest" given by the courts "is incapable of framing the legal debate in any meaningful manner or structuring discretion in any way."[252]

The Court also added the following defeatist statement:

> Nor would it be possible in my view to give the term "public interest" a constant or settled meaning. . . . No amount of judicial interpretation of the term "public interest" would be capable of rendering it a provision which gives any guidance for legal debate.[253]

However, the majority of the Court believes that this is not the case for the notion of "public security" which was sufficiently precise enough to have been the object of the judicial debate.

In *Finta*, the Court decided that given that International Law is not codified and that one must necessarily seek the opinions of experts and of doctrine in order to interpret it, this does not in and of itself make a legislative clause vague or uncertain.[254] The warning may focus more so on the basis of the law; that is to say, the awareness that a certain conduct is included and reprimanded by the law. The expressions "war crime" and "crime against humanity" are not in this respect constitutionally invalid, with regards to section 7.

In the case of *Heywood,* a majority of the Court decided that the restriction to liberty as stated in section 179(1)(*b*) of the *Criminal Code* (loitering in or near a school ground, playground or public park) is vague and excessive. The prohibition restricts liberty much more than is necessary

---

[250] *Ibid.*, p. 732.
[251] *Ibid.*; see also *Nova Scotia Pharmaceutical Society, supra,* note 235, p. 642.
[252] *Ibid.*
[253] *Ibid.*
[254] *R. v. Finta,* [1994] 1 S.C.R. 701, pp. 868-869.

in order to obtain its objective.[255] The Court feels that excessive scope and vagueness are two different concepts.[256]

(d) Fundamental Justice and Administrative Justice

We have devoted many studies to the phenomenon of the progressive constitutionalization of administrative law under the influence of the *Charter*: this is in large part due to section 7.[257] This section has been invoked primarily by those individuals whose liberty and security has been affected in the areas of immigration, criminal law, disciplinary law or extradition law. Section 7 has also played a role in the establishment of the principle of impartiality and independence of the administrative tribunals. Section 7 also allowed certain requirements, under what is called administrative repressive law, to be made more precise.

Given the warning provided by the Supreme Court which holds that "these words cannot be given any exhaustive content or simple enumerative definition",[258] the Federal Court has indicated what must be considered as a procedure which respects fundamental justice in administrative law.

> A further observation is that the standard of what is required to satisfy the section in its procedural sense, as it seems to me, is not necessarily the most sophisticated or elaborate or perfect procedure imaginable but only that of a procedure that is fundamentally just. What that may require will no doubt vary with the particular situation and the nature of the particular case. An unbiased tribunal, knowledge by the person whose life, liberty or security is in jeopardy of the case to be answered, a fair opportunity to answer and a decision reached on the basis of the material in support of the case and the answer made to it are features of such a procedure.[259]

The respect of the principles of fundamental justice consists of giving a procedural protection which is proportionate to the interests at stake. Thus,

---

[255] *R. v. Heywood*, [1994] 3 S.C.R. 761.

[256] The concept of "excessive scope" was developed in the context of the analysis of s. 1 of the *Charter* in *Committee for the Commonwealth of Canada v. Canada* [1991] 1 S.C.R. 139, p. 208; *Osborne v. Canada (Treasury Council)* [1991] 2 S.C.R. 69, p. 95.

[257] In particular, see P. Garant, *Droit administratif*, 3ième édition, tome 3 "Les Chartes" 623 pages (Cowansville: Ed. Y. Blais, 1992); J.M. Evans "The principles of fundamental justice: the constitution and the common law" (1991) 29 *Osgoode Hall L.J.* 52; D. Mullan, "The impact of the Charter on administrative procedure: the meaning of fundamental justice" (1990), *Pitlado Lectures*, Law Society of Manitoba, 1991 c. 2, pp. 29-51; I. Holloway, "The transformation of Canadian administrative law" (1993) 6 *Can. J. Admin. Practice* 295-330. M. Manning, "Administrative tribunals, Charter and constitutional issues in disciplinary proceedings" (1934) 7 *Can. J. Admin. Practice* 109-134.

[258] *Re B.C. Motor Vehicle Act, supra*, note 212, p. 513 (Lamer J.).

[259] *Howard v. Stony Mountain Institution*, [1984] 2 F.C. 642 at 661 (C.A.); leave to appeal to S.C.C., quashed [1987] 2 S.C.R. 687.

when the rights in question are less important, the procedural protection may be based on the rules of procedural equity, while under more serious circumstances, procedural protection must correspond to the traditional rules of natural justice.

Thus, the applicability of the principles of fundamental justice does not depend on the classification of functions, which would be accomplished through the qualifications of judicial or administrative decisions. Apart from not sealing off judicial guarantees in relation to the classification of their functions, and having a more expansive content than the principles elaborated by common law, the protection provided by section 7 has the advantage that it cannot be reduced or excluded by the legislator, unless done so by a direct dispensation or through the notwithstanding clause.

Nonetheless, section 7 does not have only a purely procedural application. However, how can one transfer the substantive fundamental justice in administrative law, this "other component of our judicial system", as expressed by Judge Lamer in *Re Reference Motor Vehicle Act*? According to Judge Dickson in *Morgentaler*, this can be interpreted as meaning that all laws, regulations and directives may be revised by the courts:

> I have no doubt that s. 7 does impose upon courts the duty to review the substance of legislation once it has been determined that the legislation infringes an individual's right to "life, liberty and security of the person".[260]

In *Morgentaler*, two other judges of the majority held that the principles of fundamental justice had been violated because the law does not precisely state which criteria must be applied by the therapeutic committees.[261] This absence of norms evidently concerns the basis of the law rather than the procedure. However, it is quite rare that the courts have focused on the substance of administrative norms contained in legislation and concluded that they were contrary to substantive fundamental justice.[262]

(i) *In the Area of Imprisonment*

In the areas of prison discipline, penitentiary transfer and conditional liberation, section 7 of the *Charter* has been invoked many times. A detainee who has to face the prison disciplinary process may invoke many procedural guarantees which stem from the rules of natural justice: the right to be advised, the right to a hearing in which he may assist, the right to put forward his means, the right to be represented by a lawyer, the right to consult his

---

[260] *R. v. Morgentaler, supra*, note 13, p. 53.
[261] *Ibid.*
[262] *Litwak v. Canada (National Parole Bd.)*, [1986] 3 F.C. 532 (T.D.); *Maxie v. Canada (National Parole Bd.)* (1986), [1987] F.C. 617 (C.A.); *Dion v. Canada (P.G.)*, [1986] R.J.Q. 2196 (C.S.), reversed, C.A., 21/5/90.

legal file, the right to call in witnesses, the right to a cross-examination, the right to certain rules of proof, the right to a stay in the proceedings, the right to a well-founded decision. None of these rights are of an absolute nature. A detainee, whose liberty or security has been negatively affected, must demonstrate that due to the particular circumstances of the case at hand, these rights must be granted to him.[263]

The most important jurisprudence in this respect concerns the right to be represented by a lawyer. In the case of *Howard*,[264] the Federal Court of Appeal stated that this right is not absolute in nature but rather is derived from the right to adequately present one's case:

> I am of the opinion that the enactment of section 7 has not created any absolute right to counsel in all such proceedings. It is undoubtedly of the greatest importance to a person whose life, liberty or security of the person are at stake to have the opportunity to present his case as fully and adequately as possible. The advantages of having the assistance of counsel for that purpose are not in doubt. But what is required is an opportunity to present the case adequately and I do not think it can be affirmed that in no case can such an opportunity be afforded without also as part of it affording the right to representation by counsel at the hearing.[265]

The right to legal representation depends on the evaluation of the circumstances by the Chief Justice. He must ask himself whether or not the refusal to grant legal representation will necessarily entail a violation of fundamental justice. Contrary to the rules in common law, since the advent of section 7, legal representation is a right which, although not absolute in nature, is not left to the discretionary power of the president of a tribunal.[266] It has now become a question of law. The refusal of the Chief Justice to grant legal representation may not be seen as a hinderance for a higher level court to re-examine the same question.[267]

> ... in my opinion, his denial of such a request cannot be regarded as an adjudication of the right and cannot prevent a superior court in the exercise of supervisory jurisdiction from determining the question on its own.[268]

---

[263] See P. Garant, Droit Administratif Tome 3, p. 167.

[264] *Howard v. Stony Mountain Institution*, *supra*, note 259.

[265] *Ibid.*, pp. 662-663. "The existence of the right admittedly depends on the facts." (MacGuigan J., p. 685); *Mitchell v. Crozier*, [1986] 1 F.C. 255.

[266] *Ibid.*, p. 663.

[267] *Savard v. Edmonton Institution Disciplinary Court* (1986), 3 F.T.R. 1 at 4 (T.D.).

[268] *Howard v. Stony Mountain Institution*, *supra*, note 259, p. 664. The comments by Judge Thurlow on this issue has led to many questions. He begins to discuss this topic on p. 663 by stating "... the authority to decide whether it is a case in which counsel must be allowed is not vested in the presiding officer of the disciplinary court". Subsequent judgements have clarified this point. Thus, in *Savard*, supra, note 267, Judge Reed states that "D'après moi, le juge en chef veut dire que dans certains cas, les détenus ont le droit

If the circumstances do not justify legal representation in order for the principles of fundamental justice to be respected, the Chief Justice may nonetheless, in virtue of his residual discretionary power in procedural matters, authorize legal representation.[269] This possibility is found outside of the sphere of section 7.

Thus, the granting or refusal of legal representation necessarily revolves around the particular circumstances of each case. Judge MacGuigan uses the same elements which were retained by a British judge, Judge Webster, in the case of *Tarrant*:[270] (a) the seriousness of the accusation and the nature of the punishment which may be imposed; (b) the probability that legal points will be raised; (c) the ability of the detainee to explain his case on his own; (d) the level of difficulty in procedural matters; (e) the necessity of obtaining a decision in a reasonably short delay; (f) the need for equity, on the one hand, between prisoners themselves and, on the other hand, between the prisoners and the prison workers.[271] It is not necessary that all the factors be present in a given case.

The transfer of an individual to a prison is part of the process which differentiates incarcerated individuals and attempts to respond to the needs of each individual. Once the prison sentence has been rendered, the individual is received or transferred to a type of reception centre where authorities will review security needs and a program will be made available in order to place the offender in the appropriate penitentiary. Each establishment is granted a certain level of security which corresponds to the degree of control required by each particular group of detainees so that order is maintained in each particular establishment. Once the offender has been transferred to a penitentiary, the correctional authorities may, whenever necessary, move the offender if his security needs change or if the programs are modified.

There is no doubt that the decision to move the offender from one penitentiary to another is a decision which is taken by the correctional authorities and has an important impact on the detention conditions, and therefore, on the extent of the offender's liberties. Moreover, under certain circumstances, the decision to transfer may affect the period of incarceration

---

d'être représentés par un avocat, ce n'est pas une question de discrétion''. The Judge is in accordance with the fact that, at first, it is the president who must evaluate the circumstances. Also, in *Thériault v. Federal Training Centre* (1987), 16 F.T.R. 14 (T.D.) (Denault, J.), pp. 14-15.

[269] *Howard, supra*, note 259, p. 663.

[270] *R. v. Secretary of State for the Home Department; Ex parte Tarrant*, [1984] 2 W.L.B. 613, pp. 635-637 (Q.B.D.).

[271] *Howard, supra*, note 259, p. 685. Judge Thurlow does not refer to the criteria in *Tarrant*. His criteria for evaluation are the following: "...will depend on the circumstances of the particular case, its nature, its gravity, its complexity, the capacity of the inmate himself to understand the case and present his defence. The list is not exhaustive." (p. 663).

by either delaying the conditional liberation or by implicating a refusal to grant a reduction in the sentence.

By modifying the conditions of the detention, the transfer of an offender may affect his residual liberties. More specifically, there is a negative effect on the liberty of an offender when the conditions imposed are more restrictive and severe. According to the notion of "a prison within a prison",[272] the remaining rights of incarcerated individuals — that is to say their residual liberties — will be negatively affected.[273] The classification of penitentiaries according to level of security allows one to note the slow, yet important, degradation of liberty with regards to these establishments. The Supreme Court in *R. v. Miller* described the changes in the conditions of detention which correspond to a deprivation of liberty as follows:

> In effect, a prisoner has the right not to be deprived unlawfully of the relative or residual liberty permitted to the general inmate population of an institution. Any significant deprivation of that liberty, such as that effected by confinement in a special handling unit meets the first of the traditional requirements for *habeas corpus*, that it must be directed against a deprivation of liberty.[274]

The attack on the residual liberties of a detainee does not result solely from the imposition of additional constraints; the liberty of incarcerated individuals is a much larger concept. Thus, in *Cardinal v. Kent Institution*, the Supreme Court held the belief that administrative segregation constitutes a much more restrictive and severe detention than that which is imposed on the incarcerated population in general.[275] This form of detention was judged as being severe because it seriously restricts the mobility, the activities and contact with other detainees.[276] In other cases, a heavier atmosphere, frequent investigations, and more limited access to recreational services were considered to be restrictions on residual liberties.[277] However, jurisprudence makes a distinction between establishments which are less pleasant but at the same level of security versus establishments which have a different level of security[278] in which the liberties are considerably less and the surveillance of the detainees is much more strict.[279]

The procedural guarantees granted in matters of transfers can be summarized as follows: the right to be notified that a transfer will be proposed

---

[272] *Martineau v. Matsqui Institution* (No. 2), [1980] 1 S.C.R. 602, p. 622.

[273] *Solosky v. Canada*, [1990] 1 S.C.R. 821, p. 389; *R. v. Miller*, [1985] 2 S.C.R. 613, p. 637.

[274] *R. v. Miller, ibid.*, p. 637.

[275] [1985] 2 S.C.R. 643, p. 653.

[276] *Ibid.*, p. 648.

[277] *Balian v. Canada (Regional Transfer Bd.)* (1988), 62 C.R. (3d) 258 (Ont. H.C.).

[278] *R. v. Rowling* (1980), 57 C.C.C. (2d) 169 (Ont. H.C.). The Court refused to grant a detainee's demand to address his transfer, which he believed was to a less pleasant establishment.

[279] *Hay v. Canada (National Parole Bd.)* (1985), 13 Admin. L.R. 17, at 27-28. (Fed. T.D.).

and to be informed of the specific reasons behind this decision; the right to contest in writing this decision and to take into account the reasons behind the offender's contestation; and the right to have this decision transmitted to him.[280]

In the last 15 years, the judicial aspect of the process involving the granting, suspension, and revocation of conditional liberations has evolved considerably. A first jurisprudential shock was felt with the advent of procedural equity in our administrative law — that is to say, the obligation to act equitably *vis-à-vis* all of the organizations which exercise the administrative functions. The second shock was provoked by the advent of the 1982 Constitutional *Charter* whose jurisprudential impact is being felt these last couple of years.

One may first ask whether or not section 7 provides for the existence of a right to a conditional liberation or whether or not this must still be considered a privilege. The distinction between a right versus a privilege is of fundamental importance since it will determine, to a large extent, the degree of procedural equity which the NPB (National Parole Board) must respect. In the case of *Singh*, Judge Wilson questions the distinction between a right and privilege, and goes back to the analysis provided by Judge Laskin in *Mitchell* (who was then dissident). Emphasis is placed on the consequences involved with the revocation of a conditional liberation rather than the fact that it is considered a privilege.[281]

More recent jurisprudence has held the belief that section 7 must be applied since the individual was already free and that an infringement on his "conditional liberty" must conform to the principles of fundamental justice under section 7, as if it was a complete and ordinary liberation.[282]

There is no doubt that certain important differences exist between the granting and the revocation of a conditional liberation, since according to the classical view of administrative law, the former is more closely associated with a privilege. The main procedural criteria required by the law and developed by the case law, make the appropriate distinctions in order to grant or revoke parole. Three of the main procedural guarantees are the following: the right to information concerning all of the proof submitted to the NPB and its obligation to motivate its decisions; the right to a hearing which includes the right to be heard personally and the right to be present for an entire hearing; and the right to be represented by a lawyer.

---

[280] *Lee v. Canada (Correctional Services)*, [1994] 1 F.C. 15 (T.D.).

[281] *Singh, supra,* note 4.

[282] *Cadieux v. Mountain Institution,* [1985] 1 F.C. 378 at 388 (T.D.) *Staples v. Canada (National Parole Bd.),* [1985] 2 F.C. 438 (T.D.). *Dempsey v. Canada,* [1987] 1 F.C. 528, affirmed (1987), 34 C.C.C. (3d) 95 (Fed. C.A.). *Brynthwich v. Canada (National Parole Bd.),* [1987] 2 F.C. 184 (T.D.).

The advent of the 1982 *Charter* brought forth the complete protection of rights granted to detainees. By stipulating in section 7 that any deprivation to the liberty of an individual must be made in conformity with the principles of fundamental justice, the *Charter* constitutionalized the previously recognized rules of procedural equity.

Thus, one can group into three main categories the guarantees provided in the *Charter* for procedural matters. First of all, it was recognized that at all times the detainee must be made aware of the principle elements which the commission will consider in his case. However, it was also recognized that the non-disclosure of information for reasons of confidentiality constitutes a reasonable limit under section 1 of the *Charter*. Concerning the right to be heard, we have seen that no absolute right to a hearing existed in matters of conditional liberation. Thus, the type of hearing will depend on the importance of the consequences on the detainee arising from the decision of the commission. However, if the right to be present at a hearing is granted, then it is granted for the entire hearing. Therefore, the detainee can only be judged by the commissioners who have heard his testimony. Finally, in terms of the *Charter*, the right to a lawyer is recognized for the entire part of the process which deals with conditional liberation, although a certain number of the easily applicable criteria must be present.

In addition, the large interpretation made to the notion of fundamental justice has forced the courts to hear the scope and the extent of the rights recognized by the new natural justice. In effect, since the *Reference Re Motor Vehicle Act* case, the Court has attempted to apply the principle of the substantive fundamental justice to the problems of conditional liberation. It appears evident that this principle is fully applicable and that the different conditions imposed on the detainee must be reasonable. In addition, the legislative norms and regulations which are the basis of the decisional power of the commissions which deal with conditional liberation must also be reasonable at the provincial as well as the national level.

(ii) *In Matters of Immigration, the Right to Asylum, Extradition and Deportation*

There has been a large number of refugee claimants and immigrants who have demanded *Charter* protection. Not only was the liberty of these individuals placed in question, but in many cases, their physical security, psychological well-being, or even their lives were threatened.

The first explosive case for the Supreme Court in this area revealed the importance of section 7. The shock waves sent by the *Singh* case provoked a reform without precedent in this branch of public law.[283]

---

[283] *Singh v. Canada (Min. of Employment & Immigration)*, *supra*, note 4. Please see: J.

In this case, the Supreme Court, which had six judges sitting on the bench, had to decide whether or not a group of Sikhs could obtain refugee status according to the United Nations Convention relative to the status of refugees. Based on the opinion of the consultative committee on the status of refugees, the Minister of Employment and Immigration had rejected the appellant's request for an appeal which was rejected by the Immigration Appeal Commission. The Federal Court of Appeal rejected the request for an annulment which was brought forth by claimants. The Sikhs asked the Supreme Court to determine whether or not the procedure relative to requests for refugee status, as outlined in the 1976 *Immigration Act*, respected the *Charter*. The Court ordered a referral of the request to the Immigration Appeal Commission so that the latter could proceed to a formal hearing based on merit in conformity with the principles of fundamental justice as stated in section 7 of the *Charter*.

Judge Wilson, along with Judges Dickson and Lamer, believe that "the present situation falls within the constitutional protection afforded by the *Charter*" and base their decision on the *Charter* even though the Canadian Declaration of Rights remained completely applicable in virtue of section 26 of the *Charter*.

The process which will lead to the decision of whether or not to grant refugee status contains three steps, although the first two steps deal with a simply administrative procedure while the third step focuses on a quasi-judicial or jurisdictional procedure. The request for refugee status is received by the Minister of Immigration and an investigation follows. If there is a possibility that the claimant may be refused and thereby receive an order to return to his country of origin or a notice of forbidding him to stay in Canada, an upper level immigration officer must proceed with an examination under oath. The ministry submits the petition to the Consultative Committee on Refugees which then advises the minister. A final decision is made by the minister. These two steps are of a simple administrative nature but the procedure which is followed must nonetheless conform with the principles of procedural equity.

Judge Wilson begins to limit the extent of this procedural equity by reviewing the general rules of administrative law. This obligation of procedural equity varies according to the circumstances and the scheme of the act concerned and requires that the administration, at the very least, permit the appellants to be heard other than solely by their request or by their

---

Hathaway, *The Law of Refugee Status* (Toronto: Butterworths, 1991), p. 252. P. Gleen, *Strangers at the Gate: Refugees, Illegal Entrants and Procedural Justice* (Cowansville: Ed. Y. Blais, 1992), p. 112. F. Crepeau, "Le réfugié et la protection des Chartes" — *Droit de la personne: l'émergence de droits nouveaux* (Cowansville: Ed. Y. Blais, 1992), pp. 237–272. *Développements récents en droit de l'immigration* (Cowansville: Ed. Y. Blais, 1993).

examinations. The Court adopted the same conclusions with regards to the Consultative Committee on the Status of Refugees since this committee, even though it does not have a decisional power, does not provide accessibility to the policies and information used during the study of the request. In its entirety, it is essentially a process which functions in isolation, contrary to the requirements of procedural equity. The decision of the ministry may be appealed to the Immigration Appeal Commission, a quasi-judicial and autonomous tribunal, by a motion for re-examination. Under section 71 of the law, the commission is under an obligation to hold the hearing only "if it is of the opinion that there are reasonable grounds to believe that a claim could, upon the hearing of the application, be established". Thus the law expressly authorizes the commission to not hold a hearing. But is this an option which is compatible with section 7 of the *Charter*? Before the *Charter*, it was recognized that the legislator could directly reduce or even exclude the principle of natural or fundamental justice.

In order for the claimants to demonstrate to the commission that the minister has committed an error, they must at least be aware of the factors in the minister's decision. This "highly contradictory" procedure must at the very least grant the claimants the possibility of having access to their file in order to allow them to prepare their proof.[284]

In this case, there was a violation of fundamental justice by the minister and the committee because they did not allow the claimants to be fully aware of the contents of their file. But what was considered to be even more serious, was the fact that the Immigration Appeal Commission, by not holding a hearing, prevented the claimants from having access to justice. However, Judge Wilson qualifies the requirement to hold a formal hearing:

> My greatest concern about the procedural scheme ... is not, therefore, with the absence of an oral hearing in and of itself, but with the inadequacy of the opportunity the scheme provides for a refugee claimant to state his case and know the case he has to meet.[285]

A new hearing must be held in the case of a re-examination since a re-examination constitutes, in fact, a new request for status after the initial refusal.[286] In addition, a rigid or strict application of a delay limiting the request for re-examination by the commission is incompatible with the principles of fundamental justice.[287]

The refusal by an arbitrator to re-open an investigation as provided for by the law according to the conditions set out in section 45 in which a claim for refugee status must be made only in the course of the investigation, was

---

[284] *Singh, ibid.*, pp. 214-216.
[285] *Ibid.*, p. 214.
[286] *Padda v. Canada (Min. of Employment & Immigration)*, [1988] 3 F.C. 147 (T.D.).
[287] *Bains v. Canada (Min. of Employment & Immigration)*, [1989] 3 F.C. 487.

judged to violate section 7. This claimant was mentally ill and therefore could not appreciate the consequences of the situation.[288] These questions of re-opening an investigation are subject to the requirements of fundamental justice.[289] It is particularly the case when the claimant may be asked to provide new proof with regards to persecution.[290]

An expulsion is not necessarily fundamentally unjust if it re-establishes the situation which existed before the illegal entry into the country and so long as there was a hearing in front of an arbitrator along with legal representation.[291]

When an individual from a foreign country asks for refugee status, he must submit to an initial examination at a control post and an interview with an official from immigration. These are administrative measures which do not require the assistance of a lawyer.[292]

The fact that the law determines the conditions which will allow a request for refugee status to be seen as admissible does not in and of itself infringe upon the principles of fundamental justice.[293] This is especially the case vis-à-vis the obligation for the individual who is requesting asylum to prove a "credible basis".[294] In addition, the dispositions of the law which govern the annullment of citizenship, when this has been obtained through false declarations, are not incompatible with section 7.[295]

The expulsion of a refugee, in the sense of the convention, who has been found guilty of serious criminal offences, is not in and of itself contrary to fundamental justice. Nor is the refusal of the commission to use discretionary power based on humanitarian considerations, because of circumstances surrounding these crimes.[296]

It is not incompatible with fundamental justice for the department of refugee status to take into consideration the changes of circumstances in the country of origin which would lower the risk of persecution.[297] A delay, which might even be abusive, vis-à-vis the procedures concerning the re-

---

[288] *Mattia v. Canada (Min. of Employment & Immigration)*, [1987] 3 F.C. 492.

[289] *Kaur v. Canada (Min. of Employment & Immigration)*, [1990] 2 F.C. 209 (C.A.); *Longia v. Canada (Min. of Employment & Immigration)*, [1990] 3 F.C. 288 (C.A.); *Canada v. Chung (Min. of Employment & Immigration)*, [1993] 2 F.C. 42 (C.A.).

[290] *Grewall v. Canada (Min. of Employment & Immigration)*, [1992] 1 F.C. 581 (C.A.).

[291] *Kindler v. MacDonald*, [1987] 3 F.C. 34 (C.A.).

[292] *Delghani v. Canada (Min. of Employment & Immigration)*, [1993] 1 S.C.R. 1053.

[293] *Berrahma v. Canada (Min. of Employment & Immigration)*, [1992] 132 N.R. 202 (C.A.); *Jafari v. Canada (Min. of Employment & Immigration)*, [1995] 1 F.C. 284 (T.D.), reversed [1995] 2 F.C. 595 (C.A.).

[294] *Oreliem v. Canada (Min. of Employment & Immigration)*, [1992] 1 F.C. 592 (C.A.).

[295] *Canada v. Sadiq*, [1991] 1 F.C. 757 (T.D.).

[296] *Barrera v. Canada (Min. of Employment & Immigration)*, [1993] 2 F.C. 3 (C.A.) (7-year prison sentence for rape).

[297] *Mileva v. Canada (Min. of Employment & Immigration)*, [1991] 3 F.C. 398 (C.A.).

quest for status, do not infringe upon the principles of fundamental justice since the claimants are beyond the persecutions of their countries, and thus, do not undergo any harm during this delay.[298]

When a request for asylum contemplates humanitarian consideration, the applicant must be given the chance to explain his case and present his arguments. However, the Minister has discretionary power and his decision does not have to be written in order for it to be deemed equitable.[299]

The restrictions imposed by the law on the status of a permanent resident being able to remain in Canada after having committed criminal infractions does not necessarily infringe upon the principles of fundamental justice.[300] In addition, the procedure established by the law for determining if the condition concerning the absence of serious criminal offences has been violated, a condition attached to the right of permanent residency in Canada, is not contrary to fundamental justice.[301]

The courts capable of rendering a decision on the eligibility and the credible basis of a request for asylum must decide if the *Charter* was respected and refrain from issuing a departure notice during the investigation in which the plaintiff was exonerated from allegations of having worked illegally.[302]

Extradition is a complex operation through which Canadian authorities, in virtue of international law, or interstate conventions, would hand over a fugitive to the authorities of a foreign country. This operation is under the control of Canadian Law on Extradition and includes two distinct phases: a judicial phase during which the Court determines if the extradition was justified on a factual and legal level, and an administrative phase during which the Minister of Justice exercises a large discretionary power in order to decide whether or not he will issue an order to extradite.[303]

Section 7 of the *Charter* applies to the entire process.[304] Hence, the fugitive is protected by section 7 against procedural judicial abuses or delays

---

[298] *Aktar v. Canada (Min. of Employment & Immigration)*, [1991] 3 F.C. 32 (C.A.).
[299] *Said v. Canada*, [1992] 2 F.C. 728 (T.D.).
[300] *Canepa v. Canada (Min. of Employment & Immigration)*, [1992] 3 F.C. 270 (C.A.), leave to appeal to S.C.C. refused (1993), 148 N.R. 238 (note) (S.C.C.).
[301] *Nguyen v. Canada (Min. of Employment & Immigration)*, [1993] 1 F.C. 696 (C.A.), leave to appeal to S.C.C. refused (1993), 163 N.R. 80 (note) (S.C.C.).
[302] *Canada (Min. of Employment & Immigration) v. Agbasi*, [1993] 2 F.C. 620 (T.D.).
[303] *Idziak v. Canada (Minister of Justice)*, [1992] 3 S.C.R. 631; *Kindler v. Canada (Min. of Justice)*, [1991] 2 S.C.R. 799, p. 798; *Bouthillier v. Downs* (1992), 51 Q.A.C. 31 (C.A.); *United States v. Cotroni*, [1989] 1 S.C.R. 1469.
[304] *Canada v. Schmidt*, [1987] 1 S.C.R. 500, p. 520; see also: A.J. Spencer, "Fugitive Rights: The Role of the Charter in Extradition Cases" (1993) 51 *U. of T. Fac. L. Rev.* 54-79. R.P. Cohen, "Fundamental (in) justice: The deportation of long term residents from Canada" (1994) 32 *Osgoode Hall L.J.* 457-501.

caused by Canadian authorities.³⁰⁵ In and of itself, however, the entire process, including the large discretionary power granted to the Minister by the law, is not contrary to fundamental justice.³⁰⁶ The Minister, however, must act in an equitable fashion. In particular, he must weigh the observations of the fugitive relative to Canada's international obligations stemming from treaties.³⁰⁷ Section 25 of the law which permits extradition without guaranteeing that the death penalty will not be applied in the country of origin does not infringe on natural justice. It is in conformity with custom in the area of extradition, interpreted along a historical line and in light of contemporary circumstances, along with Canadian society's views on justice and equity.³⁰⁸ The Minister is under no obligation to provide a formal hearing at the last stage of the final decision.

The only case in which extradition must be refused is if the situation is so unacceptable that it "shocks the consciousness". For example, this would be the case if the fugitive were to be tortured.³⁰⁹

Section 7 of the *Charter* plays an important role in matters of immigration and extradition. However, one must remember what Judge Sopinka wrote in *Chiarelli*:

> The most fundamental principle of immigration law is that non-citizens do not have an unqualified right to enter or remain in the country.³¹⁰

Thus, such substantive protection is rather limited, even though the requirements of an equitable procedure are more pronounced but vary depending on whether or not the procedure has a judicial, quasi-judicial or administrative base.

(iii) *In Regulatory Matters*

An important branch of administrative law, which is often called "regulatory law", has been significantly affected by the advent of the *Canadian Charter*, even if it does not specifically protect economic rights, and, even

---

³⁰⁵ *Argentina v. Mellino*, [1982] 1 S.C.R. 536; *United States v. Allard*, [1987] 1 S.C.R. 564; *R. v. Monasterios* (1991), 43 Q.A.C. 202 (C.A.), leave to appeal to S.C.C. refused (1992), 141 N.R. 160 (note) (S.C.C.).

³⁰⁶ *Kindler, supra*, note 303.

³⁰⁷ *Ibid.*

³⁰⁸ *Kindler v. Canada (Min. of Justice)*, [1991] 2 S.C.R. 779; *Jamieson v. Directeur du centre de prévention Parthenais*, [1992] R.J.Q. 561 (C.A.), leave to appeal to S.C.C. refused (1992), 73 C.C.C. (3d) vi (note) (S.C.C.).

³⁰⁹ *Ibid.*; *Jamieson v. Canada*, JE-93-1742 (C.S.), reversed by [1994] R.J.Q. 2144 (C.A.), in appeal: this last case concerned a 20-year obligatory minimum sentence for cocaine trafficking in Michigan.

³¹⁰ *Chiarelli v. Canada (Min. of Employment & Immigration)*, [1992] 2 S.C.R. 711, p. 733 (unanimous decision).

less so, property rights. An important part of this body of administrative law has a penal character. It is what may be entitled administrative repressive law, which includes the entire sanctions provided for the attainment of the legislator's objectives, whether these sanctions are administrative, disciplinary or even penal sanctions, other than strictly criminal.[311]

The Supreme Court had the opportunity in a number of cases dealing with the *Competition Act* to define the characteristics of this branch of administrative law and to specify the impact which section 7 may have upon the rights of individuals who are faced with these tough pieces of legislation.

It is not surprising that the principles of fundamental justice apply to the regulatory sections of legislation which, even before the *Charter*, were "regarded as a branch of administrative law to which traditional principles of criminal law have but limited application".[312]

As stated by the Supreme Court, the object of regulatory administrative law is:

> ... a wide category of offences created by statutes enacted for the regulation of individual conduct in the interests of health, convenience, safety and the general welfare of the public.[313]

In the case of *Thomson Newspapers Ltd. v. Canada (Director of Investigation & Research)*, Judges LaForest and L'Heureux-Dubé created a distinction between criminal law and law which is "regulatory . . . as part of our administrative law".[314] The Court, in its entirety, recognized this distinction in *Wholesale Travel*. Judge Cory specifically stated the following:

> The objective of regulatory legislation is to protect the public or broad segments of the public (such as employees, consumers and motorists, to name but a few) from the potentially adverse effects of otherwise lawful activity. Regulatory legislation involves a shift of emphasis from the protection of individual interests and the deterrence and punishment of acts involving moral fault to the protection of public and societal interests. While criminal offences are usually designed to condemn and punish past, inherently wrongful conduct,

---

[311] See also: K.R. Webb. "Regulatory offences, the mental element and the Charter: rough road ahead" (1989) 21 *Ottawa L. Rev.* 419; S.G. Requadt, "Regulatory offences since Wholesale Travel: The Need to Re-evaluate Sections 1, 7, and 11(*d*) of the Charter" (1993) 22 *Can. Bus L.J.* 407-465. C.S. MacMillan "Liburn in uniform? A Charter analysis of 'ordered statements' under the R.C.M.P. Act (1993) 2 *Dal L. Leg. Stud.* 93-139; P. Halley, "Les infractions de pollution et la Charte constitutionnelle" *R. v. Wholesale Travel Group Inc.* 1992 *Congrès du Barreau du Québec* 702-728.

[312] *R. v. Corp. Sault Ste. Marie (City)*, [1978] 2 S.C.R. 1299, p. 1302.

[313] *R. v. Wholesale Travel Group Inc.*, [1991] 3 S.C.R. 154, p. 217, citing *R. v. Pierce Fisheries*, [1971] S.C.R. 5.

[314] [1990] 1 S.C.R. 425, p. 506.

regulatory measures are generally directed to the prevention of future harm through the enforcement of minimum standards of conduct and care.[315]

Regulatory offences have considerable importance in our public law. It is "the primary mechanisms employed by governments in Canada to implement public policy objectives".[316] According to Judge Cory, these regulatory measures are "absolutely essential for our protection and well-being as individuals, and for the effective functioning of society".[317]

The essential distinction between a criminal offence and a regulatory offence is the following: the former deals with a "conduct that is, in and of itself, so abhorrent to the basic values of human society that it ought to be prohibited completely"; and the latter deals with a "conduct (which) is prohibited, not because it is inherently wrongful, but because unregulated activity would result in dangerous conditions being imposed upon members of society, especially those who are particularly vulnerable".[318]

We can note that the requirements of fundamental justice will differ depending on whether or not we are in a criminal or regulatory context. The Supreme Court believes that fundamental justice must be placed within these two contexts in order to pursue the study based on the *Charter*. Two reasons justify this distinction: the distinctive nature of regulatory activity and the fundamental necessity to assure the protection of vulnerable persons by laws of a regulatory nature. The first reason implies that the person accused of a regulatory offence is presumed, in a general way, to have accepted the conditions imposed on him by the law since he engaged in this regulative activity. The second reason rests upon the notion that in industrial complex societies there is the need to protect members of society, especially those whom are most vulnerable.[319]

What are the principles or rules which stem from fundamental justice in section 7 which may constitute the general principles of repressive administrative law or regulatory offences? It is not easy to list them since they have yet to be the object of a methical development by jurisprudence or doctrine.

One of the outcomes of the *Reference Re Motor Vehicle* case and *Vaillancourt*,[320] is that fundamental justice prohibits the attribution of criminal responsibility and the imposition of a sentence in the absence of proof that any fault was committed. When there is the possibility of a prison

---

[315] *Supra*, note 313, p. 219.
[316] *Ibid.*, p. 220: there were about 100,000 infractions at the federal level alone.
[317] *Ibid.*, p. 221.
[318] *Ibid.*, p. 218.
[319] *Ibid.*, p. 233; also *Irwin Toy Ltd. v. Québec (P.G.)*, [1989] 1 S.C.R. 927, p. 993; *Slaight Communications Inc. v. Davidson*, [1989] 1 S.C.R. 1038, p. 1051.
[320] *R. v. Vaillancourt*, [1987] 2 S.C.R. 636.

sentence, the law cannot attribute absolute responsibility at the risk of punishing someone who is morally innocent.

In all other cases, section 7 requires that a certain degree of fault be proven, which may be demonstrated by way of an intentional, subjective or objective proof, or by proof of a negligent act according to the nature of the infraction. The requirements of fundamental justice are fulfilled when responsibility is attributed relative to the action which violates the norm of reasonable diligence required by persons subjected to this regulation. One need not ask if the accused had "*mens rea*" but rather if proof was made of reasonable diligence. The creation of strict responsibility offences are not, in and of themselves, unconstitutional. The requirement of *mens rea* is not an absolute requirement. However, once the infraction is punishment by imprisonment, the legislator cannot detract from the possibility for the accused to present a proof of reasonable diligence.

If the presumption of innocence plays an important role in our criminal system, the reversal of the burden of proof in regulatory matters is justifiable as a reasonable limit in a free and democratic society.[321] Thus, in this case, it is up to the accused to show to the Court, following the preponderance of probabilities, that he used reasonable diligence; otherwise, he will be seen as guilty. Depending on the law, he will receive either a fine or imprisonment.

The case of *Wholesale Travel* seems to have settled the controversial question concerning the reversal of the burden of proof under regulatory law. Thus, for example, the provisions in the area of road infractions which presume that the owner of the vehicle is guilty unless he can prove that he was not driving the vehicle, would be constitutionally validated as being reasonable and justifiable under section 1.[322]

Fundamental justice, under section 7, offers a residual protection in the area of regulation. However, if "s. 7 of the *Charter* entitles . . . to a fair hearing; it does not entitle to him the most favourable procedures that could possibly be imagined".[323]

It would seem that the right to maintain silence, which is rigorously applied in criminal matters,[324] the non-compellability of a witness and the immunity against the use of derivative evidence, cannot be transferred to the area of regulatory law and even less so to the administrative investigations which are related.[325] However, the Supreme Court seems to have done an about face in many of the 1995 cases. First of all, the Court analyzed the

---

[321] *Supra*, note 313, p. 257 (Iacobucci J.).
[322] *R. v. Gray* (1989), 44 C.C.C. (3d) 222 (Man. C.A.); *contra R. v. Burt* (1988), 38 C.C.C. (3d) 299 (Sask. C.A.); *R. v. Pellerin* (1989), 47 C.C.C. (3d) 35 (Ont. Dist. Ct.).
[323] *Thomson Newspapers Ltd. v. Canada, supra*, note 314, p. 540 (per La Forest J.).
[324] *R. v. Hébert*, [1990] 2 S.C.R. 151.
[325] *Supra*, note 314.

state of the law with regards to the principle of non-compellability of witnesses in criminal law.[326] Then, it applied these rules to an administrative investigation.

The Court decided that the Securities Commission's right, which is conferred upon it by law, to summon people to appear or to summon them to produce documents, is not contrary to fundamental justice.[327] An investigation of this type whose aim it is to protect the economy and the public, is justified and has a narrow scope. It has an obvious social benefit. Its goal is to gather testimony or evidence in order that the law may be properly applied and not, at least in this stage of the game, to incriminate those who have been summoned. However, people who are compelled to testify benefit in return of a relative immunity with regards to the evidence presented if there is a risk of imprisonment; that is to say, the risk of loss of liberty following a subsequent procedure. Therefore, the witness can be forced to testify unless he demonstrates that the goal of the investigation is to incriminate him and thereby compromises his right to an equitable trial.

Subsequently, in the case of *Phillips*,[328] three members of the Court noted that the Court had, up until this point, recognized the necessity of obtaining a just balance between the interests of the state, in obtaining testimony for a valid public goal, and the right of the individual to remain silent in order to have a fair trial. Therefore, the Court must evaluate the importance for the state in obtaining testimony through constraint. Then, even when the goal of the investigation and of the constraint are valid, it must evaluate the wrongful effect that the constraint will have upon the witness. The only time section 7 takes away the obligation for a witness to testify is when the investigation is primarily used to obtain elements of proof which will be used to prosecute the witness or when he can demonstrate that his testimony is susceptible of compromising his right to a fair trial.[329]

Disciplinary law is intermeshed with repressive law when the sanctions have a penal character. That is to say, they carry with them either a fine or imprisonment. In this case the Supreme Court recommended that one have recourse to section 7 rather than section 11.[330] Thus, the person being faced with a disciplinary hearing will have a protection which is comparable to that offered by section 11, especially with regards to a complete defense,

---

[326] See *infra*, section 3(e) of this essay.
[327] *B.C. Securities Comm. v. Branch*, JE. 95-848.
[328] *Phillips v. Nova Scotia (Commr., Public Inquiries Act)*, [1995] 2 S.C.R. 97; H.A. Kaiser, "The public inquiry and the presumption of innocence: the prospects for mutual survival" (1994) 43 *U.N.B.L.J.* 391-407.
[329] *Samson v. Canada*, [1994] 3 F.C. 113 (T.D.).
[330] *R. v. Wigglesworth*, [1987] 2 S.C.R. 541, p. 562.

and including the right to divulge documents,[331] the right to be judged before an independent and impartial court, etc.

(iv) *The Independence and Impartiality of Administrative Tribunals*

It is with regards to the Constitution in general[332] and to section 11 of the *Charter* in particular that jurisprudence has been forced to define the constitutional principle of independence and impartiality of judicial courts.[333] Also, the delicate question of whether or not the constitutional requirements of the principles of fundamental justice apply to administrative tribunals was asked. At the same time, jurisprudence had to ask the same question with regard to section 23 of the *Quebec Charter of Rights and Liberty*, which imposed the principles of independence and impartiality on all courts.

Since the first federal court cases which dealt with this principle[334] and in the case of *Wigglesworth* in which the Supreme Court stated that it was section 7 rather than 11(*d*) which was applicable for administrative or disciplinary courts,[335] and up until the recent case of *Matsqui Indian Band*,[336] there seems to be little doubt that fundamental justice requires that all courts and magistrates be independent and impartial on both an individual and institutional level.[337] The question which has yet to be decided, however, is whether or not these requirements are applied uniformly to the courts of justice and to disciplinary or administrative tribunals. There exists a strong jurisprudential current which favours an adjustment of these requirements.

(A) Independence. According to the Supreme Court, independence must be distinguished from impartiality. The Court stated in *Valente* that even if there is a direct link between the two, "they are nevertheless separate

---

[331] *Nuosci v. Royal Cdn. Mounted Police* (1993), [1994] 1 F.C. 353, affirmed (February 22, 1995), Doc. A-552-93 (Fed. C.A.), leave to appeal to S.C.C. refused (August 17, 1995), Doc. 24689 (S.C.C.).

[332] *MacKeigan v. Hickman*, [1989] 2 S.C.R. 796; *R. v. Beauregard*, [1986] 2 S.C.R. 56.

[333] *Valente v. R.*, [1985] 2 S.C.R. 673; *R. v. Généreux*, [1992] 1 S.C.R. 259; *R. v. Lippé*, [1991] 2 S.C.R. 114.

[334] *MacBain v. Lederman*, [1985] 1 F.C. 856 (C.A.); *Satiacum v. Canada (Min. of Employment & Immigration)*, [1985] 2 F.C. 430 (C.A.); *Mohammad v. Canada (Min. of Employment & Immigration)*, [1989] 2 F.C. 363 (C.A.), leave to appeal to S.C.C. refused (1989), 101 N.R. 157 (note) (S.C.C.).

[335] *R. v. Wigglesworth*, [1987] 2 S.C.R. 541.

[336] *Cdn. Pacific v. Matsqui Indian Band*, [1995] 1 S.C.R. 3.

[337] For recent doctrine, see: P. Garant, "Charte constitutionnelle et statut des tribunaux administratifs et disciplinaires" (1991) 4 *C.J.A.L.P.* 153-174.

and distinct values or requirements".[338] In *Généreux*, Judge Lamer wrote that "the Court has drawn a firm line" between these two notions.[339]

In *Valente*, the court stated that independence has a double dimension: a state of mind or attitude in the actual exercise of judicial functions, but a status or relationship to others, particularly to the executive branch of government, that rests on objective conditions or guarantees.[340] The majority confirmed this approach in *Lippe*; Judge Gonthier, however, rejects a notion of independence "related solely to independence from government".[341] In *Généreux*, Judge Lamer cites the case of *Valente* and adds that "to assess the impartiality of the tribunal, the appropriate frame of reference is the 'state of mind of the decision-maker' " and that "the question of independence, in contrast, extends beyond the subjective attitude of the decision-maker. The independence of the tribunal is a matter of its status".[342]

The outcome of this analysis is that independence is primarily a question of status. From *Valente* to *Généreux*" the Court chose to define three essential conditions of independence that can be applied flexibly, being capable of attainment by a variety of legislative schemes or formulas".[343] It is essentially security of tenure, financial security, and institutional independence. Thus, this status has an institutional as well as an individual dimension.

(1) The individual dimension — security of tenure. In *Valente*, the Supreme Court defined "the essence of security of tenure: a tenure is secure against interference by the Executive or other appointing authority in a discretionary or arbitrary manner".[344] The appointment itself may be for an undetermined amount of time until the age of retirement, or a fixed period or *ad hoc* period. Thus, it seems essential that the judge be named according to good conduct for a specific period or a specific task or *"ad hoc"*.

Up until now, the question of short–term mandates has not been dealt with, but *ad hoc* appointments were dealt with in *Généreux*. The Supreme Court believed that military judges who periodically act as judge-advocates "must therefore have a tenure that is beyond the interference of the executive for a fixed period of time".[345] Once a tribunal has established its permanency, it cannot be seen as *ad hoc* even if its members have been

---

[338] *Supra*, note 333, p. 685.
[339] *Supra*, note 333, p. 283: "Fundamental difference between these two notions".
[340] *Supra*, note 333, p. 685.
[341] *Supra*, note 333, p. 153. Here Judge Gonthier "respectfully disagrees" with the approach of Judge Lamer.
[342] *Supra*, note 333, p. 283.
[343] *Ibid.*, p. 285.
[344] *Supra*, note 333, p. 698.
[345] *Supra*, note 333, p. 303.

convened specifically for one case only. Thus, the notion of security of tenure must be assured by a law or a regulation which protects the judge from being revoked during a trial.

The Supreme Court rarely discusses renewable mandates and in fact, this notion was discussed by Judge Stevenson in *Généreux*. Judge Stevenson discusses the danger brought forward by judges in the process of being re-appointed who aim to "please the executive", but he rallies to the majority which refuses to institutionalize military magistrates.[346] In a case which was heard in Newfoundland, the Supreme Court stated that a judge who was employed by contract could not be considered as independent.[347] A Court of Quebec judge also stated that security of tenure implies a fixed appointment and a renewal corrupts the notion of a fixed appointment since it constitutes an advantage, advancement or a gratification which solicits the judge.[348]

Since the 1990 Supreme Court case of *Knight*, all public administrators who were appointed according to good pleasure — that is to say for an undetermined amount of time — can only be revoked or dismissed through the application of the rules for procedural equity.[349] This case confirms and expands the famous case of *Nickelson*. This can also be applied with regards to a public administrator who was appointed for a fixed amount of time in virtue of a law or contract and who is fired before the end of a fixed term.[350]

If such an administrator is not removed for the remaining part of his mandate, two situations may arise. If nothing is foreseen in the law or in a contract with regards to the possibility of renewal, jurisprudence has considered that the contract or mandate ends "by its own terms" — that is to say, based on its face value.[351] The British Columbia Court of Appeal stated that if, on the contrary, the law or contract allows the possibility of renewal then procedural equity dictates that the administrator who is not renewed must, at the very least, be informed why his mandate was not renewed, and perhaps the possibility of allowing him to present his observations in writing.[352]

Security of tenure essentially means "that the judge be removed only for a cause related to his judicial capacity . . . and that cause be subject to

---

[346] *Ibid.*, p. 317.
[347] *Fleming v. Newfoundland* (1985), 56 Nfld. & P.E.I.R. 196, 168 A.P.R. 196 (Nfld. T.D.).
[348] *Québec (P.G.) v. Reid*, [1994] R.J.Q. 518 (C.Q.).
[349] *Knight v. Indian Head School Division No. 19*, [1990] 1 S.C.R. 653, pp. 668-677.
[350] *Rainbow v. Central Okanagan School District No. 23* (1990), 74 D.L.R. (4th) 86 (C.A.); *Leeco v. Nfld. Regional Administrative School Unit No. 3* (1984), 50 Nfld. & P.E.I.R. 230 (P.E.I. C.A.).
[351] *Leeco v. Nfld. Regional Administrative School Unit, ibid.*
[352] *Rainbow v. Central Okanagan School District No. 23* (1990), 74 D.L.R. (4th) 86 at 97-98 (C.A.).

independent review and determined by a process at which the judge affected is given a full opportunity to be heard".[353] The Supreme Court judged that tradition is not enough to sufficiently guarantee this protection. Rather, it requires a specific text which foresees this protection.

The cases which focus specifically on the security of tenure of a member of an administrative tribunal are few since the jurisprudential current is not favourable to an extended application of section 23 of the *Québec Charter*. In the case of *Alex Couture*,[354] the Court of Appeal stated that the law requires that a decision to revoke one's mandate must be motivated but, at the same time, the law did not expressly require a hearing to be held according to the conditions of *Valente*. However, the Court of Appeal stated that the rules of natural justice and section 69 of the *Judges Act* sufficiently supplement the lack of clear provisions: "the Governor in Council . . . would be obliged to adopt a fair process which would provide the opportunity for the person in question to be heard."[355] This procedure includes an investigation upon demand by the Minister of Justice, before the Canadian Magistrates Council with regards to the revocation of any permanently appointed individual in terms of the federal law. According to the Court of Appeal, this protection applies to individuals appointed for a fixed period of time.

(2) Financial security. As defined in *Valente*, financial security "is that the right to salary and pension should be established by law and not be subject to arbitrary interference by the Executive".[356] The Supreme Court believes that it is theoretically preferable that the wages be fixed by the legislative body and weighed down from Consolidated Funds, but it may be left to the initiative of the Executive. The importance lies with the fact that the right to employment is foreseen by the law and that "there is no way in which the Executive could interfere with that right in a manner to affect the independence of the individual judge".[357]

With regards to pensions, the fact that the judges must follow the pension plan of other civil servants "does not touch upon an essential condition of independence"[358] so long as this pension plan is not left to the discretionary power of the Executive. This scheme is usually contributory.[359]

---

[353] *Valente, supra*, note 333, pp. 697-698.
[354] *Alex Couture Inc. v. Canada (A.G.)* (1991), 83 D.L.R. (4th) 577 (C.A.): motion for an appeal to the Supreme Court was refused.
[355] *Ibid.*, p. 665: it is important to note that s. 69 of the *Judges Act* applies "qu'aux titulaires de poste nommés à titre inamovible (during good behaviour) aux termes d'une loi fédérale".
[356] *Supra*, note 333, p. 704.
[357] *Ibid.*, p. 706.
[358] *Ibid.*, p. 707.
[359] *R. v. Beauregard*, [1986] 2 S.C.R. 56, p. 76.

According to *Valente*, it seems that the other advantages of a financial nature, such as paid sick leave, group insurance, or any other type of advantage, are not essentially linked to independence. It is the same with regards to "discretionary benefits or advantages as post-retirement reappointment, leave of absence with or without pay and the right to engage in extrajudicial employment".[360]

The control by the Executive of these questions may influence the individual independence of each judge, but this is "an issue which must be considered separately from the question of institutional independence".[361] The Court finally concluded that this discretionary control of the benefits and advantages by the Executive does not touch what is considered to be one of the essential conditions of judicial independence.[362]

In the case of *Généreux*, the Court dealt with the question of "bonuses on the basis of performance evaluation",[363] which is incompatible with judicial independence. What is more reprehensible in this case is the idea of an evaluation of the performance of the judges by the Executive, in the event that this will "directly influence" the renumeration and the other advantages. It is essentially a weakness in the status of the courts that neither custom nor practice can validly correct.[364]

In the case of *Alex Couture*, the focus was on the administrative policies through which "their appraisals are completed by the head of the organization they report to and are submitted to Privy Council Office for human resource planning purposes only."[365] The Court of Appeal does not believe that this mechanism constitutes an obstacle to the perception of an independent and impartial tribunal that deals with the *Competition Act*.

More recently, however, the Supreme Court stated that the judges' obligation to pay for their parking, "a pour résultat pratique de réduire le traitement des juges ou de leur indiquer la façon de dépenser celui-ci".[366] This idea of reducing salary is quite surprising since the Supreme Court in *Beauregard* stated that the judges' obligation to contribute to their pension plan does not contravene the notion of judicial independence. The Supreme Court wrote that:

> It is very difficult for me to see any connection between these essential conditions of judicial independence and Parliament's decision to establish a pension scheme for judges and to expect judges to make contributions toward the benefits established by the scheme. At the end of the day, all s. 29.1 of the

---

[360] *Supra*, note 333, p. 711.
[361] *Ibid.*
[362] *Supra*, note 333, p. 708; see also L'Heureux-Dubé J., p. 333.
[363] *Ibid.*
[364] *Ibid.*
[365] *Supra*, note 354, p. 668.
[366] *Québec (Juge en chef) v. Québec (P.G.)*, [1993] R.J.Q. 2581 at 2598 (C.S.).

Judges Act does, pursuant to the constitutional obligation imposed by s. 100 of the *Constitution Act, 1867*, is treat judges in accordance with standard, widely used and generally accepted pension schemes in Canada. From that factual reality it is far too long a stretch, in my opinion, to the conclusion that s. 29.1 of the *Judges Act* violates judicial independence.[367]

The Court added that it would be otherwise if the judges' "treatment was improper or discretionary . . . vis-à-vis other citizens".[368]

In our opinion, the Supreme Court of Canada accepted that judges are full-fledged citizens who must, despite the constitutional protection granted to their employment and pension, pay taxes, contribute to their retirement pension and pay the normal costs for the public services they use. The Supreme Court of Canada quoted the well-known American Judge Holmes:

> I see nothing in the purpose of this clause of the Constitution to indicate that the judges were to be a privileged class, free from bearing their share of the cost of the institutions upon which their well-being if not their life depends.[369]

The judge concluded by stating that:

> As a general observation, Canadian judges are Canadian citizens and must bear their fair share of the financial burden of administering the country.[370]

It is well-understood that that which is imposed upon judges also applies to members of the administrative tribunals, and even more so, to multi-functional tribunals.

(3) The institutional dimension. In *Valente*, the Supreme Court defines a third essential criteria for judicial independence: institutional independence.[371] The Court distinguishes between that which is desirable — that is to say the attainment of greater autonomy or administrative independence — and that which is essential. Thus, according to the Supreme Court, the essential factors of institutional independence must be limited to those mentioned by Howland C.J.O.:[372]

> They may be summed up as judicial control over the administrative decisions that bear directly and immediately on the exercise of the judicial function.

Thus, Howland C.J.O. describes these questions as follows:[373]

---

[367] *Supra*, note 359, p. 77.
[368] *Ibid.*
[369] *Ibid.*, p. 78: Judge Holmes (dissident) affirms this in *Evans v. Gore*, 253, U.S. 245 (1920) on p. 265.
[370] *Ibid.*, p. 76.
[371] *Supra*, note 333, p. 703.
[372] *Ibid.*, p. 713: the emphasis is our own.
[373] *Ibid.*, p. 709.

> ... assignment of judges, sittings of the court, and court lists — as well as the related matters of allocation of court rooms and direction of the administrative staff engaged in carrying out these functions. ...

In *Généreux*, the Court recalls that the principle of institutional independence "requires that the General Court Martial be free from external interference with respect to matters that relate directly to the tribunals judicial function".[374] The military tribunals must be "as free as possible from the interference from the members of the military hierarchy" — that is to say, the Executive and the Minister of Defence. Thus, there is no institutional independence if the same representative of the Executive summons the Court and "appoints both the prosecutor and the triers of facts".[375]

In the 1993 case of *Bisson*, the Superior Court stated that the government must provide to the judges "toutes les ressources humaines, financières et matérielles nécessaires à l'exercice de leurs fonctions judiciaires".[376] Other than the courtroom, the court clerk, the Court takes for granted that "un espace de stationnement dans les Palais de Justice ou à proximité de ceux-ci constitue une mesure de sécurité et un soutien administratif nécessaire à l'exercice de la fonction judiciaire".[377] It likens this measure to that of the presence of ... which the Court of Appeal dealt with in 1992 in the case of *Shatilla*.[378]

According to the Court, it follows that if parking is a necessary measure to the judicial function, then it must be free of charge:

> On ne peut concevoir que les juges doivent payer pour tous utiliser les salles d'audience, les services d'une secrétaire, leur cabinet de travail et généralement pour tous les services ou espaces mis à leur disposition dans les palais de justice, lesquels sont nécessaires à l'exercice de leurs fonctions.[379]

If the parking of the judges at the court house is protected by the Constitution, then this is so because of the link to the exercise of judicial functions, a direct and immediate link according to the requirements of *Valente*. Thus, parking is likened to other necessities such as a court house, a judge's office, a court clerk, a secretary, a library for the court house.

It seems to us that the causal link between the judicial function and parking is far from apparent. Judges are not forced to take their personal cars to the court house. It may be shown that it is safer, faster and even more economical to take a taxi to go to work! Judges are free to live wherever they wish, from one to 25 kilometres from the court house. They may or

---

[374] *Supra*, note 333, p. 308 (Judge Lamer).
[375] *Ibid.*, p. 309.
[376] *Supra*, note 366, p. 2596.
[377] *Ibid.*, p. 2593.
[378] *Shatilla v. Shatilla*, [1982] C.A. 511, p. 516.
[379] *Supra*, note 366, p. 2595.

may not have a personal car, they may or may not use it to come to work. Should the Constitution take into accounts all of these contingencies? If we retained a link between a car, a judge and his functions, should we not also with stronger reason maintain a link between his clothes, his shoes, etc., since the judge must dress him/herself before going to court. Why should this not be at the expense of the state?

(4) The notion of independence applied to administrative and quasi-judicial tribunals. In Quebec, after the municipal court judges and the justices of the peace, the majority of the administrative tribunals have been challenged with regards to the requirement stemming from the section 23 of the *Charter*. Up until now very few of these challenges have been successful, whether they focus on the Disciplinary Committees of the Code des professions,[380] the Commission de la construction,[381] the Régie des permis d'alcool,[382] the Bureaux de révision paritaires,[383] the Conseil des services essentiels,[384] the Tribunal d'appel de la protection du territoire agricole,[385] the Commission d'appel des lésions professionnelles,[386] la Régie des marchés agricoles,[387] l'arbitre de la Commission des normes du travail,[388] la Régie du gaz naturel,[389] la Comité de discipline de la Bourse de Montréal,[390] un Commissaire du travail.[391]

In the case of *Valois*, Judge LeBel states the following about the *Charter*:

... Elle vise essentiellement l'étape de la procédure à laquelle le tribunal adjugera sur la demande. Je ne nierai pas que la façon dont le tribunal puisse

---

[380] *Coffin v. Bolduc*, [1988] R.J.Q. 1307 (C.S.); *Nantais v. Bolduc*, [1988] R.J.Q. 2465 (C.S.); *Archambault v. Barreau du Québec (Comité de discipline)*, [1989] R.J.Q. 688 (C.S.).

[381] *Services Asbestos Canadien (Qué.) c. Québec (Commission de la Construction)*, [1989] R.J.Q. 1564 (C.S.); *Habitat Claunajo c. Gravel et Comité de la construction du Québec*, C.S.Q. 29/1/90.

[382] *Taverne Le relais Inc. c. Québec (Régie des permis d'alcool)*, [1989] R.J.Q. 2490 (C.S.); *Société de vin internationale c. Régie*, J.E. 91-853 (C.S.).

[383] *Société immobilière Asie v. Delorme Paul*, C.S., Montréal, Sept. 24, 1990; *Logistec Corp. c. Bureau de révision paritaire*, C.S., Longueil, Dec. 30, 1992.

[384] *S.C.F.P. v. Québec (Conseil des services essentiels)*, [1989] R.J.Q. 2648 (C.A.), leave to appeal to S.C.C. refused (1990), 108 N.R. 240 (note) (S.C.C.).

[385] *Heco Entreprises c. Tribunal d'appel*, J.E. 93-285 (C.Q.).

[386] *Société Immobilière Asie c. Delorme Paul*, C.S., Montréal, Sept. 24, 1990; *Montambeault c. Brazeau* (1993), 53 Q.A.C. 311 (C.A.).

[387] Régie des marchés agricoles, Décision No 5938 du 22/9/93, pp. 2-5.

[388] *Hamel Ltée c. Cournoyer*, [1989] R.J.Q. 2767 (C.S.)

[389] *Sinclair c. Bacon*, [1994] R.J.Q. 289 (C.A.).

[390] *Graham c. Bourse de Montréal*, J.E. 90-80 (C.S.).

[391] *Cloutier c. Jasmin* C.S.Q. 15/8/94 (J. Phillippon); *Cancot Industries Inc. c. Ouvriers unis du caoutchouc, liège, linoléum & plastique d'Amérique, Loc. 1130*, [1989] C.T./T.T. 424 (T.T. Qué.).

> être saisi, sa structure, la méthode de nomination de ses membres, doivent, dans certains cas, être considérés pour déterminer s'il possède le degré d'indépendance institutionnelle qui permettra de le percevoir comme indépendant, suivant le critère utilisé par la Cour suprême dans l'arrêt *Valente c. R.* La Charte québécoise recherche cependant, principalement, l'independance de l'adjudication. Dans la présente cause, l'on n'a pas démontré que cette indépendance d'adjudication était compromise.[392]

In later cases, the Superior Court comes back to this idea that the focus must be placed upon the hearing rather than the structure of the tribunal. It is not possible to believe that the legislator wanted the countless quasi-judicial tribunals to have the same requirements of those of the courts of justice.[393]

In 1990, the Superior Court stated that:

> l'article 23, contrairement à l'article 11(*d*) commandait une interprétation modulée en fonction de la qualité et de la nature de l'adjudicateur. Le principe de l'indépendance judiciaire peut donc être appelé à avoir un contenu différent selon le statut du tribunal impliqué.[394]

This idea was used again in the recent case of *Jasmin*.[395]

This means that although the status of the Court can be taken into account, the requirements for the independence of the Court must be created according to "quality and nature of the adjudicator" — that is to say, probably the entire characteristics of the tribunal being tested at the institutional or organizational level. In this recent case, the judge wrote the following:

> Dans la très grande majorité des décisions de notre cour, largement inspirée par l'opinion de monsieur le juge LeBel dans Valois il est tenu compte des fonctions de chaque adjudicateur et des caractéristiques qui lui sont propres afin d'établir si dans le cas soumis, l'independance d'adjudication a été respecté.[396]

Thus, the situation between the courts of justice and that of the quasi-judicial tribunals seems to be very different. In the case of the courts of justice, the requirements set fourth by *Valente* directly touch upon the institutional and personnel status, and they have a fixed yet minimal character. In the case of the quasi-judicial tribunals, what counts the most is the independence of adjudication but this may be compromised if certain requirements related to the institutional and functional nature of the adjudi-

---

[392] *Valois c. Universal Spa Ltée*, [1987] R.J.Q. 296 at 303 (C.A.).
[393] *Coffin v. Bolduc, supra* note 380 p. 1310.
[394] *Habitat Claunajo c. Gilles Paul*, C.S., Québec, January 20, 1990, p. 5 (Rousseau-Houle J.).
[395] *Supra*, note 391.
[396] *Ibid.*, p. 4. (Philippon J.).

cator are not attained. Therefore, these are changing norms which do not have a fixed or minimal content.

We can at least say that the application of this method, which Judge Phillipon qualified as "pragmatic" is rather unpredictable. From another point of view, this jurisprudence seems to bring us back to the old rule of "memo judex" — that is to say, that of a "reasonable fear of partiality". It simply adds new cases to the apprehension of bias.

In our opinion, the idea of changing or adapting only has real meaning in its functional and procedural applications. In 1990, the Supreme Court repeated in *Consolidated Bathurst* that which it had previously stated in *Kane*:

> In any particular case, the requirements of natural justice will depend on "the circumstances of the case, the nature of the inquiry, the rules under which the tribunal is acting . . .".[397]

In the case of *Bistro Bar La Petit Maison*, the question of the independence of the status of the commissioners was raised by the Superior Court. The plaintiff claimed that no procedure of selection existed within the law with regards to the appointment of board members, that the government made the appointments in secrecy, that the term of the mandate varied up until a maximum of 5 years as foreseen by the law, that the appointments were shaky and precarious, and that there exists no other mechanism in the case of non-renewal or dismissal by the government.[398] The Superior Court rejected these allegations and added "qu'il existe suffisament de garanties dans la loi pour que notre personne très bien informée en soit rassurée".[399]

At the Court of Appeal, only Judge Lebel touched upon this topic and he confirmed the opinion of the Superior Court:

> le processus de nomination et de désignation des régisseurs ne me paraît pas comme un problème fondamental ici [. . .] Une approche contextuelle dans l'application de la garantie de l'article 23 est admissible particulièrement dans le cas d'organismes polyvalents.[400]

However, he added the following reservation:

> les problèmes se situeraient au niveau de la possibilité de désigner des commissaires pour des périodes indéterminées ou pour des mandats imprécis, et, également, au niveau de la procédure de révocation de la fonction.[401]

---

[397] *Kane v. University of British Columbia*, [1980] 1 S.C.R. 1105, p. 1113 cited in *Consolidated Bathurst Packaging Ltd. v. Int. Woodwrkrs. of Amer., Loc. 2-69*, [1990] 1 S.C.R. 282, p. 324.
[398] *2747-3174 Qué. Inc. c. Québec (Régie des permis d'alcool)*, [1993] R.J.Q. 1877 at p. 1902 (C.S.).
[399] *Ibid.*
[400] *2347-3474 Qué. Inc. c. Québec (Régie des permis alcools)*, [1994] R.J.Q. 2440 at 2455.
[401] *Ibid.*

The Court of Appeal opened a vague perspective on the contestation to the independence of status which would be more restricted in the case of multi-functional tribunals and which may concern the cases of fixed-term mandates and the removal for cause without any procedural protections.

On August 15, 1994, the Superior Court felt that the fact that the Labour Board commissioners were governed by the *Public Service Act*, were subject to a probational period, to a disciplinary regime, to an evaluation, to directives from the ministry of which they are a part, and to directives from the Treasury Council, respected the requirements of section 23 of the *Charter*.[402] The same Court concluded on August 26, 1995 that the term of the commissioners mandate for the Commission d'appel en matière de lésions professionnelles (CALP) and the financial guarantees linked to their status respected the requirements of *Valente*.[403]

The Supreme Court had to recently focus on the institutional independence of the Court of Appeal in matters of tax evaluation abuse on Indian reserves.[404] The majority stated that the essential conditions for institutional independence were not applied with as much rigour as they had been by the administrative tribunals; the conditions for this independence must take into account the context. Two judges (Lamer and Cory) believed that the principles in the area of judicial independence must, when being applied, take into account the nature of the functions, and the level required (financial security, security of tenure and administrative control) depends upon the type of tribunal, the interests at stake and other signs which are indicative of independence (immunities, oaths, etc.). There is an infringement to institutional independence when the law or the regulations give the administrative authority the discretionary power to grant the basic principles of institutional independence. It is not right for the independence of a tribunal to be left to the discretionary power of the authorities who have appointed its members.

(B) Institutional impartiality. Is this notion, which officially arose in the case of *Lippé*, different from that of institutional independence as defined in *Valente*, and reinforced in the 1992 *Généreux* case with regards to military courts? If it does exist as an independent notion, is it transferable from the courts of justice (municipal, military) to the multifunctional tribunals?

In *Valente,* the Supreme Court ruled that "[i]mpartiality refers to a state of mind or attitude of the tribunal in relation to the issues and the parties in a particular case". With regards to independence, "it connotes not merely a state of mind or attitude in the actual exercise of judicial

---

[402] *Supra*, note 391.
[403] *Montambault c. Brazeau et CALP*, C.S.Q., April 26, 1995.
[404] *Cdn. Pacific c. Matsqui Indian Band*, JE-95-232.

functions, but a status or relationship to others, particularly to the executive branch of government, that rests on objective conditions or guarantees".[405]

In the 1991 case of *Lippé*, Judge Gonthier begins by recalling that "impartiality refers to a state of mind"[406] but, in changing his mind, adds that a certain number of aspects relative to the status of municipal court judges may be considered to influence the "appearance of impartiality" and may be percieved as dealing with "institutional impartiality". Therefore, he subscribes to the analysis put forth by Judge Lamer and as a result, the entire Court subscribes to this analysis.

According to Judge Lamer: "However, this may be insufficient since even if the Court is independent, there may subsist some sort of reasonable apprehension of bias on an institutional or structural level". He also states that if we do not want to rid the constitutional guarantee of its entire meaning:

> ... it is as important for the maintenance of the public's confidence in the impartiality of the courts that the system or the legislative framework does not leave itself open to criticism and give rise to a reasonable apprehension of bias.[407]

This also concerns "the objective status of the Court":

> ... if the system is structured in such a way as to create a reasonable apprehension of bias on an institutional level, the requirement of impartiality is not met.[408]

Thus, this concept is very large. It covers all that may be criticized in the judicial system, and, in order to verify if a certain element or aspect gives rise to a reasonable fear of partiality, one must apply the following criteria:

> ... what would an informed person, viewing the matter realistically and practically — and having thought the matter through — conclude?[409]

It is suggested that the concept of institutional impartiality remains a rather enigmatic notion and one which the Supreme Court seems to have cast aside in the 1992 case of *Généreux*, with a preference for that of institutional independence. Effectively, the problem with the system of a military court is that it:

> ... clearly establishes close links of institutional dependence between the Minister... the commanding officer who signs the charge sheet, orders custody, receives the investigation report and decides to proceed with the charge, the military authority who convenes the court, appoints its members and

---
[405] *Supra*, note 333, p. 685: also *MacKeigan c. Hickman*, [1989] 2 S.C.R. 796, p. 826.
[406] *Supra*, note 333, p. 156.
[407] *Ibid.*, p. 140.
[408] *Ibid.*
[409] *Ibid.*, p. 143.

decides on its dates of hearing, the officers who make up the court and for all practical purposes sit as a jury, the officer who prosecutes and of course the accused.[410]

This description bears a striking resemblance to the system in question in the case of the *Régie des alcools*. In fact, Judge Vaillancourt of the Superior Court refers himself to the case of *Généreux* in his judgment. He uses the expression "institutional independence" when he discusses relations between the president of the Régie and the lawyers, between the Régie and the agents of the Quebec police force and the MUC, and when he shows that it is the Régie which studies the investigation reports, decides to bring forth a complaint, hears the complaints and the lawyers, etc. One can note therefore that the justices tend to assimilate these two notions.

The concept of structural or institutional impartiality seems to be the result of a break with the notion of impartiality as being essentially related to a state of mind of the judge associated to several aspects of institutional independence. In fact, it is not surprising that in the case of *Généreux*, the only concept used is that of independence.

In the recent Superior Court case of *Coutier v. Jasmin*,[411] in which the status of the Labour Board commissioners was challenged with regard to section 23 of the *Charter*, the judge states that the plaintiff, at the hearing, renounced his argument of institutional independence relative to administrative questions which have a direct effect on the administration of judicial functions. He decides to study the case "sous l'angle de l'inamovibilité et de l'impartialité objective comme facteur d'independance judiciaire applicable à un tribunal au sens de l'art. 56.1 de la Charte québécoise"[412] and adds the following:

> ... il faut se demander si le statut du commissaire du travail peut présenter à une personne raisonnable et bien informée une image de possible partialité ou de danger d'influence dans le processus d'adjidication, compte tenu, notamment, de l'assujettissement du commissaire du travail à la Loi sur la Fonction publique ... etc.[413]

One can state that the Court of Appeal adopted the same approach, in the December 1992 case of *Montambault*. In order to allow the plaintiff to demonstrate that the CALP is not an independent and impartial tribunal, the Court permitted the plaintiff to:

> ... à cerner le fonctionnement des processus décisionnel du tribunal. L'ingérence de tiers, conseillers juridiques, supérieurs hiérarchiques, vice-prési-

---

[410] *Supra*, note 333, pp. 307-308.
[411] *Supra*, note 391.
[412] *Ibid.*, p. 3.
[413] *Ibid.*

dent à la cohérence des décisions y est visée et constitue certainement un context de fait qu'il est pertinent de considérer.[414]

The Court of Appeal,[415] having been referred the case from the Superior Court, had to revise the four ways to challenge CALP: the method of financing as provided by the CSST; the removable nature of the members' mandates; the renumeration policy; and the training provided to the commissioners from the judicial and medical services of the Court. The Superior Court rejected the first method by stating that, in conformity with the spirit of *Valente*, it is the government which dictates the method of financing of the Court. The second method was also rejected because the law foresees a mandate with a fixed term. This is in conformity with *Valente* and the entire Quebec jurisprudence. The same applies to the financial guarantees linked to the status of the members. In this respect, the Court studied the method of evaluation used by the president of the tribunal with regards to the productivity of the commissioners. The Court considers the method as acceptable when it is not sidetracked from its original goals and when it is not used to influence the decisions of the commissioners. Finally, with regards to the framing of the decisional process within the tribunal, the Court concludes that the work methods of the CALP are in conformity with the mainstream jurisprudence given the cases of *Consolidated Bathurst, Tremblay* and *Boulet*.

In the case of *Matsqui Indian Band*, the Supreme Court put forth the idea that the question of institutional partiality must be raised only after the tribunal has been created and has been operating. Operational reality is essential in order to assure an objective examination of the institution in question, and of the network of relations involved.[416] It seems that one has to apply the same subtlety in this case as that which was applied to institutional independence.

(v) *Conclusion*

Administrative justice is certainly at a crossroads after three quarters of a century evolution of hybrid institutions which are called administrative tribunals. The status of these courts, and especially those which are often called commissions, boards or autonomous multi-functional tribunals for economic and social regulation, are placed into doubt because of the numerous judicial challenges. By virtue of section 7 of the Canadian or Quebec *Charter*, these two branches are challenged with regards to the requirements of independence and impartiality. These challenges are brought forth not

---

[414] *Montambault c. Brazeau* (1992), 53 Q.A.C. 311 at 315 (C.A.).
[415] *Montambault c. Brazeau et CALP*, C.S.Q., 26/4/95 (Rioux J.).
[416] *Supra*, note 404.

only at the level of institutional and individual impartiality but also at the level of institutional and individual independence.

A reading of the recent jurisprudence and the remarks of Judges Lamer and Sopinka in the case of *Matsqui Indian Band* leads us to believe that the notions of institutional impartiality and institutional independence are intermeshed and are related to a whole set of characteristics with regards to the status, organization, and functioning of a tribunal. This becomes even more apparent if one adjusts all these factors while taking into consideration the nature of the court, the various interests at state, and who knows what else.

(e) Fundamental Justice and Criminal Justice

The principles of fundamental justice aim to protect the integrity of the criminal justice system by recognizing not only the legitimate interests of the accused but also the interests of the accuser.[417] They allow the courts[418] to establish a fair balance between the interests of individuals and those of the state.[419] The Court even has a residual discretionary power in order to share this balance.[420]

According to the Supreme Court, section 7 has a double role. First of all, it introduces and covers all of the protections conferred by sections 8 to 14 which deal with specific infringements upon the principles of fundamental justice.[421] Second, it has the residual role of being a source of new rules since it allows courts to formulate these rules which emerge with time through common law, through the spirit of the *Criminal Code*, through international agreements on the rights of individuals or through the very objectives of the *Charter*.[422] We could have discussed "the pervasive presence of the broad substantive principle throughout the criminal process".[423]

The principles of fundamental justice which are applicable to criminal justice consist of a fluid group of rules whose role it is to provide the following protections to the accused: the right to the presumption of innocence, the right to a fair trial, the right to a full answer and defence, the right

---

[417] *R. v. L.* (D.O.), [1993] 4 S.C.R. 419, p. 462.
[418] *R. v. Hébert*, [1990] 2 S.C.R. 151, p. 180; *R. v. Penno* [1990] 2 S.C.R. 865, p. 874.
[419] *Rodriguez v. British Columbia (A.G.)*, [1993] S.C.R. 519, p. 592; *Cunningham v. Canada*, [1993] 2 S.C.R. 143.
[420] *Baron v. Canada*, [1993] 1 S.C.R. 416.
[421] *Reference re Motor Vehicle Act (B.C.)*, [1985] 2 S.C.R. 486, pp. 502-503; *R. v. Pearson*, [1992] 3 S.C.R. 665, pp. 682, 689.
[422] *Thomson Newspapers Ltd. v. Canada (Director of Investigation & Research)*, [1990] 1 S.C.R. 425, p. 470; *Stelco Inc. v. Canada (A.G.)*, [1990] 1 S.C.R. 617; *R. v. Lyons*, [1987] 2 S.C.R. 309, p. 327.
[423] *R. v. Pearson*, [1992] 3 S.C.R. 665, 687; *R. v. Morales*, [1992] 3 S.C.R. 711, pp. 725, 735, 743, 748.

to silence, and the protection against self-incrimination, the right to the necessity to proving intention (*mens rea*), and the right to a fair sentence.[424]

(i) *The Right to the Presumption of Innocence*

Section 7 serves to enforce and complete section 11(*d*). It applies to all the steps in the penal process[425] including sentencing and the area of contempt of court. Thus, section 11(*d*) does not exhaust "the principle of fundamental justice under section 7".[426]

However, section 16 of the *Young Offenders Act* concerning transfering a hearing to a competent jurisdiction and implying a lighter burden of proof, has not been seen to infringe upon the presumption of innocence since this stage must be distinguished from the trial.[427] The same can be said with regards to the referral or observation of a dangerous delinquent who has already been found guilty.[428]

(ii) *The Right to a Fair Trial*

This principle which has been regularly reaffirmed by the Supreme Court, reinforces and completes common law as a principle of fundamental justice.[429] However, section 7 "does not entitle [the appellant] to the most favourable procedures that could possibly be imagined".[430] Section 7 guar-

---

[424] See the most recent doctrine: P.W. Hogg, "Judicial Reform of Criminal Law Under Section 7 of the Charter" in G.-A. Beaudoin, (éd.) *La Charte: dix ans après* (Cowansville: Les Éd. Y. Blais Inc., 1992), pp. 71-89; J.E. Pink, "The Charter and criminal justice: ten years later", *ibid.* pp. 99-125; D. Klinck, "The Charter and Substantive Criminal 'Justice' " (1993) 42 *R.D.U.N.-B.* 191. A.M. Boisvert, "Les exigences constitutionnelles en matière de faute pénale: un bilan critique" [1994] 73 *R.B.C.* 161-199; N.K. Thompson, "Fundamental, justice, stigma and fault" (1994) 52 *U. of T. Fac. L. Rev.*, 379-404; S. France, "Gains and Lost Opportunities in Canadian Constitutional mens rea" [1994] 20 *Queen's L.J.* 533-552; I. Lee, "L'agression sexuelle et la justice fondamentale: réflexion sur l'obligation d'agir raisonnablement" (1994) 26 *Ottawa L. Rev.* 47-73; P. Belliveau, "Le droit de ne pas s'incriminer" *Développements récents du droit criminel* (Cowansville: Ed. Y. Blais, 1991), pp. 161-168; D.A. Macintosh, "Protecting Children: the Constitutionality of Sections 715.1 and 486(2.1) of the Criminal Code" (1994) 4 *N.J.C.L.* 234-247.
[425] *R. v. Pearson*, [1992] 3 S.C.R. 665, pp. 683-684.
[426] *Ibid.*, p. 687.
[427] *Québec (P.G.) v. Dubois*, [1993] R.J.Q. 2480 (C.S.); *R. v. H. (A.)* (1993), 14 C.C.R. (2d) 317 (Ont. C.A.).
[428] *R. v. Rollins* (1993), 80 C.C.C. (3d) 385 (B.C.S.C.).
[429] *Société des Acadiens du N.B. v. Assn. of Parents for Fairness in Education*, [1986] 1 S.C.R. 549, p. 577.
[430] *R. v. L. (T.P.)*, [1987] 2 S.C.R. 309, p. 362; *R. v. Levogiannis*, [1993] 4 S.C.R. 475, p. 492.

antees a criminal justice system which is accusatory and contradictory in nature.[431]

The fundamental justice of section 7 protects against procedural abuses by conferring upon the judge the power to remedy.[432] Furthermore, when the judge is seized by a demand to stop procedures because of the belief that the actions of the Crown were abusive, it is fundamental justice which guides his decision.[433]

(iii) *The Right to a Full Answer and Defence*

This traditional principle of criminal law has been constitutionalized by section 7 as "one of the pillars of the criminal justice system".[434]

First of all, it includes the right to know exactly what one is accused of, whether or not it consists of an offence under common law or under a codified law.[435] In certain cases, the Crown must state its intention to proceed a certain way in order for the accused to make clear decisions with regards to his choices, pleadings or defences.[436] One must make sure that the general unfolding of the trial, including the application of certain rules in a given case, is not a source of injustice by the fact that it does not give the accused all the possibilities for preparing his proof and refuting that of the Crown's.[437]

Fundamental justice requires that the accused be made aware of the Crown's evidence, including "all information reasonably capable of affecting the accused's ability to make full answer and defence" at all times.[438] This is also true with regards to the possibility of challenging the admissibility of the Crown's proof.[439] Thus, this right targets "as a general rule all relevant information in the possession of the state".[440] In order to justify any non-communication, the Crown must invoke one of the recognized exceptions in jurisprudence, especially in order to show that "public interest in non-disclosure outweighs the accused's interest in disclosure".[441] Three

---

[431] *R. v. Swain*, [1991] S.C.R. 933, p. 970; *R. v. Hébert*, [1990] 2 S.C.R. 151, p. 195; *Borowski v. Canada*, [1989] 1 S.C.R. 342, p. 358.
[432] *R. v. Potvin*, [1993] 2 S.C.R. 880.
[433] *R. v. Keyowski*, [1988] 1 S.C.R. 657, p. 659; *R. v. Conway*, [1989] 1 S.C.R. 1659, p. 1667; *R. v. Scott*, [1990] 3 S.C.R. 979, p. 992.
[434] *R. v. Stinchcombe*, [1991] 3 S.C.R. 326, p. 336.
[435] *U.N.A. v. Alberta*, [1992] 1 S.C.R. 901, p. 930.
[436] *R. v. L. (T.P.)*, *supra*, note 430, p. 369.
[437] *R. v. Albright*, [1987] 2 S.C.R. 383, p. 396.
[438] *R. v. Egger*, [1993] 2 S.C.R. 451, p. 466: "to do so early enough to leave the accused adequate time to take any steps he or she is expected to take that affect or may affect such right."
[439] *R. v. Durette*, [1994] 1 S.C.R. 469, p. 492.
[440] *Ibid*, p. 495.
[441] *Ibid*.

reasons may be used in order to justify non-communication: first of all, it may consist of a proof which is beyond the control of the Crown, whether it ignores or denies the existence of information being sought; second, the proof may be manifestedly without importance and this will be appreciated relative to the defence's use of the information in question; and third, a proof may be privileged.[442] The Crown must demonstrate "the utmost good faith in determining which inforamtion must be disclosed and in providing ongoing disclosure."[443]

Fundamental justice grants to the accused the right to be in complete control of his defence. Thus, the common law rule which allowed the Crown to present evidence of insanity against the wishes of the accused is incompatible with the principles of fundamental justice.[444]

Fundamental justice not only includes the right of the accused to cross-examine during the trial,[445] but also requires that if a previous statement by a witness be produced as proof during a trial, that the accused has had the opportunity to cross-examine the witness at the time of the statement.[446] If the evidence in question is on videotape, the possibility of cross-examining the witness during the trial remedies the fact of not having cross-examined the witness during the initial taping.[447] The fact that the Court or tribunal may authorize a child to testify behind closed doors somewhat limits a complete cross-examination but it does not prevent the judge in the criminal trial from discovering the entire truth while allowing the accused to present a complete defence.[448] Finally, the right to cross-examine is not without limits; it must respect the rules with regards to the pertinence of proof and the probative value of the proof. In the area of sexual offences, the witness "should not be unduly harassed and pilloried to the extent of becoming a victim of an insensitive judicial system."[449]

In principle, fundamental justice grants the accused the right to be present at his trial unless he abuses this right by an arrogant attitude in which case the judge may exclude and even end the defence itself.[450] Fundamental justice does not exclude the possibility of sentencing the accused *ex parte* if he has failed to appear.[451]

---

[442] *R. v. Chaplin*, [1995] 1 S.C.R. 727.
[443] *Ibid.*, p. 739.
[444] *R. v. Swain*, [1991] 1 S.C.R. 933, p. 966.
[445] *R. v. Seaboyer*, [1991] 2 S.C.R. 577.
[446] *R. v. Potvin*, [1989] 1 S.C.R. 528, p. 540.
[447] *R. v. L. (D.O.)*, [1993] 4 S.C.R. 419, p. 459.
[448] *R. v. Levogiannis*, [1994] 4 S.C.R. 475, p. 487.
[449] *R. v. Osolin*, [1993] 4 S.C.R. 595, p. 669.
[450] *Fabrikant v. R.*, JE 95-845 (C.A.); *R. v. Marceau*, [1990] R.J.Q. 33 (C.A.), leave to appeal to S.C.C. refused (1990), 108 N.R. 320 (note) (S.C.C.).
[451] *R. v. Felipa* (1986), 55 O.R. (2d) 362 (Ont. C.A.).

The right to a complete defence at a criminal trial includes, at least in the serious cases, the right to legal representation.[452] In these cases, fundamental justice reinforces the right to a lawyer and even the right to legal aid when the accused lacks resources, even if section 7 does not create a general right to legal aid.[453]

(iv) *The Right to Silence and the Protection Against Self-incrimination*

Traditionally, the privilege against self-incrimination prohibited an individual from compelling a witness to deposit statements against himself during the trial.[454] This privilege explicitly includes the right to remain silent during the trial but the Supreme Court expanded this principle because of section 7, and established the right to remain silent at the pre-trial stage and the principle prohibiting self-incrimination.[455]

If the authorities of the state act in such a way as to make the right to speak unclear or non-voluntary, the right of the individual to remain silent has been restricted.[456] Thus, the complete protection offered by section 7 during the pre-trial stage is necessary in order to avoid that the accused be declared guilty following statements which he made against his own interest, either by inadvertence or by being tricked.[457] The actions of the police must not prevent the suspect from making a real choice either by constraint, trickery or false information.[458] In addition, mental incapacity cannot be used as a reason to deprive a suspect from his right to choose.[459] The suspect must be cautious which implies that he understands what he has said, and that his statement may be used against him in various proceedings.[460]

Under section 7, fundamental justice requires that people who are forced to testify benefit from a "derivative-use immunity" which has recently been added to the immunity provided under section 13 of the *Charter*.[461] The accused must show that a plausible link exists between the forced testimony and the elements of truth which the Crown wants to present. Once this link has been established, in order for these elements of proof to be admissible, the Crown must convince the judge according to the balance of probabilities, that even without the forced testimony the authorities would

---

[452] *R. v. Rowbotham* (1988), 41 C.C.C. (3d) 1 (Ont. C.A.); *R. v. Rockwood*, [1990] 42 C.R.R. 369 (N.S.C.A.).
[453] *R. v. Robinson* (1989), 63 D.L.R. (4th) 289 (Alta. C.A.).
[454] *R. v. Hébert*, [1990] 2 S.C.R. 151.
[455] *Ibid.*; *R. v. Broyles*, [1991] 3 S.C.R. 595.
[456] *R. v. Jones*, [1994] 2 S.C.R. 229, pp. 252-253.
[457] *Ibid.*, p. 286; *R. v. Crawford*, JE 95-708.
[458] *R. v. Whittle*, [1994] 2 S.C.R. 914.
[459] *Ibid.*, p. 932.
[460] *Ibid.*, p. 939.
[461] *R. v. S(R.J.)*, JE 95-299; also *B.C. Securities Commission v. Branch*, JE 95-845.

have eventually discovered the derivative evidence which is being contested. This immunity against the use of derivative evidence can only be demanded in subsequent procedures in which the witness takes the role of the accused and has the possibility of receiving a sentence or in all other procedures which trigger the application of section 7.

Under certain circumstances, fundamental justice under section 7 may authorize the courts to exempt an individual from testifying.[462] However, the request for testimony from an individual must have, as its main goal, the gathering of elements of proof which may be used to incriminate that very same person. Nevertheless, in order to obtain this testimony, the Crown must justify the harm which may be caused to the witness's right against self-incrimination or demonstrate that the testimony will not cause any harm to the witness.

(v) *Mens Rea in Penal Matters*

Section 7 allowed the Supreme Court to specify the protection which the *Charter* brought to the important chapter of "*mens rea*" — that is to say, criminal guilt.

First of all, since 1985, the Court has established that the notion of absolute responsibility violates the principles of fundamental justice when the declaration of guilt, be it because of the stigma attached to the offence or the possible sentencing, infringes upon the right of the accused to life, liberty or security of person.[463]

A section of the law which attaches criminal responsibility with the possibility of imprisonment to an action in which there is not only an absence of *mens rea*, but of negligence, is contrary to fundamental justice.[464] The requirement for a certain minimal mental state as a condition of criminal responsibility is a principle of fundamental justice.[465] According to fundamental justice, *mens rea* must reflect the particular nature of the crime in question.[466]

When a declaration of guilt carries severe stigma or sentencing (*e.g.*, murder), fundamental justice requires that this declaration be based upon a proof beyond reasonable doubt concerning subjective foresight of death.[467]

---

[462] *R.C.S. (R.J.)*, JE 95-299; *R. v. Jobin*, JE 95-847; *R. v. Primeau*, JE 95- 846.
[463] *Reference re s. 94(2) of the Motor Vehicles Reference Act (B.C.)*, [1985] 2 S.C.R. 486; *R. v. Wholesale Travel Group Inc.*, [1991] 3 S.C.R. 154, p. 236; *R. v. Finlay*, [1993] 3 S.C.R. 103, p. 114.
[464] *R. v. Stevens*, [1988] 1 S.C.R. 1153, 1177; *R. v. Hess*, [1990] 2 S.C.R. 906, p. 915.
[465] *R. v. Vaillancourt*, [1987] 2 S.C.R. 636.
[466] *Ibid.*, 653-654; *R. v. Creighton*, [1993] 3 S.C.R. 3, 17-8.
[467] *R. v. Martineau*, [1990] 2 S.C.R. 633, p. 645; *R. v. Rodney*, [1990] 2 S.C.R. 687, p. 696; *R. v. Arkell*, [1990] 2 S.C.R. 695, p. 702; *R. v. J.(J.T.)*, [1990] 2 S.C.R. 755, p. 771; *R. v. Luxton*, [1990] 2 S.C.R. 711, p. 719; *R. v. Sit*, [1991] 3 S.C.R. 124, pp. 129-130.

The accused must have been aware that the death of the victim was a probable consequence of his abduction. He must have subjectively foreseen the death of the victim.

When the declaration of guilt carries less serious stigma or sentencing, the declaration may be based upon a lesser degree of *mens rea*.[468] However, a minimal requirement of fault with regards to all criminal infractions or regulations satisfies the requirements of section 7. Thus, the Crown must demonstrate according to an objective interpretation of the proof which has been presented in order to satisfy solely the objective element of the offence, that the accused had the intention of committing the act in question.[469]

With regards to all of the underlying offences, the criteria which satisfies fundamental justice is that of objective foreseeability. The action in question must not only be illegal but must also be of such a nature that it risks some wrong-doing or bodily harm to another person.[470] The underlying offence must have a moral element which is sufficient from a constitutional aspect and the Crown must prove that the bodily harm caused by the underlying illegal act was objectively foreseeable.[471]

The intention required for a given offence must be either subjective or objective. In the case of the former, fault may be shown by way of proof of negligence.[472] That is to say, "the conduct amounted to a marked departure from the standard of care that a reasonable person would observe in the accused's situation."[473]

The principles of fundamental justice allow the legislator to recognize that despite moral fault, certain offences may be more or less serious depending on the consequences of the action. Fundamental justice does not require an absolute symmetry between moral fault and prohibited consequences which are foreseeable.[474] Normally, the *mens rea* which is required in order to objectively foresee the possibility of causing harm to an individual, is determined by the facts. The norm which is applied is that of a reasonable person who is found in the same situation as that of the accused. However, this inference may be cast aside by a proof which creates a reasonable doubt in the mind of the judge with regards to the absence of the ability of the accused to appreciate the risk.[475]

---

[468] *R. v. Finlay*, [1993] 3 S.C.R. 103, p. 114.
[469] *R. v. Pharmaceutical Society (Nova Scotia)*, [1992] 2 S.C.R. 606, p. 658; *R. v. Finlay*, [1993] 3 S.C.R. 103, pp. 113-114.
[470] *R. v. DeSousa*, [1992] 2 S.C.R. 944, p. 961.
[471] *Ibid.*, pp. 962-963; *R. v. Creighton*, [1993] 3 S.C.R. 3, pp. 20-21.
[472] *R. v. Hundal*, [1993] 1 S.C.R. 867, p. 882; *R. v. Naglik*, [1993] 3 S.C.R. 122, p. 144; *R. v. MacGillivray*, JE 95-709.
[473] *Ibid.*, p. 888-889.
[474] *R. v. Creighton*, [1993] 3 S.C.R. 3, p. 53.
[475] *Ibid.*, pp. 73-74.; *R. v. Gosset*, [1993] 3 S.C.R. 76, p. 101.

When the law creates an offence of strict responsibility, the accused may always invoke reasonable diligence.[476] However, in the area of criminal justice, fundamental justice includes the right to a defence based on mental incapacity or automatism.[477]

With regards to the admissibility of a proof of intoxication, jurisprudence has, for a long time, distinguished between offences of specific intention and of general intention. In the case of the latter, since the famous case of *Leary*, the Supreme Court stated that voluntary intoxication may not be used as a way to escape criminal responsibility with regard to offences which did not require general intention.[478] In such a situation, voluntary intoxication is substituted by the moral element of the crime. Thus, the Supreme Court admits that an excessively rigid application of *Leary* infringes upon section 7.[479] In the area of sexual assault consequent to an intoxication, the only moral element required is simply the intention to commit the crime or indifference with regards to whether or not these actions may constitute an aggression. However, the substituted *mens rea* of an intention to become drunk cannot establish the *mens rea* to commit the assault. Jurisprudence has already established that "[o]nly if the existence of the substituted fact leads inexorably to the conclusion that the essential element exists, with no other reasonable possibilities, will the statutory presumption be constitutionally valid".[480]

By eliminating the moral element, this will bring forth a denial of fundamental justice for the accused. Thus, an accused with an extreme case of intoxication akin to automatism or mental illness, should not be seen as guilty when a reasonable doubt exists with regard to the voluntary nature of the act he has committed. One cannot simply automatically infer that it was obviously foreseeable that the consequences of voluntary intoxication will necessarily entail the perpetration of the offence. Fundamental justice requires that the accused have the possibility to present a proof which may establish that he was too drunk to have the necessary moral element required for a general intention offence.[481] It must be a "state of extreme intoxication akin to automatism or insanity".[482] This defence should only be successful in extremely rare cases and should not "open the floodgates to allow every

---

[476] *R. v. Rube*, [1992] 3 S.C.R. 159, p. 160.
[477] *R. v. Swain*, [1993] 1 S.C.R. 933, p. 976; *R. v. Parks*, [1992] 1 S.C.R. 871, p. 910.
[478] *R. v. Bernard*, [1988] 2 S.C.R. 833; *R. v. Penno*, [1990] 2 S.C.R. 685.
[479] *R. v. Daviault*, [1994] 3 S.C.R. 63: 6-3 majority decision which substantially repeated the minority opinion in *Bernard*. For doctrine, see Judge Cory's abundant review, p. 96-97.
[480] *R. v. Whyte*, [1988] 2 S.C.R. 3, p. 19.
[481] *R. v. Daviault, supra*, note 479, p. 95.
[482] *Ibid.*, p. 103.

accused who had a drink before committing the prohibited act to raise the defence of drunkeness".[483]

However, the fact that the legislature may expressly exclude a form of defence when it has been shown that a particular criminal act is of such a nature that it necessarily incurs the disapproval of society,[484] or of international society by a violation of international law, is not contrary to fundamental justice as defined in section 7.[485]

(vi) *Fundamental Justice and Sentencing*

Fundamental justice demands that the accused be judged and punished under the law which was in force at the time when the offence was committed.[486] However, in the event of war crimes or crimes against humanity, one must take into account the moment when international law recognized these crimes.[487]

A sentencing regime must demonstrate proportionality with the serious of the offence. There must be a degradation of the sentencing following the maliciousness of the crime. However, such a system must take into account other factors whose importance lies with society's interest in punishing the delinquents. The importance with regards to prevention, dissuasion, punishment and the reintegration into society will vary according to the nature of the crime and the particular situation of the delinquent.[488] The same applies with regards to a modification in the way the sentence is served, whether it is favourable or not to the detainee. Fundamental justice does not require a fair balance between the rights of the society and those of the accused.[489]

(f) The Relationship Between Section 7 and Section 1 of the *Charter*

Section 1 of the *Charter* guarantees that the rights and freedoms that are set out in the *Charter* are subject only to such limits as can be demonstrably justified. Does this apply equally to the rights set out in section 7?

As we have seen, recent case law, notably the decisions of the Supreme Court, is to the effect that a person wishing to rely on section 7 has the initial burden of demonstrating that there has been a denial of his life, liberty or security of the person and that this denial is not in accordance with the

---

[483] *Ibid.*
[484] *R. v. Penno*, [1990] 2 S.C.R. 865.
[485] *R. v. Finta*, [1994] 1 S.C.R. 711, p. 866.
[486] *R. v. Gamble*, [1988] 2 S.C.R. 595, p. 647.
[487] *R. v. Finta*, [1994] 1 S.C.R. 711, p. 870.
[488] *R. v. L.(T.P.)*, [1987] 2 S.C.R. 309, p. 328; *R. v. Luxton*, [1990] 2 S.C.R. 711, p. 721.
[489] *Cunningham v. Canada*, [1993] 2 S.C.R. 143, p. 151.

principles of fundamental justice. It is at that point that section 1 may come into play and permit the government to demonstrate that the denial results from a reasonable law, one which is acceptable in a free and democratic society. To be valid the law must pass the tests of constitutional permissibility established by section 1.

The *Singh* case[490] is a good illustration of this type of situation. The Supreme Court held, in the first place, that the challenged measure — the order of deportation — infringed upon the security of the applicant. Next, the Court found that the procedure followed, as well as the provisions of the Act which prescribed that procedure, did not respect the requirements of fundamental justice. Third, and finally, the Court rejected the arguments presented by the government to the effect that the procedure was reasonable and acceptable in a free and democratic society.

As with all the other rights and liberties guaranteed by the *Charter*, section 7, in principle, is subject to the restrictions set forth in section 1.[491] This proposition is justified because it is desirable to maintain a conceptual distinction between the rights guaranteed by section 7 and the other rights guaranteed by the *Charter* in order to grant a greater protection to individuals since any restriction of their rights, even if done so in conformity with the principles of fundamental justice, must nevertheless be justified according to the *Oakes* test.[492]

However, the Supreme Court recognized one exception to the above-stated general rule. It consists of situations in which a common law rule, and not a legislative provision, restricts the rights of the accused as recognized by section 7. Thus, it is not imperative to examine the pertinence of a section 1 application; the Court may create a new rule in order to replace the old.[493]

However, the Supreme Court recognized that it will be easy for the government "except in periods of war or national emergency" to show that a legislative provision which is not in conformity with the principles of fundamental justice may nonetheless satisfy the *Oakes* test.[494] This will be "even more difficult" in cases where the infringement to fundamental justice "is the result of the excessive scope of a clause".[495] Effectively, the clause comes automatically under the minimal impairment criteria.

---

[490] *Singh v. Canada (Min. of Employment & Immigration)*, supra, note 4, p. 216.
[491] *R. v. Swain*, [1991] 1 S.C.R. 933, p. 980.
[492] *Dehghani v. Canada (Min. of Employment & Immigration)*, [1993] 1 S.C.R. 1053, p. 1075.
[493] *R. v. Swain*, supra, note 491, p. 980.
[494] *Reference re s. 94(2) of the Motor Vehicle Act (B.C.)*, [1985] 2 S.C.R. 486, p. 518.
[495] *R. v. Heywood*, [1994] 3 S.C.R. 761, p. 803.

4. GENERAL CONCLUSION

Section 7 is an instrument which the courts must handle with great care. As was expressed by the majority in *Rodriguez:*

> ... the Court must be conscious of its proper role in the constitutional make-up of our form of democratic government and not seek to make fundamental changes to long-standing policy on the basis of general constitutional principles and its own view of the wisdom of legislation.[496]

This instrument has turned out to be much more powerful and intrusive than was originally imagined. Some were able to observe a decrease in the judicial activity with regards to certain clauses of the *Charter*.[497] Others have spoken of a deferential attitude on certain types of rights and a more aggressive one on others.[498] We believe, on the contrary, that one should not underestimate the potential of section 7.[499]

It seems obvious that the Supreme Court granted section 7 and "substantive review", which permits fundamental justice, a much larger scope than was led to believe through the 1985 *Reference Re Motor Vehicle* case. Section 7 is far from only being the entry point for sections 8 to 14. Starting with the cases of *Vaillancourt* and *Martineau*, section 7 became an important instrument of control for major public policy, particularly in criminal matters, and — in a general sense — with regards to public law.

The recent jurisprudence which has focused on section 7 is characterized by an easing up of the differences between procedural control and substantive control (substantive review). The Court has adopted, through a contextual perspective, a comprehensive approach with regards to the protection being offered by the principles of fundamental justice and an attempt to balance the right of the individuals and those of the state — that is to say, the collectivity.

If the Supreme Court can play, in a certain way, on both inter-dependent facets, then section 7 is an instrument with quasi-unlimited potential. It may reapply the concept of fundamental justice — without being noticed — and simultaneously extend the scope of these concepts so that they may be as large as those of liberty and security.

The Supreme Court constructed (or re-constructed) section 7, not following the specific intention of the builder, but following its own conception of a constitutional *Charter* and the privileged mission of a constitutional

---

[496] *Rodriguez v. British Columbia (A.G.)*, [1993] 3 S.C.R. 519, pp. 589–590.
[497] R. Elliot, "Developments in Constitutional Law: the 1989-1990 Terms" [1991] 2 *S.C.L.R.* (2ed) 83, 96-100.
[498] D. Gibson, "The Deferential Trojan Horse: a Decade of Charter Decisions" (1993), 72 *R.B. Can.* 417-451.
[499] K. McManus, "The Sleeping Giant of Rights: Section 7 and Substantive Review" (1994) 3 *Dal. J. of Leg. Studies* 35-58.

court in a western, if not American, democratic regime. The Court has shown a great deal of creativity despite the numerous trial and errors which are an inherent part of our system of constitutional control.

For some, section 7 remains a mystery. One author qualified it as "the most eloquent but mysterious provision of the *Charter*". I do not know if section 7 is, in and of itself, eloquent but the Supreme Court did not tone down its verve or its pen. It has created an abundant jurisprudence which has just been qualified as ambiguous, problematic or incoherent. We cannot, in this work, repeat the criticisms which are shared by many authors on the constitutionalization of criminal and administrative law. It would require a master text to analyze, appreciate and attempt, if necessary, to refute the criticisms in order to bring justice to the Court.

10

La protection en matière de fouilles, perquisitions et saisies, en matière de détention, la non-rétroactivité de l'infraction et la peine la plus douce
(articles 8 et 9, alinéas 10c), 11e), 11g) et 11i))

François Chevrette* et Hugo Cyr**

1. La protection contre les fouilles, les perquisitions ou les saisies abusives
   (a) Définition et extension des concepts
      (i) Les notions de fouille et de perquisition
      (ii) La notion de saisie
   (b) Ce qui est abusif et ce qui ne l'est pas
      (i) Les conditions générales de conformité à l'article 8
         (A) Le mandat ou autorisation préalable
         (B) Une autorité décidant de façon judiciaire
         (C) Des motifs raisonnables et probables
         (D) Une exécution non abusive
         (E) Un contrôle a posteriori
      (ii) Le régime d'exception
         (A) L'urgence ou l'état de nécessité
            (1) L'urgence comme motif de dispense d'autorisation préalable

---

* Professeur à la Faculté de droit de l'Université de Montréal.
** Etudiant au Programme national de la Faculté de droit de l'Université McGill.

(2) Quelques applications particulières
                    • La fouille incidente à l'arrestation
                    • La prise en chasse (*hot pursuit*)
                    • Les véhicules
            (B) Une attente réduite ou inexistante de protection
                (1) Consentement et renonciation
                    • Conditions générales
                    • Les objets bien à la vue (*plain view*)
                    • Les choses abandonnées
                    • Les lieux publics
                (2) Quelques restrictions non volontaires à l'attente de protection
                    • Le milieu carcéral
                    • Les contrôles douaniers et de sécurité aérienne
                    • Fouilles, perquisitions et saisies administratives
    2. La protection contre la détention ou l'emprisonnement arbitraires
        (a) Les concepts de détention et d'emprisonnement
        (b) Le caractère arbitraire de la détention
        (c) Le rôle de l'article 9
    3. Le droit à l'*habeas corpus*
        (a) Conditions d'application
        (b) Étendue et procédure de contrôle
    4. La mise en liberté sous cautionnement
    5. Le droit de ne pas être déclaré coupable d'une infraction rétroactive
        (a) La notion d'infraction
        (b) L'existence et l'inexistence d'une infraction
        (c) Le droit international
    6. Le droit de bénéficier de la peine la moins sévère

1. LA PROTECTION CONTRE LES FOUILLES, LES PERQUISITIONS OU LES SAISIES ABUSIVES

L'article 8 de la *Charte canadienne des droits et libertés* se lit ainsi :

Chacun a droit à la protection contre les fouilles, les perquisitions ou les saisies abusives.

Une remarque préliminaire s'impose en rapport avec cette disposition, qui n'a pas son équivalent dans la *Déclaration canadienne des droits*. Dans sa version initiale, l'article 8 de la *Charte* prévoyait une «protection contre les fouilles, les perquisitions et les saisies abusives dont les motifs ne sont pas fondés sur la loi et qui ne sont pas effectuées dans les conditions que celle-ci prévoit». En d'autres termes, une fouille, perquisition ou saisie conforme à la loi l'était du même coup à la *Charte*. Ce n'est plus le cas maintenant, et il peut arriver qu'une fouille, perquisition ou saisie, tout en étant conforme à la loi, soit abusive et par conséquent contraire à la *Charte*.[1] L'article 8 vise à fois la loi et la manière de l'appliquer. Comme l'écrivait le juge Lamer — il n'était pas alors juge en chef — «[u]ne fouille ne sera pas abusive si elle est autorisée par la loi, si la loi elle-même n'a rien d'abusif et si la fouille n'a pas été effectuée d'une manière abusive[2].»

Une disposition de ce genre est d'une interprétation difficile. On n'a pour s'en convaincre qu'à se reporter à l'interprétation judiciaire du Quatrième amendement de la *Constitution des États-Unis*, qui contient une protection du même genre, encore que rédigée dans des termes plus précis[3]. Notons qu'est plus précis encore le libellé des instruments internationaux les plus importants de protection des droits et libertés sur le sujet qui nous occupe ici[4].

---

[1] Pour un exemple entre plusieurs, voir l'important arrêt *Hunter c. Southam Inc.*, [1984] 2 R.C.S. 145, dont il sera question plus loin.
[2] *R. c. Collins*, [1987] 1 R.C.S. 265, p. 278.
[3] Le Quatrième amendement se lit ainsi : «The right of the people to be secure in their persons, houses, papers, and effects, against unreasonable searches and seizures, shall not be violated, and no Warrants shall issue, but upon probable cause, supported by Oath or affirmation, and particularly describing the place to be searched, and the persons or things to be seized». Sur cette garantie, voir en particulier le célèbre traité de W.R. LaFAVE, *Search and Seizure*, 2ᵉ éd., West Publishing Co., St. Paul, 1987.
[4] *Déclaration universelle des droits de l'homme*, art. 12 :
  Nul ne sera l'objet d'immixtions arbitraires dans sa vie privée, sa famille, son domicile ou sa correspondance, ni d'atteintes à son honneur et à sa réputation. Toute personne a droit à la protection de la loi contre de telles immixtions ou de telles atteintes.
Pacte international relatif aux droits civils et politiques, art. 17 :
  1. Nul ne sera l'objet d'immixtions arbitraires ou illégales dans sa vie privée, sa famille, son domicile ou sa correspondance, ni d'atteintes illégales à son honneur et à sa réputation.
  2. Toute personne a droit à la protection de la loi contre de telles immixtions ou de telles atteintes.
Convention de sauvegarde des droits de l'homme et des libertés fondamentales (Convention européenne), art. 8 :
  (1) : Toute personne a droit au respect de sa vie privée et familiale, de son domicile et de sa correspondance.
  (2) : Il ne peut y avoir ingérence d'une autorité publique dans l'exercice de ce droit que pour autant que cette ingérence est prévue par la loi et qu'elle constitue une mesure qui, dans une société démocratique, est nécessaire à la sécurité nationale, à la sûreté publique, au bien-être économique du pays, à la défense de l'ordre et à la prévention des infractions pénales, à la protection de la santé ou de la morale, ou à la protection des droits et libertés d'autrui.
On peut signaler aussi que la *Charte des droits et libertés de la personne* du Québec (L.R.Q., c. C-12) est beaucoup plus explicite que le *Charte canadienne* sur cette même question :
  Art. 5 : Toute personne a droit au respect de sa vie privée.
  Art. 7 : La demeure est inviolable.
  Art. 8 : Nul ne peut pénétrer chez autrui ni y prendre quoi que ce soit sans son

Avant d'apprécier l'impact de l'article 8 sur le droit et les pratiques existantes, il est utile d'indiquer, ne serait-ce que brièvement, d'une part à qui bénéficie la protection qu'il établit et, d'autre part, qui lui est assujetti et est tenu de la respecter.

Sur le premier point, rappelons simplement que ce sont à la fois les personnes physiques et les personnes morales qui sont titulaires de la garantie de l'article 8, le terme *Chacun* englobant les unes et les autres[5]. Nombreuses sont les affaires où cette garantie a été invoquée par une personne morale, encore qu'elle a certainement une portée moindre dans le cas de celle-ci que dans le cas d'une personne physique[6].

Le second point est plus complexe et il déborderait le cadre de la présente étude d'en faire une analyse exhaustive, qui s'imposerait plutôt lors de l'examen de l'article 32 de la *Charte*, article qui détermine le domaine d'application de celle-ci. Il est bien établi que la *Charte* ne vise que les situations impliquant un élément d'intervention gouvernementale[7], avec la conséquence qu'un procédé s'apparentant à ceux dont l'article 8 fait état sera néanmoins soustrait à l'emprise de ce dernier si c'est un particulier qui en fait usage, et ce à des fins privées. Il faut donc que ce soit un agent de l'État ou quelqu'un sur lequel l'État exerce un certain contrôle qui y ait recours, ou encore qu'on y ait recours à une fin étatique, deux critères qu'on pourrait appeler respectivement critère de l'agent gouvernemental et critère de l'action gouvernementale[8].

Si ni l'un ni l'autre n'est satisfait, l'article 8 ne trouvera évidemment pas application, comme quand une entreprise privée de télécommunications tente de dépister des appels pour protéger ses clients contre des messages obscènes[9] ou quand un parent, de son propre chef, enregistre les conversations téléphoniques de son enfant ou le concernant en vue de le protéger[10].

---

consentement exprès ou tacite.
Au surplus, on y a inclus en 1982 (1982, c. 61, art. 7) une disposition presque identique à l'article 8 de la *Charte canadienne* :
Art. 24.1 : Nul ne peut faire l'objet de saisies, perquisitions ou fouilles abusives.

[5] *Southam Inc. c. Hunter* (1982), 68 C.C.C. (2d) 356, p. 364 (B.R. Alta.), infirmé sur autres points : 3 C.C.C. (3d) 497 (C.A. Alta.) et [1984] 2 R.C.S. 145.

[6] *Thomson Newspapers Ltd. c. Canada (Directeur des enquêtes et recherches, Commission sur les pratiques restrictives du commerce)*, [1990] 1 R.C.S. 425, p. 517 à 519 (j. La Forest), p. 589 à 592 (j. L'Heureux-Dubé).

[7] *S.D.G.M.R. c. Dolphin Delivery Ltd.*, [1986] 2 R.C.S. 573.

[8] Deux critères qui sont bien mis en relief, en rapport avec l'article 8, dans *R. c. Meyers*, [1987] 4 W.W.R. 624, p. 633 (B.R. Alta.).

[9] *R. c. Fegan* (1993), 80 C.C.C. (3d) 356 (C.A. Ont.).

[10] *Droit de la famille-2206*, [1995] R.J.Q. 1419 (C.S.); *R. c. Tam*, (1993), 80 C.C.C. (3d) 476 (C.S. C.-B.). La *Charte* ne régira donc pas la recevabilité de ces enregistrements dans un procès civil ou criminel subséquent. Pour un exemple d'enregistrement clandestin, par une personne sollicitant un permis d'un organisme administratif, des délibérations de cet

Comme l'application de ces critères semble de nature disjonctive plutôt que cumulative[11], si l'un des deux est satisfait, la garantie de l'article 8 pourra entrer en jeu. Ce serait le cas lorsqu'un particulier, sous l'autorité du *Code criminel* et en vue de faire respecter celui-ci, procède à l'arrestation et à la fouille d'une autre personne[12], le critère de l'action gouvernementale étant ici respecté. Ce serait le cas aussi dans l'hypothèse où l'État, à simple titre d'employeur, soumettrait certains de ses employés à des tests ou inspections à des fins de sécurité[13], fins qu'on pourrait considérer comme n'étant pas proprement gouvernementales; c'est le critère de l'agent gouvernemental qui déclencherait alors l'application de l'article 8.

En pratique, toutefois, de larges zones d'incertitude demeurent, ni l'un ni l'autre des deux critères n'étant toujours d'un maniement aisé. Par exemple, l'agent privé de sécurité, qui n'est pas sous contrôle étatique et dont le rôle consiste à protéger la propriété de celui qui l'emploie[14], n'en mène-t-il pas moins une action gouvernementale dans la mesure où le fruit de ses investigations est généralement rapporté à la police[15]? Et que penser de l'informateur de police[16]? Mais ce qu'il convient toutefois de rappeler très clairement, c'est que si un pouvoir de fouille, de perquisition ou de saisie est octroyé par une norme étatique — loi ou règlement —, ce pouvoir est de ce seul fait assujetti à l'article 8, peu importe à qui il est donné et peu importe l'objectif qui est ainsi poursuivi[17].

---

organisme en rapport avec cette demande de permis : *Touat c. Montréal (Ville de)*, [1992] R.J.Q. 2904 (C.S.), où la *Charte* ne fut pas invoquée.

[11] Cette conclusion nous est suggérée par le fait que la *Charte* régit les contrats conclus par le gouvernement du seul fait que ce dernier y est partie et peu importe que la conclusion d'un contrat n'ait rien d'un acte proprement gouvernemental. Par exemple : *Douglas/Kwantlen Faculty Assn c. Douglas College*, [1990] 3 R.C.S. 570; *Lavigne c. SEFPO*, [1991] 2 R.C.S. 213. Si les deux critères étaient d'application cumulative, ces contrats ne seraient pas assujettis à la *Charte* car le critère de l'action gouvernementale ne serait pas satisfait.

[12] *R. c. Lerke* (1986) 25 D.L.R. (4th) 403 (C.A. Alta.), à propos de ce qui est aujourd'hui l'article 494 du *Code criminel*.

[13] Par exemple : *Canadian Union of Postal Workers and Canada Post Corp.* (1988), 40 D.L.R. (4th) 67 (B.R. Alta.).

[14] Et qui, pour ce double motif, est généralement considéré comme soustrait à l'emprise de l'article 8. Voir par exemple : *R. c. Fitch* (1995), 93 C.C.C. (3d) 185 (C.A. C.-B.).

[15] La même question se pose dans le cas d'un directeur d'école qui, en cette qualité, fouille les vêtements d'un élève et avise la police du résultat de cette fouille. Voir *R. c. G. (J.M.)* (1986), 33 D.L.R. (4th) 277 (C.A. Ont.), permission d'appeler refusée [1987] 1 R.C.S. ix, où l'on a de toute façon considéré la fouille comme n'étant pas abusive, ne tranchant pas ainsi vraiment la question de l'applicabilité de la *Charte*.

[16] Dans *R. c. Wiley*, [1993] 3 R.C.S. 263, p. 276 et 277, on suggère que pour que la *Charte* s'applique aux actes posés par un tel informateur, il faut que les policiers l'aient incité à les poser. Cela paraît faire fi du critère de l'action gouvernementale.

[17] En ce sens, il n'était même pas nécessaire d'avoir recours au critère de l'action gouvernementale dans *R. c. Lerke*, *supra*, note 12, le pouvoir étant conféré par le *Code criminel*.

Ce rappel étant fait, nous tenterons, dans un premier temps, de cerner les notions de fouille, de perquisition et de saisie; en d'autres termes, nous tenterons de voir à quels procédés la garantie est théoriquement applicable, et ce sans égard au caractère abusif ou pas de ceux-ci, et de déterminer si ces procédés doivent poursuivre une finalité particulière pour être couverts par l'article 8. Ainsi, par exemple, l'écoute électronique et le détecteur de mensonge sont-ils des fouilles ou des perquisitions? Les fouilles et perquisitions se limitent-elles à des procédés d'obtention de preuves aux fins d'un procès pénal ou s'étendent-elles aussi à des contrôles tels que les contrôles douaniers, les contrôles de sécurité (sur des prisonniers, des voyageurs aériens), les inspections administratives, voire les cueillettes d'informations pouvant servir aux fins les plus diverses? Et la notion de saisie requiert pareillement, comme on le verra, qu'on s'interroge sur la nature du procédé et sur la raison pour laquelle on y a recours. Ces quelques questions montrent que l'article 8 requiert une tentative d'élucidation de son champ d'application, à la fois sous l'angle des procédés de détection ou de mainmise visés par cet article et de l'usage que l'on entend faire de ce qu'on cherche à découvrir ou à saisir.

Dans un deuxième temps, nous tenterons de voir ce qu'il faut entendre par ce qui est abusif et ce qui ne l'est pas. Il s'agit d'une tâche difficile, car c'est le pouvoir judiciaire qui est appelé à décider de cela en fonction de chaque situation particulière. Cela dit, il conviendra en premier lieu de dégager les conditions générales de conformité à l'article 8, celle en particulier de l'autorisation judiciaire préalable, et en second lieu de décrire le régime d'exception, applicable lorsque l'attente de protection est réduite ou inexistante et lorsqu'il y a urgence ou état de nécessité.

Si l'on conclut qu'une loi ou une pratique enfreint l'article 8 et que, s'agissant d'une loi, elle n'est pas rachetée par l'article premier, se pose alors le problème de la recevabilité de la preuve inconstitutionnellement obtenue. C'est sur l'article premier et sur cette recevabilité que nous ferons porter notre conclusion.

(a) Définition et extension des concepts

(i) *Les notions de fouille et de perquisition*

Il est clair que la protection contre les fouilles et perquisitions établie par l'article 8 — ces deux mots sont rendus en anglais par le mot «search» — est une protection à la fois de la personne elle-même et de son environnement privé. En effet, le mot anglais «search» désigne indistinctement les fouilles sur la personne et les recherches dans un lieu[18]. Le mot français

---

[18] D.M. WALKER, *The Oxford Companion to Law*, Oxford, Clarendon Press, 1980, p. 1122; *The Canadian Law Dictionary*, Toronto, Law and Business Publications (Canada) Inc., 1980, sous le mot «*search*».

«fouilles» a aussi ce double sens. Mais le fait de l'avoir fait suivre du mot «perquisitions», qui réfère lui à des recherches dans un lieu, indique encore plus clairement que la protection vise non seulement ces dernières mais aussi les fouilles sur la personne. Cela ne fait aucun doute[19].

Fouiller une personne, c'est inspecter ses vêtements, les contenants qu'elle transporte avec elle, ainsi que son corps en vue d'y découvrir des objets. Il est évident que cela inclut l'inspection des divers orifices du corps humain[20]. L'administration d'un émétique, d'un lavement d'estomac ou d'intestin, et l'intervention chirurgicale en vue de retirer du corps un objet sont aussi incontestablement des procédés visés par l'article 8. On a déjà décidé qu'une intervention chirurgicale en vue de retirer une balle de l'épaule d'un individu n'était pas une perquisition au sens de l'article 443, maintenant l'article 487 du *Code criminel* et qu'un mandat ne pouvait légalement être émis pour ce faire, le corps humain n'étant pas «un bâtiment, contenant ou lieu»[21]. Mais une telle interprétation restrictive, fort appropriée quand elle vise, comme c'était le cas en l'espèce, une disposition législative habilitant à opérer des perquisitions, deviendrait au contraire totalement inappropriée si on l'appliquait à une norme constitutionnelle de protection contre les fouilles et les perquisitions. Si l'article 8 vise l'inspection des vêtements d'un individu, il vise *a fortiori* le fait de l'opérer pour retirer un objet incriminant de son corps.

On peut aussi se demander si la notion de fouille se limite à la recherche d'objets qui sont distincts de la personne ou si au contraire elle englobe des prélèvements physiques — prise de sang ou échantillon d'urine, par exemple. Peut-être dans le langage courant de tels prélèvements ne sont-ils pas des fouilles. Mais il aurait été inadmissible, à des fins constitutionnelles, de retenir une pareille distinction, pour le moins artificielle, entre choses distinctes de la personne et choses en faisant pour ainsi dire partie, d'autant que l'obtention de ces dernières implique bien souvent une atteinte à la personne plus grave que l'obtention des premières.

Il y a donc lieu de conclure que des prélèvements de substances corporelles internes sont des fouilles au sens de l'article 8[22] et il faut, selon

---

[19] *Comité paritaire de l'industrie de la chemise c. Potash* [1994] 2 R.C.S. 406, p. 440, où la juge L'Heureux-Dubé approuve ces définitions des mots «*search*», fouille et perquisition, définitions antérieurement proposées dans *Southam Inc. c. Hunter, supra*, note 5.
[20] Par exemple *R. c. Greffe*, [1990] 1 R.C.S. 755, à propos d'une fouille rectale.
[21] *Re Laporte and the Queen* (1973) 29 D.L.R. (3d) 651 (C.S. Qué.).
[22] Dans *R. c. Pohoretsky*, [1987] 1 R.C.S. 945, le juge Lamer — il n'était pas juge en chef à ce moment — traitant d'un prélèvement sanguin opéré sur une personne inconsciente et à des fins de preuve, écrit : «[J']estime cette fouille abusive fort grave. En premier lieu, la violation de l'intégrité physique de la personne humaine est une affaire beaucoup plus grave que celle de son bureau ou même de son domicile» (p. 949). Quelques lignes plus haut, le juge Lamer, après avoir rappelé que le ministère public avait reconnu qu'il y avait

nous, conclure de la même façon dans le cas des prélèvements de substances corporelles externes, même s'ils n'impliquent pas d'intrusion. Si la substance est déjà prélevée, on qualifiera plutôt de saisie le fait pour l'agent étatique de s'en emparer[23]; et la jurisprudence tend de plus en plus à qualifier de cette même façon tout prélèvement de substances, qu'elles soient internes ou externes, et peu importe que le prélèvement soit fait au moment où l'agent étatique intervient ou que ce soit ce dernier qui le suggère ou l'ordonne[24]. Ainsi, plutôt que de considérer comme fouille ce qui a trait à la personne et comme saisie ce qui a trait à ses biens, on tend à voir la fouille — et aussi la perquisition — comme une exploration et la saisie comme une prise. Même si, comme on le verra lors de l'examen de la notion de saisie, cette approche ne va pas sans inconvénient, l'important est que le prélèvement de substances corporelles soit de toute façon un procédé couvert par l'article 8.

L'absurdité à laquelle aurait conduit une interprétation purement littérale de l'article 8 est bien illustrée par le fait que, tant dans le langage juridique que dans la langue populaire de naguère, sinon encore dans ceux d'aujourd'hui, la notion de *search* — donc à la fois la fouille et la perquisition — connote l'idée d'une recherche de «choses tangibles»[25], effectuée avec intrusion[26]. On peut à la limite considérer qu'un prélèvement physique est une «chose», mais la conversation entre deux personnes n'en est certainement pas. Si donc l'on s'en tenait là, l'installation dans la demeure d'un individu et à son insu d'un dispositif d'enregistrement de ses conversations ne serait pas un procédé couvert par l'article 8 parce que ne visant pas une chose tangible. Elle le serait moins encore si le dispositif était installé à l'extérieur puisqu'il n'y aurait pas intrusion, élément qui ne se retrouverait probablement pas non plus si l'individu recevait librement chez

---

eu fouille abusive, observa qu'il ne lui était «donc pas nécessaire aux fins de l'issue du présent pourvoi de décider si une prise de sang est une fouille plutôt qu'une saisie» (p. 948).

[23] *R. c. Dyment*, [1988] 2 R.C.S. 417, p. 430 et 431, où il s'agissait de sang déjà recueilli par le médecin alors qu'il s'écoulait d'une plaie ouverte. Nous revenons plus loin à cet important arrêt.

[24] Par exemple, *R. c. Borden*, [1994] 3 R.C.S. 145, où il s'agissait d'échantillons de cheveux, de poils et de sang. Dans *R. c. Alderton* (1985), 17 C.C.C. (3d) 204 (C.A. Ont.), on a considéré que prélever des cheveux d'un détenu était une fouille, non abusive toutefois parce qu'incidente à l'arrestation de celui-ci. Le même procédé fut considéré comme une saisie abusive dans *R. c. Legere* (1989), 43 C.C.C. (3d) 502 (C.A. N.-B.).

[25] C'est ainsi qu'on a déjà décidé qu'un mandat de perquisition ne pouvait autoriser l'espionnage électronique des conversations. Voir : *Re Bell Telephone Co. of Canada* (1947), 89 C.C.C. 196 (H.C. Ont.).

[26] Dans *Hunter c. Southam Inc.*, *supra*, note 1, le juge Dickson — il n'était pas encore juge en chef — le rappelle. «Historiquement, la protection qu'offre la *common law* contre les fouilles, les perquisitions et les saisies [...] est liée au droit applicable en matière d'intrusion» (p. 157).

lui l'espion, qui y installerait le dispositif sans qu'il s'en aperçoive. Et comme l'oeil et l'oreille ne font pas non plus de perquisition au sens traditionnel du mot, des policiers pourraient l'espionner à distance dans sa demeure, enregistrer sa voix et le photographier, rien de tout cela n'étant contraire à l'article 8!

On voit donc à quel résultats inacceptables une interpétation purement littérale de cet article aurait pu conduire. Aussi est-il heureux que la jurisprudence canadienne ne se soit pas enlisée, comme ce fut le cas pendant un moment pour la jurisprudence américaine[27], dans toutes ces distinctions que l'on vient d'évoquer et que, tôt et résolument, la Cour suprême ait opté pour une interprétation téléologique de l'article 8, c'est-à-dire une interprétation axée sur les finalités de celui-ci. Déjà dans *Hunter c. Southam Inc.*[28], le juge Dickson, dans une opinion à laquelle tous ses collègues souscrivirent, suivit l'exemple donné par la Cour suprême des États-Unis dans *Katz c. United States*[29] et, après voir écarté l'exigence de l'intrusion pour que l'article 8 soit applicable[30], mit beaucoup d'insistance sur le fait que ce dernier a pour objet la protection de la vie privée et les attentes raisonnables d'intimité, sans toutefois écarter la possibilité qu'il protège aussi d'autres valeurs. Le passage pertinent se lit en effet ainsi :

> À l'instar de la Cour suprême des États-Unis, j'hésiterais à exclure la possibilité que le droit à la protection contre les fouilles, les perquisitions et les saisies abusives protège d'autres droits que le droit à la vie privée mais, pour les fins du présent pourvoi, je suis convaincu que la protection qu'il offre est au moins

---

[27] Pour un aperçu général, voir en particulier l'excellente analyse de A.G. AMSTERDAM, «Perspectives on the Fourth Amendement», (1973-74) 58 Minn. L. Rev. 349. Il est vrai que le Quatrième amendement, reproduit *supra*, note 3, donne prise à une infinité de distinctions notamment en ce qu'à la différence de l'article 8 il énumère ce qui est protégé. Un auteur s'est permis de conclure : «The Fourth Amendment cases are a mess». R.B. DWORKIN, «Fact Style Adjudication and the Fourth Amendment : The Limits of Lawyering» (1973) 48 *Ind. L.J.* 329, cité par A.G. AMSTERDAM, p. 349.
[28] *Supra*, note 1.
[29] 389 U.S. 347 (1967). À l'argument selon lequel la cabine téléphonique dans laquelle Katz avait logé son appel — appel intercepté par la police — était faite en partie en verre, Katz étant donc visible pendant sa conversation, le juge Stewart, pour la majorité, répondit que «the Fourth Amendment protects people, not places» (p. 351) et que «what he [Katz] sought to exclude when he entered the booth was not the intruding eye — it was the uninvited ear» (p. 352). «What a person knowingly exposes to the public, even in his own home or office, is not a subject of Fourth Amendment protection» (p. 351) alors que «what he seeks to preserve as private, even in an area accessible to the public, may be constitutionally protected» (p. 352). On y ajoute que l'intimité du citoyen que le Quatrième amendement protège est «the privacy upon which he justifiably relied» (p. 353) et qu'il doit avoir une «reasonable expectation of privacy» (p. 360).
[30] *Supra*, note 1, p. 158 et 159.

aussi étendue. La garantie de protection contre les fouilles, les perquisitions et les saisies abusives ne vise qu'une attente raisonnable.[31]

Les propos tenus par le juge La Forest dans *R. c. Dyment*[32] sont de la même inspiration. Après avoir observé que les protections traditionnelles de la *common law* contre l'intrusion sur la propriété d'autrui étaient en réalité des moyens, suffisants et appropriés à l'époque, de protéger la vie privée des gens, il émet l'avis que limiter la portée de l'article 8 à cela équivaudrait «à confondre les moyens et les fins[33]» et que cet article devrait plutôt «être interprété en fonction de l'objet qui le sous-tend, sans être restreint maintenant par les outils techniques originairement conçus pour garantir la réalisation de cet objet[34]». L'article 8 doit donc «recevoir une interprétation large et libérale, de manière à garantir au citoyen le droit d'être protégé contre les atteintes du gouvernement à ses attentes raisonnables en matière de vie privée[35]». Pareil point de vue, réaliste et moderne, le conduit ensuite à s'inspirer du rapport intitulé *l'ordinateur et la vie privée*, rapport publié conjointement en 1972 par le ministère des communications et le ministère de la Justice, et à proposer que les revendications en matière de vie privée sont de trois ordres : «celles qui comportent des aspects territoriaux ou spatiaux, celles qui ont trait à la personne et celles qui sont faites dans le contexte informationnel[36]».

Plutôt que d'être centrée sur la nature des procédés que sont la fouille et la perquisition, l'interprétation de l'article 8 l'est donc surtout sur les valeurs que ce dernier cherche à promouvoir, en particulier l'attente raisonnable d'intimité ou de vie privée. Sur ce point, il est intéressant de remarquer que la Cour suprême, en traitant de la vie privée en référence à la personne, a ajouté à cette valeur la dignité de la personne[37] et aussi son intégrité et son autonomie[38]. Il est donc normal que la jurisprudence ait conclu que le prélèvement de substances corporelles externes est un procédé

---

[31] *Id.*, p. 159. Pour une analyse des arrêts *Katz* et *Southam*, voir : K. MURRAY, «The ''Reasonable Expectation of Privacy Test'' and the Scope of Protection Against Unreasonable Search and Seizure Under Section 8 of the Charter of Rights and Freedoms» (1986), 18 *Ott. L. Rev.* 25.

[32] *Supra*, note 23.

[33] *Id.*, p. 426.

[34] *Id.*, p. 427.

[35] *Id.*, p. 426.

[36] *Id.*, p. 428.

[37] *Id.*, p. 432 et 439. Le Juge La Forest écrit : «Toutefois, comme je l'ai indiqué précédemment, la vie privée ne s'entend pas qu'au sens physique. La dignité de l'être humain est aussi gravement atteinte lorsqu'il y a utilisation de substances corporelles, recueillies par des tiers à des fins médicales, d'une manière qui ne respecte pas cette limite» (p. 439).

[38] *R. c. Plant*, [1993] 3 R.C.S. 281, p. 292. Le juge Sopinka y traite de pratiques contraires à l'article 8 «en ce qu'elles compromettent directement la dignité, l'intégrité et l'autonomie de la personne».

couvert par l'article 8 et *a fortiori* le prélèvement de substances internes[39]. Les spectaculaires développements de la génétique en rapport avec l'A.D.N. et auxquels nous reviendrons militent fortement en faveur d'une telle conclusion[40]. Un procédé comme le détecteur de mensonges devrait l'être aussi, du fait qu'il permet de découvrir et de donner un sens à des réactions autrement imperceptibles de l'organisme humain. À l'inverse, le test de voix ou d'écriture, la parade d'identification, les empreintes digitales et autres informations de ce genre ne seraient pas visées par l'article 8 en ce que l'individu ne peut faire autrement que les livrer aux autres — nous laissons partout nos empreintes digitales — et qu'il n'aurait pas à leur égard, spécialement s'il est accusé d'un infraction, d'attente raisonnable d'intimité[41].

Si l'on examine maintenant la vie privée sous ses aspects territoriaux ou spatiaux, pour reprendre les termes du juge La Forest dans le passage précédemment cité, il convient d'abord de remarquer que le fait que dans l'interprétation de l'article 8 l'insistance doive être mise sur les personnes plutôt que sur les choses ou les lieux ne signifie pas qu'il n'y ait pas de lieux qui appellent une attention ou une protection particulière[42]; de la même façon, le fait que l'objet fondamental de l'article 8 soit la protection de la vie privée et de la dignité, de l'intégrité et de l'autonomie de la personne ne signifie pas non plus que d'autres valeurs, la propriété par exemple, ne soient pas promues par cet article[43]. L'interprétation de l'article 8 en fonction

---

[39] *Supra*, notes 22, 23 et 24.
[40] L'analyse de l'A.D.N. (acide désoxyribonucléique), qui permet l'identification de l'individu et sa caractérisation génétique, peut être effectuée à partir d'un échantillon, entre autres, de sang, de sperme, de tissu corporel, de moelle osseuse, de salive, d'urine, de cheveu, de pulpe de dent et également, chez la femme, de liquide amniotique. Notons que dans *R. c. Borden, supra*, note 24, les échantillons avaient été prélevés en vue d'une analyse d'A.D.N. Le prélèvement ayant été opéré sans que l'inculpé y ait consenti en pleine connaissance de l'usage qu'on entendait faire des échantillons, la saisie fut jugée abusive et la preuve écartée. Sur l'analyse d'A.D.N., voir les références citées *infra*, note 61.
[41] Dans *R. c. Beare*, [1988] 2 R.C.S. 387, on a conclu, en particulier pour ce dernier motif, que la prise d'empreintes digitales de personnes inculpées, effectuée sous l'autorité d'un texte de loi, ne violait pas l'article 7 de la *Charte*, non plus que l'article 8 (p. 414), et le juge La Forest y remarquait que «[r]ien n'est introduit dans le corps et il n'en est prélevé aucune substance» (p. 413). La prise d'empreinte du pied d'un accusé ne fut pas jugée contraire à l'article 7 dans *R. c. Neilsen* (1985), 16 C.C.C. (3d) 39 (C.A. Man.).
[42] Le souci de protéger au premier chef les personnes «ne veut pas dire que certains lieux, en raison de la nature des interactions sociales qui s'y produisent, ne devraient pas nous inciter à être particulièrement sensibles à la nécessité de protéger la vie privée de l'individu». *R. c. Dyment, supra*, note 23, p. 429.
[43] Dans le passage de *Hunter c. Southam Inc.* reproduit plus haut et qui renvoie à la note 31, le juge Dickson s'est bien gardé d'écarter cette possibilité. Défoncer la porte sans motifs peut certainement rendre abusive une perquisition. Voir : *R. c. Gimson* (1990), 54 C.C.C.

de son objet ou de sa finalité veut plutôt dire que si l'individu a une attente raisonnable d'intimité, l'État ne peut violer cette attente, peu importe le moyen qu'il utilise pour ce faire.

Il en résulte que même si, comme on l'a déjà dit, l'oeil et l'oreille ne font pas de perquisition au sens traditionnel du mot, pas plus qu'on en peut faire grâce à l'odorat, ce que des policiers, ayant pénétré sans mandat sur un terrain privé et ayant observé de l'extérieur une résidence, y ont vu et entendu, voire senti fut considéré par la Cour suprême comme le fruit d'une perquisition abusive au sens de l'article 8[44]. Fut qualifié de la même façon le fait de filmer subrepticement un groupe de personnes se livrant au jeu dans une chambre d'hôtel, au motif que ces personnes avaient une attente raisonnable d'intimité, que l'illégalité de leurs activités n'avait pas pour conséquence de leur faire perdre[45]. Et si la surveillance vidéo ou magnétoscopique est un procédé couvert par l'article 8, la surveillance électronique l'est aussi, qu'il s'agisse d'une balise (*beeper*) dissimulée dans un véhicule aux fins de localiser son conducteur[46] ou du procédé mieux connu d'interception de communications privées. Sur ce dernier point, la Cour suprême, dans l'important arrêt *R. c. Duarte*[47], a conclu que le fait pour l'État de pouvoir à sa guise enregistrer une conversation lorsqu'un des interlocuteurs y consent[48], ou le fait pour l'un d'eux, quand c'est un agent de l'État, de pouvoir l'enregistrer lui-même est, si les exigences dont il sera question plus loin ne sont pas strictement respectées, un procédé clairement contraire à l'article 8 en ce qu'il anéantit l'attente d'intimité des gens. Certes il faut assumer le risque que les confidences qu'on fait ne soient pas gardées secrètes par la personne à qui on les destine; mais cela, selon la Cour, est toute autre chose que de permettre à un agent de l'État d'enregistrer une conversation dont son auteur s'attend à ce qu'elle ne soit entendue que par son interlocuteur. Il y a là attente raisonnable d'intimité.

On a mis suffisamment en relief que l'application de l'article 8 est déclenchée non pas tant par la nature du procédé utilisé que par cette attente raisonnable. Si tel est le cas, ne peut-on pas prétendre que cet article s'étend aussi à certaines conversations «provoquées», par exemple aux confidences

---

(3d) 232 (C.A. Ont.), confirmé pour d'autres motifs à [1991] 3 R.C.S. 692, *R. c. Grenier* (1991), 65 C.C.C. (3d) 76 (C.A. Qué.).

[44] *R. c. Kokesch*, [1990] 3 R.C.S. 3; *R. c. Grant*, [1993] 3 R.C.S. 223; *R. c. Wiley*, [1993] 3 R.C.S. 263; *R. c. Plant*, [1993] 3 R.C.S. 281.

[45] *R. c. Wong*, [1990] 3 R.C.S. 37, le juge en chef Lamer et la juge MacLachlin ayant plutôt conclu que parce que le groupe avait invité le public à se joindre à lui, il n'avait pas d'attente raisonnable d'intimité.

[46] *R. c. Wise*, [1992] 1 R.C.S. 527, où l'on a conclu à fouille abusive.

[47] [1990] 1 R.C.S. 30. Aussi : *R. c. Wiggins*, [1990] 1 R.C.S. 62.

[48] Surveillance dite participative, à l'époque nullement réglementée, alors que la surveillance non consensuelle, opérée par des tiers et sans la connaissance des interlocuteurs, l'était et suivant des modalités jugées conformes à l'article 8 par la Cour.

qu'une personne arrêtée fait à un policier qui se présente à elle comme prêtre, médecin ou compagnon d'incarcération? Ce serait probablement trahir le sens des mots. De même que l'obligation faite à une personne de témoigner n'est pas une fouille ni une perquisition et assurément pas non plus une saisie[49], n'en est pas une le fait pour un agent de l'État de susciter, par fausse représentation, les confidences d'une personne arrêtée. Ici l'article 7 de la *Charte* prend la relève de l'article 8[50].

Revenons au critère de l'attente raisonnable d'intimité, à la fois pour tenter de voir comment il s'insère dans l'interprétation de l'article 8 et pour en préciser la teneur.

On peut en effet se demander si ce critère sert vraiment à identifier les procédés couverts par l'article 8, ou s'il ne sert pas uniquement à décider du caractère abusif ou non abusif de ceux-ci. Privilégiant la première approche, un auteur écrit qu'il apparaît «plus plausible de faire intervenir le droit à la vie privée au moment même où l'on tente de déterminer s'il y a eu fouille ou perquisition. Si l'on en vient à la conclusion qu'une certaine pratique policière ou une technique d'investigation attente, *prima facie*, à une expectative raisonnable d'intimité, alors il faudra considérer le mécanisme et les critères mis en place par le législateur aux fins de jauger les intérêts respectifs de l'individu et de l'État avant de se prononcer sur le caractère abusif de la fouille ou de la perquisition[51]». Il est toutefois important de souligner que le critère d'attente raisonnable d'intimité, quand on en use pour délimiter le domaine d'application de l'article 8, doit être manié avec beaucoup de prudence car il peut conduire à la fâcheuse conclusion que n'est jamais une fouille ni une perquisition et est par conséquent toujours soustrait à l'emprise de cet article un procédé — par exemple filmer quelqu'un sur la place publique — dont il n'est pas certain qu'il ne porte jamais atteinte à l'intimité[52]. Au fond, l'usage du critère à l'étape de l'identification

---

[49] *Thomson Newspapers Ltd. c. Canada (Directeur des enquêtes et recherches, Commission sur les pratiques restrictives du commerce)*, *supra*, note 6, p. 569 (j. L'Heureux-Dubé).

[50] *R. c. Hébert*, [1990] 2 R.C.S. 151, où le procédé fut jugé contraire à l'article 7 et où la preuve fut écartée.

[51] Y. de MONTIGNY, «La protection contre les fouilles, les perquisitions et les saisies abusives : un premier bilan» (1989) 49 *R. du B.* 53, p. 71.

[52] Par exemple, dans *Weatherall c. Canada (Procureur général)*, [1993] 2 R.C.S. 872, p. 877, on conclut, à propos de la fouille de prisonniers : «Comme il n'y a aucune attente raisonnable à ce que la vie privée soit respectée, l'article 8 de la *Charte* n'est pas mis en jeu». Cela peut laisser entendre que la fouille de prisonniers, par définition, n'est jamais couverte par cet article. Il vaut évidemment mieux interpréter ce passage comme signifiant non pas que l'article 8 ne s'applique pas dans les prisons, mais que les fouilles dont il était question ici n'étaient pas abusives, d'autres pouvant l'être. Voir : *Weatherall c. Canada (P.G.)*, [1989] 1 C.F. 18 (C.A.), à propos des fouilles à nu par une personne de sexe opposé. Le même genre de remarque vaudrait pour l'arrêt *R. c. Hufsky*, [1988] 1 R.C.S. 621, où on a jugé qu'une loi exigeant la production du permis de conduire et de la

de ce qui est couvert par l'article 8 a surtout pour objectif de montrer que la protection offerte par celui-ci ne dépend pas du procédé employé; on s'en sert en quelque sorte négativement, pour montrer une absence de limitation plutôt qu'une limitation. Le critère entre vraiment en jeu à l'étape de la détermination du caractère abusif ou non abusif de la fouille ou de la perquisition, en liaison avec les conditions à respecter pour que l'attente d'intimité puisse être enfreinte. Selon que cette attente est élevée ou faible, ces conditions seront plus ou moins exigeantes, sous réserve des intérêts impérieux de l'État, par exemple en contexte d'urgence. Si l'attente est inexistante, ces conditions le seront aussi. Telle est exactement la démarche que nous avons choisie pour cette étude.

Quant à la teneur du critère, elle est à la fois objective et subjective[53], l'attente d'intimité devant être objectivement légitime et non extravagante par rapport aux standards d'une société comme la nôtre à une époque donnée, soit à l'époque où cette attente est ressentie, et l'individu pouvant subjectivement renoncer, de façon expresse ou implicite, à cette attente et consentir à ce que la protection de l'article 8 ne lui bénéficie pas. Ces questions seront étudiées au cours de la seconde partie de cette étude. Mais le degré d'attente subjective d'intimité ne saurait dépendre de la manipulation de tiers : qui admettrait par exemple, que la police, en publicisant ses pratiques d'écoute électronique, les rend acceptables parce que le public sait qu'il peut en faire l'objet[54]?

Il reste à se demander s'il est exigé qu'une fouille ou une perquisition poursuive une finalité particulière pour être couverte par l'article 8. À la différence de l'article 11, dont les garanties bénéficient à l'inculpé, c'est *chacun* qui a, aux termes de l'article 8, le droit d'être protégé contre les fouilles et les perquisitions abusives. Aussi a-t-on eu raison de conclure que le domaine d'application de cet article ne se limite pas aux enquêtes criminelles proprement dites, même si on relie très souvent la notion de perquisition à celles-ci, et qu'il englobe les inspections administratives et ré-

---

carte d'assurance ne tombait pas sous le coup de l'article 8 «parce qu'elle ne constituait pas une atteinte à une expectative raisonnable en matière de vie privée [...]. Il n'y a pas d'atteinte de ce genre lorsqu'une personne est requise de produire une licence ou un permis, ou une autre preuve documentaire d'un statut ou du respect de quelque exigence légale constituant une condition licite de l'exercice d'un droit ou d'un privilège» (p. 638). Ce n'est pas tant que le procédé soit en lui-même soustrait à l'article 8; c'est plutôt qu'il n'est pas abusif.

[53] Cela fut très clairement établi aux États-Unis dans *Katz c. United States, supra,* note 29. «My understanding of the rule that has emerged from prior decisions is that there is a twofold requirement, first that a person have exhibited an actual (subjective) expectation of privacy and, second, that the expectation be one that society is prepared to recognize as ''reasonable''» (j. Harlan, p. 361).

[54] Sur ce point, voir : A.G. AMSTERDAM, *supra,* note 27, p. 384. L'auteur est même d'avis que le volet subjectif du critère n'existe pas.

glementaires, c'est-à-dire celles qui sont nécessaires à l'État pour qu'il puisse contrôler certaines activités légales réglementées[55], encore que bien évidemment «[c]e qui peut être raisonnable en matière réglementaire ou civile peut ne pas l'être dans un contexte criminel ou quasi criminel[56]». Lors des contrôles douaniers, l'on ne peut avoir aucune attente d'intimité face aux contrôles de routine, mais l'on peut en avoir face aux fouilles plus poussées[57] et il serait donc inexact de dire que l'article 8 est totalement inapplicable à ces contrôles. Un peu de la même façon et vu l'absence d'attente raisonnable d'intimité, cet article ne couvre pas les fouilles par palpation et les rondes de surveillance des cellules en milieu carcéral[58]; mais certaines autres pratiques de ce milieu n'y sont pas soustraites[59], si bien qu'on ne peut pas dire non plus que le détenu ne bénéficie aucunement de la protection de l'article 8. D'où l'on voit que si les procédés couverts par

---

[55] Par exemple, *Comité paritaire de l'industrie de la chemise c. Potash, supra*, note 19, où il s'agissait d'un pouvoir de visiter des lieux, d'examiner des documents et d'en faire des copies (ce dernier procédé ayant été qualifié de saisie) en vue de s'assurer que, dans certains secteurs de l'industrie, les employeurs respectent les conditions de travail exigées par les décrets de convention collective.

[56] *Thomson Newspapers Ltd. c. Canada (Directeur des enquêtes et recherches, Commission sur les pratiques restrictives du commerce), supra*, note 6, p. 496 (j. Wilson). Notamment parce que dans *Comité paritaire de l'industrie de la chemise*, ces employeurs avaient une obligation légale de tenir les registres dont l'examen était autorisé, l'inspection était clairement administrative ou réglementaire, comme l'est aussi clairement la visite des cuisines de restaurant pour s'assurer de leur salubrité. Mais la distinction entre la fouille ou la perquisition criminelle, où la protection de l'article 8 est étendue, et l'inspection administrative, où elle le serait beaucoup moins en raison d'une moindre attente d'intimité, n'est pas toujours déterminante. Par exemple dans l'arrêt *Hunter c. Southam Inc., supra*, note 1, la protection accordée fut maximale en rapport avec la *Loi relative aux enquêtes sur les coalitions*, loi fédérale pourtant considérée par la suite comme de nature réglementaire (arrêt *Thomson Newspaper Ltd., supra*, note 6, p. 516 et 593) et qui n'a pas ou n'a plus pour fondement constitutionnel la compétence du Parlement fédéral en matière de droit criminel (paragraphe 91(27) *Loi constitutionnelle de 1867*) mais bien celle sur les échanges et le commerce (paragraphe 91(2) *Loi constitutionnelle de 1867*). Voir : *General Motors of Canada Ltd. c. City National Leasing*, [1989] 1 R.C.S. 641. Certes le critère du fondement constitutionnel est d'une importance majeure pour distinguer les mesures criminelles des mesures réglementaires — les lois pénales, fédérales et provinciales, faisant partie de ces dernières. Il n'empêche qu'une mesure législative du type réglementaire peut appeler un fort degré de protection sous l'article 8, comme dans l'arrêt *Hunter* où la loi donnait d'importants pouvoirs de perquisition et de saisie, alors que dans les arrêts *Thomson Newspapers Ltd.* et *Comité paritaire de l'industrie de la chemise* il ne s'agissait respectivement que d'un pouvoir d'ordonner de produire des documents et d'un pouvoir limité d'inspection. L'étendue du pouvoir octroyé par la loi n'est donc pas moins importante que la nature de celle-ci pour décider du degré de protection que procure l'article 8. Voir en ce sens : *Baron c. Canada*, [1993] 1 R.C.S. 416, p. 444 (j. Sopinka).

[57] *R. c. Simmons*, [1988] 2 R.C.S. 495.

[58] *Weatherall c. Canada (Procureur général), supra*, note 52.

[59] *Weatherall c. Canada (P.G.), supra*, note 52.

cet article ont pour dénominateur commun de viser la recherche d'informations — ce n'est pas l'objet que l'on trouve qui est en lui-même pertinent mais le lien à faire entre cet objet et une personne —, ces procédés servent des objectifs variés, celui de combattre le crime certes, mais aussi d'assurer la sécurité, notamment dans les prisons, et de faire en sorte que les réglementations étatiques les plus diverses, douanières entre bien d'autres, soient respectées.

Dans cette perspective, et pourvu bien sûr que l'État soit suffisamment impliqué dans ces activités, la consultation, voire la simple mise en place de banques de données personnelles seraient assujetties à l'article 8, même si l'on n'en faisait usage que pour s'assurer par exemple de la solvabilité des individus ou de leur aptitude à exercer certains emplois[60]. Il en irait de même d'un procédé comme l'analyse de l'A.D.N., non seulement dans l'utilisation qui peut en être faite pour identifier des personnes dans le cadre d'une enquête criminelle, mais aussi en tant que procédé de caractérisation de l'individu et pour établir son profil génétique et ainsi déterminer ses forces et faiblesses aux fins les plus diverses[61]. Et les activités d'un organisme tel que le Service canadien du renseignement de sécurité ne seraient pas non plus soustraites à l'emprise de l'article 8[62]. Car ce ne sont pas les fins visées par un procédé de collecte d'informations qui déterminent si l'article 8 est ou non applicable; c'est simplement le fait qu'il y ait implication de l'État dans cette collecte et que l'individu ait une attente raison-

---

[60] Cela se relie à l'aspect informationnel de la vie privée, aspect rappelé à juste titre par le juge La Forest dans *R. c. Dyment, supra*, note 36 et le texte qui renvoie à cette note. Un dossier informatisé ne bénéficiera toutefois pas de la protection de l'article 8 si les informations qu'il contient ne sont pas de caractère personnel et confidentiel. Voir par exemple *R. c. Plant, supra*, note 38, p. 293 à 296, où — la juge McLachlin étant cependant dissidente sur ce point — l'on a conclu que des dossiers informatisés faisant état du niveau de consommation d'électricité dans une résidence n'avaient pas ce caractère. Cet arrêt, où il est reconnu qu'un dossier informatisé peut faire l'objet de la protection de l'article 8, concernait toutefois une enquête criminelle.

[61] Sur cette question, voir notamment : *Le dépistage génétique et la vie privée*, étude du Commissaire à la protection de la vie privée du Canada, Ottawa, Ministère des Approvisionnements et Services, 1992; B.-M. KNOPPERS, L. CADIET et C.M. LABERGE, (directeurs), *La génétique humaine : de l'information à l'informatisation*, Montréal-Paris, Thémis-Litec, 1992. Sans entrer dans le débat entourant la question de savoir si la *Charte* s'applique à une ordonnance judiciaire émise dans le cadre d'un procès civil, rappelons que, sans il est vrai invoquer celle-ci, on a décidé qu'en l'absence d'habilitation législative une ordonnance judiciaire ne saurait être émise pour procéder à un prélèvement sanguin aux fins d'une recherche de paternité ou aux fins de déterminer si l'accusé avait le virus du sida et s'il a ainsi infecté la victime d'une agression sexuelle. Voir : *Droit de la famille-206*, [1986] R.J.Q. 2038 (C.A.) et *R. c. Beaulieu*, [1992] R.J.Q. 2059 (C.Q.). Il est cependant clair que, si elle existe, l'habilitation législative en tant que norme étatique est assujettie à l'article 8 et qu'elle doit satisfaire aux exigences de cet article dont il sera question plus loin.

[62] Au sujet du S.C.R.S., voir : *Swan c. Canada*, [1990] 2 C.F. 409.

nable de confidentialité par rapport à ces informations ou que leur collecte mette en cause sa dignité, son intégrité ou son autonomie.

(ii) *La notion de saisie*

Tout comme à propos des notions de fouille et de perquisition, interrogeons-nous tour à tour, aux fins de cerner la notion de saisie, sur la nature du procédé et sur l'objectif en vue duquel on y a recours. Avant toute chose, disons que cette notion ne vise pas la détention de personnes et que c'est l'article 9 de la *Charte* qui protège contre celle-ci.

En rapport avec la nature du procédé, il est assez frappant de constater que les tribunaux, qui ont très tôt opté, comme on l'a vu, pour une interprétation téléologique des notions de fouille et de perquisition, n'aient pas choisi de procéder de la même façon en rapport avec la notion de saisie. Ils ont plutôt opté pour une description du procédé. C'est ainsi que dans l'arrêt *Dyment*, le juge La Forest écrivait qu'«il y a saisie au sens de l'art. 8 lorsque les autorités prennent quelque chose appartenant à une autre personne sans son consentement[63]». La juge Wilson, pour sa part, définissait la saisie dans l'arrêt *Thomson Newspapers* comme une «appropriation par un pouvoir public d'un objet appartenant à une personne contre le gré de cette personne[64]» Peut-être l'appropriation implique-t-elle un contrôle sur l'objet plus fort et plus permanent que sa simple prise, mais les deux définitions concordent largement et sont conformes au sens populaire du mot *saisie*.

Certes ces définitions suggèrent l'idée d'une protection de la propriété ou des biens d'une personne, conclusion renforcée par le fait que la Cour suprême a clairement établi que l'article 8 «ne protège pas uniquement contre les fouilles ou les perquisitions, ou contre les saisies liées à des fouilles ou à des perquisitions. Il protège contre les fouilles, les perquisitions *ou* les saisies[65]» Mais ni dans les deux définitions précitées ni dans ce dernier passage il n'est dit que la finalité de la protection contre les saisies abusives est la protection de la propriété, de la même façon que la finalité de la protection contre les fouilles et perquisitions abusives est la protection de l'intimité de la personne. Et on comprend bien pourquoi. En effet, prétendre que le fait pour un policier de se faire remettre, à une fin d'enquête criminelle, un échantillon de sang déjà prélevé (ce dont il s'agissait dans l'arrêt *Dyment*) ou le fait d'ordonner la production de documents à une fin d'enquête administrative (ce dont il s'agissait dans l'arrêt *Thomson Newspapers*)

---

[63] *Supra*, note 23, p. 431.
[64] *Supra*, note 6, p. 493. Comme elle le précise, elle reprenait la définition proposée par le juge Marceau dans son opinion dissidente dans *Ziegler c. Hunter*, [1984] 2 C.F. 608, p. 630 (C.A.).
[65] *R. c. Dyment*, *supra*, note 23, p. 431 (j. La Forest, qu'aucun de ses collègues n'a désapprouvé sur ce point).

sont des saisies parce qu'il y a atteinte à la propriété ou aux biens d'une personne ne serait pas tout à fait convaincant puisque l'atteinte en est plutôt une à l'intégrité et à l'intimité de celle-ci. Parler de saisies en pareils cas, c'est donc mettre l'accent sur le procédé — la prise — plutôt que sur la finalité de la protection.

Une telle façon de voir peut surprendre. Si l'on a donné aux notions de fouille et de perquisition, qui sont incontestablement aussi des procédés, une interprétation axée sur la finalité de la protection, pourquoi ne pourrait-on pas faire de même dans le cas de la notion de saisie? C'est que le Constituant, s'il avait choisi d'inclure dans la *Charte* une protection générale de la propriété, l'aurait assurément prévue à l'article 7. En effet cet article, qui incontestablement et pour partie s'inspire du Cinquième amendement de la Constitution des États-Unis, reconnaît à chacun le «droit à la vie, à la liberté et à la sécurité de sa personne», droit auquel il ne peut être porté atteinte «qu'en conformité avec les principes de justice fondamentale», alors que le Cinquième amendement garantit que personne ne sera «deprived of life, liberty, or property, without due process of law; not shall private property be taken for public use, without just compensation». La parenté entre les deux dispositions est évidente, mais les différences ne le sont pas moins. Contrairement aussi à la *Declaration canadienne des droits*, qui en son alinéa 1a) donne à tout individu le droit «à la jouissance de ses biens», la *Charte* ne contient pas de protection générale de la propriété, et personne ne soutiendra que le fait d'interdire les saisies abusives équivaille à une telle protection[66].

Cela dit, examinons les deux difficultés principales que pose l'interprétation de la notion de saisie.

La première difficulté tient au fait que la saisie, parce qu'elle connote, comme on vient de le voir, l'idée d'une prise, d'une entrée en possession de force, serait dissociable de la rétention de l'objet saisi, voire de sa destruction. En d'autres termes, une saisie légale et non abusive ne changerait pas de caractère du fait que l'autorité publique retient longtemps et sans raison ce qu'elle a saisi. On voit immédiatement qu'une telle interprétation, retenue par un certain courant jurisprudentiel[67], protège fort mal la propriété. Elle assimile la saisie à un simple procédé, instantané en quelque sorte et qui ne doit pas être excessif ni violer l'intimité des gens, mais dont

---

[66] Voir en ce sens les notes du juge Ryan dans *Bertram S. Miller c. R.*, [1986] 3 C.F. 291, 329 (C.A.), autorisation d'appeler refusée à [1986] 2 R.C.S. v. Il écrit : «Il m'apparaît certes ressortir du libellé même de l'article 8 que celui-ci protège un des droits du propriétaire : le droit que possède toute personne d'être à l'abri des *saisies abusives* de ses biens».

[67] Par exemple : *Jim Pattison Industries Ltd. c. La Reine*, [1984] 2 C.F. 954; *Re Retention of Seized Goods* (1986) 59 Nfld. & P.E.I.R. 112 (C.S. T.-N.).

les conséquences, une fois qu'il est légalement accompli, échappe à l'emprise de l'article 8.

Mais le soin avec lequel le *Code criminel*, à ses articles 489.1 et 490, réglemente le détention et la remise des biens saisis confirme en quelque sorte qu'il n'est pas réaliste de dissocier une saisie de ses conséquences et qu'il s'agit plutôt d'un *continuum*. Aussi n'est-il guère surprenant qu'un autre courant jurisprudentiel, à notre avis bien mieux fondé, soit allé en sens contraire : une rétention peut être abusive sans que la saisie qui est à l'origine de celle-ci le soit[68] de même qu'une inspection peut être régulière alors que la saisie de biens qui s'ensuit et leur destruction sont des procédés abusifs[69]. C'est d'ailleurs une telle absence de brisure entre la saisie initiale et ses suite qui a prévalu quand la Cour suprême a considéré comme saisies abusives le fait pour un agent de police de se faire remettre par les autorités médicales, bien sûr sans le consentement du patient et sans mandat, un échantillon de sang déjà prélevé par celles-ci[70] et le fait pour l'agent de se le faire remettre par le coroner, qui lui-même et cette fois en vertu de la loi l'avait obtenu de la technicienne de laboratoire[71]. Que la saisie initiale soit légale ne rend pas celle qui suit nécessairement conforme à l'article 8[72], sans quoi on arriverait au résultat inacceptable que cet article ne protège que la première dépossession ou le premier prélèvement, sans égard à l'usage ou au sort ensuite réservé à ce qui a été saisi.

On voit donc que, pourvu qu'il y ait prise ou mainmise sur le bien — procédé qui ne doit pas être abusif —, l'usage ensuite fait de ce dernier ne doit pas l'être non plus; conclusion qui s'inspire non pas tant des définitions du terme *saisie* formulées par la Cour suprême[73] que de la jurisprudence dont nous venons tout juste de faire état. En ce sens, il est clair que l'article 8 protège la propriété, encore que ce ne soit pas, comme on l'a vu, une protection générale de celle-ci puisque cette protection requiert qu'il y ait saisie du bien.

Il est toutefois important de remarquer que cette dernière exigence a été fortement assouplie quand il fut décidé qu'un *subpoena duces tecum*, c'est-à-dire une ordonnance de produire des documents à des fins d'enquête, était une saisie au sens de l'article 8[74]. On a à juste titre considéré que la

---

[68] Par exemple : *R. c. Zaharia and Church of Scientology of Toronto* (1985) 21 C.C.C. (3d) 118 (H.C. Ont.).
[69] *Bertram S. Miller c. R.*, *supra*, note 66, aux notes du juge Ryan.
[70] *R. c. Dyment*, *supra*, note 23. Voir aussi : *R. c. Dersch*, [1993] 3 R.C.S. 768.
[71] *R. c. Colarusso*, [1994] 1 R.C.S. 20, p. 55 (j. La Forest).
[72] Dans l'arrêt cité à la note qui précède, quatre juges furent cependant d'avis que le coroner avait, en vertu de la loi, le devoir de remettre l'échantillon au policier. S'ils avaient interprété la loi de la même façon que les autres juges, ils auraient conclu comme eux.
[73] *Supra*, note 63 et 64 et le texte qui renvoie à ces notes.
[74] *Thomson Newspapers Ltd. c. Canada (Directeur des enquêtes et recherches, Commission*

conclusion contraire eût équivalu à soustraire du domaine d'application de cet article le moyen indirect d'obtenir une preuve, à savoir l'ordonnance de production, alors que le moyen direct, c'est-à-dire la saisie, y est inclus[75]. Mais il est évident que c'est bien moins la propriété qui est protégée ici que la confidentialité[76], ce qui nous amène à nous demander s'il peut y avoir saisie dans les cas où aucune information n'est recherchée.

Cette deuxième difficulté que pose l'interprétation de l'article 8 et à laquelle nous faisions référence plus haut a trait non pas tant à la nature du procédé qu'à l'objectif en vue duquel on y a recours. Il s'agit de savoir si la protection contre les saisies abusives se limite à celles opérées aux fins d'un processus d'enquête, criminelle ou administrative, ou si elle va au-delà. Optant pour la première solution et se trouvant ainsi à interpréter la notion de saisie en liaison avec le reste de l'article, un courant jurisprudentiel a donc décidé que l'article 8 ne s'applique pas à une expropriation[77], à une saisie pour dette[78] ou pour taxes impayées[79] non plus qu'à la rétention de biens jusqu'au paiement de la douane[80] ni au remorquage d'un véhicule stationné illégalement[81]. Mais l'article s'appliquerait à la confiscation d'un bien au terme d'un processus d'enquête, même si une telle mesure est une pénalité et qu'elle va au-delà de ce que l'enquête requiert[82].

Mais les définitions de la *saisie* formulées par la Cour suprême n'exigent aucunement que cette dernière s'inscrive dans le cadre d'un processus de recherche d'informations, et la Cour a plutôt invité à conclure le contraire quand elle a indiqué que *fouilles* et *perquisitions* d'une part et *saisies* d'autre part doivent se lire disjonctivement et que l'article 8 «ne protège pas uniquement contre [...] les saisies liées à des fouilles ou à des perquisitions[83]». Un

---

sur les pratiques restrictives du commerce), supra, note 6; *R. c. McKinlay Transport Ltd.*, [1990] 1 R.C.S. 627.

[75] Dans l'arrêt *Thomson Newspapers, supra*, note 6, le juge La Forest écrit : «Je ne vois pas vraiment de différence entre le fait de prendre une chose et le fait d'obliger une personne à la remettre» (p. 505).

[76] Voir par exemple les notes des juges Wilson (p. 494) et l'Heureux-Dubé (p. 593) dans l'arrêt *Thomson Newspapers, supra*, note 6.

[77] *Re Becker and the Queen in right of Alberta* (1983) 148 D.L.R. (3d) 539 (C.A. Alta.).

[78] *Re Workers' Compensation Board of Nova Scotia and Coastal Rentals, Sales and Service Ltd.* (1983) 12 D.L.R. (4th) 564 (C.S. N.-É.).

[79] *Montréal (Ville de) c. Cie de fiducie Morguard*, [1987] R.L. 309 (C.A.), autorisation d'appeler refusée à [1987] 2 R.C.S. vi; *Royal Bank of Canada c. Niagara Falls (City)* (1992) 8 O.R. (3d) 220 (Div. Gen.).

[80] *Montreal Lithographing Ltd. c. Sous-ministre du Revenu national*, [1984] 2 C.F. 22.

[81] *R. c. Brazier* (1995) 5 M.V.R. (3d) 100 (C.S. C.-B.).

[82] *Nightengale Galleries Ltd. c. Director of Theatres Branch* (1984) 15 C.C.C. (3d) 398, 405 (C. co. Ont.); *contra* : *R. c. Harb* (1994) 88 C.C.C. (3d) 204 (C.A. N.-É.). Sur la confiscation comme pénalité, voir par exemple l'article 462.37 du *Code criminel*.

[83] *Supra*, note 65. Cependant ce passage est peut-être moins déterminant sur ce point qu'on pourrait le penser, dans la mesure où la saisie en l'espèce — il s'agissait d'un prélèvement

deuxième courant jurisprudentiel a donc opté pour l'interprétation extensive de la notion de saisie et l'on a conclu, par exemple, qu'une saisie pour dette ou pour taxes impayées était couverte par l'article 8[84].

C'est, nous semble-t-il, ce dernier point de vue qui devrait prévaloir. Il s'ensuit que l'article 8 protège la propriété, abstraction faite de toute question d'intimité et de confidentialité[85], encore qu'il ne s'agisse pas d'une protection générale de celle-ci puisqu'elle doit faire l'objet, comme on l'a dit plus haut, d'une forme de saisie ou de mainmise étatique. Quand donc l'État exige des particuliers ou des entreprises un impôt, si abusif soit-il, le patrimoine de ceux-ci est atteint mais il n'y a pas saisie et l'article 8 ne trouve pas application[86]. Il en va de même quand quelqu'un conclut avec le gouvernement un contrat qui lui est à ce point défavorable que son exécution entraîne pour lui des pertes pécuniaires importantes. Mais la façon pour l'État d'exécuter sur un mode forcé sa créance est un procédé couvert par l'article 8, de même d'ailleurs que tout mode d'exécution de créance du fait que c'est la loi qui l'établit[87].

Pour qu'il y ait saisie au sens de l'article 8, il faut donc une forme de dépossession forcée, et c'est le procédé lui-même plutôt que ce qui y a conduit — qu'il s'agisse de la politique fiscale du gouvernement ou de l'inégalité dans les transactions — qui permettra de déterminer si cette saisie est abusive ou pas, sauf dans le cas de la confiscation comme pénalité, où le lien entre celle-ci et l'infraction qui en est la cause est beaucoup plus étroit et où l'on pourra considérer la confiscation abusive parce que la nature de l'infraction ne la justifie pas.

On a déjà conclu que l'expropriation n'était pas une mesure visée par l'article 8[88]. Mais à la fois parce que la propriété est à coup sûr protégée par cet article, encore que pas à tous égards, et parce que l'expropriation cor-

---

sanguin — visait l'obtention d'une information et où ce que la Cour a cherché à protéger était davantage l'intégrité de la personne que sa propriété.

[84] *Baker c. Tanner* (1992) 290 A.P.R. 199 (C.A. N.-É.); *Holmes (Deputy Sheriff) c. Canada* (1992) 9 C.R.R. (2d) 266, 278 (C.A. C.-B.), où l'on s'appuie sur la définition formulée par la juge Wilson dans *Thomson Newspapers* : «appropriation par un pouvoir public d'un objet appartenant à une personne contre le gré de cette personne» (*supra*, note 64 et le texte qui renvoie à cette note).

[85] En ce sens : *Nightengale Galleries Ltd. c. Director of Theatres Branch*, *supra*, note 82. Mais voir *R. c. Plant*, *supra*, note 44, où le juge Sopinka, pour la majorité, écrit : «L'article 8 protège les personnes et non la propriété» (p. 291). Cette affirmation est trop absolue : on n'a qu'à penser à la destruction de biens au cours d'une perquisition, ce contre quoi il n'est pas imaginable que l'article 8 ne protège pas.

[86] En ce sens : *Vanguard Coatings and Chemicals Ltd. c. M.R.N.*, [1987] 1 C.F. 367, 384.

[87] Sur ce point : *Baker c. Tanner*, *supra*, note 84, 202.

[88] *Re Becker and the Queen in right of Alberta*, *supra*, note 77.

respond parfaitement aux définitions de la *saisie* rappelées précédemment[89], cette mesure devrait pouvoir faire l'objet d'un examen sous cet article.

Il reste à se demander enfin si, un peu de la même façon qu'une ordonnance de production de documents est une saisie puisqu'elle est, tout comme cette dernière, un moyen d'avoir accès à ces documents, une restriction à l'usage qui peut être fait d'un bien pourrait être considérée aussi comme une saisie du fait que son propriétaire n'en a plus alors pleine possession. On a répondu négativement à cette question en rapport avec les ordonnances dites de blocage de biens prévues à l'article 462.33 du *Code criminel* et qui poursuivent une finalité d'enquête ou de recherche d'information[90] et il faut conclure qu'il n'y a pas non plus saisie dans le cas d'une restriction à l'usage d'un bien hors du cadre d'un processus d'investigation. En effet et pour les raisons déjà vues, l'article 8 protège plus largement la confidentialité et l'intimité que la propriété, qui ne l'est qu'à l'encontre d'un procédé, la saisie abusive. Or c'est à titre d'instrument d'investigation et à une fin de protection de la confidentialité qu'un *subponea duces tecum* fut considéré comme une saisie. Mais le zonage agricole, pour ne prendre que cet exemple, n'est qu'une limite à la propriété en ce qu'il interdit qu'on en fasse usage à une fin autre que l'agriculture. Or une telle limite n'implique aucune dépossession et n'est pas une saisie; et vu par ailleurs l'absence de protection générale de la propriété dans la *Charte*, nous ne trouverions pas justifié d'étendre le sens de ce dernier terme de façon à ce qu'il englobe cette limite. Les restrictions à l'usage ou à la disposition d'un bien, qu'elles aient pour but de préserver de l'information ou de la preuve ou qu'elles se situent en dehors d'un contexte d'investigation, sont des restrictions à la propriété mais ne sont pas des saisies. Il ne s'agit pas d'opter à tout prix pour l'interprétation littérale de ce dernier terme; il s'agit plutôt de ne pas lire dans la *Charte* une protection que le Constituant a délibérément omis d'y inscrire.

Sous cette dernière réserve, il nous semble que les notions de fouille, perquisition et saisie appellent une interprétation large et libérale, comme celle qu'à ce jour la jurisprudence leur a en général donnée, étant entendu que, pour qu'il y ait atteinte à l'article 8, la fouille, perquisition ou saisie devra être abusive. C'est ce dont il sera maintenant question.

(b) Ce qui est abusif et ce qui ne l'est pas

Une loi ou une pratique abusive ou déraisonnable — l'équivalent anglais de «abusive» est «*unreasonable*» — n'est évidemment pas facile à définir. Aussi et comme on le verra dès le début de ce développement, la

---
[89] *Supra*, note 63 et 64 et le texte qui renvoie à ces notes.
[90] *Serrano et al. c. Canada* (1992) 91 D.L.R. (4th) 747 (Gen. Div. Ont.).

Cour suprême, au lieu de procéder cas par cas, a dégagé, très tôt et très clairement, des conditions générales, et de principe pourrait-on dire, pour qu'une fouille, perquisition ou saisie ne soit pas abusive. Ce sont ces conditions dont nous ferons l'étude dans un premier temps. Mais comme elles s'avèrent assez strictes et contraignantes, puisqu'elles ont été élaborées en rapport avec la recherche de preuve dans le cadre d'un processus criminel d'investigation et que ce processus peut déboucher sur cette forte stigmatisation que comporte la condamnation, elles ne sauraient être nécesairement applicables à un processus d'investigation autre, non plus qu'à une saisie de biens hors du cadre d'un tel processus, ni même à toute enquête criminelle sans égard au contexte. Nous examinerons donc dans un deuxième temps le régime d'exception.

(i) *Les conditions générales de conformité à l'article 8*

Disons d'entrée de jeu que pour qu'une fouille, perquisition ou saisie ne soit pas abusive, la loi doit donner le pouvoir de l'opérer. C'est là une exigence préliminaire. Mais à la différence de l'exigence de la règle de droit, imposée par la disposition limitative de l'article premier de la *Charte* et qui doit être satisfaite pour que cette disposition entre en opération, l'exigence dont il est question ici ne découle pas tant de la *Charte* que du simple principe de légalité (*rule of law*), principe selon lequel tout pouvoir d'un officier public — et au premier chef un pouvoir de fouille, perquisition ou saisie — doit trouver son fondement dans la législation ou la *common law*. Mais même si cette dernière exigence s'impose indépendamment de la *Charte*, il paraît certain que l'article 8 la reprend et qu'en règle générale un procédé illégal est un procédé abusif au sens de ce dernier article[91]. Cela dit, quelles sont les exigences spécifiques qu'impose celui-ci ?

Le texte de l'article 8 ne faisant aucune référence expresse au mandat, on aurait pu croire que l'existence de ce dernier n'était qu'un critère possible

---

[91] Dire q'«[u]ne fouille ne sera pas abusive si elle est autorisée par la loi, si la loi elle-même n'a rien d'abusif et si la fouille n'a pas été effectuée d'une manière abusive» (*R. c. Collins*, *supra*, note 2) n'implique pas nécessairement que toute fouille non autorisée par la loi soit abusive. Il nous semble néanmoins que tel est le cas. Voir par exemple *R. c. Dyment*, *supra*, note 23, où le juge Lamer écrivait : «Le fait que la saisie est illégale en l'espèce répond à la question de savoir si la fouille était abusive» (p. 441). Mais il ne nous paraît pas certain qu'une illégalité qui aurait trait à des «détails mineurs» (*R. c. Strachan*, [1988] 2 R.C.S. 980, p. 998, passage pertinent reproduit *infra* et renvoyant à la note 133) rendrait le procédé abusif; voir *infra*, note 102 et le texte renvoyant à cette note, à propos du mandat de perquisition. En ce sens, il nous paraît exact de dire que toute fouille, perquisition ou saisie doit être autorisée par la loi, sans quoi elle est abusive, à condition d'entendre par là que l'inobservance d'un détail mineur prévu par la loi n'équivaut peut-être pas à une perte d'autorisation. Quoi qu'il en soit, la question est assez largement académique puisqu'il est peu vraisemblable qu'une preuve obtenue à la suite d'une telle illégalité soit déclarée irrecevable en vertu du paragraphe 24(2) de la *Charte*.

pour déterminer le caractère raisonnable d'une fouille, d'une perquisition ou d'une saisie. Or la Cour suprême dans *Hunter c. Southam Inc.*[92] semble être allée au-delà de cette position en accordant au mandat une importance plus grande encore.

Dans cette affaire, une perquisition avec pouvoir de saisie avait été ordonnée sous l'autorité de la *Loi relative aux enquêtes sur les coalitions* par le directeur des enquêtes et recherches en cette matière et se posait le problème de sa conformité à l'article 8. Rendant jugement pour la Cour, le juge Dickson, qui n'était pas encore juge en chef, écrit que «cet article a pour but de protéger les particuliers contre les intrusions injustifiées de l'État dans leur vie privée. Ce but requiert un moyen de prévenir les fouilles et les perquisitions injustifiées avant qu'elles ne se produisent et non simplement un moyen de déterminer, après le fait, si au départ elles devaient être effectuées. Cela ne peut se faire, à mon avis, que par un système d'autorisation préalable et non de validation subséquente[93]». Un peu plus loin il poursuit : «Je reconnais qu'il n'est peut-être pas raisonnable dans tous les cas d'insister sur l'autorisation préalable aux fins de valider des atteintes du gouvernement aux expectatives des particuliers en matière de vie privée. Néanmoins, je suis d'avis de conclure qu'une telle autorisation, lorsqu'elle peut être obtenue, est une condition préalable de la validité d'une fouille, d'une perquisition et d'une saisie [...] et j'estime que la partie qui veut justifier une perquisition sans mandat doit réfuter cette présomption du caractère abusif[94]». Et l'arrêt ajoute que cette autorisation préalable doit être obtenue d'une personne «neutre et impartiale [...] en mesure d'agir de façon judiciaire[95]» et sur la base de «l'existence de motifs raisonnables et probables, établie sous serment, de croire qu'une infraction a été commise et que des éléments de preuve se trouvent à l'endroit de la perquisition, [cette existence constituant] le critère minimal, compatible avec l'art. 8 de la *Charte*, qui s'applique à l'autorisation d'une fouille, d'une perquisition ou d'une saisie[96]».

À ces exigences, à savoir (1) qu'il y ait autorisation ou mandat, (2) que la personne qui le délivre agisse judiciairement et (3) qu'elle le délivre sur la base de motifs raisonnables et probables, exigences qu'on pourrait qualifier de préalables, s'ajoutent celles à l'effet que (4) l'exécution du mandat ne soit pas elle non plus abusive et (5) qu'il y ait, subséquemment à cette exécution, un moyen de faire contrôler la validité constitutionnelle de l'ensemble du processus. Il y a donc cinq conditions générales de conformité à l'article 8, conditions dont nous ferons tour à tour l'analyse. Mais avant

---

[92] *Supra*, note 1.
[93] *Id.*, p. 160.
[94] *Id.*, p. 161.
[95] *Id.*, p. 162.
[96] *Id.*, p. 168.

d'y procéder, peut-être faut-il rappeler qu'elles s'inspirent d'un souci de protéger la personne : c'est en fonction d'elle d'abord qu'une fouille, perquisition ou saisie sera raisonnable ou au contraire abusive «et non simplement en fonction de sa rationalité dans la poursuite de quelque objectif gouvernemental valable», ainsi que l'observait encore le juge Dickson dans l'arrêt *Hunter*[97].

(A) Le mandat ou autorisation préalable. Comme on vient de le voir, un mandat ou autorisation préalable est, en principe, une condition de validité d'une fouille, perquisition ou saisie au regard de l'article 8. Demandons-nous si cette condition est, de façon générale, respectée par la législation.

La vie privée, comme le rappelait fort justement le juge La Forest dans l'arrêt *Dyment*[98], gravite autour de trois axes : les lieux, les personnes et l'information concernant celles-ci. Or cette conceptualisation est commode pour la question qui nous occupe ici, puisqu'elle permet de nous rendre compte que le législateur fédéral a assujetti à l'exigence de l'autorisation préalable, du moins en principe, les atteintes à la vie privée envisagée sous ces trois angles. L'autorisation préalable est en effet requise, aux termes de l'article 487 du *Code criminel*, pour toute recherche dans un «bâtiment, contenant ou lieu». Quant aux personnes, l'autorisation préalable est également requise, cette fois en vertu de l'article 256, pour qu'un échantillon de sang puisse être prélevé dans le cas de conduite avec facultés affaiblies, et on doit aussi y avoir recours, aux termes des articles 258.1 à 258.8, pour prélever un échantillon de substance corporelle en vue d'une analyse d'ADN en rapport avec un acte criminel passible d'une peine d'emprisonnement de dix ans ou plus. Notons que le mandat prévu aux articles 256 et 487 peut être un télémandat (article 487.1).

Si l'on convient enfin de relier à l'aspect informationnel de la vie privée l'écoute électronique des conversations — technique fortement réglementée par la partie VI du *Code*, partie intitulée *Atteintes à la vie privée* — on constate que la surveillance non consensuelle, c'est-à-dire celle opérée hors la connaissance des interlocuteurs, requiert l'obtention d'un mandat (article 186), et il en va de même de la surveillance dite participative, c'est-à-dire celle opérée avec l'accord d'un des interlocuteurs (article 184.2), sauf exceptions, en particulier celle de l'urgence (article 184.4). De la même façon, les dispositifs de localisation d'une personne et d'enregistrement de numéros de téléphone ne peuvent être utilisés que moyennant mandat (articles 492.1 et 492.2).

---

[97] *Id.*, p. 157.
[98] *Supra*, note 36 et le texte qui renvoie à cette note.

Finalement, il est intéressant de noter que, vu l'infinité de moyens grâce auxquels on peut aujourd'hui porter atteinte à l'intimité des gens ou à leurs biens, le *Code*, employant une phraséologie très générale, prévoit qu'un mandat doit être obtenu pour qu'on soit autorisé «à utiliser un dispositif ou une technique ou une méthode d'enquête, ou à accomplir tout acte qui y est mentionné, qui constituerait sans cette autorisation une fouille, une perquisition ou une saisie abusive à l'égard d'une personne ou d'un bien» (article 487.01). On voit donc que le législateur, se résignant à ne pouvoir identifier tous les procédés d'enquête couverts par l'article 8, a choisi d'imposer l'exigence du mandat à tous ceux qui sont abusifs au sens de cet article. Cela vise entre autres, ce que d'ailleurs le *Code* précise, la surveillance «au moyen d'une caméra de télévision ou d'un autre dispositif électronique semblable» (paragraphe 487.01(4))[99]; cela vise aussi les perquisitions dites périphériques, soit celles qui consistent à pénétrer sur le domaine privé et à y observer un immeuble de l'extérieur, procédé qui, en l'absence de mandat, fut jugé abusif par la Cour suprême[100].

Remarquons enfin que les confiscations, en d'autres termes les saisies comme pénalités, en particulier celles d'armes à feu, de munition ou d'explosifs, sont assujetties à l'exigence du mandat (article 100), sauf évidemment si l'objet a déjà été saisi à une fin d'enquête, auquel cas le mandat est obtenu avant cette saisie (par ex. article 492, sur la saisie d'explosifs).

L'autorisation préalable étant la première exigence imposée par l'article 8 — exigence, on vient de le voir, en général respectée par le *Code criminel* —, il va de soi que toute fouille, perquisition ou saisie opérée sans mandat fait problème par rapport à cet article : il appartiendra à la poursuite d'établir qu'elle n'est pas abusive[101] parce qu'elle tombe sous le régime d'exception dont il sera question plus loin, l'exception de l'urgence notamment. Notons qu'un mandat ne contreviendra pas à l'article 8 parce qu'il est irrégulier sur «des détails mineurs», pour reprendre l'expression de la

---

[99] Rappelons que le fait de filmer à leur insu un groupe de personnes dans une chambre d'hôtel fut jugé abusif dans *R. c. Wong*, *supra*, note 45.

[100] Les arrêts pertinents sont cités *supra*, note 44. Écouter à la porte d'un lieu privé ou regarder à l'intérieur du cubicule d'une toilette publique sont aussi des procédés abusifs. Voir : *R. c. Sandhu* (1993) 82 C.C.C. (3d) 236 (C.A. C.-B.); *R. c. O'Flaherty* (1988) 35 C.C.C. (3d) 33 (C.A. T.-N.).

[101] Cela fut dit dans l'arrêt *Hunter*, *supra*, note 1, p. 161 et confirmé dans *R. c. Collins*, *supra*, note 2, p. 278. Notons qu'il y a lieu de distinguer entre une saisie et une mesure de préservation de la preuve dans l'attente d'un mandat. Un policier peut donc demander à un technicien de laboratoire de conserver un échantillon de sang dans ce contexte : *R. c. Tessier* (1990) 58 C.C.C. (3d) 255 (C.A. Ont.), confirmé pour autre motif à [1991] 3 R.C.S. 687; *R. c. Lunn* (1990) 61 C.C.C. (3d) 193 (C.A. C.-B.). Mais il ne peut, aux fins de préserver une preuve dans l'attente d'un mandat, entrer dans une résidence quand la loi ne lui permet pas de le faire : *R. c. Silveira*, [1995] 2 R.C.S. 297.

Cour suprême[102]. Mais omettre d'identifier l'agent responsable de son exécution, quand la loi y oblige, n'est pas un détail mineur et entraîne la nullité du mandat[103]. Comme l'observait le juge Martin, de la Cour d'appel de l'Ontario, «[g]enerally speaking, conformity to law would seem to be an essential component of reasonableness[104]».

(B) Une autorité décidant de façon judiciaire. Il n'est probablement pas exigé que la personne qui délivre l'autorisation préalable soit un juge ni qu'elle bénéficie des garanties d'indépendance découlant de l'alinéa 11d) de la *Charte*, mais il doit s'agir d'une personne «neutre et impartiale [...] en mesure d'agir de façon judiciaire», qualités rappelées dans l'arrêt *Hunter*[105] et que ne possédait certes pas en l'espèce le directeur des enquêtes et recherches en matière de coalitions. L'autorité qui délivre le mandat ne doit pas participer à l'enquête[106].

Dans cet esprit, autant la loi doit fixer des critères en fonction desquels la décision sera prise et qui évitent ainsi l'arbitraire[107], autant elle ne peut dicter la décision à prendre et enlever toute possibilité d'appréciation. Quand donc la loi prévoit que le juge «décerne le mandat s'il est convaincu qu'il existe des motifs raisonnables», cela ne le prive pas de la possibilité de refuser sa délivrance en fonction de l'ensemble des circonstances, notamment l'atteinte aux droits de tierces personnes, à défaut de quoi la procédure serait abusive[108]. Mais si à l'inverse la loi donne au juge un pouvoir — celui par exemple de prévoir dans le mandat des modalités d'exécution minimisant l'atteinte à la vie privée — l'omission d'exercer un tel pouvoir n'est pas illégale, encore que l'enquêteur puisse, lui, devoir minimiser l'atteinte en exécutant le mandat, à défaut de quoi l'exécution de celui-ci pourra devenir abusive[109]. Évidemment si la loi prévoit une procédure particulière

---

[102] *R. c. Strachan, supra*, note 91. Pour un exemple d'erreur jugée mineure : *R. c. Katsigiorgis* (1987) 39 C.C.C. (3d) 256 (C.A. Ont.), à propos de l'omission de chiffres dans un numéro de série.

[103] *R. c. Genest*, [1989] 1 R.C.S. 59, p. 84 et 85.

[104] *Regina c. Noble* (1984) 16 C.C.C. (3d) 146, p. 173.

[105] *Supra*, note 95 et le texte qui renvoie à cette note.

[106] Voir aussi : *R. c. Gray* (1993) 81 C.C.C. (3d) 174 (C.A. Man.); *R. c. Baylis* (1989) 43 C.C.C. (3d) 514 (C.A. Sask.).

[107] *Re Print Three Inc. and the Queen* (1985) 20 C.C.C. (3d) 392 (C.A. Ont.).

[108] *Baron c. Canada*, [1993] 1 R.C.S. 416, p. 443.

[109] *R. c. Thompson*, [1990] 2 R.C.S. 1111, p. 1145 et 1146, à propos de l'alinéa 186(4)d) du *Code criminel*, qui oblige à énoncer dans le mandat autorisant l'interception de communications privées «les modalités que le juge estime opportunes dans l'intérêt public». On a néanmoins conclu ici que la surveillance continue d'un téléphone public et l'interception de toutes les communications avait été un procédé abusif. Aussi : *R. c. Garofoli*, [1990] 2 R.C.S. 1421, où l'on en est arrivé à la conclusion contraire dans le cas d'un téléphone dans une résidence, l'atteinte à l'intimité de tiers étrangers à toute activité criminelle étant ici moins probable.

pour certaines perquisitions et saisies — comme le fait l'article 488.1 du *Code criminel* dans le cas des bureaux d'avocat — ni l'enquêteur ni le juge n'est dispensé de la respecter.

L'exigence que l'autorité décide sur un mode judiciaire a encore pour conséquence que toutes les informations pertinentes doivent lui être fournies, spécialement quand la décision de décerner le mandat pourrait faire problème par rapport à d'autres garanties de la *Charte,* sans quoi cette autorité ne pourra exercer pleinement sa discrétion[110]. Ainsi par exemple, dans le cas où l'on veut saisir un enregistrement dans une station de radio, il faut informer le juge des moyens alternatifs moins attentatoires au droit des médias à la confidentialité, et ne pas le faire peut entraîner la nullité du mandat[111].

(C) Des motifs raisonnables et probables. Précisons dès le départ que nous faisons ici l'analyse du principe général établissant ce sur quoi l'autorité qui délivre une autorisation préalable doit se fonder pour le faire. Quand l'atteinte à la vie privée est très importante et très envahissante — comme dans le cas de l'interception non consensuelle des conversations — les exigences à l'étude ici ne suffiront pas et il faudra en plus que le juge soit convaincu que la méthode d'enquête qu'on lui demande d'autoriser est nécessaire et que d'autres méthodes seraient inefficaces. Car il y a tout lieu de croire que ce dernier critère, qu'on appelle aussi la «nécessité pour fins d'enquête» et que consacre l'alinéa 186(1)b) du *Code criminel*, est constitutionnalisé par l'article 8. Estimant la procédure établie par le *Code* conforme à cet article, le juge La Forest écrivait en effet dans *R*. c. *Duarte* que «le juge doit être convaincu que d'autres méthodes d'enquête échoueraient certainement ou vraisemblablement et que l'autorisation est le meilleur moyen de servir l'administration de la justice[112]». Et s'il est vrai que le standard dont nous faisons ici l'étude est parfois insuffisant, il va en d'autres cas au-delà de ce qu'exige l'article 8. Comme nous le verrons plus loin, une attente réduite d'intimité peut faire en sorte qu'on puisse limiter celle-ci sur la foi de simples soupçons[113].

---

[110] *R*. c. *Généreux*, [1992] 1 R.C.S. 259, p. 311 et 312.

[111] *Société Radio-Canada* c. *Lessard*, [1991] 3 R.C.S. 421; *Société Radio-Canada* c. *Nouveau-Brunswick (Procureur général)*, [1991] 3 R.C.S. 459.

[112] *R*. c. *Duarte, supra,* note 47, p. 45. Notons que le *Code criminel* n'impose pas cette exigence dans le cas de la surveillance dite participative et ne requiert que des motifs raisonnables et probables (paragraphe 184.2(2)).

[113] Par exemple, *R*. c. *Wise, supra,* note 46, à propos d'une balise (*beeper*) dissimulée dans un véhicule pour localiser son conducteur. Le *Code criminel*, à ses articles 492.1 et 492.2, a repris le critère suggéré par cet arrêt en exigeant «des motifs raisonnables de soupçonner».

Cela dit, l'exigence de motifs raisonnables et probables doit être analysée sous l'aspect du degré et du mode de preuve et sous l'aspect de l'objet de la preuve, c'est-à-dire de ce qu'il faut alléguer et prouver pour qu'un mandat puisse être délivré.

Sur le premier point, disons que l'État doit se fonder sur une probabilité raisonnable[114] et non sur une simple possibilité pour intervenir dans la vie privée des gens ou pour pouvoir saisir leurs biens. Le juge doit s'assurer lui-même de la suffisance des motifs invoqués et aussi du fait qu'ils sont bien fondés; il ne peut s'en remettre à ce sujet à l'appréciation du dénonciateur, et ce dernier doit motiver ses conclusions[115]. Le fait qu'un individu ait été vu en compagnie du suspect d'un meurtre peu de temps après le crime n'est pas un motif *suffisant* pour opérer une perquisition chez lui[116]; et bien que l'information fournie par le dénonciateur soit acceptable même si elle constitue du ouï-dire quand elle provient d'un informateur, le premier doit s'assurer, si suffisante soit-elle, qu'elle est *bien fondée* ou fiable en vérifiant par exemple les sources de l'informateur, son expérience ou encore la réputation du suspect[117], tout cela en vue de permettre au juge de prendre une décision éclairée sur ce point.

Rappelons que l'article 8 fut interprété comme exigeant que la preuve des motifs raisonnables et probables se fasse sous serment[118]. Le juge doit donc s'en tenir aux informations fournies dans l'affidavit et c'est le contenu de ce dernier qui devra l'amener à conclure à l'existence de motifs raisonnables et probables[119]. Si de tels motifs existent, l'opération sera valide, même si la conclusion qu'on en a tirée est inexacte et que rien n'est découvert[120]. À l'inverse, une opération réussie ne validera pas *ex post facto* la décision

---

[114] Critère évidemment distinct d'une conviction hors de tout doute raisonnable : *R. c. Debot*, [1989] 2 R.C.S. 1140, p. 1166. Mais exiger des motifs «raisonnables» de croire que quelque chose est «vraisemblable» fut jugé équivalent au fait d'exiger des motifs raisonnables et probables : *Baron* c. *Canada, supra,* note 108, p. 446 et 447.

[115] Il ne suffit donc pas que le dénonciateur allègue être en possession d'une information confidentielle qu'il croit vraie : *R. c. Dombrowski* (1985) 18 C.C.C. (3d) 164 (C.A. Sask.). Il ne suffira pas non plus qu'il allègue que ses conclusions découlent d'une enquête : *Restaurant Le Clémenceau Inc. c. Drouin,* [1987] 1 R.C.S. 706; *R. c. Généreux, supra,* note 110, p. 311.

[116] *R. c. Carroll* (1989) 47 C.C.C. (3d) 263 (C.A. N.-É.).

[117] *R. c. Garofoli, supra,* note 109, p. 1457.

[118] *Supra,* note 96 et le texte qui renvoie à cette note.

[119] Pour une analyse détaillée de l'exigence des motifs raisonnables et probables : P. BÉLIVEAU, *Les garanties juridiques dans les Chartes des droits,* 2e éd., Montréal, Thémis, 1995, p. M-116 à M-138. Cet ouvrage contient une analyse d'ensemble de l'article 8 (p. M-1 à M-140) où l'on trouve de nombreux parallèles avec le droit américain.

[120] *R. c. Musurichan* (1990) 56 C.C.C. (3d) 570 (C.A. Alta.). Notons que les règles que nous venons d'exposer s'appliquent *mutatis mutandis* aux fouilles, perquisitions ou saisies sans mandat, celui qui en décide étant alors le policier : *R. c. Debot, supra,* note 114.

d'y procéder quand cette dernière a été irrégulière[121]. Et si le mandat fut délivré sur la foi de renseignements obtenus de façon illégale ou inconstitutionnelle et en violation d'une garantie de la *Charte*, il ne demeurera valide que si l'on démontre qu'il aurait été délivré même si ces renseignements ne s'étaient pas retrouvés dans la dénonciation[122].

Comme le rappelle un auteur, «[l]a *common law* a toujours exigé que le dénonciateur allègue, dans sa demande de mandat, la commission d'une infraction précise et indique un lieu précis où se trouve un ou des objets définis[123]». Tel est l'objet de la preuve. On peut penser que l'article 8 a constitutionnalisé cette exigence de spécificité de façon à interdire ce qu'on appelle communément les «expéditions de pêche», où le filet tendu est si vaste qu'on peut escompter en retirer quelque chose, même si l'on n'a au départ aucune idée de ce qu'on découvrira. L'exigence de spécificité pose des problèmes délicats en matière d'écoute électronique, mais elle y est présente, et à titre d'exigence constitutionnelle[124].

Les règles qui précèdent s'imposent bien sûr à la preuve lors de l'autorisation préalable, mais aussi à la loi sous l'autorité de laquelle l'autorisation est délivrée. Si donc une disposition législative n'exige pas par exemple le serment, on l'invalidera[125] ou on l'interprétera comme l'exigeant[126]. Sur ce point, il y a lieu d'observer que les dispositions du *Code criminel* qu'on a résumées plus haut en traitant de l'exigence de l'autorisation préalable respectent les normes dont il vient d'être question[127].

Un rappel peut être fait ici au sujet du mandat dit de main-forte. Cette procédure, longtemps prévue par quatre lois fédérales[128], n'avait de mandat

---

[121] *R. c. Greffe*, *supra*, note 20, p. 790; *R. c. Garofoli*, *supra*, note 109, p. 1457. «[O]n ne peut lier la question de savoir si les personnes ayant fait l'objet d'une perquisition électronique pouvaient raisonnablement s'attendre au respect de leur vie privée à celle de savoir si ces personnes commettaient des actes illégaux» : *R. c. Wong*, *supra*, note 45, p. 49.

[122] Par exemple, *R. c. Wiley*, *supra*, note 44, p. 263 où l'on réitère ce principe, déjà établi dans *R. c. Garofoli*, *supra*, note 109.

[123] P. BÉLIVEAU, *supra*, note 119, p. M-134. Si ce qui est allégué n'est pas une infraction, le mandat sera nul : *R. c. Dombrowski*, *supra*, note 115. Il l'est aussi si, au moment où il est obtenu, le dénonciateur savait que l'objet ne se trouvait pas dans le lieu, même s'il l'y a fait livrer par la suite et avant l'exécution du mandat : *R. c. Cameron* (1985) 16 C.C.C. (3d) 240 (C.A. C.-B.).

[124] P. BÉLIVEAU, *id.*, p. M-135 et M-136.

[125] *R. c. Harb* (1994) 88 C.C.C. (3d) 204 (C.A. N.-É.).

[126] *R. c. Galbraith* (1989) 49 C.C.C. (3d) 178 (C.A. Alta.).

[127] Sauf l'exception évoquée *supra*, note 113.

[128] Cette procédure est analysée de façon détaillée dans l'étude correspondant à celle-ci, publiée dans la première édition de cet ouvrage (p. 382 à 385). On notera que les articles de la *Loi sur les stupéfiants*, de la *Loi sur les aliments et drogues*, de la *Loi sur les douanes*, et de la *Loi sur l'accise* qui prévoyaient le mandat de main-forte furent abrogés par les articles 190, 191, 196 et 200 de la *Loi de 1985 modifiant le droit pénal*, L.C. 1985, c. 19.

que le nom puisqu'il s'agissait essentiellement d'un mandat général, que l'autorité judiciaire devait émettre sans qu'il soit nécessaire d'alléguer devant elle quoi que ce soit, qui n'était pas relié à une infraction précise et particulière dont on soupçonnait la commission, qui était en vigueur pour une période indéfinie et que l'on pouvait utiliser pour effectuer un nombre illimité d'opérations. Il est clair qu'une telle procédure, utilisable au surplus pour pénétrer à tout moment dans une résidence privée, était incompatible avec l'article 8 de la *Charte*[129].

(D) Une exécution non abusive. «Une fouille ne sera pas abusive si elle [...] n'a pas été effectuée d'une manière abusive[130]». Il est donc clair que la façon dont le mandat fut exécuté — ou l'exécution de la fouille, perquisition ou saisie quand le mandat n'est pas requis — peut rendre celle-ci abusive au sens de l'article 8 de la *Charte*. Une force ou violence injustifiée appliquée aux personnes ou aux biens entraînera cette conséquence[131].

Mais hormis de pareils cas, une certaine façon de procéder, même si le mandat ne l'a pas interdite et n'en a pas imposé une autre, pourra aussi être abusive parce qu'elle est, par exemple, trop attentatoire à la vie privée de tiers innocents. Comme on l'a vu, une écoute électronique continue des conversations dans une cabine téléphonique, faite sans souci de n'intercepter que les communications suspectes, fut jugée contraire à l'article 8[132]. Et de la même façon qu'une irrégularité très mineure du mandat n'entraînera probablement pas sa nullité, une irrégularité du même genre dans l'exécution du mandat par rapport au contenu de celui-ci ne rendra pas l'opération abusive. Comme l'écrivait le juge en chef Dickson, «[l]a validité de la perquisition ne devrait pas dépendre des détails mineurs du processus d'exécution réel et matériel[133]». Mais serait contraire à l'article 8 le fait de perquisitionner la nuit[134] ou sans s'annoncer[135], quand l'urgence de la situation ne le justifie pas[136]. En pareille matière, toute habilitation devrait être d'interprétation restrictive, et c'est ainsi que la Cour suprême a décidé, dans une affaire antérieure à la *Charte* mais dont la conclusion serait certes la

---

[129] Voir en ce sens *Regina c. Noble, supra,* note 104. Ces mandats furent présumés contraires à l'article 8, à défaut d'une preuve contraire par la poursuite, dans *R. c. Sieben,* [1987] 1 R.C.S. 295 et *R. c. Hamill,* [1987] 1 R.C.S. 301.

[130] *R. c. Collins, supra,* note 2.

[131] Par exemple : *R. c. Genest, supra,* note 103, p. 91; *R. c. Collins, supra,* note 2, à propos d'une prise à la gorge. Sur la violence faite aux biens, voir aussi *supra,* note 43.

[132] *R. c. Thompson, supra,* note 109.

[133] *R. c. Strachan, supra,* note 91.

[134] *R. c. Genest, supra,* note 103, p. 85.

[135] *Id.,* p. 85 et 86.

[136] Notons que dans *R. c. Switzer* (1984) 13 C.C.C. (3d) 157 (C.A. C.-B.) ne fut pas considéré abusif le fait de perquisitionner ailleurs qu'à l'adresse indiquée au mandat.

même aujourd'hui, qu'un simple mandat de saisie d'armes à feu n'autorisait pas la force policière à opérer une perquisition au domicile d'un individu et que ce dernier pouvait légalement résister[137].

Qu'en est-il de l'impact d'une violation d'une garantie de la *Charte* sur la constitutionnalité de l'exécution d'une fouille, perquisition ou saisie ? Sur ce point, le juge Lamer, qui n'était pas alors juge en chef, écrivait : «La ''manière'' dont une fouille est exécutée a trait au déroulement matériel de la fouille et ne devrait pas, à mon avis, englober des restrictions à d'autres droits déjà garantis en vertu de la *Charte*[138]». S'il a voulu rejeter par là l'idée que le respect des exigences de l'article 8 serait conditionné, en principe, par le respect d'autres garanties de la *Charte*, on ne peut qu'être d'accord avec lui. Car on ne saurait prétendre, par exemple, qu'une fouille sera dans tous les cas abusive si l'on n'informe pas la personne qui va y être soumise de son droit à l'assistance d'un avocat (alinéa 10b) de la *Charte*) ou de son droit d'être informée des motifs de sa détention (alinéa 10a)). Il n'empêche — et le juge Lamer le reconnaît quelques lignes avant le passage que nous venons de reproduire — que la violation de ces droits, dans des circonstances où l'on aurait dû les respecter, fera conclure au caractère abusif de la fouille, peu importe que l'on dise que c'est son exécution qui a ce caractère ou que c'est la décision même d'y procéder. Il y a donc saisie abusive si la personne arrêtée a consenti à un prélèvement de substances corporelles aux fins d'une enquête sur une infraction dont on l'a validement informée, quand on utilise cette preuve en rapport avec une infraction dont on ne lui a rien dit : la violation des alinéas 10a) et b) vicie en pareil cas le consentement et rend la saisie abusive[139]. De même, une personne qui, lors de son entrée au Canada, est requise de se soumettre à une fouille à nu est une personne détenue et que l'on doit informer de son droit à l'assistance d'un avocat, surtout si la loi lui donne la possibilité de faire réviser la décision de la fouiller, ce dont il faut aussi l'informer : le non-respect de ces exigences rend la fouille abusive[140].

(E) Un contrôle a posteriori. Il va de soi que pour que l'article 8 joue pleinement son rôle, il faut que son respect soit assuré non seulement sur un mode préventif — ce dont il fut surtout question précédemment —, mais aussi sur un mode curatif et après le fait, de telle façon que toute violation en soit découverte et qu'il y soit porté remède.

Aussi était-il parfaitement logique que la Cour suprême mette de côté la règle traditionnelle selon laquelle l'accusé ne pouvait attaquer un mandat

---

[137] *Colet c. La Reine*, [1981] 1 R.C.S. 2.
[138] *R. c. Debot*, *supra*, note 114, p. 1148.
[139] *R. c. Borden*, *supra*, note 24.
[140] *R. c. Simmons*, *supra*, note 57.

lors de son procès mais seulement devant la cour qui l'avait émis, sur la base de motifs d'ailleurs assez restrictifs[141]. Parce qu'un élément de preuve obtenu grâce à une fouille, perquisition ou saisie abusive pourra, conformément aux critères du paragraphe 24(2) de la *Charte*, être jugé irrecevable au procès, il faut permettre à l'accusé de connaître les raisons pour lesquelles on y a procédé, de contre-interroger le dénonciateur, voire d'être informé de l'identité de l'informateur. Et c'est à la fois la suffisance de ces raisons, qui ressort de l'affidavit même, et leur bien-fondé, qu'on ne peut contester sans aller au-delà de celui-ci, qu'on pourra ainsi faire vérifier. Dans le premier cas, il n'est pas question de réexaminer toute l'affaire et on s'interrogera plutôt sur le caractère raisonnable de la décision qui fut prise de délivrer le mandat. Dans le second cas, le mandat, à l'exemple de ce qui se passe quand il fut obtenu sur la base d'informations obtenues de façon illégale ou inconstitutionnelle, ne demeurera valide que s'il eût été de toute façon délivré en l'absence des vices qui ont été établis[142].

Si l'on vient de mettre l'accent sur la contestation du mandat lors du procès de l'accusé, c'est en raison du fait que cette possibilité est nouvelle. Il va de soi que cette contestation peut viser aussi la façon dont le mandat fut exécuté.

Mais le contrôle *a posteriori* doit logiquement avoir une portée plus étendue encore. En effet et comme on l'a vu lors de l'examen, fait dans la première partie de cette étude, de la notion de saisie, l'article 8 ne fait pas que protéger contre les procédés abusifs d'obtention de preuve; il protège aussi, à condition qu'il y ait saisie, les biens, à l'intérieur et même hors du cadre d'un processus d'investigation. Il s'ensuit que le contrôle *a posteriori* dont il est question ici ne doit pas que porter sur la façon dont la preuve a été obtenue et sur sa recevabilité au procès de l'accusé. Il doit aussi y avoir un contrôle judiciaire de la détention, de la confiscation et de la remise du bien saisi. À ce titre, on peut prétendre que les articles 489.1, 490, 491, 491.1 et 492 du *Code criminel*, qui établissent un tel contrôle, obéissent à un impératif constitutionnel découlant de l'article 8 de la *Charte*. Découlerait aussi de cet article un contrôle judiciaire des expropriations.

Ces cinq conditions générales ou de principe de conformité à l'article 8, on l'a noté au début du présent développement, furent dégagées en rapport avec le processus de l'enquête criminelle. Elles ne sont pas nécessairement toutes appropriées en d'autres contextes, ni même à toute enquête criminelle. Il faut donc passer à l'examen de ce qu'on pourrait appeler le régime d'exception.

---

[141] *R. c. Wilson*, [1983] 2 R.C.S. 594.
[142] Sur l'ensemble de la question : *R. c. Garofoli, supra*, note 109; *R. c. Lachance*, [1990] 2 R.C.S. 1490; *Dersch c. Canada (Procureur général)*, [1990] 2 R.C.S. 1505; *R. c. Bisson*, [1994] 4 R.C.S. 445.

(ii) *Le régime d'exception*

Le régime d'exception, qui par définition et comme nous le rappelle la jurisprudence devrait trouver application très rarement[143], peut être analysé en fonction des deux types de justification[144] sur lesquels il se fonde : l'urgence et l'attente de protection réduite ou inexistante. Dans le premier cas, l'État a un devoir impérieux d'intervenir, pour un motif d'urgence ou de nécessité, si bien que certaines des exigences dont nous venons de faire l'étude, on le comprend aisément, ne devraient pas être imposées. Dans le second cas, l'individu — ce peut être aussi une personne morale — possède ou a manifesté une attente de protection réduite, voire nulle, comme quand il laisse à la vue de tous des objets ou quand il consent pleinement à la fouille.

Certes cette classification n'est pas parfaite, dans la mesure où en certaines situations — celles du détenu ou de l'occupant d'un véhicule, par exemple — l'une et l'autre des deux justifications auxquelles on vient de faire allusion peuvent être invoquées. Du détenu on dira qu'il doit être l'objet de mesures de sécurité qu'on ne songerait pas à appliquer à la personne en liberté, ou encore qu'il possède une attente d'intimité réduite. Et l'on dira à peu près la même chose de l'occupant d'un véhicule : il n'a pas une attente d'intimité équivalente à celle qu'il possède dans sa résidence, ou encore il y a une certaine urgence à le fouiller du fait qu'il peut à tout instant partir et emporter avec lui l'objet recherché. Cela dit, cette classification englobe, nous semble-t-il, l'ensemble des situations où le régime d'exception entre en jeu, même s'il est vrai que certaines de celles-ci relèvent des deux types de justification dont il vient d'être question.

(A) L'urgence ou l'état de nécessité. Analysons dans un premier temps la nature de cette exception dite d'urgence ou de nécessité, pour voir ensuite l'application qui en est faite dans le cadre de trois situations particulières.

(1) L'urgence comme motif de dispense d'autorisation préalable. Il convient de signaler dès le départ que l'urgence n'écarte pas toutes les exigences découlant de l'article 8 et dont nous avons fait l'étude précédemment. Comme nous le verrons, elle dispense d'obtenir sous serment un mandat d'une autorité décidant d'une façon judiciaire. De façon générale, elle ne dispense toutefois pas de la nécessité d'avoir des motifs raisonnables

---

[143] *R. c. Simmons*, *supra*, note 57, p. 527; *R. c. Grant*, *supra*, note 44, p. 239.
[144] Rappelons qu'il appartient à la poursuite d'établir l'existence de l'une ou l'autre de ces justifications. En d'autres termes, c'est à elle de prouver que le régime d'exception est applicable et que la fouille, perquisition ou saisie n'est pas abusive parce qu'elle se justifie sous ce régime. Voir *supra*, note 101.

et probables pour procéder à la fouille, perquisition ou saisie[145], opération qui demeure aussi sujette à un contrôle *a posteriori* aux fins de vérifier si son exécution fut régulière ou au contraire abusive et si une situation d'urgence existait bel et bien. Cela dit, qu'entend-on par situation d'urgence ?

Il y a situation d'urgence, comme l'écrivait le juge Sopinka dans *R. c. Grant*, «s'il existe un risque imminent que les éléments de preuve soient perdus, enlevés, détruits ou qu'ils disparaissent si la fouille, la perquisition ou la saisie est retardée[146]». En pareil cas, l'exigence du mandat est levée. Toujours dans cet arrêt, le juge Sopinka, recourant à une technique qu'il qualifie d'interprétation atténuée (*reading down*)[147] et qu'il aurait tout aussi bien pu qualifier, selon nous, d'ajout clair au texte (*reading in*)[148], a lu l'article 10 de la *Loi sur les stupéfiants*[149] comme exigeant implicitement, pour respecter l'article 8, que les perquisitions sans mandat qu'il prévoit soient «autorisées seulement lorsqu'une situation d'urgence rend pratiquement impossible l'obtention d'un mandat[150]». Ce n'est donc pas la simple présence de stupéfiants en un endroit qui lève l'exigence du mandat; c'est l'imminence que cet élément de preuve disparaisse. En l'absence de ce dernier facteur et si l'on a par ailleurs des motifs raisonnables de croire à cette présence et par conséquent la possibilité d'obtenir un mandat, le défaut d'en obtenir un est une violation d'autant plus grave de l'article 8[151]. Si l'on n'a pas de tels motifs, opérer sans mandat n'est évidemment pas davantage justifié : l'inexistence d'une méthode admissible d'enquête n'autorise certes pas à recourir à une méthode inadmissible[152].

Mais l'imminence de la disparition d'un élément de preuve n'est pas le seul facteur constitutif d'une situation d'urgence. Il y a aussi urgence s'il existe «dans les circonstances une menace réelle de comportement violent envers la police ou d'autres personnes[153]». Une telle menace à la sécurité des policiers, des possesseurs de certains objets et du public en général peut donc aussi rendre impossible l'obtention d'un mandat, auquel cas cette exigence de l'article 8 sera de nouveau levée.

---

[145] *Supra*, note 120.
[146] *R. c. Grant*, *supra*, note 44, p. 243.
[147] *Id.*, p. 244.
[148] Technique longuement analysée en particulier dans *Schachter c. Canada*, [1992] 2 R.C.S. 679 et qu'assez improprement la Cour nomme *interprétation large*.
[149] L.R.C. 1985, c. N-1.
[150] *R. c. Grant*, *supra*, note 44, p. 241. L'article 10 autorise, sur motifs raisonnables de croire à la présence d'un stupéfiant ayant servi ou donné lieu à la perpétration d'une infraction, à perquisitionner sans mandat, sauf dans une maison d'habitation.
[151] *Id.*, p. 260. Voir : *R. c. McGregor*, (1986) 21 C.R.R. 179 (B.R. Man.), où l'on évoque la possibilité de surveiller la maison de l'extérieur dans l'attente de l'émission d'un mandat.
[152] *R. c. Kokesh*, [1990] 3 R.C.S. 3, p. 28.
[153] *R. c. Genest*, *supra*, note 103, p. 89.

Une perquisition sans mandat ne sera donc pas abusive à trois conditions. Il faut premièrement que la loi autorise une telle perquisition et limite la possibilité d'y avoir recours aux situations d'urgence, soit celles où il est pratiquement impossible d'obtenir un mandat. Si donc la loi — et tel est le cas de l'article 10 de la *Loi sur les stupéfiants* — permet de perquisitionner sans mandat ailleurs que dans une maison d'habitation, le fait pour un policier d'entrer dans celle-ci sans mandat, même en situation d'urgence et pour préserver des éléments de preuve pendant qu'on s'affaire à obtenir un mandat, sera considéré comme une opération abusive. En effet, la loi ne l'autorise pas et l'on ne saurait faire une distinction entre le fait d'entrer dans une résidence et le fait d'y faire une perquisition car il s'agit d'une seule et même opération. Et quand au surplus les policiers ont créé eux-mêmes la situation d'urgence, ils seraient mal venus d'invoquer celle-ci pour justifier leur opération[154]. Deuxièmement, il faut, en règle générale, avoir des motifs raisonnables et probables de croire qu'un objet précis se trouve à l'endroit où l'on veut perquisitionner. Il faut enfin que l'opération ne soit pas menée de manière abusive. Cela dit, examinons à simple titre d'exemples quelques dispositions législatives où l'exigence du mandat est levée aux fins d'apprécier leur conformité à l'article 8.

La loi prévoit plusieurs pouvoirs de perquisition et de saisie sans mandat, comportant souvent des pouvoirs exceptionnels de fouiller des personnes. Ainsi l'article 101 du *Code criminel* permet à un agent de la paix, qui a des motifs raisonnables de croire qu'une infraction a été commise relativement à des armes offensives, de fouiller sans mandat, lorsque l'urgence de la situation rend difficilement réalisable l'obtention d'un mandat et que les conditions pour en obtenir un sont réunies, toute personne, véhicule ou lieu, à l'exception d'une maison d'habitation, et de saisir tout objet relié à l'infraction. On dispose ensuite de ces objets en conformité des règles de droit commun des articles 490 et 491. La possession illégale d'armes peut aussi donner lieu à saisie sans mandat aux termes de l'article 102, article qui prévoit les modalités de leur restitution ou confiscation. Tout comme l'article 101, l'article 103 permet aussi à l'agent de la paix de perquisitionner, cette fois partout, et de saisir des armes et autres objets dangereux, cela au nom de la sécurité du possesseur ou d'autres personnes, et de le faire sans mandat quand les conditions pour obtenir un mandat sont respectées mais que l'urgence de la situation rend cette obtention difficilement réalisable. Les biens saisis sont ensuite rapportés à un magistrat, devant qui l'agent peut devoir justifier sa perquisition, et l'article 103 réglemente

---

[154] *R. c. Silveira*, [1995] 2 R.C.S. 297. Notons toutefois qu'il existe probablement en *common law* un pouvoir de pénétrer dans des lieux en cas d'urgence pour un motif de sécurité publique, par exemple pour maîtriser un incendie. Voir en particulier : *Cité de Québec c. Mahoney* (1901) 10 B.R. 378, où l'on avait démoli un ensemble de maisons pour empêcher la conflagration d'un incendie.

aussi les modalités de restitution, de vente ou d'interdiction de possession, tout cela étant sous contrôle judiciaire.

Comme on l'a vu, la *Loi sur les stupéfiants*[155] permet aussi à un agent de la paix, sur motifs raisonnables, d'entrer et de perquisitionner sans mandat à toute époque et en tout endroit autre qu'une maison d'habitation, de fouiller toute personne qui s'y trouve et de saisir tout objet relié à l'infraction. La *Loi sur les aliments et drogues*[156] octroie des pouvoirs du même genre. Ces deux lois établissent[157] une procédure de demande de restitution à l'autorité judiciaire et décrètent, s'il y a condamnation, la confiscation du produit prohibé, de l'argent ayant servi à l'achat de celui-ci, et dans le cas d'un stupéfiant, du matériel utilisé pour commettre l'infraction, y inclus un moyen de transport.

Que penser de ces dispositions législatives au regard de l'article 8 de la *Charte* ? En édictant, comme il l'a fait aux articles 101 et 103 du *Code criminel*, que la perquisition sans mandat sera possible si les conditions pour obtenir un mandat sont réunies, le législateur s'est montré respectueux de cet article et a bien fait voir que seule était levée ici l'exigence du mandat et que les autres exigences préalables à la perquisition — celles des motifs raisonnables et probables et de la spécificité de l'infraction, du lieu et de l'objet — devaient être satisfaites. Plus discutable est peut-être le critère de l'urgence retenu par ces deux mêmes articles. On y lit que «l'urgence de la situation [...] rend difficilement réalisable l'obtention d'un mandat», alors que le critère posé par l'arrêt *Grant* était que celle-ci «rend pratiquement impossible l'obtention d'un mandat[158]». On peut soutenir que le premier critère est moins exigeant que le second; quoi qu'il en soit, les tribunaux, en application du principe de la présomption de constitutionnalité qui veut qu'un texte législatif prêtant à interprétation reçoive le sens qui le rend conforme à la norme constitutionnelle, devraient tout simplement aligner le premier critère sur le deuxième, d'autant que les deux sont plus proches l'un de l'autre dans la version anglaise des textes pertinents[159]. Ajoutons que la soustraction des maisons d'habitation au pouvoir de perquisitionner sans mandat, présente à l'article 101, ne se retrouve pas à l'article 103, ce qui s'explique par le fait que ce dernier vise la sécurité des personnes. Il paraît en effet légitime de considérer cet objectif comme plus impérieux encore que celui de rechercher des éléments de preuve, d'où des pouvoirs de perquisition élargis sous l'angle des lieux où ils peuvent être exercés.

---

[155] *Supra*, note 149, articles 10 et 11.
[156] L.R.C. 1985, c. F-27, article 42.
[157] Respectivement à leurs articles 15 et 16, 43 et 44.
[158] *Supra*, note 150 et le texte qui renvoie à cette note.
[159] Dans *R. c. Grant, ibid*, les mots *pratiquement impossible* sont rendus en anglais par le mot *impracticable*, alors que les mots *difficilement réalisable* du *Code criminel* le sont par les mots *not practicable*.

L'article 102 du *Code criminel* ne donne qu'un pouvoir de saisie d'armes sans mandat. S'il comporte moins d'exigences que les articles 101 et 103, c'est qu'à lui seul il n'autorise pas à perquisitionner[160] et que le policier doit par ailleurs se trouver légalement au lieu de l'opération. Quant à la *Loi sur les stupéfiants*, il faut, comme on l'a vu plus haut, la lire comme n'autorisant la perquisition sans mandat qu'en situation d'urgence au sens de l'expression qu'on a déjà exposé. Cette limitation rend davantage acceptable le fait qu'aux termes de l'article 10 la perquisition puisse avoir lieu «à tout moment». Et l'on peut se demander enfin si la *Loi sur les aliments et drogues*, qui octroie des pouvoirs du même genre que la *Loi sur les stupéfiants*, doit être pareillement lue comme comportant cette limitation implicite ou si elle n'aurait pas un caractère plus administratif faisant en sorte qu'on aurait face à elle une moindre attente de protection[161].

Concluons par deux observations supplémentaires. D'abord — et est-il même besoin de le préciser? — les dispositions législatives qu'on vient d'évoquer n'octroient aucunement des pouvoirs généraux de fouille, perquisition ou saisie sans mandat qui seraient dans tous les cas utilisables, pourvu qu'il y ait urgence; elles ne le font qu'en rapport avec certains types d'infraction (armes, explosifs, stupéfiants) ou de situation (sécurité des personnes). Telle est aussi la portée de l'article 184.4 du *Code criminel* qui permet d'intercepter, sans mandat mais moyennant motifs raisonnables, une communication privée s'il y a urgence et qu'une interception immédiate est nécessaire pour prévenir que des dommages sérieux soient causés à un des interlocuteurs ou par lui; disposition qui, en dépit de la gravité de l'intrusion qu'elle autorise, paraît conforme à l'article 8. Cela dit, on peut se demander si une habilitation à opérer sans mandat qui, à la différence de l'article 184.4, n'est pas explicite quant au procédé auquel on peut avoir recours autorise à faire usage de tous les procédés pour lesquels un mandat est normalement requis. Il est bien évident que non. En effet, il y a lieu d'interpréter de façon traditionnelle les notions de fouille, perquisition et saisie quand elles se retrouvent dans un texte législatif d'habilitation, interprétation directement à l'opposé de celle qui prévaut pour ces mêmes notions de l'article 8; et il serait impensable qu'on s'autorise d'une simple habilitation générale à opérer sans mandat pour prélever un échantillon de sang ou d'une autre substance corporelle, alors même que la loi exige un mandat particulier pour ce faire et qu'elle prévoit que le prélèvement ne peut servir qu'à des fins spécifiques[162].

---

[160] *Colet c. La Reine*, *supra*, note 137.
[161] Nous faisons l'étude plus loin des fouilles, perquisitions et saisies dites administratives.
[162] Voir les articles 256 et 258.1 à 258.8 du *Code criminel*. Rappelons aussi que l'article 487.1 du *Code* exige un mandat pour utiliser toute technique, dispositif ou méthode d'enquête qui, sans autorisation préalable, serait abusive. Une simple habilitation légis-

Et vu que la dignité, l'intégrité ou l'autonomie de la personne est ici en cause[163], il semblerait même fort douteux que la loi puisse dispenser d'obtenir une autorisation préalable en ces cas, même en situation d'urgence. En ce sens, l'exception de l'urgence n'en serait pas une d'application absolument générale[164].

Dernière observation : toutes les dispositions législatives évoquées plus haut — et bien d'autres, dont les articles 489.1, 490, 491, 491.1 et 492 du *Code criminel* — soumettent à un contrôle judiciaire le sort du bien, une fois celui-ci saisi ou confisqué. Par exemple la confiscation, à laquelle on a fait allusion précédemment, d'un moyen de transport ayant servi à commettre une infraction à la *Loi sur les stupéfiants*, confiscation qui pourrait paraître au premier regard abusive, n'a rien de définitif puisqu'un tiers innocent peut, aux termes de l'article 17, s'y opposer et revendiquer ses droits sur le véhicule. Comme nous l'avons vu plus haut lors de l'examen du contrôle judiciaire *a posteriori* en tant qu'exigence découlant de l'article 8, un tel contrôle a pour objet non seulement les modalités d'obtention de la preuve mais aussi le sort fait au bien saisi. Il semble que la législation réponde adéquatement à cette exigence, qui nous paraît être de nature constitutionnelle.

(2) Quelques applications particulières — La fouille incidente à l'arrestation. Il est bien établi en *common law* qu'on peut fouiller une personne lors de son arrestation, pourvu que celle-ci soit légale, et ce, aux fins d'éviter de la violence ou que des éléments de preuve soient détruits[165]. L'exigence

---

lative à opérer une fouille, perquisition ou saisie sans mandat ne permettra assurément pas d'avoir recours à tout cela : on ne devrait, grâce à elle, pouvoir recourir qu'à des procédés qui sont traditionnellement considérés comme fouille, perquisition ou saisie. Sur ce point, voir *supra*, note 21.

[163] Comme on l'a vu *supra*, notes 37 et 38, la Cour suprême a reconnu que l'article 8 protège aussi ces valeurs, en sus de protéger la vie privée des personnes.

[164] «I conclude that a search or seizure involving the non-consensual intrusion into a person's body, not authorized by federal or provincial legislation, is both illegal and unreasonable and infringes or denies the right guaranteed under s. 8. *There ought to be no exceptions*». *R. c. Pohoretsky* (1985) 32 Man. R. (2d) 291 (C.A. Man.), infirmé sur autre point à [1987] 1 R.C.S. 945 (l'italique est de nous). Certes le prélèvement d'un échantillon d'haleine en cas de conduite en état d'ébriété ne requiert pas de mandat : le policier, sur simple soupçon, peut l'exiger à l'occasion d'un contrôle routier, et ce, aux fins d'avoir des motifs raisonnables pour imposer ensuite le test de l'ivressomètre : paragraphes 254(2) et (3) du *Code criminel*. Mais vu le caractère peu intrusif du procédé, la nécessité d'obtenir l'échantillon rapidement et les impératifs de la sécurité routière, il y a lieu de croire que le *Code criminel* ne viole pas l'article 8. Notons l'absence d'obligation de fournir un échantillon d'urine ou d'une autre substance corporelle, à l'exception de l'haleine et, à défaut, de sang moyennant en ce cas mandat : paragraphe 258(2).

[165] Sur l'ensemble de la question : *Cloutier c. Langlois*, [1990] 1 R.C.S. 158. Notons qu'un

des motifs raisonnables et probables, comme celle du mandat, est levée en un tel cas, ce qui n'est guère choquant vu qu'une personne qu'on a le pouvoir de mettre sous arrestation est quand même une personne à l'endroit de laquelle on peut entretenir une certaine méfiance. Mais outre le fait qu'il ne s'agit pas de ridiculiser la personne, de l'intimider ou de la violenter[166], le procédé a des limites puisqu'il doit s'agir en effet d'une fouille superficielle et brève, opérée sans violence à moins que les circonstances la justifient[167], effectuée par palpation, inspection des poches des vêtements mais sans que ceux-ci soient enlevés[168]. Le prélèvement de substances corporelles, ne serait-ce qu'un cheveu, ne devrait pas être autorisé[169], d'autant moins que le *Code criminel*, comme on l'a vu, exige maintenant d'obtenir un mandat pour y procéder[170].

Le pouvoir de fouiller est aussi limité dans le temps et dans l'espace. La fouille doit en effet être concomitante à l'arrestation. Elle peut précéder immédiatement celle-ci et confirmer parfois ainsi que cette arrestation est bel et bien justifiée[171]. Elle peut aussi avoir lieu après, mais uniquement si l'on a des motifs valables de l'avoir quelque peu différée[172]; sans eux, elle est illégale[173]. Enfin, c'est la personne arrêtée et «son entourage immédiat[174]» qui peuvent être fouillés. Cette limitation pose des problèmes particuliers dans le cas des véhicules et fait aussi entrer en jeu la doctrine de *l'objet bien à la vue*, deux questions auxquelles nous reviendrons plus

---

particulier ayant en certaines circonstances un pouvoir d'arrestation (*supra*, note 12), il devrait aussi avoir un pouvoir de fouille, vu les justifications de celui-ci qu'on vient d'évoquer.

[166] *Id.*, p. 186.

[167] Voir par exemple *R. c. Garcia-Guiterrez* (1991) 65 C.C.C. (3d) 15 (C.A. C.-B.), où l'on avait des motifs de croire que la personne avait un ballon de drogue dans la bouche.

[168] *R. c. Morrison* (1985) 20 C.C.C. (3d) 180 (H.C. Ont.). Les règles concernant les fouilles à nu et celles des cavités corporelles sont exposées *infra*, aux notes 234 à 237, 242 à 244 et aux textes qui renvoient à ces notes.

[169] *R. c. Legere, supra*, note 24; *R. c. Williams* (1992) 76 C.C.C. (3d) 385 (C.S. C.-B.). Contra : *R. c. Alderton, supra*, note 24; *R. c. Bowen* (1990) 59 C.C.C. (3d) 515 (C.A. Alta.).

[170] Voir les articles 258.1 à 258.8 du *Code criminel* qui prévoient qu'un tel prélèvement peut être opéré moyennant mandat, sous contrôle médical et à condition que ne soit pas mise en danger la vie ou la santé de la personne. On ne peut y procéder que si on a des motifs raisonnables de croire que celle-ci a commis un acte criminel passible de dix ans ou plus d'emprisonnement, ce qui doit être interprété comme prohibant le prélèvement en tous autres cas.

[171] *R. c. Debot* (1987) 30 C.C.C. (3d) 207 (C.A. Ont.), confirmé sur autres points à [1989] 2 R.C.S. 1140; *R. c. McComber* (1989) 44 C.C.C. (3d) 241 (C.A. Ont.).

[172] *R. c. Miller* (1988) 38 C.C.C. (3d) 252 (C.A. Ont.), où le policier n'a pas cru bon d'enlever lui-même et sur-le-champ des bandages sur le corps de la personne arrêtée.

[173] Par exemple : *R. c. Legere, supra*, note 24.

[174] *Cloutier c. Langlois, supra*, note 165, p. 182.

loin[175]. Disons seulement ici qu'il est fort douteux qu'on puisse inspecter l'ensemble d'une résidence quand on y arrête quelqu'un. Si les policiers ont cependant des motifs de croire que s'y trouve une arme, ils seraient davantage justifiés de le faire[176], le périmètre de la fouille pouvant ainsi dépendre du motif qu'on a d'y procéder et de ce qu'on recherche.

Notons qu'il y a lieu de distinguer la fouille incidente à l'arrestation de l'inventaire de ce que la personne arrêtée a sur elle au moment de la procédure d'écrou. Les deux opérations poursuivent des finalités tout à fait différentes et l'inventaire ne doit pas servir d'«expédition de pêche[177]». Il faut aussi distinguer la fouille incidente à l'arrestation de la palpation accessoire à l'interception pour fins d'enquête, connue aux États-Unis sous l'expression *stop and frisk*. Il s'agit du droit pour les policiers «d'intercepter brièvement une personne qu'ils soupçonnent de commettre un crime et de la palper pour vérifier si elle est armée[178]». L'existence d'un tel pouvoir d'interception, sur simple soupçon, n'est pas clairement établie au Canada, mais si un tel pouvoir existe, on peut soutenir que la palpation devrait aussi être accessoirement possible[179].

— La prise en chasse (*hot pursuit*). Lorsque des policiers assistent à la perpétration d'une infraction ou arrivent peu après et voient fuir le contrevenant — en d'autres termes lorsqu'ils ont par ailleurs le pouvoir d'arrêter sans mandat la personne qui tente de leur échapper — ils peuvent la poursuivre et pénétrer sans mandat dans un lieu privé où elle s'est réfugiée. À condition qu'il y ait continuité entre la perpétration de l'infraction, la poursuite et le refuge dans ce lieu, l'exigence du mandat pour y pénétrer se trouve levée. Comme l'écrivait la Cour suprême, cette exception est «fondée sur le bon sens, qui répugne à ce que le contrevenant puisse échapper à une arrestation en se réfugiant chez lui ou chez un tiers. C'est pourquoi dans la mesure où une arrestation sans mandat est permise au départ la fuite du contrevenant dans une maison d'habitation ne peut rendre l'arrestation illégale[180]». L'exception se relie à l'urgence en tel sens qu'on est en présence d'un fuyard, que la loi permet par ailleurs d'arrêter sans mandat. Il paraît logique qu'on puisse, aussi sans mandat, le rejoindre dans le lieu où il a trouvé refuge.

Est-il possible d'arrêter sans mandat une personne dans un lieu privé, et ce, hors du cadre d'une prise en chasse véritable ? On a déjà répondu que

---

[175] *Infra*, p. 10-42 à 10-43 et p. 10-46 et 10-47.
[176] Voir : *R. c. Plourde* (1986) 23 C.C.C. (3d) 463 (C.A. Qué.).
[177] Voir à ce sujet : *R. c. Garcia*, [1992] R.J.Q. 2716 (C.A.).
[178] P. BÉLIVEAU, *supra*, note 119, p. M-68.
[179] *Id.*, p. M-70.
[180] *R. c. Macooh*, [1993] 2 R.C.S. 802, p. 816.

oui, à condition qu'on ait des motifs raisonnables de croire que la personne a commis un acte criminel et qu'elle se trouve dans ce lieu et à condition qu'un avis ait été donné à la porte de l'identité du visiteur et du but de la visite[181]. Mais il paraîtrait fort étrange que le mandat, exigence sur laquelle la Cour suprême a mis tant d'insistance dans le cas d'une perquisition, n'en soit pas une dans le cas d'une arrestation[182]. Sauf situation d'urgence, un mandat devrait être aussi constitutionnellement requis en ce dernier cas.

— Les véhicules. En rapport avec les fouilles, perquisitions et saisies dans les véhicules, il convient au départ de distinguer selon qu'il y a arrestation de l'occupant ou non. S'il y a arrestation légale, le pouvoir de fouille incident à celle-ci, pouvoir dont il a été question plus haut, permettra une inspection du véhicule dont l'exacte étendue n'est pas facile à déterminer mais qui devrait dépendre des deux justifications de ce pouvoir : la sécurité du policier et le risque que des éléments de preuve pertinents à l'infraction pour laquelle il y a arrestation soient perdus ou détruits. La théorie de l'objet bien à la vue (*plain view doctrine*), théorie dont il sera question plus loin, pourra évidemment trouver aussi application ici.

Hors d'un contexte d'arrestation, la question qui se pose en rapport avec les véhicules est celle de savoir s'il y a lieu de lever l'exigence du mandat dans tous les cas — ce qui est la position du droit américain[183] — ou de ne lever cette exigence qu'en cas d'urgence, ce qui revient à dire que le véhicule, du moins en théorie, ne devrait pas faire l'objet d'un traitement particulier. C'est cette dernière solution qu'a retenue la Cour suprême : dans *R. c. Grant*, le juge Sopinka écrivait en effet qu'il n'était «pas en faveur d'une exception générale relativement à ce type de propriété privée[184]». Cela dit, il est assez évident que s'agissant d'un véhicule en mouvement ou sur le point de démarrer il y aura le plus souvent situation d'urgence. Si donc la loi permet par ailleurs la perquisition sans mandat, celle-ci pourra avoir lieu, à condition toutefois qu'il y ait motifs raisonnables et probables de croire à la commission d'une infraction et de croire que l'objet recherché se trouve dans le véhicule en question[185]. On ne saurait en effet prendre

---

[181] *R. c. Landry*, [1986] 1 R.C.S. 145, p. 165. Voir aussi : *Eccles c. Bourque*, [1975] 2 R.C.S. 739. Les faits étaient dans les deux cas antérieurs à l'adoption de la *Charte*.

[182] En ce sens : *Protection de la jeunesse — 425*, [1990] R.J.Q. 272 (C.Q.).

[183] Voir l'excellente analyse qu'en fait Y. de MONTIGNY, *supra*, note 51, p. 108 à 112. L'auteur met en doute la sagesse d'apporter ainsi des exceptions absolues à la règle du mandat et traite de la question de savoir si «un usage généralisé du mandat risque d'entraîner sa banalisation» (p. 111).

[184] *R. c. Grant*, *supra*, note 44, p. 242. Il est donc abusif de saisir sans mandat des documents dans une voiture remisée dans un garage : *R. c. Eddy (T.)* (1994) 370 A.P.R. 91 (C.S. T.-N.).

[185] *R. c. D. (I.D.)* (1988) 1 W.W.R. 673 (C.A. Sask.); *R. c. Cheecham* (1990) 51 C.C.C. (3d)

prétexte d'un simple contrôle routier pour fouiller un sac se trouvant sur la banquette d'une automobile : en l'absence de tels motifs, on a jugé la fouille abusive et la preuve irrecevable en vertu du paragraphe 24(2) de la *Charte*[186].

Mais l'exception de l'urgence n'est pas la seule qui soit pertinente dans le cas des véhicules; l'exception d'attente réduite de protection ou d'intimité — exception dont nous ferons maintenant l'étude — l'est aussi. L'individu a une certaine attente d'intimité dans son automobile : on a donc décidé dans *R. c. Wise*[187] que le fait pour des policiers d'y installer subrepticement un dispositif de localisation aux fins de surveiller les allées et venues du conducteur était un procédé abusif et contraire à l'article 8. Mais comme cette attente est passablement réduite, à la fois parce qu'on est vu au volant de sa voiture et soumis à divers contrôles, normes et restrictions découlant des impératifs de la sécurité routière et de la circulation, la majorité, prenant aussi en compte la gravité de l'infraction, a jugé la preuve ainsi obtenue recevable[188]. Et même le juge La Forest, dissident sur ce dernier point, fit valoir que le procédé en l'espèce était moins envahissant que, par exemple, l'écoute électronique : il faut un mandat pour y avoir recours, mais ce pourrait être, suggéra-t-il, un mandat sur la base de «''motif solide'' de soupçonner[189]». C'est ce que la législation exige maintenant[190], exigence qu'une simple habilitation législative à fouiller et perquisitionner sans mandat en situation d'urgence ne pourrait, selon nous et comme on l'a vu[191], écarter.

(B) Une attente réduite ou inexistante de protection. Il convient dès le départ de bien préciser qu'une attente réduite ou inexistante de protection, en particulier d'intimité, peut découler de la *volonté* même de la personne ou peut au contraire n'être pas volontaire et découler plutôt de la *situation* de celle-ci. L'attente réduite d'intimité qu'on peut avoir en prison ou lors d'un contrôle douanier résulte de la situation dans laquelle on se trouve. Mais elle résulte de la volonté de la personne quand celle-ci consent pleinement à la fouille et renonce à la protection de l'article 8.

Cela dit, examinons dans un premier temps le problème du consentement et de la renonciation, et dans un deuxième temps les restrictions non

---

498 (C.A. Sask.). Sur l'exigence des motifs raisonnables, voir aussi : *R. c. Nielsen* (1988) 6 W.W.R. 1 (C.A. Sask.); *R. c. Klimchuk* (1992) 67 C.C.C. (3d) 385 (C.A. C.-B.).
[186] *R. c. Mellenthin*, [1992] 3 R.C.S. 615. Voir aussi : *Dicks c. R.*, [1987] R.J.Q. 2173 (C.S.); *R. c. Boudreau* (1992) 296 A.P.R. 181 (B.R. N.-B.).
[187] *Supra*, note 46.
[188] *Id.*, aux notes du juge Cory.
[189] *Id.*, p. 566.
[190] Les articles 492.1 et 492.2 du *Code criminel* exigent «des motifs raisonnables de soupçonner».
[191] *Supra*, p. 10-38.

volontaires à l'attente de protection. Mais avant de ce faire, il convient de rappeler que le critère d'attente de protection, en particulier d'intimité, comporte un volet objectif et un volet subjectif. Il faut en effet que cette attente soit objectivement raisonnable et légitime eu égard aux standards de notre société; il faut aussi que la personne l'éprouve subjectivement, ce qui ne veut pas dire toutefois qu'elle puisse être manipulée par des tiers sur ce point[192]. Quand il y a consentement ou renonciation, c'est l'attente envisagée subjectivement qui est réduite ou qui disparaît.

(1) Consentement et renonciation. Il n'est pas douteux qu'on puisse renoncer à la protection de l'article 8 de la *Charte*; on s'attend toutefois à ce que le droit établisse des conditions assez exigeantes à satisfaire avant qu'on puisse conclure à plein consentement à l'opération menée et à renonciation aux garanties de cet article. Ce sont ces conditions dont nous ferons d'abord l'étude, pour ensuite examiner la théorie des objets bien à la vue (*plain view*), le sort des choses dites abandonnées et les opérations effectuées dans les lieux publics.

— Conditions générales. S'il y a vraiment consentement et renonciation, on n'a pas logiquement à s'interroger sur la légalité de l'opération menée par l'agent de l'État, encore qu'en pratique, et comme on le verra, l'autorité apparente dont il est investi et la façon dont il s'est comporté pourront souvent faire conclure qu'il n'y a pas eu consentement mais simplement soumission à celle-ci. L'on notera aussi qu'en cas de consentement et renonciation, ce ne sont pas toutes les conditions générales de conformité à l'article 8 — conditions dont on a fait l'étude précédemment — qu'on est dispensé de respecter; il faudra encore, à tout le moins, un contrôle *a posteriori* visant à établir qu'il y a bel et bien eu consentement et renonciation. Et le fardeau de la preuve à cet égard est à la poursuite[193]. Cela dit, comment peut-on renoncer aux garanties de l'article 8 et qui peut y renoncer ?

Les exigences pour qu'il y ait renonciation seront d'autant plus élevées que la perte de protection ainsi encourue est importante : il est logique que si l'on consent à une atteinte grave, en elle-même et en raison des conséquences légales qu'elle entraînera, on le fasse de façon nette et éclairée[194].

---

[192] *Supra*, note 54 et le texte qui renvoie à cette note.

[193] *R. c. Mellenthin, supra*, note 186, p. 624 et 625. Notons que la renonciation vise des actes futurs plutôt que la validation d'illégalités déjà commises : *R. c. Harrison (G.M.)* (1994) 342 A.P.R. 160 (C.P. N.-B.).

[194] «The force of the consent given must be commensurate with the significant effect which it produces.» *R. c. Wills* (1992) 7 O.R. (3d) 337, p. 349 (C.A. Ont.), arrêt fort important sur la question qui nous occupe.

N'a évidemment pas librement consenti celui qui, sur ordre illégal d'un policier, vide ses poches[195] ou donne un échantillon de ses cheveux[196] ou de son sang[197], ni même celui qui autorise la fouille de son véhicule alors qu'on vient d'y saisir illégalement des stupéfiants; en ce dernier cas l'autorisation, vu le contexte où elle fut donnée, fut considérée comme ayant été donnée sous contrainte[198]. Certes, en recevant aimablement chez soi l'agent qui s'annonce, on consent à sa visite, mais ce consentement n'est pas valable s'il fut obtenu sous faux prétexte[199]. Le fait qu'on ait consulté un avocat avant d'obtempérer ou qu'on ait été au contraire empêché de le faire seront des facteurs incitant à conclure qu'il y a eu ou qu'il n'y a pas eu renonciation véritable[200]. On voit donc qu'en sus de l'absence de contrainte ou de subterfuge la personne doit posséder certaines informations : elle doit en particulier connaître son droit de refus et connaître les conséquences d'une renonciation à ce droit, en d'autres termes le contexte général où celle-ci s'insère. On a donc décidé que le consentement donné à un prélèvement sanguin aux fins d'enquêter sur une infraction n'était plus valable du moment où cette preuve allait servir à enquêter sur une autre infraction, nouvel objectif dont le détenu n'avait pas été informé et en rapport avec lequel on ne l'avait pas non plus informé de son droit de consulter un avocat. On a donc conclu à violation de l'article 8 et la preuve fut au surplus déclarée irrecevable[201].

En résumé et pour reprendre la synthèse proposée par la Cour d'appel de l'Ontario[202] des conditions de validité d'un consentement ou d'une renonciation à la protection de l'article 8, la poursuite, par prépondérance de preuve, doit établir (1) qu'il y a eu consentement, exprès ou implicite; (2) qu'il fut donné par une personne habilitée à ce faire — nous y venons plus loin —; (3) qu'il n'y a pas eu contrainte; (4) que la personne connaissait le contexte de l'action policière; (5) qu'elle savait qu'elle avait droit de refuser ce qui lui était demandé; (6) enfin qu'elle connaissait les conséquences de sa renonciation.

La question de savoir qui peut consentir à l'opération et renoncer à la protection de l'article 8 revient à se demander qui, dans un cas donné, a une

---
[195] *R. c. Stevens* (1984) 7 C.C.C. (3d) 260 (C.A. N.-É.). Voir cependant *R. c. Lawrence* (1990) 59 C.C.C. (3d) 55 (C.A. Ont.), où la remise de l'objet fut considérée spontanée et volontaire.
[196] *R. c. Legere, supra,* note 24.
[197] *R. c. Fowler* (1991) 61 C.C.C. (3d) 505 (C.A. Man.).
[198] *R. c. Mellenthin, supra,* note 186, p. 624. Aussi : *R. c. Nielsen* (1988) 43 C.C.C. (3d) 548 (C.A. Sask.).
[199] *R. c. Salomon* (1989) 8 W.C.B. (2d) 94 (C. dist. Ont.).
[200] *R. c. Williams* (1993) 76 C.C.C. (3d) 385 (C.S. C.-B.); *R. c. Melvin (J.E.)* (1994) 359 A.P.R. 270 (C.S. N.-É.).
[201] *R. c. Borden, supra,* note 24.
[202] *R. c. Wills, supra,* note 194, p. 353 et 354.

attente de protection, en particulier d'intimité. Ce n'est évidemment pas le gérant d'un hôtel mais l'occupant d'une chambre de celui-ci qui a une telle attente, à laquelle le premier n'est pas habilité à renoncer au nom du second[203]. Un ami et voisin à qui l'on confie la clef de sa maison n'est pas non plus habilité à y faire entrer des policiers[204]. Mais on a décidé que la personne qui loge à l'occasion dans l'appartement, dont elle a la clef, d'un ami proche n'a pas d'attente d'intimité dans celui-ci[205]. Qu'en est-il enfin des personnes qui cohabitent dans un même lieu ? L'une d'entre elles peut probablement consentir à ce que les forces de l'ordre y pénètrent, mais il est douteux que cette autorisation vaille pour les pièces à l'usage exclusif des autres ou pour leurs effets personnels, à moins qu'ils soient bien à la vue, situation que nous examinerons maintenant.

— Les objets bien à la vue (*plain view*). Il est bien établi en *common law* que celui qui se trouve par ailleurs légalement quelque part — avec mandat, ou sans mandat en cas d'urgence, ou encore lors d'une prise en chasse — peut saisir des objets pleinement exposés à la vue, non pas capricieusement bien entendu mais pourvu qu'il ait des motifs de les relier à la commission d'une infraction. On peut voir une double justification à pareille habilitation, qui nous paraît conforme à l'article 8. Exposer des objets bien à la vue, même chez soi, est la manifestation d'une attente d'intimité moindre par rapport à ceux-ci que lorsqu'on les garde en tiroir. À ce titre, la doctrine des objets bien à la vue se relie à une forme de consentement à ce qu'on en connaisse l'existence. On peut soutenir qu'elle se relie aussi d'une certaine façon à l'exception d'urgence : le possesseur pourra en effet s'être aperçu que l'agent de police avait noté la présence de l'objet, auquel cas il aura tendance à le faire disparaître. Tout cela participe d'ailleurs du même esprit que l'article 489 du *Code criminel*[206].

Il est essentiel que l'agent de police se trouve légalement à l'endroit où il aperçoit les objets. S'il arrête un véhicule lors d'un contrôle routier nocturne, il pourra, pour sa sécurité, éclairer l'intérieur de celui-ci avec une lampe de poche et découvrir ainsi des objets bien à la vue; mais de la drogue contenue dans un sac déposé sur la banquette n'est pas un objet de ce

---

[203] *R. c. Mercer* (1992) 70 C.C.C. (3d) 180 (C.A. Ont.). On y observe que, puisqu'il s'agirait d'une erreur de droit, le policier ne pourrait invoquer le fait qu'il a cru de bonne foi, encore qu'erronément, à la capacité du gérant de l'autoriser à pénétrer dans la chambre.

[204] *R. c. Blinch* (1993) 83 C.C.C. (3d) 158 (C.A. C.-B.). Un père peut-il autoriser la perquisition de la chambre de son fils ? On a décidé que non et qu'il fallait une autorisation judiciaire dans *R. c. W. (J.P.)* (1993) C.R.D. 850.60-52 (T.J. C.-B.).

[205] *R. c. Edwards* (1994) 91 C.C.C. (3d) 123 (C.A. Ont.).

[206] Article qui permet à quiconque exécute un mandat de saisir, outre ce que ce dernier mentionne, toute chose dont il a des motifs raisonnables de croire qu'elle est reliée à une infraction.

genre[207]. Toutefois des objets volés bien étalés sur celle-ci en sont et il peut les saisir, même si c'est pour rechercher des stupéfiants qu'il était autorisé à fouiller la voiture[208]. S'il n'est pas par ailleurs autorisé à fouiller celle-ci, il semble bien que la doctrine ne s'applique pas et qu'un mandat doit être obtenu, même si les objets sont visibles de l'extérieur[209]. Il faut en effet que l'intrusion initiale à l'occasion de laquelle les objets sont vus soit légale : la possibilité de saisir des objets bien à la vue est accessoire à une autre opération.

Plus discutable est la question de savoir si la découverte doit toujours être inattendue ou s'il peut aussi s'agir d'objets que l'agent aurait omis de mentionner dans sa demande d'autorisation[210]. Mais il paraît clair que l'objet doit être immédiatement visible et immédiatement suspect[211].

On peut se demander si la doctrine de l'objet bien à la vue, qui reçoit aussi application, par analogie, dans le domaine de l'écoute électronique[212], serait susceptible d'extension à ce que l'ouïe et l'odorat (*plain smell*) peuvent percevoir, à condition bien sûr que l'enquêteur se trouve légalement à l'endroit d'où il perçoit bruits et odeurs[213]. Mais il est certain qu'il s'agit d'une exception aux exigences générales de l'article 8 au seul bénéfice de l'autorité qui enquête. Une municipalité ne pourrait évidemment y faire appel au soutien de la validité d'un règlement municipal obligeant à vitrer certains endroits, saunas ou cabines d'écoute de films érotiques par exemple. On ne crée pas des objets bien à la vue par règlement[214]!

— Les choses abandonnées. En certaines circonstances on sera en droit de conclure qu'une personne qui avait par ailleurs une attente réelle de

---

[207] *R. c. Mellenthin, supra*, note 186.
[208] *R. c. Cusson* (1990) 9 W.C.B. (2d) 513 (C.A. C.-B.). Voir aussi : *R. c. Grenier* (1991) 65 C.C.C. (3d) 76 (C.A. Qué.).
[209] *R. c. Ruiz* (1991) 68 C.C.C. (3d) 500 (C.A. N.-B.).
[210] Voir *R. c. Ruiz, ibid*, et *R. c. Belliveau et Losier* (1986) 30 C.C.C. (3d) 163 (C.A. N.-B.), où l'on insiste sur le caractère inattendu de la découverte. *Contra* : *R. c. Hébert* (1991) 60 C.C.C. (3d) 422 (C.A. Qué.). Sur la doctrine de l'objet bien à la vue, voir aussi notamment : *Re Regina and Shea* (1982) 1 C.C.C. (3d) 316 (H.C. Ont.); *R. c. Longtin* (1983) 147 D.L.R. (3d) 604 (C.A. Ont.); *Regina c. Rowbotham* (1984) 13 W.C.B. 105 (H.C. Ont.); *R. c. Nielsen, supra*, note 198; *Solvent Petroleum Extraction Inc. c. M.R.N.* (1989) 50 C.C.C. (3d) 182 (C.F.A.); *R. c. Chipak* (1994) 22 C.R.R. (2d) 178 (C.A. C.-B.).
[211] Peut-on, en présence par exemple d'un appareil stéréo fort coûteux dans une demeure plus que modeste, le déplacer légèrement pour vérifier les numéros de série ? On a jugé que non aux États-Unis dans *Arizona c. Hicks*, 480 U.S. 321 (1987). Mais sont bien à la vue des plants de marijuana qu'on peut voir à partir de la voie publique : *R. c. Boersma*, [1994] 2 R.C.S. 488.
[212] Sur ce point : P. BÉLIVEAU, *supra*, note 119, p. M-71 à M-76.
[213] Ce qui n'était pas le cas dans les arrêts cités *supra*, note 44.
[214] En ce sens : *Perry c. Vancouver* (1990) 1 M.P.L.R. (2d) 69 (C.S. C-.B.).

protection quant à certaines choses ne l'a plus parce qu'elle a tout simplement abandonné celles-ci. La chose abandonnée peut être de toute nature, et dans le cas de biens il pourra être pertinent de se référer aux règles du droit privé aux fins de décider s'il y a vraiment abandon ou pas. Il va de soi qu'on n'a pas d'attente d'intimité sur les objets qu'on jette au rebut. Mais en rapport avec les substances corporelles l'abandon peut poser des problèmes délicats.

Par exemple, on a considéré qu'une tache de sang sur le siège d'un véhicule de police, tache laissée par l'accusé alors qu'on le conduisait à l'hôpital, ne faisait l'objet d'aucune protection sous l'article 8 et qu'on pouvait s'en servir à des fins d'analyse[215]. En pareil cas, écrit la Cour suprême, «l'élément de preuve avait été véritablement ''recueilli'', et non ''saisi''[216]» et la personne «ne pouvait plus raisonnablement s'attendre à ce qu'on en préserve le caractère confidentiel[217]». Il en va différemment d'une tache de sang à la surface du corps d'une personne : on ne peut en faire l'analyse sans autorisation judiciaire préalable[218]. Et cela est tout aussi évident dans le cas du sang prélevé à des fins médicales : si le patient l'a abandonné, c'est à ces fins seulement[219]. Une substance corporelle, même si elle est évacuée et qu'elle soit sur la personne ou en soit détachée, est assurément quelque chose en rapport avec laquelle cette dernière a une forte attente de protection. Il faut pouvoir établir que cette personne a renoncé à tous égards à exercer un contrôle sur elle avant de conclure à son abandon.

Comme on le sait, le prélèvement de substance corporelle, aux fins d'une analyse d'ADN, sur une personne quand il existe des motifs raisonnables de croire qu'elle a commis un acte criminel passible d'une peine d'emprisonnement de dix ans ou plus et que la substance peut être un élément de preuve est maintenant autorisé, moyennant mandat et sous supervision médicale, par les articles 258.1 à 258.8 du *Code criminel*. Une fois un tel spécimen prélevé sur un détenu et aux fins susdites, peut-on le conserver pour identification en rapport avec des actes criminels futurs ? Quoique non explicite sur ce point, l'article 258.7 du *Code* suggère que non puisqu'il y est question de «sa conservation pour son utilisation éventuelle lors des procédures à l'égard desquelles il a été prélevé». Comme on l'a vu dans la première partie de cette étude, la simple mise en place de banques de données personnelles, pourvu qu'il y ait implication étatique dans celle-ci, est assujettie à l'article 8, peu importe qu'on s'en serve à des fins d'identification ou de caractérisation de l'individu. Dans cet esprit, il nous

---

[215] *R. c. LeBlanc* (1981) 64 C.C.C. (2d) 31 (C.A. N.-B.).
[216] C'est ce qu'écrit le juge La Forest, commentant la décision citée à la note précédente, dans *R. c. Dyment, supra*, note 23, p. 435.
[217] *Ibid.*
[218] *R. c. Tomaso* (1989) 47 C.R.R. 372 (C.A. Ont.).
[219] Par exemple, *R. c. Dyment, supra*, note 23.

paraît clair que la conservation des résultats de l'analyse pour identification future fait problème par rapport à l'article 8, vu l'absence de spécificité d'une infraction simplement éventuelle et par définition inconnue. Et cette conservation serait d'une validité d'autant plus douteuse que le type d'infraction en rapport avec lequel le spécimen aurait été prélevé au départ en serait un dont le taux de récidive serait particulièrement bas. Le peu d'utilité de la conservation rendrait alors cette atteinte à l'intégrité de la personne d'autant moins justifiable.

— Les lieux publics. On ne perd évidemment pas toute attente d'intimité dans un lieu public et, pour ne prendre que cet exemple, la personne qui dîne en tête-à-tête dans un restaurant peut raisonnablement s'attendre à ce que sa conversation ne soit pas enregistrée et à ce qu'on ne la filme pas[220]. On y a même à certains égards une attente accrue : une fouille à nu opérée sur la voie publique sera d'autant plus abusive[221]. Cela dit, l'attente y est en général et bien évidemment moindre qu'en un lieu privé. N'est donc pas un procédé abusif une surveillance vidéo sur la rue[222], dans un commerce[223], voire dans une toilette publique, sauf dans le cubicule[224] à moins que l'occupant s'y comporte de manière à être vu de l'extérieur[225]. Elle l'est dans une chambre d'hôtel[226].

Un individu se trouvant dans un lieu public, peut-on le fouiller sur la base de la réputation du lieu où il se trouve ou encore sur la base de son apparence? La réputation du lieu[227] ou du quartier ne saurait satisfaire l'exigence des motifs raisonnables, exigence essentielle pour la fouille, avec ou sans mandat. Comme l'écrivait la Cour suprême, quand «la police n'a que des soupçons et ne peut légalement obtenir d'autres moyens de preuve, elle doit alors laisser le suspect tranquille et non aller de l'avant et obtenir une preuve d'une manière illégale et inconstitutionnelle[228]». Opérer sur la base de la réputation du lieu ou du quartier engendre un harcèlement aussi dénoncé par la Cour[229] et une discrimination géographique et souvent socio-

---

[220] *R. c. Wong*, *supra*, note 45, p. 62.
[221] *R. c. Ferguson* (1990) 1 C.R. (4th) 53 (C.A. Ont.).
[222] *R. c. Dilling* (1994) 84 C.C.C. (3d) 325 (C.A. C.-B.) : il s'agissait ici d'une photographie d'une personne ayant commis une infraction.
[223] *R. c. Elzein*, [1993] R.J.Q. 2563 (C.A. Qué.).
[224] *Thompson c. R.*, [1988] R.J.Q. 695 (C.S.) : il s'agissait d'une observation visuelle.
[225] *R. c. Lebeau* et *R. c. Lofthouse* (1988) 41 C.C.C. (3d) 163 (C.A. Ont.), recours interrompu en Cour suprême : (1990) 149 N.R. 236.
[226] *R. c. Wong*, *supra*, note 45.
[227] Voir par exemple *R. c. Folk* (1988) 5 W.C.B. (2d) 69 (C. co. C.-B.) et *R. c. Rodriguez* (1990) 60 C.C.C. (3d) 370 (B.R. Man.), où ce facteur fut pris en compte.
[228] *R. c. Kokesh*, *supra*, note 44, p. 29.
[229] *R. c. Genest*, *supra*, note 103, p. 91. Le juge en chef Dickson y écrit : «Il y a de bonnes

économique diamétralement opposée à l'esprit de la *Charte*. Et opérer sur la base de l'apparence de la personne appelle à peu près les mêmes commentaires. On ne renonce pas à la protection de l'article 8 en raison des lieux où l'on se trouve ou de la façon de se vêtir et de se coiffer ! Notons enfin que les perquisitions et saisies qui ne débouchent jamais sur des accusations sont abusives et que l'article 8 peut être invoqué pour faire cesser ce harcèlement.

(2) Quelques restrictions non volontaires à l'attente de protection. Comme on l'a vu plus haut, si l'individu consent pleinement à la fouille, perquisition ou saisie, point n'est besoin, du moins en théorie, de s'interroger sur la légalité de l'opération menée par l'agent de l'État, encore que sa façon d'agir et son apparence d'autorité pourront bien souvent amener à la conclusion qu'un plein consentement n'a pas vraiment été donné. Mais si la restriction à l'attente de protection découle non pas de la *volonté* de la personne mais plutôt de sa *situation*, en d'autres mots si elle est unilatérale et forcée, le principe de légalité exige que l'opération menée par l'agent étatique soit autorisée au départ par une règle de droit, qu'il faudra ensuite confronter à l'article 8 de la *Charte* pour décider de sa constitutionnalité. En effet, et cela est bien connu, la puissance publique ne peut, sans le support d'une telle règle, modifier unilatéralement la situation juridique d'une personne.

En cas de restriction volontaire, l'attente de protection, en particulier d'intimité, existe objectivement mais c'est l'individu qui, d'un point de vue subjectif, choisit de ne pas la manifester. La validité de la restriction forcée s'apprécie quant à elle en fonction du niveau d'attente envisagé surtout objectivement : l'on se demandera, par exemple, si un détenu peut raisonnablement s'attendre à ne jamais être fouillé sans autorisation judiciaire préalable. Cela dit, il est loin d'être toujours aisé de déterminer si une attente de protection existe ou pas. Ainsi, par exemple, l'on a décidé qu'un individu ne pouvait s'attendre à ce qu'aient un caractère confidentiel les relevés informatisés de consommation d'électricité à sa résidence, relevés auxquels la police avaient eu accès à distance auprès du fournisseur de service grâce à un mot de passe donné par celui-ci et qui avaient amené à découvrir qu'il cultivait illégalement du chanvre indien. Ces dossiers, a conclu la Cour suprême, n'ont rien de personnel, la relation entre le fournisseur et le client n'en est pas une de confiance et la façon dont on en a pris connaissance n'a rien eu d'intrusif[230]. Conclusion discutable, comme en fait foi la forte opi-

---

raisons de croire que cette perquisition s'inscrit dans le cadre d'un abus continu des pouvoirs de perquisition, puisqu'elle présente une si forte ressemblance avec celle qui avait eu lieu le mois précédent.»

[230] *R. c. Plant, supra*, note 44.

nion dissidente du juge McLachlin : «Il est possible, écrit-elle, de tirer des dossiers en cause beaucoup de renseignements sur le mode de vie d'une personne, et notamment sur le nombre de personnes qui occupent une maison ainsi que sur le genre d'activités auxquelles elles se livrent vraisemblablement [...]. Les ordinateurs peuvent, et devraient, être des endroits privés, les données qui y sont emmagasinées bénéficiant de la protection juridique qu'entraîne une attente raisonnable quant au respect de la vie privée[231]». On peut cependant soutenir que dans une situation de ce genre, si le client avait pris des précautions particulières et donné des directives au fournisseur, le critère subjectif d'attente de protection aurait pu trouver application. Ce critère, qui sert à réduire l'attente en cas de consentement et renonciation, peut aussi servir, selon les circonstances, à l'augmenter.

Examinons quelques situations où l'attente de protection est réduite unilatéralement par l'État. Comme on le verra, les exigences découlant de l'article 8 dont nous avons fait l'étude précédemment y sont en général levées, sauf celles de l'exécution non abusive et du contrôle *a posteriori* qui devraient continuer à être imposées dans tous les cas.

— Le milieu carcéral. En milieu carcéral, une distinction, fort utile aussi en d'autres contextes, s'impose entre les fouilles dites d'enquête et les fouilles administratives. Comme l'écrit le Groupe de travail sur la révision du droit correctionnel, les fouilles d'enquête «sont celles qui s'apparentent le plus à une fouille menée en application du droit criminel. Elles sont menées quand les autorités ont des motifs raisonnables de croire qu'une infraction a été commise. La fouille d'enquête est celle qu'on mènerait, par exemple, si on avait des motifs de croire qu'un détenu cache des objets interdits. Les fouilles administratives, en revanche, sont menées sur une base régulière, pour assurer la sécurité permanente d'un établissement [...] C'est à ce type de fouille qu'il faudrait vraisemblablement appliquer des normes plus souples[232]».

La prison est un lieu où l'expectative d'intimité est réduite et qu'on a même jugé inexistante en rapport avec les fouilles par palpation et les rondes de surveillance des cellules, routinières ou inopinées, même effectuées par des femmes dans des prisons d'hommes[233]. Mais cette expectative existe en rapport avec d'autres procédés plus intrusifs : par exemple, sauf urgence, la fouille à nu par une personne de sexe opposé est abusive[234]. Sans exiger ni mandat ni motif particulier, on a toutefois jugé acceptable la fouille routi-

---

[231] *Id.*, p. 302 et 303.
[232] *Groupe de travail sur la révision du droit correctionnel : Les autorités correctionnelles et les droits des détenus*, Solliciteur général du Canada, Ottawa, 1987, p. 72 et 73.
[233] *Weatherall c. Canada (Procureur général)*, [1993] 2 R.C.S. 872.
[234] *Weatherall c. Canada (P.G.)*, [1989] 1 C.F. 18 (C.A.).

nière et générale à nu des détenus, par des personnes du même sexe, à condition qu'elle soit régie par des normes quant aux circonstances où elle peut être opérée et de façon à éviter toute discrétion abusive[235]. Sans doute parce qu'elle s'apparente davantage à la fouille d'enquête, la fouille d'individus en particulier requiert des motifs et peut faire l'objet d'un contrôle *a posteriori*[236]. On a cependant considéré que le seul fait pour un détenu d'avoir été physiquement en présence d'une personne de l'extérieur était un motif suffisant pour procéder à une fouille à nu[237].

Si donc la jurisprudence, comme cela est légitime, se montre fort soucieuse de la sécurité dans les prisons et dispense même de motifs particuliers pour la surveillance générale et courante, elle exige, en cas d'atteinte grave à l'intimité, qu'une règle de droit établisse des critères en vertu desquels l'opération pourra être menée. Il ne suffit donc pas qu'un règlement permette d'exiger un test d'urine lorsqu'on «considère une telle mesure nécessaire[238]», et cette seule condition ne suffit pas non plus pour intercepter des communications téléphoniques, même si l'on a par ailleurs l'obligation d'avertir les détenus de cette possibilité[239]. Il faut qu'une norme établisse en quels cas on peut le faire. Il est possible que l'arrêt *Solosky* c. *La Reine*[240], où la Cour suprême a décidé, et ce, avant l'adoption de la *Charte*, que le courrier d'une personne détenue, même entre celle-ci et son avocat, pouvait être ouvert par la direction de l'institution dans certains cas et pour certaines fins, passe si l'on peut dire le test de l'article 8[241]. Mais l'ouverture et la lecture systématiques du courrier de tout détenu ne le passeraient assurément pas.

— *Les contrôles douaniers et de sécurité aérienne.* On a une attente d'intimité fort réduite lors d'un contrôle douanier prenant la forme de l'interrogatoire de routine, de la fouille des bagages et même de la fouille par

---

[235] *Id.* Confirmant sur ce point le jugement de première instance ([1988] 1 C.F. 369), la Cour a considéré qu'une simple directive interne n'était pas une norme ou règle de droit au sens de l'article premier de la *Charte* et que la réglementation des fouilles devait être établie par règlement.

[236] *Id.*

[237] *Re Maltby and A.G. Saskatchewan* (1983) 143 D.L.R. (3d) 644 (B.R. Sask.); *Re Soenen and Thomas* (1984) 3 D.L.R. (4th) 658 (B.R. Alta.); *Warriner c. Pénitencier de Kingston*, [1991] 2 C.F. 88.

[238] *Jackson c. Pénitencier de Joyceville*, [1990] 3 C.F. 55. Mais voir : *Fieldhouse c. Canada* (1994) 91 C.C.C. (3d) 385 (C.S. C.-B.).

[239] *R. c. Rodney* (1991) 65 C.C.C. (3d) 304 (C.S. C.-B.).

[240] [1980] 1 R.C.S. 821.

[241] L'interception d'une lettre adressée par un prisonnier à une personne autre que son avocat fut jugée non abusive dans *R. c. Nakoneshny* (1990) 41 C.R.R. 205 (C.A. Sask.). Voir aussi *R. c. Henry*, [1987] 3 C.F. 429, où on a donné une interprétation étroite à la notion de courrier privilégié entre avocat et détenu.

palpation. De simples soupçons devraient pouvoir justifier ces deux derniers procédés. La fouille à nu exige motifs pour y procéder : si elle est effectuée en privé, par une personne du même sexe que le voyageur et si ce dernier, alors détenu, est informé de ses droits, notamment celui de consulter un avocat, le procédé n'est pas abusif, d'autant moins qu'on peut, dans l'État actuel de la législation, en faire vérifier la légalité par un juge de paix avant de s'y soumettre[242]. Mais la fouille des cavités corporelles, même si on la fait effectuer par un médecin, est nettement abusive en l'absence de motifs raisonnables et probables pour y procéder[243]. Une autorisation judiciaire devrait être aussi obtenue en sus de tels motifs, et l'on a même suggéré que plutôt que de procéder à une fouille rectale il y avait lieu, en l'absence d'urgence, d'attendre que la nature fasse son œuvre et qu'il y ait élimination[244]. On a déjà décidé que l'incapacité linguistique d'une personne de faire une déclaration pouvait justifier une fouille[245] et qu'une fouille était abusive quand elle se fondait sur la simple apparence physique de la personne[246].

Notons enfin que l'ouverture en douane de courrier international de première classe a déjà été considérée comme non contraire à l'article 8[247] et que les mesures de sécurité aérienne appellent à peu près les mêmes remarques que les contrôles douaniers.

— Fouilles, perquisitions et saisies administratives. Pour se convaincre du bien-fondé de ces notions, on n'a qu'à se demander si l'inspection, par exemple, des établissements où se trouvent des produits alimentaires à des fins de contrôle de santé et de salubrité poursuit le même objectif que la perquisition dans le cadre d'une enquête à la suite de la commission d'un meurtre. La réponse est assurément négative. En matière administrative, si difficile qu'il soit de la définir, l'expectative d'intimité est faible; il est souvent nécessaire de prélever l'échantillon au hasard plutôt que de devoir se fonder sur l'existence de motifs raisonnables et probables, mais l'inconvénient de saisies prolongées ou de confiscations peut être très grand. D'où la nécessité de développer des standards constitutionnels originaux en ces

---

[242] Sur l'ensemble de la question : *R. c. Simmons*, *supra*, note 57. Voir aussi : F.C. O'DONNELL, «The Thin Blue Line : Customs Searches and the Charter of Rights» (1984) 16 *Ottawa L.R.* 467.

[243] *R. c. Greffe*, *supra*, note 20.

[244] *Id.*, p. 796.

[245] *Regina c. Arroyo* (1984) 6 C.R.R. 115 (C. Co. Ont.).

[246] *Regina c. Corinthian* (1983) 10 W.C.B. 9 (C.P. Ont.).

[247] *Schindler c. Deputy Minister of National Revenue for Customs and Excise* (1985) 12 C.R.R. 270 (C.F.A.), où il s'agissait d'un colis portant l'inscription qu'il pouvait être officiellement ouvert. La Cour a néanmoins pris la position de principe que la fouille de colis postaux venant de l'étranger ne violait pas l'article 8.

domaines et d'adopter une interprétation modulée de l'article 8[248]. Si l'on s'écarte des standards, analysés plus haut et établis par l'arrêt *Hunter*, il faudra évidemment s'en justifier conformément à ce que requiert cet arrêt.

La justification la plus souvent avancée pour lever l'exigence de l'autorisation judiciaire préalable, et dans la plupart des cas celle des motifs raisonnables, est que lorsque l'individu ou l'entreprise s'engage dans un secteur d'activités fortement réglementé par l'État au nom de l'intérêt public, il voit son expectative de confidentialité fortement diminuée, étant entendu toutefois qu'il lui est toujours possible de faire contrôler la pertinence de l'inspection ou de la demande de production d'informations et les abus possibles en ces matières. La Cour suprême a donc décidé que l'ordonnance de production de documents émise par le fisc, même s'il s'agissait d'une saisie, ne requérait ni mandat ni raisons particulières au motif que dans un régime fiscal axé sur la déclaration de revenus et l'autocotisation il doit être possible pour l'État de mettre sur pied un système de contrôle efficace[249]. Et la Cour a adopté la même position en matière de coalitions commerciales[250]. S'agissant non plus d'ordonnances de production d'informations mais d'inspections administratives au lieu de travail aux fins d'examiner les registres de paie des employeurs, d'en prendre le cas échéant copie et de s'assurer qu'ils respectent les normes étatiques de rémunération des salariés, la Cour fut pareillement d'avis que le procédé ne requérait ni mandat ni motifs particuliers[251]. Mais la demande de production ou l'inspection sur place doivent, comme on l'a dit, pouvoir faire l'objet d'un contrôle une fois l'information obtenue et même avant qu'elle ne le soit[252], et le procédé sera d'autant plus acceptable lorsqu'il est prévu que celle-ci doit servir aux seules fins poursuivies par l'autorité requérante, qui ne doit pas la divulguer à des tiers[253].

---

[248] Voir en particulier : L. ANGERS, «À la recherche d'une protection efficace contre les inspections abusives de l'État : la Charte québécoise, la Charte canadienne et le *Bill of rights* américain» (1986) 27 *C. de D.* 723; G. LAPORTE, *Les fouilles et perquisitions administratives sous le régime des Chartes*, coll. Minerve, Cowansville, Yvon Blais, 1989; A.D. REID et A.H. YOUNG, «Administrative Search and Seizure under the Charter» (1985) 10 *Queen's L.J.* 392; Y. OUELLETTE, «La Charte canadienne et les tribunaux administratifs» (1985) 18 *R.J.T.* 295; A.J. ROMAN, «The Possible Impact of the Canadian Charter of Rights and Freedoms on Administrative Law» (1985) 26 *C. de D.* 339.

[249] *R. c. McKinlay Transport Ltd.*, *supra*, note 74.

[250] *Thomson Newspapers Ltd. c. Canada (Directeur des enquêtes et recherches, Commission sur les pratiques restrictives du commerce)*, *supra*, note 6.

[251] *Comité paritaire de l'industrie de la chemise c. Potash*, *supra*, note 19.

[252] Voir par exemple l'arrêt *Thomson Newspapers*, *supra*, note 6, p. 530 à 532 (j. La Forest), p. 594 et 595 (j. L'Heureux-Dubé), p. 610 et 611 (j. Sopinka) et l'arrêt *Comité paritaire de l'industrie de la chemise*, *supra*, note 19, p. 425 (j. La Forest).

[253] *R. c. McKinlay Transport Ltd.*, *supra*, note 74, p. 650 (j. Wilson).

Comme on le verra, la notion de fouille, perquisition ou saisie administrative — on parle généralement d'inspection, concept qui recouvre cependant assez mal la demande de production d'informations — a reçu application en de nombreux domaines, généralement associés au droit pénal, fédéral ou provincial, par opposition au droit criminel proprement dit. Mais la distinction est loin d'être toujours claire[254] et l'on en a eu la preuve lorsque la Cour suprême, après avoir appliqué au domaine des coalitions commerciales — et cela dans l'arrêt *Hunter*[255] lui-même — les exigences très strictes dont on a fait l'étude précédemment, l'a ensuite considéré comme de nature administrative dans l'arrêt *Thomson Newspapers*[256]. Comme on l'a déjà fait remarquer[257], cela montre probablement qu'un procédé très intrusif[258] peut requérir un contrôle judiciaire sévère, même en matière administrative; la Cour suprême a d'ailleurs établi que la loi ne peut, même en ce domaine administratif qu'est le domaine fiscal, dicter à un juge habilité à délivrer un mandat de perquisition l'obligation de le faire et que ce dernier doit toujours conserver une part de discrétion[259].

De nombreuses décisions judiciaires ont déclaré valides les inspections sans mandat, insistant souvent sur le fait qu'elles ne visaient pas les résidences, de même que les demandes de production de documents, dans les domaines notamment du travail[260], de la protection du consommateur[261], de

---

[254] Voir par exemple *Knox Contracting Ltd. c. Canada*, [1990] 2 R.C.S. 338, où assez curieusement trois juges de la majorité ont considéré de nature criminelle plutôt que pénale des infractions fiscales.

[255] *Supra*, note 1.

[256] *Supra*, note 6. D'où d'ailleurs la dissidence des juges Wilson et Lamer dans cet arrêt.

[257] *Supra*, note 56.

[258] Dans l'arrêt *Hunter* il s'agissait d'un pouvoir de perquisition et de saisie, alors que dans l'arrêt *Thomson Newspapers* il s'agissait d'un simple pouvoir d'ordonner la production de documents.

[259] *Baron c. Canada*, *supra*, note 56.

[260] *Re Alberta Human Rights Commission and Alberta Blue Cross Plan* (1983) 1 D.L.R. (4th) 301 (C.A. Alta.), où sont élaborés d'intéressants critères; *Re Belgoma Transportation Ltd. and Director of Employment Standards* (1985) 51 O.R. (2d) 509 (C.A. Ont.), où l'on note que la loi imposait le mandat pour entrer dans les résidences, ce qu'elle ne faisait pas dans l'arrêt *Comité paritaire de l'industrie de la chemise*, analysé plus haut; *Canadian Union of Postal Workers c. Canada Post Corporation* (1987) 40 D.L.R. (4th) 67 (B.R. Alta.), à propos de contrôles, établis par l'employeur, des employés et de leurs effets pour contrer les vols et abus d'alcool. Sur cette délicate question, voir en particulier : K. BENYEKH-LEF, «Réflexions sur la légalité des tests de dépistage de drogues dans l'emploi» (1988) 48 *R. du B.* 315; B. HOVIUS, B. USPRICH et R.M. SALOMON, «Employee Drug Testing and the Charter» (1994) 2 *Can. Lab. L.J.* 345; A. LAJOIE, *Pouvoir disciplinaire et tests de dépistage de drogues en milieu de travail : illégalité ou pluralisme*, Cowansville, Yvon Blais, 1995.

[261] *Ontario Chrysler (1977) Ltd. c. Ontario (Director of the Consumer Protection Division of the Ministry of Consumer and Commercial Relations)* (1990) 67 D.L.R. (4th) 148 (C.A. Ont.); *Québec (P.G.) c. Lits d'eau illimités (1985) Inc.*, [1993] R.J.Q. 2950 (C. Qué.).

la protection de l'environnement[262], des valeurs mobilières[263], des commerces opérant sans permis[264], du zonage[265], de la sécurité des immeubles[266], des courses de chevaux[267], de la faillite[268], de l'immigration[269] et de l'aide sociale[270]. Le domaine fiscal est un domaine complexe et il déborderait les cadres de la présente étude d'en faire une analyse approfondie[271]. Comme on l'a vu précédemment, l'arrêt *McKinlay Transport*[272] y laisse place à des contrôles administratifs assez étendus mais il ne s'agissait pas en l'espèce d'un pouvoir de perquisition. En présence d'un tel pouvoir, c'est l'arrêt *Hunter*[273], nous semble-t-il, plutôt que l'arrêt *Comité paritaire de l'industrie de la chemise*[274] qui devrait faire autorité. En effet ce dernier avait trait à une loi de protection du salarié, en un secteur où ce dernier est particulièrement vulnérable, et les inspections qu'elle autorisait était de portée fort limitée. Les perquisitions et saisies fiscales nous paraissent de nature bien différente. L'inspection de réservoirs de carburants aux fins d'un contrôle fiscal peut être assez aisément autorisée[275]; il devrait en aller différemment de la perquisition dans les résidences et les bureaux d'individus ou d'entreprises[276].

---

[262] *Regina c. Sheppard* (1983) 11 C.C.C. (3d) 276 (C.A. T.-N.), où le mandat est jugé nécessaire pour entrer dans les résidences; *Re Milton and the Queen* (1987) 37 D.L.R. (4th) 694 (C.A. C-B.); *Bertram S. Miller Ltd. c. The Queen, supra*, note 66; *Rasmussen c. Canada (Min. des Pêches et Océans)*, [1989] 2 C.F. 651; *R. c. Island Farm and Fish Meal Ltd.* (1992) 308 A.P.R. 350 (C.A. I.-P.-É.).

[263] *British Columbia Securities Commission c. Branch*, [1995] 2 R.C.S. 3.

[264] *R. c. Fourteen Twenty-Five Management Ltd.* (1985) 10 C.R.R. 181 (C.P. Sask.); *R. c. Wintergreen Transport Corporation Ltd.*, (1987) D.L.Q. 23 (C.S. P. Qué.).

[265] *R. c. Bichel* (1986) 29 C.C.C. (3d) 438 (C.A. C.-B.).

[266] *R. c. Mehdi* (1984) 65 N.S.R. (2d) 389 (C. co. N.-É.).

[267] *Re Ozubko and Manitoba Horse Racing Commission* (1986) 33 D.L.R. (4th) 714 (C.A. Man.), permission d'appeler refusée à [1987] 1 R.C.S. xi.

[268] *Leard (Re)* (1994) 114 D.L.R. (4th) 135 (C.A. Ont.).

[269] *Nunes c. Ministre de l'Emploi et de l'Immigration*, [1986] 3 C.F. 112 (C.A.).

[270] *Laforest c. Paradis*, [1987] R.J.Q. 364 (C.S.).

[271] Voir notamment : H. BRUN, «Le recouvrement de l'impôt et les droits de la personne» (1983) 24 *C. de D.* 457; G. CORN, «Illegal Search and Seizure and Application of Charter of Rights and Freedoms» (1984-86) 1 *Can. Current Tax J.* 123 et du même auteur «*Search and Seizure — Validity of Section 231.3*» (1993-95) 4 *Can. Current Tax J.* 1; G. DU PONT, «Les pouvoirs d'enquête en matière d'impôt sur le revenu et les chartes des droits» (1988) 48 *R. du B.* 386.

[272] *Supra*, note 74.

[273] *Supra*, note 1.

[274] *Supra*, note 19.

[275] *R. c. Grosky* (1991) 5 W.W.R. 547 (B.R. Man.); contra : *Québec (Sous-Ministre du Revenu) c. Forages M.S.E. Inc.*, [1994] R.J.Q. 548 (C.Q.).

[276] Voir notamment : *Ministre du Revenu national c Kruger Inc.*, [1984] 2 C.F. 535 (C.A.); *F.K. Clayton Group Ltd. c. M.R.N.*, [1988] 2 C.F. 467 (C.A.); *143471 Canada Inc. c. Quebec (Attorney General)*, [1994] R.J.Q. 1188 (C.A.).

Les véhicules, on l'a vu précédemment, font l'objet, en rapport avec l'article 8, d'un régime d'exception justifié par l'urgence. Mais ce régime se relie aussi à une attente d'intimité diminuée découlant du fait qu'on y est, bien sûr, visible mais plus encore de l'abondante réglementation à laquelle on accepte de se soumettre quand on est conducteur. Les modes d'application de celle-ci serait donc aussi de nature administrative, au point qu'on n'aurait aucune expectative de vie privée face à une demande de production du permis de conduire et de la carte d'assurance[277]; mais cette expectative, comme on l'a vu en étudiant l'exception de l'urgence telle qu'appliquée aux véhicules, n'y est pas nulle à tous égards. Encore que cela soit fort discutable, l'école serait aussi un lieu où l'attente d'intimité est réduite et où la fouille limitée d'un élève par le directeur aurait un caractère administratif en raison de l'obligation faite par la loi à ce dernier de maintenir le bon ordre[278].

La fouille ou perquisition dite administrative fait sans doute en général moins problème, sous l'angle de l'intimité, que l'opération d'enquête proprement dite, mais la saisie ou la confiscation administrative, opérée par exemple chez un commerçant, est susceptible d'être plus préjudiciable à celui-ci que la saisie en contexte d'enquête criminelle. D'où la nécessité d'un contrôle judiciaire *a posteriori* efficace, exigence qui découle d'ailleurs de l'article 8. Ainsi fut jugée abusive l'immobilisation d'un véhicule jusqu'à ce que son propriétaire se conforme à la loi et sans possibilité pour lui de contester devant un arbitre neutre la violation de celle-ci[279].

*

Concluons cette étude par quelques brèves observations sur l'article premier et sur le paragraphe 24(2) de la *Charte*, qu'il ne nous appartenait pas d'analyser ici, même en seule liaison avec l'article 8.

La protection contre les fouilles, perquisitions ou saisies abusives est peut-être la garantie de la *Charte* qui exige l'effort le plus explicite de mettre

---

[277] *R. c. Husfky, supra*, note 52. Le passage pertinent est reproduit à cette note.

[278] *R. c. J.M.G., supra*, note 15, où le directeur, ayant un motif de trouver de la drogue, fit enlever à l'élève ses bas et ses souliers; *R. c. S. (C.)*, [1995] C.R.D. 850.60.04 (C.S. C.-B.), sur la possibilité pour un directeur de centre d'accueil pour jeunes d'inspecter la chambre d'un de ceux-ci. Voir A.W. MACKAY, «Students as Second Class Citizens under the Charter» (1987) 54 *C.R.* (3d) 390.

[279] *Re Rock Island Express Ltd. and Board of Commissioners of Public Utilities* (1986) 27 D.L.R. (4th) 89 (C.S. T.-N.). Mais voir *Bertram S. Miller Ltd. c. The Queen, supra*, note 66, où l'on a jugé valide la confiscation sans indemnité que la loi prévoyait. En matière fiscale, on a décidé que la rétention de biens ou de valeurs jusqu'à paiement de l'impôt n'enfreignait pas l'article 8 et que la rétention de livres ou documents pour une période maximale de 120 jours n'était pas abusive : *Re McLeod and Minister of National Revenue* (1983) 146 D.L.R. (3d) 561 (C.F.); *Minister of National Revenue c. Russell* (1984) 28 Man. R. (2d) 294 (C. Co. Man.).

en balance d'une part les valeurs très fondamentales qu'elle a pour objet de promouvoir, en particulier la vie privée, la dignité, l'intégrité et l'autonomie de la personne, et d'autre part les impératifs de l'ordre social, en particulier la bonne administration de la justice. Et cet effort, c'est l'article 8 lui-même qui le requiert en bannissant non pas toute fouille, perquisition ou saisie mais seulement celles qui sont abusives, d'où la nécessité de critères généraux de conformité à cet article et d'un régime d'exception à l'application de certains d'entre eux.

L'article 8 est loin d'être le seul article de la *Charte* porteur de ce qu'on pourrait appeler une autolimitation. Qu'on pense par exemple à l'article 12, qui proscrit les traitements ou peines *cruels et inusités*. Mais les deux autolimitations ne semblent pas exactement de même nature. Pour décider qu'une peine est cruelle et inusitée, on prendra en compte son caractère disproportionné par rapport à l'infraction, sa nature même ou encore la possibilité qu'elle soit imposée de façon arbitraire. Une telle appréciation participe d'un jugement de conformité par rapport aux exigences de la dignité humaine davantage que d'un jugement d'équilibration : il s'agit de savoir à quel moment, dans l'échelle de la sévérité des traitements, un de ceux-ci peut-il être qualifié de cruel et inusité. S'il y a mise en balance, elle est faite entre des éléments du système répressif, soit la peine et l'infraction, plutôt qu'entre des valeurs qui s'opposent. La véritable opposition de valeurs surgirait au moment du rachat d'une peine jugée par ailleurs cruelle et inusitée à l'aide de la disposition limitative de l'article premier. On se refuse à raison à un tel procédé, gênant pour le moins, mais il demeure que c'est surtout à cette étape qu'un conflit de valeurs peut surgir.

Mais l'article 8, lui et à lui seul, exige logiquement la prise en compte de valeurs opposées et, s'il y a lieu, le compromis nécessaire. On n'imaginerait pas de ne qualifier d'abusives que les seules mesures, par exemple une demande de renseignements inutiles, qui vont au-delà de leur but. Une perquisition sans mandat atteint parfaitement son but; si elle est en général abusive, c'est qu'elle porte atteinte à la valeur d'intimité, d'où le compromis en faveur de la perquisition avec mandat, qui lui porte atteinte aussi mais moyennant un contrôle accru. D'où il résulte qu'en présence d'une atteinte à l'article 8 opérée par une règle de droit, l'entrée en jeu de la disposition limitative de l'article premier de la *Charte* ne donnera lieu qu'à redondance, les questions que cette disposition invite à se poser ayant été déjà réglées[280]. En contexte d'attente de protection assez élevée, les exigences posées par

---

[280] Et il en va de même de toute autre garantie de la *Charte* assortie d'une autolimitation appelant une mise en balance de valeurs opposées. Voir, plus loin dans cet ouvrage, notre étude de l'alinéa 11e) de la *Charte* sur le droit pour tout inculpé de ne pas être privé sans juste cause d'une mise en liberté provisoire assortie d'un cautionnement raisonnable.

l'arrêt *Hunter* constituent en général l'atteinte minimale à l'article 8, ce seuil baissant en cas d'urgence ou d'attente de protection réduite.

Certes on aurait pu envisager de considérer abusive toute opération ne respectant pas les exigences établies par cet arrêt et de faire appel alors à la disposition limitative. Et cela aurait peut-être accru la protection fournie par la *Charte* et rendu plus difficile la création d'exceptions générales — on pense aux fouilles, perquisitions et saisies administratives — où l'exigence du mandat paraît parfois levée par simple commodité[281]. Mais outre le fait que cette avenue aurait accolé le qualificatif *abusives* à bien des opérations qui ne le sont pas, le régime d'exception sous l'article 8 a quelque chose d'à ce point *sui generis* — lié qu'il est à la notion d'attente de protection, notion qui sert aussi à déterminer au départ ce qu'est une fouille ou une perquisition — que la jurisprudence a eu raison de le développer à l'intérieur du cadre de cet article.

Dans l'arrêt *Hunter*, le juge Dickson écrivait qu'il reportait «à plus tard la question complexe du rapport entre ces deux articles [8 et 1] et, plus particulièrement, la question de savoir quelle autre prépondérance des droits, s'il y a lieu, peut être envisagée par l'article 1 outre celle qu'envisage l'article 8[282]». Dans son avis dissident dans l'arrêt *Thomson Newspapers* le juge Wilson répond à cette interrogation en écrivant qu'elle comprend «fort mal comment une loi autorisant ''[des] fouilles, [des] perquisitions ou [des] saisies 'abusives' peut constituer une 'limite [...] raisonnable [...] dont la justification puisse se démontrer dans le cadre d'une société libre et démocratique' ''[283]». Cela dit, elle consent néanmoins à se livrer à une très brève application de l'article premier. Après avoir reconnu l'importance des objectifs poursuivis par la législation sur la concurrence et le lien rationnel entre la production obligatoire de documents et ces objectifs, elle ajoute qu'«[à] défaut d'éléments de preuve établissant que l'application de ces critères [de l'arrêt *Hunter*] aurait pour effet de contrecarrer les objectifs de la Loi, on ne saurait conclure que le droit garanti aux appelants par l'article 8 n'a subi qu'une atteinte minimale[284]». Mais tout cela, à la vérité, avait déjà été dit par elle en rapport avec ce dernier article.

Le recours à l'article premier requiert qu'on soit en présence d'une règle de droit. Or comme les atteintes à l'article 8 découlent bien plus souvent des comportements ou des pratiques policières que des textes de loi, la question qu'on vient d'analyser ne se pose pas de façon très fréquente.

---

[281] Dans l'arrêt *Hunter*, *supra*, note 1, le juge Dickson écrivait que l'autorisation judiciaire préalable s'impose «lorsqu'elle peut être obtenue» (p. 161). L'expression n'a rien de très précis.

[282] *Supra*, note 1, p. 169 et 170.

[283] *Supra*, note 6, p. 501. Voir aussi ce qu'écrit sur la question le juge Marceau, par ailleurs dissident, dans *Minister of National Revenue c. Kruger Inc.*, *supra*, note 276.

[284] *Supra*, note 6, p. 501.

Mais se pose de façon très fréquente la question de la recevabilité de la preuve obtenue en violation de l'article 8. En effet cet article est, de tous les articles de la *Charte*, celui qui, par nature, est le plus susceptible de déclencher l'application du paragraphe 24(2) sur l'irrecevabilité des preuves dont la réception serait susceptible de déconsidérer l'administration de la justice. Une preuve obtenue en violation de l'article 8 est non seulement obtenue «dans des conditions qui portent atteinte» à cet article mais elle est obtenue grâce à cette atteinte même. Il n'y a pas de lien nécessaire entre, par exemple, une détention arbitraire (article 9) ou la violation du droit à l'avocat (alinéa 10b)) et l'obtention d'une preuve. Il y en a un entre la violation de l'article 8 et la preuve obtenue grâce à celle-ci. En un tel cas, l'exigence de démontrer que l'obtention de la preuve a eu lieu dans des conditions qui portent atteinte à une garantie de la *Charte* ne sera guère difficile à satisfaire.

Mais il faut encore établir que l'utilisation de cette preuve serait susceptible de déconsidérer l'administration de la justice. Or la jurisprudence nous montre bien qu'une preuve obtenue grâce à un procédé abusif et contraire à l'article 8 est loin d'être automatiquement une preuve dont l'utilisation aurait un tel effet. À ce chapitre, si la seule distinction retenue était celle entre la preuve *créée* par la violation et la preuve simplement *découverte* grâce à celle-ci et si uniquement la première devait être irrecevable, beaucoup de violations de l'article 8 échapperaient à l'emprise du paragraphe 24(2). Mais le fait que la preuve n'aurait pas été découverte sans la violation de l'article 8 joue aussi en faveur de son irrecevabilité et joue aussi dans le même sens, et cela très clairement, la gravité de cette violation. Dans cet esprit, la fouille sans motif entraînera souvent l'exclusion de la preuve[285] et le caractère offensant du procédé aura cette même conséquence, comme dans le cas d'une fouille rectale et même s'il s'agit d'une accusation grave[286], d'une perquisition violente[287], de prélèvements abusifs de substances corporelles[288] ou d'usages abusifs de ceux-ci[289]. Même si l'on ne peut pas considérer que la bonne foi de l'officier soit un facteur déterminant pour recevoir la preuve, elle peut avoir cet effet, en particulier si ce dernier se fonde sur une forte apparence de légalité[290]. Et la gravité de l'accusation peut avoir cet effet aussi, surtout si elle se double d'une violation de l'article 8 considérée comme légère[291].

---

[285] Par exemple, *R. c Mellenthin*, *supra*, note 186.
[286] *R. c. Greffe*, *supra*, note 20.
[287] *R. c. Genest*, *supra*, note 103.
[288] *R. c. Pohoretsky*, *supra*, note 22.
[289] *R. c. Dyment*, *supra*, note 23; *Dersch c. Canada (P.G.)*, *supra*, note 142.
[290] Voir par exemple *R. c. Colarusso*, *supra*, note 71, où le texte de loi pouvait être interprété comme autorisant le comportement du policier.
[291] Voir par exemple *R. c. Wise*, *supra*, note 46.

Comme on l'a dit déjà, ce sont les pratiques et les comportements policiers davantage que les normes étatiques qui enfreignent l'article 8; et faute pour les tribunaux de pouvoir avoir recours en pareils cas à la disposition limitative de l'article premier, c'est en quelque sorte le paragraphe 24(2) qui prend sa place quand ceux-ci décident — ce qui est loin d'être une rare exception — de recevoir néanmoins la preuve. Et quand la question de la recevabilité de la preuve se pose dans une affaire où c'est la loi que le tribunal juge contraire à l'article 8, le fait que la preuve ait été obtenue sous l'autorité de celle-ci et avant son invalidation donnera souvent à cette obtention une apparence de légalité qui fera conclure que la réception de la preuve ne déconsidère pas l'administration de la justice [292].

2. LA PROTECTION CONTRE LA DÉTENTION OU L'EMPRISONNEMENT ARBITRAIRES

L'article 9 de la *Charte canadienne des droits et libertés* se lit comme suit :

> Chacun a droit à la protection contre la détention ou l'emprisonnement arbitraires.

Cette disposition se retrouvait déjà, sous une forme légèrement différente, à alinéa 2*a*) de la *Déclaration canadienne des droits*, qui interdit «la détention, l'emprisonnement ou l'exil arbitraires de qui que ce soit», et on peut remarquer que le paragraphe 9(1) du *Pacte international relatif aux droits civils et politiques* prévoit aussi notamment que «Nul ne peut faire l'objet d'une arrestation ou d'une détention arbitraires». Il semble que la protection contre l'exil, prévue par la *Déclaration* et non par la *Charte*, soit garantie par le paragraphe 6(1) de celle-ci qui donne à tout citoyen canadien le droit de demeurer au Canada.

L'article 9 de la *Charte* appelle trois séries de remarques : quelle portée faut-il donner aux concepts de *détention* et *d'emprisonnement*? Comment définir le mot *arbitraires* qui vient qualifier ceux-ci? Quel est le rôle de l'article 9 dans l'économie générale de la *Charte*?

(a) Les concepts de détention et d'emprisonnement

Il est évident qu'il faut lire l'article 9 en liaison avec l'article 10. Le premier définit, si l'on peut dire, la condition à laquelle une détention est permise ou interdite et le second garantit certains droits à la personne

---

[292] Voir par exemple *R. c. Duarte*, *supra*, note 47. Sur les opérations policières fondées sur des lois par la suite déclarées inconstitutionnelles, voir : P. BÉLIVEAU, *supra*, note 119, p. H-69 à H-79; cet ouvrage analyse l'ensemble de la question de l'exclusion de la preuve sous le paragraphe 24(2) aux pages H-17 à H-90.

détenue. On parle de détention ou d'emprisonnement à l'article 9 et d'arrestation ou de détention à l'article 10. Ces variations terminologiques ne portent pas beaucoup à conséquence. L'emprisonnement n'est qu'une forme de détention, ce dernier terme étant plus large et visant évidemment aussi une privation de liberté ailleurs que dans une prison. De même, l'arrestation n'est qu'une forme de détention, tout détenu n'étant pas une personne qui a nécessairement été arrêtée[293]. Aussi la question véritablement pertinente dans tout cela est-elle de savoir quelle est l'extension exacte du concept de détention[294].

On sait que dans *Chromiak c. La Reine*[295], la Cour suprême a fait un lien entre la notion de détention aux fins de l'exercice du droit à l'avocat prévu au sous-alinéa 2c)(ii) de la *Déclaration canadienne des droits* et le droit à *l'habeas corpus* du sous-alinéa 2c)(iii) qui trouve son équivalent à l'alinéa 10c) de la *Charte*; elle a conclu que, pour qu'il y ait détention, il faut «une certaine forme de contrainte» et qu'une personne simplement requise de se soumettre à un test de dépistage d'alcool n'était pas une personne détenue.

Cette interprétation étroite est critiquable dans la mesure où elle peut avoir pour effet de faire perdre le bénéfice de garanties importantes à l'individu non arrêté qui se croit tenu de collaborer avec l'autorité policière. La Cour a donc eu parfaitement raison de l'écarter dans *R. c. Therens*[296]. Elle a décidé dans cet arrêt qu'une personne requise de se soumettre à l'ivressomètre était une personne détenue au sens de l'alinéa 10b) de la *Charte* (droit à l'avocat), même s'il s'agissait d'une privation de liberté très brève et s'accompagnant d'une contrainte non point physique mais simplement morale ou psychologique de la part de l'autorité policière[297]. Subséquem-

---

[293] *R. c. MacDonald* (1975), 22 C.C.C. (2d) 350, 356 (C.A. N.-É.). On y suggère que l'arrestation est une détention mais que la détention n'est pas nécessairement une arrestation.

[294] Une détention au sens de l'article 10 en est aussi une au sens de l'article 9 (*R. c. Hufsky*, [1988] 1 R.C.S. 621, p. 632), encore que l'inverse soit moins certain puisque les alinéas a) et b) de l'article 10 paraissent ne viser que le processus pénal, ce qui n'est pas le cas, comme on le verra plus loin, de l'article 9 et de l'alinéa 10c). Ce qui est dit de la notion de détention sous les trois alinéas de l'article 10 est donc en principe pertinent à l'étude de l'article 9 et l'on s'y référera. Notons que la question de savoir s'il y a ou non détention s'est beaucoup posée en rapport avec l'alinéa 10b), qui donne au détenu le droit «d'avoir recours sans délai à l'assistance d'un avocat et d'être informé de ce droit», puisqu'il est souvent difficile de déterminer s'il y a eu entrave, réelle ou appréhendée, à la liberté de l'individu (et donc détention; voir *infra*, note 297) ou au contraire collaboration volontaire à l'enquête policière. Ce problème se pose avec moins d'acuité sous l'article 9.

[295] [1980] 1 R.C.S. 471, p. 478.

[296] [1985] 1 R.C.S. 613. Voir aussi : *R. c. Thomsen*, [1988] 1 R.C.S. 640.

[297] «Il peut y avoir détention [...] si la personne intéressée se soumet ou acquiesce à la privation de liberté et croit raisonnablement qu'elle n'a pas le choix d'agir autrement». *R. c. Therens*, *id.*, p. 644.

ment, la Cour a aussi décidé, dans *R. c. Hufsky*[298], que cette définition large du concept de détention était applicable non seulement à l'article 10, mais aussi à l'article 9 de la *Charte*, avec la conséquence qu'un automobiliste à qui un policier, afin de vérifier s'il a consommé de l'alcool, demande de s'arrêter au bord de la route est un individu détenu au sens de cet article. Est aussi détenu l'automobiliste à qui la même demande est formulée aux fins d'une vérification de son permis de conduire et de ses certificats d'enregistrement et d'assurance[299].

On voit donc que le concept de détention de l'article 9 de la *Charte* ne se limite pas à une privation de liberté pouvant donner lieu à une demande *d'habeas corpus*. On peut soutenir qu'il vise au contraire toute privation de liberté, si brève soit-elle, ordonnée par l'autorité publique. Ce serait donc à tort qu'on a décidé qu'une comparution en vue de la prise d'empreintes digitales[300] ou une demande d'identification[301] n'équivalait pas à une détention. Même le conducteur d'un camion tenu de faire peser son véhicule sur la route serait en état de détention au sens de l'article 9 de la *Charte*[302].

Mais une privation de liberté pouvant donner ouverture à *habeas corpus* est *a fortiori* une détention au sens de l'article 9. D'où il suit que cette dernière, tout comme la détention ouvrant à *habeas* et dont l'étude est faite plus loin, sous l'alinéa 10c) de la *Charte*, ne se limite pas au domaine pénal ou criminel mais englobe toute forme de réclusion ordonnée par l'autorité publique, par exemple pour des raisons médicales[303] ou en vue d'une déportation dans le cadre de la législation sur l'immigration[304].

(b) Le caractère arbitraire de la détention

Une détention arbitraire peut découler d'une conduite; elle peut découler aussi de la loi elle-même. Dans le premier cas, l'article 24 de la *Charte* permettra au tribunal d'accorder à la victime une réparation appropriée. Dans le second, le tribunal, sous l'autorité de l'article 52, censurera le texte même de la loi violatrice, à moins qu'il n'en sauvegarde la validité en vertu de l'article premier. On ne saurait en effet prétendre que, du seul fait qu'un pouvoir de détention est autorisé par un texte de loi, la détention

---

[298] *Supra*, note 294.
[299] *R. c. Ladouceur*, [1990] 1 R.C.S. 1257.
[300] *Re Jamieson and the Queen* (1983) 70 C.C.C. (2d) 430 (C.S. Qué.); *R. c. McGregor* (1983) 3 C.C.C. (3d) 200 (H.C. Ont.); *Re M.H. and the Queen* (1984) 17 C.C.C. (3d) 443 (B.R. Alta.), conf. 21 C.C.C. (3d) 384n (C.A. Alta.).
[301] *Re L.M.L.* (1985) 66 A.R. 132 (C.P. Alta.).
[302] *R. c. Gray* (1987) 35 C.C.C. (3d) 178 (C.P. Î.-P.-É.).
[303] *Thwaites c. Health Sciences Centre Psychiatric Facility* (1988) 48 D.L.R. (4th) 338 (C.A. Man.).
[304] *Webb c. British Columbia (Director, Lower Mainland Regional Correctional Centre)* (1988) 42 C.C.C. (3d) 267 (C.A. C.-B.).

en question ne pourrait être arbitraire. L'arrêt *Hufsky*[305] nous fournit d'ailleurs l'exemple d'une loi provinciale ayant pour effet de donner à un agent de police le pouvoir d'arrêter au hasard et d'effectuer des contrôles routiers ponctuels, loi qui, parce qu'elle ne comportait aucun critère de sélection des conducteurs, fut jugée contraire à l'article 9, bien que rachetée par la disposition limitative de l'article premier[306]. «Un pouvoir discrétionnaire est arbitraire s'il n'y a pas de critère, exprès ou tacite, qui en régit l'exercice[307]».

Telle fut aussi l'opinion du législateur fédéral quand il adopta, lors de la crise de l'automne 1970, la *Loi de 1970 concernant l'ordre public (mesures provisoires)*[308], qui autorisait l'arrestation sans mandat et la détention prolongée de personnes soupçonnées d'appartenir au Front de Libération du Québec et qui prévoyait, à son article 12, s'appliquer nonobstant l'alinéa 2a) de la *Déclaration canadienne des droits*. Cela montre qu'on considérait possible que les tribunaux jugent cette loi contraire à cet article.

S'il est vrai que toute détention légale n'est pas nécessairement conforme à l'article 9, toute détention illégale est-elle nécessairement et de ce fait une détention arbitraire au sens de cet article? Probablement pas. Certaines illégalités peuvent en effet tenir à de pures technicalités n'ayant aucun

---

[305] *Supra*, note 294.
[306] La loi fut aussi sauvegardée par l'article premier dans *R. c. Ladouceur*, *supra*, note 299. Pour que cela se produise, il faut que la loi ou à tout le moins la *common law* octroie le pouvoir exercé. Ce n'était pas le cas dans *R. c. Neufeld* (1986) 22 C.C.C. (3d) 65 (C.A. Man.); *R. c. Iron* (1987) 33 C.C.C. (3d) 157 (C.A. Sask.); *R. c. Emke* (1989) 49 C.C.C. (3d) 252 (C.A. Sask.); *Pigeon c. R.*, [1993] R.J.Q. 2774 (C.A. Qué.). Mais ce fut le cas dans *R. c. Burke* (1989) 45 C.C.C. (3d) 434 (C.A. Sask.), où l'on fit appel à la *common law* et à l'arrêt *Dedman c. La Reine*, [1985] 2 R.C.S. 2. Notons que dans *R. c. Wilson*, [1990] 1 R.C.S. 1291 la Cour suprême ne fut pas particulièrement exigeante quant au caractère explicite du pouvoir octroyé. Dans *R. c. Wilson* (1994) 86 C.C.C. (3d) 145 (C.A. C.-B.), on a décidé que le pouvoir d'arrêter au hasard des véhicules était contraire à l'article 9 sans être sauvegardé par l'article premier en raison du fait qu'il était conféré à un trop grand nombre de personnes. Notons que l'arrêt *R. c. Cayer* (1989) 66 C.R. (3d) 30, p. 43 (C.A. Ont.) met bien en relief le fait que lorsque le *Code criminel* oblige à considérer légale une arrestation qui ne l'est pas, cela ne la rend pas pour autant conforme à l'article 9.
[307] *R. c. Hufsky*, *supra*, note 294, p. 633. On a préféré définir un pouvoir arbitraire de cette façon plutôt que comme un pouvoir capricieux, despotique ou tyrannique sans doute à cause de la difficulté de considérer comme raisonnable au sens de l'article premier un pouvoir ainsi qualifié. Voir: Y. de MONTIGNY, «La protection contre les détentions arbitraires et le "droit à l'avocat": Développements récents et perspectives nouvelles», (1990) 50 *R. du B.* 277, p. 283. Sur la notion de détention arbitraire, voir aussi: A. YOUNG, «All along the Watchtower: Arbitrary Detention and the Police Function», (1991) 29 *Osgoode Hall L.J.* 329. On notera que la question de savoir si l'article 9 peut permettre de contester la loi elle-même, et non seulement son application, est une question que la Cour suprême avait laissée ouverte dans *R. c. Lyons*, [1987] 2 R.C.S. 309, p. 346.
[308] S.C. 1970-71-72, c. 2.

rapport avec le caractère arbitraire d'une détention. On a déjà suggéré que le fait pour un policier de croire de bonne foi à l'existence de motifs raisonnables d'arrestation, motifs n'existant pas objectivement, rendait la détention illégale mais non arbitraire[309]; il paraît clair cependant qu'une arrestation opérée dans le seul but d'interroger des suspects et de prélever leurs empreintes digitales est à la fois illégale et contraire à l'article 9[310]. Une détention illégale mais non arbitraire au sens de cet article devrait être quelque chose d'assez exceptionnel. Ce pourrait être le cas d'une arrestation effectuée conformément à une loi par la suite déclarée inconstitutionnelle.

L'analyse de la jurisprudence rendue à ce jour sous l'article 9 de la *Charte* révèle qu'on a invoqué cet article pour contester soit le *motif* de la détention, soit les *critères* pour en décider, soit encore sa *nature et sa durée*.

Quant au motif, prévu législativement et qui était constitutionnellement contesté, on a décidé que le fait d'être un criminel ou délinquant dangereux justifiait une détention à durée indéterminée, d'autant que la notion de délinquant dangereux était définie étroitement et avec précision[311]. Ne furent pas jugées non plus arbitraires les détentions découlant d'une révocation de libération conditionnelle[312] ou d'une annulation de remise de peine suite à la commission d'infractions[313], ou d'un refus de libération au motif que le détenu allait vraisemblablement commettre une infraction[314]. On a pu validement aussi détenir pour la nuit une personne ivre accusée d'ivresse au volant en vue d'éviter une répétition de ce comportement[315]. Mais fut jugé arbitraire le fait de détenir pour la nuit une personne arrêtée pour prostitution[316], une personne arrêtée pour ivresse au volant qui avait bien coopéré avec les policiers et dont le véhicule avait été remisé[317], ou encore

---

[309] *R. c. Duguay* (1985) 18 C.C.C. (3d) 289, p. 296 (C.A. Ont.), confirmé sur autres points à [1989] 1 R.C.S. 93; proposition qui reçut application dans *R. c. Brown* (1987) 33 C.C.C. (3d) 54 (C.A. N.-É.) et *R. c. Moore* (1989) 45 C.C.C. (3d) 410 (C.A. N.-É.).

[310] *R. c. Duguay, supra,* note 309. Si toutefois l'arrestation est fondée sur des motifs raisonnables, la détention qui s'ensuit ne devient pas arbitraire du fait qu'elle sert à poursuivre l'enquête et à vérifier l'identité de l'agresseur : *R. c. Storrey,* [1990] 1 R.C.S. 241. Mais est évidemment arbitraire une arrestation fondée sur de simples soupçons : *R. c. Spence* (1988) 41 C.C.C. (3d) 354 (C.A. Man.); *R. c. Ironeagle* (1989) 49 C.C.C. (3d) 339 (C.A. Sask.).

[311] *R. c. Lyons, supra,* note 307, p. 345 à 349. On revient avec plus de précision sur le rôle joué par l'article 9 dans cet arrêt : *infra,* note 344. Notons qu'une détention qui se poursuit alors même que le motif l'ayant fondée est aujourd'hui abrogé ne fut pas jugée arbitraire pour autant. Voir *R. c. Milne,* [1987] 2 R.C.S. 512.

[312] *Belliveau c. R.,* [1984] 2 C.F. 384; *Caron c. Jacques,* [1985] C.S. 1003 (Qué.).

[313] *Maxie c. Canada (Comm. nat. des libérations cond.),* [1987] 1 C.F. 617 (C.F.A.).

[314] *Re Evans and the Queen* (1986) 30 C.C.C. (3d) 313 (C.A. Ont.).

[315] *R. c. Remlinger* (1983) 23 M.V.R. 294 (C.P. Sask.); *Regina c. McIntosh* (1984) 29 M.V.R. 50 (C.A. C.-B.).

[316] *R. c. Pithart* (1987) 34 C.C.C. (3d) 150 (C. Co. C.-B.).

[317] *R. c. Christiensen* (1987) 2 W.C.B. (2d) 400 (C. Co. C.-B.).

le fait d'arrêter quelqu'un sans motif raisonnable et dans le seul but de le faire collaborer à l'enquête[318].

Si la détention découle non pas d'une appréciation individuelle mais d'une politique préétablie, on a conclu qu'il y avait violation de l'article 9[319], à moins qu'il y ait eu dans un cas particulier un motif valable — la crainte d'une répétition de l'infraction, par exemple — pour l'appliquer[320]. Notons que la détention autorisée pour des motifs de sécurité routière et dont il a été question précédemment ne peut servir à enquêter sur le crime en général; si tel est le cas, il y a détention arbitraire et, le cas échéant, fouille abusive et contraire à l'article 8[321]. En matière d'immigration, la détention ordonnée par l'agent des douanes au motif que la personne représente un danger pour le public ou qu'elle ne se présentera pas à son enquête ne fut pas jugée contraire à l'article 9[322]. Ne le fut pas non plus le pouvoir de refuser la mise en liberté sous caution quand il y va de la sécurité du public[323]. Plus généralement, on peut se demander si l'article 9 consacre le standard traditionnel des motifs raisonnables et probables en matière de détention, sous réserve d'une invocation de l'article premier pour sauvegarder l'atteinte à l'article 9. Il ne semble pas que cet article aille jusque-là. On a plutôt considéré que le standard, moins exigeant, des motifs raisonnables et précis lui étant conforme, à tout le moins en matière d'infractions routières[324].

Si ce qui est allégué est non plus que les motifs de la détention ne peuvent justifier celle-ci, mais plutôt que ces motifs donnent trop de discrétion ou sont au contraire trop contraignants pour celui qui en décide, l'article 9 sert alors à contrôler les critères en vertu desquels la détention est ordon-

---

[318] *R. c. Duguay, supra*, note 309.
[319] *Protection de la jeunesse-564*, [1992] R.J.Q. 2015 (C.Q.). Serait aussi contraire à l'article 9 une détention ordonnée pour de simples motifs de commodité administrative. *R. c. Madsen* (1993) 13 C.R.R. (2d) 226 (C.S. C.-B.).
[320] *R. c. Sieben* (1990) 51 C.C.C. (3d) 343 (C.A. Alta.).
[321] *R. c. Mellenthin*, [1992] 3 R.C.S. 615; voir aussi *R. c. Simpson* (1993) 79 C.C.C. (3d) 482 (C.A. Ont.).
[322] *Webb c. British Columbia (Director, Lower Mainland Regional Correctional Centre)*, *supra*, note 304. Pour une analyse mettant en doute la validité, au regard de l'article 9, de certains pouvoirs en matière d'immigration, voir : P. HURWITZ, «The New Detention Provisions of the *Immigration Act* : Can They Withstand a Charter Challenge?» (1989) 47 *U. of T. Fac. L. Rev.* 587.
[323] *R. c. Morales*, [1992] 3 R.C.S. 711.
[324] *R. c. Wilson*, [1990] 1 R.C.S. 1291, p. 1297; *R. c. Macooh*, [1993] 2 R.C.S. 802, p. 821. Notons que dans *R. c. Storrey*, [1990] 1 R.C.S. 241, p. 250, on met beaucoup d'insistance sur l'exigence des motifs raisonnables et probables. «Il ne suffit pas que l'agent de police croie personnellement avoir des motifs raisonnables et probables d'effectuer une arrestation. Au contraire, l'existence de ces motifs raisonnables et probables doit être objectivement établie». On ne dit cependant pas clairement que cela découle de l'article 9.

née. C'est ainsi que dans l'important arrêt *R. c. Swain*[325], la Cour suprême a jugé contraire à l'article 9 l'obligation imposée au juge par le *Code criminel* d'ordonner la détention pour une période indéterminée des personnes acquittées pour cause d'aliénation mentale, et ce «sans qu'il puisse se fonder sur aucun critère ni aucune norme et avant la tenue d'une forme quelconque d'audience sur la question de la condition mentale de l'accusé»[326]. Certes les personnes acquittées pour cause d'aliénation mentale ne sont pas toutes dangereuses, comme l'a noté la Cour[327], et en ce sens la violation de l'article 9 tenait au fait que le motif de la détention ne justifiait pas celle-ci. Mais elle tenait aussi à ce que les critères pour en décider étaient déficients : si une détention peut être arbitraire parce que celui qui l'ordonne a trop de discrétion pour ce faire, elle peut l'être aussi parce qu'il n'en a pas assez[328]. L'article 9 consacrerait donc une forme de complémentarité entre la fonction du législateur et celle du juge et exigerait un dosage entre la précision législative et l'appréciation judiciaire.

La Cour suprême a estimé que ce dosage était satisfaisant et qu'il n'y avait pas violation de l'article 9 dans le cas de dispositions législatives renversant le fardeau de la preuve et obligeant la personne accusée de certaines infractions graves[329] ou accusée d'une infraction qu'elle aurait commise alors qu'elle était en liberté sous caution[330] à démontrer que sa détention n'est pas justifiée. La précision de la loi, les garanties procédurales et la possibilité d'une révision de la décision par une cour supérieure ont fait conclure que l'article 9 était ici respecté. Mais si cet article peut servir, comme on vient de le voir, à invalider un mode de décision trop discrétionnaire ou au contraire trop directif, c'est en vain qu'on l'a invoqué à propos de la discrétion octroyée à l'autorité qui poursuit. N'ont donc pas été considérés contraires à l'article 9 les pouvoirs du procureur général de faire déclarer quelqu'un délinquant dangereux[331], d'opter pour la mise en accusation privilégiée[332] ou encore d'opter pour un mode de poursuite entraînant

---

[325] [1991] 1 R.C.S. 933.
[326] *Id.*, p. 1013.
[327] *Ibid.*
[328] Comme on le notait dans un passage cité avec approbation par le juge La Forest dans *R. c. Lyons supra*, note 307, p. 348, «c'est l'absence de pouvoir discrétionnaire qui, bien souvent, rendrait arbitraire l'application de la loi».
[329] *R. c. Pearson*, [1992] 3 R.C.S. 665, p. 700.
[330] *R. c. Morales, supra*, note 323, p. 747.
[331] *R. c. Lyons, supra*, note 307, p. 347 et 348. On y rappelle cependant que si les motifs d'une poursuite en particulier étaient illégitimes ou arbitraires, l'article 9, combiné à l'article 24, offrirait un recours.
[332] *Regina c. Andrew*, [1986] 6 W.W.R. 323 (C.S. C.-B.); *Regina c. Ertel* (1987) 35 C.C.C. (3d) 398 (C.A. Ont.). On y observe que ce pouvoir du procureur général n'entraîne automatiquement aucune détention.

nécessairement emprisonnement, s'il y a condamnation[333]. Mais les contrôles médicaux et judiciaires entourant la réclusion des malades mentaux en vertu d'une loi manitobaine furent jugés insuffisants pour satisfaire aux exigences de l'article 9[334].

Puisque cet article permet de contrôler les critères selon lesquels une détention est ordonnée, on peut se demander si, un peu à l'image de l'article 8 dont l'étude a été faite précédemment, il impose, comme exigence générale et sous réserve d'exceptions, l'obligation d'obtenir une autorisation judiciaire préalable. On peut le soutenir et on peut soutenir aussi qu'il rend nécessaire la vérification judiciaire *a posteriori* de la légalité de l'arrestation[335]. On a même décidé qu'une détention pouvait devenir arbitraire à cause de l'utilisation injustifiée de la force par les policiers[336].

Enfin, l'article 9 de la *Charte* a servi à apprécier la nature et la durée d'une détention. Vu les délais rigoureux établis par le *Code criminel* pour faire comparaître une personne détenue devant un juge, il n'est pas surprenant que la jurisprudence ait conclu à une détention arbitraire dans les cas où ces délais n'avaient pas été respectés[337]. Mais on a aussi invoqué l'article 9 pour tenter d'établir, sans succès il est vrai, que constituaient une détention ou un emprisonnement arbitraires une peine minimale de sept ans de prison en cas d'importation de stupéfiants[338], une peine minimale de dix ans de prison en cas de meurtre[339], une peine de prison à vie pour meurtre d'un policier[340] et une peine minimale de sept jours de prison en cas de conduite

---

[333] *Darbishire c. The Queen* 83 D.T.C. 5164 (C. Co. Ont.), conf. 11 W.C.B. 5 (C.A. Ont.). Un pouvoir du même genre ne fut pas jugé contraire à la *Déclaration canadienne des droits* dans *Smythe c. La Reine*, [1971] R.C.S. 680, où l'alinéa 2a) de celle-ci, sur la détention arbitraire, avait été notamment invoqué. Au sujet de cet alinéa, voir aussi *Levitz c. Ryan* (1973) 29 D.L.R. (3d) 519 (C.A. Ont.).

[334] *Thwaites c. Health Sciences Centre Psychiatric Facility*, *supra*, note 303.

[335] Une arrestation sans mandat en l'absence d'urgence fut jugée arbitraire dans *Protection de la jeunesse-425*, [1990] R.J.Q. 272 (C.Q.); mais on a jugé une telle arrestation conforme à l'article 9 dans la mesure où elle avait été opérée sur dénonciation sérieuse dans *R. c. Foster* (1992) 297 A.P.R. 57 (C.A. N.-É.). Sur la conformité à l'article 9 d'une détention après résultat positif au test de l'ivressomètre, voir : *R. c. Altseimer* (1983) 142 D.L.R. (3d) 246 (C.A. Ont.). Sur le contrôle judiciaire *a posteriori* de la légalité de l'arrestation, voir : *Perreault c. R.*, [1992] R.J.Q. 1848 (C.A. Qué.), permission d'appeler refusée à [1993] 1 R.C.S. viii; *R. c. Lee* (1993) 16 C.R.R. (2d) 348 (C.S. C.-B.). Sur ces diverses questions : P. BÉLIVEAU, *Les garanties juridiques dans les Chartes des droits*, 2e éd., Thémis, Montréal, 1995, p. N-39 à N-43.

[336] *R. c. Drda* (1992) 8 C.R.R. (2d) D-3 (C.S. C.-B.).

[337] *R. c. Charles* (1988) 36 C.C.C. (3d) 286 (C.A. Sask.); *R. c. Reimer* (1988) 30 C.R.R. 184 (C.A. Man.).

[338] *R. c. Smith* (1984) 8 D.L.R. (4th) 565 (C.A. C.-B.), infirmé sur autre point à [1987] 1 R.C.S. 1045, où cette peine fut jugée contraire à l'article 12 de la *Charte*.

[339] *R. c. Mitchell* (1988) 81 N.S.R. (2d) 57 (C.A. N.-É.).

[340] *Lefebvre c. R.*, [1992] R.J.Q. 590 (C.A. Qué.), permission d'appeler refusée à [1984] 1 R.C.S. ix.

d'un véhicule lorsqu'on sait que son permis de conduire est suspendu[341]. Le fait que le meurtre au premier degré rend inadmissible à la libération conditionnelle pendant 25 ans ne viole pas non plus l'article 9[342].

Toute cette jurisprudence[343] nous amène à formuler quelques commentaires sur le rôle de ce dernier article.

(c) Le rôle de l'article 9

Dans la plupart des cas, l'argument de la protection contre la détention arbitraire n'est pas le seul invoqué; d'autres, parfois plus pertinents, le complètent. Si, par exemple, on allègue la disproportion entre le motif d'une détention et sa nature, sa durée ou ses conditions matérielles, l'article 12 de la *Charte* relatif aux traitements et peines cruels et inusités pourra être aussi sinon plus pertinent que l'article 9. Si, par ailleurs, c'est la procédure au terme de laquelle une détention est ordonnée que l'on conteste, on invoquera les principes de justice fondamentale (article 7 de la *Charte*)[344]. Est-ce à dire pour autant que l'article 9 n'a en quelque sorte qu'un caractère accessoire et que ne serait arbitraire au sens de cet article qu'une détention comportant une atteinte grave à la loi ou à quelque autre disposition de la *Charte*? Nous ne le croyons pas. Même si l'article 9 est susceptible d'être souvent invoqué conjointement avec une ou plusieurs autres garanties, il peut s'appliquer de façon autonome.

Tel serait le cas lorsque «c'est la détention elle-même (et l'arbitraire de la décision ou de la disposition qui l'autorise) que l'on entend contester, sans égard à la disproportion qui peut exister entre cette mesure et la gravité de la faute qui en est à l'origine, et indépendamment du fait que l'on ait respecté ou non les garanties procédurales qui doivent normalement entourer l'exercice d'un tel pouvoir»[345]. Rappelons à ce sujet que, dans *R. c. Swain*[346], la détention automatique, pour une durée indéterminée, de toute

---

[341] *R. c. Konenchny* (1983) 10 C.C.C. (3d) 233 (C.A. C.-B.), permission d'appeler refusée à [1984] 1 R.C.S. ix. Une peine minimale de 12 mois d'emprisonnement fut aussi jugée valide dans *R. c. Slaney* (1986) 168 A.P.R. 1 (C.A. T.-N.).

[342] *R. c. Luxton*, [1990] 2 R.C.S. 711.

[343] La jurisprudence rendue sous l'alinéa 2a) de la *Déclaration canadienne des droits* est analysée dans l'étude correspondante à celle-ci de la première édition de cet ouvrage.

[344] Voir *R. c. Lyons*, *supra*, note 307, p. 346, où le juge La Forest remarque que l'argument fondé sur l'article 9 n'est qu'une répétition de ceus fondés sur les articles 7 et 12. Un peu dans le même sens, voir aussi la remarque du juge Estey, par ailleurs dissident, dans *R. c. Milne*, [1987] 2 R.C.S. 512, p. 532. Dans *R. c. Lyons*, le juge La Forest analyse la procédure de désignation des délinquants dangereux par rapport à l'article 7 et le danger d'imposer une peine sans considérer la situation particulière du délinquant par rapport à l'article 12 (sur ce point, voir aussi : *R. c. Bowen and Kay* (1989) 91 A.R. 213 (B.R. Alta.)).

[345] Y. de MONTIGNY, *supra*, note 307, p. 287.

[346] *Supra*, note 325.

personne acquittée pour cause d'aliénation mentale fut déclarée contraire à l'article 7 pour le motif procédural d'absence d'audition; mais c'est l'article 9 qui l'a rendue invalide dans son vice «de fond», à savoir l'absence de «critère rationnel permettant de déterminer, parmi les personnes acquittées pour cause d'aliénation mentale, lesquelles devraient être détenues et lesquelles devraient être libérées»[347].

Deux exemples inspirés d'événements antérieurs à la *Charte* peuvent aussi servir à montrer l'utilité de son l'article 9.

Imaginons l'adoption d'une législation, inspirée d'un décret secret du 6 octobre 1945[348], qui permettrait au ministre de la Justice d'interroger et de détenir «à tel endroit et aux conditions qu'il peut, à l'occasion, déterminer» toute personne qui, à son avis, peut vraisemblablement communiquer des informations à une puissance étrangère ou agir de manière préjudiciable à la sécurité publique. La garantie de l'article 9 serait l'argument le plus approprié pour contester une telle mesure. Ce n'est pas tant le traitement ou la peine qui est en cause ici, non plus que les garanties procédurales de justice — à supposer qu'on doive les respecter dans l'exercise d'un pouvoir de ce type —; c'est la discrétion elle-même et son caractère déraisonnable.

Imaginons encore le cas moins extrême d'un ordre de déportation d'un immigrant condamné pour une infraction criminelle. Le ministre décide d'en suspendre l'exécution et met l'immigrant en liberté sous surveillance pour une période donnée. Assez longtemps après l'expiration de cette période, au cours de laquelle rien ne fut reproché à l'individu, on l'arrête et on décide d'exécuter l'ordre de déportation. Sans faire appel à la *Déclaration canadienne des droits*, la Cour suprême a décidé qu'il était arbitraire d'exécuter ainsi cet ordre n'importe quand et que la loi ne le permettait pas[349]. Ici encore c'est l'article 9 qui fournit l'argument le plus pertinent, éventuellement à l'encontre de la loi elle-même. Laisser planer de façon indéfinie et discrétionnaire la possibilité d'une détention est certainement une mesure contraire à l'article 9 et on peut même soutenir que l'individu faisant l'objet d'une pareille décision pourrait la contester en invoquant l'article 9 alors

---

[347] *Id.*, p. 1012. On y associe l'article 9 à des «problèmes de fond» et l'article 7 à des questions de procédure. Selon nous, l'article 9 aurait fort bien pu être considéré comme permettant un contrôle à la fois des critères de fond et de la régularité procédurale. Si on a fait relever cette dernière de l'article 7, c'est sans doute parce qu'elle est associée depuis toujours à la justice naturelle, qu'engloberait la justice fondamentale dont fait mention cet article; c'est peut-être aussi à cause d'une certaine propension à exagérer l'importance de l'article 7, au détriment de certaines autres garanties des articles suivants.

[348] Voir à ce sujet F. CHEVRETTE et H. MARX, *Droit constitutionnel*, Montréal, Presses de l'Université de Montréal, 1982, p. 33 et 34.

[349] *Violi c. Superintendent of Immigration*, [1965] R.C.S. 232, p. 241. L'exemple est analysé par W.S. TARNOPOLSKY, *The Canadian Bill of Rights*, 2e éd., Toronto, MacMillan, 1975, p. 235 et 236.

même qu'il est en liberté et qu'il est sous la simple menace de la détention possible.

Concluons en disant que, même s'il est profondément souhaitable, au nom d'une saine rationalisation du droit, de délimiter le plus clairement possible le champ d'application de l'article 9 de la *Charte*, par rapport en particulier aux articles 7 et 12, une part de chevauchement demeurera probablement, d'autant qu'on a considéré les articles 8 à 14 comme des explicitations de l'article 7 et comme protégeant contre des situations portant atteinte au droit à la vie, à la liberté et à la sécurité de la personne garanti par ce dernier[350]. Est-il besoin d'ajouter enfin que, combinée à l'article 24 de la *Charte* relatif aux recours, la violation de l'article 9 peut donner lieu à des remèdes, tels que dommages et irrecevabilité de preuves en particulier[351]? La libération ou l'élargissement sera analysé lors de l'étude de l'alinéa 10c).

3. LE DROIT À L'HABEAS CORPUS

L'alinéa 10c) de la *Charte* se lit ainsi :

Chacun a le droit, en cas d'arrestation ou de détention : ...c) de faire contrôler, par *habeas corpus*, la légalité de sa détention et d'obtenir, le cas échéant, sa libération.

Le sous-alinéa 2c)(iii) de la *Déclaration canadienne des droits* interdisait déjà de priver «une personne arrêtée ou détenue ... du recours par voie *d'habeas corpus* pour qu'il soit jugé de la validité de sa détention et que sa libération soit ordonnée si la détention n'est pas légale» et le paragraphe 9(4) du *Pacte international relatif aux droits civils et politiques* dispose pour sa part que : «Quiconque se trouve privé de sa liberté par arrestation ou détention a le droit d'introduire un recours devant un tribunal afin que celui-ci statue sans délai sur la légalité de sa détention et ordonne sa libération si la détention est illégale».

Parmi les dispositions de la *Charte*, l'alinéa 10c) est assez particulier du fait qu'il constitutionnalise une garantie de nature procédurale déjà bien définie dans notre droit. Il n'est évidemment pas de notre propos de faire ici l'analyse détaillée de ce recours complexe, célèbre et important[352]. Nous

---

[350] *Re B.C. Motor Vehicle Act*, [1985] 2 R.C.S. 486, p. 502.
[351] *R. c. Spence* (1988) 3 W.W.R. 180 (C.A. Man.).
[352] Voir en particulier les ouvrages de D.A. CAMERON HARVEY, *The Law of Habeas Corpus in Canada*, Toronto, Butterworths, 1974 et R.J. SHARPE, *The Law of Habeas Corpus*, 2e éd., Oxford, Clarendon Press, 1989. Voir aussi : L. LEMONDE, *L'habeas corpus en droit carcéral*, Cowansville, Yvon Blais, 1990; G. LÉTOURNEAU, *The Prerogative Writs in Canadian Criminal Law and Procedure*, Toronto, Butterworths, 1976, p. 239 à 337; W. SCHABAS, *Habeas Corpus*, Montréal, C.D.J.Q. et Wilson et Lafleur, 1990 et du même auteur «La renaissance du bref d'habeas corpus sous la Charte canadienne des droits et libertés», (1990) 50 *R. du B.* 409.

nous contenterons d'examiner quelques problèmes spécifiques qu'on peut classer en deux catégories, les premiers ayant trait aux conditions d'application de la garantie — en d'autres termes qu'est-ce qu'une détention illégale, qui peut s'en plaindre et qu'est-ce qu'une libération? —, les seconds étant relatifs à l'étendue et aux modalités procédurales du contrôle judiciaire exercé. Mais avant de procéder à cette analyse, quelques remarques préliminaires s'imposent en rapport avec la nature même de l'alinéa 10c).

On peut formuler le problème de la façon suivante. Comme cet alinéa réfère à une procédure déjà établie, tant dans la législation fédérale que dans celle des diverses provinces, a-t-il pour effet de figer en quelque sorte le droit existant et d'empêcher l'un ou l'autre des divers législateurs de la remplacer ou de le modifier en profondeur ou quant à certains détails — par exemple limiter le droit d'appel en matière *d'habeas*? Si l'un ou l'autre décide un jour d'en élargir le champ d'application, sera-t-il empêché de le restreindre par la suite et de le ramener à ses limites traditionnelles? Et cet effet restrictif sur le législateur ne peut-il pas s'accompagner d'un effet inverse sur le juge, ce dernier pouvant estimer que certaines modalités procédurales du contrôle de la légalité d'une détention ne rendent pas ce contrôle suffisamment efficace et qu'il peut passer outre? Sur ce dernier point, il paraît certain que le pouvoir judiciaire, en invoquant l'alinéa 10c) de la *Charte*, peut apporter certaines améliorations à la procédure traditionnelle *d'habeas corpus*, de façon à la rendre plus efficace. Tel est bien un des effets de l'important arrêt *R. c. Miller*[353], dont il sera question subséquemment.

Comme le droit de *l'habeas* varie de façon significative entre les diverses juridictions canadiennes, au point qu'un auteur a vivement souhaité une plus grande uniformisation[354], l'alinéa 10c) pourrait-il même permettre au pouvoir judiciaire d'opérer peu à peu cette uniformisation, à la façon dont la Cour suprême des États-Unis l'a fait pour plusieurs garanties de procédure criminelle?

Comme on le verra, certaines de ces difficultés sont réelles, encore que dans l'ensemble il faille éviter d'en exagérer l'ampleur. Car ce que l'alinéa 10c) constitutionnalise, c'est un contrôle judiciaire de la légalité d'une détention et non pas les procédures existantes dans leur strict état présent, même si celles-ci deviennent inévitablement d'utiles indicateurs de la portée de la garantie que l'alinéa prévoit. Au fond, il y a un parallèle possible entre

---

[353] [1985] 2 R.C.S. 613, p. 625. Le juge Le Dain, rendant jugement pour la Cour, s'appuie sur l'alinéa 10c) de la *Charte* pour justifier un assouplissement procédural dont on traitera plus loin.

[354] D.A. CAMERON HARVEY, *supra*, note 352, p. 174. Sur le besoin d'uniformisation en matière *d'habeas corpus*, voir aussi : V.M. DEL BUONO, «Le cautionnement à la lumière de la Charte des droits», dans l'ouvrage du même auteur *Procédure pénale au Canada*, Montréal, Wilson et Lafleur/Sorej, 1983, p. 215.

l'alinéa 10c) et le principe du contrôle judiciaire de constitutionnalité. Le législateur peut réglementer ce contrôle, en exigeant par exemple qu'avis soit donné au procureur général de toute contestation d'ordre constitutionnel, mais il ne peut l'abroger, le rendre inefficace non plus qu'y apporter des restrictions sérieuses[355]. C'est une limite du même genre que l'alinéa 10c) imposerait aux divers législateurs canadiens.

Le fait que la constitutionnalisation opérée par l'alinéa 10c) soit celle d'un recours entraîne une autre difficulté. En effet, comme on l'a vu lors de l'étude de l'article 9 de la *Charte*, une détention *illégale* — ce que vise l'alinéa 10c) — est le plus souvent une détention *arbitraire* au sens de l'article 9; elle peut être illégale aussi parce qu'elle enfreint une ou plusieurs autres garanties de la *Charte*. D'où il suit que l'alinéa 10c) étant presque toujours invoqué en conjonction avec une autre garantie de celle-ci, il se trouvera à entrer en concurrence, si l'on peut dire, avec l'article 24 qui traite des recours en général. Même si nous revenons sur cette question plus loin, disons tout de suite que, le particulier l'emportant sur le général, c'est l'alinéa 10c) plutôt que l'article 24 qui semblerait, à première vue, devoir être invoqué à l'appui de la recevabilité d'un bref d'*habeas corpus* dans une affaire où cette recevabilité peut faire problème. On verra que c'est loin d'être toujours cette voie qu'a empruntée la jurisprudence[356].

(a) Conditions d'application

La nature de l'illégalité alléguée peut, comme on le verra plus loin, être déterminante sur l'application de l'alinéa 10c) et en ce sens il s'agit d'une des conditions de cette application. Mais nous ne nous intéresserons pour l'instant qu'aux trois questions suivantes : qui a l'*intérêt* requis pour invoquer l'alinéa 10c) et qu'est-ce qu'une *détention* et une *libération*?

Chacun, donc toute personne au Canada, a droit à la protection de l'alinéa 10c). L'âge ou l'État mental de celle-ci ne sont pas des obstacles à l'exercice du recours, ce dernier pouvant être déclenché par un tiers lorsque l'intéressé est incapable de le déclencher lui-même. Sur ce point, la version anglaise de l'alinéa 10c), qui donne au détenu le droit à ce que la validité de sa détention soit établie («*to have the validity of the detention determined*») paraît moins restrictive que la version française, qui lui donne le droit de «faire contrôler» cette légalité et qui, davantage que la version anglaise, suggère que ce soit le détenu qui agisse. Il faut donc faire prévaloir

---

[355] F. CHEVRETTE et H. MARX, *Droit constitutionnel*, Montréal, P.U.M., 1982, p. 189.
[356] Par exemple, dans *R. c. Pearson*, [1992] 3 R.C.S. 665, p. 678 à 682, on analyse la recevabilité de l'*habeas corpus* en cas de refus d'accorder une mise en liberté sous caution sans faire aucune allusion à l'alinéa 10c).

la version la moins restrictive[357], d'ailleurs conforme à l'État traditionnel du droit en matière d'*habeas corpus* sur ce point[358].

La jurisprudence fut déjà divisée sur le droit du conscrit d'avoir recours à l'*habeas* et elle semblait nier ce droit à l'étranger ressortissant d'un pays ennemi ou au prisonnier de guerre[359]. Invoquant la prérogative royale, on a aussi décidé qu'une détention ordonnée par le gouverneur général n'était pas révisable par *habeas*[360] et l'on a conclu dans le même sens dans le cas de la détention d'un malade mental par le lieutenant-gouverneur sous l'autorité du *Code criminel*[361]. Il n'est pas sûr que, même à l'époque où elles furent rendues, ces décisions aient été bien fondées puisqu'elles semblaient confondre l'impossibilité d'avoir recours à l'*habeas* et la difficulté de faire déclarer illégale une détention à cause du caractère éminemment discrétionnaire des normes en vertu desquelles elle est décidée[362]. Au moment où la *Déclaration canadienne des droits* était seule applicable, un pouvoir de détention, même exercé par le lieutenant-gouverneur, devint contrôlable[363]. Avec la *Charte*, qui en vertu de son article 32 est applicable aux gouvernements fédéral et provinciaux et à l'exercice de leurs prérogatives[364], le droit à l'*habeas corpus* n'est certainement plus soumis à des limitations de ce genre. S'il y a par ailleurs détention, tout détenu doit bénéficier de celui-ci.

Qu'est-ce qu'une *détention* au sens de l'alinéa 10c)? Comme on l'a vu lors de l'étude de l'article 9, ce concept a reçu, aux fins de ce dernier article, une interprétation large de façon à englober des privations de liberté très courtes, à l'occasion desquelles la procédure d'*habeas corpus* est évidemment inutilisable. Mais il est clair que l'alinéa 10c), à l'image de l'article 9,

---

[357] Vu que, comme la Cour suprême l'a si souvent dit, la *Charte* doit recevoir une interprétation large et généreuse. Pour un exemple où l'on s'est reposé sur la version la moins restrictive, en l'espèce la version française, voir : *R. c. Rahey*, [1987] 1 R.C.S. 588, p. 632, à propos du droit d'être jugé dans un délai raisonnable garanti par l'alinéa 11b) de la *Charte* et du sens des expressions *être jugé — to be tried*.

[358] D.A. CAMERON HARVEY, *supra*, note 352, p. 76; R.J. SHARPE, *supra*, note 352, p. 222 à 224. Notons que l'article 851 du *Code de procédure civile* du Québec prévoit qu'a un recours en *habeas* la personne emprisonnée «de même qu'un tiers pour elle».

[359] D.A. CAMERON HARVEY, *supra*, note 352, p. 13 et 23; R.J. SHARPE, *supra*, note 352, p. 115, 116 et 171.

[360] *Brouillette c. Fatt* (1926) 64 C.S. 222 (C.S. Qué.).

[361] Sur cette jurisprudence, voir : D.A. CAMERON HARVEY, *supra*, note 352, p. 24 et R.J. SHARPE, *supra*, note 352, p. 160 et 161. Notons que la procédure de détention à laquelle on vient de faire allusion fut invalidée dans *R. c. Swain*, [1991] 1 R.C.S. 933.

[362] C'est la conclusion de R.J. SHARPE, *supra*, note 352, p. 115 et 116, à propos des prisonniers de guerre.

[363] On a reconnu cette possibilité dans *Re Brooks' Detention* (1962) 38 W.W.R. 51 (C.S. Alta.) et *Ex parte Kleinys* (1965) 49 D.L.R. (2d) 225 (C.S. C.-B.), deux affaires *d'habeas* où la détention fut jugée légale.

[364] *Opération Dismantle Inc. c. La Reine*, [1985] 1 R.C.S. 441.

englobe non seulement la restriction à la liberté d'aller et venir dans le cadre d'un processus criminel ou pénal, mais aussi, par exemple, la réclusion pour motif de santé[365] ou la détention en contexte d'immigration[366]. Mais inclut-il l'*habeas* civil traditionnellement exerçable dans le cas d'une détention qui n'est pas le fait de la puissance publique, par exemple la détention illégale d'un enfant par un parent ou un étranger?

Nous croyons que oui, même s'il est bien établi que la *Charte* ne limite que l'action gouvernementale[367]. D'une part, le recours en *habeas* est traditionnellement ouvert en pareil cas et même si, comme on l'a vu, l'alinéa 10c) ne reprend pas nécessairement tout le droit de l'*habeas corpus*, ce dernier constitue un indicateur important pour l'interprétation de l'*habeas* que la *Charte* garantit. D'autre part, étendre l'application de l'alinéa 10c) aux détentions privées, comme nous le suggérons ici, signifie que la *Charte* impose non seulement un devoir étatique de ne pas détenir illégalement, mais aussi un devoir étatique de protéger ceux qui sont ainsi détenus : retirer cette protection serait inconstitutionnel. En cas de détentions privées, l'action gouvernementale requise pour que la *Charte* soit applicable serait ce devoir de protection, qui a pour pendant le droit de l'individu à ce qu'on lui fournisse un contrôle de la légalité de sa détention; la détention n'étant que le facteur de déclenchement de l'application de la garantie, il pourrait s'agir, en contexte d'*habeas*, d'une détention qui ne soit pas le fait de l'État. Cette possibilité qu'un élément extérieur à l'action étatique canadienne puisse jouer comme facteur de déclenchement d'une garantie de la *Charte* se retrouve aussi à l'alinéa 11g) de celle-ci, et il importe peu que cet élément étranger soit une action ou au contraire une omission, comme c'est le cas ici. En effet, aux termes de cet article, un inculpé bénéficiera de la garantie de ne pas être déclaré coupable d'une infraction si celle-ci n'existait pas en droit interne canadien *ou en droit international* au moment où l'acte reproché fut posé. Une omission de droit international n'a rien à voir avec une action étatique canadienne et elle peut néanmoins déclencher l'application de la garantie de l'alinéa 11g). Ajoutons à cela que l'*habeas* est la procédure appropriée en contexte d'extradition, alors même que la détention à laquelle on veut échapper est la détention par l'État requérant et non par une autorité canadienne[368]. La *Charte* ne fait donc pas qu'empêcher cette dernière de priver des personnes de leur liberté; elle l'oblige aussi à protéger ceux qui pourraient en être privés par des tiers. Certes, en contexte d'extradition et à

---

[365] *Reference re Procedures and the Mental Health Act* (1984) 5 D.L.R. (4th) 577 (C.S. I.P.-É.). On y souligne qu'en sus des recours prévus par le *Mental Health Act*, l'*habeas* demeure disponible par l'effet de l'alinéa 10c).
[366] Voir la revue jurisprudentielle faite dans l'article de W.A. SHABAS, *supra*, note 352, p. 419 à 424.
[367] *SDGMR c. Dolphin Delivery Ltd.*, [1986] 2 R.C.S. 573.
[368] *Idziak c. Canada (Ministre de la Justice)*, [1992] 3 R.C.S. 631.

la différence de ce qui se passe en cas de détentions privées, c'est l'autorité canadienne qui décide de livrer le fugitif à l'État requérant et c'est à cette décision que la *Charte* est applicable. Il n'en reste pas moins qu'elle n'est pas uniquement applicable à la détention opérée par l'autorité publique canadienne.

Se pose aussi la question de savoir si l'alinéa 10c) permet de contrôler la légalité de détentions qui n'existent pas encore ainsi que la légalité de restrictions partielles à la liberté d'aller et venir. Dans *Idziak c. Canada (Ministre de la Justice)*[369], on a décidé que l'*habeas corpus* était le recours approprié pour contester la décision du ministre de ne pas refuser l'extradition, alors qu'il avait signé le mandat d'extradition mais que ce mandat n'avait pas encore été exécuté. Certes l'individu en l'espèce était alors détenu mais ne l'était pas en vertu de la décision qu'il contestait, si bien que la détention visée était encore à venir. À raison, la Cour a considéré qu'il serait «à la fois inéquitable et contraire à la nature même du redressement que l'*habeas corpus* vise à fournir[370]» d'exiger de l'intéressé qu'il loge son recours dans le bref intervalle entre l'exécution du bref et la remise aux autorités étrangères. Comme il y a tout lieu de croire que la décision aurait été la même si l'individu n'avait pas été détenu quand il a logé son recours, on en retiendra que l'exigence traditionnelle selon laquelle l'*habeas* bénéficie à l'individu effectivement privé de sa liberté au sens strict de l'expression[371] ne tient plus, spécialement si elle a pour effet, comme c'était le cas en l'espèce, de gêner l'intéressé dans le plein exercice de ses droits. Ce qui compte est donc que la décision de détenir soit prise et non que la détention soit réalisée.

Sous réserve de la question, analysée plus loin, de savoir si l'*habeas* est par ailleurs le recours approprié en ces cas, on peut soutenir que les restrictions partielles à la liberté d'aller et venir sont aussi visées par l'alinéa 10c). Ainsi celui qui bénéficie d'un cautionnement, d'une libération conditionnelle, d'un sursis de sentence ou qui fait l'objet d'une ordonnance de probation serait en détention au sens de l'alinéa 10c). Un auteur a suggéré que l'exigence d'une totale privation de liberté soit assouplie, rappelant qu'un individu en liberté conditionnelle ou soumis à une ordonnance de probation était légalement un détenu, et que l'individu bénéficiant d'un cautionnement devait assez curieusement se faire réincarcérer, dans la me-

---

[369] *Id.*, p. 645 à 650.

[370] *Id.*, p. 649. Le juge Cory écrit : «Les règles applicables au bref traditionnel d'*habeas corpus* devraient toujours être interprétées d'une façon libérale et souple» (p. 646).

[371] *R. c. Cameron* (1898) 1 C.C.C. 169 (C.S. Qué.) et *De Bernonville c. Langlais*, [1951] C.S. 277 (Qué.), deux décisions où l'on considérait qu'un individu en liberté sous cautionnement pouvait se prévaloir de l'*habeas*, furent désapprouvées dans *Masella c. Langlais*, [1955] R.C.S. 263, p. 272 à 276.

sure où la chose est possible, pour avoir recours à l'*habeas*[372]. Dans le cas des enfants, le concept de détention n'a jamais eu un sens aussi strict et il réfère, non pas nécessairement à la privation de la liberté de mouvement, mais au fait d'être sous la garde de quelqu'un. Comme les restrictions partielles à la liberté d'aller et venir peuvent être contrôlées sous la *Charte*, on peut peut-être s'attendre à ce que l'alinéa 10c) devienne en certains cas l'instrument de ce contrôle[373].

Si l'on s'interroge sur le type de privation de liberté pouvant donner ouverture à l'*habeas*, on s'interroge aussi sur le point de savoir si le remède recherché doit être une mise en liberté totale, ou si au contraire le recours peut servir, par exemple, à contrôler une détention particulièrement sévère dans un pénitencier et à réintégrer le détenu dans la population carcérale générale. En d'autres termes, la «*libération*» recherchée par l'*habeas* aux termes de l'alinéa 10c) doit-elle être complète et immédiate ou peut-elle consister aussi à redonner à l'individu une liberté, non pas complète, mais résiduelle en tel sens qu'elle demeure restreinte par une autre détention?

La Cour suprême a tranché la question dans *R. c. Miller*[374]. Rendant jugement pour la Cour, le juge Le Dain, après une analyse soigneuse, conclut :

> L'incarcération dans une unité spéciale de détention, ou en ségrégation administrative [...] constitue une forme de détention qui est tout à fait distincte de celle imposée à la population carcérale générale. Elle entraîne une diminution importante de la liberté résiduelle du détenu. Il s'agit en fait d'une nouvelle détention qui est censée avoir son propre fondement juridique. C'est cette forme précise de détention ou de privation de liberté qui est contestée par l'*habeas corpus*. C'est la libération de cette forme de détention qu'on demande. Voilà pourquoi je ne vois aucune raison valable fondée sur la nature et le rôle de l'*habeas corpus* pour laquelle il ne devrait pas servir à cette fin. Je ne dis pas qu'on devrait recourir à l'*habeas corpus* pour contester toutes et

---

[372] D.A. CAMERON HARVEY, *supra*, note 352, p. 174. Voir aussi l'analyse approfondie de R.J. SHARPE, *supra*, note 352, p. 163 à 175. Avec raison, ces auteurs signalent que l'exigence de la détention au sens strict est discutable et anachronique.

[373] Dans *R. c. Miller*, *supra*, note 353, p. 638 et 639 le juge Le Dain cite, sans approbation expresse ni désapprobation, certains arrêts américains où l'on a ouvert l'*habeas* à un individu en libération conditionnelle et à un individu qui n'avait pas encore commencé de purger sa peine. Mais la juge Wilson va plus loin dans *R. c. Gamble*, [1988] 2 R.C.S. 595, p. 645 quand elle écrit : «Le juge Lamer, dans le *Renvoi : Motor Vehicle Act de la C.-B.*, [1985] 2 R.C.S. 486, conclut, à la 515, que les restrictions à la liberté inhérentes aux ordonnances de probation tombent sous la protection de l'article 7 de la *Charte*. Il serait anormal que le recours en *habeas corpus* n'ait pas évolué de façon à pouvoir être exercé contre des atteintes illégales à des droits à la liberté constitutionnellement protégés. L'ancien arrêt de cette Cour *Masella v. Langlais* [*supra*, note 371] est suspect dans la mesure où il refuse le recours à l'*habeas corpus* pour faire valoir les droits protégés en vertu de l'article 7 de la *Charte*».

[374] *Supra*, note 353.

chacune des conditions d'incarcération dans un pénitencier ou une prison, y compris la perte d'un privilège dont jouit la population carcérale générale. Mais, selon moi, il y a lieu d'y recourir pour contester la validité d'une forme distincte de détention dans laquelle la contrainte physique réelle ou la privation de liberté, par opposition à la simple perte de certains privilèges, est plus restrictive ou sévère que cela est normalement le cas dans un établissement carcéral[375].

La Cour suprême a eu tout à fait raison aussi dans *R. c. Gamble*[376] d'ouvrir l'*habeas* au détenu qui alléguait avoir été condamné, avant l'adoption de la *Charte*, en vertu d'une loi qui ne lui était pas applicable et qui de ce fait ne se trouvait pas encore admissible à la libération conditionnelle alors qu'il l'aurait été si la bonne loi lui avait été appliquée. Comme cet arrêt soulève d'autres questions pertinentes à la présente étude et dont on traitera plus loin, limitons-nous à observer combien il aurait été regrettable de lui fermer le recours au motif que le remède qu'il recherchait était l'*admissibilité* à la libération conditionnelle et que n'étant pas assuré d'obtenir celle-ci l'exigence d'une libération complète et immédiate n'était pas satisfaite. C'est à bien juste titre que la juge Wilson a fait remarquer que le simple fait de se savoir admissible à la libération conditionnelle est fort important pour le détenu[377].

Comme on l'a vu plus haut, la Cour suprême dans *Idziak c. Canada (Ministre de la Justice)*[378] a aussi ouvert l'*habeas* à une personne déjà détenue aux fins d'examiner la légalité de son extradition, qui était imminente. C'est donc ici encore la «liberté résiduelle» de cette personne qu'on a voulu protéger, l'extradition étant «une atteinte fort importante» à celle-ci[379].

L'exigence d'une libération complète et immédiate est donc aujourd'hui fort heureusement disparue. Elle aurait pu conduire à refuser au détenu la possibilité de contester la validité d'une deuxième sentence alors qu'il n'avait pas fini de purger la première, même si cela affectait son éligibilité à la libération conditionnelle, et elle aurait pu conduire aussi à lui refuser la possibilité de contester une sentence s'il en purgeait une autre concurremment. Le premier résultat est injuste, et le second est injuste aussi, car si le

---

[375] *Id.*, p. 641. Notons que dans *R. c. Gamble*, *supra*, note 373, p. 645, la juge Wilson rappelle que la Cour suprême des États-Unis a permis que soit contestée par *habeas* la révocation du temps de bonne conduite porté au crédit d'un détenu. *Preiser c. Rodriguez* 411 U.S. 475 (1973). C'est un exemple d'utilisation de l'*habeas* à propos d'une prolongation de détention à venir et par une personne déjà emprisonnée.

[376] *Supra*, note 373.

[377] *Id.*, p. 644.

[378] *Supra*, note 368.

[379] *Id.*, p. 647. Le juge Cory écrit : «En l'espèce, si le mandat d'extradition était exécuté, M. Idziak serait livré à la garde de l'État requérant. Il s'agit de toute évidence d'une atteinte fort importante à sa liberté résiduelle».

détenu venait à contester la deuxième sentence, on aurait pu lui refuser de le faire au motif qu'il purgeait la première, qu'il n'aurait pu contester non plus parce qu'il purgeait l'autre[380].

(b) Étendue et procédure de contrôle

Quelles sont les illégalités dont l'alinéa 10c) garantit le contrôle? En d'autres termes, quelle est l'étendue ou l'ampleur de celui-ci? La question est difficile[381] mais importante, à la fois pour déterminer si la garantie est applicable et, dans l'hypothèse où l'on peut lui en substituer une autre, pour décider du caractère adéquat de celle-ci.

Il est bien connu que *l'habeas corpus* n'avait traditionnellement pour but que de faire vérifier si la détention était légale au moment du retour du bref; pour reprendre une définition de la Cour suprême, il s'agissait d'une enquête «into the jurisdiction of the Court by which process the subject is held in custody and into the validity of the process upon its face»[382]. Cette procédure n'avait et n'a toujours d'ailleurs rien à voir avec un appel grâce auquel on pourrait prétendre que l'individu fut incarcéré sur la base de preuves insuffisantes. Même si l'on a déjà affirmé qu'elle ne permettait pas non plus de contester la légalité des étapes antérieures à la détention, celle de l'arrestation par exemple[383], il convient de nuancer. Toute irrégularité, même ancienne, susceptible d'avoir un effet sur la légalité de la détention peut logiquement être invoquée. C'est ainsi qu'on a décidé qu'un acte d'accusation imprécis pouvait justifier la libération et qu'il s'agissait d'un vice fatal dans la mesure où l'intéressé n'avait pas su de quoi on l'accusait ni comment se défendre; à l'inverse il fut jugé possible de corriger un mandat d'arrestation où l'on avait omis d'indiquer qu'il s'agissait d'exécuter un ordre de déportation bien fondé, l'irrégularité n'ayant eu aucun effet sur la légalité de la détention[384].

---

[380] A juste titre, la Cour d'appel du Québec a refusé de décider ainsi dans *Gagnon et Vallières c. La Reine*, [1971] C.A. 454.

[381] Dans *R. c. Gamble*, *supra*, note 373, p. 639 et 640, la juge Wilson écrit : «Il ne fait pas de doute que la portée de l'examen que peut faire le tribunal saisi d'une demande d'*habeas corpus* est entourée de beaucoup d'incertitude [...]; aussi il est compréhensible que les tribunaux ne se soient pas, en général, restreints à des catégories ou à des définitions limitées de l'examen juridictionnel lorsque la liberté du sujet était en cause. Je pense que cette tendance doit être maintenue lorsqu'on demande un *habeas corpus* à titre de réparation fondée sur la *Charte* et que des distinctions devenues obscures, formalistes, artificielles et qui plus est ne tiennent aucun compte de l'objet visé, devraient être rejetées».

[382] *Goldhar c. The Queen*, [1960] R.C.S. 431, p. 439.

[383] D.A. CAMERON HARVEY, *supra*, note 352, p. 30 et 125; R.J. SHARPE *supra*, note 352, p. 180 à 182.

[384] Comparer *Recorder's Court of Quebec c. Dufour*, [1947] B.R. 331 (B.R. Qué.) et Ex *parte Fong Goey Jow*, [1948] R.C.S. 37.

Qu'en est-il depuis que l'*habeas corpus* est constitutionnalisé? L'idée de base, d'ailleurs fort justifiée, paraît toujours être d'éviter que cette procédure serve à refaire le procès, qu'elle se substitue à l'appel ou qu'elle devienne une mesure interlocutoire fractionnant le processus pénal, ce que notre droit a toujours voulu éviter. Mais alors même que le *Code criminel* prévoit un mécanisme élaboré de révision des ordonnances de détention, on a jugé que l'*habeas* était un recours approprié dans le cas où ce qui était contesté était la constitutionnalité, par rapport à la *Charte*, de la loi même imposant la détention et obligeant le détenu à démontrer son caractère injustifié. En effet, la question étant essentiellement juridictionnelle — l'invalidité de la loi aurait entraîné l'absence de toute compétence pour détenir — et nullement particulière au requérant, aucune difficulté de preuve ne se posait et c'est ce qui paraît avoir été déterminant en l'espèce[385].

L'*habeas* ne sert pas à contester les condamnations non plus que les sentences. Mais c'est à raison, selon nous, qu'on a conclu à sa recevabilité, en l'absence de tout autre recours adéquat, pour contester, toujours par rapport à la *Charte*, une détention découlant d'une sentence imposée avant l'entrée en vigueur de la *Charte* et dont l'effet était toujours, après cette entrée en vigueur, de rendre le détenu inadmissible à la libération conditionnelle. Comme il était allégué qu'au moment du procès le tribunal avait appliqué à l'accusé la mauvaise loi et par conséquent la mauvaise peine — ce avec quoi la majorité de la Cour suprême fut d'accord —, la question ici encore était très probablement juridictionnelle et ne ressemblait en rien en tout cas à un nouveau procès ni à une nouvelle appréciation de la preuve[386].

Cette dernière différenciation est fondamentale et elle sera d'autant plus marquée que l'illégalité alléguée s'apparentera à un excès de juridiction. Mais l'excès de juridiction, bien que la jurisprudence traditionnelle sur

---

[385] *R. c. Pearson, supra,* note 356, p. 680.
[386] *R. c. Gamble, supra,* note 373, p. 636 à 646. La juge Wilson, pour la majorité, a beaucoup insisté sur le fait que ce qui était contesté sous l'article 7 de la *Charte* était la détention *actuelle* et non la condamnation et la sentence, celles-ci étant antérieures à la *Charte*. Certes c'est l'illégalité de ces dernières, au moment où elles avaient été prononcées, qui faisait que la détention était actuellement inconstitutionnelle, mais la *Charte* peut censurer une illégalité *passée mais continue* sans que ce soit lui donner une portée rétroactive. En d'autres termes, la détention, illégale à l'origine, se prolongeait comme détention illégale; applicable à cette dernière, la *Charte* l'était aussi à l'illégalité qui y avait conduit. La minorité ne parut pas en désaccord de principe sur ce point. Elle fut cependant d'avis que la condamnation et la sentence étaient légales au moment où elles furent prononcées puisque même si c'est erronément qu'on avait appliqué la loi nouvelle — qui ne visait pas les procédures entamées — lors du procès de l'appelante, le législateur avait clairement prévu que c'était cette loi qui devait s'appliquer à tout nouveau procès et qu'il aurait donc été inutile d'en ordonner un. Notons que cela avait été à l'époque l'avis de la Cour d'appel de l'Alberta, *infra,* note 412. Pour les juges minoritaires, la condamnation et la sentence étaient légales au moment de leur prononcé et vouloir les contester sous la *Charte*, après l'entrée en vigueur de celle-ci, équivalait à lui donner un effet rétroactif.

l'*habeas* y ait fait à maintes reprises référence, n'est pas vraiment une exigence en la matière et il faut plutôt conclure que toute erreur de droit apparente donnera ouverture à l'*habeas*, à condition une fois de plus qu'il ne s'agisse pas de réviser des décisions quant au fond[387]. Cette précision est particulièrement importante en rapport avec les violations des garanties juridiques de la *Charte*, qui n'équivalent pas toutes à des excès de juridiction[388] mais pour lesquelles l'*habeas* sera bien souvent le remède approprié. En effet, il est incontestable que la personne détenue de façon arbitraire (l'article 9), qu'on n'informe pas dans les plus brefs délais des motifs de sa détention (alinéa 10a)), à qui l'on refuse d'avoir recours sans délai à l'assistance d'un avocat ou qu'on n'informe pas de ce droit (alinéa 10b)) est une personne détenue illégalement. De même, la violation des garanties des articles 11 à 14 rend illégale la détention, directement (alinéas 11a) b) e), article 12) ou indirectement en viciant le procès au terme duquel la détention fut ordonnée ou en entachant de nullité la sentence (alinéa 11i)). Certes bien des garanties mentionnées plus haut sont de nature à être invoquées par le moyen de procédures autres que l'*habeas*, mais leur violation engendre une illégalité que ce dernier est apte à corriger.

Une chose doit cependant être bien comprise : l'*habeas* n'aura probablement jamais au Canada l'importance qu'il a aux États-Unis, où l'on s'en sert notamment pour contester devant les cours fédérales les condamnations prononcées par les cours des États au motif qu'elles violeraient une ou plusieurs garanties de la Constitution fédérale[389]. Cela découle des particularités du système judiciaire des États-Unis selon lequel les questions de droit fédéral relèvent des cours fédérales et les questions de droit étatique, des cours des États. Le système canadien étant beaucoup plus intégré et les cours de justice des provinces y appliquant le droit fédéral aussi bien que provincial, une tendance du même genre ne saurait s'y dessiner : l'*habeas* ne deviendra sans doute jamais au Canada un instrument de contestation des condamnations et des sentences.

On dit que l'*habeas* n'était pas fait pour examiner les demandes de libération conditionnelle, non plus que pour réviser les refus de mise en liberté sous caution[390]. Cela est exact mais appelle précision. On ne saurait bien sûr s'en servir pour obtenir une libération conditionnelle, qu'il appartient à l'autorité compétente d'octroyer. Mais ce sera un remède approprié si le processus décisionnel est entaché d'une illégalité et si, par exemple, on refuse d'examiner la requête d'un détenu légalement admissible à la

---

[387] Voir en ce sens R.J. SHARPE, *supra*, note 352, p. 22 et 63.
[388] Voir par exemple *Re Corbeil and the Queen* (1986) 27 C.C.C. (3d) 245 (C.A. Ont.), au sujet d'une violation de l'alinéa 11b) de la *Charte* sur le droit d'être jugé dans un délai raisonnable.
[389] Voir sur ce point : R.J. SHARPE, *supra*, note 352, p. 146.
[390] *R. c. Pearson*, *supra*, note 356, p. 681 et 682.

libération[391] ou si une telle libération est révoquée illégalement ou en violation des garanties de la *Charte*[392].

Comme l'*habeas* fut longtemps le recours usuel en matière de cautionnement[393] et qu'il ne l'est plus parce qu'un autre mécanisme a pris sa place[394], il faut se poser la question suivante : peut-on abolir l'*habeas* dans un secteur où il était traditionnellement le recours approprié? Si on le remplace par un contrôle équivalent, voire même plus large[395], il n'y aurait pas de raison de juger cette substitution inconstitutionnelle[396], sous réserve cependant qu'on puisse encore y avoir recours en cas de grave illégalité. L'ancien article 459.1 du *Code criminel*, aujourd'hui abrogé, excluait expressément l'*habeas* relativement «à la remise en liberté provisoire» et «aux fins de réviser ou modifier une décision [...] relative à la mise en liberté provisoire ou à la détention». Or certaines décisions, où l'on a invoqué l'alinéa 10c), ont conclu que l'article 459.1 ne pouvait avoir pour effet d'abroger le recours à *l'habeas*. Dans *Re Jack and the Queen*[397], on a décidé que le recours à *l'habeas* était possible, en dépit de cet article, dans le cas où, contrairement à ce qu'exige le *Code criminel*, la détention d'un prévenu n'avait pas fait l'objet d'un nouvel examen après l'expiration d'un certain délai[398]. Dans *Re Kot and the Queen*[399], l'article 459.1 fut jugé inopérant, d'où la possibilité de recourir à *l'habeas* pour attaquer la légalité d'une

---

[391] *R. c. Gamble, supra*, note 373.

[392] Voir la jurisprudence citée par R.J. SHARPE, *supra*, note 352, p. 150 et 151.

[393] *Id.*, p. 134.

[394] Voir les articles 515 à 523 du *Code criminel* et notre étude, qui suit celle-ci, de l'alinéa 11e) de la *Charte*.

[395] Le recours en révision de l'ordonnance de détention permet probablement un contrôle plus large que l'*habeas*. *R. c. Pearson, supra*, note 356, p. 680. En revanche, on peut interjeter appel quand une demande d'*habeas* est refusée (paragraphe 784(3) C.cr.) mais on ne le peut pas quand l'est une demande de révision de l'ordonnance de détention.

[396] Soit parce que non contraire à l'alinéa 10c) ou parce qu'elle serait sauvegardée par l'article premier. Un auteur est d'avis que l'abrogation de l'*habeas* jointe à son remplacement par un mode de révision aussi efficace serait une limite raisonnable à l'alinéa 10c), mais qu'une abrogation pure et simple n'aurait pas d'effet et n'empêcherait pas de faire vérifier la légalité d'une détention. Voir : P. BÉLIVEAU, «Le contrôle judiciaire en droit pénal canadien» (1983) 61 *R. du B. can.* 735, p. 786. On trouve une analyse détaillé de l'*habeas* aux pages 783 à 796 de cette étude. Voir aussi du même auteur : *Les garanties juridiques dans les Chartes des droits*, 2ᵉ éd., Montréal, Thémis, 1995, p. N-117 à N-122.

[397] (1982) 1 C.C.C. (3d) 193 (C.S. T.-N.).

[398] Sur ce point, la décision *Ex parte Mitchell* (1976) 23 C.C.C. (2d) 473 (C.A. C.-B.), où l'on avait invoqué le sous-alinéa 2c)(iii) de la *Déclaration canadienne des droits*, allait dans le même sens. Toujours à propos du caractère inopérant de l'article 459.1 sous la *Déclaration : Ex parte Clarke (no. 1), Ex parte White* (1978) 41 C.C.C. (2d) 511 (C.S. T.-N.); *Amyotte c. Le procureur général du Québec*, [1980] C.S. 429 (Qué.), où l'article 459.1 fut interprété comme n'enlevant pas le recours à *l'habeas* dans le cas où une libération provisoire avait été révoquée sans qu'on entende les parties.

[399] (1984) 10 C.C.C. (3d) 297 (H.C. Ont.).

arrestation. Comme n'importe quelle clause privative, cet article ne semble pas avoir résisté devant une illégalité équivalant à un excès de juridiction, même s'il y avait un autre recours disponible[400], et la constitutionnalisation de *l'habeas* ne peut qu'inciter à déclarer inopérante une disposition législative qui l'abroge totalement ou encore à interpréter comme n'ayant pas cet effet une disposition législative qui n'est pas absolument explicite sur ce point[401]. Par ailleurs, nous ne croyons pas que l'alinéa 10c) aille jusqu'à limiter la discrétion du législateur par ailleurs compétent[402] pour établir ou pas un appel de la décision de première instance, ou pour permettre ou interdire les demandes répétées. Ce sont là en effet de pures modalités du droit garanti, tout comme les règles de juridiction territoriale en la matière, à moins qu'elles aient pour but de gêner systématiquement l'exercice du recours. Notons enfin que l'article 775 du *Code criminel*, qui permet au juge de refuser de statuer sur la requête en *habeas corpus* et d'ordonner que les mesures servant le mieux les fins de la justice soient prises, porte certainement atteinte à l'alinéa 10c)[403] et qu'il faudra démontrer que cette atteinte se justifie sous l'article premier[404].

Venons-en aux questions proprement procédurales. On connaît la pratique canadienne d'assortir *l'habeas* d'un *certiorari* auxiliaire afin de saisir la cour de l'ensemble du dossier et de permettre le dépôt d'affidavits. On sait aussi que dans un arrêt vivement contesté, quatre juges de la Cour suprême — le juge Ritchie et trois de ses collègues — furent d'avis qu'une cour provinciale n'avait point juridiction pour émettre un *certiorari* auxiliaire à l'encontre d'un organisme fédéral, cela à cause de l'article 18 de la *Loi sur la Cour fédérale* qui donne à cette Cour juridiction en matière de *certiorari* contre les organismes fédéraux. Ces juges ont donc assimilé le *certiorari* ordinaire et celui auxiliaire de *l'habeas* et n'ont pas permis à l'appelant de faire la preuve qu'il avait été arrêté et détenu sans qu'on lui dise pourquoi et en contravention du sous-alinéa 2c)(i) de la *Déclaration canadienne des droits*, *l'habeas* ne permettant selon eux que d'examiner les faits décrits aux divers mandats remis lors du retour du bref[405]. Dans son

---

[400] On dit souvent que *l'habeas* n'est ouvert qu'en l'absence d'un droit d'appel ou d'un autre recours adéquat. D.A. CAMERON HARVEY, *supra*, note 352, p. 13. Le moins qu'on puisse dire est que cette proposition appelle plusieurs nuances. Voir R.J. SHARPE, *supra*, note 352, p. 59.

[401] Voir *Re Cadeddu and the Queen* (1982) 4 C.C.C. (3d) 97 (H.C. Ont.), et *Reference re Procedures and the Mental Health Act*, *supra*, note 365, où deux lois provinciales furent interprétées comme n'abrogeant pas *l'habeas*.

[402] Le droit constitutionnel établit des règles importantes quant à la compétence respective du Parlement fédéral et des provinces en matière *d'habeas*. Mais il n'est pas de notre propos d'analyser ici cette question.

[403] *R. c. Pomfret* (1990) 53 C.C.C. (3d) 56, p. 62 (C.A. Man.).

[404] Voir en ce sens : *R. c. Vukelich* (1993) 21 W.C.B. (2d) 57 (C.S. C.-B.).

[405] *Mitchell c. La Reine*, [1976] 2 R.C.S. 570, p. 595.

opinion dissidente, le juge en chef Laskin, avec l'appui du juge Dickson, invoque le sous-alinéa 2c)(iii) de la *Déclaration canadienne des droits*, article qui garantit l'*habeas*, ajoutant : «si nécessaire, je l'interpréterais comme embrassant le *certiorari* auxiliaire de sorte que le recours ne soit pas là comme un objet précieux dans une vitrine, mais qu'on puisse l'exercer réellement[406]».

Fort heureusement, la Cour suprême a, dans *R. c. Miller*[407], adopté à l'unanimité l'opinion du juge en chef Laskin, invoquant au surplus à l'appui de cette conclusion l'alinéa 10c) de la *Charte*[408]. Elle a donc permis à une cour supérieure provinciale d'émettre un *habeas* avec *certiorari* auxiliaire en vue d'examiner la validité d'une détention ordonnée par un organisme fédéral. Elle a aussi établi que, sur *habeas* seul, une cour peut recevoir un affidavit ou une autre preuve extrinsèque en vue de décider s'il y a excès de compétence, sous réserve «du caractère concluant des dossiers de cours de juridiction supérieure ou de juridiction générale en *common law*»[409]. Il est heureux que l'alinéa 10c) ait pu contribuer à ce que le fond l'emporte sur la forme et à ce que ce ne soit pas la queue qui fasse remuer le chien!

Notons aussi que dans *R. c. Gamble*[410], la juge Wilson, sans invoquer expressément l'alinéa 10c) mais en faisant grand état de l'arrêt *Miller*, qui lui l'a invoqué, a estimé «totalement inacceptable compte tenu des intérêts en jeu[411]» de rejeter la requête en *habeas*, initialement logée devant la Cour suprême de l'Ontario, au motif que la requérante avait été jugée et condamnée en Alberta par une cour supérieure de juridiction criminelle et non pas un tribunal inférieur[412]. Elle n'a d'ailleurs pas relevé, dans son jugement, que le juge Le Dain avait fait la réserve précitée sur ce point et a plutôt estimé que l'erreur était apparente, donc contrôlable. C'est là un autre exemple d'un sain assouplissement en matière d'*habeas*.

Il y a tout lieu de croire que l'alinéa 10c) garantit l'accès à un tribunal supérieur. Dans l'État actuel des choses, il s'agit des cours supérieures des provinces puisque la *Loi sur la Cour fédérale* ne traite d'*habeas* qu'à son paragraphe 18(2), qui confère à la section de première instance une compétence exclusive sur les demandes d'*habeas* des membres des Forces canadiennes en poste à l'étranger. Sauf en ce cas, la Cour fédérale serait

---

[406] *Id.*, p. 578.
[407] *Supra*, note 353.
[408] *Id.*, p. 625.
[409] *Id.*, p. 633.
[410] *Supra*, note 373.
[411] *Id.*, p. 643.
[412] Condamnation confirmée par la Cour d'appel de l'Alberta (*R. c. Gamble and Nichols* (1978) 40 C.C.C. (2d) 415) et autorisation de se pourvoir devant la Cour suprême refusée : [1978] 2 R.C.S. vii.

dépourvue de compétence en la matière[413], mais la Cour suprême a plutôt été d'avis, sans s'en expliquer, que l'*habeas* en matière fédérale relevait de la compétence concurrente de la Cour fédérale et des cours supérieures des provinces[414]. Cette dernière conclusion découle peut-être du fait que les juges de la Cour fédérale doivent être considérés comme des juges de «cours supérieure» possédant donc de façon inhérente cette juridiction de *common law*[415].

Il nous reste à dire quelques mots du remède recherché par l'*habeas*. Comme on l'a vu plus haut, la libération n'a pas besoin d'être complète et immédiate pour que le recours soit recevable; mais faut-il qu'il s'agisse toujours d'une libération ou le tribunal pourra-t-il, par exemple et comme l'a déjà suggéré la Cour suprême, «ordonner qu'une nouvelle enquête pour cautionnement soit tenue conformément à des critères valides sur le plan constitutionnel»[416]? Certes c'est bel et bien de libération dont il est question à l'alinéa 10c) et non pas d'une réparation «convenable et juste eu égard aux circonstances», expression qui se retrouve au paragraphe 24(1). Cela dit, exiger que le remède soit toujours la libération pourrait avoir pour conséquence de faire perdre le bénéfice de l'*habeas* en de nombreux cas où, parce que l'illégalité peut être aisément et rapidement corrigée, la libération ne paraît pas appropriée. Vu qu'une nouvelle arrestation est dans beaucoup de cas légale[417], il vaut probablement mieux, dans les cas où elle le serait, considérer l'exigence de libération comme étant fictivement satisfaite et ordonner le remède approprié, une nouvelle audition par exemple, si celle qui a déjà eu lieu fut procéduralement viciée. Ce n'est pas à dire pour autant que l'*habeas* soit une mesure discrétionnaire : il ne l'est pas et doit émaner *ex debito justitiae* en cas de détention illégale[418]. Mais cela ne

---

[413] *In re Gittens Deportation Order*, [1983] 1 C.F. 152; *Pannu c. Le ministre de l'emploi et de l'immigration*, [1983] 1 C.F. 204. Voir aussi en ce sens : G. LÉTOURNEAU, *supra*, note 352, p. 314.

[414] *Idziak c. Canada (Ministre de la Justice)*, *supra*, note 368, p. 651. Notons que l'arrêt *R. c. Miller*, *supra*, note 353, ne conclut pas aussi clairement à une juridiction concurrente. On y décrit l'*habeas* comme une «exception à la compétence exclusive de la Cour fédérale en matière de contrôle judiciaire» et l'arrêt est ambigu sur ce point. Sur la juridiction de la Cour fédérale pour appliquer la *Charte*, voir l'intéressante étude de G. OTIS, «Les obstacles constitutionnels à la juridiction de la Cour fédérale en matière de responsabilité publique pour violation de la Charte canadienne», (1992) 71 *R. du B. Can.* 647.

[415] Rien n'indique cependant que la notion de juridiction inhérente, qui donne un pouvoir de contrôle sur certaines personnes, notamment les enfants (*parens patriae*), les officiers de la cour et les avocats, englobe les personnes détenues et celles qui les détiennent. Sur cette notion, voir la célèbre étude de H. JACOB, «The Inherent Jurisdiction of the Court» dans *Current Legal Problems 1970*, London, Stevens and Sons, 1970, p. 23 à 52.

[416] *R. c. Pearson*, *supra*, note 356, p. 680. Voir par exemple *R. c. Pomfret*, *supra*, note 403, où le remède fut la révision de l'ordonnance de détention.

[417] R.J. SHARPE, *supra*, note 352, p. 213 à 217.

[418] *Id.*, p. 58 et 59.

devrait pas empêcher que ce qui est ordonné soit approprié dans les circonstances.

Observons pour conclure qu'il est assez surprenant que dans au moins trois arrêts d'importance où se posait le problème de la recevabilité de l'*habeas* pour violation alléguée de la *Charte*, à savoir les arrêts *Gamble*[419], *Idziak*[420] et *Pearson*[421] dont il fut question précédemment, la Cour suprême n'ait fait aucune référence expresse à l'alinéa 10c), préférant s'en remettre au paragraphe 24(1) pour conclure que l'*habeas* était le recours approprié. Cette façon de voir a été critiquée : on a fait valoir que le droit à l'*habeas* existait indépendamment du paragraphe 24(1), que l'alinéa 10c) devait avoir préséance sur ce dernier[422] et l'on a même suggéré, pour s'assurer que le remède octroyé soit bien la libération, de n'invoquer que l'alinéa 10c) et la violation du devoir de *common law* d'agir équitablement pour éviter que l'invocation de la violation d'autres garanties de la *Charte* n'incite le tribunal à se baser sur le paragraphe 24(1) pour décider du remède à octroyer[423]. Mais dans la mesure où l'alinéa 10c) a pu contribuer, assez souvent implicitement comme on l'a vu, à assouplir les conditions de recevabilité de l'*habeas*, n'est-il pas inévitable que les exigences relatives au remède à ordonner soient également assouplies et que le tribunal prenne aussi appui sur le paragraphe 24(2) pour décider du remède, même si l'alinéa 10c) prescrit que c'est la libération? Pareille solution n'offense d'ailleurs pas la logique puisqu'une même situation factuelle peut déclencher l'application de l'alinéa 10c) et d'une autre garantie de la *Charte*, par exemple celles des articles 7 et 9. C'est d'ailleurs ce qui se produit le plus souvent. Quand donc la libération est de toute évidence inappropriée et qu'il y a lieu, comme on l'a suggéré plus haut, de la considérer comme ayant été fictivement ordonnée, rien ne devrait empêcher le tribunal de se baser sur le paragraphe 24(1) pour ordonner un autre remède de nature à mettre fin à la violation de la ou des garanties de la *Charte* invoquées en conjonction avec celle de l'alinéa 10c).

4. LA MISE EN LIBERTÉ SOUS CAUTIONNEMENT

L'alinéa 11e) se lit comme suit :

> Tout inculpé a le droit : [...] e) de ne pas être privé sans juste cause d'une mise en liberté assortie d'un cautionnement raisonnable.

---

[419] *Supra*, note 373.
[420] *Supra*, note 368.
[421] *Supra*, note 356.
[422] L. LEMONDE, *supra*, note 352, p. 97.
[423] A. MANSON, «Annotation, *Martens c. Attorney General of British Columbia*» (1983) 35 *C.R.* (3d) 149. L. LEMONDE, *ibid.*, expose et rejette cette suggestion.

Cette disposition se retrouve à peu près dans les mêmes termes à l'alinéa 2f) de la *Déclaration canadienne des droits* qui interdit de priver «une personne accusée d'un acte criminel [...] sans juste cause du droit à un cautionnement raisonnable». Le paragraphe 9(3) du *Pacte international relatif aux droits civils et politiques* prévoit de son côté : «La détention des personnes qui attendent de passer en jugement ne doit pas être de règle, mais la mise en liberté peut être subordonnée à des garanties assurant la comparution de l'intéressé à l'audience, à tous les autres actes de la procédure et, le cas échéant, pour l'exécution du jugement».

L'alinéa 11e) pose une double exigence : la détention ne peut être ordonnée que moyennant *juste cause* et le *cautionnement doit être raisonnable*. Voyons ce qui en est de la conformité à ces deux exigences d'abord des textes législatifs mêmes, ensuite de l'application qui peut en être faite par le juge, après quoi nous tenterons de déterminer qui sont les bénéficiaires de la protection de l'alinéa 11e).

Vu la libéralisation de la procédure de cautionnement en 1971[424], et même si cette réforme fut quelque peu tempérée en 1976[425], les articles du *Code criminel* (articles 515 à 523) qui instituent ce qu'on appelle la mise en liberté provisoire par voie judiciaire paraissent poser assez peu de problèmes par rapport à l'alinéa 11e). Ils consacrent en effet le principe de la libération avant procès, et il appartient à la poursuite de convaincre le juge que l'incarcération s'impose.

Certes ce fardeau de preuve est renversé dans certains cas (paragraphe 515(6)); et vu que la Cour suprême a établi, dans *R. c. Pearson*[426], que le droit à la mise en liberté provisoire garanti par l'alinéa 11e) découlait de la présomption d'innocence et qu'il bénéficiait à toute personnes non encore reconnue coupable, ce renversement doit être justifié et il faut lui trouver une juste cause au sens de cet article[427]. La loi, a-t-on précisé, ne peut le prévoir que pour des cas bien déterminés et dont on peut penser — sous réserve pour le détenu de démontrer le contraire — qu'ils ne se prêtent pas à une bonne application du système de liberté provisoire[428]. On a jugé que ces exigences étaient satisfaites dans le cas des personnes accusées de trafic de stupéfiants puisque cette activité s'inscrit dans des réseaux qui jouissent d'importants moyens financiers et où l'accusé aura plus qu'ailleurs la possibilité de fuir et de se soustraire à la justice[429]. L'alinéa 515(6)d) du *Code criminel* fut donc jugé valide.

---

[424] *Loi sur la réforme du cautionnement*, S.C. 1970-71-72, c. 37.
[425] *Loi de 1975 modifiant le Code criminel*, S.C. 1974-75-76, c. 93.
[426] [1992] 3 R.C.S. 665.
[427] *Id.*, p. 693. Ce lien qu'établit le juge en chef Lamer entre la présomption d'innocence et l'alinéa 11e) fait l'objet d'une claire réserve de la part du juge Gonthier (p. 702 et 703).
[428] *Ibid.*
[429] *Id.*, p. 694 à 699. Notons sur ce point la dissidence des juges La Forest et McLachlin pour

Le renversement du fardeau de la preuve que l'alinéa 515(6)a) prévoit dans le cas de la personne accusée d'un acte criminel qu'elle aurait commis alors qu'elle était en liberté provisoire en rapport avec un autre acte criminel fut lui aussi jugé conforme à l'alinéa 11e) dans *R. c. Morales*[430]. Comme l'on avait précédemment établi dans cet arrêt qu'il y avait juste cause à priver de cette liberté, au nom de la sécurité du public, une personne quand il est très probable qu'elle commettra une infraction[431], on a eu peu de peine à montrer qu'il y avait aussi juste cause à exiger de celle dont on a des motifs raisonnables et probables de croire qu'elle l'a déjà commise qu'elle établisse que sa détention n'est pas justifiée[432].

Mais l'alinéa 11e) a servi à invalider «l'intérêt public» comme motif de détention prévu à l'alinéa 515(10)b) du *Code*. La majorité de la Cour suprême a en effet été d'avis que ces «termes vagues et imprécis[433]» ne pouvaient donner prise à un débat judiciaire réel quant au caractère justifié de la détention provisoire et que même s'il s'agissait en l'occurrence d'un défaut affectant un critère de détention et non la définition d'une infraction, la théorie de l'imprécision était applicable[434]. Une détention ordonnée sur la base de ce motif serait donc une détention sans juste cause.

Vu les deux arrêts de la Cour suprême qui viennent d'être évoqués, il ne semble pas que les autres cas où, conformément aux alinéas 515(6)b) et c), le détenu doit établir le caractère injustifié de sa détention, à savoir lorsqu'il ne réside pas au Canada[435] et lorsqu'il est accusé de s'être soustrait à la justice ou d'avoir violé les conditions de sa mise en liberté alors qu'il était en liberté provisoire, fassent problème par rapport à l'alinéa 11e). Ne fait probablement pas problème non plus le fait que dans le cas de quelques infractions graves, dont le meurtre et la piraterie, seul un juge d'une cour supérieure puisse décider de la mise en liberté provisoire de l'accusé, ce

---

qui le fait de renverser le fardeau de la preuve dans le cas de toutes les personnes accusées de trafic de stupéfiants viole l'alinéa 11e) et n'est pas sauvegardé par l'article premier. Selon eux, le raisonnement du juge en chef ne vaut que pour le grand trafiquant et pas pour le petit revendeur; au surplus, il sera très difficile pour ce dernier de prouver qu'il ne fait pas partie d'un réseau et d'obtenir sa mise en liberté.

[430] [1992] 3 R.C.S. 711.
[431] *Id.*, p. 735 à 740.
[432] *Id.*, p. 743 à 747.
[433] *Id.*, p. 726.
[434] *Id.*, p. 726 à 735. Sur la question de la validité du critère de l'intérêt public, les juges L'Heureux-Dubé et Gonthier sont dissidents.
[435] Comme on le verra plus loin, un critère basé sur la résidence à l'intérieur du Canada peut faire problème par rapport à l'article 6 de la *Charte*, mais cet article n'a aucunement trait à la résidence hors du Canada. Un critère de résidence n'est pas non plus, sauf circonstances très particulières, contraire à l'article 15 de la *Charte*. Voir : *Haig c. Canada*, [1993] 2 R.C.S. 995, p. 1044.

dernier ayant le fardeau d'établir que sa détention n'est pas justifiée (article 522)[436].

Comme on l'a vu, l'exigence de la juste cause de l'alinéa 11e) implique qu'un débat judiciaire réel se tienne sur le caractère justifié de la détention. On peut soutenir qu'elle implique aussi que la décision prise ne soit pas finale et définitive, la liberté même de l'individu en étant l'enjeu. Mais le *Code criminel* établit à ce sujet une procédure fort satisfaisante : il prévoit en effet que cette décision peut faire l'objet, non seulement d'un recours en révision (articles 520 et 521 et paragraphe 522(4)) mais même d'une modification en cours d'instance (paragraphe 523(2)), ce qui fait que le cautionnement n'est pas une question qui ne peut se discuter qu'une seule fois et une fois pour toutes[437]. La possibilité d'ajourner l'enquête sur la mise en liberté pour au plus trois jours francs (article 516 et paragraphe 520(4)) n'a rien d'excessif, non plus que l'interdiction de répéter une demande avant l'expiration de 30 jours (paragraphe 520(8)). On peut se demander cependant si l'interdiction d'interroger ou de contre-interroger le prévenu, lors de l'enquête sur la mise en liberté provisoire, au sujet de l'infraction dont il est inculpé (alinéa 518(1)b)) n'est pas contraire au principe d'une défense pleine et entière[438], encore que cette interdiction soit dans beaucoup de cas favorable à l'accusé.

La mise en liberté, quand elle est ordonnée, peut, aux termes de l'alinéa 11e), être assortie d'un cautionnement raisonnable. Qu'est-ce à dire? Précisons d'abord que le mot «cautionnement» n'a pas que le sens populaire de sommes d'argent en garantie mais vise toutes les conditions posées à la liberté provisoire[439] : promesse, engagement de payer avec ou sans caution, dépôt d'argent, obligation de demeurer dans une juridiction territoriale donnée, de se présenter à une autorité à certains moments, de signaler ses changements d'adresse, de déposer son passeport, de s'abstenir d'entrer en contact avec certaines personnes et autres conditions raisonnables (paragraphes 515(2) et (4)). Ce ne sont pas ces conditions en elles-mêmes qui peuvent

---

[436] *Contra* : *R. c. Sylvester* (1994) 23 W.C.B. (2d) 380 (Gen. Div. Court Ont.), où l'article 522 fut jugé contraire à l'alinéa 11e) mais sauvegardé par l'article premier.

[437] Notons que le juge siégant en révision peut examiner tous les aspects du dossier et n'est pas limité à n'intervenir que s'il y a faits nouveaux ou erreur de droit. Voir : *R. c. Dellacio* (1987) 3 W.C.B. (2) 373 (C.S. Qué.). Dans *R. c. Lee* (1982) 69 C.C.C. (2d) 190 (C.S. C.-B.), l'on suggère l'existence d'un recours en révision fondé directement sur l'article 24 de la *Charte*, dans un contexte où le recours en révision du *Code criminel* n'était pas utilisable. Mais voir *R. c. Morphet* (1986) 17 W.C.B. 203 (C.S. C.-B.) où l'on considère que cette position est incompatible avec le principe selon lequel la *Charte* ne crée pas de recours nouveau, principe établi dans *Mills c. La Reine*, [1986] 1 R.C.S. 863. Nous revenons sur cette question à la fin de la présente étude.

[438] *R. c. Millar* (1983) 7 C.C.C. (3d) 286 (C.S. Qué.), où l'on a décidé que cette interdiction était contraire à l'article 7 de la *Charte*.

[439] *R. c. Pearson, supra,* note 426, p. 690.

faire problème par rapport à l'alinéa 11e) mais plutôt, comme on le verra, celles que le juge choisit d'imposer à une personne en particulier. Signalons cependant que l'obligation de demeurer dans une juridiction territoriale donnée, non déraisonnable en elle-même, porte atteinte, dans le cas d'un citoyen canadien et d'un résident permanent au Canada, au «droit de se déplacer dans tout le pays» que garantit l'alinéa 6(2)a) de la *Charte* et il faudra démontrer qu'il s'agit d'une atteinte sauvegardée par l'article premier de celle-ci[440]. Encore que moins directement, y porte peut-être aussi atteinte l'interdiction de rencontrer certaines personnes[441]; et l'obligation de dépôt imposée au prévenu ne résidant pas dans la province ou dans un rayon de deux cents kilomètres du lieu où il est sous garde (alinéa 515(2)e)) fait problème par rapport à l'alinéa 6(2)a) dans la mesure où ce dernier garantit aussi le droit pour le citoyen et le résident permanent «d'établir leur résidence dans toute province» et où l'on choisit la résidence du détenu comme un facteur qui lui est défavorale[442]. Le recours à l'article premier sera, ici encore, probablement requis.

L'alinéa 11e) peut être invoqué non seulement pour contester ou interpréter un texte de loi, mais aussi pour contester le déroulement d'une procédure ou une ordonnance spécifique concernant un individu en particulier. C'est donc aussi et même surtout sur le plan du traitement des cas particuliers qu'on peut se trouver en présence d'une détention sans juste cause ou d'un cautionnement déraisonnable. Ainsi on a estimé qu'il était contraire à l'alinéa 11e) de refuser la mise en liberté provisoire à un individu n'ayant pas d'antécédent judiciaire, dont on n'avait pas raison de croire qu'il ne se présenterait pas à son procès et au seul motif que la poursuite avait une forte preuve contre lui[443]. Par contre, le fait que la poursuite n'ait pas à prouver hors de tout doute le caractère justifié de la détention de l'accusé mais qu'elle n'ait qu'à satisfaire à la norme de la balance des probabilités ne fut pas jugé contraire à cet article[444]. Cela se comprend car

---

[440] Certes le paragraphe 6(2) fut interprété comme garantissant la mobilité interprovinciale et non intraprovinciale. Voir *Society of Upper Canada c. Skapinker*, [1984] 1 R.C.S. 357. Mais l'obligation de demeurer dans une juridiction territoriale enfreint l'une et l'autre. Notons que dans *Regina c. Murphy* (1987) 3 W.C.B. (2d) 282 (B.R. N.-B.), l'interdiction faite à une personne en liberté conditionnelle de venir dans la ville où elle résidait avant son incarcération et où son ex-conjointe résidait toujours fut jugée contraire à l'article 6 et non sauvegardé par l'article premier.

[441] On fut d'avis contraire dans *Re Bryntwick and National Parole Board* (1986) 32 C.C.C. (3d) 321 (C.F.), où il s'agissait de libération conditionnelle.

[442] *Contra*: *Crothers c. Simpson Sears Ltd.*, [1988] 4 W.W.R. 673 (C.A. Alta.); *Lapierre c. Barrette*, [1988] R.J.Q. 2374 (C.A. Qué.). Rappelons que le critère de résidence n'est pas, sauf circonstances bien particulières, contraire à l'article 15 de la *Charte* : *supra*, note 435.

[443] *R. c. Dellacio*, *supra*, note 437.

[444] *R. c. Sparks* (1982) 8 W.C.B. 182 (C. mag. N.-É.).

la détention avant procès n'est qu'une mesure provisoire qui n'entraîne pas une stigmatisation comparable à la détention résultant d'une condamnation. Son but premier étant de protéger la société et de favoriser la bonne administration de la justice plutôt que de punir, dissuader ou réhabiliter, un allégement du fardeau de la preuve au profit de la poursuite paraît donc quelque chose d'acceptable. Dans ce même esprit, on a décidé qu'une requête sur la mise en liberté provisoire devait être assez expéditive et qu'il y avait lieu par conséquent d'assouplir lors d'une enquête les règles gouvernant la recevabilité des preuves[445]. On a aussi décidé qu'il n'est pas essentiel que l'accusé comprenne parfaitement le déroulement de la procédure[446]. Mais imposer à un accusé des conditions de mise en liberté qu'il lui est de toute évidence impossible de remplir peut aisément devenir un cautionnement déraisonnable[447].

Il reste à déterminer à qui exactement bénéficie la protection de l'alinéa 11e). Selon la jurisprudence dominante, la personne condamnée qui en rappelle de sa condamnation ou de sa sentence n'est plus un inculpé au sens de cet article et ne peut invoquer ce dernier pour contester les normes de mise en liberté provisoire pendant l'appel qu'établit l'article 679 du *Code criminel*[448] Il est compréhensible qu'au chapitre de la mise en liberté provisoire la personne condamnée n'ait pas toutes les protections qu'a celle qui ne l'est pas, d'autant que la Cour suprême, à la majorité, a lié la mise en liberté provisoire à la présomption d'innocence[449]. Cela dit, si un critère comme celui de l'intérêt public n'est pas acceptable, comme on l'a vu[450], comme critère de détention sous l'alinéa 11e) en ce qu'il ne donne pas prise à un débat judiciaire valable à ce sujet, on peut prétendre que ce même critère porte atteinte, d'une façon non conforme aux principes de justice fondamentale, à la liberté de l'individu condamné, et s'avère contraire à l'article 7 de la *Charte* quand on se base sur lui pour refuser la mise en liberté provisoire à cet individu pendant le déroulement de l'appel qu'il a logé. L'article 679 du *Code criminel*, en ce qu'il fait appel à ce critère, nous semble donc faire problème par rapport à l'article 7 de la *Charte*[451].

---

[445] *R. c. Kevork* (1984) 12 C.C.C. (3d) 339 (C.S. Ont.).
[446] *Re Regina and Brooks* (1982) 1 C.C.C. (3d) 506 (H.C. Ont.).
[447] *Fraser c. The Queen* (1982) 38 O.R. (2d) 172 (C. dist. Ont.).
[448] *R. c. Osolin* (1989) 7 W.C.B. (2d) 122 (C.A. C.-B.); *R. c. Branco* (1994) 87 C.C.C. (3d) 71 (C.A. C.-B.); *R. c. Farinacci* (1994) 18 C.R.R. (2d) 298 (C.A. Ont.). Contra : *Re Hinds and the Queen* (1983) 4 C.C.C. (3d) 322 (C.S. C.-B.). Dans *R. c. Potvin*, [1993] 2 R.C.S. 880, p. 908, le juge Sopinka écrit qu'«en règle générale l'expression ''tout [i]nculpé'' au sens de l'al. 11 ne vise pas un accusé qui est partie à un appel».
[449] *Supra*, note 427.
[450] *Supra*, note 434.
[451] Voir en ce sens : G.G. MITCHELL, «Significant Development in Criminal Charter Jurisprudence in 1992», (1993) 57 *Sask. L. Rev.*, 59, p. 98. Contra : *R. c. Branco*, *supra*, note 448; *R. c. Farinacci*, *supra*, note 448.

Il paraît établi que l'article 11 de la *Charte* ne s'applique pas en matière d'extradition. En effet, les garanties que l'on retrouve à certains alinéas de cet article, par exemple la présomption d'innocence à l'alinéa d) et le droit à un procès par jury à l'alinéa f), sont inappropriées en cette matière, et comme on a voulu que toutes les garanties de l'article 11 aient un domaine d'application uniforme, on a exclu l'extradition de ce domaine[452]. Peut-être aurait-on dû plutôt moduler le domaine d'application en fonction de la nature de la garantie; le fait que l'alinéa e) ne peut bénéficier à la personne dont un État étranger demande l'extradition, alors même que c'est la solution inverse qui s'imposerait, invite en tout cas à le penser. Quoi qu'il en soit, on peut certainement prétendre, ici encore, que refuser systématiquement la mise en liberté provisoire au fugitif qu'un État étranger veut extrader est contraire à l'article 7 de la *Charte*, tant il paraît injuste de protéger moins celui que cet État veut poursuivre devant ses tribunaux que celui qui fait l'objet d'une poursuite au Canada[453].

Mais l'article 11 s'applique à la justice militaire[454] : l'alinéa e) de cet article fait donc en sorte que le droit à la mise en liberté provisoire bénéficie à la personne traduite devant elle, même si la loi pertinente ne le prévoit pas[455]. Dans cette dernière hypothèse, plutôt que d'invoquer, comme on l'a déjà fait[456], l'article 24 de la *Charte*, qui n'est pas créateur de recours nouveaux, il conviendrait de procéder par *habeas corpus*, car si ce recours est disponible pour contester la constitutionnalité de la procédure de mise en liberté provisoire établie par la loi[457], il l'est assurément aussi pour contester le fait que la loi omet inconstitutionnellement d'en établir une. Le

---

[452] *Canada c. Schmidt*, [1987] 1 R.C.S. 500; *Argentine c. Mellino*, [1987] 1 R.C.S. 536. Sur l'extradition et la *Charte*, voir : A.J. SPENCER, «Fugitive Rights : The Role of the *Charter* in Extradition Cases», (1993) 51 *U. of Toronto Fac. of Law Rev.* 54.

[453] Voir en ce sens : *Re Global Communications Ltd. and Attorney General of Canada* (1984) 10 C.C.C. (3d) 97 (C.A. Ont.), où l'on a cependant jugé l'alinéa 11e) applicable. Invoquant l'alinéa 2f) de la *Déclaration canadienne des droits* on a décidé qu'un individu détenu en vertu de la *Loi sur l'extradition* pouvait bénéficier d'un cautionnement même si cette loi était silencieuse à cet égard : *Re Di Stefano* (1977) 30 C.C.C. (2d) 310 (C.S. T.N.-O.). Dans une autre affaire au même effet, le juge a clairement établi que le droit au cautionnement bénéficiait autant à celui contre qui une accusation avait été portée à l'étranger qu'à la personne accusée au Canada. Voir *Re Meier and United States of America* (1979) 45 C.C.C. (2d) 455, p. 457 (C.S. C.-B.).

[454] *R. c. Généreux*, [1992] 1 R.C.S. 259.

[455] *Re Hinds and the Queen*, *supra*, note 448; *Glowczewski c. Canada (Minister of National Defence)* (1989) 27 F.T.R. 112 (C.F.). Notons qu'en matière de justice militaire la *Loi sur la défense nationale*, L.R.C. 1985, c. N-4 prévoit, à ses articles 158 et 248.1 et s., des mesures de mise en liberté provisoire.

[456] *Re Hinds and the Queen*, *supra*, note 448; *R. c. Lee*, *supra*, note 437. Ces deux décisions furent désapprouvées dans *R. c. Morphet*, *supra*, note 437.

[457] *R. c. Pearson*, *supra*, note 426, p. 678 à 682. Sur ce point, voir notre étude, qui précède celle-ci, du droit à l'*habeas corpus*.

juge du tribunal supérieur[458] aurait alors compétence, selon nous, pour rendre applicable, en vertu de l'article 52 de la *Loi constitutionnelle de 1982*, le régime de mise en liberté provisoire de droit commun, c'est-à-dire celui que le *Code criminel* établit[459].

Demandons-nous, pour conclure, si une détention sans juste cause ou un cautionnement déraisonnable, mesures par conséquent contraires à l'alinéa 11e), pourraient être sauvegardées par l'article premier de la *Charte*? Si la loi ne les autorise pas, la réponse est évidemment négative puisque l'application de cet article doit être déclenchée par une règle de droit. Mais même si c'est la loi qui les autorise, la réponse devrait être aussi négative, selon nous. Comme on l'a vu en conclusion à notre étude de l'article 8, sur les fouilles, perquisitions et saisies, si une garantie de la *Charte* contient, comme c'est le cas de l'alinéa 11e), une autolimitation qui requiert qu'on mette en balance des intérêts divergents — ici le droit de l'inculpé à sa liberté d'une part et d'autre part la protection de la société contre la commission d'infractions criminelles et la bonne administration de la justice — et si l'on juge que la loi ne respecte pas cette autolimitation et qu'elle enfreint par conséquent la garantie, il y aura tout simplement redondance à recourir à l'article premier pour tenter de sauvegarder la validité de cette loi. On l'a bien vu dans *R. c. Morales*[460]. L'intérêt public comme critère de détention y fut jugé trop vague pour donner prise à un débat judiciaire réel : en d'autres termes, ce critère n'est pas utile pour déterminer si un détenu commettra des infractions ou nuira à l'administration de la justice, et se reposer sur lui pour décider de prolonger la détention de quelqu'un est le priver de sa liberté *sans juste cause* au sens de l'alinéa 11e)[461]. Étant arrivée à cette conclusion, la majorité de la Cour suprême a eu recours à l'article premier et a alors répété exactement la même chose, en parant le tout de la phraséologie de l'arrêt *Oakes* : il y a pas de lien rationnel entre le critère de l'intérêt public et les objectifs de protéger la société contre le crime et de garantir la bonne administration de la justice, et ce critère est tellement vague qu'il ne satisfait pas au critère de l'atteinte minimale en ce qu'il peut justifier des détentions que les objectifs précités n'imposent aucunement[462]. On voit combien l'article premier, quand on y a recours pour tenter de sauvegarder la validité d'une loi qui porte atteinte à une garantie de la *Charte* requérant la mise en balance d'intérêts divergents, conduit tout simplement à la redondance.

---

[458] Dans *R. c. Morphet*, *supra*, note 437, on suggère plutôt de procéder par voie d'appel, quand bien sûr la loi prévoit un droit d'appel.
[459] Il s'agit d'une forme d'ajout s'apparentant à ce qui a été reconnu comme autorisé dans *Schachter c. Canada*, [1992] 2 R.C.S. 679.
[460] *Supra*, note 430.
[461] *Id.*, p. 726 à 732.
[462] *Id.*, p. 733 à 735.

5. LE DROIT DE NE PAS ÊTRE DÉCLARÉ COUPABLE D'UNE INFRACTION RÉTROACTIVE

L'alinéa 11g) se lit ainsi :

> Tout inculpé a le droit : [...] g) de ne pas être déclaré coupable en raison d'une action ou d'une omission qui, au moment où elle est survenue, ne constituait pas une infraction d'après le droit interne du Canada ou le droit international et n'avait pas de caractère criminel d'après les principes généraux de droit reconnus par l'ensemble des nations.

Cette disposition, combinée avec l'alinéa 11i), consacre le principe bien connu *nullum crimen, nulla poena sine lege*. Ce qui concerne la peine est analysé plus loin, lors de l'étude de l'alinéa 11i). Il n'est question ici que de la non-rétroactivité de l'infraction.

Il est bien établi que la non-rétroactivité de l'infraction n'était en droit canadien, jusqu'au moment de l'entrée en vigueur de l'alinéa précité, qu'une règle d'interprétation. Le législateur pouvait donc y déroger, pourvu qu'il le fasse clairement[463], et on trouve dans le passé au moins un exemple d'une loi pénale rétroactive, que les tribunaux jugèrent d'ailleurs valide[464]. Comme c'est ce principe d'interprétation que l'alinéa 11g) de la *Charte* constitutionnalise, il paraît justifié de s'inspirer, comme nous le ferons, des autorités doctrinales et jurisprudentielles ayant étudié le premier pour tenter d'établir le contenu du second, sous réserve bien entendu des ajustements que la constitutionnalisation peut commander.

Cette disposition pose trois difficultés d'interprétation. La première concerne la notion d'infraction. La seconde a trait à ce qu'il faut entendre par l'existence ou l'inexistence d'une infraction. Enfin, la troisième découle de la référence faite au droit international et aux principes généraux reconnus par l'ensemble des nations.

(a) La notion d'infraction

L'inculpé ne doit pas, aux termes de l'alinéa 11g), être condamné pour une infraction qui n'en était pas une au moment où il a posé un acte ou omis de le faire. Il est clair que cette disposition ne fait pas qu'interdire d'ériger des actes passés en infractions tout à fait nouvelles. Elle interdit aussi de modifier un ou plusieurs éléments d'une infraction existante et de rendre

---

[463] Voir entre autres *Gagnon c. La Reine*, [1971] C.A. 454 (C.A. Qué.) et les autorités qu'on y cite (p. 462).

[464] *R. c. Madden* (1866) 10 L.C.J. 342 (B.R. B.C.), où fut jugée valide une loi du Canada-Uni réprimant l'invasion des Féniens (29-30 Vict., c. 3).

ces modifications applicables à des actes passés[465]. Si l'infraction première consistait par exemple à acquérir un certain type de drogue dans l'intention d'en faire commerce, l'acquisition à des fins autres que commerciales n'étant pas prohibée, et si cet élément intentionnel est abrogé par la suite, l'infraction nouvelle de simple acquisition de drogue ne pourra être imputée à une personne ayant acquis la drogue avant l'abrogation de cet élément et sans intention d'en faire commerce. De toute évidence, la notion d'infraction s'analyse en référence aux divers éléments constitutifs de celle-ci. Si un élément aggravant est ajouté ou un élément adoucissant retiré, la loi nouvelle ne peut régir des actes ou des omissions qui ont déjà eu lieu[466].

Il faut bien voir cependant que rien dans l'alinéa 11g) ne garantit à un inculpé le droit de bénéficier d'une loi postérieure à l'infraction qui abrogerait celle-ci ou en retrancherait un élément aggravant ou y ajouterait un élément adoucissant. C'est le cas pour la peine (alinéa 11i) de la *Charte*), mais pas pour l'infraction. Sur ce point, la règle présente subsiste, et elle veut que la loi applicable soit celle du moment de la commission de l'infraction et que les poursuites ne soient pas affectées par l'abrogation ou la modification de celle-ci[467]. L'alinéa 11g) n'empêcherait pas, bien sûr, le législateur de faire bénéficier l'individu de l'abrogation de l'infraction postérieure à la commission de son acte. L'empêcherait-il de lui rendre applicable une infraction adoucie au motif que celle-ci n'existait pas quand l'acte fut posé? Sans doute pas. Ajouter à l'infraction de possession de drogue l'élément intentionnel dont on parlait plus haut, c'est adoucir l'infraction en y ajoutant un élément constitutif. Au moment où la simple possession de drogue était une infraction, l'individu qui en possédait pour en faire commerce était coupable de cette infraction. Si l'infraction devient par la suite la possession de drogue pour fins de commerce, l'alinéa 11g) n'empêcherait pas qu'on la lui rende applicable, à condition toutefois que l'alinéa 11i) soit respecté et qu'il ne soit pas passible d'une peine plus sévère que celle qui sanctionnait la première infraction.

Les remarques qui précèdent sont très probablement applicables aux défenses aussi bien qu'aux éléments constitutifs de l'infraction proprement

---

[465] «The presumption against retrospection applies in general to legislation of a penal character and to be presumed that a statute creating a new offence, or *extending an existing one is* not intended to render criminal an act which was innocent when it was committed». *Halsbury's Laws of England*, Vol. 36, 3ᵉ éd., Londres, Butterworth, 1961, p. 425. Les italiques sont de nous.

[466] *R. c. Jacobson* (1989) 46 C.C.C. (3d) 50 (C.A. Sask.).

[467] L'alinéa 43d) de la *Loi d'interprétation*, L.R.C. 1985, c. I-21 prévoit que l'abrogation d'un texte législatif créateur d'infraction n'a pas pour effet «d'empêcher la poursuite des infractions au texte abrogé ou l'application des sanctions — peines, pénalités ou confiscations — encourues aux termes de celui-ci». A ce titre, une décision comme *R. c. Maltais*, [1970] C.A. 596, où l'on a fait bénéficier l'accusé d'une abrogation postérieure à la commission de l'infraction, paraît une décision d'équité.

dits, car les défenses sont en réalité du droit substantiel et une loi qui enlève une défense à une infraction affecte la nature même de celle-ci[468]. En effet il est aisé de voir que si l'interdiction première était, par exemple, de polluer l'environnement, sous réserve de certains moyens de défense, et si ces moyens de défense sont restreints par la loi nouvelle, celle-ci crée en réalité une nouvelle infraction[469].

Le cas des lois relatives à la preuve et à la procédure est plus complexe. Dans l'État présent des principes d'interprétation législative, il paraît établi que les lois nouvelles de pure procédure s'appliquent aux affaires pendantes[470]. La raison en est qu'elles ont trait à la mise en oeuvre judiciaire d'un droit plutôt qu'à ce droit lui-même, et qu'il est logique que les lois applicables à cette mise en oeuvre soient celles en existence quand elle a lieu. Une loi postérieure à l'infraction et qui modifiait dans un sens défavorable à l'accusé les règles de la corroboration lui fut jugée applicable[471], de même qu'une loi renversant le fardeau de preuve à son détriment[472] et une loi donnant force probante à des documents trouvés en possession d'une personne accusée de coalition commerciale[473]. Serait aussi d'application immédiate et régirait les affaires pendantes la règle nouvelle de contraignabilité des témoins[474]. Le principe de l'effet immédiat de la loi relative à la preuve et à la procédure tient donc au fait que cette loi régit une situation *actuelle* plutôt que *passée*; la procédure est contemporaine du procès alors que la commission de l'infraction, elle, ne l'est pas.

Il y a cependant au principe de l'effet immédiat de la loi relative à la preuve et à la procédure certaines exceptions. Si la règle de preuve concerne

---

[468] «[...] this statute does not alter the character of the offence or *take away any defence* [...] It is a mere matter of procedure and [...] it is therefore retrospective», *R. c. Chandra Dharma*, [1905] 2 K.B. 335, p. 338 et 339. Les italiques sont de nous.

[469] *R. c. Canadian International Paper Co.* (1975) 20 C.C.C. (2d) 26 (C. co. Ont.), infirmé sur autres points à (1975) 20 C.C.C. (2d) 557 (C.A. Ont.).

[470] D'ailleurs, l'alinéa 44c) et le sous-alinéa 44d)(iii) de la *Loi d'interprétation, supra*, note 467 prévoient qu'en cas d'abrogation «les procédures engagées sous le régime du texte antérieur se poursuivent conformément au nouveau texte, dans la mesure de leur compatibilité avec celui-ci» et que «la procédure établie par le nouveau texte doit être suivie, dans la mesure où l'adaptation en est possible, dans toute affaire se rapportant à des faits survenus avant l'abrogation».

[471] *Re Wicks and Armstrong*, [1928] 2 D.L.R. 210 (C.A. Ont.) et *R. c. Firkins* (1978) 80 D.L.R. (3d) 63 (C.A. C.-B.); mais voir *R. c. Turner* (1976) 31 C.C.C. (2d) 170 (C.S. T.N.-O.). Sur l'effet immédiat des lois de procédure, voir *Halsbury's Laws of England, supra*, note 465, p. 426 et 427 et J.H. WIGMORE, *Wigmore on Evidence*, vol. 1, 3ᵉ éd., Boston, Little Brown Co., 1940, p. 204. Voir aussi P.-A. CÔTÉ, *Interprétation des lois*, 2ᵉ éd., Montréal, Yvon Blais, 1990, p. 174 à 187.

[472] *R. c. Bingley*, [1929] 1 D.L.R. 777 (C.S. N.-É.); mais voir *R. c. McGlone* (1977) 32 C.C.C. (2d) 233 (C. dist. Alta.).

[473] *Howard Smith Paper Mills Ltd. c. The Queen*, [1957] R.C.S. 403.

[474] *Wildman c. R.*, [1984] 2 R.C.S. 311, p. 330.

non pas la conduite du procès ni l'évaluation d'une preuve au cours de celui-ci, mais bien les modalités de constitution de preuves à la phase préjudicielle, on tient que c'est la loi en vigueur au moment où ces preuves furent obtenues qui s'applique. C'est ainsi qu'un alcootest ne perd pas sa force probante parce qu'une loi postérieure a rendu plus exigeante la façon de l'administrer[475]. On peut prétendre que si, à l'inverse, la loi postérieure facilite son administration, c'est la loi ancienne, c'est-à-dire celle existant quand l'échantillon fut prélevé, qui continue de régir la recevabilité en preuve de celui-ci. La présomption légale serait une autre exception au principe de l'effet immédiat de la loi de la procédure. Une loi faisant découler de certains actes une présomption que l'infraction a été commise serait inapplicable à des actes antérieurs à son adoption, puisqu'à la différence d'une règle gouvernant simplement le déroulement du procès et l'appréciation de la preuve, une présomption légale pourrait avoir gouverné aussi la conduite d'un accusé, si bien sûr elle avait existé quand il a posé son acte[476].

On aura remarqué que les quelques principes qui précèdent sont des principes d'interprétation des lois. Il reste à savoir si, d'après son libellé, l'alinéa 11g) a pour effet de les constitutionnaliser. Nous croyons en général que oui : la protection contre la rétroactivité qu'offre cet alinéa s'étend, pour les raisons déjà dites, aux défenses, mais exclut les règles de preuve et de procédure, sous réserve de ce qui suit.

Nous inclinons à croire que la notion d'infraction englobe les actes générateurs de présomptions. Sur ce point, on pourra prétendre que l'acte générateur d'une présomption légale est distinct de l'infraction[477], qu'il n'en est qu'une modalité de preuve et que par conséquent il peut être antérieur à la loi créant l'infraction sans que l'alinéa 11g) ne soit violé. Mais cette position est assez formaliste puisque l'acte générateur d'une présomption a un effet déterminant sur l'infraction en tel sens qu'il dispense d'en établir tous les éléments constitutifs. Comme on l'a noté plus haut, l'accusé aurait pu ajuster sa conduite en conséquence s'il avait su que l'acte qu'il posait allait engendrer plus tard une présomption contre lui. En ce sens, on peut

---

[475] *R. c. Ali*, [1980] 1 R.C.S. 221.
[476] Voir *Bingeman c. McLaughlin*, [1978] 1 R.C.S. 548 où la présomption légale était de caractère civil. Le raisonnement est cependant transposable en matière pénale : *Wildman c. R.*, *supra*, note 474, p. 331. Certes on a conclu différemment dans *Gagnon c. La Reine*, *supra*, note 463, mais la rétroactivité de la présomption était clairement établie par le texte de loi, si bien qu'en l'absence d'une limitation constitutionnelle les juges n'avaient d'autre choix que d'appliquer la loi.
[477] Dans *Gagnon c. La Reine*, *supra*, note 463, p. 464 et 465, le juge Brossard observe que des actes posés avant le 16 octobre 1970 ne constituaient qu'une présomption renversable d'appartenance au Front de Libération du Québec à cette date ou après. «Ce crime, il faut qu'il ait été commis le 16 octobre ou après», écrit-il.

soutenir que la rétroactivité d'une présomption est quelque chose qui va contre l'esprit de l'alinéa 11g).

Mais cela ne veut pas dire qu'aucun acte antérieur à la création de l'infraction ne peut être pris en considération aux fins de décider si un accusé en est coupable. Ainsi, une preuve d'actes similaires est distincte d'une présomption légale, et rien n'empêche que l'acte ait précédé la création de l'infraction. De façon quelque peu analogue, une condamnation pour vol antérieure à la création de l'infraction de vol avec récidive peut être prise en considération pour établir qu'un accusé est coupable de celle-ci, puisqu'il est difficile de soutenir que l'accusé aurait pu s'abstenir de commettre le premier vol s'il avait su qu'il pouvait devenir récidiviste. Une présomption légale rétroactive est d'une autre nature et enfreint, selon nous, l'alinéa 11g).

Même s'il fut déjà décidé qu'une loi renversant le fardeau de la preuve était applicable aux comportements antérieurs à celle-ci[478], il nous semble que la question du fardeau de la preuve est d'une telle importance en droit pénal que la protection de l'alinéa 11g) devrait s'étendre à elle[479], même si la garantie de la *Charte* la plus pertinente en la matière est celle de l'alinéa 11d), sur la présomption d'innocence. Il est probablement plus difficile ici qu'en matière de présomption légale de prétendre qu'un individu ne se serait pas comporté d'une certaine façon s'il avait su que la preuve de ce comportement dans une poursuite pénale subséquente serait facilitée. Cela dit, le fardeau de la preuve est perçu en droit pénal comme une règle du jeu à ce point fondamentale qu'on peut prétendre qu'un renversement ou un allégement de celui-ci, applicable à un acte posé avant l'adoption de la loi qui l'opère, irait lui aussi contre l'esprit de l'alinéa 11g).

Qu'en est-il enfin de la prescription? Le principe interprétatif veut qu'en matière civile la loi nouvelle s'applique aux délais en cours mais non à la prescription acquise[480]. Même si l'on a déjà décidé que la prescription acquise n'était pas ainsi protégée en droit pénal[481], il nous semble qu'elle est tout autant un droit acquis en matière pénale qu'en matière civile. Et

---

[478] *R. c. Bingley*, *supra*, note 472.
[479] Voir en ce sens : P. BÉLIVEAU, *Les garanties juridiques dans les Chartes des droits*, Montréal, Thémis, 1991, p. 594.
[480] *Martin c. Perrie*, [1986] 1 R.C.S. 41. Rappelons que l'alinéa 43c) de la *Loi d'interprétation*, *supra*, note 467 prévoit que l'abrogation n'a pas pour effet «de porter atteinte aux droits ou avantages acquis». Dans *Clark c. C.N.R.*, [1988] 2 R.C.S. 680, la Cour suprême, opérant un revirement jurisprudentiel, a déclaré inconstitutionnel un délai de prescription établi par une loi fédérale et appliqué le délai, plus long, prévu par la loi provinciale. Même si la prescription fédérale était acquise en l'espèce, elle ne pouvait prévaloir sur une déclaration d'inconstitutionnalité. Si le délai plus long avait été établi par une loi nouvelle, elle aurait prévalu sur cette loi.
[481] *R. c. Sheppard* (1990) 57 C.C.C. (3d) 213 (C.S. T.-N.).

comme la prescription est un moyen de défense, une prescription acquise en matière pénale devrait être protégée par l'alinéa 11g)[482].

(b) L'existence et l'inexistence d'une infraction

Se posent ici trois questions. La première, d'ordre purement temporel, est de savoir quand une action ou omission a-t-elle eu lieu, ou encore quand cette action ou omission est-elle devenue, en droit, une infraction? La seconde a trait à la rétroactivité jurisprudentielle : l'infraction aggravée par interprétation judiciaire régira-t-elle les actes ou omissions ayant déjà eu lieu ou considérera-t-on, au contraire, qu'elle n'existait pas à ce moment et que ce serait une rétroactivité interdite par l'alinéa 11g) que de rendre cette interprétation nouvelle applicable à ceux-ci? Troisième question : l'idée de l'infraction inexistante englobe-t-elle le cas de l'infraction imprécise et mal définie, de façon à ce que l'alinéa 11g) non seulement interdise la rétroactivité, mais garantisse la clarté du droit pénal?

La détermination du moment où l'infraction a été commise peut poser certaines difficultés dans le cas d'infractions dites continues, par exemple celle de possession ou de séquestration. Si l'infraction est créée pendant que l'acte est posé, les principes généraux d'interprétation nous enseignent que la loi nouvelle est d'application immédiate et gouverne l'acte commencé[483]. Certes, il peut être difficile de déterminer si une infraction est continue ou pas, et l'on s'est posé cette question dans le cas par exemple d'un refus d'obéir à un ordre, judiciaire ou administratif, de réembaucher un employé[484]. Il pourrait toujours se présenter des cas où une loi, adoptée pendant le déroulement d'un acte, serait si fortement individualisée et si exagérément répressive qu'on pourrait conclure qu'il ne s'agit plus d'une loi mais d'un jugement[485]. Mais cela est véritablement une autre question.

En ce qui a trait à la prise d'effet du texte créateur de l'infraction, rappelons que l'article 6 de la *Loi d'interprétation*[486] prévoit qu'«un texte prend effet à zéro heure à la date fixée pour son entrée en vigueur» et, à défaut d'indication de la date d'entrée en vigueur, «s'il s'agit d'une loi, à zéro heure à la date de sa sanction» et s'il s'agit d'un règlement, à zéro heure à la date de son enregistrement dans le cas d'un règlement assujetti à la *Loi sur les textes réglementaires*[487], et dans les autres cas «à zéro heure à la date de sa prise». C'est moins là une rétroactivité véritable qu'une mesure

---

[482] En ce sens : P. BÉLIVEAU, *supra*, note 479, p. 595.
[483] *R. c. Levine* (1926) 46 C.C.C. 342 (C.A. Man.), au sujet de possession d'alcool.
[484] *Canadian Marconi Co. c. Cour des sessions de la paix*, [1945] B.R. 472 (B.R. Qué.).
[485] Un peu comme dans *Liyanage c. The Queen*, [1967] 1 A.C. 259, où la loi, en plus d'être fortement individualisée, était cependant aussi clairement rétroactive.
[486] *Supra*, note 467.
[487] L.R.C. 1985, c. S-22.

de commodité pour fixer avec précision le moment d'entrée en vigueur des lois et règlements. Il n'en reste pas moins que si un individu contrevenait à un texte créateur d'infraction le jour même où celui-ci est adopté mais avant qu'il le soit, l'alinéa 11g) devrait interdire que cet individu soit déclaré coupable. Rappelons aussi la *Loi sur les textes réglementaires*[488] prévoit que, sauf exceptions, personne ne peut être déclaré coupable pour avoir enfreint un règlement non publié au moment de l'infraction. Cette protection va au-delà de celle de l'alinéa 11g), qui réfère à l'existence de l'infraction et non au fait que le texte l'établissant soit publié[489].

Les mesures budgétaires posent un problème délicat au regard de l'alinéa 11g). On connaît la pratique canadienne du secret du budget et on sait que beaucoup des mesures qu'il prévoit, devenues lois parfois assez longtemps après sa présentation, rétroagissent au moment de celle-ci. Cela se comprend aisément, en particulier pour les taxes de vente ou d'accise, car la prévision d'une hausse ou d'une baisse pourrait précipiter ou retarder les achats, entraîner de ce fait plusieurs conséquences économiques néfastes et fausser les prévisions de revenus. Notons qu'au début du siècle, en Angleterre, la pratique de prélever des taxes avant l'adoption de la loi les établissant et sous la seule autorité de résolutions de la Chambre fut jugée illégale, ce qui nécessita par la suite l'adoption d'une loi, toujours en vigueur, donnant pour une période limitée force statutaire à ces résolutions[490].

À nos fins, la question qui se pose est de savoir si le fait par exemple de refuser de payer ou de percevoir une taxe ou le fait d'avoir recours à quelque procédé fiscal, le tout en contravention à une loi qui n'est pas encore adoptée, peut être considéré comme une «action ou omission qui, au moment où elle est survenue, ne constituait pas une infraction d'après le droit interne du Canada».

Il faut bien comprendre qu'à la différence de ce qui se passe aux États-Unis, l'alinéa 11g) n'interdit d'aucune façon la taxation rétroactive, c'est-à-dire le fait par exemple de taxer un revenu gagné ou une transaction ou donation conclue avant l'adoption de la loi les assujettissant à l'impôt[491]. Même aux États-Unis la clause prohibant les lois «*ex post facto*» (article 1, section 9 de la *Constitution*) fut interprétée très tôt comme applicable

---

[488] *Id.*, paragraphe 11(2).
[489] *R. c. Furtney*, [1991] 3 R.C.S. 89, p. 107. On y observe que l'alinéa 11g) vise aussi le droit international, qui n'est pas par nature soumis à des exigences de publication.
[490] *Bowles c. Bank of England*, [1913] 1 Ch. 57, décision qui nécessita l'adoption de la *Provisional Collection of Taxes Act*, 1913, 3-4 Geo. 5, c. 3 (R.-U.). Sur ce point, voir E.C.S. WADE and G.G. PHILLIPS, *Constitutional and Administrative Law*, 9e éd., New York, Longman, 1977, p. 191 et 192. Pour le Canada, voir notamment R.J. BERTRAND, A. DESJARDINS et R. HURTUBISE, *Les mécanismes de législation, d'administration et d'interprétation de la fiscalité fédérale*, 1967, p. 39 à 44 et 55 et s.
[491] Pour un exemple d'une loi fiscale rétroactive et jugée valide : *Air Canada c. Colombie-Britannique*, [1989] 1 R.C.S. 1161, p. 1193.

uniquement en matière criminelle et comme inapplicable aux lois fiscales puisque l'impôt n'est pas une mesure «in punishment of a crime[492]». C'est surtout la clause «*due process of law*» du Cinquième amendement qui empêche, dans une mesure bien limitée il est vrai, la taxation rétroactive[493]. Ainsi, par exemple, on peut taxer aisément les revenus de façon rétroactive en se disant que l'individu eût quand même accepté de les gagner si l'impôt eût alors existé. Mais l'impôt rétroactif sur les dons fait davantage difficulté, et c'est ainsi qu'un impôt de ce genre fut jugé inconstitutionnel dans la mesure où il aurait été applicable à une donation faite alors que la loi était devant le Congrès et juste avant son approbation par le Président. Le contribuable, écrivait la Cour suprême, «cannot foresee and ought not be required to guess the outcome of pending measures[494]».

Ce type de limitation n'existe évidemment pas au Canada et le gouvernement peut légalement établir un impôt rétroactif et en exiger le paiement. Mais peut-il intenter une poursuite pénale pour une infraction à la loi nouvelle commise avant son entrée en vigueur? On ne saurait bien sûr prétendre que l'infraction fiscale n'est pas couverte par l'alinéa 11g), si bien qu'à moins d'être en présence d'une infraction de nature continue, commencée avant la loi nouvelle et se poursuivant quand elle devient en vigueur[495], il y une difficulté véritable. Une façon de la solutionner est de distinguer entre la taxation elle-même et les textes relatifs à l'infraction et à la sanction pénales. Cela voudrait dire que ce que l'alinéa 11g) interdit, c'est de créer rétroactivement par exemple l'infraction de faire des déclarations fausses ou trompeuses, de négliger d'opérer certaines retenues à la source, d'éluder le paiement de l'impôt, de ne pas aviser de la disposition de certains biens, l'alinéa 11i) interdisant de son côté que soit imposée une peine plus sévère que celle prévue au moment de l'infraction. En revanche, l'alinéa 11g) n'interdirait pas que l'impôt à payer, le montant des retenues, la liste des biens dont la disposition doit être divulguée soient établis législativement après coup. Mais la distinction est fragile, et il se peut que, pour qu'une infraction à une loi fiscale qui n'est pas encore en vigueur puisse faire l'objet d'une poursuite pénale, il faille avoir recours à l'article premier

---

[492] *Calder c. Bull* (1798) 3 U.S. (3 Dall.) 386; *Bankers' Trust Co. c. Blodgett* 260 U.S. 647 (1923).
[493] Voir en particulier F.A. BALLARD, «Retroactive Federal Taxation», (1934-35) 48 *Harv. L. Rev.* 592; C.B. HOCHMAN, «The Supreme Court and the Constitutionality of Retroactive Legislation», (1959-60) 73 *Harv. L. Rev.* 692, p. 706 à 711.
[494] *Untermyer c. Anderson* 276 U.S. 440 (1928), p. 445 et 446.
[495] Voir *Beauchamp c. La Cité d'Outremont*, [1970] C.A. 286 dont le résumé est le suivant : «Il est reconnu qu'un règlement ne peut être rétroactif, mais une taxe annuelle étant indivisible, on ne saurait prétendre qu'il s'agit d'un règlement rétroactif, s'il impose celle pour l'année courante». Il ne s'agissait pas ici d'infraction pénale mais d'institution de taxe par règlement.

de la *Charte* ou encore que cette loi prévoie s'appliquer «indépendamment» de l'alinéa 11g), le tout conformément à l'article 33.

Toujours en rapport avec les lois fiscales, on peut se demander si le fait de payer un impôt avec retard est une infraction ou s'il ne s'agirait pas plutôt d'une option légale assortie d'une obligation de payer des intérêts comme coût d'un paiement fiscal différé. En ce dernier cas, l'alinéa 11g) ne serait pas applicable, non plus que l'alinéa 11i) — dont il est question plus loin — puisque pour qu'il y ait peine il faut qu'il y ait infraction. Il faudrait, pour en décider, se demander si le législateur a voulu dissuader une conduite ou au contraire offrir une forme de service, contre prestation.

La seconde question annoncée plus haut est celle de la rétroactivité qu'on pourrait appeler judiciaire ou jurisprudentielle. Tout incite à conclure qu'un revirement jurisprudentiel peut équivaloir à la création d'une infraction nouvelle, avec la conséquence, pour prendre un exemple américain, que si un haut tribunal élargit l'interprétation de la notion de matériel obscène, cette interprétation ne devrait pas être rendue applicable à des actes posés avant cet élargissement[496]. L'article 7 de la *Convention européenne des droits de l'homme*, analogue à l'alinéa 11g) de la *Charte*, est interprété comme interdisant non seulement la rétroactivité législative, mais aussi toute forme d'application extensive de la loi pénale[497]. C'est à une telle application extensive que s'apparenterait, pour reprendre l'exemple utilisé plus haut, le fait que la nouvelle notion de matériel obscène régisse des comportements qui lui sont antérieurs. Si un accusé a pu, devant la Cour suprême, bénéficier d'une toute nouvelle interprétation qui n'était pas celle retenue au moment de la commission de l'infraction[498], on ne voit pas pourquoi l'alinéa 11g) ne lui garantirait pas le bénéfice de l'interprétation prévalant au moment de cette commission quand c'est celle qui lui est favorable[499].

Dans la logique de ce qui précède, c'est aussi une réponse affirmative qui devrait être apportée à la question de savoir si une infraction imprécise

---

[496] Voir *Marks c. U.S.* 430 U.S. 188 (1977). Voir aussi : *Bouie c. City of Columbia* 378 U.S. 347 (1964); *Cole c. Young* 817 F. 2d 412 (1987).

[497] A propos du principe de non-rétroactivité sous la *Convention européenne*, un auteur écrit : «The principle has a dual application, affecting on the one hand the legislature, on the other hand the criminal courts. In the first place, it prohibits retrospective penal legislation. Secondly, it precludes the courts from extending the scope of the criminal law by interpretation». F. JACOBS, *The European Convention on Human Rights*, Oxford University Press, 1975, p. 120.

[498] *R. c. Wigman*, [1987] 1 R.C.S. 246.

[499] On a même soutenu que si, au moment où l'acte est posé, la loi qui l'incrimine a fait l'objet d'un jugement d'inconstitutionnalité, l'alinéa 11g) devrait empêcher la condamnation de son auteur, même si ce jugement a été infirmé dans l'intervalle. Voir : P.W. HOGG, *Constitutional Law of Canada*, 3ᵉ éd., Carswell, 1992, p. 1110. Une question analogue est analysée dans notre étude de l'alinéa 11i).

et mal définie peut s'apparenter à une infraction inexistante au sens de l'alinéa 11g). Telle est d'ailleurs la portée qui est donnée à l'article 7 de la *Convention européenne*[500]. Encore qu'il faille préciser que le seul fait qu'une infraction en soit une de *common law* et ne soit pas codifiée ne contrevient pas à l'alinéa 11g)[501], pas plus que le fait qu'elle n'ait point encore fait l'objet d'interprétation[502]. On notera cependant que dans l'État actuel de la jurisprudence, la garantie contre l'imprécision législative découle de l'article 7 et, dans une moindre mesure, de l'article premier en ce qu'il exige qu'une limitation aux droits et libertés soit établie par une «règle de droit». Mais elle pourrait tout aussi bien découler, selon nous, de l'alinéa 11g). On paraît, ici encore, avoir exagéré l'importance de l'article 7 au détriment cette fois de l'alinéa 11g).

(c) Le droit international

Dans sa toute première version, la *Charte* (l'alinéa 11e)) ne faisait aucune référence au droit international en rapport avec la non-rétroactivité des infractions. A la suggestion de l'Association des étudiants juifs et du Congrès juif du Canada, on la modifia pour préciser que l'acte ou l'omission, pour qu'un inculpé ne puisse en être déclaré coupable, ne devait pas constituer, au moment où elle est survenue, «une infraction d'après le droit interne du Canada ou le droit international». En janvier 1981 on ajouta à ce membre de phrase, encore sur les représentations de la communauté juive canadienne, les mots «et n'avait pas de caractère criminel d'après les principes généraux de droit reconnus par l'ensemble des nations». Cette dernière modification fut de toute évidence inspirée, vu l'identité de formulation, par le paragraphe 15(2) du *Pacte international relatif aux droits civils et politiques*[503].

Qu'est-ce qu'une infraction de droit international, et en quoi la notion d'acte ayant un «caractère criminel d'après les principes généraux de droit reconnus par l'ensemble des nations» ajoute-t-elle quelque chose à la notion d'infraction de droit international? «L'infraction internationale est un acte illicite des individus coupables réprimé et sanctionné par le droit international comme étant nuisible aux rapports interhumains dans la communauté internationale[504]». On pense tout de suite aux crimes contre la paix, aux crimes de guerre, aux crimes contre l'humanité et au crime de génocide. Il

---

[500] F. JACOBS, *supra*, note 497, p. 122.
[501] *United Nurses (Alb.) c. Alberta (P.G.)*, [1992] 1 R.C.S. 901, p. 934.
[502] *R. c. Keegstra* (1991) 63 C.C.C. (3d) 110, p. 122 (C.A. Alta.); permission d'appeler refusée à 66 C.C.C. (3d) vi.
[503] Article reproduit, *infra*, note 513.
[504] S. PLAWSKI, Études des principes fondamentaux du droit international pénal, Paris, L.G.D.J., 1972, p. 74 et 75.

paraît clair que l'existence d'une infraction de droit international peut être établie à partir non seulement des sources primaires de ce droit — coutumes et traités —, mais aussi de ses sources auxiliaires, notamment des principes généraux de droit, c'est-à-dire ces «principes d'ordre supérieur qui, étant inhérents à la conscience juridique des hommes, sont généralement reconnus par les nations civilisées, dans leur droit interne respectif[505]». Or comme les «principes généraux de droit reconnus par les nations civilisées» sont, aux termes mêmes de l'alinéa 38.1(c) du *Statut de la Cour internationale de justice*, des sources de droit international, que la Cour a mission d'appliquer, la notion d'infraction internationale englobe l'atteinte à ces principes généraux. Mais si, à l'exemple du paragraphe 15(2) du *Pacte international* et du paragraphe 7(2) *de la Convention européenne des droits de l'homme*, l'alinéa 11g) de la *Charte* y réfère de façon spécifique, c'est pour bien indiquer que le principe de non-rétroactivité de l'infraction ne doit pas être considéré comme excluant des condamnations du type de celles des criminels nazis au lendemain du dernier conflit mondial[506].

Comme on l'a fait remarquer au cours des débats du Comité mixte qui ont précédé l'adoption de la *Charte*[507], l'alinéa 11g) n'exempte pas de la nécessité qu'il y ait une loi habilitante pour que le Canada puisse poursuivre des criminels de guerre. Son effet est plutôt de ne pas empêcher constitutionnellement l'adoption d'une telle loi, pourvu que l'acte, quand il est survenu, ait été prohibé soit par le droit interne, soit par le droit international, soit encore par les principes généraux de droit. On peut donc en déduire que même si l'acte était légal selon le droit interne, son auteur pourrait être poursuivi si cet acte était contraire au droit international, ou inversement.

Sur ce point, les dispositions que, suite au *Rapport de la Commission d'enquête sur les criminels de guerre* (1986), on a ajouté au *Code criminel* (art. 7(3.71 à 3.77)) en vue de permettre la poursuite des criminels de guerre au Canada paraissent aller au-delà des exigences de l'alinéa 11g) puisqu'elles précisent bien que l'acte reproché doit avoir été contraire à la fois au

---

[505] S. GLASER, *Introduction à l'étude du droit international pénal*, Paris, Sirey, 1954, p. 45. Cet auteur montre que la notion d'infraction de droit international englobe les atteintes aux principes généraux de droit (p. 83).

[506] Notons que la Commission européenne des droits de l'homme a déjà décidé que le paragraphe 7(2) de la *Convention* avait pour effet de permettre qu'on punisse après la guerre un journaliste pour ses activités de collaboration et qu'on lui enlève le droit d'exercer sa profession. Voir, A.H. ROBERTSON, *Human Rights in Europe*, 2ᵉ éd., Manchester, Manchester University Press, 1977, p. 85. Cet auteur rapporte qu'au moment de la ratification de la *Convention*, l'Allemagne fit une réserve quant à cet article au motif qu'il était contraire au paragraphe 103(2) de la Constitution allemande sur la non-rétroactivité de l'infraction.

[507] Comité mixte spécial du Sénat et de la Chambre des communes sur la Constitution, vol. 47, p. 59.

droit international et au droit interne canadien au moment où il a été posé. Elle paraissent donc conformes à cet alinéa.

Même si c'est la conclusion à laquelle la Cour suprême en est arrivée à l'unanimité dans le très important arrêt *R. c. Finta*[508], majoritaires et dissidents y ont été conduits pour des motifs quelque peu différents. La conformité à l'alinéa 11g) était aisée à établir pour les juges dissidents. En effet, selon eux, les nouvelles dispositions du *Code* ont un caractère primordialement juridictionnel : elles font exception, aux conditions qu'elles fixent, au principe de la territorialité du crime et rendent applicable le droit criminel canadien de cette époque à des actes posés, entre autres, en Europe pendant la Deuxième Guerre mondiale, tout en faisant bénéficier l'accusé des défenses de droit international. Selon ce point de vue, l'alinéa 11g) est clairement respecté puisqu'on est en présence d'une «infraction d'après le droit interne du Canada». Aussi est-ce le *Code criminel* et non l'alinéa 11g) qui a obligé les juges dissidents à examiner si les actes reprochés étaient à l'époque interdits aussi par le droit international. En effet, le *Code* exige que l'acte ou l'omission constitue *aussi* un crime de guerre ou un crime contre l'humanité (art. 7(3.71)), crime défini comme un transgression, «à l'époque» de la perpétration (art. 7(3.76)), du droit international coutumier ou conventionnel et, dans le cas du crime contre l'humanité, comme un acte ayant un caractère criminel d'après les principes généraux de droit reconnus par l'ensemble des nations. Même si, selon les juges dissidents, la violation du droit international n'est en quelque sorte qu'une condition d'application du droit interne canadien[509], ils ont dû faire l'étude du premier et ont très clairement conclu qu'il interdisait, et ce de façon ni imprécise ni rétroactive, les actes reprochés à l'accusé à l'époque où il les a posés. Ils ont d'ailleurs rappelé, tout à fait à raison, que l'alinéa 11g) avait été rédigé de façon à ce que précisément la poursuite des crimes dont il s'agissait en l'espèce soit constitutionnellement possible.

Les juges majoritaires ont rejeté cette façon de voir. Selon eux, le fait d'élargir de beaucoup les questions de droit — toutes les questions de droit international seraient devenues telles, à l'exception des défenses —, de les soustraire de ce fait à la compétence du jury, et de les assujettir à un régime de preuve autre que celui de la preuve hors de tout doute aurait été contraire

---

[508] *R. c. Finta*, [1994] 1 R.C.S. 701; l'opinion majoritaire, rédigée par le juge Cory, traite de l'alinéa 11g) aux pages 870 à 874, et l'opinion dissidente, rédigée par le juge La Forest, aux pages 781 à 784.

[509] Pour les juges dissidents, le rôle du jury dans cette affaire aurait dû se limiter essentiellement à établir si l'accusé avait violé le droit canadien. La question de savoir s'il y avait eu crime de guerre ou crime contre l'humanité était, selon eux, une question de compétence — qu'il appartenait au juge de trancher — puisque l'existence de tels crimes était une condition d'application du droit canadien. Ils auraient donc ordonné un nouveau procès. La majorité a plutôt confirmé le verdict d'acquittement et rejeté l'appel.

à la *Charte*[510]. Ils ont donc plutôt considéré que le *Code criminel* avait créé deux nouvelles infractions au regard du droit interne, soit le crime contre l'humanité et le crime de guerre[511]. Pour que l'alinéa 11g) soit respecté, il fallait donc que ces crimes satisfassent au volet international de l'alinéa 11g), faute de satisfaire à son volet interne.

Sur ce point, la majorité s'est contentée de souscrire à l'opinion du professeur Hans Kelsen[512]. Selon ce dernier, le crime de guerre et le crime contre l'humanité n'existaient pas intégralement dans le droit international de l'époque en ce que les actes posés, si immoraux, illégaux et blâmables qu'ils aient été, n'entraînaient pas alors une responsabilité criminelle individuelle. Cependant, toujours selon le professeur Kelsen, le simple ajout d'une telle responsabilité — ajout opéré par les règles créées par le Statut du Tribunal militaire international et qui furent appliquées dans le cadre des procès de Nuremberg — pour des actes si graves n'impliquait pas une rétroactivité constitutionnelle interdite.

Il est important de signaler que les nouvelles dispositions du *Code criminel* dont il vient d'être question autorisent la condamnation pour un acte «même commis en exécution du droit en vigueur à l'époque et au lieu de la perpétration ou en conformité avec ce droit» (art. 7(3.74)) et écartent expressément la protection de l'article 15 du *Code* relatif à la loi *de facto*[513]. Toujours dans *R. c. Finta*, l'intimité prétendit que cette possibilité d'écarter un moyen de défense violait l'article 7 de la *Charte*, argument rejeté à l'unanimité par la Cour suprême[514]. Considérant que l'invocation de l'alinéa 11g) aurait été, selon nous, tout autant sinon plus pertinente, il convient d'en apprécier l'impact. Comme on l'a suggéré au début de cette étude,

---

[510] *R. c. Finta*, *supra*, note 508, p. 810 et 811.
[511] *Id.*, p. 814.
[512] H. KELSEN, «Will the Judgment in the Nuremberg Trial Constitute a Precedent in International Law?», (1947) 1 *Int'l L.Q.*, 153, p. 165.
[513] L'article 15 du *Code criminel* se lit ainsi : «Nul ne peut être déclaré coupable d'une infraction à l'égard d'un acte ou d'une omission en exécution des lois alors édictées et appliquées par les personnes possédant *de facto* le pouvoir souverain dans et sur le lieu où se produit l'acte ou l'omission». Voir H. FISCHER, «The Human Rights Covenants and Canadian Law», (1977) 15 A.C.D.I. 79 et 80. L'auteur est d'avis que cet article est contraire à l'esprit de l'article 15 du *Pacte international relatif aux droits civils et politiques*. L'article 15 du *Pacte* se lit comme suit : «1. Nul ne sera condamné pour des actions ou omissions qui ne constituaient pas un acte délictueux d'après le droit national ou international au moment où elles ont été commises. De même, il ne sera infligé aucune peine plus forte que celle qui était applicable au moment où l'infraction a été commise. Si, postérieurement à cette infraction, la loi prévoit l'application d'une peine plus légère, le délinquant doit en bénéficier. 2. Rien dans le présent article ne s'oppose au jugement ou à la condamnation de tout individu en raison d'actes ou omissions qui, au moment où ils ont été commis, étaient tenus pour criminels, d'après les principes généraux de droit reconnus par l'ensemble des nations.»
[514] *Supra*, note 508, p. 776 à 781 (j. La Forest) et 864 à 866 (j. Cory).

l'alinéa 11g) maintient en état les moyens de défense disponibles au moment de la commission de l'infraction. Mais c'est évidemment sous réserve que le moyen de défense invoqué ne soit pas incompatible avec la nature de l'infraction et que ce ne soit pas le mal même qu'on veut réprimer qui soit utilisé comme excuse. La Cour nous semble donc avoir eu raison de conclure que si l'article 15 du *Code* pouvait être invoqué dans les cas de crimes de guerre et de crimes contre l'humanité, leur criminalisation perdrait bien souvent toute utilité. Comme l'écrit le juge Cory : [...] «il serait illogique et insensé de permettre à un accusé d'invoquer les lois d'un État souverain qui violent le droit international en autorisant la perpétration de crimes contre l'humanité pour le motif que les lois elles-mêmes justifient un comportement criminel[515]». On notera que bien d'autres moyens de défense étaient en l'espèce disponibles puisque le *Code criminel*, qui permet d'écarter le recours à son article 15, prévoit par ailleurs que l'accusé peut «se prévaloir des justifications, excuses ou moyens de défense reconnus à cette époque [à l'époque où l'acte fut posé] ou à celle du procès par le droit canadien ou le droit international» (art. 7(3.73)).

L'alinéa 11g), est-il besoin de le rappeler, s'applique dans le cadre d'une poursuite pénale et c'est à la personne inculpée qu'il bénéficie. On a donc eu raison de décider, dans *Rudolph c. Canada*[516], qu'une personne faisant l'objet d'une mesure de renvoi parce que non admissible aux termes de la *Loi sur l'immigration*[517] ne pouvait l'invoquer, cette personne n'étant pas inculpée. Fut appliqué en l'espèce l'alinéa 19(1)j) de cette dernière loi, qui déclare inadmissible la personne dont on a des raisons de croire qu'elle a posé, à l'étranger, un acte constituant un crime de guerre ou un crime contre l'humanité au sens du *Code criminel* et qui aurait constitué une infraction au droit canadien au moment où il fut posé, deux conditions qui rappellent celles du *Code criminel* dont il a été question précédemment. La première condition exigeait donc que l'infraction ait été interdite par le droit international au moment de sa commission. Cette condition fut jugée satisfaite en particulier au motif que les règles créées par le Statut du Tribunal militaire international étaient déclaratoires du droit international coutumier de l'époque[518]. Quant à la seconde condition, à savoir qu'il y aurait eu «infraction au droit canadien en son état à l'époque de la perpétration», la Cour fut d'avis qu'elle n'avait pas pour effet de permettre à la personne expulsée d'invoquer la défense de l'article 15 du *Code criminel*[519]. Même si, à la différence du *Code criminel*, la *Loi sur l'immigration* n'écarte pas

---
[515] *Id.*, p. 865 et 866.
[516] [1992] 2 C.F. 653, 657 (C.A.); autorisation d'appeler refusée : [1992] 3 R.C.S. viii. Voir aussi : *Wong c. M.E.I.* (1989) 97 N.R. 352 (C.F.A.).
[517] L.R.C. 1985, c. I-2, modifié par L.R.C. 1985 (3e suppl.), c. 30, art. 3.
[518] *Supra*, note 516, p. 660.
[519] *Id.*, p. 658.

expressément cette défense, on peut penser, comme on l'a vu plus haut, qu'elle est incompatible avec la nature de l'infraction et qu'on ne peut y recourir, même si la loi est silencieuse sur ce point. D'ailleurs on n'était pas ici en présence d'un processus proprement pénal, si bien que les exigences en matière de preuve et de défense n'étaient pas aussi strictes que sous le *Code criminel*.

6. LE DROIT DE BÉNÉFICIER DE LA PEINE LA MOINS SÉVÈRE

L'alinéa 11i) prévoit :

> Tout inculpé a le droit : [...] i) de bénéficier de la peine la moins sévère, lorsque la peine qui sanctionne l'infraction dont il est déclaré coupable est modifiée entre le moment de la perpétration de l'infraction et celui de la sentence.

On ne peut pas dire que cette disposition soit vraiment de droit nouveau. En effet, l'alinéa 36e) de la *Loi d'interprétation*[520] prévoyait, au moment de l'adoption de la *Charte*, que la loi applicable en matière de peine était celle qui existait au moment de l'imposition de celle-ci, si cette loi prévoyait une peine moins sévère que celle qui était prévue au moment de la commission de l'infraction[521]. L'alinéa 44e) de l'actuelle *Loi d'interprétation*[522] précise pour sa part qu'«[e]n cas d'abrogation ou de remplacement, les règles suivantes s'appliquent : les sanctions dont l'allégement est prévu par le nouveau texte sont, après l'abrogation, réduites en conséquence». Dans le cas où la peine est aggravée entre la commission de l'infraction et l'imposition de la sentence, le principe général d'interprétation qu'est la non-rétroactivité de la loi pénale commande que la peine applicable soit celle en existence quand l'infraction fut commise[523], encore que le législateur

---

[520] S.R.C. 1970, c. I-23.

[521] Cet article se lisait comme suit : «Lorsqu'un texte législatif (au présent article appelé «texte antérieur») est abrogé et qu'un autre texte législatif (au présent article appelé «nouveau texte») y est substitué [...] lorsqu'une peine, une confiscation ou une punition est réduite ou mitigée par le nouveau texte, la peine, confiscation ou punition, si elle est infligée ou prononcée après l'abrogation, doit être réduite ou mitigée en conséquence».

Cet article reçut application dans *R. c. Dawdy* (1973) 12 C.C.C. (2d) 477 (C.A. Ont.), où la peine maximale pour vol avait été diminuée de 10 ans à 2 ans entre l'infraction et le procès. L'individu, d'abord condamné à 3 ans de prison, vit sa peine réduite à un an et demi. L'article 746 du *Code criminel*, S.C. 1953-54, c. 51, article qui n'a pas été consolidé en 1970, retenait aussi la règle de la peine la moins sévère. Pour un exemple d'une disposition violant cette règle, voir *Loi modifiant le Code criminel* (Meurtre qualifié), S.C. 1960-61, c. 44, art. 17.

[522] L.R.C. 1985, c. I-21.

[523] «The presumption against retrospection applies in general to legislation of a penal character and [...] a statute increasing the penalties for existing offences is not intended to apply in relation to offences committed before its commencement». *Halsbury's Laws of England*, Vol. 36, 3ᵉ éd. London, Butterworth, 1961, p. 425.

pouvait, jusqu'au moment de l'entrée en vigueur de la *Charte*, écarter ce principe — de même d'ailleurs que l'alinéa 36e) de la *Loi d'interprétation* — et rendre applicable la peine aggravée existant au moment de la sentence, à condition de le faire clairement[524]. L'alinéa 11i) de la *Charte* eut donc pour conséquence de hausser au rang de règles constitutionnelles deux principes qui étaient traditionnellement de simples principes d'interprétation, à savoir le principe du bénéfice de la loi nouvelle en matière de peine et le principe de non-rétroactivité de la peine aggravée.

Remarquons tout d'abord qu'un inculpé n'a droit de bénéficier de la peine la moins sévère que si la modification survient avant qu'il reçoive sa sentence et non pendant qu'il purge celle-ci[525]. C'est un point sur lequel le texte de l'alinéa 11i) est très clair et sur lequel il diffère par exemple de l'article 15 du *Pacte international relatif aux droits civils et politiques* qui prévoit simplement que : «Si, postérieurement à [la commission de son] infraction, la loi prévoit l'application d'une peine plus légère, le délinquant doit en bénéficier». Les deux textes étant clairement différents, il n'est pas possible d'interpréter le texte de la *Charte* à la lumière de celui du *Pacte* : le premier précise en effet que le bénéfice de la peine adoucie s'arrête au moment de la sentence, ce que ne fait pas le second[526]. Cette précision est d'ailleurs de nature à enlever beaucoup d'impact à l'alinéa 11i), dans la mesure où la durée d'une sentence est généralement plus longue que la période qui sépare la perpétration de l'infraction du prononcé de cette sentence et qu'il y a une plus forte possibilité que des modifications au régime de la peine interviennent au cours du premier délai qu'au cours du second.

La première question qui se pose en rapport avec cette disposition est celle de savoir ce qu'est une peine. La châtiment corporel, l'emprisonnement, le séjour dans un établissement de redressement, l'amende, la confiscation de biens, la perte de certains droits civils ou politiques, le sursis de sentence accompagné d'une ordonnance de probation, ce sont toutes là des formes de peine. En est une autre forme l'inadmissibilité à la libération conditionnelle, de sorte que si celle-ci est établie législativement entre la

---

[524] Voir par exemple les arrêts anglais *Director of Public Prosecutions c. Lamb*, [1941] 2 K.B. 89; *Buckman c. Button*, [1943] K.B. 405; *R. c. Olivier*, [1944] K.B. 68.

[525] *Re Mitchell and the Queen* (1983) 6 C.C.C. (3d) 193 (H.C. Ont.); *Campeau c. Canada*, [1987] 3 C.F. 682. Notons que l'arrêt *R. c. Gamble*, [1988] 2 R.C.S. 595 n'infirme pas du tout ce qu'on vient d'énoncer. La majorité a simplement considéré que l'appelante, emprisonnée depuis 1976, avait été à cette date condamnée et punie en vertu de la mauvaise loi et que l'article 7 de la *Charte* exigeait qu'on corrige cette illégalité, même si elle était antérieure à la Charte, et qu'on lui applique la bonne loi, d'où son admissibilité à la libération conditionnelle. Il ne s'agit donc pas du tout d'un cas où l'alinéa 11i) aurait fait bénéficier une personne purgeant sa peine de la loi nouvelle.

[526] La Cour suprême le fait clairement remarquer dans *R. c. Milne*, [1987] 2 R.C.S. 512, p. 527.

commission de l'infraction et la sentence, elle devrait être inapplicable à la personne déclarée coupable[527]. Mais on peut se demander si la notion de peine englobe aussi la perte de certains droits — celui par exemple de conduire un véhicule ou d'exercer une certaine activité ou profession — que la loi peut faire découler automatiquement d'une condamnation criminelle ou qui peut être imposée par un organisme administratif — une corporation professionnelle notamment — à la suite d'une telle condamnation. Il semble bien que non, puisque l'ensemble de l'article 11 a trait au procès pénal et que ce qui se relie à la justice administrative n'est pas visé par cet article[528].

Il faut se garder de confondre une modification de la peine avec une modification de l'infraction. Ainsi la personne accusée d'une infraction ne pourra invoquer l'alinéa 11i) aux fins de bénéficier de la peine plus légère qui sanctionne une infraction nouvelle et différente, encore que très parente, de celle dont on l'accuse; c'est plutôt cette dernière, même si elle est abrogée, et la peine dont elle était assortie qui lui seront applicables[529]. Certes une peine disparue par suite de l'abrogation de l'infraction à laquelle elle se greffait est la peine la moins sévère qui soit. Mais l'alinéa 11g), relatif à la non-rétroactivité de l'infraction, ne garantit pas, comme on l'a vu plus haut, que l'accusé ne puisse être condamné pour une infraction abrogée au moment de sa condamnation et ce n'est probablement pas le rôle de l'alinéa 11i) de compléter l'alinéa 11g) sur ce point. Cela dit, limiter l'application de l'alinéa 11i) aux seuls cas où l'infraction demeure inchangée est probablement une interprétation trop restrictive de cet article[530]. Comme on l'a vu lors de l'étude de l'alinéa 11g), rien ne paraît empêcher le législateur de rendre applicable à un acte déjà commis une infraction adoucie par rapport à celle qu'elle remplace. Si toutefois cette infraction comportait une peine plus sévère que la précédente, il nous semble que l'alinéa 11i) devrait garantir le bénéfice de la peine qui l'était moins.

---

[527] *R. c. Henderson* (1993) 13 C.R.R. (2d) 238 (Prov. Div. Ont.). *Contra* : *R. c. Barbeau*, [1993] R.J.Q. 2398 (C.S. Qué., porté en appel). Évidemment, le régime de preuve à l'enquête sur cautionnement n'a rien à voir avec la peine et l'alinéa 11i) n'a pas de pertinence à ce sujet. *Dubois c. R.*, [1993] C.S. 487 (C.S. Qué.).

[528] Sur le fait que le retrait du permis de conduire n'est pas une peine au sens de l'alinéa 11i), voir : *R. c. Pellerin*; *R. c. Lauzon* (1982) 17 M.V.R. 203 (C.S.P.); *Lebel c. R.* (1982) 30 C.R. (3d) 285 (C.S. Qué.); *Kelly c. Prince Edward Island (Registrer of Motor Vehicles)* (1991) 97 Nfld. & P.E.I.R. 66 (C.S. Î.P.-E.). *Contra* : *R. c. Michaud* (1982) 17 M.V.R. 210 (C.S. Qué.).

[529] *R. c. Tremblay* (1983) 34 C.R. (3d) 183 (C.S. Qué.); *R. c. L.G.T.* (1986) 1 W.C.B. (2d) 163 (C. Co. C.-B.); *R. c. Vernacchia* (1988) 40 C.C.C. (3d) 561 (C.A. Qué.); *R. c. B. (J.W.)* (1990) 51 C.C.C. (3d) 35 (C.S. Î.P.-E.); *R. c. R. (E.)* (1993) 77 C.C.C. (3d) 193 (C.A. C.-B.).

[530] Voir en ce sens l'*obiter* de la juge Wilson dans *R. c. Gamble*, *supra*, note 525, p. 648.

Il ne faut pas confondre non plus modification de la peine et modification de la juridiction du tribunal. Un accusé ne pourra invoquer l'alinéa 11i) aux fins d'être jugé par un tribunal nouvellement compétent et autre que celui devant lequel il a été traduit, même si ce nouveau tribunal peut imposer une peine moindre que celle que peut imposer l'autre. Telle est en tout cas l'orientation présente de la jurisprudence sur ce point[531].

Ce qui vise l'alinéa 11i) est une modification de la peine découlant d'une modification de la loi. On ne saurait donc prétendre qu'une amende qui augmente plus on retarde à la payer est couverte par cette disposition, puisque l'augmentation découle du retard et non d'un changement législatif[532]. Qu'en est-il si la modification de la peine découle d'un jugement, rendu dans une autre affaire entre la commission de l'infraction et la sentence, et invalidant par exemple une peine minimum? Si ce jugement constitue un précédent qui lie le tribunal devant lequel l'alinéa 11i) est invoqué, ce dernier n'aura d'autre choix que d'appliquer la peine adoucie, l'alinéa 11i) constituant une raison supplémentaire pour le faire. Mais si ce jugement est considéré, dans une autre affaire et toujours entre le moment de la commission de l'infraction et celui de la sentence, comme un précédent ne faisant plus autorité, on peut se demander si ce premier jugement doit être considéré comme ayant établi la peine la moins sévère et si c'est cette peine qui doit être imposée aux termes de l'alinéa 11i)[533].

---

[531] *R. c. Lightbody* (1985) 10 O.A.C. 309 (C.A. Ont.); *Re McDonald and the Queen* (1985) 21 C.C.C. (3d) 330 (C.A. Ont.), permission d'appeler refusée en Cour suprême; *Re Jones and the Queen* (1985) 20 C.C.C. (3d) 91 (C.S. C.-B.).

[532] *Re McCutcheon and City of Toronto* (1983) 147 D.L.R. (3d) 193 (H.C. Ont.). On y a aussi décidé que le paiement volontaire hors cour de l'amende n'est pas une peine au sens de l'alinéa 11i), vu son caractère non-contraignant. Lors de l'étude de l'alinéa 11g), nous avons suggéré que pour qu'il y ait peine au sens de l'alinéa 11i) il devait y avoir infraction. Si donc l'on considérait le retard à payer un impôt, non pas comme une infraction, mais comme une option légale assortie d'un coût (les intérêts) pour paiement fiscal différé, l'alinéa 11i) ne pourrait être invoqué.

[533] On semble avoir répondu affirmativement à cette question dans *R. c. Molloy* (1990) 76 C.R. (3d) 371 (C.P. Ont.), tout en refusant d'accepter l'argument au motif que le remède constitutionnel octroyé par le premier jugement n'était pas de portée générale et ne visait que l'accusé dans cette affaire, d'où l'impossibilité pour un accusé dans une affaire subséquente d'en tirer bénéfice. L'accusé prétendait qu'il avait droit de ne pas être condamné et d'être plutôt sousmis à une cure de désintoxication — peine plus légère selon lui — même si l'article pertinent du *Code criminel* n'avait pas été rendu applicable en Ontario, au motif que dans *R. c. Hamilton* (1987) 54 C.R. (3d) 193 la Cour d'appel de cette province avait décidé que cette inapplicabilité était discriminatoire et contraire à l'article 15 de la *Charte*. Ajoutons que cette même Cour, peu de temps avant l'affaire *Molloy*, avait décidé que l'arrêt *Hamilton* ne faisait plus autorité, et ce pour se conformer à l'interprétation donnée entretemps par la Cour suprême à l'article 15. *R. c. Alton* (1990) 74 C.R. (3d) 124. Rappelons que lors de l'étude de l'alinéa 11g), nous avons conclu qu'une infraction nouvelle — et par conséquent inapplicable à un acte déjà accompli — pouvait être non seulement une infraction de création législative, mais aussi une infraction aggra-

Cette question invite à déterminer si l'alinéa 11i) n'offre que le choix entre deux peines — celle du moment de l'infraction et celle du moment de la sentence — ou si, au contraire, il pourrait conduire à en retenir une troisième, ayant existé entre ces deux moments. À notre avis, il y a lieu d'opter pour cette dernière solution. En effet, une lecture attentive de cet article révèle que le moment de l'infraction et le moment de la sentence ne déterminent pas nécessairement les seules peines applicables; ils déterminent plutôt le délai à l'intérieur duquel il faut se placer pour identifier la peine la moins sévère[534].

Enfin il paraît aller de soi que la façon dont une peine est vécue et administrée est visée par la garantie contre «les traitements ou peines cruels et inusités» de l'article 12 et non par l'alinéa 11i). Encore qu'il faille bien comprendre que la peine au sens de ce dernier article englobe les conséquences, prévues législativement, de la condamnation, par exemple l'inadmissibilité à la libération conditionnelle.

Est-il possible de dégager des critères permettant de conclure qu'une peine est plus ou moins sévère qu'une autre? La solution est aisée quand il s'agit de comparer deux délais différents d'emprisonnement. Mais dans beaucoup de cas l'appréciation devient purement qualitative et subjective, et sans aller jusqu'à prétendre que c'est l'inculpé qui devrait en décider, on peut estimer que le juge devrait être très attentif aux représentations de ce dernier. Lors de l'examen du droit à un procès par jury (alinéa 11f) de la *Charte*), il a été suggéré qu'une peine corporelle était plus sévère qu'une peine privative de liberté. Cette analyse est évidemment pertinente pour l'interprétation de l'alinéa 11i) de la *Charte*. D'un point de vue subjectif, l'emprisonnement n'est peut-être pas dans tous les cas une peine perçue comme plus sévère que l'amende. Mais elle l'est objectivement, et c'est sans doute cette interprétation qui doit prévaloir aux fins de l'alinéa 11i). Entre l'emprisonnement pour une certaine période et le fait d'être envoyé dans un établissement de redressement ou de réhabilitation pour une période plus longue, quelle est la peine la plus sévère? C'est probablement la première, le caractère prétendument non strictement punitif de certaines sentences n'ayant pas moins d'importance que la durée de la réclusion comme critère de gravité de la peine[535]. En résumé, il nous semble que pour décider

---

vée par interprétation judiciaire. Sous l'alinéa 11i), la question est plutôt de savoir si une peine peut être rendue moins sévère non seulement par voie de modification législative, mais aussi par déclaration judiciaire d'inconstitutionnalité d'une peine qui l'était davantage. Sur cette question, qui appelle une réponse affirmative, voir : H. DUMONT, *Pénologie : le droit canadien relatif aux peines et aux sentences*, Montréal, Thémis, 1993, p. 39 à 43. Cet ouvrage contient (p. 37 à 55) une étude approfondie de l'alinéa 11i).

[534] Voir en ce sens : *Belzil c. R.*, [1989] R.J.Q. 1117, p. 1139 (C.A. Qué.).

[535] Dans *R. c. Burnshine*, [1975] 1 R.C.S. 693, on a pris cela en considération pour conclure qu'une loi autorisant la réclusion d'un jeune dans une maison de redressement pour une

si une peine est moins sévère qu'une autre le juge devrait prendre en compte ce que la société canadienne considérerait sur ce point, compte tenu des caractéristiques personnelles de l'inculpé.

Autre hypothèse : celle de la modification de la peine minimale, maximale ou des deux. Une loi qui hausse l'une ou l'autre ou les deux, ou qui établit une peine minimale quand il n'en existait pas antérieurement, aggrave évidemment la peine. Et inversement pour une loi qui les diminue, ou qui établirait une peine maximale alors que seule une peine minimale était jusque-là prévue. S'il arrivait qu'une loi haussait la peine minimale et diminuait la peine maximale, ou faisait l'inverse, la meilleure solution serait que le juge fixe la sentence en fonction de la peine, minimale et maximale, la moins élevée[536]. C'est ce que commande l'alinéa 11i) de la *Charte* en consacrant pour l'inculpé le droit de bénéficier de la peine la moins sévère, ce qui englobe à la fois le maximum et le minimum de la peine.

Signalons enfin que certaines difficultés peuvent se présenter quant à la détermination du moment de la perpétration d'une infraction. Ces difficultés ont été analysées lors de l'examen de la non-rétroactivité des infractions (alinéa 11g) de la *Charte*), et les remarques faites alors gardent leur pertinence ici. Quant au moment de la sentence, qui est souvent postérieur au moment du jugement, la question est de savoir quelle peine le tribunal d'appel doit-il imposer dans l'hypothèse où le législateur a réduit la peine entre le moment de la sentence et le jugement d'appel de celle-ci. Bien entendu le tribunal d'appel doit en règle générale appliquer les mêmes lois que le tribunal de première instance. Mais il y a à cela des exceptions, et c'est ainsi par exemple que les lois de procédure ont le plus souvent une application immédiate aux affaires pendantes[537]. Bien entendu on ne saurait prétendre qu'une loi prévoyant une peine est une loi de procédure. Mais c'est aussi un type de loi dont l'application devrait être immédiate, d'autant que l'imposition d'une sentence est l'exemple par excellence d'un acte juridique qui n'est pas déclaratif d'un état de droit mais qui est constitutif de cet état. L'objectif de l'alinéa 11i) étant que l'inculpé soit puni conformément aux normes applicables au moment où sa punition est étudiée et décidée, pourvu que ces normes soient moins sévères que les précédentes,

---

période plus longue que celle de l'emprisonnement maximum sanctionnant en règle générale l'infraction qu'il avait commise ne violait pas le principe de l'égalité devant la loi de la *Déclaration canadienne des droits*. Sur l'échelle de sévérité des peines sous l'alinéa 11i), voir l'intéressante analyse de H. DUMONT, *supra*, note 533, p. 52 à 55.

[536] P. ROUBIER, *Le droit transitoire*, Paris, Dalloz et Sirez, 1960, p. 499 et s. On tiendra compte du fait que cet ouvrage en est un de droit français et qu'il n'y est pas du tout question de règles d'ordre constitutionnel mais de simples principes d'interprétation.

[537] *Maxwell on the Interpretation of Statutes*, 12ᵉ éd. Londres, Sweet and Maxwell, 1969, p. 220 et s. Le principe de l'application immédiate des lois de caractère procédural est complexe. Il en est plus largement question dans l'étude de la non-rétroactivité des infractions (alinéa 11g) de la *Charte*).

il est possible de soutenir que c'est le moment où elle l'est pour la dernière fois. Telle est d'ailleurs la conclusion de certains auteurs⁵³⁸. Certes le texte de l'alinéa 11i) n'est pas explicite à ce sujet. On y parle du moment de la sentence, et non du moment où la sentence devient définitive, alors que l'alinéa 11h) emploie les expressions «définitivement acquitté» et «définitivement déclaré coupable». Selon nous, cela n'est pas déterminant. L'esprit de l'alinéa 11i), qui déroge au principe de non-rétroactivité dans le cas où la loi postérieure à l'infraction adoucit la peine, permet de soutenir que le moment de la sentence est le moment de la sentence définitivement établie, compte tenu du fait que le tribunal statuant en appel de la sentence apprécie la pertinence et non simplement la légalité de celle-ci et qu'il n'est pas limité à n'intervenir que dans les cas où la sentence est manifestement déraisonnable⁵³⁹. Mais telle n'est pas l'orientation actuelle de la jurisprudence⁵⁴⁰.

On notera que dans *R. c. Dunn*⁵⁴¹, la Cour suprême s'est expressément abstenue de décider de la question⁵⁴². Rendant jugement pour la majorité, le juge Major a en effet établi que le tribunal d'appel devait faire bénéficier l'appelant de la peine adoucie postérieurement au prononcé de sa sentence, mais il s'est reposé pour arriver à cette conclusion non pas sur l'alinéa 11i) de la *Charte*, mais plutôt sur la version anglaise de l'alinéa 44e) de la *Loi d'interprétation*⁵⁴³. Comme cet article prévoit que c'est la peine la plus douce qui doit être «*imposed* or *adjudged*», le juge Major a considéré que ces deux mots devaient se lire de façon disjonctive et que le deuxième englobait la décision du tribunal d'appel.

Le fondement purement textuel de cet arrêt pourrait inciter à conclure que l'alinéa 11i) de la *Charte*, dont la rédaction ne donne assurément pas prise à pareil argument, est à l'effet contraire. Il faut d'ailleurs remarquer que, dans son opinion dissidente, la juge L'Heureux-Dubé est clairement de cet avis : puisque, écrit-elle, l'alinéa 44e) de la *Loi d'interprétation* a inspiré l'alinéa 11i) de la *Charte*⁵⁴⁴, «on ne peut pas soutenir que [le premier]

---

⁵³⁸ P. ROUBIER, *supra*, note 536, p. 506 et s.
⁵³⁹ Voir sur ce point *R. c. Dunn*, [1995] 1 R.C.S. 226, p. 239. Le paragraphe 687(1) du *Code criminel* édicte que sur appel de sentence, la Cour d'appel apprécie la justesse (*fitness*) de celle-ci.
⁵⁴⁰ *R. c. Lauzon*; *R. c. Drummond*; *R. c. Knight*; *R. c. Chase* (1992) 73 C.C.C. (3d) 52 (C.A. Ont.), permission d'appeler refusée : on tiendra compte du fait que dans cette affaire l'infraction et le procès avaient eu lieu avant la *Charte*; *R. c. Luke* (1994) 87 C.C.C. (3d) 121 (C.A. Ont.); aussi *l'obiter* du juge Sopinka dans *R. c. Potvin*, [1993] 2 R.C.S. 880, p. 908.
⁵⁴¹ *Supra*, note 539.
⁵⁴² *Id.*, p. 241.
⁵⁴³ *Supra*, note 522. Cet article est reproduit dans le texte qui renvoie à cette note.
⁵⁴⁴ L'alinéa pertinent de la *Loi d'interprétation* au moment de l'adoption de la *Charte* était l'alinéa 36e) et non l'alinéa 44e). Les deux alinéas sont reproduits au début de cette étude.

a une portée *plus grande* que celle [du second]⁵⁴⁵». Cela dit, nous demeurons d'avis que «le moment de la sentence» au sens de l'alinéa 11i) de la *Charte* devrait englober le moment où le tribunal d'appel apprécie la pertinence ou la justesse de celle-ci. En effet, le Constituant a jugé bon de substituer à la peine existant au moment de la commission de l'infraction celle existant au moment où le tribunal étudie et décide du cas de l'inculpé, quand cette dernière est la plus douce, et on ne voit pas pourquoi cette étude et cette décision ne seraient pas aussi celles du tribunal d'appel. A l'appui de son opinion dissidente, la juge L'Heureux-Dubé soutient que la position de la majorité va susciter des appels futiles, logés dans le seul espoir que la peine soit réduite avant que le tribunal d'appel ne se prononce, avec le résultat, si cela se produit, que l'appelant sera passible d'une peine moindre que celui qui n'a pas logé d'appel, et ce pour une même infraction qu'ils pourraient à la limite avoir commise au même moment⁵⁴⁶. Bien que non dénuées de fondement, ces objections nous semblent exagérer la propension d'un accusé à porter sa cause en appel dans la seule expectative que la peine qui lui est applicable soit allégée avant la décision du tribunal d'appel.

---

⁵⁴⁵ *R. c. Dunn*, *supra*, note 539, p. 250.
⁵⁴⁶ *Id.*, p. 250 et 251.

11

The Role of the Accused in the Criminal Process

(Sections 10(a), (b), 11(a), (c), (d), and 13)

*Anne-Marie Boisvert**

1. Introduction
2. The Investigatory Stage
   (a) The Starting Point of Constitutional Protection: The Concepts of Arrest and Detention
   (b) The Right to be Informed of the Reasons for Arrest or Detention: Section 10(*a*)
      (i) The Moment at Which the Information Must be Provided
      (ii) The Information to be Provided
   (c) The Right to Counsel and the Right to be Informed Thereof: Section 10(*b*)
      (i) The Right to Counsel and the Right to Remain Silent
         (A) The Right to be Informed of the Right to Counsel
            (1) The Timing of the Information
            (2) The Content of the Warning
            (3) The Duty to Inform and the Waiver of the Right to Counsel
            (4) A Specific Obligation: Information Concerning Duty Counsel
            (5) Waiver of the Right to be Informed

---

* Professor of Law, University of Montreal. I would like to express my gratitude to Patrick Healy for his helpful comments and to William Boulet for his invaluable assistance with the translation.

(B) The Right to Counsel
3. The Trial Stage
    (a) The Concept of Person Charged with an Offence
    (b) The Right to be Informed of the Specific Offence: Section 11(a)
    (c) Non-Compellability and Protection Against the Use of Previous Testimony: Sections 11(c) and 13
        (i) The Right of Non-Compellability
        (ii) The Witness's Right to Protection with Regard to the Subsequent use of his Testimony
        (iii) The Limits of Sections 11(c) and 13 and the Residual Protection Offered by Section 7
    (d) Section 11(d)
4. CONCLUSION

1. INTRODUCTION

When we compare the Canadian system of criminal justice with non-adversary or inquisitorial systems, we generally emphasize the fact that, in this country, every person who is caught in the grip of the state's repressive apparatus is presumed innocent. We are also quick to add that this person is protected against self-incrimination and has the right to remain silent.

This article deals with the guarantees in the *Canadian Charter of Rights and Freedoms* accorded to persons suspected or accused of having committed a criminal offence. More particularly, our focus will be on the following sections of the *Charter*:

> **10.** Everyone has the right on arrest or detention
> (*a*) to be informed promptly of the reasons therefor;
> (*b*) to retain and instruct counsel without delay and to be informed of that right;
>
> ....
>
> **11.** Any person charged with an offence has the right
> (*a*) to be informed without reasonable delay of the specific offence;
>
> ....
>
> (*c*) not to be compelled to be a witness in proceedings against that person in respect of the offence;
> (*d*) to be presumed innocent until proven guilty according to law in a fair and public hearing by an independent and impartial tribunal;
>
> ....
>
> **13.** A witness who testifies in any proceedings has the right not to have any incriminating evidence so given used to incriminate that witness in any other proceedings, except in a prosecution for perjury or for the giving of contradictory evidence.

In earlier editions of this chapter, Professor Ratushny welcomed the fact that the framers of the *Charter* had discarded the traditional "self-incrimination" phraseology from the formulation of the rights recognized in that instrument.[1] He correctly noted that certain Latin maxims, such as *nemo tenetur seipsum accusare*, had prompted the mistaken belief that there existed in Canada a general principle against self-incrimination whereas, in fact, the concept of self-incrimination traditionally amounted to two specific rules: the non-compellability of an accused at his criminal trial and the privilege of a witness not to have his testimony used against him in future proceedings. According to Professor Ratushny, by discarding the traditional phraseology relating to self-incrimination, attention could now be focused on the specific procedural protections granted to the accused without the distractions of emotive debates of a semantic — or even political — nature.

However, since the publication of the second edition of this book, a wealth of judgments from the Supreme Court of Canada now forces us to tackle the specific constitutional protections which are the subject of this study within the context of the general principle relating to self-incrimination. These procedural protections, it seems, must be construed in relation to one another, having regard to the specific purpose of each, based on underlying fundamental principles which largely find expression in the principles of fundamental justice enshrined in section 7 of the *Charter* and in the concept of trial fairness entrenched in section 11(*d*). As a result, if we are to draw the boundaries of the specific protections guaranteed under the *Charter*, we cannot entirely skirt the issue of the exact limits of such fundamental principles as the privilege against self-incrimination, the right to remain silent and trial fairness.

Given the substantial judicial developments in this particular area in recent years, this article does not purport to be comprehensive. Rather, it will attempt to examine the scope of the protection accorded to a suspect or an accused under the *Charter* and to highlight those fundamental principles which have guided the courts, more particularly the Supreme Court of Canada, in their interpretation of the relevant provisions of the *Charter*.

Such an undertaking is far from simple. The fundamental principles in question are not always easy to circumscribe, particularly as these very concepts and principles, initially developed by the common law, have long bedevilled the courts and given rise to numerous legal and terminological disputes. In addition, we must bear in mind that, though the person whose liberty is threatened by the criminal process will, as a rule, be offered

---

[1] E. Ratushny, "The Role of the Accused in the Criminal Process" in *The Canadian Charter of Rights and Freedoms*, Beaudouin and Tarnopolsky, (eds.) (Toronto, Carswell, 1982) and E. Ratushny, "The Role of the Accused in the Criminal Process" in *The Canadian Charter of Rights and Freedoms*, 2nd ed. Beaudouin and Ratushny (eds.) (Toronto: Carswell, 1989).

protection against self-incrimination, in our judicial system an admission of guilt, be it judicial or otherwise, is still regarded as the highest form of proof in the search for truth. In general, it is clear upon reading the jurisprudence dealing with the guarantees analysed herein that what is sought to be established is a difficult balance between providing protection to a suspect or an accused and safeguarding the ability of the state to identify and punish criminals. But balance means compromise and the compromises made here do not always stand up to rigorously logical scrutiny. Finally, we cannot conceal the fact that our task is not made easier by the very length and form of Supreme Court judgments which, in this particular area, are often too long and from which a majority decision does not always clearly emerge.

So what procedural protections does the *Charter* offer a suspect or an accused with respect to his entanglement in a police investigation or the judicial process? In this respect, three situations must be distinguished: the investigatory stage, the trial stage and, finally, the status of a suspect or accused as witness in a proceeding and whose testimony could be used against him in subsequent proceedings. Given the development and the breadth of the jurisprudence relating to the privilege against self-incrimination, we shall have to confine ourselves in this chapter to distinguishing between the investigatory stage and the protections accorded at the stage of formal proceedings.

2. THE INVESTIGATORY STAGE

The interrogation of suspects by the police is an important aspect of the criminal process. The evidence, and more particularly the confessions, garnered as a result of such interrogations have an undeniable impact on the outcome of numerous trials. Yet, traditionally, police powers in this area have remained largely unregulated. Even though Canadians are under no obligation to cooperate with the police authorities and submit to questioning,[2] many often mistakenly believe that they are required to do so if called upon. Mere suspects are often successfully questioned, either through ignorance of their right not to cooperate with the police or because they eventually succumb to the subtle, and often not so subtle, pressure exerted upon them.[3] It could perhaps be said, without greatly exaggerating, that the

---

[2] But see the majority decision in *Moore v. R.*, [1979] 1 S.C.R. 195 where it was held that a cyclist who had run a red light had obstructed the police by refusing to identify himself, though he was under no legal obligation to answer the police officer. See also the strongly dissenting view of Dickson J. at pp. 211-213.

[3] In earlier editions of this book, Professor Ratushny devoted a number of interesting pages to this phenomenon.

narrow confessions rule and the decisive importance placed on admissions as a means of proof are contributing factors in this situation.

As remarked by the author of previous editions of this chapter, it is most frequently when an out-of-court statement to the police is sought to be admitted in evidence against an accused that the courts take note of the interrogation techniques applied by the police.[4] However, since the essential concern of the courts regarding the admissibility of such statements has always been to ensure the reliability of evidence rather than the integrity of the criminal justice system, few restraints, as a result, have been placed on the questioning practices of the police.[5]

Under the traditional "confessions rule", for an out-of-court statement made to a person in authority to be admissible in evidence, the Crown must first establish that the statement was made voluntarily, i.e., without "fear of prejudice" or "hope of advantage". Yet, though the term "voluntary" connotes choice, it should be noted that, at law, the term has a technical meaning which is negatively defined and the detainee's awareness of the choices open to him is not relevant.[6] As explained by Madam Justice McLachlin in *R. v. Hébert*:[7]

> The act of choosing is viewed objectively, and the mental state of the suspect, apart from his belief that he is speaking to a person in authority, is irrelevant. Were it not for the insistence in the cases that the absence of threats and promises establishes the voluntariness of the statement and that voluntariness is the ultimate requirement for an admissible confession, one would be tempted

---

[4] E. Ratushny, "The Role of the Accused in the Criminal Process" in *The Canadian Charter of Rights and Freedoms*, 2nd ed., Beaudouin and Ratushny (eds.) (Toronto: Carswell, 1989) at p. 455.

[5] This summary account of the main justification for the confessions rule must be qualified in light of the view that oppression is a distinct criterion to be taken into account with respect to the voluntariness of admissions. See, in particular, the position of certain members of the Court in *Horvath v. R.*, [1979] 2 S.C.R. 376 as well as *Hobbins v. R.*, [1982] 1 S.C.R. 553. For a general discussion of the issue, see the Canada Law Reform Commission, *Questioning Suspects,* Working Paper No. 32 (Ottawa 1984), pp. 16-41; V. Del Buono, "Voluntariness and Confessions: A Question of Fact or Question of Law?" (1976) *C.L.Q.* 100, and M. Schrager, "Recent Developments in the Law Relating to Confessions: England, Canada and Australia" (1981) 26 *McGill L.J.* 435.

[6] For an in-depth study of the confessions rule, see F. Kaufman, *The Admissibility of Confessions*, 3rd ed. (Toronto: Carswell, 1979) and supplement (Toronto: Carswell, 1985). See also J. Fortin, *Preuve pénale* (Montréal: Thémis, 1983), chapter XIX, and E. Ratushny, *Self-Incrimination in the Canadian Criminal Process* (Toronto: Carswell, 1979).

[7] [1990] 2 S.C.R. 151. The modern confessions rule, however, has been enlarged to encompass some notion of choice as it was recognized in *Ward v. R.*, [1979] 2 S.C.R. 31; *Horvath v. R.*, *supra*, note 5; and *Nagotcha v. R.*, [1980] 1 S.C.R. 714, that the choice of making a "voluntary" confession presupposes an operating mind. However, the concept of consciousness put forward is extremely restricted.

to say that choice in the usual sense of deciding between alternatives plays little role in the traditional narrow formulation of the confessions rule.[8]

Despite the oft repeated notion that the confessions rule should be construed more broadly to guarantee fundamental principles of trial fairness,[9] the main justification for the rule continued to rest on the exclusion of unreliable statements. Where the statements were voluntary in the traditional sense, the courts were not vested with the power to exclude them merely because they were repelled by the manner in which they had been obtained or that their admission would bring the administration of justice into disrepute.[10]

The limitations of the confessions rule as a tool for regulating police tactics were further aggravated by the *Wray* rule[11] concerning the admissibility of evidence other than statements of the accused. This case stands for the general rule that, where evidence is relevant and of substantial probative value, it shall be admissible however serious the irregularities committed by the police in obtaining it.

Finally, in concluding this brief outline of the situation as it prevailed before the coming into force of the *Charter*, it is essential to note that the Supreme Court did not consider it absolutely necessary, for a confession made to the police to be admissible in evidence, that the person making such confession should have been duly advised of his right to remain silent and not to cooperate with the authorities.[12] Furthermore, the police were under even less of an obligation to warn the suspect that he was possessed of the right to counsel. At best, police refusal to allow the accused's request to consult counsel was taken into consideration in determining the voluntariness of the statement.

This state of affairs led Professor Ratushny to affirm that the message to the agents of the state was clear: virtually any interrogation techniques were permissible so long as no brutality was involved.[13] There are serious problems, he contended, with the investigatory stage of our criminal pro-

---

[8] *R. v. Hébert, ibid.*, pp. 165-166.
[9] See discussion in *R. v. Rothman*, [1981] 1 S.C.R. 640. See also text corresponding to note 5, *supra*.
[10] See *R. v. Hébert, supra*, note 7, p. 165 *et seq*. For a summary of the rule. See also note 5, *supra*.
[11] *R. v. Wray*, [1971] S.C.R. 272. In this case, the Supreme Court held that a rifle discovered as a result of confessions extorted by the police and thus involuntary under the traditional rule was admissible in evidence. The Court also held the portion of the statement confirmed by the discovery to be admissible.
[12] *R. v. Boudreau*, [1949] S.C.R. 262. This decision appears to overturn the judgment rendered a few years earlier in *R. v. Gash*, [1943] S.C.R. 250.
[13] E. Ratushny, *supra*, note 4, p. 457.

cess.[14] We share his view that there was indeed cause to be concerned for the integrity of our criminal justice system.

> ... another aspect relates to the basic integrity of our criminal process. Detailed protections are provided at the trial stage — a specific accusation, the presumption of innocence, the assistance of counsel, a public forum and others. However, all of these can be ignored in the secrecy of the police station if the suspect is ignorant of his right to decline to attend or to answer, or, even if he is aware of that right, if his resistance can be overcome by police interrogation.[15]

In what way has the advent of the *Charter* changed the situation?

(a) The Starting Point of Constitutional Protection: The Concepts of Arrest and Detention

Section 10 of the *Charter* confers rights upon a person who has been arrested or detained. Thus, constitutional protection is accorded only where a substantial adversary relationship comes to exist between the person and the state. Once the state exerts a certain control over the person, it is incumbent upon the state to guarantee that that person's rights will be respected.[16]

The courts have paid little attention to the concept of arrest. In a pre-*Charter* judgment,[17] the Supreme Court adopted the definition devised by English legal doctrine and defined arrest as the actual seizure or touching of a person's body with a view to his detention. Informing a person that he was under arrest was also tantamount to arrest to the extent that the person submitted. It would seem that this definition of arrest holds to this day.

The concept of detention, however, has given rise to substantial case-law, especially in relation to section 10(*b*) of the *Charter*. The wording of section 10 appears to indicate that there may be legal grounds for detaining a person which do not come under the power of arrest. The issue was addressed by Mr. Justice LeDain in *R. v. Therens*,[18] a case dealing with the right of the police to require under section 254(3)(*a*) of the *Criminal Code* that a person provide samples of his breath. Focusing on the ultimate purpose

---

[14] For a more complete analysis, see the first chapter of E. Ratushny, *Self-Incrimination in the Canadian Criminal Process* (Toronto: Carswell, 1979).
[15] E. Ratushny, *supra*, note 4, p. 458.
[16] See *R. v. Hébert*, *supra*, note 7, p. 184. See also the additional protection granted young offenders under section 56(2) of the *Young Offenders Act*, R.S.C. 1985, c. Y-1, who need not be arrested or detained to trigger the application of the right to be informed and the right to counsel.
[17] *R. v. Whitfield*, [1970] S.C.R. 46.
[18] [1985] 1 S.C.R. 613. See also *R. v. Trask*, [1985] 1 S.C.R. 655 and *R. v. Rahn*, [1985] 1 S.C.R. 659.

of the right to retain and instruct counsel rather than confining himself to a strict and narrow view of the concept of detention,[19] LeDain J. held that in certain circumstances psychological compulsion exercised by agents of the state constitutes a form of detention within the meaning of the *Charter*. The idea was restated by a unanimous Supreme Court in *Thomsen*:[20]

> I venture to restate what I perceive to be the essentials of those reasons, as they appear in my judgment in *Therens*, as follows:
> 1. In its use of the word "detention", s. 10 of the *Charter* is directed to a restraint of liberty other than arrest in which a person may reasonably require the assistance of counsel but might be prevented or impeded from retaining and instructing counsel without delay but for the constitutional guarantee.
> 2. In addition to the case of deprivation of liberty by physical constraint, there is a detention within s. 10 of the *Charter*, when a police officer or other agent of the state assumes control over the movement of a person by a demand or direction which may have significant legal consequence and which prevents or impedes access to counsel.
> 3. The necessary element of compulsion or coercion to constitute a detention may arise from criminal liability for refusal to comply with a demand or direction, or from a reasonable belief that one does not have a choice as to whether or not to comply.
> 4. Section 10 of the *Charter* applies to a great variety of detentions of varying duration and is not confined to those of such duration as to make the effective use of *habeas corpus* possible.[21]

In addition to police demands to provide breath samples, it has generally been held that when a motor vehicle is stopped by a police officer and its occupant is ordered out of the vehicle and directed to stand against a wall, arms and feet apart, that person is being "detained" within the meaning of section 10.[22] Similarly, in *R. v. Simmons*,[23] a strip search conducted by customs officers in an airport was deemed to constitute detainment as the person had no choice but to comply: failure to do so would have resulted in criminal liability. However, determining the actual moment when a person is detained according to the *Charter* appears to be a question of degree. Not all contacts with, or demands or directions by, the authorities constitute a form of detention. Already in *Simmons*,[24] the Supreme Court

---

[19] The leading case on the concept of detention before the *Charter* came into force was *Chromiak v. R.*, [1980] 1 S.C.R. 471.
[20] *R. v. Thomsen*, [1988] 1 S.C.R. 640.
[21] *Ibid.*, p. 649.
[22] *R. v. Debot*, [1989] 2 S.C.R. 1140, p. 1161. See also *R. v. Strachan*, [1988] 2 S.C.R. 980.
[23] [1988] 2 S.C.R. 495. See also *R. v. Jacoy*, [1988] 2 S.C.R. 548.
[24] *Ibid.* Lamer J. adds at p. 521:
> In *Therens*, *supra*, LeDain J. stated that not all communication with police officers and other state authorities will amount to detention within the meaning of s. 10(*b*) of the *Charter*. This situation is equally valid with respect to the customs situation. I have

had indicated that compliance with routine customs formalities upon entering the country does not necessarily amount to detention. A certain threshold of compulsion must, therefore, be crossed if the concept of detention is to come into play.

A person is detained within the meaning of the *Charter* the moment a peace officer issues an order to which there is no real choice but to comply, as a refusal could entail criminal prosecution. The element of psychological compulsion referred to in *Therens* by LeDain J. is, therefore, clearly present,[25] although compulsion here is less psychological than brought about by the legal consequences of a refusal. However, the scope of the concept of detention is not as clear where non-compliance is not susceptible of criminal prosecution. What degree of compulsion will cause the threshold into detention to be crossed? The question is particularly problematic where police officers attend at someone's home in order to question him or in police interrogations where no arrest has been made and no formal order given. And what of the citizen who is "invited" to accompany the police to the station and who feels obliged to comply even though the circumstances do not warrant an arrest? What of the person who wilfully attends at the police station and asks to leave or to retain counsel but whose demands are ignored and the interrogation continued? At what precise moment can it be said that police insistence on proceeding with an interrogation amounts to detainment?

Mr. Justice Gonthier sums up the situation perfectly in *R. v. Schmautz*:[26]

> The concept of detention has evolved since the *Charter* came into force and it is not always easy to determine in given circumstances whether and when it legally occurs. From the mere investigation to which a person wilfully collaborates to the custodial arrest of that person, there is a wide spectrum encompassing the varying degrees of legal jeopardies in which the state can put individuals; in some cases, the precise moment when detention arises is by no means easy to ascertain.[27]

---

little doubt that routine questioning by customs officials at the border or routine luggage searches conducted on a random basis do not constitute detention for the purposes of s. 10. There is no doubt, however, that when a person is taken out of the normal course and forced to submit to a strip search, that person is detained within the meaning of s. 10.

The view that not all contact with police authorities amounts to detention was reiterated in *R. v. Grafe* (1987), 60 C.R. (3d) 242 (Ont. C.A.) where it was held that a pedestrian is not detained just because he must identify himself when required to by a police officer, despite the moral obligation to respond.

[25] Despite the reaction of the person so detained. See *R. v. Schmautz*, [1990] 1 S.C.R. 398, pp. 410-411.
[26] *Ibid.*
[27] *Ibid.*, p. 415.

In *Schmautz*, the police were investigating a hit-and-run accident and had attended at the home of a suspect. The suspect was questioned for approximately 10 minutes before being ordered to accompany the officers to the station to provide a breath sample. The Supreme Court held that detainment began the moment that the suspect was given the order, thereby implying that the mere interrogation of a suspect does not necessarily constitute detention. But the question remains: At what point can it properly be said, especially where questioning exceeds the 10-minute period applicable in *Schmautz*, that the element of reasonable psychological compulsion referred to in *Therens*[28] and *Thomsen*[29] justifies the conclusion that detention has occurred? Mr. Justice LeDain asserts in *Therens* that:

> Although it is not strictly necessary for purposes of this case, I would go further. In my opinion, it is not realistic, as a general rule, to regard compliance with a demand or direction by a police officer as truly voluntary, in the sense that the citizen feels that he or she has the choice to obey or not, even where there is in fact a lack of statutory or common law authority for the demand or direction and therefore an absence of criminal liability for failure to comply with it. Most citizens are not aware of the precise legal limits of police authority. Rather than risk the application of physical force or prosecution for wilful obstruction, the reasonable person is likely to err on the side of caution, assume lawful authority and comply with the demand. The element of psychological compulsion, in the form of a reasonable perception of suspension of freedom of choice, is enough to make the restraint of liberty involuntary. Detention may be effected without the application or threat of application of physical restraint if the person concerned submits or acquiesces in the deprivation of liberty and reasonably believes that the choice to do otherwise does not exist.[30]

The question has been addressed by many Canadian courts of appeal. In *R. v. Esposito*,[31] the Ontario Court of Appeal ruled that detention did not occur in the case of a suspect questioned at his home by the police in excess of two hours before making an admission as there was no evidence on the record to suggest that he had actually believed that he was being detained. The Court, however, emphasized the fact that Mr. Esposito was considered merely as a "possible" suspect. What would have been the Court's finding, one wonders, had Mr. Esposito been the only suspect? Detention has been held not to arise in many police interrogations where the suspect was considered to be a "prime suspect".[32] The mere fact that a person is being

---

[28] *Supra*, note 18.
[29] *Supra*, note 20.
[30] *R. v. Therens, supra*, note 18, p. 644. This *obiter dictum* was restated in substance by a unanimous Court in *R. v. Thomsen, supra*, note 20.
[31] (1985), 49 C.R. (3d) 193 (Ont. C.A.), leave to appeal to the S.C.C. refused (1986), 53 O.R. (2d) 356n (S.C.C.).
[32] See *inter alia R. v. Yorke* (1990), 54 C.C.C. (3d) 321 (Ont. C.A.).

questioned by the police, therefore, does not lead to the necessary conclusion that he is being detained,[33] unless, perhaps, he is such an obvious suspect that he will be barred from leaving.[34]

The issue in *R. v. Bazinet*[35] was substantially the same as in *Esposito* except that the suspect had voluntarily accompanied the police to the station and, in the course of the interrogation, had agreed to remove some of his clothing so that blood stains it contained could be analysed. Though the nature of the questioning altered as the suspect was confronted with incriminating evidence, the Ontario Court of Appeal did not regard this as grounds for finding that the accused was detained. Consequently, the mere fact that questioning occurs in a police station is apparently not sufficient to constitute detainment within the meaning of the *Charter*, though the circumstances may be more coercive than in a setting which the police do not control.[36]

It appears as well that detention within the meaning of the *Charter* cannot be assumed automatically where the police question a person although they have already decided to arrest him. In *R. v. Hawkins*,[37] the Newfoundland Court of Appeal ruled that detainment had occurred although the suspect was not under formal arrest or detention as the police already knew he would be arrested once their interrogation was completed. The decision was overturned in a terse judgment by the Supreme Court of Canada.[38]

In *R. v. Moran*,[39] the Ontario Court of Appeal devised a non-comprehensive list of factors to be taken into consideration to ascertain whether a person, who is subsequently to be charged, is being detained while under interrogation. Affirming that the analysis must be concerned with the dynamics of the relationship between the suspect and the police, Mr. Justice Martin, delivering the majority decision, ruled that all the circumstances surrounding the event must necessarily be examined to determine whether a person reasonably believes that he is being detained:

1. What type of language was used by the police officer — was the person given a choice to speak or not to speak?

---

[33] *R. v. Moran* (1988), 36 C.C.C. (3d) 225 (Ont. C.A.); *R. v. T. (S.L.)* (1990), 52 C.C.C. (3d) 569 (Ont. C.A.). See also *R. v. Grafe, supra*, note 24; *R. v. Reddick* (1987), 77 N.S.R. (2d) 439 (N.S.C.A.); and *R. v. Wright* (1990), 56 C.C.C. (3d) 503 (Ont. C.A.).

[34] See *R. v. Mickey* (1989), 46 C.C.C. (3d) 278 (B.C. C.A.). See also *R. v. Voss* (1989), 50 C.C.C. (3d) 58 (Ont. C.A.).

[35] (1986), 51 C.R. (3d) 139 (Ont. C.A.).

[36] See also *R. v. Boutin* (1989), 49 C.C.C. (3d) 46 (Que. C.A.); *R. v. Smith* (1986), 25 C.C.C. (3d) 361 (Man. C.A.).

[37] (1992), 14 C.R. (4th) 286 (Nfld. C.A.).

[38] *R. v. Hawkins*, [1993] 2 S.C.R. 157.

[39] *Supra*, note 33. See also *R. v. Soares* (1987), 34 C.C.C. (3d) 403 (Ont. C.A.); *R. v. Grafe, supra*, note 24; *R. v. Voss, supra*, note 34; and *R. v. Hicks* (1988), 64 C.R. (3d) 68 (Ont. C.A.), affirmed [1990] 1 S.C.R. 120.

2. Did the person accompany the officer on their own volition or were they escorted?
3. Did the person leave after the interview or was he or she arrested?
4. At what point in the investigation did the interview take place?
5. Were there reasonable and probable grounds for believing that the person was, in fact, the guilty party?
6. What was the nature of the questions asked? Were they of a general nature or did they confront the accused with evidence pointing towards his or her guilt?
7. What was the subjective belief of the person? Did they think that they were being detained?[40]

Although pragmatic in its intent, this list of questions is particularly complex and offers no ready-made solution to distinguish orders or demands resulting in detainment from simple informal requests. Furthermore, it only partially addresses the intrinsically coercive nature of police interrogations. As a result, absent any formal demand or order on the part of the police, the onus will be on the accused to adduce evidence of "psychological detention" and that his perception thereof was reasonable. Yet the question remains as to the exact measure of the period of "informal investigatory detention" which the police are allowed before a suspect must be informed of his rights.

Significant answers to this question could have been provided by the *Elshaw* case.[41] The accused was charged on two counts of attempted sexual assault against children. Neighbours bordering the park where the attempts had occurred had witnessed the attempts and called the police. Upon their arrival, Elshaw tried to escape but was prevented by an officer despatched to the scene. He was asked to identify himself, informed that he was the subject of a police investigation relating to possible sexual assault and asked to climb into the van. A brief "conversation" providing incriminating evidence ensued between Elshaw and an officer standing outside the open door of the van. Elshaw was taken to the police station, formally charged with vagrancy and informed of his right to counsel The trial court and the British Columbia Court of Appeal alike found that the suspect had been detained during his conversation with the police officer. The issue before the Supreme Court of Canada involved the exclusion of evidence under section 24(2) of the *Charter*. The majority of the Court refused to find on the question of whether Elshaw had been detained within the meaning of the *Charter* during the initial interview with the police as this was admitted by the Crown, but a dissenting L'Heureux-Dubé J. asserted that the issue

---

[40] *R. v. Moran, supra*, note 33, pp. 258-259; (summarized by a dissenting L'Heureux-Dubé J. in *R. v. Elshaw*, [1991] 3 S.C.R. 24, pp. 55-56).
[41] *R. v. Elshaw, ibid.*

should be addressed. Contending that the findings of LeDain J. on psychological detention in *Therens*[42] were merely *obiter dicta* and stressing the crucial importance of weighing the rights of the individual against those of society at large as a prerequisite for an effective application of the law, L'Heureux-Dubé J. argued that the position adopted in Canada was susceptible of putting undue restraint on law enforcement agencies. After reviewing the situation in several countries and more particularly in the United States, she concluded that a compromise solution resided in the recognition of a power of preliminary detention, without arrest, for purposes of conducting investigations.[43]

This minority view has never officially taken hold in the Supreme Court of Canada, but it should be noted that in the vast majority of cases finding in favour of detention within the meaning of the *Charter* the suspect had been given a formal order or demand which could not be disobeyed except on pain of criminal liability.[44] Although the Court does not formally refer to preliminary detention for purposes of an investigation, the very question as to what degree of compulsion must be attained before a person can properly be said to be detained inevitably assumes that the police enjoy a certain latitude before ultimately being required to inform the detainee of his constitutional rights. Finally, rulings such as *Simmons*[45] finding that routine searches in airports do not necessarily constitute detention within the meaning of the *Charter* leave little room for doubt that some form of preliminary detention for the purposes of an investigation, or, alternatively, "informal investigatory detention" does in fact exist in Canada. What

---

[42] *Supra*, note 18.
[43] *R. v. Elshaw, supra*, note 40, pp. 57 and 58.
[44] But see *R. v. Grant*, [1991] 3 S.C.R. 139.
[45] *Supra*, note 23. See also *Dehghani v. Canada* (M.E.I.), [1993] 1 S.C.R. 1053, where it was held that the questioning by immigration officials of a person entering Canada without papers and demanding refugee status does not constitute detention. The Court stated at p. 1072 that there was nothing ignominious about having to submit to questioning when attempting to enter Canada. More surprisingly, Iacobucci J,. writing for the Court, stated at p. 1074:

> It is important to note that neither the existence of a statutory duty to answer the questions posed by the immigration officer nor the existence of criminal penalties for both the failure to answer questions and knowingly making a false or misleading statement necessitates the conclusion that the appellant was detained within the meaning of s. 10(*b*). These provisions are both logically and rationally connected to the role of immigration officials in examining those persons seeking to enter the country. Indeed, they are required to ensure that border examinations are taken seriously and are effective.

In our view, this decision, like the one in *R. v. Simmons, supra*, note 23, unduly limits the protection guaranteed under section 10(*b*) when entering Canada. The Court's obvious concern for the effective protection of Canada's borders could have been expressed in an analysis conducted under section 1 of the *Charter*.

remains to be determined is what degree of persistence the police may apply in questioning a suspect before their conduct constitutes detention within the meaning of the *Charter*. In the light of the judicial tendency observed in recent years, it seems safe to assume that the concept of "psychological detention" advanced in *Therens*[46] will not lead to spectacular developments.[47]

In *Therens*, Mr. Justice LeDain proposed a definition of detention that took account of the purpose of the right to counsel, i.e. to ensure the proper protection of anyone placed in circumstances susceptible of having significant legal consequences.[48] Subsequent decisions, however, appear to be founded less on these principles than on a technical analysis of factual situations which are unique to each case. Admittedly, section 10 of the *Charter* does restrict constitutional protection to situations of arrest or detention, but it seems unfortunate, given the purpose which this provision aims to achieve, that in a majority of cases, this purpose is obscured by an analysis which is more concerned with the facts of the case.

Finally, to conclude this section on detention, it should be noted that in cases where a person is not deemed to be detained within the meaning of the *Charter*, the only protection resides in the traditional confessions rule.[49]

(b) The Right to be Informed of the Reasons for Arrest or Detention: Section 10(*a*)

Section 10(*a*) of the *Charter* confers upon an arrested or detained person the right to be promptly informed of the reasons for his arrest or detention.

This guarantee is largely based on a common law rule which has more or less been restated in section 29 of the *Criminal Code* concerning the duties of police officers in matters of arrest. Since *Christie v. Leachinsky*,[50] it has been recognized that a police officer must inform the person he is arresting of the true ground for the arrest, though the information need not be conveyed in technical terms. Failure to do so entitles the person to resist arrest. However, the obligation does not arise where the circumstances are such that the person must know the general nature of the offence triggering

---

[46] *Supra*, note 18.
[47] See, in particular, *R. v. Hicks, supra*, note 39.
[48] *R. v. Therens, supra*, note 18, pp. 641-642.
[49] Because, as shall be seen later, *Hébert, supra*, note 7, restricted the residual protection guaranteed under section 7 regarding the right to remain silent to cases of arrest or detention.
[50] [1947] A.C. 573. Considered to be the leading case regarding the powers and duties of arresting officers. We do not intend, in this exposition, to conduct a comparative analysis of the common law requirements and those of section 29 of the *Criminal Code*.

the arrest or if, by his actions, he effectively prevents the officer from conveying the information. However, contrary to the common law or the *Criminal Code,* the constitutional duty has been expanded to encompass cases of detention as well as arrest. Moreover, a breach of this constitutional requirement may give rise to a remedy.[51]

The interpretation of section 10(*a*) of the *Charter* has not been the subject of great judicial attention. Essentially, two questions have been raised with respect to section 10(*a*): (i) At what precise moment must the information be provided? and (ii) What is the content of the information to be disclosed?

(i) *The Moment at Which the Information Must be Provided*

Section 10(*a*) provides that an arrested or detained person must be informed "promptly" of the grounds upon which police action is based. In *R. v. Kelly,*[52] the Ontario Court of Appeal held that the term "promptly" in section 10(*a*) is more restrictive than the phrase "without delay" in section 10(*b*). The Court based its analysis on a comparative reading of the two texts and, in particular, on a purposive comparison of the two subsections, demonstrating that, although the two rights are closely linked and that diligence in the disclosure of information is necessary to avoid putting in jeopardy the legal position of persons who have not had the opportunity to consult counsel, the section 10(*a*) right avails in situations where the arrested person is additionally entitled to resist arrest if not informed of the reasons therefor. Consequently, it is crucial that such person be immediately apprised of the grounds for arrest.

(ii) *The Information To Be Provided*

The information conveyed to the arrested or detained person must be such as to reasonably enable him to decide whether or not to resist arrest as well as to make an informed choice concerning the right to retain and instruct counsel. In *Evans,*[53] where the bench was comprised of only five judges,

---

[51] For reasons of space, this chapter will not be dealing with the rules governing the exclusion of evidence in the event of an infringement of the rights under sections 10, 11, and 13 of the *Charter.* Nor will it be dealing with the thorny issue concerning the concepts of evidence "created" by the violation of such rights and independent physical evidence. At the most, we shall be dealing in those sections of this exposition which are devoted to sections 11(*c*) and 13 with the recently developed concept of "derivative evidence" to determine if, in certain circumstances, a compellable person may be exempted from testifying. See the text corresponding to notes 254 to 297 below.
[52] (1985), 17 C.C.C. (3d) 419.
[53] [1991] 1 S.C.R. 869.

Madam Justice McLachlin, delivering the majority decision, summed up the situation as follows:

> The right to be promptly advised of the reason for one's detention embodied in s. 10(a) of the *Charter* is founded most fundamentally on the notion that one is not obliged to submit to an arrest if one does not know the reason for it: *R. v. Kelly* (1985), 17 C.C.C. (3d) 419 (Ont. C.A.), at p. 424. A second aspect of the right lies in its role as an adjunct to the right to counsel conferred by s. 10(b) of the *Charter*. As Wilson J. stated for the Court in *R. v. Black*, [1989] 2 S.C.R. 138, at pp. 152-153, "[a]n individual can only exercise his s. 10(b) right in a meaningful way if he knows the extent of his jeopardy". In interpreting s. 10(a) in a purposive manner, regard must be had to the double rationale underlying the right.[54]

In *R. v. Smith*,[55] a unanimous Supreme Court reiterated that the duty to inform an arrested or detained person of the reasons for his arrest or detention was closely connected with his right to be sufficiently informed so as to properly assert his right to counsel:

> We take the view that the accused's understanding of his situation is relevant to whether he has made a valid and informed waiver. This approach is mandated by s. 10(a) of the *Charter*, which gives the detainee the right to be promptly advised of the reasons for his or her detention. It is exemplified by three related concepts: (1) the "tainting" of a warning as to the right to counsel by lack of information; (2) the idea that one is entitled to know "the extent of one's jeopardy"; and (3) the concept of "awareness of the consequences" developed in the context of waiver.[56]

Thus, the sufficiency of the information concerning the reasons for arrest or detention is a factor to be considered in determining the validity of an individual's waiver of the right to counsel.[57] Consequently, a discussion of section 10(a) is often accompanied by a discussion of the sufficiency of the caution given under section 10(b).[58] In fact, an analysis of the requirements of section 10(a) is rarely undertaken for its own sake, but is more often conducted in the context of the breach of another constitutional right. A violation of the right embodied in section 10(a) is often a prelude to other violations or to an invalid waiver of the right to counsel and, as such, constitutes to a certain extent an aggravating factor to be considered in assessing the remedy to be accorded.

---

[54] *Ibid.*, pp. 886-887. It should be noted that a majority of only three judges found no infringement of section 10(a) in this case.
[55] [1991] 1 S.C.R. 714.
[56] *Ibid.* pp. 726-727 (*per* McLachlin J.)
[57] For a discussion of the waiver of the right to counsel, see notes 127 to 148 and the text corresponding thereto.
[58] See notes 91 *et seq.* and the text corresponding thereto.

The Supreme Court cannot be said to have erred on the side of formalism in its assessment of the scope of the duty imposed on the police under section 10(*a*). Failure on the part of an arresting officer to precisely identify the charge brought against a person under the *Criminal Code* is not necessarily fatal.[59] The person need not be informed of the exact charges or be provided with all the details of the case. Further, in determining whether the information provided by the police enables an arrested or detained person sufficiently to understand the extent of his jeopardy and the consequences of waiving the right to counsel, the courts can presume that he was possessed of a reasonable degree of knowledge of the circumstances surrounding the case.[60] In *Smith*,[61] the Supreme Court did not regard as anything more than a "technical breach" of section 10(*a*) the fact that the accused, under arrest for a shooting incident, was not informed of the victim's death and that he had become a suspect in a murder investigation. No remedy was ordered.

Similarly — and even more questionably — the majority of the Court in *R. v. Evans*[62] held that the accused, an individual of below-average intelligence initially arrested on a minor drug charge, must have realized that the nature of the interrogation had altered and that he was now under suspicion of murder.[63] Thus, the Court found no violation of section 10(*a*). What is astonishing in this particular case is that, while the Court saw no breach of section 10(*a*), it held that section 10(*b*) had been infringed, thereby establishing a lesser duty to inform under section 10(*a*) than under section 10(*b*).[64]

In brief, the information provided by police officers under section 10(*a*) of the *Charter* will generally be considered deficient only where they have deliberately minimized the legal consequences of the jeopardy facing the arrested or detained person,[65] or where the reasons for the detention change as the interrogation progresses but where the detainee cannot know that such change has occurred.[66] Finally, inventing reasons for an arrest or detention with a view to eliciting information from the arrested or detained person would be in breach of section 10(*a*).[67]

---

[59] *R. v. Smith, supra*, note 55, p. 728.
[60] See *R. v. Evans, supra*, note 53, p. 888. See also notes 120 to 148 and the text corresponding thereto.
[61] *Supra*, note 55.
[62] *Supra*, note 53.
[63] *R. v. Evans, supra*, note 53, p. 888.
[64] See D. Stuart, *Charter Justice in Canadian Criminal Law* (Toronto: Carswell, 1991), p. 193.
[65] *R. v. Smith, supra*, note 55, p. 730.
[66] *R. v. Evans, supra*, note 53 and *R. v. Black*, [1989] 2 S.C.R. 138. See also *R. v. Schmautz, supra*, note 25.
[67] In *R. v. Greffe*, [1990] 1 S.C.R. 755, the police had informed the accused that he was

Once again we find it deplorable that, despite numerous statements by the Supreme Court that section 10(*a*) of the *Charter* must be construed in a manner consistent with the purpose of the right guaranteed thereunder — i.e., to ensure that a person will act with full knowledge of the extent of his jeopardy[68] — the rules set by the Court concerning the duty of police officers to inform the accused of the reasons for his arrest or detention allow little more than a partial attainment of this objective.

(c) The Right to Counsel and the Right to be Informed Thereof: Section 10(*b*)

(i) *The Right to Counsel and the Right to Remain Silent*

It has already been suggested that the traditional rules governing the admissibility of evidence obtained by the police have not operated to restrain them significantly in their interrogation techniques. It has further been mentioned that, traditionally, failure by the police to caution a suspect as to his right to remain silent and to retain and instruct counsel was not sanctioned. Section 10(*b*) of the *Charter* now constitutionalizes the right to consult counsel as well as the right to be informed thereof. These rights are not an end in themselves: they are intended to foster the preservation of further rights.[69] Although this chapter is not devoted to the study of the principles of fundamental justice protected by section 7 of the *Charter*, it is essential to say a few words about the principle against self-incrimination and the right to remain silent now entrenched in such section, since the rights guaranteed under section 10 are closely linked to these principles.[70] The reach of the right to counsel is largely dependent on the nature and scope of the right to remain silent protected by the *Charter*.[71]

---

under arrest for traffic violations although he was actually suspected of importing heroin. The Crown admitted that there had been a violation of section 10(*a*).

[68] See *inter alia R. v. Evans*, *supra*, note 53, p. 887; *R. v. Black*, *supra*, note 66, pp. 152-153. See also *R. v. Clarkson*, [1986] 1 S.C.R. 383 and *R. v. Manninen*, [1987] 1 S.C.R. 1233.

[69] See *inter alia R. v. Clarkson*, *supra*, note 68, pp. 394-396; *R. v. Hébert*, *supra*, note 7, p. 176; *R. v. Black*, *supra*, note 66, pp. 152-153. In *R. v. Manninen*, *supra*, note 68, pp. 1242-1243, Lamer J. reiterates that "[t]he purpose of the right to counsel is to allow the detainee not only to be informed of his rights and obligations under the law, but equally if not more important, to obtain advice as to how to exercise those rights".

[70] *R. v. Hébert*, *supra*, note 7; *R. v. Chambers*, [1990] 2 S.C.R. 1293; *R. v. S. (R.J.)*, [1995] 1 S.C.R. 451; *R. v. P. (M.B.)*, [1994] 1 S.C.R. 555 and *R. v. Jones*, [1994] 2 S.C.R. 229.

[71] If not the reverse. McLachlin J., writing for the majority in *R. v. Hébert*, *supra*, note 7, pp. 176-177, closely associates the scope of the right to remain silent with that of the right to counsel.

There is no doubt that *Hébert*[72] constitutes the leading case on the right to remain silent. In *Hébert*, Madam Justice McLachlin, delivering the majority decision, recognized that the right to silence has for generations formed part of the basic tenets of our legal system,[73] but asserted that, as protected under the *Charter*, the right to remain silent may be broader than its traditional manifestations at common law. The question, however, is to determine the exact scope of this right. According to McLachlin J., the essence of the right to remain silent under the *Charter* is predicated on the right to choose to speak or not to speak to the authorities[74] when one's freedom is threatened by the criminal justice system.[75] The right, therefore, extends beyond the traditional formulation of the confessions rule, encompassing not only the guarantee that a person will be free from coercion induced by threats or promises, but also protecting the positive right to make a free choice as to whether to remain silent or to speak to the authorities.[76]

Since the right to remain silent, in essence, is the freedom to choose whether or not to make a statement, the state is not required, according to McLachlin J., to protect the suspect from making a statement; in fact, it is open to the state to apply legitimate means of persuasion in an attempt to elicit an admission. However, the state is required to allow the suspect to make an informed choice and, to assist in this choice, it must guarantee that he has the right to retain and instruct counsel.[77]

The close connection between the right to silence and the right to counsel leads Madam Justice McLachlin to conclude that the test to determine whether the state has infringed a person's right to remain silent is essentially an objective one:

> I should not be taken as suggesting that the right to make an informed choice whether to speak to the authorities or to remain silent necessitates a particular state of knowledge on the suspect's part over and above the basic requirement that he possess an operating mind. The *Charter* does not place on the authorities and the courts the impossible task of subjectively gauging whether the suspect appreciates the situation and the alternatives. Rather, it seeks to ensure

---

[72] *Ibid.* See also *R. v. Broyles*, [1991] 3 S.C.R. 595 and *R. v. Woolley* (1988), 63 C.R. (3d) 333 (Ont. C.A.).
[73] *R. v. Hébert, supra*, note 7, pp. 161-162.
[74] *Ibid.*, pp. 164 and 175.
[75] I.e., arrested or detained persons. See *R. v. Hébert, supra*, note 7, p. 184. This limitation of a right guaranteed by section 7 to situations of arrest or detention may be surprising, considering that the wording of section 7, as opposed to that of section 10, does not limit constitutional protection to such situations, unless one strictly construes the concept of security of the person. Clearly, the object of the decision to limit the right to remain silent to cases where the suspect has been arrested or detained is to avoid adversely affecting the police power to conduct secret operations prior to detention.
[76] *Ibid.*, p. 177.
[77] *Ibid.*

> that the suspect is in a position to make an informed choice by giving him the right to counsel. The guarantee of the right to counsel in the *Charter* suggests that the suspect must have the right to choose whether to speak to the police or not, but it equally suggests that the test for whether that choice has been violated is essentially objective. Was the suspect accorded his or her right to counsel? By extension, was there other police conduct which effectively deprived the suspect of the right to choose to remain silent, thus negating the purpose of the right to counsel?[78]

According to McLachlin J., this view of the right to silence must be distinguished from an approach which assumes an absolute right not to speak, capable of being discharged only by a waiver based on a full knowledge of the consequences.[79] In addition, it does not preclude the police from questioning a suspect in the absence of counsel where counsel has already been retained and instructed. "Police persuasion, short of denying the suspect the right to choose or depriving him of an operating mind, does not breach the right to remain silent."[80]

What is disallowed, however, are police tactics operating objectively to prevent a suspect from retaining and instructing counsel,[81] or denying him the ability to choose whether or not to remain silent. Thus, the police are not authorized to use trickery, such as placing an undercover officer in the same cell as the suspect in an attempt to extract a confession once he has sought counsel and refused to speak,[82] though nothing precludes the police from directly questioning the accused once he has retained counsel. Further, voluntary statements to a cell mate do not infringe the right to silence except where the police have actively "planted" this person to undermine the suspect's constitutional rights once he has elected to remain silent.[83]

> However, in the absence of eliciting behaviour on the part of the police, there is no violation of the accused's right to choose whether or not to speak to the police. If the suspect speaks, it is by his or her own choice, and he or she must be taken to have accepted the risk that the recipient may inform the police.[84]

---

[78] *Ibid.*
[79] *Ibid.*, p. 183. A bench of five judges appears to have taken a different view in *R. v. Mellenthin*, [1992] 3 S.C.R. 615, p. 622:
> It is true that a person who is detained can still consent to answer police questions. However, the consent must be one that is informed and given at a time when the individual is fully aware of his or her rights.

Unfortunately, this decision is an isolated one and not easily reconciled with subsequent decisions of the Court, particularly *R. v. Whittle*, [1994] 2 S.C.R. 914. It also serves to demonstrate that the Supreme Court has not perfectly mastered it's own jurisprudence.
[80] *R. v. Hébert*, *supra*, note 7, p. 184.
[81] See *R. v. Burlingham*, [1995] 2 S.C.R. 206.
[82] *R. v. Hébert*, *supra*, note 7, pp. 180-181.
[83] See *R. v. Broyles*, *supra*, note 72.
[84] *R. v. Hébert*, *supra*, note 7, p. 185.

This restrictive view of the right to silence has been widely criticized as it effectively reduces a suspect's constitutional protection to the measure of his ability to stand firm in the face of police persistence.[85] Further, though the right to counsel is the best safeguard of the right to silence, the latter is, through a form of circular reasoning, restricted to the scope of the constitutional protection provided by the former. This is a minimalist view of the right to remain silent, one that, at the end of the day, guarantees the suspect no more than the freedom to make a conscious choice and does not quite square with the object pursued by the right to counsel, which is to be informed of one's rights and the extent of one's jeopardy.[86]

Nevertheless, this approach to the right to silence, according to McLachlin J., seeks to effect a proper balance between protecting individuals directly involved in the criminal process against unfair use by the state of its superior resources and maintaining the state's legitimate power to prosecute criminals.[87]

To a large extent, therefore, the right to the assistance of counsel is the best safeguard of the individual's rights before trial. It is the means by which the fairness of the system is guaranteed and a certain protection against self-incrimination accorded. In *R. v. Jones*,[88] Chief Justice Lamer sums up the situation as follows:

> Wilson J. wrote in *Clarkson v. The Queen*, [1986] 1 S.C.R. 383, at p. 394, that the "right [to counsel], as entrenched in s. 10(*b*) of the *Canadian Charter of Rights and Freedoms*, is clearly aimed at fostering the principles of adjudicative fairness". I then wrote in *R. v. Collins*, [1987] 1 S.C.R. 265, at p. 284, that "one of the fundamental tenets of a fair trial [is] the right against self-incrimination". The purpose of s. 10(*b*), it can be concluded, is the fostering of the right against self-incrimination. Or, as L'Heureux-Dubé J. said more directly in *R. v. Simmons*, [1988] 2 S.C.R. 495, at p. 539:
>
> > The right to counsel is primarily aimed at preventing the accused or detained person from incriminating herself. Thus the main concern would be with coerced or uninformed confessions. In such circumstances, the accused would be manufacturing the evidence against herself. This is something which, in the interests of fairness, the right to counsel would seek to protect.[89]

---

[85] See P. Healy, "The Value of Silence" (1990) 74 *C.R. (3d)* 176 and M. Brown and P. Healy, "Hébert: A Constitutional Right to Silence: Two Commitments" (1990) 77 *C.R. (3d)* 194.

[86] See, *R. v. Clarkson*, *supra*, note 68; *R. v. Manninen*, *supra*, note 68; *R. v. Black*, *supra*, note 66.

[87] *R. v. Hébert*, *supra*, note 7, p. 180.

[88] *Supra*, note 70.

[89] *Ibid.*, pp. 254-255 (references have been omitted). Despite Lamer J.'s dissenting opinion in this case, his analysis and the remarks quoted above were restated with approval by a majority of the Supreme Court in *R. v. S. (R.J.)*, *supra*, note 70, p. 506, in which Iacobucci

Thus, the purpose of this form of protection against self-incrimination is not so much to shield the accused from his own statements to the police by rendering them inadmissible in evidence at the trial stage as to ensure the integrity of the system by providing the accused with a certain degree of protection at the investigatory stage so that, at the trial stage, the guarantees embodied in section 11(*c*) will not be completely illusory.[90]

We shall now examine how the Supreme Court has interpreted section 10(*b*) of the *Charter*.

(A) The Right to be Informed of the Right to Counsel. The wording of section 10(*b*) accords not only the right to counsel but equally the right to be informed thereof. Failure to inform an arrested or detained person of his right to counsel, therefore, is in itself an infringement of that person's constitutional rights.

The object of the right to be informed of the right to counsel is essentially to ensure that a person shall have access to the necessary legal advice when most in need thereof. More generally, the duty to inform imposed on the police seeks to foster the fairness of the criminal justice system by guaranteeing that a person is provided with legal advice before incriminating himself.[91]

> The most important function of legal advice upon detention is to ensure that the accused understands his rights, chief among which is his right to silence. The detained suspect, potentially at a disadvantage in relation to the informed and sophisticated powers at the disposal of the state, is entitled to rectify the disadvantage by speaking to legal counsel at the outset, so that he is aware of his right not to speak to the police and obtains appropriate advice with respect to the choice he faces.[92]

J. remarked at pp. 510-511:
> In my opinion, therefore, the residual protection developed in *Hébert* reflects the principle against self-incrimination or the concept of the case to meet. Regarding this reflection, however, I would make the following point. In *Hébert, supra*, this Court recognized a residual protection against self-incrimination, but that recognition was prompted in part by the need to protect the s. 11(*c*) right against compellability.
>
> But I would highlight that, in the enumerated provisions of the *Charter*, there exists "no protection" against self-incrimination applicable in respect of pre-trial statements to the police. The guarantee of s. 11(*c*) was regarded as potentially "illusory" in that context. It does not follow that, in another context where the *Charter* provides *some* protection, an analysis along *Hébert* lines should necessarily proceed [emphasis in the original].

[90] See discussion in *R. v. S. (R.J.), supra*, note 70, pp. 523-525.
[91] *R. v. Clarkson, supra*, note 68, pp. 393-394.
[92] *R. v. Hébert, supra*, note 7, p. 176. See also *R. v. Brydges*, [1990] 1 S.C.R. 190, p. 206; *R. v. Prosper*, [1994] 3 S.C.R. 236, p. 272 and *R. v. Whittle, supra*, note 79, p. 932; *R. v. Manninen, supra*, note 68, pp. 1242-1244; *R. v. Clarkson, supra*, note 68, pp. 394-396.

In this regard, it is important to note that, in the absence of a police warning, it is not open to the courts to speculate on the advice or usefulness of the advice that would have been provided by counsel. In *R. v. Black*,[93] Madam Justice Wilson, writing for the Court, pointed out that the Court had ruled in *Therens* that section 10(*b*) had been infringed even though "it may be assumed that counsel would advise the accused that he should submit to the breathalyser on the basis that failure to do so constitutes a criminal offence".[94]

The caution under section 10(*b*) of the *Charter* relates to the right to the assistance of counsel. Naturally, the question has been raised whether the police should further advise the accused of his right to remain silent. The duty to so inform the accused existed at common law, though failure to do so did not result in the inadmissibility of the statement.[95] The right to remain silent now constitutes a principle of fundamental justice enshrined in the *Charter* and this has raised the issue of whether the caution should encompass any mention of this right. The matter appears to have been resolved implicitly in the *Hébert* case[96] where the duties of the agents of the state are defined in negative terms. The police have the obligation not to act so as to deny the right to remain silent. They are, however, under no obligation to ensure this right.

The duty of the police to inform the arrested or detained person of his right to retain and instruct counsel applies immediately upon detention, however short,[97] and cannot be limited except by law under section 1 of the *Charter*. In *Thomsen*,[98] it was recognized that the right to be informed of and the right to retain and instruct counsel without delay could, indeed, be limited by law in a manner which is demonstrably justified in a free and democratic society. Already in *Therens*[99] LeDain J. had affirmed that:

> The limit will be prescribed by law within the meaning of s. 1 if it is expressly provided for by statute or regulation, or results by necessary implication from the terms of a statute or regulation or from its operating requirements. The limit may result from the application of a common law rule.[100]

---

[93] *Supra*, note 66.
[94] *Ibid.*, pp. 153-154. See also *R. v. Debot, supra*, note 22, pp. 1162-1163 (*per* Wilson J.). It should be noted, however, that conjecture is not always absent when weighing the possibility of excluding evidence under section 24(2) of the *Charter*.
[95] *R. v. Boudreau, supra*, note 12.
[96] *Supra*, note 7.
[97] *R. v. Thomsen, supra*, note 20.
[98] *Ibid.*
[99] *Supra*, note 18.
[100] *Ibid.*, p. 645.

Thus, the courts have allowed the guarantee under section 10(*b*) to be set aside in the fight against impaired driving. In *Ladouceur*[101] and *Hufsky*,[102] the arbitrary stopping and detainment of drivers at road blocks or spot checks was allowed under section 1 of the *Charter*. As the drivers thus stopped are detained within the meaning of the *Charter*,[103] the question arose whether the police were required to inform them of their right to counsel. LeDain J. asserted for the Court in *Thomsen*[104] that the wording of section 254(2) of the *Criminal Code*, under which the police are vested with the power to order a driver immediately to provide a breath sample, contains an implied restriction of the rights under section 10 of the *Charter*.[105] Given the significance of breathalyser tests in the prevention of drunk driving, he held that this limit was justified in a free and democratic society. Furthermore, account was taken of the fact that a driver could subsequently assert his right to counsel in the more serious context of the breath or blood sample analysis conducted under section 254(3) of the *Criminal Code*.[106] Despite the amendments made to section 254(2) of the *Criminal Code* subsequent to the *Thomsen* case, various Canadian courts of appeal have determined that this section still contains an implicit limit to the constitutional rights of drivers,[107] leading one author to remark that, as concerns the detection of impaired driving, the practical significance of the *Therens* case is negligible if not altogether non-existent.[108] The result is that while we admit that such persons are detained within the meaning of the *Charter*, we fail to recognize their corresponding constitutional rights.

(1) The timing of the information. Section 10(*b*) provides that an arrested or detained person has the right to be informed "without delay" of his right to retain and instruct counsel. Hence, the information must be provided at the earliest opportunity and, unless the security of the arresting or detaining officers is at risk, the phrase "without delay" does not permit of qualification. As pointed out by Madam Justice Wilson in *R. v. Debot*,[109] absent exceptional circumstances, this neither means "at the earliest pos-

---

[101] *R. v. Ladouceur*, [1990] 1 S.C.R. 1257.
[102] *R. v. Hufsky*, [1988] 1 S.C.R. 621.
[103] The concept of detention under section 9 is subject to the same analysis as under section 10 of the *Charter*.
[104] *Supra*, note 20.
[105] *Ibid.*, p. 653.
[106] *R. v. Thomsen, supra*, note 20, p. 655.
[107] For example, see *R. v. Yuskow* (1990), 52 C.C.C. (3d) 382 (Alta. C.A.). But see *R. v. Grant* (1990), 53 C.C.C. (3d) 46 (P.E.I. C.A.).
[108] P. Beliveau, *Les garanties juridiques dans les Chartes des droits* (Montréal: Thémis, 1991), p. 481.
[109] *Supra*, note 22, pp. 1163-1164.

sible convenience" or "after the police get matters under control" or even "without reasonable delay". Nor, it would seem, does it mean "after the police have had a chance to search the suspect".[110] Clearly, the caution must also be given before the accused is required to do anything that could incriminate him. This conclusion flows naturally from the findings of the Court in *R. v. Therens*,[111] *R. v. Manninen*[112] and *R. v. Ross*.[113]

However, the question was raised whether the duty to inform imposed on the police under section 10(*b*) should not always be discharged subsequent to the arrest or detention of the accused. In *Schmautz*,[114] two police officers had attended at the home of the accused in their investigation of a hit-and-run accident. After informing the accused that they were investigating an accident, they read him the traditional police caution. At the conclusion of a 10-minute interrogation, the accused was ordered to accompany the police to the station to provide a breath sample. When he refused to comply, he was informed that he would be charged under section 235(2) of the *Criminal Code*. Holding that the actual detention of the accused had commenced when he was ordered to accompany the police to the station, the Supreme Court inquired whether the accused should not, at that point, have been cautioned a second time. Writing for the majority, Mr. Justice Gonthier held that it was sufficient that there exist a close factual connection between the detention and the warning:

> ... there must be a close factual connection or linkage relating the warning to the detention and the reasons therefor. Quite obviously, a *Charter* warning cannot amount to sufficient compliance no matter when and in what circumstances it is read. It must satisfy the purpose of section 10, that is, the detainee must be made aware of the right to counsel and be permitted to retain and instruct counsel without delay with respect to his detention and the reasons therefor.
>
> Finding a *Charter* violation upon the sole fact that the warning was read before detention arose would be demonstrative of a legalistic and technical approach having little regard to the purpose of section 10(*b*), as reflected by its very wording.[115]

---

[110] See the opinions of Wilson and Lamer JJ. in *R. v. Debot, supra*, note 22. However, according to Lamer J. writing for the majority, the duty to caution does not preclude the police from proceeding with a search incident to an arrest before the detainee has had the opportunity to retain counsel. This limitation, it seems, is for security reasons.

[111] *Supra*, note 18.

[112] *Supra*, note 68.

[113] [1989] 1 S.C.R. 3.

[114] *Supra*, note 25.

[115] *Ibid.*, p. 415. Lamer J., dissenting, held that the particular facts of this case could not serve as a basis for a general interpretation of section 10 under which a mere factual connection with detention is required. He believed that such a rule might put the detained person's rights in jeopardy, particularly (1) where the time elapsed between the warning and the

This majority decision was based, *inter alia*, on the fact that the precise moment at which detention begins cannot always be readily determined. Consequently, it would be unrealistic not to allow the police to exercise caution by giving an early warning.

The close factual connection relating the warning to the detention would be severed and a new warning would be required where a new, more serious offence brought about by a change in circumstances suddenly became the focus of the investigation. Thus, it was held in *R. v. Black*[116] that the accused, initially arrested and questioned with respect to a "stabbing", should have received a second warning once the police were apprised of the death of the victim, even though the accused had already briefly spoken to her lawyer. Madam Justice Wilson, writing for the Court, pointed out that one cannot presume that the advice from her counsel would inevitably have been the same, given that the charge had become more serious. The *Evans* case[117] is another illustration of this principle: the Court concluded that section 10(*b*) had been infringed when the police officers omitted to renew the warning once the nature of the investigation had altered and the accused, initially arrested for minor drug offences, became the main suspect in a multiple murder investigation. To hold that a new warning is not required in such a case, according to McLachlin J., would be tantamount to allowing the police to use subterfuge and to arrest a suspect on a minor charge in the hope of questioning him about a more serious offence.[118]

However, one cannot conclude that a new warning is required every time the investigation touches on a different offence. According to McLachlin J., this obligation exists only where "there is a fundamental and discrete change in the purpose of the investigation, one involving a different and unrelated offence or a significantly more serious offence than that contemplated at the time of the warning".[119]

(2) The content of the warning. Similarly, one cannot conclude that the accused must be provided with full details of the offence with which he is charged. Both in *Black*,[120] where the accused was intoxicated, and in

---

detention is much longer; (2) where the factual connection between the warning and the detention is far more tenuous than in the present case; or (3) where the person decides to exercise his right to counsel immediately, without knowing the reasons for his detention. In his view, the existence of a factual link should be considered under section 24(2).

[116] *Supra*, note 66.
[117] *Supra*, note 53.
[118] *Ibid.*, p. 892.
[119] *Ibid.*, p. 893. In a sense, the Court's decision in *R. v. Schmautz*, *supra*, note 25, illustrates this principle. See also *R. v. Borden*, [1994] 3 S.C.R. 145, where the Court held that section 10(*b*) had been infringed because the police had not reiterated the warning when the scope of their investigation broadened to include another sexual aggression committed several months earlier.
[120] *Supra*, note 66.

Evans[121] where the accused was mentally handicapped, exceptional circumstances justified a reiteration of the warning. In *R. v. Smith*,[122] however, the Supreme Court seems to find that the requirements of section 10(*b*) were met, although the police did not inform the accused of the death of the victim. Therefore, absent special circumstances or bad faith on the part of the police,[123] the accused is presumed to understand the extent of his jeopardy. The question, in fact, is not whether the police have been fully informative but whether the warning was sufficient, given the detainee's ability to retain and instruct counsel or to waive this right. Consequently, it would seem that each case must assess the sufficiency of the information provided to the accused, based on the presumption that he is capable of appreciating the gravity of the situation. Essentially, such are the principles to be drawn from the following passage of the decision in *R. v. Smith*:[124]

> I have already alluded to the concept of tainting, referred to in *Greffe, supra*. The right to know the extent of one's jeopardy finds its source in *R. v. Black, supra*, where this Court unanimously held that in order to meaningfully exercise the right to counsel, the accused must possess "knowledge of the extent of his jeopardy". *It is concerned not so much with the initial question of whether the s. 10(b) warning itself was given, as with the ability of the detainee to make a choice as to whether to retain counsel or not, i.e. to waiver.*[125]
>
> . . . .
>
> It has never been suggested however that full information is required for a valid waiver. Indeed, if this were the case, waivers would seldom be valid, since the police typically do not know the whole story when the accused is arrested.
>
> . . . .
>
> The question reduces to this: in this case was the accused possessed of sufficient information to make his waiver of counsel valid? To my mind, to establish a valid waiver of the right to counsel the trial judge must be satisfied that in all the circumstances revealed by the evidence the accused generally understood the sort of jeopardy he faced when he or she made the decision to dispense with counsel. The accused need not be aware of the precise charge faced.[126]

---

[121] *Supra*, note 53.
[122] *Supra*, note 55.
[123] See, for example, *R. v. Greffe, supra*, note 67, where the suspect was arrested under false pretences, or *R. v. Burlingham, supra*, note 81, where the police endeavoured to create confusion in the mind of the suspect as to the meaning of his right to counsel and used every means to plea bargain in the absence of counsel.
[124] *Supra*, note 55.
[125] *Ibid.*, p. 727 [emphasis added].
[126] *Ibid.*, pp. 728-729.

(3) The duty to inform and the waiver of the right to counsel. As we can see, the duty to inform on the part of the police is directly related to the accused's right to choose whether or not to retain and instruct counsel. In *R. v. Clarkson*,[127] often cited as the leading case on the waiver of the right to counsel, the Supreme Court set as a condition precedent to a valid waiver, based on a purposive reading of section 10(*b*), a real appreciation on the part of the accused of the consequences of the waiver. According to Wilson J., delivering the majority decision:

> Given the concern for fair treatment of an accused person which underlies such constitutional civil liberties as the right to counsel in s. 10(*b*) of the *Charter*, it is evident that any alleged waiver of this right by an accused must be carefully considered and that the accused's awareness of the consequences of what he or she was saying is crucial. Indeed, this Court stated with respect to the waiver of statutory procedural guarantees in *Korponay v. Attorney General of Canada,* [1982] 1 S.C.R. 41, at p. 49, that any waiver "is dependent upon it being clear and unequivocal that the person is waiving the procedural safeguard and is doing so with full knowledge of the rights the procedure was enacted to protect and of the effect the waiver will have on those rights in the process".[128]

It cannot be denied, however, that this condition has been somewhat weakened by the minimum requirements which have been set regarding the information to be given to the accused, whether relating to the reasons for his arrest or detention or to his right to counsel. It is doubtful whether a detainee who, though unaware of the exact charges he faces, waives his right to counsel or whose waiver is deemed to be valid because he is presumed to know the gravity of his situation, does so with full knowledge of the consequences.

Furthermore, not only is a person, in the absence of exceptional circumstances, presumed able to choose whether or not to retain counsel, but once that person has been generally apprised of the situation the Supreme Court takes a minimalist view of what constitutes the ability to make such a choice. In *R. v. Whittle*,[129] involving a mentally deficient accused, the Court offered a restrictive interpretation of *Clarkson*:

> In *Clarkson, supra*, this Court dealt with the admissibility of a confession made by the accused when she was intoxicated. Wilson J., concurred with by four other members of the Court, resolved the issue of admissibility under the right to counsel in s. 10(*b*) of the *Charter*. Wilson J. did, however, review the authorities under the confessions rule and concluded that awareness of consequences was only a factor if the concern underlying the rule was fairness of

---

[127] *Supra*, note 68.
[128] *Ibid.*, pp. 394-395 [emphasis in the original].
[129] *Supra*, note 79.

the criminal process. On the other hand, with respect to the cases that stressed reliability, the test emerging from them did not require any greater comprehension than an understanding by the accused of what was being said. Any further consideration of cognitive ability such as appreciation of the consequences of making the statement was not relevant. She concluded that it was not necessary to resolve the issue because it was preempted by the issue relating to the right to counsel under the *Charter*.[130]

Mr. Justice Sopinka, writing for a unanimous bench of seven judges, went on to cite with approval the comments of McIntyre J. who, in *Clarkson*,[131] had asserted that the test of the operating mind in the traditional confessions rule included a certain degree of awareness of the consequences. This awareness would, therefore, be limited to the restricted scope of the operating mind required for the admissibility of confessions. Sopinka J. further based his decision[132] on the ruling of the Court in *R. v. Lapointe*,[133] where a statement was held to be voluntary although it had been taken from persons possessing a limited knowledge of the English language, despite some doubt as to their understanding of the consequences.

Thus, in *Whittle*,[134] the Court concludes that a limited cognitive ability to understand the warning is sufficient to support a valid waiver. The finding is based on the notion that the various rights of the accused must be harmonized as far as possible to avoid seeking the judicial application of different standards depending on the right in question:

> In assessing the requisite degree of mental competence required for the exercise of this right, it should be observed that the rights of an accused in the criminal process should as far as possible be harmonized. In respect of each of the rights under discussion, the accused is entitled to make a choice. Unless there is some good reason inherent in the right, it makes little sense to differentiate as to the requisite mental state to make that choice.[135]

Mr. Justice Sopinka points out that in *Hébert*[136] it was decided that a limited cognitive ability was sufficient to find that an accused had voluntarily elected to speak. It had also been ruled that the theory of waiver did not apply to the right to remain silent. There would, therefore, be no need to inquire whether the accused spoke with full knowledge of the consequences. Furthermore, Mr. Justice Sopinka reduces the test of "limited cognitive ability" to the accused's ability to understand what he is saying, not what is being said to him:

---

[130] *Ibid.*, pp. 936-937.
[131] *Supra*, note 68, p. 399.
[132] *R. v. Whittle*, *supra*, note 79, p. 938.
[133] [1987] 1 S.C.R. 1253.
[134] *Supra*, note 79.
[135] *Ibid.*, pp. 939-940.
[136] *Supra*, note 7.

The operating mind test, therefore, requires that the accused possess a limited degree of cognitive ability to *understand what he or she is saying* and to comprehend that the evidence may be used in proceedings against the accused. It goes not further and no inquiry is necessary as to whether the accused is capable of making a good or wise choice or one that is in his or her interest.[137]

When exercising or waiving his right to the assistance of counsel, the accused must be possessed of the limited cognitive ability required in the confessions rule, which is deemed sufficient to validly exercise his right to remain silent. This limited form of ability is also the same as the cognitive ability required to be declared mentally competent to stand trial. In such a case, the accused must be able to communicate with counsel in order to instruct him. He must comprehend the role of counsel and understand that he can waive counsel even though this may not be in his best interests.

Once the test of limited cognitive ability has been met, there is a valid waiver and no infringement of the *Charter* arises if the accused elects to speak in the absence of counsel, even though he may not completely appreciate the consequences thereof.

This view raises a number of issues. First, it is stated in a series of judgments that the right to counsel operates to safeguard the fairness of the investigatory process by providing the suspect with information on his legal status, his rights and the means by which such rights can be exercised.[138] In this regard, then, the conclusion in *Hébert* that the theory of waiver with full knowledge of the consequences does not apply where the detainee elects to speak to the authorities is already open to criticism.[139] Furthermore, if the confessions rule must now be construed not only as guaranteeing the reliability of statements but also as carrying policy considerations regarding the fairness of the criminal process,[140] then the requirements for the admissibility of confessions can hardly be said to be the same as at the time of the narrow formulation of the common law rule. In this respect, the Court seems not to have drawn the logical conclusions flowing from the principles it advances. In *R. v. S.(R.J.)*,[141] for example, it is said that *Hébert* has "broadened" the traditional confessions rule. But as the only requirement in that case related to the conscious nature of statements, a requirement which, in fact, was already present in *Horvath*[142] and *Ward*,[143] one is hard pressed to see where exactly this development lies. At the most, it has been

---

[137] *R. v. Whittle, supra*, note 79, p. 939 [emphasis added].
[138] See, mainly, *R. v. Clarkson, supra*, note 68; *R. v. Manninen, supra*, note 68; *R. v. Therens, supra*, note 18; *R. v. Black, supra*, note 66.
[139] See the critique by Patrick Healy in M. Brown and P. Healy, *supra*, note 85.
[140] *R. v. Hébert, supra*, note 7, p. 173.
[141] *Supra*, note 70, p. 501.
[142] *Supra*, note 5.
[143] *Supra*, note 7.

recognized that the police authorities cannot act so as to undermine an accused's right to choose by circumventing his right to counsel. It is suggested that this is less a broadening of the confessions rule than compliance with a constitutional requirement imposed by the *Charter* under section 10(*b*).

In addition, while it is true that a limited cognitive ability is sufficient at the trial stage to follow the course of the proceedings and instruct counsel, it must be remembered that, in a public trial, both the judge and counsel are present to ensure the fairness of the process. A detainee who finds himself alone in the secrecy of a police station has different needs.

At the end of the day, the case law relating to the waiver of the right to counsel has the unpleasant sound of double talk. On the one hand, it is asserted that the waiver of such right is valid only if given with full knowledge of the consequences. On the other, absent exceptional circumstances, we are content to presume that an accused is able to comprehend the gravity of the jeopardy he faces without having to provide him with too many details and, what is more, a limited cognitive ability is sufficient to trigger the presumption of full knowledge of the consequences.

Finally, since the right to counsel is a safeguard not only of the right to remain silent but, more fundamentally, of the fairness of the investigatory process,[144] it is astonishing to note that the feeble-minded should be possessed of a lesser constitutional protection than the intoxicated[145] or young offenders. In *R. v. I. (L.R.) and T. (E.)*,[146] the Supreme Court held that, since adolescents as a rule have a lesser understanding of their rights than do adults and are less likely to exercise them fully, certain additional precautions are required to ensure that such rights are fully protected. Thus, any assessment of the validity of a waiver of the right to counsel must take into consideration not only what the adolescent has been told by the police but, equally, his actual awareness of the consequences of his actions. What is not clear is why this requirement should not apply to all citizens, unless one strips the *Clarkson*[147] rule relating to waiver with full knowledge of the consequences of all significance.

In conclusion, we believe that the judgment rendered by a bench of five judges in *R. v. Whittle*[148] cannot stand. If it is true that section 10(*b*) must be construed so as to ensure some degree of fairness in the investigatory process, then the rule set forth in *Clarkson* must be strongly reaffirmed. The

---

[144] *R. v. Hébert, supra*, note 7, p. 180; *R. v. Whittle, supra*, note 79, p. 932.
[145] See R.J. Delisle, "*Whittle* and *Tran:* Conflicting Messages on How Much an Accused Must Understand" (1994) 32 *C.R.* (4th) 29, p. 32.
[146] [1994] 4 S.C.R. 504.
[147] *Supra*, note 68.
[148] *Supra*, note 79.

waiver of the right to counsel cannot be valid unless it occurs with full knowledge of the risks and consequences involved in making a statement.

(4) A specific obligation: Information concerning duty counsel. The limited nature of the information to be provided to an arrested person and of the police duty to ensure that the arrested person understands his situation does not quite square with the requirements set by the Supreme Court concerning the obligation to provide information on the existence of duty counsel.

In *R. v. Bartle*,[149] Mr. Justice Lamer, delivering the majority decision, took the position that as the police are under no obligation to ensure that a detainee understands the warning, absent exceptional circumstances indicating that he does not, it is important that the standard caution be "as instructive and clear as possible".[150]

In a series of decisions commencing with the *Brydges* case,[151] the Supreme Court asserted that, in addition to informing arrested or detained persons of their general right to retain and instruct counsel without delay, the police are required systematically to advise them of the existence and availability of duty counsel and Legal Aid services. The police are, therefore, obliged to provide information on free access to the services of counsel where the accused meets the financial conditions established by the provincial Legal Aid systems. In addition, detainees must be informed of the immediate, albeit temporary, availability of legal counsel commonly called "duty counsel". As regards the latter, the majority of the Court added that awareness of the existence of, and possibility of retaining, duty counsel to provide preliminary legal advice to detainees is of primary importance since financial status is generally not considered as a pre-condition to obtaining such services.[152]

According to the majority of the Court, the imposition of an additional duty on the police is justified, being consistent with one of the main purposes underlying the right to the assistance of counsel as guaranteed by the *Charter*, namely, "to facilitate contact with counsel since it is upon arrest or detention that the accused is faced with an immediate need for legal advice especially in respect of how to exercise the right to remain silent".[153] In addition, the more fully people are advised of their rights, the more likely they will be of exercising them.[154]

---

[149] [1994] 3 S.C.R. 173.

[150] *Ibid.*, p. 193.

[151] *Supra*, note 92; *R. v. Bartle, supra*, note 149; *R. v. Prozniak*, [1994] 3 S.C.R. 310; *R. v. Harper*, [1994] 3 S.C.R. 343; *R. v. Cobham*, [1994] 3 S.C.R. 360.

[152] *R. v. Brydges, ibid.*, p. 213.

[153] *Ibid.*, p. 215.

[154] *R. v. Bartle, supra*, note 149, p. 200.

This additional duty imposed on the police arises even before the detainee asserts his right to counsel or expresses concerns about his inability to assume the cost thereof. This results from the fact that subsequent duties of the state are not triggered unless and until a detainee, who is aware of his rights, expresses a desire to contact counsel.[155] Accordingly, failure to provide this information and to advise the detainee that he will be provided with a telephone number should he wish to contact counsel is a breach of section 10(*b*). Therefore, it follows that questions about whether a particular person exercised his right to retain and instruct counsel with reasonable diligence do not properly arise. "The breach of section 10(*b*) is complete, except in cases of waiver or urgency, upon a failure by state authorities to properly inform a detainee of his or her right to counsel and until such time as that failure is corrected".[156]

However, the Court specified that the exact nature of the information will necessarily depend on the existence and availability of Legal Aid and duty counsel services in the province or territory in question.[157] Thus, the duty of the police is conditional upon the existence of such services. Although the Court believes that duty counsel services offer definite advantages in regard to the fairness and expediency of the justice system, it declined to find that governments, as a result, have a constitutional obligation to provide such services, at least at the pre-trial stage.[158] It based its assertion on the fact that the *Charter* does not expressly constitutionalize the right to free and immediate legal advice upon detention. Furthermore, the Court was not unaware of the practical implications of its decision:

> In provinces and territories where no duty counsel system exists, the logical implication would be that all arrests and detentions are *prima facie* unconstitutional. Moreover, devising an appropriate remedy under circumstances in which a government was found to be in breach of its constitutional obligation for failure to provide duty counsel would prove very difficult. Unless absolutely necessary to protect the *Charter* rights of individuals, I believe that a holding with implications of this magnitude should be avoided.[159]

However, according to the Court, the obligation on the police authorities to delay any attempt to elicit incriminating evidence from the detainee

---

[155] *Ibid.*, pp. 193-194.
[156] *Ibid.*, p. 198.
[157] *R. v. Prosper*, *supra*, note 92; and *R. v. Matheson*, [1994] 3 S.C.R. 328.
[158] In *Prosper*, *supra*, note 92, p. 266, Chief Justice Lamer specifies:
To be absolutely clear, the issue of whether the *Charter* guarantees a right to state-funded counsel at trial and on appeal does not arise here. [Emphasis in original.]
On the right to counsel at trial, see *R. v. Rowbotham*, [1988] 41. C.C.C. (3d) 1 (Ont. C.A.); *R. v. McGibbon*, [1989] 45 C.C.C. (3d) 334 (Ont. C.A.) and *R. v. Turlon*, [1989] 70 C.R. (3d) 376 (Ont. C.A.).
[159] *R. v. Prosper*, *supra*, note 92, p. 268 (*per* Lamer J).

before he has been provided with a reasonable opportunity to retain counsel,[160] is a compromise solution which sufficiently safeguards the rights guaranteed in the *Charter*.

(5) Waiver of the right to be informed. As has already been mentioned, a detainee is at liberty to waive his right to retain and instruct counsel. Nevertheless, the Supreme Court takes the view that valid waivers of the information provisions of section 10(*b*) will be rare. Since the validity of a waiver is linked to the person's awareness of the rights which the procedure was enacted to protect, then a person will not validly waive his right to receive information unless he has already been fully apprised of the information he is entitled to receive. Therefore, according to Mr. Justice Lamer in *Bartle*,[161] a person cannot be said to be possessed of full knowledge of his rights if he waives the right to be informed of something without knowing what it is he is entitled to be informed of.[162]

The rules governing the right to be informed of the right to counsel are stricter than those governing the right to waive the assistance of counsel. The situation was summed up by Mr. Justice Lamer in *Bartle*:[163]

> ... situations may occasionally arise in which the authorities' duty to make a reasonable effort to inform the detainee of his or her s. 10(*b*) rights will be satisfied even if certain elements of the standard caution are omitted. In my view, however, this will only be the case if the detainee explicitly waives his or her right to receive the standard caution (for example, by interrupting the police when they begin to read the caution and telling them that they do not have to continue) and if the circumstances reveal a reasonable basis for believing that the detainee in fact knows and has adverted to his rights, and is aware of the means by which these rights can be exercised. The fact that a detainee merely indicates that he knows his rights will not, by itself, provide a reasonable basis for believing that the detainee in fact understands their full extent or the means by which they can be implemented.[164]

Given that an arrested or detained person must be presumed to understand his right to counsel, the favoured means advocated by the Supreme Court to ensure that a detainee will make an informed choice when waiving counsel are, in the final analysis, a strict approach to the information to be provided concerning duty counsel and a strict rule governing the waiver of

---

[160] See text corresponding to note 172 *et seq.*
[161] *Supra*, note 149.
[162] *Ibid.*, p. 204.
[163] *Supra*, note 149.
[164] *Ibid.*, pp. 204-205 [emphasis in original]. Lamer J. adds that one could, for example, assume that there are reasonable grounds for believing that a person is aware of the existence of duty counsel when that person consulted duty counsel a few hours earlier and is once again cautioned following a change in the police investigation.

the right to be informed. In our view, imposing this formalistic duty on the police when cautioning a detainee is certainly not the best guarantee that waiving the assistance of counsel before one incriminates oneself will be made with full knowledge of the consequences. If the right to be informed is intended to safeguard the right to retain and instruct counsel which, in turn, is intended ultimately to guarantee the right not to incriminate oneself, then it would certainly be more useful to oblige the police to inform arrested or detained persons of their right to remain silent and to refuse to cooperate with the authorities and that anything they say could be used against them. Evidently, the Court preferred to take an approach that would allow the police a certain latitude. As one author aptly put it, the Supreme Court's judgments regarding the duty to inform of the existence of duty counsel is a fair reflection of the highest court's equivocal commitment to the right to silence.[165]

(B) The Right to Counsel. The first duty imposed on the police under section 10(*b*) of the *Charter* is to inform a person who has been arrested or detained of his right to retain and instruct counsel without delay. If the person expresses the wish to exercise this right, he must be provided with a reasonable opportunity to do so.[166] As the detainee expressing such wish is under the control of the police, it is incumbent upon them to provide him with the reasonable possibility of exercising his right. Thus, if a telephone is available, they are required to allow him the use of it, even though he may not have expressly requested it.[167] In addition to providing a reasonable opportunity to retain and instruct counsel,[168] the agents of the state must also refrain from attempting to elicit incriminating evidence from him. They must postpone any attempt to force him to make a decision or do anything that could adversely affect a subsequent trial. In *R. v. Ross*,[169] where the accused were arrested at 2:00 a.m. and, after vainly attempting to reach their lawyer, had been placed in a police line-up, the Supreme Court ruled that, as there had been no urgency, failure to postpone the investigation until the morning had resulted in a breach of section 10(*b*).

It would seem that, in addition to postponing the investigation for a reasonable time, the police must also exercise extreme caution in attempting to plea bargain with the detainee. The conditions set forth under section

---

[165] P.B. Michalyshyn, "Brydges: Should the Police be Advising of the Right to Counsel?" (1990) 74 *C.R. (3d)* 151.
[166] *R. v. Manninen, supra,* note 68; *R. v. Ross, supra,* note 113.
[167] *R. v. Manninen, supra,* note 68, p. 1242.
[168] On the conditions of consulting counsel, see *inter alia R. v. Playford* (1988), 40 C.C.C. (3d) 142 (Ont. C.A.) (right to consult counsel in private); *R. v. Young* (1988), 38 C.C.C. (3d) 452 (N.B.C.A.) and *R. v. Gratton,* [1989] R.J.Q. 1794 (Qué. C.A.).
[169] *Supra,* note 113. See also *R. v. Manninen, supra,* note 68.

10(*b*) are rather strict, as evidenced by the Supreme Court majority decision in *R. v. Burlingham*.[170] After being arrested for one murder and suspected of having committed another, Burlingham was subjected to intense and often manipulative interrogation by the police. He was systematically questioned despite his repeated refusal to make a statement before consulting counsel. At one point, he was offered a plea bargain. In its ruling, the majority of the Court affirmed that police behaviour violated section 10(*b*). Delivering the majority decision, Mr. Justice Iacobucci drew an apparently more general conclusion:

> Furthermore, I conclude that section 10(*b*) mandates the Crown or police, whenever offering a plea bargain, to tender that offer either to accused's counsel or to the accused while in the presence of his or her counsel, unless the accused has expressly waived the right to counsel. It is consequently a constitutional infringement to place such an offer directly to an accused, especially (as in the present appeal) when the police coercively leave it open only for the short period of time during which they know defence counsel to be unavailable.[171]

We believe that this position is well founded since a guilty plea would have a definite effect on the outcome of the trial. This is not merely a question of gathering evidence to be used at a later trial but of terminating the proceedings by the promise of a judicial admission of guilt. In this context, the right to counsel is essential.

It is important to emphasize, however, that the police obligation to delay the investigation for a reasonable time is, absent exceptional circumstances, not an absolute one. It arises only where the detainee expresses the wish to retain counsel and exercises that right with reasonable diligence.[172]

Reasonable diligence as exercised by a suspect is measured in relation to the circumstances, the time and the urgency of the investigation.[173] Thus, in *R. v. Black*,[174] it was held that the appellant had demonstrated reasonable diligence in attempting to contact counsel. Realizing that the nature of the investigation had changed and that the initial charge of attempted murder would give way to a murder charge, she asked to contact counsel a second time. As it was 1:40 a.m. and he could not be reached, she refused to contact another. The Court reiterated that section 10(*b*) entitles an arrested or detained person to contact counsel of his or her choice. Refusing to call another lawyer when one's lawyer cannot be reached is not tantamount to waiving

---

[170] *Supra*, note 81.
[171] *Ibid.*, p. 230, para. 21.
[172] *R. v. Baig*, [1987] 2 S.C.R. 537; *R. v. Manninen, supra*, note 68; *R. v. Tremblay*, [1987] 2 S.C.R. 435. See also *R. v. Evans, supra*, note 53, p. 890.
[173] *R. v. Ross, supra*, note 113, p. 12.
[174] *Supra*, note 66.

the right to counsel. Only where this choice would cause unreasonable delay is there an obligation to retain and instruct another counsel.[175] As there was no urgency in this case, reason dictated that the matter should rest until normal business hours.

In *R. v. Burlingham*,[176] Mr. Justice Iacobucci, delivering the majority decision, reiterated the importance of allowing the accused to retain a counsel of his choice. In this case the police had offered to plea bargain but had left the option open for the short period of time in which they knew defence counsel to be unavailable. It was held that the accused had the right to consult his own lawyer:

> Allowing the appellant to call a random lawyer is, given the seriousness of the situation he faced and the circumstances of this case, insufficient for the officers to discharge their responsibilities under s. 10(*b*). This is especially so when the call to this unknown lawyer is placed within the context of the general trickery and subterfuge used by the police in arranging matters so that the appellant himself had to decide on the plea in the absence of his own counsel. Although it is clear that s. 10(*b*) does not guarantee an accused the right to the counsel of his or her choice at all times, in a situation such as the appellant's I believe that either the offer should have been made at a point in time when the accused's lawyer (who was entirely familiar with the facts of his case) was available or the police should have kept it open to a point in time when the accused's counsel would reasonably be considered to be available.[177]

Since *R. v. Brydges*,[178] however, the detainee's right to consult counsel of his choice has been somewhat qualified. In *Brydges*, the Supreme Court had attached great importance to the police duty to inform detainees of the existence and availability of duty counsel and Legal Aid and to allow them the opportunity of consulting same in order to quickly obtain legal advice. In *R. v. Prosper*,[179] we are specifically told that account will have to be taken of the possibility of having recourse to the services of duty counsel, depending on the availability of such services. It would seem, therefore, that if such services are available in the jurisdiction where detention occurs, the reasonable period in which the police will be required to "hold off" questioning will be shorter than in those jurisdictions where such services are not available. In the latter case, the delay will be longer to provide the detainee with reasonable opportunity to consult counsel.[180]

---

[175] See also *R. v. Ross, supra*, note 113, p. 11.
[176] *Supra*, note 81.
[177] *Ibid.*, p. 228.
[178] *Supra*, note 92.
[179] *Supra*, note 92.
[180] *Ibid.*, pp. 269-270.

To determine how long questioning must be postponed to allow a detainee to consult counsel, it must be seen whether there is an urgency to proceed with the investigation. In situations of danger or emergency, the police can be required not to hold off any attempt to elicit evidence from a detainee. Such compelling and urgent circumstances will be assessed on a case by case basis. Naturally, the question was raised as to the urgency of taking breath samples from impaired drivers with blood alcohol levels exceeding .08 given the short period for the evidentiary presumption under section 258(1)(c)(ii) of the *Criminal Code*. In *R. v. Prosper*,[181] Mr. Justice Lamer, delivering the majority decision, held that the need to proceed rapidly in obtaining a breath sample to benefit from the presumption does not, in itself, constitute compelling or urgent circumstances. There are other means by which information on blood alcohol level can be obtained and it is open to the Crown to proceed with a straight impaired driving charge under section 253(*a*) of the *Code*. According to Lamer J.:

> Loss of the benefit of this presumption is simply one of the prices which has to be paid by governments which refuse to ensure that a system of *"Brydges* duty counsel'' is available to give detainees free, preliminary legal advice on an on-call, 24-hours basis.[182]

Urgency, therefore, is not created by the mere pursuit of investigatory expediency, at least not where duty counsel is available.

The *Strachan*[183] case provides an example of urgent circumstances in which the police are not required immediately to comply with a suspect's request to consult counsel. The police attended at the home of the accused to conduct a search. The accused asked to call his lawyer but the officer in charge declined until the police had the "situation well under control". Mr. Justice Dickson held that in the circumstances it was urgent that the police find and identify the two unknown men and the restricted weapons which they knew to be hidden in the apartment. Consequently, they were justified in preventing the call to the lawyer until the situation had become less volatile.[184] Considering that the weapons might be used against them, the police were justified in preventing any new complications from entering the situation until the volatility had been resolved.

---

[181] *Supra*, note 92.
[182] *Ibid.*, p. 275. Lamer J. further stated that, if a provision were enacted requiring a person to take a breathalyser test within a fixed time whether or not a lawyer had been consulted, then a court might be required to consider, depending on the time allotted amongst other factors, whether such a provision could be justified under section 1 of the *Charter*.
[183] *Supra*, note 22.
[184] *Ibid.*, p. 999. However, the Court held that a violation of section 10(*b*) did occur when the accused was once again prevented from telephoning his counsel after the weapons had been located and the two unknown people identified.

The absence of reasonable diligence on the part of a suspect in the exercise of his rights has a direct bearing on the period in which the police are required to postpone their investigation. *R. v. Smith*[185] illustrates the case where absence of diligence led a majority of the Court to conclude that the police are under no obligation to hold off indefinitely.[186] The detainee had been arrested and advised of his right to counsel at approximately 7 p.m. but waited two hours before expressing the wish to consult counsel. By then it was pointless, he concluded, to attempt to reach his lawyer before the morning. As a telephone and directory had been made available to him and nothing suggested that counsel could not possibly be reached, the majority of the Court held that the suspect had not made diligent use of his rights. This finding of absence of reasonable diligence appears to have been based on the accused's refusal to make any attempt to contact his counsel. In a dissenting opinion, LaForest J. asserted that the suspect's belief that his counsel could not be reached at such late hour was a reasonable one and, as there was no urgency in questioning the suspect, it should have been postponed until the morning. We agree with this position. The assessment of reasonable diligence should be based on the circumstances as they are perceived by the accused and not on the judge's experience that certain criminal lawyers often work late into the night.[187] Furthermore, in cases such as this where the offence had occurred 5 months earlier, there is serious doubt as to the urgent need to arrest and question the suspect late at night.

The fact that the police are not required to hold off questioning for more than a reasonable time, based on the circumstances and the urgency of the investigation, is a significant qualification of the right to counsel. If, in fact, the purpose of this right is to guarantee the fairness of the investigatory process when the legal interests of a suspect are in jeopardy, then it is difficult to see how the need to be informed of one's rights and the means of implementing them could expire with the mere lapse of time. In addition, the obligation of a suspect to act diligently is not readily consistent with the rule in *R. v. Manninen* which states that, though a person may implicity waive his right to counsel under section 10(*b*), the standard is very high.[188] At the end of the day, it must be admitted that the imposition on a suspect of an obligation of reasonable diligence in the exercise of his rights is a significant concession to the expediency of the investigatory process.

---

[185] [1989] 2 S.C.R. 368.
[186] See also *R. v. Tremblay, supra*, note 172, where the Court, in a brief discussion, indicated that the police might be justified in proceeding with the investigation without a suspect having contacted counsel where there is obstruction or stalling on the part of the suspect.
[187] *R. v. Smith, supra*, note 185, pp. 385-386 (*per* Lamer J.).
[188] *R. v. Manninen, supra*, note 68, p. 1244. See also *R. v. Prosper, supra*, note 92, p. 274. For a discussion on the waiver of the right to counsel, see notes 127 to 148 and the text corresponding thereto.

In the present state of our criminal law, once the police have fulfilled their duty and the accused has contacted counsel, the most likely advice he will receive will be not to make a statement to the police or to anyone. However, given the above analysis of the right to remain silent,[189] it can be assumed that, once their duty has been fulfilled, nothing precludes the police from continuing their investigation. If the accused elects to answer questions or to confide in anyone, he is presumed to do so with full knowledge of the consequences. Thereafter, no infringement of the right to counsel or to remain silent can be claimed.[190]

3. THE TRIAL STAGE

(a) The Concept of Person Charged with an Offence

One of the foundations for the application of the rights guaranteed by section 11 of the *Charter* is the significance of the phrase "person charged with an offence" found in that section. It is only where a person is charged with an offence that the rights provided in sections 11(*a*) to (*i*) come into play.

As a result of a series of contradictory decisions rendered by lower courts, the Supreme Court of Canada turned its attention in *R. v. Wigglesworth*[191] to the meaning of the term "offence". An RCMP officer had assaulted a suspect during questioning, behaviour which also constituted a "major service offence" under the *Royal Canadian Mounted Police Act*.[192] Having been found guilty of this second offence, Wigglesworth argued at his trial for assault that he had already been tried, convicted and punished for the offence, relying on section 11(*h*) of the *Charter* which prohibits that an accused be placed in jeopardy a second time for the same offence. One

---

[189] See text corresponding to notes 169-190.
[190] This situation must be distinguished from one where the accused makes statements after expressing the wish to contact counsel but before being able to retain and instruct same. The accused cannot be said to have tacitly waived his right to counsel where he claims such right but, under police interrogation, answers their questions. The same holds true where a suspect is placed in a cell and the police resort to trickery, such as placing an undercover police officer in the same cell to actively elicit information. In this case, not only is the right to retain and instruct counsel without delay infringed, but also the constitutional right to remain silent. See *R. v. Hébert, supra,* note 7, p. 184. It should be noted, however, that in this case the Court distinguished between the use of undercover agents to actively elicit information and the use of undercover agents to observe the suspect. Only in the former case is there a breach of constitutional rights. See also *R. v. Broyles, supra,* note 72. Furthermore, it would seem that the police must suspend questioning if an accused who has elected to speak to the police changes his mind and asks to consult counsel. See *R. v. Nugent* (1988), 42 C.C.C. (3d) 431 (N.S.C.A.).
[191] [1987] 2 S.C.R. 541.
[192] R.S.C. 1970, c. R-9 [now R.S.C. 1985, c. R-10].

of the questions raised, which is of particular concern to us, was whether the offence under the *Royal Canadian Mounted Police Act* was an offence within the meaning of section 11 of the *Charter*.

Madam Justice Wilson, delivering the majority decision, held that there are two tests to determine whether an act constitutes an offence within the meaning of section 11 of the *Charter*. First, since the wording in that section is usually associated with criminal procedure and since certain guarantees thereunder would be meaningless outside the context of criminal or penal law, the only matters falling within section 11 are "public offences involving punitive sanctions, i.e., criminal, quasi-criminal and regulatory offences, either federally or provincially enacted".[193]

> In my view, if a particular matter is of a public nature, intended to promote public order and welfare within a public sphere of activity, then that matter is the kind of matter which falls within section 11. It falls within the section because of the kind of matter it is. This is to be distinguished from private, domestic or disciplinary matters which are regulatory, protective or corrective and which are primarily intended to maintain discipline, professional integrity and professional standards or to regulate conduct within a limited private sphere of activity.[194]

It is important to note that in determining the penal nature of a proceeding one must not look at the nature of the act which prompted the proceeding but at the nature of the proceeding itself.[195] In practice, therefore, disciplinary matters as well as those governed by correctional law are excluded from the sphere of protection under section 11.[196] However, Wilson J. acknowledged that, even where an offence is not one that is criminal or penal by nature, it may fall under section 11 if it "involves the imposition of true penal consequences".[197]

> In my opinion, a true penal consequence which would attract the application of section 11 is imprisonment or a fine which by its magnitude would appear to be imposed for the purpose of redressing the wrong done to society at large

---

[193] *R. v. Wigglesworth*, *supra*, note 191, p. 554. See also *Thibeault v. Corporation professionnelle des médecins*, [1988] 1 S.C.R. 1033.

[194] *R. v. Wigglesworth*, *supra*, note 191, p. 560.

[195] *R. v. Shubley*, [1990] 1 S.C.R. 3, pp. 18-19 (*per* McLachlin J. for the majority).

[196] *R. v. Shubley*, *ibid.*; *Trimm v. Durham Regional Police Force*, [1987] 2 S.C.R. 582; *Burnham v. Metropolitan Toronto Police*, [1987] 2 S.C.R. 572; *Trumbley v. Metropolitan Toronto Police*, [1987] 2 S.C.R. 577. See also *Canada v. Schmidt*, [1987] 1 S.C.R. 500, excluding the application of section 11 in matters of extradition, and *R. v. L. (T.P.)*, [1987] 2 S.C.R. 309, holding that a convicted offender faced with a hearing to determine whether he is a dangerous offender for the purpose of indeterminate sentencing is not charged with an offence within the meaning of section 11. However, see the dissenting opinion of Lamer J. in *R. v. Jones*, *supra*, note 70, p. 261.

[197] *R. v. Wigglesworth*, *supra*, note 191, p. 561.

rather than to the maintenance of internal discipline within the limited sphere of activity.[198]

However, this second test is subject to two qualifications. First, the possible imposition of a fine does not necessarily constitute a true penal consequence. Therefore, the manner in which fines are used by an organization will act as an indication to determine whether the purpose of this form of sanction is purely private in nature or, alternatively, whether it seeks to redress the wrong done to society at large. Second, the imposition of a prison sentence, it would seem, justifies the application of section 11 of the *Charter*.[199]

Although the infringement of the RCMP disciplinary code in *Wigglesworth* was not deemed to fall within the ambit of penal law, it was held that the one-year prison term which it carried involved the imposition of true penal consequences and that protection under section 11 was, therefore, open to the accused.[200]

The Supreme Court was accorded the opportunity to apply these tests in *R. v. Généreux*,[201] a case dealing with an offence under the military Code of Service Discipline. Mr. Justice Lamer, writing for the majority, was satisfied that the two tests set forth by Wilson J. in *Wigglesworth* had been met. According to Lamer J., the Code of Service Discipline, in that it involves various acts which constitute criminal offences, plays a role which is public in nature, extending beyond the mere maintenance of internal discipline. Furthermore, the prison sentence to which the accused was liable certainly imposes true penal consequences which attract the application of section 11 of the *Charter*.

In *Videotron Ltée v. Industries Microlec Produits Électroniques Inc.*,[202] the Supreme Court, declaring that a person accused of contempt of court is not compellable, implicitly acknowledged that a person charged with contempt is charged with an offence within the meaning of section 11.

Finally, it should be noted that a person is charged with an offence within the meaning of section 11 of the *Charter* when an information is laid with respect to an offence which that person is alleged to have committed or when an indictment is filed directly without an information.[203]

---

[198] *Ibid.*
[199] *Ibid.*, p. 562.
[200] However, it was held that the test for the application of section 11(*h*) had not been met, given the difference between the two offences.
[201] [1992] 1 S.C.R. 259.
[202] [1992] 2 S.C.R. 1065.
[203] *R. v. Kalanj*, [1989] 1 S.C.R. 1594.

(b) The Right to be Informed of the Specific Offence: Section 11(a)

In the first edition of this book, Professor Ratushny emphasized the importance for the accused of being faced with a specific accusation:

> It is easy to see why the requirement of a proper accusation is an important protection to an accused. A specific accusation presupposes a specific offence in law. It, therefore, provides an opportunity at the outset for the accused to challenge the authority of the officials of the state to subject him to the criminal process. If no offence exists in law, the accusation can be attacked and quashed, thereby terminating the proceeding.
>
> It is also important in specifying the exact conduct which is said to constitute the offence. The accused must be aware of such details as the specific time and place, when and where the offence occurred, the manner in which it is alleged to have been committed and the identity of the victim, if any, so that he may prepare his defence. It could be argued that section 11(a) requires only that the "offence" be specified (for example, rape, robbery, etc.) since it makes no reference to identifying the details of the act or transaction. However, once again, to take such a narrow interpretation would render the protection a sham.
>
> The accused should also know his accuser so that he might be aware of any improper motives and bring legal action against that accuser if the prosecution is malicious.
>
> The accusation provides another important protection to the accused. It defines the scope of the proceedings against him. The evidence and argument must relate to the specific charge. It is generally not permissible, for example, to bring in evidence of other unlawful or immoral conduct on the part of the accused which does not relate to the accusation which he is facing.[204]

Professor Ratushny concluded by affirming that, even though the right entrenched in section 11(a) of the *Charter* was of crucial importance, the provisions in the *Criminal Code* relating to indictments were sufficiently complete to ensure compliance therewith. He did not regard the insertion of section 11(a) into the *Charter* as having any significant effect. His predictions proved true. In *R. v. Lucas*,[205] the Nova Scotia Court of Appeal adopted his analysis and held that section 11(a) of the *Charter* includes rights which already exist under section 510 [now 581] of the *Criminal Code*.

It emerges from the few judgments rendered in relation to section 11(a) that the essential purpose of the right guaranteed thereunder is to ensure, without succumbing to excessive formalism, that the accused is reasonably apprised of the charges against him to prepare a complete defence.[206] Al-

---

[204] E. Ratushny, "*The Role of the Accused in the Criminal Process*", *supra*, note 1, p. 352.
[205] (1983), 6 C.C.C. (3d) 147.
[206] See *Re Warren* (1983), 35 C.R. (3d) 173 (Ont. H.C.) and *R. v. Cancor SoftwareCorp.* (1990), 79 C.R. (3d) 22 (Ont. C.A.). See also *R. v. Goreham*, (1984), 12 C.C.C. (3d) 348 (N.S.C.A.).

though the Supreme Court has yet to make a detailed pronouncement on the protection guaranteed under section 11(*a*), its previous judgments indicate that it has no intention of compelling the Crown to draft extremely detailed indictments. In *R. v. P. (M.B.)*,[207] it held that no serious prejudice had been occasioned for the accused as a result of an information alleging that the sexual offences had been committed one year before they had in fact occurred, on the grounds that he had been informed upon arrest of the relevant time frame and that the indictment had been amended following the preliminary hearing. The judgment was rendered without any reference to section 11(*a*) of the *Charter*.[208]

Finally, section 11(*a*) has been invoked on several occasions where the accused impugned not so much the vagueness of the indictment as the legislative provision upon which the charges brought against him were founded. In *R. v. Nova Scotia Pharmaceuticals Society*,[209] the Supreme Court established the applicable test to determine whether an offence is sufficiently clear to act as a reasonable warning against illegal conduct and to limit discretion in the application of the law. However, the analysis was conducted under section 7 of the *Charter* and the section 11(*a*) arguments of the accused corporations were completely disregarded. The same occurred in *R. v. Finta*,[210] where the accused relied on section 11(*a*) but the Supreme Court addressed the issue of the vagueness of the legislative provision in question based on section 7. It seems, therefore, that a distinction must be made between questions concerning the specificity of the law and questions concerning the specificity of the charge itself. We take the position that section 11(*a*) is more specifically concerned with the latter.

(c) The Right of Non-Compellability and the Protection Against the Use of Previous Testimony: Sections 11(*c*) and 13

It is difficult to address the right of the accused not to testify as a witness at his own trial without referring to a "privilege against self-incrimination". It must be remembered that, despite the existence of rather forceful language, no general privilege against self-incrimination existed before the advent of the *Charter*. At best, the privilege amounted to two special rules: an accused could not be compelled to testify as a witness at his own trial and a witness was protected against the use of his testimony in subsequent judicial proceedings.[211]

---

[207] *Supra*, note 70.
[208] See also *R. v. B. (G.)*, [1990] 2 S.C.R. 30 and *R. v. Moyer*, [1994] 2 S.C.R. 893.
[209] [1992] 2 S.C.R. 606.
[210] *R. v. Finta*, [1994] 1 S.C.R. 701. See also *R. v. Heywood*, [1994] 3 S.C.R. 761.
[211] E. Ratushny, *supra*, note 1. See also E. Ratushny, "Is There a Right Against Self-Incrimination in Canada?" (1973) 19 *McGill L.J.* 1, pp. 2-3.

(i) *The Right of Non-Compellability*

At common law, the accused was neither competent nor compellable to testify at his own trial.[212] The rule was amended by the *Canada Evidence Act*[213] which rendered the accused competent to testify in his own defence.[214] As a result, both Professor Ratushny,[215] and later the Supreme Court,[216] have stated that the Canadian legislators implicitly codified the common law principle that an accused is not compellable by the Crown.

This privilege of non-compellability is purely testimonial in nature and applies to the accused *qua* witness and not *qua* accused. Therefore, it does not impinge on the pressure which can be brought to bear on the accused before the trial.[217] A significant implication of the rule that an accused is competent to testify in his own defence is the fact that, if he elects to testify, he will be treated as any other witness, running the risk on cross-examination of having to answer questions that could incriminate him. He may also be cross-examined about previous convictions with a view to impugning his credibility.[218]

Essentially, the rule of non-compellability shields the accused from sanctions, such as penalties for contempt of court, which are traditionally imposed on compellable witnesses refusing to testify. However, the question has been raised whether the accused's refusal to testify can be taken into consideration as evidence to convict and whether adverse conclusions can be drawn from his failure to appear as a witness. The answer according to section 4(6) of the *Canada Evidence Act* appears to be no:[219]

> (6) The failure of the person charged, or of the wife or husband of that person, to testify shall not be made the subject of comment by the judge or by counsel for the prosecution.

This provision, however, has been construed restrictively by the courts. Application of the section was first restricted to trials by jury.[220] Subse-

---

[212] On the origins of this rule, see E. Ratushny, *supra*, note 6, pp. 173-174.
[213] R.S.C. 1985, c. C-5.
[214] Section 4(1) of the Act reads as follows:
> Every person charged with an offence, and, except as otherwise provided in this section, the wife or husband, as the case may be, of the person so charged, is a competent witness for the defence, whether the person so charged is charged solely or jointly with any other person.
[215] E. Ratushny, "Is There a Right Against Self-Incrimination in Canada?", *supra*, note 211, p. 28 *et seq.*
[216] See *R. v. Amway Corp.*, [1989] 1 S.C.R. 21, p. 29; *R. v. S. (R.J.)*, *supra*, note 70, p. 495.
[217] *R. v. S. (R.J.)*, *supra*, note 70, pp. 493-495.
[218] Section 666 of the *Criminal Code*; section 12 of the *Canada Evidence Act*, *supra*, note 213. See also *Corbett v. R.*, [1975] 2 S.C.R. 275.
[219] *Supra*, note 213.
[220] *R. v. Binder* (1948) 6 C.R. 83 (Ont. C.A.); *Pratte v. Maher* (1963), 43 C.R. 214 (Que. C.A.); *R. v. Bouchard*, [1970] 5 C.C.C. 95 (N.B.C.A.).

quently, it was held that nothing in the section precluded a jury from putting an adverse construction on the silence of the accused.[221] The only reservation expressed in this regard has been that failure to testify cannot be used to reinforce evidence adduced by the Crown which would not otherwise establish guilt beyond a reasonable doubt. Courts of Appeal, however, have not failed to apply the remedial provisions of section 686(1)(*b*)(iii) of the *Criminal Code* in the case of a breach of section 4(6).

Henceforth, the right of non-compellability of the accused is entrenched in section 11(*c*) of the *Charter*, though in construing this section the courts have been largely satisfied to confirm that it does not amend previous law. Judgments have reiterated the rule that protection under section 11(*c*) relates to testimonial evidence and offers no protection as regards real or physical evidence adduced before the trial. Thus, fingerprints,[222] footprints,[223] mandatory breath samples[224] or the filing of documents,[225] do not come under section 11(*c*). As can be inferred from the analysis found on the previous pages,[226] section 11(*c*) has only an indirect bearing on police interrogations conducted during the pre-trial investigatory stage.

Section 11(*c*), therefore, essentially constitutionalizes the previous state of the law as regards the compellability of the accused.[227] In *R. v. S. (R.J.)*,[228] the Supreme Court explicitly recognized that section 11(*c*) of the *Charter* does not protect from cross-examination an accused who elects to testify,[229] even less so if the cross-examiner is a co-accused who, in order to make full answer and defence, attempts to undermine the credibility of his co-accused.[230] In addition, an accused can comment on a co-accused's refusal to testify, despite the latter's right to decline to take the stand.[231] In

---

[221] *Kolnberger v. R.*, [1969] S.C.R. 213; *Corbett v. R.*, *supra*, note 218; *Vézeau v. R.*, [1977] 2 S.C.R. 277. This finding was repeated in a judgment rendered subsequent to the *Charter*: *R. v. François*, [1994] 2 S.C.R. 827.

[222] *R. v. Beare*; *R. v. Higgins*, [1988] 2 S.C.R. 387; *Re Jamieson and The Queen* (1983), 70 C.C.C. (2d) 430 (Qué. C.S.).

[223] *R. v. Nielson* (1984), 16 C.C.C. (3d) 39 (Man. C.A.); *Wadden v. R.* (1986), 71 N.S.R. (2d) 253 (N.S.C.A.).

[224] *R. v. Altseimer* (1982), 29 C.R. (3d) 276 (Ont. C.A.); *Graff v. R.* (1984), 15 C.C.C. (3d) 126 (Sask. C.A.).

[225] *Branch v. B.C. Securities Commn.*, [1995] 2 S.C.R. 3, p. 51, para. 83.

[226] See text corresponding to note 90.

[227] *R. v. S. (R.J.)*, *supra*, note 70, p. 506 (*per* Iacobucci J.).

[228] *Ibid.*

[229] *Ibid.*, p. 517 and *R. v. Kuldip*, [1990] 3 S.C.R. 618, p. 634. See also *R. v. Crawford*, [1995] 1 S.C.R. 858.

[230] *Crawford v. R.*, *ibid.*

[231] *Ibid.*, p. 876. Furthermore, the Court decided that an accused whose testimony incriminates a co-accused cannot rely on his right to silence to prevent the co-accused from impugning his testimony by systematic attacks on his credibility, particularly by referring to his silence before the trial. *Ibid.*, pp. 882-883. But see *R. v. Chambers*, *supra*, note 70, p. 1318

R. v. François,[232] the Supreme Court reiterated the rule that, subject to the proviso that failure to testify cannot be used to reinforce evidence adduced by the Crown which does not otherwise establish guilt beyond a reasonable doubt, a jury can draw adverse conclusions from an accused's refusal to testify at his own trial.[233] No reference was made to section 11(c) in the ruling.

In *R. v. Amway Corp.*,[234] the Supreme Court enshrined in the *Charter* the common law rule that corporations do not enjoy the privilege of non-compellability. Prior to the *Charter*, the Court had already dismissed arguments on the part of an accused company which based its refusal to let one of its officers testify on the privilege against self-incrimination.[235] Affirming that the real witness in the case was not the corporation but the officer himself, the Supreme Court had held that a corporation was precluded from claiming the protection of section 4(1) of the *Canada Evidence Act*. In *Amway*,[236] where the argument was based on the *Charter*, Mr. Justice Sopinka, writing for the Court, found that:

> It is hard to rationalize that the officer is a witness and the corporation is a witness. There is only one witness under examination and that is the entity that swore the oath and that would be subject to a penalty for perjury. That is not to say that a witness must be one capable of taking an oath, but where the evidence is sworn evidence, it is my view that the *Charter* intended to protect the person who swore the oath.[237]

He added:

> Applying a purposive interpretation to section 11(c), I am of the opinion that it was intended to protect the individual against the affront to dignity and privacy inherent in a practice which enables the prosecution to force the person charged to supply the evidence out of his or her mouth.[238]

Nevertheless, an officer of a corporation who is compelled to testify at the trial of the corporation may require that his testimony not be used against him in other proceedings.[239]

---

for the applicable rule when the Crown comments on the accused's failure to make a statement to the police. On the impossibility of co-accused to compel each other to testify, see *R. v. Clunas*, [1992] 1 S.C.R. 595, p. 609.

[232] *Supra*, note 221.
[233] *Ibid.*, p. 835.
[234] *Supra*, note 216.
[235] See *R. v. N.M. Pateson & Sons Ltd.*, [1980] 2 S.C.R. 679 and *R. v. Judge of the General Sessions of the Peace for the Court of York, Ex parte Corning Glass Works of Can. Ltd.* (1970), 3 C.C.C. (2d) 204 (Ont. C.A.).
[236] *Supra*, note 216.
[237] *Ibid.*, pp. 37-38.
[238] *Ibid.*, p. 40.
[239] *Branch v. B.C. Securities Commn.*, *supra*, note 225, p. 28.

The only change brought about by section 11(c) can be seen in *R. v. P. (M.B.)*[240] where Mr. Justice Lamer, delivering the majority decision, reviewed the rules applicable to a reopening of the Crown's case in the light of the *Charter*. According to Lamer J., absent exceptional circumstances, the Crown is precluded under section 11(c) from reopening its case after the accused has begun to meet that case. This rule resides in the fact that, so long as the Crown has not completed its case, the accused cannot be compelled to testify.

> What is so objectionable about allowing the Crown's case to be reopened <u>after</u> the defence has started to meet that case is that it jeopardizes, indirectly the principle that an accused not be conscripted against him – or herself. In *Dubois*, this Court interpreted the privilege against self-incrimination contained in s. 13 of the Charter as preventing the Crown from indirectly conscripting the accused to defeat himself by using his previous testimony against him — something which the Crown is directly prohibited from doing under s. 11(c) of the Charter. In my opinion, a similar danger is involved when the Crown seeks to reopen its case <u>after</u> the defence has begun to answer the case against it — that is, there is a real risk that the Crown will, based on what it has heard from the defence once it is compelled to "meet the case" against it, seek to fill in gaps or correct mistakes in the case which it had on closing.[241]

(ii) *The Witness's Right to Protection with Regard to the Subsequent Use of His Testimony*

At common law, a witness could refuse to answer a question on the ground that it would tend to criminate him or establish his liability to a penalty or forfeiture of rights. The privilege had to be expressly claimed on the stand and upon the incriminating question being asked. This privilege has, to a certain extent, been revoked by section 5(1) of the *Canada Evidence Act*[242] and replaced by a limited immunity which does not avail at the moment of the giving of the testimony but rather relates to the subsequent use thereof in other proceedings. Under section 5(2) of the Act, if a person who is compelled to testify objects to answer on the ground that it may tend to criminate him, "the answer so given shall not be used or admissible in evidence against him in any criminal trial or other criminal proceeding against him thereafter taking place, other than a prosecution for perjury in the giving of that evidence".

The privilege applies to testimony only. Thus, in *Marcoux and Solomon v. R.*,[243] where it was argued that the participation of the accused in a

---

[240] *Supra*, note 70.
[241] *Ibid.*, pp. 579-580.
[242] *Supra*, note 213.
[243] [1976] 1 S.C.R. 763.

line-up triggered the application of the privilege, Mr. Justice Dickson replied: "The limit of the privilege against self-incrimination is clear. The privilege is the privilege of a witness not to answer a question which may incriminate him. That is all that is meant by the Latin maxim *nemo tenetur seipsum accusare*, often incorrectly advanced in support of a much broader proposition."[244] The witness's privilege within the meaning of section 5(2) of the *Canada Evidence Act* is, therefore, no more than a rule of evidence, the effect of which is to render inadmissible evidence which is otherwise relevant and conclusive.

Essentially, section 13 of the *Charter* restates section 5(2) of the *Canada Evidence Act*, which has led the Supreme Court to assert that "there are two aspects of s. 5(2) of the *Canada Evidence Act* which one might suppose have been constitutionalized in section 13 of the *Charter:* first, a general rule of compellability[245] for witnesses; second, a general rule that witnesses will be protected against self-incrimination through immunity protection rather than a privilege".[246] The only real innovation in section 13 of the *Charter* is to be found in the fact that it effectively releases the witness from his obligation under the *Canada Evidence Act* to expressly claim immunity in order to enjoy the protection.

The reasons expressed by Mr. Justice Lamer, delivering the majority decision in *R. v. Dubois*,[247] are certainly the starting point of any study on the protection provided by section 13 of the *Charter*. The accused had been found guilty of murder as the result of a trial where he had neither been represented by counsel nor claimed the protection of section 5(2) of the *Canada Evidence Act*. At a second trial following the setting aside of the initial verdict on the ground that the judge had erred in his instructions to the jury, the Crown attempted to submit in evidence the testimony voluntarily given by the accused at the first trial.

In his judgment, Lamer J. resolved a number of uncertain issues relating to the scope of the protection provided under section 13 of the *Charter*. First, the protection does not avail at the moment the testimony is given but at the time it is sought to be used in a criminating manner.[248] Further, section 13 protects both the voluntary witness and the compellable witness.[249] Lamer

---

[244] *Ibid.*, p. 768.

[245] A person who has been summoned to testify is compelled to testify and also compellable as regards all forms of communications, including the production of documents. See *Branch v. B.C. Securities Commn.*, *supra*, note 225, p. 33.

[246] *R. v. S. (R.J.)*, *supra*, note 70, p. 521.

[247] *Dubois v. R.*, [1985] 2 S.C.R. 350. For a discussion of this case, see D. Paciocco, *Charter Principles and Proof in Criminal Cases* (Toronto: Carswell, 1987), pp. 450, 452-454, 461.

[248] *Ibid.*, p. 359.

[249] *Ibid.*, pp. 365-369. *Cf.* the reservations expressed by Iacobucci J. on the immunity relating to derivative evidence in *R. v. S. (R.J.)*, *supra*, note 70, p. 562.

J. also rejected the prosecution's claim that, to trigger the application of the protection under the *Charter*, the incriminating nature of the testimony must be assessed both upon being given and at the subsequent proceedings. Taking the view that a literal interpretation of section 13 would lead to absurd conclusions contrary to its nature and purpose, Lamer J. held that the only relevant period as regards the incriminating nature of the evidence is that of the subsequent proceedings.[250] A second trial involving the same offence constitutes, according to Lamer J. "other proceedings" within the meaning of section 13.

> I do not see how the evidence given by the accused to meet the case as it was in the first trial could become part of the Crown's case against the accused in the second trial, without being in violation of s. 11(*d*), and to a lesser extent of s. 11(*c*). For, the accused is being *conscripted* to help the Crown in discharging its burden of *a case to meet*, and is thereby denied his or her right to stand mute until a case has been made out.
>
> To allow the prosecution to use, as part of its case, the accused's previous testimony would, in effect, allow the Crown to do indirectly what it is estopped from doing directly by section 11(*c*), *i.e.* to compel the accused to testify.[251]

In a subsequent case,[252] the Supreme Court extended the scope of *Dubois* to encompass the use of testimony given in cross-examination at a subsequent trial. The Crown had attempted to use testimony given at the initial trial to establish evidence of a feeling of guilt on the part of the accused. The Court held that the procedure was contrary to section 13 of the *Charter*. However, the Court specified in *R. v. Kuldip*[253] that using previous testimony in cross-examination with a view to impeaching the credibility of the accused who has elected to testify at his own trial does not criminate the accused.

(iii) *The Limits of Sections 11(c) and 13 and the Residual Protection Offered by Section 7*

The *Amway*[254] and *Dubois*[255] cases have prepared the ground for a study of the scope of the protection provided under sections 11(*c*) and 13 of the *Charter*. However, such an analysis cannot properly be made without first establishing a connection between these two provisions. But certain problems might arise as a result of the restrictive wording of section 13.

---

[250] *Dubois v. R., supra*, note 247, p. 363.
[251] *Ibid.*, p. 365 [emphasis in original]. See also *R. v. S. (R.J.), supra*, note 70, pp. 508-509.
[252] *R. v. Mannion*, [1986] 2 S.C.R. 272.
[253] *Supra*, note 229.
[254] *Supra*, note 216.
[255] *Supra*, note 247.

Section 13 provides that anyone who testifies in any proceedings has the right not to have any incriminating evidence so given used to incriminate him in any other proceedings. As noted by Professor Ratushny,[256] this section was strictly drafted and raises the question of whether the Crown, by subpoenaing the suspect to testify in proceedings other than his own trial, may act so as to deprive the witness of many of the protections guaranteed by the criminal process.

> It is true that such a witness may prevent his testimony from being introduced at any subsequent criminal trial. However, the damage may be done in other ways. The earlier hearing might be used as a "fishing expedition" to subject the witness to extensive questioning with a view to uncovering possible criminal conduct. The questioning might also be used to investigate a particular offence. For example, the accused might be required to reveal possible defences, the names of potential defence witnesses and other evidence. Moreover, the publicity generated by the hearing may seriously prejudice the likelihood of a fair trial.
> The problem is that the initial hearing is likely to have none of the protections guaranteed by the criminal process. There will be no specific accusation, no presumption of innocence, no protections against prejudicial publicity, no rules of evidence and so on. It is submitted that there is a serious crisis of integrity in a criminal process whose detailed protections may so easily be ignored.[257]

Pre-*Charter* case law recognized that it was open to the Crown to summon a person suspected of having committed an offence to appear as a witness at a public hearing or coroner's inquest relating to such offence. The only limit to this power was where a person had already been charged with an offence pertaining to the death under inquiry.[258]

Strictly construed, neither section 11(*c*), modelled after section 4(1) of the *Canada Evidence Act*, nor section 13, modelled after section 5(2) of the same act, guarantees actual protection in such cases. In a series of particularly complex cases, the Supreme Court has sketched the beginnings of a solution based on section 7 of the *Charter*.

In *Thomson Newspapers Ltd.*,[259] the Court found that section 7 of the *Charter* might include residual guarantees against self-incrimination that apply beyond the scope of sections 11(*c*) and 13. However, no agreement

---

[256] *Supra*, note 4, p. 483.
[257] *Ibid.*, p. 484.
[258] *Batary v. Saskatchewan (A.G.)*, [1965] S.C.R. 465; *Faber v. R.*, [1976] 2 S.C.R. 9; *Di Iorio v. Warden of the Montreal Jail*, [1978] 1 S.C.R. 152.
[259] *Thomson Newspapers Ltd. v. Canada (Dir. of Investigation & Research)*, [1990] 1 S.C.R. 425. The case dealt with a challenge to the power of the Director of Investigations who, by subpoena, could compel anyone residing or present in Canada to testify. The power could be enforced by procedures applied in matters of contempt of court.

could be reached as to the nature and scope of such residual guarantees nor as to the means by which they could be determined.[260]

Yet a certain consensus does emerge from subsequent case law. In *R. v. Jones*,[261] the accused argued that section 7 of the *Charter* had been infringed because he had not been specifically informed that the psychiatric tests conducted under of section 537(1)(*b*) of the *Criminal Code*[262] to determine mental illness would be used to ascertain whether he was a dangerous offender under section 753 of the *Code*. After canvassing the jurisprudence on the protections guaranteed under sections 7, 10(*b*), 11(*c*), 13 and 24(2) of the *Charter*, Mr. Justice Lamer concluded that the judgments of the Court implicitly recognized that the principle against self-incrimination is a principle of fundamental justice.[263] He went on to cite with approval an extract from Michael Hor:

> Conceptually, it would seem that if there is any single organizing principle in the criminal process, it is the right of the accused to resist any effort to force him to assist in his own prosecution. It provides substance to the common law ideal of a fair trial through an adversarial or accusatorial process. The parties to a criminal prosecution are seen as competitors and the trial as the competition. The prosecution is to use its own resources to gather and marshal the evidence without the unwilling assistance of the accused, and the accused is left to defend himself if the prosecution succeeds in making out a case against him. It is thought to be behind key principles of criminal justice like the voluntariness rule for confessions, the discretion to exclude improperly obtained evidence and the presumption of innocence.[264]

However, Lamer J. was very careful to distinguish between the principle against self-incrimination and the privilege against self-incrimination:

> It should therefore be made clear here that I distinguish between the principle against self-incrimination and the privilege against self-incrimination. The principle is as defined above. The privilege is the narrow traditional common law rule relating only to testimonial evidence at trial. Much of the confusion around such issues as silence, non-compellability and self-incrimination has, I believe, arisen as a result of the failure to distinguish between these two levels of protection against self-incrimination. The principle is a general organizing principle of criminal law from which particular rules can be derived (for example, rules about non-compellability of the accused and admissibility of confessions). The privilege is merely one rule that has been

---

[260] *R. v. Jones*, *supra*, note 70, p. 256 (*per* Lamer J.). See also *R. v. S. (R.J.)*, *supra*, note 70, p. 510.

[261] *Supra*, note 70. See also *R. v. P. (M.B.)*, *supra*, note 70.

[262] Repealed by S.C. 1991, c. 43, section 9, Schedule.

[263] *R. v. Jones*, *supra*, note 70, p. 251.

[264] M. Hor, "The Privilege Against Self-Incrimination and Fairness to the Accused" [1993] *Singapore J. Legal Stud.* 35.

derived from the principle. When the protection against self-incrimination is limited to the privilege against self-incrimination, then the underlying rationale for the various common law rules protecting against self-incrimination is lost and principled decisions about particular cases as they arise become impossible. It is therefore important to bear in mind throughout this judgment that it is the <u>principle</u> against self-incrimination and not the <u>privilege</u> for which I am claiming status as a principle of fundamental justice.[265]

The disagreement in *Jones*[266] between Lamer J. and Gonthier J., who delivered the majority decision, centred mainly around the meaning of the term "incriminate". While for Lamer J. this term has a broader meaning than simply "tending to prove guilt of a criminal offense", the majority found that, at the sentencing stage, there was no longer any question of incrimination and that the protections guaranteed under sections 7 to 14 of the *Charter* were more limited in scope after the trial. In *R. v. S. (R.J.)*,[267] a lengthy judgment rendered subsequently, and from which a double majority emerges, one majority subscribed to the approach initiated by a dissenting Lamer J. in *Jones*. In *R. v. S. (R.J.)*, a person accused of break and enter filed an application to have the subpoena quashed compelling him to testify as the main Crown witness at the separate trial of his accomplice charged with the same offence. The Supreme Court was, therefore, called upon to answer the question of whether a person, separately charged with an offence, is compellable as a witness at the trial of another who is charged with the same offence. The case directly challenged the constitutionality of section 5 of the *Canada Evidence Act*[268] under which a person who has been summoned as a witness is compelled to answer questions although he is ensured of a certain protection against his answers being used against him at his own trial.

Mr. Justice Iacobucci, delivering one majority decision, held that statutory compulsion to testify engages the liberty interest of section 7, but that such liberty interest is affected in accordance with the principles of fundamental justice. The principle of fundamental justice in question in this case was, of course, the principle against self-incrimination, but that is not to say that it must be regarded as an absolute. Mr. Justice Iacobucci made the following remarks:

> I begin this inquiry by asserting that any rule demanded by the principle against self-incrimination which places a limit on compellability is in dynamic tension with an opposing principle of fundamental justice. That is the principle

---
[265] *R. v. Jones, supra*, note 70, pp. 249-250.
[266] *Ibid.*
[267] *Supra*, note 70.
[268] *Supra*, note 213.

which suggests that, in a search for truth, relevant evidence should be available to the trier of fact.[269]

Existing legal rules, whether formulated in the *Charter*, enacted by the legislators or developed at common law, must be applied in order to comprehend the limits imposed upon the principle in our law and to determine if there is a need to establish new rules extending beyond the protection already guaranteed under sections 11(c) and 13 of the *Charter* to benefit the overall system.

Given the great similarity between sections 11(c) and 13 of the *Charter* and the *Canada Evidence Act*, and considering that the framers of the *Charter* obviously set out to accord the witness not a privilege but merely a form of immunity, Iacobucci J. concluded that the section 13 compellability rule cannot be challenged by way of section 7.[270] Rather, what must be determined is whether a person who has already been accused ought to be granted a particular immunity, by an extension of the reasoning from *Hébert*[271] where a right to silence was recognized in persons who are detained.

However, Iacobucci J. established a distinction between *R. v. S. (R.J.)* and *Hébert* in that persons detained before trial are detained mainly for the purpose of eliciting evidence from them. In the case of a person compelled to testify at the trial of an accomplice, it is not so much the purpose of detention which is in question but the effect of compellability. This is fundamentally different from the issue in *Hébert*.[272]

Furthermore, Iacobucci J. did not see that the appellant in this case, who had been separately charged, should be dealt with any differently from any other witness:

> ... there is no logical reason to distinguish for s. 7 purposes between persons on the basis of a status defined in parallel proceedings, in so far as a testimonial compulsion in other proceedings is concerned. If a statutory compulsion, as applied to two individuals, will result in each divulging the same information on the stand, and if that information is similarly inculpatory for each, why should the two receive different kinds of *Charter* protection? In my opinion, they should not.[273]

As a result, the "status of the person" is dismissed as a test of whether the principles of fundamental justice require that a person compelled to testify at the separate trial of his accomplice enjoys immunity in addition to that already guaranteed under section 13. However, Iacobucci J. recog-

---

[269] *R. v. S. (R.J.)*, *supra*, note 70, pp. 517-518.
[270] *Ibid.*, p. 521.
[271] *Supra*, note 7.
[272] *R. v. S. (R.J.)*, *supra*, note 70, pp. 523-525.
[273] *Ibid.*, p. 530.

nized that there is a risk that unlimited power to compel testimony could at times jeopardize the principle of the case to meet and the principle against self-incrimination, both of which are key principles which form the very basis of many of the guarantees in the *Charter*.[274] He suggests that attention should be focused on the nature of the proceedings in which a person is compelled to testify as a test of whether the witness ought to be granted some form of immunity. Essentially, it is a question of ascertaining whether the proceeding has a self-incriminatory purpose as regards the person being compelled.[275] After numerous comments on the various investigatory procedures, Iacobucci J. comes to the conclusion that "[t]he search for truth in a criminal trial against a named accused has an obvious social utility, and the truth-seeking goal operates to limit effectively the scope of the proceedings in terms of the [self-incriminatory] 'inquiry effect' [as regards the witness]".[276] Therefore, the appellant's testimony was held to be compellable and there was, according to Iacobucci J., no immunity in this respect.

This being established, the question remains as to the extent of the immunity that ought to be accorded to a witness with respect to the evidence. Section 5 of the *Canada Evidence Act* and section 13 of the *Charter* provide immunity only in relation to subsequent use of the testimony. No reference is made to protection with respect to "derivative use". Iacobucci J. inquires whether immunity should be granted in this regard. Noting that the concept of derivative evidence can refer to several types of evidence,[277] he states that, for the purpose of his analysis, a *sine qua non* causal connection must exist between the testimony and discovery of the evidence if one is to speak of derivative evidence and consider some sort of immunity in this respect.

This conclusion flows from an analysis of the wording of section 13 of the *Charter* and of the case law concerning the exclusion of derivative evidence under section 24(2).

> Thus, I think it is clear that under s. 24(2), we tend to regard as self-incriminatory not only that evidence which is manifestly *created* by an accused (such as a pre-trial statement), but also any evidence which *could not have been obtained by the state from the accused but for the Charter violation*. I regard this state of the law as having obvious implications for s. 7 and the question of derivative-use immunity.

---

[274] *Ibid.*, pp. 533-536.
[275] *Ibid.*, p. 537.
[276] *Ibid.*, p. 542.
[277] Either (1) evidence that could have been discovered only as a result of the testimony; (2) evidence that was discovered as a result of the testimony, but that could have been discovered without such testimony; (3) evidence that would, or would probably, have been discovered even without the testimony; (4) evidence that was discovered after the testimony was given, but independently of the testimony. *Ibid.*, p. 546.

....

> Since it is the principle against self-incrimination which is at stake, and since that principle finds recognition under s. 24(2) as I have described, we should avoid the incongruity which would result if a different quality of protection was offered to the witness who is compelled to answer questions.[278]

Mr. Justice Iacobucci thus confirms that section 7 operates as a basis for an exceptional rule governing the exclusion of derivative evidence,[279] to be applied based on a consideration of the facts in each case. The proposed method of exclusion would be flexible and left to the discretion of the trial judge. There should be no automatic rule of exclusion of derivative evidence[280] and it should fall to the accused to demonstrate at a voir dire that the evidence proposed to be used is derivative evidence deserving of immunity.[281]

Iacobucci J. declines to be more specific about the derivative evidence test he proposes and the extent of the immunity claimed under section 7 as to derivative use. He is more inclined to deal with the issue on a case by case basis and adds simply that the analysis under section 7 of the *Charter* could equally have been conducted under section 11(*d*) since, at the end of the day, the whole analysis is based on the interests of trial fairness.[282] However, the question of whether derivative-use immunity might be available to a voluntary witness is left unanswered.[283] Finally, he emphasizes that the immunity which he proposes should not be construed as putting in jeopardy schemes relating to forms of compulsion other than compellability, such as breathalysers, fingerprinting, blood sampling and other similar schemes.[284]

In a separate opinion, Mr. Justice Lamer agreed with Iacobucci J.'s analysis, but asserted that he would have gone further and recognized, in addition to the exclusionary rule proposed by his colleague, that the principles of fundamental justice require that the courts maintain the discretion

---

[278] *Ibid.*, pp. at 560-561 [emphasis in original].
[279] But in so doing, he expressly rejects the alternative solutions advanced by D. Paciocco, *supra*, note 247, pp. 592-602 (for whom derivative evidence should enjoy no protection whatsoever) and E. Ratushny, *supra*, note 4, p. 487 (advocating immunity from testifying, absent a specific and binding agreement on the part of the prosecution to grant immunity with respect to the testimony given).
[280] *R. v. S. (J.R.)*, *supra*, note 70, p. 563
[281] *Ibid.*, pp. 564-565.
[282] *Ibid.*, pp. 561-562.
[283] *Ibid.*, p. 562. This solution is in contrast to the solution adopted by Lamer J. in *Dubois v. R.*, *supra*, note 247, pp. 365-369.
[284] *R. v. S. (J.R.)*, *supra*, note 70, pp. 564-565.

to exempt witnesses from being compelled to testify in appropriate circumstances.[285]

Mr. Justice Sopinka disagreed with the immunity rule governing derivative evidence and suggested a rule granting immunity from testifying in certain circumstances since, in his view, "[o]nce the accused has testified, attempting to contain the damage is somewhat like closing the barn door after the horses have escaped".[286]

> In my opinion it would be consistent with the development of the common law and the principles of fundamental justice to allow the court to make an exception to the general right of the state to every person's evidence when the right of the accused to remain silent is seen to outweigh the necessity of having that evidence. This exception would recognize the anomaly of the systematic compulsion of persons accused of a crime to testify in other proceedings while, at the same time, they are entitled to remain silent if interrogated by the police before their trial and are granted absolute immunity from testifying during their trial. The absence of such an exception would undermine these rights if not render them illusory.[287]

Given the number of judges who concurred with this opinion,[288] it can be said that a second majority was of the view that the courts could, in certain circumstances, exempt a person from the obligation to testify.[289] In *Branch v. B.C. Securities Commn.*,[290] the Supreme Court attempted to further clarify the test to determine whether the requirements have been met for a witness to be exempted from testifying. This case deals with the compellability of a witness in the context of proceedings which do not come under the criminal law. Officers of a company, who were susceptible of being subsequently charged, were summoned to testify and produce documents in an investigation commenced by the British Columbia Securities Commission following a report of the company's auditors disclosing questionable expenses.

Sopinka and Iacobucci JJ., jointly delivering the majority decision, began by remarking that the pursuit of a legitimate public purpose is readily identifiable in a criminal prosecution directed against a person. Hence, there is no need to protect witnesses from the obligation to testify in criminal

---

[285] *Ibid.*, p. 470. He gives the hypothetical example of a person summoned to appear as a witness by the Director of Investigations and Research under the *Competition Act*, R.S.C. 1985, c. C-34, where the Director has already decided to prosecute this person.

[286] *R. v. S. (R.J.), supra,* note 70, p. 626.

[287] *Ibid.*, p. 624.

[288] Lamer, McLachlin, L'Heureux-Dubé and Gonthier JJ.

[289] Hence, the double majority referred to earlier since Lamer J. agreed with the majority view written by Iacobucci J. as well as with that of the other judges who concurred with Sopinka J.

[290] *Supra*, note 225.

proceedings. It should be noted in this regard that a majority of the Court applied the same test in subsequent decisions[291] finding that an accused is compellable at the separate preliminary hearing of an accomplice accused of the same offence where there is nothing to suggest that the main purpose of summoning the witness is to subject him to a form of pre-trial interrogation rather than the pursuit of a legitimate purpose. The Court also held that there was no reason to treat any differently suspected persons who have not yet been charged.[292]

In *Branch v. B.C. Securities Commn.*,[293] Sopinka and Iacobucci JJ. summed up the manner in which inquiries falling outside the scope of the criminal process are to be analysed:

> Where evidence is sought for the purpose of an inquiry, we must first look to the statute under which the inquiry is authorized. The fact that the purpose of inquiries under the statute may be for legitimate public purposes is not determinative.... Indeed, even if the terms of reference authorize an inquiry for a legitimate purpose in some circumstances, the object of compelling a particular witness may still be for the purpose of obtaining incriminating evidence.
>
> It would be rare indeed that the evidence sought cannot be shown to have some relevance other than to incriminate the witness. In a prosecution, such evidence would simply be irrelevant. There may, however, be inquiries of this type and it would be difficult to justify compellability in such a case. In the vast majority of cases, including this case, the evidence has other relevance. In such cases, if it is established that the predominant purpose is *not* to obtain the relevant evidence for the purpose of the instant proceeding, but rather to incriminate the witness, the party seeking to compel the witness must justify the potential prejudice to the right of the witness against self-incrimination. If it is shown that the only prejudice is the possible subsequent derivative use of the testimony then the compulsion to testify will occasion no prejudice for that witness. The witness will be protected against such use. Further, if the witness can show any other significant prejudice that may arise from the testimony such that the right to a fair trial will be jeopardized, then the witness should not be compellable.[294]

The two judges recognized, however, that the purpose of compelling a witness will become obvious only once the testimony has been given. This raises the question of how, if the compulsion is not quashed before the testimony is given, prejudice is to be avoided where it cannot be remedied by derivative-use immunity in subsequent proceedings. In our view, the only solution is either to abort the subsequent trial or quash the charge which constitutes its starting point.

---

[291] *R. v. Primeau*, [1995] 2 S.C.R. 60; *R. v. Jobin*, [1995] 2 S.C.R. 78.
[292] *R. v. Jobin, ibid.*, pp. 92-93.
[293] *Supra*, note 225.
[294] *Ibid.*, pp. 15-16 [emphasis in original]. The persons summoned were held to be compellable.

The judgments of the Supreme Court in *S. (R.J.)*[295] and *Branch*[296] are interesting in that they propose a synthesis of Supreme Court jurisprudence as it relates to the protection against self-incrimination accorded to a suspect, accused or witness and also take stock of the significance of the principle against self-incrimination in Canada. However, it is not certain that the exercise is entirely successful. These decisions leave many questions unanswered and do not appear easy to apply. First, the proposed distinction between unifying rules and principles in construing the *Charter* will almost certainly be a source of confusion. Second, it seems clear that the rule regarding discretion in the exclusion of derivative evidence as well as the rule of special immunity from testifying will give rise to numerous conflicts. Besides the fact that it will be difficult to distinguish between situations requiring partial immunity and those requiring total immunity, the test regarding the main purpose of the inquiry and the total effect of the testimony on which the analysis is purported to be based is particularly unclear and difficult to apply. In practice, absent obvious bad faith on the part of whoever authorizes the investigation, it will often be difficult to determine whether a person ought to be exempted from testifying before having heard the whole testimony.[297]

There is no doubt that the Supreme Court favours an approach which seeks to reconcile the principle against self-incrimination with another principle which takes undoubted precedence, namely trial fairness. However, this principle concerns not only the interests of the accused, but also those of the state in maintaining effective crime control. The real question will soon be whether a system of justice which is becoming ever more complex can remain both fair and efficient.

(d) Section 11(*d*)

It emerges from the jurisprudence of the Supreme Court that the fundamental principle against self-incrimination, the principle of trial fairness and the presumption of innocence require that the accused not be conscripted against himself until the Crown has completed its case.[298] In *R. v.*

---

[295] *Supra*, note 70.
[296] *Supra*, note 225.
[297] *Starr v. Houlden*, [1990] 1 S.C.R. 1366 may provide an illustration of situations where the privilege of immunity from testifying might apply, although it was held that, since the investigation was essentially criminal in character, the authorization to investigate did not come within the jurisdiction of the province that had ordered it. See also *O'Hara v. British Columbia*, [1987] 2 S.C.R. 591 on the jurisdictional limits of a province with respect to the setting up of boards of inquiry.
[298] See *inter alia R. v. P. (M.B.)*, *supra*, note 70, pp. 577-578; *R. v. S. (R.J.)*, *supra*, note 70, p. 507; and *Dubois v. R.*, *supra*, note 247. The application of the presumption of innocence

Oakes,[299] the leading decision on the presumption of innocence, Mr. Justice Dickson summed up the importance of this principle:

> The presumption of innocence protects the fundamental liberty and human dignity of any and every person accused by the State of criminal conduct. An individual charged with a criminal offence faces grave social and personal consequences, including potential loss of physical liberty, subjection to social stigma and ostracism from the community, as well as other social, psychological and economic harms. In light of the gravity of these consequences, the presumption of innocence is crucial. It ensures that until the State proves an accused's guilt beyond a reasonable doubt, he or she is innocent. This is essential in a society committed to fairness and social justice. The presumption of innocence confirms our faith in humankind; it reflects our belief that individuals are decent and law-abiding members of the community until proven otherwise.[300]

Dickson J. concluded that, at the trial stage, the presumption of innocence signifies that it is incumbent on the state to present its case against the accused before he is required to make an answer. The state must further convince the Court of the accused's guilt beyond a reasonable doubt and conduct the criminal proceedings fairly and with due process of law.[301] In *Oakes*, it was held that a legislative provision that places on the accused the burden of demonstrating on the balance of probabilities the non-existence of a presumed fact constituting an important element of the accusation is in breach of section 11(*d*) of the *Charter*: the accused could be convicted despite the existence of reasonable doubt as to an essential element of the offence.[302]

In *R. v. Vaillancourt*,[303] Lamer J., delivering the majority decision on this particular point, repeated this rule, adding that it applied to all the essential elements of a crime, whether defined in a legislative provision or

---

at the trial stage does not exhaust it of its content since, as a principle of fundamental justice, it plays a role at all levels of the criminal process. See *R. v. Pearson*, [1992] 3 S.C.R. 665, p. 683 (*per* Lamer J.); *R. v. Morales*, [1992] 3 S.C.R. 711, p. 748 (*per* Lamer J.); *R. v. S. (R.J.)*, *supra*, note 70, pp. 561-562. However, for reasons of space, we shall confine our analysis to the impact of section 11(*d*) on the Crown's obligation to present a complete case.

[299] [1986] 1 S.C.R. 103.
[300] *Ibid.*, pp. 119-120.
[301] Section 11(*d*) of the *Charter* guarantees a public hearing by an independent and impartial tribunal. We shall not be addressing this aspect of section 11*(d)* for the purposes of this chapter. Furthermore, the presumption of innocence and trial fairness are clearly connected to the accused's right to make full answer and defence: see *Dersch v. Canada (A.G.)*, [1990] 2 S.C.R. 1505, pp. 1514-1515. See also *R. v. Stinchcombe*, [1991] 3 S.C.R. 326, p. 336 on the Crown's duty to disclose its evidence before the trial.
[302] *R. v. Oakes*, *supra*, note 299, p. 132.
[303] [1987] 2 S.C.R. 636.

required by the principles of fundamental justice. In this particular case, the constructive murder rule under section 213(*d*) of the *Criminal Code* was held to be unconstitutional on the ground that it allowed murder convictions despite a reasonable doubt as to the existence of an essential element relating to the death of the victim. The principles of fundamental justice require the presence of an essential element of guilt with respect to the death of the victim, and the fact that the accused was convicted despite the absence of such element was found to be in breach of sections 7 and 11(*d*) of the *Charter*. In his reasoning, Lamer J. proposed a new analysis for the constitutionality of presumptions of law. If a legislative provision relieves the Crown of its burden of proof by allowing it to substitute proof of an essential element of the offence with proof of a different element, then the presumption of innocence will be breached if proof of the substituted element does not lead inexorably to the conclusion of the existence of the essential element. In such a case, a conviction could ensue despite the presence of a reasonable doubt as to an essential element of the offence.[304]

These rules were taken up in *R. v. Whyte*[305] and broadened to encompass all cases where the accused is saddled with a burden of persuasion, whether it be to persuade the trier of fact of the non-existence of an element of the offence or to establish any other fact pertaining to guilt. The Court adopted the position advocated by two judges in *R. v. Holmes*[306] and unanimously affirmed that:

> ... the distinction between elements of the offence and other aspects of the charge is irrelevant to the s. 11(*d*) inquiry. The real concern is not whether the accused must disprove an element or prove an excuse, but that an accused may be convicted while a reasonable doubt exists. When that possibility exists, there is a breach of the presumption of innocence.
>
> The exact characterization of a factor as an essential element, a collateral factor, an excuse, or a defence should not affect the analysis of the presumption of innocence. It is the final effect of a provision on the verdict that is decisive. If an accused is required to prove some fact on the balance of probabilities to avoid conviction, the provision violates the presumption of innocence because it permits a conviction in spite of a reasonable doubt in the mind of the trier of facts as to the guilt of the accused. The trial of an accused in a criminal matter cannot be divided neatly into stages, with the onus of proof on the accused at an intermediate stage and the ultimate onus on the Crown.[307]

---

[304] *Ibid.*, p. 656.
[305] [1988] 2 S.C.R. 3.
[306] [1988] 1 S.C.R. 914.
[307] *R. v. Whyte, supra*, note 305, p. 18.

This pronouncement put an end to any intention of placing the burden of establishing a defence on the accused. Thus, it was held in *R. v. Chaulk*,[308] that the requirement under section 16 of the *Criminal Code* to prove insanity on the balance of probabilities violates the presumption of innocence. It matters little whether the accused's burden relates to an essential element of the offence, or an excuse or justification or any other relevant element relating to guilt.[309]

Finally, the majority decision in *R. v. Downey*[310] completed the cycle as regards the scope of the protection guaranteed under section 11(*d*), holding that any mandatory presumption of law, whether it places on the accused a burden of persuasion or a simple evidentiary burden, is an infringement of the presumption of innocence.[311] At the end of the day, any means enacted by the legislators by which the Crown is relieved of its duty to make its case before the accused is required to make an answer will be in violation of the presumption of innocence. In this regard, the judgments of the Court are clear.

For that reason, we find it difficult to understand the reasoning followed by a majority of the Court in *R. v. St. Pierre*.[312] The case dealt with the construction to be put on the phrase "evidence to the contrary" found in section 258(1)(*c*) of the *Criminal Code*. Section 258(1)(*c*) provides that, in the absence of evidence to the contrary, evidence of the results of the analysis of the blood alcohol level of the accused determined by means of a breath sample is deemed to be the blood alcohol level of the accused at the time of driving a motor vehicle with a blood alcohol level in excess of .08. Mr. Justice Iacobucci, delivering the majority decision, explained that this presumption assists the Crown over the hurdle of having to prove the blood alcohol level of the accused at the time of driving:

> I should emphasize at this point that it is important to recall the essential difference between a <u>presumption</u> and <u>evidence</u>. Section 258(1)(*c*) establishes a presumption that the blood alcohol level at the time of driving was the same as at the time of testing, but it does not provide evidence of this fact. It is simply a short-cut for the Crown. If the accused is able to rebut the presumption by showing that the blood alcohol level at the two times was different, then the Crown will have to call evidence to prove its case. The presumption simply establishes that the blood alcohol level at the two times was the same. The evidence called would go to establishing what the accused's blood alcohol level at the time of driving actually was.

---

[308] *R. v. Chaulk*, [1990] 3 S.C.R. 1303, pp. 1329-1330 (*per* Lamer J) and pp. 1370-1371 (*per* Wilson J.). The Court held that the reverse onus with respect to insanity is justified in a free and democratic society.

[309] See also *R. v. Keegstra*, [1990] 3 S.C.R. 697, p. 790 (*per* Dickson J.).

[310] [1992] 2 S.C.R. 10.

[311] *Ibid.*, p. 29.

[312] [1995] 1 S.C.R. 791.

> ... Essentially, the adoption of the line of reasoning advanced by the majority [of the Ontario Court of Appeal that the evidence which must be presented must attempt to show that the alcohol level of the accused at the time of driving was below .08] would place the onus on the accused to establish his or her own innocence. Specifically, if an accused were to require to rebut the s. 258(1)(c) presumption in the manner put forward by the majority, the accused would necessarily have to <u>prove</u> that his or her blood alcohol content was less than .08.
>
> . . . .
>
> This position arguably raises concerns under the *Canadian Charter of Rights and Freedoms* and, accordingly, it should not be accepted, especially when there is another interpretation that does not raise such concerns.[313]

Evidently, in Mr. Justice Iacobucci's view, the fact that the accused is compelled to show evidence susceptible of raising a doubt as to whether or not his blood alcohol level was identical when driving and at the time of testing presents no problem on a constitutional level. The fact that a shortcut is provided to the Crown by substituting evidence of blood alcohol level at the time of testing for blood alcohol level while driving seems of no concern in his view. We find it difficult to see how this substitution of evidence differs from any other held to be in breach section 11(d) of the *Charter*, nor do we understand the distinction being made between presumptions and evidence. Presumptions of law constitute modes of proof which assist the Crown in proving one of the essential elements of an offence. If evidence of the blood alcohol level at the time of testing does not inexorably prove blood alcohol level while driving, then there is a risk that the accused will be convicted despite reasonable doubt as to this essential element and, consequently, that the presumption of innocence will be infringed. We concur with Iacobucci J. that it is particularly onerous for the prosecution to establish blood alcohol level at the time of driving, but, surely, any analysis of the validity of a presumption of law enacted to facilitate this task must be effected under section 1 of the *Charter*.

In *R. v. Oakes*,[314] Mr. Justice Dickson prepared the ground for the study to determine whether a provision which breaches the presumption of innocence is justified in a free and democratic society. Basically, such a provision will be upheld only if it relates to real and urgent concerns in a free and democratic society. In addition, it must satisfy a three-part proportionality test: there must be a rational connection between the provision and the purpose to be achieved; it must, as little as possible, offend the presumption of innocence; and its prejudicial effects must be proportionate to its beneficial effects and the importance of the purpose to be effected.

---

[313] *Ibid.*, pp. 821-822 [emphasis in original].
[314] *Supra*, note 299.

Although we do not intend to study the section 1 test in depth as it will be dealt with in another chapter, it should be mentioned that recent decisions of the Court have shown an increasing deference for reverse onus clauses.

In a series of decisions, the Court has upheld a number of reverse onus clauses under section 1 of the *Charter*, whether they require the accused to produce evidence[315] or to persuade the Court on the balance of probabilities.[316] The Court also appears to have abandoned the rule established in *R. v. Oakes*[317] stating that, to determine the existence of a rational connection between the use of a presumption of law and the purpose it seeks to attain, the presumption itself must be rational.[318] In *R. v. Laba*,[319] a case dealing with the onus on a person accused of selling stolen minerals to demonstrate that he is the legitimate owner, Mr. Justice Sopinka, writing for the Court, held that there is no requirement that a presumption should be intrinsically rational to satisfy the rational connection portion of the test.[320] Although he recognized that the presumption set forth in section 394(1)(*b*) of the *Criminal Code* was not rational and that the evidence was not conclusive that this provision was an adequate response to the problem of the theft of minerals containing precious metals, he nonetheless upheld a minor reverse onus, limiting the scope of the provision by lessening the onus on the accused to respect the minimal prejudice test:

> On the other hand, I believe that the imposition of an evidentiary burden upon the accused is justified even though it still impairs the right to be presumed innocent. I find it unlikely that an innocent person will be unable to point to or present some evidence which raises a reasonable doubt as to their guilt. Although the imposition of an evidentiary burden violates the presumption of innocence I find that this only minimally increases the likelihood of an innocent person being convicted and represents a justifiable limitation upon the right to be presumed innocent.[321]

This decision is ill-founded in our view. If the presumption of law enacted by the legislators is not rational, if it is not, at the very least, likely that persons affected by the presumption are guilty, then too many innocent people will be arbitrarily caught in the criminal process. Furthermore, when faced with an irrational presumption, it is hardly fair to conclude that the innocent will always be capable of adducing evidence towards their innocence.

---

[315] See, e.g., *R. v. Downey, supra*, note 310.
[316] See *R. v. Whyte, supra*, note 305. See also *R. v. Keegstra, supra*, note 309, pp. 790-795.
[317] *Supra*, note 299.
[318] *Ibid.*, p. 141. See also McLachlin J.'s strongly dissenting view in *R. v. Downey, supra*, note 310.
[319] [1994] 3 S.C.R. 965.
[320] *Ibid.*, p. 1008.
[321] *Ibid.*, p. 1011.

While the search for a justification of the breach of the presumption of innocence is effected on a case by case basis as regards criminal offences, it would seem that the validity of strict liability offences put forward by the Supreme Court in *R. v. Sault Ste. Marie*[322] is now firmly established in the case of all regulatory offences. In *R. v. Wholesale Travel Group Inc.*,[323] dealing with false or misleading advertising under the *Competition Act*,[324] a majority of the Court upheld the imposition of the reverse onus enacted by the legislators by adopting a contextual approach in its analysis of the justification under section 1 of the *Charter*. The Court took the nature of the regulatory offences into consideration and was sensitive to arguments of administrative expediency. In a subsequent case, where the accused claimed that a provision of the Ontario *Occupational Health and Safety Act*[325] reversing the burden of proof was in violation of the *Charter*, the Court was content to affirm that it had already resolved the matter in the *Wholesale* case. It would, therefore, appear that the fate of reverse onus clauses in regulatory matters has generally been sealed.

While the presumption of innocence remains "throughout the web of the English Criminal Law one golden thread",[326] infringements thereof appear ever easier to justify. Paradoxically, this erosion of the presumption of innocence as regards the obligation of the Crown to present a complete case goes hand in hand with a growing tendency to construe section 11(*d*) of the *Charter* so as to give it substantive content. The Supreme Court's efforts to avoid that the presumption of innocence will be breached by skilful distinctions between the various elements relating to guilt, could very well result in a weakening of legislative powers in the determination of criminal behaviour.

Our fear in this regard is largely based on the very long reach of the test applied to determine the validity of substitutions as well as the subtle interaction between sections 11(*d*) and 7 of the *Charter*.[327] Section 7, in fact, allows the Court to determine the essential elements of guilt based on the requirements of the principles of fundamental justice. If it is decided that a conviction despite the existence of reasonable doubt as to an element

---

[322] [1978] 2 S.C.R. 1299.
[323] [1991] 3 S.C.R. 154.
[324] *Supra*, note 285.
[325] *R. v. Ellis-Don Ltd.*, [1992] 1 S.C.R. 840. See also *R. v. Martin*, [1992] 1 S.C.R. 838. *Occupational Health and Safety Act*, R.S.O. 1980, c. 321, s. 37 [now R.S.O. 1990, c. O.1, s. 66].
[326] *Woolmington v. D.P.P.*, [1935] A.C. 462, p. 481.
[327] In *R. v. Oakes*, *supra*, note 299, Justice Dickson asserts at p. 119:
> The presumption of innocence is a hallowed principle lying at the very heart of criminal law. Although protected expressly in section 11(*d*) of the *Charter*, the presumption of innocence is referable and integral to the general protection of life, liberty and security of the person contained in section 7 of the *Charter*.

held to be essential by the Court offends the presumption of innocence, then section 11(d) takes on a significance which largely exceeds the framework of the presentation of a complete case by the Crown. If the legislators are not allowed to replace proof of an element deemed essential to guilt by proof of another element when this second element does not inexorably prove the essential element beyond a reasonable doubt, then the question arises whether section 11(d) does not, henceforth, restrict the legislators' power to define the elements of an offence as they see fit. As a result, the test developed to determine the validity of substitutions could very well be transformed into a tool monitoring the relevance of legislative choices in the definition of offences.[328]

The majority decision of the Supreme Court in *R. v. Daviault*,[329] a case dealing with the defence of voluntary intoxication, may serve to illustrate this point. The accused was challenging the rule in *Leary*[330] that voluntary intoxication cannot operate as a basis for acquittal in general-intent offences. In *R. v. Bernard*,[331] a judgment which preceded *Daviault*, Mr. Justice McIntyre had reiterated the idea that extreme intoxication demonstrated a blameworthiness that could be substituted for proof of *mens rea* in general-intent offences.[332] Madam Justice Wilson, in the same case, had expressed reservations as to the validity of substituting fault.[333] In *Daviault*,[334] a majority of judges held that in cases of extreme intoxication where the accused is incapable of forming the minimal intent required for guilt[335] no guilty verdict can be pronounced without offending both the presumption of innocence and the principles of fundamental justice:

> The substituted *mens rea* set out in *Leary* does not meet this test. The consumption of alcohol simply cannot lead inexorably to the conclusion that the accused possessed the requisite mental element to commit a sexual assault, or any other crime. Rather, the substituted *mens rea* rule has the effect of eliminating the minimal mental element required for sexual assault. Furthermore, *mens rea* for a crime is so well recognized that to eliminate that mental

---

[328] See P. Healy, "Criminal Law — Strict and Absolute Liability Offenses — The Role of Negligence — Presumption of Innocence and Reverse Onus — *Charter of Rights and Freedoms*, Section 7, 11; *Competition Act*, Sections 36, 37.3: *Wholesale Travel Group Inc.*" (1990) 69 *B.R. Can.* 761, pp. 766-770.

[329] [1994] 3 S.C.R. 63.

[330] *Leary v. R.*, [1978] 1 S.C.R. 29.

[331] [1988] 2 S.C.R. 833.

[332] *Ibid.*, p. 879.

[333] *Ibid.*, p. 884.

[334] *Supra*, note 329.

[335] There is growing confusion in the Court's decisions as to the meaning of "minimal *mens rea*" and the link between this concept and the theory of the voluntary aspect of *actus reus*. See Lamer J. in *R. v. Daviault*, *supra*, note 329, p. 71.

element, an integral part of the crime, would be to deprive an accused of fundamental justice.[336]

. . . .

It was argued by the respondent that the "blameworthy" nature of voluntary intoxication is such that it should be determined that there can be no violation of the *Charter* if the *Leary* approach is adopted. I cannot accept that contention. Voluntary intoxication is not yet a crime. Further, it is difficult to conclude that such behaviour should always constitute a fault to which criminal sanctions should apply.

Further, self-induced intoxication cannot supply the necessary link between the minimal mental element or *mens rea* required for the offence and the *actus reus*.[337]

The rule being challenged in *Daviault* was, of course, of jurisprudential origin and the Court, without directly calling into question the power of the legislators to define the essential elements of an offence, reformed its own jurisprudence by creating an exception to the *Leary* rule in the case of extreme intoxication leading to states of near-automatism. In its judgment, the Court even appears to open the door to the legislative creation of an offence, an essential element of which would be intoxication.[338] Yet one wonders how the legislators could go about this if not by way of a subsequent judicial validation of their efforts under section 1 of the *Charter* or flawed reasoning begging the question. Establishing minimal intent seems absolutely necessary if we are to avoid punishing "morally innocent" persons. The substitution of faults, we are told, cannot be allowed in this regard. It would also seem that the principles of fundamental justice require the existence of a temporal link between the moral turpitude represented by voluntary intoxication and the commission of the material elements of the offence. Thus, the legislators appear to have no real latitude should they wish to punish offences committed while in a state of extreme inebriation without violating the presumption of innocence.[339] And yet, the substitution of faults in matters of intoxication is not so much a question defining the burden of proof to be imposed on the Crown as it is a question of defining acts which are offensive to society's fundamental values.

Furthermore, the question arises whether section 11(*d*) does not preclude the legislators from completely eliminating certain defences, consid-

---

[336] *Ibid.*, p. 90.
[337] *Ibid.*, p. 92.
[338] *Ibid*, p. 100. In *R. v. Penno*, [1990] 2 S.C.R. 865, a difficult judgment with three distinct and not easily reconcilable opinions, the Court upheld the validity of section 234 of the *Criminal Code* prohibiting impaired driving. It does not fall within the scope of this exposition to attempt to reconcile the different views of the Court in this matter and to compare *Daviault, supra,* note 329, and *Penno*.
[339] See P. Healy, "Another Round on Intoxication" 33 *C.R. (4th)* 269, pp. 273-275.

ering that they are prevented from reversing the burden of proof with respect to such defences on the ground that an innocent person could be found guilty despite the existence of doubt as to guilt. In this respect, the decision of the Quebec Court of Appeal in *R. v. Langlois*[340] will serve as an illustration. The Court held that the limitations placed by section 17 of the *Criminal Code* on the possibility of claiming duress as a defence were unconstitutional on the ground that circumstances exist in which a "morally innocent" person could be found guilty of murder:

> As I stated earlier, the requirements of s. 17 that respondent is unable to satisfy create a real risk of criminal conviction for normatively involuntary acts. They expose to penal consequences behaviour that may well be morally blameless.[341]

This decision was rendered pursuant to section 7 of the *Charter*. But it would seem that the ground has been laid to limit the choices open to the legislators in matters of criminal policy. We must warn against a construction of the presumption of innocence entrenched in section 11(*d*) which would strip the legislators of their power to determine the meaning of "innocence" and "guilt".

We believe that it falls to the legislators to determine the conditions under which a person should be excused or justified of having committed an offence. At the most, the presumption of innocence should mean that once the criteria relevant to guilt have been defined, it falls to the Crown to show guilt beyond a reasonable doubt and to refute the defence to which the evidence gives rise. We do not see that the presumption of innocence should operate to entrench excuses or justifications recognized at common law or under the present *Criminal Code* on the ground that they guarantee the moral blamelessness of the accused.

Thus, after having deplored the fact that, in certain respects, the presumption of innocence has too often been abused, we now warn against an undue broadening of the protection provided under section 11(*d*) of the *Charter*.

4. CONCLUSION

Since the last edition of this book, the role of the accused in the criminal process has been the subject of a wealth of judgments. In recent years, the Supreme Court has begun to interpret the various legal guarantees accorded to the accused in relation to each other so as to give effect to the purpose they seek to achieve. The Court has further recognized that certain funda-

---

[340] [1993] R.J.Q. 675.
[341] *Ibid.*, p. 688.

mental unifying principles, such as the principle against self-incrimination, trial fairness and the presumption of innocence, must serve as a guide in the interpretation of the guarantees provided under sections 10, 11 and 13 of the *Charter*. Nonetheless, it is obvious from our analysis that the rights granted to the accused are not absolute. The search for fairness has forced the Court to compromise and to adjust the rights of persons caught in the web of the criminal justice system according to the interests of the state in maintaining effective crime control.

As we have seen, the right to remain silent is not absolute and, at the end of the day, the protection afforded by this right is really quite meagre. Also, the right to counsel is limited to the extent that a suspect must act diligently in the exercise of his rights. One might ask if the rule in *Clarkson*[342] governing the waiver of the right to counsel will resist much longer against the numerous changes which are quietly being made. The broad concept of detention put forward in *R. v. Therens*[343] is being eroded into a concept which places greater importance on police expediency. Aside from the unwieldy compromise reached by the Court in *R. v. S. (R.J.)*[344] and *Branch*[345] regarding the possibility of certain exceptional immunities, the constitutionalization of the rules relating to the privilege against self-incrimination have produced little that is spectacular and will be difficult to apply.

In addition, the increasing difficulty of reconciling the numerous decisions of the Court is, in all respects, deplorable. In the first edition of this chapter, Professor Ratushny had concluded his analysis as follows:

> There are few certainties about the manner in which our courts are likely to interpret the Charter. With respect to the role of the accused, there are major gaps in the Charter's coverage of pre-trial interrogation and in the compellability of witnesses at hearings other than criminal trials. At the same time, there is considerable scope for creativity in developing consistent principles which can ensure the integrity of the criminal process.[346]

Over a decade and thousands of pages of jurisprudence later, can we be said to be any closer to this objective?

---

[342] *Supra*, note 68.
[343] *Supra*, note 18.
[344] *Supra*, note 70.
[345] *Supra*, note 225.
[346] *Supra*, note 1, pp. 365-366.

12

Les garanties en matière de procédure et de peines

(alinéas 11b), f) et h), articles 12 et 14)

André Morel*

1. Le droit d'être jugé dans un délai raisonnable
    (a) Les intérêts protégés ou l'objet du droit
    (b) Les titulaires du droit et le début du délai
    (c) Les facteurs pertinents
    (d) La réparation
2. Le droit à un procès avec jury
    (a) La portée du droit
        (i) Le critère de la sévérité de la peine
        (ii) La renonciation au droit de bénéficier d'un procès avec jury
    (b) L'exception au droit
3. Le droit à l'assistance d'un interprète
    (a) Les différences de contenu et de formulation
    (b) L'objet du droit
    (c) Domaines d'application
    (d) L'étendue du droit
    (e) L'exercice du droit
    (f) La renonciation au droit
    (g) La réparation en cas de violation
4. Le droit de n'être pas jugé plus d'une fois pour la même infraction

---

* Professeur émérite à la Faculté de droit de l'Université de Montréal.

(a) Identité des infractions
(b) Acquittement ou condamnation antérieure
(c) Punition
5. La protection contre les traitements ou peines cruels et inusités
    (a) Les peines ou traitements cruels et inusités par leur nature
    (b) Les peines ou traitements exagérément disproportionnés
    (c) Les peines ou traitements arbitraires
    (d) L'application de la disposition limitative

1. LE DROIT D'ÊTRE JUGÉ DANS UN DÉLAI RAISONNABLE

On peut bien faire remonter au *writ* d'*habeas corpus*, voire à la *Magna Carta*[1], l'origine du droit d'un inculpé d'être jugé dans un délai raisonnable[2], il n'en reste pas moins que ce droit, qui jusqu'en 1982 n'était énoncé dans aucune loi, n'était que bien rarement invoqué et imparfaitement sanctionné[3]. La *Charte canadienne*, à son alinéa 11*b*), est donc en fait le premier texte législatif canadien à le consacrer directement[4], reprenant ainsi à son compte la disposition du *Pacte international relatif aux droits civils et politiques* qui affirme, au profit de toute personne accusée d'une infraction pénale, le droit «à être jugée sans retard excessif[5]». Depuis lors, la jurisprudence s'est faite abondante, ce qui tient non seulement à l'affirmation du droit dans un texte constitutionnel, mais surtout au fait que sa violation est assortie d'une garantie de réparation satisfaisante, grâce au paragraphe 24(1) de la *Charte*. Tant d'innovation ne pouvait rester sans conséquences.

Il n'est pas sans intérêt non plus, ni sans pertinence, de remarquer que le Sixième amendement de la Constitution des États-Unis avait déjà, dès la fin du XVIIIe siècle, consacré ce droit d'être jugé avec célérité en déclarant : «*In all criminal prosecutions, the accused shall enjoy the right to a speedy and public trial*». Quoique les formulations diffèrent, les textes américain et canadien expriment donc une règle analogue, ce qui a rapidement eu pour effet d'inciter d'abord nos auteurs comme nos tribunaux à s'inspirer assez libéralement de l'expérience américaine[6]. Toutefois, déjà dans l'arrêt *Rahey*,

---

[1] *R. c. Rahey*, [1987] 1 R.C.S. 588, p. 634.
[2] W.S. HOLDSWORTH, *A History of English Law*, vol. IX, London, Sweet & Maxwell, 1966, pp. 108-125. Voir aussi : R.J. SHARPE, «Notes and Comments, *R. v. Chapman and Currie*», (1971-72) 14 *Crim. L.Q.* 399, p. 401.
[3] R. J. SHARPE, *ibid.*, pp. 407-408.
[4] Depuis 1982, la *Charte des droits et libertés de la personne* du Québec, L.R.Q., c. C-12, prévoit également à son article 32.1 que : «Tout accusé a le droit d'être jugé dans un délai raisonnable».
[5] Art. 14, al. 3*c*). Voir aussi le paragraphe 9(3) du même *Pacte*, de même que les paragraphes 5(3) et 6(1) de la *Convention de sauvegarde des droits de l'homme et des libertés fondamentales*.
[6] Comme le rappelle le juge Cory dans *R. c. Askov*, [1990] 2 R.C.S. 1199, p. 1210.

le juge La Forest mettait nos tribunaux en garde contre une trop grande servilité à l'égard du modèle de pensée et des précédents américains. Tout en admettant que ces précédents pouvaient être utiles, il s'empressait d'ajouter que «les tribunaux canadiens [...] devraient prendre soin de ne pas établir trop rapidement un parallèle entre des constitutions établies dans des pays différents à des époques différentes et dans des circonstances très différentes[7]». Faisant, cinq ans plus tard, le bilan de l'interprétation donnée par la Cour suprême à l'alinéa 11b), le juge Sopinka, à l'occasion de l'arrêt *R. c. Morin*[8], faisait remarquer que la Cour s'était démarquée à certains égards de la position américaine et avait «plutôt [...] tenté d'élaborer, en conformité avec l'esprit de la *Charte*, une position canadienne[9]».

Cela ne s'est toutefois pas fait sans difficulté, comme en témoignent les divergences d'opinion entre les juges de la Cour et les changements de cap successifs que révèle la lecture des différents arrêts qui, depuis l'affaire *Mills c. La Reine*[10], ont cherché à fixer, sans toujours y parvenir, une interprétation de l'alinéa 11b) de la *Charte* qui puisse servir de guide aux tribunaux. Nous n'allons pas reprendre ici l'analyse de ces arrêts et des opinions diverses, souvent contradictoires, qui s'y expriment. D'autres l'ont déjà fait[11], y compris la Cour suprême elle-même[12]. Nous nous contenterons plutôt d'exposer l'état actuel du droit, puisqu'il paraît avoir atteint un certain degré de netteté, même s'il ne faut pas exclure d'autres rajustements dans l'avenir.

Pourtant «séduisant par sa simplicité[13]», le libellé de l'alinéa 11b) de la *Charte* n'en a pas moins suscité des difficultés souvent considérables d'interprétation lorsqu'il a fallu résoudre les diverses questions reliées au droit d'être jugé dans un délai raisonnable. Ces questions ont trait principalement à l'identification des intérêts que ce droit vise à protéger (a), à la détermination des titulaires du droit et du délai pertinent (b), aux facteurs qu'il faut prendre en considération pour établir si le délai est déraisonnable (c) et, enfin, à la réparation appropriée en cas de violation du droit garanti (d).

(a) Les intérêts protégés ou l'objet du droit

L'alinéa 11b) de la *Charte* n'énonce pas un droit intrinsèque, inhérent à la personne humaine, comme le sont le droit à la vie, à l'intégrité et à la

---

[7] *R. c. Rahey, supra*, note 1, p. 639.
[8] [1992] 1 R.C.S. 771.
[9] *Ibid.*, p. 784.
[10] [1986] 1 R.C.S. 863.
[11] Ainsi, P. Béliveau, *Les garanties juridiques dans les chartes des droits*, vol. 2, Montréal, Thémis, 1992, pp. 22-50.
[12] *R. c. Askov, supra*, note 6, pp. 1210-1219.
[13] *R. c. Morin, supra*, note 8, p. 779.

liberté, la reconnaissance de l'égalité des êtres humains et des libertés fondamentales dont ils sont titulaires. Mais, comme tous les autres droits énoncés aux articles 8 à 14, il s'agit d'un droit qui ne s'impose pas par lui-même ou par sa valeur propre; il ne trouve sa justification que par rapport à d'autres valeurs. Parce que c'est un moyen, il importe d'identifier les fins qu'il est destiné à servir. L'interprétation téléologique n'en est donc que plus pertinente et déterminante.

On a très tôt reconnu que l'objet principal de l'alinéa 11*b*) est la protection des droits individuels de l'accusé et plus précisément, en se référant à l'article 7 de la *Charte*, de son droit à la liberté et à la sécurité, dont personne ne doit être privé si ce n'est en conformité avec les principes de justice fondamentale.

Le droit d'être jugé dans un délai raisonnable vise donc d'abord à protéger la liberté physique d'un accusé en empêchant de prolonger indûment soit son incarcération avant le procès, soit le temps pendant lequel sa liberté de mouvement est restreinte s'il a été mis en liberté sous caution[14].

Même si le souci de prévenir la détention prolongée de personnes qui n'ont pas été condamnées et qui n'ont pas eu l'occasion de se défendre reste primordial — car, comme le remarque le juge Lamer, «ces justiciables en effet purgent une peine avant d'avoir été reconnus coupables[15]» —, la protection de la liberté physique d'un accusé n'est pas le seul intérêt sous-jacent au droit d'être jugé avec célérité. Avant même que la *Charte* ne soit en vigueur, la justice criminelle avait commencé à se montrer sensible aux répercussions psychologiques, pécuniaires et sociales qu'éprouve inévitablement, même si sa liberté n'est pas restreinte, quiconque est inculpé d'une infraction criminelle, mais qui s'accentuent inutilement lorsque la personne ne peut obtenir rapidement que sa situation soit juridiquement fixée et que, éventuellement, tous les soupçons contre elle soient levés par un acquittement[16].

Il n'est dès lors pas étonnant que les tribunaux aient établi un lien direct entre l'alinéa 11*b*) et le droit à la sécurité qu'affirme l'article 7 de la *Charte*. Par l'alinéa 11*b*), la sécurité de l'accusé est protégée en minimisant dans le temps les conséquences d'une accusation criminelle. Celles-ci, selon l'analyse qu'en présente le juge Lamer, sont multiples et comprennent «la stigmatisation de l'accusé, l'atteinte à la vie privée, la tension et l'angoisse résultant d'une multitude de facteurs, y compris éventuellement les pertur-

---

[14] *Mills c. La Reine*, *supra*, note 10, pp. 918-919; *R. c. Rahey*, *supra*, note 1, p. 642.
[15] *Mills c. La Reine*, *supra*, note 10, p. 927.
[16] Ainsi, dans *R. c. Chapman*, (1971) 2 C.C.C. (2d) 237 (C. Dist. Ont.), p. 241, le juge Vannini soulignait les inconvénients subis par Currie dans sa vie familiale et professionnelle. De même, dans *R. c. K.* (1972), 5 C.C.C. (2d) 46 (C.S. C.B.), p. 48, le juge Munroe déclarait, en parlant de l'accusé : «He has been subjected during the past 13 months to embarrassment, expense, and a continuing state of anxiety.»

bations de la vie familiale, sociale et professionnelle, les frais de justice et l'incertitude face à l'issue et face à la peine[17]».

Mais en outre de protéger l'accusé contre les atteintes à sa liberté et à sa sécurité, l'alinéa 11b) protège également un autre droit individuel, à savoir le droit à un procès équitable, du fait qu'un délai excessif à instruire le procès mine la capacité d'un accusé de se défendre d'une façon pleine et entière. L'écoulement d'un laps de temps déraisonnable peut en effet priver un accusé du bénéfice de certaines preuves, par suite de la disparition de témoins importants par exemple, ou réduire la qualité de sa défense parce que les témoins n'auront plus la mémoire aussi vive des événements pertinents.

Ce n'est toutefois qu'après un vif désaccord entre les membres de la Cour suprême[18] et non sans une certaine hésitation que l'on a fini par admettre que le droit à un procès équitable faisait partie des intérêts que l'alinéa 11b) vise à protéger, en dépit du fait que ce droit est expressément garanti par une autre disposition de la *Charte*, l'alinéa 11d). Depuis lors, la position de la Cour[19] concorde fondamentalement avec celle que la Cour suprême des États-Unis a adoptée dans le célèbre arrêt *Barker c. Wingo*[20], en 1972, où elle disait que le droit d'être jugé rapidement avait un triple objet :

[TRADUCTION] (i) éviter une incarcération oppressive avant le procès; (ii) diminuer l'angoisse et les soucis causés à l'accusé; et (iii) réduire la possibilité que les droits de la défense soient touchés[21].

Il a fallu plus de temps et surmonter des désaccords plus fondamentaux au sein de la Cour suprême pour que celle-ci se rapproche une fois de plus de la jurisprudence américaine[22] en affirmant, malgré la dissidence persistante du juge en chef Lamer sur ce point[23], que le droit d'être jugé dans un délai raisonnable a aussi pour objet de protéger, quoique de façon secondaire, un intérêt social et collectif[24]. Cet intérêt de l'ensemble de la société réside notamment dans le fait que «les procès qui sont tenus rapidement ont la confiance du public[25]». Comme l'écrivait le juge Cory, «[l]e défaut de la part du système judiciaire de tenir les procès criminels avec équité, rapidité et efficacité amène inévitablement la société à douter du système de justice

---

[17] *Mills c. La Reine, supra*, note 10, p. 920.
[18] Ce désaccord s'est exprimé clairement dans les arrêts *Mills c. La Reine, supra*, note 10, et *R. c. Rahey, supra*, note 1.
[19] Elle est clairement résumée dans *R. c. Morin, supra*, note 8, p. 786.
[20] 407 U.S. 514 (U.S. S.C. 1972).
[21] *Ibid.*, p. 532.
[22] *Ibid.*, pp. 519-521.
[23] *R. c. Askov, supra*, note 6, pp. 1247-1248.
[24] *Ibid.*, pp. 1219-1223.
[25] *R. c. Morin, supra*, note 8, p. 786.

et, en fin de compte, à mépriser les procédures judiciaires[26]». Au surplus, remarquait-il encore avec à-propos, c'est l'image de l'administration de la justice et la confiance que le public lui accorde qui sont mises en péril lorsque des accusés échappent à leur procès en se servant du droit que confère l'alinéa 11*b*) non comme d'une protection contre un préjudice qu'ils auraient subi, mais comme d'une «arme offensive» pour éviter d'être jugés[27]. Et plus le crime reproché est grave, plus la société a intérêt à ce que l'accusé subisse un procès[28].

C'est en prenant en consideration l'ensemble des intérêts que l'alinéa 11*b*) vise à protéger — les droits individuels de l'accusé, d'une part, et le droit implicite de la société, d'autre part — que l'on peut arriver à établir si le droit d'être jugé dans un délai raisonnable a été ou non violé[29].

(b) Les titulaires du droit et le début du délai

Comme tous les autres droits énumérés à l'article 11 de la *Charte*, le droit d'être jugé dans un délai raisonnable n'est reconnu qu'à un «inculpé» (en anglais, «*person charged with an offence*»). Si l'interprétation de ces mots a pu donner lieu, pendant un certain temps, à des opinions divergentes, il n'en va plus tout à fait ainsi aujourd'hui.

Il paraît en effet maintenant bien établi que les mots «inculpé» ou «*person charged with an offence*» ne doivent pas être définis d'une façon qui varierait selon le droit en cause; ils doivent au contraire recevoir partout «un seul et même sens, un sens qui soit en harmonie avec les différents alinéas de l'article[30]». C'est pourquoi celui qui est l'objet d'une procédure en extradition n'est pas un inculpé au sens de l'article 11[31].

Par ailleurs, le champ d'application de l'article 11 est lui-même limité, selon la Cour suprême, aux «personnes que l'État poursuit pour des infractions publiques comportant des sanctions punitives, c.-à-d. des infractions criminelles, quasi criminelles et de nature réglementaire»; ou encore aux personnes inculpées d'infractions qui ne sont pas pénales par leur nature même, mais qui «comportent l'imposition de véritables conséquences pénales[32].

---

[26] *R. c. Askov, supra*, note 6, p. 1221.
[27] *Ibid.*, p. 1222.
[28] *R. c. Morin, supra*, note 8, p. 787.
[29] *R. c. Askov, supra*, note 6, pp. 1222-1223.
[30] *Canada c. Schmidt*, [1987] 1 R.C.S. 500, p. 519; *Lyons c. La Reine*, [1987] 2 R.C.S. 309, p. 353. Cette interprétation a encore été reprise dans *R. c. Potvin*, [1993] 2 R.C.S. 880, p. 908.
[31] *Canada c. Schmidt, supra*, note 30; *Argentine (République) c. Mellino*, [1987] 1 R.C.S. 536; *États-Unis c. Allard*, [1987] 1 R.C.S. 564.
[32] *Wigglesworth c. La Reine*, [1987] 2 R.C.S. 541, pp. 554 et 561.

Il n'y a donc aucune difficulté à reconnaître le bénéfice de l'alinéa 11*b*) à la personne inculpée d'une infraction au *Code criminel* ou à une loi, fédérale ou provinciale, de nature pénale ou quasi criminelle[33]. Et cette personne peut être une personne morale, car, a-t-on décidé, si l'alinéa 11*b*) ne peut protéger ni son droit à la liberté ni son droit à la sécurité — ces droits ne pouvant appartenir qu'à des personnes physiques —, il est en revanche pertinent si c'est son droit à un procès équitable qui est compromis par l'écoulement d'un délai déraisonnable[34].

On conviendra aussi que celui qui purge une peine d'emprisonnement n'est pas privé, pour ce motif, du droit d'être jugé avec célérité, s'il est inculpé d'une autre infraction que celle pour laquelle il est emprisonné[35]. En revanche, celui qui est détenu dans un pénitencier ou une prison ne peut invoquer l'alinéa 11*b*), s'il est accusé d'une infraction disciplinaire qui le rend passible de sanctions telles que la suppression ou l'annulation d'une réduction de peine, voire un isolement cellulaire[36].

Cependant, si les infractions disciplinaires en général sont exclues de l'application de l'article 11 — au motif qu'elles «sont principalement destinées à maintenir la discipline, l'intégrité professionnelle ainsi que certaines normes professionnelles, ou à réglementer la conduite dans une sphère d'activité privée et limitée[37]», — en revanche, celui qui est accusé d'une infraction disciplinaire peut trouver une protection contre des délais excessifs en invoquant l'article 7 et la garantie du respect des principes de justice fondamentale, quoiqu'il s'agisse d'un critère moins strict que celui de l'alinéa 11*b*)[38].

C'est aussi en se fondant principalement sur l'interprétation du mot «inculpé» que la Cour suprême a décidé, dans l'arrêt *Potvin*[39], que la protection de l'alinéa 11*b*) ne bénéficiait pas à l'accusé qui est partie à un appel, qu'il s'agisse d'un appel interjeté par l'accusé contre sa déclaration de culpabilité ou d'un appel interjeté par le ministère public contre un acquittement ou contre un arrêt des procédures[40]. On a ainsi rejoint, une fois de plus, la position adoptée par la Cour suprême des États-Unis[41]. En cas de

---

[33] C'est pourquoi on a, avec raison, refusé le bénéfice de l'alinéa 11*b*) à celui contre qui une plainte a été portée devant une Commission des droits de la personne : *Kodellas c. Saskatchewan (Human Rights Commission)* (1987), 34 D.L.R. (4th) 30 (B.R. Sask.).

[34] *R. c. C.I.P. Inc.*, [1992] 1 R.C.S. 843, pp. 851-859.

[35] *R. c. Cardinal* (1985), 21 C.C.C. (3d) 254 (C.A. Alta.); *R. c. Musitano* (1985), 24 C.C.C. (3d) 65 (C.A. Ont.).

[36] *R. c. Shubley*, [1990] 1 R.C.S. 3, pp. 20-23.

[37] *Wigglesworth c. La Reine*, *supra*, note 32, p. 560.

[38] *Pearlman c. Comité judiciaire de la Société du Barreau du Manitoba*, [1991] 2 R.C.S. 869.

[39] *Supra*, note 30.

[40] *Ibid.*, pp. 907-915.

[41] *Ibid.*, p. 913, citant *United States c. Loud Hawk*, 474 U.S. 302 (U.S. Or. 1986).

délais systémiques pendant les procédures d'appel, il ne reste à invoquer que l'article 7 si ces délais portent atteinte à l'équité du procès[42], encore que cette protection résiduelle paraisse fort restreinte comme l'a fait voir la juge McLachlin dans son opinion dissidente[43]. Ce n'est finalement que si le jugement est annulé en appel et la tenue d'un nouveau procès ordonnée que l'accusé redevient un inculpé et peut bénéficier à nouveau de la protection de l'alinéa 11b)[44].

La détermination des catégories de personnes qui peuvent invoquer le droit énoncé à l'alinéa 11b) est toutefois une question distincte de celle de savoir quelle est la période de temps dont il faut tenir compte pour déterminer si le procès a eu lieu dans un délai raisonnable. La première question est, en effet, commune à tous les droits énoncés aux divers alinéas de l'article 11; la seconde est propre au droit que garantit l'alinéa 11b). C'est pourquoi on pouvait penser que le délai qu'il faut considérer pour décider si un inculpé a été jugé dans un délai raisonnable devait être déterminé en fonction de l'objet de l'alinéa 11b) et des divers intérêts qu'il vise à protéger. Et c'est ainsi que le juge Lamer avait proposé d'interpréter cette disposition de la *Charte* lorsque, dans l'arrêt *Mills*, il avait conclu que le laps de temps pertinent à l'appréciation du caractère raisonnable ou non du délai commence à courir à partir du «moment où l'on porte atteinte aux intérêts du prévenu de jouir de la liberté et de la sécurité de sa personne[45]». Et l'on avait cru que la Cour avait entériné cette interprétation en la reprenant, peu de temps après, dans l'arrêt *Carter*[46].

Ce point de vue — qui conduisait notamment à considérer le temps écoulé depuis l'arrestation d'une personne avec ou sans mandat — a été, pour le moment du moins, rejeté par la Cour dans son arrêt *R. c. Kalanj*[47] où le juge McIntyre affirme que la Cour n'a jamais donné son appui ou son assentiment à cette opinion du juge Lamer[48]. On y décide que c'est l'accusation seule[49] qui marque le début de la période qu'il faut examiner, ce qui

---

[42] *Ibid.*, pp. 915-916.
[43] *Ibid.*, pp. 892-894.
[44] *Ibid.*, p. 912.
[45] *Mills c. La Reine, supra*, note 10, pp. 944-946, où le juge Lamer écrit que, pour les fins de l'alinéa 11b), il y a inculpation dès qu'il y a : signification d'une sommation, exécution d'un mandat ou dès le moment où les autorités informent la personne de leur existence, ou délivrance d'une citation à comparaître ou mise en liberté aux termes des articles 497 et 498 du *Code criminel*, ou arrestation, dans tous les autres cas.
[46] *Carter c. La Reine*, [1986] 1 R.C.S. 981.
[47] [1989] 1 R.C.S. 1594.
[48] *Ibid.*, pp. 1605 et 1607.
[49] Dans cette affaire, Kalanj avait été arrêté sans mandat et remis en liberté, mais la dénonciation n'avait été déposée que huit mois plus tard. En décidant de ne pas prendre en considération le temps écoulé entre l'arrestation et le dépôt de la dénonciation, on arrive

renvoie soit à la date du dépôt d'une dénonciation soit à celle à laquelle un acte d'accusation a été présenté[50]. Quant au temps écoulé avant l'accusation, si, parce qu'il est excessif, il cause préjudice à l'accusé, ce sont l'article 7 ou l'alinéa 11d) de la *Charte* qu'il faut invoquer pour démontrer une violation des principes de justice fondamentale ou une atteinte au droit de l'inculpé à un procès équitable[51].

On admet toutefois que «le délai antérieur à l'accusation peut, dans certaines circonstances, avoir une influence sur la décision globale de savoir si le délai postérieur à l'accusation est déraisonnable[52]» : il y a là un certain assouplissement de la position de la Cour qui découle, nous semble-t-il, de ce que l'on inclut maintenant, parmi les intérêts visés par la garantie de l'alinéa 11b), celui de l'accusé à subir un procès équitable et celui de l'ensemble de la société à ce que les procès criminels aient lieu avec célérité après la perpétration d'une infraction et la conclusion de l'enquête policière.

On soulignera aussi que le délai à considérer peut parfois commencer à courir avant le moment où une personne a été inculpée pour l'infraction pour laquelle elle doit être jugée. Il en est ainsi lorsque, une première accusation ayant été retirée, on décide de porter une accusation différente, mais pour la même affaire[53]; ou encore lorsque, l'accusé ayant été libéré à la suite de son enquête préliminaire, un acte d'accusation est présenté conformément à l'article 577 du *Code criminel*[54]. Dans ces circonstances, le droit d'être jugé dans un délai raisonnable s'ouvre dès la première inculpation du prévenu.

(c) Les facteurs pertinents

On s'accorde à reconnaître qu'on ne peut déterminer à l'avance et dans l'abstrait quelle est la durée d'un délai raisonnable : le caractère raisonnable ou déraisonnable d'un délai ne dépend pas de «l'application d'une formule mathématique ou administrative», mais plutôt d'un processus judiciaire de pondération qui «exige un examen de la longueur du délai et son évaluation en fonction d'autres facteurs[55]», mais en tenant compte des intérêts que l'alinéa 11b) vise à protéger.

  à des conséquences absurdes que souligne le juge Lamer dans la forte dissidence qu'il a inscrite dans cet arrêt.
[50] *Supra*, note 47, pp. 1607-1608, repris dans *R. c. Morin, supra*, note 8, p. 789.
[51] *R. c. L. (W.K.)*, [1991] 1 R.C.S. 1091, pp. 1099-1100, la Cour invoquant au surplus l'autorité de l'arrêt *R. c. Rourke*, [1978] 1 R.C.S. 1021, sur cette question. Voir aussi : *R. c. Young* (1984), 13 C.C.C. (3d) 1 (C.A. Ont.); *R. c. Quinn* (1989), 54 C.C.C. (3d) 157 (C.A. Qué.).
[52] *R. c. Morin, supra*, note 8, p. 789.
[53] *Mills c. La Reine, supra*, note 10, pp. 946-947; *Carter c. La Reine, supra*, note 46, p. 985; *R. c. Antoine* (1983), 5 C.C.C. (3d) 97 (C.A. Ont.).
[54] *Garton c. Whelan* (1984), 14 C.C.C. (3d) 449 (H.C. Ont.).
[55] *R. c. Morin, supra*, note 8, pp. 787-788.

Ce qu'il faut comprendre par là, c'est que, une fois établi que la longueur du délai en lui-même est *apparemment* déraisonnable[56], l'on doit prendre en considération les facteurs suivants, dans l'ordre[57] : la renonciation par l'accusé à invoquer certaines périodes du délai, puis les raisons ou les causes du délai. Ces trois premières étapes servent à déterminer si le délai est *véritablement* excessif. Mais l'on ne conclura pas pour autant que le droit que garantit l'alinéa 11*b*) a été violé si le délai déraisonnable n'a causé à l'accusé aucun préjudice[58], car l'objet de cette disposition, comme on l'a vu plus haut, est de protéger l'accusé contre une atteinte à son droit à la liberté et à la sécurité de sa personne et à son droit de présenter une défense pleine et entière, qui résulterait d'un délai déraisonnable[59].

Le délai, comme on le sait, ne court que depuis l'accusation, mais le droit d'être jugé dans un délai raisonnable ne s'éteint pas dès lors que le procès commence dans un délai raisonnable. Il s'étend jusqu'à la fin du procès[60]. La longueur de cette période doit toutefois être réduite en en soustrayant les délais pour lesquels l'accusé a valablement renoncé à s'en plaindre[61]. On ne tiendra pas compte non plus des délais inhérents ni des délais dont l'accusé est responsable; mais ceux qui sont imputables au ministère public ainsi que les délais systémiques ou institutionnels jouent en faveur de l'accusé[62].

C'est sur la question du préjudice — condition essentielle pour conclure que l'alinéa 11*b*) a été violé — que la Cour suprême a manifesté, depuis l'arrêt *Mills*[63], les plus grandes hésitations et modifié de la façon la plus substantielle, au long des années, sa position.

On admet, il est vrai, que le tribunal peut, dans certaines circonstances, inférer ou présumer le préjudice, ajoutant même que plus le délai est long,

---

[56] Comme le souligne le juge Sopinka dans *R. c. Morin*, *ibid.*, p. 789, si la longueur du délai n'est pas exceptionnelle, normalement l'examen s'arrêtera là. Mais si le requérant est sous garde, un délai plus court peut suffire à soulever des doutes quant à son caractère raisonnable.

[57] L'ordre d'examen des facteurs a été à bon droit modifié dans l'arrêt *R. c. Morin*, car s'il est établi que l'accusé a renoncé à son droit de se plaindre du délai, il est inutile d'examiner les raisons de ce délai (p. 790).

[58] Il s'agit, bien entendu, non pas du préjudice «que toute personne subit du fait d'être accusée» mais d'«un préjudice directement imputable au temps écoulé», comme l'écrit la juge Wilson dans *R. c. Askov*, *supra*, note 6, p. 1254.

[59] *R. c. Morin*, *supra*, note 8, p. 801.

[60] *R. c. Rahey*, *supra*, note 1, p. 632.

[61] *R. c. Morin*, *supra*, note 8, p. 790. Pour être valable, la renonciation doit satisfaire à des critères stricts et c'est au ministère public de prouver que les actes de l'accusé impliquent une renonciation : *R. c. C.I.P. Inc.*, *supra*, note 34, p. 860.

[62] Sur toute cette question des raisons ou des causes du délai, on lira *R. c. Morin*, *supra*, note 8, pp. 791-800.

[63] *Supra*, note 10.

plus la présomption est vraisemblable[64] jusqu'à devenir, dans le cas de délais très longs, «pratiquement irréfragable»[65]. Mais il se peut aussi que l'inculpé doive démontrer, en se fondant sur des éléments de preuve, qu'il a subi un préjudice relativement à son droit à la liberté ou à la sécurité de sa personne par suite d'un emprisonnement préalable trop prolongé ou d'un assujettissement trop long aux conséquences d'une accusation criminelle pendante. Plus souvent encore, il aura le fardeau de la preuve s'il prétend que le délai a entravé son droit de présenter une défense pleine et entière[66].

Si la Cour suprême a, sur ces questions, modifié de façon importante, depuis l'arrêt *Askov*[67], la position qu'elle avait adoptée antérieurement, c'est apparemment pour éviter que la garantie de l'alinéa 11*b*) ne joue en faveur d'un accusé qui n'a aucun intérêt à être jugé rapidement et qui abuse de son droit pour échapper à son procès[68]. La poursuite a alors toute latitude pour démontrer que l'accusé ne souhaitait pas «avoir un procès rapproché et que le délai lui a profité plutôt que de lui causer un préjudice[69]».

(d) La réparation

On a toujours reconnu que le paragraphe 24(1) de la *Charte* confère au tribunal un pouvoir discrétionnaire extrêmement large lorsqu'il faut accorder à la personne victime d'une violation de l'un de ses droits «la réparation [...] convenable et juste eu égard aux circonstances». Pourtant, s'agissant du droit d'être jugé dans un délai raisonnable, il est apparu très tôt que sa violation ne laissait guère de discrétion et commandait nécessairement que l'on ordonne un arrêt des procédures, car, comme le soulignait le juge Lamer, décider que l'alinéa 11*b*) a été violé et «laisser un procès se poursuivre après une telle conclusion serait se faire complice d'une autre violation de la *Charte*[70]».

Mais le caractère radical de cette mesure — puisqu'elle conduit à remettre en liberté un accusé, peut-être coupable, sans le juger — semble avoir graduellement incité la Cour suprême à chercher à assouplir sa position. C'est ainsi que, dans l'arrêt *Askov*[71], le juge Cory estimait que le fonctionnement normal du système judiciaire dans la plupart des régions du pays ferait en sorte que l'arrêt des procédures est une réparation qui «sera

---

[64] *R. c. Morin, supra*, note 8, p. 801; *R. c. C.I.P. Inc., supra*, note 34, p. 861.
[65] *R. c. C.I.P. Inc., ibid.*, p. 861, reprenant une affirmation du juge Cory dans *R. c. Askov, supra*, note 6, p. 1232.
[66] *R. c. Morin, supra*, note 8, pp. 802-803.
[67] *R. c. Askov, supra*, note 6, p. 1230.
[68] *R. c. Morin, supra*, note 8, pp. 801-802.
[69] *Ibid.*, p. 803.
[70] *Mills c. La Reine, supra*, note 10, p. 947; repris dans *R. c. Rahey, supra*, note 1, p. 614.
[71] *Supra*, note 6.

accordée peu souvent», quoique l'on ne puisse éviter de l'ordonner «lorsque, comme en l'espèce, les délais sont très longs et injustifiables»[72]. Et le juge Stevenson, rendant le jugement de la Cour dans *R. c. C.I.P. Inc.*, admettait que la décision d'ordonner un arrêt des procédures en est une «qu'il ne faut pas prendre à la légère», parce que c'est une réparation draconienne qui équivaut à un acquittement sans procès[73].

Aussi a-t-on quelque raison de se demander si les observations de la juge McLachlin dans l'arrêt *Morin*[74] ne sont pas annonciatrices d'une solution moins tranchée en matière de réparation. On pense en particulier à l'insistance qu'elle met sur le devoir du juge du procès de ne pas surseoir aux accusations à moins d'être «convaincu que l'intérêt de l'accusé et de la société dans la tenue rapide d'un procès est plus important que l'intérêt de la société à ce que l'accusé soit jugé[75]». Et d'ajouter que la justice peut exiger un arrêt des procédures «lorsque l'accusé a *clairement* subi un préjudice *auquel on ne peut autrement remédier*[76]». C'est ainsi que l'on peut penser, comme elle l'évoquait elle-même à propos d'une autre affaire[77], que la violation du droit d'être jugé dans un délai raisonnable pourrait plutôt donner lieu, dans certains cas, au versement de dommages-intérêts pour «indemniser de la perte de liberté ou des souffrances morales subies[78]». L'opportunité d'arrêter les procédures s'imposerait par contre plus clairement lorsque des délais déraisonnables, dont l'accusé n'est pas responsable et dont il ne cherchait pas à profiter, ont porté atteinte à l'équité du procès, car le préjudice subi est alors «irréparable[79]».

On peut donc s'attendre, croyons-nous, à un assouplissement considérable de la façon d'aborder la question de la réparation pour violation de l'alinéa 11*b*) de la *Charte* en fonction de multiples facteurs comme la durée plus ou moins excessive du délai, la gravité de l'infraction et le caractère irrémédiable ou non du préjudice subi par l'accusé.

---

[72] *Ibid.*, p. 1247.
[73] *Supra*, note 34, p. 864.
[74] *Supra*, note 8.
[75] *Ibid.*, p. 810.
[76] *Ibid.*, p. 812. Italique ajouté.
[77] *R. c. Potvin*, *supra*, note 30, p. 897, bien que ses observations se situent dans le contexte de délais d'appel déraisonnables.
[78] Mais un tribunal de juridiction pénale ne pourrait, bien entendu, accorder cette forme de réparation. On se rappellera que dans l'arrêt *R. c. Rahey*, *supra*, note 1, pp. 614-615, le juge Lamer avait mentionné aussi la possibilité que la violation de l'alinéa 11*b*) puisse donner lieu à une condamnation à des dommages-intérêts, mais ce serait là une réparation additionnelle, s'ajoutant à l'arrêt des procédures qui demeure la «réparation minimale».
[79] L'expression «préjudice irréparable» est employée par le juge Stevenson dans *R. c. C.I.P. Inc.*, *supra*, note 34, p. 863.

2. LE DROIT À UN PROCÈS AVEC JURY

Comme on le sait, le droit de bénéficier d'un procès avec jury en matière criminelle qu'énonce l'alinéa 11*f*) de la *Charte* ne figure pas parmi les droits énumérés dans la *Déclaration canadienne des droits*. L'omission ne manque pas d'être surprenante, compte tenu du respect dont jouit historiquement l'institution du jury et de son enracinement dans la tradition de common law en tant que garantie de la liberté individuelle. On ne saurait toutefois tirer argument de ce fait pour soutenir que le droit à un procès avec jury a perdu l'importance qu'il avait autrefois. Comme devait le rappeler la Cour suprême, en garantissant ce droit en 1982, le constituant a clairement indiqué qu'il fallait le considérer «comme une protection tout aussi importante aujourd'hui pour les accusés[80]».

De plus, bien que le droit à un procès avec jury soit aussi consacré par la Constitution des États-Unis[81], l'économie de notre *Charte* et les formulations respectives des dispositions constitutionnelles américaines et canadiennes relatives au jury commandent parfois des interprétations différentes, comme l'a encore montré la Cour suprême dans l'arrêt *Turpin*[82]. Il convient donc de rappeler les termes dans lesquels l'alinéa 11*f*) de la *Charte* s'exprime :

> Tout inculpé a le droit :
> [...]
> (f) sauf s'il s'agit d'une infraction relevant de la justice militaire, de bénéficier d'un procès avec jury lorsque la peine maximale prévue pour l'infraction dont il est accusé est un emprisonnement de cinq ans ou une peine plus grave.

Comme on le voit, cette disposition de la *Charte* énonce en des termes qui «paraissent clairs et non équivoques[83]» un droit, dont il faudra définir la porté (a), qui est assorti d'une exception concernant les infractions relevant de la justice militaire (b). Mais avant d'aborder ces deux questions, une remarque préliminaire s'impose.

L'alinéa 11*f*) fait partie en effet de ces rares dispositions de la *Charte* qui, à l'instar de l'alinéa 10*c*) relatif à l'*habeas corpus*[84], constitutionnalise une garantie de nature procédurale déjà réglementée par notre droit. Aussi peut-on se demander si la disposition n'a pas pour effet de figer à certains égards le droit existant? Ce qui est certain, c'est que le législateur ne pourrait abroger l'institution du jury[85], car ce serait rendre par le fait même la garantie illusoire. Mais sa liberté d'action est-elle par ailleurs entière?

---

[80] *R. c. Lee*, [1989] 2 R.C.S. 1384, p. 1401.
[81] Art. III, sect. 2, de la Constitution des États-Unis et Sixième amendement du *Bill of Rights*.
[82] *R. c. Turpin*, [1989] 1 R.C.S. 1296, pp. 1316-1320.
[83] *R. c. Lee*, *supra*, note 80, p. 1401.
[84] F. CHEVRETTE, «La protection lors de l'arrestation, la détention et la protection contre l'incrimination rétroactive», (1982) *Charte can.* 367-415.
[85] *Genest c. La Reine*, [1990] R.J.Q. 2387 (C.A.), p. 2394.

On peut s'interroger, par exemple, sur la validité de lois qui modifieraient la composition des jurys criminels, changeraient la règle de l'unanimité ou — comme le faisait l'ancien article 632 du *Code criminel* pour le Yukon et les Territoires du Nord-Ouest[86], — réduiraient le nombre des jurés. Des lois de ce type ont été effectivement contestées, aux États-Unis, avec un succès inégal, mais sur la base de textes constitutionnels différents de ceux de notre *Charte*, que ce soit la garantie du «*due process*» du Quatorzième amendement ou du droit à un «jury impartial» du Sixième amendement[87]. On ne peut donc transposer sans prudence ces décisions américaines dans le contexte canadien[88]. Mais la validité de lois éventuelles qui changeraient la composition ou le fonctionnement des jurys ne serait pas pour autant assurée. Tout dépendrait de la nature et de l'ampleur de ces changements.

D'un côté, en effet, on peut difficilement soutenir que l'alinéa 11*f*) de la *Charte* a constitutionnalisé le jury dans l'état où il était en 1982. D'un autre côté, cependant, il est évident que toute modification de la loi concernant les jurys doit respecter les garanties de la *Charte*, notamment les articles 7, 11*d*) et 15. Il est en effet aisé d'imaginer des hypothèses où une loi priverait un inculpé de son droit à un procès équitable parce qu'elle serait contraire soit aux principes de justice fondamentale, soit à la garantie d'impartialité du tribunal[89], soit encore à la règle de l'égalité de tous devant la justice[90].

(a) La portée du droit

Le droit à un procès avec jury, tel qu'il est formulé à l'alinéa 11*f*) de la *Charte*, pouvait sembler au premier abord ne devoir susciter qu'assez peu de difficultés sérieuses d'interprétation. Il a pourtant donné lieu jusqu'à maintenant à plusieurs contestations judiciaires qui méritent d'être examinées. Les unes ont trait au respect du critère de sévérité de la peine qu'énonce l'alinéa 11*f*) (par. i), les autres concernent la validité d'une renonciation au droit de bénéficier d'un procès avec jury (par. ii).

---

[86] Cet article, abrogé par L.C. 1992, ch. 41, art. 2, prévoyait que le jury n'était composé que de six personnes.

[87] La jurisprudence américaine sur ces questions est analysée par P. Béliveau, *Les garanties juridiques dans les chartes des droits*, vol. I, Montréal, Thémis, 1991, pp. 568-575.

[88] M.L. FRIEDLAND, «Criminal Justice and the Charter», (1983) 13 *Man. L.J.* 549, p. 567.

[89] *R. c. Sherratt*, [1991] 1 R.C.S. 509, p. 526.

[90] L. SMITH, «Charter Equality Rights: Some General Issues and Specific Applications in British Columbia to Elections, Juries and Illegitimacy», (1984) 18 *U.B.C.L. Rev.* 351, pp. 387-397.

(i) *Le critère de sévérité de la peine*

On doit constater tout d'abord que les dispositions générales du *Code criminel* qui établissent dans quels cas un accusé doit ou peut subir un procès devant jury n'entrent nullement en conflit avec la norme constitutionnelle qui ne garantit le droit de bénéficier d'un procès de ce type que dans les cas où la peine prévue pour l'infraction est un emprisonnement de cinq ans ou une peine plus grave. D'un côté, en effet, l'article 469 du *Code criminel* détermine quels sont les actes criminels qui, aux termes de l'article 471 du *Code criminel*, sont de la juridiction exclusive d'une cour composée d'un juge et d'un jury. De l'autre, l'article 553 du *Code criminel* énumère les infractions qui ressortissent à la juridiction absolue d'un juge de la cour provinciale. Ce sont ces dernières infractions, soustraites à la compétence du juge siégeant avec jury, qui pourraient éventuellement enfreindre la norme de l'alinéa 11*f*) de la *Charte*. Or, il n'en est aucune parmi elles qui soit sanctionnée par une peine maximale de cinq ans d'emprisonnement ou plus. En fait, pour cette catégorie d'infractions criminelles, la peine maximale la plus fréquente est un emprisonnement de deux ans.

Quant à toutes les autres infractions prévues au *Code criminel*, à moins qu'il ne s'agisse d'une infraction punissable sur déclaration sommaire de culpabilité, le mode de procès est laissé au choix de l'accusé qui peut opter pour un procès avec jury ou pour un procès devant un juge de la cour provinciale ou devant un juge sans jury[91]. La garantie constitutionnelle est donc, là aussi, respectée.

Il n'y a non plus, on en conviendra facilement, aucune violation de l'alinéa 11*f*) dans le fait que la loi prévoie, dans certains cas, qu'une infraction est punissable d'un emprisonnement de cinq ans ou plus ou d'une peine moindre, selon que le poursuivant choisit de présenter un acte d'accusation contre le prévenu ou d'agir par procédure sommaire. Le droit d'un inculpé de bénéficier d'un procès avec jury dépend en effet de la peine prévue pour l'infraction «dont il est accusé[92]» réellement, non pas de la peine dont il aurait été passible si le poursuivant l'avait accusé plutôt d'un acte criminel. Il est au surplus raisonnable de soutenir — à l'encontre d'une interprétation plus littérale des termes de l'alinéa 11*f*) mais qui ne tient pas compte de l'objet d'une telle garantie — que le droit à un procès avec jury n'est garanti que lorsque l'accusé est effectivement exposé, en raison de l'infraction qu'on lui reproche, à subir une peine d'emprisonnement d'au moins cinq ans[93].

---

[91] Voir les articles 536, 558 et 561 du *Code criminel*.
[92] La version anglaise de l'alinéa 11*f*) n'est pas aussi explicite à cet égard que la version française. Le recours à cette dernière est justifié, comme l'a souligné la Cour suprême dans *R. c. Turpin*, *supra*, note 82, p. 1314.
[93] *Darbishire c. La Reine* (1983), 83 D.T.C. 5164 (C. Co. Ont.), confirmé par (1984), 11

Précisément parce que les droits garantis par la *Charte* «doivent s'interpréter en fonction des intérêts qu'ils visent à protéger[94]», on avait quelque raison de penser que, lorsqu'une demande est présentée, en vertu de la partie XXIV du *Code criminel*, pour faire déclarer qu'un accusé est un délinquant dangereux, ce dernier pouvait exiger que cette demande soit entendue et jugée par la cour siégeant avec un jury; et que, par conséquent, le paragraphe 754(2) du *Code criminel* qui exclut la présence du jury violait la garantie de l'alinéa 11*f*) de la *Charte*. En effet, si le juge déclare qu'il s'agit d'un délinquant dangereux, il peut, nous dit l'article 753 du *Code criminel*, imposer à l'accusé, «au lieu de toute autre peine» prévue pour l'infraction dont il est coupable, une peine différente et plus sévère qu'un emprisonnement de cinq ans.

Cependant, la Cour suprême du Canada, dans l'arrêt *R. c. Lyons*[95], a décidé que la procédure visant à faire déclarer qu'un accusé est un délinquant dangereux n'équivalait pas à lui imputer la perpétration d'une infraction, mais faisait partie du processus de détermination de la peine. La personne qui fait l'objet d'une telle procédure n'est donc pas inculpée d'une infraction. Au surplus, le terme «inculpé» employé au début de l'article 11 de la *Charte* doit recevoir «un seul et même sens, un sens qui soit en harmonie avec les différents alinéas de l'article[96]». Or, suivant l'opinion majoritaire de la Cour, les droits mentionnés aux alinéas 11*d*) et 11*e*) ne pourraient s'appliquer au délinquant qu'on cherche à faire déclarer dangereux. Celui-ci ne peut donc exiger que la demande soit entendue en présence d'un jury, même s'il risque d'être condamné à une peine de détention pour une période indéterminée en raison de l'infraction dont il a été déclaré coupable.

Les tribunaux ont aussi été saisis à différentes reprises de la question de savoir si la personne accusée d'outrage au tribunal peut s'appuyer sur l'alinéa 11*f*) de la *Charte* pour exiger d'être jugée devant ses pairs. La réponse a toujours été négative, mais sans que l'on s'accorde sur les motifs.

On a d'abord décidé, dans l'affaire *Laurendeau*[97], que la personne «citée» pour outrage n'est pas un inculpé au sens de l'article 11 de la *Charte* et que l'outrage au tribunal ne constitue pas non plus une infraction, mais qu'il s'agit plutôt «de l'exercice d'un pouvoir essentiel à l'administration

---

W.C.B. 5 (C.A. Ont.). Il est évident aussi que celui qui est accusé de plusieurs infractions qui sont, chacune, de la juridiction absolue d'un juge de la cour provinciale ne pourrait prétendre avoir droit à un procès par jury sous le prétexte qu'il est alors passible de plus de cinq ans d'emprisonnement.

[94] *R. c. Big M Drug Mart Ltd.*, [1985] 1 R.C.S. 295, p. 344.
[95] *Supra*, note 30, pp. 349-353.
[96] *Ibid.*, p. 353. Le juge La Forest reprend ici l'interprétation qu'il avait adoptée dans *Canada c. Schmidt, supra*, note 30, p. 519.
[97] *Québec (P.G.) c. Laurendeau* (1983), 33 C.R. (3d) 40 (C.S. Qué.), conf. par [1983] C.A. 223 (Qué.).

de la justice[98]». Ces conclusions ont été fermement rejetées par la Cour d'appel de l'Ontario dans l'arrêt *Cohn* où le juge Goodman écrivait, à propos de l'outrage *in facie*, qu'«il a les caractéristiques d'une infraction criminelle» et «qu'une personne citée pour outrage est inculpée au sens de l'article 11[99]». Au surplus, dans l'arrêt *Vermette*, qui ne mettait toutefois pas en cause l'application de la *Charte canadienne*, la Cour suprême du Canada a reconnu clairement que «l'outrage criminel, tel qu'il est conservé par l'article 8 du *Code [criminel]*, constitue une infraction[100]».

Pour refuser le droit à un procès avec jury, la Cour d'appel dans l'arrêt *Cohn*[101] prétend que l'outrage au tribunal n'est plus une infraction punissable d'un emprisonnement de cinq ans ou plus, parce que, au cours des dernières décennies, jamais les peines imposées n'ont excédé deux années d'emprisonnement. Comme l'a montré Jean-Claude Hébert, ce raisonnement est fragile puisqu'il prend en considération non pas la peine maximum rattachée à l'infraction, mais celle qui est effectivement imposée[102]. Or, la fixation d'une peine maximale pour une infraction quelconque est une indication de la gravité objective d'un crime; et c'est la raison pour laquelle le constituant a utilisé ce critère pour déterminer dans quels cas un accusé pouvait exiger d'être jugé devant un jury. D'ailleurs, la Cour suprême semble nous avoir indiqué clairement, à propos d'autres dispositions de la *Charte*, que la façon dont une loi est appliquée en pratique n'est pas un élément pertinent pour décider de sa compatibilité avec la norme constitutionnelle[103].

---

[98] *Ibid.*, p. 42; et, dans le même sens : *Manitoba (Attorney General) c. Groupe Québecor Inc.* (1987), 37 C.C.C. (3d) 421 (C.A. Man.). Voir la critique de ces arguments par J.-C. HÉBERT, «L'incidence de la Charte canadienne sur l'outrage au tribunal», (1984) 18 *R.J.T.* 183, pp. 208-210.

[99] *R. c. Cohn* (1984), 15 C.C.C. (3d) 150, p. 160 (C.A. Ont.); suivi dans *R. c. Doz* (1985), 19 C.C.C. (3d) 434 (C.A. Alta.). Voir dans le même sens : L. SMITH, *supra*, note 90, pp. 386-387.

[100] *R. c. Vermette*, [1987] 1 R.C.S. 577, p. 586 et le commentaire de cet arrêt par J.-C. HÉBERT, «L'outrage au tribunal et le procès par jury», (1987) 47 *R. du B.* 537.

[101] *R. c. Cohn*, *supra*, note 99, pp. 169-170.

[102] J.-C. HÉBERT, *supra*, note 98, p. 211.

[103] Ainsi, dans *Valente c. La Reine*, [1985] 2 R.C.S. 673, à propos de l'indépendance judiciaire garantie à l'alinéa 11*d*) de la *Charte*, la Cour déclarait (p. 702) que : «Si la tradition, renforcée par l'opinion publique, peut permettre de freiner l'exercice d'un pouvoir qui porte atteinte à l'indépendance judiciaire, elle ne peut fournir les conditions essentielles d'indépendance qui doivent être prévues expressément par la loi.» De même, dans *R. c. Smith*, [1987] 1 R.C.S. 1045, où l'on a décidé que la peine minimale de 7 ans d'emprisonnement prescrite par le paragraphe 5(2) de la *Loi sur les stupéfiants* viole l'article 12 de la *Charte*, le juge Lamer déclarait que l'article contesté ne pouvait être sauvegardé en invoquant le pouvoir discrétionnaire qu'a le ministère public de ne pas porter d'accusation d'importation, mais d'inculper pour une infraction moindre dans les cas où il estime que cela entraînerait une violation de la *Charte* (p. 1078).

On pourrait sans doute démontrer que, lorsque le poursuivant choisit la procédure sommaire parce qu'il est nécessaire d'agir avec célérité pour protéger l'intégrité du tribunal, la négation du droit à un procès avec jury est justifiable suivant les critères de l'article premier de la *Charte*[104]. Mais, depuis que l'arrêt *Vermette* a décidé que «la procédure par voie d'acte d'accusation pour punir l'outrage *ex facie* [...] est conservée par l'article 8 du *Code criminel* et [qu'] on peut toujours y recourir[105]», il sera plus difficile d'utiliser la procédure sommaire dans les cas d'outrage *ex facie*[106].

En conséquence, pour refuser le droit à un procès avec jury dans un tel cas, il faudra soit démontrer que, suivant la common law dans son état actuel, l'outrage au tribunal n'est plus une infraction punissable d'un emprisonnement maximal de cinq ans ou plus; soit encore conclure que, en raison de l'alinéa 11*f*) de la *Charte*, la personne accusée d'outrage ne peut être condamnée à une peine d'emprisonnement de cinq ans ou plus — ce qui est la position adoptée dans l'arrêt *Cohn*[107], mais qui constitue un curieux renversement de la garantie constitutionnelle.

Pour ce qui est des infractions créées par des lois fédérales autres que le *Code criminel*, elles sont régies, aux termes du paragraphe 34(2) de la *Loi d'interprétation*[108], quant à la procédure, par les dispositions du *Code criminel*. Il s'ensuit que, dans tous les cas où le texte législatif crée un acte criminel, les accusés jouissent d'un droit d'option et qu'ils peuvent bénéficier d'un procès avec jury, si tel est leur choix.

C'est ainsi que la *Loi sur la concurrence*[109] crée diverses infractions punissables d'un emprisonnement de cinq ans et qui sont définies comme étant des actes criminels[110]. L'article 73, il est vrai, prévoit que le procureur général du Canada peut, dans tous ces cas, entamer les poursuites devant la division de première instance de la Cour fédérale, où le procès a lieu sans jury, plutôt que devant une cour supérieure de juridiction criminelle. Mais lorsque la poursuite est intentée contre un particulier, le procureur général ne peut faire ce choix que si le particulier poursuivi y consent. Il y a donc, dans cette hypothèse, renonciation de sa part à son droit de bénéficier d'un procès avec jury.

---

[104] *Layne c. Reed* (1985), 14 C.C.C. (3d) 149 (C.S. C.B.). Ce raisonnement nous paraît plus conforme à la *Charte* que de dire comme dans l'arrêt *Cohn*, *supra*, note 99, p. 176, que si le juge imposait dans un tel cas une peine d'emprisonnement de cinq ans, c'est la peine qui serait illégale et non le mode de procéder.
[105] *R. c. Vermette*, *supra*, note 100, p. 583.
[106] J.-C. HÉBERT, *supra*, note 100, pp. 539-540.
[107] *R. c. Cohn*, *supra*, note 99, p. 176. La Cour suprême des États-Unis a adopté la même position mais en restreignant la peine à six mois d'emprisonnement, comme le rappelle le juge Goodman dans l'arrêt *Cohn*, pp. 173-175.
[108] L.R.C. 1985, ch. I-21.
[109] *Loi sur le Tribunal de la concurrence*, L.R.C. 1985, ch. 19 (2e suppl.), art. 18 et ss.
[110] Tels sont les articles 45, 48, 49, 52, 53, 55, 56, 59, 61 et 74.

En revanche, lorsque c'est une corporation qui est accusée, le paragraphe 67(4) édicte qu'elle doit toujours être jugée sans l'intervention d'un jury. Aussi la validité de cette disposition au regard de l'alinéa 11*f*) de la *Charte* a-t-elle fait l'objet de contestations où s'affrontent une interprétation littérale et une interprétation téléologique de la garantie constitutionnelle[111].

D'un côté, en effet, si l'on s'attache aux termes mêmes de l'alinéa 11*f*), il est exact de remarquer que le droit de bénéficier d'un procès avec jury est reconnu en fonction de la gravité de l'infraction dont une personne est accusée, et non pas en fonction du risque qu'encourt cette personne d'être privée de sa liberté pour une longue période. Aussi peut-on soutenir que le critère que le constituant a expressément retenu ne prive pas une corporation du droit d'exiger un procès devant jury, lorsqu'elle est accusée d'une infraction grave. Au surplus, les mots «tout inculpé» ou «*any person*», au début de l'article 11, peuvent inclure les corporations ou les personnes morales, même s'il est évident que celles-ci ne peuvent bénéficier de certains des droits énumérés dans cet article, tels ceux qu'énoncent les alinéas 11*c*) et *e*)[112].

Mais, d'un autre côté, l'interprétation de l'alinéa 11*f*) au moyen d'une analyse de son objet conduit à une conclusion différente. On doit en effet constater que le constituant a choisi de ne garantir le bénéfice d'un procès avec jury que dans le cas de certaines infractions graves qu'il a définies en utilisant le seul critère de la durée maximale de l'emprisonnement. Pourtant une peine d'amende élevée est aussi un indicateur d'une infraction grave. Si ce dernier critère n'a pas été retenu, c'est vraisemblablement parce qu'on entendait protéger la liberté de l'individu, dont parle l'article 7 de la *Charte*, et qu'on a considéré qu'il serait contraire aux «principes de justice fondamentale» d'exposer une personne à être privée de sa liberté pour une période prolongée sans lui reconnaître le droit d'être jugée par ses pairs[113]. Il n'y a donc aucune raison, si on adopte cette ligne de raisonnement qui nous paraît mieux fondée que la première, d'étendre aux personnes morales le bénéfice d'un procès avec jury, alors qu'elles ne sont passibles que d'une peine pécuniaire, si élevée soit-elle.

On a également contesté la validité du paragraphe 52(1) de la *Loi sur les jeunes contrevenants*[114], au motif qu'il avait pour effet de priver du droit à un procès avec jury les jeunes de moins de 18 ans inculpés en vertu de cette loi, quelle que soit la gravité de l'infraction qui leur est reprochée. La

---

[111] Voir d'un côté les opinions des juges Nemetz et Anderson, et de l'autre, celle du juge Seaton dissident dans *PPG Industries Canada Ltd. c. Canada (Procureur général)* (1983), 3 C.C.C. (3d) 97 (C.A. C.B.).

[112] *R. c. C.I.P. Inc.*, *supra*, note 34.

[113] Cette interprétation nous paraît conforme à l'opinion adoptée par le juge Lamer dans le *Renvoi relatif à la Motor Vehicle Act (C.B.)*, [1985] 2 R.C.S. 486.

[114] L.R.C. 1985, ch. Y-1.

Cour d'appel de l'Ontario s'est, avec raison, fondée sur l'alinéa 20(1)k) de la loi pour déclarer que l'alinéa 11f) de la *Charte* n'était pas violé. Aux termes de cet alinéa, en effet, le jeune contrevenant qui est reconnu coupable d'une infraction prévue au *Code criminel* ou à une autre loi fédérale ne peut être privé de sa liberté que pour une période maximum de deux ans ou, dans certains cas, jamais plus de trois ans, quelle que soit la peine prévue pour un adulte coupable de la même infraction. Il ne peut donc prétendre être inculpé d'une infraction pour laquelle la peine prévue lui permettrait de bénéficier d'un procès avec jury[115].

(ii) *La renonciation au droit de bénéficier d'un procès avec jury*

La question de savoir si un accusé peut renoncer aux droits que la *Charte* lui reconnaît s'est posée à diverses reprises, notamment à propos du droit d'être jugé dans un délai raisonnable[116], du droit à l'assistance d'un avocat[117] ou à l'assistance d'un interprète[118]. Il s'est posé également à propos du droit de bénéficier d'un procès avec jury. Dans tous ces cas, la Cour suprême a appliqué avec constance la règle générale qu'elle avait formulée dans l'arrêt *Korponay c. Canada (Procureur général)*[119] suivant laquelle «une partie peut renoncer à une règle de procédure adoptée à son profit». Aussi, tout en reconnaissant que les dispositions du *Code criminel* relatives au procès avec jury servent non seulement les intérêts des inculpés, mais aussi ceux de la société, il n'en reste pas moins que l'objet véritable de l'alinéa 11f) de la *Charte* est la protection des droits individuels et non des intérêts de la société[120]. C'est pourquoi, comme dans tout autre cas de droits constitutionnels protégeant l'individu, il faut admettre qu'un accusé puisse renoncer au bénéfice de l'alinéa 11f), s'il y trouve son avantage[121]; et c'est en ce sens qu'il faut interpréter le mot «bénéficier» qu'utilise la disposition constitutionnelle[122].

Cela étant, on n'est pas admis à conclure que l'alinéa 11f) confère à l'accusé un droit constitutionnel d'être jugé sans jury ou de choisir entre un procès avec jury ou devant un juge seul. Le législateur peut donc, sans violer la garantie, édicter que certains actes criminels graves doivent nécessairement être jugés par une cour composée d'un juge et d'un jury[123], comme

---
[115] *R. c. R.L.* (1986), 26 C.C.C. (3d) 417 (C.A. Ont.).
[116] *R. c. Mills, supra*, note 10, pp. 927-929; *R. c. Rahey, supra*, note 1, p. 612; *R. c. Conway*, [1989] 1 R.C.S. 1659, p. 1673.
[117] *Clarkson c. La Reine*, [1986] 1 R.C.S. 383, pp. 394-396.
[118] *R. c. Tran*, [1994] 2 R.C.S. 951, pp. 996-997.
[119] [1982] 1 R.C.S. 41, p. 48.
[120] *R. c. Turpin, supra*, note 82, pp. 1309-1311; *R. c. Lee, supra*, note 80, pp. 1399-1400.
[121] *R. c. Turpin, supra*, note 82, pp. 1315-1320.
[122] *Ibid.*, pp. 1311-1314.
[123] *Ibid.*, pp. 1321-1323.

c'était le cas avant l'entrée en vigueur des modifications de 1985 au *Code criminel*[124]. Il peut tout autant, sans davantage contrarier la garantie constitutionnelle, subordonner au consentement du procureur général le choix d'un accusé d'être jugé sans jury, comme le prévoit maintenant l'article 473 du *Code criminel*[125].

Ce que le constituant a voulu, c'est qu'un prévenu, accusé d'une infraction grave, ait l'assurance de n'être pas privé d'un procès avec jury sans qu'il y consente; ce n'est pas qu'il soit nécessairement le seul à pouvoir décider de n'être pas jugé par un juge et un jury.

De la même manière, on doit considérer comme étant valides les dispositions de l'article 568 du *Code criminel* qui permettent au procureur général d'imposer un procès avec jury au prévenu qui est accusé d'une infraction punissable d'un emprisonnement de plus de cinq ans, même lorsque l'intéressé avait choisi, en vertu des articles 536 ou 561, d'être jugé autrement. Ce dernier est donc, dans ce cas, privé du droit d'option dont il aurait joui, n'eût été la décision du procureur général. Mais, à notre avis, cette disposition n'est pas plus une violation du droit qui lui est garanti par alinéa 11*f*) de la *Charte* que ne l'est le droit d'option lui-même dans les cas où l'accusé préfère être jugé par un juge de la cour provinciale ou par un juge sans jury[126].

Encore une fois, rappelons-le, ce serait dénaturer les termes de l'alinéa 11*f*) que d'y voir non pas la garantie de pouvoir bénéficier d'un procès avec jury, mais plutôt celle de pouvoir choisir d'être jugé sans jury de manière à invalider des dispositions législatives contraires.

En somme, garantir que tout inculpé a le droit de bénéficier d'un procès avec jury, c'est reconnaître certes que cette forme de procès constitue pour lui un avantage et que par conséquent la loi ne peut l'empêcher de s'en prévaloir. C'est reconnaître aussi que, pour toute infraction punissable d'un emprisonnement d'au moins cinq ans, la loi doit obligatoirement prévoir, au profit de la personne accusée, la possibilité d'être jugée par un tribunal composé d'un juge et d'un jury. C'est reconnaître enfin que, dans un tel cas, la loi peut aussi offrir à l'accusé le choix d'être jugé autrement, mais qu'elle ne saurait le priver du bénéfice d'un procès devant jury s'il n'y a lui-même renoncé.

D'ailleurs, de façon générale, le *Code criminel* laisse à l'accusé la faculté de décider seul de son mode de procès. S'il choisit alors d'être jugé sans jury en vertu de l'article 536 ou s'il fait un nouveau choix en ce sens

---

[124] *Loi de 1985 modifiant le droit pénal*, L.C. 1985, ch. 19, art. 64 remplaçant l'ancien article 430 du *Code criminel*.
[125] Soulignons toutefois que la juge Wilson dans *R. c. Turpin, supra*, note 82, p. 1324, évite de se prononcer sur la validité du paragraphe 473(2) «qui paraît rendre la renonciation de l'accusé irrévocable si le procureur général n'autorise pas son retrait».
[126] *R. c. Hanneson* (1987), 31 C.C.C. (3d) 560 (H.C. Ont.).

en vertu de l'article 561, sa décision constitue, bien entendu, une renonciation valable au bénéfice d'un procès avec jury, à condition que l'expression de sa volonté soit claire et non équivoque et la renonciation faite en connaissance de ses conséquences juridiques[127]. Et, à moins que la loi ne prévoie que l'accusé peut revenir sur sa décision, il ne saurait, croyons-nous, invoquer l'alinéa 11*f*) de la *Charte* pour prétendre avoir le droit de révoquer sa renonciation et réclamer à nouveau d'être jugé devant jury.

Mentionnons enfin que c'est en appliquant la «norme sévère[128]» qui a été adoptée en matière de renonciation à un droit constitutionnel — et que nous venons de rappeler — que la Cour suprême a tranché, dans l'arrêt *R. c. Lee*[129], la question, fort controversée jusque là[130], de la validité de l'alinéa 598(1)*a*) du *Code criminel*. Au termes de cette disposition, l'accusé qui a choisi un procès avec jury et qui ne comparaît pas à la date fixée pour la tenue de son procès est privé du droit à un procès avec jury, à moins d'excuse légitime pouvant justifier son absence. Il est alors «réputé avoir choisi [...] d'être jugé sans jury[131]».

Pour conclure que cette disposition viole l'alinéa 11*f*) de la *Charte*, la juge Wilson rejeta l'interprétation selon laquelle la loi ne faisait qu'énoncer les conséquences de la conduite de l'accusé qui, par son défaut de comparaître à la date fixée, aurait ainsi manifesté sa volonté de renoncer au droit à un procès avec jury. Non seulement, déclara-t-elle, «[i] l n'existe aucun lien direct entre la non-comparution de l'accusé sans excuse légitime et le mode du procès[132]», mais «la non-comparution ne satisfait pas aux exigences à remplir pour qu'il y ait une renonciation valable[133]».

Toutefois la Cour, à la majorité, a estimé que, compte tenu du «coût» qu'entraîne la non-comparution des accusés et pour les particuliers et pour la société, la restriction au droit à un procès avec jury qu'apporte la disposition contestée était justifiée suivant les critères de l'article premier de la *Charte*[134].

---

[127] *R. c. Lee*, *supra*, note 80, pp. 1409-1410. On notera l'importance que la Cour accorde au fait d'être ou non représenté par un avocat lorsqu'il faut juger de la validité de la renonciation.
[128] *R. c. Lee*, *supra*, note 80, p. 1410.
[129] *Id.*
[130] Voir d'un côté : *R. c. Bryant* (1984), 16 C.C.C. (3d) 408 (C.A. Ont.); et de l'autre : *R. c. Crate* (1983), 7 C.C.C. (3d) 127 (C.A. Alta.) et *R. c. McNabb* (1987), 55 C.R. (3d) 369 (C.A. C.B.).
[131] *Supra*, note 80.
[132] *Ibid.*, p. 1411.
[133] *Ibid.*, p. 1416.
[134] *Ibid.*, pp. 1389-1392.

(b) L'exception au droit

On sait qu'il existe, dans l'ensemble de la législation fédérale, une loi qui dénie à un accusé le bénéfice d'un procès avec jury lors même que l'infraction dont il est accusé est punie d'un emprisonnement de cinq ans ou d'une peine plus sévère. Aux termes de la *Loi sur la défense nationale*[135] en effet, le militaire accusé d'une «infraction d'ordre militaire» (au sens de l'article 2 de cette loi) peut être jugé et puni par une cour martiale. Or, la procédure qui s'applique devant cette cour diffère à bien des égards de celle qui est suivie devant les tribunaux criminels réguliers, et notamment en ce que le militaire accusé est nécessairement privé du droit à un procès avec jury. Il semblerait donc que les premiers mots de l'alinéa 11*f*) de la *Charte* visent à faire en sorte que celui qui est inculpé en vertu de la *Loi sur la défense nationale* ne puisse invoquer le droit de bénéficier d'un procès avec jury. En raison de cette exception, la privation de ce droit pour les militaires traduits devant une cour martiale ne serait donc pas incompatible avec la *Charte*.

Cette conclusion toutefois, pour évidente qu'elle puisse paraître au premier abord, n'est peut-être pas bien fondée à tous égards. Il existe en effet entre les versions française et anglaise de l'alinéa 11*f*) des différences assez importantes pour que l'on s'y arrête :

> *f*) sauf s'il s'agit d'une infraction relevant de la justice militaire ...
> (*f*) Except in the case of an offence under military law tried before a military tribunal ...

S'il est vrai que la formulation française semble être très générale et englober toute infraction qui serait de la compétence d'un tribunal militaire, il n'en va pas aussi clairement de même de sa contrepartie anglaise qui paraît plus limitative. Dans un cas, l'infraction visée est définie uniquement en fonction du type de tribunal dont elle relève — un tribunal militaire par opposition à un tribunal criminel ordinaire; dans l'autre, l'infraction visée est en outre qualifiée par le type de droit qui la définit — la «*military law*» par opposition au «civilian law». Cette différence est-elle significative?

Elle ne le serait certes pas si les seules infractions relevant de la justice militaire étaient des infractions spécifiquement militaires et des infractions de droit commun mais reliées à la vie et à la discipline militaires. Mais tel n'est pas le cas, puisqu' aux termes de l'article 2 de la *Loi sur la défense nationale*, une «infraction d'ordre militaire», relevant par conséquent de la justice militaire, est définie comme étant une :

> Infraction — à la présente loi, au *Code criminel* ou à une autre loi fédérale — passible de la discipline militaire.

---

[135] L.R.C. 1985, ch. N-5.

Comme le faisait remarquer le juge McIntyre, de la Cour suprême du Canada, dans son jugement de l'arrêt *MacKay c. La Reine* : «Si nous appliquons littéralement la définition d'infraction militaire, toutes poursuites contre des militaires pour toute infraction à toute loi pénale canadienne [peuvent] être menées devant des tribunaux militaires[136]».

Mais il convient de remarquer tout d'abord que l'alinéa 11*f)* de la *Charte* n'utilise pas les mots «infraction d'ordre militaire» ou «*service offence*» qui sont les expressions techniques consacrées par la *Loi sur la défense nationale*. Bien plus, dans la version anglaise, on ne parle pas simplement de : «*an offence tried before a military tribunal*», ce qui aurait tendu à confirmer l'interprétation suivant laquelle l'exception couvrait toute infraction, pourvu qu'elle fasse l'objet de poursuites devant un tribunal militaire. C'est pourtant ce qu'on aurait dû dire si on avait simplement voulu que le forum (tribunal militaire) devant lequel l'infraction était poursuivie soit le seul élément servant à déterminer la portée de l'exception.

En parlant plutôt de : «*an offence under military law tried before a military tribunal*», le texte ajoute à l'infraction une qualification qui invite à se demander si elle est restrictive. Elle ne l'est assurément pas si l'expression «*military law*» désigne tout ce qui se trouve dans la *Loi sur la défense nationale* et si «*an offence under military law*» se confond avec une «infraction d'ordre militaire» au sens de la même loi. Rien pourtant n'est moins certain.

Dans l'arrêt *MacKay c. La Reine*[137], les trois juges de la Cour suprême qui ont émis une opinion sont d'accord pour établir une nette distinction entre le droit militaire et ce qu'ils appellent «le droit ordinaire». Pareillement, le juge en chef Laskin et le juge McIntyre parlent d'«infractions à la loi ordinaire[138]» et de «droit commun ordinaire[139]» pour opposer ces notions à celle de «droit militaire». Le juge McIntyre rappelle également que nous avons hérité des traditions légales qui ont amené les sociétés anglaise et européenne à développer, depuis longtemps, «un droit distinct que l'on a appelé droit militaire[140]».

Cette distinction nette entre le droit militaire en tant que droit distinct et le droit ordinaire est d'ailleurs historiquement fondée. Qu'il suffise de rappeler ici que, encore à la fin du XVIIIe siècle, la juridiction respective des tribunaux civils et militaires était délimitée comme suit par Lord Loughborough, dans *Grant c. Gould* :

---

[136] [1980] 2 R.C.S. 370, p. 408.
[137] *Ibid.*, p. 392.
[138] *Ibid.*, p. 380.
[139] *Ibid.*, p. 402.
[140] *Id.*

> In this country, all the delinquencies of soldiers are not triable, as in most countries in Europe, by martial law; but where they are ordinary offences against the civil peace, they are tried by the common law courts[141].

Et ce n'est pas avant 1879, en Angleterre, qu'une loi reconnut compétence aux cours martiales de juger un militaire accusé d'une infraction au droit criminel ordinaire[142].

On a donc quelque raison de se demander si les mots : «*an offence under military law*» que l'on trouve dans la version anglaise de l'alinéa 11*f)* de la *Charte* doivent recevoir la même acception que l'expression «infraction d'ordre militaire» définie dans la *Loi sur la défense nationale*. On a aussi quelque raison d'en douter.

Il ne faut en effet pas perdre de vue qu'on est ici en présence d'une dérogation à une disposition qui, par ailleurs, garantit à tout inculpé un droit, celui de bénéficier d'un procès avec jury. Cette disposition est elle-même partie d'une *Charte* dont l'article premier nous dit qu'elle «garantit les droits et libertés qui y sont énoncés». C'est assez dire que cette exception doit recevoir une interprétation restrictive et qu'il convient donc de donner à l'expression «*an offence under military law*» le sens strict que ces mots ont dans la langue juridique[143] et qui est le résultat d'une tradition historique séculaire. C'est bien ainsi que la Cour suprême des États-Unis l'a compris dans l'arrêt *O'Callaghan c. Parker*, où il fut décidé qu'un soldat, accusé d'une infraction criminelle sans lien avec la discipline militaire, ne pouvait être privé du droit à un procès avec jury. La remarque que faisait alors le juge Douglas, rendant jugement pour la Cour, mérite d'être rappelée :

> [...] history teaches that expansion of military discipline beyond its proper domain carries with it a threat to liberty[144].

On se souviendra que, dans l'arrêt *MacKay*, le juge McIntyre avait adopté un point de vue qui rejoint celui des tribunaux américains lorsqu'il déclarait :

> Le principe à respecter est celui de l'intervention la plus minime possible dans les droits d'un soldat en vertu du droit commun compte tenu des exigences de la discipline militaire et de l'efficacité des Forces armées[145].

Et, appliquant ce principe, il concluait :

---

[141] *Grant c. Gould* (1792), 126 E.R. 434, p. 450, cité par M.L. FRIEDLAND, *Double Jeopardy*, Oxford, Clarendon Press, 1969, p. 438.
[142] M.L. FRIEDLAND, *ibid.*, pp. 335-353.
[143] *Black's Law Dictionary*, 6th ed., St. Paul, Minn. West Publishing Co., 1990, V° «Military Offences» et «Military Law».
[144] 395 U.S. 258 (1969), p. 265. Voir également : *Relford c. Commandant of U.S. Disciplinary Barracks*, 401 U.S. 355 (1971).
[145] *Supra*, note 136, p. 408.

Je suis donc d'avis que lorsque les dispositions de la *Loi sur la défense nationale* confèrent aux cours martiales compétence pour juger des soldats au Canada pour des infractions qui constituent des infractions aux lois pénales canadiennes pour lesquelles des civils pourraient également être poursuivis, et lorsque ni la perpétration ni la nature de ces infractions ne sont nécessairement reliées aux Forces armées, en ce sens qu'elles ne tendent pas à influer sur les niveaux d'efficacité et de discipline des Forces armées, elles sont inopérantes parce que contraires à la *Déclaration canadienne des droits*, puisqu'elles créent pour le militaire en cause une inégalité devant la loi[146].

C'est en s'inspirant de cette opinion du juge McIntyre que la Cour d'appel des cours martiales a, et à raison, refusé de donner aux mots «une infraction relevant de la justice militaire» une signification aussi étendue que celle qui est attribuée à l'expression «une infraction d'ordre militaire» par l'article 2 de la *Loi sur la défense nationale*. La Cour d'appel a donc décidé à quelques reprises depuis l'entrée en vigueur de la *Charte* que l'exception de l'alinéa 11*f*) ne devait trouver application que dans les seuls cas où l'infraction reprochée présente un lien réel avec la discipline militaire. Si, au contraire, l'infraction n'est pas véritablement reliée au moral, à la discipline ou à l'efficacité des Forces armées, le militaire qui en est accusé conserve le droit de bénéficier d'un procès avec jury devant une juridiction criminelle ordinaire[147]. Mais encore faudrait-il que, dans chaque cas d'espèce, la Cour n'accepte pas trop facilement l'existence d'un lien réel entre l'infraction criminelle et la discipline militaire et qu'elle exige la preuve d'un tel lien avant de conclure que le militaire ne peut invoquer la garantie constitutionnelle d'un procès avec jury[148].

3. LE DROIT À L'ASSISTANCE D'UN INTERPRÈTE

Le droit à l'assistance d'un interprète est garanti par l'article 14 de la *Charte canadienne des droits et libertés* dans les termes suivants :

> La partie ou le témoin qui ne peuvent suivre les procédures, soit parce qu'ils ne comprennent pas ou ne parlent pas la langue employée, soit parce qu'ils sont atteints de surdité, ont droit à l'assistance d'un interprète.

Cet article de la *Charte* reprend en substance la disposition de l'alinéa 2*g*) de la *Déclaration canadienne des droits*[149], mais il en diffère à certains

---

[146] *Ibid.*, p. 411.
[147] *R. c. MacDonald* (1983), 6 C.C.C. (3d) 551 (C.M.A.); *R. c. Catudal* (1985), 18 C.C.C. (3d) 189 (C.M.A.); *R. c. MacEachern* (1985), 24 C.C.C. (3d) 439 (C.M.A.); *Rutherford c. La Reine* (1987), 26 C.R.R. 255 (C.M.A.); et *R. c. Sullivan* (1987), 27 C.R.R. 1 (C.M.A.).
[148] D.J. CORRY, «Military Law under the Charter», (1986) 24 *Osgoode Hall L.J.* 67, pp. 100-103.
[149] Cet article énonce que «[...] nulle loi du Canada ne doit s'interpréter ni s'appliquer comme

Les garanties en matière de procédure et de peines 12-27

égards et par son contenu et par sa formulation[150]. Il ne faut bien sûr pas minimiser ces différences entre les deux textes, car, comme le soulignait le juge Le Dain à propos de l'article 10 de la *Charte* et du droit à l'assistance d'un avocat qu'il énonce, de telles différences de formulation et de contexte, jointes au caractère constitutionnel du document lui-même, doivent avoir une influence sur l'interprétation et l'application des dispositions de la *Charte*[151]. Il ne s'ensuit pas pour autant que les décisions que nos tribunaux ont rendues sous l'empire de la *Déclaration* et qui touchent le droit à l'assistance d'un interprète soient maintenant dépourvues de toute pertinence, encore qu'elles ne soient pas non plus nécessairement déterminantes[152].

(a) Les différences de contenu et de formulation

L'unique différence de contenu, qui soit significative, par rapport à la disposition correspondante de la *Déclaration* a trait à la mention, dans l'article 14 de la *Charte*, des personnes atteintes de surdité qui se voient ainsi reconnaître formellement le même droit de bénéficier des services d'un interprète que celui qui était déjà reconnu aux personnes qui ignorent la langue dans laquelle se déroulent les procédures. Cette nouvelle mention n'est toutefois pas une innovation par rapport à la pratique suivie par les tribunaux. Bien qu'il ne semble pas exister de décisions canadiennes publiées portant sur le droit pour un sourd d'être assisté d'un interprète, on doit souligner que, dans la décision anglaise *R. c. Lee Kun*[153] rendue en 1915 par la *Court of Criminal Appeal* et qui fait autorité tant en Angleterre[154] qu'au Canada[155], Lord Reading, rendant jugement pour la Cour, affirmait

---

[...] privant une personne du droit à l'assistance d'un interprète dans des procédures où elle est mise en cause ou est partie ou témoin, devant une cour, une commission, un office, un conseil ou autre tribunal, si elle ne comprend ou ne parle pas la langue dans laquelle se déroulent ces procédures».

[150] On doit noter aussi que les textes canadiens diffèrent de la disposition que l'on trouve à l'alinéa 3*f*) de l'article 14 du *Pacte international relatif aux droits civils et politiques*, qui ne vise que l'accusé dans un procès pénal mais qui comporte en revanche la garantie de gratuité à propos de laquelle la *Charte canadienne* reste silencieuse. Sur cette question de gratuité, voir *infra*, note 215.

[151] *R. c. Therens*, [1985] 1 R.C.S. 613, pp. 638-640.

[152] *R. c. Oakes*, [1986] 1 R.C.S. 103, p. 124, à propos des décisions rendues sous la *Déclaration* et qui concernent la présomption d'innocence.

[153] [1916] 1 K.B. 337 (U.K. Court of Criminal Appeal).

[154] J.F. ARCHBOLD, *Criminal Pleading, Evidence & Practice*, vol. 1, Londres, Sweet & Maxwell, 1995, par. 4-29.

[155] Le passage pertinent de cette décision anglaise est en réalité un long *obiter dictum* de la Cour, mais il est régulièrement cité par la jurisprudence canadienne qui traite du droit à l'interprète ou à un procès dans sa langue, notamment en matière criminelle. Voir par exemple : *R. c. Prince*, [1946] 1 D.L.R. 659, p. 666 (C.A. C.B.); *R. c. Randall* (1963), 38

que l'assistance d'un interprète était l'un des moyens appropriés auxquels on devait recourir dans les cas où l'accusé est sourd ou muet, puisqu'il ne peut alors comprendre ou être compris que par le moyen de l'écriture ou de signes[156]. Le libellé de l'article 14 de la *Charte*, sans exclure la possibilité d'utiliser l'écriture pour communiquer avec la partie ou le témoin qui est sourd, semble néanmoins conférer à ce dernier le droit, si tel est son choix, d'exiger l'assistance d'un interprète lorsqu'il est capable de comprendre le langage gestuel.

Quant à la partie ou au témoin qui est simplement muet, l'article 14 ne le mentionne pas expressément; et il ne faut sans doute y voir qu'un regrettable oubli du constituant. Sa situation, en effet, ne paraît pas touchée par les termes de l'article 14, à moins de considérer qu'il est visé par les mots «[ceux qui] ne parlent pas la langue employée». Mais cette interprétation semble à première vue peu vraisemblable compte tenu de la façon dont l'article est formulé, puisqu'il y est question non pas d'une incapacité de parler due à une infirmité, mais de l'incapacité de s'exprimer dans une langue donnée, celle employée au procès[157]. Autrement, il n'y aurait eu par ailleurs aucune raison de mentionner spécifiquement le sourd, si les mots «[ceux qui] ne comprennent pas [...] la langue employée» l'avaient visé. En revanche, on pourrait sans doute soutenir que celui qui est atteint de surdité est frappé d'une incapacité d'entendre, mais non pas de comprendre la langue employée et que c'est pour cela qu'on a cru nécessaire de mentionner expressément le sourd; tandis qu'on a pu estimer que celui qui est atteint de mutité est inclus dans le groupe des personnes qui «ne parlent pas la langue employée», puisqu'ils ne peuvent en réalité utiliser aucun langage parlé[158]. On éviterait ainsi de priver la partie ou le témoin qui est muet de la possibilité d'invoquer le bénéfice de la disposition constitutionnelle.

D.L.R. (2d) 624, p. 628 (C.A. N.-B.); *R. c. Murphy* (1968), 69 D.L.R. (2d) 530, p. 536 (C.A. N.-B.); *R. c. Watts* (1968), 69 D.L.R. (2d) 526, p. 529 (C.S. C.B.).

[156] *R. c. Lee Kun*, *supra*, note 153, p. 342. On peut souligner, à titre de comparaison, que le *Code de procédure civile* du Québec à l'article 296 énonce que : «Celui qui est atteint d'une infirmité qui le rend incapable de parler, ou d'entendre et de parler, est admis à prêter serment et à déposer, soit par écrit de sa main, soit par signes, avec l'aide d'un interprète.»

[157] À cet égard, l'article 14 de la *Charte* diffère de l'article 6 de la *Loi sur le preuve au Canada*, L.R.C. 1985, ch. C-5, qui prévoit que : «Un témoin incapable de parler peut témoigner de toute autre manière par laquelle il peut se faire comprendre.»

[158] On doit souligner toutefois que cette interprétation est difficilement compatible avec le libellé de l'article 14 dans sa version française. On y parle, en effet, de la partie ou du témoin «qui ne peuvent suivre les procédures». Or, il est évident que celui qui est simplement muet est parfaitement capable de «suivre les procédures». Il ne serait donc pas visé par l'article 14. Pourtant, s'il témoigne par signes plutôt que par l'écriture, l'assistance d'un interprète lui est nécessaire pour se faire comprendre. La version anglaise («*A party or witness in any proceedings*») ne suscite pas la même difficulté d'interprétation.

Quant aux différences de formulation entre l'article 14 de la *Charte* et l'alinéa 2g) de la *Déclaration*, elles sont nombreuses, mais elles ne sont pas toutes également de conséquence. La plus notable consiste sans doute dans le passage d'une formulation qu'on peut qualifier de négative — «[...] nulle loi du Canada ne doit s'interpréter ni s'appliquer comme [...] privant une personne du droit à l'assistance d'un interprète [...]» — à une formulation positive : «La partie ou le témoin [...] ont droit à l'assistance d'un interprète.» Cette nouvelle formulation est certes plus clairement affirmative d'un droit, sans compter que ce droit, autrefois garanti par la loi ou la *common law*, est maintenant haussé au rang d'une norme constitutionnelle. Aussi, ces considérations sont-elles de nature non seulement à confirmer, mais à renforcer l'attitude traditionnelle de nos tribunaux qui ont uniformément interprété le droit à l'assistance d'un interprète comme imposant au juge un devoir de fournir, à celui qui ne peut comprendre et suivre le déroulement du procès où il est impliqué ou à celui qui ne peut témoigner dans la langue employée, l'assistance d'un interprète. C'est d'ailleurs ce que soulignait le juge en chef Lamer au nom de la Cour dans l'arrêt *R. c. Tran*, lorsqu'il écrivait :

> Élever le droit à l'assistance d'un interprète au rang de norme constitutionnelle est un pas important qui exige à tout le moins que les règles et les principes applicables aux interprètes, qui ont été conçus sous le régime de la common law et de diverses lois, soient reconsidérés et, si nécessaire, adaptés afin de correspondre aux préceptes de la nouvelle ère de la *Charte*[159].

(b) L'objet du droit

Il est maintenant bien établi qu'il importe, dans l'interprétation d'une disposition de la *Charte*, de tenir compte de son objet, car les droits et libertés garantis «doivent s'interpréter en fonction des intérêts qu'ils visent à protéger[160]». Or, comme le soulignait le juge Beetz, le droit à l'assistance d'un interprète, que consacre l'article 14 de la *Charte*, se rattache directement au droit à un procès équitable qui est lui-même «un droit fondamental [...] profondément et fermement enraciné dans la structure même du système juridique canadien[161]». Mais il n'est, bien sûr, qu'«un aspect du droit à un procès équitable[162]», ce droit étant par ailleurs protégé sous d'autres aspects par certaines dispositions, notamment l'article 7, que la *Charte* regroupe

---

[159] [1994] 2 R.C.S. 951, p. 961.
[160] *R. c. Big M Drug Mart Ltd.*, [1985] 1 R.C.S. 295, p. 344. Voir aussi : *Hunter c. Southam Inc.*, [1984] 2 R.C.S. 145, pp. 156-157; *R. c. Therens, supra*, note 151, p. 641; *Renvoi relatif à la Motor Vehicle Act (C.B.), supra*, note 113, pp. 499-500; et *R. c. Oakes, supra*, note 152, p. 119.
[161] *MacDonald c. Montréal (Ville)*, [1986] 1 R.C.S. 460, pp. 499-500.
[162] *Id.*

sous le titre de garanties juridiques. Ce que vise l'article 14, c'est de protéger ce droit qu'ont les parties «d'être entendues et comprises par un tribunal et leur droit de comprendre ce qui se passe dans le prétoire[163]». Et c'est en fonction de cet objet que la disposition qui consacre le droit à l'assistance d'un interprète doit être interprétée quand il s'agit d'en fixer la portée véritable.

Ce droit de comprendre et d'être compris, il n'est pas moins réel en matière civile que criminelle, même si ce sont des intérêts pécuniaires et non la liberté personnelle qui sont en jeu. Un «procès kafkaïen[164]», quelle que soit sa nature, est toujours la négation d'un principe fondamental de justice.

(c) Domaines d'application

C'est évidemment dans les procédures criminelles et pénales que le droit à l'assistance d'un interprète a trouvé le plus couramment occasion d'être invoqué et appliqué[165]. Traditionnellement, la jurisprudence a d'ailleurs relié le droit à l'interprète avec le droit ou l'obligation de présence de l'accusé à son procès. C'est ainsi que la Cour suprême du Canada dans l'affaire *Ontario (Procureur général) c. Reale*[166] a jugé qu'un accusé, pourtant physiquement présent à son procès, n'était pas présent au sens du paragraphe 650(1) (alors 577(1)) du *Code criminel*, s'il n'était pas en mesure de comprendre la langue des procédures. Cette argumentation rejoint celle qui avait déjà été retenue dans l'arrêt *R. c. Lee Kun* : [TRADUCTION] «La raison pour laquelle l'accusé doit être présent à son procès, y déclarait-on, c'est qu'il puisse entendre la preuve présentée contre lui et avoir l'occasion, après l'avoir entendue, d'y répondre[167].» Or le droit qu'a l'accusé d'être informé de la preuve qui pèse contre lui, ainsi que son droit à une défense pleine et entière, ne sont que des éléments du droit à un procès équitable[168]. Ce droit ne serait pas assuré sans l'intervention d'un interprète, lorsque l'accusé ne comprend pas la langue dans laquelle tout ou partie de l'instance se déroule ou qu'il est atteint de surdité.

---

[163] *Société des Acadiens du Nouveau-Brunswick Inc. c. Association of Parents for Fairness in Education*, [1986] 1 R.C.S. 549, p. 577.

[164] *R. c. Tran*, *supra*, note 159, p. 975. On lira avec intérêt les pages 963 à 977 de cet arrêt où le juge Lamer dégage les objectifs auxquels répond l'article 14 de la *Charte* dans le cadre d'un procès criminel.

[165] Pourtant, le *Code criminel* ne mentionne nulle part l'interprète, si ce n'est à l'annexe à laquelle renvoie le paragraphe 840(1) et qui fixe, entre autres, les «Honoraires et allocations qui peuvent être accordées aux interprètes».

[166] [1975] 2 R.C.S. 624.

[167] *Supra*, note 153, p. 341.

[168] *MacDonald c. Montréal (Ville)*, *supra*, note 161, p. 499. C'est ce que soulignait encore le Conseil privé dans l'arrêt *Kunnath c. The State*, [1993] 4 All E.R. 30, p. 35.

Mais il est clair que l'article 14 de la *Charte* n'a pas été rédigé de façon à ne garantir le droit à l'interprète qu'à l'accusé, comme cela aurait été le cas si on avait énoncé ce droit dans le cadre de l'article 11, qui énumère les droits d'un inculpé. Le droit à l'assistance d'un interprète a, depuis sa consécration dans la *Charte*, une existence indépendante et une application plus large que le seul domaine criminel et pénal. Il n'en reste pas moins que le lien qu'on a établi entre le droit à l'interprète et le droit d'être présent afin de pouvoir se défendre montre bien que ce que l'on cherche à sauvegarder par ce moyen, c'est le droit d'être entendu de façon équitable. C'est pourquoi le droit à l'assistance d'un interprète s'étend à tous les cas où le droit à une audition est expressément ou indirectement (par le droit d'être présent) prévu par la loi, de même qu'à tous les cas où les règles de justice naturelle exigent que la partie soit entendue[169].

C'est bien ainsi que nos tribunaux l'ont compris d'ailleurs dans le passé. Dans *Unterreiner c. La Reine*[170], on a jugé que l'absence d'un interprète compétent pouvait équivaloir à un déni de justice naturelle suffisamment grave pour ordonner la tenue d'un nouveau procès.

En dehors du droit criminel et du droit pénal fédéral et provincial, les enquêtes qui sont tenues en matière d'immigration sont l'un des domaines où le droit à l'assistance d'un interprète trouve régulièrement à s'appliquer[171]. Il est vrai que, depuis longtemps, les textes réglementaires en matière d'enquêtes de l'immigration le prévoient expressément[172]. Aussi n'en est-il que plus significatif de remarquer que nos tribunaux ont quand même considéré que le droit à l'assistance d'un interprète dans de telles enquêtes découlait implicitement de la disposition législative qui exige que «l'arbitre mène l'enquête en public et, dans la mesure du possible, en présence de l'intéressé[173]».

---

[169] *Société des Acadiens du Nouveau-Brunswick Inc.*, *supra*, note 163, p. 622.
[170] (1980), 51 C.C.C. (2d) 373 (C. Co. Ont.), p. 380.
[171] *Leiba c. Canada (Ministre de la Main-d'oeuvre et de l'Immigration)*, [1972] R.C.S. 660; *Weber c. Canada (Ministre de la Main-d'oeuvre et de l'Immigration)*, [1977] 1 C.F. 750 (C.A.); *Ming c. Canada (Ministre de l'Emploi et de l'Immigration)*, [1990] 2 C.F. 336 (C.A.); *Tung c. Canada (Ministre de l'Emploi et de l'Immigration)* (1991), 124 N.R. 388 (C.A.F.); *Ictensev c. Canada (Minister of Employment and Immigration)* (1990), 43 C.R.R. 147 (H.C. Ont.).
[172] *Règlement sur les enquêtes de l'immigration*, C.R.C., ch. 939, art. 4; *Règlement sur l'immigration de 1978*, DORS/78-172, (1978) 112 *Gaz. Can.* II 757, art. 27 et 28; *Règles de la section du statut de réfugié*, DORS/93-45, *(1993) 127 Gaz. Can.* II 662, art. 17; *Règles de la section d'arbitrage*, DORS/93-47, *ibid.*, p. 697, art. 11; *Règles de la section d'appel de l'immigration*, DORS/93-46, *ibid.*, p. 682, art. 16.
[173] *Loi sur l'immigration*, L.R.C. 1985, ch. I-2, par. 29(1), modifié par la *Loi modifiant la Loi sur l'immigration et d'autres lois en conséquence*, L.C. 1992, ch. 49, art. 18. Ce paragraphe 29(1) de la loi actuelle reprend en substance les dispositions du paragraphe 26(1) de la *Loi sur l'immigration*, S.R.C. 1970, ch. I-2, et du paragraphe 29(1) de la *Loi sur l'immigration de 1976*, S.C. 1976-77, ch. 52.

Et, dans *Weber c. Canada (Ministre de la Main-d'oeuvre et de l'Immigration)*, le juge Urie de la Cour d'appel fédérale déclarait :

> La présente espèce ne relève pas du droit pénal mais est plutôt de nature administrative et doit être soumise à un processus quasi judiciaire. Les exigences de l'article 2g) [de la *Déclaration canadienne des droits*] paraissent s'appliquer dans un tel cas et puisque les droits d'une personne sont certainement en cause, le raisonnement de l'arrêt *Reale* paraît applicable à une enquête de cette nature[174].

Et il ajoutait :

> Ce point de vue est renforcé par l'examen de l'article 26(1) de la *Loi sur l'immigration* qui prévoit qu'une enquête spéciale doit avoir lieu en présence de l'intéressé lorsque la chose est possible, tout comme un accusé doit être présent dans un procès criminel[175].

Enfin, dans une instance civile, le droit à l'assistance d'un interprète a aussi pour objet d'assurer au demandeur comme au défendeur l'exercice efficace de leur droit à une «audition juste et entière» de la cause, comme l'a reconnu la Cour supérieure du Québec dans *Labrie c. Machineries Kraft du Québec Inc.*[176]. Dans cette affaire, les services d'un interprète furent requis non pas pour le bénéfice du tribunal, mais pour celui du demandeur qui avait «le droit de comprendre» le témoignage rendu en anglais par un témoin de la défenderesse. En conséquence, déclara la Cour :

> Le procureur du demandeur se devait donc de poser la question en français pour que le demandeur comprenne. Le rôle de l'interprète devenait essentiel pour traduire la question en anglais au témoin, qui avait droit de comprendre cette question avant d'y répondre. [...] [S]a réponse, donnée en anglais, devait ensuite être traduite pour tenir compte du droit du demandeur. Le rôle de l'interprète fut donc essentiel à chaque étape[177].

Cette situation illustre, on ne peut mieux, que le droit garanti à l'article 14 de la *Charte canadienne* est distinct des droits linguistiques que protège par ailleurs la Constitution. Comme l'a établi clairement la Cour suprême

---

[174] *Supra*, note 171, p. 754.
[175] *Id.*
[176] [1984] C.S. 263 (Qué.), p. 275. De même, dans leur ouvrage *The Law of Evidence in Canada*, Toronto, Butterworths, 1992, p. 829, J. Sopinka, S.N. Lederman et A.W. Bryant écrivent que la première chose que doit prendre en considération le juge d'un procès civil pour décider d'autoriser le recours à un interprète, c'est [TRADUCTION] «que le témoin, spécialement lorsqu'il est une partie, ait la possibilité de présenter sa preuve devant la cour aussi complètement et correctement et aussi équitablement et efficacement que le permettent toutes les circonstances».
[177] *Id.* Rappelons que, au Québec, le droit à l'assistance d'un interprète en matière civile est reconnu à l'article 296 du *Code de procédure civile* dont le texte est reproduit plus haut à la note 156, de même qu'à l'article 305 du même *Code*.

du Canada, «ces deux genres de droits sont différents sur le plan des concepts[178]». Les droits linguistiques — droit d'employer le français ou l'anglais —, dont chacun jouit devant les tribunaux du Québec ou du Nouveau-Brunswick ou devant les tribunaux établis par le Parlement, «sont ceux des justiciables, des avocats, des témoins, des juges et autres officiers de justice qui prennent effectivement la parole, *et non ceux des parties ou autres personnes à qui l'on s'adresse*[179]». Au contraire, le droit à l'assistance d'un interprète, c'est le moyen pour les parties «de comprendre ce qui se passe dans le prétoire» et de faire en sorte qu'elles-mêmes et leurs témoins soient compris par le tribunal[180]. Et cela, peu importe la nature du litige, la langue qu'ils utilisent ou le tribunal qui les entend.

(d) L'étendue du droit

Bien que l'article 14 de la *Charte* ne précise pas davantage que l'alinéa 2g) de la *Déclaration* quelle est l'étendue exacte du droit reconnu à la partie et au témoin d'être assistés d'un interprète, elle découle naturellement de la fin pour laquelle le droit lui-même est garanti.

En ce qui concerne le témoin, l'intervention de l'interprète a pour but de rendre intelligible pour le tribunal comme pour les parties au litige le témoignage de celui qui ne peut s'exprimer commodément dans une langue qui soit comprise du juge et, éventuellement, du jury, de l'accusé et du ministère public ou du demandeur et du défendeur. C'est pourquoi un témoin ne pourrait obtenir la traduction de toutes les procédures, mais uniquement de ce qui touche son témoignage même. Il n'existe d'ailleurs aucun précédent en sens contraire.

Mais il en va différemment de l'accusé ou, plus généralement, d'une partie dans une procédure, en raison même de ce qui sous-tend son droit à l'assistance d'un interprète. C'est un droit qu'il doit pouvoir exercer pendant l'ensemble des procédures[181]. En effet, pour celui qui est partie dans une instance, que ce soit en qualité d'accusé, de demandeur ou de défendeur, ou de personne faisant l'objet d'une enquête, son droit à un procès ou à une audition juste et équitable implique qu'il a le droit de comprendre tout ce qui est dit par les témoins, les avocats, le juge, l'arbitre ou l'enquêteur; qu'il

---

[178] *MacDonald c. Montréal (Ville)*, *supra*, note 156 p. 500. Voir aussi l'arrêt *Société des Acadiens du Nouveau-Brunswick*, *supra*, note 163, pp. 574 et 577.

[179] *MacDonald c. Montréal (Ville)*, *supra*, note 156, p. 483. Italique ajouté.

[180] *Ibid.*, p. 499; et *Société des Acadiens du Nouveau-Brunswick Inc.*, *supra*, note 163, p. 577.

[181] Dans *R. c. Reale* (1974), 13 C.C.C. (2d) 345, p. 349, la Cour d'appel de l'Ontario déclarait : «In our opinion, the right not to be deprived of the assistance of an interpreter when the circumstances require such assistance extends to every essential part of the proceedings.»

a le droit de se défendre ou d'être entendu et de donner ses instructions à son avocat en conséquence[182].

C'est pourquoi selon la jurisprudence, même antérieure à la *Charte*, celui qui est partie dans une procédure quelconque doit être en mesure d'en suivre toutes et chacune des étapes. Et les mots mêmes dans lesquels la garantie de l'article 14 est formulée confirment cette position. C'est ainsi que, dans un litige civil, le demandeur ou le défendeur peut réclamer l'assistance d'un interprète non seulement au cours du procès lui-même, mais dans une procédure préliminaire telle qu'un interrogatoire préalable[183]. De même, pour un inculpé, le droit à un interprète doit être reconnu à toutes les phases de la procédure, qu'il s'agisse de l'inculpation à laquelle l'accusé doit plaider[184], de l'enquête préliminaire[185], d'un *voir dire*[186], de l'exposé du juge au jury[187] ou de l'audition sur sentence[188]. Il en va de même des plaidoiries relatives à l'admissibilité d'une preuve[189] ou d'un interrogatoire de jurés par le juge pour vérifier s'ils sont partiaux[190].

En revanche, l'article 14 de la *Charte* ne serait pas violé si l'absence d'interprétation ne touchait qu'«une question purement administrative ou logistique», comme le fait de prévoir un ajournement[191].

Pour décider si la garantie de l'article 14 est applicable parce qu'il s'agit d'une phase ou d'une étape du procès qui fait partie des «procédures» mêmes, le juge en chef Lamer, se plaçant dans le contexte d'un procès criminel, adopte le critère suivant : s'agit-il d'un événement susceptible de

---

[182] *R. c. Berger* (1975), 27 C.C.C. (2d) 357, p. 375 (C.A. C.B.); *R. c. Tsang* (1985), 27 C.C.C. (3d) 365, p. 370 (C.A. C.B.); *Labrie c. Machineries Kraft du Québec Inc.*, *supra*, note 176, p. 275.

[183] *Ferncraft Leather Inc. c. Roll, Harris, Hersh & Dainow*, J.E. 79-321 (C.A. Qué.), rapporté dans : J. DESCHÊNES, *Ainsi parlèrent les tribunaux... : conflits linguistiques au Canada, 1968-1980*, Montréal, Wilson et Lafleur, 1980, vol. I, p. 483. Cette affaire a cependant été décidée sur la base de l'article 305 du *Code de procédure civile* du Québec.

[184] *MacDonald c. Montréal (Ville)*, *supra*, note 156, p. 498; *R. c. Karas* (1961), 131 C.C.C. 414 (C.A. C.B.). *Contra : Gondariz c. La Reine*, [1972] C.A. 807 (Qué); voir cependant l'opinion dissidente du juge Deschênes, pp. 809-814.

[185] *Blentzas c. La Reine*, (C.A. N.-É., 1983, rapporté dans : R.M. McLEOD (dir.), *The Canadian Charter of Rights : The Prosecution and Defence of Criminal and Other Statutory Offences*, Toronto, Carswell, 1983, par. 22.4.

[186] *R. c. Petrovic* (1984), 13 C.C.C. (3d) 416 (C.A. Ont.).

[187] *Ontario (Procureur général) c. Reale*, *supra*, note 166.

[188] La Cour suprême du Canada a en effet reconnu dans *R. c. Gardiner*, [1982] 2 R.C.S. 368, p. 414, que «la détermination de la sentence constitue une étape décisive du système de justice pénale»; et, dans *Lowry et Lepper c. La Reine*, [1974] R.C.S. 195, que l'accusé a le droit d'être entendu à cette étape. Voir aussi *Schofield c. La Reine* (1977), 36 C.R.N.S. 135 (C.A. N.-B.).

[189] *Meunier c. La Reine* (1965), 48 C.R. 14 (C.A. Qué.), confirmé par [1966] R.C.S. 399; *R. c. Grimba* (1980), 56 C.C.C. (2d) 570 (C.A. Ont.).

[190] *R. c. Hertrich* (1982), 67 C.C.C. (2d) 510 (C.A. Ont.).

[191] *R. c. Tran*, *supra*, note 159, p. 993.

«faire progresser l'affaire», d'«un événement ayant des conséquences sur les droits procéduraux et substantiels des parties[192]»? C'est là, nous semble-t-il, une façon d'aborder la question de l'étendue du droit à l'assistance d'un interprète qui peut aisément être transposée aux situations où les procédures sont de nature civile ou administrative, plutôt que de nature criminelle ou pénale.

Par ailleurs, l'article 14 de la *Charte* ne peut viser la phase pré-judiciaire du procès criminel ou pénal, alors qu'il n'y a pas, à proprement parler, de «partie». Cependant, par interprétation de l'alinéa 10*a*) de la *Charte*, il est évident que celui qui est arrêté ou détenu et qui n'est pas encore «partie» à une procédure pénale a également droit aux services d'un interprète, le cas échéant, dans la mesure où cette disposition lui reconnaît «le droit [...] d'être informé dans les plus brefs délais des motifs de son arrestation ou de sa détention»; car, comment pourrait-on prétendre s'acquitter de ce devoir d'information, si l'information n'est pas traduite dans une langue comprise par la personne arrêtée ou détenue[193]?

Le droit à l'assistance d'un interprète est, en raison de son objet, un droit si fondamental qu'on ne considérera pas qu'il est respecté lorsqu'on a recours à des solutions de remplacement, comme de résumer un témoignage ou de remettre ultérieurement à la personne une traduction d'une partie de la procédure qu'elle ne pouvait comprendre[194]. On ne saurait non plus ignorer le droit à l'interprète sous le prétexte que la preuve testimoniale n'est ni longue ni complexe[195] ou que l'intervention d'un interprète ralentirait la marche de la procédure ou causerait quelque autre inconvénient, comme de réduire l'efficacité d'un contre-interrogatoire[196]. C'est pourquoi, dans l'arrêt *Ontario (Procureur général) c. Reale*[197], la Cour suprême du Canada a eu raison d'ordonner un nouveau procès au motif que le juge de

---

[192] *Ibid.*, p. 993-994.
[193] Voir par analogie *R. c. Tanguay* (1984), 27 M.V.R. 1 (C.Co. Ont.), qui porte sur l'obligation d'informer, en vertu de l'alinéa 10*b*) de la *Charte*, la personne arrêtée dans une langue qu'elle comprend.
[194] *R. c. Tran, supra*, note 159, p. 987. Cette affaire est précisément un cas où l'interprète, appelé comme témoin, n'a que résumé en vietnamien son témoignage donné en anglais. Voir aussi : *Weber c. Canada (Ministre de la Main-d'oeuvre et de l'Immigration), supra*, note 171, p. 753; *R. c. Petrovic, supra*, note 186, p. 422.
[195] Cette justification avait été donnée par la Cour d'appel du Québec dans *R. c. Sadjade* (1982), 67 C.C.C. (2d) 189, p. 191, mais la décision a été infirmée par la Cour suprême qui a ordonné un nouveau procès, [1983] 2 R.C.S. 361.
[196] G.J. STEELE, «Court Interpreters in Canadian Criminal Law», (1992) 34 *Crim. L.Q.* 218, pp. 227-228. L'opinion contraire exprimée par Sopinka, Lederman et Bryant, *supra*, note 176, pp. 829-830, nous paraît mal fondée. Ces auteurs manifestent d'ailleurs une attitude très restrictive sur à peu près toutes les questions reliées au droit à l'assistance d'un interprète en matière civile en se fondant sur la common law et sans tenir compte véritablement de l'existence de la garantie constitutionnelle.
[197] *Supra*, note 166.

première instance avait violé l'alinéa 2g) de la *Déclaration* en suspendant, au moment de son exposé au jury, l'interprétation dont l'accusé avait pourtant bénéficié depuis le début de son procès. Tout en reconnaissant que le juge pouvait être justifié de craindre que l'attention des jurés ne soit distraite par l'action de l'interprète, il aurait dû, précisa-t-on, recourir à quelque autre moyen pour atteindre le but recherché.

(e) L'exercice du droit

La question de savoir si la partie ou le témoin possède ou non une connaissance de la langue employée qui est suffisante pour lui permettre de suivre les procédures laisse nécessairement place à l'exercice d'une certaine discrétion judiciaire[198]. Et, il faut l'admettre, certains de nos tribunaux ont parfois, dans le passé, exercé cette discrétion d'une manière qui paraît fort critiquable[199]. Malgré l'absence de critères précis, l'existence d'une garantie de nature constitutionnelle devrait être maintenant susceptible de favoriser le plein exercice du droit de celui qui demande à bénéficier des services d'un interprète. À cet égard, le juge Lamer dans l'arrêt *Tran*[200], invoquant justement le fait que le droit à l'assistance d'un interprète est maintenant élevé au rang de norme constitutionnelle, adresse aux tribunaux une double invitation, en disant qu'ils «devraient être généreux et avoir l'esprit ouvert lorsqu'ils évaluent le besoin d'un accusé de recourir à l'assistance d'un interprète[201]»; et qu'ils doivent «aborder la question du *besoin* d'un interprète avec sensibilité et compréhension[202]». On aura, bien sûr, toujours raison de refuser les services d'un interprète lorsqu'il est clair et évident que la demande est faite de mauvaise foi[203]. Mais, comme l'a reconnu la Cour d'appel de l'Ontario, les preuves doivent être très fortes pour qu'un juge soit justifié de conclure que la requête n'est pas faite de bonne foi[204],

---

[198] *Ferncraft Leather Inc. c. Roll, Harris, Hersh & Dainow*, *supra*, note 183; *Malartic Hygrade Gold Mines (Québec) Ltd. c. Québec*, [1983] C.S. 953 (Qué), p. 958.

[199] Dans *Sodowski c. La Reine*, [1963] B.R. 677 (Qué), le juge avait rejeté la prétention de l'accusé à l'effet qu'il ne connaissait ni le français ni l'anglais au motif que résidant au Canada depuis plusieurs années, il avait certainement eu l'occasion d'apprendre les rudiments de l'une des deux langues officielles. La Cour d'appel du Québec rejeta l'appel, bien que l'accusé lors de son procès n'était pas représenté par avocat. Dans *Gondariz c. La Reine*, *supra*, note 184, la Cour d'appel a rejeté le pourvoi d'une accusée qui ne comprenait ni le français ni l'anglais et contre qui on enregistra un plaidoyer de culpabilité à une inculpation qui lui avait été lue en français seulement. Voir aussi l'affaire *Sadjade*, *supra*, note 195.

[200] *Supra*, note 159.

[201] *R. c. Tran*, *supra*, note 159, p. 980.

[202] *Ibid.*, p. 983.

[203] *Ibid.*, pp. 979 et 984; *R. c. Kent* (1986), 27 C.C.C. (3d) 405 (C.A. Man.).

[204] *R. c. Petrovic*, *supra*, note 186, p. 423, cité avec approbation dans *R. c. Tran*, *supra*, note 159, p. 984.

car on doit considérer comme étant légitime le désir d'un témoin «de s'exprimer dans la langue qu'il connaît le mieux, normalement sa langue maternelle[205]».

Il n'existe normalement aucune obligation de la part du juge d'informer les parties ou les témoins qu'ils possèdent le droit de recourir à l'assistance d'un interprète. Toutefois, une telle assistance devrait être fournie, même en l'absence de toute demande en ce sens, dès qu'il apparaît à la cour qu'elle pourrait être utile[206], car, comme le soulignait le juge en chef Lamer, «les tribunaux ont la responsabilité indépendante d'assurer l'équité de leurs procédures et leur conformité avec les principes de justice naturelle[207]».

Il n'est pas non plus souhaitable, à moins que, par exemple, la demande n'aie l'apparence d'être frivole, que la cour entreprenne de vérifier le degré de capacité d'une partie ou d'un témoin de parler ou de comprendre la langue employée[208]. À partir de quel niveau, en effet, celui qui parle ou comprend une langue imparfaitement ou avec difficultés perd-il le droit que l'article 14 de la *Charte* garantit[209]? Il y a au surplus beaucoup de sagesse dans la remarque que faisait le juge Lacourcière dans l'arrêt *Petrovic*[210], selon laquelle une personne, tout en étant capable d'utiliser et de comprendre une langue suffisamment pour les besoins de la vie courante, peut néanmoins n'être pas en mesure de suivre les procédures sans l'aide d'un interprète, lorsqu'elle est impliquée dans une instance judiciaire quelconque, dont l'issue aura pour elle des conséquences graves. Et cela est vrai même dans les cas où sa liberté n'est pas en jeu.

Il va de soi que le droit à l'assistance d'un interprète signifie implicitement le droit, pour la partie ou le témoin, d'exiger que l'interprète soit compétent[211] et impartial, sans quoi l'exercice de ce droit serait compromis et n'atteindrait pas les fins pour lesquelles il est reconnu[212]. Et c'est au juge de s'assurer que l'interprète choisi possède ces qualités de compétence et

---

[205] *Roy c. Hackett* (1987), 45 D.L.R. (4th) 415, p. 427 (C.A. Ont.).
[206] *R. c. Tran*, *supra*, note 159, p. 981; *R. c. Tsang*, *supra*, note 182, pp. 371-372; *Butcher c. La Reine*, [1990] R.L. 621 (C.A. Qué.); *116845 Canada Inc. c. Québec (Régie des permis d'alcool)*, [1991] R.J.Q. 1655 (C.S.).
[207] *R. c. Tran*, *supra*, note 159, p. 981.
[208] *R. c. Petrovic*, *supra*, note 186, p. 423; *R. c. Tsang*, *supra*, note 182, p. 371. Voir également : *Serrurier c. Ottawa (City)* (1983), 42 O.R. (2d) 321 (C.A.).
[209] *R. c. Tran*, *supra*, note 159, p. 983. Voir les remarques judicieuses de G.J. STEELE, *supra*, note 196, pp. 226-227, sur les difficultés d'évaluation de la capacité linguistique d'une personne.
[210] *R. c. Petrovic*, *supra*, note 186, p. 423.
[211] C.J. WYDRZYNSKI, *Canadian Immigration Law and Procedure*, Aurora, Canada Law Book, 1983, pp. 476-478. Dans *Leiba c. Canada (Ministre de la Main-d'oeuvre et de l'Immigration)*, *supra*, note 171, l'appelant qui parlait roumain, yiddish et hébreu, a été assisté d'un interprète ne parlant qu'anglais et allemand.
[212] *R. c. Tran*, *supra*, note 159, pp. 988 et 989.

d'impartialité[213]. Pourtant, comme le faisait remarquer le juge dans l'affaire *Unterreiner c. La Reine*[214], c'est une question sur laquelle il n'existe guère de décisions judiciaires sur lesquelles on puisse s'appuyer[215]. Il est toutefois évident qu'il ne revient ni au juge, ni aux avocats de l'une des parties de jouer le rôle d'interprète, quelles que soient par ailleurs leurs connaissances linguistiques et leur habileté à agir avec impartialité[216]; pas plus qu'un témoin ne doit être admis à traduire lui-même son témoignage pour le bénéfice de l'une des parties[217]. On aurait aussi raison de mettre en doute l'impartialité de l'interprète qui aurait des liens de parenté ou d'intérêt avec l'une des parties[218].

---

[213] Dans *Unterreiner c. La Reine, supra*, note 170, on affirme qu'il aurait fallu procéder à une enquête sur la compétence de l'interprète avant de l'assermenter. De même, dans *Ming c. Canada (Ministre de l'Emploi et de l'Immigration), supra*, note 171, la Cour d'appel fédérale affirme que, devant les difficultés évidentes du requérant à comprendre l'interprète, l'arbitre aurait dû tenir une enquête sur la compétence de l'interprète à parler le dialecte chinois que Mind était en mesure de comprendre. Voir aussi : *R. c. La* (1992), 12 C.R. (4th) 382 (C.P. Man.).

[214] *Supra*, note 170, p. 379

[215] La question des frais occasionnés par le recours à un interprète est aussi une question sur laquelle les tribunaux ont rarement eu l'occasion de s'arrêter. Dans *Labrie c. Machineries Kraft du Québec Inc., supra*, note 176, p. 275, on a décidé que : «En l'absence d'une législation spécifique ou d'une directive gouvernementale déclarant que les frais sont absorbés par le pouvoir public», les frais de l'interprète suivent le sort de la cause et ne sont donc pas nécessairement à la charge de la partie qui le requiert. Dans *Wyllie c. Wyllie* (1987), 37 D.L.R. (4th) 376 (C.S. B.C.), le juge émet l'opinion que dans un procès civil les frais de l'interprète pourraient peut-être être à la charge de la cour si la partie est impécunieuse. Voir aussi : *Marshall c. Gorge Vale Golf Club* (1987), 39 D.L.R. (4th) 472 (C.S. B.C.). On peut souligner qu'au Québec, la *Charte des droits et libertés de la personne*, L.R.Q., c. C-12, art. 36, prévoit que l'assistance d'un interprète doit être fournie *gratuitement* à tout accusé qui ne comprend pas la langue employée à l'audience ou qui est atteint de surdité. Bien que l'article 14 de la *Charte canadienne* ne garantisse pas expressément la gratuité, plusieurs auteurs estiment que l'État devrait supporter les frais de l'interprète soit dans tous les cas, soit dans certaines circonstances seulement. Voir à ce sujet : P.W. HOGG, *Canada Act 1982 Annotated*, Toronto, Carswell, 1982, p. 49; M. MANNING, *Rights, Freedoms and the Courts : A Practical Analysis of the Constitutional Act, 1982*, Toronto, Émond-Montgomery, 1983, p. 458; et D.C. McDONALD, *Legal Rights in the Canadian Charter of Rights and Freedoms : A Manual of Issues and Sources*, Calgary, Carswell, 1982, pp. 125-126; G.J. STEELE, *supra*, note 196, pp. 234-235. Il n'est d'ailleurs pas impossible de soutenir que la gratuité découle de la garantie constitutionnelle dans la mesure où une personne pourrait être incitée à renoncer à son droit à l'interprète en raison des frais engendrés, ce qui revient à affaiblir la garantie constitutionnelle elle-même.

[216] Voir ce qu'écrit à ce sujet le juge Kaufman dans *R. c. Sadjade, supra*, note 195, p. 191; et *Turkiewicz c. La Reine* (1979), 10 C.R. (3d) 352 (C.A. Ont.), p. 362.

[217] *R. c. Petrovic, supra*, note 186, pp. 422-423. Exceptionnellement cependant, dans *R. c. Tran, supra*, note 159, il pouvait en aller autrement compte tenu du fait que c'est l'interprète lui-même qui était appelé à témoigner.

[218] *Unterreiner c. La Reine, supra*, note 170, p. 380.

(f) La renonciation au droit

La question de savoir si une partie peut renoncer au droit que lui garantit l'article 14 de la *Charte* ne peut recevoir une réponse simple et sans nuances. Il faut, en effet, garder à l'esprit que ce droit est, comme l'a affirmé la Cour suprême, «un aspect du droit à un procès équitable[219]»; et que, au surplus, il est l'un des éléments constitutifs des «principes de justice fondamentale» dont parle l'article 7 de la *Charte*[220]. On se souviendra également de ce qu'écrivait la juge Wilson, au nom de la majorité de la Cour, dans l'arrêt *Clarkson c. La Reine*[221] au sujet de la renonciation au droit à l'assistance d'un avocat prévu à l'alinéa 10*b*) de la *Charte*. Elle y rappelait notamment que, dans l'arrêt *Korponey*[222], la Cour suprême avait déclaré que, pour qu'une renonciation à une garantie légale en matière de procédure soit valide, «il faut qu'il soit bien clair que la personne renonce au moyen de procédure conçu pour sa protection et qu'elle le fait en pleine connaissance des droits que cette procédure vise à protéger et de l'effet de la renonciation sur ces droits au cours de la procédure[223]».

On admettra donc, en principe, qu'une partie dans une procédure puisse valablement renoncer à son droit constitutionnel d'être assistée d'un interprète, à la condition que cette renonciation soit volontaire et sans équivoque. Il faut de plus, précise le juge Lamer, du moins lorsqu'il s'agit d'un procès criminel, que l'accusé renonce personnellement à son droit à l'assistance d'un interprète[224]. Mais il paraît difficile d'admettre que celui qui n'est pas assisté d'un avocat puisse y renoncer valablement[225]. C'est même tout simplement impossible dans une procédure pénale où l'absence d'interprète aurait pour effet de priver l'accusé de son droit à une défense pleine et entière et de faire en sorte qu'il ne serait pas réellement présent à son procès[226]. Les mêmes considérations ne jouent pas dans une instance civile. Toutefois, avant d'accepter une renonciation de la part de celui qui n'est pas représenté par avocat, le tribunal devrait s'assurer que la partie qui renonce à son droit fonde sa décision «sur une appréciation véritable des conséquences» de son geste[227].

---

[219] *MacDonald c. Montréal (Ville)*, *supra*, note 161, pp. 499-500.
[220] *Renvoi relatif à la Motor Vehicle Act (C.B.)*, *supra*, note 113, pp. 502-503; *R. c. Tran*, *supra*, note 159, p. 996.
[221] *Supra*, note 117, pp. 394-396.
[222] *Korponey c. Canada (Procureur général)*, [1982] 1 R.C.S. 41.
[223] *Ibid.*, p. 49. Voir aussi : *R. c. Evans*, [1991] 1 R.C.S. 869, pp. 892-894.
[224] *R. c. Tran*, *supra*, note 159, p. 997 : «[...] à moins que l'avocat de l'accusé ne connaisse la langue de ce dernier ou n'ait communiqué avec l'accusé par l'intermédiaire d'un interprète avant de se présenter devant le tribunal, et qu'il convainque ce dernier que la nature du droit et l'effet de la renonciation sur ce droit ont été expliqués à l'accusé.»
[225] C.-A. SHEPPARD, «Droit à l'interprète», (1964) 24 *R. du B.* 148.
[226] *R. c. Tran*, *supra*, note 159, p. 996.
[227] *Clarkson c. La Reine*, *supra*, note 117, p. 396.

(g) La réparation en cas de violation

En l'absence de renonciation valide, toute privation du droit à l'assistance d'un interprète au cours d'une procédure quelconque peut donner lieu à un recours aux termes du paragraphe 24(1) de la *Charte canadienne*. Et il n'y a pas lieu, pour décider si le droit a été effectivement violé, de se livrer après coup à des conjectures sur la question de savoir si l'absence d'interprétation ou une interprétation défectueuse a eu ou non des conséquences sur le déroulement ou l'issue du procès[228]. Comme l'affirme avec raison la Cour suprême dans l'arrêt *Tran* : «... la *Charte* proclame en fait que le refus de fournir une bonne interprétation pendant que l'affaire progresse est *préjudiciable en soi* et viole l'art. 14[229]».

Dans la plupart des cas, la seule réparation convenable et juste consistera à annuler la déclaration de culpabilité ou le jugement de première instance et à ordonner la tenue d'un nouveau procès ou d'une nouvelle audition, puisqu'il n'y a ordinairement pas d'autre moyen d'accorder à la partie dont le droit a été violé le bénéfice d'une audition équitable. Il en est ainsi dans un procès tant civil[230] que criminel[231], dans une enquête administrative[232] ou devant un tribunal d'arbitrage[233]. La sanction est aussi la même, peu importe que la violation du droit à l'interprète ait été totale ou partielle seulement. Toutefois, lorsqu'un accusé n'a été privé de son droit à l'interprète que pendant l'audition sur la détermination de la peine, il n'y a évidemment pas lieu d'annuler la condamnation même. La juridiction d'appel se limitera à ordonner une nouvelle audition sur la question.

Mais en plus du préjudice en soi qui résulte du seul fait de s'être vu refuser l'exercice du droit à l'assistance d'un interprète, la violation de l'article 14 de la *Charte* peut aussi entraîner un préjudice réel qui commande une réparation additionnelle, aux termes du paragraphe 24(1), comme d'accorder, à celui qui doit faire face à un nouveau procès ou à une nouvelle audition, des dommages-intérêts destinés à compenser les coûts qu'entraînera pour lui la reprise des procédures[234].

---

[228] *R. c. Tran*, *supra*, note 159, pp. 994-995.

[229] *Ibid.*, p. 995. Italique ajouté.

[230] *Serrurier c. Ottawa (City)*, *supra*, note 208.

[231] *Ontario (Procureur général) c. Reale*, *supra*, note 166; *Sadjade c. La Reine*, [1983] 2 R.C.S. 361; *R. c. Tran*, *supra*, note 159, où la Cour souligne (pp. 1008-1009) qu'il n'y a pas lieu d'appliquer les sous-alinéas 686(1)*b*)(iii) et (iv) du *Code criminel*, la violation de l'article 14 de la *Charte* étant une erreur de droit grave.

[232] *Leiba c. Canada (Ministre de la Main-d'oeuvre et de l'Immigration)*, *supra*, note 171; *Ming c. Canada (Ministre de l'Emploi et de l'Immigration)*, *supra*, note 171; *116845 Canada Inc. c. Québec (Régie des permis d'alcool du Québec)*, *supra*, note 206; *Ictensev c. Canada (Minister of Employment and Immigration)*, *supra*, note 171.

[233] *Roy c. Hackett*, *supra*, note 205.

[234] Cette possibilité est évoquée clairement par la Cour suprême dans l'arrêt *R. c. Tran*, *supra*,

4. LE DROIT DE N'ÊTRE PAS JUGÉ PLUS D'UNE FOIS POUR LA MÊME INFRACTION

L'article 11 de la *Charte canadienne des droits et libertés* énonce à l'alinéa *h*) que :

> Tout inculpé a le droit :
>
> [...]
>
> h) d'une part de ne pas être jugé de nouveau pour une infraction dont il a été définitivement acquitté, d'autre part de ne pas être jugé ni puni de nouveau pour une infraction dont il a été définitivement déclaré coupable et puni.

Cette disposition garantit à tout inculpé qui a antérieurement été acquitté ou condamné le droit de n'être pas jugé de nouveau pour la même infraction[235]. C'est la règle du double péril (en anglais, *double jeopardy*) qu'il est fréquent de désigner par la maxime *nemo debet bis puniri pro uno delicto* ou par l'expression *non bis in idem*[236]. L'ancienneté de la règle, sinon celle de son respect, en *common law* comme dans les autres systèmes juridiques, n'est plus à démontrer[237]; et on a même dit à son sujet que : «No other procedural doctrine is more fundamental or all-pervasive[238]». On se plaît aussi souvent à citer ce qu'en écrivait le juge Rand de la Cour suprême du Canada :

> At the foundation of criminal law lies the cardinal principle that no man shall be placed in jeopardy twice for the same matter[239].

Pourtant, en dépit de ce caractère aussi fondamental qu'ancien de la règle de *common law*, en dépit aussi du fait que le Cinquième amendement du *Bill of Rights* américain ait depuis longtemps consacré cette même règle[240], la *Déclaration canadienne des droits* ne la mentionne pas parmi les garanties procédurales énumérées à son article 2. Tout au plus pourrait-on considérer qu'elle fait partie de ce que vise implicitement l'alinéa 2*d*) en

---

note 159, p. 1010. On doit penser que c'est alors l'État qui devrait être condamné à payer les dommages-intérêts en question.

[235] On retrouve la même garantie énoncée au paragraphe 7 de l'article 14 du *Pacte international relatif aux droits civils et politiques* : «Nul ne peut être poursuivi ou puni en raison d'une infraction pour laquelle il a déjà été acquitté ou condamné par un jugement définitif conformément à la loi et à la procédure pénale de chaque pays.»

[236] M.L. FRIEDLAND, *Double Jeopardy*, Oxford, Clarendon Press, 1969, pp. 6 et 15.

[237] *Ibid.*, pp. 5-16.

[238] *Ibid.*, p. 3.

[239] *R. c. Cullen*, [1949] R.C.S. 658, p. 668.

[240] «[...] nor shall any person be subject for the same offence to be twice put in jeopardy of life or limb».

parlant de «toute garantie d'ordre constitutionnel[241]»; mais la jurisprudence ne nous offre pas d'exemple d'une telle application.

Dans sa formulation traditionnelle, la règle qui interdit le double péril permet à celui qui est accusé d'une infraction pour laquelle il a déjà été acquitté ou déclaré coupable d'éviter d'être mis une autre fois en péril d'être condamné. Cette règle trouve son expression procédurale dans un moyen de défense spécial : le plaidoyer d'*autrefois acquit* ou *autrefois convict*[242]. Mais dans le langage juridique contemporain, le concept de double péril recouvre un nombre d'hypothèses ou de situations beaucoup plus larges et plus diversifiées que le cas de celui qui est plus d'une fois accusé de la même infraction[243]. Le concept n'est plus limité à son cadre étroit traditionnel ni n'est mis en oeuvre par les seuls plaidoyers d'*autrefois acquit* ou *autrefois convict*. Depuis un quart de siècle environ, les tribunaux tant en Angleterre qu'au Canada ont donné une interprétation extensive au concept et ont reconnu notamment l'application de moyens de défense tels que la chose jugée comme fin de non-recevoir (*issue estoppel*) ou la règle prohibant des condamnations multiples[244]. Aussi ne peut-on examiner la portée de la garantie formulée à l'alinéa 11*h*) de la *Charte* en faisant abstraction des développements plus ou moins récents qu'a reçus la notion de double péril en *common law*.

Mais avant même de procéder à cet examen, il faut souligner que la garantie constitutionnelle s'applique, bien entendu, autant en droit pénal provincial ou fédéral qu'en droit criminel proprement dit; et que rien dans le libellé de l'alinéa 11*h*) ne vient limiter son application à un seul des deux types d'infractions que connaît notre droit criminel : les infractions punissables par voie de mise en accusation et celles punissables par déclaration sommaire de culpabilité[245].

---

[241] La version anglaise, qui utilise les mots «*Other constitutional safeguards*», se prête mieux à pareille interprétation compte tenu de la nature des autres guaranties énumérées dans ce même alinéa *d*).

[242] Paragraphe 607(1) du *Code criminel*.

[243] *R. c. Van Rassel*, [1990] 1 R.C.S. 225, p. 233.

[244] *Kienapple c. La Reine*, [1975] 1 R.C.S. 729; *R. c. Prince*, [1986] 2 R.C.S. 480. Sur ces développements récents, on peut consulter notamment : P. BÉLIVEAU et D. LABRÈCHE, «L'élargissement du concept de ''double jeopardy'' en droit pénal canadien : de *bis puniri à bis vexari*», (1977) 37 *R. du B.* 589; H. LEONOFF et D. DEUTSCHER, «*Le plaidoyer et les problèmes connexes*», dans V. DEL BUONO (dir.), *Procédure pénale au Canada*, Montréal, Wilson et Lafleur/SOREJ, 1983, p. 267, pp. 286 et suiv.; R.E. SALHANY, *Canadian Criminal Procedure*, 5th ed., Aurora, Canada Law Book, 1989, pp. 223-229.

[245] Les défenses d'*autrefois* qui s'appliquaient en matière sommaire en vertu de la common law (*R. c. Riddle*, [1980] 1 R.C.S. 380) s'y appliquent, depuis 1985, par l'effet de l'article 795 du *Code criminel*.

Mais quel est justement ce droit que garantit à tout inculpé l'alinéa 11*h*) de la *Charte*? La disposition qui le consacre utilise une formulation qui semble en délimiter rigoureusement les contours et la portée.

On y décrit en effet clairement deux situations. La première est celle d'une personne qui a, dans le passé, été définitivement acquittée d'une infraction et qui est accusée subséquemment de la même infraction. La *Charte* lui reconnaît le droit d'empêcher qu'on ne la juge de nouveau pour cette infraction. La seconde est celle d'une personne qui, dans le passé, a été définitivement déclarée coupable et punie pour une infraction et qui est accusée subséquemment de la même infraction. La *Charte* lui reconnaît alors le droit d'empêcher qu'on ne la juge ou qu'on ne la punisse de nouveau pour cette infraction.

Comme on peut le constater, la formulation de l'alinéa 11*h*) est telle qu'elle ne garantit à un accusé le recours à ce moyen de défense spécial que dans le cas où sont réunies deux conditions : (1) d'une part, que les infractions reprochées soient identiques[246], ce qui implique à la fois l'identité des incriminations et l'identité de cause (c'est-à-dire que les infractions identiques portent sur un même objet dans une même transaction criminelle); et (2) d'autre part, que le procès antérieur se soit terminé soit par un verdict d'acquittement, soit par un verdict de condamnation suivi de l'imposition d'une peine. Or, ces conditions sont beaucoup plus rigoureuses et limitatives que celles dans lesquelles le droit criminel canadien admet le recours aux plaidoyers d'*autrefois acquit* ou d'*autrefois convict*.

(a) Identité des infractions

Comme l'alinéa 11*h*) parle spécifiquement du droit d'un inculpé «de ne pas être jugé de nouveau pour *une infraction dont* il a été définitivement acquitté [ou] *dont* il a été définitivement déclaré coupable et puni», il semble ne garantir le recours aux plaidoyers d'*autrefois* que dans les cas où la poursuite subséquente porte exactement sur la même infraction que celle dont l'accusé a été acquitté ou puni. La formulation ne paraît donc pas susceptible de couvrir facilement la notion plus souple d'identité des infractions que nous connaissons ni les critères consacrés par la loi ou par la *common law* pour juger s'il existe entre deux infractions une telle identité. Sur cette question, le *Code criminel* lui-même a édicté certaines règles qui vont bien au-delà de ce que visent les mots que l'alinéa 11*h*) utilise et, par conséquent, de ce qui semble constitutionnellement garanti par cette disposition dont la Cour suprême a dit que «son application doit être déterminée en considérant [son] libellé»[247].

---

[246] *R. c. Shubley*, [1990] 1 R.C.S. 3, p. 15.
[247] *R. c. Van Rassel, supra*, note 243, p. 233.

Il en est ainsi tout d'abord de l'alinéa 609(2)a) du *Code criminel* qui prévoit spécifiquement que l'on doit juger de la recevabilité des plaidoyers d'*autrefois acquit* ou *convict* en appliquant ce qu'il est convenu d'appeler le *In peril test*[248]. Rien non plus ne garantit les règles par lesquelles le *Code criminel* atténue l'exigence de l'identité des incriminations : d'une part, le paragraphe 609(1) du *Code criminel* qui donne ouverture aux plaidoyers d'*autrefois*, lorsque l'infraction dont une personne est accusée est une infraction moindre et incluse dans celle dont l'accusé a déjà eu à répondre; d'autre part, le paragraphe 610(1) du *Code criminel* qui permet d'opposer une fin de non-recevoir à une accusation subséquente, lorsque l'infraction reprochée ne diffère de la précédente que par des éléments d'aggravation. Enfin, il faut en dire autant des dispositions particulières du *Code criminel* en matière d'homicide (paragraphes 610(2), (3) et (4) du *Code criminel*).

Il est toutefois possible que, si ces règles ou quelques-unes d'entre elles ne sont pas garanties par l'alinéa 11*h*), on puisse néanmoins décider qu'elles font partie des principes de justice fondamentale et qu'elles sont protégées par le moyen de l'article 7 de la *Charte*, du moins lorsque le droit à la vie, à la liberté ou à la sécurité de la personne est en cause[249].

Compte tenu des termes de l'alinéa 11*h*), il est évident que cette disposition ne peut être d'aucun secours pour celui qui est accusé de deux infractions différentes. Comme on l'a affirmé dans *R. c. Krug*, cette disposition de la *Charte* ne s'applique que [TRADUCTION] «si les infractions en cause sont identiques en ce qu'elles comportent les mêmes éléments et constituent une seule et même infraction résultant du même ensemble de circonstances[250]. C'est pourquoi il n'y a aucune violation de la garantie constitutionnelle dans le fait qu'une personne, condamnée pour tentative de meurtre par exemple, soit accusée et condamnée pour avoir utilisé une arme à feu lors de la perpétration du même acte criminel[251]; ou dans le fait d'être condamné à la fois pour refus de fournir un échantillon d'haleine et pour conduite avec facultés affaiblies[252].

L'exigence d'une stricte identité des infractions que pose clairement l'alinéa 11*h*) a pareillement pour effet de laisser en dehors de la portée de cette disposition les défenses de chose jugée comme fin de non-recevoir (*issue estoppel*) et la règle prohibant des condamnations multiples[253]. Dans

---

[248] M.L. FRIEDLAND, *supra*, note 236, pp. 101-109.

[249] Voir par analogie ce qu'écrit le juge La Forest dans *Canada c. Schmidt*, *supra*, note 30, pp. 520-529.

[250] (1984), 7 C.C.C. (3d) 324, p. 331-332 (C. Dist. Ont.) et p. 337 (C.A.), confirmé pour d'autres motifs par [1985] 2 R.C.S. 255.

[251] *R. c. Travers* (1985), 14 C.C.C. (3d) 34 (C.A. N.-E.); *R. c. Morin* (1983), 24 Sask. R. 57 (B.R.).

[252] *R. c. Dacey* (1983), 61 N.S.R. (2d) 255 (C.A.).

[253] C'est, nous semble-t-il, ce qu'admet implicitement l'arrêt *R. c. Van Rassel*, *supra*, note

l'un et l'autre cas, en effet, ces défenses n'ont d'utilité que lorsque les infractions reprochées à une personne sont des infractions différentes. Mais encore là, comme les tribunaux l'ont quelquefois souligné, ces défenses font vraisemblablement partie des principes de justice fondamentale et peuvent être protégées aux termes de l'article 7 de la *Charte*[254].

Il faut souligner enfin l'importante décision rendue par la Cour suprême du Canada dans l'affaire *Wigglesworth*[255] où un officier de la Gendarmerie royale du Canada, reconnu coupable d'une infraction disciplinaire, invoquait l'alinéa 11*h*) de la *Charte* à l'encontre d'une accusation portée aux termes du *Code criminel* et reposant sur les mêmes faits. La décision de la Cour restreint, en principe, la possibilité d'invoquer les droits garantis par l'article 11 aux «personnes que l'État poursuit pour des infractions publiques comportant des sanctions punitives, c.-à-d. des infractions criminelles, quasi criminelles et de nature réglementaire[256]». Toutefois, la personne accusée d'une infraction disciplinaire peut exceptionnellement bénéficier des garanties de l'article 11, lorsqu'il s'agit d'une infraction qui comporte «l'imposition de véritables conséquences pénales», comme c'est le cas en l'espèce. Néanmoins, la Cour, à la majorité, appliquant l'arrêt *R. c. Prince*[257], décide que les infractions disciplinaires sont des infractions séparées et distinctes des infractions criminelles aux fins de la règle du double péril que consacre l'alinéa 11*h*) de la *Charte*; et que, par conséquent, Wigglesworth n'est pas jugé et puni pour la même infraction[258].

C'est en appliquant les critères de l'arrêt *Wigglesworth* que la Cour suprême a décidé, dans l'arrêt *R. c. Shubley*[259], qu'un détenu placé en isolement cellulaire pour avoir assailli un codétenu ne pouvait invoquer l'alinéa 11*h*) de la *Charte* pour obtenir la suspension des procédures criminelles, intentées subséquemment, où il était accusé de voies de fait causant des lésions corporelles. La Cour, à la majorité de ses juges, est parvenue à

243, p. 233, d'autant qu'on y affirme, p. 239, que «l'alinéa 11*h*) de la *Charte* ne s'applique que dans des circonstances où les deux infractions pour lesquelles l'accusé est poursuivi sont les mêmes».

[254] *R. c. Travers*, *supra*, note 251, pp. 55-56 (opinion dissidente du juge Jones); *R. c. Bennett* (1986), 22 C.C.C. (3d) 194 (C.A. T.N.); *R. c. Morgentaler* (1986), 22 C.C.C. (3d) 353 (C.A. Ont.); *R. c. Leskiw* (1986), 26 C.C.C. (3d) 166 (C. Dist. Ont.); *R. c. T.R. (No. 2)* (1984), 11 C.C.C. (3d) 49 (B.R. Alta.). Voir la remarque du juge Wilson quant à «la possibilité que des garanties constitutionnelles en matière de procédure puissent être invoquées dans un cas particulier aux termes de l'art. 7 de la *Charte*, même si on ne peut se fonder sur l'art. 11», dans : *Wigglesworth c. La Reine*, *supra*, note 32, p. 562. Voir aussi : *R. c. Krug*, [1985] 2 R.C.S. 255, pp. 267-268.

[255] *Wigglesworth c. La Reine*, *supra*, note 32.

[256] *Ibid.*, p. 554.

[257] *Supra*, note 244.

[258] Voir également : *Trumbley c. Metropolitan Toronto Police*, [1987] 2 R.C.S. 577; et *Trimm c. Police régionale de Durham*, [1987] 2 R.C.S. 582.

[259] *Supra*, note 246.

cette conclusion au double motif que, d'une part, les procédures disciplinaires n'étaient pas criminelles «de par leur nature même» parce que Shubley était appelé à rendre compte aux autorités carcérales d'un manquement à la discipline et non pas à rendre compte à la société d'un crime contraire à l'intérêt public[260]; et, d'autre part, que la punition infligée ne comportait pas l'imposition de véritables conséquences pénales puisqu'elle ne touche que «la façon dont le détenu doit purger sa peine[261]». C'est, d'ajouter la Cour en terminant, «dans les garanties plus souples qu'offre l'art. 7» que les détenus, touchés par des mesures disciplinaires, doivent chercher protection[262].

(b) Acquittement ou condamnation antérieure

La règle qui interdit le double péril ne bénéficie qu'à celui qui a déjà été acquitté ou condamné et puni par un jugement définitif. Et l'alinéa 11*h*) de la *Charte* énonce cet élément de la règle en termes explicites.

Aussi les tribunaux ont-ils, à de multiples reprises, refusé l'application de la disposition constitutionnelle lorsque la procédure commencée avait été acquitté interrompue pour quelque raison avant que l'accusé ne soit acquitté ou déclaré coupable, ou encore lorsque le jugement prononçant l'acquittement ou la condamnation n'était pas devenu définitif en raison d'un appel.

C'est pourquoi celui qui a été libéré au terme d'une enquête préliminaire ne peut, en se fondant sur l'alinéa 11*h*), empêcher qu'une nouvelle poursuite pour la même infraction ne soit intentée contre lui, puisque sa libération ne constitue pas un jugement d'acquittement[263] (mais il peut y avoir en ce cas un abus de procédure[264]). Il en va de même lorsqu'une nouvelle accusation est portée après que l'avocat de la poursuite eut ordonné d'arrêter les procédures en raison d'une erreur dans l'acte d'accusation[265]. Mais la situation est bien sûr différente dans les cas où la cour prononce une suspension d'instance définitive, puisqu'une telle décision équivaut alors à un acquittement[266].

---

[260] *Ibid.*, p. 20.
[261] *Ibid.*, p. 21-23.
[262] *Ibid.*, p. 24.
[263] *Michaud c. Nouveau-Brunswick (Minister of Justice)* (1983), 3 C.C.C. (3d) 324, p. 331 (B.R. N.B.); *Lamberti c. La Reine* (1983), 26 Sask. R. 213 (B.R.); *Re Oshaweetok c. La Reine* (1985), 16 C.C.C. (3d) 392 (C.S. T.N.-O.).
[264] *Beauchamp c. Choquette*, [1985] C.S. 1239 (Qué).
[265] *R. c. Selhi*, [1990] 1 R.C.S. 277; *Burrows c. La Reine* (1983), 6 C.C.C. (3d) 54 (C.A. Man.). Voir aussi : *R. c. Leskiw*, *supra*, note 254; *R. c. Timmons* (1985), 69 N.S.R. (2d) 133 (C.S.).
[266] *R. c. Jewitt*, [1985] 2 R.C.S. 128.

L'alinéa 11*h*) n'empêche pas non plus qu'un nouveau procès soit ordonné lorsque, ne pouvant s'entendre sur son verdict, le jury est dissous[267], ou lorsque le procureur général a interjeté appel d'un acquittement. Ni dans un cas ni dans l'autre, il n'y a en effet de jugement définitif de culpabilité ou d'acquittement. Mais la tenue de procès successifs sur la même accusation en raison de désaccords du jury ou d'annulations du verdict de culpabilité en appel pourrait éventuellement constituer un abus de procédure ou une violation du droit garanti à l'article 7 de la *Charte*[268].

Par ailleurs, on a jugé, d'une part, que l'article 11*h*) n'a pas pour effet d'interdire au poursuivant d'interjeter appel d'un acquittement sur une question de droit[269]; mais, d'autre part, que l'appel d'un acquittement par voie de procès *de novo* viole la garantie de l'alinéa 11*h*) et que les dispositions législatives qui autorisent un appel par voie de procès *de novo* sont invalides, sauf en tant qu'elles visent un recours exercé par l'accusé[270].

On soulignera enfin que celui contre qui des procédures d'extradition ont été engagées ne peut invoquer l'alinéa 11*h*) pour empêcher son extradition vers un État étranger au motif qu'il aurait déjà été acquitté ou reconnu coupable dans cet État de l'infraction qu'on lui reproche. La Cour suprême du Canada a, à bon droit, décidé que la *Charte* ne s'applique pas aux procédures criminelles du pays qui réclame l'extradition, que l'audience en extradition n'est pas un procès et que celui qui en est l'objet n'est pas jugé au Canada[271]. C'est devant le tribunal de l'État étranger qu'il devra éventuellement faire valoir cette fin de non-recevoir.

(c) Punition

La garantie de n'être pas puni de nouveau pour une infraction pour laquelle une personne a déjà été punie à la suite d'un jugement définitif de culpabilité a donné lieu à de très nombreuses contestations judiciaires. Il arrive en effet fréquemment que la perpétration d'une infraction criminelle ou pénale, en outre d'entraîner l'imposition de la peine prévue pour cette infraction, s'accompagne d'autres conséquences à caractère punitif. Lorsque cela se produit, on peut avoir quelque raison de penser que la personne a été punie plus d'une fois pour la même infraction.

---

[267] *R. c. Misra* (1985), 44 C.R. (3d) 179 (B.R. Sask.).
[268] *R. c. Keyowski*, [1988] 1 R.C.S. 657; *R. c. Conway*, [1989] 1 R.C.S. 1659.
[269] *R. c. Morgentaler*, [1988] 1 R.C.S. 30, p. 156; et (1986), 22 C.C.C. (3d) 353 (C.A. Ont.).
[270] *Corporation professionnelle des médecins du Québec c. Thibault*, [1988] 1 R.C.S. 1033. En ce qui concerne l'appel sur dossier par le poursuivant sur des questions autres que de droit, la jurisprudence est contradictoire : *R. c. Century 21 Ramos Realty Inc.* (1987), 32 C.C.C. (3d) 353 (C.A. Ont.); *Dupont c. Rhéault*, [1987] R.J.Q. 1121, pp. 1137-1138 (C.S. Qué.).
[271] *Canada c. Schmidt*, *supra*, note 30.

Souvent, celui qui a été déclaré coupable d'une infraction criminelle se verra infliger par la suite et en conséquence de sa condamnation criminelle une sanction civile ou administrative, telle que la perte ou la suspension d'un permis[272], la confiscation de certains biens[273], l'interdiction d'être candidat à une fonction élective[274], le congédiement du corps policier auquel il appartenait[275], le rejet de sa demande de citoyenneté[276], voire le retrait de la citoyenneté préalablement accordée[277], ou même une ordonnance de déportation ou d'expulsion[278]. Parfois, la sanction administrative aura même précédé la condamnation criminelle[279]. Dans tous ces cas, les tribunaux, pour des motifs variables, ont considéré que l'imposition de sanctions civiles ou administratives ne permettait pas d'invoquer la protection de l'alinéa 11*h*) contre la double punition.

On a également rejeté les prétentions de ceux qui, soumis à une ordonnance de probation, ont invoqué l'alinéa 11*h*) pour éviter d'être jugés à la fois pour avoir commis une infraction criminelle et pour ne s'être pas conformés à l'ordonnance de probation[280].

Enfin, on a vainement contesté la validité de certaines dispositions du *Code criminel* qui prévoient une peine plus grave en cas de deuxième infraction, l'accusé ne pouvant prétendre être alors puni de nouveau pour la première infraction dont il avait été reconnu coupable[281]. Il en irait de même des dispositions de la partie XXIV du *Code criminel* qui permettent de déclarer un individu délinquant dangereux et de lui imposer une peine de détention pour une période indéterminée en prenant en considération ses condamnations antérieures.

---

[272] *R. c. Huber* (1985), 36 M.V.R. 10 (C.A. Ont.); *R. c. Art* (1988), 61 C.R. (3d) 204 (C.A. C.B.).

[273] *R. c. Green* (1983), 5 C.C.C. (3d) 95 (H.C. Ont.); *Porter c. Canada*, [1989] 3 C.F. 403 (1re inst.).

[274] *Picard c. Renaud*, [1987] R.D.J. 648 (C.A. Qué.).

[275] *MacDonald c. Marriott* (1984), 7 D.L.R. (4th) 697 (C.S. C.B.).

[276] *Affaire intéressant la Loi sur la citoyenneté et Charles Emmanuel Noailles*, [1985] 1 C.F. 852.

[277] *Canada (Secrétaire d'État) c. Delezos*, [1989] 1 C.F. 297 1re inst.).

[278] *Hurd c. Canada (Ministre de l'Emploi et de l'Immigration)*, [1989] 2 C.F. 594 (C.A.); *R. c. Gittens*, [1983] 1 C.F. 152 (1re inst.).

[279] *Eagle Disposal Systems Ltd. c. Canada (Minister of the Environment)* (1984), 9 C.C.C. (3d) 500 (H.C. Ont.), confirmé par (1984), 47 O.R. (2d) 332 (C.A.); *Lavers c. Canada (Minister of Finance)* (1985), 16 C.R.R. 17 (C.S. C.B.).

[280] *R. c. Daniels* (1985), 44 C.R. (3d) 184 (B.R. Sask.). Voir aussi en matière d'ordonnance de probation : *R. c. Linklater* (1984), 9 C.C.C. (3d) 217 (C.A. Yukon); *R. c. Elendiuk* (1986), 27 C.C.C. (3d) 94 (C.A. Alta.); et en matière de surveillance obligatoire en vertu de la *Loi sur les libérations conditionnelles* : *R. c. De Baie* (1983), 6 C.R.R. 204 (C.A. N.-É); et *R. c. Belliveau; Belliveau c. Warden of Dorchester Penitentiary* (1984), 55 N.B.R. (2d) 82 (C.A.).

[281] *R. c. Bourne* (1983), 21 M.V.R. 216 (C.S. C.B.).

On sait que la *Loi sur la défense nationale*[282] contenait des dispositions qui avaient pour effet de priver, dans certaines circonstances, un militaire du droit d'invoquer la défense d'*autrefois convict*. En effet, et par dérogation aux principes du droit criminel, la loi permettait à un tribunal civil de juger de nouveau un militaire pour une infraction pour laquelle il avait été reconnu coupable et puni par un tribunal militaire. Cette règle exorbitante et depuis longtemps dépourvue de toute justification a été vigoureusement critiquée par Friedland[283] notamment. Nous avions nous-mêmes tenté de démontrer son incompatibilité avec l'alinéa 11*h*), estimant au surplus qu'il serait illusoire de croire qu'on puisse se fonder sur l'article premier de la *Charte* pour légitimer une restriction aussi grave à l'un des principes fondamentaux du droit criminel[284].

Heureusement, cette situation a été récemment corrigée par la *Loi de modification législative (Charte canadienne des droits et libertés)* qui a abrogé, en particulier, les articles 66, 71 et 151 pour les remplacer par de nouvelles dispositions[285]. Celles-ci établissent clairement qu'une personne soumise au Code de discipline militaire, qui a été acquittée ou déclarée coupable et punie par un tribunal civil ou militaire, ne peut être jugée de nouveau relativement à la même infraction ou à une infraction «sensiblement comparable» découlant des faits qui ont donné lieu à l'infraction. L'incompatibilité avec la garantie de l'alinéa 11*h*) de la *Charte* est ainsi supprimée.

5. LA PROTECTION CONTRE LES TRAITEMENTS OU PEINES CRUELS ET INUSITÉS

En affirmant, à l'article 12, que «chacun a droit à la protection contre tous traitements ou peines cruels et inusités», la *Charte* consacre, sous une formulation différente, le droit qu'énonçait déjà l'alinéa 2*b*) de la *Déclaration canadienne des droits*[286]. Les différences toutefois entre les deux textes — comme celle que l'on peut noter entre les versions française et anglaise de l'article 12 lui-même[287] — n'ont guère été retenues jusqu'à maintenant pour justifier de donner à la garantie constitutionnelle une interprétation

---

[282] S.R.C. 1970, ch. N-4, maintenant L.R.C. 1985, ch. N-5.
[283] *Supra*, note 236, pp. 350-351.
[284] A. MOREL, «Les garanties en matière de procédure et de peines», dans G.-A. BEAUDOIN et W.S. TARNOPOLSKY, (dir.), *Charte canadienne des droits et libertés*, Montréal, Wilson et Lafleur, 1982, p. 461, pp. 484-489.
[285] L.R.C. 1985, ch. 31 (1er suppl.), art. 45, 46 et 47.
[286] «[...] nulle loi du Canada ne doit s'interpréter ni s'appliquer comme [...] infligeant des peines ou traitements cruels et inusités, ou comme en autorisant l'imposition».
[287] La version anglaise de l'article 12 met en effet davantage l'accent sur l'infliction de la peine en déclarant : «Everyone has the right not to be subjected to any cruel and unusual treatment or punishment.»

renouvelée. Au surplus, l'article 12 de la *Charte* n'a-t-il pas, dans son libellé, conservé tout ce qui, dans l'alinéa 2*b*), avait servi à justifier une interprétation restrictive de cette disposition : d'abord, l'adjectif «inusités» pour qualifier les peines ou les traitements, mais aussi l'emploi de l'expression «cruels *et* inusités» de préférence à «cruels *ou* inusités[288]»? C'est pourquoi il n'y a guère que le fait de l'inclusion de cette norme dans la Constitution même et l'importance fondamentale de la dignité humaine qu'expriment la plupart des dispositions de la *Charte*[289] qui soient des éléments susceptibles de changer les attitudes passées et d'inciter à donner au droit reconnu par l'article 12 une interprétation plus libérale. Il n'est toutefois pas inutile de rappeler l'essentiel de cette jurisprudence antérieure à la *Charte*.

L'alinéa 2*b*) de la *Déclaration* avait, à diverses reprises depuis 1960, été invoqué devant nos tribunaux et sa portée paraissait assez nettement déterminée[290].

En particulier, il ressort clairement de la lecture des principaux arrêts rendus sous la *Déclaration* qu'aucune peine ou traitement ne pouvait être reconnu en violation de la disposition, à moins d'établir que la peine ou le traitement était à la fois cruel *et* inusité. Les termes mêmes de l'alinéa 2*b*) ont été considérés de façon constante comme imposant une lecture conjonctive qui conduisait à déclarer valide une peine même si elle est cruelle, pourvu qu'elle ne soit pas en même temps inusitée.

C'est cette interprétation qui a été retenue dès 1965 par la Cour d'appel du Manitoba, lorsqu'elle refusa de déclarer inopérante la disposition de l'article 136 du *Code criminel*[291] qui, jusqu'à ce qu'il soit modifié en 1972[292], permettait de condamner au fouet l'individu reconnu coupable de viol. Sans se prononcer sur la cruauté de la peine, le juge Schultz fit remarquer que les peines corporelles étaient en usage dans la société et qu'au surplus le fouet était une peine qui faisait partie de notre droit bien avant 1960[293].

---

[288] On doit souligner qu'à cet égard le texte de la *Charte* n'est pas entièrement conforme à l'article 7 du *Pacte international relatif aux droits civils et politiques* qui énonce que : «Nul ne sera soumis à la torture ni à des peines ou traitements cruels, inhumains ou dégradants.»

[289] Voir, entre autres, les remarques du juge Cory dans *Kindler c. Canada (Ministre de la Justice)*, [1991] 2 R.C.S. 779, pp. 813-814.

[290] K. LIPPEL, «In the Light of the Recent Supreme Court Judgement : *Regina v. Miller & Cockriell*», (1977) 12 *R.J.T.* 355; S. BERGER, «The Application of the Cruel and Unusual Punishment Clause under the Canadian Bill of Rights», (1978) 24 *McGill L.J.* 161; J.S. LEON, «Cruel and Unusual Punishment : Sociological Jurisprudence and the Canadian Bill of Rights», (1978) 36 *U. of T. Fac. of L. Rev.* 222; W.S. TARNOPOLSKY, «Just Deserts or Cruel and Unusual Treatment or Punishment? Where do we look for Guidance», (1978) 10 *Ottawa L. Rev.* 1; M. JACKSON, «Cruel and Unusual Treatment or Punishment?», (1982) *U.B.C. L. Rev.*, Charter ed., 189.

[291] Devenu l'article 144, puis abrogé par S.C. 1980-81-82, ch. 125, art. 6.

[292] *Loi de 1972 modifiant le Code criminel*, S.C. 1972, ch. 13, art. 70.

[293] *R. c. Dick*, (1965) 1 C.C.C. (2d) 171 (C.A. Man.).

Les garanties en matière de procédure et de peines 12-51

D'autres tribunaux sont par la suite parvenus à la même conclusion, lorsqu'on a cherché à contester la validité d'autres dispositions du *Code criminel* : qu'il s'agisse des articles 660 et 661 (maintenant les articles 753 et 754 du *Code criminel*) en vertu desquels la Cour peut prononcer une peine de détention à durée indéterminée à l'encontre de l'accusé qui était déclaré être un criminel d'habitude et qu'on qualifie aujourd'hui de délinquant dangereux[294]; ou qu'il s'agisse des articles 523 et 526 du *Code criminel* (maintenant abrogés)[295] qui autorisaient la détention d'un accusé atteint d'aliénation mentale pour une période qui était laissée à la discrétion du lieutenant gouverneur[296]. Et c'est à la suite d'une démarche analogue que la Cour d'appel de l'Ontario infirma, en 1976, la décision par laquelle le juge de première instance avait estimé qu'il n'était pas lié par la disposition du paragraphe 5(2) de la *Loi sur les stupéfiants*[297] prévoyant une sentence minimale de 7 ans d'emprisonnement pour celui qui est reconnu coupable de l'infraction d'importation de drogues, au motif que, dans l'espèce, une telle peine lui paraissait à la fois cruelle et inusitée parce qu'elle était disproportionnée[298]. Le juge d'appel Arnup estima au contraire que la peine minimum d'emprisonnement prescrite par la loi ne pouvait être qualifiée de peine cruelle, lorsque, par ailleurs, le Parlement avait jugé qu'une telle peine était nécessaire pour avoir l'effet de dissuasion qu'on avait recherché[299].

Finalement, dans l'affaire *R. c. Miller*[300], la Cour suprême du Canada fut saisie de la question de la validité de la peine de mort au regard de la norme édictée à l'alinéa 2*b*) de la *Déclaration canadienne des droits*. Elle décida à l'unanimité que les dispositions du *Code criminel* qui prescrivaient alors la peine de mort pour celui qui était déclaré coupable du meurtre d'un policier ou d'un gardien de prison[301] ne constituaient pas une violation de la *Déclaration*. Entre autres motifs, le juge Ritchie fit valoir que les adjectifs «cruels et inusités» devaient «être pris conjonctivement» et que :

> [...] puisque la peine de mort pour meurtre fait partie du droit anglais depuis des temps immémoriaux et qu'à l'époque de la perpétration du meurtre et du procès, la peine de mort existait dans notre droit et ce, depuis la Confédération, on ne peut prétendre qu'elle constitue une peine «inusitée» au sens ordinaire de ce terme[302].

---

[294] *R. c. Buckler*, [1970] 2 O.R. 614 (C.P. Ont.); et *R. c. Roestad*, [1972] 1 O.R. 814 (C.Co. Ont.).
[295] L.C. 1991, ch. 43, art. 3.
[296] *Ex parte Kleinys* (1965), 49 D.L.R. (2d) 225 (C.S. C.B.).
[297] S.R.C. 1970, ch. N-1, maintenant L.R.C. 1985, ch. N-1.
[298] *R. c. Shand* (1976), 64 D.L.R. (3d) 626 (C.Co. Ont.).
[299] *R. c. Shand* (1976), 70 D.L.R. (3d) 395 (C.A. Ont.).
[300] [1977] 2 R.C.S. 680.
[301] C'étaient les articles 214 et 218 du *Code criminel*.
[302] *Supra*, note 300, p. 706.

Mais le juge en chef Laskin, appuyé par les juges Spence et Dickson, n'était pas d'accord avec cette analyse. Il proposa d'adopter un autre point de vue selon lequel «il s'agit plutôt de termes qui se complètent et qui, interprétés l'un par l'autre, doivent être considérés comme la formulation concise d'une norme[303]». Pour lui, le critère à appliquer devait consister à se demander «si la peine infligée est excessive au point de ne pas être compatible avec la dignité humaine[304]».

Or, comme cela s'est produit à propos d'autres dispositions de la *Charte*, quelques tribunaux se sont inspirés de l'opinion minoritaire du juge en chef Laskin pour interpréter l'article 12, y voyant un moyen de ne pas perpétuer l'attitude restrictive qui avait prévalu sous l'empire de la *Déclaration* et de donner à la garantie constitutionnelle un peu plus de vigueur[305]. Et c'est ce même point de vue que la Cour suprême du Canada a fait sien dans l'arrêt *R. c. Smith*[306]. Mettant fin au débat sur la question de savoir si les termes «cruels et inusités» sont conjonctifs ou disjonctifs, la Cour adopte l'interprétation du juge Laskin selon laquelle cette expression est «la formulation concise d'une norme». Elle estime avec lui qu'il y aura violation de la norme énoncée à l'article 12 de la *Charte*, si la peine ou le traitement «est excessi[f] au point de ne pas être compatible avec la dignité humaine[307]».

Pour délimiter le champ d'application de la disposition constitutionnelle, le juge McIntyre, dans ce même arrêt, propose une analyse de nature historique extrêmement éclairante et qui nous paraît déterminante.

On sait que c'est pour mettre fin à la pratique de recourir à des châtiments barbares et arbitraires dans un but exagérément répressif, comme ce qu'on avait connu sous le règne des Stuart, que le *Bill of Rights* anglais de 1688/89 a interdit l'imposition de toute «peine cruelle et inusitée». Et l'on n'a pas à se surprendre que la même prohibition ait été reprise dans le Huitième amendement de la Constitution américaine, en 1791. Mais si l'article 12 de la *Charte canadienne* n'avait d'autre effet que de contrôler la *nature* des peines infligées et d'empêcher le Parlement ou les tribunaux d'inventer des châtiments inhumains, il faudrait reconnaître avec le juge McIntyre que la disposition constitutionnelle ne serait pas loin d'être désuète, car le risque que de telles éventualités se réalisent est aujourd'hui pour le moins restreint. Aussi, la notion de peine cruelle et inusitée a-t-elle évolué, au cours du vingtième siècle, pour comprendre une peine qui, par

---

[303] *Ibid.*, p. 690.
[304] *Ibid.*, p. 688.
[305] *R. c. Tobac* (1985), 20 C.C.C. (3d) 49 (C.A. T.N.-O.); *Re Gittens* (1982), 68 C.C.C. (2d) 438 (C.F.); *Re Mitchell* (1983), 6 C.C.C. (3d) 193 (H.C. Ont.); *Re Moore* (1984), 10 C.C.C. (3d) 306 (H.C. Ont.); *R. c. Morrison* (1983), 10 W.C.B. 171 (C.Co. Ont.).
[306] *R. c. Smith*, [1987] 1 R.C.S. 1045.
[307] *Ibid.*, p. 1072 (Lamer, J.) et pp. 1088-1089 (McIntyre, J.).

sa trop grande sévérité ou par sa durée excessive, paraît être *disproportionnée* par rapport à la gravité de l'infraction et aux autres circonstances pertinentes. Enfin, la *Déclaration canadienne des droits* et, à sa suite, la *Charte canadienne* ont encore étendu la prohibition originaire en y ajoutant l'interdiction des «traitements» cruels et inusités, ce qui vise notamment les *conditions d'application des peines* ou les conditions dans lesquelles les peines sont purgées[308].

Il y a donc des peines ou traitements qui sont cruels et inusités de par leur nature (a) ou en raison de leur caractère exagérément disproportionné (b). Il en va de même, à notre avis, des peines ou traitements arbitraires (c). Il faudra enfin examiner la question de l'application de la disposition limitative (article premier de la *Charte*) à la garantie de l'article 12(d).

(a) Les peines ou traitements cruels et inusités par leur nature

On sait que, à l'origine, l'interdiction d'infliger des peines cruelles et inusitées avait pour but de supprimer la pratique de condamner des individus à des peines essentiellement cruelles par nature et auxquelles il n'était pas dans l'usage de recourir. Mais la suppression des châtiments les plus barbares, que d'autres générations ont connus, n'enlève pas pour autant à l'interdiction sa portée originaire, même si celle-ci n'est plus aujourd'hui exclusive. L'appréciation de ce qui est une peine fondamentalement cruelle est d'ailleurs bien relative et variable à mesure des progrès de la civilisation. Cela aussi, l'histoire nous l'enseigne. Pensons seulement au mode atroce d'exécution de la peine capitale admis en Angleterre jusqu'en 1814 et au Canada jusqu'en 1868 dans le cas de haute trahison[309]. Il est évident qu'une peine ne sera considérée cruelle par nature qu'en fonction des normes morales d'une société. Et ces normes évoluent, parfois même rapidement. Comme le remarque le juge Cory dans l'arrêt *Kindler*, «ce qui est une peine acceptable pour une société dépend de la nature de cette dernière, de son degré de stabilité et de son niveau de maturité[310]».

C'est essentiellement la conscience que l'on a de ce qu'est la dignité humaine et de ce qu'implique le devoir de la respecter qui détermine le jugement que l'on porte sur la qualité ou la nature d'une peine ou d'un traitement. Il reste néanmoins que la peine ou le traitement cruel et inusité, c'est d'abord celui qui, en soi, est incompatible avec le respect de la dignité humaine. Comme le remarquait le juge en chef Laskin, «ce n'est pas une

---

[308] *Ibid.*, pp. 1086-1087.
[309] 54 Geo III, ch. 146 (G.B.) et 33-34 Vict., ch. 23, art. 31 (G.-B.); et S.C. (1867-68), 31 Vict., ch. 69, art. 4. Voir : *The Trial of David McLane for High Treason*, Québec, W. Vondenvelden, 1797.
[310] *Kindler c. Canada (Ministre de la Justice), supra*, note 289, p. 818.

définition bien précise [...], mais, ajoutait-il, je doute que l'on puisse faire mieux[311]».

Il y a donc, à notre avis, des peines et des traitements qui, en eux-mêmes, à cause de leur nature ou de la façon dont ils sont appliqués violent la norme de l'article 12. Aussi nous semble-t-il que, si l'on admet qu'il y a certaines peines et traitements qui sont *toujours* incompatibles avec la dignité humaine[312], on n'a pas à se demander si ces peines ou traitements sont exagérément disproportionnés à ce qui aurait été approprié, car ce qui est inacceptable en soi l'est toujours «quel que soit le crime et quel que soit le contrevenant[313]».

C'est pourquoi on ne peut être que d'accord avec les juges de la Cour suprême qui ont affirmé que les châtiments corporels, telle la peine du fouet abolie il y a moins de vingt-cinq ans, sont par leur nature même inconciliables avec la conception actuelle du respect de la personne humaine. Il en va de même des interventions chirurgicales telles que la lobotomie ou la castration qui seraient imposées à certaines catégories de criminels[314], comme, bien sûr, du recours à la torture. Ces peines et ces traitements sont devenus répugnants et intolérables aux yeux de notre société.

S'il en est ainsi de ces châtiments corporels, on se demandera, à plus forte raison comment la peine de mort à supposer que le Parlement déciderait un jour de la rétablir[315], pourrait échapper à pareille condamnation. Comme l'écrivent en des termes saisissants les juges Cory et Lamer, la peine capitale, c'est «l'affront suprême, le châtiment corporel ultime, la lobotomie finale et complète et la castration absolue et irrévocable[316]». Le fait que la peine de mort fasse encore partie de notre droit militaire pour certaines infractions militaires graves[317] pose certainement problème et c'est apparemment en raison de ce fait que le juge La Forest, en *obiter* dans *Kindler*, écrit que la peine de mort «ne peut, sauf dans des circonstances exceptionnelles, être

---

[311] *Miller c. La Reine, supra,* note 300, p. 688.

[312] *R. c. Smith, supra,* note 306, p. 1073.

[313] *Kindler c. Canada (Ministre de la Justice), supra,* note 289, p. 815.

[314] *R. c. Smith, supra,* note 306, p. 1074 (Lamer, J.) et 1087 (McIntyre, J.); *Kindler c. Canada (Ministre de la Justice), supra,* note 289, pp. 815 et 818. Voir : *Sexual Sterilization Act,* S.A. 1928, c. 37, devenu R.S.A. 1970, c. 341, abrogé par S.A. 1972, c. 87; et *Sexual Sterilization Act,* S.B.C. 1933, c. 59, devenu R.S.B.C. 1960, c. 353, abrogé par S.B.C. 1973, c. 79.

[315] Rappelons que, en 1987, au cours d'un vote libre, les députés de la Chambre des communes n'ont rejeté le rétablissement de la peine de mort que par une faible marge de 148 à 127.

[316] *Kindler c. Canada (Ministre de la Justice), supra,* note 289, p. 818. Le juge Sopinka, p. 790, convient «avec le juge Cory que la peine de mort, en soi, constitue une peine cruelle et inusitée».

[317] *Loi sur la défense nationale,* L.R.C. 1985, ch. N-5, art. 73 à 76, 78 à 80 et 105 notamment.

justifiée dans notre pays[318]», évoquant sans doute ainsi la possibilité d'une justification en vertu de l'article premier de la *Charte*.

On pourrait être tenté de ranger aussi au nombre des traitements susceptibles d'être contestés comme étant cruels et inusités par leur nature même diverses mesures plus ou moins courantes en milieu carcéral dont faisait état le juge McIntyre dans l'arrêt *Smith* : «[...] la fréquence et les modalités des fouilles effectuées en prison, les restrictions alimentaires à titre de mesure disciplinaire [...], la privation de tout contact avec les personnes de l'extérieur ainsi que l'emprisonnement dans des lieux éloignés de la maison, de la famille et des amis, qui constitue virtuellement un exil et qui touche particulièrement les femmes puisqu'il n'existe qu'un seul pénitencier fédéral pour femmes au Canada[319]». Mais on s'est rendu compte, à l'expérience, en raison du seuil relativement élevé de la norme de l'article 12 de la *Charte*, qu'il était de beaucoup préférable, lorsqu'on entend contester les conditions dans lesquelles sont purgées les peines d'emprisonnement, d'invoquer la violation soit de l'article 8 en matière de fouilles et perquisitions abusives soit surtout de l'article 7[320].

Il faut encore mentionner que la mise à l'écart des détenus dans des cellules d'isolement ne constitue pas non plus un traitement cruel et inusité par sa nature même[321]. Mais elle peut violer l'article 12 de la *Charte* en raison des circonstances dans lesquelles cet isolement est pratiqué si ce traitement est, en l'espèce, si excessif qu'il constitue une atteinte aux normes de la décence ou au respect dû à la personne humaine. Il n'y a pas de doute, à notre avis, que les méthodes qui étaient utilisées au pénitencier de New Westminster (C.-B.) et qui sont décrites dans la décision de la Cour fédérale dans l'affaire *McCann c. La Reine*[322] équivalaient à un traitement cruel et inusité, mais en raison de son caractère exagérément disproportionné.

C'est cet autre critère, d'application beaucoup plus courante, qu'il faut maintenant examiner.

---

[318] *Kindler c. Canada (Ministre de la Justice)*, *supra*, note 289, p. 833. Le juge Cory dans le même arrêt, p. 824, réserve lui aussi la possibilité que la peine de mort puisse se justifier «peut-être dans de rares cas, par exemple, une condamnation pour une infraction militaire très grave commise en temps de guerre ou en situation d'urgence».

[319] *R. c. Smith*, *supra*, note 306, p. 1087. P. RUSSELL, «Cruel and Unusual Treatment or Punishment : The Use of Section 12 in Prison Litigation», (1985) 43 *U. of T. Fac. L.Rev.*, n° 2, p. 185.

[320] Voir P. BÉLIVEAU, *supra*, note 11, pp. 251-256 et 274-275, et la jurisprudence qu'il cite. Voir aussi : *Weatherall c. Canada (Procureur général)*, [1989] 1 C.F. 18 (C.A.), à propos du règlement qui permet la fouille à nu d'un détenu en présence d'une femme dans un pénitencier.

[321] *Olson c. La Reine* (1987), 38 C.C.C. (3d) 534 (C.A. Ont.).

[322] [1976] 1 C.F. 570 (1re inst.). Voir aussi : *R. c. Bruce* (1977), 36 C.C.C. (2d) 158 (C.S. C.B.).

(b) Les peines ou traitements exagérément disproportionnés

Une peine ou un traitement qui n'est pas en soi cruel et inusité peut néanmoins le devenir s'il est excessif au point de n'être pas compatible avec la dignité humaine.

C'est dans l'arrêt *Smith*[323] que la Cour suprême a reconnu unanimement qu'une peine ou un traitement excessif pouvait violer la garantie de l'article 12 de la *Charte*. Le critère énoncé par le juge Lamer et retenu par la Cour dans ses arrêts subséquents[324] consiste à se demander :

> [...] si la peine infligée est excessive au point de ne pas être compatible avec la dignité humaine. En d'autres termes, bien que l'État puisse infliger une peine, l'effet de cette peine ne doit pas être exagérément disproportionné à ce qui aurait été approprié[325].

On conviendra aisément qu'une peine peut être exagérément disproportionnée en raison de sa sévérité ou de sa durée eu égard à la gravité de l'infraction et à l'objectif poursuivi. Ainsi, pour reprendre des exemples donnés par le juge Lamer, une peine d'emprisonnement de vingt années pour une première infraction contre la propriété ou une peine de trois mois, mais qui devrait être purgée dans une cellule d'isolement, seraient clairement inconstitutionnelles[326].

L'arrêt *Steele c. Établissement Mountain*[327] fournit une illustration analogue. Condamné en 1953 à une incarcération d'une durée indéterminée, Steele avait passé 37 ans de sa vie en prison en raison d'erreurs dans la façon dont la Commission nationale des libérations conditionnelles a appliqué les critères énoncés à la loi qui la régit. En conséquence, Steele est resté en prison bien au-delà du moment où il aurait dû obtenir sa libération conditionnelle. La Cour suprême a jugé que la conduite de la Commission à l'égard de ce détenu violait l'article 12 de la *Charte* puisque «la durée excessive de son incarcération est depuis longtemps devenue exagérément disproportionnée aux circonstances de l'espèce[328]».

Mais la sévérité ou la durée d'une peine eu égard à la gravité de l'infraction et aux objectifs de punition et de réhabilitation d'un contrevenant ou de protection du public ne sont pas les seuls éléments à prendre en considération pour juger si la peine est exagérément disproportionnée. La jurisprudence en a énuméré plusieurs autres. Ainsi, on peut se demander si la peine est fondée sur des principes reconnus en matière de détermination

---

[323] *Supra*, note 306.
[324] *R. c. Lyons*, *supra*, note 30; *R. c. Luxton*, [1990] 2 R.C.S. 711; *R. c. Goltz*, [1991] 3 R.C.S. 485.
[325] *R. c. Smith*, *supra*, note 306, p. 1072.
[326] *Ibid.*, p. 1073.
[327] [1990] 2 R.C.S. 1385.
[328] *Ibid.*, p. 1417.

des peines, s'il existe des solutions de rechange valables à la peine infligée et si la comparaison avec des peines infligées pour des infractions similaires révèle une disproportion importante[329]. Au surplus, nous dit le juge La Forest, le choix du terme «exagérément» pour qualifier le critère de disproportionnalité «traduit le souci qu'avait cette Cour de ne pas astreindre le législateur à une norme à ce point sévère [...] qu'elle exigerait des peines parfaitement adaptées aux nuances morales qui caractérisent chaque crime et chaque délinquant[330]». En d'autres termes, les politiques décidées par les législateurs ne devraient pas être facilement contrecarrées par le pouvoir judiciaire en dehors des cas les plus manifestes[331].

Tout cela fait, on l'aura compris aisément, qu'il est «difficile[332]» de satisfaire au critère de la disproportion exagérée et qu'«il arrivera très rarement qu'une cour de justice conclura qu'une peine est si exagérément disproportionnée qu'elle viole les dispositions de l'art. 12 de la *Charte*[333]».

Il est maintenant bien établi que, pour décider si une peine ou un traitement est exagérément disproportionné au point de violer la norme de l'article 12 de la *Charte*, il faut procéder à une analyse en deux étapes : la première est particularisée au cas d'espèce, la seconde porte sur la validité de la disposition législative en cause dans son application générale. Il importe de reproduire ici le passage du jugement du juge Gonthier dans l'arrêt *Goltz* où ces deux étapes de l'analyse sont décrites :

> [La première étape] concerne l'appréciation de la peine ou de la sanction contestée dans l'optique de la personne à qui elle a en fait été infligée, en soupesant la gravité de l'infraction elle-même d'une part et les circonstances particulières de cette infraction et les caractéristiques personnelles du contrevenant d'autre part. Si l'on décide que la disposition contestée prévoit, et infligerait en réalité au contrevenant, une sanction à ce point excessive ou exagérément disproportionnée qu'elle irait à l'encontre de ce qui est acceptable dans ces circonstances réelles et particulières, elle constituera alors à première vue une violation de l'art. 12 et fera l'objet d'un examen visant à déterminer si elle peut se justifier aux termes de l'article premier de la *Charte*. [...]
>
> Si les faits particuliers de l'espèce ne justifient pas une conclusion de disproportion exagérée, il peut y avoir un autre aspect à examiner, savoir [...] la validité d'une disposition législative fondée sur la disproportion exagérée démontrée par des *circonstances hypothétiques raisonnables*[334].

La description de cette démarche qu'on vient de lire n'appelle guère de commentaires, si ce n'est en ce qui concerne ces «circonstances hypothé-

---

[329] *R. c. Smith, supra,* note 306, p. 1074; *R. c. Goltz, supra,* note 324, p. 500.
[330] *R. c. Lyons, supra,* note 30, p. 345; repris dans *R. c. Goltz, supra,* note 324, p. 501. Voir aussi : *R. c. Luxton, supra,* note 324, p. 725.
[331] *R. c. Goltz, supra,* note 324, pp. 501-503.
[332] *Ibid.,* p. 502.
[333] *Steele c. Établissement Mountain, supra,* note 327, p. 1417.
[334] *R. c. Goltz, supra,* note 324, pp. 505-506. Voir aussi : *R. c. Brown,* [1994] 3 R.C.S. 749.

tiques raisonnables» qu'une cour est justifiée de prendre en considération pour juger de la validité constitutionnelle de la loi contestée.

Ce ne sont pas en effet toutes les hypothèses possibles d'application de la loi qui sont acceptables à titre de cas hypothétiques raisonnables. Il faut non seulement que la situation hypothétique ne soit «ni invraisemblable ni difficilement imaginable[335]». Mais il faut encore que l'exemple, pour être pertinent, ne soit pas un exemple extrême ou «n'ayant qu'un faible rapport avec l'espèce[336]».

Comme on peut le constater, le critère de la disproportion exagérée devient de plus en plus exigeant à mesure que la Cour suprême est appelée à l'appliquer, au point qu'on peut se demander s'il est vrai que, comme la Cour l'a écrit, «un critère moindre tendrait à banaliser la *Charte*[337]».

Puisque le critère de la proportionnalité est essentiellement relatif, il va de soi que les peines minimales obligatoires d'emprisonnement prescrites pour certaines infractions ne sont pas en elles-mêmes cruelles et inusitées. Dans la plupart des cas où le législateur a prévu de telles peines, ni leur durée ni leur sévérité ne peut être considérée comme excessive et, à plus forte raison, exagérément disproportionnée, qu'il s'agisse d'infractions relatives à l'usage d'armes à feu[338] ou d'infractions graves reliées à la conduite d'un véhicule automobile[339].

Mais il en va autrement de la peine minimale de sept années d'emprisonnement prévue par le paragraphe 5(2) de la *Loi sur les stupéfiants*. Déjà contestée sous l'empire de la *Déclaration*, cette disposition avait néanmoins été déclarée valide au motif que la peine n'était pas excessive au point de paraître déraisonnable compte tenu de la préoccupation du Parlement de contrer l'importation de stupéfiants au pays[340]. La Cour suprême du Canada, à la majorité de ses juges, a au contraire invalidé la disposition, parce qu'elle violait la garantie de l'article 12 de la *Charte*[341]. C'est parce que l'infraction d'importation, telle qu'elle est définie par la loi en cause, entraîne inévita-

---

[335] *R. c. Goltz*, supra, note 324, p. 515.

[336] *Id.* Italique ajouté. C'est ainsi que dans l'arrêt *Goltz* (pp. 518-519), on a jugé inacceptable un exemple où une personne était frappée d'une suspension de son permis de conduire sous le prétexte que «cela n'a rien à voir» avec le cas d'espèce où l'intimé était frappé d'une interdiction de conduire. L'hypothèse imaginée se rapportait à l'alinéa *b*) plutôt qu'à l'alinéa *a*) qui était «la disposition précise contestée». Voir aussi : *R. c. Brown*, supra, note 334.

[337] *Steele c. Établissement Mountain*, supra, note 327, p. 1417.

[338] *R. c. Sawyer*, [1992] 3 R.C.S. 809; *R. c. Brown*, supra, note 334; *R. c. Kelly* (1991), 59 C.C.C. (3d) 497 (C.A. Ont.); *R. c. Nixon* (1991), 63 C.C.C. (3d) 428 (C.A. C.B.).

[339] *Roenspies c. Saskatchewan Government Insurance* (1992), 71 C.C.C. (3d) 220 (C.A. Sask.); *R. c. Kumar* (1993), 85 C.C.C. (3d) 417 (C.A. C.B.); *Lepage c. La Reine*, [1993] R.J.Q. 722 (C.A. Qué.).

[340] *R. c. Shand* (1976), 70 D.L.R. (3d) 395 (C.A. Ont.).

[341] *R. c. Smith*, supra, note 306.

blement une peine extrêmement sévère d'emprisonnement, même lorsque la quantité de drogue importée est minime et sans égard ni à sa plus ou moins grande dangerosité ni à l'objet pour lequel on l'importait, que la Cour a jugé que la peine d'emprisonnement était exagérément disproportionnée. En d'autres termes, la peine est excessive par rapport à une infraction définie de façon si générale ou globale qu'elle frappe d'une peine exagérée les «petits contrevenants». La lutte contre l'importation et le trafic des drogues est un objectif dont la Cour ne minimise pas l'importance, mais cet objectif ne justifie pas une condamnation aussi sévère que celle que la loi impose, lorsque l'infraction commise n'atteint pas une certaine gravité.

C'est en appliquant les critères élaborés dans l'arrêt *Smith*[342] que la Cour suprême du Canada a aussi décidé, dans l'arrêt *Lyons*[343], que la peine de détention pour une période indéterminée prononcée à l'encontre des délinquants déclarés dangereux ne violait pas la norme de l'article 12 de la *Charte*. Pour en décider ainsi, la Cour a recherché si les effets de cette peine étaient exagérément disproportionnés et elle aurait, semble-t-il, été prête à conclure au caractère cruel d'une détention indéterminée — car ses effets sont pires que ceux que subit la personne condamnée à un nombre élevé mais connu d'années d'emprisonnement — si ce n'était de l'existence du processus des libérations conditionnelles auquel les délinquants dangereux sont obligatoirement soumis aux termes de l'article 695.1 (maintenant 761) du *Code criminel*. Ce processus, au dire de la Cour, qui exige des examens réguliers, par la Commission des libérations conditionnelles, de la prolongation de l'incarcération des délinquants, est le gage d'une incarcération limitée à ce qui est nécessaire dans chaque cas, étant par ailleurs entendu que la norme de l'article 12 n'exige pas que les peines soient «parfaitement adaptées aux nuances morales qui caractérisent chaque crime et chaque délinquant[344]».

L'arrêt *Milne c. Canada*[345] fait appel aux mêmes arguments pour refuser d'invalider comme contraire à l'article 12 la détention pour une période indéterminée d'un individu déclaré, en 1980, délinquant dangereux après avoir été déclaré coupable de grossière indécence, alors que cette infraction n'est plus considérée comme un sévice grave à la personne et ne donne plus lieu à l'imposition d'une peine de détention indéterminée. N'a-t-on pas ainsi évité de s'interroger sur le caractère exagérément disproportionné de la peine prononcée en vertu d'une loi qui est pourtant le fondement de la détention continue du délinquant? Seul le juge Estey, dissident, a abordé la question sous cet angle.

---

[342] *Id.*
[343] *R. c. Lyons*, *supra*, note 30.
[344] *Ibid.*, p. 345. Voir cependant l'arrêt *Steele c. Établissement Mountain*, *supra*, note 327, dont il a été question plus haut.
[345] [1987] 2 R.C.S. 512. Voir aussi : *R. c. Fisher* (1992), 6 C.R.R. (2d) 277 (C.A. Alta.).

On a contesté également les dispositions du *Code criminel* aux termes desquelles le meurtrier condamné à l'emprisonnement à perpétuité n'est pas admis à jouir du bénéfice de la libération conditionnelle avant l'accomplissement d'au moins vingt-cinq ans dans le cas de haute trahison et de meurtre au premier degré, ou d'au moins dix ans et d'au plus vingt-cinq ans dans le cas de meurtre au deuxième degré[346]. On a quelque raison de penser en effet que ces peines minimales d'emprisonnement ferme, que le Parlement a édictées en 1976 en remplacement de la peine de mort abolie en même temps, ont un effet exagérément disproportionné à l'objectif poursuivi quand on considère les angoisses et les souffrances morales susceptibles d'entraîner une véritable dégradation physique et psychologique des détenus ainsi punis[347]. Si l'on a pourtant conclu que ces peines minimales ne sont pas excessives au point d'être incompatibles avec la dignité humaine, c'est notamment à la suite d'une démarche analogue à celle suivie dans l'arrêt *Lyons*[348] (à propos d'une peine de détention pour une période indéterminée) et en tenant compte de l'extrême gravité du crime et des dispositions de l'article 745 du *Code criminel* qui prévoient la possibilité pour celui qui a purgé quinze ans de sa peine de demander la réduction du délai préalable à sa libération conditionnelle[349].

On ne peut enfin passer sous silence la jurisprudence relativement importante rendue à propos des ordonnances d'expulsion en matière d'immigration et de déportation de criminels fugitifs. Bien que l'on ait tenté à diverses reprises de contester ces ordonnances ainsi que les dispositions législatives sur lesquelles elles s'appuient en invoquant la violation de l'article 12 de la *Charte*, les décisions des tribunaux tendent plutôt à démontrer que l'article 7 fournit, dans ces cas, une assise plus substantielle et féconde à des contestations de ce genre[350]. Il est aussi admis que de telles contestations sont considérées par le pouvoir judiciaire comme étant pré-

---

[346] Article 742 du *Code criminel*.
[347] S. COHEN et L. TAYLOR, *Psychological Survival, The Experience of Long-Term Imprisonment*, Harmondsworth, Penguin Books, 1972 et N.Y., Pantheon Books, 1972 : leur étude porte sur les prisonniers de la prison de Durham en Angleterre; T.J. FLANAGAN, «Lifers and Longt-Termers : Doing Big Time», dans : R. JOHNSON et H. TOCH (éd.), *The Pains of Imprisonment*, Beverly Hills, Sage Publications, 1982, p. 115; Centre international de criminologie comparée, *Séminaire international sur les longues peines d'emprisonnement/Long-term Imprisonment : An International Seminar*, organisé sous la direction de S. Rizkalla, assisté de R. Lévy et R. Zauberman, Montréal, octobre 1977.
[348] *Supra*, note 30.
[349] *R. c. Luxton*, *supra*, note 324, pp. 724-725; *R. c. Mitchell* (1987), 39 C.C.C. (3d) 141 (C.A. N.É.); *R. c. Bowen* (1990), 59 C.C.C. (3d) 515 (C.A. Alta.); *R. c. Lefebvre*, [1992] R.J.Q. 590, 72 C.C.C. (3d) 162 (C.A.).
[350] A.J. SPENCER, «Fugitive Rights : The Role of the Charter in Extradition Cases», (1993) 51 *U. of T. Fac. L.Rev.* 54.

maturées tant que l'exécutif n'a pas effectivement décidé d'émettre l'ordonnance d'expulsion ou de déportation[351].

On a décidé que l'expulsion d'un résident permanent qui a été déclaré coupable d'une infraction passible d'au moins cinq ans de prison n'était pas contraire aux garanties des articles 7 et 12 de la *Charte*[352]. Plus étonnante est la décision de la Cour suprême dans les affaires *Kindler* et *Ng*, où la majorité de la Cour a jugé que l'extradition d'un criminel fugitif aux États-Unis pour des crimes punis de mort ne violait pas l'article 7 de la *Charte*, (cet article constituant la disposition appropriée en l'occurrence, et non l'article 12)[353]. On notera cependant que la Cour d'appel du Québec, dans un arrêt postérieur aux précédents, a néanmoins décidé que l'ordonnance de déportation d'un individu accusé de trafic de cocaïne dans l'État du Michigan, où la peine minimale prévue pour cette infraction est de vingt années d'emprisonnement sans admissibilité à une libération conditionnelle, violait l'article 7 de la *Charte*, une telle peine étant, compte tenu de la nature de l'infraction, si excessive qu'elle porte atteinte aux principes de justice fondamentale[354]. Par ailleurs, il ne semble pas y avoir de doute, au vu d'*obiter* répétés en ce sens, que la Cour suprême invaliderait une ordonnance de déportation si la personne qui en fait l'objet risquait d'être soumise à la torture dans le pays qui requiert son extradition[355].

Où est la logique lorsqu'on en arrive à dire, d'une part, que la torture et qu'une peine d'emprisonnement exagérément disproportionnée infligées par un État étranger violent les principes de justice fondamentale, notamment parce que la remise du fugitif le placerait dans une situation qui «choque [...] la conscience» des Canadiens mais que, d'autre part, ces mêmes principes ne sont pas violés si le fugitif est passible de la peine capitale, faute d'un consensus clair dans notre pays «quant à savoir si la peine de mort est moralement répréhensible et absolument inacceptable[356]»?

On peut se demander s'il n'y aurait pas plus de cohérence et d'humanité dans les décisions judiciaires sur cette question de l'extradition des criminels fugitifs si l'on s'en remettait à la garantie de l'article 12 de la *Charte*, que

---

[351] *Jamieson c. Directeur du centre de prévention Parthenais*, [1992] R.J.Q. 561 (C.A.); *Barrera c. Canada (Ministre de l'Emploi et de l'Immigration)*, [1993] 2 C.F. 3 (C.A.).

[352] *Chiarelli c. Canada (Ministre de l'Emploi et de l'Immigration)*, [1992] 1 R.C.S. 711; *Barrera c. Canada (Ministre de l'Emploi et de l'Immigration)*, *id.*; *Nguyen c. Canada (Ministre de l'Emploi et de l'Immigration)*, [1993] 1 C.F. 696 (C.A.).

[353] *Kindler c. Canada (Ministre de la Justice)*, *supra*, note 289; *Renvoi relatif à l'extradition de Ng (Can.)*, [1991] 2 R.C.S. 858. Voir cependant les fortes dissidences du juge en chef Lamer et des juges Sopinka et Cory.

[354] *Jamieson c. Canada (Minister of Justice)*, [1994] R.J.Q. 2144 (C.A.).

[355] Voir notamment les *obiter* sur cette hypothèse dans : *Canada c. Schmidt*, *supra*, note 30, p. 522; *Kindler c. Canada (Ministre de la Justice)*, *supra*, note 289, p. 832 (La Forest, J.) et 851 (McLachlin, J.).

[356] *Kindler c. Canada (Ministre de la Justice)*, *ibid.*, p. 851 (McLachlin, J.).

l'on a pourtant décidé d'écarter au profit de la norme imprécise et vague de l'article 7[357].

Il faut souligner enfin que l'article 12 de la *Charte* peut encore être invoqué si le juge, en évaluant les circonstances de l'espèce, décide d'infliger une peine qui viole la norme constitutionnelle. Mais pour cela, il ne suffit pas que la peine soit simplement inappropriée ou excessive : il faut qu'elle soit exagérément disproportionnée. Autrement, si on estime que la justesse de la peine imposée est contestable, la Constitution n'est pas en cause et c'est par le moyen de l'appel que cette peine sera éventuellement révisée[358].

(c) Les peines ou traitements arbitraires

Aux États-Unis, le caractère arbitraire des peines a été retenu par les tribunaux comme étant l'un des critères pouvant servir à déterminer si une peine est cruelle et inusitée aux termes du Huitième amendement de la Constitution. Et le juge en chef Laskin, dans son jugement de l'affaire *Miller*, a reconnu la pertinence de ce critère aux fins de l'interprétation de l'alinéa 2*b*) de la *Déclaration*, bien qu'il ait estimé que «la question de l'application discrétionnaire, arbitraire ou inconséquente de la peine de mort» ne se posait pas en l'espèce[359].

Toutefois, le juge Lamer, dans l'arrêt *Smith*[360], exprime l'opinion qu'il n'y a pas lieu d'emprunter ce critère élaboré par les tribunaux américains, principalement en raison de la présence dans la *Charte canadienne* de dispositions protectrices de la liberté contre l'arbitraire, à savoir les articles 7 et 9, et de l'égalité de tous devant la loi (article 15). C'est pourquoi il concluait que «le caractère arbitraire constitue un facteur minime pour ce qui est de déterminer si une peine ou un traitement est cruel et inusité[361]». Telle n'était pas l'opinion de tous les juges dans cette affaire[362]. Et nous ne sommes pas persuadé qu'il est prudent d'exclure *a priori* le critère de

---

[357] Dans l'arrêt *Kindler, supra*, note 289, pp. 819-824, seuls les juges Lamer et Cory, dissidents, ont accepté d'appliquer l'article 12 à la décision du ministre d'extrader même si c'est un pays étranger et non le Canada qui infligerait la peine de mort au criminel déporté.

[358] *R. c. Smith, supra*, note 306, p. 1072.

[359] *R. c. Miller, supra*, note 300, p. 690.

[360] *R. c. Smith, supra*, note 306, pp. 1074-1076.

[361] *Ibid.*, p. 1076.

[362] Pour le juge McIntyre, une peine est cruelle et inusitée si elle est «infligée arbitrairement en ce sens qu'elle n'est pas infligée sur une base rationnelle conformément à des normes vérifiées ou véritables» (*ibid.*, pp. 1098 et 1103-1106). Le juge Le Dain se déclare d'accord avec la façon dont le juge McIntyre aborde l'application du critère du caractère arbitraire (p. 1111). Le juge Wilson affirme que la nature arbitraire de la peine est tout à fait fondamentale (pp. 1109-1110). Le juge La Forest, pour sa part, préfère ne pas se prononcer sur le rôle que joue le caractère arbitraire dans l'interprétation de l'article 12 (p. 1113).

l'arbitraire pour décider du caractère cruel et inusité d'une peine ou d'un traitement. On s'en rendra peut-être compte le jour où les circonstances particulières mais imprévisibles d'un cas d'espèce feront voir l'utilité des propos du juge McIntyre dans l'arrêt *Smith*[363] et des décisions de la Cour suprême des États-Unis sur les peines et traitements arbitraires.

(d) L'application de la disposition limitative

Bien que l'article premier de la *Charte* soit rédigé dans des termes qui laissent clairement entendre que tous les droits garantis par la *Charte* peuvent être restreints par une règle de droit dans certaines limites que la disposition précise, il faut reconnaître que les rapports entre l'article premier et l'article 12 ne vont pas sans soulever certaines difficultés d'ordre conceptuel.

Personne ne conteste que les libertés fondamentales, par exemple, même si elles sont énoncées en termes absolus, peuvent être restreintes par des lois, pourvu que celles-ci respectent les critères posés par l'article premier. De même, lorsque la *Charte* énonce des droits en les qualifiant par des termes tels que raisonnable, anormal, abusif, on peut encore concevoir des restrictions législatives qui soient justifiées par la recherche d'un objectif législatif qui soit suffisamment important. Mais on éprouve quelque gêne à voir les tribunaux appliquer au droit que garantit l'article 12 de la *Charte* certains des critères énoncés par la Cour suprême pour l'application de la disposition limitative.

Il faut en effet se demander, en premier lieu, si l'objectif que vise à servir la loi restrictive est «suffisamment important pour justifier la suppression» du droit de chacun de n'être pas soumis à des traitements ou à des peines cruels et inusités. Poser cette question, c'est implicitement reconnaître à l'État le droit, dans certaines circonstances, d'imposer à certaines personnes dans la société, des peines ou des traitements qui soient excessifs au point d'être incompatibles avec la dignité humaine. Peut-on seulement concevoir que des peines ou des traitements qui méritent d'être ainsi qualifiés puissent se justifier dans le cadre d'une société libre et démocratique? Cela paraît particulièrement évident, du moins lorsqu'il s'agit de cette catégorie de peines ou de traitements qui sont cruels et inusités par leur nature même. De plus, à supposer qu'un objectif législatif puisse être «suffisamment important» pour justifier une peine ou un traitement «exagérément disproportionné», comment une telle peine ou un tel traitement peut-il satisfaire au critère de l'atteinte minimale qui exige que le moyen choisi porte le moins possible atteinte au droit en cause?

---

[363] *R. c. Smith, supra*, note 306.

C'est pourquoi nous partageons l'opinion des juges McIntyre et Le Dain selon laquelle une peine ou un traitement jugé cruel et inusité ne saurait être justifié en vertu de l'article premier de la *Charte* : «à l'article 12 la *Charte* a créé un droit absolu[364]». N'est-ce pas banaliser ce droit que de vouloir seulement le soumettre au test de l'article premier, même si dans les faits, on ne réussit jamais à justifier une loi qui porte atteinte à la protection contre les peines et traitements cruels et inusités?

---

[364] *Ibid.*, pp. 1085 et 1111.

13

La Charte canadienne et la nouvelle légalité

André Jodouin*

1. Introduction
2. Principe de la légalité et théorie de l'imprécision
    (a) Le principe de la légalité
    (b) La théorie de l'imprécision
3. Théorie de l'imprécision et mécanisme de réduction
    (a) La qualification constitutionnelle de l'imprécision
    (b) La base juridique de l'imprécision et la structure d'interprétation des droits constitutionnels
4. Imprécision, standards et création judiciaire
    (a) Imprécision et standards
    (b) Imprécision et rôle des tribunaux
5. Conclusion

> ... et si, nous avons tant laissé à opiner et décider à nos juges, qu'il ne fut jamais liberté si puissante et si licencieuse.
>
> Montaigne

1. INTRODUCTION

À l'époque de l'adoption de la *Charte constitutionnelle* et durant la période où la Cour suprême du Canada rendait ses premières décisions

---

* Professeur à la Faculté de droit de l'Université d'Ottawa.

interprétant l'article 7, il était possible d'imaginer un scénario radical de renouvellement prétorien du droit pénal. Ce scénario était fondé sur certaines perceptions et attitudes assez largement répandues. D'abord, bon nombre de pénalistes misaient sur le fait que l'adoption de la *Charte* allait accorder aux tribunaux une marge de manoeuvre que la *Déclaration canadienne des droits*, à cause de son statut plus modeste, ne leur accordait pas. De plus, la concordance entre les finalités des principes généraux du droit pénal, favorables à la «liberté du sujet» et celles de la *Charte*, créant en faveur de l'individu des «droits-barrières», semblait évidente; en conséquence, la réalisation judiciaire des principes enchâssés dans la *Charte* entraînerait une augmentation de la liberté individuelle et une diminution de la répression.

La Commission de réforme du droit du Canada avait d'ailleurs préparé les esprits en proposant de fonder le renouveau du droit pénal sur le principe de la modération. Pour comprendre l'attrait de ce principe, il faut se replacer dans le climat intellectuel des années soixante et soixante-dix. Même si le droit pénal n'éprouve pas de façon aussi intense que les autres instances sociales les effets du mouvement de contestation générale, il traverse, lui aussi, une sorte de crise de légitimité[1], provoquée par une conviction de plus en plus répandue que le système de justice pénale, y compris sa composante correctionnelle, ne tient pas ses promesses[2]. On se rend compte de plus en plus que le système pénal est irrationnel et ne correspond à aucune politique cohérente :

> We have a foreign policy. We have an agricultural policy. The twin disciplines of the political process and the market-place have forced us not only to have an economic policy but also to restate it in a budget at regular intervals so that Parliament and the public can judge the accuracy and wisdom of the response of the government of the day. Yet in the area of criminal justice we do not have a policy[3].

---

[1] Voir le discours de l'honorable John Turner, ministre de la Justice, «Law for the Seventies: A Manifesto for Law Reform» (1971) 17 *McGill L.J.* pp. 1-10.

[2] Voir, notamment, A. PIRES, «Critiques de la prison et principe de modération : Inventaire d'extraits dans les documents canadiens», Document à l'intention de la Commission canadienne sur la détermination de la peine, 1985. Pires montre que les critiques de la prison remontent à très loin, au point d'être contemporaines de sa création; par ailleurs, à compter de la fin des années soixante, avec la Commission Ouimet, la critique va porter sur le droit pénal dans son ensemble (p. 154). Le scepticisme à l'égard du droit pénal n'est d'ailleurs pas un phénomène local. Il s'inscrit dans un mouvement beaucoup plus général qui se manifeste en Europe et aux états-Unis. Ainsi, en 1980, le Conseil de l'Europe publie un rapport sur la décriminalisation. Aux états-Unis, le mouvement du «Radical non intervention» recommande la dépénalisation; le professeur Packer donne au mouvement sa structure juridique. Son livre s'intitule, de façon éloquente, *The Limits of the Criminal Sanction*, Stanford University Press, 1968.

[3] Le très honorable Antonio Lamer, juge en chef du Canada, alors président de la Commis-

Ce scepticisme, voire cette méfiance à l'égard du système pénal, va marquer l'esprit dans lequel on envisage la réforme qui s'impose. La Commission de réforme du droit du Canada, créée en partie pour enrayer la crise de la légitimité[4], présente au Parlement un rapport intitulé «Notre droit pénal[5]». Le Rapport résume l'idéologie de la Commission de réforme et affirme que l'élaboration du droit pénal doit respecter le principe de la modération, un principe qui touche la portée du droit pénal, la notion de blâme, l'utilisation du procès et les principes de «sentencing[6]». En ce qui regarde les deux premiers éléments, on doit tendre vers une diminution du champ pénal, qui ne devrait inclure que les mauvaises actions contraires aux valeurs fondamentales de la société. La notion de blâme devient donc un critère central dans la théorie des incriminations. Cette notion, dont on voudrait faire un critère législatif, a déjà la faveur d'une partie de l'opinion doctrinale et judiciaire[7]. On prévoit que les tribunaux, affranchis du devoir de respecter la volonté législative lorsque celle-ci n'est pas conforme aux droits garantis par la *Charte*, vont poursuivre la valorisation de la *mens rea*[8].

Le scénario de réforme se serait déroulé selon un ordre naturel : le renforcement des garanties juridiques prévues aux articles 7 à 14 se serait avéré incompatible avec le maintien d'une conception instrumentaliste du droit pénal. En effet, la reconnaissance de toutes les virtualités de la *mens rea*, de la présomption d'innocence, des garanties procédurales, aurait rendu le recours à la peine privative de liberté un moyen moins commode de réaliser certains objectifs sociaux, notamment (mais non exclusivement) en matière réglementaire ou «quasi réglementaire». Un droit instrumental vise

---

sion de réforme du droit du Canada, dans un discours prononcé à Calgary, le 4 juillet 1977, à la séance plénière du congrès de l'Association canadienne de criminologie, (1978) 20 *Revue canadienne de criminologie* 126, p. 127.

[4] Voir P. LALANDE, «La Commission de réforme du droit du Canada (1971 - 1989): de la modération dans le droit pénal...à la modération dans la réforme du droit», document inédit, École de criminologie, Université de Montréal, CRI 7315.

[5] Ministre des Approvisionnements et Services Canada, Ottawa, 1977.

[6] *Ibid.*, p. 19.

[7] Voir, notamment, *R. c. Sault Ste-Marie*, [1978] 2 R.C.S. 1299, p. 1321. Cet arrêt avait illustré le potentiel de la réforme prétorienne du droit, dans un domaine qui préoccupait fort la doctrine, celui de la responsabilité absolue.

[8] Une des premières décisions de la Cour suprême, en application de la *Charte* au droit pénal, est allée exactement dans le sens prévu. Dans l'arrêt *Renvoi: Motor Vehicle Act de la C.-B.*, [1985] 2 R.C.S. 486, la Cour suprême a déclaré qu'une infraction de responsabilité absolue était contraire aux principes de la justice fondamentale. Assortie d'une peine d'emprisonnement obligatoire, elle violait l'article 7 et n'était pas susceptible d'être validée aux termes de l'article 1, puisque la législature disposait de moyens moins attentatoires à la liberté pour atteindre ses fins. L'arrêt va certainement dans le sens des recommandations de la Commission de réforme du droit, en affirmant que la notion de blâme est un impératif constitutionnel.

l'efficacité; or, les garanties juridiques introduisent dans le processus répressif des obstacles à l'efficacité, c'est même leur raison d'être[9].

La suite du scénario aurait vu des mécanismes nouveaux remplacer la menace de l'emprisonnement comme moyen acceptable de mise en oeuvre des politiques étatiques. Le champ pénal se serait considérablement rétréci, pour n'inclure enfin que des infractions dont l'importance symbolique justifie le lourd investissement judiciaire qu'entraîne le respect intégral des garanties juridiques. À partir de ce champ pénal rétréci, nettoyé des infractions «instrumentales», il aurait été possible d'élaborer une dogmatique pénale cohérente.

Ce scénario, bien que théoriquement possible, avait peu de chances de se réaliser. De fait, à plusieurs égards, le droit pénal semble avoir évolué dans le sens contraire de celui qui était logiquement prévisible[10]. Il n'y a pas moins de droit pénal, il y en a plus[11]. Plus de gens vont en prison

---

[9] Certains auteurs ont perçu les difficultés que pouvaient entraîner les garanties constitutionnelles pour les pratiques actuelles en matière de droit pénal «administratif»; voir, K.R. WEBB, «Regulatory Offences, the Mental Element and the Charter: Rough Road Ahead», (1989) 21 Ottawa L. Rev. 419. Cet auteur écrit: «Regulatory offences are the main coercive mechanisms employed by Canadian governments to implement public policy objectives outside the criminal sphere. The forms of regulatory offence most prevalent (absolute and strict liability) were originally created by courts and legislatures in an attempt to address behaviour which was not subjectively intended but was nevertheless potentially harmful. Traditional criminal offences — where the prosecution is required to establish beyond a reasonable doubt both the *actus reus* and the *mens rea* of the offence — have proven to be impractical in this regard, because of the limited scope of behaviour they address (that is, subjectively intended behaviour) and the virtual impossibility of the prosecution being able to prove fault in regulatory contexts (that is, when only the accused is likely to have the information upon which a finding of fault could be based)». (pp. 420-421).

La remarque vaut non seulement pour le droit pénal administratif, mais pour tous les domaines où l'on cherche à provoquer un changement des comportements sociaux par des moyens répressifs.

[10] Le professeur M. MANDEL, *The Charter of Rights and the Legalisation of Politics in Canada*, Thompson Educational Publishing, Inc., Toronto, 3e éd., 1994, p. 225, soutient que «Though the decade of the Charter's entrenchment was the most repressive in Canada's history, the worst year of the nineteen-eighties for imprisonment was surpassed in each of the first two years of the nineteen-nineties. (...) For these apparently contradictory phenomena of increasing Charter activity and increasing repression, we are thrown back on the alternative explanations in the [preceding] text : mere coincidence, the Charter as a restraining factor on a rate of repression that would have been even worse, or, the one I prefer, the Charter as a legitimation both of the repression that goes hand in hand with increasing inequality and of the inequality itself.»

[11] Sur le seul plan du nombre, il est difficile d'être précis. En 1976, la Commission de réforme du droit avait évalué à 20 000 les infractions réglementaires fédérales. En 1986, dans son document de travail no. 51 «Droit, objectifs publics et application des normes», la Commission avait avancé le chiffre de 97 000 infractions fédérales. En ce qui concerne le *Code criminel*, même s'il est plus facile de compter les incriminations, il est presqu'impossible de dire si un plus grand nombre de situations de fait sont visées par la partie

qu'auparavant[12]. La théorie pénale n'est pas plus cohérente[13]. Au lieu d'un ressourcement du droit pénal par la *Charte*, il semble qu'il y a eu épuisement de la *Charte* par le droit pénal.

Comment expliquer le peu d'impact que semble avoir eu la *Charte* sur l'ensemble du système de répression et sur la théorie pénale? Les raisons de fond relèvent sans doute de mouvements de société que les moyens d'analyse juridique ne permettent pas d'appréhender directement. Cependant, l'analyse des faits strictement juridiques et notamment des jugements appliquant (ou n'appliquant pas) le droit constitutionnel au droit pénal peut nous indiquer les voies qu'ont emprunté les tribunaux pour immuniser le système répressif contre les changements en profondeur. En général, on constate le phénomène suivant : la création de mécanismes qui opèrent la neutralisation des principes modérateurs, accompagnée d'une rhétorique qui valorise la répression. à cet égard, il existe un exemple frappant, celui du traitement par les tribunaux, et notamment par la Cour suprême du Canada, du principe de la légalité des délits et des peines[14].

---

spéciale. Par exemple, l'infraction de «proférer des menaces» (art. 264.1, *C. crim.*) existe depuis longtemps, cependant les conditions d'application de cette infraction ont été modifiées par la suppression des modes particuliers de communication que devaient emprunter les menaces. Commet maintenant l'infraction une personne qui, *de quelque façon*, profère une menace. L'infraction est devenue beaucoup plus facile à établir et par conséquent, il y a beaucoup plus d'accusations et de condamnations.

Ce qui m'apparaît un phénomène d'inflation pénale s'est accompagné d'un recours plus fréquent à des dispositions de type «instrumental», comme la disposition qui assortit d'une peine possible de 14 ans le fait de causer la mort par conduite dangereuse.(art. 294(4), *C. crim.*) On trouve donc maintenant, dans le Code criminel, des infractions «quasi réglementaires» auxquelles s'appliquent des normes moins élevées d'élément moral. L'affaiblissement des exigences de *mens rea* et partant, des exigences de preuve, conduit logiquement à des taux plus élevés de condamnation.

[12] *Id.* Voir aussi: «Faits et Chiffres sur les services correctionnels au Canada», Service correctionnel du Canada, Ottawa, 1993; H. DUMONT, «Les solutions de rechange à la peine d'emprisonnement du droit canadien: le triomphe de l'intolérance et de l'irrationnalité sur l'humanisme et la liberté», Rapports canadiens au Congrès international de droit comparé, Athènes 1994, Yvon Blais, Cowansville, 1994.

[13] Voir, à cet égard, la critique formulée par A.-M. BOISVERT, «Les exigences constitutionnelles en matière de faute pénale: un bilan critique», (1994) 73 R. du B. can. 161. Voir aussi, L. VIAU, «La Charte et la nouvelle conception de la *mens rea*», (1995) 26 R.G.D. 81.

[14] Ce n'est pas le seul exemple. La professeure Anne-Marie Boisvert, *id.*, a montré comment la Cour suprême a reformulé les règles concernant la *mens rea*. Les nouvelles règles, en admettant la suffisance de la *culpa*, par opposition au *dolus*, ont un effet modérateur beaucoup moins intense sur la répression. Par ailleurs, des arrêts comme *Wholesale Travel* (*R. c. Wholesale Travel Group Inc.*, [1991] 3 R.C.S. 154) contiennent des passages où l'on fait l'apologie des sanctions pénales en des termes fort inquiétants: «Il n'est pas non plus abusif d'infliger une peine d'emprisonnement compte tenu du danger que les violations des lois de nature réglementaire peuvent représenter pour le public. Le spectre de tragédies qu'évoquent des noms tels thalidomide, Bhopal, Tchernobyl et *Exxon Valdez*

Nous allons donc étudier les rapports entre le principe de la légalité et la jurisprudence constitutionnelle qui a porté sur des questions justiciables du principe. Nous verrons d'abord quelles sont les composantes et la finalité du principe de la légalité, auquel la Cour suprême a substitué une «théorie de l'imprécision» dérivée du droit américain et d'une certaine jurisprudence de la Cour européenne des Droits de l'Homme. Nous verrons ensuite les mécanismes qui ont été employés pour réaliser cette substitution et, partant, pour affaiblir les droits traditionnels que confère le principe de la légalité. Nous verrons enfin comment la théorie de l'imprécision modifie le rôle des tribunaux en les associant à l'élaboration des normes répressives.

2. PRINCIPE DE LA LÉGALITÉ ET THÉORIE DE L'IMPRÉCISION

(a) Le principe de la légalité

Le principe de la légalité est certainement le principe le plus fondamental du droit pénal, dans la mesure où l'infraction criminelle est une pure création de la loi. Jerome Hall écrit :

> The principle of legality is, first of all, a summation of the form of all the penal laws, of what distinguishes them as positive laws from all other rules; and it qualifies and is presupposed by everything else in penal theory[15].

Si le principe se rattache à la notion de la *rule of law*, la «primauté du droit», il s'en distingue par sa spécificité. Cette spécificité est bien illustrée par la formulation classique du principe : *nullum crimen, nulla poena sine lege*[16]. Historiquement, dans son application au droit pénal, la primauté du droit s'exprime comme une limitation du droit de punir[17]. Dans cette mesure, il s'accorde avec les finalités du principe de la modération pénale.

---

ne laisse aucun doute quant aux dégâts que peut causer pour l'être humain et pour l'environnement la violation de mesures réglementaires. Des peines sévères, notamment l'emprisonnement, sont essentielles pour éviter que des catastrophes similaires ne se reproduisent.» (p. 250) (L'infraction réglementaire dont il était question dans l'affaire *Wholesale Travel* était celle de «donner au public des indications fausses ou trompeuses sur un point important», infraction passible d'une peine maximum de cinq ans d'emprisonnement).

[15] J. HALL, *General Principles of Criminal Law*, Bobbs-Merrill, 2e éd., 1960, p. 27.

[16] Le professeur Hall soutient que, même s'il ne faut pas considérer concluante la latitude de la formule, le principe est bien antérieur au libéralisme du 18e siècle et aurait des origines romaines. En toute hypothèse, la maxime *nullum crimen, nulla poena* est connue dans la vaste majorité des systèmes juridiques «occidentaux»: voir J. HALL, *id.*; voir aussi G. STEFANI, G. LEVASSEUR et B. BOULOC, *Droit pénal général*, Dalloz, 14e éd., pp. 116 et s.

[17] *Ibid*: «Rather less emphasized in the general legal literature is the historic meaning of the principle of legality as a definite limitation on the power of the State». La limitation joue en imposant des devoirs particuliers de clarté et de prudence aux rédacteurs et aux interprètes de la loi.

Selon la doctrine, le principe de la légalité «vise à imposer des limites au pouvoir étatique en précisant dans un texte de loi l'étendue des pouvoirs confiés à l'état. Il impose ainsi des limites aux agissements des officiers de l'état par la prescription de règles strictes et spécifiques couvrant toutes les étapes du processus pénal. C'est ainsi que le citoyen jouira d'une plus grande protection et que l'exercice du pouvoir discrétionnaire sera circonscrit et limité»[18]. On admet généralement que le principe s'adresse au législateur, dont il exige des lois claires et précises (le professeur Ashworth parle du «principle of maximum certainty[19]»), au juge, à qui il commande une interprétation stricte des lois pénales, et aux responsables de l'application de la loi, à qui il détermine les limites de leurs pouvoirs.

Le principe de la légalité encadre et définit les rapports entre l'état-accusateur et le justiciable-accusé, rapports qui, au Canada du moins, sont exclusifs : l'état et le justiciable s'opposent en combat singulier[20]. Notons que l'état ne représente *pas* la victime. Celle-ci n'a aucun statut officiel au procès[21]. Les rapports qu'établit le principe de la légalité entre l'état et le justiciable sont également léonins : le principe ne confère aucun droit à l'état et il lui impose des devoirs; il n'impose aucun devoir au justiciable, mais il lui confère des droits. Sa finalité est de restreindre l'exercice du pouvoir de punir; c'est pour cette raison qu'une interprétation judiciaire qui diminue la portée d'une incrimination ou qui élargit celle d'un moyen de défense ne porte pas atteinte au principe. Elle viole peut-être les règles de la saine interprétation des lois, voire celles du bon sens : à la limite, elle pourrait même violer la notion de primauté du droit, dans la mesure où le juge qui la pratique excède les limites de sa compétence. Pourtant, elle ne contrecarre pas la finalité du principe de la légalité, même si ce dernier ne la justifie pas[22].

---

[18] G. COTE-HARPER, A.D. MANGANAS et J. TURGEON, *Droit pénal canadien*, Yvon Blais, 2e éd., 1989, p. 41.

[19] A. ASHWORTH, *Principles of Criminal Law*, Clarendon Press 1991, p. 64.

[20] La figure a été reprise par la Cour suprême dans l'arrêt *Irwin Toy Ltd.* c. *Québec (Procureur général)*, [1989] 1 R.C.S. 927, p. 994 dans le cadre de l'analyse de l'article 1 de la *Charte*. Ainsi, il convient d'appliquer des critères plus rigoureux lorsque le gouvernement est «l'adversaire singulier» du justiciable dont les droits constitutionnels sont restreints.

[21] Selon les règles canadiennes, et sous réserve des cas statistiquement exceptionnels de poursuite privée, c'est à la Couronne qu'incombent toutes les décisions importantes relatives à la poursuite. Les rapports qui peuvent exister entre la victime et l'état relèvent de principes autres que celui de la légalité, par exemple celui de l'indemnisation des victimes. L'article 141 du *Code criminel* rend manifeste l'exclusion de la victime du processus décisionnel en matière pénale.

[22] La raison que l'on invoque le plus souvent pour justifier le caractère unilatéral des devoirs imposés par le principe de la légalité est le déséquilibre des forces en présence. Pour maintenir l'image (certains diraient l'illusion) de combat loyal que doit projeter le procès pénal, les forces en présence doivent être relativement égales. Notons, parce qu'il en sera

Avant l'adoption de la *Charte*, les tribunaux canadiens, à plusieurs reprises, ont donné effet au principe de la légalité, surtout en ce qui concerne les devoirs qu'il impose en matière d'interprétation. Ils ne lui ont pas toujours été fidèles, mais il est déjà significatif que les écarts importants sont perçus comme des aberrations et le respect du principe, la règle[23]. Une des difficultés que pose la règle de l'interprétation stricte, c'est justement qu'elle est une règle d'interprétation, et donc que son pouvoir contraignant est moindre que celui d'une règle de fond. Il demeure que l'interprétation stricte des textes d'incrimination traduit chez l'interprète une fidélité à des valeurs fondamentales semblables à celles que protège la *Charte* : liberté fondée sur la conscience de la dignité de l'être humain et un parti pris d'optimisme quant à la valeur de ses choix d'action[24]. Il demeure aussi que bon nombre de juges, en dernière analyse, donnent à l'accusé le bénéfice du doute quant au sens et à la portée d'un texte de loi «incriminateur[25]».

Ce qui est intéressant dans la jurisprudence pré-*Charte*, c'est que les tribunaux, instinctivement, ont parfois donné effet au principe de la légalité dans sa forme la plus générale. Ainsi, dans l'arrêt *Frey* c. *Fedoruk*[26], la Cour suprême a jugé qu'une infraction créée par la common law, mais non récupérée par le *Code criminel*, ne faisait pas partie de notre droit. De même, dans l'arrêt *Gralewicz*[27], la Cour suprême a affirmé que le «complot de common law», reconnu comme infraction par l'ancien paragraphe 423(2) (maintenant abrogé) du *Code criminel*, devait nécessairement porter sur une violation d'une loi fédérale ou provinciale. Le jugement restreint les objets du complot à ceux que désignent les législateurs fédéral et provinciaux, ce qui est tout à fait conforme au principe.

---

question plus loin, qu'en ce sens le principe de la légalité est le résultat d'une opération historique de pondération. Notons que l'état y trouve aussi largement son compte, puisque l'image d'équité que projette le processus pénal accroît la légitimité de l'autorité étatique.

[23] Voir l'article de S. KLOEPFER, «The Status of Strict Construction in Canadian Criminal Law», (1983) 15 Ottawa L. Rev. 553. L'auteur cite, aux notes 89 à 93, des arrêts où le principe de l'interprétation stricte des textes pénaux a été expressément ou implicitement suivi; à la note 94, il signale des affaires où «(...) there was arguably an opportunity for the application of the principle of strict construction, but that opportunity was not taken up by the court (...)».

[24] Voir, comme illustration d'une conception humaniste des droits de la personne, *R.* c. *Oakes*, [1986] 1 R.C.S. 103, p. 139: «La présomption d'innocence confirme notre foi en l'humanité; elle est l'expression de notre croyance que, jusqu'à preuve du contraire, les gens sont honnêtes et respectueux des lois».

[25] Voir notamment, *R.* c. *Paul*, [1982] 1 R.C.S. 621; *R.* c. *Dunn*, [1995] 1 R.C.S. 226.

[26] *Frey* c. *Fedoruk*, [1950] R.C.S. 517; *R.* c. *Hafey*, [1985] 1 R.C.S. 106. Il est intéressant de comparer l'attitude des juges dans cette affaire à celle du juge McLachlin dans l'affaire *United Nurses* qui déclare : «Aucune jurisprudence ne nous a été soumise pour étayer la prétention selon laquelle la justice fondamentale requiert la codification de tous les crimes». (*United Nurses (Alb.)* c. *Alberta (P.G.)*, [1992] 1 R.C.S. 901, p. 930.)

[27] *Gralewicz et al.* c. *R.*, [1980] 2 R.C.S. 493.

Le principe de la légalité apparaît donc comme le principe prééminent du droit pénal, la manifestation en droit pénal du principe plus général de la primauté du droit. Étant donné son importance, son universalité et ses finalités, il est impossible de lui nier un poids constitutionnel. L'article 52 de la *Loi constitutionnelle de 1982* déclare inopérantes les dispositions légales incompatibles; l'article n'a de sens que si les dispositions légales sont considérées nécessaires pour légitimer l'action étatique. En droit pénal, c'est le principe de la légalité qui donne son sens à l'article 52.

Par conséquent, l'attitude qu'auront les tribunaux à l'égard du principe, le sens et la portée qu'ils lui donneront, et surtout, la reconnaissance par les juges des contraintes qu'il impose aux rédacteurs et aux interprètes des lois, détermineront largement l'effet que pourra avoir la *Charte* sur le droit pénal.

Nous allons donc étudier la jurisprudence récente qui porte sur des questions justiciables du principe de la légalité. Nous constaterons d'abord que la Cour suprême n'aborde pas ces questions sous l'angle du principe traditionnel de la légalité, qui est pourtant expressément reconnu par l'alinéa 11g) de la *Charte*, mais qu'elle les traite par application d'une «théorie de l'imprécision», inspirée de la jurisprudence constitutionnelle américaine et de celle de la Cour européenne des Droits de l'Homme. Cette «théorie de l'imprécision» n'a pas le même contenu, la même portée et les mêmes finalités que le principe de la légalité auquel on l'a substitué.

(b) La théorie de l'imprécision

Depuis l'avènement de la *Charte*, la Cour suprême a été saisie de plusieurs affaires justiciables du principe de la légalité[28]. Les règles qui en ont résulté ont fait l'objet d'une synthèse qui ne reproduit pas les éléments traditionnels qui composent ce principe et ne reflète pas, non plus, l'attitude qui doit présider à son application. En réalité, les nouvelles règles énoncées par la jurisprudence risquent fort de saborder le principe et même de lui substituer des contre-valeurs. Ces règles se présentent sous la rubrique générale de la «théorie de l'imprécision».

---

[28] Voir *R.* c. *Morgentaler*, [1988] 1 R.C.S. 30; *Renvoi relatif à l'art. 193 et à l'al. 195.1 (1)c) du Code criminel (Man.)*, [1990] 1 R.C.S. 1123; *Irwin Toy Ltd.* c. *Québec (P.G.)*, supra, note 20; *R.* c. *Keegstra*, [1990] 3 R.C.S. 697; *Canada (Commission des droits de la personne)* c. *Taylor*, [1990] 3 R.C.S. 892; *Comité pour la République du Canada* c. *Canada*, [1991] 1 R.C.S. 139; *Osborne* c. *Canada (Conseil du Trésor)*, [1991] 2 R.C.S. 69; *R.* c. *Butler*, [1992] 1 R.C.S. 452; *R.* c. *Nova Scotia Pharmaceutical Society*, [1992] 2 R.C.S. 606; *R.* c. *Morales*, [1992] 3 R.C.S. 711. Dans ce dernier cas, bien que la question constitutionnelle faisait également état de l'art. 7, la majorité de la Cour suprême a jugé que la violation avait porté sur l'al. 11e). Voir aussi *R.* c. *Heywood*, [1994] 3 R.C.S. 761. L'arrêt *Heywood* porte sur une question voisine de l'imprécision, celle de la «portée excessive».

Le terme «théorie de l'imprécision» traduit l'expression anglaise «*void for vagueness doctrine*», utilisée en droit constitutionnel américain à l'encontre de lois présentant des vices de clarté susceptibles de restreindre les droits constitutionnels des justiciables, notamment les droits que protège le Premier amendement[29]. Malgré des différences considérables entre les droits constitutionnels américain et canadien, c'est sous cette appellation que les tribunaux canadiens ont envisagé le problème[30]. Les tribunaux, notamment la Cour suprême, se sont également inspirés de la jurisprudence de la Cour européenne des Droits de l'Homme pour élaborer la théorie.

L'arrêt *Nova Scotia Pharmaceutical Society*[31] fait la synthèse des règles sur cette question. Dans l'affaire *Nova Scotia Pharmaceutical Society*, les accusés avaient soutenu qu'une infraction créée par la *Loi relative aux enquêtes sur les coalitions*[32], le complot pour empêcher ou diminuer indÛment le commerce, était imprécise au point d'être inconstitutionnelle. La Cour suprême a jugé qu'elle ne l'était pas et a formulé certaines règles relatives au traitement constitutionnel de l'imprécision. Elle a également abordé une question qui ne relève pas strictement de la légalité, mais qui s'en rapproche, la question de la «portée excessive» des lois[33].

---

[29] Voir C. ROGERSON, «The Judicial Search for Appropriate Remedies Under the Charter: the Examples of Overbreadth and Vagueness», in R.J. SHARPE, ed., *Charter Litigation*, Toronto, Butterworths, 1987, p. 258. La professeure Rogerson signale que la réaction des tribunaux variera selon le droit dont on allègue la violation; dans la cosmologie juridique américaine, les droits que protège le Premier amendement seront gardés plus jalousement que ceux qui peuvent être menacés par des simples lois pénales «which do not impinge upon fundamental freedoms». Voir aussi, G.T. TROTTER, «LeBeau: Toward a Canadian Vagueness Doctrine», (1988) 62 C.R. (3d) 183; D. STUART, «The Canadian Void for Vagueness Doctrine Arrives with No Teeth», (1990) 77 C.R. (3d) 101.

[30] Certains avocats de la défense semblent, eux aussi, avoir été séduits par l'influence du droit américain. Dans les affaires *R. c. LeBeau*; *R. c. Lofthouse*, (1988) 62 C.R. (3d) 157, on avait porté contre les accusés des accusations de «grossière indécence» (ancien article 157 du *Code criminel*, abrogé en 1987), l'un parce qu'il s'était masturbé dans un lieu d'aisance public, l'autre parce qu'il avait, dans le même endroit, fait une fellation à un tiers. Les accusés ont contesté la disposition du Code condamnant ce type de comportement, en alléguant qu'elle violait leur liberté d'expression. Comme les activités en question ne figurent pas à première vue sous la rubrique «expression», on a du mal à comprendre la stratégie de défense que représente cet argument, à moins de le replacer dans le contexte américain où la liberté d'expression jouit d'une protection si forte qu'un texte de loi qui a le potentiel de la brimer peut être contesté.

[31] *Supra*, note 28.

[32] S.R.C. 1970, ch. C-23; L.R.C. (1985), ch. C-46.

[33] La Cour suprême a appliqué la notion de portée excessive à l'alinéa 179 1(b) du *Code criminel*, qui a été déclaré inopérant dans l'arrêt *R. c. Heywood*, *supra*, note 28. Nous n'aborderons pas la question de la portée excessive sinon pour faire l'observation suivante. Dans l'arrêt *Heywood*, le jugement majoritaire affirme ce qui suit: «Lorsqu'une loi a une portée excessive, il s'ensuit qu'elle est arbitraire ou disproportionnée dans certaines de ces applications» (p. 793). Si une loi est arbitraire dans certaines de ses applications et

Selon la Cour suprême, l'imprécision peut être constitutionnellement significative, soit «puisqu'un principe de justice fondamentale exige que les lois ne soient pas trop imprécises[34]», soit parce qu'une disposition pourrait être imprécise «au point qu'elle ne satisfait pas à l'exigence selon laquelle une restriction de droits garantis par la *Charte* doit être prescrite par une règle de droit[35]». L'imprécision d'un texte de loi peut donc relever ou bien de l'article 7, ou bien de l'article 1. Que l'on invoque l'article 7 ou l'article 1, ce sont des considérations semblables qui entreront en jeu[36].

Le choix de cette base juridique est surprenant puisque la question qui se posait dans l'affaire *Nova Scotia Pharmaceutical Society* était celle de la constitutionnalité d'une infraction criminelle. Le fond de l'argument était essentiellement que le texte créant l'infraction de complot pour diminuer de façon indue la concurrence n'informait pas l'inculpé des comportements auxquels la loi attachait des sanctions pénales. Il s'agissait donc du principe de la légalité. Or, si le principe de la légalité figure à l'article 7 à titre de principe de justice fondamentale, il est également consacré de façon spéciale par l'alinéa 11g) de la *Charte*. L'alinéa 11g) se lit comme suit :

Article 11 : Tout inculpé a le droit :
...g) de ne pas être déclaré coupable en raison d'une action ou d'une omission qui, au moment où elle est survenue, ne constituait pas une infraction d'après le droit interne du Canada ou le droit international ou n'avait pas de caractère criminel d'après les principes généraux de droit reconnus par l'ensemble des nations;...

L'alinéa 11g) ne semble pas avoir été invoqué par les inculpés dans l'affaire *Nova Scotia Pharmaceutical Society*[37]. De plus, la Cour suprême ne lui a pas reconnu, jusqu'à présent, une portée très étendue[38]. Peut-être a-

---

que cette loi prévoit la détention ou l'emprisonnement, comment peut-on éviter que l'article 9 de la *Charte* soit déclenché? Pourtant, il n'est absolument pas question de l'article 9 dans l'affaire *Heywood*, que la Cour suprême juge par l'application d'une notion d'origine américaine, l'«*overbreadth*». La Cour suprême se plaît à répéter qu'il y a des différences considérables entre les droits constitutionnels américain et canadien et rejette très souvent les solutions américaines. Pourquoi alors adopte-t-elle une rhétorique américaine lorsqu'il s'agit de délimiter les problématiques? Peut-être est-ce à cause du lien de parenté qui, malgré les différences, unit la tradition juridique américaine et la tradition juridique dominante au Canada. En toute hypothèse, une interprétation constitutionnelle originale, plus axée sur la structure de la *Charte* et les virtualités de son libellé, aurait pu conduire à l'élaboration d'une théorie plus claire, sinon plus juste, des garanties juridiques.

[34] *R. c. Nova Scotia Pharmaceutical Society, supra*, note 28, p. 626. La formulation est assez tiède. Il n'y a pas là de quoi monter aux barricades!
[35] *Id.*
[36] *Ibid.*, p. 627.
[37] Voir la description des faits et procédures, *ibid.*, p. 615.
[38] Voir, notamment, *United Nurses (Alb.) c. Alberta (P.G.), supra*, note 26 et *R. c. Furtney*, [1991] 3 R.C.S. 89.

t-on pensé que l'alinéa visait exclusivement la protection contre l'incrimination rétroactive; pourtant, celle-ci n'est qu'un corollaire du principe plus large et plus fondamental affirmant que la répression pénale n'est légitime que si elle est autorisée par une règle de droit[39]. Il était tout à fait possible pour la Cour suprême et tout à fait conforme à l'esprit de l'interprétation des textes constitutionnels de remonter en amont du corollaire pour affirmer le principe (et même ensuite, de redescendre en aval pour découvrir l'autre corollaire, celui de l'interprétation stricte). En effet, si le principe donne logiquement lieu à ses corollaires, la reconnaissance de l'un ou de l'autre corollaire devrait logiquement constituer une preuve de l'existence du principe.

Même si la Cour ne pouvait, en l'espèce, fonder sa décision sur l'alinéa 11g), ce dernier n'ayant pas été invoqué par l'inculpé, sa «théorie de l'imprécision» devait en tenir compte. Dans l'arrêt *Motor Vehicle Act*, on a affirmé que les «principes de justice fondamentale[40]» désignaient les «préceptes fondamentaux du système juridique», y compris ceux qui figuraient aux garanties juridiques reconnues par les articles 8 à 14 de la *Charte*. Il se peut bien que les principes de justice fondamentale exigent que les textes de loi qui portent atteinte de façon générale aux intérêts protégés par l'article 7 «ne soient pas trop imprécis»; ceux qui le font en créant une infraction assortie d'une peine privative de liberté, puisqu'ils sont justiciables du principe de la légalité et que ce dernier est reconnu par une disposition particulière de la *Charte*, devraient être évalués selon les règles et l'esprit de ce principe. Or, l'arrêt à l'étude ne se réfère aucunement au principe de la légalité. Au contraire, il nie la spécificité des textes pénaux. La Cour suprême affirme que le critère de l'imprécision constitutionnelle est le même pour tous les textes de loi :

> Pour terminer, je tiens à souligner en outre que la norme que j'ai exposée s'applique à tous les textes de loi, de droit civil, de droit pénal, de droit administratif ou autre. Les citoyens ont droit à ce que l'état se conforme aux normes constitutionnelles régissant la précision chaque fois qu'il établit des textes de loi. En droit pénal, on peut penser que l'état doit énoncer avec un soin particulier les termes du débat judiciaire. à mon avis, cependant, si on a respecté la norme générale minimale, on devrait examiner tous les autres arguments relatifs à la précision des textes de loi à l'étape de l'étude de l'«atteinte minimale» de l'analyse fondée sur l'article premier[41].

---

[39] Voir, notamment, G. STEFANI, G. LEVASSEUR et B. BOULOC, *supra*, note 16, p. 146: «De la nécessité de l'existence d'un texte légal pour qu'il y ait infraction et que cette infraction soit punissable, résultent deux conséquences: 1. Le texte légal doit être interprété restrictivement; 2. Le texte légal ne peut pas rétroagir, c'est-à-dire être appliqué à des actes commis avant son entrée en vigueur.»

[40] *Supra*, note 8.

[41] *Nova Scotia Pharmaceutical Society*, *supra*, note 28, pp. 642-643. Le passage est quelque

Le fondement de ce que la Cour appelle la «théorie de l'imprécision» est le principe de la primauté du droit, notamment ces aspects du principe affirmant la nécessité «que les citoyens soient raisonnablement prévenus et que le pouvoir discrétionnaire en matière d'application de la loi soit limité[42]». L'avertissement requis pour que les citoyens soient raisonnablement prévenus est, bien sûr, un «avertissement raisonnable[43]», réalisé lorsque les dispositions de la loi «délimitent suffisamment une sphère de risque pour que les citoyens soient prévenus quant au fond de la norme à laquelle ils sont assujettis[44]». Quant à la limitation du pouvoir discrétionnaire dans l'application de la loi, il s'agit d'éviter les situations où «le pouvoir de décider si une inculpation donnera lieu à une déclaration de culpabilité ou à un acquittement — apanage ordinaire du pouvoir judiciaire — se confond avec le pouvoir d'engager des poursuites...[45]».

Le critère que propose l'arrêt pour déterminer si une loi est constitutionnellement imprécise ou non est celui de sa justiciabilité : «... une loi sera jugée d'une imprécision inconstitutionnelle si elle manque de précision au point de ne pas constituer un guide suffisant pour un débat judiciaire[46].»

La Cour suprême a eu l'occasion d'appliquer les règles énoncées dans l'arrêt *Nova Scotia Pharmaceutical Society* dans deux affaires récentes. La première, *R. c. Morales*, portait sur la constitutionnalité de l'alinéa 515 (10)b) du *Code criminel* «qui permet la détention préventive dans l'intérêt public ou pour la protection ou la sécurité du public...[47]». Le droit constitutionnel dont on alléguait la violation était celui «de ne pas être privé sans juste cause d'une mise en liberté assortie d'un cautionnement raisonnable;...[48]». Au soutien de la contestation, on invoquait le caractère imprécis du terme «intérêt public», dont on prétendait qu'il ne pouvait constituer la «juste cause» exigée par le texte constitutionnel. Par décision majoritaire, cet argument a été retenu. Constatant que l'interprétation donnée par la jurisprudence à l'expression «met en évidence le caractère non limitatif de

---

peu mystérieux. Si la «norme générale minimale» a été respectée, il n'y a pas eu de violation des principes de justice fondamentale et, par conséquent, aucune restriction à un droit ou liberté constitutionnels à justifier en vertu de l'article premier, à moins qu'il ne s'agisse d'une restriction pour des motifs fondés sur une disposition autre que l'article 7. Il se pourrait que le passage fasse allusion au type d'imprécision qui donne à un texte de loi une «portée excessive». Encore faudrait-il que la «portée excessive» constitue une violation d'un principe de justice fondamentale. Nous étudierons cette hypothèse, *infra*, en analysant l'arrêt *Heywood*.

[42] *Ibid.*, p. 626.
[43] *Ibid.*, p. 633.
[44] *Ibid.*, p. 639.
[45] *Ibid.*, p.636.
[46] *Ibid.*, p. 643.
[47] *Supra*, note 28, p. 724.
[48] Alinéa 11e) de la *Charte canadienne*.

ce terme», la Cour a jugé que «le terme "intérêt public" ne saurait orienter véritablement le débat judiciaire ni structurer le pouvoir discrétionnaire de quelque façon que ce soit[49]».

L'arrêt *Morales*[50] applique le critère de la justiciabilité énoncé dans l'arrêt *Nova Scotia Pharmaceutical Society*[51], mais il apporte une précision à l'argument selon lequel la jurisprudence peut enlever à une disposition légale son caractère d'imprécision. La question qui doit se poser est celle de savoir si les tribunaux peuvent donner à une disposition un «sens constant et établi[52]».

La violation constitutionnelle étant établie, était-il nécessaire de soumettre la disposition à un examen en vertu de l'article 1 de la *Charte*? On aurait cru que non, vu que, selon l'arrêt *Nova Scotia Pharmaceutical Society*, la «théorie de l'imprécision», principe de justice fondamentale, «est en outre un élément de l'analyse fondée sur l'article premier *in limine* (restriction prescrite par une "règle de droit")[53]». La disposition constitutionnelle imprécise au sens de l'article 7 ne devrait donc pas constituer une «règle de droit» au sens de l'article 1.

Cependant, le juge Lamer, au nom de la majorité, s'engage tout de même dans l'analyse en vertu de l'article 1, en rappelant que «dans l'arrêt *Nova Scotia Pharmaceutical Society*, à la p. 627, le juge Gonthier fait remarquer que "[l]a Cour hésitera à décider qu'une disposition est imprécise au point de ne pas constituer une règle de droit" au sens de l'article premier *in limine* et examinera plutôt la portée de la disposition sous l'éclairage du critère de l'"atteinte minimale"[54]». L'analyse effectuée par la Cour en arrive à la conclusion que la disposition contestée ne satisfait à aucun des trois éléments du volet «proportionnalité» du critère énoncé dans l'arrêt *Oakes*[55].

On se demande alors pourquoi le juge en chef, au mépris de l'*elegantia juris*, soumet l'alinéa 515(10)b) du *Code criminel* à chacune des épreuves prévues par l'arrêt *Oakes*[56]. S'agissait-il d'un simple procédé de rhétorique, une façon d'enfoncer le clou, en exposant des motifs surabondants pour lesquels la loi ne méritait pas de vivre? Insistait-on plutôt sur la nécessité de séparer l'analyse justificatrice de l'article 1 du traitement des garanties

---

[49] *Supra*, note 28, p. 732. Notons que l'arrêt apporte une modification subtile à la règle de *Nova Scotia Pharmaceutical Society* en ajoutant le mot «véritablement». Il s'agit déjà d'une interprétation de la règle.
[50] *Supra*, note 28.
[51] *Supra*, note 28.
[52] *Supra*, note 28, p. 730.
[53] *Nova Scotia Pharmaceutical Society*, *supra*, note 28, p. 632.
[54] *R. c. Morales*, *supra*, note 28, p. 733.
[55] *R. c. Oakes*, *supra*, note 24.
[56] *Id.*

juridiques ? En toute hypothèse, traiter comme une «règle de droit» un texte déjà qualifié d'imprécis au sens des critères de l'article 7 est un peu mystérieux puisqu'on pourrait en déduire qu'il y a ou bien deux critères d'imprécision, un pour l'article 7 et l'autre pour l'article 1, ou bien deux façons d'appliquer le même critère, selon qu'il s'agisse de contester la loi ou de la sauver.

Il faut noter que la majorité ne s'est pas livrée à des exercices de «pondération» dans son jugement de la disposition sur le cautionnement. Les juges dissidents, toutefois, ont tenu à affirmer que le droit de l'inculpé à la liberté n'est que l'un des facteurs qui entrent en ligne de compte[57] dans une demande de cautionnement et que le terme «intérêt public» permet d'introduire dans ce type de démarche judiciaire la souplesse nécessaire à l'administration de la justice.[58]

La règle de l'arrêt *Nova Scotia Pharmaceutical Society*[59] vient d'être appliquée dans une affaire où l'on contestait la constitutionnalité de la loi ontarienne visant la protection de l'environnement[60]. Malgré l'unanimité du dispositif, les juges se sont partagés quant à la motivation de l'arrêt. La majorité, tout en persistant et signant quant au critère de la justiciabilité et tout en affirmant l'importance de prendre en considération les intérêts de la collectivité dans son application, semble admettre que le critère pourrait s'appliquer différemment selon la nature et l'objet de la disposition législative contestée[61]. Cependant, le jugement ne reconnaît pas expressément le droit des justiciables à des textes d'incrimination précis. Au contraire, il cite avec approbation le document de travail n° 44 de la Commission de réforme du droit, qui avait proposé l'inclusion au *Code criminel* d'une disposition créant une infraction en des «termes généraux[62]».

L'arrêt, qui continue à affirmer que le pouvoir judiciaire «joue toujours un rôle de médiateur dans l'actualisation du droit[63]», semble attribuer une importance plus grande aux règles d'interprétation dans l'analyse du critère de la justiciabilité. Ainsi, les termes généraux utilisés pour décrire l'infraction peuvent être particularisés en invoquant des règles d'interprétation idoines, en l'occurrence le principe qu'il faut interpréter les textes législatifs de façon à éviter des résultats absurdes, la règle de l'interprétation stricte et le principe *de minimis*[64]. Cela veut-il dire que les juges ont l'obligation

---

[57] *Supra*, note 28, p. 752.
[58] *Ibid.*, p. 759.
[59] *Supra*, note 28.
[60] *Ontario c. Canadien Pacifique Ltée*, C.S.C., 20 juillet 1995.
[61] *Ibid.*, par. 49.
[62] *Ibid.*, par. 51.
[63] *Ibid.*, par. 47.
[64] *Ibid.*, par. 65. Peut-on invoquer le «principe *de minimis*» à l'encontre d'une accusation qui pourrait être qualifiée de «triviale»? Jusqu'à présent, rien n'était moins certain. A-t-

constitutionnelle de recourir à ces règles, notamment à la règle de l'interprétation stricte en matière pénale ? L'arrêt se garde bien de faire une telle affirmation et se contente de conclure que leur application à l'infraction de pollution contestée en l'espèce sauve cette dernière de l'imprécision. Il semble donc que pour l'essentiel, la théorie de l'imprécision énoncée dans l'arrêt *Nova Scotia Pharmaceutical Society*[65] continue à régir les situations justiciables du principe de la légalité.

3. THÉORIE DE L'IMPRÉCISION ET MÉCANISME DE RÉDUCTION

Dans quelle mesure la «théorie de l'imprécision» conserve-t-elle les acquis du principe de la légalité ? Assez peu, nous semble-t-il. La nouvelle théorie nie la spécificité du droit pénal et propose une structure d'interprétation qui déprécie les droits individuels au profit d'une plus grande liberté de l'action étatique.

(a) La qualification constitutionnelle de l'imprécision

La base juridique de ce que la Cour suprême appelle la «théorie de l'imprécision» est ou bien l'article 1, lorsqu'il s'agit de déterminer si une restriction à un droit constitutionnel est opérée par une «règle de droit», ou bien l'article 7, lorsqu'on allègue qu'une loi est imprécise au point de violer un principe de justice fondamentale. Le choix de cette base juridique, compte tenu de l'existence de l'alinéa 11g) de la *Charte* et de la tradition de respect du principe de la légalité au Canada, s'explique peut-être par une lecture imprudente des sources américaines[66] et européennes; en toute hypothèse, il conforte une conception de l'action étatique et du rôle des lois qui coexiste mal avec les finalités du principe de la légalité, au sens classique.

---

on voulu, en faisant référence à ce «principe», lui reconnaître le statut d'un moyen de défense? Si oui, il faut applaudir à l'audace de la Cour suprême. Nous croyons plutôt qu'il s'agit d'un simple détournement d'adage, la «règle» *de minimis*, essentiellement procédurale, devenant pour les seules fins de la théorie de l'imprécision une règle d'interprétation destinée à garder en vigueur une disposition équivoque.

[65] *Supra*, note 28.

[66] Pour une explication de l'origine américaine de la théorie de l'imprécision, voir: *Renvoi relatif au Code criminel (Man.)*, [1990] 1 R.C.S. 1123, p. 1150: «Le premier moyen de contestation est essentiellement fondé sur la théorie de la ''nullité pour cause d'imprécision'' qui provient principalement de la jurisprudence américaine. Je dis ''principalement'' parce que le droit international reconnaît aussi cette notion dans une certaine mesure.» Il est intéressant de constater que le juge Lamer cite alors l'article 7 de la *Convention européenne de sauvegarde des droits de l'homme et des libertés fondamentales*, article très semblable quant au fond et à la forme à l'alinéa 11g) de la *Charte*.

La théorie de l'imprécision en droit américain, comme l'explique la professeure Rogerson[67], se fonde sur la notion de *due process*, dont une des composantes est l'avertissement raisonnable. En matière pénale, le *due process* exclut l'application discriminatoire et arbitraire de la loi. De plus, l'imprécision des lois peut donner lieu à des applications constitutionnellement contestables qui auraient pour effet de restreindre des droits protégés.

Dans la cosmologie juridique américaine, les droits protégés par le Premier amendement jouissent d'une protection particulièrement vigoureuse. Les intérêts juridiques visés par le droit pénal «ordinaire» n'ont pas droit au même degré de protection, notamment au «*remedy*» de la déclaration d'invalidité : «When charges of vagueness are raised with regard to penal statutes *which do not impinge upon fundamental freedoms* and the primary constitutional concern is with fair notice, as-applied analysis or strict construction are generally used[68].»

Comme la *Charte canadienne* ne crée pas une hiérarchie des droits ou libertés protégés, les distinctions élaborées par la jurisprudence constitutionnelle américaine ne sont pas pertinentes. La Cour suprême a donc raison de ne pas les incorporer dans l'analyse canadienne. Cependant, à partir de cette différence, il n'était pas nécessaire que la Cour conclue ni à l'unité de la notion d'imprécision, ni à son application uniforme à «tous les textes de loi». La Cour aurait pu constater que la *Charte canadienne*, avec son alinéa 11g), pouvait fournir un point de départ à l'élaboration originale d'un droit constitutionnel à la clarté des lois.

Le jugement de la Cour suprême du Canada cite à plusieurs reprises la jurisprudence de la Cour européenne des Droits de l'Homme qui «sert de guide précieux sur cette question» [celle de l'imprécision][69]. Cette jurisprudence, toutefois, n'appuie pas la thèse selon laquelle le même degré de précision est requis de toutes les dispositions législatives, quels qu'en soient l'objet ou le domaine.

Signalons d'abord que les arrêts cités, les affaires *Sunday Times*[70] et *Malone*[71], ne portaient pas sur la validité d'une infraction criminelle, mais sur la question de savoir si des mesures restreignant dans le premier cas, la liberté d'expression, dans le second, le respect de la vie privée et de la correspondance, étaient «prévues par la loi», au sens de la *Convention de sauvegarde des droits de l'homme et des libertés fondamentales*. Par conséquent, cette jurisprudence est sans doute plus persuasive comme modèle d'interprétation de l'article 1 de la *Charte* que comme guide pour la formulation d'une théorie générale de la précision des lois.

---

[67] *Supra*, note 29.
[68] *Ibid.*, p. 259.
[69] R. c. *Nova Scotia Pharmaceutical Society, supra*, note 28, p. 637.
[70] *Affaire Sunday Times*, arrêt du 26 avril 1978, série A n° 30.
[71] *Affaire Malone*, arrêt du 2 août 1984, série A n° 82.

De plus, la Cour européenne des Droits de l'Homme, dans son célèbre arrêt *Malone*[72], distingue entre les situations où la loi s'adresse directement au justiciable et celle où elle délimite l'étendue des pouvoirs des responsables de son application :

> à la vérité (...) les impératifs de la Convention, notamment quant à la prévisibilité, ne peuvent être tout à fait les mêmes dans le contexte spécial de l'interception de communications pour les besoins d'enquêtes de police que quand la loi en cause a pour but d'assortir de restrictions la conduite d'individus[73].

La Cour conclut de façon plus générale : «Le niveau de précision exigé ici de la "loi" dépend du domaine considéré[74].» Il est donc difficile de tirer argument de la jurisprudence citée pour affirmer, comme le fait la Cour suprême, qu'un même degré de précision s'impose pour tous les types de disposition législative. Logiquement, la prévisibilité, ou, si l'on préfère, l'«avertissement raisonnable aux citoyens», s'impose de façon nettement plus rigoureuse en matière pénale que dans d'autres domaines du droit qui touchent de façon moins directe et brutale les intérêts les plus vitaux de la personne.

(b) La base juridique de l'imprécision et la structure d'interprétation des droits constitutionnels

Le choix de la base juridique d'une théorie de l'imprécision n'est pas indifférent. Le fait de l'envisager sous l'angle des articles 7 et 1 a opéré un déplacement des enjeux. Si l'alinéa 11g) consacre expressément le droit de l'inculpé à l'existence préalable de l'infraction (et implicitement, son droit à un texte clair, interprété restrictivement), ces droits sont protégés de façon beaucoup plus diffuse dans les articles 7 et 1. Le choix de la base juridique d'un droit, sa qualification, influe sur le régime d'interprétation dans lequel on l'insérera.

Les premiers arrêts de la Cour suprême appliquant la *Charte* au droit pénal avaient proposé une structure d'interprétation favorable à une reconnaissance très large des garanties juridiques. La structure se fondait sur l'idée très simple que les garanties juridiques avaient été adoptées pour protéger les intérêts des justiciables contre les atteintes pouvant résulter de l'action étatique et qu'il était donc nécessaire de définir ces garanties de

---

[72] *Id.*
[73] *Ibid.*, par. 67.
[74] *Ibid.*, par. 68. L'arrêt *Malone* a jugé néanmoins que même si l'application de la règle de droit permettant des mesures de surveillance secrètes échappe au contrôle des intéressés, «elle doit définir l'étendue et les modalités d'exercice d'un tel pouvoir avec une netteté suffisante - compte tenu du but légitime poursuivi - pour fournir à l'individu une protection adéquate contre l'arbitraire».

façon suffisamment large pour qu'elles puissent jouer ce rôle. L'article 1 de la *Charte* intervenait pour protéger l'action étatique lorsqu'il était évident que le maintien du droit individuel aurait des conséquences intolérables pour l'intérêt général. La structure paraissait convenir particulièrement bien aux garanties applicables au droit pénal où selon l'image employée dans l'arrêt *Irwin Toy*[75], le gouvernement est «l'adversaire singulier» du justiciable. La structure commandait une analyse progressive, en deux temps : les droits constitutionnels de l'accusé ont-ils été violés? Si oui, la violation peut-elle être justifiée aux termes de l'article 1?

Cette façon de procéder présentait plusieurs avantages. D'abord, elle permettait d'étudier les questions importantes d'une façon ordonnée, en employant une technique de raisonnement familière aux juristes, l'analyse[76]. Les questions que soulèvent une contestation constitutionnelle sont fort compliquées; chacune d'elles mérite un examen attentif.

Cependant, cette structure d'analyse n'a pas la faveur de tous les juges de la Cour suprême. Certains estiment qu'il faut tenir compte des intérêts de l'état à l'étape de la définition du sens et de la portée du droit constitutionnel protégé. On en arrive ainsi à définir le droit d'une façon beaucoup plus modeste puisqu'il est «pondéré» par des intérêts divergents[77].

Le dogme de la «pondération» des principes de justice fondamentale nous paraît un mécanisme peu subtil pour apprivoiser la *Charte*. Le juge en chef s'est exprimé très fortement à cet égard dans l'affaire *Swain* :

> Il n'est pas acceptable que l'état puisse contrecarrer l'exercice du droit de l'accusé en tentant de faire jouer les intérêts de la société dans l'application des principes de justice fondamentale, et restreindre ainsi les droits reconnus

---

[75] *Irwin Toy Ltd.* c. *Québec (Procureur général)*, *supra*, note 20, p. 994.

[76] Voir *R.* c. *Swain*, [1991] 1 R.C.S. 933, p. 979 où le juge en chef Lamer écrit: «Le critère de l'arrêt *Oakes* offre une structure bien connue permettant de se concentrer sur les objectifs visés par la règle de common law et d'envisager d'autres façons d'atteindre ces objectifs.»

[77] La question a suscité de nombreux commentaires de la doctrine. Voir, notamment, G.V. LA FOREST, «The Balancing of Interests under the Charter», (1992) 2 *N.J.C.L.* 133; le juge La Forest soutient que certaines dispositions de la *Charte* nécessitent un «internal balancing» (pp. 149 et s.). S. BEAULAC, «Les bases constitutionnelles de la théorie de l'imprécision: partie d'une précaire dynamique globale de la Charte», (à paraître dans la Revue du Barreau, septembre 1995) fait état du conflit jurisprudentiel au sujet des rapports entre les garanties juridiques et l'article 1 de la Charte. Me Beaulac montre que la Cour est partagée sur la question et que certains des juges oscillent entre les deux positions. D. PINARD, «Le droit et le fait dans l'application des standards et la clause limitative de la Charte canadienne des droits et libertés», (1989) 30 *C. de D.* pp. 137-187, traitant du conflit en droit constitutionnel américain entre «absolutistes» et «pondérateurs», s'interroge sur la «réalité matérielle» de cette différence: «Au-delà de la formulation, tout raisonnement judiciaire à propos des droits et des libertés, par exemple, ne reposera-t-il pas inévitablement sur la considération, explicite ou implicite, des différents intérêts en présence?» (p. 186).

à l'accusé par l'art. 7. Les intérêts de la société doivent entrer en ligne de compte dans l'application de l'article premier de la Charte, lorsqu'il incombe au ministère public de démontrer que la justification de la règle de droit attaquée peut se démontrer dans le cadre d'une société libre et démocratique. En d'autres termes, j'estime que l'évaluation des intérêts de la société par rapport au droit individuel garanti par l'art. 7 ne devrait se faire que dans le contexte de l'article premier de la *Charte*[78].

D'après l'arrêt *Nova Scotia Pharmaceutical Society*, l'article 7 compte parmi les articles de la *Charte* où la définition du droit doit subir une certaine «pondération» :

[D]ans ses décisions, depuis l'arrêt *Irwin Toy* jusqu'à l'arrêt *Butler*, dont le *Renvoi sur la prostitution* et l'arrêt *Keegstra*, notre Cour a reconnu une large portée aux libertés garanties par l'art. 2 de la *Charte*, parce que c'est dans le cadre de l'article premier qu'il y a lieu de pondérer les objectifs de l'état et la violation d'un droit ou d'une liberté. Toutefois, d'autres articles de la *Charte*, notamment les art. 7 et 8, ont un certain élément de pondération, qui consiste en une restriction dans la définition du droit protégé, en ce qui concerne d'autres notions tels les principes de justice fondamentale ou le caractère raisonnable[79].

Par conséquent, le droit de tout inculpé aux bénéfices de la légalité n'est pas un droit «franc», sujet seulement aux restrictions de l'article 1. Le droit de l'accusé n'est qu'un des «facteurs» que le tribunal doit considérer dans son examen de la constitutionnalité d'un texte de loi. La différence d'approche est considérable.

La «pondération» dans la définition du «principe de justice fondamentale» invoqué pour justifier la protection contre les textes de lois imprécis obligera l'interprète à prendre en considération les éléments qui figurent normalement dans l'analyse en vertu de l'article 1 de la *Charte*. On voit déjà opérer cette pondération dans l'arrêt *Nova Scotia Pharmaceutical Society* lorsque le jugement fait l'apologie d'un état interventionniste et fixe très haut le seuil de l'imprécision. Ainsi, nous dit-on, «...il faut considérer la primauté du droit dans le contexte contemporain[80]». Cela veut dire, en clair :

Il faut écarter l'attitude de non-intervention qui a imprégné le développement de la théorie de la primauté du droit et privilégier une conception plus globale de l'état, considéré comme une entité soumise au droit et agissant par l'intermédiaire du droit. L'état moderne intervient dans presque tous les domaines de l'activité humaine et son rôle va bien au-delà de la levée d'impôts et du maintien de l'ordre[81].

---

[78] *R. c. Swain*, *supra*, note 76, p. 977.
[79] *R. c. Nova Scotia Pharmaceutical Society*, *supra*, note 28, p. 629.
[80] *Ibid.*, p. 640.
[81] *Ibid.*, p. 641.

Étant donné ce rôle accru de l'État, «[l]l faut hésiter à recourir à la théorie de l'imprécision pour empêcher ou gêner l'action de l'état qui tend à la réalisation d'objectifs sociaux légitimes, en exigeant que la loi atteigne un degré de précision qui ne convient pas à son objet[82]». Les exigences seront donc atténuées.

Comme nous l'avons vu, le principe de la légalité affirme la nécessité de lois précises, permettant au justiciable de savoir d'avance ce qui est défendu. Ainsi, le professeur Ashworth parle du «principle of maximum certainty[83]». La Cour européenne, dans l'affaire *Sunday Times*[84], déclare : «...on ne peut considérer comme une ''loi'' qu'une norme énoncée avec assez de précision pour permettre au citoyen de régler sa conduite...[85]». Le principe de la légalité a toujours insisté sur le devoir législatif de précision, sur l'obligation de faire des lois intelligibles pour le commun des mortels. De son côté, la théorie de l'imprécision affirme qu'il s'agit là d'un idéal inatteignable et va jusqu'à faire l'éloge du flou.

La théorie de l'imprécision, fondée sur une théorie revue et corrigée de la primauté du droit, diminue la qualité de l'«avertissement raisonnable aux citoyens». L'avertissement raisonnable comporte un aspect formel et un aspect matériel («le fond»), «la conscience qu'une certaine conduite est assujettie à des restrictions légales[86]». Cet avertissement est réalisé lorsque «les dispositions législatives exposent les grandes lignes de ce qui est acceptable et de ce qui ne l'est pas, et elles donnent aussi certaines indications quant aux limites à respecter à cet égard[87]». «Les dispositions législatives délimitent donc une sphère de risque et ne peuvent pas espérer faire plus, sauf si elles visent des cas individuels[88].»

---

[82] *Ibid.*, p. 642.
[83] Voir *supra*, note 19.
[84] *Supra*, note 70. L'affaire portait sur une ordonnance d'interdiction de publication fondée sur la notion d'outrage au tribunal. Il ne s'agit donc pas strictement d'une affaire pénale, mais d'une affaire de liberté d'expression. La définition du terme «loi» que propose la Cour européenne ne s'inspire donc pas directement du principe «*nullum crimen sine lege*»; il demeure que la Cour est sensible au but premier de la loi, qui est de délimiter pour le justiciable les zones du permis et du défendu. Par conséquent, on formule le critère de l'acceptabilité de la loi de façon à tenir compte de cette fonction de la loi.
[85] Ce passage de l'affaire *Sunday Times* est cité à la p. 637 de l'arrêt *Nova Scotia Pharmaceutical Society*, *supra*, note 28.
[86] *Nova Scotia Pharmaceutical Society*, *supra*, note 28, p. 635. Le critère n'est pas très exigeant. On peut fort bien savoir qu'une certaine conduite est assujettie à des restrictions légales sans savoir ce que prescrivent ou proscrivent ces dernières. De fait, le passage rappelle un argument fréquemment avancé pour justifier l'exigence de la simple négligence comme fondement du droit pénal administratif: une personne qui accepte de s'engager dans un domaine réglementé prend sur elle de connaître le règlement et de tout faire en son pouvoir pour le respecter.
[87] *Ibid.*, p. 638.
[88] *Ibid.*, p. 639.

On peut donc constater que la «pondération» du principe de justice fondamentale dont se réclame la théorie de l'imprécision a conduit la Cour suprême à formuler en termes beaucoup moins vigoureux la protection du justiciable contre l'obscurité des lois pénales. Cette neutralisation d'une garantie juridique par la modification des structures d'interprétation pose de nombreux problèmes d'ordre logique et rhétorique.

D'abord, que veut-on dire lorsqu'on parle de «pondération»? Que pondère-t-on? On pourrait penser, dans le contexte de l'interprétation et de l'application de la *Charte*, qu'il s'agit de créer un équilibre entre les intérêts individuels et les intérêts collectifs, dans la mesure où les premiers sont sauvegardés par un droit constitutionnel, alors que les seconds sont représentés par la loi répressive. Mais cette formulation du problème nous conduit directement à l'article 1. La seule conception des intérêts collectifs qui pourrait logiquement nous conduire à une définition moins absolue des garanties juridiques serait de faire de ces intérêts des «principes de justice fondamentale» au sens de l'article 7[89]. Quelle forme prendrait alors le principe? Dirions-nous «c'est un principe de justice fondamentale que l'état doit poursuivre les malfaiteurs?» L'article 7 n'aurait plus de sens, puisqu'il consacrerait comme garantie juridique le droit de ne pas être privé de sa liberté sauf si l'atteinte est conforme aux objectifs de la répression!

En vérité, l'argument en faveur de la pondération est spécieux. Il y a de la pondération partout. Les lois répressives qui font l'objet d'une contestation constitutionnelle ont déjà subi une pondération dans la mesure où le Parlement, en les élaborant, a cherché à concilier une foule de facteurs. Les principes de justice fondamentale sont eux-mêmes des compromis : la présomption d'innocence donne à l'accusé le bénéfice du doute *raisonnable*; le principe de la légalité affirme que les lois pénales doivent faire l'objet d'une interprétation restrictive, c'est à dire qu'on doit interpréter en faveur de l'accusé seulement si les règles ordinaires de l'interprétation n'ont pas écarté l'ambiguïté de la loi. Lorsqu'il est question de pondération à la Cour suprême, il s'agit en réalité de diminuer les droits individuels en interprétant restrictivement un texte constitutionnel qui était pourtant censé les renforcer.

4. IMPRÉCISION, STANDARDS ET CRÉATION JUDICIAIRE

(a) Imprécision et standards

La théorie de l'imprécision, telle qu'élaborée par l'arrêt *Nova Scotia Pharmaceutical Society*, repose sur une sorte de philosophie de l'indéter-

---

[89] Selon un courant de pensée à la Cour suprême, les principes de justice fondamentale incluent des considérations collectivistes, comme «l'intégrité du système lui-même» (j. La Forest, *R. c. Corbett*, [1988] 1 R.C.S. 670, p. 745, cité par madame le juge L'Heureux-Dubé, *R. c. Swain, supra*, note 76, p. 1044.

mination, qui, prenant en considération les imperfections du langage «en tant que moyen d'expression sans équivoque[90]», conteste la possibilité que les lois produisent la certitude. Cette impossibilité de la précision devient même, à certains égards, une vertu :

> ... les lois qui sont conçues en termes généraux sont peut-être mieux faites pour la réalisation de leurs objectifs, en ce sens que, dans les domaines où l'intérêt public est en cause, les circonstances peuvent varier considérablement dans le temps et d'une affaire à l'autre. Un texte de loi très détaillé n'aurait pas la souplesse nécessaire et pourrait en outre masquer ses objectifs derrière un voile de dispositions détaillées. L'état moderne intervient de nos jours dans des domaines où une certaine généralité des textes de loi est inévitable. Mais quant au fond, ces textes restent néanmoins intelligibles[91].

Le constat par la Cour que la certitude absolue n'est pas de ce monde et que «le langage n'est pas l'instrument exact que d'aucuns pensent qu'il est[92]» serait d'une touchante naïveté si ce n'était des conséquences que l'on semble en tirer pour le devoir de clarté qu'impose au législateur le principe de la légalité. En effet, en insistant sur l'impossibilité qu'un texte de loi puisse et doive «fournir suffisamment d'indications pour qu'il soit possible de prédire les conséquences juridiques d'une conduite donnée[93]», l'arrêt semble excuser d'avance le manque de rigueur dans la rédaction des textes.

L'arrêt paraît donner droit de cité aux «standards» juridiques, dont on constate l'usage croissant en droit moderne, surtout en droit administratif. Le standard est une «... norme souple, fondée sur un critère intentionnellement indéterminé, [une] notion cadre[94]». Or les standards, s'ils présentent des avantages considérables sur les règles en termes de souplesse et d'adaptabilité, posent des problèmes sérieux de légalité pour le droit pénal[95].

Il ne s'agit pas de nier le rôle que jouent actuellement les standards dans le droit pénal. Nous avons affaire à un standard dès qu'apparaît le terme «raisonnable» (comme, par exemple, dans l'expression «hors de tout doute raisonnable»). Dans la mesure où le droit pénal fait appel à des institutions comme le jury, chargé d'incorporer des valeurs sociales au droit, les standards seront toujours présents. La difficulté vient de l'utilisation des standards dans l'élaboration des incriminations. Ce procédé est dangereux et l'arrêt *Nova Scotia Pharmaceutical Society*[96] semble l'avoir cautionné.

---

[90] *Supra*, note 28, p. 639.
[91] *Ibid.*, pp. 641-642.
[92] *Ibid.*, p. 639.
[93] *Id.*
[94] G. CORNU, *Vocabulaire juridique*, Ass. Henri Capitant, P.U.F., 2e éd., 1990, p.778.
[95] Voir, à cet égard, l'article de la professeure M. DELMAS-MARTY, «Les standards en droit pénal», (1988) 4 *R.R.J.* Madame Delmas-Marty signale l'opposition formelle, voire l'incompatibilité entre la notion de standard et le principe de la légalité.
[96] *Supra*, note 28.

Certaines infractions criminelles existantes incorporent des standards : on pense à l'obscénité, par exemple, ou à la négligence criminelle, où le terme «criminelle» est lui-même un standard qui sert à identifier les formes les plus graves de la négligence. Les infractions de ce type ont toujours posé des problèmes de définition - et de légalité; cependant, leur relative rareté en droit pénal et le fait qu'elles se réfèrent à des valeurs assez répandues permet de leur reconnaître un statut d'exception. Par contre, l'augmentation constante des infractions réglementaires ou quasi réglementaires[97] laisse craindre une utilisation plus fréquente de la notion de standard dans l'élaboration des lois pénales.

L'utilisation croissante des standards en législation s'accompagne actuellement d'une «standardisation» des normes par le moyen de l'interprétation. Nous en verrons des exemples dans la section suivante. Il ne faudrait toutefois pas penser qu'il s'agit d'un phénomène ponctuel. Le déclin de la faute subjective en droit canadien, au profit d'une responsabilité de plus en plus objective[98] montre l'émergence des standards dans un domaine relevant traditionnellement de la création judiciaire. Lorsqu'au lieu d'exiger la preuve que «l'accusé a prévu», on se contente de postuler «l'accusé aurait dû savoir», on se réfère nécessairement à une sorte de construction sociojuridique, à la «normalité» plutôt qu'à la norme. Ainsi, dans le passage suivant d'un arrêt portant sur «l'omission de fournir les choses nécessaires à l'existence d'un enfant de moins de seize ans», les références à la «norme» par la Cour suprême se rapportent en réalité à des standards :

> La conduite de l'accusé devrait en conséquence s'apprécier en fonction d'une norme objective ou d'une norme de la société afin de donner effet à la notion d'«obligation» à laquelle a recouru le législateur.
>
> Voilà une interprétation que viennent appuyer les objectifs d'intérêt public visés par la disposition en cause. L'article 215 a en effet pour but l'établissement d'un niveau minimal uniforme de soins à fournir pour les personnes auxquelles il s'applique[99].

Le fondement épistémologique de la théorie de l'imprécision rejoint une conception politique qui veut laisser à l'état une marge de manoeuvre suffisante pour atteindre ses objectifs légitimes. Ainsi : «Il faut hésiter à recourir à la théorie de l'imprécision pour empêcher ou gêner l'action de l'état qui tend à la réalisation d'objectifs sociaux légitimes, en exigeant que la loi atteigne un degré de précision qui ne convient pas à son objet[100]». On mesure là toute la distance entre la théorie de l'imprécision et le principe

---

[97] Voir l'arrêt *R. c. Hundal*, [1993] 1 R.C.S. 867, notamment le jugement du juge La Forest.
[98] A.-M. BOISVERT, *supra*, note 13.
[99] *R. c. Naslik*, [1993] 3 R.C.S. 122, p. 141.
[100] *R. c. Nova Scotia Pharmaceutical Society*, *supra*, note 28, p. 642.

de la légalité. Le principe de la légalité ne se gênerait justement pas pour «gêner» l'action de l'état, cette action fût-elle dirigée vers des objectifs légitimes.

(b) Imprécision et rôle des tribunaux

Le critère de la justiciabilité, «la loi doit constituer un guide suffisant pour un débat judiciaire», est surprenant. En effet, on s'attendrait à ce qu'une garantie juridique soit formulée en fonction des besoins de la personne qui est censée en bénéficier. Au lieu de quoi, le droit du justiciable donne lieu à une évaluation de la qualité du discours que le Parlement tient aux juges. La formule montre à quel point la théorie de l'imprécision est tributaire de l'interprétation judiciaire.

Bien sûr, le recours aux standards nécessite la reconnaissance d'un rôle plus étendu des tribunaux dans l'élaboration de la loi pénale. En toute hypothèse, ce rôle accru est déjà admis par la jurisprudence. L'arrêt *Nova Scotia Pharmaceutical Society*, qui résume les acquis de la jurisprudence antérieure de la Cour suprême en matière d'imprécision, y fait allusion :

> Les facteurs dont il faut tenir compte pour déterminer si une loi est trop imprécise comprennent : a) la nécessité de la souplesse et le rôle des tribunaux en matière d'imprécision; b) l'impossibilité de la précision absolue, une norme d'intelligibilité étant préférable; c) la possibilité qu'une disposition donnée soit susceptible de nombreuses interprétations qui peuvent même coexister (arrêts *Morgentaler*, *Irwin Toy*, *Renvoi sur la prostitution*, *Taylor* et *Osborne*)[101].

Après avoir signalé que les textes de loi où l'état intervient comme «arbitre» seront couchés dans «des termes relativement généraux», la Cour décrit de la façon suivante le rôle des tribunaux :

> à mon avis, la généralité de ces termes peut entraîner un rôle plus grand pour le pouvoir judiciaire, mais (...) je ne vois pas de différence de nature entre les dispositions générales en vertu desquelles le pouvoir judiciaire exercerait en partie le rôle du pouvoir législatif et les dispositions «mécaniques» à l'égard desquelles le pouvoir judiciaire appliquerait simplement la loi. Le pouvoir judiciaire joue toujours un rôle de médiateur dans l'actualisation du droit, encore que l'étendue de ce rôle puisse varier[102].

---

[101] *Ibid.*, p. 627. L'arrêt *Morales*, *supra*, note 28, précisera la mystérieuse expression «qui peuvent même coexister» en déclarant: «Il devient donc nécessaire de déterminer si les tribunaux peuvent lui [le terme ''intérêt public''] donner un sens constant et établi.» (p. 730).

[102] *Ibid.*, p. 641. L'application de la théorie de l'imprécision à la question en litige dans l'affaire *Nova Scotia Pharmaceutical Society* illustre comment la jurisprudence peut servir à donner un sens suffisamment précis à un terme aussi relatif que le terme «indûment».

Les tribunaux jouent donc un rôle créateur de droit, que l'interprétation porte sur une disposition de forme classique ou qu'elle actualise un standard. Il ne peut en être autrement[103].

Si le rôle créateur de droit des tribunaux est nécessaire, il est également, dans une certaine mesure, équivoque. D'une part, l'élaboration judiciaire de la norme s'accomplit au cours d'un procès; l'issue de ce procès dépendrait-elle de l'application d'une norme établie par l'autorité qui doit l'appliquer?[104] Il sera difficile, dans les circonstances, de maintenir que le tribunal juge «objectivement», c'est-à-dire en se référant à une norme extérieure. D'autre part, et c'est l'aspect de la question qui nous préoccupe le plus, la création judiciaire, en cours d'instance, donne inévitablement lieu à des normes rétroactives. Lorsque l'exercice de l'activité d'interprétation donne lieu à une extension considérable de la portée d'une infraction, voire même à la création d'une infraction nouvelle, il y a violation de l'alinéa 11g) de la *Charte*[105].

Un des aspects les plus troublants de l'arrêt *Nova Scotia Pharmaceutical Society*[106] est son silence à l'égard du danger que l'activité d'interprétation donne lieu à la création judiciaire d'infractions criminelles. Pourtant, les garanties que confère la *Charte* devraient jouer tout autant à l'égard des infractions créées par interprétation judiciaire qu'à l'égard de celles créées par la loi.

L'arrêt *Nova Scotia Pharmaceutical Society*[107] se présente comme une synthèse des arrêts de la Cour suprême en matière d'imprécision. Il est

---

La jurisprudence conclut que le terme connote une certaine gravité; la jurisprudence et le reste de la Loi «ont tracé les grandes lignes du processus d'examen que requiert l'al. 32(1)c) de la Loi, en ce qui a trait à la structure du marché et au comportement, rendant le texte encore plus précis.» (p. 657).

[103] Voir l'article de Paul Amselek, «La teneur indécise du droit», cité à la p. 638 de l'arrêt. L'article a également été publié à (1992) 26 *R.J.T.* 1.

[104] Sans compter que le caractère particulier de l'instance va nécessairement colorer la norme. L'arrêt *Nova Scotia Pharmaceutical Society* est lui-même un exemple de ce phénomène. La Cour, dans le cadre de l'examen d'une disposition pénale appelée à régir un aspect de la politique économique de l'état, a formulé une théorie de l'imprécision constitutionnelle censée s'appliquer à toutes les dispositions légales.

[105] Voir A.T.H. SMITH, «Judicial Law Making in The Criminal Law», (1984) 100 *Law Quaterly Review*, p. 46. Dans la mesure où la common law permet la création d'infractions par «extension» écrit l'auteur, «it remains inherently offensive to the principle of legality». Cette idée a été reprise par le juge en chef Dickson dans l'affaire *Bernard* (*R. c. Bernard*, [1988] 2 R.C.S. 833, p. 861): «Il n'appartient pas aux tribunaux de créer de nouvelles infractions ni de donner plus d'extension à la responsabilité, d'autant plus que les changements apportés au droit par des décisions judiciaires ont un effet rétroactif.» Le juge Dickson était dissident. Ce passage a été cité par le juge Sopinka dans l'affaire *Zlatic* (*R. c. Zlatic*, [1993] 2 R.C.S. 29, à la p. 33. Le juge Sopinka était lui aussi, dissident.

[106] *Supra*, note 28.

[107] *Id.*

unanime[108]. La norme qu'il propose n'est pas censée avoir changé : «Le terme "débat judiciaire" n'est pas utilisé ici pour exprimer une nouvelle norme ou pour s'écarter de celle que notre Cour a déjà énoncée[109].» Toutefois, cette synthèse des règles semble avoir écarté au moins un aspect de la jurisprudence antérieure qui aurait certainement rendu le critère du «débat judiciaire» plus conforme au principe de la légalité et le rôle créateur du pouvoir judiciaire moins inquiétant. Il s'agit de la règle de l'interprétation restrictive des lois pénales invoquée comme balise de la création judiciaire dans le *Renvoi relatif à la prostitution* :

> Au fil des ans, les tribunaux ont élaboré des règles d'interprétation qui portent précisément sur les lois régissant les activités criminelles. D'ailleurs, dans le domaine des lois pénales, c'est-à-dire des lois qui créent les infractions, l'interprétation restrictive est la règle. En d'autres termes, si le sens ou la portée d'un terme ou d'une phrase créent des difficultés que l'application des règles d'interprétation habituelles ne peuvent résoudre, les tribunaux retiendront alors le sens favorable à l'accusé[110].

Nulle part dans l'arrêt de synthèse n'est-il question de la nécessité de circonscrire au maximum le débat judiciaire quand ce dernier porte sur des textes créant des infractions. Au contraire, cette hypothèse est écartée, le critère de l'imprécision étant le même pour toutes les lois, quelle que soit leur nature. Par conséquent, la théorie de l'imprécision ne prescrit aucunement le recours à un mode d'interprétation propre au droit pénal. Le choix des moyens d'interprétation semble n'avoir aucune incidence constitutionnelle.

En vérité, la règle de l'interprétation restrictive ou stricte des lois pénales joue de façon assez aléatoire à l'heure actuelle à la Cour suprême et dépend largement de la formation qui rend jugement. Les quelques exemples qui vont suivre démontrent que la création judiciaire d'infractions est possible en droit canadien. Ces exemples ne semblent poser aucune difficulté en regard de la théorie de l'imprécision; ils étaient sans doute justiciables de l'alinéa 11g) de la *Charte*, mais celui-ci n'a pas été invoqué.

Dans l'affaire *Hasselwander*[111], un jugement majoritaire de la Cour suprême a eu recours à l'interprétation téléologique des mots «pouvant tirer rapidement plusieurs balles pendant la durée d'une pression sur la détente» pour qualifier d'«arme prohibée» une arme semi-automatique «qui pouvait être facilement transformée en arme entièrement automatique». Les juges dissidents ont affirmé la nécessité d'interpréter strictement une disposition

---

[108] Voilà un autre aspect troublant de l'arrêt.
[109] *Nova Scotia Pharmaceutical Society, supra*, note 28, p. 640.
[110] *Renvoi relatif au Code criminel (Man.), supra*, note 66, p. 1160.
[111] *R. c. Hasselwander*, [1993] 2 R.C.S. 398.

qui pourrait avoir des conséquences graves pour l'accusé, et le devoir de clarté qui incombe au législateur dans la rédaction des lois pénales[112].

L'enjeu immédiat de la cause était relativement peu sérieux : il s'agissait d'une procédure *in rem* qui devait donner lieu à la confiscation de l'arme. Néanmoins, la notion d'«arme prohibée» est à la base d'un certain nombre d'infractions prévoyant des sanctions sévères et susceptibles d'être commises par des particuliers ignorants des notions les plus élémentaires de l'armurerie. Le remplacement d'une norme «mécanique» (une pression sur la détente, plusieurs balles) par un standard relatif («pouvant être facilement transformée en une arme entièrement automatique») n'est pas indifférent en regard du principe de la légalité.

Nous avons donc la situation où une norme est transformée en standard; le procédé est cautionné par la théorie de l'imprécision. Les «débats judiciaires» éventuels qui détermineront si un accusé est coupable d'une infraction dont cette notion est une composante, par exemple la possession d'une arme prohibée[113], appliqueront ce standard. Les tribunaux seront guidés par l'interprétation qui en aura été donnée lors d'une procédure *in rem* : ce procédé est lui aussi cautionné par la théorie de l'imprécision.

La question de la légitimité de la création judiciaire s'est également posée dans l'affaire *Jobidon*[114] où on a jugé, par décision majoritaire, que l'infraction de voies de fait, définie par l'article 265 du *Code criminel* comme l'emploi de la force contre une autre personne sans son consentement, pouvait être commise malgré l'existence de ce consentement. La majorité s'est fondée sur la common law anglaise et sur des «considérations de principe», «avant tout l'inutilité des bagarres à coup de poing, sur le plan social[115]». L'opinion dissidente affirme :

> La méthode utilisée par mon collègue a pour effet de créer une infraction là où il n'en existe pas selon les termes mêmes du *Code* par application de la common law. L'infraction créée consiste dans l'utilisation intentionnelle de la force avec le consentement de la victime. Je me rends compte que la méthode utilisée par mon collègue consiste à interpréter l'article en fonction de la common law, mais, selon moi, le recours à la common law pour éliminer un élément de l'infraction qui est exigé par la loi constitue plus que de l'interprétation et va à l'encontre non seulement de l'esprit mais aussi de la lettre de l'al. 9a)[116].

---

[112] *Ibid.*, p. 407.
[113] Paragraphe 90(1) du *Code criminel*.
[114] *R. c. Jobidon*, [1991] 2 R.C.S. 714.
[115] *Ibid.*, p. 762. Les «considérations de principe» n'incluaient pas le principe de la légalité.
[116] *Id.*, p. 774. L'arrêt a suscité des commentaires divergents; celui de Me G. RENAUD, «Je ne suis point battant de crainte d'être battu», (1992) 26 *R.J.T.* 125, qui approuve la décision, tout en regrettant qu'elle ne va pas assez loin: «Ainsi, ne serait-il pas dans l'intérêt général d'annuler tout consentement qui ne s'inscrit pas dans le cadre d'une activité ayant une

Le fait demeure que l'infraction de voies de fait a maintenant une portée beaucoup plus considérable qu'auparavant et que de cette extension résulte l'interprétation, interprétation contestée et contestable, le jugement majoritaire s'autorisant, pour interpréter largement l'infraction, d'une disposition du *Code* qui permet la création judiciaire en matière de défense[117]. Notons que l'extension par interprétation des voies de fait a des conséquences beaucoup plus graves que les interprétations un peu complaisantes du tribunal en matière d'infractions réglementaires. Les voies de fait relèvent du droit pénal classique et sont une composante de bon nombre d'autres infractions plus graves. Ainsi, dans l'affaire *Jobidon*[118], l'enjeu de l'interprétation était de déterminer si l'accusé était coupable d'une infraction d'homicide[119].

Une des difficultés que pose l'arrêt *Jobidon*[120] est celle de déterminer dans quelles circonstances on jugera que le consentement de la victime n'est pas recevable. Il semble que dans les infractions de voies de fait également, on est passé de la norme («absence de consentement») au standard («activité violente socialement inutile au point de ne pouvoir faire l'objet d'un consentement valable»). Cette détermination devra normalement se faire par les tribunaux.

Le même phénomène d'extension de l'incrimination par interprétation judiciaire s'est produit en matière de fraude. Un commerçant achète à crédit des marchandises. Il les revend. Au lieu de rembourser fidèlement ses créanciers, il joue le produit de la vente et le perd en entier. A-t-il commis une infraction criminelle? Avant 1993, la plupart des pénalistes canadiens auraient hésité avant de conclure à une qualification de fraude. Dans l'affaire *Zlatic*[121], toutefois, la Cour suprême du Canada, par décision majoritaire, a

---

valeur sociale positive?» (p. 134). Par ailleurs, M.J. BARNES, «Recent Developments in Canadian Sports Law», (1992) 23 Ottawa L. Rev. 623, critique vertement la décision: «The value-laden judgment of Gonthier J. is a remarkable non-Charter exercise in judicial legislation and policy-making» (p. 688).

[117] «Certains peuvent rétorquer que le par. 8(3) ne peut pas être utilisé pour appuyer cette interprétation parce que le consentement n'est pas réellement un moyen de défense, mais fait plutôt partie de l'infraction; en fait, c'est l'absence de consentement qui est pertinente à titre d'élément de l'infraction de voies de fait (...) Pourtant, bien que cette objection puisse être dans une certaine mesure pertinente d'un point de vue strictement formaliste, elle est de peu d'importance sur le fond.» (*R. c. Jobidon*, *supra*, note 114, p. 743).

[118] *Supra*, note 114.

[119] Pour des exemples d'extension judiciaire de l'infraction de «coups et blessures volontaires», incriminée par le Code criminel belge, voir l'article de F. TULKENS, «Les coups et blessures volontaires: approche historique et critique», dans l'ouvrage collectif F. DIGREFFE, (dir.), *Acteur social et délinquance, une grille de lecture du système de justice pénale*, Pierre Margada, éditeur, Liège - Bruxelles.

[120] *Supra*, note 114.

[121] *R. c. Zlatic*, *supra*, note 105.

jugé qu'il s'agissait bien d'une fraude au sens de l'article 380 du *Code criminel*.

Le fait de «jouer témérairement le produit de cette revente» est une manoeuvre dolosive qui serait considérée «*malhonnête*» par une «*personne raisonnable*». La «malhonnêteté» de l'«autre moyen dolosif» tient essentiellement à l'emploi «*illégitime*» d'une chose sur laquelle une personne à un droit[122].

La dissidence très énergique dans l'affaire *Zlatic*[123] condamne la création d'infractions ou l'extension de leur portée par les tribunaux. La dissidence est d'autant plus pertinente que l'arrêt *Zlatic* porte sur une infraction charnière : le mauvais payeur est-il justiciable des tribunaux civils ou commet-il un acte attentatoire aux valeurs «fondamentales» de la société? Les critères adoptés dans l'arrêt *Zlatic* pour définir les «autres moyens dolosifs» sont en réalité, des standards[124] qu'il appartiendra aux tribunaux de définir, au fur et à mesure que les cas se présenteront...

Le recours croissant aux standards, sanctionné par la théorie de l'imprécision, associe le pouvoir judiciaire à l'entreprise de la répression, dans la mesure où il force le juge à compléter une loi volontairement indéterminée. Le tribunal n'est plus au-dessus du litige, puisque c'est à lui qu'incombe l'articulation de la règle qui servira à condamner l'accusé. Cette règle est, par nature, rétroactive.

5. CONCLUSION

L'étrange permissivité de la théorie de l'imprécision n'entraînera sans doute pas les juges soucieux des valeurs que consacre le principe de la légalité dans un activisme judiciaire effréné en matière pénale. On continuera à invoquer la règle de l'interprétation restrictive des lois pénales, comme on l'a fait tout récemment[125]. On pourra même conclure qu'un texte de loi ne constitue pas un guide suffisant pour un véritable débat judiciaire, et qu'il est, par conséquent, inopérant[126].

---

[122] Ces affirmations se retrouvent aux pages 45 à 48 de l'arrêt. Les italiques signalent les termes incorporant des standards dans la règle définissant l'infraction de fraude, Pour une critique détaillée de cet arrêt, voir: A.-M. BOISVERT, «La fraude criminelle: sommes-nous allés trop loin?» (1995) 40 *McGill L.J.* 415. La professeure Boisvert écrit: «En déclarant l'accusé coupable de fraude dans l'affaire *Zlatic*, la Cour suprême du Canada a dépassé les limites permises de l'activisme judiciaire et a créé une nouvelle infraction». (p. 427)

[123] *Supra*, note 105.

[124] On peut sans doute appliquer au locataire qui boit l'argent du loyer le discours utilisé par le jugement majoritaire pour conclure que Zlatic avait commis une fraude. Qu'est-ce qui empêche d'utiliser l'accusation de fraude dans un cas semblable?

[125] *R. c. Dunn*, *supra*, note 25.

[126] *R. c. Morales*, *supra*, note 28.

Il demeure que la théorie de l'imprécision représente un recul dans la reconnaissance des droits individuels. Le choix de l'article 7 comme base juridique de la théorie de l'imprécision, l'interprétation de cet article dans un but «pondérateur», l'amalgame des principes de justice fondamentale et des finalités de l'article 1 ont écarté du champ constitutionnel des principes généraux du droit pénal qui offraient une protection beaucoup plus puissante de la liberté. Le Parlement peut, s'il le désire, s'efforcer de décrire clairement les comportements qu'il déclare punissables, mais la Constitution ne lui impose aucun autre devoir de clarté que celui de faire des lois susceptibles d'orienter un débat judiciaire. Les juges peuvent recourir à l'interprétation stricte, mais aucun impératif constitutionnel ne les force à le faire, d'autant plus que la théorie de l'imprécision leur reconnaît un rôle accru dans l'élaboration de la norme.

Il est indéniable que l'état joue aujourd'hui dans la vie des gens un rôle beaucoup plus considérable qu'à l'époque où les caractéristiques de la «rule of law» ont été décrites par les philosophes et les théoriciens de la société libérale. Il est non moins indéniable que le rôle des tribunaux n'est pas de saboter les entreprises du Parlement. En même temps, les tribunaux ne sont pas les exécutants de la volonté du prince : ils doivent s'assurer que le Parlement choisisse des moyens conformes aux principes. C'est à ce niveau, plutôt qu'à celui des «politiques» que doit intervenir le pouvoir judiciaire. Si les tribunaux confondent politiques et principes, s'ils abdiquent les seconds au profit des premiers, ils minent leur propre raison d'être. Un régime qui n'est pas astreint au respect des principes est un régime totalitaire, même si son totalitarisme n'est pas sanglant.

L'oubli ou la mise à l'écart par les tribunaux du principe de la légalité dans son sens le plus authentique — *nullum crimen, nulla poena sine lege* — reflète, croyons-nous, une vision fragmentée du droit pénal et de ses finalités. La raison d'être du principe de la légalité, c'est la sanction pénale. L'imposition d'une peine constitue, en temps de paix, l'exercice le plus extrême de la puissance étatique. Or, dans le discours judiciaire sur l'imprécision, il est très peu question de la sanction pénale.

Il en est de même lorsque les tribunaux analysent les garanties juridiques à la lumière des lois qui les restreignent. Là encore le discours est lénifiant : on définit l'objet des lois répressives comme un bénéfice collectif (par exemple, la protection des personnes et des biens). Il n'est pas du tout question du prix que les individus doivent payer pour que la collectivité réalise ce bénéfice.

La vérité, c'est que l'analyse constitutionnelle reste marquée par des habitudes de raisonnement propres à la tradition de la common law. Dans cette tradition, la loi sert moins à créer un univers normatif qu'à apporter des solutions précises à des questions ponctuelles. L'interprétation téléologique au sens de *Heydon's Case* ne fait aucune place à l'étude des autres finalités de la loi, comme celles, par exemple, qui découlent des principes généraux du droit. L'interprète cherche à identifier le mal social auquel le législateur a voulu rémédier. Il cherche ce mal du côté des comportements sociaux, dans une perspective qui le force à considérer la répression, la peine, comme des remèdes dont l'efficacité n'est pas à démontrer.

Nous avons signalé la tendance croissante dans l'interprétation constitutionnelle à limiter la portée des garanties juridiques en intégrant dans leur définition des considérations fondées sur l'analyse des objets des lois. Cette tendance, si elle se poursuit, ne peut avoir comme conséquence qu'une légitimation des lois pénales. La nouvelle légalité qui résulte de l'aval donné par la jurisprudence constitutionnelle aux normes floues et à l'interprétation large ne mettra aucun frein à l'inflation pénale ni à la croissance des taux d'incarcération. Curieuse *Charte*, qui renforce l'état et favorise la répression.

PART IV

Equality, Linguistic, Educational and Aboriginal Rights, and the Multicultural Heritage of Canadians

14

The Equality Rights
*William Black and Lynn Smith**

1. Introduction
2. The Meaning of Equality
   (a) The Notion of Formal Equality and its Limitations
   (b) Bases of Comparison
       (i) Comparisons of People and Groups
       (ii) Comparisons of Treatment or of Consequences
           (A) Removal of Conditions of Subordination or Disadvantage
           (B) Creation of Conditions for Self-fulfilment
           (C) Equal Concern and Respect
   (c) The Model of Equality Adopted by Canadian Courts
       (i) *Andrews, Turpin* and Section 15(1)
           (A) Rejection of the Similarly Situated Test
           (B) Protecting Groups as Well as Individuals
           (C) Persistent Disadvantage Independent of the Challenged Law or Conduct
           (D) Measurement in Terms of Disproportionate Adverse Effects, not Intent
           (E) Recognizing a Duty to Accommodate as Integral to Equality
       (ii) Section 15(2)

---

* Lynn Smith is Professor and Dean, and William Black, Associate Professor, at the Faculty of Law, University of British Columbia. The authors would like to thank Catherine Dauvergne and Jennifer Fell for their research assistance, and Joel Bakan, Marlee Kline and Claire Young for their helpful advice.

3. Jurisprudence Since *Andrews* and *Turpin*
    (a) General Summary of Recent Trends
    (b) Section 15 and Section 1
    (c) Enumerated Grounds
        (i) Sex Discrimination Cases
        (ii) Age Discrimination Cases
        (iii) Disability, Religion and the Duty to Accommodate
        (iv) Race, Colour and National or Ethnic Origin
    (d) Unenumerated Grounds
        (i) Criteria for Assessing Unenumerated Grounds
        (ii) Notable Cases
4. Relation to Other Rights
    (a) Related *Charter* Sections — Sections 25, 27, 28 and 29
        (i) Section 25
        (ii) Section 27
        (iii) Section 28
            (A) Preventive Effects
            (B) Positive Effects
        (iv) Section 29
    (b) Interpretation of Other *Charter* Provisions
    (c) Interpretation of Statutory and Common Law Rules
5. Conclusion

1. INTRODUCTION

Ten years of experience with the equality provisions of the *Canadian Charter Rights and Freedoms* have demonstrated their potential. The Supreme Court of Canada has given the equality provisions a broad interpretation reflecting the Canadian legal and social context, but a decade of judicial decisions reveals clearly the range of choice open to the courts, and some recent dissension about the appropriate interpretation of section 15. The first decision of the Supreme Court of Canada interpreting section 15 of the *Charter* was released just as the previous edition of this book was going to press. The goal here is to describe the jurisprudence that now exists and to deduce the underlying principles reflected in the case law.

After a brief description of the historical and legal roots of constitutional equality rights, section 2 of this Chapter begins with a review of different possible approaches to the right to equality. It then describes the approach adopted by the Supreme Court of Canada in the early cases interpreting section 15, particularly the *Andrews* and *Turpin* cases.[1] Section 3 reviews the development of the jurisprudence since these early cases and discusses the various grounds of discrimination protected by section 15.

---

[1] *Andrews v. Law Society (B.C.)*, [1989] 1 S.C.R. 143, 56 D.L.R. (4th) 1, 36 C.R.R. 193 [hereinafter *"Andrews"*]; *R. v. Turpin*, [1989] 1 S.C.R. 1296.

Section 4 discusses related *Charter* sections and the way in which section 15 has played a part in the section 1 analysis of other rights.

The history of the concept of equality is far too extensive to allow even the most cursory summary here, but we include a brief sampling of sources in order to illustrate the rich legacy on which the *Charter* builds.

As Walter Tarnopolsky noted in the first edition of this work, the notion of equality as a moral and social ideal can be traced at least as far back as Aristotle.[2] The concept of equality can also be traced to biblical sources,[3] though Christian doctrine and practice has not always reflected those sources.

In the middle ages, the equality ideal was kept alive by theologians such as St. Augustine, but was virtually inverted in the Augustinian view that all men are equally mired in sin, though divine grace may intervene to elevate some.[4] It was not until the seventeenth century that the ideal of social and political equality gained currency through the works of philosophers such as Locke and Rousseau.[5] While these two philosophers did not entirely agree on the nature of the concept of equality, both believed that equality and the autonomy of the individual derived from the natural order. These philosophical ideas were incorporated into the French *Declaration of the Rights of Man and of the Citizen*. The American *Declaration of Independence* also referred to the principle of equality, though it was almost another century before slavery was abolished and the principle was incorporated into the United States Constitution. The individualistic focus of Locke's analysis remains an influence on equality jurisprudence and sometimes hinders the consideration of broader patterns of discrimination affecting groups and the development of affirmative remedies to rectify such patterns.[6]

More recently, the events of World War II prompted new initiatives to incorporate the principle of equality into both domestic and international

---

[2] See W. Tarnopolsky, "The Equality Rights", in Chapter 13 of the first edition of this work, W. Tarnopolsky & G. Beaudoin (eds.), *The Canadian Charter of Rights and Freedoms: Commentary* (Toronto: Carswell, 1982) p. 395, at p. 398.

[3] Galatians 3:26-29.

[4] S.J. Benn, "Equality, Moral and Social" in P. Edward (ed.), *The Encyclopedia of Philosophy* (London: Collier & MacMillan, 1967) Vol. 3, p. 38, at p. 39.

[5] J. Locke, *Second Treatise on Civil Government* (Oxford: Blackwell, 1956), ch. 2; J.J. Rousseau, *Origin of Inequality* (Chicago: Encyclopedia Brittanica, 1952); J.J. Rousseau, *On the Social Contract* (New York: St. Martins Press, 1978), pp. 143-144.

[6] In both France and the United States, political theories were influenced strongly by the concept of liberty as well as equality, and over time the tension between these principles became apparent. Indeed, the concept of liberty was sometimes interpreted as precluding any law that would intrude into the private sphere for the purpose of re-distributing economic wealth. See L. Tremblay, "Section 7 of the Charter: Substantive Due Process?" (1984), 18 *U.B.C. L. Rev.* 201, pp. 213-223.

law. The *Charter of the United Nations* pledged to promote "universal respect for, and observance of, human rights and fundamental freedoms for all without distinction as to race, sex, language, or religion".[7] This pledge was translated into a series of documents, the first of which was the *Universal Declaration of Human Rights*. Later United Nations documents elaborated on the themes of the *Universal Declaration*. Some afford a mechanism by which complaints can be adjudicated and provide an important source of jurisprudence. The most notable of these documents are the *International Covenant on Civil and Political Rights*[8] and the *International Covenant on Economic, Cultural and Social Rights*,[9] both of which Canada ratified in 1976.[10]

The decades following World War II saw important developments at the regional and national levels. The *European Declaration of Human Rights* came into effect in 1953 and was eventually ratified by more than 20 nations, including the United Kingdom.[11] A number of Commonwealth countries incorporated equality guarantees into their constitutions when they achieved independence.[12]

---

[7] L.M. Goodrich, *The United Nations* (1960), p. 349 *et seq.;* see also ch. XI, "The Protection of Human Rights", p. 242.

[8] Adopted December 16, 1966; in force in Canada August 19, 1976; G.A. Res. 220 (XXI), 21 U.N. GAOR, supp. (No. 16), 52, U.N. Doc. A/6316 (1966).

[9] Adopted December 16, 1966, in force in Canada August 19, 1976; G.A. Res. 220 (XXI), 21 U.N. GAOR, supp. (No. 16), 49, U.N. Doc. A/6316.

[10] The latter Covenant seems in many respects to reflect concepts of distributive justice going well beyond formal equality. As well as the international instruments discussed here, there are numerous others which address specific types of discrimination. These include: *International Convention on the Elimination of All Forms of Racial Discrimination*, adopted December 21, 1965, in force for Canada, November 13, 1970, 660 U.N.T.S. 195; *Convention on the Elimination of all Forms of Discrimination Against Women*, adopted December 18, 1979, in force for Canada January 10, 1982, U.N. Doc. A/RES/34/180; *Declaration on the Elimination of All Forms of Intolerance and of Discrimination Based on Religion or Belief*, proclaimed by the General Assembly November 25, 1981, G.A. Res. 36/55, U.N. Doc. A/RES/55; *Convention Concerning Equal Remuneration* (I.L.O.) No. 100, 165 U.N.T.S. 303, ratified by Canada November 1973; *Convention Concerning Discrimination in Respect of Employment and Occupation* (I.L.O.) No. 111, 362 U.N.T.S., ratified by Canada November 26, 1965. See A. F. Bayefsky, *International Human Rights Law: Use in Canadian Charter of Rights and Freedoms Litigation* (Toronto: Butterworths, 1992).

[11] See article 14 of the *European Convention on Human Rights and Fundamental Freedoms*, signed November 4, 1950, entered into force September 3, 1953, 213 U.N.T.S. 222. Article 14 does not incorporate an independent equality right, but rather provides that the other enumerated rights shall be secured without discrimination. See also the *American Convention on Human Rights* (22/11/1969).

[12] See *e.g.*, *Constitution of India*, Part III ("Fundamental Freedoms"), ss. 12-35 (in force January 26, 1950).

During this same period, the equality provisions in the Fourteenth Amendment to the United States Constitution were given new force by the courts. They provide that no state shall "deny to any person within its jurisdiction the equal protection of the laws. . . ." For decades, these provisions were interpreted in a manner that provided little protection to racial minorities and almost no protection to anyone else. But, beginning with *Brown v. Board of Education*[13] in 1954, the courts reinterpreted them so as to prohibit racial segregation and, later, to provide meaningful protection to other minorities and to women.

Within Canada, a number of initiatives to protect equality and non-discrimination rights took place during the post-World War II period, though they did not always fulfil the aspirations of their supporters. Limited anti-discrimination statutes were enacted and later consolidated into comprehensive statutes protecting against discrimination in areas such as public services, housing and employment.[14] They remain important today, in part because they cover private sector conduct that falls outside *Charter* protection. In addition, the courts have relied extensively on cases applying these statutes in interpreting section 15.[15]

The *Canadian Bill of Rights*,[16] the immediate precursor of the *Charter* in the federal sphere of jurisdiction, has not been even a qualified success in protecting equality rights. Section 1(*b*) of the *Bill of Rights* provides for "the right of the individual to equality before the law and the protection of the law". While the *Drybones* case gave hope that this protection would be effective,[17] its scope was narrowed in a series of decisions that, with noteworthy exceptions,[18] were more remarkable for their conservatism than for the cogency of their reasoning.[19] The wording of section 15 was designed to reverse this body of cases, and they play no part in *Charter* equality adjudication.[20]

---

[13] 347 U.S. 483 (1954). See L. Tribe, *American Constitutional Law*, 2nd ed. (Mineola, N.Y.: Foundation Press, 1988), pp. 1474-1480.

[14] See W.S. Tarnopolsky & W.F. Pentney, *Discrimination and the Law, Including Equality Rights Under the Charter*, 2nd ed. (Toronto: De Boo, 1985), ch. II, for the history of these provisions.

[15] See section 2(c)(i), below.

[16] S.C. 1960, c. 44, reprinted in R.S.C. 1970, App. III [R.S.C. 1985, App. III].

[17] *R. v. Drybones*, [1970] S.C.R. 282.

[18] See *e.g.*, the decision of McIntyre J. in *MacKay v. R.*, [1980] 2 S.C.R. 370.

[19] For a discussion of the Court's approach to the *Bill of Rights* during this period, see W.S. Tarnopolsky, "A New Bill of Rights in Light of the Interpretation of the Present One by the Supreme Court of Canada", in [1978] *L.S.U.C. Special Lectures* 161, pp. 166-191.

[20] See A.F. Bayefsky, "Defining Equality Rights", in A.F. Bayefsky & M. Eberts (eds.), *Equality Rights and the Canadian Charter of Rights and Freedoms* (Toronto: Carswell, 1985), pp. 5-25, 47-49; K.H. Fogarty, *Equality Rights and Their Limitations in the Charter* (Toronto: Carswell, 1987), pp. 89-134. Though the *Canadian Bill of Rights* remains in effect, it adds nothing to section 15.

The fact that the *Charter* guarantees broadly stated equality rights is due in great measure to the many submissions made by equality-seeking individuals and groups to the Special Joint Committee of Parliament that considered the wording of the *Charter*. More than any other part of the Canadian Constitution, the *Charter*, particularly in its equality sections, reflects the contributions of ordinary citizens.[21]

2. THE MEANING OF EQUALITY

The Supreme Court of Canada has adopted a purposive approach to interpretation of the *Charter*.[22] The interpretive task is not an easy one with regard to section 15, because of the number of plausible options that deserve consideration.[23]

---

[21] Special Joint Committee of the Senate and House of Commons on the Constitution of Canada appointed to report on the October 6, 1980 resolution. The Committee sat during the period from November 7, 1980 to February 9, 1981 and received submissions from over 1200 groups and individuals. See Issue 57 of the *Minutes of Proceedings and Evidence* for the Committee's Report to Parliament submitted on February 13, 1981. For examples of submissions on amendments to equality rights provisions, see *Minutes* 28-11-1980 15:9, 20-11-1980 9:124; 9-12-1980 22:55; 20-11-1980 9:58; 20-11-1980 9:127; 20-11-1980 9:138; 14-11-1980 5A:4; 9-12-1980 22-56-59.1.

Some have criticized the fact that the equality provisions of the *Charter* give women, lesbians, gays and others a power to assert rights that might defeat the will of elected majorities; see especially, F.L. Morton and R. Knopff, *Charter Politics* (Scarborough: Nelson Canada, 1992). They call these groups "interest groups" and "official minorities" and refer to them collectively as the "court party." This criticism seems to us inaccurately to imply that constitutional litigation under section 15 somehow raises concerns different from other constitutional litigation, whether under other sections of the *Charter* or other parts of the constitution protecting regional interests. We also note that if one were to take the "court party" appellation seriously, in light of the section 15 jurisprudence to date, it would be a remarkably broad and diverse party composed, *inter alia*, of all women who desire equality in the workplace or in family law, seniors and workers approaching mandatory retirement and young people affected by the criminal justice system, biological parents, First Nations people along with the newest Canadians, gays, lesbians and common law couples, as well as religious groups. The rhetoric used by these critics seems to us unhelpful in considering the legitimate and important question of the effect of the *Charter* on the Canadian governmental process.

[22] See *Hunter v. Southam Inc.*, [1984] 2 S.C.R. 145, p. 157.

[23] For useful discussions of competing theories of equality rights, see D. Baker, "The Changing Norms of Equality in the Supreme Court of Canada" (1987) 9 *Sup. Ct. L. Rev.* 497; A.F. Bayefsky, *supra*, note 20; A. Brudner, "What are Reasonable Limits to Equality Rights?" (1986) 64 *Can. Bar Rev.* 469; D. Harris, "Equality, Equality Rights and Discrimination under the Canadian Charter of Rights and Freedoms" (1987) 21 *U.B.C. L. Rev.* 389; J. Vickers, "Equality Theories and Their Results: Equality Seeking in a Cold Climate" in L. Smith *et al.* (eds.), *Righting the Balance: Canada's New Equality Rights* (Saskatoon: Canadian Human Rights Reporter, 1986), 3.

(a) The Notion of Formal Equality and its Limitations

The formal principle of equality, derived from Aristotle, states that "things that are alike should be treated alike, while things that are unalike should be treated unalike in proportion to their unalikeness."[24] This principle is tautologous.[25] It does not provide an answer to a specific issue of equality until one identifies the variables to be used, just as the formula $C = 2\pi R$ does not alone tell us the circumference of a particular circle. Because the result turns on the choice of variables, some commentators have argued that equality is an empty idea. It is said that the formal principle of equality adds nothing to the process of selecting the variables to be used.[26]

This insight provides important but limited assistance in interpreting section 15. It reveals that the formal principle of equality does not alone suffice. Also, because any two people or two situations are both similar and different in an almost unlimited number of ways, we must *consciously* select the criteria to use in assessing equality. The selection process is one of moral and political choice, not logic. There is no "natural" ordering of human interrelationships that can be determined empirically,[27] though there is ordering that affects, and is affected by, social structures, language and culture.[28]

This does not mean that equality is indeterminable, however. It means instead that we must rely on a purposive approach that goes beyond the formal principle of equality itself. The Supreme Court of Canada recognized this point in *Andrews* when it noted that equality is a protean word requiring a purposive definition and that the comparisons inherent in equality analysis must be assessed in the social and political setting in which the question arises.[29]

Our history suggests that some criteria are consistent with our societal values and others are not. The wording of section 15 (for example, the list of grounds) and an examination of the process that led to this wording provide further guidance, as do other parts of the Constitution and of our legal system. For example, law reform has progressively, if gradually, recognized over the last hundred years that gender differences should not

---

[24] *Andrews, supra,* note 1, p. 166 (S.C.R.).
[25] *Ibid.*; see P. Weston, "The Empty Idea of Equality" (1982) 95 *Harv. L. Rev.* 537.
[26] P. Weston, *ibid.,* pp. 544-548.
[27] E. Kallen, *Label Me Human: Minority Rights of Stigmatized Canadians* (Toronto: U. of T. Press, 1989), p. 49; M. Minow, *Making all the Difference* (Ithaca: Cornell Univ. Press, 1990), p. 52.
[28] See V. Satzewich, "The Political Economy of Race and Ethnicity" in P. Li (ed.), *Race and Ethnic Relations in Canada* (Toronto: Oxford Univ. Press,1990), pp. 251-265; N. Iyer, "Categorical Denials: Equality Rights and the Shaping of Social Identity" (1993) 19 *Queen's L.J.* 179.
[29] *Andrews, supra,* note 1, pp. 164-169 (S.C.R.).

impose costs on women or hinder full participation in our political, social and economic system, and Canada's adherence to international agreements protecting women, racial groups, children and others provides assistance.

One must also take account of the fact that the appropriate criteria will vary from era to era, as well as from society to society, and that it is highly unlikely that a theory developed at another time and place will be entirely suited to Canadian conditions today or that today's choices will be appropriate forever.[30]

(b) Bases of Comparison

An element of comparison is central to any equality theory. The formal principle of equality tells us that this element applies to both sides of the equation — to the people under consideration and to the treatment they receive. In this section, we discuss some of the factors that need to be taken into account in deciding on the appropriate criteria for comparison.

(i) *Comparisons of People and Groups*

Equality claimants allege that other individuals or groups are treated more favourably. Thus, some other person or group is selected to serve as a reference.[31] The choice of who to compare with whom often will strongly influence the final outcome. For example, the outcome of a recent case turned in great part on whether gay and lesbian couples would be compared with officially married heterosexual couples, with common law heterosexual couples or with non-sexual relationships such as siblings living together.[32]

Sometimes, the choice of comparative individuals or groups is fairly obvious. For example, if a law punishes only a certain group of people for specified conduct, the reference group will almost certainly be comprised of all who are not members of the group and who engage in the same conduct.[33] In other circumstances, however, the choice may be less clear. For example, a law or policy may prescribe a range of treatment for different people, and one would have to decide whether the standard of reference

---

[30] See L. Smith, "A New Paradigm for Equality Rights" in *Righting the Balance: Canada's New Equality Rights* (Saskatoon: Canadian Human Rights Reporter, 1986), p. 3.

[31] As we explain more fully below, the group that serves as a reference need not be a group "similarly situated" to the claimant, for equality may require taking difference into account. See *Brooks v. Can. Safeway Ltd.*, [1989] 1 S.C.R. 1219. But equality nevertheless involves an element of comparison between individuals or groups.

[32] *Egan v. Canada*, (1995), 124 D.L.R. (4th) 609 (S.C.C.). This aspect of *Egan* and other recent cases is discussed in section 3(d)(ii), below.

[33] See, *e.g.*, *R. v. Drybones, supra*, note 17.

should be the person treated most favourably, the person afforded average treatment or some other individual or set of individuals.

An even more important question is whether the comparison should be at the level of individuals or groups. A purely individualistic approach would compare the treatment of the claimant with another person without any reference to the fact that the claimant shares certain characteristics with others. Section 15 goes beyond this perspective, for it contains a list of characteristics (race, sex, disability, *etc.*) that are used to attribute membership in groups. This list of grounds is consistent with the fact that inequalities related to these characteristics have a significance going beyond that of arbitrary treatment of an individual.[34]

A comparison of groups might also be made in a second sense. One might take account of the disproportionate impact of a rule on a group, even though the provision does not affect every member of the group and bears only a statistical correlation with group membership. For example, a requirement that job applicants be over a specified height and weight will affect both women and men, but will exclude a disproportionate number of women.

Sometimes the choice between an individual and a group perspective can be crucial. If one looks only at the way a particular individual is treated, statistical correlation of disadvantage with group membership becomes invisible. Overlooking such statistical correlation can underestimate the effect of the discrimination and the way in which it interacts with other discrimination to cause disadvantage.[35] It can also deny other members of the group a remedy if they cannot prove that they were affected as individuals by the discrimination.[36]

Martha Minow makes the important point that in selecting individuals or groups for comparison, we always oversimplify in the sense of selecting certain characteristics in describing the individuals or groups being compared. We often forget that this selection is a choice of the decision-maker

---

[34] These characteristics may define group membership only in the sense that they are perceived to do so by those who use them to discriminate. For example, it has been suggested that race is an artificial construct; see W. Tarnopolsky and W. Pentney, *supra*, note 14, pp. 5-3 to 5-4. Even grounds that have a more objective component, such as age, often are accorded a significance having little or nothing to do with that component. Our point here is simply that the social significance of discrimination often is greater if associated with perceived membership in a group because of the tendency for the discrimination to affect others perceived as also members of the group.

[35] For example, a job requirement that applicants be over a specified height and weight may seem arbitrary but not of great social significance unless one takes account of the fact that it has a disproportionate effect on women (though it does not exclude all women and also excludes some men) and contributes to a pattern of job criteria that favours men for many types of employment and tends to restrict women to lower paying types of employment.

[36] See *Firefighters v. Stotts*, 81 L. Ed. 2d 483 U.S.S.C. (1984).

rather than intrinsically defining the individuals who share the characteristics selected but differ in myriad other ways. That omission is often compounded by the unstated assumption that a particular characteristic is the norm and its opposite is what is "different". For example, we may assume the male norm that workers do not become pregnant and treat pregnancy as abnormal. We forget that A is no less different from B than B is from A. In addition, we fail to take account of the fact that the person evaluating the difference inevitably has a particular point of view. For example, we cannot achieve a genderless evaluation of pregnancy or an ageless evaluation of seniority.[37]

(ii) *Comparisons of Treatment or of Consequences*

The other side of Aristotle's equation requires a comparison of the outcomes of a law or governmental activity. In other words, we must determine what counts as equal treatment. The *Andrews* case tells us that uniform application of a rule to people in different situations is not the test of equality of treatment.[38] Moreover, conduct usually has more consequences than could possibly be taken into account. Therefore, we must again make moral and political choices about the variables to consider. Explicit recognition of these choices leads to clarity in analyzing equality claims. But the element of choice is unavoidable and the selection of criteria will take place *sub rosa* (and often subconsciously) if not in the open.

For example, if a rule requires that one group of applicants for a government training program pass a written examination and that another group of applicants pass an oral examination, the immediate consequence is to treat people differently in terms of the testing procedure. Using this criterion, a single test for all applicants would be consistent with equality.

A different measure would be in terms of the opportunity of each applicant to demonstrate the ability to succeed in the program. Written and oral tests might or might not provide equality in terms of this criterion. Moreover, the use of a uniform test for all applicants might produce inequality. For example, if some applicants had a severe sight impairment a written test probably would not afford them equal opportunity to demonstrate ability. An oral test would be inappropriate for those with speech or hearing limitations. Thus, different procedures for different applicants might be essential to give each an equal opportunity to demonstrate ability to succeed.

A still different criterion would be on the basis of who is finally selected for the program. In terms of that criterion, it would seldom make sense to

---

[37] M. Minow, *supra*, note 27, chapter 2.
[38] *Andrews, supra*, note 1, pp. 164-169 (S.C.R.).

seek equality for each individual, for that would mean selection of all of the applicants or none of them. However, the goal of an equal selection rate for different groups may make good sense. Therefore, this criterion would almost inevitably focus on groups rather than individuals.

Sometimes the term "identical treatment" is applied to the uniform application of a rule to everyone, such as a requirement that all applicants take the same test. The above examples demonstrate, however, that the treatment may seem identical only if one ignores consequences. Sometimes applying a rule uniformly to everyone serves an important symbolic function. However, in many areas of life it is not clear what point there would be in insisting that the same process be used for everyone, knowing that the consequences will be quite different for some than for others. Instead, it often makes sense to identify the purposes of a process and to ask whether they have been achieved in equal measure for all participants.[39] That also could be called "identical treatment", and this sense of equality has led Canadian courts to recognize a duty to accommodate differences, including differences relating to religion and disability.[40]

The failure to account for the different ways to assess treatment has magnified the debate about affirmative action programs designed to change patterns of disadvantage affecting certain groups. Opponents of affirmative action argue that applicants whose opportunities are reduced are being denied equality to cure a social ill. That formulation is misleading, and we think it more accurate to say that affirmative action represents the use of one measure of equality rather than another. If a selection process tests different individuals by different means (oral and written tests in our earlier example) so as to afford each an equal chance to demonstrate ability, we have chosen equality of opportunity over equality in the sense of a uniform process. A selection process designed to ensure that different groups will be proportionally represented among those selected would measure equality in terms of equal participation in an educational program or workplace.[41] It is legitimate to debate what is the most appropriate standard of comparison, but those arguing for one standard (such as giving the same test to everyone)

---

[39] An information booth would provide "identical treatment" by answering each person's inquiry, not by supplying the same piece of information to each person.

[40] See, *e.g.*, *O'Malley v. Simpsons Sears Ltd.*, [1985] 2 S.C.R. 536; *Cdn. Odeon Theatres Ltd. v. Sask. (Human Rights Comm.)* (1984), [1985] 3 W.W.R. 717 (Sask. C.A.), leave to appeal to S.C.C. refused (1984), 18 D.L.R. (4th) 93n (S.C.C.). The duty to accommodate is discussed in section 3(c)(iii), below.

[41] Sometimes the term "equality of results" is applied to such a measurement. The term is useful in distinguishing this criterion from uniform application of a rule. But it tends to obscure the fact that there are different ways to measure results. For example, one might try to achieve equal results in terms of the selection process for a particular set of jobs, the overall composition of the workforce, and so forth.

do not have a claim to the principle of equality that is superior to that of those arguing for another (such as equal representation of different groups).

The examples discussed so far concern a narrow context (competition among applicants) and fairly immediate and tangible measurements. There is a wide variety of possibilities in other contexts that also deserve consideration in deciding how to measure outcomes in terms of equality. The following examples illustrate a variety of possibilities that have received some attention in Canadian cases.

(A) Removal of Conditions of Subordination or Disadvantage. Commentators have proposed criteria for measuring equality that attempt to deal with the unique condition of groups that experience persistent disadvantage.[42] For example, many of the factors creating disadvantage for women have no counterpart affecting men. Comparing the consequences of decisions about similar situations is of little use when there are no similar situations to use by way of comparison. Thus, it makes no sense to ask whether pregnancy of men and of women is treated in the same manner, and it is far from clear what affects men that would count as a situation similar to pregnancy. Most cultures have elaborated upon the differences between men and women, and male dominance has meant that the cultural consequences of male-female differences have almost always operated to the disadvantage of women.

A number of commentators, notably Catharine MacKinnon, have proposed that equality be viewed in terms of dominance and subordination rather than on the basis of more specific consequences of particular rules. Achieving equality would require governmental action to eliminate those factors that contribute to the subordination of women, as well as to eradicate the consequences of a history of subordination.[43] Others have made similar arguments concerning race discrimination, which would have particular reference to the aboriginal peoples of Canada.[44]

---

[42] See I. Young, "Social Movements and the Politics of Difference" in M. Fisk (ed.), *Justice* (Atlantic Highlands: Humanities Press, 1993), p. 295.

[43] C.A. MacKinnon, *Feminism Unmodified* (Cambridge: Harvard Univ. Press, 1987), pp. 32-45; C.A. MacKinnon, "Making Sex Equality Real" in *Righting the Balance, supra*, note 23, pp. 37-42. See also N.C. Sheppard, "Equality, Ideology and Oppression: Women and the Canadian Charter of Rights and Freedoms" in *Charterwatch — Reflections on Equality* (Toronto: Carswell, 1986), p. 195.

[44] O. Fiss, "Groups and the Equal Protection Clause", in M. Cohen *et al.* (eds.), *Equality and Preferential Treatment* (1977) generally and pp. 124-147. For a discussion of the way that a measure in terms of social subordination has been incorporated, at least in part, into Canadian jurisprudence, see L. Smith, "Adding a Third Dimension: the Canadian Approach to Constitutional Equality Guarantees" (1992) 55 *Law and Contemp. Problems* 211. See also Patrick Macklem, "Distributing Sovereignty: Indian Nations and Equality of Peoples" (1993) 45 *Stanford Law Review* 1311, pp. 1357-1363.

Aspects of this point of view have played a part in the reasoning of the Supreme Court of Canada. For example, in *Weatherall v. Canada*, the Court cited the historical trend of violence perpetrated by men against women in stating that different treatment of male and female inmates probably did not violate section 15.[45]

Like all measures of equality, this measure retains an element of comparison. But it is of the relative social, political and economic status of women as compared with men, or of racial minorities as compared with the dominant racial group, rather than being limited to the tangible consequences of a particular law or even of the legal system as a whole. The goal would be that the legal system eliminate societal sources of subordination as well as that it not, itself, be a cause of such subordination.

(B) Creation of Conditions for Self-fulfilment. Equality might also be defined in terms of self-fulfilment. The premise is that all humans should have the equal opportunity to develop their potential and to participate in society, even though that goal may require that different people be treated differently and though the forms of fulfilment may vary from individual to individual.[46] The approach incorporates a presumption in favour of inclusion and participation in societal activities. Like the measure in terms of subordination, this measure would provide meaningful equality protection to groups that face unique conditions and obstacles.[47] For example, a recent decision of the Ontario Court of Appeal used similar reasoning in dealing with an equality claim on behalf of a child with a mental disability.[48]

(C) Equal concern and respect. Instead of comparing tangible consequences of a rule or of conditions affecting a group, one might focus on the

---

[45] *Weatherall v. Canada (A.G.)*, [1993] 2 S.C.R. 872, p. 877; the Court did not finally decide the point because it held that the treatment would be saved by s. 1 even if it violated s. 15. See also *R. v. Butler*, [1992] 1 S.C.R. 452, where the Court took account of the contribution of degrading and dehumanizing pornography to the subordination of women in upholding the obscenity provisions of the *Criminal Code* which were challenged under s. 2(b) of the *Charter*.

[46] See J. Bankier, "Equality, Affirmative Action, and the Charter: Reconciling Inconsistent Sections" (1985) 1 *Can. J. Women & Law* 134, pp. 136-137; K. Nielsen, "Radically Egalitarian Justice", paper presented to "Legal Theory Meets Legal Practice" Conference, University of Ottawa, May 1987, generally and, pp. 3-6. See also M. H. Rioux, "Toward a Concept of Equality of Well-Being: Overcoming the Social and Legal Construction of Inequality" (1994) 7 *Can. J. of Law and Jurisprudence* 127 for a discussion in terms of equality of well-being.

[47] M.H. Rioux, *ibid*.

[48] *Eaton v. Brant (County) Bd. of Education* (1995), 22 O.R. (3d) 1 (C.A.), application for leave to appeal pending.

decision-making process itself. Ronald Dworkin has proposed a meaning of equality in terms of whether that process reflects equal concern and respect for all who will be affected. He describes this as the right to treatment as an equal as contrasted with the right to equal treatment, which is the right to equal distribution of an opportunity, resource or burden. Dworkin states that the right to treatment as an equal is the more fundamental of the two rights.[49]

A comparison in terms of concern and respect highlights the fact that uniform application of a rule or practice may not achieve equality in a meaningful sense, and Dworkin uses this measure in his defence of affirmative action programs. The concept is also valuable in emphasizing the relationship between the principle of equality and the broader concept of human dignity. This measure has been cited on a number of occasions by the Supreme Court of Canada in applying section 15 of the *Charter*.[50]

This measure may not, however, cover all claims that would come within section 15. For example, a selection process might be thought to reflect equal concern and respect even though it has the unforeseen consequence of excluding a particular group. Also, it is not easily translated into a workable legal test, since criteria like concern and respect are even harder to measure, and thus to compare, than are more tangible consequences of a rule.

We wish to emphasize again, that these different measures do not begin to exhaust the possibilities for assessing equality. Also, they are not mutually exclusive. For example, the removal of conditions of subordination will help to achieve self-fulfilment and is consistent with equal concern and respect. Our purpose here is two-fold. First, the existence of different options shows that we must consciously select the measure or combination of measures that best serves as a Canadian paradigm. Second, we think these examples show that a measure that assigns priority to universal application of rules regardless of circumstances is not only simplistic, but is difficult to reconcile with the kind of purposive approach that has been adopted by the Supreme Court of Canada.

---

[49] R. Dworkin, *Taking Rights Seriously* (Cambridge: Harvard Univ. Press, 1977), p. 227. The measure of equal concern and respect was applied in *Blainey v. Ontario Hockey Assn.* (1986), 26 D.L.R. (4th) 728, p. 744 (Ont. C.A.), leave to appeal to S.C.C. refused (1986), 58 O.R. (2d) 274 (headnote) (S.C.C.); see also *Mahe v. Alberta*, [1987] 6 W.W.R. 331, p. 363 (Alta. C.A.), reversed [1990] 1 S.C.R. 342.

[50] *Andrews, supra,* note 1, pp. 164-165 (S.C.R.); ; *Egan v. Canada, supra,* note 32, at para. 171 (per Cory J.); *Miron v. Trudel* (1995), 124 D.L.R. (4th) 693 (S.C.C.) at para. 131 (per McLachlin J.).

(c) The Model of Equality Adopted by Canadian Courts

(i) *Andrews, Turpin and Section 15(1)*

In 1989, *Andrews v. Law Society of British Columbia*[51] and *R. v. Turpin*,[52] together set out for the first time the analytical framework within which section 15 claims are to be decided. The issue in *Andrews* was whether provincial legislation[53] imposing a citizenship requirement on entry to the legal profession contravened section 15(1) of the *Charter*. Both British Columbia judgments below evidenced concern about the potentially unlimited scope of section 15. The solution in both judgments was to formulate a test which assessed the rationality of the distinction and upheld the law unless it could be shown by the challenger that it departed unduly from what could be thought to be reasonable. However, the Court of Appeal for British Columbia differed from the trial judge in concluding that the legislation was unconstitutional. It adopted an analytical framework which asked whether an impugned distinction was reasonable and fair, having regard to its purposes and aims and to its effect on the person concerned. This approach left little scope for the application of section 1, although the Court said it would still apply to permit discrimination in extraordinary circumstances, such as internment of enemy aliens in war time.

The Supreme Court upheld the Court of Appeal's decision in result,[54] but disagreed with its reasoning. It formulated a different approach to section 15 that, despite recent wavering by a minority of judges, continues to form the basis of section 15 analysis. Shortly after its decision in *Andrews*, the Supreme Court issued its reasons in *R. v. Turpin*.[55] The issue in *Turpin* was the constitutionality of *Criminal Code* provisions which at that time permitted accused persons in Alberta, but not in the rest of the country, to elect trial by judge alone on a murder charge. The Court in a unanimous decision written by Wilson J. concluded that there was a denial of equality before the law, but that it was not "with discrimination". Its analysis, particularly the description of what is meant by "discrimination", elaborates on the test adopted in *Andrews*.

Instead of relying on tests based upon rationality, reasonableness and the severity of the burden created by the law, the Supreme Court of Canada in *Andrews* concluded that the central limitation on section 15 derives from

---

[51] *Andrews, supra,* note 1.
[52] *R. v. Turpin, supra,* note 1.
[53] Section 42 of the British Columbia *Barristers and Solicitors Act*, R.S.B.C. 1979, c. 26.
[54] Thus, the Court dismissed the appeal, holding that section 42 of the *Barristers and Solicitors Act* infringed section 15(1) of the *Charter* and was not justified under section 1. McIntyre and Lamer JJ. dissented on the issue of justification under section 1, and would have upheld the legislation.
[55] *Supra*, note 1.

the grounds of distinction that come within its protection. The Court approved the "enumerated and analogous grounds" approach,[56] which requires that the "analysis of discrimination ... must take place within the context of the enumerated grounds and those analogous to them."[57] At the section 15(1) stage, then, there is to be an assessment whether the person complaining is not receiving equal treatment before and under the law or the law has a differential impact on that person in its protection or benefit, whether the alleged ground of discrimination is enumerated or analogous, and whether the legislative impact of the law is discriminatory. At the section 1 stage, there is review of alleged justifications for the law based on reasonableness.[58]

A striking feature of *Andrews* is its reliance on jurisprudence interpreting human rights statutes, leading to a strong connection between statutory and constitutional jurisprudence on equality and discrimination. The Supreme Court of Canada based its definition of the word "discrimination" in section 15 on the meaning that has been given that word in human rights legislation. Later human rights cases in turn have built on section 15 equality analysis.[59] While some cases have noted that the two areas are not identical in every detail, the two areas share underlying principles, particularly with regard to the definition of discrimination.[60] In this regard, the Canadian approach is more unified than that used in the United States, where the concept of discrimination is applied differently in considering the Equal

---

[56] Illustrated in the reasons of Hugessen J.A. in *Smith, Kline & French Laboratories v. Canada (A.G.)* (1986), 24 D.L.R. (4th) 321 (Fed. T.D.), affirmed (1986), 34 D.L.R. (4th) 584 (Fed. C.A.), leave to appeal to S.C.C. refused (1987), 79 N.R. 320 (note) (S.C.C.).

[57] *Supra*, note 1, p. 180 (S.C.R.).

[58] At this juncture in *Andrews*, the members of the Court differ both as to the justifiability of the citizenship requirement and as to the nature of the review under section 1. The plurality of three (per Wilson J.) indicates that the *Oakes* analytical framework is to be used, saying (p. 154 S.C.R.): "Given that s. 15 is designed to protect those groups who suffer social, political and legal disadvantage in our society, the burden resting on government to justify the type of discrimination against such groups is appropriately an onerous one." They conclude that the proffered justifications for the citizenship requirement do not pass the *Oakes* tests. On the other hand, McIntyre and Lamer JJ. (p. 184 S.C.R.) hold that the "pressing and substantial" concerns required in *Oakes* creates too stringent a standard and would "frequently deny the community-at-large the benefits associated with sound social and economic legislation." On the basis that the legislative choice to impose a citizenship requirement was reasonable, they would find it justified under section 1. La Forest J., in separate concurring reasons, agrees with McIntyre J.'s approach to section 1 but concludes that the legislation fails to pass even that less stringent test.

[59] See, *e.g.*, *Brooks v. Can. Safeway Ltd., supra*, note 31, pp. 1233-1234.

[60] *Dickason v. University of Alberta*, [1992] 2 S.C.R. 1103, p. 1122.

Protection Clause of the U.S. Constitution than in anti-discrimination statutes.[61]

With the benefit of further elaboration in subsequent cases such as *R. v. Swain*,[62] the framework laid down in *Andrews* and *Turpin* may be summarized as follows:

1. There is to be a three-stage inquiry under section 15:
    (1) Is there a denial of equality before or under the law,[63] or of the equal protection or equal benefit of the law, to an individual[64]?
    (2) If there is a denial of equality, is it with discrimination, as defined by the Supreme Court in *Andrews*? There are two aspects to the determination of discrimination:
    (a) the identification of the ground upon which the claim is based, to exclude cases not based upon enumerated or analogous grounds;[65]
    (b) meeting the definition of "discrimination" set out by McIntyre J. (for the majority in *Andrews*):

    ... a distinction, whether intentional or not but based on grounds relating to personal characteristics of the individual or group, which has the effect of imposing burdens, obligations, or disadvantages on such individual or group

---

[61] Compare *Griggs v. Duke Power Co.*, 401 U.S. 424 (1971), interpreting Title VII of the *Civil Rights Act of 1964*, 42 U.S.C. 2000e with *Washington v. Davis*, 426 U.S. 229 (1976), interpreting the constitutional equal protection clause.

[62] [1991] 1 S.C.R. 933.

[63] "Law" could be seen as restricting the scope of section 15 so that it does not apply to governmental activity beyond legislation or regulations, such as the exercise of discretion by a governmental authority. However, the Supreme Court has indicated that section 15 will apply to the same range of governmental activity defined by section 32 as do other sections of the *Charter*, including conduct under the authority of law: *McKinney v. University of Guelph*, [1990] 3 S.C.R. 229, per La Forest J., pp. 276-278, per Wilson J., p. 380-386; *Douglas/Kwantlen Faculty Assn. v. Douglas College*, [1990] 3 S.C.R. 570, per La Forest J., p. 585, per Wilson J., p. 614. An earlier case seeming to adopt a narrower interpretation of the word "law" no longer seems to be authoritative; see *R. v. S.(S.)*, [1990] 2 S.C.R. 254; P. Hogg, *Constitutional Law of Canada*, 3rd ed. (Toronto: Carswell, 1992), p. 1156.

[64] The term "individual" seems to have been intended to preclude corporations from mounting challenges under section 15; see P. Hogg, *ibid.*, pp. 831-832; but *cf. R. v. Wholesale Travel Group Inc.*, [1991] 3 S.C.R. 154. "Individual" does not include a foetus, in all likelihood, as a result of the Supreme Court of Canada decisions in *R. v. Sullivan*, [1991] 1 S.C.R. 489 and *Tremblay v. Daigle*, [1989] 2 S.C.R. 530 concluding that the foetus is not a "person" within the meaning of the *Criminal Code* section relating to causing death by criminal negligence (*Sullivan*) and that the foetus is not a "human being" for the purpose of the right to life in the *Quebec Charter of Rights and Freedoms* (*Daigle*).

[65] Further confirmation of what the Court had said about this in *Andrews* and *Turpin* was found in a brief decision rendered shortly afterwards, rejecting a claim that workers' compensation legislation violated section 15 by precluding employees from bringing tort actions with respect to work-related injuries: *Reference re Workers' Compensation Act, 1983 (Nfld.)*, [1989] 1 S.C.R. 922.

not imposed upon others, or which withholds or limits access to opportunities, benefits, and advantages available to other members of society. Distinctions based on personal characteristics attributed to an individual solely on the basis of association with a group will rarely escape the charge of discrimination, while those based on an individual's merits and capacities will rarely be so classed.[66]

    (3) If there is a denial of equality with discrimination, is the provision or practice nevertheless a reasonable limit demonstrably justified in a free and democratic society, under section 1 of the *Charter*?

2. Only claims involving the personal characteristics named in section 15 (race, colour, national or ethnic origin, religion, sex, mental or physical disability and age – usually referred to as "enumerated grounds"), or characteristics analogous to them such as citizenship ("analogous grounds"), fall within the purview of section 15. Others, such as nature of commercial activity, are excluded.[67]

3. The principles governing section 15 interpretation take the purpose of section 15 to be connected with the promotion of a society in which all are secure in the knowledge that they are recognized at law as human beings equally deserving of concern, respect and consideration.

4. Identical treatment may not amount to equal treatment, as confirmed by the existence of section 15(2). Instead, equality requires consideration of differences affecting groups.

5. Equality must be measured in relation to the larger social, political and legal context and must take account of persistent disadvantage experienced by certain groups independent of the law or conduct under scrutiny.

6. Section 15 gives the right to equality not only with respect to express differentiation and to the intentional creation of disadvantage, but also with respect to provisions that are neutral on their face and to unintentionally discriminatory effects.

7. There is to be no assessment of reasonableness or unfairness at the stage of determining whether section 15 is violated; justificatory factors come into play only at the section 1 stage, where the *Oakes* test applies in the usual way.[68]

---

[66] *Andrews, supra,* note 1, pp. 174-175 (S.C.R.).

[67] The indicia of analogous grounds are discussed in section 3(d)(i), below.

[68] *R. v. Oakes,* [1986] 1 S.C.R. 103, 24 C.C.C.(3d) 321, 26 D.L.R. (4th) 200. Although the Court was evenly divided in *Andrews* as to whether there should be a different, more lenient standard at the section 1 stage where the *Charter* right infringed was a section 15 one, in its subsequent decisions there seems an acceptance that the *Oakes* test applies in its usual way. This corresponds with a tendency to soften the application of the *Oakes* test in many cases, particularly those where there may be seen to be conflicting claims by disadvantaged social groups: see *Irwin Toy Ltd. v. Quebec (A.G.),* [1989] 1 S.C.R. 927;

A number of features of the analytical approach adopted in *Andrews* and *Turpin* deserve particular consideration.

(A) Rejection of the Similarly Situated Test. The Supreme Court of Canada explicitly rejected the similarly situated test in the Andrews case, but because this test has currency in the United States and elements of it appear sporadically in Canadian cases, it is worth examining the reasons for this rejection.[69] The similarly situated test states that people who are similarly situated should be similarly treated and justifies the power of the government to treat differently people who are deemed not to be similarly situated. It forms the foundation of the United States definition of the right to equal protection of the laws.[70] However, even in the United States, courts and legislatures have departed in some respects from the similarly situated test, though these developments are more obvious in anti-discrimination statutes than in constitutional cases.[71]

In its most simplistic form, this test is merely a restatement of Aristotle's formal principle of equality and provides no answers to concrete questions.[72] United States courts have tried to circumvent that problem by meas-

---

R. v. Butler, supra, note 45; *R. v. Keegstra*, [1990] 3 S.C.R. 697. This point is discussed further in section 3(b), below.

[69] *Andrews, supra,* note 1, pp. 166-168 (S.C.R.). That rejection has been reiterated; see, *e.g., McKinney v. University of Guelph, supra,* note 63 (per Wilson J. dissenting, but not on this point). Of course, consideration of equality still involves an element of comparison, but the comparison is on bases other than whether two groups are similarly situated; see *Egan v. Canada, supra,* note 32, at para. 133 (per Cory J.), in turn citing *Symes v. Canada,* [1993] 4 S.C.R. 695, p. 754.

We discuss below the minority judgments of Gonthier J. in *Egan v. Canada, supra,* note 32 and *Miron v. Trudel, supra,* note 50. These judgments might be read as incorporating at least some elements of the similarly situated test. However, there was no explicit reference to that test. We also note that Lamer C.J.C., who joined in the judgment of Gonthier J., had earlier agreed with the judgment of McIntyre J. in *Andrews, supra,* note 1, and of Dickson C.J.C. in *Brooks v. Can. Safeway Ltd., supra,* note 31. He also wrote dissenting reasons in *Rodriguez v. British Columbia (A.G.),* [1993] 3 S.C.R. 519 that clearly follow the *Andrews* model. Therefore, it seems safe to conclude that the similarly situated test has not been resurrected, particularly in light of the majority's explicit rejection of the parts of the judgment of Gonthier J. coming closest to that test.

[70] See L. Tribe, *supra,* note 13, pp. 1439-1443. In the United States, there is no limitation to the grounds of distinction that can be challenged. The equal protection clause of the Fourteenth Amendment applies to all laws making distinctions.

[71] Certain grounds of distinction, such as race and sex, are subject to a more stringent level of scrutiny in constitutional litigation; L. Tribe, *ibid.*, pp. 1451-1474 and 1553-1618. Heightened scrutiny can be seen as a small step beyond the similarly situated test, though not a sharp break with that test. Statutory anti-discrimination statutes such as the *Americans with Disabilities Act*, 1990, 42 U.S.C. 12132, represent a sharper break with the test, incorporating concepts such as the duty to accommodate and affirmative action measures.

[72] If a rule treats people differently, they can be classified as different for that reason alone.

uring the legitimacy of the distinction in relation to the purpose of the legislation or activity under challenge; the distinction must be rationally related to the legislative purpose.[73] At best, however, this formulation is a marginal improvement. It is subject to manipulation, because the purpose of a law can be framed at almost any level of generality, and relevant evidence of purpose is often lacking. More fundamentally, the court must determine whether the purpose of the law is itself legitimate, or the test leads to an absurdity.[74] However, the similarly situated test does not contain any criteria for determining the legitimacy of a law's purpose, again forcing a court to choose external criteria for making this determination. Thus, it is, at best, incomplete.[75] As well, the similarly situated test was not designed to deal with situations in which identical treatment causes disadvantage to a group.[76] A final criticism is that once two people or groups are classified as different with respect to the purposes of a law, the test does not determine whether the way the law treats that difference is justifiable. Thus, the test is of little if any use in dealing with the way in which biological differences have been used to create disadvantage for women.[77]

(B) Protecting Groups as Well as Individuals. The wording of section 15 and its interpretation by the courts make clear that it provides a right of equality to individuals.[78] But a central feature of section 15 is to also take

---

See *R. v. Gonzales* (1962), 32 D.L.R. (2d) 290 (B.C. C.A.); L. Tribe, *ibid.*, p. 1440. Thus, it is never possible to challenge a rule on the ground it makes a distinction.

[73] This modification is based on an influential article by J. Tussman and J. Tenbrock, "Equal Protection of Laws" (1949) 37 *Cal. L. Rev.* 341.

[74] For example, if the purpose is to cause disadvantage to a group, a law which does so perfectly fulfils that purpose.

[75] For example, if a law punished people more severely if they had a previous conviction for the same offence, a court would have to decide whether a purpose of treating ex-offenders differently is legitimate.

[76] Our earlier example of a written test that causes disadvantage to people with visual limitations illustrates the inequality that identical treatment can cause. Even if the similarly situated test could be modified to cover this situation, the modifications likely would be so extensive as to constitute a different test.

[77] Another contributing factor is that the similarly situated test does not look beyond a particular rule. It contains no mechanism for taking account of broader societal patterns of disadvantage or subordination and of assessing the rule under challenge in the context of these patterns.

[78] Section 15(1) starts with the words "Every individual", and while it seems likely that these words were chosen primarily to exclude corporations from the section's protection, they also suggest that equality for individual natural persons is part of the purpose of the section. In addition, cases have referred to the goal of treating every person as an individual rather than on the basis of stereotypes about a group to which they may belong; see *e.g.*, *Andrews, supra,* note 1, pp. 174-175 (S.C.R.); *Miron v. Trudel, supra,* note 50, at para. 131.

account of inequality related to membership in groups. In this respect, the Canadian paradigm departs somewhat from the more individualistic American outlook.[79]

The limitation of section 15 to the enumerated and analogous grounds in *Andrews* indicates strongly that the section protects groups as well as individuals.[80] The wording of section 15(2) supports this conclusion; it refers to the "amelioration of conditions of disadvantage of individuals or *groups*". Other parts of the *Constitution Act, 1982*, notably the group perspective in the sections concerning language rights, the provisions concerning aboriginal and treaty rights and denominational schools and the mandate in section 27 to interpret the *Charter* so as to protect the multicultural heritage of Canadians, point in the same direction.[81]

There are many ways to take equality for groups into account. At the very least, section 15 takes account of a statistical correlation between group membership and disadvantage, even though not all members of the group are affected and though some non-members are affected.[82] A group perspective also pertains to remedies for violations of section 15.[83]

(C) Persistent Disadvantage Independent of the Challenged Law or Conduct. The reduction of conditions of disadvantage is a central purpose of section 15.[84] The most plausible explanation for the list of grounds of discrimination in section 15(1) is that they define groups that have been

---

[79] *Cf.* P. Brest, "The Supreme Court 1975 Term — Foreword: In defence of the Antidiscrimination Principle" (1976) 90 *Harv. L. Rev.* 1, pp. 49-50. The application of different levels of scrutiny to different grounds of discrimination in U.S. cases can be seen as a move in the direction of a less individualistic approach, but that is a modification of an underlying individualistic structure. Regarding the effects of persistent social disadvantage of a group, see *e.g.*, M. Weinfeld, "The Social Costs of Discrimination" in R. Abella, *Research Studies of the Commission on Equality in Employment* (Ottawa: 1985), p. 549.

Donald Galloway has suggested that the protection of groups cannot be the sole purpose of section 15, particularly if the goal is seen as preserving groups as entities. (J. D. Galloway, "Three Models of (In)Equality" (1993) 38 *McGill L. Rev.* 64, pp. 79-83; see also R. Moon, "A Discrete and Insular Right to Equality: Comment on *Andrews v. Law Society of British Columbia*" (1989) 21 *Ottawa L. Rev.* 563.) However, it is not inconsistent with this conclusion to find that section 15 contains elements of a group perspective as *part* of its aim.

[80] *Andrews, supra*, note 1, p. 182 (S.C.R.).

[81] See sections 16-23, 25, 27, 29, 35 and 35.1.

[82] See *Symes v. Canada, supra*, note 69, pp. 768-771.

[83] The case that most strongly supports these conclusions, *Cdn. National Railway Co. v. Canada (Cdn. Human Rights Commn.)*, [1987] 1 S.C.R. 1114, was decided under the *Canadian Human Rights Act* rather than section 15. However, in *Andrews*, McIntyre J. quoted from the case in formulating his definition of discrimination for purposes of section 15; *Andrews, supra*, note 1, p. 173 (S.C.R.).

[84] This point is elaborated in greater detail in L. Smith, "Adding a Third Dimension: the Canadian Approach to Constitutional Equality Guarantees", *supra*, note 44.

subject to persistent disadvantage in our society. The reference to physical and mental "disability" (rather than "condition") points to this conclusion. It seems likely that the other grounds, though stated in neutral terms, were also included because of their association with groups that experience persistent disadvantage. Section 15(2), which refers specifically to "the amelioration of conditions of *disadvantaged* individuals or groups", provides even more obvious support for this conclusion. We think it more plausible to read subsections (1) and (2) as serving a common purpose rather than as incorporating two inconsistent conceptions of equality.[85] One should also take account of the fact that other sections of the *Constitution Act, 1982*, are designed to protect groups that experience disadvantage.[86]

The cases interpreting section 15 support this conclusion. In *Andrews*, McIntyre J. stated that the words "without discrimination" involve more than a distinction between the treatment of groups or individuals, but also prejudice or disadvantage, and referred to the term "discrete and insular minority."[87] Wilson J. used a similar analysis in her reasons.[88] In *Turpin*, the Supreme Court of Canada elaborated further, saying:

> ... [I]t is important to look not only at the impugned legislation which has created a distinction that violates the right to equality but also to the larger social, political and legal context.... [I]t is only by examining the larger context that a court can determine whether differential treatment results in inequality or whether, contrariwise, it would be identical treatment which would in the particular context result in inequality or foster disadvantage. A finding that there is discrimination will, I think, in most but perhaps not all cases, necessarily entail a search for disadvantage that exists apart from and independent of the particular legal distinction being challenged.[89]

Wilson J. added that in the instant case, persons charged with an offence outside Alberta "do not constitute a disadvantaged group in Canadian society within the contemplation of s. 15."[90]

---

[85] See section 2(c)(ii), below.

[86] Section 27 protects the interests of cultural minorities, sections 25 and 35 protect the rights of aboriginal peoples and section 23 protects minority language education rights. The history of section 28 shows that it was included to overcome the historical disadvantages affecting women; see K. de Jong, "Sexual Equality: Interpreting Section 28" in Bayefsky and Eberts, *supra*, note 20, pp. 494-512.

[87] *Andrews, supra*, note 1, p. 185 (S.C.R.). We explain below that we think the phrase "discrete and insular minority" is inappropriate in describing many claims clearly coming within section 15. But the Court's use of this phrase indicates that persistent disadvantage is an important factor to take into account.

[88] *Ibid.*, pp. 152-153 (S.C.R.).

[89] *R. v. Turpin, supra*, note 1, pp. 1331-1332. See also *Weatherall, supra*, note 45, where the Court took account of the historical trend of violence perpetrated by men against women. *Weatherall* also demonstrates the complications that arise when the social disadvantage of more than one group must be taken into account.

[90] *R. v. Turpin, ibid.*, p. 1333 (S.C.R.).

Different groups are disadvantaged in different ways. For example, religious minorities may have average or above average economic resources but endure social exclusion and animosity, while people with physical disabilities may live in poverty but are generally less susceptible to outright hatred.[91] Patterns of subordination affecting women have had serious economic effects,[92] but they also have had much broader consequences, including exclusion from public life,[93] patterns of violence[94] and the withholding of legal protection from areas of life deemed private or domestic.[95] The process of assessing disadvantage must take account of the perspective of those affected by disadvantage and should not assume that the perspective of the decision-maker is objective and neutral.[96]

In view of the fact that section 15 was meant to rectify governmental activity that contributes to larger patterns of social and economic disadvantage, what is the appropriate analysis when a claim is raised by a member of a group that, on a relative basis, is advantaged? For example, what if a 35-year-old person brings a claim of age discrimination, or a Canadian citizen from birth claims that a program to assist refugees violates section 15?

It seems that claims by members of advantaged groups are not excluded from section 15 altogether. In *Turpin*, Wilson J. left open the possibility of claims of discrimination by persons who experience no disadvantage independent of the law or conduct under challenge.[97] Though a challenge by a male on the basis of sex discrimination was ultimately rejected in *Hess*, all members of the Court seem to have assumed that males can bring such challenges under section 15, despite the fact that it is women who have experienced general social and economic disadvantage.[98]

---

[91] Though disability is, with notable exceptions, not usually associated with open hatred, people with disabilities often must overcome stereotypes that cause as much harm as would such hatred.

[92] See R. Abella, *Equality in Employment: A Royal Commission Report* (Ottawa: Minister of Supply & Services Canada, 1984), pp. 55-81.

[93] See Smith and Wachtel, *A Feminist Guide to the Canadian Constitution* (Ottawa: Canadian Advisory Council on the Status of Women, 1992).

[94] Canadian Human Rights Commission, *Annual Report 1994* (Ottawa: Minister of Supply & Services Canada, 1995) at 52-54.; V.F. Sacco, "Fear and Personal Safety" (1995) 15 *Juristat* No. 9

[95] See C.A. MacKinnon, "Reflections on Sex Equality Under Law" (1991) 100 *Yale L. J.* 1281, pp. 1299-1325.

[96] Regarding the need to incorporate the perspective of the group experiencing the discrimination, see the judgment of L'Heureux-Dubé in *Symes v. Canada, supra*, note 69, pp. 827-828 (S.C.R.) See also M. Minow, *supra*, note 27, pp. 60-70.

[97] *R. v. Turpin, supra*, note 1.

[98] *R.. v. Hess*, [1990] 2 S.C.R. 906. The majority judgment of Wilson J. holds that the particular nature of the crime precludes a finding of discrimination based on sex, but it states that other crimes could be challenged under section 15 if the prohibition applied

On the other hand, we know that laws, programs and activities which ameliorate the conditions of disadvantaged individuals or groups are consistent with section 15 even though they do not encompass relatively advantaged groups. That is clear not only from the wording of section 15(2) but from the statement in *Turpin* that in applying section 15(1), disadvantage should be assessed in the larger social, political and legal context. In short, having rejected identical treatment as the measure of equality, the courts have adopted a measure that assesses the impact of a law or conduct in relation to this broader context.[99] If a law or program reduces the disparity between the advantaged and disadvantaged groups under consideration, that result does not constitute discrimination against the advantaged group; indeed, it may be an essential part of achieving equality.

It is still not entirely clear, however, how to go about making the assessment in that larger context when the claim is by a member of a generally advantaged group. One possibility would be to find discrimination only if the claim concerned an area of activity in which the group, though generally advantaged, experienced some particular disadvantage. An example might be a law that discriminated against men who assume primary responsibility for child care.[100]

A somewhat similar option was described in the concurring opinion of Linden J. in the *Schachtschneider* case.[101] That case concerned an anomaly in the *Income Tax Act* that operated to the disadvantage of a married couple who lived together and had a child, as compared with unmarried couples or married couples living apart who have children. The Court held that there was no discrimination and thus no violation of section 15. Linden J. elaborated on this conclusion. He stated that one must distinguish between the ground of discrimination, marital status, and the group affected, married persons. Whether the group affected is advantaged or disadvantaged, a claimant must show discrimination in the context of the social, political and historical circumstances of the group. But the process for doing so is affected by the nature of the group, in his opinion:

---

only to men. The judgment of McLachlin J. (dissenting on another point) concludes that the section of the *Criminal Code* under challenge violates section 15, though she would uphold it under section 1.

[99] See *Weatherall v. Canada (A.G.)*, *supra*, note 45; *R. v. M. (C.)* (1995), 23 O.R. (3d) 629, pp. 632-636 (C.A.), where Abella J.A. in a concurring judgment states that if a measure reduces the gap between disadvantage and advantage, it is not discriminatory, but if it widens the gap, it is. The other two justices do not express disagreement with this point.

[100] This example also illustrates the point that such situations also often cause disadvantage to the generally disadvantaged subset, in this case women, because they contribute to the perpetuation of stereotypes that cause disadvantage to women.

[101] *Schachtschneider v. Canada* (1993), 105 D.L.R. (4th) 162 (Fed. C.A.), leave to appeal to S.C.C. refused (1995), 123 D.L.R. (4th) viii (note) (S.C.C.).

For historically disadvantaged groups, evidence that a law further disadvantages them will normally support a claim almost automatically under s. 15(1), whereas, for an advantaged group to succeed, a clear indication of prejudice will be necessary. In other words, in order to establish the *indicia* of discrimination, a member of an advantaged group would have to show direct or immediate prejudice and stereotyping, although not necessarily intentional discrimination. The prejudice or stereotyping against an advantaged group cannot be assumed. Mere disadvantage under the legislation in question is not sufficient for advantaged groups, although it may be for disadvantaged groups.[102]

In summary, while the process for evaluating and taking account of broader patterns of disadvantage will require elaboration, both the purposes of section 15 and the jurisprudence interpreting it lead to the conclusion that assessment of patterns of disadvantage is an essential component of section 15 analysis.[103]

(D) Measurement in Terms of Disproportionate Adverse Effects, not Intent. It is clear that human rights legislation prohibits conduct even where there is no intent to discriminate if that conduct has a disproportionate adverse effect on a protected group.[104] The Supreme Court of Canada has stated on several occasions that section 15 also covers unintended adverse effects.[105] Perhaps the clearest case is *Symes*, in which the Court accepted that provisions of the *Income Tax Act* concerning child care expenses would violate section 15 if they had an unintended adverse effect on women, though a majority found that such an effect had not been proved in that case.[106] That is consistent with a purposive approach to section 15, since inequality often arises from the unintended effects of laws or conduct, particularly in relation to certain grounds of discrimination, such as disability.[107]

---

[102] *Ibid.*, p. 188.
[103] L. Smith, "Adding a Third Dimension: the Canadian Approach to Constitutional Equality Guarantees", *supra*, note 44.
[104] *O'Malley v. Simpsons Sears, supra*, note 40. Of course, the effect on the group must be disproportionate as well as adverse, or laws such as tax laws, which arguably have an adverse effect on everyone, would be invalid *per se*. As explained below, however, the rule or conduct discriminates against a group though it does not affect every member of the group and does affect some who are not members of the group.
[105] *Andrews, supra*, note 1, pp. 174-175; see also *Symes,. supra*, note 69, p. 756; *McKinney v. University of Guelph, supra*, note 63, p. 279.
[106] *Symes v. Canada, supra*, note 69, pp. 753-772.
[107] See *Cdn. Odeon Theatres v. Sask (Human Rights Comm), supra*, note 40. There have also been a number of human rights cases concerning unintended adverse effects discriminating against religious minorities; *O'Malley* v. Simpsons Sears, *supra*, note 40; *Central Okanagan School Dist. No. 23 v. Renaud*, [1992] 2 S.C.R. 970 [hereinafter *Renaud*].

There is some confusion in the cases as to the line between intentional discrimination and unintentional adverse effects discrimination. For example, in the *McKinney* case, La Forest J. seemed to treat an explicit mandatory retirement policy as adverse effects discrimination rather than intentional discrimination.[108] It appears that the Court was assuming that discrimination is of the unintentional or adverse effects variety whenever there is a benign purpose for the provision — thus, in *McKinney*, the purpose of the mandatory retirement rule was not to render those over 65 unemployed, but rather to achieve renewal of the university faculty and provide spaces for young academics. This assumption is inconsistent with cases concerning human rights statutes, and it seems more appropriate to consider the benign nature of a purpose at the section 1 stage and in considering remedies, if that factor is relevant at all.[109] However, the exact line between intent and adverse effects cases may be somewhat academic since it is clear that section 15 covers both forms of discrimination.

In *Symes*, Iacobucci J. made it clear that a claim of adverse effects discrimination does not require a 100 percent correspondence between the effects and the group under consideration as long as there is a disproportionate effect on the group. He also said that the effects-based claim can only be brought by a member of the group which is disproportionately affected.[110] Unfortunately, this analysis appears to have been misunderstood in the Federal Court of Appeal in *Thibaudeau*,[111] leading to the conclusion that there could be no sex discrimination in that case since the few men affected by the legislation were affected exactly the same way as women. As Diane Pothier points out, it is therefore unfortunate that the Supreme

---

[108] *Supra*, note 63, p. 256 (S.C.R.). This was subsequently reiterated in *Tétreault-Gadoury v. Canada (Employment & Immigration Commission)*, [1991] 2 S.C.R. 22, p. 41.

[109] It seems that the Supreme Court of Canada is now approaching the issue in this way, despite the language in *McKinney*. See J. Keene, *Human Rights in Ontario*, 2nd. ed. (Toronto: Carswell, 1992), p. 123, regarding the fact that intent is not equated with malice in human rights cases.

[110] *Symes v. Canada, supra*, note 69, pp. 770-771:
> ... in a case involving an adverse effects analysis under s. 63 of the Act, it would be possible to point to both men and women who would be negatively affected by a limitation on the child care expense deduction. ... If a group or sub-group of women could prove the adverse effect required, the proof would come in a comparison with the relevant body of men. Accordingly, although individual men might be negatively affected by an impugned provision, those men would not belong to a group or sub-group of men able to prove the required adverse effect. In other words, only women could make the adverse effects claim.

[111] *Thibaudeau v. Canada (Min. of National Revenue)*, [1994] 2 F.C.R. 189, pp. 203-204 and 235 (C.A.), reversed (1995), 124 D.L.R. (4th) 449 (S.C.C.) [hereinafter *Thibaudeau v. Canada* cited to S.C.C.].

Court in *Thibaudeau* did not discuss the adverse effects argument in order to prevent further misunderstanding of this point.[112]

(E) Recognizing a Duty to Accommodate as Integral to Equality. The Supreme Court of Canada has recognized that the uniform application of a rule may adversely affect a group in a discriminatory fashion.[113] Thus, "identical treatment" can be discriminatory, and elimination of that discrimination may require the accommodation of differences. For example, human rights laws require that hours of work be adjusted to accommodate those whose religious beliefs forbid work at certain times.[114] Therefore, the duty to accommodate is not a special duty separate from the right to equality, but rather an essential element that follows from other parts of the Canadian paradigm. It also can be derived from the second half of the formal principle of equality — that things that are unalike should be treated unalike in proportion to their unalikeness. It treats that statement as a second component of equality, in contrast with the similarly situated test that seems to treat it as a licence to discriminate.[115]

(ii) *Section 15(2)*

Section 15(2) provides:

> Subsection (1) does not preclude any law, program or activity that has as its object the amelioration of conditions of disadvantaged individuals or groups including those that are disadvantaged because of race, national or ethnic origin, colour, religion, sex, age or mental or physical disability.

It is clear that part of the purpose of section 15(2) is to eliminate any doubt about the constitutionality of affirmative action programs in Canada.[116] But there is more doubt about whether or not this is its only purpose and as to the basis on which it allows such programs.

A key question is the relationship between this subsection and subsection (1). Does subsection (2) constitute an exception to subsection (1)? Or does it serve as an interpretive aid to subsection (1) and help explain the concept of equality on which the entire section is based?

We think that the second point of view – seeing subsection 15(2) as an interpretive aid – is the more persuasive. The Supreme Court of Canada has found that the purpose of subsection 15(1) is to counteract discrimination

---

[112] D. Pothier, "M'Aider, Mayday: Section 15 of the Charter in Distress," as yet unpublished.
[113] *Andrews, supra*, note 1, p. 164 (S.C.R.).
[114] *Renaud, supra*, note 107.
[115] The duty to accommodate is discussed further in section 3(c)(iii), below.
[116] The marginal note to the subsection makes this clear.

and prejudice against historically disadvantaged groups identified by personal characteristics such as those enumerated.[117] An important element of that purpose is the recognition that equal treatment of individuals can result in the perpetuation or aggravation of existing inequalities and conditions of disadvantage.[118] Equality is measured in terms of the effects of a law, program or activity, in applying subsection (1).[119] Since the objective of affirmative action programs is to take account of different conditions affecting different people and of the effect of past disadvantage, there is no inconsistency between the purposes underlying the two subsections. The idea that subsection (2) is an exception to subsection (1) assumes that subsection (1) is based on the similarly situated test and measures equality in terms of "identical treatment". Both assumptions are inconsistent with the jurisprudence set out in *Andrews* and subsequent cases. The fact that the two subsections operate in tandem also helps explain why there are few cases interpreting subsection (2). If that subsection is an interpretive aid, it would not give rise to a separate body of authority.

In *Eaton*, the Ontario Court of Appeal considered a challenge to the placement of a child with a disability in a special classroom for students with disabilities, rather than a regular classroom. The Divisional Court had stated that implementation of special education programs for students with disabilities required the protection of section 15(2). Arbour J.A. did not finally decide the point, but she presented the argument that these programs "do nothing more than to provide these students with the real equality under s. 15(1)." She added that even if subsection (2) were treated as the operative section, it would not preclude a challenge by the recipients of the intended benefit, such as the claimant.[120]

The two views about the significance of the subsection also arguably affect the strictness with which affirmative action programs should be assessed. If these programs constitute an exception to the right to equality, there is an argument that, like most legal exceptions, they should be interpreted strictly and narrowly, when challenged by members of relatively advantaged groups who were intentionally excluded. A strict interpretation would be consistent with the outcome in *Apsit*, which upheld a challenge to a program giving preference to First Nations people in the issuing of licences to grow wild rice on designated Crown property. The Court accepted the evidence that the preferred group was disadvantaged, but struck down the preference on the ground that this disadvantage had not been

---

[117] *Turpin, supra*, note 1, p. 1333.
[118] *Andrews, supra*, note 1, p. 164 (S.C.R.).
[119] *Ibid.*
[120] *Eaton v. Brant (County) Bd. of Education, supra*, note 48, pp. 10-11.

caused by previous discrimination in granting these licences.[121] This case was decided before *Andrews*. If we are right that the two subsections are both based on a concept of equality that takes account of disadvantage and that subsection (2) is an interpretive section rather than an exception, the primary argument for narrow interpretation of laws and programs designed to assist disadvantaged groups disappears.

Finally, there is some inconsistency in the cases about whether subsection (2) was designed just to remove doubt about the legitimacy of affirmative action programs or whether it is of broader significance.[122] If the subsection is viewed as an exception to subsection (1), this uncertainty is of considerable significance. However, if it is an interpretive section, the question is less important.

3. JURISPRUDENCE SINCE *ANDREWS* AND *TURPIN*

(a) **General Summary of Recent Trends**

The direction first set in *Andrews* and *Turpin* was one about which there was a division of opinion in the Supreme Court, and there continues to be a division up to the present time. The division relates both to the section 15(1) analysis and to the test to be applied for section 1 defences when violations of section 15(1) are found. It is hinted at in some earlier decisions in the years following *Andrews*,[123] but emerges into the open in three judgments released in the spring of 1995: *Miron v. Trudel*,[124] *Egan v.*

---

[121] *Apsit v. Manitoba (Human Rights Comm.)*, [1988] 1 W.W.R. 629 (Man. Q.B.); reversed on other grounds [1989] 1 W.W.R. 481 (Man. C.A.).

[122] Compare *R. v. Hess, supra*, note 98, p. 945 (per dissenting opinion of McLachlin J.) with *Brown v. British Columbia (Min. of Health)* (1990), 66 D.L.R. (4th) 444 (B.C.S.C.). In *Hess*, McLachlin J. concluded that the purpose of subsection 15(2) was to silence debate about affirmative action and not to uphold any law that confers a benefit on a group characterized by an enumerated or analogous ground. She also noted that the young females protected by the *Criminal Code* section prohibiting sexual intercourse with a female under the age of 14 years obtained no benefit from the fact that this protection did not also extend to young males. In *Brown*, the Court found that the failure of the province to fully fund clinical testing of AZT, a drug used to treat AIDS, would be permitted by section 15(2), even though clinical testing of drugs to treat other conditions was fully funded. The Court seems to conclude that section 15(2) allows a benefit of this type to be given to one disadvantaged group to the exclusion of other groups and precludes a challenge by those other groups. No one contended that the funding for other treatment constituted an affirmative action plan. Treating section 15(2) as an exception to section 15(1) is especially problematic if it is read as a general exemption for underinclusive legislation excluding certain groups from benefits provided by a law; *cf. Ontario (Human Rights Commn.) v. Ontario* (1994), 19 O.R. (3d) 387 (C.A.).

[123] *McKinney v. University of Guelph, supra*, note 63; *Rodriguez v. B.C. (A.G.), supra*, note 69; *Symes v. Canada, supra*, note 69.

[124] *Supra*, note 50.

Canada[125] and *Thibaudeau v. Canada (Min. of National Revenue)*.[126] By a slim majority, the Supreme Court has maintained the general approach in *Andrews*, but a substantial minority of judges is prepared to embark on significant deviations from it. There is a clear consensus that sexual orientation is an analogous ground in section 15, but only the slim majority finds that marital status is, illustrating differences of opinion regarding the basis upon which analogous grounds are to be recognized. Finally, there continue to be somewhat different approaches to the section 1 analysis.

Miron was a challenge to the ineligibility of unmarried partners for accident benefits available to married partners for uninsured motorist claims under the standard automobile policy prescribed by the Ontario *Insurance Act*. The Court of Appeal had rejected the section 15 claim on the basis that marital status is not an analogous ground. The majority in the Supreme Court of Canada allowed the appeal, holding that marital status is an analogous ground, that the exclusion violated section 15(1), was not saved by section 1, and that the appropriate remedy was to "read in" retroactively the new definition of "spouse" which had already been enacted by the legislature.[127]

The plurality of judges followed the *Andrews* model and, indeed, strongly defended it against the suggestions for change coming from other members of the Court.[128] The dissenting members of the Court held that there was no violation, beginning from an initial premise that the case was about the ambit of legitimate legislative choice in defining the attributes of a fundamental social institution, namely marriage.[129] A new approach was then advanced (although Gonthier J. asserts that this approach "in no way departs from this court's approach in *Andrews* . . . and in subsequent jurisprudence"[130]) involving three steps: (1) does the law draw a distinction between the claimant and others? (2) does it result in disadvantage? (3) is it based on an *irrelevant* personal characteristic shared by a group that is enumerated or analogous?

The most dramatic departure takes place at this third step: *relevancy* of the personal characteristic is to be assessed with respect to the "functional

---

[125] *Supra*, note 32.
[126] *Supra*, note 111.
[127] McLachlin J., with Sopinka, Cory and Iacobucci JJ. formed the plurality. L'Heureux-Dubé J. made up the majority in the result, taking a different approach to the analysis. Because it had amended the legislation and wished to concede the *Charter* issue, the Ontario government chose not to defend the previous provisions; for that reason, the Court appointed an *amicus curiae* to defend the legislation.
[128] It is noteworthy that McLachlin J., who developed the approach in the British Columbia Court of Appeal rejected by the Supreme Court of Canada in *Andrews*, now strongly defends the Supreme Court approach against other members of the Court.
[129] Gonthier J., with Lamer C.J.C., La Forest and Major JJ.
[130] *Miron v. Trudel*, *supra*, note 50, at para. 28.

values" underlying the legislation. This encompasses an inquiry as to "whether a distinction rests upon or is the expression of some objective physical or biological reality, or fundamental value."[131] The examples Gonthier J. provides of cases involving objective biological differences are *R. v. Hess*[132] and *Weatherall v. Canada (A.G.)*,[133] both of which concerned sex-specific measures designed to protect women (in *Hess*, the former statutory rape provisions and in *Weatherall* the practice of permitting female prison guards to frisk search and patrol in male prisons in ways not permitted to male guards in female prisons.) He summarizes the meaning of these cases as "distinctions drawn on the basis of relevant biological differences between the sexes do not necessarily constitute discrimination."[134] With respect to "fundamental values", Gonthier J. cites the reference in *McKinney v. University of Guelph*[135] to the proposition that employment is "one of the most fundamental aspects in a person's life."[136] Pointing out that *R. v. Turpin* seems to suggest that province of residence may be a ground of discrimination in one context though not another, Gonthier J. concludes that "a sensitive, contextual approach is essential in determining whether distinctions drawn on the basis of a particular ground are discriminatory in any given case"[137] and that, at least when marital status is a ground of distinction with respect to the definition of central aspects of marriage such as support obligations, it cannot be a ground of discrimination.[138] Illustrating the general philosophical stance of the dissent, Gonthier J. quotes with approval from La Forest J.'s concurrence in *Andrews*:

> ... It was never intended in enacting s. 15 that it become a tool for the wholesale subjection to judicial scrutiny of variegated legislative choices in no way infringing on values fundamental to a free and democratic society. . . . I am not prepared to accept that *all* legislative classifications must be rationally supportable before the courts. Much economic and social policy-making is simply beyond the institutional competence of the courts: their role is to protect against incursions on fundamental values, not to second guess policy decisions.[139]

The majority argues strongly against this approach, pointing out that it is highly indeterminate and circular in its reasoning:

---

[131] *Ibid.*, at para. 19 (per Gonthier J.).
[132] *Supra*, note 98.
[133] *Supra*, note 45.
[134] *Miron v. Trudel, supra*, note 50, at para. 20.
[135] *Supra*, note 63, p. 278.
[136] A quotation from *Reference re Public Service Employee Relations Act (Alta.)*, [1987] 1 S.C.R. 313, p. 368.
[137] *Miron v. Trudel, supra*, note 50, at para. 22.
[138] *Ibid.*, at para. 80.
[139] *Ibid,.* at para. 76.

Having defined the functional values underlying the legislation in terms of the alleged discriminatory ground, it follows of necessity that the basis of the distinction is relevant to the legislative aim. This illustrates the aridity of relying on the formal test of logical relevance as proof of non-discrimination under s. 15(1). The only way to break out of the logical circle is to examine the actual impact of the distinction on members of the targeted group. This, as I understand it, is the lesson of the early decisions of this Court under s. 15(1).[140]

Egan v. Canada was an appeal from a rejection of an application for the spousal allowance under the *Old Age Security Act* by the same-sex partner of a retired person, where the partner would have been eligible for the benefits if he were of the opposite sex. The plurality (La Forest J., with Lamer C.J.C. and Gonthier and Major JJ.[141]) found that, although sexual orientation is an analogous ground, there was no infringement of section 15(1), applying the approach taken by the same justices in *Miron*. The reasoning was as follows: (1) There is a distinction; (2) it does result in disadvantage;[142] (3) however, it is based on a *relevant* personal characteristic, given the legislative objective, which is seen as a desire to assist married couples. La Forest J. cited the minority's reference in *Miron* to marriage as a fundamentally important social institution, and added:

> ... Marriage has from time immemorial been firmly Grounded in our legal tradition, one that is itself a reflection of long-standing philosophical and religious traditions. But its ultimate *raison d'être* transcends all of these and is firmly anchored in the biological and social realities that heterosexual couples have the unique ability to procreate, that most children are the product of these relationships, and that they are generally cared for and nurtured by those who live in that relationship. In this sense, marriage is by nature heterosexual.[143]

Thus, Parliament is acting appropriately, and "there is nothing arbitrary about the distinction supportive of heterosexual family units"[144] since none of the couples excluded from benefits (not only same-sex couples, but also others such as siblings who live together) "are capable of meeting the fundamental social objectives thereby sought to be promoted by Parliament."[145] La Forest J. added that distinctions based on marriage are per-

---

[140] *Ibid.*, at para. 134 (per McLachlin J.).
[141] Sopinka J. made up the majority as to the outcome. However, he would have found a violation, agreeing with Cory J., but concluded that it was saved by s. 1.
[142] The Court was unanimous in finding that it did not matter whether there was or was not financial loss to the particular gay couple who brought the case; the issue is disadvantage to the group (in this case, same-sex couples).
[143] *Egan v. Canada, supra*, note 32, at para. 21.
[144] *Ibid.*, at para. 25.
[145] *Ibid.*, at para. 26.

vasive in both provincial and federal legislation, and that all such distinctions should not have to be reviewed under section 1: such review would interfere with the desirable balance between legislatures and the judiciary.[146]

Although La Forest J. represented only the views of four Justices, the outcome was determined by the decision of Sopinka J., who, although agreeing with the dissenting group that there is a violation of section 15(1), concluded that it was saved under section 1.[147]

The dissenting Justices, applying the *Andrews* approach, concluded that there was unconstitutional discrimination in the exclusion of same-sex couples, and that the appropriate remedy would be through a suspended declaration of invalidity with some reading-in and reading-out of language in the statute.[148] All expressed strong disagreement with the majority's characterization of the purpose of the legislation, with its approach, and with Sopinka J.'s section 1 analysis.

In the third decision, *Thibaudeau v. Canada*, the issue was the tax regime governing child maintenance payments — they are taxable in the hands of the recipient parent and deductible from the income of the paying parent. The majority[149] (utilizing the two different approaches to equality analysis illustrated in *Miron* and *Egan*) concluded that there was no violation of section 15(1) since there was no burden imposed on the group in question (parents in receipt of child maintenance) — instead, "If anything, the legislation in question confers a benefit on the post-divorce 'family unit'."[150] Curiously, none of the Court treated the issue as one of sex discrimination.[151] Despite this basic agreement, there was strong disagreement as to the approach to be utilized, between Cory and Iacobucci JJ. on the one hand and La Forest and Gonthier JJ. on the other hand, with Sopinka J. simply stating agreement with the basic conclusion. The two women members of the Court,

---

[146] *Ibid.*, at para. 28.
[147] *Ibid.*, at para. 103. This is on the basis that government "must be accorded some flexibility in extending social benefits and does not have to be proactive in recognizing new social relationships." (*Ibid.*, at para. 104.) "Given the fact that equating same-sex couples with heterosexual spouses, either married or common law, is still generally regarded as a novel concept, I am not prepared to say that by its inaction to date the government has disentitled itself to rely on s. 1 of the *Charter.*" (*Ibid.*, at para. 111.)
[148] Cory and Iacobucci JJ. dissent in a jointly written judgment, with McLachlin J. and L'Heureux-Dubé J. dissenting separately. The proposed remedy was to delete the words "of the opposite sex" from the statutory definition of "spouse," to add after the words "have publicly represented themselves as husband and wife" the words "or as an analogous relationship". They would have suspended the remedy for one year.
[149] Cory, Iacobucci, Sopinka, La Forest and Gonthier JJ.
[150] *Thibaudeau v. Canada, supra*, note 111, at para. 158 of Cory and Iacobucci JJ.'s reasons.
[151] The case was argued in the alternative as involving an adverse impact on women who form the vast majority of custodial parents receiving child maintenance. The Federal Court of Appeal had rejected this argument and the Supreme Court refrained from discussing it. For further discussion of this point, see section 3(c)(i), below.

L'Heureux-Dubé and McLachlin JJ., dissented as they had in *Symes v. Canada*,[152] which also involved the impact of neutrally-drafted provisions of the *Income Tax Act* on taxpayers (mainly women) with responsibility for children. McLachlin J., referring to evidence that in about 30 percent of cases, the scheme resulted in a higher payment of total tax by the couple than would otherwise have been the case, and to evidence that the tax benefits where realized were not consistently passed along to the custodial parent, concluded that the benefits of this scheme to custodial parents were somewhat illusory.[153]

Further, she argued:

> The fact that the deduction/inclusion scheme does not impose prejudicial treatment on the majority of divorced or separated couples as compared with other couples — and even confers a benefit on them in 67% of cases ... is no bar to concluding that that same system imposes prejudicial treatment within the couple by imposing on one of its members a burden not imposed on the other.[154]

In her reasons in each of *Miron*, *Egan* and *Thibaudeau*, L'Heureux-Dubé J. called for a new approach to equality analysis, which she described in detail in *Egan*. This approach would amount to a fundamental rethinking of section 15 in light of its purposes, and would give independent content to "discrimination" rather than relying on the definition of the grounds to do this. Her definition of "discrimination" is as follows:

> A person or group of persons has been discriminated against within the meaning of s. 15 of the *Charter* when members of that group have been made to feel, by virtue of the impugned legislative distinction, that they are less capable, or less worthy of recognition or value as human beings or as members of Canadian society, equally deserving of concern, respect, and consideration.[155]

L'Heureux-Dubé J. sees this as more of an elaboration on, than a departure from, *Andrews*. Recognizing that the standard she suggests must incorporate a measure of objectivity, but that adopting the standard of the "reasonable, secular, able-bodied, white male" would defeat the purpose of section 15, she proposes a subjective-objective one — "the reasonably held view of one who is possessed of similar characteristics, under similar circumstances, and who is dispassionate and fully apprised of the circumstances."[156] The analysis requires taking into account both the nature of the group adversely affected by the distinction and the nature of the interest

---

[152] *Supra*, note 69.
[153] *Thibaudeau v. Canada*, *supra*, note 111, at paras. 178-202.
[154] *Ibid.*, at para. 192.
[155] *Egan v. Canada*, *supra*, note 32, at para. 39.
[156] *Ibid.*, at para. 41.

adversely affected by the distinction.[157] Her basic reasons for rejection of the "grounds" approach are that it distracts from the real issue (which is discriminatory effects on people), it seems to flow from the happenstance of the particular way that section 15 was drafted, it seems illogical that some grounds might sometimes be analogous and sometimes not, and, perhaps most importantly, there is not a strong enough correlation between involvement of one of the grounds and the existence of discrimination:

> If a finding of discrimination does not flow automatically from a finding that a distinction has been drawn on the basis of an enumerated or analogous ground [citing *Weatherall v. Canada* and *R. v. Hess*[158]], then it follows that reliance on "grounds" may not contemplate the entire picture. An additional dimension of analysis is needed.[159]

What are the net lessons to be learned from these three difficult and highly-contested cases? First, the *Andrews* approach continues to be supported only by four members of the Court (McLachlin, Cory, Iacobucci and Sopinka JJ., with the latter's support being clearly "soft"). L'Heureux-Dubé J.'s proposal amounts to a significant change, although likely more in the reasoning process than in the outcomes that it would produce, but it receives no comment from other members of the Court. Gonthier J.'s approach (which itself prevailed in no case, but did attract three others in support in *Miron* and *Egan*) amounts to a very dramatic reversal back towards the approach rejected by the Supreme Court in *Andrews*. Second, the division in the Court does not neatly track the division in the Court on other issues — for example, on the use of the *Charter* in the criminal law area (Gonthier and L'Heureux-Dubé JJ. frequently find themselves in agreement there; Cory and Iacobucci JJ. find themselves often with Lamer C.J.C. and Sopinka J.) Third, the division regarding section 15 is now openly and firmly articulated. From the perspective of the plurality in *Miron* it is about the avoidance of circular reasoning and the accomplishment of the mandate of section 15; from the perspective of the plurality in *Egan* it is about affording appropriate latitude to legislatures to define the limits of fundamental social institutions such as marriage and the family.

(b) Section 15 and Section 1

As described above, *Andrews* settled that the assessment of whether particular measures or provisions are reasonable in light of their purpose and their effects will take place under section 1 rather than section 15. The Supreme Court rejected the "reasonable and fair" test of equality adopted

---

[157] *Ibid.*, at para. 57.
[158] *Supra*, notes 45 and 98, respectively.
[159] *Egan v. Canada, supra*, note 32, at para. 51.

by the Court of Appeal in that case precisely because it considered reasonableness in the context of section 15 and assigned almost no role to section 1. The test proposed by Gonthier J. in *Miron* and by La Forest J. in *Egan* would similarly leave section 1 essentially no role, in our opinion.[160] It was rejected by the majority in *Miron*.

There have been indications from the outset that some members of the Court would prefer to adopt a different and less demanding test at the section 1 stage when the violation is found under section 15.[161] However, other members of the Court have pointed out that the limitation of section 15 to enumerated and analogous grounds already provides a filter, keeping out all but those cases in which there is something suspect about the classification at play. As Wilson J. said in *Andrews*:

> [The *Oakes* test] remains an appropriate standard when it is recognized that not every distinction between individuals and groups will violate s. 15. If every distinction between individuals and groups gave rise to a violation of s. 15, then this standard might well be too stringent for application in all cases and might deny the community at large the benefits associated with sound and desirable social and economic legislation. This is not a concern, however, once the position that every distinction drawn by law constitutes discrimination is rejected as indeed it is in the judgment of my colleague, McIntyre J. Given that s. 15 is designed to protect those groups who suffer social, political and legal disadvantage in our society, the burden resting on government to justify the type of discrimination against such groups is appropriately an onerous one.[162]

After *Edwards Books*,[163] *Irwin Toy*[164] and *McKinney*[165] it was clear that the *Oakes* test had been significantly modified, at least as applied to some circumstances. In general, it was modified to incorporate flexible standards depending upon the nature of the rights and the infringement and to provide

---

[160] Gonthier J. argues in *Miron v. Trudel, supra*, note 50, at paras. 31-35, that using his test, the analysis under sections 15 and 1 is different. He relies in part on the distinction between relevancy, which he considers at the section 15 stage, and reasonableness, which he considers in applying section 1. His examples do not convince us, however, that distinctions deemed irrelevant for the purposes of section 15 could be reasonable for purposes of section 1 except, perhaps, in rare situations such as emergencies. In the vast majority of situations, the section 1 analysis would be redundant; see *Egan v. Canada, supra*, note 32, where La Forest J. says (at para. 29) that had he found a violation of section 15, he would have upheld the statute under section 1 for the reasons he stated in *McKinney* "as well as for those [reasons] mentioned in my discussion of discrimination in the present case."

[161] See the judgments of La Forest J. and McIntyre J. in *Andrews, supra*, note 1.

[162] *Supra*, note 1, p. 154 (S.C.R.).

[163] *R. v. Edwards Books & Art Ltd.*, [1986] 2 S.C.R. 713.

[164] *Supra*, note 68.

[165] *Supra*, note 63.

considerable leeway for governments when the government activity in question can be characterized as mediating between the claims of competing individuals and groups, rather than acting as the singular antagonist of the individual whose right has been infringed.[166] In particular, with reference to equality, La Forest J. said in *McKinney* that legislatures need not solve all aspects of a social problem at once and must be given considerable leeway as to how they address problems, including allowance for social, economic and budgetary difficulties that the legislature thinks would arise if more far-reaching measures were adopted. This leeway must also take account of the fact that a remedy might cause inequality to others and of the fact that a particular detriment to a group may be inextricably tied to other provisions that cause benefit to a group.[167] His test is said to be "whether the government had a reasonable basis for concluding that the legislation impaired the relevant right as little as possible given the government's pressing and substantial objective."[168] While the modifications are likely to have particular impact in cases involving section 15 violations, they are general in scope.[169]

Dickason v. University of Alberta contains an important discussion of the similarities and differences between this analysis of proffered justifications under human rights legislation and under section 1 of the *Charter*.[170] Referring to the *Oakes* test, Cory J. (for the majority) said:

> In its application, the Court has adopted a flexible standard of proof which responds to the varying contexts in which the state seeks to invoke s. 1 justification for the impugned legislation.[171]

---

[166] See *Irwin Toy v. Quebec, supra*, note 68, p. 994.
[167] *McKinney v. University of Guelph, supra*, note 63, pp. 647-654 and 661-676. La Forest J. was speaking for three members of a seven member bench, but Sopinka J. and Cory J. agreed in separate judgments that the challenged provisions were saved by section 1.
[168] *Ibid.*, p. 305.
[169] A further modification of the *Oakes* test took place in *Dagenais v. Cdn. Broadcasting Corp.*, [1994] 3 S.C.R. 835 with the specification that there must be proportionality not only between the infringement of rights and the governmental objective, but also between the deleterious and salutary effects of the measure. This modification seems to cut in the opposite direction from the other cases cited above by adding a new obligation on the party upholding a statute at the final stage of considering proportionality. In discussing the application of this modification in *Egan, supra*, note 32, L'Heureux-Dubé J. says (para. 77):
> ... neither s. 1 nor s. 15 calls for a balance sheet approach to discrimination (*i.e.*, summing up all direct and incidental economic benefits to a particular distinction and comparing them against the sum of the economic prejudices, in order to see if there is a net economic prejudice). Such an approach to discrimination loses the forest for the trees.
[170] *Supra*, note 60.
[171] *Ibid.*, p. 1122.

He then quoted from *Irwin Toy* with respect to balancing the claims of competing groups, but concluded that while democratically elected governments may be entitled to a certain measure of flexibility under section 1, this consideration does not apply to private actors found *prima facie* to have contravened human rights legislation.[172]

In *Miron*,[173] the majority follows the *Oakes* steps, although there is a suggestion that the "rational connection" and "minimal impairment" stages run together. McLachlin J. argues that the criterion ("marker") chosen by the legislature must, within reason, select the persons, and only the persons, at which the provision is aimed. The standard is "not perfection, but reasonableness."[174] On the facts in *Miron*, McLachlin J. concluded that the legislature had not chosen a reasonably relevant marker. Although she accepted La Forest J.'s statement in *McKinney*[175] that legislatures should not be obliged to deal with all aspects of a problem at once, and must be permitted to take incremental measures, she found it irrelevant to the situation before the Court (since the provision had already been amended to remove the limitation to married couples.)

In *Egan*, the section 1 analysis which determined the outcome was that of Sopinka J., although no other member of the Court subscribed to this analysis. Agreeing with the dissenters (in particular, Cory J.) that the exclusion of same-sex couples contravened section 15(1), he then stated his agreement with the Attorney General of Canada that "government must be accorded some flexibility in extending social benefits and does not have to be proactive in recognizing new social relationships."[176] Referring to a passage about leeway in *McKinney*, he said that the legislation "can be regarded as a substantial step in an incremental approach"[177] and that it is rationally connected to the objective. Then, referring to the passage about mediation between competing groups in *Irwin Toy*, he concluded that the

---

[172] *Ibid.*, pp. 1122-23, quoting from *Irwin Toy v. Quebec (A.G.)*, *supra*, note 68, pp. 993-994.
[173] *Supra*, note 50.
[174] At paras. 167-168 of her reasons in *Miron v. Trudel, supra*, note 50, McLachlin J. says:
> Provided the group marker chosen by the state is relevant to the legislative goal, the existence of minor anomalies due to the variation of individuals within the group will not render the marker violative. On the other hand, if the number of anomalies is so high that it significantly undermines the relevance of the group marker, or if more reasonable markers are available, the law may be invalid because it impairs the right more than reasonably necessary to achieve the legislative goal.
>
> In short, it must be demonstrated that the chosen group marker is reasonably relevant to the legislative goal in all the circumstances of the case, having regard to available alternative criteria and the need to minimize prejudice to anomalous cases within the group.

[175] *Supra*, note 63.
[176] *Egan v. Canada, supra*, note 32, at para. 104.
[177] *Ibid.*, at para. 108.

minimal impairment and proportionality portions of the test were passed, adding that the novelty of claims by same-sex couples is a factor.

On the other hand, Iacobucci J., speaking for three members of the Court, followed the *Oakes* model and was sharply critical of Sopinka J.'s approach, which he characterized as "extremely deferential" and based upon a mis-reading and mis-application of *McKinney*.[178] He went on to say:

> Permitting discrimination to be justified on account of the "novelty" of its prohibition or on account of the need for governmental "incrementalism" introduces two unprecedented and potentially undefinable criteria into s. 1 analysis. It also permits s. 1 to be used in an unduly deferential manner well beyond anything found in the prior jurisprudence of this court. The very real possibility emerges that the government will always be able to uphold legislation that selectively and discriminatorily allocates resources. This would undercut the values of the Charter and belittle its purpose.[179]

L'Heureux-Dubé J. was equally critical.[180] One might add that a number of authorities cited by Sopinka J., notably *Irwin Toy*, applied a deferential test in upholding legislation designed by the legislature to protect a vulnerable group. Sopinka J. uses these authorities to support a much broader conclusion that section 1 must generally be applied in a deferential manner.[181]

As several writers have pointed out[182] the Supreme Court's articulation and application of the section 1 test has been particularly problematic in the context of section 15 violations. There is a real risk that deference at that stage, layered over the kind of deferential tests for violations of section 15

---

[178] *Ibid.*, at paras. 213-216. The mis-reading arises because of the use of select passages, ignoring those which show the decision to be limited to *Charter* review of provincial human rights legislation governing private relations. The mis-application arises because there was an array of competing interests in *McKinney*, while the only competing interest in the case at bar was budgetary.

[179] *Ibid.*, at para. 216 (per Iacobucci J. joined by Cory J.). In a one paragraph judgment, McLachlin J. expressed "substantial agreement" with the reasons of Cory and Iacobucci JJ.

[180] She said (*ibid.*, at para. 100), "It goes without saying that I cannot agree with the novel approach to s. 1 taken by Sopinka J. in this case...."

[181] *McKinney v. University of Guelph*, *supra*, note 63, applied section 1 in a deferential fashion even though the Court did not conclude that it was designed to protect a vulnerable group, but La Forest J. did cite the effect on other groups and the connection between mandatory retirement and benefits to person over the age of 65, such as pensions. He also cited with approval *Blainey v. Ontario Hockey Assn.* (1986), 26 D.L.R. (4th) 728 (leave to appeal to S.C.C. refused (1986), 58 O.R. (2d) 274 (headnote) (S.C.C.)), in which the Ontario Court of Appeal had found that the failure of the *Ontario Human Rights Code* to protect against the exclusion of women from athletic facilities violated section 15 and was not saved by section 1.

[182] See, *e.g.*, M.D. Lepofsky, "The Canadian Judicial Approach to Equality Rights" (1991-92) 1 *N.J.C.L.* 315, pp. 337-343.

proposed by Gonthier and La Forest JJ. (or even over the L'Heureux-Dubé test, given its flexibility) would result in the undermining of the purpose of the equality guarantees.

The deference of the courts in applying section 1 may reflect, at least in part, doubts about the legitimacy of judicial review and the capacity of the courts to analyze broad social policy issues.[183] The debate about these issues is legitimate, but routine deference by the courts, particularly when it denies a remedy to members of groups that do not have their share of political, economic and social power, seems to us an inappropriate response to the points raised in this debate. Section 15 was enacted in part because of the belief that legislatures do not always give the interests of these groups the consideration they deserve. Antipathy, stereotypes and lack of political power may affect the legislative process, just as they affect other social and economic activities, and the limitation of section 15 to the enumerated and analogous grounds focuses it on those situations in which persistent disadvantage is most common and the democratic process is most likely to go awry. Sometimes, these factors result in discriminatory legislation and on other occasions, they discourage legislatures from taking steps to correct unintended adverse effects or to reform the law to remove exclusions dating from earlier times.[184] Judicial intervention often prompts further legislative consideration rather than dictating the final result.[185] Therefore, the response to concerns about the scope of judicial review should, in our opinion, reflect the many factors relevant to this issue rather than serving as a generic justification for judicial inaction.

---

[183] *Cf.* R. Elliot, "The Supreme Court's Rethinking of the Charter's Fundamental Questions (Or Why the Charter Keeps Getting More Interesting" in P. Bryden, S. Davis and J. Russell, (eds.), *Protecting Rights and Freedoms* (Toronto: Univ. of Toronto Press, 1994) at 129; J.H. Ely, *Democracy and Distrust: A theory of Judicial Review* (Cambridge: Harvard Univ. Press, 1980); P. Monahan, "A theory of Judicial Review Under the Charter," in *Politics and the Constitution: The Charter, Federalism and the Supreme Court of Canada* (Toronto: Carswell, 1987) at 97-136; P. Mohahan, "The Charter Then and Now" in Bryden, Davis and Russell, *ibid.* pp. 111-125; M. Perry, *The Constitution, the Courts and Human Rights: An Inquiry into the Legitimacy of Constitutional Policymaking by the Judiciary* (New Haven: Yale U. Press, 1982).

[184] See Canadian Human Rights Commission, *Annual Report 1994* (Ottawa: Minister of Supply and Services Canada, 1995), pp. 15-16, criticizing the failure of successive governments to add sexual orientation to the *Canadian Human Rights Act*.

[185] For example, provisions of the *Unemployment Insurance Act* concerning parental benefits were amended while *Schachter v. Canada*, [1992] 2 S.C.R. 579, was pending. The same Act was amended to remove the upper age limitation on benefits while *Tétreault-Gadoury v. Canada (Employment & Immigration), supra*, note 108, was before the courts. If a court rules that a legislative benefit must be extended to a group, the legislature has the option of confirming this extension, repealing the benefit or otherwise modifying it to conform to section 15, as demonstrated by the legislative response to the lower court judgments in *Schachter*.

(c) Enumerated Grounds

(i) *Sex Discrimination Cases*

Inequalities between women and men were clearly one of the significant "mischiefs" at which section 15 was aimed. The debates and discussions around the time of formulation of the *Charter* in 1980-81 highlighted the poor record of the courts in dealing with sex discrimination under section 1(*b*) of the *Canadian Bill of Rights*. In 1978, in *Bliss v. Canada (A.G.)*,[186] the Supreme Court had dismissed a claim that the *Unemployment Insurance Act* denied equality before the law to women in that it disentitled pregnant and recently-delivered women to basic unemployment insurance benefits during a certain period of time, even if the women met the ordinary requirements of being available and able to work, and had paid the premiums. Both the conclusion and the reasoning of the Court in *Bliss* (particularly its assertion that "any inequality between the sexes in this area is not created by legislation but by nature"[187]) were seen to illustrate in the most vivid possible way the need for strong and clear language in the wording of the new *Charter*'s equality provisions (section 15) and in the statement of equal constitutional rights for women and men in section 28.

Two human rights decisions which reached the Supreme Court of Canada in 1989 (*Brooks v. Can. Safeway Ltd.*[188] and *Janzen v. Platy Enterprises Ltd.*[189]) provide considerable guidance as to the particularities of the ground of sex discrimination under the *Charter*. Both cases involved sex-specific conditions (pregnancy and sexual harassment, respectively), pertaining only or primarily to women. The Court made it clear that when the consequences of such conditions disadvantage women based on sex, there is discrimination within the meaning of human rights legislation. This analysis departs from the approach exemplified by *Bliss*, in which discrimination could only be found if there were comparable groups (thus, requiring pregnant women and pregnant men) but differential treatment. *Brooks* involved an employee accident and sickness benefits plan in which pregnant women were denied benefits in circumstances comparable to those in *Bliss*. The Supreme Court overruled *Bliss*, in a unanimous decision written by Dickson C.J.C., saying:

> Combining paid work with motherhood and accommodating the childbearing needs of working women are ever-increasing imperatives. That those who bear children and benefit society as a whole thereby should not be economically or socially disadvantaged seems to bespeak the obvious. It is only women

---

[186] [1979] 1 S.C.R. 183.
[187] *Ibid.*, per Ritchie J., for the Court, p. 190.
[188] *Supra*, note 31.
[189] [1989] 1 S.C.R. 1252.

who bear children; no man can become pregnant. As I argued earlier, it is unfair to impose all of the costs of pregnancy upon one half of the population. It is difficult to conceive that distinctions or discriminations based upon pregnancy could ever be regarded as other than discrimination based upon sex, or that restrictive statutory conditions applicable only to pregnant women did not discriminate against them as women. It is difficult to accept that the inequality to which Stella Bliss was subject was created by nature and therefore there was no discrimination; the better view, I now venture to think, is that the inequality was created by legislation, more particularly, the *Unemployment Insurance Act*, 1971. . . . Distinctions based on pregnancy can be nothing other than distinctions based on sex or, at least, strongly, "sex related".[190]

Since *Brooks* and *Janzen* (following *Andrews* in this respect) make it clear that "equality" and "discrimination" are to receive the same meaning in section 15 cases as under human rights legislation, their relevance is high.

The first section 15 sex equality case to reach the Supreme Court was *R. v. Hess*[191] in 1990. The issue was the validity of section 146(1) of the *Criminal Code*, which made it an offence for a man to have sexual intercourse with a girl under the age of 14, whether or not he *bona fide* believed that she was older. The majority concluded that there was a violation of section 7 of the *Charter*, not justified under section 1. However, Wilson J. for that majority also commented on the other *Charter* argument, that there was a violation of section 15(1) based on sex. She observed that it cannot be assumed that "simply because a provision addresses a group that is defined by reference to a characteristic that is enumerated in 15(1) of the *Charter* we are automatically faced with an infringement of s. 15(1)."[192] She expanded on this as follows:

In these appeals we are asked to consider when a distinction drawn on the basis of sex may legitimately be made and when it may not. In the context of the criminal law it seems to me that the answer to this question will depend on the nature of the offence in issue. If the impugned provision creates an offence that can, as a matter of fact, be committed by either sex but goes on to specify that it is only an offence when committed by one sex, then there may well be an infringement of s. 15(1) that would have to be justified under s. 1 of the *Charter*. . . .

But if the impugned provision creates an offence that involves acts which, as a matter of fact, can only be committed by one sex, then it is not obvious that s. 15(1) of the *Charter* is infringed. . . .

Nevertheless, there are certain biological realities that one cannot ignore and that may legitimately shape the definition of particular offences. In my

---

[190] *Brooks v. Canada Safeway Ltd., supra*, note 31, pp. 1243-1244.
[191] *Supra*, note 98. For a more detailed analysis of *Hess*, see W. Black and I. Grant "Equality and Biological Differences" (1990) 79 *C.R.* (3d) 372.
[192] *Ibid.*, p. 928.

view, the fact that the legislature has defined an offence in relation to these realities will not necessarily trigger s. 15(1) of the *Charter*. I think few would venture to suggest that a provision proscribing self-induced abortion could be characterized as discriminatory because it did not apply to men. Such an argument would be absurd. In my view, s. 15(1) does not prevent the creation of an offence which, as a matter of biological fact, can only be committed by one of the sexes because of the unique nature of the acts that are proscribed.[193]

Hess did not refer to *Brooks*, but these comments may seem to contradict the approach taken in *Brooks* with respect to sex-specific conditions. Indeed, the *Brooks* approach dictates the conclusion that a provision proscribing self-induced abortion *would* be constitutionally suspect,[194] just as a legislative provision disentitling pregnant women from employee benefits would be. However, the Supreme Court could not have intended implicitly to overrule *Brooks* so soon after it was decided. Further, it has continued to cite *Brooks* in its equality jurisprudence without any hint of disapproval.[195] The best reconciliation of the two cases seems to be that *Hess* stands for the proposition that legal responses to sex-specific conditions will not *necessarily* amount to discrimination. Despite what a literal reading might suggest, it does not provide that they will *never* do so. Legal responses to sex-specific conditions may amount to discrimination when, for example, they disadvantage women as the disentitlement from disability benefits did in *Brooks*.

On the other hand, when it is a question of appropriately different treatment in order to promote equality, section 15(1) is not violated. In *Weatherall v. Canada (A.G.)*, the issue was whether a male prison inmate's rights under section 15 were violated by subjection to searches and surveillance by female prison guards. La Forest J., for the Court, said:

> It is also doubtful that s. 15(1) is violated. In arguing that the impugned practices result in discriminatory treatment of male inmates, the appellant points to the fact that female penitentiary inmates are not similarly subject to cross-gender frisk searches and surveillance. The jurisprudence of this Court is clear: equality does not necessarily connote identical treatment and, in fact, different treatment may be called for in certain cases to promote equality. Given the historical, biological and sociological differences between men and women, equality does not demand that practices which are forbidden where male officers guard female inmates must also be banned where female officers guard male inmates. The reality of the relationship between the sexes is such that the historical trend of violence perpetrated by men against women is not matched by a comparable trend pursuant to which men are the victims and

---

[193] *Ibid.*, pp. 928-929 (S.C.R.).
[194] Subject to section 1.
[195] See, *e.g.*, *Miron v. Trudel*, *supra*, note 50, at para. 136 (per McLachlin J.); *Symes v. Canada* (1993), 110 D.L.R. (4th) 470 (S.C.C.), pp. 562-563.

women the aggressors. Biologically, a frisk search or surveillance of a man's chest area conducted by a female guard does not implicate the same concerns as the same practice by a male guard in relation to a female inmate. Moreover, women generally occupy a disadvantaged position in society in relation to men. Viewed in this light, it becomes clear that the effect of cross-gender searching is different and more threatening for women than for men. The different treatment to which the appellant objects thus may not be discrimination at all.[196]

In the *Miron* case,[197] Gonthier J. in his dissent refers to both *Hess* and *Weatherall*, summarizing their effect as ". . . this court found that distinctions drawn on the basis of relevant biological differences between the sexes do not necessarily constitute discrimination."[198] We think this summary of the cases is accurate so far as it goes. However, Gonthier J. also draws on it for his much different proposition that an indispensable element in the assessment of "relevance" in section 15 analysis is "whether a distinction rests upon or is the expression of some objective physical or biological reality, or fundamental value."[199] This is an unexplained shift from a statement that recognition of biological difference does not *necessarily* mean discrimination to one that recognition of biological difference may *preclude* discrimination. McLachlin J., writing for the majority, puts the cases in a different framework, consistent with *Andrews* and *Turpin*:

> . . . if the law distinguishes on an enumerated or analogous ground but does not have the effect of imposing a real disadvantage in the social and political context of the claim, it may similarly be found not to violate s. 15.[200]

She also firmly takes issue with Gonthier J.'s use of them, pointing out the logical fallacy in his reasoning (described above),[201] and in that of La Forest J. in *Egan*. Her reference to *Brooks* in this context strongly suggests that it, not *Hess*, represents the Court's approach to sex-specific conditions:

> Ten years later [from its decision in *Bliss*], in *Brooks*, this court acknowledged that the superficial relevance of the biological difference between women and men had led it astray in *Bliss*. The ultimate issue was whether the impugned distinction denied benefits to a class of people — pregnant women — in a way which was discriminatory on the basis of sex. In the result, the court concluded that the denial of benefits had the effect of denying equality to

---

[196] *Weatherall v. Canada, supra,* note 45, pp. 877-878 (S.C.R.). One factor the Court could have discussed more explicitly is the fact that the case involved two groups, women and prisoners, both of whom are subject to prejudice and power imbalances. The interaction of different forms of disadvantage is often difficult to assess, but needs full discussion.
[197] *Miron v. Trudel, supra,* note 50.
[198] *Ibid.,* at para. 20.
[199] *Ibid.,* at para. 19.
[200] *Ibid.,* at para. 132.
[201] *Ibid.,* at para. 133.

women, the only class of persons who could become pregnant, and unfairly placed an economic burden due to pregnancy solely on the shoulders of women. Much as this court did in *Bliss*, La Forest J. relies on the biological differences between heterosexual and homosexual couples to find that the *Old Age Security Act* does not discriminate on the basis of sexual orientation. Following the lesson of *Brooks*, I would respectfully suggest that more is required; if we are not to undermine the promise of equality in s. 15(1) of the Charter, we must go beyond biological differences and examine the impact of the impugned distinction in its social and economic context to determine whether it, in fact, perpetuates the undesirable stereotyping which s. 15(1) aims to eradicate.[202]

To summarize, then, when it is a question of a sex-specific condition (such as pregnancy or the commission of rape as traditionally defined), we conclude there must be the following inquiry:

Does the legal response to the condition impose a limitation, disadvantage or burden in the social context of the claim? Is its impact to perpetuate the injustice which section 15(1) is aimed at preventing?[203] If not, there is no violation despite the fact that a distinction is made on the basis of an enumerated ground. If so, and if the other conditions for finding an infringement of section 15 are met, there is a violation and any justifications for it must be assessed under section 1.

Notably, McLachlin J. disagreed with the majority in *Hess*: she would have found a violation under section 15(1) but saved the legislation under section 1. In *Miron*, she makes it clear that in her view, even with sex-specific conditions, it will only be the exceptional case in which section 15 will not be violated by provision based on the enumerated ground of sex — the exception will be cases such as *Weatherall* in which the social context is found to reveal no perpetuation of disadvantage. This is in stark contrast with the approach of Gonthier J., which suggests that the sheer "relevance" of biological differences will be enough to prevent a finding that section 15 is violated.

The other major case in which the Supreme Court has ruled on a sex discrimination claim is *Symes v. Canada*.[204] The issue in *Symes* was the tax deductibility as a business expense of wages paid by a self-employed female lawyer to the nanny who cared for her children. The equality provisions were invoked in two ways: (1) to argue that the *Income Tax Act* should be interpreted in a manner consistent with *Charter* equality, thus to permit the deduction; (2) to argue that if the *Income Tax Act* precluded the deduction, it violated section 15(1) through its impact on women, who inordinately

---

[202] *Ibid.*, at para. 136.
[203] *Ibid.*, at para. 140.
[204] *Supra*, note 69.

bear the responsibility for child care. The majority, per Iacobucci J., held that the Act unambiguously precluded the deduction and that therefore the values in the *Charter* could not be used as an interpretive aid, and that there was no violation of section 15(1). Iacobucci J. confirmed that a law may be discriminatory even though it is not directly or expressly discriminatory, but concluded that the evidentiary basis for such a conclusion was lacking in *Symes*. Although it was clearly proved that women bear a disproportionate share of the child care burden in Canada, it was not established that women paid a disproportionate share of the child care expenses.

The *Symes* case is the first in which the Court heard a section 15 claim actually based on the unintended effects of a neutral provision, and although it did not grant a remedy, it clearly indicated that it would do so if the necessary evidence were present.[205]

The dissent, by L'Heureux-Dubé (with McLachlin J.) observed that a wide array of expenditures has been recognized as deductible business disbursements, and that the definition of "business expense" has been "shaped to reflect the experience of businessmen, and the ways in which they engaged in business."[206] She proceeded to argue that the concept "business expense" must be expanded to fit the experience of all participants in the field, including women, and that responsibility for child care is an important part of that experience for business women. She concluded that the Act should be interpreted to permit the deductions in question, and that it would be in contravention of section 15(1) of the *Charter* otherwise, because of its impact on women. There was an inescapable inference from the fact that women carry the burden of child care to the conclusion that they disproportionately pay child care expenses; moreover, Ms. Symes herself had proved that she made the payments.

One other feature of the case is worth noting at this juncture. It illustrates an attempt to use equality principles in a transformative way — to bring about a re-evaluation of some basic assumptions embedded in a particular area of the law, insofar as those assumptions flow from or reinforce stereotyping and relegation to secondary status of women. Beginning in the judgment of Wilson J. in *R. v. Morgentaler*[207] with an expansion of

---

[205] Although there is reason to question whether the evidentiary requirements might be excessive; see D. Pothier, *supra*, note 112. For discussion of adverse effects, see section 2(c)(i)(D), above.

[206] *Symes v. Canada*, *supra*, note 69, p. 798 (per L'Heureux-Dubé J.).

[207] [1988] 1 S.C.R. 30. The issue was the constitutionality of the *Criminal Code* provisions restricting access to abortion. The majority of the Court struck them down under section 7 (McIntyre and La Forest JJ. dissenting). Wilson J., in her separate concurring reasons, for the first time articulated the need to re-think certain legal precepts and fundamental concepts if women are to be treated as equals. She described the right to liberty, as she understood it, as linked closely to the right to make fundamental decisions about one's

the concept of "liberty", continuing in the criminal law field in *R. v. Lavallee*[208] with the concept of the "reasonable person" in the context of self-defence by a battered wife, and reaching into various private law areas such as tort (*Norberg v. Wynrib*,[209]) spousal and child maintenance (*Moge v. Moge*,[210] *Willick v. Willick*[211]) and division of property (*Peter v. Beblow*[212]), there have been majority and concurring judgments in which such fundamental re-appraisals have taken place. The judgments of L'Heureux-Dubé and McLachlin JJ. in *Symes,* and subsequently in *Thibaudeau,* con-

---

own life. She pointed out (at p. 172):
> ... [T]he history of the struggle for human rights from the eighteenth century on has been the history of men struggling to assert their dignity and common humanity against an overbearing state apparatus. The more recent struggle for women's rights has been a struggle to eliminate discrimination, to achieve a place for women in a man's world, to develop a set of legislative reforms in order to place women in the same position as men .... It has *not* been a struggle to define the rights of women in relation to their special place in the societal structure and in relation to the biological distinctions between the two sexes. Thus, women's needs and aspirations are only now being translated into protected rights. The right to reproduce or not to reproduce which is in issue in this case is one such right and is properly perceived as an integral part of modern woman's struggle to assert *her* dignity and worth as a human being.

[208] [1990] 1 S.C.R. 852. The Court looked at the reasonableness of a claim of self-defence by a young woman who had killed her common law partner after years of physical abuse. The Court allowed expert evidence in order to dispel myths about battered women that may be commonly held in society, and to provide insight into the experiences of battered women.

[209] [1992] 2 S.C.R. 226. A young woman who was addicted to pain killers saw a physician who, instead of treating her addiction, provided her with the drugs in exchange for sexual favours. Disagreeing with both levels of court below, the Supreme Court held that he was liable for damages. The plurality (La Forest, Gonthier and Cory JJ.) held that there had been battery and that the principle of *ex turpi causa non oritur actio* did not apply. L'Heureux-Dubé and McLachlin JJ. held that there had been a breach of fiduciary duty.

[210] [1992] 3 S.C.R. 813. A husband's application for an order terminating support for his divorced wife was denied. The wife, who had during the 20 years of marriage cared for the house and the children as well as working part-time, was entitled to ongoing maintenance in all of the circumstances. L'Heureux-Dubé J., for the majority, pointed to the unpaid work in the home performed by many wives and mothers, the statistical evidence of impoverishment of divorced custodial mothers, and the mythical nature of the assumptions behind "rehabilitative maintenance". The Court said that the exercise of judicial discretion in ordering support requires examination of the objectives underlying the *Divorce Act* in order to achieve equitable sharing of the economic consequences of marriage breakdown.

[211] [1994] 3 S.C.R. 670. In an appeal regarding variation of an order for child support pursuant to a separation agreement, three justices (L'Heureux-Dubé J. with Gonthier and McLachlin JJ.) commented on the necessity for courts to recognize the hidden costs of child-rearing borne by custodial parents and the prevalence of child poverty in single parent families.

[212] [1993] 1 S.C.R. 980. The Court in this case in both the majority and minority judgments recognized the value of the homemaking services which had been provided by the wife in a long term common law relationship.

stituted attempts to do this in the realm of tax law. The fact that they were unsuccessful in persuading the other members of the Court in the last two cases may be attributed to a number of reasons, including the complexity of the taxation scheme. Despite the fact that the majority in *Symes* rejected the argument that tax law should be immune from review under the equality provisions, the intricacy of the system and the unforeseeability of the consequences of change in one part of it would inevitably have been part of the Court's thinking. Indeed, Gonthier J. articulates this position in his reasons in *Thibaudeau*, referring to the "special nature" of the Act.[213]

Although the *Thibaudeau* case was considered by all members of the Court as one based upon the unenumerated ground "single custodial parents receiving child support benefits," it could also have been considered as a sex discrimination claim based upon the fact that the group affected is overwhelmingly female.[214] In their separate dissenting reasons, L'Heureux-Dubé and McLachlin JJ. both make reference to the impact of the provisions on women, as do members of the majority. The gendered nature of the issue is in some ways stronger than in *Symes*, since there was probably a closer link between being female and the "marker" (in *Thibaudeau*, custodial parent in receipt of child maintenance) than there was between being female and the "marker" (payment of child care expenses) in *Symes*. Further, to see the group affected as overwhelmingly female highlights the problematic nature of the majority's conclusions in the case that (a) the problem is not "caused" by the *Income Tax Act* but by society and the family law system, and (b) there is no problem when the "family unit" is viewed as a whole since the majority do receive a tax benefit under the system. McLachlin J. argues in her dissent that the 29 percent who are disadvantaged under the system even when it works perfectly cannot be disregarded, and that there are less intrusive means (for example, taxation in the hands of the child, or an optional inclusion/deduction system) which could be utilized. And she points out:

> The actual situation of thousands of custodial parents in Canada belies the contention that the family law regime corrects the inequality created by the deduction/inclusion scheme within the couple. In *Willick v. Willick* ... L'Heureux-Dubé J. decried the inadequate compensation which the law often provides for the hidden costs associated with the custody of children. To the already difficult task on the custodial parent of proving the true cost to her of raising a child, s. 56(1)(*b*) ITA adds the additional burden of proving, for the present and the future, what the increase in her tax will be as a result of inclusion of child support in her income.[215]

---

[213] *Thibaudeau v. Canada, supra,* note 111, at para. 90.
[214] Gonthier J. refers to evidence in the record showing that 98 percent of alimony recipients are women (*ibid.,* at para. 127.)
[215] *Ibid.,* at para. 199.

Thus, both McLachlin and L'Heureux-Dubé JJ. reject the conclusion that there is no violation of section 15, concluding instead that if in real life the *Income Tax Act* provisions cause a disadvantage to a significant proportion of custodial parents (overwhelmingly women) or give a disproportionate part of the tax saving to non-custodial parents (overwhelmingly men), then those provisions violate section 15 even if malfunctions in the family law system also contribute to this result.

One other case involving sex equality should be mentioned. In *Native Women's Assn. of Can. v. Canada*,[216] the applicant group of aboriginal women sought an order of prohibition preventing the federal government from providing further funding to four aboriginal organizations in connection with the constitutional amendment process which eventually resulted in the "Charlottetown Accord". It argued that the four organizations were male-dominated and did not represent the interests of aboriginal women, particularly in connection with the issue of the application of the *Charter* to systems of aboriginal self-government. Further, it pointed out that human rights legislation does not apply to the *Indian Act* or to actions of Band Councils, and aboriginal women could be left with no recourse in the event of discriminatory actions by potential aboriginal governments. The constitutional claim was based upon a violation of sections 2(*b*), 15 and 28. The Federal Court found no violation of section 15 since "the law does not accord any individual the right to be present at the table at constitutional conferences nor the right to public funding to develop and communicate a constitutional position."[217] However, it did find a violation of section 2(*b*) and section 28, on the following analysis:

> In my opinion, by inviting and funding the participation of those organizations in the current constitutional review process and excluding the equal participation of N.W.A.C., the Canadian government has accorded the advocates of male-dominated aboriginal self-governments a preferred position in the exercise of an expressive activity, the freedom of which is guaranteed to everyone by s. 2(*b*) and which is, by s. 28, guaranteed equally to men and women. It has thereby taken action which has had the effect of restricting the freedom of expression of aboriginal women in a manner offensive to ss. 2(*b*) and 28 of the *Charter*.[218]

The Supreme Court of Canada allowed the government's appeal from this decision.[219] The majority concluded that section 2(*b*) does not guarantee any particular means of expression or place a positive obligation on government to fund or consult anyone; further, there was an insufficient evi-

---

[216] (1992), 95 D.L.R. (4th) 106 (Fed. C.A.).
[217] *Ibid.*, p. 118 (per Mahoney J.A.).
[218] *Ibid.*, pp. 120-21.
[219] *Native Women's Assn. of Can. v. Canada*, [1994] 3 S.C.R. 627.

dentiary basis to justify the conclusion that the funded groups were not representative of the interests of women. With respect to section 15, it said that the arguments under sections 2(*b*) and 28 were probably better characterized as coming under the equality provisions, but that the lack of the evidentiary basis meant the section 15 arguments must also fail.[220]

(ii) *Age Discrimination Cases*

The protection against discrimination based on age has, not unexpectedly, led to claims brought by persons at the two extremes of the age spectrum. Those involving older persons have centred around mandatory retirement; the most contentious issue for younger persons has been the provisions of the *Young Offenders Act*. Since there has been little discussion at the Supreme Court of Canada level of age discrimination issues aside from the mandatory retirement cases, they will be the major focus of this section.

The first occasion for the Supreme Court to consider age discrimination arose in 1990 with the four cases on mandatory retirement,[221] an earlier opportunity presented by *Borowski v. Canada (A.G.)*[222] having been declined. The Supreme Court found that the *Charter* did not apply in three of the four cases,[223] but that mandatory retirement rules (if the *Charter* applied) would violate the constitutional guarantee against age discrimination. Similarly, the provisions of the provincial human rights legislation which permitted mandatory retirement by restricting the definition of "age" were found to violate section 15(1). However, both mandatory retirement and the restricted definition of "age" were held to constitute reasonable limits under section 1 in the light of the institutional needs for renewal and for avoidance of ongoing competence reviews of older employees,[224] and the enormous impact which striking down mandatory retirement would have on those sectors which had adopted it. (In the fourth case, *Douglas College*, the issue was remitted to the arbitrator under the collective agreement.)

---

[220] L'Heureux-Dubé and McLachlin JJ. wrote separate concurring judgments.
[221] *McKinney v. University of Guelph, supra*, note 63; *Harrison v. University of B.C.*, [1990] 3 S.C.R. 451; *Stoffman v. Vancouver General Hospital*, [1990] 3 S.C.R. 483; and *Douglas/Kwantlen Faculty Assn. v. Douglas College*, [1990] 3 S.C.R. 570.
[222] [1989]1 S.C.R. 342. Mr. Borowski sought to challenge the provisions of the *Criminal Code* which permitted abortion under certain circumstances, on the basis that they contravened the rights to life, security of the person and equality of the foetus (based on age, mental or physical disability.) The Court declared the case moot, since the *Criminal Code* provisions had already been struck down as unconstitutional, for other reasons, in *R. v. Morgentaler, supra*, note 207.
[223] The *Charter* was held not to apply to universities (*McKinney* and *Harrison*) nor to a hospital (*Stoffman*), but to be applicable to a community college (*Douglas College*.)
[224] Wilson and L'Heureux-Dubé JJ. dissenting.

The Court had little difficulty in concluding that the mandatory retirement policies were "law" within the meaning of section 15(1) and were discriminatory, since they distinguished on the basis of the enumerated personal characteristic of age. Making some general comments about the nature of this ground of discrimination, La Forest J. observed that age discrimination can "constitute a significant abridgement to the dignity and self-worth" of the person, but that there are some important differences between it and the other enumerated grounds:

> To begin with there is nothing inherent in most of the specified grounds of discrimination, e.g., race, colour, religion, national or ethnic origin, or sex that supports any general correlation between those characteristics and ability. But that is not the case with age. There is a general relationship between advancing age and declining ability .... This hardly means that general impediments based on age should not be approached with suspicion, for we age at differential rates, and what may be old for one person is not necessarily so for another. In assessing the weight to be given to that consideration, however, we should bear in mind that the other grounds mentioned are generally motivated by different factors. Racial and religious discrimination and the like are generally based on feelings of hostility or intolerance. On the other hand, as Professor Ely has observed, "the facts that all of us once were young, and most expect one day to be fairly old, should neutralize whatever suspicion we might otherwise entertain respecting the multitude of laws ... that comparatively advantage those between, say, 21 and 65 vis-à-vis those who are younger or older."[225]

Wilson J., dissenting with L'Heureux-Dubé J., also commented on the nature of this ground, saying:

> In my view, neither the respondents nor the appellants have properly approached the question this Court must address. The grounds enumerated in s.15 represent some blatant examples of discrimination which society has at last come to recognize as such. Their common characteristic is political, social and legal disadvantage and vulnerability. The listing of sex, age and race, for example, is not meant to suggest that any distinction drawn on these grounds is, *per se*, discriminatory. Their enumeration is intended rather to assist in the recognition of prejudice when it exists. At the same time, however, once a distinction on one of the enumerated grounds has been drawn, one would be hard pressed to show that the distinction was not, in fact, discriminatory.
>
> It follows, in my opinion, that the mere fact that the distinction drawn in this case has been drawn on the basis of age does not automatically lead to some kind of irrebuttable presumption of prejudice. Rather it compels one to ask the question: is there prejudice? Is the mandatory retirement policy a reflection of the stereotype of old age? Is there an element of human dignity at issue? Are academics being required to retire at age 65 on the unarticulated

---

[225] *McKinney, supra*, note 63, p. 297.

premise that with age comes increasing incompetence and decreasing intellectual capacity? I think the answer to these questions is clearly yes and that s.15 is accordingly infringed.[226]

The decisions in the mandatory retirement cases have been much criticized[227] for their reasoning about the application of the *Charter*, for their lenient approach under section 1 to age discrimination and for upholding the human rights legislation which permitted age discrimination in a wide variety of contexts, well beyond professors and physicians in universities and hospitals.

Two other cases concerning discrimination against persons over 65 have come before the Supreme Court since that date, one under the *Charter* and one under human rights legislation. In the *Charter* case, *Tétreault-Gadoury v. Canada*,[228] the *Unemployment Insurance Act* provision denying ordinary benefits to persons over the age of 65 was struck down (one of the few examples of such a remedy being granted, made easier by the fact that the legislation had already been amended in the manner sought by the time the case was decided). In the human rights case, *Dickason v. University of Alberta*,[229] mandatory retirement in a university context was again upheld, in the face of a complaint that it violated provincial legislation prohibiting discrimination in employment. However, the Court made it clear in *Dickason* that the 1990 *McKinney* decision did not dictate this result; rather, it was reached on the basis of an assessment of the individual circumstances of the university as they were presented to the Court. Thus, by no means is every distinction between those over and under the age of 65 permissible, and mandatory retirement may still be impermissible in some contexts.[230]

As a final note, the Supreme Court has yet to rule on an equality argument arising from the *Young Offenders Act*, although it did hold, in *R.*

---

[226] *Ibid.*, pp. 392-393.
[227] See, *e.g.*, M.D. Lepofsky, *supra*, note 182, pp. 336-354.
[228] *Supra*, note 108.
[229] *Supra*, note 60.
[230] However, in *Lewis v. Burnaby School District No. 41* (1995), 121 D.L.R. (4th) 441, the British Columbia Court of Appeal ruled against a school teacher who challenged her mandatory retirement, reading *Dickason* as strongly suggesting that *McKinney* establishes the constitutionality of mandatory retirement in a government setting. It said (at p. 449):

"In an educational-government setting, it is impossible to draw a clear line between what is minimally acceptable and what is not. *McKinney*, again, provides the best guidance. Cases dealing with other classes of subjects, such as *Tétreault-Gadoury* . . . are not nearly as persuasive.

Given the trade offs necessarily involved in anything as subtle and complicated as school financing and its impact on the quality of education, . . . we see no reason to disregard the clear direction found in *McKinney*, particularly at pp. 652-4, that mandatory retirement at age 65 does not constitute excessive impairment of equality rights.

v. S. (S.),[231] that it was not constitutionally challengeable for one province to fail to exercise an option to designate "alternative measures programs" under the Act; otherwise, every jurisdictionally permissible exercise of discretionary power by a province would be challengeable. In *R. v. C. (T.L.)*,[232] a young offender attempted to challenge under section 15(1) a provision in the *Young Offenders Act* which was held to preclude appeals as of right, whether brought by the Crown or the young offender, in matters involving indictable offences tried under that Act. The Court declined to rule on the merits since there had been no notice to the Attorneys General, but commented:

> The young offender submitted orally and in his factum that if we accepted the Crown's interpretation of the subsection then we should find that it violates s. 15(1) of the *Canadian Charter of Rights and Freedoms* in that it discriminates against young persons by withholding rights of appeal, an advantage available to adults. As pointed out above, there are fundamental differences between the treatment of young offenders and adults who commit criminal offences. Given these differences, I find it difficult to accept that a young offender can select one aspect of the scheme and claim entitlement to the equal benefit of it with adults without taking into account the many related benefits accorded to young persons which are denied to adults. Nonetheless I would not foreclose the opportunity to advance this submission in appropriate proceedings.[233]

These comments echo those made in appellate courts regarding similar challenges[234] and likely foreshadow the Court's response when such issues do reach it.

(iii) *Disability, Religion and the Duty to Accommodate*

It is convenient to discuss the grounds of disability and religion together, primarily because of the importance of the duty to accommodate in relation to these grounds.

The ground of disability has been important in helping to shape the Canadian paradigm of equality rights. In particular, the identical treatment model of equality is of very limited use in dealing with the social and economic disadvantage often experienced by people with disabilities.[235] The inclusion of mental or physical disability in the list of grounds in section 15 indicates that the Canadian paradigm is not limited to equality between groups deemed to be similar and must take account of differences.

---

[231] [1990] 2 S.C.R. 254.
[232] [1994] 2 S.C.R. 1012.
[233] *Ibid.*, p. 1017.
[234] See, *e.g.*, *R. v. G. (D.F.)* (1986), 29 C.C.C.(3d) 451 (B.C.C.A.).
[235] For a description of this disadvantage, see R. Abella, *supra*, note 92, pp. 38-46.

14-54   *The Canadian Charter of Rights and Freedoms*

Religion has long been of constitutional significance in Canada, notably in section 93 of the *Constitution Act, 1867*.[236] Also, the protection of religious equality in section 15 often works in tandem with section 2(*a*) of the *Charter*, which provides a right to freedom of religion.[237]

Despite the importance of these grounds, they have given rise to relatively few cases. The Supreme Court of Canada has yet to consider a case squarely raising the ground of religion in the context of section 15, in part because many fact patterns that might be considered religious inequality have been argued as freedom of religion cases.[238] The relatively small number of disability cases may be explained in part by the fact that much discrimination against people with disabilities occurs in the private sector and is not covered by the *Charter*.[239] That would help explain why, in contrast to the *Charter*, there have been a significant number of cases considering discrimination based on disability under human rights statutes. Fortunately, the jurisprudence interpreting human rights statutes provides considerable guidance in interpreting section 15.[240]

Section 15 has been discussed to some extent in three Supreme Court of Canada decisions in relation to disability, but that ground has never been the central issue in the eyes of a majority of the Court. The first consideration was in a decision prior to the *Andrews* case in which the Court reversed a judicial order authorizing the non-therapeutic sterilization of a woman with a mental disability that prevented her from deciding the matter herself. The Court held that a court's *parens patriae* jurisdiction should never be used to authorize a non-therapeutic sterilization of a person without that person's consent. It rejected the argument that the judicial power to order a sterilization was required by section 15 in order to provide the person with the disability with access to sterilization, saying that this argument wrongly assumes that the order of a court represents the choice of the person with the disability.[241]

In *Swain*, the Court considered the common law rule allowing the Crown to raise the issue of insanity at a criminal trial though the accused

---

[236] As discussed below, that provision may limit equality rights in some circumstances, but it represents a protection afforded a religious group that is a minority in a particular part of the country.

[237] See Chapter 4 of this work.

[238] See, *e.g.*, *R. v. Edwards Books & Art Ltd.*, *supra*, note 163; and *Young v. Young*, [1993] 4 S.C.R. 3.

[239] See, *e.g.*, *University of B.C. v. Berg*, [1993] 2 S.C.R. 353 considering discrimination based on mental disability under the B.C. *Human Rights Act* since university conduct is not covered by the *Charter*.

[240] The relation between human rights and *Charter* jurisprudence is discussed in section 3(c)(i), above.

[241] *E. v. Eve*, [1986] 2 S.C.R. 388. In addition, the Court noted the fact that section 15 was not in effect at the time of the order.

has chosen not to do so. This rule was held to violate section 7 of the *Charter*, and the Court did not subject it to scrutiny under section 15. The Court modified the common law rule so as to allow the Crown to raise the issue of insanity only after the trier of fact has determined that the accused is otherwise guilty. It then tested the modified rule it had devised against section 15. It concluded that the rule created a distinction based on the personal characteristic of insanity, but that it imposed no burden or disadvantage because it did not interfere with the freedom of the accused to determine how to conduct the defence, and thus did not constitute discrimination.[242]

This case tells us that insanity comes within the definition of mental disability. The judgment of Lamer C.J.C. also sets out a methodology for considering equality issues that has been cited in other cases, though its present status is in some doubt.[243] The case is of limited assistance in considering equality issues for people with disabilities, however, because it turns primarily on criminal procedure issues.

In *Rodriguez*, a majority of the Court upheld the *Criminal Code* prohibition against assisting another person to commit suicide and rejected a challenge by a terminally ill woman who was physically incapable of committing suicide without assistance. The majority did not consider section 15, holding that the provision should be upheld under section 1 even if it violated section 15. McLachlin J.'s dissenting judgment states somewhat cryptically that treating this as an equality case would divert section 15 from its true focus on discrimination against groups subject to stereotyping, historical disadvantage and political and social prejudice.[244] However, Chief Justice Lamer's dissenting judgment did find a violation of section 15 that could not be saved by section 1. He reasoned that the prohibition of assisted suicide deprived Ms. Rodriguez of a choice about suicide, while the *Criminal Code* did not prohibit a person capable of doing so from attempting to commit suicide without assistance. As a result, the prohibition constituted adverse effects discrimination related to her disability. In applying section 1, he accepted the fact that the purpose of the legislation was to protect persons vulnerable to influence affecting their decision about suicide. How-

---

[242] *R. v. Swain, supra*, note 62. The Court also considered the constitutionality of the *Criminal Code* provisions concerning the detention of persons found not guilty by reason of insanity but did not discuss section 15 in that context.

[243] See, *e.g., Symes v. Canada, supra*, note 69, p. 757. The doubt about its current status is due to the fact that three of the five judges who subscribed to the test in *Swain*, including Lamer C.J.C. himself, seemed to have adopted a different approach in *Miron v. Trudel, supra*, note 50, and *Egan v. Canada, supra*, note 32.

[244] *Rodriguez v. British Columbia (A.G.), supra*, note 69. Perhaps the best explanation is that she saw the section 7 interests as the primary issue. One should not read her judgment as casting doubt on whether section 15 covers unintended adverse effects, for that reading would be inconsistent with her position in *Symes v. Canada, supra*, note 69.

ever, he held that the provision failed the minimum impairment test because it applied to persons who were not vulnerable and who were capable of making an independent decision about suicide.[245]

Again, this case is likely to be of limited assistance in future equality cases concerning disability. Not only does the majority avoid discussing section 15, but it is difficult to extrapolate from these rather unique facts to other disability issues.[246]

Of greater relevance to future cases is the decision of the Ontario Court of Appeal in the *Eaton* case.[247] An administrative tribunal had upheld a decision of a local school board to place the claimant's daughter, who had several disabilities, in a segregated class for students with disabilities rather than in a regular classroom. The Court overturned this decision on the ground that it was inconsistent with section 15. No one disputed that the child would require special assistance, wherever she was placed. But the Court held that the determination must start from a presumption in favour of integration into regular classrooms, unless the parents favour a separate classroom for their child. It cited the history of exclusion of people with disabilities from community life and activity in finding that section 15 required a presumption of inclusion. The reasoning seems to reflect in part the concept of equality in terms of the creation of conditions for self-fulfilment, described above.[248]

Elements of the reasoning in two other recent decisions would significantly undermine equality rights for people with disabilities, as well as others. One of these cases also concerns the protection afforded to religious groups. *Adler* concerned the failure of the province to fund independent religious-based schools. The argument was based in part on the fact that funding is provided to Roman Catholic separate schools and in part on the fact that mandatory school attendance laws imposed a burden on the claimants, who had to pay the cost of their children's education because their religious beliefs required religiously-based education, a cost that was not imposed on those whose children could attend fully funded public schools.[249]

---

[245] Cory J. agreed with the reasons of Lamer C.J.C. concerning equality. The majority concluded that only a complete prohibition of assisted suicide was capable of protecting people vulnerable to manipulation.

[246] Nevertheless, the judgment of Lamer C.J.C. contains a helpful analysis of equality for persons with disabilities, particularly with regard to the discriminatory effects of uniform application of a rule and the importance of allowing persons with disabilities to control their own lives, to the point of determining when that life will end; see *Rodriguez, supra*, note 69.

[247] *Eaton v. Brant (County) Bd. of Education, supra*, note 48.

[248] See section 2(b)(ii), above.

[249] *Adler v. Ontario* (1994), 19 O.R. (3d) 1 (C.A.), leave to appeal to S.C.C. granted (1995),

In rejecting the argument based on the funding of Roman Catholic separate schools, the Court relied on the fact that this funding was provided under section 93 of the *Constitution Act, 1867*. It held that that section precluded a section 15 challenge by other schools.[250] This reasoning is based on a historical compromise in the Constitution about denominational schools, and its significance for future section 15 litigation is limited.

Of broader impact is the reasoning used by the Court regarding the effect of mandatory school attendance laws on those whose religious beliefs prohibit them from sending their children to public schools. The Court based its reasoning on the fact that the public schools are secular and draw no distinction based on religion. It stated that because of the nature of public schools, it was the claimants' religion rather than the statute that created any burden on them.

The issues raised in this case are complex, and we do not mean to imply that the Court reached the wrong result.[251] However, the reasoning used to reach this result could limit equality rights in other circumstances. In particular, this reasoning is difficult to reconcile with the principle that section 15 covers unintended adverse effects and that equality does not consist of "identical treatment".[252]

The *Eldridge* case provides an example of the possible consequences of such reasoning.[253] It was a challenge to the exclusion from the benefits provided under the British Columbia *Medical and Health Care Services Act* of the cost of interpretation services that would allow people with profound hearing limitations to communicate with doctors and other health care workers. In rejecting the claim, the majority of the Court relied in part on the fact that interpretation services were not an integral part of health care

---

119 D.L.R. (4th) vi (note) (S.C.C.). In addition, there was a challenge based on the fact that school health support services were provided to students with disabilities in public schools and Roman Catholic separate schools, but not in private religious schools. This claim was also denied on the basis of the constitutional provisions regarding denominational schools, Weiler J., dissenting.

[250] *Cf. Reference re Roman Catholic Separate High Schools Funding*, [1987] 1 S.C.R. 1148.

[251] Space does not allow a full analysis of the issue here. We note, however, that such an analysis would have to consider, *inter alia*, whether equality would be achieved by exemption from the mandatory attendance laws or from some portion of the curriculum of the public schools, and the extent to which the government is obliged to affirmatively support alternative institutions if a person's beliefs do not allow them to partake of a service provided by the government. Section 1 would also require additional analysis, including an analysis of the impact on the public education system. In short, if the Court had not adopted the line of reasoning that it did, the result would still be in doubt.

[252] It also seems inconsistent with the reasoning in the *R. v. Edwards Books & Art*, *supra*, note 163, where the Supreme Court of Canada, in applying section 2(*a*) of the *Charter*, took account of the burden created when the law required businesses to close on Sunday and a person's religious beliefs required the closing of a business on another day as well.

[253] *Eldridge v. British Columbia* (1995), 125 D.L.R. (4th) 323 (B.C.C.A.).

services, a conclusion effectively rebutted in the dissenting opinion of Lambert, J.A. Even more troubling is the reliance by the majority on the *Adler* case in concluding that the statute did not adversely affect the claimants because they would have had to pay this cost of interpretation if the medical services plan did not exist. The Court held that because of that fact, the cost should be attributed to the disability itself rather than to the legislation. This reasoning would justify almost every exclusion of a person with a disability from a government program, benefit or service as long as they were not worse off than if it did not exist. It would severely limit the protection afforded by section 15.[254]

The *Eldridge* case is difficult to reconcile with the fact that the Canadian paradigm of equality incorporates a duty to accommodate. In other words, if a law or state conduct creates a disadvantage for members of a protected group, there is an obligation to modify the rule or conduct where possible to eliminate the disadvantage. For example, in *Eldridge*, the duty to accommodate would require measures to allow alternative means of communication for those who cannot communicate with a doctor orally during examination and treatment.[255]

The duty to accommodate is firmly entrenched in human rights law and has been incorporated into section 15 of the *Charter* by the Supreme Court of Canada.[256] Moreover, it is an integral part of the concept of equality adopted in *Andrews* rather than some additional duty or exception to the principle of equality. It is a corollary of the fact that equality is to be measured in terms of consequences of a law rather than in terms of the uniform application of a law regardless of consequences. While it applies to all grounds of discrimination, it has proved to be of particular significance to discrimination based on disability and religion.[257] Without the recognition of this aspect of equality, section 15 would not fulfil its purpose of providing equality for religious groups and people with disabilities.

Of course, the duty to accommodate is not unlimited. Under human rights statutes, it is limited to accommodation that does not cause undue hardship.[258] The obligation in section 15 is limited by section 1. The dissenting judgment in *Eldridge* raises the possibility that in the guise of

---

[254] It contains echoes of the statement in *Bliss, supra,* note 186, that the denial of unemployment benefits was due to nature rather than to the statute.
[255] See *Howard v. University of B.C.* (1993) 18 C.H.R.R. D/353 (B.C. Council of Human Rights), requiring the university to provide interpretation services to a student who was profoundly deaf.
[256] See *O'Malley v. Simpsons Sears, supra,* note 40, cited in *Andrews, supra,* note 1, p. 173 (S.C.R.); M.D. Lepofsky, "The Duty to Accommodate: A Purposive Approach" (1992) 1 *Can. Lab. Law J.* 1.
[257] See, *e.g., Cdn. Odeon Theatres v. Sask., supra,* note 40; *Renaud, supra,* note 107.
[258] *Renaud, ibid.*

deferring to the legislature and of taking account of fiscal pressures on governments, the standards contained in section 1 might impose a more limited obligation on governments than the duty imposed on both the private as well as the public sector under human rights legislation.[259] This result is difficult to justify.[260]

(iv) Race, Colour and National or Ethnic Origin

Racial and cultural inequality has been a lamentably significant part of Canadian history.[261] Contemporary research shows that we are far from the goal of eliminating discrimination based on race, colour, national origin and ethnic origin.[262] While the Canadian paradigm of equality must take account of grounds other than race, a purposive approach to section 15 suggests that the paradigm must deal effectively with the ongoing consequences of racism. Moreover, discrimination tied to race often arises together with other grounds of discrimination. If cases involving other grounds ignore the racial component of the discrimination, the result will be oversimplification that can deny a remedy or result in a remedy that is ineffective.[263]

It is thus of concern that there have been very few section 15 cases concerning race, colour or national and ethnic origin and that claimants have lost most of the cases that do exist. For example, courts have rejected arguments that a police investigation of a disturbance at a school was racially

---

[259] Lambert J. upheld the exclusion of interpretation services under section 1, citing the deference due in considering the allocation of scarce resources, though there was evidence that the global cost of the services for all patients would be $150,000 per year in a health budget of six billion dollars. Contrast this with *Howard v. University of B.C.*, *supra*, note 255 where the B.C. Council of Human Rights held that a cost of $40,000 per year for one student did not constitute undue hardship to the University.

[260] It might be argued that greater deference is owed under the *Charter* because the challenge is to a democratic legislative decision that itself will usually reflect consideration of the public interest. However, at least when the disadvantage results from the unintended consequences of a law that have never been considered by the legislature or from the decision of an unelected public official, special deference does not seem appropriate. Even when the legislature did consider the particular disadvantage, one should ask whether the legislative decision was itself affected by the kind of antipathy or stereotype section 15 was meant to prevent. One should also take account of the fact that the decision of the court often does not determine the final outcome but instead prompts further legislative consideration of a range of available options.

[261] See W. Tarnopolsky and W. Pentney, *Discrimination and the Law*, *supra*, note 14, chap. 5.

[262] See, *e.g.*, R. Abella, *supra*, note 92, pp. 33-38 and 46-51; Canadian Human Rights Commission, *Annual Report, 1994*, *supra*, note 184, pp. 72-74.

[263] See N. Iyer, "Disappearing Women: Racial Minority Women in Human Rights Cases" (1993) 6 *Can. J. of Women and the Law*, 25.

biased in violation of section 15,[264] that there was individual and systemic discrimination in granting escorted temporary absences to First Nations persons at a prison,[265] and that there was systemic bias against First Nations parents regarding the apprehension of children deemed in need of protection.[266] Our point does not relate to whether or not each of these cases was rightly or wrongly decided. We are primarily concerned that there is not a series of other cases in which section 15 claims have succeeded.

Nitya Iyer cites a number of reason why section 15 has been so relatively ineffective in dealing with these grounds.[267] One is the fact that some of the decisions reveal a tension between a "colour-blind" approach to equality that treats racial differences as irrelevant and an approach that requires consideration of the effects of historical disadvantage and social exclusion and the adoption of remedies that take account of these differences. A second is the failure to take full account of the interaction of multiple grounds of discrimination and the tendency to treat race as secondary when other grounds also exist. A third is the fact that courts have difficulty in dealing with allegations of systemic discrimination, in part because they may suggest that important governmental institutions and parts of the legal system itself are fundamentally unfair. Other barriers to litigation, including lack of resources and the slowness of the process, also contribute, in her view. These points are disturbing and deserve further attention.

A recent decision of the Nova Scotia Court of Appeal suggests that we can improve on the record to date. *Sparks* was a challenge to the exclusion of public housing tenants from certain provisions of the *Residential Tenancies Act* affording security of tenure for tenants.[268] The Court found that the exclusion violated section 15 of the *Charter* and struck it down. In dealing with the government's argument that being a public housing tenant is not a personal characteristic, the Court cited evidence that all such tenants have low income, and that the group consists of a disproportionate number of single mothers and members of groups disadvantaged because of race. It therefore found that the effect of the exclusion was to discriminate on the basis of race, sex and income. The willingness to look beyond the terms of the law and to examine its effects, along with the consideration of the interaction of different grounds of discrimination, provide evidence that the

---

[264] *R. v. Smith* (1993), 23 C.R. 4th 164 (N.S.C.A.).

[265] *Crowe v. Canada* (1993), 63 F.T.R. 177 (Fed. T.D.).

[266] *S. (M.K.) v. Nova Scotia (Min. of Community Services)* (1988), 86 N.S.R. (2d) 209 (Co. Ct.), affirmed (1989), 88 N.S.R. (2d) 418 (C.A.).

[267] N. Iyer, "Charter Litigating for Racial Equality", unpublished paper prepared for the Court Challenges Program (1995).

[268] *Dartmouth/Halifax (County) Regional Housing Authority v. Sparks* (1993), 101 D.L.R. (4th) 224 (N.S.C.A.).

factors limiting the effectiveness of section 15 in this context are not intractable.

(d) Unenumerated Grounds

(i) *Criteria for Assessing Unenumerated Grounds*

In its first section 15 case, the Supreme Court of Canada interpreted the section as applying only to discrimination on the grounds listed in the section and other grounds analogous to those listed. However, the Court has not attempted to devise a strict formula for determining what grounds are analogous. Instead, it has discussed in general terms the goal of the process and has identified a number of criteria which are helpful in determining that a ground is analogous, though no single criterion is essential to such a determination.

In *Andrews*, the Court said that discrimination relates to "personal characteristics".[269] However, it did not define what constitutes a personal characteristic, except to classify citizenship as one. Therefore, we know that this quality can relate to a legal status. It also seems clear that it relates to some ongoing quality of a person. But beyond that, the phrase does not provide a great deal of guidance.

More recent cases have discussed two other qualities that are common to the analogous grounds covered by section 15, as well as to the enumerated grounds. One is that inequality related to these grounds is associated with human dignity.[270] The second is that the grounds are often subject to stereotypes that prevent a fair assessment of members of the group.[271] The first of these factors is too general to be of great assistance in reaching a concrete answer, though the second is more helpful.

---

[269] *Andrews, supra*, note 1, p. 151 (S.C.R.) (per Wilson J.), p. 195 (per La Forest J.), p. 174 (per McIntyre J.).

[270] *Egan v. Canada, supra*, note 32, at para. 171 (per Cory J.); *Miron v. Trudel, supra*, note 50, at para. 131 (per McLachlin J.)

[271] *Miron v. Trudel, supra*, note 50, at para. 132 (per McLachlin J.). At one point, McLachlin J. refers (at para. 147) to characteristics that may serve as an irrelevant basis of exclusion. However, this passage must be read with her earlier criticism of the conclusion of Gonthier J. that only irrelevant distinctions violate section 15 (paras. 133-134). Stereotypes are often based on assumptions that are completely false. Sometimes, however, stereotypes are based on an inaccurate evaluation of the consequences of a characteristic that exists. For example, a specific disability is assumed to connote general incapacity, or its consequences are exaggerated. Thus, the use of irrelevancy to assess whether a ground is analogous would fail to fulfil the purposes of section 15 and is inconsistent with the list of enumerated grounds.

One should also note that the criterion must refer to groups of persons who are susceptible to this kind of stereotyping, not to the fact that the legislators or public officials responsible for the violation themselves relied on a stereotype, or the criterion would be inconsistent with authorities holding that section 15 covers unintended adverse effects.

The Court has also referred to other criteria. It has taken pains, however, to emphasize that no single criterion is essential.[272] The following criteria have been cited:

- a history of prejudice and stereotyping;[273]
- lack of political power;[274]
- social and economic disadvantage;[275]
- "immutability" — change only with unacceptable difficulty or cost;[276]
- beyond a person's unilateral control;[277]
- a fundamental choice in a person's life;[278]
- characteristics related to a specific enumerated ground;[279]

---

[272] See, *e.g.*, *Miron v. Trudel, supra*, note 50, at paras. 148-49; *cf. R. v. Turpin, supra*, note 1, p. 1333.

[273] See, *e.g.*, *Egan v. Canada, supra*, note 32, at para. 172 (per Cory J), para. 89 (per L'Heureux-Dubé J.). In *R. v. Turpin, ibid.*, p. 1333, Wilson J., for the Court, referred to "vulnerability to political and social prejudice."

[274] See, *e.g.*, *Andrews, supra*, note 1, p. 151 (per Wilson J.), p. 195 (per La Forest J.) (S.C.R.) This criterion requires a more sophisticated assessment than simply determining the theoretical power of a group based on its capacity to vote at elections. Thus, it is clear that women have never had their fair share of influence on the political process despite their numbers. For example, they hold a much lower percentage of legislative seats and cabinet posts than one would expect on the basis of the size of the group. On the other hand, a small group may have essentially no political influence even though it has its proportionate share of governmental positions. Where the minority's interests are persistently different from that of the majority, a system based on majority rule and party discipline gives little incentive to take the interests of the group into account. For a general discussion of equality and the political process, see J. H. Ely, *Democracy and Distrust* (Cambridge: Harvard U. Press, 1980), pp. 102-103, 135-179; P. Monahan, "Judicial Review and Democracy: A Theory of Judicial Review" (1987) 21 *U.B.C. L. Rev.* 87, pp. 146-151.

[275] *R. v. Turpin, supra*, note 1, p. 1333; *Miron v. Trudel, supra*, note 50, at para. 147 (per McLachlin J.).

[276] *Andrews, supra*, note 1, p. 195 (S.C.R.) (per La Forest J.); *Miron v. Trudel, ibid.*, at para. 210 (per McLachlin J.); *Egan v. Canada, supra*, note 32, at para. 5 (per La Forest J.). The word "immutable" seems clearly to have been stretched to include characteristics that can be changed only over time or with difficulty. For example, citizenship was considered immutable by La Forest in *Andrews* despite the fact that the equality claimant had changed his citizenship during the course of the litigation.

[277] See *Andrews, supra*, note 1, p. 195 (S.C.R.) (per La Forest J.). Obviously this category overlaps with immutability because something that cannot be changed at all is not within the control of the individual. However, it is not true that something that is mutable is necessarily within the control of the individual affected, and in this sense the control criterion is broader than immutability.

[278] *Miron v. Trudel, supra*, note 50, at para. 151 (per McLachlin J.); see R. Wintemute, *Sexual Orientation and Human Rights: The United States Constitution, the European Convention, and the Canadian Charter* (Oxford: Clarendon Press, 1995) chapters 6-7.

[279] *Miron v. Trudel, ibid.*, at para. 154 (per McLachlin J.), citing the fact that bias against unmarried couples has origins in religious beliefs; *Thibaudeau v. Canada, supra*, note 111, at para. 211 (per McLachlin J.), citing the statistical correlation between the ground

- a consensus of legislatures and courts that a group deserves protection.[280]

Obviously, many of these criteria are interrelated. We think that there are two threads that unite most of them.[281] The first is historical powerlessness leading to exclusion from full participation in our society and to economic or social disadvantage. The second is an association of the ground with an ongoing part of a person's life and to personal identity. We do not mean to suggest that both of these threads appear in every case or that they can serve as a test, but taken together they seem consistent with most of the cases. Given the fluidity of the analysis of analogous grounds in the cases to date, however, it seems likely that there are further developments to come.

The phrase "discrete and insular minority" has appeared in a number of cases, though with the qualification that it is not a complete description of grounds that are analogous.[282] This phrase is derived from a 1938 decision of the United States Supreme Court.[283] It was used by that Court to refer primarily to racial discrimination and was coined in an era in which African Americans were segregated in terms of neighbourhood, schools and jobs and were excluded by law from the political process. As applied to contemporary interpretation of a section of the Canadian Constitution it seems to us likely to mislead, and at best to be unhelpful.

The phrase is an inaccurate description of the common features of the enumerated grounds unless each operative word is given an unnatural meaning. As applied to sex discrimination against women, the words "minority" and "insular" seem inappropriate. The age continuum hardly seems to reflect "discrete" groups. Even groups susceptible to discrimination based on race are not usually "discrete" or "insular" in the original American

---

of separated or divorced custodial parents and the enumerated ground of sex based on the fact that most such parents are women. While we have no quarrel with this line of reasoning, it would have been more straightforward to recognize that there was adverse effects discrimination against women and to treat the case as raising the enumerated ground of sex.

[280] *Egan v. Canada, supra*, note 32, at para. 176 (per Cory J.); *Miron v. Trudel, ibid.*, at para. 148 (per McLachlin J.). While it does seem relevant that a ground is included in a majority of human rights statutes, it would be a mistake to assume the converse — that exclusion from human rights legislation is evidence that a ground is not analogous, for that exclusion may itself be due to prejudice and may be an argument for, rather than against, judicial recognition of the ground; *cf. Haig v. Canada* (1992), 9 O.R. (3d) 495 (C.A.).

[281] The last two features are of a somewhat different sort. They might best be seen as describing the evidence that should be considered rather than as criteria of independent significance.

[282] *Andrews, supra*, note 1, pp. 152-153 (S.C.R.); *R. v. Turpin, supra*, note 1, p. 1333; but see *Miron v. Trudel, supra*, note 50, at paras. 148-149.

[283] *U.S. v. Carolene Products*, 304 U.S. 144 (1938).

sense of living in separate neighbourhoods or going to segregated schools.[284] If the phrase does not accurately describe the enumerated grounds, obviously it cannot help determine what is analogous to those grounds.

Read in context, the phrase is used by the courts as a shorthand reference to historical disadvantage, powerlessness and susceptibility to prejudice. The danger is that the literal meaning of the words will mislead readers into interpreting it more restrictively than intended. It would be preferable to refer to those criteria directly or to devise a more accurate moniker for them.

An additional question is whether grounds are to be treated as either analogous or not in all circumstances, or whether a ground might be analogous in some contexts and not others. The question arises because in *Turpin,* the Supreme Court of Canada left open the possibility that province of residence might be an analogous ground in some circumstances even though it was not as applied to that case.[285] We agree with Peter Hogg's description of this passage as "rather opaque".[286]

The Court provides no standards for determining why a ground would be analogous in some circumstances and not others, and a case by case determination seems inconsistent with the earlier statement in the same judgment that the determination whether a ground is analogous should be made not in relation to the law under challenge, but in "the context of the place of the group in the entire social, political and legal fabric of our society."[287] A case by case determination of the relevancy of the ground to the purposes of a particular statute also risks falling back into the "similarly situated" test rejected in *Andrews*. In addition, it comes close to making the status of the ground a question of fact that would have to be argued and proved in every case. We do not mean to suggest that the analogous grounds in the year 2010 might not differ from those in 1995, as social and political conditions change. However, we do suggest that the conclusion that a ground

---

[284] It remains a serious issue that some groups still do not yet have their fair share of political power, but the phrase "discrete and insular minority" originally referred to a political system in which some races were prohibited from voting entirely. Today, the causes of exclusion and the remedies for it are more complex.

[285] *R. v. Turpin, supra,* note 1, p. 1333; see also *R. v. Généreux,* [1992] 1 S.C.R. 259; *R. v. S. (S.),* [1990] 2 S.C.R. 254.

[286] P. Hogg, *supra,* note 63, p. 1170. Perhaps the passage in *Turpin* refers to the fact that place of residence might sometimes be associated with some other ground of discrimination that is enumerated or analogous. For example, a law might be applied to a geographic region in which most residents were First Nations people. If that was the Court's concern, we think it would be more appropriate to treat the case as one of adverse effects discrimination related to that other ground rather than to say that place of residence is sometimes analogous and sometimes not.

[287] *R. v. Turpin, supra,* note 1, p. 1332, quoting from *Andrews v. Law Society of B.C., supra,* note 1, p. 152 (S.C.R.).

is analogous should form a binding precedent to be reassessed only upon evidence that the purposes of section 15 are no longer served.

(ii) *Notable Cases*

The Supreme Court of Canada began its consideration of unenumerated grounds by finding in *Andrews* that non-citizens are analogous to persons characterized by the enumerated grounds. It struck a provision of the British Columbia *Barristers and Solicitors Act* restricting entry into the legal profession to Canadian citizens.[288] There followed a number of cases in which the Court held that the proffered ground was not analogous and fell outside the scope of section 15. The first case was the *Workers Compensation Reference*, which found in a very short oral judgment that a provision of the Newfoundland *Workers' Compensation Act* denying injured workers the right to sue in tort did not violate section 15 because injured workers do not compose a group analogous to the enumerated grounds.[289] Subsequent cases rejected claims based on procedural limitations affecting persons suing the federal Crown,[290] distinctions based on the province in which a person was charged with an offence,[291] and the fact that members of the military forces are charged before a General Court Martial rather than in the ordinary courts.[292] Other cases confirmed that differences relating to province of residence are not within section 15.[293]

The Supreme Court was more willing to categorize grounds as analogous in three cases decided in the spring of 1995. In *Egan v. Canada*, the Court unanimously held that sexual orientation is an analogous ground in considering the eligibility of a gay couple for a spousal allowance under the *Old Age Security Act*, though the law was ultimately upheld.[294] The judg-

---

[288] *Andrews, supra*, note 1.

[289] *Re Workers' Compensation Act, 1983, supra,* note 65. The perfunctory nature of the judgment seems to remove any doubt that might have existed as to whether section 15 ever applies to a distinction unrelated to an enumerated or analogous ground. La Forest, the only justice who expressed doubt about that point in *Andrews*, announced the decision of the Court in this case.

[290] *Rudolph Wolff & Co. v. Canada*, [1990] 1 S.C.R. 695.

[291] *R. v. Turpin, supra*, note 1.

[292] *R. v. Généreux, supra*, note 285.

[293] See, *e.g., R. v. S. (S.), supra*, note 285.

[294] *Egan v. Canada, supra*, note 32. Other courts had been somewhat divided as to whether sexual orientation was an analogous ground, but the finding that it is was adumbrated by such cases as *Haig v. Canada* (1992), 9 O.R. (3d) 495 (C.A.), which held that protection against discrimination based on sexual orientation must be read into the *Cdn. Human Rights Act*, and *Knodel v. British Columbia (Medical Services Commn.)* (1991), 58 B.C.L.R. (2d) 356 (B.C.S.C.), which held that a gay couple was entitled to recognition for the purposes of medical benefits. We acknowledge the assistance of as yet unpublished papers by Diane Pothier, Douglas Sanders and Robert Wintemute in analyzing the issues raised in the *Egan* case.

ment of Cory J. contains the most detailed analysis. He said that homosexuality has given rise to historic disadvantage evidenced by public harassment, crimes of violence motivated by prejudice and discrimination in employment and access to services. He also found that discrimination has affected gay and lesbian couples as well as individuals and noted the growing consensus that discrimination based on sexual orientation should be prohibited by human rights legislation. He rejected the argument that a tie between the law and specific economic disadvantage need be shown.[295] La Forest J. said that sexual orientation "is a deeply personal characteristic that is either unchangeable or changeable only at unacceptable personal costs, and so falls within the ambit of s. 15. . . . ."[296]

While the recognition of sexual orientation as an analogous ground is a step forward and helps to achieve the purposes of section 15, the reasoning in the judgments of La Forest J. and Sopinka J. somewhat undermines this recognition. In assessing whether there was discrimination, La Forest said:[297]

> Because of its importance, legal marriage may properly be viewed as fundamental to the stability and well-being of the family and, as such, as Gonthier J. argued in *Miron v. Trudel*, Parliament may quite properly give special support to the institution of marriage.

This seems to establish a hierarchy even within the groups protected by section 15 and is not easy to reconcile with the principle of equal concern, respect and consideration said to underlie that section.[298]

Writing only for himself, Sopinka J. states with regard to section 1 that government "does not have to be proactive in recognizing new social relationships" and adds that deference must be extended because recognizing gay and lesbian couples is "a novel concept."[299] Once constitutional protection of a group is recognized, we would think that the date of recognition is not relevant to the section 15 or section 1 analyses.[300]

---

[295] *Egan v. Canada, supra,* note 32, at paras. 171-178.
[296] *Ibid.,* at para. 5.
[297] *Ibid.,* at para. 22.
[298] *Andrews v. Law Society of B.C., supra,* note 1, p. 171 (S.C.R.). Regarding the hierarchy of groups, see D. Pothier, *supra,* note 112.
[299] *Egan v. Canada, supra,* note 32, at paras. 104 and 111.
[300] If the Court thinks that it should afford time for legislative re-consideration, the appropriate response would be to suspend the inoperability of the law at the remedy stage, as Iacobucci proposed in his judgment, rather than upholding it under section 1. Sopinka J. also makes more general arguments for deference regarding legislation extending social benefits. Those arguments are not easy to reconcile with *R. v. Oakes, supra,* note 68. Also, the limitation of section 15 to enumerated and analogous grounds itself protects against undue judicial intervention into policy decisions made by legislatures. There is no need to rely on section 1 to preclude wholesale supervision of legislative choices, as Wilson J. notes in *Andrews, supra,* note 1, p. 154 (S.C.R.).

In *Miron v. Trudel*, the Supreme Court of Canada accepted the argument that marital status is an analogous ground in striking a limitation of statutory insurance benefits to legally married couples. The plurality decision of McLachlin J. concludes that marital status touches the essential dignity and worth of an individual and is, for the individual, a matter of defining importance. She also cites the historical disadvantage experienced by common law couples, the immutability "in attenuated form" of the status, the fact it is not within the unilateral control of either individual member of the couple and the origins of moral disapproval in religious beliefs.[301] In this case, Sopinka J. joined the opinion of McLachlin J., holding that the law could not be upheld under section 1.

In *Thibaudeau v. Canada*, a majority of the Court found that there was no burden on the group affected, making it unnecessary to consider whether a burden constituted discrimination on an enumerated or analogous ground. The dissenting judgments of McLachlin J. and L'Heureux-Dubé J. found that separated or divorced custodial parents are within the protection of section 15. The dissenters would have invalidated the tax burden on the custodial parent.[302]

One point emerging from these cases is the importance of the way a court defines the group affected by the legislation or conduct. In *Egan*, the majority of the Court that found a violation of section 15 characterized the group affected as same sex couples, while the minority saw the group affected as all unmarried persons who live together including, for example, siblings.[303] In *Miron*, the majority defines the group as common law couples. This time, the other four judges agree and do not lump common law couples with all accident victims with financial obligations toward another person, though these justices deny the claim on other grounds. In *Thibaudeau*, Gonthier J. relies in part on a consideration of the effect on the custodial and non-custodial parents as a unit, while the dissenting justices focus strictly on the effect on custodial parents.[304] The various judgments differ in other respects as well, but the different characterizations of the groups

---

[301] *Miron v. Trudel*, *supra*, note 50, at paras. 151-156. McLachlin J. spoke for four members of the Court. L'Heureux-Dubé, J. applies a different analysis that does not require a finding that a ground is analogous. However, her analysis does require consideration of the nature of the group affected, and she cites many of the same factors cited by McLachlin J. in assessing the group.

[302] Again, L'Heureux-Dubé J. applies an analysis that requires consideration of the nature of the group affected but not a finding that the ground is analogous.

[303] Though the minority agreed that sexual orientation is an analogous ground, its reasoning suggests that this is not the operative distinction in this case. As noted above, the Court upheld the statute; Sopinka J. concluding that it was saved by section 1 and thus agreeing with the result reached by those in the minority on the section 15 issue.

[304] The focus on a couple as a unit also plays role in the judgment of Cory and Iacobucci, JJ., but the role is not central.

affected contribute significantly to the different conclusions reached. The different characterizations also demonstrate that the courts have yet to develop principles for defining the group affected. Such principles will be important not only in the precise context of this discussion, but also in the general context of deciding what comparisons to make in considering a section 15 claim.

The decisions of other courts concerning analogous grounds are too numerous to analyze in detail. However, the decision of the Nova Scotia Court of Appeal in *Sparks* is particularly noteworthy because of the consideration of poverty in relation to section 15.[305] This case concerned a provision of the Nova Scotia *Residential Tenancies Act* that gave less security of tenure to tenants in public housing than to other tenants. The Court held that public housing tenants are a group analogous to the grounds enumerated in section 15 of the *Charter*. The most important common feature of this group was low income, in most cases verging on, or below, the poverty line. The statutory provision at issue was found to violate the *Charter* and was declared to be of no force and effect.

Poverty meets most of the criteria set out above for determining analogous grounds. By definition, it is associated with economic disadvantage, which in turn leads to social disadvantage. People living in poverty are subject to prejudice and stereotypes. They lack their fair share of political influence. For most, poverty is beyond the unilateral control of the individual and is at least as difficult to change as religion, citizenship or marital status. It is related statistically to enumerated grounds such as race and sex. While it almost never represents a fundamental choice in a persons life, it certainly is an important part of a person's life. In terms of residential and employment segregation and lack of educational opportunity, it has similarities to the conditions that gave rise to the phrase ''discrete and insular minority''.

One argument against recognition of poverty as an analogous ground might be that poverty is a relative concept, unlike gender or national origin. However, a number of the enumerated grounds (notably religion and disability) also raise comparable problems of definition. Perhaps the strongest argument against recognition of poverty as an analogous ground is that the scope of inequality experienced by people living in poverty would tax the institutional capacity of the courts. It would be ironic, however, if protection were denied because of the severity and pervasiveness of the disadvantage experienced by the group.[306]

---

[305] *Dartmouth/Halifax County Regional Housing Authority v. Sparks, supra,* note 268.
[306] Other mechanisms for limiting *Charter* rights, such as section 1 and restrictions on remedies, could take account of the institutional capacity of the courts without excluding people living in poverty from any protection under section 15, as would be true if poverty were not recognized as an analogous ground.

4. RELATION TO OTHER RIGHTS

(a) Related *Charter* Sections — Sections 25, 27, 28 and 29

A number of other *Charter* sections are of special relevance to the equality rights in section 15, either because they embody special qualifications to that section or because they assist in its interpretation.

(i) *Section 25*

Section 25 specifies that *Charter* rights "shall not be construed so as to abrogate or derogate from any aboriginal treaty or other rights or freedoms that pertain to the aboriginal peoples of Canada." This section must be read together with section 35 of the *Constitution Act, 1982*, which entrenches such rights. Thus, it seems certain, for example, that a land claims settlement could not be challenged on the ground that it provides benefits only to aboriginal peoples. It is noteworthy that section 35(4) provides that the rights afforded by that section apply equally to men and women.

(ii) *Section 27*

Section 27, which specifies that the *Charter* be interpreted in a manner consistent with the preservation and enhancement of the multicultural heritage of Canadians, provides valuable assistance in interpreting section 15. Because the goals of section 27 so obviously require special measures to preserve multicultural heritage against the forces of assimilation, the section supports the approach that the Supreme Court of Canada has taken in recognizing the accommodation of differences. It also supports the idea that section 15 is not a purely individualistic provision and requires consideration of the interests of groups as well as individuals.

(iii) *Section 28*

Section 28 of the *Charter* reads:

> **28.** Notwithstanding anything in this Charter, the rights and freedoms referred to in it are guaranteed equally to male and female persons.

This section may be seen as having both preventive and positive effects.

(A) Preventive Effects. As Walter Tarnopolsky stated, because of its history, section 28 must be seen as squarely directed toward overcoming the decisions of the Supreme Court of Canada which narrowly construed the "equality before the law" clause in section 1(*b*) of the *Canadian Bill of Rights*, rendering it a dead letter so far as sex discrimination claims were

concerned.³⁰⁷ Further, it was intended to remove any possibility that sex discrimination would be reviewed at less than the highest level of scrutiny if the United States model of differing levels of scrutiny were followed. It is also fair to conclude from the legislative history that the problem it was primarily aimed at was inequality experienced by women.³⁰⁸ Therefore, far from suggesting an identical treatment approach, it is consistent with cases which take historical subordination of women into account and ensure that biological differences do not operate to the disadvantage of women.

The legislative history and the wording of the section also mean that section 28 stands in the way of legislative override, pursuant to section 33, to permit sex discrimination.³⁰⁹ In addition, it probably modifies the power to uphold a discriminatory statute, program or activity under section 1, at least when proposed limitations deny, by intent or effect, the equal enjoyment of rights or freedoms guaranteed elsewhere in the *Charter*.³¹⁰

(B) Positive Effects. One of the best ways to illustrate the impact of section 28 is in a case which did not mention it: *R. v. Morgentaler*.³¹¹ Wilson J.'s analysis of the section 7 rights to liberty and security of the person explicitly referred to the need to understand those rights with women, including pregnant women, as the rights-holders. Arguably, section 28 compels such an analysis with respect to all of the rights and freedoms in the *Charter*. Whether it is the democratic rights, the fundamental freedoms or the section 7 rights, they must be understood in a way that makes them meaningful to women in the context of women's needs and experiences, not only when they would be significant to men in the context of men's needs and experiences. The Wilson judgment (and, implicitly, those of Dickson C.J.C. and Beetz J.) in *Morgentaler* are a graphic illustration of this point.

To date there has been little discussion of section 28 in the Supreme Court of Canada or in the appellate courts. In *R. v. Hess*,³¹² where the issue was the validity of the former statutory rape provisions of the *Criminal Code*, which made it an offence for a man to have sexual relations with a girl under a certain age, the majority of the Court held that the provisions

---

[307] See W. Tarnopolsky, "The Equality Rights" in W. Tarnopolsky and G.-A. Beaudoin, (eds.), *The Canadian Charter of Rights and Freedoms: Commentary* (1st ed.) (Toronto: Carswell, 1982), pp. 436-437.
[308] See de Jong, *supra*, note 86, pp. 494-512.
[309] In this respect, we agree with P. Hogg, *supra*, note 63, p. 1188.
[310] W. Pentney in "Interpreting the Charter: General Principles" in the second edition of this book (Toronto: Carswell, 1989), outlines alternative arguments with respect to the significance of section 28, pp. 48-51.
[311] *Supra*, note 207.
[312] *Supra*, note 98.

did not infringe section 15 but did infringe section 7 and were not saved under section 1. The dissent concluded that there was an infringement of both sections 7 and 15, but that it was saved under section 1. The majority referred to section 28, saying that it did not prevent legislatures from creating an offence that "as a matter of biological fact can only be committed by one sex"[313] but that it did prevent them from denying rights and freedoms to persons charged with such offences. Thus, a male is as entitled to the protection of section 7 as is a female. The majority further indicated that the application of section 1 is affected by section 28:

> In these appeals, for example, one could not seek to justify the infringement of s. 7 by pointing to the accused's sex and by saying that because he is a man he is not entitled to the full protection of s. 7. It is no more open to the government to make this argument than it would be open to it to suggest that a woman procuring an abortion was not entitled to the full protection of s. 7 because she was a woman.[314]

The majority added that sex-related factors linked to the sex of others, such as the fact that a woman who is the victim of a crime may become pregnant, can be legitimately considered in applying section 1.[315] McLachlin J. in her dissenting reasons said that section 28 precludes the argument that men are excluded entirely from section 15 protection.[316]

In courts of appeal, section 28 has been referred to a few times, in particular in the context of freedom of expression claims.[317] In *Native Women's Assn. of Can. v. Canada*,[318] the Federal Court found a violation of section 2(*b*), taking into account section 28, in the denial of independent funding to the aboriginal women's organization in order to permit it to participate in the debate about the constitutional amendments in the *Charlottetown Accord*. The Supreme Court, however, allowed the government's appeal and indicated that the arguments might have been better framed under section 15.[319]

Thus, the Supreme Court has had no occasion to comment on the positive impact of section 28 (since the appeal in the *N.W.A.C.* case was allowed on another basis), and only in one instance (*Hess*) has it had occasion to comment on what it might preclude.

---

[313] *Ibid.*, p. 932.
[314] *Ibid.*, pp. 932-933.
[315] *Ibid.*, p. 933.
[316] *Ibid.*, pp. 943-944.
[317] See, *e.g.*, *R. v. Red Hot Video Ltd.* (1985), 45 C.R. (3d) 36, p. 59 (B.C.C.A.), leave to appeal to S.C.C. refused (1985), 46 C.R. (3d) xxvn (S.C.C.).
[318] (1992), 95 D.L.R. (4th) 106 (Fed. C.A.), reversed [1994] 3 S.C.R. 627.
[319] *Supra*, note 219; see the discussion of this case at section 3(c)(i) above.

(iv) *Section 29*

Section 29 preserves the rights pertaining to denominational, separate or dissentient schools. While its primary effect is in relation to section 2(*a*) of the *Charter*, it also has relevance to section 15.[320]

(b) Interpretation of Other *Charter* Provisions

In numerous cases, the equality provisions of the *Charter* have been referred to for assistance in determining the reasonableness of limits on other *Charter* rights. For example, in cases considering the reasonableness of limits on freedom of expression (*Keegstra*,[321] *Taylor*[322] and *Butler*[323]) the Supreme Court has considered the equality provisions and concluded that the limits were reasonable and demonstrably justified under section 1 since they furthered the goal of equality for racial and religious minorities (*Keegstra* and *Taylor*) and women (*Butler*).[324] In criminal cases in widely different contexts, the equality provisions have been referred to in order to shed light on the proper scope of other *Charter* rights. For example, in cases such as *R. v. Seaboyer*,[325] issues about the right to a fair trial under section 11(*d*) in the context of sexual assault cases have led to discussion of the implications of the equality provisions for the treatment before and at trial of chief Crown witnesses in such cases. In our view, these cases can be seen, however, as examples of the manner in which the issues may be well-articulated at an abstract level but the equality concerns given low priority at the point of

---

[320] See, *e.g.*, *Adler v. Ontario*, *supra*, note 249.

[321] *R. v. Keegstra*, *supra*, note 68. The *Criminal Code* prohibitions regarding wilful promotion of hatred against an identifiable group were upheld.

[322] *Canada (Human Rights Commn.) v. Taylor*, [1990] 3 S.C.R. 892. The Court upheld section 13(1) of the *Canadian Human Rights Act*, which makes it a discriminatory practice to communicate telephonically any matter likely to expose a person or group to hatred or contempt on the basis of grounds such as race or religion.

[323] *R. v. Butler*, [1992] 1 S.C.R. 452. The Court held that the obscenity provisions of the *Criminal Code* contravened section 2(*b*) of the *Charter* but are justifiable under section 1. In his analysis of the section 1 issue, Sopinka J. referred to the Court's decision in *Keegstra* and said (at p. 496):

> This Court has thus recognized that the harm caused by the proliferation of materials which seriously offend the values fundamental to our society is a substantial concern which justifies restricting the otherwise full exercise of the freedom of expression. In my view, the harm sought to be avoided in the case of the dissemination of obscene materials is similar.

[324] But see *R. v. Zundel*, [1992] 2 S.C.R. 731, where section 181 of the *Criminal Code* prohibiting "spreading false news" was struck down. The original purpose of the provision was found to be not "pressing and substantial" and no reinterpretation of the purpose was deemed appropriate by the majority.

[325] [1991] 2 S.C.R. 577.

decision-making,[326] particularly when the equality concerns are in competition with traditional, well-understood "legal rights".

(c) Interpretation of Statutory and Common Law Rules

There has been an increasing tendency to refer to equality principles derived from the *Charter* in the resolution of issues arising under statutes or under common law rules. With respect to statutory rules, these range from the *Criminal Code* (*R. v. Sullivan*,[327]) to the *Income Tax Act* (*Symes*[328]) and the *Divorce Act* (*Willick v. Willick*[329]).

Even more rare and tentative are references to the *Charter* equality principles in the resolution of disputes under common law rules. The difficult issue of the application of the Charter to guide the development of the common law is discussed in *Young v. Young* but not resolved.[330]

At this time, it seems safe to conclude that the equality provisions may be taken into account as interpretive aids when necessary to resolve an ambiguity, that they may be weighed in the balance in considering the justifiability of limits on other *Charter* rights under section 1, and that they may be referred to as part of the underlying social norms whenever that kind of reference is relevant.

5. CONCLUSION

The incorporation of the equality rights into the *Charter of Rights and Freedoms* constituted an imposing challenge to all branches of government, particularly to the judicial branch. Many issues were left open both by the legislative history and wording of section 15. The legislative history reveals an unambiguous rejection of earlier jurisprudence under the *Canadian Bill of Rights*, re-emphasizing the task faced by the courts. The formal principle of equality states the ideal to be achieved but is itself tautologous and requires decision-makers to select the criteria by which equality is to be measured. Jurisprudence interpreting international instruments and the con-

---

[326] *R. v. Seaboyer ibid.*, involved the partial striking down of the "rape shield" legislation in the *Criminal Code*. L'Heureux-Dubé J. in dissent pointed out that the historical discretion given to trial judges to admit evidence of a woman's sexual history "was abused and exercised in a discriminatory fashion" and that the judiciary had not yet wholly changed its ways (p. 710). See also *R. v. Osolin*, [1993] 4 S.C.R. 595 (per Cory J.).

[327] *Supra*, note 64, where the question was whether there could be a conviction of criminal negligence causing death to a person when a child the accused persons were attempting to deliver died while still in the birth canal.

[328] *Supra*, note 69.

[329] *Supra*, note 211.

[330] [1993] 4 S.C.R. 3. Additional guidance is provided by *Dagenais v. Cdn. Broadcasting Corp.*, *supra*, note 169, which concerns other parts of the *Charter*.

stitutions of other countries is more useful in revealing the range of options available than in providing concrete answers.

In general, the courts have lived up to this challenge. In its first judgments interpreting section 15, the Supreme Court of Canada outlined a test that was informed by experience elsewhere but that was shaped to meet the needs of twentieth-century Canadian legal, social and economic systems. By limiting section 15 to the enumerated and analogous grounds, the Court accomplished two objectives. First, it focused section 15 on those areas in which ongoing inequality is most likely to occur. Second, it solved the problem of having to find a way to keep equality rights from justifying judicial scrutiny of *all* legislative and executive decisions. The narrower focus on areas of persistent disadvantage has made it possible for the courts to apply section 15 expansively in other respects so as to take account of the different forms that inequality can take. For example, it has allowed consideration of unintended adverse effects and the duty to accommodate. This focus has also made it possible for Canadian courts to adopt essentially the same approach to equality whether the issue arises under section 15 or under human rights legislation that itself has quasi-constitutional status.[331] As is inevitable in a new enterprise, there have been some false starts and unanswered questions, but the fundamental principles have been put in place. Further, those principles have begun to have an impact on jurisprudence in other areas of the law not involving section 15.

More recently, a division has appeared within the Supreme Court of Canada about the interpretation of section 15. Four justices have continued to develop and apply the approach developed in *Andrews* and *Turpin*.[332] They have elaborated on the application of the approach to enumerated grounds and have further developed the criteria for considering analogous grounds. L'Heureux-Dubé J. remains committed to the underlying principles of that approach, though she proposed in three recent cases an alternative to the enumerated and analogous grounds approach to implement those principles. The rest of the Court did not discuss her alternative, and it remains to be seen whether she will continue to apply it or will rejoin the others with whom she seems philosophically aligned. However, four justices have departed significantly from the approach developed in *Andrews* and *Turpin* and have adopted a narrower interpretation of section 15 that constitutes a sharp reversal of direction. Three of these justices may never have been entirely comfortable with the approach adopted in the early section 15 cases.[333] The fact that Chief Justice Lamer joined this group is more sur-

---

[331] *Craton v. Winnipeg School Div. No. 1*, [1985] 2 S.C.R. 150.
[332] Cory, Iacobucci, McLachlin and Sopinka JJ.
[333] La Forest J., wrote a concurring opinion in *Andrews*, and Gonthier and Major JJ. had not been appointed to the Court at the time of that decision.

prising in light of the approach he took to section 15 in cases such as *Swain* and *Rodriguez*.

In *Andrews*, the Court unambiguously and for convincing reasons rejected the "similarly situated" test that forms the underlying basis of American jurisprudence. The new approach proposed by the minority would be likely to lead to the reintroduction of that test under a different name. It is difficult to identify any middle ground that could reconcile the two approaches, and it seems likely that the Court will continue to apply the *Andrews* reasoning or will move dramatically in another direction. Clearly one of the most important areas to watch for in the future evolution of the *Charter* will be the outcome of this debate.

15

Les droits linguistiques

(Articles 16 à 22)

André Tremblay*

1. Introduction
2. Le principe fondamental de l'égalité linguistique
    (a) Antécédent statutaire du principe : l'article 2 de la *Loi sur les langues officielles*
    (b) La portée du paragraphe 16(1) de la *Charte* : une déclaration qui prime toute autre législation fédérale
        (i) Le caractère «officiel» de l'anglais et du français
        (ii) L'égalité de statut et des droits et privilèges du français et de l'anglais quant à leur usage dans les institutions du Parlement et du gouvernement du Canada
    (c) La mise en oeuvre de l'égalité linguistique
3. L'objectif constitutionnel de progression vers l'égalité de statut ou d'usage du Français : le paragraphe 16(3)
4. La garantie constitutionnelle de la continuité des droits linguistiques actuels : La garantie de la «préoccupation limitée»
    (a) Les débats et travaux parlementaires
    (b) Les documents parlementaires : l'accroissement du bilinguisme ou l'égalité des deux langues
    (c) Les procédures devant les tribunaux établis par le Parlement
    (d) Le droit du public de communiquer en français ou en anglais avec le

---

* Professeur à la Faculté de droit de l'Université de Montréal.

siège ou l'administration centrale des institutions fédérales : un droit à délimiter ultimement par voie législative
  (e) Les droits et privilèges des autres langues
5. Conclusion

1. INTRODUCTION

Cette étude porte sur les articles 16 à 22 de la *Charte canadienne des droits et libertés*[1] qui sont regroupés sous la rubrique «Langues officielles du Canada»; son objet est de préciser le sens et la portée des dispositions que l'on trouve dans ces articles et de voir ce qu'elles signifient dans l'ordre constitutionnel. Proclamées et entrées en vigueur le 17 avril 1982, ces dispositions ont, depuis lors, fait l'objet d'un certain nombre de décisions judiciaires. Nous rendrons compte des développements survenus ces treize dernières années afin d'en cerner le contenu, les types de droits que pourraient réclamer les citoyens à partir de ces textes et les obligations qui en découlent pour les autorités fédérales.

Il convient de procéder à l'examen des articles consacrés aux «Langues officielles du Canada» en effectuant, au préalable, un bref rappel du contexte constitutionnel dans lequel ils se sont insérés en 1982, en regard notamment du partage des compétences et des droits existants en matière linguistique.

La compétence de légiférer relativement à la langue n'a pas été expressément attribuée en 1867. Il s'agit d'une matière législative dite accessoire ou ancillaire aux catégories de compétences dévolues à chacun des deux paliers de gouvernement[2]. Ainsi, le Parlement fédéral et les législatures des provinces peuvent légiférer sur la langue pour autant que leurs lois visent à s'appliquer à des institutions ou des activités relevant de leurs compétences législatives respectives. Il y a donc concurrence législative, et, à la limite, les lois linguistiques fédérales prévaudront, en cas de conflit, sur les lois provinciales. Ainsi que le donnait à entendre la Cour suprême dans l'arrêt *Jones c. Procureur général du Nouveau-Brunswick*[3], le fédéral et les provinces peuvent, chacun de leur côté, «étendre le champ de l'emploi privilégié ou obligatoire de l'anglais et du français dans les institutions ou les activités» qui tombent sous leur contrôle respectif.

Cependant, dans l'exercice de cette compétence de légiférer relativement à la langue, le Parlement fédéral et, à des degrés divers, les législatures

---
[1] Partie 1 de la *Loi constitutionnelle de 1982*, édictée comme l'annexe B de la *Loi sur le Canada*, (R.-U.) 1982, c. 11.
[2] Voir *Devine c. Procureur général du Québec*, [1988] 2 R.C.S. 790, pp. 807 à 809; *Procureur général du Québec c. Dominion Stores*, [1976] C.A. 310, p. 314 et *Bureau métropolitain des écoles protestantes de Montréal c. Ministre de l'Éducation du Québec*, [1976] C.S. 430, p. 453. On pourra aussi consulter *R. c. Mercure*, [1988] 1 R.C.S. 234, p. 271.
[3] [1975] 2 R.C.S. 182, p. 195.

Les droits linguistiques 15-3

sont assujettis au respect d'un certain nombre de garanties ou droits constitutionnels auxquels il n'est pas permis de déroger. Au nombre de ces garanties linguistiques existantes en 1982 et qui continuent d'avoir effet, se trouve l'article 133 de la Loi *constitutionnelle de 1867*[4], applicable uniquement au palier fédéral et au Québec[5]. Cet article contient de véritables garanties constitutionnelles d'ordre linguistique, mais celles-ci sont minimales, limitées, comme le souligne le juge Beetz dans l'affaire *MacDonald c. Ville de Montréal* :

> L'article 133 a introduit non pas un programme ou un système de bilinguisme officiel global . . ., même en puissance, mais plutôt une forme limitée de bilinguisme obligatoire au niveau législatif, combinée à une forme encore plus limitée d'unilinguisme optionnel, au choix de la personne qui s'exprime dans

---

[4] L'article 133 se lit comme suit :
Either the English or the French Language may be used by any Person in the Debates of the Houses of the Parliament of Canada and of the Houses of the Legislature of Quebec; and both those Languages shall be used in the respective Records and Journals of those Houses; and either of those Languages may be used by any Person or in any pleading or Process in or issuing from any Court of Canada established under this Act, and in or from all or any Courts of Quebec. The Acts of the Parliament of Canada and of the Legislature of Quebec shall be printed and published in both those Languages.

[5] Des dispositions de nature constitutionnelle en tout point analogues à celles de l'article 133 s'appliquent au Manitoba. Elles sont contenues à l'article 23 de la *Loi de 1870 sur le Manitoba*, dont les effets contraignants ont été confirmés par la Cour suprême dans le *Renvoi : droits linguistiques au Manitoba*, [1985] 1 R.C.S. 721, qui a été suivi par une *Ordonnance : droits linguistiques au Manitoba*, [1985] 2 R.C.S. 347. Par ailleurs, certaines garanties linguistiques découlaient aussi de l'article 110 de *l'Acte des Territoires du Nord-Ouest* (loi pré-confédérale) et s'appliquaient à l'Alberta et à la Saskatchewan par l'effet de l'article 16 de leurs lois constitutives respectives. Cette question a fait l'objet d'une décision de la Cour suprême du Canada dans l'affaire *R. c. Mercure*, [1988] 1 R.C.S. 234, dans un appel de la décision de la Cour d'appel de la Saskatchewan, publiée à (1986) 24 D.L.R. (4th) 193. La décision de la Cour suprême du Canada a été suivie dans *R. c. Paquette*, [1990] 2 R.C.S. 1103. Les garanties linguistiques de cet article 110 faisaient partie de la Constitution interne de la Saskatchewan et de l'Alberta, mais pas de la Constitution du Canada, et pouvaient de ce fait être modifiées unilatéralement par les provinces suivant l'article 45 de la *Loi constitutionnelle de 1982* : ce qu'elles ont fait. Sur le statut du français dans les provinces de l'ouest, voir : E. AUNGER, «Language and Law in the Province of Alberta», dans P. Pupier et J. Woehrling (dir.), *Langues et droit*, Montréal, Wilson et Lafleur, 1989, p. 203; M. BASTARACHE, «Le statut du français dans l'ouest canadien'', dans P. PUPIER et J. WOEHRLING (dir.), *Langues et droit*, Montréal, Wilson et Lafleur, 1989, p. 231. En Ontario, le bilinguisme législatif est régi par une simple loi ordinaire qui ne profite d'aucune protection constitutionnelle : voir *French Language Service Act*, R.S.O., 1990, c. F-32. Voir aussi : A BRAËN, ''Statut du français et droits de la minorité francophone en Ontario'', (1988) 19 *R.G.D.* 493; M.J.B. WOOD, «Chronique de législation. Le bilinguisme législatif en Ontario : la situation actuelle», (1990) 21 R.G.D. 139; G. LEVASSEUR, *Le statut juridique du français en Ontario*, t. 1, «La législation et la jurisprudence provinciales», Ottawa, Presses de l'Université d'Ottawa, 1993.

les débats parlementaires ou dans une instance judiciaire, ainsi que du rédacteur ou de l'auteur de procédures ou de pièces de procédure judiciaires.

Ce système incomplet mais précis représente un minimum constitutionnel résultant d'un compromis historique intervenu entre les fondateurs de l'union fédérale[6].

Cette forme limitée de garanties linguistiques s'étend aux débats et documents afférents aux travaux du Parlement fédéral et de l'Assemblée nationale du Québec; elle comprend aussi la langue de la législation du Parlement et de l'Assemblée nationale du Québec[7], ainsi que la langue des tribunaux fédéraux et québécois. Les garanties constitutionnelles sont plutôt modestes, mais rigides. D'une part, au niveau fédéral, l'article 133 est constitutionnellement enchâssé par l'article 21 de la *Loi constitutionnelle de 1982*; d'autre part, pour ce qui est de son application au Québec, cet article ne peut être modifié que selon la procédure prévue par l'article 43 de la même loi constitutionnelle. Même avant 1982, l'article 133 ne pouvait être modifié par l'action unilatérale des corps législatifs qu'il assujettit.

Le Parlement fédéral ainsi que l'Assemblée nationale du Québec peuvent aller au-delà des exigences minimales de l'article 133 et légiférer relativement au statut et à l'usage du français, de l'anglais ou d'une autre langue dans les institutions, entreprises et matières relevant de leurs compétences législatives. L'Assemblée législative du Manitoba peut de la même façon ajouter aux garanties de l'article 23 de sa loi constitutive. Depuis 1982, le Parlement fédéral et l'Assemblée législative du Nouveau-Brunswick peuvent aussi légiférer au-delà des droits linguistiques conférés par les articles 16 à 22 de la *Charte canadienne*.

Un tel pouvoir de légiférer en matière linguistique de façon accessoire ou ancillaire[8] veut dire concrètement que le Parlement peut légiférer rela-

---

[6] *MacDonald c. Ville de Montréal*, [1986] 1 R.C.S. 460, p. 496 des notes rédigées par le juge Beetz au nom de la majorité.

[7] La législation du Québec visée par l'article 133 inclut les lois adoptées par l'Assemblée nationale du Québec, et les mesures législatives qui émanent du gouvernement de la province, soit les règlements adoptés par le gouvernement, un ministre ou un groupe de ministres ainsi que les règlements de l'Administration et des organismes para-publics qui, pour entrer en vigueur, nécessitent l'approbation du gouvernement, d'un ministre ou d'un groupe de ministres. Elle inclut aussi les règles de pratique des tribunaux judiciaires et quasi judiciaires. Cependant, les règlements d'organismes municipaux ou scolaires ne sont pas visés : c'est ce que la Cour suprême a décidé dans *P.G. du Québec c. Blaikie (No. 2)*, [1981] 1 R.C.S. 312, 36 N.R. 120; *Renvoi : droits linguistiques au Manitoba, supra*, note 5, p. 743.

[8] G.-A. BEAUDOIN «Essais sur la Constitution», Ottawa, Presses de l'Université d'Ottawa, 1979, p. 191; aussi A.L.C. de MESTRAL et W. FRAIBERG, «Language Guarantees and the Power to Amend the Canadian Constitution», (1966-67) 12 *McGill Law J.* 502, pp. 505-506 et P.W. HOGG, *Constitutional Law of Canada*, 3e éd., Toronto, Carswell, 1992, p. 1200.

tivement à la langue de travail et de communication dans le service postal, dans les sociétés de la Couronne fédérale, dans les entreprises de communications interprovinciales, dans les banques, notamment; de leur côté, les provinces peuvent aussi légiférer à l'égard de la langue dans les écoles, les universités, les corporations municipales, le commerce ou autres institutions ou affaires relevant de leurs compétences législatives. À l'instar des lois provinciales portant sur les relations de travail, les lois linguistiques des provinces ne peuvent être appliquées à des entreprises, institutions ou personnes relevant de la compétence fédérale (par exemple, les banques), de manière à porter atteinte à ce qui constitue leur spécificité fédérale. Ainsi, une loi linguistique provinciale ne saurait s'appliquer aux relations de travail dans des entreprises ou institutions relevant du Parlement fédéral[9].

Le Parlement et les législatures sont libres de leurs mouvements en matière linguistique pour autant qu'ils ne dérogent pas aux garanties constitutionnelles; c'est d'ailleurs ce qu'établit l'arrêt *Jones*[10]. Depuis l'entrée en vigueur de la *Charte canadienne des droits et libertés* le même principe constitutionnel s'applique : le Parlement et la législature du Nouveau-Brunswick, qui sont visés par les articles 16 à 22 de la *Charte*, ne pourront amoindrir les droits garantis par ces articles, mais ils pourront, ainsi que les législatures des autres provinces, aller au-delà et légiférer relativement à la langue dans les matières relevant de leurs compétences[11]. Une des caractéristiques de cette *Charte* est donc la continuité constitutionnelle.

Cette continuité s'exprime d'abord par le double enchâssement des articles à l'étude : un premier enchâssement par l'article 33 de la *Charte* et un second par l'article 41 de la *Loi constitutionnelle de 1982*. L'article 33 indique qu'il sera impossible pour le Parlement et la législature du Nouveau-Brunswick de déroger aux articles 16 à 22 au moyen de lois déclarant expressément qu'elles s'appliquent nonobstant la *Charte*. Quant à l'article 41, il prévoit à l'alinéa c) que le dispositif constitutionnel relatif à l'usage du français ou de l'anglais constitue une question qui, pour fins de modification constitutionnelle, exige des résolutions du Sénat, de la Chambre des communes et de l'assemblée législative de chaque province[12]. On pourrait

---

[9] Voir *Bell Can. c. Québec (Comm. de la santé et de la sécurité au travail)*, [1988] 1 R.C.S. 749 et *Joyal c. Air Can.*, [1976] C.S. 1211, p. 1230.

[10] *Supra*, note 3.

[11] Comme on le verra plus loin, le paragraphe 16(3) de la *Charte* enchâsse ce principe constitutionnel énoncé dans l'arrêt *Jones*.

[12] La modification des paragraphes des articles 16 à 22 applicables au Nouveau-Brunswick seulement exige quant à elle des résolutions du Sénat, de la Chambre des communes et de l'assemblée législative de la province, comme le prévoit l'article 43 de la *Loi constitutionnelle de 1982*. Sur la procédure de modification constitutionnelle des garanties linguistiques, voir B. PELLETIER, «La modification des dispositions constitutionnelles relatives à l'usage de l'anglais ou du français'', (1990) 21 *R.G.D.* 223, et A. TREMBLAY, *La réforme de la Constitution*, Montréal, Éditions Thémis, 1995.

dire que les dispositions linguistiques de la *Charte* sont vraiment fondamentales et se situent au niveau le plus élevé de la hiérarchie constitutionnelle. Elles devancent même, sur ce terrain, les grandes libertés fondamentales énoncées à l'article 2 de la *Charte* (liberté de conscience et de religion, de pensée, de croyance, d'opinion et d'expression, de presse, de réunion pacifique et d'association) qui apparaissent moins «fondamentales» que les droits linguistiques[13].

La continuité constitutionnelle s'observe aussi dans le contenu de certaines dispositions qui reproduisent l'article 133 de la *Loi constitutionnelle de 1867*[14] ou qui maintiennent en vigueur les droits, privilèges ou obligations qui existent aux termes d'une autre disposition de la Constitution du Canada[15].

Si la *Charte* ne faisait, en matières linguistiques, que perpétuer ce qui existe déjà, elle ne présenterait guère d'intérêt. Tel n'est pas le cas cependant puisqu'elle propose d'autres avenues sur lesquelles nous nous attarderons plus amplement. Plus particulièrement, nous analyserons le principe fondamental de l'égalité linguistique (paragraphe 16(1)) et l'objectif constitutionnel de progression vers l'égalité de statut ou d'usage du français (paragraphe 16(3)). Nous examinerons ensuite les autres dispositions qui s'inscrivent dans la continuité constitutionnelle évoquée plus haut, avec une attention particulière pour le paragraphe 20(1) qui propose des garanties nouvelles[16].

---

[13] Nous verrons cependant qu'au plan de leur interprétation judiciaire, les garanties linguistiques doivent, selon la Cour suprême, être traitées avec plus de retenue que ce n'est le cas des droits fondamentaux. Voir, *infra*, p. 753.

[14] C'est le cas des paragraphes 17(1), 18(1) et 19(1) de la *Charte* qui, comme nous le verrons plus loin, reproduisent les parties de l'article 133 applicables au palier fédéral.

[15] Voir l'article 21 de la *Charte*.

[16] Les dispositions des articles 16 à 22 de la *Charte* ont été commentées par certains auteurs, *inter alia* : B. PELLETIER, «Les pouvoirs de légiférer en matière de langue après la ''Loi constitutionnelle de 1982''», (1984) 25 *C. de D.* 227-297; J.E. Magnet, «The Charter's Official Languages Provisions : The Implications of Entrenched Bilingualism», (1982) 4 *Supreme Court L.R.* 163-193; A. TREMBLAY, «L'interprétation des dispositions constitutionnelles relatives aux droits linguistiques», dans *La Charte canadienne des droits et libertés, ses débuts, ses problèmes, son avenir*, Institut Canadien d'Administration de la Justice, Cowansville, Éditions Yvon Blais Inc., 1984, pp. 217-228; *Les droits linguistiques au Canada*, chapitres 2, 3, 4 et 8, M. BASTARACHE (éd), Cowansville, Éditions Yvon Blais, 1986, pp. 72-273, 521-547; W. TETLEY, «Les droits linguistiques et scolaires au Québec et au Canada», Québec, Centre international de recherche sur le bilinguisme, 1986; P. FOUCHER, «L'interprétation des droits linguistiques constitutionnels par la Cour suprême du Canada», (1987) 19 *R.D. Ottawa*, pp. 381 à 411; A. RIDDELL, «À la recherche du temps perdu : la Cour suprême dans l'interprétation des droits linguistiques constitutionnels dans les années 80», (1988) 29 *C. de D.* 829; C. LONGPRÉ, «Language Rights in Canada», (1990) 21 R.G.D. 200; H. BRUN et G. TREMBLAY *Droit constitutionnel*, 2ᵉ éd., Montréal, Cowansville, Éditions Yvon Blais, 1990, pp. 729 à 769; J.-Y.

2. LE PRINCIPE FONDAMENTAL DE L'ÉGALITÉ LINGUISTIQUE

Le paragraphe 16(1) énonce :

> Le français et l'anglais sont les langues officielles du Canada; ils ont un statut et des droits et privilèges égaux quant à leur usage dans les institutions du Parlement et du gouvernement du Canada.

(a) Antécédent statutaire du principe : l'article 2 de la *Loi sur les langues officielles*

Il n'est pas inutile de mentionner que le paragraphe 16(1) est relativement neuf en termes constitutionnels et qu'il a fait son apparition, pour la première fois, dans le texte de la résolution concernant le Canada, déposée devant la Chambre des communes le 6 octobre 1980. On ne retrouve, en effet, son équivalent dans aucune proposition constitutionnelle faite par les gouvernements depuis la *Charte de Victoria de 1971*. Les propositions qui se rapprochent le plus du texte du paragraphe 16(1) sont les suivantes :

L'article de la *Charte de Victoria* :

> Le français et l'anglais sont les langues officielles du Canada. Ils ont le rang et ils jouissent des garanties que leur assurent les dispositions de ce titre.

L'article du Projet de résolution fédéral du 19 janvier 1977 :

> Le français et l'anglais sont les langues officielles du Canada. Elles jouissent du statut et des garanties prévues par le présent titre sous réserve des droits, privilèges et obligations reconnus par les autres dispositions de la Constitution.

L'article du *Projet de Loi C-60* (1978) :

> Le français et l'anglais sont les langues officielles du Canada pour les objets désignés par le Parlement du Canada et les corps législatifs provinciaux dans leur sphère de compétence respective.

La caractéristique essentielle de ces textes est que, dans les deux premiers cas, ils précisaient la signification du concept de «langues officielles du Canada» en le limitant à ce que lui assuraient expressément les autres dispositions en termes de rang et de garanties. Dans le troisième cas, la

---

MORIN et J. WOEHRLING, *Les Constitutions du Canada et du Québec*, Montréal, Éditions Thémis, 1992, pp. 496 à 499; J.E. MAGNET, «Language Rights : Canada's New Direction», (1990) 39 *U.N.B.L.J.* 1-22; B. PELLETIER, «Les réticences des provinces face à la reconnaissance des droits constitutionnels relatifs à l'usage des langues officielles», (1991) 51 *R. du B.* 247; L. GREEN, «Are Language Rights Fundamental?», (1987) 25 *Osgoode Hall L.J.* 639; L. GREEN et D. RHÉAUME, «Second Class Rights? Principles and Compromise in the Charter», (1990) 13 *Dal. L.J.* 564; P.W. HOGG, *Constitutional Law of Canada*, 3e éd., Toronto, Carswell, 1992, pp. 1997 à 1218; et J.E. MAGNET, *Official Languages of Canada*, Cowansville, Éditions Yvon Blais, 1995.

définition de la désignation du français et de l'anglais comme langues officielles du Canada pouvait faire l'objet de législation du Parlement et des législatures provinciales agissant «dans leur sphère de compétence respective», ce qui n'aurait pas été une obligation constitutionnelle très lourde, même malgré les autres droits et garanties prévus au projet de loi.

De fait, c'est l'article 2 de l'ancienne *Loi sur les langues officielles*[17], dont l'interprétation fut timide, qui a véritablement inspiré le paragraphe 16(1). Cet article 2 se lisait comme suit :

> L'anglais et le français sont les langues officielles du Canada pour tout ce qui relève du Parlement et du gouvernement du Canada; elles ont un statut, des droits et des privilèges égaux quant à leur emploi dans toutes les institutions du Parlement et du gouvernement du Canada.

On observe que le paragraphe 16(1) n'inclut pas les mots «pour tout ce qui relève du Parlement et du gouvernement du Canada», mais il nous semble qu'il faille lire l'article comme si ces mot-là y étaient mentionnés. En d'autres termes, le français et l'anglais sont les langues officielles du Canada au niveau fédéral et uniquement à l'égard des matières tombant dans des catégories de sujets fédérales, la seule exception à la règle ne concernant que le Nouveau-Brunswick. Le texte anglais du paragraphe 16(1), qui ne contient pas de point-virgule après Canada, ainsi que le paragraphe 16(2) relatif au Nouveau-Brunswick, nous semblent tout à fait clairs sur ce point particulier.

On observe aussi que, par rapport au texte de la *Loi sur les langues officielles*, le paragraphe 16(1) omet la virgule après le mot «statut»; il remplace le pronom «elles» que l'on trouve après «Canada» pour le pronom «ils» et le nom «emploi» par le nom «usage» : trois changements mineurs qui ne méritent pas plus que leur simple constatation. De telle sorte que l'on peut dire que le paragraphe 16(1) élève au rang de norme constitutionnelle de première classe le texte de l'article 2 de la *Loi sur les langues officielles*.

(b) La portée du paragraphe 16(1) de la *Charte* : une déclaration qui prime toute autre législation fédérale

Il est évidemment très tentant pour les juristes et les tribunaux de se référer à l'interprétation qu'a reçue l'article 2 de la *Loi sur les langues officielles* pour délimiter la portée du paragraphe 16(1). On peut prétendre que les autorités législatives qui ont adopté ce dernier article étaient sans doute au courant de l'état du droit relatif à l'article 2 lorsqu'elles l'ont virtuellement reproduit au paragraphe 16(1); un parlement, même celui qui vote les textes d'une constitution, n'est pas présumé déroger au droit existant

---

[17] S.R.C. 1970, c. O-2.

au-delà de ce qu'il exprime, en particulier lorsqu'il emprunte aux lois ordinaires sa nouvelle norme constitutionnelle.

L'argument, même s'il est séduisant, peut se révéler non convaincant. D'une part, l'environnement législatif de la disposition statutaire peut être fort différent et, d'autre part, l'interprétation d'un texte constitutionnel appelle une approche et des principes qui lui sont propres en raison de son statut dans la hiérarchie des normes, surtout lorsqu'il s'agit de dispositions contenues dans une charte des droits[18]. Les conséquences beaucoup plus importantes que peut entraîner l'interprétation d'une norme constitutionnelle inciteront les tribunaux à faire preuve dans certains cas de retenue judiciaire, ainsi que l'a démontré leur travail d'interprètes ultimes de la *Loi constitutionnelle de 1867*. Dans d'autres circonstances, à l'égard de la *Charte* notamment, les tribunaux adopteront une approche généralement plus large, libérale et évolutive[19].

Quoi qu'il en soit, les tribunaux ne pourront pas ignorer la jurisprudence antérieure relative à l'article 2 de la *Loi sur les langues officielles*, mais la force qu'ils en tireront ne sera pas déterminante, d'abord pour les raisons que nous venons d'évoquer, ensuite au motif que cette jurisprudence relative audit article 2 n'est pas concluante pour l'étude des diverses questions que soulève le paragraphe 16(1). Précisons que ce paragraphe a été commenté de façon incidente par les tribunaux, sans prononcé définitif au sujet de son sens et de sa portée. Nous y reviendrons.

(i) *Le caractère «officiel» de l'anglais et du français*

À notre point de vue, affirmer que «le français et l'anglais sont les langues officielles du Canada» invite a des questions de nature spéculative qu'il ne serait pas sage d'essayer d'approfondir. La considération de ce seul membre de phrase pourrait faire conclure que depuis 1982 il y a une obligation constitutionnelle pour les autorités publiques fédérales de s'afficher ou de paraître bilingues dans leurs manifestations extérieures. Il serait imprudent d'en faire dire davantage au premier membre de phrase du paragraphe 16(1) et surtout de le lire isolément de la deuxième proposition

---

[18] La Cour suprême a bien marqué la distinction entre des garanties conférées par voie législative, en l'occurrence par la *Déclaration canadienne des droits*, et celles enchâssées dans la Constitution, pour conclure que le sens et la portée reconnus aux premières ne sont pas déterminants quant au sens et à la portée des secondes. Voir notamment *R. c. Big M Drug Mart Ltd.*, [1985] 1 R.C.S. 295, pp. 341 à 344 (Le juge en chef Dickson y précise notamment qu'il faut recourir aux principes distinctifs d'interprétation constitutionnelle applicables à la loi suprême du Canada).

[19] Nous verrons que la Cour suprême a fait exception à cette approche dans le cas des garanties linguistiques de la *Charte*. Pour un exposé de l'approche générale à privilégier en matière de droits et libertés, voir *Hunter c. Southam Inc.*, [1984] 2 R.C.S. 145; *R. c. Big M Drug Mart Ltd.*, *supra*, note 18.

contenue dans ce même article : d'ailleurs le texte anglais de cet article fait voir que les deux propositions qui y apparaissent sont reliées et que la deuxième sert à préciser l'énoncé de principe véhiculé par la première[20].

Une proposition aussi vague que «Le français est la langue officielle du Québec» a été considérée par le juge en chef Deschênes de la Cour supérieure dans l'affaire *Bureau métropolitain des écoles protestantes de Montréal c. Ministre de l'Éducation de la province de Québec*[21] et voici ce qu'en disait l'honorable juge :

> Cet article se lit comme suit :
>
> «Le français est la langue officielle du Québec.»
>
> Aussi paradoxal que l'affirmation puisse paraître, cet article pris en lui-même, n'a guère de signification concrète. La Constitution canadienne ne définit pas, en effet, le concept de «langue officielle» et ce ne sont pas les définitions d'encyclopédies qui permettront de découvrir la substance ou de lui en fournir une. Le professeur Bonenfant écrit avec raison :
>
> «Après avoir proclamé qu'une langue est officielle, il faut, en effet, légiférer spécifiquement pour mettre en acte dans tous les domaines les conséquences de cette proclamation. L'usage, comme nous l'avons vu, peut contribuer puissamment à donner à une langue ou à lui faire perdre son caractère officiel mais, en définitive, il faut des lois précises qui reconnaissent ou permettent avec des conséquences juridiques l'usage de la langue dans des domaines variés[22].»

De son côté, le juge Pratte de la Division d'appel de la Cour fédérale a affirmé dans l'affaire *Association des gens de l'air du Québec Inc. c. Otto Lang* :

> Dire que l'anglais et le français sont langues officielles, c'est tout simplement affirmer que ces deux langues sont celles qui sont normalement utilisées dans les communications entre l'État et le citoyen[23].

---

[20] Le juge Wilson s'est prononcée sur la première proposition du paragraphe 16(1). Dans l'arrêt *Société des Acadiens c. Association of Parents*, [1986] 1 R.C.S. 549, elle précise, dans une opinion dissidente quant aux conclusions, que «la disposition introductive portant que ''le français et l'anglais sont les langues officielles du Canada'' est déclaratoire et que le reste du paragraphe énonce les conséquences principales de cette déclaration dans le contexte fédéral, savoir que les deux langues ont un statut égal et sont assorties des mêmes droits et privilèges quant à leur usage dans les institutions du Parlement et du gouvernement du Canada». (p. 619). Voir aussi L. HUPPÉ, «Article 16 de la Charte des droits et libertés — Égalité de statut des langues officielles — Une intention ou une obligation? Société des Acadiens c. Association of Parents» (1988) 67 *R. du B. can.* 128.

[21] [1976] C.S. 430, p. 452.

[22] J.C. BONENFANT, «La compétence constitutionnelle et juridique pour instituer une langue ou des langues officielles au Québec», dans *Rapport de la Commission d'enquête sur la situation de la langue français et sur les droits linguistiques au Québec*, Livre II, Québec, Éditeur officiel du Québec, 1972, p. 289.

[23] [1978] 2 C.F. 371, p. 376.

On peut également dire que le caractère «officiel» d'une langue, lorsqu'il est ainsi déclaré dans un texte fondamental, échappe à l'autorité législative du Parlement ou des organes législatifs visés par la déclaration, sous réserve de modification constitutionnelle, et qu'il assure tout au moins au citoyens le droit de traiter dans la langue officielle avec le ou les gouvernements concernés.

(ii) *L'égalité de statut et des droits et privilèges du français et de l'anglais quant à leur usage dans les institutions du Parlement et du gouvernement du Canada*

On aura remarqué que le paragraphe 16(1) reconnaît aux langues officielles elles-mêmes l'égalité de statut, de droits et privilèges quant à leur usage; l'article ne s'adresse formellement ni aux francophones, ni aux anglophones. En d'autres termes, l'article en question ne vise pas expressément les personnes ou citoyens et ce contrairement aux autres articles de la *Charte* qui identifient les titulaires de droits : «chacun», «tout citoyen», «tout inculpé», «la partie», «le témoin», «toute personne», «le public» («any member of the public»).

Ce mode de législation ne va pas sans créer quelques problèmes. Et ceux-ci sont de taille. D'abord, qui peut se plaindre d'éventuelles contraventions au paragraphe 16(1)? Des individus spécialement affectés? Des contribuables ou des citoyens non touchés? Des groupes intéressés? Des gouvernements? L'article à l'étude énonce-t-il des droits collectifs ou individuels? Comment interpréter ces droits[24]?

Ces premières interrogations ont certes leur pertinence mais nous semblent moins centrales que d'autres qui ont trait à la portée réelle du paragraphe 16(1) et à sa valeur juridique comme fondement de recours judiciaires. En d'autres termes, commençons par nous demander si cet article peut avoir quelque signification concrète ou autonome et si on peut en tirer des recours judiciaires. Après, nous dirons quelques mots des personnes qui auraient l'intérêt («standing», *locus standi*) pour poursuivre.

L'état actuel du droit canadien ne nous permet pas d'affirmer ce que vise exactement cette déclaration d'égalité de statut et de droits et privilèges

---

[24] Dans l'affaire *Société des Acadiens*, *supra*, note 20, p. 578, le juge Beetz, qui s'exprime au nom de la majorité, rappelle que les droits linguistiques reposent sur un compromis politique, qu'ils doivent être distingués des garanties juridiques «qui tendent à être de nature plus féconde», et que «les tribunaux doivent les aborder avec plus de retenue qu'ils ne le feraient en interprétant des garanties juridiques». Cette invitation à la prudence dans l'interprétation des droits linguistiques a été approuvée dans *Mahé c. Alberta*, [1990] 1 R.C.S. 342, pp. 364-365, relativement à l'article 23 de la *Charte*. On pourra consulter : L. GREEN et D. RHÉAUME, «Second Class Rights? Principles and Compromise in the Charter» (1990) 13 *Dal. L.J.* 564.

quant à leur usage dans l'ordre fédéral. *A priori*, deux hypothèses sont possibles. On peut considérer la déclaration comme purement platonique ou abstraite, de type préambulaire, qui énoncerait un objectif ou une règle générale dont l'étendue serait fixée par les articles 17 à 22. La déclaration ne viserait pas à implanter un bilinguisme intégral ou absolu, mais uniquement le niveau ou les modalités de bilinguisme précisés aux articles subséquents. La deuxième hypothèse consiste à voir dans le paragraphe 16(1) le principe fondamental et autonome de la politique linguistique au niveau fédéral, ou ce que l'on peut appeler la pierre d'angle ou la charnière de tout le dispositif linguistique au niveau fédéral.

Dans cette seconde hypothèse, le paragraphe 16(1) aurait un effet contraignant sur les autorités fédérales qui auraient l'obligation constitutionnelle d'assurer l'égalité de statut et des droits et privilèges du français et de l'anglais. Il aurait aussi pour effet de conduire au contrôle judiciaire étendu de la constitutionnalité des lois et règlements fédéraux qui contreviendraient au principe d'égalité. Cette interprétation a déjà été retenue relativement à l'interprétation de l'article 2 de l'ancienne *Loi sur les langues officielles* par le juge en chef Deschênes, de la Cour supérieure du Québec, dans l'affaire *Joyal c. Air Canada* :

> L'article 2 du chapitre O-2 va en effet plus loin que l'article 1 de la Loi 22 et l'explication s'en trouve sans doute dans la situation radicalement différente que chaque loi envisage de régler. Le Parlement ne pouvait s'arrêter à sa déclaration de principe concernant le statut officiel de l'anglais et du français au Canada; il lui fallait immédiatement en prévoir les résultats tangibles et ancrer ce statut dans la réalité canadienne. De là, suit la conclusion concrète du principe : «elles (les deux langues officielles) ont un statut, des droits et des privilèges égaux quant à leur emploi dans toutes les institutions du Parlement et du gouvernement du Canada.»

> Absente de la Loi 22 en vertu du postulat même de base de celle-ci, cette disposition d'égalité dans le chapitre O-2 enracine déjà le principe des langues officielles dans le terroir de notre pays et lui donne sa consécration dans les faits.

> L'article 2 du chapitre O-2 contient donc beaucoup plus que le seul principe éthéré auquel la défence voudrait le restreindre.

> Il est d'ailleurs significatif qu'employant, dans l'affaire *Thorson (Thorson c. P.G. du Canada*, [1975] 1 R.C.S. 138, 151) le même vocabulaire qu'Air Canada, la Cour suprême du Canada est arrivée, en 1974, à la conclusion exactement inverse de celle qu'Air Canada a soumise à la Cour au soutien de cet aspect particulier de son plaidoyer :

Elle (la *Loi sur les langues officielles*) est à la fois déclaratoire et exécutoire relativement à l'usage de l'anglais et du français par les organes et organismes fédéraux... etc[25].

Ce point de vue éminemment respectable et de surcroît tenu par un juriste fort distingué aurait pu devenir celui d'une Cour suprême libérale et réformiste en matière de langues officielles. Mais l'histoire enseigne que nos tribunaux n'ont pas été très activistes dans ce domaine. Les propos du juge Deschênes sont spécifiques à une loi ordinaire du Parlement et n'ont pas reçu d'accueil enthousiaste dans les décisions judiciaires subséquentes.

Ainsi, dans la célèbre affaire des Association des *gens de l'air du Québec*[26], la Cour fédérale tenait un language qui suggère que l'article 2 de la *Loi fédérale sur les langues officielles* verrait sa portée délimitée par les autres dispositions de la Loi. Voici comment s'exprime l'honorable juge Marceau de la Cour fédérale :

La seule question dont le tribunal soit saisi par l'argument mis de l'avant ici est celle de savoir si l'ordonnance attaquée est nulle parce que contraire aux dispositions de la *Loi sur les langues officielles*, et cette question se résout elle-même en deux parties, l'une visant à vérifier si effectivement la contradiction prétendue existe et l'autre si une telle contradiction, dans l'hypothèse où elle existe, force à conclure à nullité.

[...]

Que l'article 2 constitue ce que le mis-en-cause, Spicer, Commissaire aux langues officielles, a appelé maintes fois dans ses rapports la «pierre angulaire» de la loi (voir notamment 2e rapport annuel 1971-1972, p. 17), c'est certain. Qu'il soit plus que l'expression d'un voeu pieux ou d'une déclaration de principe platonique et sans conséquence, c'est clair. Le Parlement exprime là une volonté nette qui permet de souscrire à cette conclusion que le procureur des demandeurs a empruntée des notes du juge en chef de la Cour supérieure..., à l'effet que «cette disposition d'égalité... enracine déjà le principe des langues officielles dans le terroir de notre pays et lui donne sa consécration dans les faits».

Sur le plan pratique des droits et obligations juridiques qui en découlent cependant, je ne puis voir comment cet article 2 peut être isolé de l'ensemble de la loi. Il constitue, à mon avis, une «déclaration de statut», qu'on ne saurait formuler avec plus de vigueur mais qui demeure introductive. Les conséquences à en tirer, le Parlement les exprime dans les articles qui suivent, et c'est ainsi notamment qu'il définit à partir de l'article 9 les «devoirs» qu'il impose aux ministères, départements, organismes du gouvernement du Canada, pour donner effet à sa «déclaration de statut».

---

[25] [1976] C.S. 1211, pp. 1215, 1216. Décision infirmée par la Cour d'appel : *Air Can. c. Joyal*, [1982] C.A. 39.

[26] *Association des gens de l'air du Québec Inc. c. Otto Lang*, [1977] 2 C.F. 22.

[L'honorable juge cite l'article neuf de la loi dans lequel il est question, entre autres, de l'obligation imposée aux ministères, départements, organismes du gouvernement du Canada, judiciaires, quasi judiciaires ou administratifs et corporations de la Couronne de veiller, «dans la mesure où il leur est possible de le faire, à ce que le public, dans des endroits autres que ceux mentionnés dans ce paragraphe, lorsqu'il y a de sa part demande importante, puisse communiquer avec eux et obtenir leurs services dans les deux langues officielles».]

«Dans la mesure où il leur est possible de le faire», voilà, à mon sens, les termes de base qu'il faut noter. Le Parlement ne prétendait pas introduire, en pratique et immédiatement, un bilinguisme intégral, évidemment parce que les faits à partir desquels il légiférait ne le permettaient pas. Le statut est déclaré, le but irrévocable est défini, l'obligation de prendre les moyens pour accéder au but est imposée, mais le rythme d'accession à ce but (partout ailleurs qu'à un siège ou bureau central puisque les districts bilingues n'ont pas été établis) est mesuré par les possibilités. C'est là d'ailleurs que l'on voit d'où est née l'idée du «Commissaire aux langues officielles» que les articles 19 et suivants développent et mettent en oeuvre[27].

La Cour fédérale d'appel n'a pas non plus donné à l'article 2 de la *Loi sur les langues officielles* de l'époque d'effet contraignant ou inévitable. L'honorable juge Pratte affirme dans cette même affaire des *Gens de l'air* :

L'Ordonnance attaquée, à mon avis, ne contredit pas la première partie de l'article 2 de la *Loi sur les langues officielles* parce que, comme je l'ai déjà dit, une langue peut être officielle dans un pays même si, pour des motifs de sécurité, son usage est prohibé en certaines circonstances exceptionnelles.

Ce n'est d'ailleurs pas sur la première partie de l'article 2 que l'avocat des appellants a fondé son argumentation mais bien sur la seconde partie de cette disposition qui affirme l'égalité des deux langues. À ce sujet, il faut remarquer que l'égalité proclamée par l'article 2 ne peut être une égalité absolue qui supposerait nécessairement, entre autres choses, que les deux langues soient utilisées aussi fréquemment l'une que l'autre. Cette égalité est, à mon sens, une égalité relative qui exige seulement que les deux langues soient, dans des circonstances identiques, traitées de même façon. Si, comme certains le prétendent, il était plus dangereux d'utiliser le français que l'anglais dans les communications aériennes au Canada et au Québec, il me semble que l'on pourrait sans contredire le principe d'égalité consacré par l'article 2, prohiber l'usage du français dans ce genre de communications. Car le fait qu'il soit plus dangereux de parler français qu'anglais dans l'air serait une circonstance qui autoriserait à traiter les deux langues de façons différentes[28].

Le juge Le Dain, dont l'opinion était partagée par le juge Hyde, autorisait, lui aussi, le gouvernement à déroger pour des fins de sécurité à la *Loi*

---

[27] *Ibid.*, pp. 33-34-35.
[28] *Association des gens de l'air du Québec Inc. c. Otto Lang*, [1978] 2 C.F. 371, pp. 376, 377.

sur les langues officielles sur la base de la législation relative à l'aéronautique, même s'il voyait dans l'article 2 beaucoup plus qu'un voeu pieux :

> Suivant mon interprétation de l'article 2, celui-ci est plus q'une simple déclaration de principe ou l'expression d'un but ou d'un idéal général. Il est par rapport à la *Loi sur les langues officielles* dans son ensemble — l'expression de l'esprit principal de la Loi auquel d'autres dispositions de la Loi se réfèrent — mais il est également l'affirmation du statut officiel des deux langues et du droit strict d'employer le français tout comme l'anglais, dans les institutions du gouvernement fédéral. D'autres articles de la Loi, tels que les articles 9 et 10, réglementent les modalités d'application afin d'en faire un droit effectif et une réalité pratique. Le principal problème consiste à fournir des employés bilingues en nombre suffisant dans la fonction publique pour veiller à ce que, suivant le libellé de l'article 9, «le public puisse communiquer avec eux et obtenir leurs services dans les deux langues officielles». D'autres dispositions de la Loi imposent des obligations spécifiques aux institutions du gouvernement du Canada pour donner effet au statut officiel des deux langues, mais l'article 2 paraît être la seule disposition de laquelle peut découler un droit d'employer le français ou l'anglais comme langue de travail et comme langue de service dans le gouvernement fédéral. À mon humble avis, l'article 2 est, à ce titre, plus qu'une simple disposition introductive, il est plutôt le fondement juridique de l'emploi du français, comme de l'anglais, dans la fonction publique du Canada, que ce soit comme fonctionnaire ou comme membre du public traitant avec lui. Bien entendu, la mise en application pratique, nécessaire afin d'en faire un droit effectif est une toute autre histoire[29].

Ces prononcés judiciaires sont importants et pertinents mais ne peuvent tous être vrais en même temps. Si l'on devait s'inspirer du raisonnement des juges qui favorisaient l'interprétation minimaliste de l'article 2 de la *Loi sur les langues officielles* et qui en faisaient plutôt une disposition introductive (c'est le cas des juges Marceau, Pratte et, dans une moindre mesure, des juges Le Dain et Hyde), on devrait dire que les articles 17 à 22 de la *Charte* exprimeraient tout le contenu du principe fondamental énoncé par le paragraphe 16(1). Ceci pourrait mener à un non-sens dans la mesure où ces articles ne traitent pas du droit d'employer le français ou l'anglais comme langue de travail dans les institutions du Parlement du gouvernement du Canada. Ces articles 17 à 22 se rapportent :

– au droit d'employer les deux langues officielles dans les débats et travaux du Parlement (paragraphe 17(1))
– à l'impression et à la publication dans les deux langues officielles des documents parlementaires (paragraphe 18(1))
– au droit d'employer le français ou l'anglais dans les procédures devant les tribunaux établis par le Parlement paragraphe 19(1))

---

[29] *Ibid.*, pp. 379 et 380.

– au droit pour les administrés de communiquer dans les deux langues officielles avec les institutions fédérales (paragraphe 20(1))
– aux droits linguistiques qui existent ou qui sont maintenus aux termes d'une autre disposition de la Constitution du Canada (article 21); ces autres dispositions de la Constitution du Canada n'ont pas trait à la langue de travail dans le gouvernement fédéral
– aux droits linguistiques autres que ceux des langues française et anglaise (article 22); cet article n'est pas pertinent.

En somme, plus qu'une disposition introductive, le paragraphe 16(1) devrait renfermer, tout au moins, un droit fondamental et autonome d'usage (langue de travail) des deux langues officielles dans les institutions fédérales. Même en recourant à la méthodologie des juges de la Cour fédérale, il nous paraît difficile d'affirmer que les articles 17 à 22 auraient pour effet de neutraliser un droit clair relatif à la langue de travail énoncé par le paragraphe 16(1).

D'autres raisons nous incitent à reconnaître dans le paragraphe 16(1) une norme constitutionnelle concrète, autonome et indépendante. D'abord, les limitations ou réserves comprises alors dans la *Loi sur les langues officielles*, qui ont servi en Cour fédérale à limiter les effets de l'article 2, ne se retrouvent ni dans la *Charte* ni dans la nouvelle *Loi sur les langues officielles* de 1988. Pour porter atteinte aux droits linguistiques reconnus aux articles 16 à 22 de la *Charte*, qui possède une autorité supra-législative, il faut procéder en vertu de l'article 1 de celle-ci. Ainsi, là où il est possible de déroger à la *Loi sur les langues officielles* par le biais de législation sectorielle ou particulière, on doit par ailleurs faire reposer sur l'article 1 de la *Charte* toute législation fédérale qui restreint l'un ou l'autre droit prévu aux articles 16 à 22[30]. Ensuite, la documentation historique admissible en preuve extrinsèque peut tout au moins démontrer l'importance exceptionnelle qu'occupent les droits linguistiques dans le processus de révision constitutionnelle. On peut présumer que les concepteurs de la *Loi constitutionnelle de 1982* voulaient constitutionnaliser autre chose que l'insignifiance.

Pour toutes ces raisons, les tribunaux devraient plutôt donner au paragraphe 16(1) une portée juridique propre, indépendamment des autres articles de la *Charte*. Ceci d'ailleurs a été l'opinion exprimée constamment par le Commissaire aux langues officielles[31].

---

[30] Une législation fédérale qui restreindrait l'une des garanties contenues aux paragraphes 17(1), 18(1) ou 19(1) de la *Charte* pourrait ne pas être sujette à l'application de l'article 1 puisqu'elle enfreindrait du même coup l'article 133 de la *Loi constitutionnelle de 1867*. Or, aucune restriction n'est permise en regard de ce dernier article.

[31] Voir les différents rapports annuels du Commissaire aux langues officielles.

Mais certains indices suggèrent que le plus haut tribunal du pays pourrait ne pas être de cet avis. En effet, dans trois décisions[32] portant sur les droits linguistiques, la Cour suprême a précisé l'approche qu'elle entend retenir dans l'interprétation judiciaire des garanties relatives à la langue, après l'entrée en vigueur de la *Charte*. Après avoir privilégié une interprétation large accordant une meilleure protection aux droits linguistiques[33], la Cour, à la majorité, a adopté une attitude de très grande retenue judiciaire, en toute déférence pour le pouvoir législatif et le processus politique, auxquels il incomberait de voir à l'avancement effectif et concret de l'égalité de statut et d'usage des deux langues officielles. Pour reprendre les mots du juge Beetz : «... les tribunaux devraient hésiter à servir d'instruments de changement dans le domaine des droits linguistiques. (... Ils) doivent les aborder avec plus de retenue qu'ils ne le feraient en interprétant des garanties juridiques»[34].

De façon paradoxale, l'article 16 a servi à étayer le raisonnement à l'origine de cette attitude restrictive dans l'interprétation des droits linguistiques. Le fait que le paragraphe 16(1) énonce qu'au Canada il y a égalité de statut des deux langues officielles paraissait pourtant militer en faveur d'une mise en oeuvre généreuse et active des droits linguistiques de la part des tribunaux et d'une interprétation qui contribuerait à ce que cet objectif d'égalité puisse être atteint, à l'heure actuelle et dans les faits[35].

Or, dans l'affaire *Société des Acadiens*[36], la majorité de la Cour suprême semble plutôt avoir considéré que l'égalité qu'énonce le paragraphe 16(1) n'est pas réalisée et que, de ce fait, elle ne saurait constituer davantage qu'un objectif politique ou un idéal. Ainsi, l'article 16, «qui sert *d'introduction* à la partie ''langues officielles du Canada''[37]», contient selon le juge Beetz :

---

[32] Il s'agit des arrêts *MacDonald c. Ville de Montréal*, *supra*, note 6; *Bilodeau c. P.G. (Man.)*, [1986] 1 R.C.S. 449; *Société des Acadiens c. Association of Parents*, *supra*, note 20. Dans l'arrêt *R. c. Mercure*, *supra*, note 5, la Cour suprême a refusé de revenir sur la position adoptée dans les trois arrêts mentionnés.

[33] Cette approche fut généralement retenue dans les arrêts *Jones c. Procureur général du Nouveau-Brunswick*, *supra*, note 3; *Procureur général du Québec c. Blaikie (No. 2)*, *supra*, note 7; *Renvoi : droits linguistiques au Manitoba*, *supra*, note 5, notamment à la p. 744.

[34] *Société des Acadiens c. Association of Parents*, *supra*, note 20, p. 578. Pour un commentaire de cet arrêt, voir : R. BILODEAU, «Une analyse critique de l'affaire *Société des Acadiens du Nouveau-Brunswick* et l'avenir précaire du bilinguisme judiciaire au Canada», (1986) 32 *McGill L.J.* 232-243.

[35] Dans l'arrêt *Société des Acadiens*, seul le juge en chef Dickson s'est montré prêt à reconnaître le droit *actuel* à l'égalité de statut et de privilèges des langues officielles et à y donner effet dans l'interprétation du paragraphe 19(2), qui était en cause dans cette affaire. Voir ses notes, *ibid.*, p. 565.

[36] *Ibid.*

[37] *Ibid.*, p. 578.

(...) un principe d'avancement ou de progression vers l'égalité de statut ou d'usage des deux langues officielles. Je considère toutefois qu'il est très significatif que ce principe de progression soit lié au processus législatif mentionné au paragraphe 16(3) où se trouve consacrée la règle énoncée dans l'arrêt *Jones c. Procureur général du Nouveau-Brunswick*, [1975] 2 R.C.S. 182. Comme le processus législatif est, à la différence du processus judiciaire, un processus politique, il se prête particulièrement bien à l'avancement des droits fondés sur un compromis politique[38]. (...) Selon moi, l'article 16 de la *Charte* confirme la règle selon laquelle les tribunaux doivent faire preuve de retenue dans leur interprétation des dispositions relatives aux droits linguistiques[39].

À trop intervenir dans l'évolution linguistique au Canada et à imposer certaines obligations constitutionnelles au gré de la progression vers l'égalité des deux langues, on risquerait, de l'avis du juge Beetz, de freiner l'adhésion éventuelle de certaines provinces aux garanties des articles 16 à 22 :

> Il est de notoriété publique qu'on s'attendait à ce que certaines provinces autres que le Nouveau-Brunswick, abstraction faite du Québec et du Manitoba, finissent par adhérer volontairement à la totalité ou à une partie du régime constitutionnel prescrit par les articles 16 à 22 de la *Charte*, et une procédure souple de modification de la Constitution a été prévue [l'article 43] pour que cette progression dans le domaine linguistique puisse se réaliser. Mais là encore, il s'agit d'une forme de progression qui résulte d'un processus politique et non judiciaire.
>
> Si toutefois on disait aux provinces que le régime créé par les articles 16 à 22 de la *Charte* est dynamique et progressif en soi, indépendamment de toute législation et de toute modification de la Constitution, et qu'il appartient aux tribunaux de régler le rythme d'évolution de ce régime, elles se trouveraient dans l'impossibilité de savoir avec une exactitude relative ce à quoi elles adhèrent. Pareille situation les rendrait assurément plus réticentes à adhérer et irait à l'encontre du principe de progression énoncé au paragraphe 16(3)[40].

Certains peuvent trouver déroutant ce type d'argument, dans la mesure surtout où il apparaît dans l'interprétation d'un texte constitutionnel (la *Charte*) qui, par sa nature, renferme un contenu essentiellement évolutif et susceptible de progression au fil des années. La rédaction des dispositions de la *Charte* en termes nécessairement vagues, généraux et ouverts n'ap-

---

[38] *Ibid.*, p. 579.
[39] *Ibid.*, p. 580. Le juge Wilson, dans sa dissidence, se serait montrée prête à reconnaître à l'article 16 une portée véritable et à donner effet au principe de développement qui se dégage de cet article. Selon ses propos, il s'agirait dans chaque cas pour le tribunal de déterminer où en est rendu le cheminement vers le bilinguisme et de voir si la conduite attaquée peut être considérée comme appropriée à ce stade de l'évolution. Arrêt *Société des Acadiens, ibid.*, p. 619.
[40] Arrêt *Société des Acadiens, ibid.*, p. 579-580.

pelle-t-elle pas justement un rôle actif des tribunaux pour les définir et les mettre en oeuvre selon l'évolution de notre société libre et démocratique? Le caractère peut-être plus politique des questions linguistiques au Canada justifie-t-il que l'on atténue le caractère fondamental des garanties constitutionnelles conférées dans ce domaine? Les articles 16 à 22 de la *Charte* n'échappent pourtant pas au principe communément accepté selon lequel les constituants ont dévolu aux cours de justice le mandat de contrôler la comptabilité des mesures législatives et gouvernementales avec les garanties contenues dans la *Charte canadienne* et ont pourvu à ce que les remèdes soient consentis en cas de violation de ces garanties.

Il est vrai que l'affaire *Société des Acadiens* ne tranche pas de façon explicite et définitive les questions relatives au sens et à la portée véritable du paragraphe 16(1). La question principale traitée dans cette cause portait sur l'article 19 relatif au droit du plaideur d'utiliser la langue officielle de son choix devant les tribunaux établis par le Nouveau-Brunswick[41]. La Cour suprême ne s'est donc pas prononcée directement sur la portée du paragraphe 16(1), mais l'a plutôt évoqué pour établir l'étendue des droits conférés par l'article 19.

Toutefois, les principes émis dans l'arrêt majoritaire au sujet de la progression vers l'égalité des langues, qui relèverait avant toute chose du processus législatif ou de modification constitutionnelle plutôt que des tribunaux, et le principe de retenue judiciaire obligatoire qui en découle, laissent présager une intervention judiciaire plutôt timide dans le cadre des dispositions linguistiques de la *Charte*, dont l'interprétation dépend en partie du sort réservé au paragraphe 16(1).

La Cour acceptera-t-elle de trouver dans ce paragraphe un droit autonome et exécutoire d'usage des langues officielles dans les institutions fédérales, au sens de langues de travail, ou ne pourra-t-il s'agir que d'un droit lié à un processus d'avancement qui relève exclusivement du domaine législatif? Dans ce dernier cas, l'enchâssement du principe d'égalité des langues officielles pourrait bien demeurer lettre morte. En tant que garanties constitutionnelles dépourvues de sanction judiciaire, cette égalité devrait alors compter sur les pressions politiques et l'action législative pour connaître quelque avancement.

En tout état de cause, la question de la valeur déclaratoire ou exécutoire du paragraphe 16(1) n'étant pas tranchée de façon définitive, ni celle de savoir si cet article peut fonder certains recours judiciaires, il demeure pertinent d'en faire un bref examen.

Si, par hypothèse, la Cour en venait à la conclusion que le droit autonome d'usage des deux langues officielles, en tant que langues de travail,

---

[41] Il s'agissait en fait de déterminer si ledit droit incluait le droit d'être entendu et compris peu importe la langue officielle choisie par le plaideur.

existe, elle pourrait tout au moins, sur action déclaratoire, constater le manque de conformité d'une législation fédérale avec le paragraphe 16(1) et, sur la base de l'article 52 de la *Loi constitutionnelle de 1982*, déclarer inopérante la législation incompatible. Mais un jugement de la sorte ne conduit pas à l'égalité, car celle-ci ne peut être obtenue que par voie d'injonctions ou d'autres recours judiciaires appropriés.

La difficulté principale consiste à déterminer si les recours prévus à l'article 24 de la *Charte* peuvent aussi être utilisés pour obtenir la réparation ou le remède à l'égard d'une violation du paragraphe 16(1). Dans la mesure où le paragraphe 16(1) affirme le droit d'utiliser l'une ou l'autre langue officielle comme langue de travail dans les institutions du Parlement et du gouvernement du Canada, il nous semble que les personnes, victimes de violation ou de négation de ce droit, peuvent poursuivre, en vertu de l'article 24 de la *Charte*, devant le tribunal compétent pour obtenir réparation. Quelles seraient ces «victimes de violation» qui auraient l'intérêt pour poursuivre? Cette question est traitée dans le chapitre du professeur Gibson[42]. Des individus à l'emploi du gouvernement fédéral ou d'institutions fédérales qui sont directement lésés peuvent poursuivre. Mais qu'en sera-t-il des groupes qui auraient été systématiquement désavantagés? Nous croyons que la phraséologie utilisée dans l'article 24 pourrait éventuellement restreindre les bénéficiaires des recours aux seules personnes victimes de violation; bref, le paragraphe 16(1) peut être considéré comme n'énonçant qu'un droit individuel eu égard aux mécanismes de mise en oeuvre prévus à l'article 24.

Les tribunaux garderaient toute leur discrétion pour considérer l'article 16 comme disposition exécutoire (impérative) ou comme disposition déclaratoire. Nous sommes d'accord avec le propos suivant du juge en chef Deschênes dans l'affaire *Joyal* :

> La Cour ne saurait se rendre à cette conclusion; elle ne saurait abdiquer ses responsabilités; elle ne saurait refuser de considérer à son mérite un recours qui relève de sa compétence, en l'absence d'une indication claire de la volonté du Parlement en ce sens[43].

Rappelons brièvement que la disposition déclaratoire ne prévoit aucune sanction à l'inconstitutionnalité des lois qui y contreviennent alors que l'on peut recourir à des remèdes spécifiques (injonction ou dommages) pour faire sanctionner les contraventions à la disposition exécutoire[44].

---

[42] Voir chapitre 19.
[43] *Joyal c. Air Can.*, *supra*, note 25, p. 1220.
[44] Voir R.W. KERR, «Blaikie and Forest : The Declaratory Action as a Remedy against Unconstitutional Legislation», (1980) 26 *McGill L.J.* 97; J.E. MAGNET, «Validity of Manitoba Laws after Forest : What is to be done?» (1979-80) 10 *Man. L.J.* 241; B.L. STRAYER, *The Canadian Constitution and the Courts*, 3e éd., Toronto, Butterworths, 1988, pp. 299-310; et P.W. HOGG, *supra*, note 8, pp. 915-923.

W.F. Craies fait bien ressortir la distinction dans son ouvrage *On Statute Law* et rappelle que les tribunaux présument que les lois qui ne prévoient pas de remède spécifique n'écartent pas les recours de droit commun :

> When a statute creates a duty, one of the first questions for judicial consideration is what is the sanction for its breach, or the mode for compelling the performance of the duty? This question usually resolves itself into the inquiry whether the Act is mandatory or directory i.e. absolute or discretionary. If it is directory, the courts cannot interfere to compel performance or punish breach of the duty, and disobedience to the Act does not entail any invalidity. If the Act is mandatory, disobedience entails legal consequences, which may take the shape of a public or private remedy obtainable in a court of justice, or the avoidance of some contract, instrument, or document without the intervention of any court [...]
>
> Where, in a statute creating a duty, no special remedy is prescribed for compelling performance of the duty or punishing its neglect, the courts will as a general rule, presume that the appropriate common remedy by indictment, mandamus, or action was intended to apply[45].

Dans l'affaire *Bilodeau c. P.G. Manitoba*[46], le juge en chef Freedman de la Court d'appel du Manitoba rappelle la distinction et suggère que le défaut de se conformer à des dispositions même impératives n'entraîne pas nécessairement nullité. Ce résultat était contraire à celui obtenu au Québec dans l'affaire *Société Asbestos Ltée c. Société nationale de l'amiante*[47].

La Cour suprême a tranché le débat en se prononçant sur la question du caractère impératif ou directif des articles 133 de la *Loi constitutionnelle de 1867* et 23 de la *Loi de 1870 sur le Manitoba*. Dans le *Renvoi : droits linguistiques au Manitoba*[48], elle a affirmé le caractère impératif (*mandatory*) des garantis constitutionnelles conférées par ces articles[49] et le devoir des tribunaux de protéger les droits linguistiques qui en découlent. Toute loi incompatible avec ces droits devient donc invalide.

Dans l'affaire *Joyal*[50], le juge en chef fait ressortir de l'examen de la législation le droit exécutoire du demandeur. Or, tous les juges n'examinent pas les lois de la même façon et ne sont pas tous enclins à faire découler des obligations légales de textes conçus en termes généraux. Le zèle des uns dans la défense et la mise en oeuvre des recours de droit commun

---

[45] W.F. CRAIES, *Craies on Statute Law*, 7ᵉ édit. par S.G.G. Edgar, Londres, Sweet & Maxwell, 1971, pp. 229-230.
[46] *Bilodeau c. A.G. Manitoba*, [1981] 5 W.W.R. 393 (C.A. Man.).
[47] [1979] C.A. 342; voir aussi *P.G. Québec c. Collier*, [1983] C.S. 366; [1985] C.A. 589.
[48] *Supra*, note 5.
[49] Voir *id.*, pp. 742, 743; le même résultat a été obtenu dans *R. c. Mercure*, *supra*, note 5, dans le cas de la Saskatchewan.
[50] *Joyal c. Air Can.*, *supra*, note 25, p. 1217.

n'empêche pas la modération des autres de se manifester à l'égard de certaines questions susceptibles de relever davantage du domaine politique.

Ainsi que l'a donné à entendre la Cour suprême dans l'affaire *Société des Acadiens*[51], il est concevable que l'article 16 ne se voit attribuer qu'une portée déclaratoire et qu'il faille alors compter sur le Parlement pour son actualisation. Il se peut donc, pour employer les propos du juge en chef Deschênes, que cette nouvelle norme constitutionnelle qui impose des obligations dans un domaine de compétence fédérale «reste lettre morte en cas de violation et doive être considérée comme une affirmation platonique d'une bonne intention dépourvue de sanction[52]».

(c) La mise en oeuvre de l'égalité linguistique

Nous l'avons observé plus haut, ce que garantit le paragraphe 16(1) est essentiellement l'égalité de statut et de droits des deux langues officielles au niveau de leur emploi dans les institutions du Parlement et du gouvernement du Canada : le paragraphe 16(1) vise donc la langue de travail, la langue de communication ou de service étant couverte par l'article 20.

Quant aux secteurs fédéraux touchés par le paragraphe 16(1), il s'agit de toutes les institutions du Parlement et du gouvernement du Canada, ou de la collectivité publique fédérale. Plus particulièrement, le paragraphe 16(1) s'applique incontestablement aux ministères, départements et organismes du gouvernement; il s'applique aussi aux organismes judiciaires[53], quasi judiciaires et aux corporations de la Couronne créés par une loi du Parlement. Dans l'affaire *Joyal*[54], tous les intervenants y compris le Procureur général du Canada étaient unanimes pour reconnaître que la Société Air Canada était une institution fédérale.

On devra aussi considérer comme institutions fédérales les Forces armées, la Gendarmerie royale, les Postes du Canada, entre autres. Mais Bell Canada, les banques, les compagnies fédérales ou la compagnie C.P. Rail seraient-elles assujetties à cet article? Il s'agit ici formellement d'institutions fédérales, i.e. de personnes morales constituées par les auto-

---

[51] *Supra*, note 20.
[52] *Supra*, note 25, p. 1217.
[53] Voir l'opinion du juge en chef Dickson dans l'arrêt *Société des Acadiens*, *supra*, note 20, selon laquelle l'expression «les institutions du Parlement et du gouvernement du Canada» englobe les tribunaux et les corps judiciaires (p. 565). Il est intéressant de noter toutefois que le juge Meyer a décidé, dans l'affaire *St-Jean c. La Reine*, [1987] N.W.T.R. 118 (C.S. Yukon), que cette expression ne vise pas l'Assemblée ou le gouvernement du Yukon.
[54] *Supra*, note 25. Voir aussi *R. c. Bastarache (Y.J.)*, (1993), 128 N.B.R. (2d) 217 (B.R.) où un corps de police municipal au Nouveau-Brunswick ne fut pas considéré comme une institution de la législature et du gouvernement du Nouveau-Brunswick au sens du paragraphe 16(2) de la *Charte*, en raison de la personalité distincte des municipalités; et *R. c. Haché* (1993), 139 N.B.R. (2d) 81 (C.A.) où la majorité adopta l'opinion contraire.

rités fédérales et qui relèvent, mais pas toutes de la même façon, de la compétence fédérale. On aurait peine à concevoir qu'une compagnie constituée en corporation par les autorités fédérales pour faire du commerce local en Alberta ou en Colombie-Britannique, ou pour y faire le commerce bancaire, soit visée par le paragraphe 16(1). À notre point de vue, cet article ne saurait atteindre que les institutions publiques fédérales : celles qui sont créées, réglementées et financées par les autorités fédérales. Les institutions fédérales du secteur privé, financées par le secteur privé, même réglementées par la puissance fédérale, échappent donc au paragraphe 16(1).

Dans les institutions assujetties, le paragraphe 16(1) ne veut pas dire que tous les fonctionnaires ou employés devraient devenir bilingues. Cet article n'exige pas cette transformation, comme il n'exige pas que tous les administrés qui traitent avec les autorités fédérales soient bilingues. Il impose aux autorités fédérales l'obligation de s'assurer que dans ses institutions l'égalité d'usage des deux langues officielles soit respectée par ses agents. Plus concrètement, ces mêmes autorités doivent, selon nous, rendre effectif le droit de leurs employés de travailler généralement dans la langue de leur choix[55]. Ainsi, l'article à l'étude protège même l'unilinguisme de la majeure partie des employés fédéraux parce que, comme nous le verrons, le droit prévu à l'article 20 de communiquer dans l'une ou l'autre langue officielle avec les institutions n'emporte qu'un bilinguisme institutionnel, exigence qui peut être facilement satisfaite par l'emploi de quelques employés bilingues dans les services des institutions fédérales qui traitent avec le public.

Les procédures à la disposition des intéressés pour assurer la mise en oeuvre du paragraphe 16(1) peuvent se limiter à l'action déclaratoire comme elles peuvent englober des recours aussi extraordinaires que l'action positive. Évidemment, le recours administratif qui existe déjà en vertu de la *Loi sur les langues officielles* (plainte au Commissaire aux langues) subsiste puisque la *Charte* n'affecte en rien cette loi. Quant à l'action déclaratoire[56], c'est, selon nous, la procédure judiciaire qui pose le moins de problème au niveau de la recevabilité. Les recours judiciaires de droit commun pourront être exercés dans la mesure d'une interprétation de l'article 24 qui les

---

[55] C'est d'ailleurs l'opinion exprimée par le Commissaire aux langues officielles à l'égard de l'article 2 de la *Loi sur les langues officielles*, S.R.C. 1970, c. O-2 : voir le Rapport 1970-71 de K. Spicer, p. 5; voir aussi le Rapport de M. Yalden pour l'année 1977, p. 14. Nous inspirant de ce dernier, nous croyons pouvoir dire que le paragraphe 16(1) ne dispense pas tous les employés fédéraux de devoir travailler «par moments» dans leur langue seconde. Mais si, en pratique, ce sont principalement les francophones qui doivent travailler «par moments» en anglais, il n'y a pas vraiment égalité au sens du paragraphe 16(1) de la *Charte*, surtout si «par moments» veut dire tout le temps.

[56] Cette procédure peut être utilisée aussi en droit québécois : cf. *Bureau métropolitain des écoles protestantes de Montréal c. Ministre de l'Éducation du Québec*, [1976] C.S. 358 et *Irwin Toy Ltd. c. Québec (Procureur général)*, [1989] 1 R.C.S. 927.

permette et dans la mesure de la qualification de l'article comme législation exécutoire.

Une question, qui se posera inévitablement si les tribunaux qualifient d'exécutoire le paragraphe 16(1), portera sur l'étendue des moyens de redressement susceptibles d'être décrétés par les tribunaux. Ceux-ci pourront-ils, comme en droit américain[57], dans les situations d'inégalité linguistique résultant de discrimination systémique, procéder par ordonnances à l'élimination des obstacles à l'égalité linguistique réelle? Pourront-ils, par exemple, ordonner aux institutions fédérales de procéder à l'intégration d'un contingent donné de francophones selon un certain calendrier d'intégration? Pourront-ils même ordonner le versement de sommes d'argent à la minorité historiquement désavantagée? Il est permis d'en douter, d'autant que la Cour suprême des État-Unis semble aujourd'hui moins attirée par ce type de remède ou redressement.

Dans la mesure où les dispositions de la *Charte* créent des droits à la prestation de services publics dans les langues officielles, il est clair que leur mise en oeuvre ne sera pas possible sans que les tribunaux acceptent de jouer un rôle plus déterminant. Tout droit doit pouvoir donner lieu à un redressement[58] et les tribunaux sont investis des pouvoirs nécessaires en matière d'équité pour sanctionner les bris d'obligations constitutionnelles[59]. Il ont même le devoir d'agir en ce sens[60]. Bien entendu, les ordonnances mandatoires en matière constitutionnelle sont nouvelles; elles ne sont cependant pas étrangères à notre système :

> There are many situations however in which the courts do undertake an ongoing role in the regulation and management of litigants' affairs. In family law, custody and access orders are subject to ongoing review ... In the commercial area, orders appointing receivers directly involve the court in the management of the most complex business arrangements. Similarly, the jurisdiction to protect infants and the mentally incompetent often involves repeated applications to the court for direction, as does the more familiar jurisdiction concerning the administration of estates and trusts ...[61]

---

[57] Voir, à titre d'exemple, *U.S. c. Ironworker Local 86*, 443 F 2d 544 (1971), *cert. denied*, 404 U.S. 984 (1971). Voir aussi *United Steelworkers of America c. Weber*, 443 U.S. 193 (1979); *Hutto c. Finney*, 437 U.S. 678 (1978) et *Hart c. Community School Bd*, 383 F. Supp. 669, p. 769, 512 F. 2d 37 (2nd Cir. 1975).

[58] *Ashby c. White* (1909), 92 E.R. 126, 136; *Lévesque c. P.G. Canada* (1985), 25 D.L.R. (4th) 184 (C.F.).

[59] *Swann c. Charlotte-Mecklenburg Board of Education*, 402 U.S. 1 (1970), P. 15 (U.S.S.C.).

[60] *Renvoi : droits linguistiques au Manitoba, supra*, note 5, pp. 744 à 746 et 753.

[61] R.J. SHARPE, *Injunctions and Specific Performance*, Toronto, Canadian Law Book, 1983, p. 23. Voir aussi R.J. SHARPE, «Injunctions and the Charter», (1984) 22 *Osgoode Hall L.J.* 473; N. GILLESPIE, «Charter Remedies : The Structural Injunction», (1990) 11 *Advocates' Q.* 190; et G. OTIS, «La Charte et la modification des programmes gouvernementaux : l'exemple de l'injonction structurelle endroit américain», (1991) 36 *McGill L.J.* 1348.

En matière constitutionnelle, certains précédents intéressants ont été créés; dans l'affaire *Re Lévesque*[62], un *mandamus* a été accordé pour donner effet au droit de voter d'un prisonnier, alors que dans *Marchand c. Simcoe County Board of Education et al.*[63], une injonction était accordée contre un conseil scolaire qui contrevenait aux obligations de l'article 23 de la *Charte*. Dans *Crossman c. La Reine*[64], une personne privée de son droit de consulter un avocat se voyait octroyer 500 $ en dommages-intérêts contre la Couronne. Ces développements répondent à l'appel des experts qui considèrent que les tribunaux doivent emprunter cette voie :

> It can hardly be doubted that often injunctions will be "appropriate and just in the circumstances"... While one might expect Canadian judges to be less adventurous than their American brethren, there can be little doubt that injunctions, both in negative and mandatory form, will play an important role in the implementation of the rights guaranteed by the *Charter*[65].

3. L'OBJECTIF CONSTITUTIONNEL DE PROGRESSION VERS L'ÉGALITÉ DE STATUT OU D'USAGE DU FRANÇAIS : LE PARAGRAPHE 16(3)

Le paragraphe 16(3) de la *Charte canadienne des droits et libertés* prévoit :

> La présente charte ne limite pas le pouvoir du Parlement et des législatures de favoriser la progression de l'égalité de statut ou d'usage du français et de l'anglais.

Ces dispositions consacrent la règle énoncée dans l'arrêt *Jones c. Procureur général du Nouveau-Brunswick*[66]. Sous cet aspect, elles confir-

---

[62] *Supra*, note 58.

[63] (1986) 55 O.R. (2d) 638 (H.C. Ont.). Voir aussi *Procureur général du Man. c. Metropolitan Stores (MTS) Ltd.*, [1987] 1 R.C.S. 110 et *RJR MacDonald Inc. c. Canada (Procureur général)*, [1994] 1 R.C.S. 311.

[64] (1984) 12 C.C.C. (3d) 547 (C.F.).

[65] R.J. SHARPE, *supra*, note 61, p. 120; voir aussi D. GIBSON, *The Law of the Charter : General Principles*, Toronto, Carswell, 1986, p. 198 et ss. et, dans la présente édition, le chapitre que le même auteur consacre à la mise en application de la *Charte*. A. BRAËN, «Les recours en matière de droits linguistiques», dans M. BASTARACHE (dir.), *supra*, note 16, p. 461; P. BÉLIVEAU, «L'octroi d'une réparation en vertu de l'article 24 de la *Charte des droits et libertés*», (1988) 67 *R. du B. can.* 622; H.P. GLENN, «L'article 24(1) de la *Charte canadienne des droits et libertés* : la réparation convenable et juste» dans F.P. du Bar., *Application des Chartes des droits et libertés en matière civile*, Cowansville, Yvon Blais, 1988, p. 75.

[66] Comme le reconnaît la Cour suprême dans l'arrêt *Société des Acadiens, supra*, note 20, p. 579. Notons, à cet égard, que l'article 16.1 a été ajouté en 1993 afin de prévoir des droits égaux aux communautés linguistiques française et anglaise du Nouveau-Brunswick et de confirmer le rôle de la législature et du gouvernement de cette province en ce

ment le pouvoir du Parlement fédéral et de la législature du Nouveau-Brunswick d'ajouter par voie législative aux garanties linguistiques qu'ils doivent respecter dans le cadre des articles 16 à 22, le pouvoir du Québec d'ajouter à ce que prévoit l'article 133 et celui du Manitoba d'aller au-delà des exigences de l'article 23 de sa loi constitutive. Les législatures des autres provinces peuvent aussi légiférer pour améliorer le statut des langues officielles, indépendamment des garanties constitutionnelles auxquelles elles ne sont pas assujetties. Mais le paragraphe 16(3) ne devrait pas avoir pour seul objet de confirmer les principes existants. Il précise en outre que les autres dispositions de la *Charte canadienne* ne limitent pas le pouvoir d'adopter des lois qui favorisent la progression vers l'égalité de statut ou d'usage des langues officielles. Par cette disposition, on a vraisemblablement voulu s'assurer que le pouvoir de privilégier le français et l'anglais dans la législation ne puisse être constesté en vertu des normes anti-discriminatoires contenues à l'article 15 de la *Charte*. Le paragraphe 16(3) pourrait ainsi prévenir l'invalidation de mesures d'accès à l'égalité des langues officielles.

Cette question a fait l'objet d'examen en jurisprudence dans des litiges portant sur le droit d'être jugé dans la langue de son choix, que prévoit l'article 530 du *Code criminel*. En vertu de cet article, tout accusé dans une affaire criminelle a le droit de subir son procès dans la langue officielle de son choix. Adoptée par le Parlement fédéral, cette disposition devait, avant 1990, faire l'objet d'une proclamation spéciale pour avoir effet dans une province[67]. Dans les provinces qui n'avaient pas accepté une telle proclamation, les accusés ne pouvaient se prévaloir du droit conféré par la législation fédérale. Cette disparité d'application de cette disposition du *Code Criminel* fut contestée au motif qu'il s'agissait d'un traitement discriminatoire et contraire à l'article 15 de la *Charte*, privant les accusés du même bénéfice de la loi. On rechercha une ordonnance permettant d'exercer ce droit de choisir la langue de son procès, à défaut de bénéficier des dispositions du *Code criminel*. Dans ce contexte, la question consistait à savoir si le paragraphe 16(3) de la *Charte* pouvait faire obstacle à l'application de l'article 15, dans la mesure où ces dispositions du *Code criminel* auraient

---

domaine. Cet ajout fut réalisé par amendement bilatéral entre le Parlement fédéral et l'Assemblée législative du Nouveau-Brunswick conformément à l'article 43 de la *Loi constitutionnelle de 1982*. Cet article 16.1 se lit ainsi : «(1) communauté linguistique française et la communauté linguistique anglaise du Nouveau-Brunswick ont un statut et des droits et privilèges égaux, notamment le droit à des institutions d'enseignement distinctes et aux institutions culturelles distinctes nécessaires à leur protection et à leur promotion. (2) Le rôle de la législature et du gouvernement du Nouveau-Brunswick de protéger et de promouvoir le statut, les droits et les privilèges visés au paragraphe (1) est confirmé».

[67] Ce mécanisme d'entrée en vigueur était prévu par l'article 6 de la *Loi modifiant le Code criminel*, S.C. 1977-78, c. 36.

été adoptées en vue de favoriser l'égalité de statut et d'usage des langues officielles[68].

[Depuis le début de l'année 1990, ce droit de subir son procès dans la langue officielle de son choix s'applique dans toutes les provinces. Il ne s'agit pas d'un droit protégé par la Constitution[69].]

Cette question ne fut pas tranchée de façon péremptoire. On s'est demandé cependant, au vu des circonstances dans lesquelles cette question était examinée, si le paragraphe 16(3) pouvait être invoqué avec pertinence pour écarter l'application de l'article 15. En effet, ce n'est pas tant le traitement favorable accordé aux deux langues officielles qui était taxé de discriminatoire, mais bien plutôt le fait que ce traitement favorable ne bénéficiait pas également à tous les accusés, peu importe le lieu au Canada où se situait leur procès. Au surplus, l'article 15 de la *Charte* n'était pas invoqué pour limiter le pouvoir du Parlement de favoriser la progression vers l'égalité des langues officielles, mais bien pour forcer l'exercice de ce pouvoir au bénéfice de tous les accusés en matière criminelle.

4. LA GARANTIE CONSTITUTIONNELLE DE LA CONTINUITÉ DES DROITS LINGUISTIQUES ACTUELS : LA GARANTIE DE LA «PRÉOCCUPATION LIMITÉE»

Le troisième trait majeur du chapitre linguistique de la *Charte canadienne des droits et libertés* est la continuité des garanties qui existent en vertu d'autres dispositions constitutionnelles. L'article 133 de la *Loi constitutionnelle de 1867* conserve tous ses effets au Québec[70], tout comme l'article 23 de la *Loi de 1870 sur le Manitoba*. Les pouvoirs législatifs fédéraux ou provinciaux qui habilitent le Parlement ou les législatures à légiférer en matières linguistiques ne sont nullement affectés. L'article 21 de la *Charte* prévoit à cet égard :

> Les articles 16 à 20 n'ont pas pour effet, en ce qui a trait à la langue française ou anglaise ou à ces deux langues, de porter atteinte aux droits, privilèges ou

---

[68] Voir sur cette question, *inter alia* : *R. c. Paré* (1986), 31 C.C.C. (3d) 260 (C.S. C.B.); *R. c. Ringuette* (1987), 63 Nfld. & P.E.I.R. 126 (Nfld. C.A.), où l'on a conclu que le paragraphe 16(3) empêchait d'invoquer l'article 15; *Paquette c. R.*, [1986] 3 W.W.R. 232 (B.R. Alta.); *R. c. Tremblay* (1985), 20 C.C.C. (3d) 454 (B.R. Sask.) : *Ref. re French Language Rights*, [1987] 5 W.W.R. 577 (C.A. Sask.), où l'on a conclu en sens contraire. La Cour suprême du Canada a refusé d'entendre l'appel interjeté dans l'affaire *Ringuette*, de même que la première forme de l'appel dans l'affaire *Paquette*. La décision dans *Ref. Re French Language Rights* a été portée en appel, mais uniquement sur la question des droits découlant de l'article 110 de l'*Acte des Territoires du Nord-Ouest*.

[69] Voir : L.C. 1988, ch. 38, article 96.

[70] Remarquons que les parties de l'article 133 applicables dans le contexte fédéral demeurent en vigueur, comme le prévoit l'article 21 de la *Charte*. L'un des problèmes soulevés par la continuité d'application de l'article 133 a été évoqué précédemment à la note 30.

obligations qui existent ou sont maintenus aux termes d'une autre disposition de la Constitution du Canada.

Il ne s'agit pas ici, on le voit, d'enchâsser les droits linguistiques qui existent en vertu de textes législatifs ordinaires, tels ceux reconnus par la *Loi fédérale sur les langues officielles* ou la *Déclaration canadienne des droits* (le droit à l'interprète prévu à l'article 2 de la *Déclaration*). Ces droits coexistent avec ceux énoncés dans la *Charte*. Celle-ci prend à son compte le contenu de l'article 133 pour les fins du gouvernement fédéral et assure pour le bénéfice du public l'égalité du français et de l'anglais comme langue de service ou de communication entre les administrés et les institutions fédérales. C'est ce qu'il importe de voir de plus près.

Dans la mesure où la *Charte* reproduit pour les fins fédérales l'article 133, sans l'abroger, elle présente un intérêt limité pour notre travail. L'article 133 est connu; il a fait l'objet de plusieurs études et de jugements qui ont précisé sa portée. Aussi les articles 17, 18 et 19 qui reproduisent cet article ne nous semblent pas devoir mériter de longs développements[71]. Rappelons ici, en guise d'introduction, un passage de l'arrêt *Jones c. Le procureur général du Nouveau-Brunswick* dans lequel la Cour suprême donne une description fidèle des droits individuels proclamés par l'article 133 :

> Les mots mêmes de l'article 133 indiquent qu'il n'est l'expression que d'une préoccupation limitée en matière de droits linguistiques; et il a été, selon moi, décrit à bon droit comme donnant à toute personne un droit constitutionnel de se servir de l'anglais ou du français dans les débats législatifs des chambres du Parlement et de la législature du Québec et dans toute plaidoirie ou pièce de procédure par devant les tribunaux du Québec, ou émanant d'eux, et comme imposant l'obligation d'employer la langue anglaise et la langue français dans la rédaction des archives, procès-verbaux et journaux respectifs des chambres du Parlement du Canada et de la législature du Québec ainsi que dans l'impression et la publication des lois du Parlement du Canada et de la législature du Québec[72].

La Cour suprême s'est prononcée au sujet de la langue des plaidoiries et pièces de procédure devant les tribunaux. Nous rendons compte de ces développements dans la section consacrée à l'article 19 de la *Charte*.

---

[71] L'arrêt majoritaire de la Cour suprême dans l'affaire *Société des Acadiens c. Association of Parents*, *supra*, note 20, a clairement établi la continuité des l'articles 133 de la *Loi de 1867* au moyen des articles 17 à 19 de la *Charte*. Selon la Cour, les termes des articles 17, 18 et 19 ont été clairement et délibérément empruntés à la version anglaise de l'article 133 et, par conséquent, la même interprétation s'impose. Voir les notes du juge Beetz, aux pp. 573 à 575.

[72] *Jones c. Procureur général du Nouveau-Brunswick*, *supra*, note 3.

(a) Les débats et travaux parlementaires

Le paragraphe 17(1) de la *Charte* prévoit :

Chacun a le droit d'employer le français ou l'anglais dans les débats et travaux du Parlement.

De son côté, l'article 133 stipule :

Either the English or the French Language may be used by any Person in the Debates of the Houses of the Parliament of Canada . . .[73]

Les parlementaires visés par ces dispositions ont donc le droit constitutionnel additionnel de se servir du français et de l'anglais dans les «travaux» («proceedings») du Parlement. Ils n'ont pas le droit correspondant d'être compris[74], ce qui signifie qu'il n'existe aucune obligation constitutionnelle de fournir la traduction simultanée des débats[75]. Nous ne croyons pas que le texte de l'article 17 modifie les pratiques parlementaires, puisque dans les travaux des commissions ou comités parlementaires que vise apparemment le paragraphe 17(1), les membres du Parlement avaient, avant 1982, le droit d'utiliser le français ou l'anglais.

(b) Les documents parlementaires : l'accroissement du bilinguisme ou l'égalité des deux langues

Le paragraphe 18(1) de la *Charte* énonce :

Les lois, les archives, les comptes rendus et les procès-verbaux du Parlement sont imprimés et publiés en français et en anglais, les deux versions des lois ayant également force de loi et celles des autres documents ayant même valeur.

Les parties correspondantes de l'article 133 prévoient :

. . .; and both those languages shall be used in the respective Records and Journals of those Houses; (. . .) The Acts of Parliament of Canada . . . shall be printed and published in both those Languages[76].

---

[73] L'article 23 de la *Loi de 1870 sur le Manitoba*, qui correspond à l'article 133, comporte une version française officielle qui prévoit : «L'usage de la langue française ou de la langue anglaise sera facultatif dans les débats des Chambres de la législature . . .».

[74] *Société des Acadiens c. Association of Parents*, supra, note 20, p. 574.

[75] Voir *MacDonald c. Ville de Montréal*, supra, note 6, p. 486.

[76] Au même effet, l'article 23 de la *Loi de 1870 sur le Manitoba* édicte que : «. . .; mais dans la rédaction des archives, procès-verbaux et journaux respectifs de ces Chambres, l'usage de ces deux langues sera obligatoire; (. . .) Les actes de la législature seront imprimés et publiés dans ces deux langues». Pour une analyse historique des garanties linguistiques applicables aux textes parlementaires, voir J. E. MAGNET, «Canada's System of Official Bilingualism : Constitutional Guarantees for the Legislative Process», (1986) 18 *Ott. L.Rev.*, pp. 227 à 257.

Encore ici, cet article emprunte à l'article 133 de la *Loi constitutionnelle de 1867* en précisant qu'aucune version des lois, archives, comptes rendus et procès-verbaux ne peut primer l'autre. Ainsi, avec ce dispositif, le législateur fédéral ne pourra décréter qu'une des deux versions de ces documents prime l'autre en cas d'incompatibilité. Dans la décision *Le Bureau métropolitain des écoles protestantes de Montréal c. Ministre de l'Éducation de la province de Québec*[77], le juge en chef Deschênes de la Cour supérieure avait donné à entendre qu'une règle prévoyant que, en cas de divergence, le texte français des lois prévalait, pouvait être valide comme «règle d'interprétation ultime[78]». Ce point de vue n'est plus possible en regard du texte de l'article 18, dans la mesure où il est applicable au palier fédéral. De plus, dans le *Renvoi sur les droits linguistiques au Manitoba*[79], la Cour suprême indique que l'égalité de force juridique des versions française et anglaise des lois du Manitoba et du Québec découlaient implicitement des textes constitutionnels.

Dans l'affaire concernant le *Bureau métropolitain des écoles protestantes*[80], le juge en chef Deschênes avait déclaré que l'obligation de simultanéité d'emploi de deux langues existe non seulement au plan de l'impression et de la publication, mais également au plan de l'adoption et de la sanction des lois. Ce point de vue fut réaffirmé par le juge en chef Deschênes dans l'affaire *Blaikie c. Procureur général du Québec*[81] et confirmé en appel par la Cour suprême. Voici comment cette Cour s'exprime sur ce point :

> Les articles 8 et 9 de la *Charte de la langue française*, reproduits plus haut, ne sont guère conciliables avec l'art. 133 qui ne prévoit pas seulement mais exige qu'un statut officiel soit reconnu à l'anglais et au français dans l'impression et la publication des lois de la législature du Québec. On a soutenu devant la Cour que cette exigence ne vise pas l'adoption des lois dans les deux langues, mais seulement leur impression et leur publication. Cependant, si l'on donne à chaque mot de l'article 133 toute sa portée, il devient évident que cette exigence est implicite. Ce qui doit être imprimé et publié dans les deux langues, ce sont les «lois» et un texte ne devient «loi» que s'il est adopté. Les textes législatifs ne peuvent être connus du public que s'ils sont imprimés et publiés lors de leur adoption qui transforme les projets de loi en lois. De plus, il serait singulier que l'art. 133 prescrive que «dans la rédaction des archives, procès-verbaux et journaux» des Chambres de la législature du

---

[77] [1976] C.S. 430, pp. 453-454.
[78] *Ibid.*, pp. 453-454.
[79] *Supra*, note 5, pp. 777-778. Par ailleurs, quand la version anglaise et française n'ont pas le même sens, il faudrait, en matières pénales, faire prévaloir celle qui est la plus favorable à l'accusé : voir *R. c. Cross*, [1992] R.J.Q. 1001, pp. 1022-1023.
[80] *Supra*, note 77.
[81] [1978] C.S. 37, pp. 44 à 48.

Québec [...] l'usage de l'anglais et du français «sera obligatoire» et que cette exigence ne s'applique pas également à l'adoption des lois[82].

En accord avec la deuxième décision de la Cour suprême dans cette même affaire[83], il y a lieu de préciser que ce paragraphe 18(1) s'applique aussi aux règlements adoptés par le gouvernement fédéral, un ministre ou un groupe de ministres fédéraux, ainsi qu'aux règlements de l'administration fédérale et des institutions publiques fédérales qui, pour entrer en vigueur, sont soumis à l'approbation de ce gouvernement, d'un ministre ou d'un groupe de ministres fédéraux. Les règlements visés doivent être des «instruments de nature législative»; les décisions gouvernementales de nature exécutive échappent à l'emprise de ce bilinguisme[84]. Le paragraphe 18(1) s'applique aussi aux règles de pratique adoptées par les tribunaux judiciaires et quasi judiciaires établis par le Parlement fédéral.

La portée des termes «archives, comptes rendus et procès-verbaux» du Parlement a dû être précisée par la Cour suprême. Ainsi, dans l'affaire *P.G. (Qué.) c. Collier*[85], il s'agissait de déterminer si certains documents sessionnels déposés devant l'Assemblée nationale du Québec pour former le contenu de deux projets de loi étaient visés par l'article 133. La Cour a répondu dans l'affirmative, les documents constituant une partie intégrante de la loi. La question se poserait aussi en regard des journaux des débats (*Hansard*).

---

[82] *P.G. de la Province de Québec c. Blaikie*, [1979] 2 R.C.S. 1016, p. 1022. Les propos de la Cour indiquent que des textes bilingues sont obligatoires à toutes les étapes du processus parlementaire entourant l'adoption de tout projet de loi ou de ses amendements. La Cour a déclaré invalides dans cette affaire des dispositions de la *Charte de la langue française* (L.Q. 1977, c. 5), qui prévoyaient que les projets de lois devaient être rédigés et adoptés en français, que seuls les textes français devaient être officiels et qu'une version anglaise devait être imprimée.

[83] *P.G. de la Province de Québec c. Blaikie*, *supra*, note 7.

[84] Voir *Re Manitoba Language Right Order No. 3*, [1992] 1 R.C.S. 212 et *Sinclair c. Québec (Procureur général)*, [1992] 1 R.C.S. 579. Sur la même question, on pourra consulter la décision antérieure de la Cour supérieure : *Syndicat professionnel des infirmières et infirmiers de Chicoutimi c. Hôpital de Chicoutimi Inc.*, [1990] R.J.Q. 141 (C.S.). Voir aussi *Fédération des infirmiers et infirmières du Québec c. Québec (Procureur général)*, [1991] R.J.Q. 2607 (C.S.) où la Cour supérieure a reconnu un exemple parfait de l'exercice d'un pouvoir décisionnel en accord avec une norme législative. Au plan doctrinal, voir A. BRAËN, «L'obligation constitutionnelle au bilinguisme législatif», dans E. CAPARROS (dir.), *Mélanges Germain Brière*, Montréal, Wilson & Lafleur, 1993, p. 807.

[85] [1985] C.A. 559, confirmée par la Cour suprême dans la cause *Procureur général du Québec c. Brunet*; [1990] 1 R.C.S. 260. Quand un document ne forme pas une partie intégrante de la loi (il ne représente pas sa substance), l'obligation de bilinguisme ne s'applique pas : *Re Manitoba Language Rights*, *supra*, note 84, p. 228. Voir aussi *R. c. Massia* (1991), 4 O.R. (3d) 705 (C.A.) où une loi fédérale incorporant une loi provinciale unilingue fut reconnue valide, parce que son essence n'était pas empruntée à la loi provinciale. Toujours sur l'incorporation par renvoi, voir A. BRAËN, *supra*, note 84.

Dans l'affaire *Waite c. Manitoba (Min. of Highways & Transportation)*[86] le tribunal a établi une distinction entre les obligations linguistiques relatives à l'adoption des lois et celles relatives à la tenue des comptes rendus et procès-verbaux pour conclure que le défaut de respecter les premières entraîne l'invalidité dans tous les cas, alors que l'invalidité ne découlerait pas nécessairement du défaut de respecter intégralement les secondes lorsqu'il y a eu respect des premières[87].

(c) Les procédures devant les tribunaux établis par le Parlement

Le paragraphe 19(1) se lit ainsi :

Chacun a le droit d'employer le français ou l'anglais dans toutes les affaires dont sont saisis les tribunaux établis par le Parlement et dans tous les actes de procédure qui en découlent.

Encore ici, la rédaction emprunte à l'article 133 de la *Loi constitutionnelle de 1867* qui est rédigé comme suit :

...; and either of those Languages may be used by any Person or in any Pleading or Process in or issuing from any Court of Canada established under this Act...[88]

L'article 133 a été interprété largement dans l'affaire *Blaikie*[89] de façon à comprendre les tribunaux administratifs exerçant des fonctions judiciaires ou quasi judiciaires :

[...] il faut donner un sens large à l'expression «les tribunaux du Québec» employée à l'article 133 et considérer qu'elle se rapporte non seulement aux cours visées par l'art. 96 mais également aux cours créées par la province et où la justice est administrée par des juges nommés par elle. Il n'y a pas une grande différence entre cette dernière catégorie de tribunaux et ceux qui exercent un pouvoir judiciaire, même si ce ne sont pas des cours au sens traditionnel du terme. S'il s'agit d'organismes créés par la loi qui ont pouvoir de rendre justice, qui appliquent des principes juridiques à des demandes présentées en vertu de leur loi constitutive et ne règlent pas les questions pour des raisons de convenance ou de politique administrative, ce sont des orga-

---

[86] (1986) 25 D.L.R. (4th) 696 (B.R. Man.) confirmée par la Cour d'appel du Manitoba dans [1987] 4 W.W.R. 450 (C.A. Man.).
[87] Sur l'ensemble de la question concernant le bilinguisme législatif, voir A. BRAËN, «Le bilinguisme dans le domaine législatif», dans *Les droits linguistiques au Canada*, Montréal, Éditions Yvon Blais Inc., 1986, pp. 69 à 124.
[88] La version officielle française de l'article 23 de la *Loi de 1870 sur le Manitoba* est au même effet : «...; et dans toute plaidoirie ou pièce de procédure (...) par devant tous les tribunaux ou émanant des tribunaux de la province, il pourra être également fait usage, à faculté, de l'une ou l'autre de ces langues.»
[89] *Supra*, note 82.

nismes judiciaires même si certaines de leurs procédures diffèrent non seulement de celles des cours mais également de celles d'autres organismes ayant pouvoir de rendre la justice. [. . .]

Ils [deux arrêts du Conseil privé] appuient notre conception de la bonne façon d'aborder une disposition intangible, savoir, la rendre applicable à l'ensemble des institutions qui exercent un pouvoir judiciaire, qu'elles soient appelées tribunaux, cours ou organismes ayant pouvoir de rendre la justice. À notre avis, la garantie et les exigences de l'article 133 s'appliquent dans les deux cas.

Il s'ensuit que la garantie qu'accorde l'article 133 quant à l'utilisation du français ou de l'anglais «dans toute pièce de procédure . . . par devant tous les tribunaux . . .» s'applique tant aux cours ordinaires qu'aux autres organismes ayant pouvoir de rendre la justice. Ainsi, non seulement les parties à des procédures devant les cours du Québec ou ses autres organismes ayant le pouvoir de rendre la justice (et cela comprend les plaidoiries écrites et orales) ont-elles le choix d'utiliser l'une ou l'autre langue, mais les documents émanant de ces organismes ou émis en leur nom ou sous leur autorité peuvent être rédigés dans l'une ou l'autre langue et ce choix s'étend au prononcé et à la publication des jugements ou ordonnances[90].

Ces observations sont parfaitement applicables à l'interprétation du paragraphe 19(1) de la *Charte*. Certaines décisions subséquentes sont venues préciser la portée des garanties linguistiques conférées aux justiciables par la Constitution. Dans deux arrêts majoritaires[91], la Cour suprême s'est prononcée sur l'interprétation à donner aux articles 133 de la *Loi constitutionnelle de 1867* et 23 de la *Loi de 1870 sur le Manitoba* relativement à la langue des écrits et des actes de procédure émanant des tribunaux du Québec et du Manitoba. Les motifs rendus à l'égard de ces deux derniers articles paraissent devoir s'appliquer également à l'article 19 de la *Charte*[92]. Selon la Cour, le droit d'employer le français ou l'anglais dans les actes de procédure appartient à l'auteur ou au rédacteur de ces actes ou pièces de procédure; aucune garantie linguistique correspondante n'appartient au des-

---

[90] *Ibid.*, pp. 1028 et 1030. Est-ce que l'article 133 s'applique aux tribunaux du Yukon et des Territoires du Nord-Ouest? Voir *R. c. Mercure*, *supra*, note 5, pp. 251 à 253. Le paragraphe 19(1) de la *Charte* employant l'expression «tribunaux établis par le Parlement» règle la question puisque les tribunaux du Yukon et des Territoires sont établis par le Parlement.

[91] *MacDonald v. c. Ville de Montréal*, *supra*, note 6; *Bilodeau c. P.G. (Man.)*, *supra*, note 32. Voir aussi sur l'absence d'obligation pour les juges d'être bilingues : *Morand c. Québec (Procureur général)*, J.E. 91-1485 (C.S.) dont appel a été interjeté. Sur le droit des juges de s'exprimer dans la langue de leur choix : *Northwest Child and Family Services Agency c. L (E.)* (1992), 88 D.L.R. (4th) 230 (B.R. Man.) et *Pilote c. Corp. de l'Hôpital Bellechasse de Montréal*, [1994] R.J.Q. 2431 (C.A.) dont appel a été interjeté.

[92] Comme le laisse entendre le juge Beetz dans l'affaire *Société des Acadiens*, *supra*, note 20, pp. 571-572 et 574; le juge en chef Dickson exprime sa dissidence sur ce point, aux pp. 561 et 573 de ses notes.

tinataire ou au lecteur de ces documents. Par conséquent, il n'existe aucune obligation pour un juge ou un tribunal d'émettre une sommation ou tout autre document dans les deux langues ou dans la langue de son destinataire. Comme dans le cas de l'orateur dans les débats parlementaires, l'auteur ou le rédacteur des actes de procédure d'un tribunal dispose du droit d'écrire dans la langue officielle de son choix.

Dans l'arrêt *Société des Acadiens*[93], la Cour suprême devait trancher la question des droits linguistiques du plaideur qui s'adresse oralement aux tribunaux. Les motifs rendus par la Cour portent sur le paragraphe 19(2) de la *Charte*; ils devraient s'appliquer de la même façon au paragraphe 19(1) ainsi qu'aux articles 133 pour le Québec et 23 pour le Manitoba. Selon l'arrêt majoritaire, le droit conféré au plaideur par ces articles d'employer le français ou l'anglais devant les tribunaux ne comporte pas le droit d'être entendu et compris par le tribunal indépendamment de la langue utilisée. Ce droit d'être entendu et compris relèverait plutôt du droit à un procès équitable, garanti par la *common law*. Le juge Beetz précise sur ce point :

> À mon sens, les droits que garantit le par. 19(2) de la *Charte* sont de même nature et portée que ceux garantis par l'art. 133 de la *Loi constitutionnelle de 1867* en ce qui concerne les tribunaux du Canada et ceux du Québec. (...) Ces droits linguistiques sont les mêmes que ceux qui sont garantis par l'art. 17 de la *Charte* relativement aux débats du Parlement. Ils appartiennent à l'orateur, au rédacteur ou à l'auteur des actes de procédure d'un tribunal, et ils confèrent à l'orateur ou au rédacteur le pouvoir, consacré par la Constitution, de parler ou d'écrire dans la langue officielle de leur choix. En outre, ni l'art. 133 de la *Loi constitutionnelle de 1867* ni l'art. 19 de la *Charte* ne garantissent, pas plus que l'art 17 de la *Charte*, que la personne qui parle sera entendue ou comprise dans la langue de son choix ni ne lui confèrent le droit de l'être[94].

Plus loin dans ses motifs, le juge Beetz ajoute et conclut :

> Le droit qu'ont les parties en *common law* d'être entendues et comprises par un tribunal et leur droit de comprendre ce qui se passe dans le prétoire est non pas un droit linguistique mais plutôt un aspect du droit à un procès équitable. Ce droit est d'une portée à la fois plus large et plus universelle que celle des droits linguistiques. (...) Il relève de la catégorie des droits que la *Charte* qualifie de garanties juridiques.
>
> (...)
>
> Je conclus sans aucune hésitation que les principes de justice naturelle ainsi que le par. 13(1) de la *Loi sur les langues officielles du Nouveau-Brunswick* confèrent à une partie qui plaide devant un tribunal du Nouveau-Brunswick le droit d'être entendue par un tribunal dont un ou tous les membres sont en

---

[93] *Supra*, note 20.
[94] *Ibid.*, pp. 574 et 575.

mesure de comprendre les procédures, la preuve et les plaidoiries, écrites et orales, indépendamment de la langue officielle utilisée par les parties.

Avec égards cependant, j'estime qu'aucun droit de ce genre ne peut découler du par. 19(2) de la *Charte*[95].

Dans le domaine judiciaire, on voit que les garanties constitutionnelles conférées en matière linguistique demeurent minimales et que les tribunaux, suivant les règles d'interprétation prescrites par la Cour suprême en cette matière et les trois décisions qu'elle rendait, n'interviendront sans doute pas pour améliorer, ajouter ou modifier le compromis politique auquel en sont venus les constituants. La Cour suprême a signifié clairement qu'il appartient au pouvoir législatif et au domaine politique de bonifier les garanties linguistiques dans le sens d'une égalité réelle de statut et d'usage des langues officielles, y compris lorsqu'il s'agit de l'emploi des langues devant les tribunaux. Ainsi, le droit d'un accusé ou d'un justiciable d'être compris par le tribunal, peu importe la langue officielle utilisée, pour être exercé pleinement (*i.e.* au-delà de ce que peuvent requérir les exigences posées par les principes de justice naturelle) et, à plus forte raison, le droit d'obtenir partout au Canada un procès dans la langue officielle de son choix, devront être accordés par voie législative, à défaut de protection constitutionnelle[96]. La Cour suprême aurait pu être plus généreuse dans son appréciation de la portée des droits linguistiques, comme elle l'a été pour l'interprétation des autres droits et libertés prévus à la *Charte canadienne*[97].

(d) Le droit du public de communiquer en français ou en anglais avec le siège ou l'administration centrale des institutions fédérales : un droit à délimiter ultimement par voie législative

Le paragraphe 20(1) énonce :

Le public a, au Canada, droit à l'emploi du français ou de l'anglais pour communiquer avec le siège ou l'administration centrale des institutions du

---

[95] *Ibid.*, pp. 577 et 580. Voir aussi *R. c. Mercure, supra*, note 5, p. 273.

[96] Comme on l'a vu précédemment, le Parlement fédéral a ajouté au *Code criminel* certaines dispositions destinées à permettre l'exercice du droit de subir son procès dans la langue officielle de son choix partout au Canada. Par ailleurs, il faut préciser que l'article 14 de la *Charte canadienne* donne le droit à l'interprète à la partie ou au témoin qui ne peut suivre les procédures parce qu'il ne comprend pas ou parce qu'il ne parle pas la langue des procédures.

[97] Sur cette question du bilinguisme judiciaire, voir Laskin Symposium 1992, «Law Language and the Courts», (1992) 41 *U. of N.B.L.J.* 159; M. BASTARACHE, «Le bilinguisme dans le monde judiciaire», dans M. BASTARACHE (dir.) *Les droits linguistiques au Canada*, Montréal, Éditions Yvon Blais, 1986, p. 125; W.J. NEWMAN, «Les droits linguistiques et les difficultés auxquelles sont confrontés le système judiciaire : L'approche adoptée par la nouvelle Loi sur les langues officielles», dans W.S. TARNOPOLSKY, J. WHITMAN et M. OUELLETTE (dir.), *La discrimination dans le droit de l'administration de la justice*, Montréal, Éditions Thémis, 1993.

Parlement ou du gouvernement du Canada ou pour en recevoir les services; il a le même droit à l'égard de toute autre bureau de ces institutions là où, selon le cas :
a) l'emploi du français ou de l'anglais fait l'objet d'une demande importante;
b) l'emploi du français et de l'anglais se justifie par la vocation du bureau.

Cette disposition a été manifestement inspirée par l'article 9 de l'ancienne loi fédérale sur les langues officielles. Elle traite de la langue de service ou de communication entre les administrés et les institutions fédérales; elle ne permet pas de réclamer un service que l'État ne fournit pas[98]. Elle impose aux institutions fédérales l'obligation de communiquer dans les deux langues officielles, mais n'oblige pas les citoyens à connaître les deux langues. Le public ayant un droit constitutionnel de se faire servir en français ou en anglais par les institutions fédérales, celles-ci ont l'obligation correspondante d'employer un nombre suffisant de fonctionnaires capables de communiquer et de servir le public dans les deux langues officielles. Remarquons qu'à la différence des articles 17 et 19 de la *Charte*, qui accordent le droit *d'employer* le français ou l'anglais *dans* les débats et travaux du Parlement, *dans* les affaires dont sont saisis les tribunaux et *dans* tous les actes de procédure, l'article 20 confère le droit à l'emploi des deux langues officielles *pour communiquer* avec les institutions fédérales. Cette différence de rédaction a été invoquée dans l'arrêt majoritaire *Société des Acadiens*[99] pour faire ressortir la portée plus restreinte des garanties des articles 17 et 19. Selon la Cour suprême, le droit de *communiquer* dans l'une ou l'autre langue suppose aussi le droit d'être entendu et compris dans ces langues. Ainsi, l'usager doit avoir la possibilité d'être compris directement par son interlocuteur[100]. En outre, l'article 20 reconnaît le droit *à l'emploi* des deux langues *pour recevoir* les services dispensés par les institutions fédérales.

En pratique, cela ne veut pas dire que les institutions fédérales doivent être intégralement bilingues car nous supposons que, dans la mesure où les institutions fédérales centrales et les autres bureaux de ces institutions touchés par l'article 20 disposent des employés et des documents nécessaires pour dispenser au public des services de qualité égale dans les deux langues officielles, l'obligation constitutionnelle aura été satisfaite[101]. Les services

---

[98] *Tucker c. Canada (Cour suprême du Can.)* (1993), 12 C.R.R. (2d) 295 (C.F.).
[99] Voir l'arrêt *Société des Acadiens, supra*, note 20.
[100] *Ibid.*, p. 575.
[101] La nature de l'obligation découlant de l'article 20 n'a pas été tranchée par les tribunaux. Dans son jugement dissident dans l'arrêt *Société des Acadiens, supra*, note 20, le juge Wilson est cependant d'avis, à la p. 619, que le gouvernement est tenu de fournir les meilleurs services possibles, compte tenu de l'évolution du bilinguisme au Canada, et non des services d'égale qualité. Ce résultat vient de l'application du principe politique inscrit au paragraphe 16(1) à l'interprétation du paragraphe 20(1). Voir aussi sur l'article 20 de

offerts par les institutions fédérales visées devraient donc être accessibles dans les deux langues.

Les gestionnaires de ces institutions doivent faire en sorte que leur personnel soit recruté et déployé de façon à se conformer à ces normes constitutionnelles. Le siège ou l'administration centrale des institutions fédérales doit être particulièrement vigilant parce qu'à son égard le principe de l'égalité des deux langues comme langues de service est de rigueur et doit être respecté. Quant aux autres bureaux de ces institutions, ils doivent également se conformer à ce même principe d'égalité du français et de l'anglais comme langues de service selon que l'emploi du français et de l'anglais fait l'objet d'une demande importante ou que l'emploi du français et de l'anglais se justifie par la vocation du bureau. Si le bureau satisfait à l'une ou l'autre de ces deux conditions, il appartient ultimement aux tribunaux de se prononcer sur ces questions; il est en principe assujetti aux mêmes obligations linguistiques que l'institution fédérale centrale.

(e) Les droits et privilèges des autres langues

L'article 22 affirme :

> Les articles 16 à 20 n'ont pas pour effet de porter atteinte aux droits et privilèges, antérieurs ou postérieurs à l'entrée en vigueur de la présente charte et découlant de la loi ou de la coutume, des langues autres que le français ou l'anglais.

Dans les régions du Canada où des services gouvernementaux sont assurés de par la loi ou la coutume dans une langue autre que le français ou l'anglais, la *Charte* n'y porte nullement atteinte, étant bien compris, par ailleurs, que celle-ci ne garantit pas que ces services seront indéfiniment dispensés dans une langue autre que le français ou l'anglais.

5. CONCLUSION

Le régime linguistique des articles 16 à 22 de la *Charte* s'inscrit, comme on l'a vu, dans une ligne de continuité constitutionnelle, pour ce qui est du contexte fédéral tout au moins. Mais, chose nouvelle, ce régime traduit expressément le caractère évolutif des garanties linguistiques au

---

la *Charte* : P. FOUCHER, «Le droit à la prestation des services publics dans les langues officielles», dans M. BASTARACHE (dir.), *Les droits linguistiques au Canada*, Montréal, Éditions Yvon Blais, 1986. Sur le paragraphe 20(2) de la *Charte* et le droit d'être averti par un policier de son droit à l'emploi de la langue officielle de son choix, voir : *R. c. Gautreau* (1990), 101 N.B.R. (2d) 1 (B.R. N.-B.) (obligation du policier d'informer le justiciable) et *R. c. Haché* (1993), 139 N.B.R. (2d) 81 (C.A.) (pas d'obligation d'informer les justiciables).

Canada : le principe d'égalité des langues officielles quant à leur statut et à leur usage se trouve enchâssé et doit exister dans les faits, de façon concrète et effective. Pour cela, des mesures de mise en oeuvre efficaces sont nécessaires. L'égalité n'est pas acquise aujourd'hui, il faut en convenir, et elle ne peut se concrétiser dans des arrangements permanents ou définitifs; elle doit se vérifier dans les faits et évoluer au gré des besoins et circonstances.

Les dispositions de la *Charte* représentent un pas dans la bonne direction dans la mesure où elles produiront des effets. À ce chapitre, la Cour suprême semble avoir signifié que le mandat judiciaire s'avère fort restreint. Cela est for regrettable. Les tribunaux ne devraient pas intervenir, selon la Cour, pour régler le rythme d'évolution du régime linguistique établi par la *Charte*. Ainsi, l'égalité de statut et d'usage des langues officielles incomberait, pour advenir et se maintenir, au processus législatif et, au besoin, aux constituants. Les instruments de changements linguistiques ont été par là clairement logés dans l'arène politique. Il faudra compter sur les législateurs pour qu'ils exercent largement leur pouvoir, sinon leur devoir, de donner effet aux garanties constitutionnelles pour les faire progresser.

16

Les droits scolaires des minorités linguistiques

*Pierre Foucher**

1. Introduction : Contexte constitutionnel et social
2. Les concepts de base
    (a) Les sources
    (b) L'objet de l'article 23
        (i) L'aspect réparateur
        (ii) La dualité linguistique
    (c) Le contenu de l'article 23
        (i) Les «ayants droit» et l'admission
            (A) Conditions générales
            (B) Les trois catégories d'ayants droit
            (C) L'exclusivité
        (ii) Les droits garantis
            (A) L'instruction
            (B) Les établissements d'enseignement
            (C) La gestion
            (D) La qualité
        (iii) Les conditions d'application
            (A) Les nombres

---

* Professeur à la Faculté de droit de l'Université de Moncton. L'auteur tient à remercier le CRSH pour son aide financière et ses adjoints de recherche, Jean Trahan et Paryse Suddith, étudiants à la Faculté de droit, pour le travail de recherche ayant servi de support au texte.

(B) La discrétion dans le choix des moyens et la compétence provinciale
3. Situation actuelle et perspectives d'avenir
   (a) La situation actuelle
      (i) Les Maritimes
      (ii) Le Québec
      (iii) L'Ontario
      (iv) L'Ouest
      (v) La périphérie
   (b) Bilan et perspectives
      (i) Bilan de la jurisprudence
      (ii) Bilan des réactions provinciales
      (iii) Perspectives d'avenir : nouveaux champs d'intérêt
4. Conclusion : L'effet global de l'article 23

1. INTRODUCTION : CONTEXTE CONSTITUTIONNEL ET SOCIAL

Parmi les garanties constitutionnelles issues de la réforme de 1982, peu sans doute ont une ampleur aussi considérable pour la société canadienne et le droit constitutionnel au Canada que l'article 23 de la *Charte canadienne des droits et libertés*. Mais peu sont aussi méconnues. En effet, réalise-t-on que c'est l'une des premières expériences de «constitutionnalisation» d'un droit de «seconde génération»[1], dans un document jouissant de la primauté formelle sur tout autre texte[2], justiciable[3] et voulant refléter la dualité canadienne ? Son importance n'a pourtant ni échappé au gouvernement du Québec qui en faisait, en 1981, l'un des motifs de son refus d'adhérer au projet constitutionnel[4], ni aux provinces à majorité anglophone qui ne l'ont finalement accepté qu'en échange d'autres compromis[5]. Si

---

[1] Un droit social et culturel, nécessitant une intervention positive de l'état pour son actualisation, au contraire des droits civils et politiques classiques qui agissent comme frein aux interventions de l'état : voir T. VANBOVEN, «Les critères de distinction des droits de l'Homme», dans *Les dimensions internationales des droits de l'Homme*, Paris, UNESCO, 1980, p. 52.

[2] Voir l'article 52 de la *Loi constitutionnelle de 1982*, constituant l'annexe B de la *Loi sur le Canada* (R.-U.), 1982, c. 11.

[3] Voir le paragraphe 24(1) de la *Charte canadienne des droits et libertés*, Partie 1 de la *Loi constitutionnelle de 1982*, constituant l'annexe B de la *Loi de 1982 sur le Canada* (R.-U.), 1982, c. 11.

[4] *Décret concernant l'opposition du Québec au projet de rapatriement et de modification de la Constitution canadienne*, D. 3214-81 du 25 novembre 1981; *Position du Québec sur les amendements au projet fédéral de modificaiton unilatérale de la Constitution*, Gouvernement du Québec, ministère des Affaires intergouvernementales, 21 janvier 1981, p. 2.

[5] R. ROMANOW, J. WHYTE, ET H. LEESON, *Canada... Notwithstanding*, Toronto, Carswell, 1984.

l'article 23 n'a eu, en bout de ligne, que peu d'impact au Québec[6], il a conduit par contre à des réorganisations importantes ailleurs au pays et le travail n'est pas encore terminé. Il a aussi contraint le milieu juridique, les communautés minoritaires et les gouvernements à repenser les rapports délicats entre le pouvoir judiciaire, le pouvoir exécutif et la société. De par son contenu et l'interprétation que lui en a donné la Cour suprême du Canada, l'article 23 a aidé à responsabiliser tous les intervenants du milieu éducatif afin de l'actualiser dans chacune des situations diverses et variées auxquelles ils font face. Pourtant, la doctrine à son sujet est bien moins considérable que pour tout autre article de la *Charte*[7] et ne suscite de discussions publiques que lorsque l'avenir du pays lui-même est en cause. Comme certaines des dispositions de la *Loi constitutionnelle de 1867*, l'article 23 fait partie de ces garanties qui font le voeu d'exprimer l'un des fondements constitutionnels du pays. C'est le pivot autour duquel gravite un réseau de plus en plus dense d'écoles de la minorité, administrées par leurs propres représentants, cherchant à exprimer la culture et la vitalité de la communauté dans l'enseignement et la vie sociale, tant au profit de leurs enfants que de la collectivité plus vaste qu'elles desservent. Parmi la gamme des droits linguistiques constitutionnels du Canada, l'article 23 occupe une place à part. C'est la seule disposition linguistique constitutionnelle applicable à chacune des provinces et chacun des territoires. C'est la seule disposition linguistique constitutionnelle ouvertement réparatrice et traitée comme tel par les tribunaux. Si le partage des compétences exprime le caractère fédéral du pays et si plusieurs dispositions de la Constitution font une place à la spécificité québécoise, l'article 23 est le seul qui tire une conséquence juridique de la dualité *linguistique* partout au Canada.

D'autre part, les recherches multiples de la socio-linguistique ont démontré amplement que l'école joue un rôle prépondérant dans la vie d'une communauté minoritaire. D'une part, avec la famille, elle sert de contrepoids efficace à la pression assimilatrice de la langue de la majorité, particulièrement lorsque le déséquilibre démo-linguistique est considérable[8]. Ensuite, elle contribue à une éducation de meilleure qualité pour les enfants, en leur garantissant une instruction dans une langue qu'ils comprennent, un milieu qui leur ressemble et une culture qui les rejoint[9]. L'article 23 est l'expression juridique d'un choix politique en faveur de la dualité en éducation.

---

[6] M. PAILLÉ, *Les écoliers du Canada admissibles à recevoir leur instruction en français ou en anglais*, Québec, Conseil de la langue française, 1991.

[7] Il n'y a eu qu'une vingtaine d'articles ou chapitres de livres sur cette disposition durant 15 ans, dont près de la moitié sont de l'auteur lui-même.

[8] R. LANDRY et R. ALLARD, *L'assimilation linguistique des francophones hors-Québec, le défi de l'école française et le problème de l'unité nationale*, Revue de l'Association canadienne d'éducation de langue française, vol. 16, no. 3, 1988, p. 38.

[9] T. SKUTNABB-KANGAS, *Bilingualism or not, Multilingual Matters*, Clevedon, Avon,

L'article 23 représente donc pour le pays et le monde un laboratoire fascinant de l'efficacité de droits sociaux «constitutionnalisés» ainsi que d'une vision pluraliste de l'éducation. Nous entendons ici explorer cet univers au moyen d'une étude des principaux concepts entourant la disposition elle-même, pour ensuite effectuer un bref tour d'horizon de ses réalisations concrètes et conclure en tentant d'indiquer la voie de son développement futur.

2. LES CONCEPTS DE BASE

(a) Les sources

Les questions scolaires ont toujours été étroitement imbriquées dans l'évolution du droit constitutionnel canadien, preuve, si besoin était, de leur importance fondamentale pour la nation canadienne. Au 19e siècle, l'esprit du temps plaçait la religion à l'avant-scène des préoccupations scolaires. Avant la confédération, les colonies britanniques d'Amérique du Nord en sont parvenues à un *modus vivendi* entre l'Église et l'État dans le contrôle des écoles et entre catholiques et protestants au sujet de l'homogénéité religieuse des écoles[10]. Les auteurs de la *Loi constitutionnelle de 1867* prirent acte de ces compromis et les exprimèrent en une clause qui visait à garantir la parité des droits entre catholiques ontariens et protestants québécois, ainsi que le maintien des acquis concernant leurs organismes locaux de gestion scolaire, les commissions scolaires[11]. L'emphase était religieuse et l'objet, protecteur : il s'agissait d'inclure dans la Constitution une situation juridique acquise auparavant et ayant instauré une paix sociale fragile, comme allaient le démontrer la crise scolaire de 1871-1875 au Nouveau-Brunswick[12], celle de 1891-1895 au Manitoba[13] et celle de 1913-1917 en Ontario. Le comité judiciaire du Conseil privé, désireux de protéger la sphère la plus large possible d'autonomie provinciale et défenseur d'une vision homogène de l'éducation, donna à cette garantie une interprétation restrictive[14]. En par-

---

1981; W. LAMBERT, «*Culture and language as factors in learning and education*» dans J. YOUNG et J. MALLEA, dir., *Cultural diversity and canadian education : issues and innovations*, Ottawa, Carleton University Press, 1984, p. 233.

[10] P. CARIGNAN, «La place faite à la religion dans les écoles publiques par la loi scolaire de 1841» (1982-1983) 17 *R.J.T.* 9.

[11] Voir l'article 93 de la *Loi constitutionnelle de 1867*; P. CARIGNAN, «Les résolutions de Québec et la compétence législative en éducation» (1989) 23 *R.J.T.* 1.

[12] A. SAVOIE, *Un siècle de revendications scolaires en Acadie*, Moncton, édité par l'auteur, 1978; disponible au Centre d'études acadiennes, Université de Moncton.

[13] G. BALE, «Law, politics and the Manitoba School question : Supreme Court and Privy Council» (1985) 63 *R. du B. can.* 461.

[14] *Maher* c. *Town of Portland* (1874) dans WHEELER, *Confederation Law of Canada*, 1896 à la p. 338; *City of Winnipeg* c. *Barrett*, [1892] A.C. 445.

ticulier, il statua que celle-ci ne visait que les «classes de personnes» unies par des liens religieux et ne protégeait que les aspects religieux de l'instruction, laissant intact le pouvoir des provinces quant à tout autre aspect de l'éducation, y compris la langue d'instruction[15]. S'ensuivit une longue période où l'instruction en français hors-Québec ne put se développer, tandis que l'instruction en anglais au Québec profitait des structures protestantes et de la clémence du législateur québécois pour prospérer. À la fin des années 1960, comme le révélait la Commission royale d'enquête sur le bilinguisme et le biculturalisme dans son second rapport[16], on en arrivait à une situation où, hors-Québec, l'instruction en français était un phénomène marginal et le produit d'une lutte de tous les instants tandis qu'au Québec, l'admission aux écoles anglaises atteignait des proportions inquiétantes.

Durant la décennie 1970, tous les projets de réforme constitutionnelle comportèrent un volet scolaire. S'il s'agissait au départ de protéger et de maintenir le libre-choix par les parents de la langue d'enseignement de leurs enfants[17], l'emphase se déplaça vers une véritable garantie de droits en faveur des membres des minorités linguistiques[18]. On comprenait que l'oubli de la langue comme objet de protection constitutionnelle, en 1867, avait eu des conséquences qu'il convenait maintenant de corriger. Un autre des buts avoués de la clause était d'amener le niveau des droits scolaires des francophones hors-Québec au niveau de celui des anglo-québécois; le ministre de la Justice de l'époque, l'honorable Jean Chrétien, déclarait à ce propos :

> Tout ce que nous voulons faire, c'est donner à tous les citoyens le droit d'être traités de la même façon partout au pays, en matière d'éducation (...). Nous donnons aux francophones hors-Québec, enfin, les mêmes droits que la législature québécoise a toujours donnés aux anglophones au Québec (...)[19].

On retrouve ici les objets fondamentaux que la Cour suprême assigna à l'article 23 : dualité et réparation. De plus, tous les projets antérieurs font état de la nécessité de limiter ces droits en fonction des nombres en cause ainsi que de s'assurer que les provinces demeurent, au premier chef, responsables de la mise en oeuvre de ces droits.

---

[15] *R.C. Separate School Trustees c. Mackell*, [1917] A.C. 63; confirmé dans *Commission des écoles Protestantes du Grand Montréal c. Québec (P.G.)*, [1989] 1 R.C.S. 377.

[16] Commission royale d'enquête sur le bilinguisme et le biculturalisme, *Rapport de la Commission royale d'enquête sur le bilinguisme et le biculturalisme* (Laurendeau-Dunton), livre II, *L'éducation*, Ottawa, Imprimeur de la Reine, 1968.

[17] Voir la proposition du Comité mixte spécial du Sénat et de la Chambre des communes, *Rapport au Parlement*, Ottawa, Imprimeur de la Reine, 1972; Projet de loi C-60, 1978, article 21.

[18] Pour un exposé historique, voir J.-P. PROULX, «Le choc des Chartes» (1989) 23 *R.J.T.* 67 à la p. 129.

[19] Témoignage devant le Comité mixte du Sénat et de la Chambre des communes sur la Constitution, Procès-verbaux, 1e session, 32e législature, 38:108 et 48:103.

Entre 1980 et son adoption en 1982, l'article 23 a connu trois versions successives. Dans la première, publiée par le gouvernement fédéral le 2 octobre et déposée devant le Parlement le 6 octobre 1980, on garantissait le droit des parents de la minorité officielle d'une province de faire instruire leurs enfants dans cette langue et le droit des parents dont un enfant a commencé son instruction dans une langue et qui changent de province de résidence de faire instruire tous leurs enfants dans cette langue-là, dans toute région de la province où le nombre de ces enfants justifiait la mise sur pied d'installations scolaires[20]. La seconde version, qui rajoutait une catégorie d'ayants droit décrits par la «clause Canada», supprimait l'exigence de déménagement pour la continuité de l'instruction dans la famille, supprimait toute référence aux installations, présumément pour couvrir des concepts comme l'enseignement à distance et individualisé[21]. Dans la version finale, on réintroduisait une référence à des «établissements», pour élargir le droit à l'instruction et on supprima la référence à des régions pour élargir la mise en oeuvre des droits «partout dans la province»[22].

(b) L'objet de l'article 23

L'article 23 poursuit un double objet : réparer les avanies passées au sujet de l'instruction dans la langue de la minorité et offrir à la dualité linguistique du Canada une assise constitutionnelle au coeur même de la vie sociale d'une communauté, c'est-à-dire dans ses écoles.

(i) *L'aspect réparateur*

L'article 23 ne vient pas consacrer le *statu quo*[23] ni constitutionnaliser des garanties qui existaient déjà dans la *common law*[24] ou les lois[25]. Il représente un droit tout à fait neuf et unique dans la Constitution du Canada. Les analystes et les tribunaux se sont dit que si le constituant avait cru bon insérer ces droits nouveaux dans le texte constitutionnel, c'était parce qu'il

---

[20] Texte du projet de résolution constitutionnelle publié par le gouvernement du Canada le 2 octobre 1980.

[21] Regroupement et explication des projets de modifications proposées par le ministre de la Justice devant le Comité mixte spécial de la Constitution, janvier 1981, p. 12. Le texte se retrouve à la p. 48:95 lors de la séance du 29 janvier du Comité mixte spécial de la Constitution.

[22] Version finale adoptée le 2 décembre 1981 par la Chambre des communes; *Débats de la Chambre des communes*, 1er décembre 1981, p. 13555.

[23] Comme les articles 93 ou 133 de la *Loi constitutionnelle de 1867*.

[24] Comme les garanties juridiques : voir *Société des Acadiens du Nouveau-Brunswick c. Association of Parents for Fairness in Education*, [1986] 1 R.C.S. 549, p. 577.

[25] Comme le font les articles 17 à 20 de la *Charte* : voir l'arrêt *Société des Acadiens*, ibid. aux pages 573 et 575.

voulait, entre autres, corriger des insuffisances perçues. Lesquelles ? Le lien avec la culture et sa transmission par l'école allait fournir aux tribunaux la réponse à cette question. Pour les minorités francophones, l'article 23 compense finalement la perte historique du contrôle sur leur développement scolaire. Pour la minorité anglo-québécoise, il s'agit de rectifier les critères d'admission aux écoles anglaises de la province.

Les tribunaux ont été prompts à déceler l'aspect réparateur de l'article 23. Dans la toute première décision sur le sujet, la Cour d'appel de l'Ontario déclarait :

> The historical background set out earlier makes it apparent that the lack of effective control of French language education and facilities has led to the rapid assimilation of francophones in Ontario[26].

La Cour suprême, pour sa part, confrontant la «clause Québec»[27] de la *Loi 101*[28] à la «clause Canada»[29] de l'article 23, constata elle aussi le caractère réparateur de l'article 23 :

> À tort ou à raison, ce n'est pas aux tribunaux qu'il appartient d'en décider, le constituant a manifestement jugé déficients certains des régimes en vigueur au moment où il légiférait, et peut-être même chacun de ces régimes, et il a voulu remédier à ce qu'il considérait comme leurs défauts par des mesures réparatrices uniformes, celles de l'article 23 de la *Charte*, auxquelles il conférait en même temps le caractère d'une garantie constitutionnelle[30].

L'argumentation au même effet des parents francophones de l'Alberta trouva un écho favorable auprès de ce tribunal en 1990 :

> Un autre aspect important de l'article 23 est son rôle de disposition *réparatrice*. Conçu pour régler un problème qui se posait au Canada, il visait donc à changer le statu quo. Pour reprendre la formule succinte du juge Kerans, [TRADUCTION] «l'existence même de l'article laisse supposer l'insuffisance du système actuel». (...)
> À mon avis, les appelants ont parfaitement raison d'affirmer que [TRADUCTION] «l'histoire révèle que l'art. 23 était destiné à remédier, à l'échelle nationale, à l'érosion progressive des minorités parlant l'une ou l'autre langue officielle et à appliquer la notion de «partenaires égaux» des deux groupes linguistiques officiels dans le domaine de l'éducation»[31].

---

[26] *Re Education Act (Ontario) and minority language education rights* (1984) 10 D.L.R. (4th) 491 aux pages 530-531.

[27] La clause Québec restreint l'accès à l'école anglaise aux enfants de parents ayant fait leur cours primaire en anglais, au Québec.

[28] *Charte de la langue française*, L.R.Q. 1977, c. C-11, alinéa 73(a).

[29] La clause Canada permet l'accès à l'école anglaise du Québec aux citoyens canadiens qui ont fait leurs études primaires en anglais *au Canada* : alinéa 23(1)b).

[30] *Quebec Association of Protestant School Boards* c. *P.G. Québec*, [1984] 2 R.C.S. 66 à la p. 79.

[31] *Mahé c. Alberta*, [1990] 1 R.C.S. 342 aux pages 363-364.

L'objet réparateur n'a pas qu'une fonction symbolique : il produit des effets juridiques lorsque vient le moment d'analyser les coûts d'une revendication particulière et d'évaluer la suffisance du nombre d'enfants dans une situation donnée ou la demande pour de nouvelles institutions et de nouveaux programmes.

(ii) *La dualité linguistique*

Parmi les multiples facettes du «constitutionnalisme» canadien, il en est une d'importance significative pour son maintien: il s'agit de la dualité linguistique. Elle a fait l'objet de maints débats durant la dernière ronde de négociations constitutionnelles[32], coincée entre les nationalistes québécois qui y voient la dilution de la dualité politique Québec-Canada[33], les Réformistes qui en font la cause des malheurs canadiens et une certaine intelligentsia politique canadienne qui défend les droits individuels des personnes et rejette les droits collectifs[34].

La dualité linguistique canadienne a trouvé, en 1990, une expression juridique ferme et claire dans ces propos du juge en chef Dickson :

> L'objet général de l'art. 23 est clair : il vise à maintenir les deux langues officielles du Canada ainsi que les cultures qu'elles représentent et à favoriser l'épanouissement de chacune de ces langues, dans la mesure du possible, dans les provinces où elle n'est pas parlée par la majorité. L'article cherche à atteindre ce but en accordant aux parents appartenant à la minorité linguistique des droits à un enseignement dispensé dans leur langue partout au Canada[35].

La Cour suprême du Canada a clairement voulu faire de l'article 23 un droit culturel s'inscrivant dans les fondements du Canada. On aurait pu interpréter l'article 23 sans référence à un contenu culturel ni à sa pertinence constitutionnelle, mais c'eût été détacher celui-ci de la réalité pédagogique, sociale et politique pour en faire un droit formel. Le rattachement à la dualité canadienne a donc un fondement historique et social :

> Mon allusion à la culture est importante, car il est de fait que toute garantie générale des droits linguistiques, surtout dans le domaine de l'éducation, est

---

[32] Témoin le débat autour de la clause de la société distincte *versus* la clause de dualité canadienne, à l'*Accord du Lac Meech*. Parmi l'abondante doctrine, contraster J. WHOERLING, «La modification constitutionnelle de 1987, la reconnaissance du Québec comme société distincte et la dualtié linguistique du Canada» (1988) 29 *C. de D.* 3; P. FOUCHER, «L'accord du Lac Meech et les francophones hors-Québec» (1988) *A.C.D.P.* 3.

[33] G. LAFOREST, «*Interpreting the political heritage of André Laurendeau*» dans D. SMITH, P. MACKINNON et J. COURTNEY, dir., *After Meech Lake*, Saskatoon, Fifth House, 1991, p. 99.

[34] B. SCHWARTZ, *Fathoming Meech Lake*, Winnipeg, Legal Research Institute, University of Manitoba, 1987, p. 8; E. KALLEN, «The Meech Lake Accord : Entrenching a pecking order of minority rights» (1988) 14 *Anal. de Pol.* 107.

[35] *Mahé*, *supra*, note 31, à la p. 362.

indissociable d'une préoccupation à l'égard de la culture véhiculée par la langue en question[36].

Citant l'arrêt *Ford*[37] et le rapport de la Commission Laurendeau-Dunton[38], la Cour conclut ce volet en ces termes :

> Il convient de faire remarquer en outre que les écoles de la minorité servent elles-mêmes de centres communautaires qui peuvent favoriser l'épanouissement de la culture de la minorité linguistique et assurer sa préservation. Ce sont des lieux de rencontre dont les membres de la minorité ont besoin, des locaux où ils peuvent donner expression à leur culture[39].

L'enjeu dualiste et culturel a aussi une conséquence très pratique : il permet d'intégrer à l'article 23 tout entier un droit de gestion qui comprend certains éléments précis, relatifs à la transmission de la culture. Cet objet a donc permis d'interpréter l'article 23 de la façon la plus généreuse possible à la lumière des conséquences pratiques de son application.

(c) Le contenu de l'article 23

L'article 23 accorde des droits spécifiques à des personnes définies en fonction de certains critères qu'il énumère. Ces questions sont liées entre elles, mais nous les étudions séparément à des fins de clarification.

(i) *Les «ayants droit»*[40] *et l'admission*

(A) Conditions générales. Certains critères de définition sont communs à l'ensemble de l'article : ce sont la citoyenneté, la filiation, la résidence et le niveau d'instruction.

Le constituant a choisi de restreindre la portée de l'article 23 aux citoyens. Conformément au principe de la suprématie parlementaire, le législateur est donc libre de statuer quant à la possibilité pour des non-citoyens d'être admis à des écoles de la minorité linguistique. Selon nous, l'acquisition de la citoyenneté donne automatiquement ouverture à l'exercice possible des droits de l'article 23, si les autres conditions sont aussi rencontrées.

La seconde condition commune vise la filiation. Ces droits sont conférés aux parents et visent un choix éducatif pour leurs enfants. Malgré

---

[36] *Mahé, supra*, note 31, à la p. 362.
[37] *Ford c. Québec (P.G.)*, [1988] 2 R.C.S. 712 aux pages 748-749.
[38] *Supra*, à la note 16.
[39] *Mahé, supra*, note 31, à la p. 363.
[40] L'expression a été utilisée par les parents francophones qui cherchaient à décrire succinctement les catégories de personnes pouvant disposer des droits de l'article 23. Pour fins de discussion, nous utilisons cette terminologie.

l'emploi du pluriel, nous avons toujours soutenu — et les législateurs semblent suivre la même ligne de pensée — que la qualification d'un seul des deux parents suffisait pour que l'article 23 produise ses effets. Textuellement, il n'exige pas la conjonction des critères auprès des deux parents simultanément. Selon l'objet, cela élargit le bassin d'enfants pour englober certains d'entre eux qui n'ont pas le français comme langue d'usage. Les autorités sont-elles alors constitutionnellement tenues de fournir à l'intention de ces enfants des classes d'accueil, de la formation linguistique spéciale ou d'autres mesures de soutien? L'obligation constitutionnelle première est de fournir des classes ou des écoles homogènes, gérées par les minorités elles-mêmes. L'article 23 ayant été d'abord conçu pour les minorités, il appartient aux parents de faire les choix appropriés pour leurs enfants. Toutefois, on pourrait peut-être, au nom de la qualité de l'instruction qui fait partie du droit garanti, développer une argumentation en faveur de mesures spéciales de rattrapage linguistique que devraient prendre les provinces, pour les enfants non-francophones d'ayants droit.

Toujours au sujet de la filiation, puisque cette question relève de la compétence des provinces, il faudrait sans doute appliquer le droit provincial de la famille pour trancher les cas limites créés par les divorces, les adoptions et les suspensions ou déchéances de l'autorité parentale. Puisqu'on appliquerait normalement le droit de la province dans laquelle le parent veut faire instruire son enfant, certaines situations pourraient donc varier d'une province à l'autre.

Il en va de même de la résidence : il s'agira soit de la résidence au sens de la *common law* ou du droit civil québécois, soit d'un critère de résidence défini dans la loi scolaire de la province elle-même. Il ne saurait cependant y avoir de délai préalable de résidence : dès qu'un parent devient résident d'une province, il acquiert les droits conférés par l'article 23.

Enfin, l'article 23 fait référence à un autre concept relevant de la compétence provinciale : le niveau d'instruction. Il ne protège que l'instruction primaire et secondaire. Or le début du cours primaire peut varier d'une province à une autre, de même que le découpage du programme et le nombre d'années de scolarité pour obtenir un diplôme d'études secondaires. Il faudra appliquer le droit provincial pertinent, soit celui de la province où le parent a étudié[41] ou celui de la résidence actuelle du parent[42]. L'article 23 protège-t-il l'accès à l'éducation aux adultes et à l'alphabétisation, en vue de compléter un diplôme d'études secondaires? Protège-t-il les programmes de formation en milieu de travail menant au même diplôme? Ici, puisqu'on fait affaire à des personnes dégagées de l'autorité parentale, les considérations pertinentes à des situations relevant de l'autorité parentale ne vaudraient

---
[41] Pour appliquer l'alinéa 23(1)*b*).
[42] Pour les deux autres catégories.

plus et le terme «parent» de l'article 23 prendrait son sens habituel; si la personne ne peut être admise à ces programmes selon les normes régulières de celui-ci, on déterminerait son admissibilité en fonction de ses parents biologiques (ou adoptifs). Les provinces devraient constitutionnellement offrir ces programmes spéciaux en français si le nombre de personnes qualifiées le justifie.

(B) Les trois catégories d'ayants droit. L'article 23 a défini trois classes de personnes à qui sont conférés des droits constitutionnels. Il s'agit des personnes répondant à la clause de langue maternelle, à la clause Canada et à la clause universelle.

L'alinéa 23(1)a) offre un droit constitutionnel aux parents «dont la première langue apprise et encore comprise» est le français. Cette disposition n'est pas encore en vigueur au Québec[43]. Les remarques qui suivent n'ont donc d'application que dans le reste du Canada. Ce critère est issu des données de recensement et de la question de Statistique Canada concernant la langue maternelle. Il ne pose aucune difficulté dans les cas normaux, mais peut en présenter dans des situations limites. Par exemple, «première langue apprise» pose des difficultés dans certaines régions bilingues, où les gens ont tendance à répondre qu'ils n'ont aucune langue maternelle, puisqu'ils connaissent parfaitement les deux langues officielles. De plus, «encore comprise» n'est spécifié nulle part; que faudrait-il penser d'une commission scolaire qui imposerait des tests d'aptitudes linguistiques à un parent demandant l'admission de son enfant à l'école française[44]? Peut-on d'autre part contraindre une commission scolaire un peu trop laxiste, pratiquant une politique de portes ouvertes pour augmenter les nombres, à respecter strictement l'article 23[45]? Comment traite-t-on les parents dont le français est la langue seconde, mais la principale langue d'usage à la maison? Il y a peu de moyens objectifs pratiquement utilisables pour contrôler l'application de ce critère. Il faudra généralement s'en remettre à la bonne foi des parents et développer des mécanismes de contrôle pour les cas litigieux.

L'alinéa 23(1)b) est d'application plus facile puisqu'il porte sur un critère objectif : la langue d'instruction primaire. Puisqu'à notre avis, l'expression «instruction dans la langue de la minorité» doit recevoir le même sens partout à l'article 23, cette disposition exclut les personnes ayant étudié

---

[43] Voir l'article 59 de la *Loi constitutionnelle de 1982*.

[44] Cela s'est déjà produit à Sydney, en Nouvelle-Écosse, où les parents devaient comparaître devant un comité d'admission pour vérifier leur admissibilité. Voir W. MACKAY, «*Minority-Language educational rights vindicated*», dans D. SCHNEIDERMAN, dir., *Langue et État*, Cowansville, Yvon Blais, 1988, p. 123.

[45] Le cas se présente, semble-t-il, dans certaines régions du Nouveau-Brunswick et de l'Ontario -peut-être ailleurs aussi. La politique des portes ouvertes transforme graduellement, dans les faits, l'école homogène en école d'immersion.

au sein de programmes d'immersion ou de programmes bilingues. De plus, nous ne pensons pas qu'il faille imposer que *toute* l'instruction primaire ait eu lieu en français. Si une partie substantielle de l'instruction a eu lieu dans la langue de la minorité, cela suffirait à respecter l'exigence de l'alinéa 23(1)b). Une personne de langue maternelle anglaise, ayant fait un cours primaire en immersion française totale en Ontario, serait malgré tout qualifiée pour inscrire ses enfants à l'école anglaise au Québec sur la base de cet alinéa. Il en irait de même d'une personne de langue maternelle anglaise ayant fait une partie substantielle de son cours primaire en français, dans une école francophone du Nouveau-Brunswick. Elle pourrait alors y envoyer ses enfants à l'école française.

La troisième catégorie d'ayants droit était conçue, à l'origine, pour préserver la continuité de langue d'instruction des enfants dont les parents changent de province de résidence. Le droit était aussi étendu aux frères ou soeurs afin de respecter une certaine unicité dans la famille. La suppression de l'exigence d'un changement de province, jointe à l'absence de toute limite sur la durée préalable des études, a profondément modifié le sens de cette catégorie et la rend quelque peu éloignée de l'objet premier de la disposition. En effet, selon le texte même du paragraphe 23(2), le parent d'un enfant qui *a reçu* ou *reçoit* (sans doute au moment où la demande d'admission est présentée) son instruction dans la langue de la minorité acquiert le droit constitutionnel de faire instruire tous ses enfants dans cette langue. Il n'y a aucun délai préalable, ni exigence minimale. Certaines provinces[46] ajoutent des conditions. Compte tenu que les catégories de l'article 23 sont «au coeur» de la garantie[47], la validité constitutionnelle des conditions manitobaines apparaît douteuse; on ne cherche pas à élargir les catégories ni à vérifier l'applicabilité des conditions mais bien à restreindre l'étendue de la catégorie. De telles restrictions pourraient se défendre à titre de limites raisonnables au sens de l'article 1, mais l'application du concept de limites raisonnables aux catégories d'ayants droit est désormais compliquée par la décision dans *Quebec Association*[48], qui a semblé exiger que la limite aux catégories n'équivale pas à une négation de celles-ci. La Cour a cependant cité, sans trancher, l'opinion du juge Beauregard en Cour d'appel[49] selon qui des restrictions moins absolues que celles de la *Loi 101* seraient possibles.

---

[46] Manitoba : *Loi sur les écoles publiques*, C.P.L.M. c. P 250, alinéa 21.1(b) et (c) ajoutés par L.M. 1993, ch. 33, article 2 — 4 années; Québec : *Charte de la langue française*, L.R.Q. 1977 ch. C-11, paragraphes 73(1) et (2) tel que modifiés par L.Q. 1993, ch. 40, article 24 — «la majeure partie».

[47] *Quebec Association, supra*, note 30.

[48] voir D. PROULX, «La loi 101, la clause-Québec et la Charte canadienne devant la Cour suprême : un cas d'espèce ?» (1985) 16 *R.G.D.* 167.

[49] [1983] C.A. 77.

Si cela s'avérait exact, le paragraphe 23(2) ouvrirait l'accès à l'instruction dans la langue de la minorité à des personnes n'ayant aucun lien culturel avec celle-ci, si ténu soit-il (comme au cas du paragraphe 23(1)). Il suffirait que l'un des enfants ait fait quelques semaines d'études dans la langue de la minorité, à n'importe quel niveau, pour que cet enfant et tous ses frères et soeurs deviennent admissibles à ladite instruction puisque l'un d'entre eux *reçoit* son instruction dans la langue de la minorité. Un tel résultat va, selon nous, à l'encontre de l'objet de l'article 23. Il nous paraît donc qu'il faille admettre certaines limites raisonnables à un accès aussi total et absolu, sous peine de détacher complètement le paragraphe 23(2) de l'ensemble de la disposition. Ces limites pourraient concerner un nombre minimal d'études préalables dans la langue de la minorité (possiblement la même norme que pour le paragraphe 23(1)) ou l'exigence que ces études aient été consécutives, pusiqu'il s'agit de préserver ici les droits acquis et la continuité dans la famille.

La Cour suprême, après la Cour d'appel de l'Ontario, avait reconnu la difficulté. Elle déclarait à ce propos :

> Je me rends compte que ces parents, vu la formulation de l'art. 23, peuvent ne pas faire partie, d'un point de vue culturel, du groupe linguistique minoritaire. Cela pourrait à l'occasion signifier que des personnes qui ne sont pas à proprement parler membres de la minorité linguistique exercent un certain contrôle sur l'enseignement dans la langue de la minorité. Ces cas seraient rares et ne justifient pas la réduction du degré de gestion et contrôle accordé aux parents visés par l'art. 23[50].

(C) L'exclusivité. Lorsqu'est venu le temps de modifier les lois scolaires, on a dû se demander s'il convenait de restreindre l'accès à l'instruction dans la langue de la minorité aux seuls ayants droit ou s'il convenait de l'élargir. Certes, au Québec, la *Loi 101* n'élargit que fort peu les conditions d'admission de l'article 23, préférant imposer l'instruction en français à la plupart des personnes, y compris les membres de la majorité francophone. Il est clair selon nous qu'une province, jouissant de sa compétence en éducation, peut opter de contraindre toute personne qui n'est pas un ayant droit à fréquenter l'école de la majorité et elle ne portera pas atteinte aux droits des ayants droit. La question consiste à savoir si l'article 23 *lui-même* commande une telle solution. Un législateur peut-il élargir les catégories de l'article 23 sans y porter atteinte ? S'il le fait, le paragraphe 23(2) entre immédiatement en jeu et les parents des enfants ainsi admis deviennent automatiquement des ayants droit.

La Cour suprême n'a pas tranché la question. Lorsqu'elle parle d'exclusivité, c'est en relation avec les pouvoirs des représentants de la minorité au sein des conseils scolaires, soit existants, soit homogènes :

---

[50] *Mahé, supra*, note 31, à la p. 379.

(...) Aux représentants de la minorité, un contrôle *exclusif* sur tous les aspects de l'éducation de la minorité qui concernent les questions d'ordre linguistique et culturel[51].

(3) Les représentants de la minorité linguistique doivent avoir le pouvoir *exclusif* de prendre des décisions concernant l'instruction dans sa langue et les établissements où elle est dispensée s'y rapportant, notamment (...)[52].

Le nombre possible d'élèves de langue française justifie l'établissement d'un conseil scolaire de langue française autonome au Manitoba, dont la gestion et le contrôle appartiendront *exclusivement* à la minorité linguistique francophone[53].

Il n'y est pas question de l'admission.

Dans *Quebec Association*, la Cour a refusé de reconnaître la validité d'une disposition législative qui restreignait les droits d'accès. Elle a même refusé d'y appliquer l'article 1 au motif que le législateur québécois modifiait une catégorie constitutionnelle, ce qui ne pouvait équivaloir à une limite puisque ce serait une modification. Elle déclarait :

> Les droits énoncés à l'art. 23 de la *Charte* sont garantis à des catégories bien particulières de personnes. Cette classification spécifique se trouve au coeur même de la disposition car elle est le moyen choisi par le constituant pour identifier les titulaires des droits qu'il entend garantir. À notre avis, une législature ne peut, par une simple loi, validement écarter le moyen ainsi choisi par le constituant et toucher à cette classification. Encore moins peut-elle la refaire et en remodeler les catégories[54].

Une extension des catégories équivaut-elle à y toucher? S'agit-il de «remodeler les catégories» ? On pourrait dire que puisque l'objectif n'est pas de diminuer le nombre de personnes éligibles sous l'article 23 et de forcer toute autre personne à fréquenter l'école de la majorité, mais d'étendre ces droits à d'autres personnes[55], il s'agirait d'un principe de progression vers l'égalité linguistique conforme au paragraphe 16(3) de la *Charte*, qui s'applique à l'article 23. Ce serait aussi conforme à la compétence provinciale en éducation, qui demeure la plus intacte possible. Toutefois, une extension des catégories à n'importe qui par le jeu d'un libre choix complet pourrait conduire à la situation évoquée ci-haut d'une dilution marquée du caractère linguistiquement et culturellement homogène de l'école, en raison du désir des parents membres de la majorité linguistique d'offrir à leurs enfants une instruction dans la langue de la minorité.

---

[51] *Id.*, à la p. 376.
[52] *Id.*, à la p. 395, déclaration formelle de la Cour.
[53] *Renvoi : Loi sur l'instruction publique (Manitoba)*, [1993] 1 R.C.S. 839 à la p. 866.
[54] *Quebec Association*, *supra*, note 30, à la p. 86.
[55] C'est l'approche retenue par la Cour d'appel de Nouvelle-Écosse dans *Lavoie* c. *Cape Breton School Board* (1989) 91 N.S.R. (2d) 184 à la p. 200.

La solution la plus respectueuse de l'objet de l'article 23 serait-elle de confier à la structure de gestion locale de l'école de la minorité le soin de trancher les cas des personnes non admissibles sous la *Charte*[56]? Cette commission scolaire serait cependant aussi assujettie aux exigences de l'article 23 et s'il s'avérait qu'elle admet toute personne sans se soucier du contexte local, du caractère francophone de l'école et de la proportion d'élèves de la majorité linguistique qui la fréquente, on devrait intervenir au nom de l'objet de l'article 23 pour, dans ce cas particulier, revenir à des critères plus stricts d'admission. Mais au-delà des ayants droit, l'admission à l'école de la minorité n'obéirait alors plus à un critère provincial. Elle se ferait, comme il se doit, à partir de considérations locales. Une telle solution nous semble juridiquement acceptable et compatible avec l'objet de la garantie.

Imposer l'exclusivité priverait aussi des membres de la communauté minoritaire du droit de voter aux élections scolaires s'ils ne sont pas des «parents». Or dans tout milieu, mais particulièrement en contexte minoritaire, les membres de la communauté ont pour leurs écoles un intérêt suffisant pour les conduire à en choisir les représentants qui vont la gérer. De plus, dans les provinces pratiquant la taxation scolaire à l'échelle locale, l'exclusivité risquerait de priver les contribuables de leur droit de choisir le réseau scolaire qu'ils supportent de leurs taxes et du droit d'en élire les syndics ou commissaires d'école. Enfin, l'exclusivité conduirait à forcer l'intégration des immigrants à l'école anglaise hors-Québec, y compris les rares immigrants dont la langue seconde est le français. Pourquoi empêcher des immigrants francophones de se joindre à la communauté culturelle la plus proche de leur culture[57]?

L'objet de l'article 23 n'est pas détruit par une solution qui privilégierait un droit d'accès automatique aux ayants droit et un droit d'accès conditionnel aux autres. L'article 23 ne peut avoir comme conséquence d'obliger des commissions scolaires de la minorité à admettre des enfants de parents non qualifiés. Si le législateur l'y oblige en instaurant le libre choix complet, il doit s'assurer d'autre part du caractère homogène des écoles de la minorité.

(ii) *Les droits garantis*

Il n'y a en réalité qu'un seul droit garanti à l'article 23 : c'est le droit à l'instruction dans la langue de la minorité. Dans *Mahé*, la Cour suprême

---

[56] C'est ce qui est fait dans quelques provinces. Ontario : *Loi sur l'éducation*, L.R.O. 1990, c. E.2, article 302. Manitoba : *supra*, note 46, alinéa 21.15(1)b), paragraphe 21.1(5), article 21.6. Saskatchewan : *Education Act*, R.S.S. 1978, c. E-0.1, article 144.02, ajouté par S.S. 1993, ch. 55, article 59. Alberta : *School Act*, R.S.A. 1988, ch S-3.1, paragraphe 38(5).

[57] Y. LE BOUTHILLIER, «Le droit à l'instruction en français dans les provinces à majorité anglophone : le statut des enfants de parents immigrés» (1993) 24 *R.G.D.* 255.

a mis un frein à la tendance des tribunaux d'appel canadiens de scinder les droits garantis par l'article 23 en catégories disponibles selon le nombre requis. La Cour déclare :

> La façon dont il convient d'interpréter l'art. 23, selon moi, est de le considérer comme attributif d'un droit général à l'instruction dans la langue de la minorité (...).
>
> On peut exprimer autrement cette interprétation de l'art. 23 en disant qu'il doit être considéré comme établissant une exigence «variable», le niveau supérieur étant prévu à l'al. (3)b) et le niveau inférieur, correspondant au mot «instruction», étant prévu à l'al. (3)a). L'idée de critère variable signifie simplement que l'art. 23 garantit le type et le niveau de droits et de services qui sont appropriés pour assurer l'instruction dans la langue de la minorité au nombre d'élèves en question[58].

La Cour explique sa préférence envers un tel critère parce qu'il permet d'adapter l'article 23 aux circonstances locales et à chaque contexte. L'approche des droits distincts conduirait à appliquer une règle mathématique qui priverait automatiquement des groupes minoritaires des bénéfices de l'article 23 s'ils n'atteignaient pas le seuil critique. Les lois qui établissent des seuils minimaux rigides sont donc sujettes à caution si elles ne prévoient aucune autre solution de rechange.

La souplesse du critère variable et sa grande flexibilité conduisent néanmoins à une relativisation de la norme constitutionnelle et rendent son application à des problèmes concrets plus difficile. On ne peut jamais être certain que les nombres sont ou ne sont pas suffisants dans un contexte donné pour justifier la création d'une école plutôt que le transport scolaire et la résidence; ou une nouvelle commission scolaire plutôt qu'une extension du territoire d'une commission existante ou la création d'une division minoritaire au sein de la commission scolaire actuelle. Le critère variable conduit les gouvernements et les communautés minoritaires à faire preuve de responsabilité et d'imagination dans l'actualisation de la norme constitutionnelle elle-même, sous peine de se retrouver constamment devant les tribunaux.

Pour fins de clarification, nous divisons quand même cette section en trois volets : l'instruction, les établissements et la gestion.

(A) L'instruction. Dans *Mahé*, la Cour suprême n'a pas voulu décrire ce qui pourrait constituer un programme valide au sens de l'article 23 :

> L'article 23 requiert au minimum que «l'instruction» se fasse dans la langue de la minorité: si les élèves sont trop peu nombreux pour justifier un programme pouvant être qualifié «d'instruction dans la langue de la minorité»,

---

[58] *Mahé, supra,* note 31, aux pages 365-366.

l'article 23 n'exige pas la création d'un programme de ce genre. Ni la question de ce qu'est le programme minimum pouvant constituer de l'instruction ni celle du nombre d'élèves pouvant être requis pour justifier un tel programme ne se posent cependant dans le présent pourvoi et je ne les aborderai pas[59].

Une décision a déjà conclu que les programmes d'immersion française, fort en vogue au Canada anglais et où une partie sinon la totalité de l'instruction se donne en français, ne constitue pas une instruction valide au sens de l'article 23 et qu'on ne pouvait donc exiger son implantation ni s'opposer, pour des raisons constitutionnelles, à son abolition[60]. De même, les tribunaux du Nouveau-Brunswick ont conclu que la dualité scolaire pratiquée dans cette province excluait l'admission de francophones dans les classes d'immersion française[61]. Bien que n'ayant pas porté sur l'article 23 de la *Charte*, la décision semble indiquer qu'un programme d'immersion est d'abord un programme d'apprentissage d'une langue seconde, destiné à des enfants de la majorité qui ne la parlent pas.

Il nous semble logique de conclure qu'au minimum, un programme pouvant être qualifié d'instruction dans la langue de la minorité, au sens de l'article 23, devrait être un programme où l'enseignement est disponible dans la langue de la minorité dans toutes les matières du curriculum obligatoire, y compris pour le nombre minimal d'options requises en vue de l'obtention du diplôme.

Mais puisque la Cour suprême a refusé, jusqu'à présent, de trancher le niveau minimum d'instruction dans la langue de la minorité, certaines questions demeurent en suspens. Dans les provinces anglophones, si l'on permet que soient maintenus des programmes qui comportent une bonne dose d'instruction en anglais dans plusieurs matières et s'adressent à une clientèle variée, incluant une forte proportion de francophones[62], les gouvernements provinciaux peuvent-ils alors prétendre qu'ils respectent, à l'endroit de la population francophone fréquentant ces écoles, les exigences de l'article 23 ? Et si un groupe de parents plus militant au sein de cette population revendique une école et un programme linguistiquement homogènes, cela ne risque-t-il pas de diviser la clientèle scolaire dans des régions où les nombres ne sont déjà pas très élevés[63] ? Si oui, comment répond-on à la demande exprimée tout en respectant les voeux des autres parents?

---

[59] *Mahé, supra*, note 31, à la p. 367.
[60] *Whittington c. Board of School Trustees of School district no. 63 (Saanich)* (1987) 16 B.C.L.R. (2d) 255.
[61] *Société des Acadiens du Nouveau-Brunswick c. Association of Parents for Fairness in Education*, (1983) 48 R.N.-B. (2d) 361, conf. (1987) 82 R.N.-B. (2d) 360.
[62] C'était le cas dans les écoles acadiennes de Nouvelle-Écosse : *Directive sur les écoles acadiennes*, dans «Les droits scolaires des Acadiens et la Charte» (1984) 33 R.D.U.N.-B. 97 aux pages 136-137. Voir *infra*.
[63] Cette situation se produit très fréquemment au sein des communautés francophones minoritaires du Canada anglais.

L'intégrité de l'article 23 commande que l'on adopte une définition uniforme et claire de ce qu'est l'instruction dans la langue de la minorité. L'objet de la disposition indique la réponse évidente : il s'agit d'un programme où l'instruction, soit l'enseignement de chacun des cours, se fait dans la langue de la minorité, *pour* la minorité. La Cour d'appel de l'Ontario a indiqué :

> The *Charter* contemplates something more than French-speaking teachers in Ontario classrooms in which French-speaking children are taught[64].

La Cour d'appel du Manitoba déclarait en termes fort semblables et cités avec approbation par la Cour suprême :

> [TRADUCTION] Pour être ceux «de la minorité», les établissements devraient être, dans la mesure du possible, distincts par rapport à ceux dans lesquels l'instruction en anglais est offerte. Je ne mets pas en doute l'importance du milieu dans le domaine de l'éducation. Les élèves de langue française devraient vivre en français dans la cour de récréation, à l'occasion des activités hors-programme ainsi que dans la classe. Le français devrait être la langue utilisée dans le cadre de l'administration et du fonctionnement de l'établissement, y compris l'affichage (*en anglais : «right down to the posters on the wall»*)[65].

Selon le juge Wimmer de la Cour du Banc de la Reine de la Saskatchewan, les solutions consistant à offrir des programmes d'immersion ou des programmes partiellement en français ne sont disponibles que lorsque les nombres ne justifient rien de plus[66]. La Cour d'appel de l'Ile-du-Prince-Édouard est du même avis[67].

Les tribunaux cherchaient alors à cerner le sens du terme «établissement *de* la minorité», mais cette définition s'applique tout aussi bien à un programme d'instruction. S'il y a plus, à l'article 23, que des cours en langue française à des francophones hors-Québec, ou des cours en langue anglaise à des anglophones au Québec, il y a donc *au moins* cela !

(B) Les établissements d'enseignement. Il semblait évident aux tribunaux d'instance inférieure que les établissements d'enseignement désignaient des écoles, soit des bâtiments physiques distincts. La Cour d'appel de l'Ontario avait déjà mentionné la nécessité d'une identification objective de l'école avec la communauté minoritaire, dépassant ainsi le seul enseignement de cours dans la langue de la minorité — ce qui aurait alors fait de

---

[64] *Re Education Act (Ontario) and Minority Language Educational Rights* (1984) 10 D.L.R. (4th) 491 à la p. 527.
[65] *Renvoi : Loi sur l'instruction publique (Manitoba), supra*, note 53, à la p. 855, citant (1988) 67 D.L.R. (4th) 558.
[66] *Commission des écoles fransaskoises* c. *Saskatchewan*, [1988] 3 W.W.R. 354 à la p. 368.
[67] *Re Minority Language Educational Rights* (1988) 69 Nfld. & P.E.I.R. 236 à la p. 257.

l'article 23 un droit linguistique sans connotation culturelle ni rattachement à la dualité canadienne :

> Thus, it would appear that where educational facilities are to be provided to assure the realization of the rights accorded by s. 23(3)b), the facilities to be provided must appertain to or be those of the linguistic minority[68].

La Cour suprême, dans le *Renvoi du Manitoba*, précise que l'article 23 comprend généralement, mais pas nécessairement, un droit à des lieux physiques distincts :

> Comme des locaux doivent avoir des limites précises pour être placés sous le contrôle du groupe linguistique minoritaire, il semblerait s'ensuivre un droit à des établissements dans des lieux physiques distincts. (...)
>
> Cette conclusion est également compatible avec la reconnaissance du fait que les écoles de la minorité jouent un rôle utile à la fois comme centres culturels et comme établissements d'enseignement. Bien que notre Cour, dans l'arrêt *Mahé*, n'ait pas explicitement parlé de lieux physiques distincts dans son examen des écoles comme centres culturels, il semble raisonnable de déduire qu'il faut un certain degré de démarcation dans les lieux physiques pour que ces écoles s'acquittent bien de ce rôle. À mon avis, l'ensemble des objectifs de l'art. 23 énoncés dans l'arrêt *Mahé* appuient cette conclusion[69].

Cela semble signifier que lorsqu'il ne sera pas possible de loger un programme d'instruction dans la langue de la minorité au sein d'un bâtiment complètement autonome, il faudra néanmoins organiser le partage des locaux de façon à garantir que les parents de la minorité pourront exercer le contrôle sur le programme. Une certaine démarcation sera donc requise.

Nous avons évoqué les opinions au même effet de la Cour d'appel de l'Alberta. Celle de l'Ile-du-Prince-Édouard abonde en ce sens. La jurisprudence est donc claire et unanime sur ce point : si l'article 23 ne garantit pas toujours l'accès à des bâtiments séparés et autonomes pour loger les programmes, il comprend néanmoins la nécessité d'une identification objective de ceux-ci avec la communauté minoritaire, donc un *contrôle* par celle-ci du programme et de son administration quotidienne et une *démarcation* lui permettant de l'exercer.

Le fait que l'on doive prendre tant de soin et déployer tant d'efforts pour définir juridiquement ce qui, aux yeux de la communauté éducative, apparaît tellement évident, en dit long sur la difficulté que plusieurs provinces ont éprouvée à accepter l'article 23[70], et aussi sur la nécessité de celui-ci, si la dualité linguistique canadienne doit se poursuivre.

---

[68] *Supra*, note 64, p. 528; approuvé par la Cour suprême dans le *Renvoi du Manitoba*, *supra*, note 53, à la p. 854.

[69] *Renvoi : Loi sur l'instruction publique (Manitoba)*, *supra*, note 53 aux pages 855-856.

[70] B. PELLETIER, «Les réticences des provinces face à la reconnaissance de droits constitutionnels relatifs à l'usage des langues officielles» (1991) 54 *R. du B.* 247.

(C) La gestion. Depuis l'entrée en vigueur de l'article 23 et par la suite, les débats principaux ont porté sur l'inclusion ou non à cet article du droit de gestion scolaire. Les minorités francophones désiraient, depuis longtemps d'ailleurs, bénéficier de leurs propres commissions scolaires ayant la responsabilité de leurs propres écoles, comme les anglo-québécois. Aussi, si au Québec le débat principal concernant l'article 23 a porté sur les conditions d'admission à l'école anglaise, le débat principal hors-Québec a porté sur l'obtention de commissions scolaires autonomes.

Le texte même de l'article 23 ne fait pas explicitement référence à des structures de gestion. Les gouvernements provinciaux considéraient que ce droit ne pouvait faire partie de l'article 23 et relevait uniquement de la compétence provinciale en éducation; ils ont donc résisté à toute suggestion de commissions scolaires autonomes et ont plaidé que l'article 23 ne comprenait pas un tel droit. Les minorités francophones ont par ailleurs argumenté que sans le droit de gestion, l'objet même de l'article 23 serait réduit à néant et qu'il fallait que ce droit existe implicitement, dès qu'existait le droit à l'instruction. Le gouvernement fédéral, intervenant dans plusieurs des affaires plaidées, présentait une position mitoyenne : le droit de gestion existe, mais il ne conduit pas nécessairement dans chaque cas à la création d'une commission scolaire.

Les cours d'appel de l'Ontario[71], de l'Alberta[72] et de l'Île-du-Prince-Édouard[73] ont admis qu'un droit de gestion existe. La première a conclu qu'un système de représentation garantie des minorités au sein de conseils scolaires existants pouvait suffire à respecter ce droit tandis que la seconde a estimé qu'une commission scolaire autonome était la voie à suivre, mais avec une exigence numérique tellement élevée qu'il y avait peu de situations où ce serait possible. La troisième a conclu que le droit de gestion signifiait plutôt un droit de participer à l'élaboration et la prestation des programmes, ce qui incluait non seulement la participation à la structure locale de gestion mais aussi aux travaux du ministère de l'éducation. Cette avancée dans la conception du droit de gestion est fort intéressante et mérite d'être reprise. La Cour d'appel du Manitoba a tranché que l'article 23 ne conprenait aucun droit de gestion[74]. La Cour d'appel de Nouvelle-Écosse n'a pris aucune position à ce sujet[75]; celle de la Saskatchewan s'est contentée d'entériner la décision de la Cour suprême du Canada dans *Mahé*[76].

---

[71] *Re Education Act (Ontario), supra*, note 64, aux pages 530-531.
[72] *Mahé* c. *The Queen in right of Alberta* (1988) 42 D.L.R. (4d) 514.
[73] *Re Minority Language Educational Rights, supra*, note 67, à la p. 259.
[74] *Reference re Public Schools Act (Man.)* (1990) 67 D.L.R. (4th) 488.
[75] *Lavoie* c. *Nova Scotia* (1989) 91 N.S.R. (2d) 4.
[76] *Commission des écoles fransaskoises* c. *Saskatchewan* (1991) 82 D.L.R. (4th) 88; [1991] 5 W.W.R. 97.

L'arrêt *Mahé* représente donc la consécration du développement d'un droit de gestion implicite à l'article 23. Il s'inspire largement, tant pour les motifs que pour la solution pratique, de l'opinion de la Cour d'appel de l'Ontario, confirmant notre impression que cette première décision allait avoir un impact significatif sur le développement judiciaire de l'article 23.

Ayant réglé la question du droit unique au contenu variable, plutôt que de la dichotomie des droits, la Cour se trouvait libérée des contraintes du paragraphe 23(3), qui semble créer deux droits et fixer deux seuils numériques différents. Voyant l'article 23 comme un tout ne garantissant qu'un seul droit, la Cour a expliqué le paragraphe 23(3) comme exprimant la gamme inférieure et supérieure des modalités d'application du droit garanti. L'article 23 comporte donc un plancher et un plafond, qui dépendent des nombres et des coûts. Mais entre les deux, la pièce est assez vaste pour contenir toutes sortes de modèles et de solutions institutionnelles, pourvu que certains principes fondamentaux, dégagés à partir de l'objet de la garantie, soient respectés.

La Cour invoque deux séries d'arguments pour reconnaître «une certaine mesure de gestion et de contrôle»[77]: le texte et le contexte. La Cour en cela reste fidèle à la méthode d'interprétation téléologique qu'elle privilégie dans l'étude des droits garantis par la *Charte*[78].

Au sujet du texte, la Cour déclare :

> L'instruction doit avoir lieu quelque part et il s'ensuit que le droit à «l'instruction» comprend un droit implicite à être instruit dans des établissements. Si l'expression «établissements d'enseignement de la minorité linguistique» n'est pas considérée comme englobant un certain degré de gestion et de contrôle, son inclusion dans l'article 23 est dès lors sans objet[79].

Ainsi donc, le terme «établissements» ne peut se limiter à des bâtisses; il vise plutôt un degré supérieur de gestion :

> Le texte de l'art. 23 justifie plutôt de considérer que l'ensemble de l'expression «établissements d'enseignement de la minorité linguistique» fixe un niveau supérieur de gestion et de contrôle[80].

Cette analyse ouvre des perspectives intéressantes. Dans le contexte du critère variable, il nous semble que cela signifie que, puisque l'instruction doit bien avoir lieu quelque part, ce «quelque part» ne sera pas toujours un bâtiment isolé, destiné uniquement à cela; mais on pourra toujours rattacher ce lieu à un «établissement de la minorité». Ce pourrait être à la maison, grâce à l'enseignement individualisé ou à distance, dans une classe, une

---

[77] *Mahé, supra,* note 31, à la p. 369.
[78] Depuis son deuxième arrêt *Southam* c. *Hunter,* [1984] 2 R.C.S. 145 aux pages 155-156.
[79] *Mahé, supra,* note 31, aux pages 369-370.
[80] *Ibid.,* à la p. 370.

roulotte portative, un local privé utilisé à cette fin, dans une aile d'un bâtiment, au sein d'un réseau informatique, ou via la télévision éducative. Ce qui importe, c'est d'adord le degré de gestion et contrôle qu'exercera la communauté minoritaire sur l'instruction qu'on y dispense et les programmes qu'on y enseigne.

D'autre part, l'objet de l'article 23 semble avoir eu une influence déterminante sur l'approche retenue par la Cour. Elle y consacre ses lignes les plus éloquentes sur l'importance pour une minorité de détenir la responsabilité de l'instruction de ses enfants. Deux séries de considérations motivent la Cour : d'abord, elle affirme péremptoirement que plusieurs questions administratives en éducation ont une importance fondamentale pour la culture d'une minorité : par exemple, les programmes d'étude, l'embauchage, les dépenses. Ensuite, et encore plus fondamentalement, la Cour constate qu'une majorité peut ignorer complètement les préoccupations linguistiques et culturelles d'une minorité, en toute bonne foi :

> On ne peut attendre de la majorité qu'elle comprenne et évalue les diverses façons dont les méthodes d'instruction peuvent influer sur la langue et la culture de la minorité.[81]

À la suite des cours d'appel de l'Ontario et de l'Île-du-Prince-Édouard, elle affirme :

> Si l'article 23 doit redresser les injustices du passé et garantir qu'elles ne se répètent pas dans l'avenir, il importe que les minorités linguistiques aient une certaine mesure de contrôle sur les établissements d'enseignement qui leur sont destinés et sur l'instruction dans leur langue[82].

Dans sa seconde décision, la Cour revient sur la question pour lier le droit de gestion à l'autonomie physique des établissements :

> Une fois franchi le seuil établissant le droit à l'instruction dans la langue de la minorité, s'il faut que les «établissements d'enseignement de la minorité», comme l'indique l'arrêt *Mahé*, «appartiennent» de façon significative aux parents visés à l'art. 23 au lieu d'être simplement «pour» les parents en question, il est raisonnable qu'ils exercent une certaine mesure de contrôle sur les locaux où l'instruction est offerte[83].

Quelle forme peut prendre cette structure de gestion ? Les modèles sont variés. On peut penser à des ententes entre un comité de parents et une commission scolaire, à des commissions scolaires locales ou régionales ou à une structure provinciale unique. Le modèle avalisé par la Cour suprême dans *Mahé*, à titre d'indication du niveau supérieur, consistait à garantir à

---

[81] *Ibid.*, à la p. 372.
[82] *Ibid.*, aux pages 372-373.
[83] *Renvoi du Manitoba, supra*, note 53, à la p. 854.

la minorité linguistique un certain nombre de sièges au sein des conseils scolaires existants. C'est la formule utilisée présentement en Ontario et avalisée par la Cour d'appel de la province. Elle trouvait un certain support dans le rapport Laurendeau-Dunton. Mais elle est truffée de difficultés pratiques qui minent l'objet même de l'article 23. La nécessité que les décisions communes soient prises par le Conseil au complet, dans la langue de la majorité, fait perdre aux représentants de la minorité non seulement l'influence dont ils pourraient disposer en transigeant directement avec le gouvernement, mais les place aussi dans la position de revendicateurs éternels plutôt que décideurs responsables. Les débats inhérents aux visions pluralistes des projets éducatifs des enfants sont compliqués par les difficultés justement identifiées par la Cour suprême : la majorité ne peut apprécier pleinement l'impact des méthodes d'instruction sur la transmission de la culture de la minorité. À notre avis, en avalisant le modèle de la représentation proportionnelle et garantie à titre de solution intermédiaire, à défaut d'un conseil scolaire autonome, la Cour n'a pas tiré toutes les conséquences pratiques de sa détermination de l'objet du droit et n'a peut-être pas été mise au courant de l'effet de cette structure sur l'exercice réel des droits scolaires des minorités. Heureusement, le modèle ne semble pas devoir se répandre ailleurs au Canada et il est lui-même remis en cause en Ontario.

La forme de la structure importe tout autant que ses pouvoirs réels et son degré réel d'autonomie. À un stade intermédiaire, la Cour suprême a énuméré une liste de pouvoirs devant appartenir à la structure de gestion : il s'agissait essentiellement de l'embauche du personnel, de l'élaboration et la prestation des programmes et de la dépense des fonds[84]. Ces pouvoirs sont parmi les plus élémentaires d'un conseil scolaire, mais ce ne sont certes pas les seuls, comme le démontre une étude récente[85].

La gestion est donc, comme les catégories d'ayants droit, «au coeur» de la disposition et de la substance du droit reconnu à l'article 23. Il ne faudrait toutefois pas oublier les autres éléments, en particulier les infrastructures requises pour assurer un enseignement de qualité.

(D) La qualité. Dans des remarques incidentes, la Cour a manifesté un souci de veiller à ce que l'instruction de la minorité ne soit pas une instruction de deuxième classe :

> Je crois qu'il va de soi que, dans les situations où le degré de gestion et de contrôle mentionné ci-dessus est justifié, la qualité de l'éducation donnée à la

---

[84] *Mahé, supra,* note 31, à la p. 395.
[85] A. MARTEL, *Les droits scolaires des minorités de langue officielle au Canada : de l'instruction à la gestion,* Ottawa, Commissariat aux langues officielles du Canada, 1990.

minorité devrait en principe être égale à celle de l'éducation dispensée à la majorité[86].

La Cour reprenait une préoccupation aussi mentionnée par les tribunaux d'appel, quoique l'ensemble de la jurisprudence prenne le soin de préciser que la minorité ne peut s'attendre à une identité de traitement avec la majorité.

Comment évaluera-t-on la qualité? Il s'agira probablement de mesurer la proportionnalité des ressources mises à la disposition des uns et des autres pour remplir leur mandat, ainsi que d'évaluer l'état général de l'infrastructure matérielle, professionnelle et pédagogique mise à la disposition des minorités par rapport aux efforts et aux ressources consentis à la majorité dans des circonstances semblables. Dans au moins un cas, un tribunal s'est fondé sur une inégalité de services pour ordonner au gouvernement et aux autorités scolaires de procéder à des constructions[87]. Mais on ne peut guère aller plus loin : même auprès de la majorité, la qualité de l'éducation est un concept flou. L'égalité dans la qualité sera donc relative.

(iii) *Les conditions d'application*

Le concept d'échelle variable rend nécessaire l'établissement de critères pour mesurer véritablement le respect des droits constitutionnels, sinon ceux-ci sont laissés à l'arbitraire de chaque gouvernement. Or les tribunaux n'ont aucune déférence à accorder aux décisions gouvernementales et peuvent prononcer leur propre jugement sur l'atteinte des conditions requises par l'article 23[88].

Deux variables, issues de la Constitution elle-même, permettent de mesurer le respect effectif des droits scolaires des minorités dans une situation concrète. Ces variables ne sont pas encore précises; la norme à leur sujet reste en voie d'élaboration. Il s'agit des nombres et de la nécessité de préserver la compétence provinciale en éducation.

(A) Les nombres. Ainsi l'a voulu le constituant. D'ailleurs depuis que la question est discutée, au grand dam des minorités, l'exercice des droits scolaires est directement relié au nombre d'enfants visés. La détermination du nombre pertinent devient donc un enjeu crucial de tout litige fondé sur l'article 23. Cet aspect de l'article 23 fait intervenir maintes considérations : les enjeux pédagogiques, les coûts, la situation géographique et sociale particulière. Il s'agit d'un ensemble de facteurs à considérer.

---

[86] *Mahé, supra*, note 31, à la p. 378.
[87] *Marchand* c. *Simcoe County Bd. of Education* (1986) 55 O.R. (2d) 638, 29 D.L.R. (4th) 596.
[88] *Lavoie, supra*, note 75, à la p. 195.

Deux thèses furent présentées concernant l'identification du nombre pertinent aux fins de l'article 23. Pour les communautés de langue officielle, puisque l'article 23 devait avoir un caractère réparateur, on devait considérer le nombre potentiel total d'enfants des ayants droit (que l'on peut déterminer avec une relative précision sur la base du critère de l'alinéa 23(1)a)). Pour les gouvernements, on devait travailler à partir de la demande connue et exprimée. La Cour a préféré s'en remettre à un critère intermédiaire, d'application pratique difficile : il s'agit du nombre de personnes «qui se prévaudront, en définitive, du service offert». Ce nombre est atteint en partant de la demande connue (il est donc légitime d'exiger une demande préalable) et du potentiel (il est donc possible de prouver le nombre potentiel total)[89].

La détermination de la *suffisance* de ce nombre, après l'avoir identifié, dépendra alors, selon la Cour suprême, de considérations pédagogiques, de coûts et d'autres facteurs.

S'agissant des considérations pédagogiques, la Cour affirme que l'opération d'écoles pour de très petits nombres d'élèves nuirait à la qualité de leur formation[90]. Elle ne cite aucune étude, ne s'appuie sur aucune preuve à cette fin. La Cour s'avance ici sur un terrain glissant. La présomption selon laquelle des nombres très petits, dans des milieux urbains, nuiraient à l'éducation, est-elle réellement fondée sur des études ? La nouvelle technologie et le développement de l'informatique rendent de plus en plus plausible le développement de programmes pédagogiques multimédias, accessibles de la maison, ainsi que l'enseignement à distance par télévision interactive. Qui a dit que, dans ce contexte, les petits nombres nuisent à la pédagogie? La question est bien plus de s'en tenir aux services qui sont requis dans les circonstances plutôt qu'aux nombres.

Quant aux coûts, ils représentent un facteur non négligeable. La Cour mentionne que le caractère réparateur de l'article 23 justifiera un financement additionnel, particulièrement dans les années de démarrage de nouveaux programmes. Elle indique aussi qu'à la différence des autres droits, l'article 23 spécifie lui-même que les coûts doivent entrer en ligne de compte. Toutefois, la Cour d'appel de la Nouvelle-Écosse a spécifié que le fardeau de prouver les coûts revenait à la province plutôt qu'aux parents[91]. Cela pourrait jouer au détriment des minorités: comment pourront-elles contester des chiffres très élevés présentés par un gouvernement pour se soustraire à ses responsabilités ?

Enfin, d'autres facteurs très complexes vont intervenir selon la Cour. Elle mentionne la situation urbaine ou rurale, le transport et la résidence.

---

[89] *Mahé*, *supra*, note 31, à la p. 384.
[90] *Ibid.*, à la p. 374 et à la p. 385.
[91] *Lavoie*, *supra*, note 75, à la p. 198.

En première instance, le juge Purvis[92] avait dressé une liste de facteurs selon lui pertinents. En réalité, ces facteurs sont autant de faits qui devront être portés à l'attention des tribunaux, ce qui empêchait la Cour d'établir une règle générale en cas de contestation. Ils ne représentent pas une *norme juridique* : ce sont des critères que les autorités publiques et les tribunaux doivent appliquer. Il représentent des faits sociaux dont la preuve demeure problématique et l'utilisation, peu claire[93]. Il faudra bien que la *suffisance* du nombre fasse l'objet de prononcés plus clairs. Sur quelle base décide-t-on qu'un nombre donné est ou n'est pas suffisant pour justifier la prestation d'un service éducatif sur les fonds publics ? La seule indication assez claire de la Cour suprême est qu'il ne faut pas imposer des charges irréalistes à l'État[94] et qu'il faudra s'en tenir à l'analyse selon l'objet. La Cour admet d'ailleurs carrément qu'il est impossible, en ce moment, de préciser une norme judiciaire :

> À mon avis, l'expression «nombre suffisant pour justifier» ne donne pas aux tribunaux une norme explicite dont ils peuvent se servir pour déterminer quels doivent être l'enseignement et les établissements appropriés (compte tenu des considérations susmentionnées) dans chaque situation donnée. La norme devra être précisée, avec le temps, par l'examen des faits propres à chaque situation soumise aux tribunaux mais, en règle générale, l'analyse doit se fonder sur les fins de l'art. 23. En particulier, le caractère réparateur de l'art. 23 est important car il indique que l'article ne vise pas à garantir simplement le statu quo[95].

Ce constat d'impuissance, s'il suit la démarche propre à la *common law*, crée néanmoins, dans le cadre d'un droit social et culturel, une dynamique constitutionnelle particulièrement intéressante dans l'équilibre qui s'installe entre la nécessaire négociation politique, l'élaboration administrative vouée à l'efficience et le droit constitutionnel et son besoin de normes.

Rares sont les décisions judiciaires où des considérations concrètes de nombres étaient en cause. L'affaire *Mahé* en était une, et la Cour a estimé que le nombre ne justifiait qu'un modèle intermédiaire de gestion[96]. De même, dans *Lavoie*[97], la Cour d'appel a refusé l'octroi d'une école devant

---

[92] (1985) 22 D.L.R. (4th) 24, à la p. 47.
[93] Communication de la professeure Danielle Pinard lors du congrès de l'Association canadienne des professeurs de droit à Montréal, le 5 juin 1995.
[94] *Mahé, supra*, note 31, à la p. 385.
[95] *Ibid.*, à la p. 385.
[96] Aujourd'hui, l'autorité régionale francophone d'Edmonton gère 5 écoles, comptant une population scolaire de près de 1000 élèves : *Guide de mise en oeuvre de la gestion scolaire francophone*, School of Business Administration Services, Alberta Education, 1994, à la p. 19.
[97] Une enquête des parents révélait 400 élèves; un sondage de la commission scolaire en trouva 200; il y en eut environ 50 qui se prévalurent de la pré-inscription. Voir le premier jugement à (1988) 96 N.S.R. (2d) 16, à la p. 19.

les nombres révélés par une préinscription, mais a ordonné l'ouverture de classes. Dans *Marchand*, le nombre d'élèves à l'école francophone a été jugé suffisant pour ordonner la construction d'équipements additionnels[98]. Dans le *Renvoi du Manitoba*, la Cour suprême a estimé que le nombre le plus faible, celui fourni par le gouvernement, justifiait la création d'un conseil scolaire francophone pour la province[99].

Un nombre minimal fixe et unique pour la province peut-il être établi par la loi ou un règlement ? La Cour d'appel de l'Ontario répond négativement à cette question, si le choix est arbitraire.[100] Quant à la Cour d'appel de l'Île-du-Prince-Édouard, elle répond oui[101]. Pour celle de la Nouvelle-Écosse, cela n'empêche pas la Cour de statuer elle-même sur la question[102]. La Cour suprême n'en a rien dit. Selon nous, le nombre ne peut être établi à l'avance, compte tenu du critère variable. Ce serait remplacer ce critère par une norme fixe, ce qui n'est pas la façon appropriée d'appliquer l'article 23.

La décision quant au nombre suffisant peut-elle être déléguée ? L'ensemble des arrêts s'étant prononcé sur la question réfutent la délégation aux autorités locales. La délégation au gouvernement provincial par voie de règlement ou au ministre par voie de décision serait permise si elle n'est pas laissée à leur arbitraire et elle pourrait, en tout état de cause, faire l'objet d'une révision judiciaire. Effectivement, il faut bien qu'une personne ou une autorité évalue la pertinence de la demande et la suffisance des nombres en regard des services réclamés. Il nous semble juste que la décision ne relève pas des autorités locales de gestion de la majorité linguistique; elles ont trop d'intérêt au maintien du *statu quo* pour pouvoir prendre des décisions éclairées. Par ailleurs, on peut faire trancher la question par un tribunal administratif autonome, un arbitre, ou encore une autorité politique. On peut établir dans une loi ou des règlements des critères précis, ce qui force l'autorité administrative à les considérer et ouvre la voie à la contestation par les voies régulières du droit administratif. Puisque le droit de gestion prime sur le droit aux établissements, peut-être la solution réside-t-elle dans l'octroi de ce pouvoir décisionnel à l'organisme de gestion lui-même? Ainsi, la communauté minoritaire, par la voix de ses représentants, déciderait elle-même de la nécessité ou non d'ouvrir de nouvelles classes ou écoles, d'implanter de nouveaux programmes ou d'offrir de nouveaux services. Mais ce serait là transférer un pouvoir discrétionnaire d'un groupe à un autre. Il faudrait maintenir le pouvoir des tribunaux d'en réviser la perti-

---

[98] *Marchand, supra*, note 87, et (1987) 44 D.L.R. (4th) 171; 61 O.R. (2d) 651, ordonnance supplémentaire.
[99] *Renvoi : Loi sur l'instruction publique (Manitoba), supra*, note 53.
[100] *Supra*, note 64, à la p. 521.
[101] *Supra*, note 67, à la p. 252.
[102] *Supra*, note 75, à la p. 195.

nence, ce dernier pouvant accorder un certain poids à l'expression de la volonté des élus scolaires.

(B) La discrétion dans le choix des moyens et la compétence provinciale. Puisque l'article 23 ne crée qu'une obligation générale et qu'il est d'application nationale, la Cour suprême, dans *Mahé*, a préféré insister sur la nécessité de laisser une grande discrétion aux provinces dans le choix des moyens :

> Tous les tribunaux canadiens qui ont examiné l'art. 23 ont reconnu les problèmes que comporte la reconnaissance de «modalités particulières». À ce stade initial de l'évolution de la jurisprudence relative à l'art. 23, la réaction des tribunaux devrait consister à décrire en termes généraux les exigences posées. Il appartient aux pouvoirs publics de répondre à ces exigences générales. Lorsqu'il y a diverses façons de répondre aux exigences, les pouvoirs publics peuvent choisir le moyen de remplir leurs obligations[103].

De même, la compétence provinciale en éducation doit être préservée et, par ailleurs, le législateur conserve la capacité d'intervenir au niveau des normes générales en matière éducative : «La province a un intérêt dans le contenu et les normes de qualité d'un programme scolaire»[104]. Cette même considération conduit la Cour à préserver le «pouvoir discrétionnaire le plus vaste possible dans le choix des moyens institutionnels»[105] que le gouvernement peut utiliser pour rencontrer ses obligations constitutionnelles.

Ce pouvoir discrétionnaire comporte néanmoins des limites. D'abord, l'article 23 crée une véritable *obligation* constitutionnelle, et l'inaction d'un gouvernement, ou les actes d'un gouvernement qui auraient pour effet de nier l'exercice des droits, est illégale. Si les ayants droit n'ont pas droit à une loi particulière, mais seulement à un système éducatif particulier, ce droit crée quand même un devoir positif d'agir de la part des gouvernements.

Ensuite, l'élaboration des solutions doit inclure la participation active des parents eux-mêmes. Non seulement la gestion et les programmes doivent-ils être accordés, mais l'État doit porter une attention particulière aux besoins exprimés par la minorité linguistique et s'efforcer d'y répondre :

> La mise en oeuvre exige une pleine compréhension des besoins de la minorité linguistique francophone.(...) Il est extrêmement important que les parents de la minorité linguistique ou leurs représentants participent à la détermination des besoins en matière d'instruction et à l'établissement de structures et de services qui répondent le mieux possible à ces besoins[106].

---

[103] *Mahé, supra*, note 31, à la p. 376.
[104] *Ibid.*, à la p. 380.
[105] *Ibid.*, à la p. 393.
[106] *Renvoi du Manitoba, supra*, note 53, à la p. 862.

Cette approche comporte donc implicitement une obligation constitutionnelle de faire participer la communauté minoritaire, non seulement à la détermination des besoins, mais aussi à l'établissement des services qui devraient y répondre. Les sujets d'un droit constitutionnel en deviennent aussi des acteurs. Bien que le droit soit donné individuellement à chaque parent et que sa jouissance ne soit pas liée à la volonté du groupe minoritaire[107], ce dernier a néanmoins le droit de participer au développement des services et des structures pertinentes[108]. L'élaboration de la norme constitutionnelle passe donc du prétoire aux arcanes du pouvoir et aux officines gouvernementales, sous réserve d'un contrôle judiciaire ultime. Cette approche responsabilise les communautés minoritaires elles-mêmes face à leurs besoins, ce qui est de l'essence d'un droit collectif et démontre la nature hybride de l'article 23.

3. SITUATION ACTUELLE ET PERSPECTIVES D'AVENIR

Dans certaines des provinces, les lois scolaires ont été modifiées pour tenir compte de la nouvelle réalité constitutionnelle. D'autres tardent encore à agir. Les grands paramètres des décisions de la Cour suprême sont-ils respectés? Un bref survol de la situation présente permet de mesurer les progrès accomplis et d'identifier les enjeux des prochains débats.

(a) La situation actuelle

La présente section se veut un simple survol des changements intervenus récemment ou encore à venir dans le monde de l'éducation minoritaire.

(i) *Les Maritimes*

Des trois provinces maritimes, deux font une large place à la gestion scolaire par les francophones tandis que la troisième tarde encore à agir.

Au Nouveau-Brunswick, la dualité scolaire est un fait accompli depuis 1980[109]. Les Acadiennes et Acadiens n'ont donc pas eu à recourir à l'article 23 pour faire reconnaître ce droit. Désormais, les districts scolaires, les écoles et les classes sont organisés sur la base d'une des deux langues officielles. Un district scolaire conserve le droit d'opérer des classes ou des

---

[107] *Id.*
[108] C'est une percée dans la doctrine de l'«expectative légitime» en matière législative, qui exclut généralement ces consdiérations : J. SMALL, «Legitimate expectations, fairness and delegated legislation» (1995) 8 *Admin. L.R.* 129.
[109] FINN-ELLIOT, *Rapport sur la restructuration des districts scolaires au Nouveau-Brunswick*, Frédéricton, Imprimeur de la Reine, 1979; *Loi scolaire*, L.R.N.-B. 1977, ch. S-5.1.

écoles dans une autre langue, mais seulement dans les régions où il n'existe pas de district scolaire de l'autre langue, ni de conseil scolaire minoritaire[110]. Les parents de 30 enfants peuvent demander la création d'un tel conseil scolaire minoritaire, qui acquiert alors compétence exclusive sur l'école de la minorité linguistique de la région[111]. L'admission est cependant régie par le libre choix, sous réserve que l'enfant connaisse au préalable la langue d'instruction[112]. Cette situation peut, comme nous l'avons mentionné, occasionner une atteinte aux droits de la *Charte*. Les conseils scolaires francophones devraient avoir le droit de contrôler l'admission des enfants de parents non qualifiés en vertu de l'article 23. Au niveau du vote aux élections scolaires, il est aussi basé sur le choix des parents. On ne peut toutefois voter que pour un seul conseil, francophone ou anglophone[113]. L'extension du droit de vote à quiconque est-elle justifiée ? Dans la mesure où le caractère homogène des écoles est maintenu par la loi, il est possible d'avancer que oui. Si on avait la preuve que la majorité se servait de cette faculté pour remettre en question le caractère homogène des écoles, il y aurait lieu de réévaluer la situation. La récente modification constitutionnelle de 1993 n'a que peu ajouté aux droits scolaires des Acadiens, sinon pour consacrer une fois pour toutes le caractère homogène des écoles et étendre ces droits au niveau collégial, universitaire et à divers programmes éducatifs[114]. À notre avis, l'impact premier de la modification se fera sentir ailleurs, et dans le domaine scolaire, servira surtout à préciser l'application de l'article 23 au Nouveau-Brunswick. Il serait possible, par exemple, d'en tirer une conséquence quant à un certain resserrement des critères d'admission et de vote, d'avaliser la décision judiciaire selon laquelle la connaissance préalable par l'enfant de la langue d'enseignement est nécessaire pour assurer le caractère homogène des établissements et qualifier, au Nouveau-Brunswick, les définitions constitutionnelles des ayants droit.

La réforme à l'Île-du-Prince-Édouard s'est faite sans trop de heurts : on s'est contenté d'étendre la juridiction de l'Unité scolaire no. 5 à l'ensemble du territoire de la province[115]. Les critères d'admission sont limités aux ayants droit et l'instruction est clairement limitée au programme français[116]. Il n'y a que deux écoles homogènes françaises : une dans la région acadienne

---

[110] *Loi scolaire, supra*, à l'article 15.
[111] *Loi scolaire, supra*, à l'article 16; Règlement 91-186, article 3.
[112] *Société des Acadiens, supra*, note 24.
[113] Voir l'article 42 de la *Loi scolaire, supra*, note 109.
[114] La modification consacre l'égalité des communautés linguistiques et leur droit à des institutions distinctes où peuvent se dérouler des activités éducatives ainsi que le rôle de la législature et du gouvernement de promouvoir cette égalité et cette dualité.
[115] *School Act*, R.S.P.E.I. 1988, ch. S-2, article 48; *School Regulations*, EC108/90, G.R. 19/02/1990, Pt. VI.
[116] School Regulations, *ibid.*, articles 6.01 et 6.02; comme dans l'Ouest, le Conseil scolaire peut y admettre des enfants de parents non qualifiés : article 6.12.

de Miscouche, l'autre dans la capitale provinciale. S'il subsiste des irritants dans le régime scolaire de l'Île-du-Prince-Édouard, c'est au niveau de l'ouverture de nouvelles classes ou écoles : cela relève encore de la discrétion du ministre. Celle-ci est encadrée au niveau des classes — il faut quinze enfants sur deux niveaux consécutifs, qui peuvent être raisonnablement rassemblés (la validité de ces conditions demeure douteuse à la lumière de la jurisprudence, qui n'est pas encore claire à ce propos) -, mais est presque entière au niveau des écoles[117]. De plus, le régime juridique précise que des offres de transport peuvent respecter l'obligation législative d'offrir l'instruction en français. Si *Mahé* contient effectivement des allusions à cet effet, il ne faudrait pas que les offres de transport remplacent l'ouverture de classes ou d'écoles locales[118].

Enfin, la Nouvelle-Écosse est présentement lancée dans une réforme majeure. Au départ, elle avait lancé un programme des écoles acadiennes, des institutions réservées aux enfants francophones, où l'instruction se déroule entièrement en français jusqu'au secondaire et où l'anglais devient progressivement la langue de l'enseignement[119]. Dans la région majoritairement francophone de Clare-Argyle, elle a modifié sa loi pour faire du conseil scolaire, majoritairement composé d'Acadiens et d'Acadiennes, une institution qui fonctionne en français et qui gère aussi des écoles anglophones[120]. Enfin, un centre scolaire communautaire, dont l'admission est limitée aux ayants droit et qui fonctionne seulement en français, est ouvert depuis quelques années dans la région de Halifax-Dartmouth. Il était géré par un conseil d'école[121]. La loi fut amendée pour étendre le concept des conseils d'école partout dans la province où il y a des écoles homogènes, mais lorsqu'une demande d'un groupe de parents militants de Clare-Argyle parvint au ministre de l'éducation pour la création d'un conseil d'école pour les écoles élémentaires francophones de la région, la loi fut de nouveau modifiée pour soustraire la région de Clare-Argyle de ce régime en raison de l'opposition d'une majorité de parents de la région[122].

Le gouvernement a déposé un projet de loi visant à créer un conseil scolaire acadien provincial pour s'occuper de toute l'instruction en français dans la province.[123] En vertu du projet, l'admission est réservée aux enfants

---

[117] School Regulations, *ibid.*, articles 6.08 et 6.11.
[118] Le juge Hollett fait des remarques éloquentes sur l'inconstitutionnalité de faire voyager de jeunes enfants hors de leur ville : *Lavoie* c. *Nova Scotia* (1988) 84 N.S.R. (2d) 386 à la p. 400.
[119] Directive sur les écoles acadiennes, *supra*, note 62.
[120] *An Act to amend the Education act*, S.N.S. 1992, ch. 17, article 2.
[121] *An Act respecting School Boards*, S.N.S. 1991, ch. 6, article 26 et suivants.
[122] *An Act to amend the education act*, S.N.S. 1994, ch. 37, article 1.
[123] P.L. 39, *An Act respecting education*, 3rd Session, 56th General Assembly, N.S., 44 EL. II, 1995.

des ayants droit et le droit de vote est conféré aux ayants droit ou aux personnes qui seraient des ayants droit si elles avaient des enfants[124]. Ce conseil exercera sa juridiction sur l'ensemble des programmes de français langue première dispensés dans des écoles, des parties d'école ou des classes partout dans la province, à l'exclusion des conseils scolaires anglophones[125]. Le Lieutenant-gouverneur en conseil peut désigner des écoles ou parties d'écoles comme relevant du conseil. S'il s'agit de portions, la propriété et *la gestion* n'en seront transférés au conseil que si le Lieutenant-gouverneur en conseil l'ordonne. Nous voyons là un problème en ce que la Cour suprême, dans le *Renvoi du Manitoba*[126], a clairement indiqué que l'idée de lieux physiques distincts était directement liée à la notion de gestion. Pour pouvoir exercer un contrôle sur l'éducation, y compris l'ambiance dans l'école ou la portion d'école, il faut bien que celle-ci soit de quelque façon distincte du reste des lieux. Si le droit de propriété ne fait peut-être pas partie des droits contenus à l'article 23, le droit de gestion des portions d'école occupées par les minorités linguistiques y est compris d'une manière claire et indéniable. Il ne peut donc être laissé à la discrétion du gouvernement ou négocié dans une entente. L'article 15 du projet indique que la langue de fonctionnement du conseil sera le français mais que lorsque les circonstances le justifient, l'anglais *devra* être utilisé. Cela nous semble contraire à l'esprit de l'article 23 et à son objet. Cette exigence devrait être remplacée par une simple faculté, sans quoi l'élection de conseillers scolaires unilingues anglophones ou les exigences de parents anglophones (rendues possibles par les définitions d'ayants droit utilisées dans la *Charte*) pourrait entraîner une obligation pour le conseil de fonctionner en anglais ou dans les deux langues à la fois.

L'ensemble du système sera complété par des règlements qui spécifieront la méthode de détermination des nombres suffisants et de l'admissibilité des enfants, ainsi que la méthode de désignation des locaux, du transport et de l'administration du programme[127]. De plus, les règlements pourront prévoir les modalités de transfert des élèves entre le Conseil scolaire acadien provincial et un conseil scolaire de la majorité. Cette disposition vise sans doute à maintenir pour les parents ou les élèves qui le désirent la possibilité de suivre une partie de leur programme d'études en anglais. Cette possibilité nous apparaît problématique. L'élève pourrait-il alors être inscrit simultanément dans deux conseils scolaires, suivre quelques cours en français et quelques cours en anglais en traversant un corridor séparant deux sections ? Il est vrai que l'article 23, comme toutes les autres dispo-

---

[124] Alinéas 3*h*) et *i*), articles 12 et 13.
[125] Alinéa 11(2).
[126] *Supra*, note 53, aux pages 855-856. Voir *supra*, aux pages 16-19.
[127] Alinéas 144*h*), *i*), *l*), *m*), *n*) et *o*).

sitions de la *Charte*, peut être assujetti à des limites raisonnables. Cependant, les règlements devront encadrer sévèrement l'exercice d'une telle faculté afin de ne pas diluer le sens de l'expression «instruction en français». Une phase de transition serait possible, mais la perpétuation d'un tel système ne serait pas compatible avec l'objet de l'article 23.

À notre avis, ce système ne sera valable que si le programme des écoles acadiennes est modifié pour devenir un programme d'instruction en français seulement et que l'admission est établie en fonction des critères de l'article 23. Sans quoi, il y a un risque de voir se répandre le concept d'une instruction bilingue considérée comme suffisante pour respecter les exigences constitutionnelles, alors que l'on vient, après beaucoup d'efforts, d'abandonner ce concept dans l'Ouest et au Nouveau-Brunswick.

(ii) *Le Québec*

Le droit à l'instruction en anglais au Québec est distinct de la gestion. En effet, celle-ci est organisée sur la base de la religion, suivant le compromis de 1867, et les tentatives diverses de réformes se sont heurtées à l'opposition des institutions scolaires confessionnelles jalouses de préserver le *statu quo*. Le droit à l'instruction en anglais est garanti à tout enfant admissible, l'admissibilité étant définie à la fois dans la *Loi 101* et dans la *Loi sur l'instruction publique*[128]. L'instruction en français est obligatoire pour tous les autres. Au plan des écoles, une commission scolaire qui opérait des écoles où l'enseignement est dispensé en anglais peut continuer à le faire, mais elle ne peut ni n'est tenue d'en démarrer d'autres sans l'accord du ministre de l'éducation qui se base sur le nombre d'enfants admissibles relevant de sa compétence[129]. Ce ci constitue une condition à priori contraire aux énoncés de la Cour d'appel de l'Ontario et au texte de l'article 23 qui s'applique «partout dans la province». Par ailleurs, la commission scolaire doit, selon la même disposition, prendre des arrangements avec une autre commission scolaire pour accomoder les besoins d'un enfant déclaré admissible. Le droit à l'instruction en anglais est donc assuré à quiconque, partout dans la province.

S'agissant de la gestion, le Québec, comme l'Ontario, opère selon le principe de la représentation proportionnelle et garantie. Les parents de la minorité linguistique d'une commission scolaire ont le droit d'élire leur représentant, tant au niveau primaire que secondaire, si le nombre d'élèves de la minorité représentée est d'au moins 200 ou représente au moins 5% des élèves inscrits. Cette personne a les mêmes pouvoirs, droits et obligations que les autres commissaires, sauf le droit de voter aux réunions du

---

[128] L.R.Q. 1977, ch. I-13.1.
[129] *Charte de la langue française*, article 79.

conseil des commissaires ou le droit d'être nommé président, vice-président ou membre d'une commission scolaire régionale[130]. On peut questionner l'autorité d'un tel représentant, qui n'a pas droit de vote. De plus, il ne semble pas disposer, conformément à l'arrêt *Mahé*, des pouvoirs exclusifs sur l'enseignement dans la langue de la minorité. Il faut dire que la disposition joue tant pour les commissions scolaires à majorité francophone qu'anglophone. S'agissant du fonctionnement de celles-ci, elles peuvent être désignées en vertu de la *Loi 101*, ce qui leur permet de dispenser leurs services en anglais et de fonctionner dans cette langue[131].

Un projet de réforme, adopté depuis 1988 mais non encore en vigueur, remplacerait le système actuel par des commissions scolaires francophones et anglophones, où les secondes auraient compétence sur les élèves admissibles qui demandent à en faire partie[132]. Une commission scolaire francophone ne dispense ses services éducatifs qu'en français, sauf entente avec une autre; une commission scolaire anglophone peut dispenser ses services dans les deux langues, conformément à la loi[133]. Cela créerait une situation paradoxale où les commissions scolaires de la minorité linguistique opéreraient des écoles dans la langue de la majorité. Hors-Québec, on s'imagine mal des commissions scolaires francophones opérer des écoles de langue anglaise ou même des écoles d'immersion ou bilingues. L'interprétation de l'article 23 ne semble pas permettre un tel résultat. Peut-être faudrait-il alors revenir à l'objet de l'article 23 ou avoir recours à l'article premier, puisque s'agissant du Québec, l'objectif légitime de favoriser l'épanouissement de la langue française[134] autoriserait des commissions scolaires de la minorité linguistique à promouvoir cette langue, tandis que l'objet de l'article 23 commande une approche beaucoup plus restrictive à l'égard de la langue anglaise dans les provinces où elle est parlée par la majorité. La Cour suprême du Canada admet que l'article 23 pourrait recevoir une interprétation particulière en fonction du contexte linguistique et historique de chaque province[135].

Sous réserve de ces remarques et du respect des critères d'admissibilité de l'article 23, le régime québécois est conforme à l'article 23 concernant le droit à l'instruction. Quant au droit aux écoles et à la gestion, il subsiste des lacunes au niveau juridique alors qu'en pratique, les anglophones contrôlent effectivement certaines écoles et commissions scolaires protestantes, de sorte que les carences juridiques ne se traduisent pas encore par une perte de droits effectifs. Les anglo-catholiques ne contrôlent cependant pas leurs

---

[130] *Loi sur l'instruction publique*, supra, note 128, articles 146 et 148.
[131] *Charte de la langue française*, alinéa 113(f).
[132] *Loi sur l'instruction publique*, supra, note 128, article 205 tel que proposé.
[133] *Ibid.*, article 210 tel que proposé.
[134] *Ford c. Québec (P.G.)*, [1988] 2 R.C.S. 712.
[135] *Renvoi du Manitoba*, supra, note 53, à la p. 851.

écoles entièrement. La réforme permettrait d'effectuer un salutaire nettoyage et de veiller à ce que la minorité anglophone récupère le droit de gestion de toutes ses écoles alors que présentement, les écoles anglo-catholiques relèvent de commissions scolaires à majorité francophone. La Cour suprême, en 1993, a reconnu la validité constitutionnelle du projet de réforme au regard des droits confessionnels[136]. Ce faisant, même si son jugement se limite à la problématique religieuse, il permet désormais au gouvernement de procéder à une refonte qui s'impose et qui respecterait les droits de la communauté anglo-québécoise.

(iii) *L'Ontario*

Le système ontarien est complexe. Un récent rapport[137] recommande un train de mesures pour redresser la situation. S'agissant de l'instruction en français, la province fonctionne essentiellement sur le modèle établi depuis presque 10 ans et avalisé par la Cour suprême, soit la représentation proportionnelle et garantie. En effet, tout enfant a droit à l'instruction en français, dispensée dans un module scolaire de langue française[138]. Un module est géré par une section française d'un conseil scolaire existant, si la minorité représente au moins 10% des élèves résidents du conseil, ou 300 élèves[139], sans quoi le conseil scolaire met sur pied un simple comité consultatif[140]. Les sections françaises ont une compétence exclusive sur certaines matières recoupant essentiellement les secteurs identifiés par la Cour suprême dans *Mahé* tandis que d'autres questions échappent complètement à leur compétence[141].

Si l'armature de ce système semble suivre les critères énoncés dans la décision de la Cour d'appel et de la Cour suprême du Canada dans *Mahé*, on doit toutefois continuer de questionner la validité constitutionnelle de la référence à des nombres fixes et des pourcentages dans une province aussi vaste et diverse que l'Ontario. Le système fut mis en place dans le but de maintenir l'édifice existant et de l'adapter à la réalité confessionnelle de la province car ici aussi, l'instruction, historiquement, fut organisée sur une base confessionnelle plutôt que linguistique. Toutefois, nous pensons que la structure est maintenant inadaptée à la réalité ontarienne et canadienne moderne et ne correspond plus au niveau de gestion requis en Ontario. Le modèle fut avalisé par la Cour suprême pour faire face à une situation où

---

[136] *Renvoi : Loi sur l'instruction publique (Québec)*, [1993] 2 R.C.S. 511.
[137] Commission royale sur l'éducation (Bégin/Kaplan), Rapport final, Toronto, Imprimeur de la Reine, janvier 1995.
[138] *Loi sur l'éducation*, L.R.O. 1990, c. E.2, articles 288, 289 et 291.
[139] *Ibid.*, article 311.
[140] *Ibid.*, article 292.
[141] *Ibid.*, paragraphes 318(1) et (2).

environ 300 élèves recevaient de l'instruction en français langue première à Edmonton. La Cour d'appel de l'Ontario a quant à elle estimé que dans l'ensemble, le système pourrait peut-être rencontrer les exigences de la *Charte*. Mais les nombres, dans plusieurs régions de l'Ontario, dépassent amplement cette règle. Compte tenu des précédents établis dans d'autres provinces, on comprend mal pourquoi la province où habitent le plus grand nombre de francophones hors-Québec n'a pas encore modernisé son système scolaire. Certes, cela va demander d'importantes modifications au financement de l'éducation puisque celui-ci dépend dans une certaine mesure de la taxation scolaire locale, les contribuables devant faire le choix de supporter l'un ou l'autre réseau scolaire, public ou séparé, et faire un second choix concernant l'instruction en français ou en anglais. Il serait possible de créer un modèle applicable à l'ensemble de la province; les expériences faites dans certaines régions le démontrent.

Trois régions ont maintenant leur propre conseil scolaire homogène. Pour ce qui est de la capitale nationale, un conseil scolaire francophone fut d'abord créé à Ottawa-Carleton et il se composait d'une section publique et d'une section séparée catholique dans le but de respecter les droits constitutionnels des catholiques[142]. Ce conseil, avec ses deux sections qui fonctionnaient presque comme des entités autonomes, gérait toute l'instruction en français sur son territoire, à l'exclusion des autres conseils scolaires. Certaines questions étaient réservées à la compétence de chaque section, d'autres relevaient du conseil au complet mais nécessitaient une double majorité, d'autres enfin relevaient du conseil plénier lui-même[143]. Cette structure éprouva des difficultés de fonctionnement en raison du fractionnement de la clientèle et de la réticence de la communauté à abandonner la protection de ses droits historiques confessionnels au profit de celle de ses droits linguistiques. Il fut remplacé, en 1994, par deux conseils complètement autonomes, l'un pour les catholiques, l'autre relevant du secteur public[144].

D'autre part, sur le territoire de la Communauté urbaine de Toronto, un conseil des écoles françaises gère l'instruction publique en français et tous les modules d'instruction en langue française à l'exclusion de toute autre autorité scolaire, sauf toutefois les modules opérés par le Conseil des

---

[142] *Loi sur le Conseil scolaire de langue française d'Ottawa-Carleton*, L.R.O. 1990, c. O.44, articles 2 et 3.

[143] *Ibid.*, article 4.

[144] *Loi modifiant la Loi sur la municipalité régionale d'Ottawa-Carleton et la Loi sur les conseils scolaires de langue française*, L.O. 1994, c. 1, en vigueur le 1er janvier 1995; *Règlement concernant les conseils scolaires de langue française d'Ottawa-Carleton*, OReg 453/94, G.O. 23/07/1994 p. 217, mod. OReg 688/95, G.O. 19/11/1994, p. 1585.

écoles catholiques du grand Toronto[145]. Celui-ci demeure alors assujetti à l'obligation, précédemment évoquée, de contenir une section de langue française.

Enfin, depuis 1994, un conseil des écoles séparées francophones fonctionne dans le comté de Prescott-Russell. Il s'agit d'un conseil entièrement séparé, composé selon les critères de l'article 23 de la *Charte*. Il gère exclusivement les modules d'instruction en langue française sur son territoire[146].

Le régime ontarien, dans son ensemble, ne respecte que partiellement l'article 23. Il comporte d'importantes variations régionales et comprend diverses catégories de structures de gestion : les comités consultatifs de langue française de chaque conseil scolaire non homogène, la section de langue française de chaque conseil scolaire non homogène, les conseils séparés catholiques francophones (à Prescott-Russell et à Ottawa-Carleton) et les conseils publics francophones (à Toronto et Ottawa-Carleton). Les comités consultatifs et les sections de langue française ont été élaborés à titre de régime général, mais les régions qui désireraient passer du statut de sections de langue française à celui de plein conseil scolaire n'ont d'autre recours que de faire appel à la législature en chaque occasion, tandis que les comités consultatifs ne deviennent des sections qu'à l'atteinte de certains pourcentages ou nombres d'élèves. Il y a sans doute d'autres régions de la province de l'Ontario où les nombres d'élèves seraient suffisants pour justifier un conseil scolaire homogène, surtout à la lumière des précédents dans d'autres provinces. Il faut aussi trouver une façon de concilier les droits linguistiques et les droits confessionnels : si l'expérience d'Ottawa-Carleton ne peut être transposée ailleurs, il faut songer à une réforme globale. De plus, si l'on doit conserver la formule des conseils séparés, il faut corriger à la fois l'énumération et le financement, particulièrement la répartition des taxes scolaires payées par les industries puisque plusieurs mesures désavantagent les conseils séparés francophones[147]. Un litige concernant cette question est présentement devant les tribunaux.

(iv) *L'Ouest*

Les trois provinces des prairies ont bien dû se plier aux deux décisions de la Cour suprême et ont finalement conféré à leurs communautés fran-

---

[145] *Loi sur la Communauté urbaine de Toronto*, L.R.O. 1990, c. M.-62, articles 126, 128 et 129.
[146] *Règlement sur les conseils des écoles séparées catholiques de langue française et de langue anglaise de Prescott-Russell*, OReg 479/91, RRO 1991, vol I, p. 160, mod. OReg 144/94 et 93/95.
[147] *Loi sur l'éducation*, L.R.O. 1990, c. E.2, articles 112 et 113.

cophones des droits de gestion qui semblent bien, cette fois, se conformer aux exigences de la *Charte*.

Au Manitoba, il fut décidé de créer un conseil scolaire provincial, avec des comités régionaux[148]. Ce conseil gère des écoles et des programmes qui lui ont été transférés par règlement[149]. On y a fait voter les parents de chaque programme et seuls les programmes ayant obtenu une majorité en faveur d'un transfert furent transférés. Toutefois, conformément à la décision de la Cour suprême, il faut prévoir certaines modalités en faveur de ces parents. La loi ne prévoit que la possibilité d'accords entre la Commission scolaire franco-manitobaine et d'autres commissions scolaires pour l'extension de ses programmes hors de ses frontières[150] ou l'admission d'élèves non-résidents dont un parent est un ayant droit[151]. La commission scolaire conserve certaines obligations légales et les parents, l'intégrité de leurs droits[152]. D'autre part, les parents d'au moins 10 élèves (si le programme en compte moins de 100) ou 10% des élèves du programme[153] peuvent demander un transfert ultérieur de programmes ou d'écoles, deux ans après le transfert initial puis à intervalles de trois ans. La demande est transmise à une commission des renvois qui la tranche. Si elle y fait droit, le lieutenant-gouverneur en conseil doit transférer le programme[154]. Le fait de s'en remettre à un tribunal administratif autonome pour la justification d'un transfert ultérieur peut relever de la discrétion provinciale dans le choix des moyens. Toutefois, au cas d'un refus de transfert, les recours des parents lésés apparaissent minces puisque les obligations faites à la Commission scolaire franco-manitobaine sont très vagues et les pouvoirs discrétionnaires du ministre sont importants et peu encadrés. Le recours judiciaire demeure pertinent.

Ce système vise les programmes où 75% de l'instruction est en français. Un délai de grâce de trois ans permet aux programmes bilingues d'être transférés pourvu qu'ils atteignent cette norme[155].

Cela signifie donc que la nouvelle institution n'a pas l'exclusivité de l'instruction en français pour les francophones sur le territoire provincial. Il subsiste en effet des divisions scolaires où des programmes français pour francophones sont opérés. Dans ce cas, l'élection obéit aux règles générales, de sorte que les droits de ces parents francophones ne sont peut-être pas

---

[148] *Loi modifiant la Loi sur les écoles publiques*, L.M. 1993, ch. 33, articles 21.1, 21.4 et 21.9.
[149] *Ibid.*, article 21.2 et Règlement de transfert, Règl. du Man. 202/93.
[150] *Ibid.*, article 21.6.
[151] *Ibid.*, alinéa 21.15(1)b).
[152] *Ibid.*, article 21.28.
[153] *Ibid.*, articles 21.25 et 21.27.
[154] *Ibid.*, article 21.27.
[155] *Ibid.*, article 21.31.

pleinement respectés tant au niveau de l'instruction que de la gestion. La Cour suprême avait accepté qu'une province offre aux francophones un choix quant à l'instruction en français, mais cela ne devait pas se faire au détriment d'une institution de la minorité[156].

L'admission est restreinte aux ayants droit qui ont fait au moins quatre années d'études dans un programme français[157]. Le Manitoba a donc fait des progrès vers le plein respect de l'article 23, mais l'usage permettra de démontrer si les solutions choisies respectent entièrement les droits de tous les ayants droit.

En Saskatchewan, alors que la minorité est très faible en nombre, la réforme de 1994 a permis, à l'instar d'autres juridictions, de respecter — voire même de dépasser — les droits constitutionnels de la minorité fransaskoise. En effet, suite à la demande de dix parents, il a été possible de demander la création de conseils scolaires pour s'occuper des écoles françaises[158]. Par la suite, le ministre étudia une «proposition» soumise par les parents indiquant tous les détails de l'opération de l'école proposée. S'il l'approuvait, une pétition devait suivre, demandant la création d'un conseil scolaire conformément à la proposition. Huit conseils scolaires fransaskois ont ainsi été créés pour gérer les huit écoles fransaskoises. Un organisme de concertation, le Conseil général des écoles fransaskoises, chapeaute le tout et est chargé, en particulier, de recevoir les demandes pour de nouveaux programmes ou de nouvelles écoles ou pour la fermeture de programmes ou d'écoles. Il est aussi chargé d'évaluer ces demandes et d'en juger[159]. Si ces demandes sont approuvées, le ministre doit procéder selon la recommandation qui lui a été faite[160]. Tout enfant d'ayant droit peut recevoir son instruction en français, soit dans l'école fransaskoise la plus proche, soit dans une autre institution fransaskoise[161]. Ces dispositions énoncent une série de critères à considérer.

Le régime fransaskois apparaît comme le plus respectueux des droits de la minorité, en particulier parce qu'il lui remet entièrement le soin de décider de l'extension ou de la diminution de services. Le droit de gestion de la minorité est donc pleinement reconnu et consacré.

En Alberta, on retrouve deux structures de gestion différentes : les «autorités régionales» et les «conseils de coordination». La province a été divisée en sept régions pour les fins de l'instruction en français[162]. Trois

---

[156] *Renvoi: Loi sur l'instruction publique (Manitoba), supra*, note 53, à la p. 863.
[157] *Supra*, note 148, article 21.1.
[158] *Education Act*, ch. E-2, modifiée par S.S. 1993, ch. 55, articles 21.1 et 21.2.
[159] *Ibid.*, articles 14.9 et 21.5.
[160] *Ibid.*, article 21.9.
[161] *Ibid.*, articles 144.01. et 180.1.
[162] *School Act*, R.S.A. 1988 ch. S-3.2, article 223.1 ajouté par S.A. 1993, ch. 24, article 24.

d'entre elles sont chapeautées par une autorité régionale[163]. Les trois autorités régionales sont l'équivalent des conseils scolaires[164]. Créés par décret gouvernemental sous l'autorité de la loi[165], ces organismes comptent des membres élus par les ayants droit eux-mêmes[166]. Ils ont été établis dans les trois régions où les parents d'enfants actuellement inscrits dans des écoles homogènes francophones ont exprimé le désir de gérer leurs propres écoles. Le Guide de mise en oeuvre de la gestion scolaire francophone semble indiquer que lorsqu'existe une école homogène et que les parents le demandent, une autorité régionale peut être établie. Dans trois autres régions, on a plutôt établi des «conseils de coordination», qui sont des organismes consultatifs dont les membres sont nommés par le ministre et qui s'occupent de faire la promotion de l'instruction en français dans la région[167]. Les conseils veillent à ce qu'un conseil scolaire de la majorité ou encore une autorité régionale voisine assure la prestation de programmes d'instruction en français, repère les ayants droit dans la région, conseille les autorités régionales, les conseils scolaires et le ministre relativement à toute question se rapportant à l'instruction en français. Dans deux des trois régions, il n'y a pas d'écoles homogènes mais des programmes. Dans la troisième, Centre-Sud (comprenant Calgary), une école existe mais des négociations sont en cours pour la création et la construction d'un centre scolaire et communautaire qui mènerait à l'établissement d'une autorité régionale. Les conseils de coordination semblent avoir été conçus comme des structures temporaires devant se transformer éventuellement en autorités régionales. Les conseils de coordination, n'assumant pas de véritable pouvoir de gestion et ne procédant pas de la volonté élective des parents, se situent véritablement au seuil minimal des droits de gestion reconnus à l'article 23, au même titre que les conseils consultatifs de langue française de l'Ontario. Si les autorités régionales n'ont donc pas l'exclusivité de l'instruction en français dans la province, la juridiction concurrente des conseils scolaires semble toutefois respecter les prescriptions de la Cour suprême dans le *Renvoi du Manitoba*[168]. Le dédoublement ne semble pas faire concurrence aux autorités régionales.

(v) *La périphérie*

Seul le Yukon a reconnu un droit de gestion aux francophones du territoire, doté d'une école française dans la capitale. La *Loi* prévoit une

---

[163] *Guide de mise en oeuvre de la gestion scolaire francophone, supra*, note 96, à la p. 17.
[164] *Supra*, note 162, article 2.1.
[165] *Ibid.*, article 223.3
[166] *Ibid.*, article 223.4.
[167] *Ibid.*, articles 223.6 et 223.7. Dans la septième région, l'instruction en français est directement assurée par l'autorité régionale voisine d'Edmonton.
[168] *Supra*, note 53.

structure en trois étapes : la formation d'un comité scolaire, puis une structure intermédiaire dotée d'un peu plus de pouvoir décisionnel, appelé un conseil d'école, et enfin un véritable conseil scolaire[169]. Ce processus, disponible aux francophones comme à toute communauté du Yukon, leur a permis d'accéder graduellement au statut de commission scolaire. Il s'agissait d'abord de convoquer une réunion des parents puis de voter, à la majorité simple, pour devenir un conseil d'école doté de certains pouvoirs directs et de pouvoirs consultatifs[170]. De même, sur demande soit du conseil ou de 20% des résidents, le conseil d'école, après un an, peut demander au ministre de se changer en commission scolaire, ce que le ministre doit faire advenant un vote favorable d'une majorité d'électeurs de l'aire de fréquentation[171]. Puisque l'ensemble du Yukon fut désigné comme une aire de fréquentation pour les fins de l'instruction en français au sens de la loi[172], les parents ayants droit ont pu demander le statut de conseil d'école, puis celui de commission scolaire. Cet organisme a la pleine responsabilité de l'instruction en français sur tout le territoire du Yukon[173]. Hors de la capitale, la loi et le règlement sont plutôt imprécis concernant les nouvelles classes ou écoles : la commission scolaire peut le faire «lorsque le nombre le justifie». Pour établir le nombre, elle doit tenir compte de la proximité d'installations existantes, du nombre anticipé et de toute autre considération. Le ministre doit donner son approbation concernant la possibilité de réunir dans une même classe les enfants qualifiés, tenant compte de la situation géographique, l'âge, le nombre de demandes, le nombre d'admissions potentielles et la distance à parcourir[174]. Bien que des pouvoirs discrétionnaires aient été conservés, ceux-ci sont suffisamment bien encadrés pour permettre une révision judiciaire efficace, au cas de refus d'une demande fondée objectivement.

En Colombie-Britannique, un règlement formalisait la règle édictée par une directive depuis 1980, soit qu'un programme de français langue première doit être établi pour 10 élèves éligibles (enfants d'un ayant droit) sur les huit premiers niveaux, ou 15 sur les niveaux de neuvième à douzième année, en ayant fait la demande[175]. Un nombre impressionnant d'élèves fréquentent ce «Programme-cadre de français» dans toute la province et un rapport complet proposait une structure de gestion[176].

---

[169] *Loi sur l'éducation*, L.Y., ch. 25, partie VII.
[170] *Ibid.* Voir les articles 69 et 113.
[171] *Ibid.*, article 72.
[172] Yukon D. 1991/217.
[173] *Supra*, note 169, article 11.
[174] *Ibid.*, articles 17 et 18.
[175] B.C. Reg. 265/89, B.C. Gaz., 5 septembre 1989.
[176] E. GALLANT, «Rapport du comité spécial de la Colombie-Britannique sur l'éducation

Le 2 novembre 1995, le gouvernement a approuvé un arrêté ministériel et un règlement complet sur la gestion scolaire en Colombie-Britannique[177]. Curieusement, le gouvernement a créé, plutôt qu'un conseil scolaire, une «autorité de gestion» dont la structure juridique ressemble à celle d'une coopérative ou d'une société sans but lucratif, avec des règlements internes, un conseil d'administration et des membres dont la définition correspond à celle de l'article 23, soit des ayants droit ou des personnes qui seraient des ayants droit si elles avaient des enfants[178]. Cette autorité a le devoir de fournir l'instruction en français, décrite comme incluant les programmes de français langue première et excluant les programmes d'immersion, aux enfants de parents qualifiés, résidant dans son territoire, qui s'y inscrivent. Elle peut aussi offrir des programmes à l'extérieur de son territoire, au moyen d'ententes avec des conseils scolaires anglophones. Elle respecte cette exigence si un programme de français est offert par une autre autorité scolaire francophone ou un conseil scolaire anglophone, si les parents et l'autorité externe y consentent. Ceci découle du fait que le territoire de l'autorité scolaire francophone ne couvre pas l'ensemble de la province, laissant environ 25% de la clientèle actuelle du Programme-cadre de français sous la juridiction des conseils scolaires anglophones[179]. Aucune disposition ne prévoit le transfert futur de programmes, de classes ou d'écoles vers l'autorité scolaire francophone. Celle-ci ne peut offrir l'instruction en français à d'autres personnes. La Colombie-Britannique opte donc pour l'exclusivité dans l'admission[180]. Nous avons déjà expliqué notre position à cet égard. Le contrôle financier du gouvernement est assez strict. L'autorité scolaire, outre qu'elle doive rendre des comptes et outre qu'elle n'a pas le contrôle complet de la dépense de ses fonds, ne peut emprunter sauf pour couvrir des dépenses d'opérations[181]. L'autorité scolaire ne peut détenir d'intérêts dans les immeubles qu'elle occupe, devant se contenter de signer des ententes avec les municipalités, les conseils scolaires ou les propriétaires[182]. Elle n'a droit à aucun financement provincial pour ses dépenses en capital, le seul financement possible à ce titre venant du gouvernement fédéral[183]. En raison des lacunes concernant l'expansion future du territoire de l'autorité scolaire francophone et les restrictions sévères quant à son financement, y compris l'interdiction de recevoir du financement provincial

---

en langue minoritaire officielle», mai 1991. Le rapport identifie 2 198 élèves inscrits en 1990.

[177] Arrêté ministériel du 2 novembre 1995, no. 1345, B.C. Reg. 457/95.
[178] Article 1, définition de «eligible parent» et de «eligible person».
[179] Annexe A.
[180] Article 4.
[181] Articles 6 à 10.
[182] Alinéas 11(1) et (2).
[183] Alinéas 7(2) et 11(3).

aux fins de dépenses en capital et l'interdiction de posséder les immeubles qu'elle utilise, les parents francophones ont décidé de continuer la contestation judiciaire préalablement entreprise[184].

Aux Territoires du Nord-Ouest, un projet de loi était *à l'étude* au moment où ces lignes étaient rédigées. Le projet semble déléguer aux commissions scolaires le droit de confier à des comités d'écoles les responsabilités nécessaires à la prestation de l'instruction en français. Comme c'est souvent le cas, il faudra attendre les règlements pour pouvoir évaluer la validité complète du projet. S'agissant de la langue d'instruction, la loi actuelle confie au ministre la discrétion de déterminer la langue d'instruction après les deux premières années d'école et aux autorités scolaires locales ce pouvoir concernant les niveaux de départ[185]. L'existence de ces pouvoirs discrétionnaires et le silence de la loi concernant des droits à l'instruction en français et à la gestion représentent pour l'instant des violations aux obligations constitutionnelles des territoires. Toutefois, des directives furent adoptées par le gouvernement territorial en 1993. Selon ces directives, un conseil scolaire doit offrir l'instruction en français aux enfants des ayants droit qui le demandent. Si le nombre le justifie, cela se fait sur place; sinon, on doit envoyer les enfants dans un autre conseil scolaire ou encore hors de la province, ou leur offrir des cours par correspondance ou par enseignement à distance. Quant à la gestion, il s'agit d'abord d'un comité d'école, dont le rôle est consultatif mais qui pourrait, après une année, se transformer en conseil scolaire tout comme au Yukon. Les conseils scolaires existants délégueraient à cette nouvelle structure certains pouvoirs décisionnels relatifs à l'instruction en français dans une école en particulier. Un troisième niveau serait prévu : celui d'un plein conseil scolaire régional ayant juridiction sur plusieurs programmes en français dans le territoire. La directive ne précise pas comment ni quand ce conseil serait créé.

Le fait que la loi soit silencieuse et que tout le système actuel repose sur une simple directive manquant de précision et d'autorité juridique pose plusieurs difficultés et ne semble pas respecter les exigences de la Cour suprême, qui, malgré le fait que certaines procédures existaient, a statué que le silence de la loi manitobaine faisait en sorte que le gouvernement dérogeait à ses obligations constitutionnelles. La délégation proposée de pouvoirs des conseils scolaires de la majorité ne serait pas valide si elle relevait de leur discrétion. Il serait préférable de prévoir directement dans la loi ou le règlement les compétences de la nouvelle autorité de gestion des écoles de la minorité.

---

[184] Au moment où ces lignes furent écrites, l'audition devant avoir lieu en décembre 1995 venait d'être reportée.
[185] *Loi sur l'éducation*, L.T.N.-O., ch. E-1, articles 89-91.

Les parents francophones ont intenté un recours judiciaire, qui est pour le moment suspendu en raison des développements législatifs à venir.

Terre-Neuve se trouve dans la même situation. Des écoles homogènes existent à Labrador City, à la Grand-Terre et à St-Jean, mais la loi est totalement silencieuse et aucune réglementation ne traite de l'instruction en français. Quant à la gestion, elle est entièrement confessionnelle sur l'Île-du-Prince-Édouard[186], et un plébiscite tenu en juillet devrait trancher le sort de cette mesure que le gouvernement voudrait remplacer[187]. Toute réforme du régime juridique de l'instruction en français dépend d'abord de la possibilité pour le gouvernement de remplacer la confessionnalité par une structure publique. Il n'en demeure pas moins que l'absence actuelle de toute mesure constitue une violation des obligations constitutionnelles de la province.

Enfin, notons que la création prochaine d'un nouveau territoire, le Nunavut[188], découpé à partir des actuels Territoires du Nord-Ouest, entraînera pour celui-ci les mêmes exigences constitutionnelles que pour tous les autres[189].

(b) Bilan et perspectives

(i) Bilan de la jurisprudence

La jurisprudence sur l'article 23 reste généreuse dans ses principes et parcimonieuse dans ses recours. La prudence de la Cour suprême du Canada à cet égard s'explique et produit peut-être des effets bénéfiques : elle conduit les minorités linguistiques à devenir des acteurs engagés de la réforme scolaire, et partant des définisseurs d'une norme juridique et constitutionnelle floue. Dans la plupart des cas, les déclarations ont effectivement fourni aux minorités linguistiques les arguments qui leur manquaient et le poids politique requis pour faire enfin bouger les gouvernements de leurs provinces respectives. Mais ce n'est pas le cas dans au moins quatre juridictions[190], qui n'ont pas encore conféré de droits véritables à la pleine gestion scolaire à l'ensemble de leur minorité linguistique.

On constate aussi l'ampleur et la complexité des questions débattues àce jour devant les tribunaux. Il fallait dans un premier temps réussir à les convaincre du lien — pourtant évident — entre langue d'instruction, culture

---

[186] *Loi constitutionnelle de 1949*, conditions d'adhésion de Terre-Neuve au Canada, article 17; L.R.C. 1985, annexe III.

[187] Le référendum ayant autorisé la réforme, une modification constitutionnelle, ouvrira la voie à la déconfessionnalisation du système.

[188] *Loi sur le Nunavut*, L.C. 1993, ch. 28.

[189] Aux fins de l'article 23, les territoires fédéraux sont assimilés à des provinces : article 30 de la *Charte*.

[190] Ontario, Colombie-Britannique, Terre-Neuve et Territoires du Nord-Ouest.

et dualité canadienne. Malgré les *obiter* de la Cour suprême, plusieurs provinces continuent d'ignorer ou de nier cette réalité et l'élection d'une majorité de députés d'un parti politique anti-bilinguisme dans l'Ouest canadien semble indiquer un certain niveau d'appui populaire au rejet de cette vision du Canada. Il fallait aussi faire reconnaître le droit de gestion, ce qui est maintenant fait. Les prochains litiges risquent donc de poser des problèmes plus précis et localisés, ce qui devrait faciliter leur résolution.

(ii) *Bilan des réactions provinciales*

On constate, dans les provinces qui ont implanté de nouvelles structures de gestion de l'instruction dans la langue de la minorité, une diversité de solutions et on peut dégager certaines pistes. Plusieurs provinces ont préféré une organisation provinciale unique ayant compétence sur l'ensemble du territoire[191]. Le Manitoba a choisi cette solution, mais sans accorder à l'organisme l'exclusivité sur tout le territoire. D'autres accordent cette exclusivité à plusieurs conseils scolaires locaux ou régionaux[192]. D'autres enfin permettent une pluralité d'instances, généralement à trois niveaux : un comité consultatif, un organisme aux pouvoirs limités et un conseil scolaire[193]. La Cour suprême avait donc raison de laisser à chaque juridiction provinciale la discrétion dans le choix des moyens. Toutefois, certains de ces moyens, représentent le niveau minimal de gestion, doivent ne s'appliquer que lorsque les nombres sont effectivement trop restreints. Or, on les applique trop souvent à un nombre basé sur la demande connue plutôt qu'à un nombre de personnes qui se prévaudraient éventuellement du service. De plus, une évaluation complète des pouvoirs réels de ces conseils et commissions scolaires reste à faire pour vérifier s'ils correspondent aux impératifs constitutionnels identifiés par la Cour suprême.

(iii) *Perspectives d'avenir : nouveaux champs d'intérêt*

Diverses questions plus ponctuelles, concernant la pertinence de certains choix faits par les législatures provinciales, vont donc, si telle est la volonté des parents de la minorité linguistique, occuper les tribunaux.

Les conditions d'ouverture de nouvelles classes ou écoles ainsi que le *situs* de l'autorité d'en décider continuent de faire problème, en raison de la grande variété de situations qui peuvent se présenter. Certains litiges précis vont donc inévitablement surgir lorsqu'au lieu d'ouvrir une classe

---

[191] Île-du-Prince-Édouard, Yukon et, éventuellement, la Nouvelle-Écosse et les Territoires du Nord-Ouest.
[192] Nouveau-Brunswick, Québec, Saskatchewan.
[193] Alberta, Ontario et, éventuellement, les Territoires du Nord-Ouest.

dans une région, on proposera aux parents de transporter les enfants, parfois sur de longs trajets, vers une institution d'enseignement voisine. Il en ira de même en vue de l'expansion des droits de gestion dans les provinces à «niveau variable», lorsqu'on demandera de transformer un organisme consultatif ou intermédiaire en véritable structure autonome ou d'inclure au territoire de la structure de gestion un programme ou une région qui n'en fait pas présentement partie.

La question de ce qu'est un programme minimum pouvant être qualifié d'instruction en français a été laissée sciemment ouverte. En Nouvelle-Écosse, le statut constitutionnel des fameuses «écoles acadiennes», compromis entre l'école homogène et l'école d'immersion, devra donc être clarifié dans un sens ou dans l'autre.

Les conditions d'admission à l'école de la minorité continuent de faire problème. Il convient de savoir si l'on peut ajouter aux conditions de l'article 23, des conditions de délai minimum ou de résidence préalable. De plus, on devra examiner si l'admission aux écoles de la minorité doit constitutionnellement être réservée aux enfants des ayants droit ou si elle peut être élargie, et dans ce cas, selon quels critères. La même question se présente concernant le droit de voter aux élections scolaires de la minorité linguistique.

Enfin, il y a eu très peu de développement au sujet de la qualité de l'instruction. Même si l'on sait que les programmes et services n'ont pas nécessairement à être identiques, les tribunaux n'ont donné que très peu d'indices pouvant aider les parents à évaluer si la qualité de l'instruction que reçoivent leurs enfants et les ressources que l'on y consacre rencontrent les exigences de l'article 23. Il reste encore beaucoup de travail à faire à ce chapitre. On peut soupçonner que l'on examinera des facteurs comme le rendement des élèves de la minorité à des concours provinciaux ou nationaux, la gamme de cours à leur disposition, le matériel pédagogique et l'équipement matériel disponibles dans les écoles de la minorité, les ressources professorales et les ratios professeurs-étudiants. Un usage plus judicieux des recherches des experts en éducation sera sans doute requis.

Enfin, n'oublions pas qu'il a fallu de longues années d'efforts et de négociations stériles pour en arriver là où nous en sommes maintenant, soit à mi-chemin du plein exercice des droits scolaires constitutionnels des minorités linguistiques partout au Canada. Le laxisme de certains gouvernements provinciaux à l'endroit de leurs obligations constitutionnelles, confinant peut-être à la négligence, ne permettrait-il pas aux parents lésés d'obtenir des dommages-intérêts pour les longues années au cours desquelles leurs droits constitutionnels n'ont pas été respectés ? Pourquoi a-t-il fallu trois décisions de la Cour suprême et quatre des cours d'appel du pays pour que des changements interviennent, alors que l'article 23 venait «modifier le *statu quo*»? Même si ces efforts ont porté fruit pour l'avenir, le passé est-il convenablement réparé?

4. CONCLUSION : L'EFFET GLOBAL DE L'ARTICLE 23

Il est indéniable à nos yeux que l'article 23 commence à produire des résultats encourageants. Force nous est de constater que dans sept des douze composantes de la fédération canadienne, le droit de gestion scolaire des minorités est reconnu en droit sinon dans les faits, tandis que des progrès sont envisageables dans trois autres dans un avenir rapproché. Ces nouvelles commissions scolaires qui gèrent des écoles de la minorité sont des maillons importants du réseau scolaire canadien. Elles vont désormais échanger, partager des ressources, des connaissances et de l'expertise. Une interaction va s'installer entre elles et les comités de parents, dont le champ d'activité va maintenant se tourner vers la qualité de l'instruction plus que vers la revendication d'une structure administrative. Sans l'article 23, aurait-on assisté à un tel développement de l'instruction en français hors-Québec? Il est permis d'en douter. Le rôle social de l'article 23 est donc considérable. Des milliers de parents se sont mobilisés, partout au Canada, pour en revendiquer la pleine application. Les parents francophones sont devenus d'habiles négociateurs, versés dans le financement et l'administration scolaire, les subtilités politiques et les compromis internes. L'impact a donc été bien plus considérable qu'au Québec, où les infrastructures existaient déjà. Les prochains recensements nous révéleront l'étendue des dommages faits au tissu social de la communauté francophone hors-Québec et l'ampleur des mesures à prendre pour redresser la situation. Toutefois, l'implantation d'un réseau scolaire autonome représente un pas essentiel dans la prise en charge par les communautés francophones elles-mêmes de leur épanouissement, ce qui conduira normalement à une meilleure insertion sociale.

L'article 23 a aussi eu des effets sur le droit constitutionnel canadien. En tant que droit social et culturel, il a lancé aux juristes et au pouvoir judiciaire un défi de taille : insérer dans une tradition juridique libérale occidentale classique des éléments novateurs et différents. Tout le potentiel de l'article 23 à cet égard n'a d'ailleurs pas encore été épuisé. Il sera fort instructif d'analyser la réponse des tribunaux à des demandes futures d'injonctions structurelles ou à des demandes de dommages-intérêts à être versés à toute la communauté par le truchement d'une fiducie judiciaire.

Quant à la dualité linguistique canadienne, les facteurs qui la maintiendront comme projet politique et constitutionnel viable dépassent largement le cadre scolaire, mais celui-ci en fait indéniablement partie. En tant que prémisse de base du maintien de communautés minoritaires, l'école est un indice de la vitalité linguistique d'une communauté[194].

La Cour d'appel de l'Ontario avait donc raison d'écrire, d'une façon prophétique, que l'article 23 de la *Charte* constitue le «Code de l'instruction dans la langue de la minorité au Canada»[195]. S'il est imparfait et relatif, il a une importance beaucoup plus considérable que la seule lecture de son texte le donne à entendre puisqu'il fait partie des fondements du Canada comme unité politique et constitutionnelle. C'est l'un des compromis auxquels on a dû arriver pour obtenir le rapatriement de la Constitution et donc, il est aussi important que la réforme du Sénat, le partage des compétences ou la reconnaissance constitutionnelle du Québec comme société distincte. Mais son utilité dépend ultimement de l'usage qu'en feront les minorités linguistiques elles-mêmes. Surtout, il ne créera jamais en lui-même une école de la minorité, il permettra seulement qu'elle vive. L'école de la minorité linguistique dépend, comme tout droit collectif, de la volonté de la communauté minoritaire elle-même. Or, les minorités officielles du Canada ont amplement démontré jusqu'à présent qu'elles entendent occuper tout l'espace qu'elles peuvent et contribuer activement à l'édification d'un Canada pluraliste et généreux.

---

[194] Nous sommes donc loin de partager le pessimisme du professeur Magnet qui, dans son ouvrage, voit dans l'article 23 une simple mesure palliative permettant de soulager la douleur de l'extinction des minorités et celle des gens qui les donnent déjà pour mortes. Voir J.E. MAGNET, *Official Languages in Canada*, Cowansville, Yvon Blais, 1995, aux pages 137-185.

[195] *Renvoi de l'Ontario, supra*, note 64, à la p. 518.

17

Pre-Existing Rights: The Aboriginal Peoples of Canada

(Sections 25 and 35)

Douglas Sanders*

1. The Development of a Rights-Based Jurisprudence
2. The Indian, Inuit and Métis Peoples
3. Aboriginal Rights
4. Treaties
5. Hunting and Fishing
6. Self-Government
7. Human Rights Norms
8. International Law Developments
9. Conclusions

1. THE DEVELOPMENT OF A RIGHTS-BASED JURISPRUDENCE

In 1984, the Supreme Court of Canada ruled in *Guerin v. R.*[1] that the Musqueam Indian band had legal rights to their reserve lands. The ruling should have been obvious. It meant that the Musqueam people had rights to lands designated for their use by government and on which their homes and community buildings stand. Yet federal lawyers argued throughout the case that Indians had no legal rights to reserve lands.

---

* Professor at the Faculty of Law of the University of British Columbia.
[1] [1984] 2 S.C.R. 335.

In *Guerin*, the Supreme Court ruled that Indian rights to reserves were based on pre-contact control and possession of land. This was the first time that the Supreme Court of Canada recognized legal rights based on a pre-contact Indian legal system and not on British or Canadian actions. For the first time aboriginal law was a source of Canadian law.

The *Guerin* case[2] was decided on the basis of the law before 1982, but the Supreme Court decision came after the *Constitution Act, 1982*, had recognized some extent of aboriginal and treaty rights. Section 35(1) reads:

> (1) The existing aboriginal and treaty rights of the aboriginal peoples of Canada are hereby recognized and affirmed.

In 1990, in *Sparrow*[3] the Supreme Court of Canada upheld aboriginal rights as such, for the second time, now protected by section 35(1). The Court formulated an approach to how aboriginal rights relate to other parts of the Canadian legal system and a test to determine whether past governmental actions had the effect of extinguishing treaty or aboriginal rights.

Section 35(1) and the decisions in *Guerin*,[4] *Sparrow*[5] and other cases[6] establish that some elements of the pre-contact aboriginal legal order are part of Canadian law. This is a return to earlier views and a reassessment of our colonial history. While the first stages of British imperialism in North America did not involve the explicit recognition of indigenous rights, a pattern of signing treaties to deal with jurisdictional and territorial issues began in the early 17th century.[7] The treaty system became orthodox British practice in North America, confirmed in the *Royal Proclamation of 1763*.[8] The *Proclamation* asserted British suzereignty over Indian lands and peoples, while recognizing Indian territorial rights to lands which the tribes had not yet ceded to the British. The *Proclamation* was not applied retrospectively to the established colonial settlements in southern Quebec and Atlantic Canada. It did form the basis for government policy in southern Ontario from 1763 to 1867, and for the treaty policy of the national government

---

[2] *Ibid.*
[3] *R. v. Sparrow*, [1990] 1 S.C.R. 1075.
[4] *Supra*, note 1.
[5] *Supra*, note 3.
[6] See *infra*, Section 6.
[7] The first stages were imperial grants under which colonies, settlements and trading activities were authorized. Those documents do not refer to indigenous people. The first written treaties dealt with what is now New England and parts of Nova Scotia and New Brunswick. The treaties for this period in what is now Canada have usually been referred to as treaties of peace and friendship. They primarily deal with political allegiance, not land.
[8] The *Proclamation* and various constitutional provisions, statutes and the texts of major treaties are reprinted in *Consolidated Native Law Statutes, Regulations and Treaties* (Toronto: Carswell, 1994).

after 1867 on the prairies, northern Ontario and in the Indian areas of the Northwest Territories.

The treaty policy was considered by the United States Supreme Court in the early 19th century. In the famous "Cherokee" cases, Chief Justice John Marshall found that Indian treaties were legally equivalent to treaties with European States.[9] When treaties are signed by the executive and ratified by the Senate they become part of domestic law in the United States. Chief Justice Marshall described the Indian tribes as "domestic, dependent nations" and upheld treaties and federal Indian laws against the laws of the state of Georgia. Congress ended treaty making in 1871, and judicial decisions departed from the spirit of the Cherokee cases. But the early decisions have been reclaimed in United States law as the basis for a modern rights-based jurisprudence, starting in the post-war years.[10]

The treaty policy also featured in important Canadian litigation in the late 19th century. In the *St. Catharines Milling* case,[11] Chancellor Boyd, a respected Ontario trial judge, ruled that Indians were to be treated "justly and graciously" but had no legal rights to their traditional lands. They had no "fixed abodes" and were "heathens and barbarians". In issue were Indian territorial rights which had been recognized in the *Royal Proclamation* and in the negotiation of Treaty Three in 1873. Alexander Morris, the federal treaty commissioner and Lieutenant Governor of the Northwest Territories, testified at trial. The ruling meant his treaty negotiations were mere show — "delusive mockery" in the words of a different judge.[12] It also meant that the *Royal Proclamation* was of no legal significance. Yet Chancellor Boyd's judgment was widely praised.

The *St. Catharines Milling* case was decided by the Judicial Committee of the Privy Council in 1888.[13] The Judicial Committee held that Indians had rights to their traditional territories, rights that "could only be ascribed" to the *Royal Proclamation of 1763*. But the *Proclamation* had recognized Indian territorial rights as pre-existing. This misreading of the *Proclamation* was no accident. Between 1763 and 1888, the natural rights ideas of the treaty tradition had given way to legal positivism. Under positivism, legal rights come from the State. The *Proclamation* was reinterpreted by the

---

[9] See J.C. Burke, "The Cherokee Cases: A Study in Law, Politics and Morality" (1968-69) 21 *Stanford Law Review* 500.

[10] C. Wilkinson, American Indians, Time and the Law, cites the case of *Williams v. Lee* (1959), 358 U.S. 217 as the beginning of the judicial change.

[11] *St. Catharines Milling & Lumber Co. v. R.* (1885), 10 O.R. 196, p. 206 (Ch. Div.), affirmed (1886), 13 O.A.R. 148 (C.A.), affirmed (1887), 13 S.C.R. 577 (affrmed *infra*, note 13). See D. Sanders, "The Nishga Case" (1978), 36 *The Advocate* 121; D. Smith, "Aboriginal Rights A Century Ago" *The Beaver* (January 1987) Vol. 67, No. 1, p. 4.

[12] Gynne J. in *Ontario Mining Co. v. Seybold* (1901), 32 S.C.R. 1, p. 19, affirmed [1903] A.C. 73 (P.C.).

[13] (1888), 14 A.C. 46 (P.C.).

Judicial Committee as a grant, under which the State gave rights to Indians. The rights were less than a fee simple title. They were a "personal and usufructuary right, dependent upon the goodwill of the sovereign" (words which have never been given clear meaning). And Indian territorial rights were non-transferable. They were ended by the treaty, not transferred to Canada, the other treaty party.

Some decisions early in the 20th century rejected any framework of rights. In *R. v. Syliboy*,[14] a lower court ruled that treaties had no legal meaning or force, a decision referred to by the federal government as authoritative for decades. In *Point v. Dibblee Construction Co.*,[15] a lower court ruled that the government was not bound by the *Indian Act* and could give away reserve lands. In 1927, a Special Joint Committee of the Senate and House of Commons held hearings on the aboriginal title claims of Indians in British Columbia. The Committee cryptically pronounced the claims not proven, but told the national government to give British Columbia Indians an annual grant in lieu of treaty annuity payments. Parliament, to close the matter, barred all Indians in the country from collecting funds to advance claims, a remarkable prohibition that remained in the *Indian Act* until 1951.

The first sign of changing attitudes came in *Wesley*, a hunting rights case in Alberta in 1932.[16] Because of the Indian hunting rights provisions of the *Constitution Act, 1930*, any judge should have acquitted Wesley. Instead the trial judge treated the provincial law as superior to the Constitution. This legally absurd ruling was overturned by the Alberta Appeal Court. Mr. Justice McGillivray took the opportunity to review at length the recognition of Indian rights in the Articles of Capitulation of Montreal, the *Royal Proclamation of 1763*, the transfer of Rupert's Land, the negotiations and terms of Treaty Seven and the *Constitution Act, 1930*. The decision stressed the history of recognition of Indian rights in Canadian law and a wish to uphold the honour of the Crown in its dealings with the Indian tribes. McGillivray J. showed some passion for the issue, using multiple arguments in favour of Indian hunting rights.

A second decision in the 1930s enforced treaty rights,[17] Treaty Six promised a "medicine chest" at the home of the Indian agent. Indian Affairs spent money on health services and medicines for members of the Mista-

---

[14] [1929] 1 D.L.R. 307 (N.S. Co. Ct.). The decision was specifically criticized by Dickson C.J., in *R. v. Simon*, [1985] 2 S.C.R. 387, p. 399.
[15] [1934] O.R. 142 (H.C.).
[16] *R. v. Wesley*, [1932] 4 D.L.R. 774 (Alta. C.A.); the decision is discussed in D. Sanders, "The Queen's Promises", in L.A. Knafla, *Law and Justice in a New Land* (Toronto: Carswell, 1986), p. 100.
[17] *Dreaver v. R.*, April 10, 1935, Angers J. (Ex. Ct.), now reported in 5 Canadian Native Law Cases, 92.

wasis band in Saskatchewan and deducted the cost from the band's own funds which were held by the federal government. Chief Dreaver sued for an accounting. The Exchequer Court ruled that the "medicine chest" promise obligated the government to supply medicines at no cost to the band. The decision represented both a liberal interpretation of treaty terms and judicial enforcement of treaty promises. The decision never made the law reports, suggesting it was an oddity, of no future interest to judges and lawyers. The decision enforced the treaty as a contract.

The decisions in *Wesley*[18] and *Dreaver*[19] were positive, but in terms of doctrine they were very limited. At the end of the second World War, to choose a reference point from which to judge later developments, Canadian law recognized no aboriginal or treaty rights as such. Any "rights" were based on statute, on treaties as contracts, on the division of powers in the federal constitution (which excluded some provincial laws), or on the hunting and fishing rights provisions in the *Constitution Act, 1930*, which applied only to the three prairie provinces.[20] The absence of rights was paralleled by the almost complete marginalization of indigenous people within Canadian political life. The country essentially functioned as if it had no indigenous peoples.

There were gradual changes in the post-war years. Indians had gained recognition and respect as the group with the highest enlistment rate in the second World War. A Special Joint Committee of the Senate and House of Commons sat in the 1940s to review the *Indian Act*. In response the federal government tabled a new *Indian Act* in 1950, provoking opposition from some Indian leaders. Indians were politically unorganized in Canada at the time. Visible Indian opposition was a sign of things to come. In response the government held a national consultation meeting. A revised bill was enacted in 1951. The Indian opposition and the government's response led to a general political understanding that changes in Indian policy should not occur without consultation with Indians leaders. The incident had little effect on the character of the *Indian Act*. The new Act, like the old one, was a dry, technical statute, concerned with the management of the reserve system.

There were curious developments in the Northwest Territories in the 1950s and 1960s, then the edge of the known world for most Canadians. The territorial judge was a Prairie populist, Jack Sissons, formerly a Liberal member of Parliament and a vocal critic of the "bright boys" who

---

[18] *Supra*, note 16.
[19] *Supra*, note 17.
[20] It can be argued that a holding that a treaty is a contract is a holding that the Indian grouping had some rights that they were able to give up, as their consideration for the contract. The few cases on point make no general ruling on this.

he said tried to run the North from their ivory towers in Ottawa.[21] He made rulings adapting criminal law to the harsh realities of northern Inuit life and upholding hunting rights and traditional family law. But only his innovation on Inuit customary adoptions has endured. In the *Katie* case in 1961, Sissons recognized Inuit customary adoptions as legally valid, without benefit of precedent or legal theory:[22] Sissons systematically registered Inuit customary adoptions during the various circuits of the court. After initial resistance, this new system was accepted by the child welfare authorities in the Northwest Territories. In the end it was a pleasing success story.

The legality of customary adoptions was challenged in the *Deborah* case,[23] the first time natural parents sought to reverse a customary adoption. The Court of Appeal upheld the recognition system, simply noting that custom had always been regarded as a source of law in the British common law tradition. This was both true and completely novel. The early common law had developed in England by incorporating custom, but no Canadian court had ever based a decision on custom found in the new world.[24] What were the implications of the ruling? Could property rights be based on custom? When land claims began to be argued in the courts, the arguments relied on historical acts of recognition of Indian rights by British and Canadian authorities. Alternative approaches, such as reliance on custom, prescription or theories of colonial acquisition, were not argued.

While the customary adoption cases were never appealed to the Supreme Court of Canada, Sisson's decisions on Indian and Inuit hunting rights were appealed and overturned by the Supreme Court over and over again. The major case has a folkloric character. Michael Sikyea, an Indian on welfare and recovering from tuberculosis, shot a duck for food while hunting muskrats. Treaty Eight promised hunting and fishing rights. Sikyea

---

[21] See his autobiography, J. Sissons, *Judge of the Far North* (Toronto: McLelland & Stewart, 1968).

[22] *Re Katie* (1961), 32 D.L.R. (2d) 686, p. 687 (N.W.T. Terr. Ct.). Other cases dealing with customary adoptions are *Re Beaulieu* (1969), 3 D.L.R. (3d) 479 (N.W.T. Terr. Ct.); *Re Wah-Shee* (1975), 57 D.L.R. (3d) 743 (N.W.T.S.C.); *Re Tagornak*, [1984], 1 C.N.L.R. 185 (N.W.T.S.C.); *Michell v. Dennis*, [1984] 2 W.W.R. 449 (B.C.S.C.).

[23] *Re Deborah* E4-789, [1972] 5 W.W.R. 203 (N.W.T.C.A.).

[24] There had been earlier recognition of customary marriages both judicially and in the practices of the Department of Indian Affairs, but that had lapsed before the Northwest Territories cases and played no role in them. The recognition had not been based on the recognition of custom in English law. See D. Sanders, "Family Law and Native People" (Law Reform Commission of Canada, 1975) unpublished background paper. Customary adoption was recently upheld by the British Columbia Court of Appeal in *Casimel v. I.C.B.C.*, [1994] 2 C.N.L.R. 22. See also *Manychief v. Poffenroth*, [1995] 2 C.N.L.R. 67 (Alta. Q.B.).

was charged under the federal *Migratory Birds Convention Act*.[25] Sissons wrote:

> It is notorious that a few years ago a government official spoke to one of the local Indian chiefs and pointed out that shooting ducks in the spring was contrary to the Migratory Birds Convention. The chief asked what was this convention and was told it was a treaty between Canada and the United States. He then queried, "Did the Indians sign the treaty?" The reply was, "No." "Then" the chief declared, "We shoot the ducks."
>
> The Indians have their constitutional rights and their own treaty preserving their ancient hunting rights.
>
> The old chief was on sound ground. There is or should be as much or more sanctity to a treaty between Canada and its Indians as to a treaty between Canada and the United States.[26]

Sissons was not clear on the legal character of the Indian hunting rights or the treaty. He described the hunting rights as "vested" and "ancient". He seemed to give the treaty legal force by the *Royal Proclamation of 1763*, which, he said, applied in the Northwest Territories. He acquitted Sikyea by narrowly construing the *Migratory Birds Convention Act* and finding a number of technical problems with the Crown's case, including a failure to prove that the duck in question was a wild duck.

Sissons was overturned on appeal.[27] Mr. Justice Johnson spoke of an Indian "right" to hunt, though his judgment is unclear on its legal character. He found that the *Migratory Birds Convention Act* was in clear conflict with the Indian right. He expressed regret that the Queen's promises had not been honoured and that the government had apparently acted absentmindedly. The decision of the Supreme Court of Canada is now embarrassing.[28] Mr. Justice Hall spent two pages discussing whether it had been adequately proven that the duck was wild, not tame, and dismissed the other issues in two sentences, simply agreeing with the judgment of Mr. Justice Johnson. The Supreme Court decision provoked a satire called "*R. v. Ojibway*",[29] where an accused was convicted under the *Small Birds Act* for shooting a horse covered with feathers in Queen's Park. Most readers did not realize the satire mocked the Supreme Court decision in *Sikyea*.[30]

The *Sikyea* decision and its progeny established that Indian hunting and fishing rights could be taken away by general federal legislation.[31] There

---

[25] R.S.C. 1985, c. M-7.
[26] *R. v. Sikyea* (1962), 40 W.W.R. 494, p. 496 (N.W.T. Terr. Ct.), reversed *infra*, note 27.
[27] *R. v. Sikyea* (1964), 46 W.W.R. 65 (N.W.T.C.A.) (affirmed *infra*, note 28).
[28] [1964] S.C.R. 642.
[29] (1965-66), 8 C.L.Q. 137.
[30] *Supra*, note 28.
[31] *R. v. George*, [1966] S.C.R. 267; *Daniels v. White*, [1968] S.C.R. 517; *R. v. Derriksan* (1976), 71 D.L.R. (3d) 159 (S.C.C.); *R. v. Jack*, [1980] 1 S.C.R. 294.

was no need for Parliament to demonstrate an intention to end Indian rights. It did not matter whether the hunting was protected by treaty, took place on a reserve or occurred in one of the three prairie provinces (and therefore under the provisions of the *Constitution Act, 1930,* which gave some protection to hunting and fishing rights). Indian hunting rights were upheld against provincial laws but only on reserves or where the rights were enforceable under the *Constitution Act, 1930,* or under section 88 of the *Indian Act.*[32]

There were some political developments. Prime Minister John Diefenbaker came to power in 1957 with a personal interest and some background in Indian and Métis issues. His government appointed the first Indian to the Senate, James Gladstone, the head of the Indian Association of Alberta and one of the leaders who had protested the 1950 *Indian Act* bill. Mr. Diefenbaker appointed Senator Gladstone as co-chair of a new Special Joint Committee of the Senate and House of Commons on Indian Affairs. In 1960 the Diefenbaker government extended the vote in federal elections to status Indians. Mr. Diefenbaker repeatedly pledged that the franchise would not effect aboriginal or treaty rights. This pledge was both a recognition of those rights and an important understanding that equal citizenship rights could co-exist with aboriginal rights. The Diefenbaker government, and the Pearson government which followed it, supported the idea of an Indian Claims Commission, modelled on one in the United States. Neither government actually established such a body.

In British Columbia, the hunting and fishing rights cases of the 1960s were attempts to reopen the aboriginal title issue. There are no treaties for most of British Columbia, and Indians have asserted territorial rights from the early days of colonial settlement.[33] The dispute has a long and interesting history, with federal plans for a reference to the Supreme Court of Canada early in the century, and the hearings by the Special Joint Committee in 1927. The British Columbia aboriginal title issue was argued in *R. v. White*[34] in the context of hunting rights, but the final decision simply enforced one of the small Vancouver Island treaties against provincial law, using section 88 of the *Indian Act.*[35]

The *White*[36] litigation brought new attention to land claims in British Columbia. Arthur Laing, the Minister of Indian Affairs, expressed a will-

---

[32] *R. v. White* (1965), 52 D.L.R. (2d) 481n (S.C.C.); *R. v. Moosehunter,* [1981] 1 S.C.R. 282; *Dick v. R.,* [1985] 2 S.C.R. 309.
[33] See P. Tennant, Aboriginal Peoples and Politics: The Indian Land Question in British Columbia, 1849-1989, *UBC,* 1990.
[34] *R. v. White, supra,* note 32.
[35] The decision in *Dick v. R., supra,* note 32, makes it clear that s. 88 of the *Indian Act* [then s. 87] was operative.
[36] *Supra,* note 32.

ingness to negotiate a settlement of the claim, but only if the various tribes in British Columbia united in one set of negotiations. This failure to recognize the diversity of aboriginal peoples and their strong local identities has been a common mistake. Here it meant that there was no chance that Mr. Laing's initiative could work, though Indians held a series of meetings to try to put together a common front. When the attempts to form a province-wide organization failed, the Nisga'a tribe initiated their own court action seeking a declaration of continuing ownership of their traditional territories.

In the period, the major study of the situation of Indians in Canada was completed. The study was commissioned by the national government and conducted by an anthropologist, Professor Harry Hawthorn.[37] The report provided concrete data on the highly disadvantaged situation of Indians. It mildly challenged assimilationist assumptions, advocating a "citizens plus" status for Indians and not calling for the abolition of the Department of Indian Affairs. It supported the continuing integration of Indians into provincial schools and the extension of provincial services to reserve communities.

The process of incremental Hawthorn-style change ended with the coming to power of the Liberal government of Pierre Elliott Trudeau in 1968. The government issued a "white paper" in 1969 proposing to end the special legal status of Indians. Dr. Sally Weaver's comprehensive study of the 1969 proposal suggests that "special status" was rejected for Indians not simply on liberal equality grounds, but because Mr. Trudeau emphatically rejected "special status" for Quebec.[38] Ethnic nationalism was seen as reactionary, whether asserted by Indians or Quebecois. In a supportive way the Department of Justice advised the federal government that aboriginal title was not recognized in Canadian law. The white paper abandoned the idea of a claims commission. Aboriginal title claims were rejected and the treaties (recognized as contracts) would be ended.

The white paper mobilized Indian opposition. The Trudeau government was embarrassed by the unexpected opposition and began funding Indian political organizations as a new way of organizing consultations between government and indigenous communities. A system of provincial and federal organizations representing Indians, Inuit and Métis rapidly came into existence. In 1970 the new Indian organizations presented a "red paper" to Mr. Trudeau and his Minister of Indian Affairs, Jean Chrétien,

---

[37] H. Hawthorn, *A Survey of the Contemporary Indians of Canada: Economic, Political, Educational Needs and Policies*, 2 vols. (Ottawa: Queen's Printer, 1967). See S.M. Weaver, "The Hawthorn Report: Its Use in the Making of Canada Indian Policy" in N. Dyck and J. Waldram, Anthropology, Public Policy and Native Peoples in Canada (McGill-Queens, 1993), 75.

[38] S.M. Weaver, *Making Canadian Indian Policy: The Hidden Agenda* (Toronto: U. of T. Press, 1980).

rejecting the government's "white paper". The event took place in the historic Railway Committee Room in the House of Commons. The presentation was dramatic, with Senator Gladstone and other elders in full traditional dress. The event led Prime Minister Trudeau to formally withdraw the white paper and indicate an openness to discussions and negotiations on policy change.

When the *Calder* case[39] asserting Nisga'a aboriginal title was argued before the Supreme Court of Canada in 1971, the federal government had no position on issues of aboriginal and treaty rights. It had not returned to the earlier policy of establishing a claims commission. Mr. Trudeau was still unconvinced on special rights or special status, though he had withdrawn the white paper. Tom Berger, arguing for the Nisga'a, referred to the white paper's rejection of aboriginal title claims as the reason the national government was playing no role in the litigation. He made it clear that the Nisga'a were asking the Court to counter the assumptions behind the white paper.

Aboriginal title issues converged in the mid 1970s in response to energy projects in the North. Quebec announced the huge James Bay hydroelectric project. The federal government sponsored plans for the Mackenzie valley natural gas pipeline, touted as the costliest private project in history. With these and other frontier energy projects on the public agenda, the Supreme Court of Canada gave judgment in the *Calder* case in January 1973.[40]

The Court split evenly on the question of the survival of Nisga'a aboriginal title. Mr. Justice Hall, who nine years earlier had dismissed Michael Sikyea's treaty right to hunt, devoted his last months on the Court to writing a judgment supporting the Nisga'a. Like Mr. Justice Sissons, he was a prairie populist. Until the last minute, Hall thought he had a majority. But Mr. Justice Pigeon ruled solely on a procedural question. There was no majority on the aboriginal title issue. Hall thought it was the James Bay controversy that led Pigeon to limit his decision.

Calder[41] significantly altered the framework for arguing aboriginal rights in Canada. According to the *St. Catharines Milling* decision[42] Indian title came from some formal recognition in British or Canadian law. The issue for British Columbia had become trapped in the historical-legal question whether the *Royal Proclamation of 1763* applied west of the Rocky mountains. Indian rights could not exist in British Columbia, the analysis went, if the area was *terra incognita* in 1763, that is land not known to the

---

[39] *Calder v. British Columbia (A.G.)*, [1973] S.C.R. 313.
[40] *Ibid.*
[41] *Ibid.*
[42] *Supra*, note 11.

British. The fact the land was known to and controlled by the tribes was irrelevant. The issue was British law, not Indian realities.

Mr. Justice Judson, in the most quoted passage from the case, stated:

> Although I think that it is clear that Indian title in British Columbia cannot owe its origin to the Proclamation of 1763, the fact is that when the settlers came, the Indians were there, organized in societies and occupying the land as their forefathers had done for centuries. That is what Indian title means and it does not help one in the solution of this problem to call it a "personal or usufructuary right". What they are asserting in this action is that they have a right to continue to live on their lands as their forefathers had lived and that this right has never been lawfully extinguished. There can be no question that this right was "dependent on the goodwill of the Sovereign".[43]

This grounded Indian rights on Indian organization and occupation. But Judson did not actually rule that historic Indian control of territories meant they had legal rights to their lands. He slid by the question. Any rights they might have had were lost as a result of the general land legislation enacted in colony of British Columbia before the union with Canada in 1871.[44]

Mr. Justice Hall was concerned with bringing aboriginal title within positivist assumptions. He argued that the *Royal Proclamation of 1763* applied to British Columbia. With some fervour, he argued three other positivist ways of upholding Nisga'a title. The *Royal Proclamation* came to apply to British Columbia after 1763, because like the *Magna Carta*, it "followed the flag". In any case, it was simply confirmatory of the common law, which recognized aboriginal title. In any case, uniform practice bound Canada to treat Indians in British Columbia like the Indians on the prairies. Hall, like Sissons and McGillivray before him, gave multiple reasons for upholding Indian rights. He then argued that Nisga'a property rights could only be taken away by legislation showing a clear and plain intention to extinguish the Indian title. The pre-confederation land legislation in British Columbia did not meet that requirement.

It remains an anomaly that Mr. Justice Judson, who rejected Nisga'a rights, accepted that those rights would arise from Nisga'a realities, while Mr. Justice Hall, who upheld Nisga'a rights, asserted them as based on British and Canadian law. There were other anomalies. Mr. Justice Judson ruled against Nisga'a aboriginal title, but went on to cite United States cases to the effect that aboriginal title could be taken without compensation. Mr. Justice Hall ruled in favour of Nisga'a title, but went on to assert that a

---

[43] *Supra*, note 39, p. 328.

[44] The assumption in the litigation was that the provincial government lacked the competence to extinguish aboriginal rights by legislation after 1871. The parties agreed that there were no federal actions after 1871 which would have had that effect.

taking would require compensation. This indicated that both judges saw the case as about a settlement, not about an assertion of title. But the legal formulation of the issue could not acknowledge that the Nisga'a were seeking a negotiated settlement. In one passage, Hall seemed concerned with the integrity of British colonialism:

> In respect of this Proclamation, it can be said that when other exploring nations were showing a ruthless disregard of native rights, England adopted a remarkably enlightened attitude towards the Indians of North America.[45]

The honour of the Crown was still in issue.

Eight months later, the Quebec Superior Court ordered a halt to the James Bay hydroelectric project on the basis of unextinguished Indian and Inuit title.[46] Quebec officials said the injunction cost them one million dollars a day. The Court of Appeal hastily lifted the injunction, pending a full hearing. The dispute was resolved by a negotiated agreement, the first modern settlement of an aboriginal title claim in Canada.[47] The Northwest Territories Supreme Court found a claim to aboriginal rights registrable in the land titles system. The ruling was overturned on points of statutory interpretation.[48] The Federal Court upheld Inuit aboriginal rights in the Northwest Territories, while restricting them to hunting rights.[49] Aboriginal rights claims were now serious legal issues.

In August 1973, the national government announced a policy of negotiating settlements of aboriginal title claims in major non-treaty areas of the country. The focus was on British Columbia, northern Quebec and the northern territories. Southern Quebec and the Maritimes were excluded from the policy.[50] The chosen process was negotiation. There was no revival of the idea of a claims commission.

---

[45] *Supra*, note 39, p. 395. The honour of the Crown also features in the dissenting judgment of Cartwright C.J., in *R. v. George*, [1966] S.C.R. 267, and in *R. v. Taylor* (1981), 34 O.R. (2d) 360 (C.A.).

[46] The need for treaties had been recognized in the *Quebec Boundaries Extension Act of 1912*, giving a specific context for the ruling.

[47] B. Diamond, "Aboriginal Rights: The James Bay Experience", in M. Boldt *et al.*, *The Quest for Justice: Aboriginal Peoples and Aboriginal Rights* (Toronto: U. of T. Press, 1985) p. 265. As a modern, comprehensive settlement of aboriginal title claims, it paralleled the *Alaska Native Claims Settlement Act* in the United States in 1972 and the *Aboriginal Land Rights (Northern Territory) Act* in Australia in 1976.

[48] *Re Paulette*, [1973] 6 W.W.R. 97 (N.W.T.S.C.), reversed on other grounds [1976] 2 W.W.R. 193 (N.W.T.C.A.), affirmed [1977] 2 S.C.R. 628.

[49] *Baker Lake (Hamlet) v. Canada (Minister of Indian Affairs & Northern Development)* (1979), 107 D.L.R. (3d) 513 (Fed. T.D.).

[50] See *In All Fairness: A Native Claims Policy* (Supply and Services Canada, 1981); *Living Treaties: Lasting Agreements* (Report of the Task Force to Review Comprehensive Claims Policy, Department of Indian Affairs) (December 1985); *Comprehensive Land Claims Policy* (Supply & Services Canada, 1987).

In the spring of 1974, the federal government appointed Tom Berger, now a judge, to conduct an inquiry on the proposed Mackenzie Valley pipeline. Berger held community hearings in every Indian village, and skillfully organized national media coverage. The inquiry gave Indian land claims their highest profile in modern Canadian history. In 1977, his report was published, with dozens of photographs and a lucid, readable text.[51] No inquiry report had ever been so well presented. It became a best seller. It supported Indian claims and killed the pipeline.

The pressures for frontier development eased as the world economy went into recession. But the pressure for negotiated settlements in the northern areas was strong. Negotiations from 1973 to 1995 have produced (a) the James Bay and Northern Quebec Agreement; (b) the Northeastern Quebec Agreement; (c) the Inuvialuit Final Agreement (with Inuit in the Mackenzie delta area); (d) the Nunavut Land Claims Agreement (for Inuit in the eastern Northwest Territories, a land claims settlement that meshes with the establishment of the separate territory of Nunavut now being established); (e) the Gwich'in Comprehensive Land Claim Agreement (N.W.T.); (f) the Sahtu Dene and Métis Comprehensive Land Claim Agreement (N.W.T.); (g) the Champagne and Aishihik First Nations Final Agreement (Yukon); (h) the Vuntut Gwitchin First Nation Final Agreement (Yukon); (i) the First Nation of Nacho Nyak Dun Final Agreement (Yukon); and (j) the Teslin Tlingit Council Final Agreement (Yukon). These are all settlements of "comprehensive claims", claims to traditional tribal territories. Comprehensive claims remain unsettled in parts of the Northwest Territories and in British Columbia. The government has not recognized comprehensive claims in southern Quebec or Atlantic Canada. Since 1969 the national government has also pursued a policy of negotiating settlements of "specific claims", such as claims for the improper loss of reserve lands or the failure of government to establish reserves of the size promised by treaty. Significant settlements of specific claims have occurred in various parts of the country.

In 1978, Prime Minister Trudeau reopened discussions on the Constitution. The National Indian Brotherhood sought inclusion in the constitutional reform process and Indians became major players in the constitutional fights.[52] The *Constitution Act, 1982*, contains three sections on aboriginal peoples. The most significant is section 35 which recognizes and affirms existing aboriginal and treaty rights.

---

[51] *Northern Frontier, Northern Homeland, Report of the Mackenzie Valley Pipeline Inquiry*, Supply and Services Canada, 1977.
[52] D. Sanders, "The Indian Lobby", in K. Banting & R. Simeon, *And No One Cheered: Federalism, Democracy and the Constitution Act* (Toronto: Methuen, 1983), p. 301.

35.(1) The existing aboriginal and treaty rights of the aboriginal peoples of Canada are hereby recognized and affirmed.

(2) In this Act, "aboriginal peoples of Canada" includes the Indian, Inuit and Métis peoples of Canada.

(3) For greater certainty, in subsection (1) "treaty rights" includes rights that now exist by way of land claims agreements or may be so acquired.

(4) Notwithstanding any other provision of this Act, the aboriginal and treaty rights referred to in subsection (1) are guaranteed equally to male and female persons.[53]

The original version of this section was agreed to in corridor bargaining between federal politicians and aboriginal leaders in January 1981.[54] It was dropped in the closed First Ministers Meeting the following November. It was restored after public protests, with the addition of the word "existing" in subsection (1). Premier Lougheed of Alberta, the only Premier to admit opposition to section 35, insisted on the new word. He was concerned with expanding assertions of what was included in "treaty and aboriginal rights", in particular claims to self-government. On a more practical level, the wording change covered his reversal of position, when the other opposing Premiers had publicly abandoned him.

Section 25 protects the rights of the aboriginal peoples from the egalitarian provisions of the *Charter*. Section 37 authorized the four First Ministers' Conferences on Aboriginal Constitutional Matters, held between 1983 and 1987. The Conference in 1983 agreed to amendments confirming that land claims agreements were "treaties" within sections 35 and 25 and requiring a First Ministers' Conference with aboriginal representation preceding any amendment to constitutional provisions mentioning aboriginal peoples.[55]

As progress on aboriginal and treaty rights continued, Indian leaders re-thought the nature of their claims to a place within Canada. There had always been some notion of Indian autonomy or self-government. It had been compromised historically by the fact that Indian band councils were part of a system of indirect rule, more beholden to the federal government than to the band membership. John Diefenbaker recognized in 1950 in a statement in the House of Commons that Indians claimed "the right to a degree of self-determination".[56] Former Liberal Minister of Indian Affairs

---

[53] Subparagraphs (3) and (4) were added as a result of agreement at the First Ministers' Conference on Aboriginal Constitutional Matters held in 1983.

[54] D. Sanders, "The Indian Lobby", *supra*, note 52, p. 301.

[55] References to land claims agreements were added in sections 35(3) and 25(*b*). The requirement of a conference is found in section 35.1.

[56] June 7, 1950, *Hansard*, p. 3331.

Jack Pickersgill in 1958 spoke of pushing "self-government".[57] Self-government has gradually become the major theme in Indian policy in Canada.

The first specific Indian claim to self-government was for control of schools, a rejection of the continuing policy of integrating Indian students into the provincial and territorial school systems. In 1972, the National Indian Brotherhood presented its policy paper "Indian Control of Indian Education" to the Minister of Indian Affairs, Jean Chrétien. The Minister accepted the basic thrust of the paper and Indian control of parts of the education system became possible. The Blue Quills school in northern Alberta was turned over to a tribal council, ending an occupation of the facility aimed at preventing its closure.

In 1972, President Richard Nixon spoke of Indian "self-determination" as the basic principle for United States Indian policy. Congress passed the *Indian Self-Determination and Education Act* in 1975, under which federal programs could be contracted to tribal governments. The same pattern of bands managing programs on contract was developing in Canada. Indian courts, already in existence in the United States, increased in number and jurisdiction. The *Indian Child Welfare Act* of 1978 gave the tribal courts jurisdiction over Indian children residing on or off reserves. The Indian Policy Review Commission, a joint Indian-Congressional exploration of policy, renewed ideas of tribal "sovereignty", a term not seen as threatening in the United States where state governments are regularly referred to as "sovereign". In Canada Indians began to talk of "Indian government". In 1980, in the context of the constitutional debates, the National Indian Brotherhood held a "First Nations Constitutional Conference" in Ottawa.

The new terminology of "First Nations" and "self-government" was considered by a Special Committee of the House of Commons on Indian Self-Government that held hearings across Canada and reported in the fall of 1983.[58] The all party committee unanimously called for the constitutional recognition of a right of Indian First Nations to self-government. The report is probably unique in Canadian political history in having government members agree to criticisms of current government policy proposals. The committee was convinced that rapid policy evolution was underway and tried to chart the course. Reaction to the report was very positive. The recommendations were endorsed by the federal opposition parties and by all seven candidates for the leadership of the Liberal Party.

The First Ministers' Conferences in 1984, 1985 and 1987 debated constitutional language on self-government. No federal or provincial politician directly opposed the concept but, in the end, there was no agreement

---

[57] August 28, 1958, *Hansard*, p. 4243.
[58] *Report of the Special Committee on Indian Self-Government*, Chairman K. Penner (Supply & Services Canada, 1983).

on an amendment. In spite of that failure, the impact of the First Ministers' Conferences was immense. Each of the meetings was broadcast live on CBC television, with supporting commentary on television, radio and in the press resulting in two full days of national media coverage.

As the constitutional conferences were being played out, the courts re-emerged as a major forum. Between 1983 and 1990 the Supreme Court of Canada rendered judgments dealing with the *Indian Act*, reserve lands, treaties and aboriginal rights.

In *Nowegijick v. R.*,[59] the Supreme Court of Canada dealt with the interpretation of the *Indian Act*. In issue was a tax exemption section originally drafted before Canada had income taxation. Long-standing federal policy treated the section as exempting income earned on a reserve. While Nowegijick had earned his income off the reserve, he lived on reserve and worked for a band-owned company whose office was on the reserve. Indians were seeking to broaden the interpretation of the *Indian Act* section. The Federal Court of Appeal gutted the section, ruling that it granted no exemption from income taxation. The Supreme Court of Canada upheld the Indian position, Chief Justice Dickson stated:

> ... treaties and statutes relating to Indians should be liberally construed and doubtful expressions resolved in favour of the Indians.... In *Jones v. Meehan*, 175 U.S. 1 (1899), it was held that Indian treaties "must ... be construed, not according to the technical meaning of [their] words ... but in the sense in which they would naturally be understood by the Indians".[60]

This was the first Canadian case to formulate a favourable interpretation rule for statutes and treaties. It was a clear departure from the spirit of the *Sikyea* line of cases, where Indian hunting and fishing rights were casually extinguished by general federal legislation.

In 1984, the Supreme Court of Canada decided the *Guerin* case.[61] The Musqueam Band had sued the federal government for damages for the mismanagement of surrendered reserve lands. The federal lawyers argued that there could be no federal trust responsibility because: (a) the property involved did not belong to the Indian band but to the government; and (b) any trust was a political trust (or a "higher" trust), and unenforceable in the courts. Chief Justice Dickson stated:

> In *Calder v. Attorney General of British Columbia* ... this Court recognized aboriginal title as a legal right derived from the Indians' historic occupation and possession of their tribal lands. With Judson and Hall JJ. writing

---

[59] [1983] 1 S.C.R. 29. There has been subsequent decisions on taxation, notably *Williams v. Canada*, [1992] 3 C.N.L.R. 181 (S.C.C.), which have led to considerable confusion as to the rules.
[60] *Nowegihick ibid.*, p. 36.
[61] *Supra*, note 1.

the principal judgments, the Court split three-three on the major issue of whether the Nishga Indians' aboriginal title to their ancient tribal territory had been extinguished by general land enactments in British Columbia. The Court also split on the issue of whether the *Royal Proclamation of 1763* was applicable to Indian lands in that province. Judson and Hall JJ. were in agreement, however, that aboriginal title existed in Canada (at least where it had not been extinguished by appropriate legislative action) independently of the Royal Proclamation. Judson J. stated expressly that the Proclamation was not the "exclusive" source of Indian title ... Hall J. said ... that "aboriginal title does not depend on treaty, executive order or legislative enactment".[62]

Dickson noted that the ruling in *Calder*[63] "went beyond" *St. Catharines Milling.*[64] And Dickson went beyond *Calder.* Aboriginal title to traditional lands was based on pre-existing occupation and control. It was the basis for the Musqueam peoples' rights to their reserve lands.

The next year, the Supreme Court of Canada gave judgment in *Simon.*[65] In issue were hunting rights under a 1752 treaty, the same treaty held to be meaningless in the 1929 *Syliboy* decision.[66] The Supreme Court repeated themes from *Nowegijick*[67] and *Guerin.*[68] Treaties were to be interpreted in favour of Indian rights. The ruling itself went no further than the *White* decision[69] of 20 years earlier, enforcing a treaty promise against provincial law by applying section 88 of the *Indian Act*. In two other decisions in 1985 the Supreme Court of Canada applied provincial hunting laws to Indians in non-treaty areas, following the earlier decision in *Kruger v. R.*[70] The Court was not reversing its own precedents — but it was not yet interpreting section 35 (1) of the *Constitution Act, 1982.*

There were two major events in 1990. During the summer, an armed confrontation at Oka in Quebec involved Mohawk Warriors on one side

---

[62] *Ibid.*, pp. 376-377.
[63] *Supra*, note 39.
[64] *Supra*, note 11.
[65] *R. v. Simon*, [1985] 2 S.C.R. 387. A significant treaty hunting rights decision at the court of appeal level is *R. v. Bartleman* (1984), 12 D.L.R. (4th) 73 (B.C.C.A.).
[66] *Supra*, note 14.
[67] *Supra*, note 59.
[68] *Supra*, note 1.
[69] *Supra*, note 32.
[70] (1977), 75 D.L.R. (3d) 434 (S.C.C.). The two cases are *Dick v. R.*, [1985] 2 S.C.R. 309; *Jack v. R.*, [1985] 2 S.C.R. 332. See A. Hayward, "R. v. Jack and Charlie and the Constitution Act, 1982: Religious Freedom and Aboriginal Rights in Canada", (1984) 10 *Queen's L.J.* 165. Two decisions in 1988 and 1990 restrictively interpreted hunting rights under the *Constitution Act, 1930: R. v. Horse*, [1988] 1 S.C.R. 187, dealing with hunting on privately owned lands, and *R. v. Horseman*, [1990] 1 S.C.R. 901 dealing with the sale of wild game. In *R. v. Sioui*, [1990] 1 S.C.R. 1025, the Court applied the favourable interpretation approach to the question whether a particular history indicated the existence of a treaty.

and the Canadian Army on the other. The incident was triggered by an unresolved land claim and a decision to expand a golf course onto disputed land. The incident was highly embarassing, nationally and internationally. It led the federal government to formulate a "native agenda" in the fall of 1990, including commitments to speed up the resolution of land claims. One result was the establishment of a commission to facilitate the resolution of specific claims.

The second major event in 1990 was the decision of the Supreme Court in *R. v. Sparrow* interpreting section 35(1).[71] Anthropological evidence had shown that, for the Musqueam people, the salmon fishery had always "constituted an integral part of their distinctive culture". Fishing had been highly regulated by the federal government for a century. Federal regulations allowed an Indian food fishery. As well, special licencing and funding programs had been used to sustain an Indian presence in the commercial fishery.[72] In *Sparrow*[73] Canada argued that any aboriginal rights to fish had been ended by the comprehensive system of regulation, permits and licences under the *Fisheries Act*. The Supreme Court of Canada rejected the notion of "extinguishment by regulation". It ruled that extinguishment required legislative measures showing a "clear and plain" intention to extinguish the rights in question. Without such a measure, the Musqueam aboriginal right to fish continued as an existing aboriginal right protected by section 35(1). It was not "frozen" in the sense of being limited to the exact activities allowed in 1982. The rights regained their original vigor, but were subject to federal regulations that could be justified on grounds set out in the judgment, grounds concerned with conservation and the balancing of the interests of different users. In managing the fishery in the light of section 35(1), the federal government had to accord Indians a priority over commercial and recreational fisheries.[74]

The judgment of the Court, co-authored by Chief Justice Dickson and Mr. Justice La Forest, recounted the recognition of aboriginal rights in Canadian legal history and considered the modern judicial and political struggles:

> For many years, the rights of the Indians to their aboriginal lands — certainly as <u>legal</u> rights — were virtually ignored.... By the late 1960s, aboriginal claims were not even recognized by the federal government as

---

[71] *R. v. Sparrow*, *supra*, note 3.
[72] See D. Newell, *Tangled Webs of History; Indians and the Law in Canada's Pacific Coast Fisheries*, Toronto, 1993.
[73] *Supra*, note 3.
[74] This prioritization scheme had been accepted, in theory at least, by the federal government for a number of years. In the judgments in the Supreme Court of Canada and the British Columbia Court of Appeal the priorization scheme is traced back to a statement of Jack Davis as the federal Minister of Fisheries.

having any legal status. Thus the *Statement of the Government of Canada on Indian Policy* (1969), although well meaning, contained the assertion (at p. 11) that "aboriginal claims to land ... are so general and undefined that it is not realistic to think of them as specific claims capable of remedy except through a policy and program that will end injustice to the Indians as members of the Canadian community". In the same period, the James Bay development by Quebec Hydro was originally initiated without regard to the right of the Indians who lived there, even though these were expressly protected by a constitutional instrument; see the *Quebec Boundaries Extension Act*, 1912, S.C. 1912, c. 45. It took a number of judicial decisions and notably the *Calder* case in this Court (1973) to prompt a reassessment of the position being taken by government.

In the light of its reassessment of Indian claims following *Calder*, the federal government on August 8, 1973 issued "a statement of policy" regarding Indian lands. By it, it sought to "signify the Government's <u>recognition and acceptance</u> of its continuing responsibility under the British North America Act for Indians and lands reserved for Indians", which it regarded "as an historic evolution dating back to the Royal Proclamation of 1763, which, whatever differences there may be about its judicial interpretation, stands as a basic declaration of the Indian people's interests in land in this country". (Emphasis added.) See *Statement made by the Honourable Jean Chrétien, Minister of Indian Affairs and Northern Development on Claims of Indian and Inuit People*, August 8, 1973. The remarks about these lands were intended "as an expression of acknowledged responsibility." But the statement went on to express, for the first time, the government's willingness to negotiate regarding claims of aboriginal title, specifically in British Columbia, Northern Quebec, and the Territories, and this without regard to formal supporting documents. "The Government", it stated, "is now ready to negotiate with authorized representatives of these native peoples on the basis that where their traditional interest in the lands concerned can be established, an agreed form of compensation or benefit will be provided to native peoples in return for their interest."

It is obvious from its terms that the approach taken towards aboriginal claims in the 1973 statement constituted an expression of a policy, rather than a legal position.... As recently as *Guerin v. The Queen* ... the federal government argued in this Court that any federal obligation was of a political character.

It is clear, then, that s. 35(1) of the *Constitution Act, 1982*, represents the culmination of a long and difficult struggle in both the political forum and the courts for the constitutional recognition of aboriginal rights.[75]

In 1991, constitutional negotiations began which led to the *Charlottetown Accord*, eventually defeated in a national referendum in 1992. Building on the First Ministers' Conferences on Aboriginal Constitutional Matters (and ignoring the exclusion of aboriginal issues and representatives from the failed *Meech Lake Accord*), the federal and provincial governments

---

[75] *Sparrow, supra*, note 3, pp. 1103-1105.

included representatives of the national aboriginal organizations as participants in the negotiations. As a result, the accord had substantial provisions on self-government, which proved to be the most widely supported parts of the Accord. Two of the major political figures opposing the Accord were Jacques Parizeau, head of the opposition Parti Quebecois in Quebec, and Sharon Carstairs, head of the opposition Liberals in Manitoba; both urged that the package be rejected, but the aboriginal rights provisions be brought into force. While Inuit and Métis supported the Accord, the vote in reserve communities opposed it. A less structured approach to self-government would be necessary.

The review of modern legal and political history in the *Sparrow* decision[76] was unusual in Canadian judgments. The decision restored a rights framework to Indian fisheries and clearly has broad implications for issues of Indian title, treaties, hunting and fishing rights and rights to self-government. We will turn to those specific issues, after considering the characteristics of the three "aboriginal peoples of Canda" named in the *Constitution Act, 1982*.

2. THE INDIAN, INUIT AND MÉTIS PEOPLES

The *Constitution Act, 1867*, refers to "Indians". The *Constitution Act, 1982* refers to "the Aboriginal Peoples of Canada", defined as including the "Indian, Inuit and Métis Peoples of Canada". Questions have been raised about this shift in terminology, most often about the Métis.

The paradigm of aboriginal policy in North America is: (a) a treaty with an Indian collectivity; (b) an Indian reserve; (c) an Indian band or tribal council; (d) federal Indian legislation concerned with the reserve system, and (e) a federal Indian department concerned with the on-reserve population.

There are two variant indigenous peoples in North America, the Inuit and the Aleut. Both are located in northern areas where neither Canada nor the United States had extended southern Indian policies. Indian reserves made sense in the context of fertile lands and agricultural settlement. They made no sense in the North and were not established. The Supreme Court of Canada ruled that Eskimos were "Indians" for constitutional purposes, in a 1939 reference case, but the reserve system and the *Indian Act* were never extended to Inuit.[77] In the north, Indians, Inuit and Aleut come under the same government policies. Eskimos and Aleut were included with In-

---

[76] *Supra*, note 3.
[77] Reference re whether the term "Indians" in s. 91(24) of the *B.N.A. Act*, 1867, includes Eskimo Inhabitants of Quebec, [1939] 2 D.L.R. 417 (S.C.C.).

dians in the *Alaska Native Claims Settlement Act* of 1972.[78] Inuit and Indians have parallel land claims settlements in northern Quebec and the Northwest Territories. In the last 20 years a distinctive policy paradigm has emerged for the north, with regional aboriginal governments in Greenland, Northern Quebec, the North Slope in Alaska and, in 1999, in the separate territory of Nunavut in what is now the eastern Northwest Territories. The new paradigm has been established in areas with indigenous majorities. It does not fit in Yukon, the Nordic States or substantial parts of Alaska and the Northwest Territories, where more limited arrangements are in place or being negotiated.

Non-status Indians are individuals who are excluded from recognition either by a band or by the Department of Indian Affairs. This category was considered important when a large number of the individuals involved were not recognized because of sexually discriminatory provisions in the *Indian Act*. Since the reform of the *Indian Act* provisions in 1985 a large number of individuals have gained or regained recognition. This has largely ended "non-status Indians" as a significant category. The federal government has a "Federal Interlocutor for Métis and Non-Status Indians", but a recent policy statement speaks of "Métis and Indian Groups off a Land Base" and seems to indicate that the key category of concern to the federal government are aboriginal groupings in the towns and cities.[79] The national organization that represented non-status Indians, in recent years has described itself as representing Indians who live off the reserves.[80]

The Métis are a unique Canadian population. From 1670 to 1870, the vast prairie and sub-arctic regions of Canada were a fur trade reserve managed by large trading companies. By 1870, a distinct mixed blood "Métis" population had emerged from unions of fur traders and Indians, typically French men and Cree women. The Hudson's Bay Company post at Red River was the regional centre and the focal point of a Métis consciousness. The Métis defended their way of life against the Selkirk settlers and against the Hudson's Bay Company. In 1869-1870, they resisted incorporation of the region into Canada without special recognition of Métis rights. Louis Riel wanted a Métis controlled province in Manitoba and provincial control of Crown lands. The federal government created the new province, but retained control of Crown lands. The *Manitoba Act* of 1870 established a system of homestead-style land grants for Métis, justified by the express

---

[78] For an analysis of the Alaska settlement and its current problems see T.R. Berger, *Village Journey: The Report of the Alaska Native Review Commission* (Hill & Wang, 1986).

[79] Aboriginal Self-Government: The Government of Canada's Approach to Implementation of the Inherent Right and the Negotiation of Aboriginal Self-Government, Government of Canada, 1995.

[80] The Congress of Aboriginal Peoples, replacing the Native Council of Canada.

recognition of a "half-breed" share in "Indian title".[81] The federal government promoted rapid European settlement in Manitoba and the prairie west, resulting in the dispersal of most Métis west and north. Speculation in Métis land grants was encouraged by the government and profited leading settler families.[82] While a number of Métis became guides and trappers in the north, Métis, particularly in the northern prairie provinces, became a landless people, living on road allowances or beside Indian reserves. On the prairies the categories of Métis and non-status Indians often merged. Métis poverty and claims based on the land grants provisions of the *Manitoba Act* and the *Dominion Lands Act* led to the establishment of some Métis reserves in Saskatchewan and Alberta in the 1930s. The Alberta "settlements" have survived and are governed by provincial legislation, a local variant of the basic aboriginal policy paradigm.[83] As a result of the attention to Métis issues in the First Ministers' Conferences of the 1980s, Alberta proceeded with a constitutional amendment to protect the Métis settlements (and perhaps avoid any possible challenge to the province's ability to establish the system). Current litigation in Manitoba seeks to reopen legal questions around the land grants system in the 1870 *Manitoba Act*.[84]

While Inuit are "Indians" and mixed-blood Indians can be recognized as "Indians" there has been no formal resolution of the legal question whether "Métis" are "Indians" for the purposes of federal legislative jurisdiction over "Indians, and Lands reserved for the Indians". In the First Ministers' Conferences on aboriginal rights, held between 1983 and 1987, there were discussions on the issue. The federal government stated their view that Métis were under provincial jurisdiction. Alberta agreed. The Native Council of Canada argued in favour of federal jurisdiction. But the Native Council had ceased to represent most Métis and the new Métis National Council contained elements satisfied with provincial jurisdiction. The idea of a reference to the Supreme Court of Canada on the question was discussed, but not pursued.[85]

---

[81] R.S.C. 1985, App. II, No. 8.
[82] See D. Sanders, "Métis Claims in Western Canada", in H.W. Daniels, *The Forgotten People: Métis and Non-status Indian Land Claims* (Ottawa: Native Council of Canada, 1979).
[83] See J. Sawchuk et al., *Métis land Rights in Alberta: A Political History* (Métis Assn. of Alberta, 1981), c. 6.
[84] See *Dumont v. Canada (A.G.)* (1987), 48 Man. R. (2d) 4 (Q.B.), reversed (1988), 52 Man. R. (2d) 291 (C.A.), reversed (1990), 65 Man. R. (2d) 182 (S.C.C.); D.N. Sprague, "Government Lawlessness in the Administration of Manitoba Land Claims, 1870-1887" (1980) 10 *Man. L.J.* 415.
[85] See D. Sanders, "An Uncertain Path: The Aboriginal Constitutional Conferences" in J. Weiler and R. Elliot (eds.), *Litigating the Values of a Nation: The Canadian Charter of Rights and Freedoms* (Toronto: Carswell, 1986), p. 62, particularly pp. 67-69.

If the federal government enacted legislation dealing with Métis, the courts would most likely uphold the legislation as within federal jurisdiction over "Indians". But the federal government, which has spent money on Métis for over two decades, shows no interest in Métis legislation. Without federal legislation, Métis are effectively no different from non-aboriginal Canadians. By default, they and other "non-status Indians" are within provincial legislative jurisdiction.[86] The jurisdictional issue does not affect section 35(1) and a recent case has upheld Métis hunting rights in Manitoba.[87]

3. ABORIGINAL RIGHTS

The aboriginal rights litigation of the 1970s and the federal policy statement in 1973 led to negotiations and settlements of land claims in major areas — northern Quebec, Yukon and much of the Northwest Territories. British Columbia refused to participate in land claims negotiations. It opposed the inclusion of section 35 in the *Constitution Act, 1982*, and was a reluctant player in the four First Ministers' Conferences on Aboriginal Constitutional Matters in the 1980s. The province was prepared to move on self-government for the Sechelt First Nation, to demonstrate that Indian goals could be achieved outside the process of constitutional change and outside the context of land claims.[88] But the lid did not stay on the pot.

Confrontations over logging led to a series of injunction cases in the 1980s in which Indians sought to protect the resources, pending resolution of land claims. The major case involved Meares Island, a culturally important site. The trial judge refused an injunction, though the Supreme Court of Canada decision in *Guerin*[89] had just been handed down with its positive reinterpretation of the *Calder* decision.[90] The Court of Appeal granted the injunction, telling the politicians to get on with the job of settling land claims:

> The fact that there is an issue between the Indians and the province based upon aboriginal claims should not come as a surprise to anyone. Those claims

---

[86] There is an anomaly that provincial legislation dealing with kinship (*Natural Parents v. Superintendent of Child Welfare*, [1976] 2 S.C.R. 751) and with hunting rights (*Dick v. R.*, *supra*, note 32) seems to have been held to deal with "Indians as Indians" and therefore cannot apply to Indians without federal incorporation by reference through s. 88 of the *Indian Act*. Yet Métis, non-status Indians and Inuit, who could be brought within federal legislative jurisdiction over Indians, have no exemption from such provincial laws. The outcome is sensible, but the legal theory is not yet in place.
[87] *R. v. McPherson*, [1994] 2 C.N.L.R. 137 (Q.B.).
[88] See J. Taylor and G. Paget, "Federal/Provincial Responsibility and the Sechelt", in D. Hawkes, *Aboriginal Peoples and Government Responsibility*, Carleton, 1989, 297.
[89] *Supra*, note 1.
[90] *Supra*, note 39.

have been advanced by the Indians for many years. . . . I think it is fair to say that, in the end, the public anticipates that the claims will be resolved by negotiation and by settlement. This judicial proceeding is but a small part of the whole of a process which will ultimately find its solution in a reasonable exchange between governments and the Indian nations.[91]

One judge said the Court was being asked to ignore the problem "as others have ignored it", a clear reference to the provincial government. He was not willing to do that.[92] The Supreme Court of Canada repeated positive statements on the historic legal recognition of aboriginal title and rights in *Roberts, Paul, Sparrow* and *Bear Island*.[93]

The major British Columbia test case was *Delgamuukw v. British Columbia*,[94] brought by the Gitksan and Wet'suwet'en people to try to force the province to the bargaining table. Fifty-one hereditary chiefs claimed "ownership" and "jurisdiction" over traditional territories. The trial lasted 374 days, from May 1987 to June 1990. Judgment was issued in March 1991.

The combined impact of the injunction decisions and the major aboriginal title cases led the province to reconsider its position. The lack of a settlement of land claims was having a serious impact on investment in the province. Japanese interests insisted in a major coal contract that the province certify that it had "good title" to the lands in question, clearly understood as protection against Indian claims. In 1990, the First Nations Summit, the province of British Columbia and the Government of Canada established a joint task force to consider how to proceed. The report was issued in June 1991, recommending a tri-partite negotiation process, facilitated by a treaty commission.[95] Prime Minister Mulroney and Premier Harcourt attended the official signing of the treaty commission process at the Squamish longhouse in the fall of 1991. The commission was established and began accepting statements of intent from First Nations in December 1993. The Nisga'a negotiations continued outside the new structure. The Gitksan and Wet'suwet'en and a number of other First Nations are proceeding within the process. The roadblocks, the injunctions, the litigation, aided by the reaction of business, had brought the province to the negotiating table.

---

[91] *MacMillan Bloedel Ltd. v. Mullin*, [1985] 2 C.N.L.R. 54, p. 77 (B.C.C.A.) per, Mr. Justice MacFarlane. See also *Pasco v. C.N.R.*, [1986] 1 C.N.L.R. 34 and 35; *Hunt v. Halcan Log Services Ltd.*, [1987] 4 C.N.L.R. 63 (B.C.S.C.).
[92] Mr. Justice Seaton, p. 73.
[93] *Roberts v. Canada*, [1989] 2 C.N.L.R. 146 (S.C.C.); *Cdn. Pacific Ltd. v. Paul*, [1989] 1 C.N.L.R. 47 (S.C.C.); *R. v. Sparrow*, [1990] 3 C.N.L.R. 160 (S.C.C.); *Ontario (A.G.) v. Bear Island Foundation*, [1991] 3 C.N.L.R. 79 (S.C.C.).
[94] (1991), 79 D.L.R. (4th) 185 (B.C.S.C.), varied (1993), 104 D.L.R. (4th) 470 (C.A.), leave to appeal to S.C.C. granted (1994), 109 D.L.R. (4th) vii (note) (S.C.C.).
[95] The Report of the British Columbia Claims Task Force, June 28, 1991.

But Chief Justice McEachern, in his trial judgment in the *Delgamuukw* case in March 1991, did not agree that there should be a settlement of land claims. He rejected "rights" in favour of Indian integration. He was open and candid in his views:

> The parties have concentrated for too long on legal and constitutional questions such as ownership, sovereignty and "rights", which are fascinating legal concepts. Important as these questions are, answers to legal questions will not solve the underlying social and economic problems which have disadvantaged Indian peoples from the earliest times.[96]

He suggested that "self-government" was a catchy phrase, a superficial concept. He said there was no point in adjusting reserves, for the reserve system had been tried and had failed. Indians must "make their way off the reserves". The principal cause of Indian misfortune was the difficulty of adapting to changing circumstances. At the end of all appeals, the real problems would still be social and economic, not legal.[97]

In line with his policy conclusions, he viewed aboriginal traditional life in restrictive, negative terms:

> The plaintiffs' ancestors had no written language, no horses or wheeled vehicles, slavery and starvation were not uncommon, wars with neighbouring peoples were common, and there is no doubt, to quote Hobbs [*sic*], that aboriginal life in the territory was, at best, "nasty, brutish and short".[98]

His limited holdings on the nature of traditional aboriginal land use, combined with the plaintiffs' claim for "ownership", led McEachern to reject the rights claimed, while upholding a non-exclusive aboriginal right to the use of some of the lands. The non-exclusive right, he ruled, had been extinguished by the general pre-confederation land laws in the colony (a ruling that seemed impossible after the *Guerin*[99] and *Sparrow*[100] decisions in the Supreme Court of Canada).

On appeal the province abandoned the argument that there had been a blanket extinguishment of aboriginal rights to use land before union with

---

[96] *Supra*, note 94, p. 537.
[97] *Ibid.*, pp. 538-540.
[98] *Ibid.*, p. 208. This part of the judgment was reminiscent of the analysis of Chancellor Boyd at trial in *St. Catherines Milling*, *supra*, note 14. It was also similar to a comment by Chief Justice Davey in the British Columbia Court of Appeal decision in *Calder*, calling the Nisga'a "a very primitive people with few of the institutions of civilized society, and none at all of our notions of private property": (1970) 13 D.L.R. (3d) 64, p. 66. This latter statement was specifically criticized by Mr. Justice Hall in the appeal decision: (1973), 34 D.L.R. (3d) 145, p. 170: "In so saying this in 1970, he was assessing the Indian culture of 1858 by the same standards that the Europeans applied to the Indians of North America two or more centuries before".
[99] *Supra*, note 1.
[100] *Supra*, note 3.

Canada, but the judges seemed trapped in the structuring of the claims in the trial judgment, perhaps simply by the volume of material involved. The majority confirmed the trial judge's factually based ruling against "ownership", and held that the non-exclusive aboriginal right to use land had not been extinguished and was now protected by section 35(1). Because the exact content of the non-exclusive right had not been defined at trial, it was left undefined on appeal, though some indicators were given of when land use decisions would have to be balanced against the aboriginal right. Rights were restricted to matters which had "constituted an integral part of their distinctive culture", a descriptive phrase from the *Sparrow* judgment[101] which now came to be used in a sharply restrictive way. Two judges dissented. The appeal to the Supreme Court of Canada has been delayed, by consent, while the Gitksan and Wet'suwet'en pursue negotiations under the treaty commission process.

4. TREATIES

Treaties were held to be contracts in some early cases, allowing for judicial enforcement of parts of the documents. The breach of treaties by the imposition of hunting and fishing laws occured, without concern for contractual rights or any possible claim to damages. The *Constitution Act, 1930*, had provisions to facilitate completion of reserve allotments under the treaties. Section 88 was added to the *Indian Act* in 1951 to make treaty rights enforceable against provincial laws. Otherwise treaty provisions had no legal status. Even if the documents were held to be valid international law treaties, as argued by many Indian leaders, that would not make treaty provisions enforceable in Canadian domestic law.

In *Sparrow*,[102] the Supreme Court, as part of their general exposition of the significance of section 35(1), stated that it "clarified other issues regarding the enforcement of treaty rights", citing a part of this chapter, as it appeared in the second edition. The result is clear. Treaties are enforceable in domestic Canadian law as a result of section 35(1).

Section 35(1) refers to any existing treaty. It is within the power of the parties to alter or end treaties or create new treaties. The British Columbia treaty process envisages new treaties to deal with issues of land and self-government in that province, treaties that will be protected constitutionally by section 35(1). The assumption in judicial decisions has been that treaty making with Indian peoples is an exclusive power of the federal government. While the federal government will be reluctant to override provincial interests and powers, it is possible for a bilateral treaty to gain constitutional protection under section 35(1) and bind the provincial governments.

---

[101] *Ibid.*
[102] *Ibid.*

5. HUNTING AND FISHING

The pre-1982 framework for hunting and fishing rights is gone. Now both aboriginal and treaty rights have essentially the same protection against provincial laws. The distinction between the two categories was based on section 88 of the *Indian Act*, which only protected treaty rights. Now both aboriginal and treaty rights to hunt are enforceable against provincial laws by section 35(1), subject to justified limitations on the part of the province.[103] In relation to federal laws, both aboriginal and treaty rights are enforceable. Again this is based on section 35(1) and is subject to justified limitations on the part of the federal government.[104]

While aboriginal and treaty rights are enforceable against federal and provincial hunting and fishing laws, one case has now held that fishing rights are enforceable against an indirect curtailment that would result from the authorization of a competing use of a site.[105]

The issue whether hunting and fishing rights include a right to sell game and fish is contentious. There was pre-contact inter-tribal trade in foodstuffs. As well, early explorers, traders and settlers regularly bought food from aboriginal people. Treaty language simply refers to rights to hunt and fish, not expressly limiting the rights to subsistence.[106] The *Constitution Act, 1930*, applying in the three prairie provinces, protects the right of Indians to hunt, trap and fish "for food". In *Horseman*, the Supreme Court of Canada held that the right to hunt under Treaty 8 in Alberta had included commercial rights, but those rights had become limited to subsistence rights by the *Constitution Act, 1930*.[107] This would logically mean that aboriginal and treaty rights to hunt and fish are not limited to subsistence purposes in those parts of Canada where the *Constitution Act, 1930*, does not apply. As well, since the relevant provisions of the *Constitution Act, 1930*, only apply to provincial laws, commercial rights would survive in relation to fishing, as has recently been held.[108] The federal government authorized a special aboriginal commercial fishery on the west coast in 1992, a fishery that continues as of the date of writing. Two recent decisions of the British Columbia Court of Appeal have rejected commercial fishing rights.[109]

---

[103] *R. v. Alphonse*, [1993] 4 C.N.L.R. 19 (B.C.C.A.); *R. v. Dick*, [1993] 4 C.N.L.R. 63 (B.C.C.A.).

[104] *R. v. Sparrow*, *supra*, note 3; *R. v. Fox*, [1994] 3 C.N.L.R. 132 (Ont. C.A.).

[105] *Claxton v. Saanichton Marine Ltd.*, [1989] 3 C.N.L.R. 46 (B.C.C.A.).

[106] The texts of the major treaties are set out in *Consolidated Native Law Statutes, Regulations and Treaties* (Toronto: Carswell, 1994), pp. 391-430.

[107] *R. v. Horseman*, [1990] 3 C.N.L.R. 95 (S.C.C.). There was specific expert evidence in the case on commercial activities at the time of treaty.

[108] *R. v. Gladue* (1993), [1994] 2 C.N.L.R. 101 (Alta. Q.B.). But see *R. v. Lerat* (1993), [1994] 2 C.N.L.R. 126 (Sask. Prov. Ct.).

[109] *R. v. Gladstone*, [1993] 4 C.N.L.R. 75 (C.A.), leave to appeal to S.C.C. granted [1994] 3

6. SELF-GOVERNMENT

As described earlier, the idea of Indian self-government became widely accepted in Canada in the 1970s and 1980s. The Report of the Special Committee of the House of Commons on Indian Self-Government in 1983 tried to chart a path for the recognition of self-government, but governments and aboriginal communities were unable to move as rapidly or as coherently as the Committee had hoped. There was no clear understanding of the scope of self-government powers, their relationship to federal and provincial governments or the feasibility of self-government for Métis and urban people. The Committee Report had not answered those questions.

The situation was not static. In the background was the fact that band councils existed, with modest bylaw powers granted by the *Indian Act* and the tasks of managing band assets and running programs. The federal government had allowed some "Indian Control of Indian Education" since 1972. The Department of Indian Affairs had been transferring programs and administration to band governments for a number of years. The *Cree Naskapi Act* of 1984 and the *Sechelt Self-Government Act* of 1986 expanded self-government for some Indians.[110] The federal government allowed the Spallumcheen band to take-over child welfare by a bylaw (but barred any other band from following the same route).[111] Other bands or tribal councils were able to take some control over Indian child welfare through intergovernmental agreements. The 1985 *Indian Act* amendments gave bands most of the control over membership systems. Other amendments gave bands the power to tax non-Indian use of reserve lands. A program of "community based self-government negotiations" began under which bands or tribal councils could try to work towards specific self-government statutes.[112] Legislation has provided that the Inuit majority territory of Nunavut will come into existence in 1999. Self-government legislation has been passed for Yukon. The treaty process established in British Columbia in 1993 allows negotiations on both land claims and self-government.

It was hard to know what to make of these various innovations. On the one hand they were *ad hoc* accomodations, lacking general statements of principle or rights. On the other hand all these changes were increasing

---

W.W.R. lxvii (note) (S.C.C.); *R. v. N.T.C. Smokehouse Ltd.*, [1993] 4 C.N.L.R. 158 (C.A.), leave to appeal to S.C.C. granted [1994] 3 W.W.R. lxvii (note) (S.C.C.). The *NTC Smokehouse* case is scheduled to be argued before the Supreme Court of Canada in November, 1995.

[110] S.C. 1984, c. 18 and S.C. 1986, c. 27.

[111] See D. Sanders, "Some Current Issues Affecting Indian Government" in L.L. Bear, M. Boldt, J.A. Long, *Pathways to Self-Determination* (Toronto, 1984), 113.

[112] Self-government was to be negotiated under this special program, which has been superceded by the 1995 federal policy announcement. Self-government negotiations were initially excluded from land claims negotiations.

Indian self-government. On the basis of the *Sparrow* decision,[113] it was logical to conclude that self-government was a surviving aboriginal right. The long–standing federal regulation of band government, like the detailed regulation of Indian fishing, would not be an extinguishment of the right. The right would survive subject to some justified limitations. But what would be the limitations? While courts in the United States were ruling on tribal legislative powers, there was confusion in Canada on how a right of self-government would work within our federal system. Professor Bruce Ryder suggested an analogy to provincial powers.[114] Professor Michael Asch, an anthropologist, suggested powers adequate to allow aboriginal communities to reproduce themselves as distinct communities.[115] Federal and provincial politicians, in constitutional negotiations, hoped for some list of powers. But comparative examples showed that such lists were impossible to formulate. Indigenous people were increasing their autonomy in the Nordic states, in Australia, New Zealand and the United States, but always through an evolutionary process. It was one of the successes of the self-government provisions in the failed *Charlottetown Accord* that the first ministers agreed to recognize aboriginal self-government without a listing of powers.

The political consensus on self-government, demonstrated by the provisions of the *Charlottetown Accord*, has taken on another form. Provincial governments came to power in Ontario and British Columbia stating that they recognized the aboriginal right of self-government. Prime Minister Chrétien formed a government in 1993, also committed to the recognition of self-government as an existing right protected by section 35(1). Criticism of self-government policies by members of the Reform Party have been largely confined to budgetary concerns, not to the principle involved.

The major analysis defining self-government is in writings of Professor Brian Slattery.[116] Professor Slattery describes self-government as an unextinguished aboriginal right, but one that now must be exercised within the structures of Canadian federalism. He reasons that the powers of self-government are "co-extensive" with federal powers over "Indians, and Lands Reserved for the Indians" in section 91(24) of the *Constitution Act*,

---

[113] *Supra*, note 3.

[114] B. Ryyder "The Demise and Rise of the Classical Paradigm in Canadian Federalism: Promoting Autonomy for the Provinces and First Nations" (1991) 36 *McGill L.J.* 308.

[115] M. Asch, "Aboriginal Self-Government and the Construction of Canadian Constitutional Identity" (1992) 30 *Alta. L. Rev.* 465. See also C. Scott, "Custom, Tradition, and the Politics of Culture: Aboriginal Self-Government in Canada", in N. Dyck and J. Waldram, *Anthropology, Public Policy and Native Peoples in Canada* (McGill-Queens, 1993), p. 311.

[116] B. Slattery, "First Nations and the Constitution: A Question of Trust" (1992) 71 *Can. Bar Rev.* 261.

1867. This transformation of section 91(24) has an interesting logic. The section recognized that the situation of Indians was unique and called for special jurisdictional arrangements. The section was designed to allow the federal government to protect the Indian communitities from local settler interests. While its positive purpose was subverted for most of Canadian history, it can now serve to define the powers available for self-government in a way that respects the federal system and avoids the extremes of legal positivism and Indian rights fundamentalism.

Professor Slattery goes on to suggest that self-government powers and federal powers under section 91(24) are concurrent. Until aboriginal governments legislate, federal laws will continue to apply. Aboriginal laws will have paramountcy over provincial laws in the same way that federal laws have paramountcy. Aboriginal laws will be paramount over federal laws, unless the federal laws can be justified under a test such as that developed by the Supreme Court of Canada in *Sparrow*[117] for limitations on the aboriginal right there in question.

The exact legislative scope of section 91(24) has not been clearly defined. On the one hand it is a substantive power. It has allowed the federal government to enact the *Indian Act*, a statute that deals almost completely with matters that would otherwise be under provincial legislative jurisdiction — matters such as local government, land use, local taxation, wills and estates. The federal government has not tried to legislate under 91(24) in relation to education, labour relations, trade and commerce or family law. It is not too difficult, however, to combine actual legislative activity and areas like education and family law where an aboriginal role has already been developed in practice. This reference to practice can be taken to suggest that the courts would allow federal legislation under 91(24) on the particular matters.

There have been some initial cases on self-government. The only case to uphold a power of self-government, *Eastmain Band v. Gilpin*, can be seen simply as a liberal interpretation of governmental powers defined by a treaty and a statute.[118] The treaty rights context was used to distinguish a Supreme Court of Canada decision on the powers of municipalities. In question was a curfew bylaw for children under 16, something the Band was not specifically authorized to enact. Rather than hold that the Band Council, like other municipal level government, only had powers specifically given it, the Court upheld the bylaw as within Cree residual sovereignty. Cree legislative rights were not confined to specifically delegated powers.

---

[117] *Supra*, note 3.
[118] [1987] 3 C.N.L.R. 54 (Que. C.S.P.).

In *Delgamuukw*,[119] the Indian plaintiffs argued for a broad, undefined "jurisdiction" over traditional lands. A majority in the British Columbia Court of Appeal reasoned that any aboriginal law-making competence was ended by British sovereignty, with its doctrine of parliamentary supremacy, or by the coming into force of the federal Constitution, with its idea of a full division of legislative powers between the federal and provincial governments. While the Court of Appeal rejected the notion of a "blanket extinguishment" of aboriginal rights to land, they upheld a blanket extinguishment of rights of self-government by an appeal to traditional positivist ideas.

The major decision, to date, on specific powers is that of the Ontario Court of Appeal in *R. v. Pamajewon*.[120] Indian "gaming" has become a major economic activity on reserves in the United States, and at least three Canadian provinces have policies allowing some extent of Indian controlled gambling operations.[121] Though Ontario was prepared to give licences to Indian bands in certain circumstances, two First Nations in that province argued that control of gambling fell within self-government powers. The Court was prepared to assume that some self-government powers survived and were protected by section 35(1), but ruled against powers in relation to high stakes gambling targeting off-reserve customers. The Court held, on the basis of the *Sparrow* decision,[122] that aboriginal rights are limited to matters integral to or connected with traditional practices or land use. Again this descriptive language from *Sparrow*[123] was being applied restrictively. The Court added that any First Nations right to regulate gambling would have been extinguished, in any case, by the enactment of the gambling provisions in the federal *Criminal Code*.

In August 1995, the federal government announced its policy on implementing the right of self-government.[124] As with land claims two decades before, the federal government favoured a process of negotiations. Negotiations would avoid the problems inherent in seeking a constitutional amendment or taking claims to the courts. The scope of self-government was described in general terms:

> ... the Aboriginal peoples of Canada have the right to govern themselves in relation to matters that are internal to their communities, integral to their unique

---

[119] *Supra*, note 94.
[120] [1995] 2 C.N.L.R. 188 (C.A.), leave to appeal to S.C.C. granted (1995), 97 C.C.C. (3d) vi (note) (S.C.C.).
[121] The provinces are Ontario, Saskatchewan and British Columbia.
[122] *Supra*, note 3.
[123] *Ibid.*
[124] Aboriginal Self-Government: The Government of Canada's Approach to Implementation of the Inherent Right and the Negotiation of Aboriginal Self-Government, Government of Canada, 1995.

cultures, identities, traditions, languages and institutions, and with respect to their special relationship to their land and their resources.[125]

This general statement is amplified by three lists.

The first list is of matters that could be assumed by aboriginal governments: governing structures, membership, marriage, adoption, child welfare, aboriginal language, culture and religion, education, health, social services, administration/enforcement of Aboriginal laws, policing, property rights, land management, natural resources management, agriculture, hunting, fishing, trapping, taxation of members, housing, local transportation, licencing and regulation of businesses. This represents a confirmation and limited amplification of powers already assumed by the better organized band councils and tribal councils. Only marriage, adoption and the possibility of limited jurisdiction "Aboriginal courts or tribunals" to enforce aboriginal laws are new.

The second list is of areas of federal jurisdiction for which aboriginal governments could get limited powers, subject to primary jurisdiction continuing in the federal government. The list includes divorce, labour/training, administration of justice, penitentiaries, parole, environmental measures, fisheries co-management, migratory birds co-management, gaming and emergency preparedness. Only three of the items on this list actually seem to be substantive legislative areas. The inclusion of gaming is new, giving rise to the possibility that aboriginal governments might gain the same powers that provinces presently have to authorize certain gambling activities.

The third list is of matters that are not available for negotiation, matters described as of national interest. One of the items is criminal law. Successive Ministers of Justice have rejected the idea of a parallel criminal justice system.

The great virtue of Professor Slattery's approach and of that in the federal policy statement is to establish some workable ideas of what jurisdiction can be assumed by aboriginal communities.[126] There is little or no controversy over aboriginal government control over a range of matters that

---

[125] This is not a generous formulation. Already bands are able to organize development on their lands which would not come within the three branches of this statement. See, for example, the amusement park that was to be developed on reserve lands in *Surrey (District) v. Peace Arch Enterprises Ltd.*, (1970), 74 W.W.R. 380 (B.C.C.A.), or the factory on reserve lands in *Four B Manufacturing Ltd. v. U.G.W.*, [1980] 1 S.C.R. 1031. It would also seem to eliminate any kind of gaming operations which hoped to attract off-reserve customers. The restrictiveness of this formulation was probably not intended. It demonstrates the problems of linking rights to peculiarly aboriginal matters, blocking the development of a normal modern local economy. It is striking that in the United States tribal jurisdiction over gaming has been understood as jurisdiction over a local business.

[126] *Supra*, note 116.

are relevant to the distinct character of aboriginal peoples: education, family law, social services. But as well it is important that aboriginal governments be able to work towards a modern local economy, using their resources, their people and their special rights (whether to hunt and fish or to have a special tax situation for Indian businesses on reserves). Any modern local economy is not isolated from the surrounding economy. Local economies do exploit favourable zoning and tax laws, while getting no exemption from statutes like the *Competition Act* or the *Criminal Code*.

A brief word about Inuit, Métis and urban aboriginal people. The Inuit have pioneered the idea of "public government" in Inuit majority areas in northern Quebec and the Northwest Territories. Public governments are governments in which all residents can participate (in contrast to the "ethnic government" model of Indian reserve governments). Much different considerations apply to Nunavut than to the Musqueam First Nation, but the federal policy statement envisages negotiations about Inuit public governments, as well as First Nations governments. The statement also refers to "Métis and Indian Groups off a Land Base", apparently a reference to urban populations. The section is vague, but suggests some arrangements are possible around program design and delivery.

7. HUMAN RIGHTS NORMS

Section 91(24) of the *Constitution Act, 1867,* assumed the need for special Indian legislation, which continued to be legislation governing the Indian reserve system. No general norm of equality was established in Canadian law until the *Canadian Bill of Rights* of 1960. The Supreme Court of Canada applied the *Bill of Rights* in the famous *Drybones* case of 1969 to invalidate a minor provision of the *Indian Act* prohibiting public drunkenness by Indians.[127] The real fight over special Indian legislation and equality norms came in *Canada (Attorney General) v. Lavell*.[128] The *Indian Act* discriminated on the basis of sex in defining who was an Indian. The sections in question in *Lavell* were a central part of the scheme of the *Indian Act*, defining who could live in reserve communities. The Supreme Court of Canada deferred to the mandate for special Indian legislation in the *Constitution Act, 1867*, allowing the sexual discrimination to stand.

The Supreme Court judgment did not end the controversy and the sexual discrimination in the *Indian Act* became the leading equality issue in the country. The issue was taken to the United Nations Human Rights Committee under the provisions of the *International Covenant on Civil and Political Rights*. The Committee avoided the sexual discrimination question,

---

[127] *R. v. Drybones*, [1970] S.C.R. 282.
[128] [1974] S.C.R. 1349.

ruling that the complainant had been denied her right as a member of a cultural minority to associate with other members of her cultural group.[129]

In the debates on the *Charter of Rights and Freedoms*, two examples of the need for the *Charter* were used: the wartime relocation of Japanese-Canadians and the sexual discrimination in the *Indian Act*. Yet each of the various drafts of the new constitutional provisions had some kind of saving clause, protecting Indian special rights from other provisions of the *Charter*. The final wording, found in section 25, gives sweeping protection to Indian special status:

> **25.** The guarantee in this Charter of certain rights and freedoms shall not be construed so as to abrogate or derogate from any aboriginal treaty or other rights or freedoms that pertain to the aboriginal peoples of Canada including
>
> (*a*) any rights or freedoms that have been recognized by the Royal Proclamation of October 7, 1763; and
> (*b*) any rights or freedoms that now exist by way of land claims agreements or may be so acquired.[130]

The *Lavell* issue was resolved legislatively in 1985.[131] The reform allowed women who had lost status by marriage to regain status, but otherwise transferred the power over membership rules to the individual bands. Some urged that the legislation should limit band powers by specifically prohibiting sexual discrimination or by stating that the *Charter of Rights and Freedoms* applied. In the end, there was a deliberate governmental decision not to include such provisions. Two cases have challenged the 1985 legislation. The *Twinn* case[132] argued that control of membership was an aboriginal and treaty right (seeking to exclude the individuals restored to membership). The Federal Court Trial Division held the right had been extinguished. A second case, yet to go to trial, argues for a broader recognition of individuals excluded as a result of the impact of earlier legislative provisions.

The issue whether the *Charter* would apply to aboriginal governments was a major issue in the negotiation of the *Charlottetown Accord*. The final agreement meant that the *Charter* would apply, but its application would be subject both to sections 25 and 33. Section 25 protected the "aboriginal,

---

[129] *Lovelace v. Canada*, [1983] Can. Hum. Rts. Y.B., 305.
[130] The fact that section 25 protected the membership system from scrutiny under the *Charter* seemed not to be noticed. When women fought to have section 28 included in the *Charter* as an overriding norm of sexual equality, they were not concerned with section 25 but with the legislative override provision in section 33. It was only later that debate occured over the possibility that section 25 protected the *Indian Act* membership system and was not affected by section 28.
[131] *An Act to Amend the Indian Act*, S.C. 1985, c. 27.
[132] *Twinn v. R.*, July 6, 1995, Muldoon J. (Fed. T.D.).

treaty and other rights and freedoms" of the aboriginal peoples. As in previous discussions, the exact impact of section 25 was not addressed. The application of section 33 meant that aboriginal governments had the same power as provincial and federal governments to override parts of the *Charter* by temporary legislation.

Professor Slattery, like all other commentators on the issue, is not very clear:

> What impact will the Charter of Rights and Freedoms have on Aboriginal governments? This is a troublesome question, allowing for a number of viewpoints. However, the most likely answer involves two propositions. First, the right of self-government enjoys protection from the Charter because it is covered by section 25 of the Charter, which shields Aboriginal rights from Charter review. Second, at the same time, individual Aboriginal persons also enjoy a measure of Charter protection in their dealings with Aboriginal governments.[133]

The 1995 federal statement on self-government addresses the issue, again without clarity, of the impact of section 25:

> The Government is committed to the principle that the *Canadian Charter of Rights and Freedoms* should bind all governments in Canada, so that Aboriginal peoples and non-Aboriginal Canadians alike may continue to enjoy equally the rights and freedoms guaranteed by the *Charter*. Self-government agreements, including treaties, will, therefore, have to provide that the *Canadian Charter of Rights and Freedoms* applies to Aboriginal governments and institutions in relation to all matters within their respective jurisdictions and authorities.
>
> The *Charter* already contains a provision (section 25) directing that it must be interpreted in a manner that respects Aboriginal and treaty rights, which would include, under the federal approach, the inherent right. The *Charter* is thus designed to ensure a sensitive balance between individual rights and freedoms, and the unique values and traditions of Aboriginal peoples in Canada".[134]

We will have to address this issue on a case by case basis.

8. INTERNATIONAL LAW DEVELOPMENTS

The International Labour Organization (ILO) coordinated the "Andean Indian Program" in the 1950s and developed a general convention on

---

[133] B. Slattery, *supra*, note 116, p. 286.
[134] Aboriginal Self-Government: The Government of Canada's Approach to Implementation of the Inherent Right and the Negotiation of Aboriginal Self-Government, Government of Canada, 1995, p. 4.

the treatment of indigenous and tribal peoples in 1956, revised in 1989.[135] Concern with indigenous and tribal peoples has also become formalized in the work of the World Bank.[136] The United Nations began a study on indigenous peoples in 1972, and gradually a concern with indigenous peoples has become established in the various activities of the United Nations and its specialized agencies. In 1982, the U.N. Working Group on Indigenous Populations was established, a forum which has attracted indigenous and tribal peoples from all regions of the world to its annual summer meetings.[137] The Working Group has completed a draft Declaration on the Rights of Indigenous Peoples.[138] The draft will be considered by a new working group at the level of the United Nations Human Rights Commission, expected to meet for the first time late in 1995.

The draft declaration reflects very strongly the major elements of modern aboriginal law and policy in Canada, with the recognition of aboriginal and treaty rights, a concern with traditional economic activities and the concept of self-government or autonomy. Canada has taken the United Nations work very seriously, usually having the largest government observer delegation at the meetings of the Working Group. Canadian aboriginal representatives have played important roles in the work as well. The draft states that indigenous peoples have a right of self-determination without spelling out the exact implications of that right, which would logically vary from situation to situation. Canada has strongly opposed the unqualified use of the term ''self-determination'' or the use of the phrase ''aboriginal peoples'' in the plural (because of its implication of a right of self-determination). While governmental representatives have denied the linkage, it appears again that Canada is unwilling to use language in relation to aboriginal peoples that could be used by Quebec nationalists. Canadian aboriginal leaders have been highly critical of Canada's position on ''self-determination'' and ''peoples''. It remains to be seen what role Canada will play in the continuing work on the draft declaration.

---

[135] See D. Sanders, *Developing a Modern International Law on the Rights of Indigenous Peoples*, December 1994, to be published by the Royal Commission on Aboriginal Peoples. The work of the ILO is briefly noted in section 8. Canada is not a party to the ILO convention.
[136] *Ibid.*, section 10.
[137] See D. Sanders, ''The U.N. Working Group on Indigenous Populations'' (1989) 11 *Human Rights Quarterly* 406.
[138] The text is reproduced in [1994] 1 C.N.L.R. 48.

9. CONCLUSIONS

In the *Simon* decision,[139] Chief Justice Dickson rejected the reasoning of Mr. Justice Patterson in the 1929 *Syliboy* case.[140] He commented:

> It should be noted that the language used by Patterson J., illustrated in this passage, reflects the biases and prejudices of another era in our history. Such language is no longer acceptable in Canadian law and indeed is inconsistent with a growing sensitivity to native rights in Canada.[141]

This is a remarkably straightforward use of intellectual history in a judgment. The statement is obviously true. There has been a major shift in attitudes to indigenous peoples and that shift is reflected in government policy and in the rulings of the courts. This evolution has occured not simply in Canada but in other parts of the Americas and the world. In general, the Canadian legal system in 1945 recognized no rights of Indians, Inuit or Métis which were not granted by constitutional or legislative provisions. Treaties had no definable status. Now, with the judicial and constitutional changes, treaty and aboriginal rights have a legal basis in the Canadian Constitution, but their essential validity derives from the pre-contact aboriginal legal order.

It would be wrong to say there is a consensus on these developments, and dismiss the trial decision in *Delgamuukw*[142] as an isolated replay of 19th century racism. Criticism and opposition to developments on aboriginal and treaty rights reflects the fact that we are giving some substantive recognition to the place of aboriginal peoples in Canadian economic and political life. These issues are now taken seriously and we are making some progress in responding to the clearest set of violations of human rights in the life of our country. It is a slow and complex process. Old problems are not resolved quickly.

---

[139] *Supra*, note 14.
[140] *Supra*, note 14.
[141] *Supra*, note 14, p. 399.
[142] *Supra*, note 94.

18

Multiculturalism in the Canadian Charter of Rights and Freedoms

Joseph Eliot Magnet*

1. Section 27 and Constitutional Interpretation
2. Should Section 27 be Taken Seriously?
3. Domestic Sources
4. International Sources
5. Jurisprudence
6. Need for Mediating Principles
7. Mediating Principles
   (a) Antidiscrimination
   (b) Symbolic Ethnicity
   (c) Structural Ethnicity
      (i) Definition
      (ii) Content
      (iii) Examples and Application
8. The Multiculturalism Principle and Collective Rights
9. Problems of Cultural Autonomy
   (a) Minimum Standards
   (b) Inclusion and Exclusion
10. Conclusion

---

* Professor, Faculty of Law, University of Ottawa.

Section 27 of the *Canadian Charter of Rights and Freedoms* stipulates:

> This Charter shall be interpreted in a manner consistent with the preservation and enhancement of the multicultural heritage of Canadians.[1]

1. SECTION 27 AND CONSTITUTIONAL INTERPRETATION

Section 27 is an interpretational rule, one member of a family of such interpretational provisions in the *Constitution Act, 1982*. The related provisions provide context. They state that nothing in certain *Charter* provisions "abrogates or derogates" from other rights;[2] that certain *Charter* guarantees "shall not be construed" to prejudice other rights[3] and that the *Charter* does not "extend" the legislative powers of any authority.[4]

All these provisions are defensive in nature — they try to protect certain old constitutional settlements from the impact of the *Charter*. They enjoin the courts, in the discharge of their high responsibility to expound the *Charter*, not to disturb the sensitive national compromises upon which the Canadian Confederation is constructed.

Section 27 is like these provisions in that it is an interpretational rule, and it is defensive in terms ("preservation . . . of the multicultural heritage of Canadians"). However, section 27 differs because it is not limited to a shielding effect. Section 27 is also dynamic. It requires those responsible for applying the *Charter* to contribute to the "enhancement" of Canadian multiculturalism. This appears to require more positive action than other related constitutional provisions.

Because of its uniqueness in constitutional law generally,[5] section 27 bristles with difficulties of application. It seems to contain independent

---

[1] My thoughts on this subject began to coalesce as a result of the stimulating conference sponsored by the Canadian Human Rights Foundation in 1986. The conference proceedings, including my own preliminary sketch of this topic ("Interpreting Multiculturalism"), are published by Carswell (1987). In further pursuit of this fascinating subject, I have had to revise my ideas on several key points.

[2] Sections 21, 22 and 29 of the *Charter*.

[3] *Ibid.*, sections 25, 26 and 37.1(4).

[4] *Supra*, note 2, section 31.

[5] There is apparently no equivalent in constitutional law to section 27 of the *Charter*: see M. R. Hudson, "Multiculturalism, Government Policy and Constitutional Enshrinement — A Comparative Study" in *Multiculturalism* (Toronto: Carswell, 1987), p. 4. However, the Constitution of the Republic of Nicaragua, articles 89-91, has similar concepts although cast in an autonomy framework. Those articles read:

> Art. 89. The Communities of the Atlantic Coast are indivisible parts of the Nicaraguan people, enjoy the same rights and have the same obligations as all Nicaraguans.
>
> The Communities of the Atlantic Coast have the right to preserve and develop their cultural identities within the framework of national unity, to

substance. It also promises to orient the crucially important *Charter of Rights* in Canada's politico-juridical structure. Difficulties of application have given rise to widely differing expectations as to the significance of Canada's constitutional commitment to the multiculturalism principle. The compendious phrase "the multicultural heritage of Canadians" has become a political "mirror on the wall", inviting those concentrating their attention on it to see their own ideas therein reflected.

2. SHOULD SECTION 27 BE TAKEN SERIOUSLY?

One commentator has gone so far as to reject altogether any substantive scope for application of section 27.

Professor Peter Hogg took the view that there is little point in searching for serious constitutional purposes or a potent legal meaning in the phrase "the multicultural heritage of Canadians". Professor Hogg considered that "s. 27 may prove to be more of a rhetorical flourish than an operative provision".[6]

Professor Hogg's abrupt dismissal of section 27 may be buttressed by recent criticism of multiculturalism policy. Howard Brotz observed that multiculturalism policy cannot be evaluated unless one understands "the real meaning of the term 'culture' underneath all the rhetorical ambiguities of current usage".[7] Brotz pointed out that the word "culture" is an eight-

---

be granted their own forms of social organization, and to administer their local affairs according to their traditions.

The state recognizes communal forms of land ownership of the Communities of the Atlantic Coast. Equally it recognizes their enjoyment, use and benefit of the waters and forests of their communal lands.

Art. 90. The Communities of the Atlantic Coast have the right to the free expression and preservation of their languages, art and culture. The development of their culture and their values enrich the national culture. The state shall create special programs to enhance the exercise of these rights.

Art. 91. The state is obligated to enact laws promoting and assuring that no Nicaraguan shall be the object of discrimination for reasons of language, culture or origin.

[6] P.W. Hogg, *Constitutional Law of Canada and Canada Act Annotated* (Toronto: Carswell, 1982), p. 72. This quote is taken from Professor Hogg's second edition. Perhaps in an attempt to make the statement a self-fulfilling prophecy, Professor Hogg has deleted reference to the multiculturalism principle mandated by section 27 completely from the third edition of this book — even deleting it from the section entitled interpretation of the *Charter*.

Mr. Michael Hudson characterized section 27 as "a barrier to discrimination that may be redundant in light of s. 15, or a collective right which may be too vague to benefit any group": "Multiculturalism, Government Policy and Constitutional Enshrinement-A Comparative Study", *supra*, note 5, p. 26.

[7] H. Brotz, "*Multiculturalism in Canada: A Model*" (1980) 6 *Can. Pub. Pol.* 41, pp. 41-42.

eenth century German invention which signifies "way of life" — an "organic whole, rooted in the soil, rooted in the authentic life of a people seen as a community bound together by pervasive traditions and moral ties which altogether transcended the pettiness of self-interest". When culture is understood in this sense, Brotz denied that Canada possesses "any [cultural] diversity at all. Canadians of all ethnic groups, as in the United States, stand for exactly the same thing which is a bourgeois way of life". Brotz condemned the emphasis on ethnic plurality as trivial — " 'multiculturalism' turns out to be a choice of pizzas, wonton soup and kosher style pastrami sandwiches to which one can add ethnic radio programs".[8] Moreover, Brotz argued, the banal formula "pluralism and equality" confuses understanding of the Quebec question, which is a real political question raising problems of allegiance. This is the only ethno-political problem in Canada. Brotz emphasized that the Quebec question is not a cultural issue, but a language issue.

Notwithstanding Professor Hogg's blunt rejection of section 27 as possessing constitutional substance, the courts have been unwilling to read it out of the Constitution. Section 27 was the result of intensive lobbying by Canada's ethno-cultural communities for greater respect, and a larger share of the power available in Canada's political system. To date, courts have been responsive to these concerns, and have relied on section 27 to shape the meanings of fundamental freedoms and language rights in ways that contradict Professor Hogg's abrupt dismissal. The courts are seriously groping for ways to pour content into section 27. Multiculturalism is a principle which has suffused the energies radiated by all segments of Canada's governmental structure.

3. DOMESTIC SOURCES

Although multiculturalism has enjoyed long-standing importance in Canadian political debate, its acknowledged standing has not been accompanied by clear agreement about the content of the multiculturalism principle. This is particularly evident from examination of the documentary sources ultimately finding expression in section 27. The sources of section 27 are especially important because constitutional interpretation in Canada pays scrupulous regard to background policies, statutes and statements in searching for the objects and purposes informing specific constitutional texts.[9]

---

[8] *Ibid.*, p. 44.
[9] *Hunter v. Southam Inc.*, [1984] 2 S.C.R. 145; *R. v. Therens* (1985), 59 N.R. 122 (S.C.C.); *Cdn. National Transportation v. Canada (A.G.)* (1984), 49 N.R. 241 (S.C.C.) (*per* Laskin C.J.C.: "I have examined the pre-confederation debates in the then provincial Parliament of Canada [in order to shed light on the meaning of the specific words of s. 92(14) of the

The constitutional record with respect to enshrinement of section 27 is sparse. Despite its brevity, the documentary background illustrates the wide variety of meanings different actors would impart to the multiculturalism concept.

From the 1940's, Canadian governments became increasingly sensitive to the problems experienced by the numerous waves of immigrants to Canadian shores. According to the 1961 census, persons of ethnic origins other than British or French accounted for twenty-six per cent of Canadian population. Numerous conferences and advisory bodies sought to comprehend the problem as one of good citizenship "pertaining to national unity".[10]

A significant change in orientation occurred with the work of the Royal Commission on Bilingualism and Biculturalism in the 1960's. The Commission and the government were lobbied by representatives of Canada's ethno-cultural communities for greater recognition of their contribution to Canada. The Commission responded dramatically. In Book IV of its *Report*, the Commission noted that "the presence in Canada of many people whose language and culture are distinctive by reason of their birth or ancestry represents an inestimable enrichment that Canadians cannot afford to lose." The Commission noted that "a number of cultural groups in Canada [possess] a clear sense of identity. They want, without in any way undermining national unity, to maintain their own linguistic and cultural heritage".[11] The Commission wholeheartedly endorsed maintenance of a strong sense of original cultures, as something that affects people and nations deeply. The Commission went so far as to modify its own terms of reference,[12] eliminating the concept of "biculturalism" in favour of a "multicultural" policy.

The Commission recommended preservation of cultural heritage by strengthening prohibitions on discrimination, by promoting other cultures and languages through broadcasting and educational institutions, and by funding agencies whose objectives are to promote distinctive cultural identity in Canada.

The Commission's work forms the cornerstone of modern multiculturalism policy in Canada. The Commission's recommendations were im-

---

Constitution Act, 1867]"); *R. v. Videoflicks* (1984), 5 O.A.C. 1, pp. 24-25 (C.A.), reversed on other grounds [1986] 2 S.C.R. 713 (examination of the constitutional record of section 27 in order to elucidate its meaning).

[10] Canada, Minister of State, Multiculturalism, *Multiculturalism and the Government of Canada* (Ottawa: Minister of Supply & Services Canada: 1984), p. 7.

[11] Canada, Royal Commission on Bilingualism and Biculturalism, *Report of the Royal Commission on Bilingualism and Biculturalism* (Ottawa: The Commission, 1969) Bk. IV, pp. 8-14.

[12] "To recommend what steps should be taken to develop a Canadian confederation on the basis of an equal partnership between the two founding races, taking into account the contribution made by the other ethnic groups. . . ." *Ibid.*, p. 3.

plemented by the government of Canada in its much-heralded multiculturalism policy of 1971. This policy, announced in the House of Commons, embraced four initiatives:

> (1) resources permitting ... to assist all Canadian cultural groups that had demonstrated a desire and effort to continue to develop a capacity to grow and contribute to Canada, and a clear need for assistance.
> (2) to assist members of all cultural groups to overcome cultural barriers to full participation in Canadian society
> (3) to promote creative encounters and interchange among all Canadian cultural groups in the interest of national unity, and
> (4) to continue assistance to immigrants to acquire at least one of Canada's official languages in order to become full participants in Canadian society.[13]

What is striking about these four themes is their great diversity, ranging as they do among policy orientations of non-discrimination, promotion of cultural autonomy, mutual understanding, and modes of adaptation and assimilation. While it is possible to see contradictions between the four themes, for example, promotion of cultural autonomy and assimilation, it is more likely that the 1971 statement is a vestigial policy, very much in the process of formation.

The Prime Minister's 1971 speech oriented multiculturalism policy around two poles which have had long term significance. "A policy of multiculturalism", stated the Prime Minister firstly, "should help to break down discriminatory attitudes and cultural jealousy". A second point punctuated the Prime Minister's statement. This was that multiculturalism policy was guided by the belief "that adherence to one's ethnic group is influenced ... by the group's 'collective will to exist' ".[14]

These two themes — freedom from discrimination and group survival — are important elements of the constitutional background which ultimately led to entrenchment of section 27.

There is no reference to the multiculturalism principle in the *Victoria Charter*, although the Molgat-MacGuigan Report of 1972 recommended that:

> The preamble to the constitution should formally recognize that Canada is a multicultural country.[15]

In June, 1978, the federal government introduced Bill C-60 in order to encourage public discussion of proposed changes to the Constitution. Part

---

[13] House of Commons Debates, October 8, 1971, Statement of Prime Minister Pierre E. Trudeau.
[14] *Ibid.*
[15] Canada, Parliament, *Report of the Joint Committee of the Senate and House of Commons on the Constitution of Canada* (Ottawa, 1972), recommendation 27.

I of Bill C-60 contained a Statement of Aims of the Canadian Federation, one of which reads:

> ... to ensure throughout Canada equal respect for the many origins, creeds and cultures ... that help shape its society

In the Draft Constitution of October 1980, the Statement of Aims was omitted. There was no other reference in that text to the multicultural principle.

In response to this omission, representatives of the ethno-cultural communities appeared before the Hayes-Joyal Committee and made strenuous submissions. "I refuse to be made a second class citizen" stated Mr. Jan Federorowicz of the Canadian Polish Congress.[16] The Congress elaborated in its brief:

> A document which singles out the so-called "founding races" for special mention and special privilege will become increasingly objectionable and irrelevant, not to say racist.[17]

Almost one quarter of the more than one hundred witnesses before the Hayes-Joyal Committee made submissions on the multicultural issue embracing such themes as non-discrimination, equality, cultural autonomy, cultural perpetuation, pluralism, heritage language rights and educational autonomy.

The government responded. On January 12, 1981, the Minister of Justice introduced before the Committee a suggested amendment which was identical to the current text of section 27.[18] In proposing this amendment, the minister referred in general terms to the extensive submissions made by the ethno-cultural communities, leaving the impression that the proposed amendment was in direct response.[19]

This review of the constitutional background to section 27 reveals a wide spectrum of opinion — a stunning array of diversity — as to the content of the multicultural principle.[20] There is nothing in the government's previous policies, legislation, statements, or in any other documentary

---

[16] Proceedings of the Special Joint Committee of the Senate and House of Commons on the Constitution of Canada, October 20, 1980, 9:105.

[17] Canadian Polish Congress, *Brief on Constitutional Reform* (1980).

[18] The witnesses before the Hayes-Joyal Committee who supported recognition of Canada's multicultural heritage proposed one of two forms: an interpretive provision in the preamble or a substantive provision in the body of the text. The government chose a third option: an interpretative provision in the body of the *Charter*.

[19] See generally, M.R. Hudson, *supra*, note 5, who carefully reviews the constitutional background.

[20] "The conclusion seems to be that there was no clear consensus on the meaning of the term [multiculturalism] during the critical years 1980-1982 when the Charter was being drafted": M. R. Hudson, *ibid.*, p. 26.

sources which alleviates the ambiguity permeating the text of section 27. The multiple-meaning aura radiated by section 27 is important. It allows a court or other interpreting body latitude to apply the multiculturalism principle to a wide range of situations in imaginative, polymorphous and multitudinous ways. Given the embryonic development of the multiculturalism principle in current governmental policy, and always on the assumption that the courts will strain seriously to actualize the multicultural ideal in practice, the array of opportunities for interpretation offers hope to multiculturalism's supporters — and a challenge to authorities applying the *Charter*.

4. INTERNATIONAL SOURCES

The model for section 27 of the *Charter* was article 27 of the 1966 *International Covenant on Civil and Political Rights*, which provides as follows:

> In those States in which ethnic, religious or linguistic minorities exist, persons belonging to such minorities shall not be denied the right, in community with the other members of their group, to enjoy their own culture, to profess and practice their own religion, or to use their own language.

This provision, unique among international law instruments,[21] was ratified by Canada in 1976. The importance of the *Covenant* as a source of interpretation for the *Charter* has been widely recognized by both the courts and commentators.[22] The language of the two documents is similar in many instances. Draft versions of the *Charter* expressly referred to the *Covenant*

---

[21] An attempt was made in 1961 to introduce a similar provision into the *European Convention on Human Rights*, but it was never adopted. See W. Mckean, *Equality and Discrimination under International Law* (Oxford: Clarendon, 1983), pp. 212-214.

[22] Article 27 itself was referred to in *R. v. Videoflicks Ltd.*, *infra*, note 44 (O.A.C.), p. 25. Regarding the use of international instruments in *Charter* interpretation generally, see *R. v. Videoflicks*, *infra*, note 44, p. 20; *R. v. Big M Drug Mart* (1984), 5 D.L.R. (4th) 121, p. 149 (Alta. C.A.), affirmed [1985] 1 S.C.R. 295; *R. v. Konechny* (1984), 6 D.L.R. (4th) 350, p. 359 (B.C.C.A.); *R.W.D.S.U. Locs. 544, 496, 635, 955 v. Saskatchewan* (1985), 39 Sask. R. 193, pp. 218-219 (C.A.), reversed [1987] 1 S.C.R. 460. The Supreme Court of Canada cited the *Covenant* and other instruments as evidence of the widespread acceptance of a specific right in *R. v. Oakes*, [1986] 1 S.C.R. 103, without discussion of the justifications for use of such instruments.

M.A. Hayward, in "International Law and Interpretation of the Canadian Charter of Rights and Freedoms: Uses and Justifications" (1985) 23 *U.W.O.L. Rev.* 9, offers four possible grounds for referring to international instruments:
(1) The *Charter* was intended to implement Canada's international obligations.
(2) The *Charter* is largely derived from international instruments.
(3) In cases of ambiguity, it is to be presumed that the *Charter* was not intended to violate international obligations.
(4) The language of similar national and international human rights guarantees should be construed similarly.

in explanatory notes.[23] This importance makes the meaning which has been ascribed to article 27 highly relevant to interpretation of the *Charter*'s section 27, and thus requires examination of the jurisprudence, legislative history, and critical commentary relating to the Article.

Article 27 developed from the international protection of minorities system. This was a scheme of multilateral treaties and declarations established in the period after the First World War and supervised by the League of Nations.[24] The provisions pertaining to the various minorities were substantially similar, securing in essence:

> ... for certain elements incorporated in a State, the population of which differs from them in race, language or religion, the possibility of living peaceably alongside that population and co-operating amicably with it, while at the same time preserving the characteristics which distinguish them from the majority, and satisfying the ensuing special needs.[25]

Although the system was never specifically abolished, it did not survive the chaotic upheavals of the Second World War.

During the formative years of the United Nations, the emphasis in human rights shifted to prohibition of discrimination against individuals.[26] This is the focus of the *Universal Declaration of Human Rights* of 1948, which does not specifically guarantee the rights of ethnic, religious or linguistic minorities. However, concern for the plight of minorities soon led to detailed consideration of their position by United Nations bodies. A thorough study was undertaken by the Sub-Commission on Prevention of Discrimination and Protection of Minorities, third session, in 1950. A proposed resolution of this body, after going through various drafting stages,[27] was ultimately adopted as Article 27 of the *Covenant* by the General Assembly at its 21st session in 1966.

---

[23] R. Elliot, Interpreting the Charter — Use of Earlier Version as an Aid (1982) *U.R.C.L. Rev.* (Charter Edition), p. 11.

[24] The system did not apply universally, but rather to a number of smaller powers and newly-created States "within a continuous stretch of territory spreading all the way from the Baltic Sea to the Persian Gulf." See Y. Dinstein, "Collective Human Rights of Peoples and Minorities" (1976) 25 *Int'l & Comp. L.Q.* 102, p. 114.

[25] *Minority Schools in Albania* (1935), P.C.I.J. Reports (AB/64) 17.

[26] Some may have been wary of extending special protection to sub-national groups in the light of wartime experiences with "fifth columns", and Hitler's invasions launched on the pretext of rescuing German-speaking minorities. This is the view expressed by J.N. Saxena, in "International Protection of Minorities and Individual Human Rights" (1983) 23 *Ind. J. Int'l L.* 38, p. 44.

[27] The resolution was amended after discussion by the Commission on Human Rights, ninth session, 1953. At this stage article 27 emerged in its final form. Further consideration by the Third Committee of the General Assembly, sixteenth session, 1961-1962 yielded no changes. For a detailed account of the legislative history of article 27, see F. Capotorti, "Study on the Rights of Persons Belonging to Ethnic, Religious and Linguistic Minorities" (1979) U.N. Doc. E/CN.4/Sub.2/384/Rev.1, pp. 31-34.

Through the drafting stages of article 27, a number of points were made regarding its scope of application and the nature of the obligations which it imposed. First, although the provision has a collective aspect ("in community with other members of their group"), it was primarily designed to benefit individuals. At one point, the Representative from India specifically noted that the article did not apply to "minorities considered as groups".[28] Second, article 27 provides protection only to "separate or distinct groups, well-defined and long-established on the territory of the state".[29] It does not protect subsequently-created immigrant minorities. To establish this point the Latin American nations insisted on the addition of the words "in those States in which ethnic, religious or linguistic minorities *exist*". Third, there was some question as to whether article 27 was to apply to autochthonous groups. Australia, for example, insisted that its aboriginal peoples "had no separate competing culture of their own, for as a group they had only reached the level of food gatherers."[30] Fourth, article 27 was intended primarily to prevent State interference with minority culture, religion and language, and not to impose on States the burden of implementing specific programs to protect these elements. "It was generally agreed that the text ... would not, for example, place States and Governments under the obligation of providing special schools for persons belonging to linguistic minorities."[31]

Thus the transition from the territorially limited, yet substantively robust guarantees of the international protection of minorities system to the broad statements of principle in article 27 of the *Covenant* was not without difficulties. Nevertheless, subsequent interpretation of article 27 has left behind many of the restrictive and paternalistic attitudes evident in the "*travaux préparatoires*". In *Lovelace v. Canada*, the Human Rights Committee upheld the complaint of an Indian woman who had lost her right to live on a reserve on marriage to a non-Indian, by operation of section 12(1)(*b*) of the *Indian Act*.[32] The Committee stated:

> The right to live on a reserve is not as such guaranteed by Article 27 of the Covenant. Moreover, the *Indian Act* does not interfere directly with the functions which are expressly mentioned in that article. However, in the opinion of the Committee the right of Sandra Lovelace to access to her native culture and language "in community with the other members" of her group, has in

---

[28] Third Committee of the General Assembly, 1961; U.N. Doc. A/C.3/SR.1103, p. 215 para. 39.
[29] Annotations on the Draft International Covenants on Human Rights (summarizing the work of the Commission on Human Rights, ninth session), 1955, U.N. Doc. A/2929, p. 63 para. 184.
[30] Commission on Human Rights, ninth session, 1953, U.N. Doc. E/CN.4/SR.369, p. 11.
[31] F. Capotorti, *supra*, note 27, p. 36.
[32] R.S.C. 1970, c. I-6 [now R.S.C. 1985, c. I-5].

fact been, and continues to be interfered with, because there is no place outside of the Tobique reserve where such a community exists.[33]

Though the language of the opinion is cautious, the result contrasts strikingly with the comments cited above. The Committee had no hesitation in applying article 27 to protect native culture and language. Furthermore, the Committee underlined the crucial role which the institution (in this case reserve) plays in providing the individual with access to the culture of the group. This marks a return to the spirit of the international protection of minorities system, in which the centrality of institutions is recognized in the form of provisions granting autonomy and an equitable share of State funds to certain specified minorities for religious, charitable and scholastic matters.[34]

Chief Ominayak and the Lubicon Lake Band v. Canada[35] again invited the Committee to interpret the scope of article 27 of the *Covenant*. The Native Band in this case attempted to find in article 27 protection for its traditional rights to fish and hunt. In its views of this case, adopted on March 26, 1990, the Human Rights Committee recognized "that the rights protected by article 27 include the right of persons, in community with others, to engage in economic and social activities which are part of the culture of the community to which they belong".

In *Ivan Kitok v. Sweden*,[36] the Committee further elucidated the scope of article 27. Building upon its decision in the *Lubicon Band* case, the Committee held that "[t]he regulation of an economic activity is normally a matter for the State alone. However, where that activity is an essential element in the culture of an ethnic community, its application to an individual may fall under article 27 of the Covenant". In sum, article 27 of *Covenant* is broad enough to encompass within its scope traditional economic activities and ways of life.

In a study prepared for the United Nations Sub-Committee on Prevention of Discrimination and Protection of Minorities, Professor Capotorti called into question the distinction made between "well-established" and immigrant minorities:

---

[33] [1983] Can. H.R. Ybk. 306, p. 312 (U.N. Human Rights Committee).
[34] For example, article 9 of the Treaty with Poland provided that minorities would be granted an equitable share in the enjoyment of the sums which may be provided out of public funds for educational, religious or charitable purposes. Article 10 established a mechanism whereby committees appointed by the Jewish communities would distribute this proportionate share to Jewish schools. Article 2 of the Treaty with Romania accorded local autonomy in regard to scholastic and religious matters to the "communities of the Czecklers and Saxons". See F. Capotorti, *supra*, note 27, p. 19 n. 21.
[35] No. 167/1984.
[36] No. 197/1985.

> In view of the general nature of the rules for the protection of human rights adopted within the framework of the United Nations, it is . . . inadmissible that a distinction could be made between "old" and "new" minorities. It is certainly not the function of article 27 to encourage the formation of new minorities; where a minority exists, however, the article is applicable to it, regardless of the date of its formation.[37]

Professor Capotorti expressed the view that article 27 went beyond prohibiting States from interfering with private exercise of the rights guaranteed therein. In addition, he thought, article 27 created affirmative obligations on States:

> There is reason to question whether the implementation of article 27 of the Covenant does not, in fact, call for active intervention by the State. At the cultural level, in particular, it is generally agreed that, because of the enormous human and financial resources which would be needed for a full cultural development, the right granted to members of minority groups to enjoy their own culture would lose much of its meaning if no assistance from the government concerned was forthcoming.[38]

Professor Capotorti recommended that a declaration or convention be enacted to clarify and define the State obligations under article 27.

In view of this recommendation, the Commission on Human Rights established a working group to consider the problem. The starting point for the group was a draft declaration submitted by Yugoslavia, which provided *inter alia*:

> Art. 3. For the purpose of realizing conditions of full equality and complete development of minorities as collectivities and of their individual members, *it is essential to take measures* which will enable them freely to express their characteristics, to develop their culture, education, language, traditions and customs and to participate on an equitable basis in the cultural, social, economic and political life of the country in which they live.[39]

An *ad hoc* working group was established to consider Yugoslavia's draft proposal. The report of the working group was approved without vote on December 18, 1992. Article 2 of the *Declaration on the Rights of Persons Belonging to National or Ethnic, Religious and Linguistic Minorities*,[40] builds upon article 3 of Yugoslavia's draft declaration:

> (1) Persons belonging to national or ethnic, religious and linguistic minorities . . . have the right to enjoy their own culture, to profess and practise their own

---

[37] *Ibid.*, p. 35.
[38] *Ibid.*, p. 36. For similar views, see J.N. Saxena, *supra*, note 26, p. 49; and L.B. Sohn, "The Rights of Minorities", in L. Henkin (ed.), *The International Bill of Rights* (New York: Columbia, 1981) 270, p. 282.
[39] U.N. Doc. E/CN.4/L.1367/Rev.1 (1978).
[40] A/C/3.47/L.66 (1992).

religion, and to use their own language, in private and in public, freely and without interference or any form of discrimination.

These more recent developments indicate the tendency of modern human rights law towards clearer recognition that States must do more for minorities under article 27 than merely refrain from interfering with them. Modern international human rights law tends to require States to foster the development of ethnic minorities by positive measures.

To summarize the salient features of the foregoing examination of the background to article 27, the following points may be made:

1. The inspiration for article 27 was drawn from the international protection of minorities system. This system covered only a limited territory, and was directed at least in part at the protection of certain specific groups, but it was substantively robust in offering to these groups some control of their own institutions, and other measures tailored to their special needs.
2. In securing the universal agreement necessary to gain inclusion of article 27 in a generally applicable guarantee of civil and political rights, certain problems arose as to the scope of application and the nature of the obligations imposed on States by article 27. These problems are evident in the *"travaux préparatoires"*, and are to some extent reflected in the qualified language of article 27.
3. Subsequent interpretation of article 27 in the cases, the Capotorti report, the Working Committee of the Human Rights Commission, and academic commentary has moved a considerable distance from the restrictive attitudes of the *"travaux préparatoires"*.
4. Specifically, this more recent interpretation would not confine the application of article 27 to historically well-established minorities, and would treat article 27 as imposing affirmative obligations on States to foster the development of minorities.

What assistance can be derived towards interpreting Canada's section 27 from this examination of its international precursor? On a textual comparison alone, the international materials should provide for the minimum content of section 27. The *Charter* provision avoids many of the possible weaknesses of article 27 of the *Covenant*. Section 27 is not limited either to groups or to individuals, but is directed to the preservation and enhancement of the multicultural heritage of all Canadians. It is not phrased in the negative. It was included in the *Charter* at the behest of more recent immigrant groups, so there can be no question of their falling outside of its application. Section 27 of the *Charter* suffers in the comparison to article 27 of the *Covenant* only in that it is not free-standing, but must be applied as an interpretational tenet. Once implicated by a claim under another

Charter right or freedom, section 27's scope and strength of application should exceed the structural limits of its international counterpart.

Beyond a textual comparison of the two provisions, it would seem likely that trends under the *Charter*'s section 27 will follow those established under article 27 of the *Covenant*, towards ever greater recognition of the dictates of the special needs of cultural minorities. As the obligations under the *Covenant* provision become more sharply defined and the jurisprudence of the Human Rights Committee fleshes out these definitions, Canadian courts and policy-makers will inherit valuable precedents. Enlightened application of the multiculturalism principle in Canada may also provide a model for the international bodies charged with interpreting the *Covenant*, allowing the two provisions to develop in symbiosis.

As noted, article 27 of the *Covenant* has also inspired the *Declaration on the Rights of Persons Belonging to National or Ethnic, Religious and Linguistic Minorities*,[41] adopted without vote by the United Nations General Assembly on December 18, 1992. Perhaps the greatest significance of the *Declaration* is the fact that it is the first international human rights instrument devoted solely to minority rights. After 14 years of elaboration, however, the preamble and 9 articles of the *Declaration* for the most part simply restate or summarize existing rights. For example, article 2 echoes article 27 of the *Covenant* by recognizing the right of persons belonging to minorities to "enjoy their own culture, to profess and practice their own religion, and to use their own language, in private and in public". Article 2 does more, however, then simply repeat a pre-existing right — it attempts to improve upon some of the difficulties previously mentioned by eliminating the negative wording of article 27 and the dispute surrounding "old" and "new" minority groups. In addition, the collection of all these rights and duties into one comprehensive *Declaration* allows a progressive interpretation to be given to these pre-existing phrases. For example, although the language in article 2 of the *Declaration* is similar to that in article 27 of the *Covenant*, article 2 can be combined with other articles in the *Declaration* to breath new life into an old text. Specifically, the use of the language "protect" and "encourage" in article 1 of the *Declaration* has been described as "a more positive approach than the passive and reluctant attitude expressed in article 27 of the Covenant".[42]

While the *Declaration* is a step forward from article 27 of the *Covenant*, it is not without its critics. Some commentators complain of the "vague and negative phrases" which appear throughout the *Declaration*, phrases like "encourage conditions", "appropriate measures", "adequate opportuni-

---

[41] A/C/3.47/L.66 (1992).
[42] N. Lerner, "The 1992 UN Declaration on Minorities" (1993) 23 *Israel Yearbook on Human Rights* 111, p. 117.

ties", "wherever possible", "where required", and "in a manner not incompatible with national legislation".[43] In addition, the *Declaration* is not binding. No serious monitoring mechanism for the instrument has been accepted.

5. JURISPRUDENCE

If application of the multiculturalism principle in Canadian courts has the potential to furnish a developed doctrinal model to other nations and international bodies, it is fair to observe that this potential has not been realized thus far. At this stage of *Charter* litigation, no coherent doctrine has yet matured around section 27. Canadian courts contradict each other in their attempts to interpret the *Charter* so as to preserve and enhance the multicultural heritage of Canadians.

The first sustained exposition of section 27 came from Tarnopolsky, J.A. in *R. v. Videoflicks*.[44] His Lordship traced the history of the section, including its connection with article 27 of the *International Covenant on Civil and Political Rights*, and reached the following result:

> [M]y conclusion that a law infringes freedom of religion, if it makes it more difficult and more costly to practise one's religion, is supported by the fact that such a law does not help to preserve and certainly does not serve to enhance or promote that part of one's culture which is religiously based.[45]

The Court upheld convictions of four businesses for remaining open on a Sunday contrary to the *Retail Business Holidays Act*, but allowed a fifth appeal brought by Saturday-observing Jews.

The differences of judicial opinion regarding section 27 are well illustrated by the varied approaches taken to the Sunday closing problem. It seems to be agreed that section 27 informs the meaning of freedom of religion, since "there can be no doubt but that religion is one of the main constituent parts of the culture of most societies".[46] There is no similar consensus on the effect of the section. According to one view, section 27 directs that "a measure of equal treatment be dispensed when interpreting any problem involving the *Charter* and a problem involving multicultural considerations". However, this focus on equality conflicts with constitutionally-entrenched preferred status for certain groups, so "it may be that

---

[43] G. Alfredsson and A. de Zayas, "Minority Rights: Protection by the United Nations" (1993) 14 *Human Rights Law Journal* 1, p. 3.

[44] (1984), 5 O.A.C. 1 (C.A.), reversed in part (*sub. nom. Edwards Books & Art Ltd. v. R.*), [1986] 2 S.C.R. 713.

[45] *Ibid.*, p. 25.

[46] *R. v. W.H. Smith*, [1983] 5 W.W.R. 235, p. 258 *per* Jones Prov. Ct. J. (Alta. Prov. Ct.).

full equality is neither possible nor desirable".[47] This perspective emphasizes the status of cultural minorities relative to the majority.

A similar, but bolder, view is taken by Dickson C.J.C. in two cases which reached the Supreme Court: *R. v. Big M Drug Mart Ltd.*[48] and *Edwards Books and Art Ltd. v. The Queen* (the latter being the appeal from *Videoflicks*).[49] In the first case, the Court invalidated a federal statute which imposed Sunday as a day of rest for avowedly religious reasons.[50] The Chief Justice maintained that "to accept that Parliament retains the right to compel universal observance of the day of rest preferred by one religion is not consistent with the preservation and enhancement of the multicultural heritage of Canadians." He elaborated as follows:

> [A]s I read the *Charter*, it mandates that the legislative preservation of a Sunday day of rest should be secular, the diversity of belief and non-belief, the diverse socio-cultural backgrounds of Canadians make it constitutionally incompetent for the federal Parliament to provide legislative preference for any one religion at the expense of those of another religious persuasion.[51]

In *Edwards Books*, the Supreme Court considered just such a "secular" preservation of Sunday as a day of rest. The Chief Justice referred to section 27 as supporting a meaning of freedom of religion, comprising protection both from direct and indirect coercion. Any more restrictive interpretation would be "inconsistent with the Court's obligation under s. 27".[52] The Court found the *Retail Business Holidays Act* infringed freedom of religion in that it gave an economic advantage to Sunday-observers as compared to observers of other days as Sabbath. The Chief Justice upheld the statute as a "reasonable limit" on freedom of religion under section 1 of the *Charter*. This ruling was motivated by an exemption in the *Act* which allows stores of less than a certain size to stay open on Sunday if closed the previous Sunday.

Madam Justice Wilson in the same case used section 27 in a strikingly different way. Her Ladyship declined to uphold the statute under section 1. She reasoned that the exemption allows some but not all of the members of Saturday-observing minorities to do business on Sundays. This effectively introduces "an invidious distinction into the group and sever[s] the religious and cultural tie that binds them together."[53] Therefore, section 27 expressly precluded the Court from interpreting section 1 as relevant to the statutory scheme.

---

[47] *Ibid.*
[48] [1985] 1 S.C.R. 295.
[49] *Supra*, note 44.
[50] *Lord's Day Act*, R.S.C. 1970, c. L-13, s. 4.
[51] *Supra*, note 48, p. 351.
[52] *Supra*, note 44 (O.A.C.), p. 50.
[53] *Ibid.*, reasons for judgment of Wilson J., p. 5.

Mr. Justice La Forest took yet another view of section 27. His Lordship concentrated on the provision's effect with respect to the position of cultural minorities *vis-a-vis* each other, rather than relative to the dominant majority. Moslems, he noted, are also a sizeable group in Canadian society. They observe neither Saturday nor Sunday as a day of rest. Thus, "it is not at first sight easy to see why an exemption is not constitutionally required for Moslems, if it is required for Jews and other Saturday observers. The provision of the *Charter*, s. 27, favouring multiculturalism would reinforce this way of looking at things."[54]

The cases on minority language education rights delineate two views on the effect of section 27 which are almost diametrically opposed. In *Re Education Act of Ontario*, the Ontario Court of Appeal treated the section as a constitutional imperative:

> In the light of s. 27, s. 23(3)(b) [of the *Charter*] should be interpreted to mean that minority language children must receive their instruction in facilities in which the educational environment will be that of the linguistic minority. Only then can the facilities reasonably be said to reflect the minority culture and appertain to the majority.[55]

However, on the issue of full funding for Catholic schools under consideration in *Reference Re an Act to Amend the Education Act*, the minority judgment of the same court came close to suggesting that section 27 effectively prevents government from conferring a benefit on one cultural group without making it available to all:

> As matters presently stand, no government policy has yet been formulated which takes into account the reality that denominational schools other than Roman Catholic exist in Ontario or which seeks to accommodate the Charter rights of supporters of those schools or promote the proclaimed objective of s. 27 to preserve and enhance the multicultural heritage of Canadians.[56]

The right to representation of an accused's ethnic group in a jury has been suggested as a corollary of section 27, with mixed success. In *R. v. Kent*,[57] the Manitoba Court of Appeal rejected the notion that an Indian accused had the right to a jury composed exclusively or proportionately of persons of his race. The Court held that section 27 supported the Crown's position that every qualified person is entitled to be called for jury duty. Here, as in *Reference Re an Act to Amend the Education Act*, section 27

---

[54] *Ibid.*, reasons of La Forest J., p. 14.
[55] *Reference Re Education Act (Ont.)* (1984), 10 D.L.R. (4th) 491, p. 529 (Ont. C.A.). Section 27 was also referred to, but not discussed, in a similar setting in *Mahe v. Alberta* (1985), 64 A.R. 35, p. 40 (Q.B.).
[56] *Reference re an Act to Amend the Education Act* (1986), 53 O.R. (2d) 513, p. 562 (C.A.), per Howland C.J.O. and Robins J.A., affirmed [1987] 1 S.C.R. 1148.
[57] (1986), 40 Man. R. (2d) 160, p. 175 (C.A.).

was used to bar preferential treatment for any one group. However, in *R. v. Punch*,[58] section 27 was invoked to strike down the provisions in the *Criminal Code* permitting the use of six-person juries in the Northwest Territories. The reason offered was that a twelve-person jury would be more likely to reflect accurately the multicultural composition of the Northwest Territories' population.

An inventive, though unusual, application of section 27 is found in *R. v. Keegstra*.[59] In this case, the Alberta courts and the Supreme Court of Canada considered whether *Criminal Code* proscription against hate propaganda which was found offensive to free expression guarantees, could be justified under section 1 of the *Charter*. Owing to evidentiary problems, materials examining the position of similar laws in other "free and democratic societies" and international instruments were not available for the trial court's consideration (though some British material was admitted under the *Canada Evidence Act*). Faced with limited resources on which to base a comparison, the trial judge cited section 27 as supporting the inherent reasonableness of the limits on freedom of expression which the *Criminal Code* proscription imposed. While these evidentiary problems were overcome at the Supreme Court of Canada, the Supreme Court affirmed the lower Court's position with respect to section 27.[60] A majority held that section 27 could be used under section 1 to legitimize and strengthen the government's objective of prohibiting expressive activity that promotes hatred by groups identifiable on the basis of colour, race, religion or ethnic creed. Chief Justice Dickson for the majority referred approvingly to Cory J.A. in *R. v. Andrews*:

> Multiculturalism cannot be preserved let alone enhanced if free rein is given to the promotion of hatred against identifiable cultural groups.[61]

In addition, the Chief Justice affirmed the non-discrimination principle expounded in the second edition of this book as a useful aid to the interpretation of section 27.[62] The Court referred to "the need to prevent attacks on the individuals' connection with his or her culture, and hence upon the process of self-development."[63]

In *Mahe v. Alberta*,[64] the Supreme Court refused to apply section 27 as an aid to the interpretation of section 23 of the *Charter*. The Court stated that section 23 was:

---

[58] [1986] 1 W.W.R. 592, pp. 609-610 (N.W.T.S.C.).
[59] (1984), 19 C.C.C. (3d) 254, p. 277 (Alta. Q.B.).
[60] [1990] 3 S.C.R. 697.
[61] (1988), 65 O.R. (2d) 161, p. 181 (C.A.), affirmed [1990] 3 S.C.R. 870.
[62] For a detailed description of the non-discrimination principle and section 27 of the *Charter* see Section 8.
[63] *Supra*, note 60, p. 757.
[64] [1990] 1 S.C.R. 342.

> ... if anything, an exception to the provisions of ss. 15 and 27 in that it accords to these [official language] groups, the English and the French, special status in comparison to all other linguistic groups in Canada. ... it would be totally incongruous to invoke in aid of the interpretation of a provision which grants special rights to a select group of individuals, the principle of equality intended to be universally applicable to "every individual".[65]

Chief Justice Dickson's point that the English and the French languages have a "special status in comparison with all other linguistic groups in Canada" is striking. Chief Justice Dickson went further. He suggested that the mother tongue stipulation ought to import a notion of cultural identity:

> Language is ... a means by which a people may express its cultural identity. ... Language is also the key to cultural development. ... the vitality of the language is a necessary condition for the complete preservation of a culture.[66]

The purpose of section 23, according to this view, is "to preserve and promote the two official languages of Canada, and their respective cultures."[67]

This issue is important. The emphasis on culture imports the notion that Canada is not only a *bilingual* country, but also a *bicultural* country. The preferred position given to the French and English "culture", however, appears to be in direct conflict with section 27's commitment to multiculturalism. The beginnings of such conflict are already present. The emphasis on culture may imply that those who speak the minority language of a province, but who are not members of the dominant minority cultural group speaking the minority language, are not fully entitled to section 23 rights. Under this interpretation, for example, a Franco-Ontarian would fully qualify for section 23 entitlements. But a French-speaking Canadian citizen of Haitian origin might not qualify and certainly would not qualify if the first language learned and still understood was not French. Thus, Franco-Ontarians would govern French schools in Ontario, would have power to exclude multicultural francophone children from instruction in the schools, and have additional power to exclude multicultural francophone adults from jobs and positions of power in school governing structures. These conflicts have already erupted in Ontario's minority language educational system.[68]

---

[65] *Ibid.*, p. 369.
[66] *Ibid.*, p. 362.
[67] *Ibid.*
[68] In 1990, the *Association multiculturelle francophone de l'Ontario* attempted to launch a court challenge with the aid of the Court Challenges program, alleging discrimination against multicultural francophones in hiring and admission to French speaking schools. See generally J.E. Magnet, *Official Languages of Canada* (Cowansville: Les Éditions Yvon Blais Inc.), pp. 154-157:

> ... [A]s the Supreme Court noted in *Mahe* ... language is an important part of

In *R. v. Tran*,[69] the Supreme Court interpreted the right to the assistance of an interpreter protected under section 14 of the *Charter*. The Supreme Court relied in part on Canada's claim to be a multicultural society, as expressed in section 27 of the *Charter*, to give a "purposive and liberal interpretation" to section 14.

> Section 27, which mandates that the *Charter* be interpreted in a manner consistent with the preservation and enhancement of the multicultural heritage of Canadians, is particulary germane. In so far as a multicultural heritage is necessarily a multilingual one, it follows that a multicultural society can only be preserved and fostered if those who speak languages other than English and French are given real and substantive access to the criminal justice system. Just as s. 27 has already been held to be relevant to the interpretation of freedom of religion under s. 2(a) of the *Charter* . . . so too should it be a factor when considering how to define and apply s. 14 of the *Charter*.[70]

From the above cases, it may be observed that the multiculturalism principle enshrined in section 27 is applicable to a wide variety of situations, and can suggest a correspondingly wide range of results. Even on similar issues, section 27 encourages approaches fundamentally opposed to each other. The broad sweep of the text, combined with the paucity of accumulated doctrine, have made section 27 a flexible but unpredictable tool in the hands of the judiciary.

6. NEED FOR MEDIATING PRINCIPLES

The multiculturalism principle has also been applied by Canadian legislatures, particularly Parliament. The *Canadian Multiculturalism Act*, passed into law on July 21, 1988,[71] sets out Canada's multiculturalism policy

---

> cultural development. Languages are protected by protecting cultural communities. . . . Such a conclusion begs the important question. *What is French linguistic culture?*
>
> French linguistic culture refers to the culture of the French *language* . . . . The culture of the French language is the real, operating culture in which the French language lives. It is the culture which nourishes the French language. It is the culture which, if government protects it, will also protect the French langauge.
>
> The census makes clear that in Canada the French language lives in a pluralistic mosaic of ethnic and national origins. . . . French linguistic culture is made up in the majority by French speaking immigrants and their descendants. These people . . . have in common that they come from French speaking countries or French speaking communities. In Canada, the French language lives in a pluralistic cultural mosaic of many ethnicities and nationalities, just as much as does the English language. It is that pluralistic culture which must be protected in order to protect the French language in Canada (pp. 155-156).

[69] [1994] 2 S.C.R. 951.
[70] *Ibid.*, pp. 976-977.
[71] R.S.C. 1985, c. 24 (4th Supp.).

and the framework within which this policy is to be implemented. This *Act* impacts upon the administrative practices of the executive branch, particularly in the areas of hiring, practices of non-discrimination, and sensitization of the federal public sector workforce to the multiculturalism principle. The *Act* reflects two themes — freedom from discrimination and group survival — which were important elements of the constitutional background which ultimately led to entrenchment of section 27.

The *Act* purports to recognize and promote the multicultural reality of Canada while ensuring equal access and participation for all Canadians in Canadian social, political and economic life. The *Act* would ease accommodation of diversity in the federal public sector workplace by removing barriers which inhibit participation by racial, ethnic and cultural minorities. The accommodative strategies of the *Multicultural Act* are a proactive companion to the prohibition on discrimination supervised by the human rights bureaucracy.

It should be noted that Parliament's multiculturalism policy has not commanded wholehearted support. Some commentators argue that the government's multiculturalism policy promotes too much diversity within Canadian society. The result is a lack of a national identity, national goals, national symbols and national vision. The danger with pluralism is that, if there are:

> ... no national goals, no explicit sense of coexisting for some purpose, pluralism becomes an uninspiring end in itself. Rather than coexistence being the foundation that enables a diverse nation to pursue the best kind of existence possible, coexistence degenerates into a national preoccupation. Pluralism ceases to have a cause. The result: mosaic madness.[72]

This is a theme that has resounded in the rhetoric of Canada's right-wing political parties. The Reform Party advocates that multiculturalism be regulated by personal choice, not by the State. Government should confine itself to promoting a national culture, and encouraging ethnic minority groups to integrate into this national culture.[73] The Reform Party is not alone in its views. The Progressive Conservative party, at its 1991 convention passed a resolution calling for:

> ... the Progressive Conservative Party of Canada [to] abandon the policy of multiculturalism and instead try and foster a common national identity for one people living together as equal citizens, loyal to the Canadian ideal.[74]

---

[72] R.W. Bibby, *Mosaic Madness: The Poverty and Potential of Life in Canada* (Toronto: Stoddart), 1990, pp. 103-104.

[73] Reform Party of Canada, *Principles and Policies*, 1990.

[74] Progressive Conservative Party of Canada, *Resolution Guide from the 1991 General Meeting and National Policy Conference* (August 6-10, 1991), p. 54.

There are additional complaints about Canada's *Multiculturalism Act*. The ethnic minority communities, those whom the *Act* is intended to help, argue that the *Act* does not go far enough. The government says that it wants to promote and preserve Canada's multicultural heritage yet does not provide the tools with which this is to be accomplished. Canada's multiculturalism policy does not provide separate social structures for ethnic groups which, according to some, are crucial to their survival:

> ... [t]he Canadian policy of multiculturalism ... persists in assuming that a variety of cultures can exist without separate social structures. In fact, very few Canadian ethnic groups have social structures that can effectively restrict their members' exposure to alternative norms, values and behaviours.... Without the organizational capacity to govern interactions in these ways, uncontrolled change becomes probable and an ethnic group's capacity to perpetuate cultural heritage decreases.[75]

This argument is not without merit. As will be discussed in a later section, the Permanent Court of International Justice in *Minority Schools in Albania*[76] makes clear that administrative autonomy with respect to institutions of central importance is crucial to the preservation and maintenance of minority communities. In addition, Canada's present collective rights system has done little to protect minority groups from interference by the majority. In order to accomplish this goal, the collective rights system would have to be supplanted. Decentralized political structures which embed institutional autonomy into minority communities would have to be nurtured. This idea is developed in more detail below in section 9.

A powerful critique of Canadian multiculturalism policy focuses on its effectiveness. It is said that the policy cannot be justified because, on the evidence, the proponents of Canada's multiculturalism policy have failed to demonstrate that the policy eliminates racism and discrimination. On the contrary, it is said, the policy may promote racism by augmenting consciousness of racial difference.[77] It is argued, additionally, that Canada's multiculturalism policy promotes racism by provoking backlash against minority communities. The policy bestows benefits on minorities. This inspires jealousy and resentment.

Defenders of the multiculturalism program argue that the policy does not bestow special rights upon minority groups. Rather, the multiculturalism

---

[75] L.W. Roberts and R.A. Clifton, "Exploring the Ideology of Canadian Multiculturalism" (1982) 8 *Canadian Public Policy - Analyse de Politiques* 88. Although this article was written before the enactment of the *Multiculturalism Act*, the criticism still holds true today.

[76] (1934) Series A-B, Fasc. no. 63, Judgments, Orders and Advisory Opinions of the Permanent Court of International Justice.

[77] A. Meghi, "Keeping Ethnics on the Periphery" *The Toronto Star* (15 May 1990), A-23.

policy attempts to create conditions for the minority community which resemble those enjoyed by the majority.

A crucial problem encountered by all modern affirmative promotion strategies is that all too often affirmative action preference benefits those who are least in need of assistance. Experience demonstrates that benefits are bestowed upon the better off members of target communities, those least in need of State assistance.[78] Where this occurs, the net effect is to worsen the condition of those have-nots in targetted communities who are truly in need, while allowing the haves in the targeted minority to rise faster. Since those benefitting from the program are chosen solely on the basis of race, not need, the entire policy falls prey to the charge of State sponsored discrimination. In addition, since in many cases benefits are being bestowed upon those who do not need taxpayer assistance, the program is also exposed to the additional charge of wasting taxpayer money.

Orthodox methods of constitutional interpretation offer little assistance in approaching section 27 of the *Charter*. The reason is, as we have seen, that concentration on the text of section 27 reveals no coherent principle which courts can apply. There is no readily apparent meaning to be gleaned from the words of the text — no intelligible or agreed upon content for the multiculturalism principle. Nor does investigation of the constitutional sources behind section 27 yield much in the way of a coherent multiculturalism principle which courts can apply. Instead, one discovers a vast heterogeneity of meanings or ideologies, not one of which is sufficiently developed that it can form a principled approach to section 27. These difficulties are compounded by the fact that section 27 is not a free standing provision, but only an interpretational guide. In terms, section 27 is meant to orient judicial appreciation of Canada's entire *Charter*-based system. In other words, interpretation of section 27 is beset by the difficulty that section 27 is itself an interpretational principle.

Because of textual and doctrinal ambiguity, coherent application of section 27 requires development of "mediating principles" — precepts which render useful and intelligible the words of the text. The concept of "mediating principle" was developed by Professor Owen Fiss in relation to the Equal Protection Clause in this way:

> [mediating principles] "stand between" the courts and the Constitution — to give meaning and content to an ideal embodied in the text. These principles are offered as a paraphrase of the particular textual provision, but in truth the

---

[78] "... affirmative action does injustice to low-income women, to low-status men, and to mothers who work at home. Affirmative action also ignores the dilemma of negative fertility and its implications for pension fundability and the ability of society to care for the aged": C. Winn, "Affirmative Action for Women: More Than a Case of Simple Justice" (1985) 28 *Can. Pub. Admin.* 24.

relationship is much more fundamental. They give the provision its only meaning as a guide for decision.

> The words [of the equal protection clause] do not state an intelligible rule of decision. In that sense the text has no meaning. . . . This ambiguity has created the need for a mediating principle, and the one chosen by courts and commentators is the antidiscrimination principle.[79]

Obviously the choice of a mediating principle dictates the juridical content of the constitutional provision in question. It was the stifling narrowness of the antidiscrimination principle that impelled Professor Fiss to analyze the interpretational process in this way, and to argue for the appropriateness of additional wider mediating principles relevant to constitutional norms of equality.

It is my thesis that choice, development and enrichment of mediating principles is the key to unlocking the mysteries of section 27. If we are to keep faith with Canada's collective rights approach to minority problems, then courts must be vigilant in interpreting section 27 of the *Charter*. In what follows, I wish to outline various alternative principles capable of making section 27 intelligible. The alternatives are not mutually exclusive, nor do they exhaust the potential meanings of section 27. But they do capture the predominant current urges of the multiculturalism idea.

Before listing a menu of mediating principles appropriate to section 27, it would be wise to inquire into the minimum conditions which such ideas must satisfy in order to be acceptable as juridically useful precepts. There are three such conditions. First, a coherent mediating principle must be capable of reconciling or balancing the interests of majority and minority groups. Majoritarian systems allow the majority wide latitude to dictate the core values which motivate socio-economic development. These will often conflict with the needs of minority groups which desire to develop in their own distinctive ways. An acceptable multiculturalism principle must be capable of moderating the power of the majority to interfere with the self-perceived interests of minorities, without unduly compromising the legitimate interest of the majority to govern according to the democratic principle. Secondly, while any multiculturalism principle necessarily implies high regard for the autonomy and diversity of minorities, the limit is reached when excessive centrifugal pressure on the political system imperils national unity. Thirdly, a multiculturalism principle must be analytically and intellectually intelligible to a high degree. As a working tool, it must be amenable of easy application by the practising bar, bench, and other actors in Canada's politico-juridical system.

---

[79] O.M. Fiss, "Groups and the Equal Protection Clause" (1976) 5 *Phil. & Pub. Affs.* 107, pp. 107-108.

7. MEDIATING PRINCIPLES

(a) Antidiscrimination

While a strong antidiscrimination principle flows from the *Charter*'s equality guarantees at section 15, this leaves something to be desired from the perspective of ethno-cultural communities. Section 15 provides equality and antidiscrimination guarantees to "every *individual* [La loi ... s'applique également *à tous*]". On a strict interpretation, section 15 does not apply to groups. However, it is not a particularly long stretch to reach that interpretation from the text of section 15. The application of section 27 to the antidiscrimination principle in section 15 assists courts in taking that step. With respect to other *Charter* guarantees, section 27 itself contains an antidiscrimination principle, applicable to groups, at least insofar as a group *qua* group claims protection of *Charter* rights.

Any juridical system which is oriented around preservation and enhancement of ethnicity must pay scrupulous regard to the anti-discrimination principle. Discrimination is the principal pain associated with maintenance of distinctive cultural traits. If the cost of maintaining cultural boundaries is too high, assimilation becomes increasingly attractive to individual members of ethno-cultural minorities. Assimilation is the opposite of "preservation and enhancement". For this reason, the antidiscrimination precept is an obvious and important principle mediating exposition of section 27.

Ethno-cultural minorities must interact with other groups in Canada's political system. Ethnic minorities pursue political agendas necessary to their maintenance and development. If discrimination significantly inhibits the minority's access to the political system, or impedes its ability to interact with dominant groups, the minority's ability to develop is impaired. For this second reason, a strong antidiscrimination principle inhabits any juridical system meaning to maintain and enhance distinctive cultural groups in Canada.

In *R. v. Keegstra*,[80] the majority of the Supreme Court of Canada adopted the principle of non-discrimination described here. The Court referred to "the need to prevent attacks on the individuals' connection which his or her culture, and hence upon the process of self-development."[81]

The limits of the antidiscrimination principle in service of group preservation and enhancement are striking. Antidiscrimination measures focus on individuals. They are designed to correct instances of individual prejudice. The antidiscrimination precept is awkward in coming to terms with group inequality in the sense of compelling remedial measures. The reason

---

[80] [1990] 3 S.C.R. 697.
[81] *Ibid.*, p. 757.

is that affirmative action necessarily inflates the power of disadvantaged minorities at the expense of other groups. Such an approach may be viewed as preferential treatment and thus breed jealousy and resentment. This criticism is similar to that previously mentioned in relation to Canada's multiculturalism policy. Affirmative promotion of minority communities suffers from a structural dysfunction. Affirmative action frequently benefits those better off individuals in the targeted minority who are least in need of assistance. It raises them up further and faster. Those who most need assistance are not always, and not necessarily, benefitted. There are instances where the total effect of affirmative promotion strategies worsens the condition of the have-nots, and betters the condition of the haves — in the targeted community. As previously noted, since the State bestows benefits on those who do not need them, solely on the basis of race, the entire program is exposed to charges of State sponsored racism and waste.

The antidiscrimination principle emanates from ideals of equality, not multiculturalism. To some extent, a concentrated focus on advantages one group obtains *vis-a-vis* other groups is counterproductive to enhancement and development of the distinctive cultural pluralism which inspires section 27. The equality perspective gives rise to unprofitable but compelling arguments that it is illegitimate to confer benefits on one group, without simultaneously making such benefits available to all others.[82] The practical effect of this limit is to retard progress for all groups.

(b) Symbolic Ethnicity

One critical aspect of section 27 requiring the interposition of mediating principles is the concept of "cultural heritage". Curial habits of mind invite an excursus through the dictionaries in search of definitions, but the exercise is unlikely to prove profitable in this instance. The social sciences have struggled arduously with the intricately related phenomenon of ethnicity, and made impressive strides. The social science materials may be recast as mediating principles useful in expounding section 27.

Social psychology is particularly relevant. Social psychologists have demonstrated that the individual self is incomplete without integration into a social group. The thesis maintains that formation of an individual self is not possible without experiencing that self from the perspective of other members of the social group into which the individual has integrated. "The individual experiences himself as such, not directly, but only indirectly from the particularist standpoints of other individual members from the same

---

[82] *Reference re an Act to Amend the Education Act* (1986), 53 O.R. (2d) 513 (C.A.), affirmed [1987] 1 S.C.R. 1148. The argument was unsuccessful with the majority of three, but formed the principal basis of the opinion delivered by Howland C.J.O. and Robins J.A.

social group, or from the generalized standpoint of the social group as a whole to which he belongs."[83]

The ethnic individual completes a significant aspect of personality — forms a self — by voluntary identification with an ethnic group. This process is here termed "symbolic ethnicity". Symbolic ethnicity is a psychological idea which conceives of "cultural heritage" as a voluntary identification of the self with the traditions and history of a particular group. The link completes the ethnic individual's identity in the sense that it allows that individual to form a self — to experience his being from the attitudes and reflexes of his ethnic community.

Attacks on cultural heritage are thus attacks on the individual selves of the ethnic group's members. This is how they are experienced, notwithstanding that the ethnic individual's tie to his community is voluntary. Practices which restrict autonomy of ethnic communities to develop in their own distinctive way, or to manifest freely their community experiences in daily rituals, institutions and social interaction with others, choke the self-development of individual members of ethnic communities.

As a mediating principle, symbolic ethnicity concentrates the attention of courts on these aspects of personality in expounding associated *Charter* rights. At the minimum, courts applying section 27 through the mediation of "symbolic ethnicity" would have to pay scrupulous regard to the need for the group to develop the essential attributes of its personality, and to express these in ways that can be internalized by individuals. Courts equally would have to concentrate their attention on the individual's need for access to the group and its activities.

How might these considerations become practically important? While one might not have thought of the Wednesday night folk dance as an activity loaded with constitutional significance, the "symbolic ethnicity" principle may require revision of this view. Voluntary cultural activities, such as film festivals, folk events, religious occasions, provision of educational opportunities including language instruction and the like implicate constitutional guarantees for section 2 fundamental freedoms — religion, expression, assembly and association. They also touch on equality values through the allocation of governmental facilities such as school gymnasia, parks, and the expenditure of funds. In considering governmental obstruction of, or disinclination to facilitate, these and related activities, courts would have to assume an aroused sense of respect for the importance of symbolic ethnicity as a critical inspiration behind Canada's constitutional commitment to the multiculturalism principle.

---

[83] G.H. Mead, *Mind, Self and Society* (Chicago: Univ. of Chicago Press, 1962), p. 138. See also G.H. Mead, *On Social Psychology* (Chicago: Univ. of Chicago Press, 1964), p. 19 and 33*ff.*

Symbolic ethnicity, like the antidiscrimination principle, has limits. Symbolic ethnicity emphasizes social psychological attitudes rather than institutional structures. It is thus in the service of "a collection of individuals who use ethnic characteristics when it suits their psychological needs," not "a mosaic of internally integrated ethnic groups."[84] By allowing those who make and interpret policy to sense that their multiculturalism obligations end with the provision of space and money to ethnic organizations, the symbolic ethnicity principle diverts attention from the more difficult questions of allocation of power between groups in Canada's political system.

(c) Structural Ethnicity

(i) *Definition*

A second principle drawn from the social sciences goes far beyond the dictates of symbolic ethnicity as applied to section 27. "Structural ethnicity" refers to the capacity of a collectivity to perpetuate itself, control leakage in its membership, resist assimilation, and propagate its beliefs and practices. This form of ethnicity is not a matter of voluntary individual choice. Rather, it requires the creation, by the group or government, of an institutional infrastructure which can nurture the well-being of the group, and maintain the group's sense of self-justification. Structural ethnicity is significantly more difficult to "preserve and enhance" than symbolic ethnicity, because the autonomy and power required to support, operate and expand the minority's institutional structure brings the minority into direct competition with other groups.

(ii) *Content*

What would be embraced by an adequate institutional infrastructure designed for group preservation? At a minimum, the following would be included: (1) mechanisms through which the group can interact with other groups, particularly the dominant or governing groups in the society (political structures); (2) economic structures to dampen the assimilating pressures exerted by the mainstream economy; (3) mechanisms for propagation and transmission of the group's beliefs (ethnic schools, religious institutions and ethnic associations); (4) mechanisms of group definition, *i.e.*, legal right to define membership by including or excluding individuals (a power of excommunication or exclusion exercised by a priesthood or band council); (5) defensive mechanisms able to restrict the group's members from exposure to alternative norms, values and practices (governing structures and social norms in Hutterite agricultural communities).

---

[84] L.W. Roberts and R.A. Clifton, *supra*, note 75, pp. 89-90.

(iii) *Examples and Application*

Some examples might serve to illustrate the diversity of forms in which the institutional infrastructure may be manifested. Guaranteed representation in legislative bodies for aboriginal communities, reformulation of territorial boundaries to create ethnic majorities in territorial based political strucutres, or funding for political lobbies such as the *Fédération des communautés francophones et acadiennes du Canada* are accepted political structures which enhance the multicultural heritage of present day Canadians as appreciated from the perspective of structural ethnicity. Economic initiatives justified by the multicultural principle could include creation of agencies such as the Metis Development Corporation, the abandonment of tax room by government in favour of aboriginal self governing entities, or the establishment in Western Canada of a major French-language research university.[85] These economic initiatives are crucial if Metis communities are to resist fragmentation by the need to find employment in economically active areas, if aboriginal communities are to utilize self-government as a means of self preservation or if Western francophones are to resist the assimilating pressure exerted by the virtually exclusive use of English as the language of work.

Application of the structural ethnicity principle in education is crucial. It impacts significantly on the extant demands of ethnic, religious and linguistic minorities for greater segregation of and control over educational facilities, resources and governing structures. The principle would assist linguistic minorities, official or otherwise, to achieve homogenous, self-governing educational structures organized on linguistic lines, or at least some facsimile thereof.[86] It would strengthen the claims of religious minorities to control their schools, and to imbue the atmosphere therein with religious flavour.[87] These tendencies of the structural ethnicity principle as applied to education further the multicultural ideal by aggressively transmitting culture from one generation to the next. The process is intensified by restricting children in the cultural group from access to alien norms during their crucial formative years.

The structural ethnicity principle also has important ramifications in the context of competing claims concerning group definition. The principle mandates that the group have significant power to define its boundaries, and thus to establish and apply criteria for including or excluding members.[88]

---

[85] *Supra*, note 68, Chapter 6.
[86] The desirability of autonomous educational facilities for minority communities is evident in the Supreme Court of Canada's decision in *Mahe v. Alberta, supra*, note 64.
[87] See generally, *Caldwell v. Stuart*, [1984] 2 S.C.R. 603, [1985] 1 W.W.R. 620, 85 C.L.L.C. 17,002, 56 N.R. 83, 15 D.L.R. (4th) 1.
[88] This problem is discussed in greater detail, *infra*, at Section 9.

This power will on occasion collide with constitutional norms of free association, due process and equality which underline society's high interest in limiting this power to responsible uses. Society's interest takes on added relevance where, as mandated by the structural ethnicity principle, government devolves power and resources on the group. In that event, access to group membership becomes a means to enjoyment of government-derived benefits, a phenomenon which commands an aroused sense of respect for constitutional guarantees of individual rights.

Some would maintain that where government benefits are implicated, government ought to retain complete control over the conditions of entitlement. This traditional, paternalistic view is not tenable in light of recent judicial and legislative developments.

By *An Act to Amend the Indian Act* (the *"Reinstatement Act"*),[89] an Indian Band is given power to "assume control of its own membership" (section 10(1)) on condition that it establishes membership rules in writing, and respect the right of existing and reinstated band members to be registered in the band. Membership in the band includes tangible benefits — the right to live on a reservation, to share in band revenues and profits, and to claim a portion of band property upon leaving. The power to control membership is a departure from the former system of registration with the Department of Indian and Northern Affairs. The *Act* has been challenged by six Alberta Indians on their own behalf, and on behalf of their bands. The plaintiffs assert a constitutionally guaranteed aboriginal right to determine membership which, they submit, is infringed by controls imposed under the Act. Plaintiffs also claim interference with their *Charter*-protected associational rights with respect to reinstatement of certain Indians excluded under the former *Indian Act*. A motion to strike the claim for disclosing no reasonable cause of action was dismissed.[90] A "structural ethnicity" application of section 27 would impact significantly on the approach the Court takes to interpretation of associational guarantees when the case eventually comes on for trial. From this perspective, section 27 would add weight to the plaintiffs' claim that their associational rights should take precedence over the government's concern to guarantee fairness to individuals affected by the unrestricted power to control membership asserted by the plaintiffs.

In *Caldwell v. Stuart*,[91] the Supreme Court of Canada considered the complaint of a Roman Catholic teacher who was not rehired by a Catholic

---

[89] S.C. 1985, c. 27; R.S.C. 1985, c. 32 (1st Supp.).
[90] *Twinn v. R.* (1986), 6 F.T.R. 138, [1987] 2 F.C. 450 (T.D.) (Strayer J.). There has been a substantial amount of procedural delay in the case and the matter is still before the courts. See generally *Twinn v. Canada (No. 2)* (1987), 12 F.T.R. 130 (T.D.), additional reasons at (1987), 12 F.T.R. 136 (T.D.); *Twinn v. R. (No. 4)* (1988), 18 F.T.R. 306 (T.D.); *Twinn v. R. (sub nom Sawridge Band v. Canada)* (1993), 109 D.L.R. (4th) 364 (Fed. T.D.).
[91] *Supra*, note 87.

school because she married a divorced man in a civil ceremony, contrary to Church dogma. The complaint underscored conflict between the teacher's individual right to freedom of religion, and the Church's historic power to define the standards necessary to insure a Catholic atmosphere in the school. In dismissing the teacher's complaint, the Court emphasized "the special nature and objectives of the school" and found "the acceptance and observance of the Church's rules regarding marriage . . . reasonably necessary to assure the achievement of the objects of the school".[92] These results were reached notwithstanding that the school enjoyed government benefits and subsidies. Although this case was not litigated under the *Charter*, it should be clear that a structural ethnicity approach to section 27 would strengthen the controversial conclusion arrived at by the Supreme Court.

The tragic sense — shared suffering — solidifies ethnic communities. Groups that endure oppression, that share long common histories of persecution, acquire tremendous motivation to coalesce in a defensive posture as a bulwark against external challenge. A key formative feature of the social psychology of Canadian Hutterites is the bitter experience of persecution dating back to their origins in 1528. Regarded as heretics, Hutterites fled before successive orthodoxies, settling in Canada between 1918 and 1922. Oppression continued in their adopted Canadian homeland. The *Land Sales Prohibition Act, 1942* (Alberta) regarded Hutterites as enemy aliens, and prohibited all transfer of land to them.

Hutterites live communally under a clearly defined, highly autocratic authority structure. There is no privately held property, nor does any devolve upon individuals when they leave the community. Socialization of children is rigorously controlled, as is exposure to outsiders and outside norms. A religiously inspired austerity ethic forbids "worldly" pleasures such as radio, television, dancing, jewellery and higher education.[93] Final authority in all spiritual and temporal colony matters rests with a "senior preacher" whose lifetime position is partly elective, and partly selected by "divine guidance". Women are excluded from all decision-making bodies, and denied the vote for senior preacher and other governing offices.

The characteristic ethnic feature of Hutterites is a governing structure that fosters dependency of individuals on the group, in the sense that individual Hutterites are unprepared for movement or participation in the larger society. The community assumes much legal power normally exercised by state organs, particularly with respect to education, voting rights and prop-

---

[92] *Ibid.*, p. 27.
[93] See generally Boldt, "Maintaining Ethnic Boundaries: The Case of the Hutterites" in R.N. Bienvenue and J.E. Goldstein, *Ethnicity and Ethnic Relations in Canada* (Toronto: Butterworths, 1985), p. 91.

erty. To some extent, maintenance of this structure requires *prima facie* infringement of constitutional norms manifest in the *Charter*.

This last observation brings the structural ethnicity principle sharply into focus. When judges and politicians undertake the delicate task of testing conflicting *Charter* values against practices essential to Hutterite ethnic persistence, the principle will moderate the force of *Charter* precepts based on individual rights. From this point of view, the structural ethnicity principle inherent in section 27 will temper *Charter* norms by underlining the crucial role defensive structuring plays in preservation of certain groups.[94]

It will thus be seen that to the extent the structural ethnicity principle inheres in section 27, a dramatic impact on Canada's *Charter* system results. While some might recoil from imbedding the multiculturalism idea this deep in Canadian political culture, it is only fair to point out that the idea is not novel as an inspiration for Canada's political system. The creation of the Quebec provincial government and legislature, and the vesting in them of the substantial powers flowing from sections 92 to 95 of the *Constitution Act, 1867*, is the best example of devolving political power on one ethnic group in order to insure the security of that group, and enhance its capacity to perpetuate itself and develop in its own particular way. This constitutional structure is paralleled at the federal level by dual central institutions comprising, for example, substantial Quebec representation in the House of Commons, Senate, Supreme Court and Public Service. Such examples are in accordance with an important principle of successful federalism — that, generally speaking, "federal systems have been most successful where the provincial units have reflected, or have been reorganized to reflect, as far as possible, the most fundamental regional interests within the society."[95] In this sense, Canada belongs to a family of pluralistic nations where political power is divided along ethno-cultural lines.

Although federalism is an important reconciler of ethnic tension in Canada, the drawing of provincial boundaries created new minorities: English and French Catholics in Ontario, anglophone Protestants in Quebec, francophones in the provinces with anglophone majorities. Canada's constitution makers responded to the insecurities of these groups by constitutional mechanisms fully compatible with the urges underlying the structural ethnicity principle. Canadian minorities are protected by collective rights and institutional autonomy with respect to language, religious education,

---

[94] This kind of balancing between individual and group rights protected under various human rights codes has an established precedent in statutory exceptions to the discrimination prohibition. For example, s. 20 of the *Charter of Human Rights and Freedoms*, R.S.Q. 1977, c. C-12 deems non-discriminatory distinctions, exclusions or preferences oriented around "the well-being of an ethnic group".

[95] R.L. Watts, *Multicultural Societies and Federalism* (Ottawa: Queen's Printer, 1970) (Studies of the Royal Commission on Bilingualism and Biculturalism, no. 8), p. 86.

governmental services, and representation in the provincial legislature; and the federal government has been placed in a protector's role with respect to the institutions by which linguistic and religious minorities preserve and enhance their distinctiveness.

Courts should be very careful in tampering with these special provisions. An aroused sense of respect for the structural ethnicity principle should caution Canadian courts to take particular care when tampering with the delicate national compromises respecting minorities on which Canada's political structure is erected. These fragile fault-lines are newly vulnerable in light of the individualistic urges flowing from the *Charter*.

The structural ethnicity principle would tend to "preserve" the integrity of these sensitive national understandings. It would also "enhance" their management in the sense that it invites courts to be inventive in finding new dimensions of autonomy and power for minorities where old constitutional machinery is antiquated. Nor is the structural ethnicity principle limited to historic rivalries. Section 27 fell into place at the insistence of the "third force" — the immigrant minorities. It must be taken to extend to the claims for greater power welling up from ethnic minorities unprotected by historic constitutional provisions.

Obviously, the absurd case is a claim that the structural ethnicity principle goes so far as to guarantee to every sub-national group its own provincial government. Nor can the principle increase the powers of those provincial governments, like Quebec, predominantly under the control of one ethnic group. Section 31 of the *Charter* explicitly precludes a *Charter* interpretation which extends the legislative powers of any body or authority. However, the structural ethnicity principle may nevertheless encourage creation of quasi-autonomous administrative structures less independent than semi-sovereign provincial entities endowed with legislative power. The creation of quasi-autonomous administrative structures under the control of particular groups is a powerful means of insuring that these groups have the capacity to maintain themselves, and to develop according to their particular perception of their own special requirements.

We have already taken a preliminary look at how international law norms and especially the international system for the protection of minorities pay high regard to administrative autonomy as an important means of guaranteeing the security and collective well-being of minority groups. The *Versailles Treaty with Poland, 1919* served as a model for the post-World War I treaties containing protections for minorities. The *Versailles Treaty* guaranteed to Polish nationals belonging to racial, religious or linguistic minorities the right, at their own expense, to establish, manage and control charitable, religious and social institutions, schools and other educational establishments. Within these institutions, the minorities were guaranteed the right to use their own language and freely exercise their religious precepts. Where the minority was especially concentrated, it was granted special, additional rights with respect to language.[96]

In the *Minority Schools in Albania* case, the Permanent Court of International Justice explained the central thrust of the international system for the protection of minorities:

> The idea underlying the treaties for the protection of minorities is to secure for certain elements incorporated in a State, the population of which differs from them in race, language or religion, the possibility of living peaceably alongside that population and co-operating amicably with it, while at the same time *preserving the characteristics which distinguish them from the majority, and satisfying the ensuing special needs*; [My emphasis.]

The Court continued:

> In order to attain this object, two things are regarded as particularly necessary, and have formed the subject of provisions in these treaties.
>
> The first is to ensure that nationals belonging to racial, religious or linguistic minorities shall be placed in every respect on a footing of perfect equality with the other nationals of the state.
>
> The second is *to ensure for the minority elements suitable means for the preservation of their racial peculiarities, their traditions and their national characteristics.*
>
> *The two requirements are indeed closely interlocked, for there would be no true equality between a majority and a minority if the latter were deprived of its own institutions, and were consequently compelled to renounce that which constitutes the very essence of its being a minority;*[97] [Emphasis added.]

The Albania case makes clear that administrative autonomy with respect to institutions, like schools, of central importance to the preservation and maintenance of minorities, is an obligation imposed on States by the international law system. It is this system, and this associated obligation, which was codified in article 27 of the *International Covenant on Civil and Political Rights*, which itself was the precursor of section 27 of the *Canadian Charter of Rights*. Accordingly, administrative autonomy over institutions essential to group maintenance *and enhancement* ought to prompt an aroused sense of respect on the part of those charged with interpreting and applying the *Charter*.

Administrative autonomy may take many forms. The federal or provincial legislatures could devolve power upon locally elected assemblies that remained subordinate to the senior government. This distinguishes the system from federalism where the powers of regional units are co-ordinate to the centre, and may not be unilaterally rescinded. The regionalism prin-

---

[96] See Y. Dinstein, *supra*, note 24, p. 115.
[97] *Minority Schools in Albania* (1934) Series A-B, Fasc. no. 63, Judgments, Orders and Advisory Opinions of the Permanent Court of International Justice, p. 17.

ciple characterizes the Italian Constitution, which, because of communal problems, divides the jurisdiction into five autonomous regions. The regions enjoy extensive powers including financial autonomy backed by taxing powers and a guaranteed share of national taxes, control over police, roads, transport, agriculture and industry. The regions are governed by a regional council and an executive *giunta* with a president. Between 1922 and 1972, the United Kingdom Parliament devolved power upon the ethnically distinct community in Northern Ireland, with similar extensive powers.[98]

Another form of administrative autonomy is decentralization of the national administration by creation of regional offices staffed by national officers, but with power to implement distinct regional policies. The Scottish Office in Edinburgh, for example, has regional administrative powers in relation to education, police, justice, health, agriculture and fisheries.

Within existing Canadian governmental structures, the principle of administrative autonomy may be effectuated by a realignment of the boundaries of local government units. Local government units could be organized on the basis of ethnically distinct populations. Units so constituted could be granted enhanced powers.

A final example of administrative autonomy is the creation of community development authorities. Various aspects of the community support system could be devolved on these groups. Canada already has some experience with such institutions in both the public and private domains, with community groups being given responsibility and funding to administer colleges, libraries, museums, social welfare systems and the like. This model admits of more flexible implementation in cases where ethnically distinct groups lack territorial concentration.

In implementing such structures, a sterile notion of symmetry between groups, or an unsophisticated concept of equality, may not be the most appropriate criteria. Historical and demographic considerations, as well as the wishes of the groups involved, may make the claims of some communities to such structures stronger than others. Thus, it is easy to see how the structural ethnicity principle can be pressed into service to buttress the claims of aboriginal communities in the North to self-government by focusing the attention of policy makers on ethnically distinct local or regional government entities. It would be more difficult to countenance a claim to administrative autonomy by members of a group who have demonstrated little historical cohesiveness, and, as an organized entity, show no desire for the responsibilities of self-administration.

---

[98] See generally C. Palley, "The Role of Law in Relation to Minority Groups", in Alcock, Taylor and Welton, *The Future of Cultural Minorities* (London: MacMillan, 1979), p. 120 at 143*ff.* who makes and elaborates on these points.

8. THE MULTICULTURALISM PRINCIPLE AND COLLECTIVE RIGHTS

All Charters of Rights are inspired by a profound sense of individual liberty, which derives from the eighteenth century philosophers, and found archetypal expression in the *American Bill of Rights* in 1791. The overriding function of a Charter of Rights "is to provide . . . for the unremitting protection of individual rights and liberties."[99] Constitutions provide a framework for the legitimate exercise of governmental power.[100] Charters of Rights create within that framework a private area of human space in which conscience reigns supreme as the motivator of human action. Within the protected domain, government cannot obstruct the operation of individual conscience as a motivator of human action by majoritarian preferences. As the Supreme Court of Canada explained the purpose of *Charter*-protected fundamental freedoms in *R. v. Big M. Drug Mart*: "[An] emphasis on individual conscience and individual judgment . . . lies at the heart of our democratic tradition."[101]

Such a forceful statement of protection of the individual is a welcome and necessary addition to Canada's constitutional system. Yet integration of a *Charter* jurisprudence into Canada's governmental structure requires sensitivity to the special nature of Canada's constitutional traditions. The unique genius of Canadian constitutionalism is rooted in the principles of bi-nationality and cultural pluralism. Canada's federal system proceeds directly from the requirements of a bi-national state.[102] Canada's fundamental commitment to cultural pluralism is entrenched deep into its constitutional structure by the creation of special autonomous status for aboriginal communities; self-governing institutions for denominational education; distinct protection in the machinery of government for linguistic minorities; and protection of the linguistic integrity of certain minority language electoral districts.[103] This tradition was extended and reinforced by proclamation of the *Canadian Charter of Rights* in 1982, one third of the provisions of

---

[99] *Hunter v. Southam, supra*, note 9, p. 155.

[100] *Ibid.*

[101] *R. v. Big M. Drug Mart Ltd., supra*, note 22 (S.C.R.), p. 346.

[102] "[B]ut . . . we found that such a [legislative union] was impracticable. In the first place, it would not meet the assent of the people of Lower Canada, because they felt that in their peculiar position — being in a minority, with a different language, nationality, and religion from the majority . . . their institutions and their laws might be assailed. . . . So that those who were, like myself, in favour of a Legislative Union, were obliged to modify their views and accept the project of a Federal Union as the only scheme practicable. . . .": Speech of Sir John A. MacDonald on the motion to adopt the Quebec Resolutions, as reprinted in H.E. Egerton and W.L. Grant, *Canadian Constitutional Development* (Toronto: Musson Book, 1907) pp. 362-363.

[103] See generally J.E. Magnet, "Collective Rights, Cultural Autonomy and the Canadian State" (1986) 32 *McGill L.J.* 171, pp. 172-173 and notes therein cited.

which pertain to the collective rights of semi-autonomous groups.[104] One cannot, therefore, speak seriously about Canadian multiculturalism without considering the unique role played by collective rights of autonomous communities within the Canadian federation.[105]

Notwithstanding the long tradition of collective rights as a distinctive mark of Canadian constitutional development, one cannot help but notice that the administration of collective rights in Canadian courts has been unsatisfactory. So far from preserving and enhancing the security of Canadian minorities, situations in which Canadian minorities sought protection through collective rights mechanisms engendered bitter hostility and perilous conflict. There are virtually no collective rights cases which the minorities won.[106] Even in the very few cases in which claims brought under collective rights provisions succeeded, the minorities usually failed to achieve their objectives.[107] The problem which occasioned the litigation was not resolved and did not go away. This dismal record must give pause to those who would propose collective rights machinery as a principal reconciler of ethnic tension in the Canadian mosaic.

Collective rights are designed to guarantee group survival by protecting from majority interference certain specific institutions through which minorities propagate their communities. Canadian courts need to take special care in tampering with these delicate national compromises. Although the collective rights settlements are newly vulnerable in light of the individualistic urges flowing from the *Charter of Rights*, Canadian courts need to construct and employ special doctrine when dealing with these fragile provisions. Collective rights are sensitive fault-lines upon which Canada's politico-constitutional structure is erected; they should not be lightly disturbed.

The collective rights theory is that constitutional texts should guarantee protection to minorities respecting crucial institutions or participation in the machinery of government. The problem with the theory is that the constitutional texts are extremely general. The collective rights theory thus relies

---

[104] *Canadian Charter of Rights and Freedoms*, sections 16-23, 25, 27, 29; *Constitution Act, 1982*, Parts II, IV and IV.1.

[105] See generally note 103, *supra*.

[106] *Barrett v. Winnipeg (City)*, [1892] A.C. 445 (P.C.); *Mackell v. Ottawa Roman Catholic Separate School Bd.*, [1917] A.C. 62 (P.C.); *Tiny Roman Catholic Separate School Bd. v. R.*, [1928] A.C. 363 (P.C.); *Robin v. Collège de St-Boniface* (1986), 15 D.L.R. (4th) 198 (Man. C.A.), leave to appeal to S.C.C. refused (1986), 44 Man. R. (2d) 80 (note) (S.C.C.); *MacDonald v. Montreal (City)*, [1986] 1 S.C.R. 460; *S.A.N.B. v. Assn. of Parents for Fairness in Education, Grand Falls Dist. 50 Branch*, [1986] 1 S.C.R. 549.

[107] *Brophy v. Manitoba (A.G.)*, [1895] A.C. 202 (P.C.); *Pellant v. Hebert* (March 9, 1892) reported in (1981), 12 *R.G.D.* 242; *Betrand v. Dussault* (Jan. 30, 1909), reported in (1977), 77 D.L.R. (3d) 458-462; *Manitoba (A.G.) v. Forest*, [1979] 2 S.C.R. 1032; *Reference re Manitoba Language Rights*, [1985] 1 S.C.R. 721.

on the courts for elaboration and ultimate application, usually during periods of high conflict. As has been frequently noted, the judiciary is drawn predominantly from majority groups, and reflects their attitudes. Collective rights litigation has often occurred during times of local hysteria directed at minority groups — the Manitoba school crisis, Regulation 17, the Manitoba language rights crisis. Judges are not immune from this hysteria. The generality of constitutional texts has proven insufficient to prevent judges from being swept along by temporary social pathology. The courts are placed in a difficult position. Constitutional texts are inadequate to divert the judiciary's attention from an all too understandable desire to keep peace in the Canadian family, usually by sacrificing minority rights to preservation of the *status quo*.

One might reply to this observation that the collective rights theory is correct, but that the composition of the judiciary needs changing. Apart from the obvious time that this would require, the reply neglects institutional limits of the courts, and the appointment process. It is difficult to see how any government would appoint persons who have shown tendencies antithetical to the will of the majority, even if willing to appoint some members of minority groups. Even where minority judges have sympathy for the difficult circumstances in which minorities sometimes find themselves, their influence is limited, particularly in courts of appeal or of last resort, whose multi-member representation is dominated by the majority.

Collective rights litigation is adversarial. It pits minority groups against an easily incensed majority, often in a bitter struggle for minority survival. In order to fight the battle, minority groups have to retain lawyers, usually from the majority's elite. Minorities must contest the struggle before the judiciary — usually drawn from the majority community as well. Even if the minority group wins at trial the order will often go unenforced because of government intransigence. This means more trips to court are required. Still nothing happens. The experience is alienating and frightening. The minority's resources and strength as a community are dissipated. The community has been mobilized. The events leave bitter divisions between warring factions within the minority group who are easily tempted to turn their forces on each other. These problems have appeared over and over again, and would appear to be structural.[108]

---

[108] I am speaking from experience as legal counsel for several minority groups during the language difficulties of the 1980s. Time and again I watched the strains described in the text eat away at the minority groups' internal cohesiveness, leaving them exhausted, fearful, insular and resentful. The Franco-Manitoban community was wrecked by bitter internal divisions after the *Manitoba Language Rights Reference, ibid.* So too with the Acadian community of Cape Breton during and after the fight for an Acadian school. My strong impression is that this crippling of the minority community is a structural feature of collective rights litigation. Having failed to gain its objectives vis-a-vis the majority,

Historical perspective reveals the collective rights system in curious detail. It promises much in the way of minority protection and community relations management, but often fails to deliver according to a standard most would demand in theory. These difficulties are not isolated to the Canadian experience with collective rights. In the United States, constitutional protection for the newly freed slaves lay dormant in the Constitution for over 100 years. The African-American community was unable to benefit from 14th Amendment equal protection until the federal administration took aggressive action to change southern institutions.[109] What we see in the comparative example is that collective rights litigation alone is ineffective for minority protection or significant political change. The failures of collective rights litigation appear to be systemic. It would appear that other or additional institutional machinery is necessary to deliver the promise of minority protection and community reconciliation.

It would be best if constitutional structures required as little alteration as possible to implement suggested measures, lest one risk advocating a utopic change that is not achievable. These observations suggest that it would be unreasonable to expect the Canadian judicial system, in the near future, to become an astute administrator of collective rights mechanisms. This conclusion is reinforced by the hostility and bitterness generated *within* the minority communities by the experience of collective rights litigation.

It is, therefore, essential to examine to what extent it is possible to develop an institutional infrastructure which would embrace and nurture the development of minority communities. The required institutional infrastructure proposed here goes well beyond the constitutional provisions presently in place. The chief value of Canada's collective rights tradition is the recognition that minorities require a degree of institutional autonomy to counterbalance the forces of assimilation, and to check the majority's excesses during overheated periods. Canada's tradition has been to create institutional autonomy with greater or lesser degrees of self-government. The problems with the design of Canadian collective rights provisions appear to result from inadequate mechanisms for the protection of minority institutions. I have already alluded to the problem of too ready reliance on the courts for the first line of defence against majority aggression. Canada's collective rights system has further defects. Minority institutions are insufficiently autonomous. They are too highly integrated with majority institutions in overarching structures of the higher levels of government. For

---

factions within the community are all too easily tempted to turn their guns on each other (See generally J.E. Magnet, *Official Languages of Canada* (1995), Chapter 8).

[109] See generally J.K. Lieberman, *The Enduring Constitution: A Bicentennial Perspective* (New York: West Publishing Co., 1987) where the author notes "Instead of bedrock, it [the Fourteenth Amendment] became a sieve, through which rights of blacks could pour out and rights of commercial interests could pour in" (p. 195).

example, decisions on funding, language of instruction, and curriculum content for denominational schools are made initially by the Ministry of Education. Ministry structures are not decentralized, and do not reflect the theory of minority autonomy. Thus, denominational minorities, if aggrieved by Ministry decisions on these matters, are on the defensive, able only to submit to the vagaries of the court process under constitutionally protected collective rights. This process usually disappoints them.

It would be better if the self-governing institutions were more truly autonomous, and their borders made more impermeable to majority interference. This would require decentralization or multiplication of functions in overarching government structures. If this were done, the minority could more easily avoid the courts while still enjoying the institutional autonomy indicated by the collective rights theory. The minority's community resources would be developed as the group became more self-reliant and more responsible for exercising authority over its own affairs. Enhancement of institutional autonomy would be a potent means to secure for minority communities the security which the proponents of collective rights intend, but which rarely is delivered under the current collective rights system.

If sufficiently autonomous, a constitutionally protected network of institutions could provide minority groups with an effective means of self-protection without the attendant disadvantages of constitutional litigation. Institutional autonomy is constitutionally mandated for several Canadian minorities. Section 27 could be usefully applied to support claims for promotion of self-governing structures both within and outside of these specific guarantees. Policy makers could take a cue from section 27 to build autonomous structures for minorities into ever higher levels of senior bureaucracies. If rigorously applied, section 27 may require state withdrawal from areas of institutional monopoly, such as, for example, police services on aboriginal reserves, or taxing powers for ethnic, linguistic or denominational schools. Through its impact on *Charter* jurisprudence and government policy, section 27, especially as mediated by the structural ethnicity principle, could orient Canada's constitutional system towards a model of institutional autonomy as a means of preserving and enhancing cultural identity.

International law norms and especially the international system for the protection of minorities pays high regard to administrative autonomy as an important means of guaranteeing the security and collective well-being of minority groups. The *Versailles Treaty with Poland, 1919* served as a model for the post-World War I treaties containing protections for minorities. The *Versailles Treaty* guaranteed to Polish nationals belonging to racial, religious or linguistic minorities the right, at their own expense, to establish, manage and control charitable, religious and social institutions, schools and other educational establishments. Within these institutions, the minorities were guaranteed the right to use their own language and freely exercise their religious precepts. Where the minority was especially concentrated, it was granted special, additional rights with respect to language.[110]

Minority institutions are usually established outside of crisis periods. In times of ethnic peace, they do not directly threaten the majority, and, apart from small scale jealousy, do not usually engage its ire. To the extent courts review claims of interference with minority institutions during relatively peaceful periods, many of the difficulties adverted to above do not arise. Courts should be scrupulous to use these opportunities to build greater institutional autonomy into these structures through section 27, just as should policy architects in the executive branch when the institutions are created and renovated. If sufficiently autonomous, a constitutionally protected network of institutions could provide minorities with effective means of self-protection without the attendant disadvantages of constitutional litigation.

A further problem with the collective rights idiom entrenched in Canada's Constitution is the courts' failure to develop relevant interpretational tenets for judicial administration. Charters of Rights act negatively. Traditionally, they impose limits on governments, inhibiting them from impinging on rights and freedoms deemed fundamental. By contrast, collective rights usually act positively. Collective rights require government to undertake certain affirmative obligations — translate and publish laws in two languages, establish minority language educational structures, appropriate monies for denominational education. Courts steeped in the individual rights tradition familiar to *Charter* theorists are poorly equipped with constitutional doctrine to administer collective rights provisions effectively.

Section 27 could fill the interpretational lacunae surrounding Canada's system of collective rights. The language of section 27 — "preservation and *enhancement*" — is conducive to establishment of doctrines presupposing an affirmatively acting constitutional law, at least with respect to cultural groups. As previously noted, this is the current direction of section 27's international law precursor, article 27 of the *International Covenant on Civil and Political Rights*.

Some may argue against institutional autonomy on the basis that culture is evolutionary and should not be retarded by institutional structures. Administrative independence implies a greater division in society, a higher rate of "tribalization" which is not required. If the State should promote any identity at all, it should promote the State's identity — Canadian identity. Others would argue against institutional autonomy because, for example, State support of multicultural identities means that some groups will be favoured and others will be disfavoured. As was discussed previously, the State is not neutral.

---

[110] See Y. Dinstein, *supra*, note 24, p. 115.

Others opine that special rights for minority communities are not privileges, but remedies: they represent a means of achieving conditions similar to those currently enjoyed by the majority. The strength of this argument lies in the extent to which State support is truly bestowed on "needy" minority communities. Once power and benefits are bestowed upon those members of the minority communities who are already the most privileged, the credibility of this argument is destroyed.

9. PROBLEMS OF CULTURAL AUTONOMY

(a) Minimum Standards

The *Charter* is inspired by an ideal of individual dignity and development. A strong belief in the capacity of individuals to develop and find fulfilment has committed Canada constitutionally to protecting the freedom of individuals to form and hold ideas, to receive and consider the ideas of others, to express beliefs, to act on them, to assemble and associate together to practice or advocate beliefs of all kinds, and to be free of prejudicial distinctions based on belief.

The *Charter* also guarantees obverse freedoms: the right to reject beliefs or orthodoxies of all kinds, to refuse to express or consider an idea, to decline to act on any belief or to assemble or associate in furtherance of it, to reject orthodox practices, and to be free of prejudicial discrimination because of refusal to conform to orthodoxy.[111] The *Charter* expresses the axiomatic belief of Canadians that an inquiring mind, the capacity to communicate in new ways with others, to grow, to develop through exposure to new ideas, practices, and associations are important ingredients in obtaining fulfilment.

The mechanism by which the *Charter* implements the philosophy of individual fulfilment is by imposing restraints on the exercise of governmental authority. These restraints are couched in terms of minimum standards of respect for individual autonomy. Even in pursuit of admittedly desirable social and economic policy goals for the community at large, governmental bodies may not unduly restrict thought or its expression or advocacy. Nor, more generally, may government truncate the operation of individual conscience as a primary motivator of personal conduct. The

---

[111] *R. v. Big M. Drug Mart Ltd.*, *supra*, note 22 (S.C.R.), p. 336; *Lavigne v. O.P.S.E.U.* (1986), 29 D.L.R. (4th) 321 (Ont. H.C.), reversed (1989), 89 C.L.L.C. 14,011 (Ont. C.A.), affirmed (1991), 4 C.R.R. (2d) 193 (S.C.C.) (*per* White J.: "individual liberty and the development of self potential, is also a value reflected in freedom of association . . . the recognition of a right not to associate would appear to flow from the word 'freedom' . . . a right to freedom of association which did not include a right not to associate would not really ensure 'freedom' ").

Charter insures that individuals will be treated by government with minimum standards of decency, consistent with the great eighteenth century ideals of personal liberty.

The *Charter* equally articulates Canadians' constitutional commitment to finding fulfilment in another way — through participation in groups. Group participation fosters identity, belonging and a sense of community. In Canada, group identification is strong, sufficiently robust to have emanated in enhanced collective rights in the constitutional reform process in 1982, and in an interpretational article that casts an ethnic glow over all guarantees, individual and collective, found in Canada's pre-eminent statement of human rights.

Finding fulfilment through group identification is markedly different than the processes of growth consequent on individual exploration and experimentation. Individual growth involves trying the new, and accepting or rejecting it. Commitment to community involves celebrating tradition, participating in ritual, allegiance to old beliefs and values, subject at most to slow evolution.

Ideals of individual liberty and personal fulfilment are fostered through the system of individual rights entrenched in the *Charter*. Ideals of fulfilment through group identification are enhanced through the system of institutional autonomy for certain minorities, as fortified by the *Charter*'s group rights provisions. A difficult problem occurs when government devolves limited forms of self-governing power on groups in that the individual and group rights systems come into conflict.

In exercising its regulatory powers, government must observe minimum standards of respect for individual autonomy. Presumably, when government devolves certain of these powers on groups, these groups must equally observe minimum standards of respect for personal liberty. However, if groups must respect and encourage the same high standards of individual autonomy as government, their very basis for existence may be compromised. It is difficult to see how a denominational school, the *raison d'être* of which is inculcating a set of religious tenets through example, can survive promotion of free thinking in key staff members. This is why the courts allow denominational schools to dispense with the services of teachers who seriously depart from denominational standards: "within the denominational school religious instruction, influence and example form an important part of the educational process".[112] Again, it would be difficult to see how Hutterite communities could survive rigid application of the one person one vote precept flowing from the democratic and equality guarantees of the *Charter*. Yet unyielding application of the individual rights

---

[112] *Essex (County) Roman Catholic Separate School Bd. v. Porter* (1978), 21 O.R. (2d) 255, 257 (C.A.); *Caldwell v. Stuart*, [1984] 2 S.C.R. 603.

sections of the *Charter* would dictate such results insofar as general governmental functions are devolved on the communities.[113]

At the same time as the Canadian constitutional system recognizes a special need of Canadian minorities for group autonomy, commitment to a *Charter* based system requires that groups exercising general governmental functions respect fundamental norms of due process, personal liberty and equality. Thus, the systems of individual and group rights in the *Charter* come squarely into conflict. There is no readily apparent doctrine to regulate this considerable difficulty.

In *Charter* cases, minimum standards of respect for individual autonomy must be specified with precision in analysis under section 1, the omnibus limitations clause. Section 27 could provide a springboard to regulating the conflict between individual and group rights in two ways. Section 27 could be applied directly to the specific *Charter* right under which a claim is made in order to inform the definition of that right. Alternatively, section 27 could be applied to section 1 in particular cases.

If section 27 were applied to section 1, it could alter the minimum standards of respect for personal liberty universally applicable to government in favour of the special needs of semi-autonomous groups to preserve their special characteristics. As applied to section 1, section 27 may well come to mean that groups exercising semi-autonomous power may be less respectful of individual rights than government proper, if this is necessary to preserve the essential features of the groups' identity, and inseverable incidents of its status and necessary powers. This will be a doctrine that will have to take shape on a case by case basis. Although it is hard to see why self-governing aboriginal communities exercising policing powers on reserves should require the ability to conduct unreasonable searches in derogation of section 8, it is easier to see why denominational schools should be able to intrude on the section 2 guarantee of freedom from enforced conformity to religious practice for its teaching staff.[114] This is the lesson of the *Caldwell* case.[115]

The idea that *Charter* precepts of individual autonomy may suffer diminution at the hands of partially self-governing minorities enjoying collective rights should not shock. The idea is already woven deeply into the design of the *Charter*. In 1982 and 1983, the constitution makers exempted historic collective rights from the *Charter*'s *discipline*. Sections 21, 22, 25, 29, 35(4) and 37.1(4) preserve the original collective rights of

---

[113] *Avery v. Midland County*, 390 U.S. 474 (1968); *Hadley v. Junior College District (Kansas City)*, 25 L. Ed. (2d) 45 (1970).

[114] *R. v. Big M. Drug Mart, supra*, note 22 (S.C.R.), pp. 336-337.

[115] *Supra*, note 87.

linguistic minorities, aboriginal peoples and denominational schools from dilution by individual rights claimed under the *Charter*.[116]

It is, therefore, neither novel nor shocking to suggest that section 27 be applied to limit individual rights when found to be in competition with the special requirements of semi-autonomous cultural groups. The *Charter*'s exclusionary provisions just referred to operate by exempting certain historic guarantees from the *Charter*. Under the structural ethnicity thesis offered here, section 27 would blunt, but not negate, the *Charter*'s force. The exclusionary provisions apply only to certain historic constitutional guarantees. Section 27 would extend beyond these guarantees, to regulate any conflict between *Charter* claims to personal liberty and collective entitlements to autonomy.

Section 27 is a flexible instrument capable of lowering minimum standards flowing from the individual rights sections of the *Charter*. As such, it would supplement the protection offered historic groups in covering matters falling outside traditional constitutional entitlements. For those semi-autonomous groups not protected by historic constitutional guarantees, section 27 would offer the sole, though not insubstantial, constitutional shield. Under the structural ethnicity theory, section 27 would dilute the *Charter*'s individual rights only with respect to structures and processes essential to group preservation and enhancement.

Section 27 is a better vehicle than the exclusionary theory. The exclusionary thesis is too unsubtle in assuming that semi-autonomous groups

---

[116] A question has been raised as to the scope of the exemption granted by section 29. In *Reference re An Act to Amend the Education Act* (1986), 53 O.R. (2d) 513 (C.A.), affirmed [1987] 1 S.C.R. 1148 the majority of the Court of Appeal considered that the exemption extended not only to rights guaranteed by the Constitution, that is, rights existing at confederation, but also to "rights and privileges granted by laws enacted under the authority of the Constitution." The majority limited this principle as follows: "Laws and the Constitution . . . are excluded from application to separate schools only to the extent they derogate from such schools as Catholic (or in Quebec, Protestant) institutions. It is this essential Catholic nature which is preserved and protected by s. 93 of the *Constitution* and s. 29 of the *Charter*." The minority held that "section 29 is specifically made applicable only to the *constitutionally guaranteed* rights . . . of separate schools. It serves to preserve those rights by ensuring that they are immune from *Charter* attack notwithstanding that they may contravene the *Charter*. . . . We reject the notion that every future piece of legislation enacted by the province under s. 93 which confers rights or privileges on Roman Catholic separate schools is placed by s. 29 beyond the purview of the *Charter*. . . . To be protected by s. 29 the rights and privileges must be *constitutionally guaranteed*. . . . A guarantee does not attach to rights or privileges conferred by an ordinary provincial statute." The majority of the Supreme Court held that the rights or privileges protected by section 93(1) are immune from *Charter* review under section 29 of the *Charter*. The Court held that it was never intended that the *Charter* could be used to invalidate other provisions of the Constitution, particularly a provisions such as section 93 which represented a fundamental part of the Confederation compromise.

require wholesale power to override *Charter* values in order to protect themselves. Section 27, by contrast, simultaneously recognizes two key modes of Canadian constitutionalism. Section 27 pays high regard to the semi-autonomous status of certain groups. At the same time, section 27 allows individual rights in the *Charter* to operate as a safeguard against oppression by self-governing majorities in the group intent on crushing *Charter* protected values without demonstrable need. The advantage of section 27 is that it permits a balancing of individual and collective values.

(b) Inclusion and Exclusion

Defining the boundaries of cultural groups raises difficult problems. This is especially so where the group enjoys or seeks government derived powers or benefits. A high regard for group autonomy suggests investment of substantial powers of self-definition in groups. However, where the group enjoys powers or distributes entitlements derived from government, government has interests in insuring that the group use its power of self-definition reasonably — that the group not exclude certain individuals for irrational or abusive purposes. Equally, where government devolves power upon groups, for example taxing powers delegated to denominational school boards, government has interests in overseeing that the power of self-definition not be used oppressively to extend the group's boundaries to include objecting individuals.

Some writers would accord certain communities plenary power of self-definition. Professor Cobo is of opinion that indigenous populations must be allowed unrestricted power to decide who is or is not indigenous — a virtual unlimited authority to include or exclude members of the community.[117] Even with respect to aboriginal communities, it is hard to see how the government has no interest in definition of the group. Government provides monies to the communities based on numbers; the communities' interest in exaggerating the numbers are directly opposed to the government's monetary interest in minimizing them. For this reason, estimates of the number of aboriginal people in Canada vary widely. Also, different representative bodies have interests in defining the communities in antagonistic ways.[118] Dispute over who is Metis — the historic Red River popu-

---

[117] J.R.M. Cobo, *Study of the Problem of Discrimination Against Indigenous Populations*, Report to the Sub-Commission on the Prevention of Discrimination and Protection of Minorities, U.N. Doc. No. E/CN.4/Sub.2/1986/7 and addendums 1-4.

[118] Some interesting disputes have arisen over the representative legitimacy of aboriginal groups. Under sections 37 and 37.1 of the *Constitution Act, 1982* a first ministers' conference must be convened, with an agenda item respecting matters directly affecting aboriginal peoples, "and the Prime Minister of Canada shall invite representatives of those peoples to participate in the discussions on those matters". Disputes have arisen

lation and its descendants, or any person with mixed Indian blood — produced a deep division in the Native Council of Canada, and the formation of a rival association, the Metis National Council. Government has an interest to insure that it is negotiating with and funding legitimate, representative bodies, a concern that orbits around definition of the community. Finally, only the federal government possesses external sovereignty, and is recognized as the entity which can and must answer to international tribunals in respect of the treatment of minority populations. Groups, even aboriginal communities, cannot answer themselves, because they are not States. Government thus has an interest to insure that international human rights norms to which it is bound are observed by semi self-governing communities, including an interest to oversee that criteria of inclusion and exclusion do not violate Canada's international human rights obligations. Canada will have to answer to the international community for any violations.[119]

Notwithstanding government's interest, the power of self-definition is crucial to the security of cultural groups. This consideration easily justifies self-definitional power for cultural minorities. The group's security interest is buttressed by constitutional guarantees for freedom of association. State interference with self-definition may offend the right of each member in the group, or of the group as an entity, to associate only with those of their or its choosing. Associational freedoms come into relevance if the State excludes members which the group wants to accept. So too, the right not to associate[120] inhibits government from including members against their or the group's will.

The power of self-definition may be safely assumed. The significant questions relate to the limits on this power. How far may government interfere? How far may groups forcibly include objecting members? How far are groups free to exclude or excommunicate on the basis of criteria which the group itself determines?

Section 27 may afford a solution to this problem by acting on the interpretation of associational guarantees at section 2(*d*), and permissible limits to them under section 1. A group's associational freedom to self-

---

about which aboriginal representative groups should be invited by the Prime Minister. One such dispute was litigated: *Prairie Treaty Nations Alliance v. Mulroney* (March 29, 1985) (Ont. H.C.) reproduced in J.E. Magnet, *Constitutional Law of Canada* (2nd, 1985), II, 1592. P.T.N.A. requested the Court to require the Prime Minister to invite them to the conference because, in their submission, there was no appropriate representative of the aboriginal peoples whom P.T.N.A. represented at the conference (*Native Women's Assn. of Canada v. R.*, [1992] 3 F.C. 192, 95 D.L.R. (4th) 106 (C.A.), reversed [1994] 3 S.C.R. 627.)

[119] L.M. Kelleher, *Non-Discrimination Concepts in Aboriginal Law* (paper presented at the 1987 meeting of the Canadian Association of Law Teachers).

[120] *Lavigne v. O.P.S.E.U.*, *supra*, note 111 (*per* White J.: ". . . a right to freedom of association which did not include a right not to associate would not really ensure 'freedom' ".

define, even without assistance from section 27, should be of sufficient strength to resist government interference to the point at least where the group's security, its status and essential capacities, are threatened. Section 27 should reduce the power of government to interfere even further. Section 27 mandates government to preserve and enhance Canada's multicultural heritage. A structural ethnicity approach to section 27, as acting on section 2(*d*) or on section 1, would augment the group's institutional autonomy and power to evolve in its own distinctive way. Freedom to self define and to control membership is at the core of this autonomy. Section 27 should carry the associational freedom to self define beyond threats to the group's security and survival to embrace the group's capacity to evolve in its own particular manner.

The language of section 27, especially as mediated by the structural ethnicity principle, suggests positive obligations on government to assist groups to define their boundaries. Government undoubtedly has a margin of appreciation to decide how best to discharge this obligation. So long as acting responsibly in pursuit of ways to discharge its obligation, government ought to be free of court control. But if government does nothing to enhance a group's desire to identify its members or otherwise to assist groups to draw their boundaries, courts ought to give careful consideration to complaints seeking affirmatively acting remedies. In this event, there is every reason for courts to apply sections 2(*d*) and 27 together so as to require government to divulge membership lists in its possession, to require government to enumerate certain groups either specially or through the census, or to provide monies in support of an advertising campaign designed to persuade individuals to self-identify.

Although associational guarantees impose a restraint on government devolving power on groups to include members forcibly, a few precedents already exist. The use of public government structures to implement aboriginal self-government implies forcible inclusion of certain non-aboriginal persons in the jurisdiction of the governing aboriginal group. These persons are subjected to coercive powers of taxation and regulation by the governing aboriginal community. The thesis on which this is done is to preserve and enhance the cultural survival of the aboriginal group, and in recognition of the fact that forcible inclusion of others may be necessary to achieve this purpose. Labour unions are given compulsory powers to check off dues from all employees of a particular employer, whether or not such employees are members of the union. The thesis on which this is done is to prevent "free riding" — inhibition of free riders taking the benefits of collective bargaining without having to shoulder the burdens; and also to recognize that unions should exist, and only can exist if adequately financed.

Canada's constitutional commitment to freedom of association implies the right not to associate. Even aboriginal law recognizes the right of aboriginal persons to drop out of the group and assimilate.[121] One of the four stated goals of the multiculturalism policy as explained by Prime Minister Trudeau in the House of Commons was that the barriers to assimilation be removed for those who want to assimilate. The general principle, thus, would appear to be that groups have little power of forcible inclusion. Nevertheless, the examples just cited suggest an exception; that is, section 27 supports an obligation on government to devolve powers of forcible inclusion on quasi-autonomous groups to the extent that such powers are essential to the group's security or survival.

Powers of exclusion for the group are easier to justify. Associational guarantees buttress the right of group members not to associate with others, even with those who self-identify as group members. This right would be moderated to some extent when the group is in possession of governmentally derived powers or benefits, for reasons previously discussed. The general principle, thus, would appear to be that group boundaries are defined by self identification subject to the right of the group to reject members infringing the group's membership criteria. Government would possess a reserve power to check irresponsible uses of group exclusionary practices or powers in cases where membership in the group entitles individuals to significant governmental powers or benefits.

10. CONCLUSION

Section 27 must be implemented through the development and application of "mediating principles". Three mediating principles are developed here: (1) non-discrimination, (2) symbolic ethnicity and (3) structural ethnicity. All are relevant; all should be utilized by those responsible to interpret and apply the *Charter*.

Structural ethnicity is particularly challenging as an axis around which interpretation of the *Charter* will have to orbit. Structural ethnicity implies creation, maintenance and enhancement of an institutional infrastructure through which cultural communities can preserve and enhance their lives. It implies a degree of autonomy for the communities in controlling this infrastructure. This would extend Canada's collective rights machinery which has created limited autonomy for certain historical minorities.

The collective rights system has been marked by tragic disappointments throughout Canadian constitutional history. It fails regularly to deliver on the promises made to minorities at Confederation. The problem is structural: too ready reliance on litigation brought about by insufficient autonomy for minorities in the principal structures of government. Section

---

[121] F. Cohen, *Handbook of Federal Indian Law* (Charlottesville, Va.: Michie Co., 1982), p. 22, citing *U.S. ex. rel. Standing Bear v. Crook*, 25 F. Cas. 695 (C.C.D. Neb., 1879).

27 should attune courts and policy architects to these problems. Section 27 should require more sensitive attention to the problem of autonomy in preserving and enhancing the security of cultural communities.

Collective rights, and the autonomy they imply, conflict with the individual rights sections of the *Charter*. Section 27 can regulate this conflict by raising or lowering the minimum standards of respect for personal liberty partially self-governing entities must observe. Section 27 moderates the discipline of the *Charter* where assertion of individual rights threatens the survival of cultural communities. In this way, section 27 can orient *Charter* development towards the special demands of bi-nationality and cultural pluralism which characterize the unique genius of Canada's constitutional tradition.

PART V

Enforcement of the Charter

19

Enforcement of the Canadian Charter of Rights and Freedoms*

Dale Gibson**
and
John Gee

1. Introduction
2. General Enforcement — Section 24(1)
    (a) Other Countries
    (b) History of Section 24(1)
    (c) Standing to Sue
        (i) Private Interest
        (ii) Public Interest
    (d) Impending Infringements
    (e) "Court of Competent Jurisdiction"
        (i) "Court"
        (ii) Competence Under Section 24(1)
        (iii) Appropriateness
        (iv) Competence Under Section 52(1) and Inherent Jurisdiction
    (f) Types of Remedies Available
        (i) Positive and Negative Remedies

---

* The assistance of Scott Gibson, co-author of the second edition version of this chapter, is gratefully acknowledged.
** Barrister and Solicitor, Edmonton, Alberta.

        (ii) Acquittal and Staying or Quashing Proceedings
        (iii) Prerogative Remedies
        (iv) Declarations of Rights
        (v) Injunctions
        (vi) Damages
        (vii) Other Remedies
 3. Exclusion of Evidence — Section 24(2)
    (a) Application
    (b) Elements of Disrepute
        (i) Fairness of the Trial
        (ii) Seriousness of *Charter* Violation
        (iii) Impact of Exclusion
 4. Inherent Powers of Superior Courts
 5. Enforcement Statutes

1. INTRODUCTION

An astute English judge observed, almost three centuries ago, that "it is a vain thing to imagine a right without a remedy."[1] The world's most resounding constitutional declaration of civil liberties would not confer legally meaningful protection unless accompanied by an effective mechanism for enforcement. The *Canadian Charter of Rights and Freedoms* includes certain enforcement provisions. This chapter examines those provisions and attempts to assess their effect and adequacy.

There are three remedial or enforcement measures expressly provided. Section 24 contains two of these — the right to seek an appropriate remedy from the courts:

> **24.**(1) Anyone whose rights or freedoms, as guaranteed by this Charter, have been infringed or denied may apply to a court of competent jurisdiction to obtain such remedy as the court considers appropriate and just in the circumstances.

and the right to have certain evidence excluded from court proceedings if obtained in contravention of the *Charter*:

> (2) Where, in proceedings under subsection (1), a court concludes that evidence was obtained in a manner that infringed or denied any rights or freedoms guaranteed by this Charter, the evidence shall be excluded if it is established that, having regard to all the circumstances, the admission of it in the proceedings would bring the administration of justice into disrepute.

---

[1] *Per* Holt C.J. in *Ashby v. White* (1703), 2 Ld. Raym. 938 at 953, 92 E.R. 126. For a useful examination of various remedial and procedural aspects of *Charter* litigation, see R.J. Sharpe, (ed.), *Charter Litigation* (Toronto: Butterworths, 1987).

Additional protection is contained in section 52(1) of the *Constitution Act, 1982*, which, although not strictly a part of the *Charter*, is applicable to its provisions:

> **52.**(1) The Constitution of Canada is the supreme law of Canada, and any law that is inconsistent with the provisions of the Constitution is, to the extent of the inconsistency, of no force or effect.

Because section 52 is the subject of a separate study,[2] this commentary will deal primarily with the remedies contained in section 24 of the *Charter*. It will be necessary, however, to make some observations about section 52 and other remedial powers that go beyond section 24.

2. GENERAL ENFORCEMENT — SECTION 24(1)

(a) Others Countries

Not every constitution that guarantees rights and freedoms contains express enforcement provisions. The Constitution of the United States is silent on the question of enforcement, for example, but the courts of that country have not allowed this silence to prevent granting appropriate remedies for violations of constitutionally entrenched rights.

Many constitutions do include explicit remedial provisions of the type contained in section 24(1) of the *Canadian Charter*. Among these are the constitutions of India, Nigeria, Germany and a considerable number of smaller countries.[3] Although there does not appear to be much jurisprudence

---

[2] See R. Tassé, Chapter 2, "Application de la Charte canadienne des droits et libertés", *supra*, p. 2-1. See also D. Gibson, *The Law of the Charter: General Principles* (Toronto: Carswell, 1986), p. 184 *et seq.*; D. Gibson, "Section 15 in the Courts: An Impression of Year One" in K.E. Mahoney & S.L. Martin (eds.), *Equality and Judicial Neutrality* (Toronto: Carswell, 1987); and D. Gibson, "Non-Destructive Charter Responses to Legislative Inequalities" (1989) 27 *Alta. L.R.* 181.

[3] The Constitution of India (1949) provides as follows:

Right of Constitutional Remedies

32. *Remedies for enforcement of rights conferred by this part.* — (1) The right to move the Supreme Court by appropriate proceedings for the enforcement of the rights conferred in this Part is guaranteed.

(2) The Supreme Court shall have power to issue directions or orders or writs, including writs in the nature of *habeas corpus, mandamus*, prohibition, *quo warranto* and *certiorari*, whichever may be appropriate, for the enforcement of any of the rights conferred by this Part.

(3) Without prejudice to the powers conferred on the Supreme Court by clauses (1) and (2), Parliament may by law empower any other court to exercise within the local limits of its jurisdiction all or any of the powers exercisable by the Supreme Court under clause (2).

(4) The right guaranteed by this article shall not be suspended except as otherwise

interpreting and applying these various remedial guarantees, the Indian experience has been somewhat instructive, and will be referred to occasionally below.

(b) History of Section 24(1)

The forerunner of section 24(1) was an enforcement provision proposed by the Government of Canada in Bill C-60, introduced in Parliament in June 1978, but never passed:

---

provided for by this Constitution.

226. *Power of High Courts to issue certain writs.* — (1) Notwithstanding anything in Article 32, every High Court shall have power, throughout the territories in relation to which it exercises jurisdiction, to issue to any person or authority, including in appropriate cases, any Government, within those territories directions, orders or writs, including writs in the nature of *habeas corpus, mandamus*, prohibition, *quo warranto* and *certiorari*, or any of them, for the enforcement of any of the rights conferred by Part III and for any other purpose.

(2) The power conferred by clause (1) to issue directions, orders or writs to any Government, authority or person may also he exercised by any High Court exercising jurisdiction in relation to the territories within which the cause of action, wholly or in part, arises for the exercise of such power, notwithstanding that the seat of such Government or authority or the residence of such person is not within those territories.

(3) Where any party against whom an interim order, whether by way of injunction or stay or in any other manner, is made on, or in any proceedings relating to, a petition under clause (1), without —

(a) furnishing to such party copies of such petition and all documents in support of the plea for such interim order: and

(b) giving such party an opportunity of being heard, makes an application to the High Court for the vacation of such order and furnishes a copy of such application to the party in whose favour such order has been made or the counsel of such party, the High Court shall dispose of the application within a period of two weeks from the date on which it is received or from the date on which the copy of such application is so furnished, whichever is later, or where the High Court is closed on the last day of that period, before the expiry of the next day afterwards on which the High Court is open; and if the application is not so disposed of, the interim order shall, on the expiry of that period, or, as the case may be, the expiry of the said next day, stand vacated,

(4) The power conferred on a High Court by this article shall not be in derogation of the power conferred on the Supreme Court by clause (2) of Article 32.

There are also enforcement provisions in the Constitutions of Nigeria (1963), s. 42; Papua New Guinea (1975), s. 57; the Bahamas (1963), s. 28; Barbados (1966), s. 24; Fiji (1970), s. 17; Republic of Gambia (1970), s. 28; Republic of Ghana (1979), s. 35; Dominica (1978), s. 18; Botswana (1966), s. 16; TuValu (1968), s. 17; St. Lucia (1978), s. 16; Saint-Vincent (1979), s. 16; Sierra Leone (1978), s. 18; Solomon Islands, s. 18; Zimbabwe (1979), s. 24: Mauritius (1977), s. 17; Republic of Malta (1964), s. 47; Kenya (1969), s. 84; Grenada (1963), s. 16; Kiribati (1979), s.17; Jamaica (1962), s. 25; Federal Republic of Germany (1949), art. 19; Western Samoa (1960), s. 4; Vanuatu (New Hebrides) (1980), s. 6.

24. Where no other remedy is available or provided for by law, any individual may, in accordance with the applicable procedure of any court in Canada of competent jurisdiction, request the court to define or enforce any of the individual rights and freedoms declared by this Charter, as they extend or apply to him or her, by means of a declaration of the court or by means of an injunction or similar relief, accordingly as the circumstances require.

This first attempt to give legal teeth to the proposed *Charter*, while widely applauded in principle, was criticized by some for not going far enough.[4] The restriction of available remedies to declarations, injunctions and "similar relief" was thought by critics to be especially unfortunate; the addition of such relief as damages and the exclusion of evidence obtained in violation of the *Charter* was urged. The Government of Canada took heed of this advice in a tentative proposal for rewording the section which it advanced at the Federal-Provincial Conference of First Ministers on the Constitution in February 1979:

Where no other effective recourse or remedy exists, courts are empowered to grant such relief or remedy for a violation of Charter rights as may be deemed appropriate and just in the circumstances.[5]

The informal intergovernmental discussions that took place during the summer of 1980 resulted in the qualification or abandonment of several important features of the *Charter*, as previously drafted, in the apparent hope of achieving a "lowest common denominator" type of consensus. The enforcement provision was one of the victims. Federal representatives had first proposed a slightly modified version of their 1979 suggestion:

Where no other effective recourse or remedy is available or provided for by law, anyone whose rights or freedoms as declared by this Charter have been infringed or denied to his or her detriment has the right to apply to a court of competent jurisdiction to obtain such relief or remedy as the court deems appropriate and just in the circumstances.[6]

However, when it appeared that no such provision would be acceptable to the governments of certain provinces, this approach to enforcement was abandoned altogether. The Resolution introduced in Parliament by Prime Minister Trudeau in October 1980 contained no express enforcement pro-

---

[4] See, *e.g.*, D. Gibson, "Charter or Chimera: A Comment on the Proposed Canadian Charter of Rights and Freedoms" (1979) 9 *Man. L.J.* 363, pp. 384-385.

[5] Federal-Provincial Conference of First Ministers on the Constitution, *Federal Draft Proposals Discussed by First Ministers*, Document No. 800-010/037 (Ottawa, February 5-6, 1979).

[6] Continuing Committee of Ministers on the Constitution, *Discussion Draft: Rights and Freedoms Within the Canadian Federation*, Document No. 830-81/027 (Ottawa, July 4, 1980) s. 19. This document is often referred to as the "*Summer Draft*" or "*July Draft.*"

vision other than a statement, similar to the present section 52(1), that laws inconsistent with the *Charter* would be void.[7]

This omission drew strong criticism during the hearings of the Special Joint Committee of the Senate and House of Commons that studied the Resolution from December 1980 to February 1981.[8] It was not surprising, therefore, that when the Report of the Committee proposed, with the government's agreement, a number of amendments to the Resolution, reinstatement of the enforcement clause was among them.[9]

The version finally adopted incorporated at least two improvements over all previous drafts. The use of such terms as "individual" and "his or her" in earlier versions in reference to those who could invoke the section had seemed to imply that corporations would not qualify for its protection. This difficulty, which was mentioned during the hearings,[10] appears to have been the reason for using the more inclusive term "anyone" (*"toute personne"* in the French text) in the final version. Another potential problem lay in the requirement of earlier drafts that the provision apply only where "no other remedy is available or provided by law." It could have been applied to deny relief whenever *any* remedy — even a distinctly inferior one — was possible. Elimination of those words in the final draft should ensure that the relief available under section 24(1) is independent of any other possible remedies, although the availability of other suitable forms of relief is, of course, one of the "circumstances" a court may take into account in deciding whether it would be "appropriate and just" to award a remedy under section 24(1).

However, the new draft did not succeed in removing all ambiguities and problems. The rest of this section will attempt to identify some of the remaining problems, examine the courts' solutions to those problems which have been adjudicated, and suggest approaches to the solution of those which have yet to be adjudicated.

(c) Standing to Sue[11]

Who may seek relief for *Charter* violations? There are two categories: those whose own interests are distinctly affected by the alleged violation;

---

[7] House of Commons, *Proposed Resolution for a Joint Address to Her Majesty the Queen Respecting the Constitution of Canada* (October 10, 1980).

[8] See, *e.g.*, the evidence of Professor Walter Tarnopolsky on behalf of the Canadian Civil Liberties Association in *Minutes of Proceedings and Evidence of the Special Joint Committee of the Senate and House of Commons on the Constitution of Canada*, No. 7 (November 18, 1980), p. 15 *et seq.* (*"Committee Proceedings"*).

[9] *Committee Proceedings* No. 57 — *Report to Parliament* (February 13, 1981), p. 15.

[10] Evidence of Business Council on National Issues, *Committee Proceedings* No. 33 (January 7, 1981), p. 135.

[11] See B.L. Strayer, *The Canadian Constitution and the Courts: The Function and Scope of*

and those who act in support of a public interest that is so affected. Different considerations apply to each category.

(i) *Private Interest*

Those whose private interests are involved have an undoubted right to standing. Section 24(1) makes that clear:

> Anyone whose rights or freedoms, as guaranteed by this Charter, have been infringed or denied may apply to a court of competent jurisdiction to obtain such remedy as the court considers appropriate and just in the circumstances.

This is no discretionary matter — the court must entertain the application of anyone who falls within this category. This conclusion may appear academic in light of the undoubted fact that any *relief* sought under section 24(1) is in the court's discretion anyway. It is not entirely academic, however, because the *right of audience* is in itself a very important safeguard in any country where freedom of the press prevails. If journalists can observe and publicize a citizen's contention that he or she has been deprived of rights or freedoms guaranteed by the *Charter*, the result may be public pressure for a political solution to the problem. The public spotlight may also force a reluctant court to take a plaintiff's complaints more seriously in a trial on the merits than it would in a preliminary determination of standing.

To qualify for this right of standing, persons must be themselves affected by the allegedly unconstitutional law or action. Section 24(1) applies only to "anyone whose rights or freedoms have been infringed or denied," and not to those who seek to champion the rights of others.

Standing based on private interest has been recognized in a wide range of circumstances. A resident of Venezuela was granted standing to challenge a ruling denying him Canadian citizenship.[12] Where a newspaper reporter was denied access to a trial, the newspaper had standing to challenge the ruling,[13] and a reporter similarly had standing to challenge an order banning the publication of evidence presented at a preliminary hearing.[14] A lawyer was accorded standing to attack the constitutionality of procedural rules permitting costs to be assessed against solicitors.[15] The interest must be

---

Judicial Review, 3d ed. (Toronto: Butterworths, 1988), p. 145 *et seq*. This section is based on Gibson, *The Law of the Charter, supra*, note 2, p. 264 *et seq*. For a discussion of the related question of standing to intervene, see Gibson, *ibid.*, p. 271 *et seq*.

[12] *Crease v. Canada* (1994), 21 C.R.R. (2d) 347 (Fed. T.D.).

[13] *R. v. Southam Inc.* (1982), 141 D.L.R. (3d) 341 (Ont. H.C.), affirmed on other grounds (1983), 146 D.L.R. (3d) 408 (Ont. C.A.).

[14] *R. v. Harrison* (1984), 14 C.C.C. (3d) 549 (Que. S.C.).

[15] *Danson v. Ontario (A.G.)* (1985), 20 D.L.R. (4th) 288 (Ont. H.C.), affirmed (1986), 27 D.L.R. (4th) 758 (Ont. Ct.), reversed (1987), 41 D.L.R. (4th) 129 (Ont. C.A.), affirmed [1990] 2 S.C.R. 1086.

substantial, however; a grandmother was held not to have standing, on the basis of her freedom of association with her grandchild, to question the constitutional validity of a statute under which an order of wardship was made concerning the child.[16]

Persons accused of offences would appear to have standing to challenge the constitutionality of the laws under which they are prosecuted or the procedures or investigative practices upon which the prosecution is based. So far as the law creating the offence is concerned, this was firmly established by the Supreme Court of Canada in *R. v. Big M Drug Mart Ltd.*[17] The accused in that case was a corporation alleged to have violated provisions of the *Lord's Day Act*.[18] It defended on the ground that the Act violated freedom of conscience and religion under section 2(*a*) of the *Charter*. The Crown contended that, since a corporation cannot hold religious or any other beliefs, the accused's rights had not been infringed or denied, and it accordingly had no standing under section 24(1). The Court, in allowing the defence and striking down the Act, held that accused persons always possess standing, *apart from section 24(1)*, to question the constitutionality of the laws under which they are charged:

> Section 24(1) sets out a remedy for individuals (whether real persons or artificial ones such as corporations) whose rights under the *Charter* have been infringed. It is not, however, the only recourse in the face of unconstitutional legislation. Where, as here, the challenge is based on the unconstitutionality of the legislation, recourse to s. 24 is unnecessary and the particular effect on the challenging party is irrelevant.
>
> Section 52 sets out the fundamental principle of constitutional law that the Constitution is supreme. The undoubted corollary to be drawn from this principle is that no one can be convicted of an offence under an unconstitutional law. The respondent did not come to court voluntarily as an interested citizen asking for a prerogative declaration that a statute is unconstitutional. . . .
>
> Any accused, whether corporate or individual, may defend a criminal charge by arguing that the law under which the charge is brought is constitutionally invalid. Big M is urging that the law under which it has been charged is inconsistent with s. 2(*a*) of the *Charter* and by reason of s. 52 of the *Constitution Act, 1982*, it is of no force or effect.
>
> Whether a corporation can enjoy or exercise freedom of religion is therefore irrelevant. The respondent is arguing that the legislation is constitutionally invalid because it impairs freedom of religion — if the law impairs freedom

---

[16] *W. (P.M.) v. Director of Child Welfare* (1985), 40 Alta. L.R. (2d) 31 (Q.B.). There was a possibility that she might be granted "public interest" standing, but the Court declined to do so because there was another method — appeal — by which the issue could be determined.
[17] [1985] 1 S.C.R. 295.
[18] R.S.C. 1970, c. L-13.

of religion it does not matter whether the company can possess religious belief. An accused atheist would be equally entitled to resist a charge under the Act.[19]

The principle set out in *Big M* was reaffirmed by the Supreme Court of Canada in *R. v. Wholesale Travel Group Inc.*[20] In that case the defendant, a corporation charged with an offence under the *Competition Act*,[21] was permitted to invoke section 7 of the *Charter* to challenge the validity of the statute, even though the rights conferred by section 7 do not apply to corporations.

While the *Big M* case is strictly authority only for constitutional attacks on the laws themselves based on section 52(1) of the *Constitution Act, 1982*, its underlying rationale can be extended as well to *Charter* challenges by accused persons to questionable investigative or prosecutorial practices. Section 52(1) probably applies to more than laws. In any event, the *Big M* decision seems to suggest that, entirely apart from section 52(1), the fact that one is being criminally prosecuted creates standing in itself. As the Court pointed out, accused persons do not "come to court voluntarily." They are brought there, contrary to their wishes, by authority of law. Surely they have standing, with respect to all matters relevant to the prosecution, for that reason alone. It would be difficult to imagine a more legitimate or substantial private interest than the need to defend oneself from criminal prosecution.

There have been a few decisions that appear to cast doubt on that proposition. In *R. v. Taylor*[22] and *R. v. Rowbotham*,[23] for example, accused persons were denied standing to challenge the admissibility of evidence obtained by allegedly unconstitutional searches of premises belonging to and occupied by other persons. In *R. v. Johnstone*,[24] an accused was denied the right to question the constitutionality of age limits imposed on the selection of jurors under the Nova Scotia *Juries Act*.[25] And in *R. v. P. (E.K.)*,[26] the accused were denied standing to challenge the testimony of a witness whose rights had unquestionably been violated by police.

These decisions are based on very narrow views of the scope of the particular *Charter* rights in question: that it is only the person who or whose property is being searched who is protected against unreasonable search and seizure, and that the right to equality in the choice of jurors is a right of

---

[19] *Big M Drug Mart*, *supra*, note 17, pp. 313-314 (*per* Dickson J.).
[20] [1991] 3 S.C.R. 154.
[21] R.S.C. 1985, c. C-34.
[22] (1983), 8 C.R.R. 29 (B.C.S.C.).
[23] (1984), 11 C.R.R. 302 (Ont. H.C.).
[24] (1985), 68 N.S.R. (2d) 302 (T.D.).
[25] S.N.S. 1969, c. 12.
[26] (1989), 72 C.R. (3d) 182 (B.C.S.C.), affirmed (1992), Docs. CA10676, CA10678 (B.C. C.A.).

the jurors rather than of the accused. Those views are highly debatable. More important to the present discussion, however, is the fact that these are not properly questions of standing at all; they are substantive questions of scope that every accused person should have the standing to raise in his or her defence.

It should be noted that the automatic right of standing enjoyed by a person accused of an offence does not apply where a person who is not facing charges seeks a declaration that legislation is *ultra vires* under section 52 of the *Constitution Act, 1982*. In such a case, the plaintiff must be in a position to contend that his, her or its own *Charter* rights have been violated, or else qualify for public interest standing as discussed below. This principle was applied in *Irwin Toy Ltd. v. Quebec (A.G.)*,[27] where the corporate plaintiff was not allowed to invoke section 7 rights in applying for a declaration that legislation affecting it was invalid.[28]

In what circumstances can the private interests of one person be protected by *Charter* litigation brought under section 24(1) on behalf of that person by someone else? This would certainly seem to be possible where someone acts as trustee, committee, guardian *ad litem* or next friend to a person who is under some disability.

It was also possible, prior to the advent of the *Charter*, in the case of *habeas corpus* applications. If only the imprisoned person had the status to challenge the validity of a detention, the right of *habeas corpus* could be nullified by simply preventing the prisoner from gaining the court's attention. In recognition of this special difficulty of imprisoned persons, the courts have permitted outsiders to apply for *habeas corpus* on behalf of prisoners, even where there is neither authority to do so from the prisoner nor any special relationship between the applicant and the prisoner.[29] This right undoubtedly persists after the *Charter* is in force, since section 26 stipulates that existing rights are not eroded by the *Charter*. It is even possible that the right has now been constitutionally entrenched, and thus removed from the reach of legislative alteration, if the guarantee of *habeas corpus* in section 10(*c*) of the *Charter* can be construed to incorporate by reference all associated procedural safeguards.[30] The equivalent provision

---

[27] [1989] 1 S.C.R. 927 at 1001.

[28] See, however, the dissenting judgment of L'Heureux-Dubé J. in *Hy & Zel's Inc. v. Ontario (A.G.)* (1993), 107 D.L.R. (4th) 634 (S.C.C.). For a further discussion of this issue see P.W. Hogg, *Constitutional Law of Canada*, 3d ed. (Toronto: Carswell, 1992), pp. 1272-1274.

[29] D.A.C. Harvey, *The Law of Habeas Corpus in Canada* (Toronto: Butterworths, 1974), p. 76, citing *Ex Parte Thaw (No. 1)* (1913), 22 C.C.C. 1 (Que. S.C.): *Boudreau v. Thaw* (1913), 22 C.C.C. 3 (Que. S.C.).

[30] Such an interpretation is facilitated by the use of the passive voice: "Every one has the right on arrest or detention . . . to have the validity of the detention determined by way of

of the Constitution of India has been held, by exception to the normal requirement of personal interest, to guarantee *habeas corpus* applications by strangers.[31]

Could this right of strangers to apply for relief on behalf of others be extended to other remedies? One writer has pointed out that strangers have been accorded standing, as of right, to apply for writs of prohibition, although it appears to be treated as a discretionary question where *certiorari* is concerned, and strangers do not seem to have been granted even discretionary status to apply for injunction or *mandamus*.[32] This state of inconsistency would seem to call for judicial or legislative reform. Perhaps what is needed is recognition of a principle analogous to "agency of necessity," whereby strangers might apply on behalf of others in circumstances where the persons whose rights are involved cannot be reasonably expected to act on their own behalf.

The right to challenge *Charter* violations that are impending, but have not yet occurred, is sometimes doubted, but it seems undeniable. To the extent that the inherent jurisdiction of a superior court is involved (for example, to grant an order of prohibition), the right to seek relief against apprehended violations has always existed, and, as discussed later, even the restricted language of section 24(1) probably supports relief for impending violations.

What burden of proof lies on a person whose standing to sue is questioned? In *Piercey v. General Bakeries Ltd.*,[33] it was held sufficient to show a *prima facie* case that the right asserted existed, and had been infringed or denied. This would seem to be a logical extension of the general rule that a person need only show an arguable case on a preliminary motion to strike pleadings.

(ii) *Public Interest*[34]

Until 1974, private parties were seldom if ever recognized as having standing to defend purely public interests in Canadian courts, unless they did so with the consent and in the name of the Attorney General. It was

---

habeas corpus." The French text, "de faire contrôler," is compatible with such an interpretation.

[31] D.D. Basu, *Commentary on the Constitution of India*, 5th ed., vol. 2 (Calcutta: Sarkar & Sons, 1965), p. 280.
[32] Strayer, *supra*, note 11, p. 165 *et seq*.
[33] (1986), 31 D.L.R. (4th) 373 (Nfld. T.D.).
[34] See S. Lavine, "Advocating Values: Public Interest Intervention in *Charter* Litigation" (1993) 2 *N.J.C.L.* 27; J. Ross, "Public Interest Standing Takes a Back Seat" (1992) 3 *Constitutional Forum* 100, and "Further Restrictions on Access to Charter Review" (1994) 5 *Constitutional Forum* 22; H.S. Fairley, "Is the Public Interest Falling from Standing?" *Philanthrop* 28.

thought to be the law that a person could not otherwise challenge the constitutionality of a statute or a governmental action if he or she was not privately affected by the law or action in a more significant manner than other citizens who were subject to it. The classic example of that restrictive approach was the case of *Saumur v. Canada (A.G.)*,[35] in which the Supreme Court of Canada denied standing to attack a law prohibiting the distribution of Jehovah's Witnesses' literature because the applicant had not yet been prosecuted for violating the law.

The law concerning standing in constitutional matters has been dramatically modified, however, by more recent decisions of the Supreme Court of Canada: *Thorson v. Canada (A.G.) (No. 2)*,[36] *Nova Scotia Board of Censors v. McNeil*,[37] and *Canada (Minister of Justice) v. Borowski*.[38]

The *Thorson* case[39] concerned the right of an ordinary taxpayer to seek a declaration concerning the constitutional validity of the federal *Official Languages Act*.[40] The Court held, by a six to three majority, that the question of standing is a discretionary matter within the control of the Court at first instance. Among the various factors that should be taken into account by a court when deciding whether to exercise this discretion, the "justiciability" of the question in issue was stated to be "central," and the Court indicated that there is never any doubt as to the justiciability of genuine constitutional disputes: "The question of the constitutionality of legislation has in this country always been a justiciable question."[41]

Other factors to be considered were the availability of other appropriate remedies,[42] and whether the statute in question is "regulatory" or "declaratory" (since it is more likely that persons affected would have more opportunities to challenge regulatory acts than declaratory acts).[43] The question whether tax revenues are involved was stated not to be vital:

> It is not the alleged waste of public funds alone that will support standing but rather the right of the citizenry to constitutional behaviour by Parliament.[44]

The Court concluded that the discretion to grant standing should have been exercised in the plaintiff's favour.

---

[35] [1964] S.C.R. 252. Although that decision applies strictly to the law of Quebec, a similar approach has been taken by courts in the common law provinces. See, *e.g.*, *Cowan v. C.B.C.* (1966), 56 D.L.R. (2d) 578 (Ont. C.A.).
[36] [1975] 1 S.C.R. 138.
[37] [1976] 2 S.C.R. 265.
[38] [1981] 2 S.C.R. 575.
[39] *Supra*, note 36.
[40] R.S.C. 1970, c. O-2 [now R.S.C. 1985, c. O-3].
[41] *Thorson, supra*, note 36, p. 151.
[42] *Ibid.*, p. 147.
[43] *Ibid.*
[44] *Ibid.*, p. 163.

In the *McNeil* case,⁴⁵ the recognition of standing by members of the public was extended further, and some explanation of the majority reasons in *Thorson* was provided. The case concerned an attempt by a Nova Scotia journalist to have a provincial film censorship statute declared unconstitutional. This statute differed from the act considered in the *Thorson* case in that it was "regulatory" as well as "declaratory": it restricted the activities of film exhibitors and subjected them to penalties for breach of its provisions. The plaintiff was not connected with the film business; he had no greater interest in the legislation than any other member of the public. His claim for standing to challenge the constitutionality of the act was resisted by the provincial Attorney General on the ground that this statute, unlike that involved in the *Thorson* case, was regulatory in nature. The Court was unanimous in granting standing to the plaintiff. Although it did not altogether abandon the distinction between regulatory and declaratory statutes, the Court held that since the act's declaratory function, *vis-à-vis* members of the general public, was one of its "central aspects,"⁴⁶ members of the public could challenge its constitutionality.

This discretionary right to standing was broadened even further by the *Borowski* decision.⁴⁷ Borowski, a long-time opponent of abortion, sought a judicial declaration that the provisions of the *Criminal Code*⁴⁸ permitting therapeutic abortions in certain circumstances were invalidated by the guarantee of "the right of the individual to life" contained in section 1(*a*) of the *Canadian Bill of Rights*. He had previously been unsuccessful in challenging the provisions in question by other means. The Supreme Court of Canada held, by a majority of seven to two, that Borowski should be granted standing. This represented an extension of the *Thorson/McNeil* principles in three respects. First, the Court was unanimous in holding that no distinction should be drawn for this purpose between constitutional challenges based on the *British North America Act* [now *Constitution Act, 1867*], as in the previous cases, and those based, as in *Borowski*, solely on the *Canadian Bill of Rights*. Second, standing was granted even though the legislation was not "declaratory," but merely "exculpatory."⁴⁹ Third, and most important, Borowski was permitted to sue even though the legislation was *totally inapplicable to him:* he was not even affected as a member of the general public,⁵⁰ as McNeil had been by the censorship statute.

Mr. Justice Martland, on behalf of the majority, summed up the effect of these three decisions as follows:

---

⁴⁵ *Supra*, note 37.
⁴⁶ *Ibid.*, p. 271.
⁴⁷ *Supra*, note 38, p. 587 (majority) and p. 575 (dissent).
⁴⁸ R.S.C. 1970, c. C-34 [now R.S.C. 1985, c. C-46].
⁴⁹ *Supra*, note 38, p. 599.
⁵⁰ *Ibid.*, p. 578.

[T]o establish status as a plaintiff in a suit seeking a declaration that legislation is invalid, if there is a serious issue as to its invalidity, a person need only to show that he is affected by it directly or that he has a genuine interest as a citizen in the validity of the legislation and that there is no other reasonable and effective manner in which the issue may be brought before the Court.[51]

The position immediately prior to the enactment of the *Charter* therefore appears to have been that standing to seek a declaration that a law or practice is unconstitutional is always within the discretionary power of a court to grant, and that the discretion ought to be exercised in favour of citizens who raise legitimate constitutional issues, so long as the aspects of the impugned law which affect the general public are significant and there are no other appropriate legal remedies readily available. Whether this discretionary status to sue could also be accorded where remedies other than a declaration of invalidity were sought is not certain, but this would appear to be so for at least injunction and *certiorari*.[52]

This discretionary standing on the part of individuals and corporations to challenge, in the public interest, the constitutional validity of laws or governmental practices continues to be available, over and above any standing as of right that section 24(1) of the *Charter* may bestow. In the *Big M Drug Mart* decision,[53] Dickson C.J. commented, on behalf of a majority of the Supreme Court of Canada, that if the respondent "had been engaged in . . . 'public interest litigation'," and "had come to court . . . as an interested citizen asking for a prerogative declaration," rather than as the accused in a criminal prosecution, "[I]t would have had to fulfill the status requirements laid down by this Court in the trilogy of "standing" cases."[54] That test has been followed in a number of decisions granting standing to various public interest litigants.[55]

In more recent cases the courts have shown a tendency, perhaps in an attempt to stem a perceived flood of public interest litigation, to deny standing by strict application of the final part of the *Borowski* test, that there be "no other reasonable and effective manner in which the issue may be

---

[51] *Ibid.*, p. 598.
[52] See Strayer, *supra*, note 11, p. 165 *et seq.*
[53] [1985] 1 S.C.R. 295.
[54] *Ibid.*, p. 313.
[55] *National Citizens' Coalition v. Canada (A.G.)* (1984), 11 D.L.R. (4th) 481 (Alta. Q.B.); *Scott v. British Columbia (A.G.)* (1986), 29 D.L.R. (4th) 544 (B.C.S.C.); *Canada v. Finlay*, [1986] 2 S.C.R. 607; *Silano v. British Columbia* (1987), 42 D.L.R. (4th) 407 (B.C. S.C.); *Corp of the Canadian Civil Liberties Assn. v. Canada (A.G.)* (1990), 72 D.L.R. (4th) 742 (Ont. H.C.); *Conseil du patronat du Québec Inc. v. Quebec (A.G.)* (1991), 87 D.L.R. (4th) 287 (S.C.C.), reversing (1988), 55 D.L.R. (4th) 523 (Que. C.A.); *Energy Probe v. Canada (A.G.)* (1989), 58 D.L.R. (4th) 513 (Ont. C.A.), leave to appeal to S.C.C. refused (1989), 102 N.R. 399 (note) (S.C.C.).

brought before the Court." In *Canadian Council of Churches v. R.*,⁵⁶ the Council was denied standing to attack legislation governing refugees on the basis that its case could better be made by refugee claimants themselves.⁵⁷ And in *Hy & Zel's Inc. v. Ontario (A.G.)*,⁵⁸ the applicants were denied standing to challenge holiday closing legislation under which they were themselves facing charges.

Although most public interest litigation for declaratory relief on constitutional grounds seeks to challenge the validity of *laws*, the standing to request such relief under section 52(1) of the *Constitution Act, 1982* appears also to include challenges to unconstitutional *conduct*.

There is a suggestion to the contrary in the concurring reasons of Wilson J. in *Operation Dismantle Inc. v. R.*⁵⁹ In that case, the plaintiffs were questioning the constitutionality of a federal Cabinet decision to allow United States authorities to test cruise missiles in Canada. While discussing their standing to sue, Madam Justice Wilson commented, after noting that the challenge appeared to be based on section 52(1), that "that provision is directed to 'laws' which are inconsistent with the provisions of the Constitution."⁶⁰

It is submitted that the *dictum* attributes too limited a scope to the subsection. It will be noted that the subsection consists of two clauses, connected by the word "and." The second clause addresses laws that are inconsistent with the Constitution, but the opening clause is much broader. It decrees, without qualification, that "the Constitution of Canada is the supreme law of Canada." Because the principle of the rule of law subjects everyone, including government officials, to the law, this part of section 52(1) seems clearly to require that governmental actions comply with the Constitution, whether or not these actions take the form of laws. This interpretation appeared to be adopted by Dickson C.J. in his majority reasons for judgment in the same case. He suggested that section 52(1) may apply to "all acts taken pursuant to powers granted by the law."⁶¹

(d) Impending Infringements

Probably the most serious weakness in the draughtsmanship of section 24(1) is that by restricting its protection to "anyone whose rights or free-

---

⁵⁶ [1992] 1 S.C.R. 236.
⁵⁷ For a penetrating critique of this decision, see S. McIntyre, "Above and Beyond Equality Rights" (1992) 12 *Windsor Y.B.* 293.
⁵⁸ (1993), 107 D.L.R. (4th) 634 (S.C.C.).
⁵⁹ [1985] 1 S.C.R. 441.
⁶⁰ *Ibid.*, p. 483.
⁶¹ *Ibid.*, p. 459.

doms, as guaranteed by this Charter, *have been* infringed or denied,''[62] it could be construed as excluding judicial consideration of impending infringements in the form of laws which have not yet come into force or proposed actions that have not yet been applied to the complainant.

Several different types of possible impending infringements come to mind. One type is illustrated by the previously mentioned case of *Saumur v. Canada (A.G.)*,[63] in which the Supreme Court of Canada denied a member of the Jehovah's Witnesses sect the right to challenge the constitutional validity of a law prohibiting the distribution of certain sect literature. The Court held that, unless he actually broke the law in question, was prosecuted and raised the constitutional issue in defence, the plaintiff would lack standing to seek judicial relief. Another type of impending violation might arise from a law empowering authorities to infringe rights or freedoms in some arbitrary fashion, such as by randomly searching homes in the hope of finding evidence of illegal activity, if the law had not yet been employed against the plaintiff. A third would be a situation where police or other authorities plan to take measures like those in the previous example, but without lawful authority, and have not yet acted. Finally, a legislative body — municipal, provincial or federal — might simply be debating the desirability of passing a law that some believe would violate the *Charter*.

It was in contemplation of situations like these that the Constitution of Nigeria, and several others that have borrowed their phraseology from Nigeria, was drafted to include anticipated as well as past and present infringements:

> 42.(1) Any person who alleges that any of the provisions of this Chapter has been, is being, or is *likely* to be contravened in any State in relation to him may apply to a High Court in that State for redress.[64] [Emphasis added.]

The absence of the future tense in the equivalent Canadian provision might be interpreted to prevent its application to impending infringements. This restrictive interpretation is not the only possibility, however.

The drafting history of section 24(1) would seem to indicate that impending violations were intended to be included. The first version, in Bill C-60 of 1978, involved no temporal limitation. In fact, the only two remedies provided for in that version — declaration and injunction — were both capable of applying to apprehended future violations. When the forerunner of the present version was first suggested in 1979 (again with no temporal restrictions), it was generally regarded as an expansion of the earlier draft, intended to meet criticisms that the earlier draft did not provide a sufficiently

---

[62] Emphasis added.
[63] [1964] S.C.R. 252.
[64] Constitution of Nigeria (1963).

broad range of remedies. The French text does not employ the past tense expressly: "Toute personne, victime de violation ou de négation des droits ou libertés . . . ." There is nothing in the evidence heard by the 1980-81 Special Joint Committee of the Senate and the House of Commons that would indicate any suggestion that the ambit of the enforcement section should be limited if reinstated in the Resolution. It appears, therefore, that the temporal restriction in the English text was the result of a drafting accident rather than of an advertent policy.

While the orthodox approach to statutory interpretation would deny courts the right to consult this historical material as direct evidence of the meaning of section 24(1), it permits it to be examined as general background information to indicate the "mischief" that was sought to be suppressed by the provision.[65] There is no evidence that the mischief addressed by section 24(1) — infringements and denials of *Charter* rights — excluded inchoate violations. The evidence is all to the contrary.

Viewed against this background, section 24(1) can properly be construed as applying to impending as well as to past infringements. Such an interpretation would do little violence to the language used in the section, because in most inchoate situations the threat of a future violation of rights has *immediate* restrictive consequences on the activities of the plaintiff. Consider the choice faced by Mr. Saumur, for example: either to cease the distribution of literature about his religion or run the risk of prosecution. His response — to cease distribution — constituted a serious and *immediate* restriction on his religious freedom.

Similarly, in the hypothetical situation of proposed random police searches of houses, with or without legislative sanction, it can be argued that the threat would likely cause cautious persons to take immediate protective steps, such as by removing or destroying innocent but embarrassing material from their houses or perhaps pulling up their roots and moving to a freer province or country. Or they might simply suffer mental anguish, worrying about the possibility of a police raid. These would be *present* violations of the rights of those who so responded — intrusions into their private lives that they should not have to put up with. Even in the case of a mere legislative debate about whether to pass legislation that might violate the *Charter*, citizens' rights can be said to be immediately affected by worry, as well as by the cost and inconvenience of any anticipatory protective measures they might feel compelled to take. It is not suggested that courts would have the power to prohibit such debates; only that a citizen who wishes to have a court's opinion about the constitutionality of a measure currently under debate should be entitled to have it.

---

[65] *Schneider v. R.* (1979), 103 D.L.R. (3d) 29 (B.C.S.C.), reversed (1981), 111 D.L.R. (3d) 632 (B.C. C.A.), affirmed (1982), 139 D.L.R. (3d) 417 (S.C.C.).

In other words, in most foreseeable situations of apprehended but unexecuted *Charter* violations, there is likely to be sufficient immediate impact on the conduct or peace of mind of Canadians that section 24(1) can properly be construed as applicable.

Moreover, *Charter* cases involving challenges to the constitutionality of *laws* do not require the remedial authority of section 24(1); such challenges are based on section 52(1), and are therefore not affected by any possible difficulties with the wording of section 24(1).[66]

Judicial decisions on the question appear to uphold that conclusion. In *Kravets v. Canada (Minister of Employment & Immigration)*,[67] Strayer J. of the Federal Court of Canada held that an order of prohibition was available to an applicant in an immigration matter for the purpose of preserving the *status quo* until *Charter* rights could be adjudicated. Appropriate redress was found to be available before as well as after any infringement. In *National Citizens' Coalition v. Canada (A.G.)*,[68] Medhurst J. of the Alberta Court of Queen's Bench stated:

> I do not believe that the wording in s. 24(1) in the past tense would exclude actions that are based on impending breaches. A present violation would include those situations where the action is so reasonably foreseeable in the near future that concern is therefore present at this time.[69]

While the latter case involved a situation of public rather than private interest, there is no evidence that the quoted comment was intended to be restricted to those situations.

Comments by members of the Supreme Court of Canada in *Operation Dismantle Inc. v. R.*[70] tend to support this approach. Dickson C.J., for the majority, stated: "A person . . . cannot be held liable under the law for an action unless that action causes the deprivation, *or threat of deprivation*, of legal rights."[71] And although he held that the statement of claim disclosed no cause of action in that case because of the impossibility of proving a

---

[66] This distinction was noted in *R. v. King* (1983), 3 C.R.D. 725.100-06 (Ont. Co. Ct.).
[67] [1985] 1 F.C. 434 (T.D.). See also *Que. Assn. of Protestant School Bds. v. Quebec (A.G.) (No. 2)*, [1982] C.S. 673 at 685 (Que. S.C.), affirmed [1983] C.A. 77 (Que. C.A.), affirming [1984] 2 S.C.R. 66; *R.L. Crain Inc. v. Couture* (1983), 6 D.L.R. (4th) 478 at 516-518 (Sask. Q.B.); *R. v. Sophanow (No. 2)* (1983), 150 D.L.R. (3d) 590 at 599 (Man. C.A.), affirmed (1984), 11 C.R.R. 183 (S.C.C.); *R. v. R. (T.) (No. 1)* (1984), 7 D.L.R. (4th) 205 (Alta. Q.B.); *Walton v. Canada (A.G.)* (1984), 13 D.L.R. (4th) 379 (N.W.T. S.C.). But see *N. v. D.* (1985), 49 O.R. (2d) 490 (Fam. Ct.), where, oddly, a compulsory blood test in a paternity dispute was held to involve only an "impending" intrusion on the subject's rights; *R. v. King, supra*, note 66; and *Yri-York Ltd. v. Canada (A.G.)* (1988), 30 Admin. L.R. 1 at 14 (Fed. C.A.).
[68] *Supra*, note 55.
[69] *Ibid.*, p. 485.
[70] *Supra*, note 59.
[71] *Ibid.*, p. 456 (emphasis added).

causal link between the actions complained of and such an actual or threatened deprivation of rights, he added: "I am not suggesting that remedial action by the courts will be inappropriate where future harm is alleged."[72] Wilson J., while differing with the majority about some aspects of the decision, seemed to agree on this point, referring to the plaintiff's need to "establish at least a threat of violation."[73]

This interpretation of the *Operation Dismantle* case was confirmed by the Supreme Court of Canada in *R. v. Vermette*. La Forest J., writing for the majority, stated:

> [T]his Court has decided in the case of *Operation Dismantle* . . . that s. 24(1) applies not only in the case of an actual interference with the guaranteed rights, but also when an apprehension of such an interference at a future trial can be established by an applicant.[74]

In *Tyler v. M.N.R.*,[75] this statement was applied in granting an application to prohibit Revenue Canada from releasing income tax information to the R.C.M.P. where such disclosure would result in an infringement of the applicant's rights in pending criminal proceedings.

It seems safe to conclude, therefore, that impending *Charter* contraventions can be the subject of judicial relief under section 24(1). The mere *allegation* of an impending violation is not enough to justify judicial intervention, however; the threat must be proved by a preponderance of probability. As Mr. Justice Dickson put it: "[T]he courts will not take remedial action where the occurrence of future harm is not probable."[76]

(e) "Court of Competent Jurisdiction"[77]

Before a court can grant a *Charter* remedy, it must be established that it has jurisdiction to do so. As one judge put it: "I have sympathy for the applicants. . . . But sympathy cannot clothe me with jurisdiction."[78]

---

[72] *Ibid.*
[73] *Ibid.*, p. 486.
[74] (1988), 50 D.L.R. (4th) 385 at 391 (S.C.C.).
[75] [1991] 2 F.C. 68 (C.A.).
[76] *Operation Dismantle Inc. v. R.*, *supra*, note 59, p. 458. See also *Vermette*, *supra*, note 74, and *Coalition of Citizens for a Charter Challenge v. Metropolitan Authority* (1993), 12 C.E.L.R. (N.S.) 1 (N.S. C.A.), leave to appeal to S.C.C. refused (1994), 12 C.E.L.R. (N.S.) 319 (note) (S.C.C.).
[77] See A.J. Roman, "Tribunals Deciding Charter of Rights Questions" (1992) 1 *Admin L.R. (2d)* 243; R.G. Richards, "Charter Procedure in Administrative Cases" (1994) 7 *C.J.A.L.P.* 135; K.A.G. Bridge, "Charter Challenges: New Twists Over Jurisdiction" (1991) 12 *Adv. Q.* 102.
[78] *Per* Collier J. in *Vergis v. Canada (Labour Relations Bd.)* (1983), 142 D.L.R. (3d) 747 at 750 (Fed. T.D.).

Rather than specifying a particular tribunal to enforce the provisions of the *Charter*, section 24(1) directs complainants to apply for relief to "a court of competent jurisdiction." The term "court of competent jurisdiction" has long been employed in legislation to refer to courts that possess jurisdiction independent of that legislation itself. Collins M.R. offered the following interpretation in a 1907 decision of the English Court of Appeal:

> [I]t is said that the use of the words "a Court of competent jurisdiction" implies that there is a special provision made for recovery before a particular Court, and therefore to the exclusion of every other Court. . . .
> . . . [T]he expression . . . seems to me to be only a compendious expression covering every possible Court which by enactment is made competent to entertain a claim.[79]

A similar interpretation has been adopted by virtually all Canadian courts called upon to apply section 24(1). The Ontario Court of Appeal, for example, has said:

> The weight of authority is that s. 24(1) does not create courts of competent jurisdiction, but merely vests additional powers in courts which are already found to be competent independently of the *Charter*.[80]

Consensus as to this general principle has not avoided some uncertainty as to its application. Doubtful matters include the meaning of "court," the parameters of competence under section 24(1), section 52(1) and "inherent jurisdiction," and the distinction between the competence of the court and the appropriateness of the remedy.

(i) *"Court"*

Although the English text speaks of a "court" of competent jurisdiction, the French version uses the term "tribunal," which is broad enough to include quasi-judicial administrative bodies as well as courts.[81] One writer has suggested that the narrower construction should prevail, limiting the scope of the section to courts of record,[82] but other writers contend that

---

[79] *R. v. Garrett*, [1907] 1 K.B. 881 at 885-886 (C.A.).
[80] *R. v. Morgentaler* (1984), 14 D.L.R. (4th) 184 at 190 (Ont. C.A.) (*per* Brooke J.A.). See also remarks of Wilson J. in the *Singh* case, *infra*, note 90.
[81] A. Gautron, "French/English Discrepancies in the Canadian Charter of Rights and Freedoms" (1982) 12 *Man. L.J.* 220 at 229-230.
[82] E.G. Ewaschuk, "The Charter: An Overview and Remedies" (1982) 26 *C.R.* (3d) 54 at 69; see also *Canada (A.G.) v. Vincer* (1987), 46 D.L.R. (4th) 165 (Fed. C.A.).

administrative tribunals are included,[83] and there is also judicial authority to that effect.[84]

Even if that view did not prevail and the section were held to be restricted to full-fledged courts, it should be borne in mind that a number of specialized tribunals, such as the Immigration Appeal Board,[85] have a status of courts.

In any case, apart from section 24(1), administrative tribunals and other arbiters have an implied power to enforce the *Charter* arising from section 52(1) which declares the Constitution of Canada, including the *Charter*, to be the "supreme law of Canada." In *Douglas/Kwantlen Faculty Assn. v. Douglas College*[86] and *Cuddy Chicks Ltd. v. Ontario (Labour Relations Board)*,[87] the Supreme Court of Canada held that an arbitrator and an administrative tribunal, respectively, had the authority to decide questions of invalidity pursuant to section 52(1). However, in *Tétreault-Gadoury v. Canada (Employment & Immigration Commission)*,[88] the Court denied the same authority to another tribunal because, taking the overall statutory scheme into account, it concluded that Parliament had not intended to give that particular tribunal the power to interpret laws.

(ii) *Competence Under Section 24(1)*

Not every court, tribunal or other arbiter would have jurisdiction over every *Charter* violation, of course. It would always be necessary to establish that the situation is within the jurisdiction of the body approached. At least three types of jurisdictional competence are possible, relating to (a) the subject matter, (b) the parties and (c) the remedy, and the Supreme Court of Canada seems to have held that each of these jurisdictional requirements must be satisfied in order to seek a remedy under section 24(1).[89]

---

[83] G.J. Smith & J.G. Richards, "Applying the Charter" in G.J. Smith (ed.), *Charter of Rights and Administrative Law 1983-84* (Law Society of Upper Canada Bar Admission Course Materials) (Toronto: Carswell, 1983); M. Manning, *Rights, Freedoms and the Courts: A Practical Analysis of the Constitution Act, 1982* (Toronto: Emond-Montgomery, 1982), p. 470.

[84] *R. v. Nash* (1982), 70 C.C.C. (2d) 490 (Nfld. Prov. Ct.); *Moore v. R.* (May 12, 1986) (B.C. S.C.); *Jonson v. Ponoka County (Board of Education) No. 3* (1988), 88 A.R. 31 (Bd. of Reference).

[85] *Immigration Act, 1976*, S.C. 1976-77, c. 52, s. 65(1) [now R.S.C. 1985, c. I-2, s. 63(1)]; *Law v. Canada (Solicitor Gen.)* (1983), 144 D.L.R. (3d) 549 (Fed. T.D.), reversed in part (1984), 11 D.L.R. (4th) 608 (Fed. C.A.). The status of boards that are merely stated to have "all the powers of a court of record", such as the Manitoba Public Utilities Board (*The Public Utilities Board Act*, C.C.S.M., c. P250, s. 10), is doubtful.

[86] [1990] 3 S.C.R. 570.

[87] [1991] 2 S.C.R. 5.

[88] [1991] 2 S.C.R. 22.

[89] *R. v. Mills*, [1986] 1 S.C.R. 863.

Competence as to *subject matter* presents few problems. Consider the position of a court of exclusively criminal jurisdiction, such as the provincial court of one of the provinces. If a person, prosecuted in such a court for breach of some statute, defended on the ground that the statute offended the "equality before the law" provisions of the *Charter*, the Court would certainly be empowered to give effect to the defence. But if the discriminatory statute involved instead the unequal distribution of some benefit, such as rent subsidies or unemployment insurance, the person discriminated against could obtain no assistance from a criminal court, and would have to seek his or her remedy from a court of general civil jurisdiction.

The plaintiff must, in other words, always establish that the subject with respect to which the alleged *Charter* violation took place is within the competence of the court, tribunal or arbiter approached. Madam Justice Wilson, speaking for half of a six-judge panel of the Supreme Court of Canada in *Singh v. Canada (Minister of Employment & Immigration)*, confirmed this interpretation:

> Section 24(1) of the *Charter* provides remedial powers to a "court of competent jurisdiction." As I understand this phrase, it premises the existence of jurisdiction from a source external to the *Charter* itself.[90]

Therefore, she held, the Court could not consider alleged *Charter* violations by a body not subject to the jurisdiction of the Court appealed from in the particular proceedings.

An application to the Trial Division of the Federal Court of Canada to quash on *Charter* grounds an indeterminate sentence imposed on the plaintiff by a provincial court judge under the "dangerous offender" provisions of the *Criminal Code* was struck out because such matters are entirely outside the jurisdiction of the Federal Court.[91] A request by defence counsel in a criminal trial before a jury to address the jury on the question whether the trial had been unreasonably delayed contrary to section 11(*b*) of the *Charter* was refused because questions of law are entirely beyond the competence of juries.[92] A review and alteration by one provincial court judge of bail orders made by another provincial court judge was held to be invalid because reviewing previous bail orders is not one of the functions bestowed on such judges.[93] The Trial Division of the Federal Court has no jurisdiction to review or stay the execution of orders made by the Canada Labour Relations Board, though an appeal may lie to the Federal Court of Appeal.[94] Courts of Appeal and their individual members have been held

---

[90] [1985] 1 S.C.R. 177 at 222.
[91] *R. v. Jackson* (1984), 5 C.R.D. 425.20-09 (Fed. T.D.).
[92] *R. v. Robinson* (1984), 36 Sask. R. 310 (Q.B.).
[93] *R. v. Brooks* (1982), 143 D.L.R. (3d) 482 (Ont. H.C.).
[94] *Vergis v. Canada (Labour Relations Bd.)*, *supra*, note 78.

not to have the jurisdiction to deal with *Charter* claims at first instance because their competence is purely appellate.[95] No right of appeal exists where none is created by statute, even on *Charter* grounds.[96]

It should be remembered, however, that jurisdictional questions are not necessarily "either/or" matters. Jurisdictional spheres often overlap, especially where constitutional issues are involved. The Supreme Court of Canada has confirmed, for example, that both the Federal Court of Canada and the provincial superior courts are competent to entertain challenges to the constitutionality of federal legislation,[97] and this has been held to apply to challenges based on the *Charter*.[98]

Competence as to the *parties* involved in the dispute is also necessary. This requirement is not likely to raise frequent problems, since most courts have jurisdiction over most persons and legal entities engaged in activities within the area served by the Court. In *R.v. Gamble*,[99] the Supreme Court held that the Ontario courts had jurisdiction to hear a *Charter* application from a convict imprisoned in Ontario despite the fact that the offence, trial, and appellate proceedings had all taken place in Alberta.

However, the *Federal Court Act*[100] purports to create an important exception to this general rule by stipulating, in section 18, that actions seeking injunctions, prerogative remedies or declaratory relief against "any federal board, commission or other tribunal" are within the "exclusive" jurisdiction of the Federal Court of Canada. While it is beyond the scope of this chapter to examine the ambit of this exception, or the doubts that have been raised as to its constitutional validity,[101] it should be noted that it is still difficult to state unequivocally which courts are competent to rule on alleged *Charter* violations by agencies of the government of Canada.[102]

Competence as to *remedy* is also required, although that is not to say that courts are necessarily limited to those remedies which were exercised prior to the *Charter*. Some courts lack the normal jurisdiction to award certain forms of relief, such as injunctions or damages over specified

---

[95] *ACL Can. Inc. v. Hunter* (1983), 3 D.L.R. (4th) 336 (Que. C.A.) (*per* Nichols J.A. in Chambers); *R. v. Crate* (1983), 1 D.L.R. (4th) 149 (Alta. C.A.).
[96] *R. v. Meltzer*, [1989] 1 S.C.R. 1764; *R. v. Vaillancourt* (1989), 49 C.C.C. (3d) 544 (Ont. C.A.), leave to appeal to S.C.C. refused (1990), 72 C.R. (3d) xxvi (note) (S.C.C.); but see *R. v. Ruston* (1991), 63 C.C.C. (3d) 419 (Man. C.A.); *Kourtessis v. M.N.R.* (1993), 102 D.L.R. (4th) 456 (S.C.C.).
[97] *Canada (A.G.) v. Law Society of B.C.*, [1982] 2 S.C.R. 307.
[98] *Lavers v. British Columbia (Min. of Finance)* (1985), 18 D.L.R. (4th) 477 (B.C. S.C.), affirmed (1989), 64 D.L.R. (4th) 193 (B.C.C.A.); *Reza v.Canada*, [1994] 2 S.C.R. 394.
[99] [1988] 2 S.C.R. 595.
[100] R.S.C. 1970 (2nd Supp.), c. 10 [now R.S.C. 1985, c. F-7].
[101] See *James Richardson & Sons Ltd. v. M.N.R.* (1981), 117 D.L.R. (3d) 557 (Man. Q.B).
[102] See *Bassett v. Canada* (1987), 35 D.L.R. (4th) 537 (Sask. C.A.); *Mousseau v. Canada (A.G.)* (1993), 107 D.L.R. (4th) 727 (N.S. C.A.).

sums,[103] and victims of *Charter* violations should accordingly choose their tribunals with an eye to the remedies available therefrom, as well as the types of disputes and categories of parties they are empowered to entertain. It has been held, for example, that a provincial court judge presiding at a preliminary inquiry under the *Criminal Code* is not a court of competent jurisdiction for the purposes of an application for relief under section 24(1), as the provincial court judge's remedial powers are restricted to committal and discharge.[104] A county court judge entertaining an appeal from a conviction and suspension of driver's licence under highway traffic legislation has been held to have no power to award damages after overturning the conviction.[105]

It is grammatically possible to interpret the section as not including remedies within the meaning of "competent jurisdiction." It will be noted that the subsection deals *separately* with the questions of "competent jurisdiction" and "remedy." After directing complainants to a court of competent jurisdiction, the section then empowers the Court to provide "such remedy as the court considers appropriate and just in the circumstances." Although this could be construed to refer only to remedies within the Court's normal competence, it would have been easy for the drafters of the section to say so expressly; they did not. It is therefore open to the courts to find that the term "court of competent jurisdiction" refers only to jurisdiction over subject matter and parties, every court having been given unlimited discretionary competence over remedies by the concluding words of the section. If this approach were accepted, it would be applicable to statutory courts, whose normal powers, unlike those of courts of "inherent jurisdiction," are restricted to those bestowed on them by statute, the *Charter* being a "statute" for that purpose.[106]

Professor Hogg has stated a preference for this broader interpretation,[107] pointing out that section 24(1) provides a remedy for alleged denials of constitutional rights. If the remedy for constitutional violations were subject to legislative control, constitutional rights would be no stronger, in realistic terms, than the remedies the legislators were willing to permit. Since one of the primary purposes of the *Charter* is to ensure that legislators

---

[103] *E.g.*, *Continental Bank of Can. v. Rizzo* (1985), 50 C.P.C. 56 (Ont. Dist. Ct.).

[104] *R. v. Mills*, *supra*, note 89; see also *R. v. Seaboyer*, [1991] 2 S.C.R. 577.

[105] *R. v. Quan* (1984), 9 C.R.R. 375 (B.C. Co. Ct.).

[106] *Johnson v. Ontario* (1985), 16 D.L.R. (4th) 441 (Ont. H.C.).

[107] P.W. Hogg, *Constitutional Law of Canada*, 3d ed. (Toronto: Carswell, 1992), p. 920. See also J.C. Levy, "The Invocation of Remedies Under the Charter of Rights and Freedoms: Some Procedural Considerations" (1983) 13 *Man. L.J.* 523. In *R. v. Erickson* (1984), 13 C.C.C. (3d) 269 at 275 (B.C. C.A.), Esson J.A. said: "Next there is the question as to the extent of the power of the court under s. 24(1) to grant remedies which are not otherwise authorized by law. It is clear that the *Charter* confers some such powers."

respect the rights it enshrines, an interpretation of section 24(1) that left enforcement of the *Charter* ultimately in the hands of the legislators undoubtedly puts that purpose at risk.

The Supreme Court of Canada seems to have rejected that interpretation in *R. v. Mills*.[108] Both the majority and minority judges in that case appear to have stated, in *obiter dicta*, that extra-*Charter* competence is required as to remedy, as well as to subject matter and parties. Read closely, the reasons for judgment of Mr. Justice McIntyre, for the majority, could be interpreted as leaving open the possibility that remedial jurisdiction could be based on section 24(1) itself. It is doubtful that such an interpretation was intended, however.

Nevertheless, his Lordship did urge the courts, acting within their jurisdictional limits, to "devise, as the circumstances arise, imaginative remedies to serve the needs of individual cases."[109] This probably means that, while some remedial competence outside the *Charter* is required, the Supreme Court will be sympathetic to expansive interpretations and novel applications of those existing powers.

It should not be forgotten that the remedial powers of most courts are already extensive — especially in the case of courts of inherent jurisdiction. It has been observed that the inherent jurisdiction of superior courts in procedural matters "may be invoked in an apparently inexhaustible variety of circumstances, and may be exercised in different ways."[110]

(iii) *Appropriateness*

The relief authorized by section 24(1) must be "appropriate and just in the circumstances." Many of the remedies that courts have denied on the ground that they are not competent to grant them would probably have been denied as "inappropriate" even if the Court had regarded itself as competent.

Existing legal procedures have established an orderly and well-understood division of labour among the various participants in the adjudicative process. These procedures are generally regarded, for the most part, as the fairest and most efficient methods of conducting litigation. It would make little sense in most cases to abandon or disrupt the system just because

---

[108] *Supra*, note 89.
[109] *Ibid.*, p. 955.
[110] I.H. Jacob, "The Inherent Jurisdiction of the Court" (1970) 23 *Curr. Legal Probs.* 23; approved in *Canada Labour Congress v. Bhindi* (1985), 17 D.L.R. (4th) 193 at 203 (B.C. C.A.). And see *Danson v. Ontario (A.G.)* (1985), 20 D.L.R. (4th) 288 (Ont. H.C.), affirmed (1986), 27 D.L.R. (4th) 758 (Ont. Div. Ct.), reversed (1987), 41 D.L.R. (4th) 129 (Ont.C.A.), affirmed [1990] 2 S.C.R. 1086.

Charter rights are involved. In *R. v. Anson*,[111] MacFarlane J.A. of the British Columbia Court of Appeal stated, in support of a refusal by a Supreme Court judge to prohibit a lower court judge, on *Charter* grounds, from proceedings with a trial:

> [E]ach level of the judiciary should be free to perform its proper function, and ... counsel should not be encouraged to seek solutions to legal questions prematurely at the supervisory or appellate level ... [T]here will be cases where it may be appropriate to grant prerogative relief. Such cases should be few and far between, but it is best to leave the decision in those cases to the fair and proper exercise of the discretion of the judge.[112]

In *R. v. Blackwoods Beverages Ltd.*, Monnin C.J.M., of the Manitoba Court of Appeal, commented:

> [T]he Charter was not intended to disturb what is and was a well-organized legal system nor to cause its paralysis. The Charter is the supreme law of the country, it must be applied and given the most liberal and free interpretation but it must do so within the existing trial system. ... [T]he ordinary trial procedure of information, preliminary hearing, committal, trial and appeals at various levels of appellate jurisdiction must not be disturbed. On the contrary, that hierarchy must be respected for the proper, efficient and speedy administration of justice. Otherwise, we will have nothing but a series of jumping jack-in-the-box effects, of up and down from trial level to appellate level with no specific and exact procedure to follow.[113]

For these reasons, courts have usually refused to follow extraordinary procedures in *Charter* cases. Pre-trial hearings to suppress evidence obtained by unconstitutional means have been rejected.[114] Motions to stay criminal proceedings on *Charter* grounds have been held to be more appropriate for consideration by the trial court than by an appellate court.[115] Courts of appeal have often declined to entertain appeals from interlocutory rulings on *Charter* issues until the trial stage has been completed.[116]

It must be stressed, however, that many, if not most, of these rulings are discretionary decisions as to what is "appropriate and just in the circum-

---

[111] (1983), 146 D.L.R. (3d) 661 (B.C.C.A.).

[112] *Ibid.*, pp. 672-673.

[113] (1984), 15 D.L.R. (4th) 231 at 237 (Man. C.A.), leave to appeal to S.C.C. refused (1985), 15 D.L.R. (4th) 231n (S.C.C.).

[114] *Ibid.*; *R. v. Siegel* (1982), 142 D.L.R. (3d) 426 (Ont. H.C.); *R. v. Zevallos* (1987), 37 C.C.C. (3d) 79 (Ont. C.A.).

[115] *R. v. Krakowski* (1983), 146 D.L.R. (3d) 760 (Ont. C.A.); *R. v. Gautreau* (1990), 60 C.C.C. (3d) 332 (N.B. C.A.), leave to appeal to S.C.C. refused (1991), 136 N.R. 419 (note) (S.C.C.); *R. v. Mincovitch* (1992), 74 C.C.C. (3d) 282 (Ont. Gen. Div.).

[116] *Quebec (A.G.) v. Laurendeau* (1983), 4 D.L.R. (4th) 702 (Que. C.A.), leave to appeal to S.C.C. refused (1983), 4 D.L.R. (4th) 702n; *R. v. Morgentaler* (1984), 14 D.L.R. (4th) 184 (Ont. C.A.); *R. v. Ritter* (1984), 7 D.L.R. (4th) 623 (B.C. C.A.); *R. v. Duvivier* (1991), 64 C.C.C. (3d) 20 (Ont. C.A.).

stances"; they are not the inexorable consequences of immutable jurisdictional principles. It has already been pointed out that there is considerable jurisdictional overlap among judicial and quasi-judicial bodies. Many of the conventionally respected boundaries are matters of convenience rather than of competence.

When the courts are requested to draw upon the discretionary reservoir of extraordinary remedial powers that they may have under either section 24(1) or their inherent authority, they should do so sparingly and with due regard for normal procedural considerations. But they must be prepared to use those powers where, because of unusual circumstances, it would be "appropriate and just" to do so. This principle has been affirmed by the Supreme Court of Canada in *R. v. Rahey*[117] and *R. v. Smith*.[118] In *Rahey*, Lamer J. stated[119] that, while superior courts have "constant, complete and concurrent jurisdiction" with respect to section 24(1) applications, they should defer to the trial court and decline to exercise this jurisdiction unless, under the circumstances, the superior court is more suited than the trial court to deal with the application. Among such exceptional cases are those where there is as yet no trial court within reach and the timeliness of the remedy or the need to prevent a continuing violation of rights is shown, and those where it is the process below itself which is alleged to be in violation of the *Charter*'s guarantees.[120]

(iv) *Competence Under Section 52(1) and Inherent Jurisdiction*

Limitations in the remedial powers granted by section 24 of the *Charter* are not necessarily fatal to claims excluded by the limits, because section 24 is not the sole source of relief for *Charter* violations.

In countries like the United States, which have constitutional guarantees of rights and freedoms but no express enforcement machinery, the guarantees have been enforced through ordinary processes of judicial review. This was also the case in Canada prior to the adoption of the *Constitution Act, 1982*, as is illustrated by the ruling of the Supreme Court of Canada giving legal effect to language guarantees contained in section 133 of the *Constitution Act, 1867*, and section 23 of the *Manitoba Act*.[121]

Any argument that the narrower powers of section 24 have replaced for *Charter* purposes the pre-*Charter* power of the courts to enforce con-

---

[117] [1987] 1 S.C.R. 588.
[118] [1989] 2 S.C.R. 1120.
[119] *Supra*, note 117, p. 603.
[120] Cases where such intervention has occurred include *R. v. Devasagayam* (1990), 61 C.C.C. (3d) 404 (Ont. Gen. Div.) and *R. v. Eton Construction Co.* (1991), 68 C.C.C. (3d) 219 (Ont. Gen. Div.).
[121] *Man. (A.G.) v. Forest*, [1979] 2 S.C.R. 1032; *Qué. (A.G.) v. Blaikie*, [1979] 2 S.C.R. 1016.

stitutional rights without an express mandate is rebutted by section 26, which stipulates that the *Charter* is not to be so construed as to deny pre-existing rights.

On the contrary, section 52(1) of the *Constitution Act, 1982* now provides an explicit recognition of the principle upon which pre-*Charter* judicial enforcement of constitutional rights was based — that unconstitutional laws are invalid:

> The Constitution of Canada is the supreme law of Canada, and any law that is inconsistent with the provisions of the Constitution is, to the extent of the inconsistency, of no force or effect.

The Supreme Court of Canada has indicated that section 52(1) involves a remedy for *Charter* violations that is independent of section 24(1). In *R. v. Big M Drug Mart Ltd.*,[122] Mr. Justice Dickson, speaking for a majority of the Court, stated:

> Section 24(1) sets out a remedy for individuals . . . whose rights under the *Charter* have been infringed. It is not, however, the only recourse in the face of unconstitutional legislation. Where, as here, the challenge is based on the unconstitutionality of the legislation, recourse to s. 24 is unnecessary. . . .
>
> Section 52 sets out the fundamental principle of constitutional law that the Constitution is supreme.

He went on to explain that persons prosecuted under unconstitutional laws may always raise section 52 as a defence, and that interested citizens may also rely on it to attack unconstitutional laws in "public interest litigation" if they can establish standing under the *Thorson/McNeil/Borowski* principles.

It should also be remembered that superior courts possess inherent jurisdiction that could be relied upon in situations that are found to be beyond judicial reach even under section 52(1). This possibility will be examined more fully later.

(f) Types of Remedies Available[123]

Section 24(1), which empowers "a court of competent jurisdiction" to award "such remedy as the court considers appropriate and just in the circumstances" to anyone whose *Charter* rights or freedoms "have been infringed or denied," is the most broad-ranging of the *Charter*'s remedial provisions. The variety of remedies available under this provision is restricted by only three factors:

---

[122] [1985] 1 S.C.R. 295 at 313.
[123] Based on extracts from, D. Gibson, *The Law of the Charter: General Principles* (Toronto: Carswell, 1986), p. 192 *et seq.*

1. the extent of the Court's normal remedial armaments (which in the case of superior courts is virtually unlimited);
2. the need for the remedy to be "appropriate and just"; and
3. the breadth of judicial imagination.

(i) *Positive and Negative Remedies*

Courts are more familiar with "shalt nots" than with "shalts." They have traditionally been readier to award negative, prohibitory types of remedy than positive, mandatory ones. Although the *Charter* is expressed in terms of positive rights and freedoms rather than of duties and responsibilities, the remedies sought by persons alleging violation of their *Charter* rights are most often of a negative type: striking down a law or a governmental action that offends the *Charter*, rejecting evidence obtained in violation of the *Charter* or acquitting an accused who was denied *Charter* rights.

In some circumstances, however, the most appropriate remedy may involve positive action by the defendant to restore the plaintiff's *Charter* rights, or to compensate for their deprivation. The payment of monetary damages to compensate for lost income might, for example, be the most suitable remedy for discrimination in employment. More elaborate forms of positive relief might sometimes also be called for: an order to provide employment or a denied service to a victim of discrimination, or perhaps an order to carry out an affirmative action program for the benefit of historically disadvantaged groups. In these situations the courts' customary unease with positive remedies could pose problems.

The problems can be overcome, however. They are not primarily legal in nature. Under section 24(1), the courts have all the legal authority they require to award positive relief whenever appropriate. Their normal remedial arsenal includes a wide range of positive measures, from monetary damages to mandatory injunctions and writs of *mandamus*. The major obstacles to the granting of positive remedies are not procedural. They are rooted, rather, partly in judicial attitudes and partly in the ambiguous phrasing of some of the rights guaranteed by the *Charter*.

The attitudinal problem is largely a thing of the past. Canadian courts used to exhibit extreme deference toward the elected arms of government. They regarded it as less intrusive to tell the government that it could not pass a particular law or pursue a specific line of action than to tell it what law should be enacted or what line of action should be taken. They also showed considerable reluctance to order conduct which would require detailed or long-lasting judicial supervision. The *Charter* has now given judges a constitutional mandate to do what they were previously reluctant to do, however, and the early years of *Charter* litigation have clearly demonstrated that judges are taking this responsibility seriously. Due deference is still paid to democratic decision-making, but where political decisions contravene constitutional rights, the courts are no longer reluctant to award appropriate remedies.

The other major obstacle to positive relief is that the *Charter* is sometimes unclear about whether it is bestowing a substantive right to positive assistance in certain circumstances. Several of the *Charter*'s substantive rights would mean little if the courts were unable or unwilling to enforce them by positive remedies. These include the right to vote (section 3), the right to an interpreter in court (section 14), the right to certain public services in either French or English (section 20), and the right to minority language instruction and educational facilities (section 23). In those cases, there can be little doubt that positive relief was intended.

Other rights are expressed in language that could be construed as calling for only negative remedies. The availability of positive relief in those cases depends upon the substantive nature of the rights in question.

(ii) *Acquittal and Staying or Quashing Proceedings*

The *Charter* is invoked most frequently in criminal proceedings and, when the *Charter* claim is successful in such cases, it sometimes results in dismissal of the prosecution. It would be rare for an acquittal, in the strict sense, to be appropriate (except where the exclusion of evidence under section 24(2) left the Crown with insufficient evidence to support a conviction), since most *Charter* rights involve either procedural safeguards or the constitutional validity of the law creating the prohibition, rather than the question whether the accused did or did not do what he or she was charged with. What a court may do, however, when a *Charter* defence succeeds in a criminal case, is to quash the indictment or information or stay the prosecution.[124]

The remedy of staying the proceedings has assumed particular importance with respect to violations of the right to a speedy trial guaranteed by section 11(b) of the *Charter*. In such cases, the Supreme Court of Canada has held that a stay is the *only* suitable remedy.[125] A court may also order a temporary stay until a curable *Charter* violation, such as failure to provide publicly funded counsel to an indigent defendant, is remedied.[126]

---

[124] *E.g., R. v. Heaslip* (1983), 9 C.C.C. (3d) 480 (Ont. C.A.); *R. v. Bourget* (1987), 41 D.L.R. (4th) 756 (Sask. C.A.); *R. v. Desjardins* (1991), 88 Nfld. & P.E.I.R. 149 (Nfld. T.D.); *R. v. Morris* (1992), 117 N.S.R. (2d) 60 (Co. Ct.).

[125] *R. v. Mills*, [1986] 1 S.C.R. 863; *R. v. Rahey* (1987), 39 D.L.R. (4th) 481 (S.C.C.); *R. v. Askov*, [1990] 2 S.C.R. 1199.

[126] *R. v. Rowbotham* (1988), 41 C.C.C. (3d) 1 at 69 (Ont. C.A.).

This does not mean that every *Charter* infringement by police or prosecuting authorities should result in a dismissal of the prosecution.[127] Only where the violation has prejudiced the accused's defence and cannot be satisfactorily remedied in any other way is dismissal an "appropriate and just" remedy.

The standard to be applied in staying a criminal prosecution on *Charter* grounds has been the subject of some confusion because the same remedy is also available at common law in cases where an "abuse of process" has occurred. At common law, a stay is granted only in the "clearest of cases" where a trial would violate those fundamental principles of justice which underlie the community's sense of fair play and decency.[128] Some judges have suggested that section 7 of the *Charter* gives rise to a distinct new right to a stay of proceedings with a lower onus of proof.[129] The Supreme Court has yet to give a definitive ruling on this issue, but it seems, on the basis of general principle, unlikely that the existence of a distinct right will be upheld.

Under section 605(1)(*a*) [now section 676(1)(*a*)] of the *Criminal Code*, appeals by the Crown lie only from acquittals, and because of the technical distinctions between acquittal, quashing of the indictment or information and staying of proceedings, considerable confusion prevailed at one time as to whether the Crown could appeal a trial court's decision to quash or stay. That confusion was cleared up by the Supreme Court of Canada in *R. v. Jewitt*,[130] a case in which narcotics proceedings against the accused were stayed by the trial judge on the ground that the Crown had been guilty of an abuse of process. The Crown's attempt to appeal the decision was resisted on the ground that a stay did not amount to an acquittal. The Supreme Court of Canada ruled (after confirming that proceedings can be stayed for abuse of process, although "only in the clearest of cases"[131]) that both an order to quash and an order to stay are "tantamount to a judgment or verdict of acquittal" where:

---

[127] *R. v. Erickson, supra*, note 107; *R. v. Williams* (1984), 12 W.C.B. 37 (B.C. Co. Ct.); *R. v. Cutforth* (1987), 40 C.C.C. (3d) 253 (Alta. C.A.); *R. v. Davidson* (1988), 46 C.C.C. (3d) 403 (N.S. C.A.); *R. v. Vermette* (1988), 50 D.L.R. (4th) 385 (S.C.C.); *R. v. Douglas* (1991), 5 O.R. (3d) 29 (C.A.), affirmed [1993] 1 S.C.R. 893; *R. v. Sullivan* (1991), 96 Nfld. & P.E.I.R. 7 (Nfld. C.A.); *R. v. V. (W.J.)* (1991), 72 C.C.C. (3d) 97 (Nfld. C.A.); *R. v. Xenos* (1991), 70 C.C.C. (3d) 362 (Que. C.A.); *R. v. Letourneau* (1994), 87 C.C.C. (3d) 481 (B.C. C.A.).

[128] *R. v. Jewitt*, [1985] 2 S.C.R. 128 at 136-137; *R. v. Conway*, [1989] 1 S.C.R. 1659.

[129] *R. v. Keyowski*, [1988] 1 S.C.R. 657; *R. v. Light* (1993), 78 C.C.C. (3d) 221 at 244-245 (B.C. C.A.); *R. v. O'Connor* (1994), 89 C.C.C. (3d) 109 at 133-150 (B.C.C.A.); *R. v. Potvin* (1993), 105 D.L.R. (4th) 214 at 235-236 (S.C.C.) *per* McLachlin J. For a contrary view see *R. v. Cutforth, supra*, note 127.

[130] *Supra*, note 128.

[131] *Ibid.*, p. 137.

(a) the decision to stay was not based on procedural considerations, but rather on questions of law: and (b) the decision was a final decision, that is to say, a judgment rendered on a question of law after the accused was placed in jeopardy.[132]

Chief Justice Dickson, who wrote the Court's reasons, stressed that "substance and not form should govern":

> Whatever the words used, the judge intended to make a final order disposing of the charge against the respondent. If the order of the Court effectively brings the proceedings to a final conclusion in favour of an accused then I am of opinion that, irrespective of the terminology used, it is tantamount to a judgment or verdict of acquittal and therefore appealable by the Crown.[133]

The decision affects more than appealability, of course. It also means that decisions to stay or quash on *Charter* grounds will support a defence of *autrefois acquit*.[134]

Refusal by a trial judge to quash or stay on *Charter* grounds has been held to be unappealable on an interlocutory basis, though it can be reviewed as part of a regular appeal from conviction.[135] It is possible, however, that a review of the refusal could be obtained by prerogative order. That possibility will be discussed in the next section.

(iii) *Prerogative Remedies*[136]

The power of the courts to review the actions of lower courts, administrative tribunals, public officers and others by means of the discretionary prerogative remedies of *certiorari*, prohibition, *mandamus, quo warranto* and *habeas corpus* is a vital part of the remedial arsenal available for *Charter* infringements.

With the exception of *habeas corpus*, which is governed by somewhat different principles and will he discussed separately, these remedies apply primarily, if not exclusively, to jurisdictional error by public authorities.[137] Decisions made outside an authority's jurisdiction may be set aside by

---

[132] *Ibid.*, p. 145.
[133] *Ibid.*, p. 148.
[134] *Ibid.*
[135] *R. v. Ritter, supra*, note 116; *R. v. Morgentaler, supra*, note 116; *R. v. Mills, supra*, note 125.
[136] See D.P. Jones & A.S. de Villars, *Principles of Administrative Law*, 2d ed. (Toronto: Carswell, 1994), p. 473 *et seq.*; P.J. Connelly, "Relief Under the Charter and the Prerogative Remedies" (1983) 26 *C.L.Q.* 35.
[137] It was suggested in *Re Pagan* (1984), 5 C.R.D. 750.40-01 (B.C. S.C) that, in addition to jurisdictional error, prerogative review is applicable to challenge decisions made under unconstitutional laws. While this is true, it is really just another type of jurisdictional question.

certiorari or prevented in advance by prohibition. The authority for a decision or a proposed decision may be questioned by *quo warranto*. Refusal to exercise jurisdiction may be countered by an order of *mandamus*. While these remedies do not permit the superior court to examine the merits of decisions made within jurisdiction or to order jurisdiction to be exercised in any particular way, a rather generous view is taken of what constitutes "jurisdictional" error. Acting on the authority of laws that contravene the *Charter*, ignoring responsibilities under the *Charter*, or behaving in a manner that violates the *Charter* all qualify as jurisdictional error, reviewable by prerogative remedy. As MacFarlane J.A. of the British Columbia Court of Appeal said, approving an order *of mandamus* requiring a provincial court judge to proceed with a preliminary hearing after staying proceedings on *Charter* grounds:

> I agree that the review tribunal ought not, if the judge had evidence before him on which he could rest his conclusion, to substitute its opinion on that evidence for the opinion held by the judge having jurisdiction to try the issue. But if it is clear that the judge has not applied proper legal criteria in reaching his conclusion on a preliminary objection, and that such conclusion could not have been reached if all the proper factors had been considered then I think it is open to the reviewing tribunal to set aside the order made, and compel the judge to proceed with the hearing on the merits.[138]

Although it was once thought that *certiorari* and prohibition are available only in the case of judicial or quasi-judicial decisions, and not in the case of purely "administrative or ministerial" decisions, this view no longer prevails.[139] All jurisdictional errors by public authorities, whether or not they have a judicial quality, are potentially reviewable by prerogative order.

This does not necessarily mean that they will be reviewed, however. Prerogative relief is discretionary; doubly so, in fact, because, in addition to the general discretion bestowed by the "appropriate and just" provision of section 24(1), the prerogative remedies are inherently discretionary — available only where, in the Court's opinion, exceptional circumstances justify their use. While "exceptional circumstances" are, by definition, undefinable, they are most often found to exist where there is no regular avenue for review or, where there is, where that avenue is less satisfactory than prerogative review for some reason. Before the Supreme Court of Canada confirmed the ability of the Crown to appeal from orders of trial judges quashing indictments or staying prosecutions,[140] prerogative review

---

[138] *R. v. Thompson* (1983), 3 D.L.R. (4th) 642 at 656 (B.C. C.A.). See also *Potma v. R.* (1983), 144 D.L.R. (3d) 620 at 631 (Ont. C.A.), leave to appeal to S.C.C. refused (1983), 144 D.L.R. (3d) 620n (S.C.C.), where Robins J.A. said that "the issue of fundamental fairness of process . . . like denial of natural justice, goes to the question of jurisdiction."

[139] Jones & de Villars, *supra*, note 136, pp. 478-479.

[140] *R. v. Jewitt, supra*, note 128.

seemed suitable.[141] But this is no longer the case. Where a normal appeal channel exists and there are no extraordinary reasons for not employing it, superior courts will decline to exercise their prerogative supervisory powers.[142] As Chief Justice Howland stated, for the Ontario Court of Appeal, assuming that a superior court has the power to grant prerogative relief:

> [I]t had a discretion to refuse to exercise such jurisdiction where the provincial court in turn had jurisdiction, and the right could be enforced in that court. If the Supreme Court has inherent jurisdiction, it should only be assumed where a Supreme Court Judge in the exercise of his discretion considered that the special circumstances of a particular case merit it. This is the same approach which should be taken by the Supreme Court in deciding whether to grant prerogative relief. Counsel should be discouraged from seeking to enforce rights under the Charter, such as the right to a trial within a reasonable time, prematurely in the Supreme Court.[143]

Habeas corpus, a prerogative means of challenging unlawful detention,[144] differs from the other prerogative remedies in several respects. It is not restricted to situations of jurisdictional error, and it is available against private as well as public detainers. Moreover, it is explicitly guaranteed by the *Charter* in a separate section (section 10(*c*)) that is not subject to the "appropriate and just" qualification of section 24(1):

10. Everyone has the right on arrest or detention

. . .

> (*c*) to have the validity of the detention determined by way of *habeas corpus* and to be released if the detention is not lawful.

The availability of *habeas corpus* in its new role as a *Charter* remedy was elucidated by the Supreme Court of Canada in *R. v. Gamble*.[145] The applicant in that case successfully used *habeas corpus* as a means of challenging her continued ineligibility for parole. Wilson J., writing for the majority, stated that "where *habeas corpus* is sought as a *Charter* remedy . . . distinctions which have become uncertain, technical, artificial and most importantly, non-purposive should be rejected."[146] Accordingly, the remedy

---

[141] *R. v. Thompson, supra*, note 138; *R. v. Beason* (1983), 1 D.L.R. (4th) 218 (Ont. C.A.).
[142] *R. v. Kendall* (1983), 144 D.L.R. (3d) 185 (Alta. C.A.); *R. v. Anson* (1983), 146 D.L.R. (3d) 661 (B.C. C.A.); *R. v. Bank of N.S.* (1983), 150 D.L.R. (3d) 762 (Sask. C.A.); *R. v. Multitech Warehouse Direct (Ontario) Inc.* (1989), 52 C.C.C. (3d) 175 (Ont. C.A.), leave to appeal to S.C.C. refused (1990), 108 N.R. 240 (note) (S.C.C.); *R. v. Zevallos* (1987), 37 C.C.C. (3d) 79 (Ont. C.A.).
[143] *R. v. Krakowski* (1983), 146 D.L.R. (3d) 760 at 762-763 (Ont. C.A.).
[144] See D.A.C. Harvey, *The Law of Habeas Corpus in Canada* (Toronto: Butterworths, 1974).
[145] [1988] 2 S.C.R. 595.
[146] *Ibid.*, p. 640.

was available even though it would not immediately secure the liberty of the applicant. Wilson J. confirmed that *habeas corpus* continues to be a discretionary remedy, but noted that "this discretion should . . . be exercised with due regard to the constitutionally mandated need to provide prompt and effective enforcement of *Charter* rights."[147]

The principles set out in *Gamble* have been applied by the Supreme Court in allowing the use of *habeas corpus* to challenge refusal of parole,[148] denial of bail[149] and issue of an extradition warrant.[150] However, in each case the Court was careful to point out that the circumstances were exceptional and that it was not sanctioning the wholesale use of *habeas corpus* as a method of circumventing normal administrative and judicial procedures.

Whatever further effects the entrenchment of *habeas corpus* in the *Charter* may have, some things seem clear. Being constitutionally entrenched, the right to *habeas corpus* cannot be denied by statutory privative clauses, unless, of course, they are authorized by a section 33 opt-out or are held to constitute a reasonable limit under section 1.[151] And in circumstances where a person is detained under a decision from which no appeal lies, *habeas corpus* appears to provide a means of reviewing the decision.[152]

(iv) *Declarations of Rights*

Another form of relief, of particular importance where other remedies are unavailable, is a judicial declaration as to the parties' respective rights and obligations. This remedy existed before the *Charter* came into force,[153] and section 26 of the *Charter* ensures that it remains available.

To the extent that the declaration sought concerns the constitutionality of laws, the right to seek it is independent of section 24(1). In *R. v. Big M Drug Mart Ltd.*, Dickson C.J. stated: "Where, as here, the challenge is based on the unconstitutionality of the legislation, recourse to s. 24 is unnecessary."[154] This means that the "appropriate and just" requirement of that section is not applicable. However, the courts retain their pre-*Charter*

---

[147] *Ibid.*, p. 634.
[148] *Steele v. Mountain Institution*, [1990] 2 S.C.R. 1385.
[149] *R. v. Pearson*, [1992] 3 S.C.R. 665.
[150] *Idziak v. Canada* (1992), 97 D.L.R. (4th) 577 (S.C.C.).
[151] *R. v. Jack* (1982), 1 C.C.C. (3d) 193 (Nfld. T.D.).
[152] *R. v. Meier* (1983), 150 D.L.R. (3d) 132 (B.C. S.C.), affirmed (1983) 3 D.L.R. (4th) 567 (B.C. C.A.), leave to appeal to S.C.C. refused 3 D.L.R. (4th) 567n (S.C.C.); *R. v. Cameron* (1983), 3 C.C.C. (3d) 496 (Alta. C.A.).
[153] *E.g, Manitoba (A.G.) v. Forest*, [1979] 2 S.C.R. 1032.
[154] [1985] 1 S.C.R. 295 at 313.

discretion to refuse a declaration where another reasonably effective procedure exists.[155]

Declaratory relief is not restricted to the constitutionality of laws. Declarations can also be made concerning the interpretation of laws, the legality of official behaviour, the rights of the applicant and even, it seems, the meaning of non-legal constitutional conventions.[156] Where such declarations involve *Charter* rights or freedoms, they would appear to fall within the scope of section 24(1), but even if they do not, they would seem to be discretionary in character.

The discretionary, flexible and non-formal nature of the remedy was stressed in a judgment written for the Supreme Court of Canada by Mr. Justice Dickson in *Solosky v. Canada*:

> Declaratory relief is a remedy neither constrained by form nor bounded by substantive content, which avails persons sharing a legal relationship, in respect of which a "real issue" concerning the relative interests of each has been raised and falls to be determined.
>
> . . .
>
> The first factor is directed to the "reality of the dispute." It is clear that a declaration will not normally be granted when the dispute is over and has become academic, or where the dispute has yet to arise and may not arise. . . . However, one must distinguish, on the one hand, between a declaration that concerns "future" rights and "hypothetical" rights, and, on the other hand, a declaration that may be "immediately available" when it determines the rights of the parties at the time of the decision together with the necessary implications and consequences of these rights, known as "future rights."
>
> . . .
>
> Once one accepts that the dispute is real and that the granting of judgment is discretionary, then the only further issue is whether the declaration is capable of having any practical effect in resolving the issues in the case.[157]

The term "practical effect" in the concluding sentence of this quotation must not be misunderstood. It does not refer to a concrete legal remedy. The beauty of declarations of right is that they can be made in situations where the law does not provide for a more specific remedy. The "practical effect" referred to may in some cases be the fact that the moral or political force of the declaration itself often leads to appropriate voluntary redress. Mr. Justice Dickson made this clear in *Kelso v. Canada*,[158] in which an

---

[155] *Kourtessis v. M.N.R.*, [1993] 2 S.C.R. 53 at 85-87.
[156] See discussion of Wilson J. in *Operation Dismantle Inc. v. R.*, [1985] 1 S.C.R. 441 at 509 *et seq*.
[157] [1980] 1 S.C.R. 821 at 830, 832-833.
[158] [1981] 1 S.C.R. 199.

employee of the federal government sought a declaration that he had been transferred to another position illegally. The Crown contended that a declaration would have no "practical effect," because the Public Service Commission possessed the sole legal power to make appointments. Mr. Justice Dickson commented:

> It is quite correct to state that the Court cannot actually appoint Mr. Kelso to the Public Service. The administrative act of appointment must be performed by the Commission. But the Court is entitled to "declare" the respective rights of the appellant and the respondent.
>
> The Public Service Commission is not above the law of the land. If it breaches a contract, or acts contrary to statute, the courts are entitled to so declare.[159]

Caution should also be used when applying Mr. Justice Dickson's comment in *Solosky* that "a declaration will not normally be granted when the dispute is over and has become academic."[160] Stress should be placed on "normally." Some *Charter* issues are of such general significance that they ought to be the subject of a judicial declaration even after the dispute has become moot *so* far as the immediate parties are concerned. In *Howard v. Stony Mountain Institution*,[161] for example, the Federal Court of Appeal issued a declaratory judgment concerning the right of prisoners in federal penitentiaries to be represented by counsel at disciplinary hearings, even though the prisoner in question had already served the sentence imposed by the challenged proceeding.

(v) *Injunctions*

The equitable remedy of injunction — both prohibitory and mandatory — has a large role to play in *Charter* litigation whenever it is sought to prevent or require certain acts being done in circumstances where prerogative relief is not appropriate.

Although permanent injunctions would be suitable for the enforcement of some *Charter* rights,[162] the type of injunction usually sought is an interlocutory order, intended to preserve the *status quo* until the parties' respective rights and obligations under the Charter can be fully determined.[163]

Being an equitable remedy, injunction relief is inherently discretionary, quite apart from the "appropriate and just" requirement of section 24(1).

---

[159] *Ibid.*, p. 210.
[160] *Solosky, supra*, note 157, p. 832.
[161] (1985), 19 D.L.R. (4th) 502 (C.A.), appeal quashed [1987] 2 S.C.R. 687.
[162] A permanent injunction was sought, unsuccessfully, in *Operation Dismantle, supra*, note 156.
[163] *E.g., Black v. Law Society (Alta.)* (1983), 5 C.R.R. 305 (Alta. Q.B.), reversed (1983), 8 D.L.R. (4th) 346 (Alta. C.A.).

This means that the Court always takes account of the "balance of convenience" when deciding whether to award an injunction. In a constitutional setting, an additional factor must be weighed in the balance beyond the interests of the litigants. The interest of the public at large in maintaining the protection and advantages of impugned legislation, pending a final determination of its validity, must be taken into account.

In *Manitoba (A.G.) v. Metropolitan Stores (MTS) Ltd.*,[164] the respondent employer sought an interlocutory injunction restraining the Manitoba Labour Board from imposing a first contract pending a determination of the validity of the "first contract" provisions of the Board's enabling legislation. The Supreme Court of Canada refused to reverse the motions court judge's decision denying the injunction on the basis that the public interest in the continued operation of the legislation outweighed the admittedly irreparable harm potentially suffered by the employer.

In the case of interlocutory injunctions,[165] where the goal is to freeze the situation until a final judgment can be rendered, an injunction will normally be granted only to prevent "irreparable harm" occurring in the interim. Harm will not usually be regarded as "irreparable" if it is such that an award of damages after the event would be considered adequate compensation.

An example of an interim injunction being granted to prevent irreparable harm is *Rio Hotel Ltd. v. New Brunswick (Liquor Licensing Bd.)*,[166] where the applicant hotel, which had admittedly violated the conditions of its liquor permit relating to the presence of nude dancers on the premises, challenged the validity of those conditions on the basis of the *Charter* as well as sections 91 and 92 of the *Constitution Act, 1867*. It had lost in the New Brunswick Court of Appeal and was threatened with the cancellation of its permit, when the Supreme Court of Canada granted the applicant leave to appeal as well as a stay of proceedings before the Liquor Licensing Board, pending the determination of its appeal. The stay was granted subject to compliance with an expedited schedule for filing materials and for hearing the appeal.

On the other had, an injunction may be refused even where irreparable harm is likely to result. In *RJR-Macdonald Inc. v. Canada (A.G.)*,[167] the applicant tobacco companies asked for an order suspending the operation of legislation restricting cigarette advertising until its constitutional validity could be determined. The Supreme Court found that, if the order were denied, the applicants would suffer financial losses which they would prob-

---

[164] [1987] 1 S.C.R. 110.
[165] See *American Cyanamid Co. v. Ethicon Ltd.*, [1975] 1 All E.R. 504 (H.L.).
[166] [1987] 2 S.C.R. 59.
[167] [1994] 1 S.C.R. 311.

ably never be compensated for, even if the legislation were eventually struck down. Nonetheless, the order was refused on the basis that the public interest in continued enforcement of the legislation outweighed the harm which the applicants would suffer.

Even when not prepared to issue a formal injunction, a court may restrict the parties' interim behaviour in other ways. In *Southam Inc. v. Hunter*,[168] Cavanagh J. of the Alberta Court of Queen's Bench indicated that he had instructed officials wishing to carry out a disputed search that, if they attempted to do so pending determination of an application for an interlocutory injunction (which he subsequently refused), they would be guilty of contempt.

Interim injunctions have been denied in several *Charter* cases on the ground that irreparable harm would not be suffered.[169] In *Gould v. Canada (A.G.)*,[170] a prisoner in a federal penitentiary challenged, under section 3 of the *Charter*, the statute prohibiting prisoners from voting in federal elections. Because a pending election would occur before the merits of the claim could be determined, the trial judge issued an interlocutory mandatory injunction to prison authorities requiring them to allow the prisoner to vote. The Federal Court of Appeal set aside this injunction, stating that the effect of the order would be that the prisoner,

> without having had his action tried, is entitled to act and be treated as though he had already won. . . . The proper purpose of an interlocutory injunction is to preserve or restore the *status quo*, not to give the plaintiff his remedy, until trial.[171]

The Supreme Court of Canada agreed.

In the United States, injunctive relief has been employed extensively in civil rights litigation. Courts have been willing to issue injunctions ordering the carrying out of such complicated operations as desegregating school systems and restructuring state electoral boundaries.[172] In the past, British and Commonwealth courts have not been quite so adventurous in their use of injunctions. There is reason to believe, however, that Canadian courts are free to use injunctions as creatively as their American counterparts if they see fit to do so. The American decisions are based, after all, on the same fundamental principles of English law that apply in the common law

---

[168] (1982), 136 D.L.R. (3d) 133 at 144 (Alta. Q.B.), affirmed 147 D.L.R. (3d) 420 (Alta. C.A.), affirmed [1984] 2 S.C.R. 145.
[169] *Southam Inc. v. Hunter, ibid.; Morgentaler v. Ackroyd* (1983), 150 D.L.R. (3d) 59 (Ont. H.C.); *Marchand v. Simcoe (County) Board of Education* (1984), 10 C.R.R. 169 (Ont. H.C.).
[170] [1984] 2 S.C.R. 124.
[171] *Canada (A.G.) v. Gould*, [1984] 1 F.C. 1133 at 1140 (C.A.), affirmed *supra*, note 170.
[172] See O.M. Fiss, *The Civil Rights Injunction* (Bloomington: Indiana University Press, 1978).

provinces of Canada. Moreover, there are indications that British, Canadian and Commonwealth courts have been taking a somewhat more liberal approach to the granting of injunctions recently. Given the unique nature and extraordinary importance of the rights and freedoms guaranteed by the *Charter*, there is strong justification for an extension of that trend where *Charter* violations are involved.

The most effective way to demonstrate the validity of the foregoing thesis may be to examine briefly two alleged obstacles to the use of "civil rights injunctions" in Canada: (1) the reluctance of courts to make orders requiring continuous detailed supervision; and (2) the Crown's historic immunity from injunctive relief. Neither is necessarily fatal to the granting of "civil rights injunctions" in appropriate cases.

British and Commonwealth courts have tended in the past to decline to make orders, particularly specific performance orders and mandatory injunctions, where they have perceived difficulty maintaining continuous future supervision over their observance.[173] Even if this were an invariable rule, it would not stand in the way of injunctive relief in many civil rights situations. Simple prohibitory injunctions seldom involve undue supervisory difficulties, for example,[174] and many of the *Charter*'s provisions can be enforced in that manner. Interlocutory injunctions are similarly free from problems of continuing supervision. Even short-term mandatory injunctions can provide significant enforcement of civil liberties, as witness a British decision ordering the British Broadcasting Corporation to broadcast a certain television program by a political party during an election campaign.[175]

In any event, the courts' reluctance to undertake long-term supervision has never been an absolute rule. It has always been less evident in injunction cases than where specific performance was sought,[176] and even in the latter cases it has been less common recently than in the past. The 1981 edition of the classic British text, *Modern Equity*, by Hanbury and Maudsley,[177] is instructive:

---

[173] *Powell Duffryn Steam Coal Co. v. Taff Vale Railway Co.* (1874), L.R. 9 Ch. 331, p. 334 (*per* James L.J.); *Ryan v. Mutual Tontine Westminster Chambers Assn.*, [1893] 1 Ch. 116 (C.A.).

[174] I.C.F. Spry, *The Principles of Equitable Remedies*, 2d ed. (London: Sweet & Maxwell, 1980), p. 485.

[175] *Evans v. B.B.C., The Times* (26 February 1974) (C.A.).

[176] Even where specific performance is involved, there has long been greater willingness to undertake supervision in the case of building contracts: E.H.T. Snell, *Principles of Equity*, 27th ed. by R. Megarry & P.V. Baker (London: Sweet & Maxwell, 1973), pp. 580-581: F.H. Lawson, *Remedies of English Law* (Harmondsworth: Penguin, 1972), p. 249.

[177] H.G. Hanbury & R.H. Maudsley, *Modern Equity*, 11th ed. (London: Stevens, 1981), p. 54.

Recent decisions indicate a relaxation of the principle.[178] The real question is whether there is a sufficient definition of what has to be done in order to comply with the order of the court.[179] In Beswick v. Beswick[180] specific performance was ordered of a contract to make a regular payment to the plaintiff for life. In Sky Petroleum Ltd. v. V.I.P. Petroleum Ltd.[181] an interlocutory injunction, which was regarded as tantamount to specific performance, was granted to enforce the defendant's obligation to supply petrol regularly to the plaintiff. And, in the analogous sphere of mandatory injunctions, the requirement of supervision has not been regarded as an insurmountable obstacle.[182]

It is all a matter of discretion. Equitable remedies are always discretionary, and the tendency to deny orders requiring detailed supervision has involved nothing more than a disinclination by courts to make orders which, as a practical matter, would be difficult to enforce. But, as an Australian authority on equitable remedies points out, it is a question of degree: as the importance of injunctive relief increases in particular situations, the reluctance of courts to undertake supervisory responsibility decreases.[183] Few legal matters are as important as compliance by governmental authorities with constitutionally entrenched safeguards. It may well be, moreover, that American experience, which has shown continuing judicial supervision to be less difficult than previously supposed, will persuade Canadian courts that innovative uses of injunctions to protect against serious *Charter* violations are as feasible, in appropriate circumstances, as the protection is important.

Early indications of the acceptance of such structural injunctions in Canada have occurred in cases involving the minority language educational rights guaranteed by section 23 of the *Charter*. In *Marchand v. Simcoe (County) Board of Education*[184] and *Lavoie v. Nova Scotia (A.G.)*,[185] trial courts issued detailed mandatory injunctions against school authorities and retained jurisdiction to ensure that their orders were carried out.

The other principle that might be thought to present a serious impediment to the extensive use of injunctions to enforce the *Charter* is the Crown's historic immunity, as the fount of equity, from equitable remedies — an

---

[178] See G. Treitel, *The Law of Contract*, 5th ed. (London: Stevens, 1979), pp. 760-761.
[179] *Tito v. Waddell*, [1977] Ch. 106 at 322 (*per* Megarry V.C.).
[180] [1968] A.C. 58 (H.L.).
[181] [1974] 1 W.L.R. 576 (Ch. D.). And see *C.H. Giles & Co. v. Morris*, [1972] 1 W.L.R. 307 (Ch. D.).
[182] *Redland Bricks Ltd. v. Morris*, [1970] A.C. 652 (H.L.); *Gravesham Borough Council v. British Railway Board*, [1978] Ch. 379; *Shiloh Spinners Ltd. v. Harding*, [1973] A.C. 691 at 724 (H.L.).
[183] Spry, *supra*, note 174, p. 484.
[184] (1986), 29 D.L.R. (4th) 596 (Ont. H.C.).
[185] (1988), 47 D.L.R. (4th) 586 (N.S. T.D.)

immunity that extended as well to officers and agents of the Crown acting with Crown authority.[186] Although Crown liability is now governed by statute in most jurisdictions, this principle has been preserved in Canada, at both federal and provincial levels, either by express provision or by implication.[187] If such immunity were applicable to enforcement of the *Charter*, it would not pose an absolute obstacle to civil rights injunctions, since it would not cover claims against police officers, administrative authorities or municipal officials, unless acting in a Crown capacity or with Crown authority. It could, nevertheless, rule out the possibility of injunctive remedies in many situations where such relief would be appropriate.

A strong case can be made, however, for the proposition that the Crown's immunity to injunctions is not applicable where *Charter* violations are involved. The *Charter* is a constitutional document, superior in status to all ordinary laws, and the courts have held, in other contexts, that a government cannot clothe itself with immunity from judicial scrutiny of the constitutionality of its actions. This is so whether the ostensible immunity is based on legislation that refers directly to constitutional challenges,[188] or on more general procedural rules.[189]

In *Lévesque v. Canada (A.G.)*, Rouleau J. of the Federal Court Trial Division found that:

> If the *Canadian Charter of Rights and Freedoms*, which is part of the Constitution of Canada, is the supreme law of the country, it applies to everyone, including the Crown or a Minister acting in his capacity as a representative of the Crown. Accordingly, *a fortiori* the Crown or one of its representatives

---

[186] P.W. Hogg, *Liability of the Crown in Australia, New Zealand and the United Kingdom* (1971), p. 22 *et seq.*; B.L. Strayer, "Injunctions Against Crown Officers" (1964) 42 *Can. Bar Rev.* 1; J.J. Tokar, "Injunctive Relief Against the Crown" (1985) 15 *Man. L.J.* 97. In *Carlic v. R.* (1967), 65 D.L.R. (2d) 633, the Manitoba Court of Appeal issued an interim injunction against the Crown, among other defendants. This was criticized by the Judicial Committee of the Privy Council in *Jaundoo v. A.G. of Guyana*, [1971] A.C. 972 (P.C.).

[187] Alberta: *Proceedings Against the Crown Act*, R.S.A. 1980. c. P-18, s. 17(1), (2); British Columbia: *Crown Proceedings Act*, R.S.B.C. 1979, c. 86, s. 11(2); Manitoba: *The Proceedings Against the Crown Act*, C.C.S.M., c. P140, s. 17; New Brunswick: *Proceedings Against the Crown Act*, R.S.N.B. 1973, c. P-18, s. 14(2); Newfoundland: *Proceedings Against the Crown Act*, S.N. 1973, c. 59, s. 17; Nova Scotia: *Proceedings Against the Crown Act*, R.S.N.S. 1967, c. 239, s. 15(2); Ontario: *Proceedings Against the Crown Act*, R.S.O. 1990, c. P.27, s. 14; Prince Edward Island: *Crown Proceedings Act*, R.S.P.E.I. 1988, c. C-32, s. 13(2); Quebec: *Code of Civil Procedure*, R.S.Q. 1977, arts. 94.2, 100; Saskatchewan: *The Proceedings Against the Crown Act*, R.S.S. 1978. c. P-27, s. 17(2); Canada: no express legislative prohibition, but see *Grand Council of Crees (Que.) v. R.* (1981), 124 D.L.R. (3d) 574 (Fed. C.A.), leave to appeal to S.C.C. refused (1982), 41 N.R. 354 (S.C.C.).

[188] *Amax Potash Ltd. v. Saskatchewan*, [1977] 2 S.C.R. 576.

[189] *B.C. Power Corp. v. B.C. Electric Co.*, [1962] S.C.R. 642.

cannot take refuge in any kind of declinatory exception or rule of immunity derived from the common law so as to avoid giving effect to the Charter.[190]

Even if these arguments are mistaken, and the Crown's immunity from injunctive relief extends to *Charter* violations, there can be no doubt about the Crown's susceptibility to declaratory judgments,[191] and in most circumstances a judicial declaration that a governmental agency had acted unconstitutionally would, for practical purposes, be as helpful to the wronged individual as an injunction.

It may therefore be concluded that there are no insurmountable obstacles to the development of innovative enforcement measures along the lines of American injunctive remedies.

(vi) *Damages*[192]

The right to be compensated by monetary damages for the violation of one's constitutional rights was rarely recognized in pre-*Charter* days, but it was not entirely unheard of. Damages were occasionally awarded for constitutional violations that happened also to constitute private law wrongs.[193] And in *Canada v. Prince Edward Island*,[194] the Federal Court of Canada acknowledged a right to be financially redressed for deprivation of a right that was purely constitutional in nature. In that case, the government of Prince Edward Island sued the government of Canada for compensation for being deprived of a constitutionally guaranteed ferry service, and the Court held that the province was entitled to a declaration that it was entitled to damages. Chief Justice Jackett stated:

> [W]hen there is a statutory right to have something done with no express sanction for breach, there is, *prima facie*, an implied right to be compensated for a breach of such right.[195]

While the Court stressed that this was a right of the province as a collectivity rather than of individual citizens, *Charter* rights present a different situation, being, for the most part, individual rather than collective rights. Courts have already held on several occasions that the sweeping remedial powers of section 24(1) permit damages to be awarded to the

---

[190] (1985), 25 D.L.R. (4th) 184 at 191-192 (Fed. T.D.).
[191] See Hogg, *supra*, note 186, and the legislation listed, *supra*, note 187.
[192] See M.L. Pilkington, "Damages as a Remedy for Infringement of the Canadian Charter of Rights and Freedoms" (1984), 62 *Can. Bar Rev.* 517.
[193] *E.g., Roncarelli v. Duplessis*, [1959] S.C.R. 121; *Gershman v. Manitoba (Vegetable Producers Marketing Bd.)*, [1976] 4 W.W.R. 406 (Man. C.A.): *Chaput v. Romain*, [1955] S.C.R. 834.
[194] (1978), 83 D.L.R. (3d) 492 (Fed. C.A.).
[195] *Ibid.*, p. 512.

victims of *Charter* infringements. Illegal imprisonment of an accused person for "contempt" in seeking an adjournment to obtain counsel was stated by a judge of the Alberta Court of Queen's Bench to be a possibly appropriate situation for compensation.[196] He pointed out that the French text refers to "*réparation.*" The Federal Court of Canada, Trial Division, ordered the Crown to pay compensation for the illegal seizure and destruction of a person's property,[197] for an unconstitutional transfer of a prison inmate from a medium security institution to a maximum security institution,[198] for an unconstitutional strip search,[199] and for the illegal seizure of a boat.[200] Although the Federal Court of Appeal subsequently denied damages to the subject of an unconstitutional search and seizure in *Vespoli v. R.*,[201] it was because the Court could find "no solid evidence that the appellants really suffered damage as a consequence of the illegal seizures."

It may not always be necessary to establish actual damage, however. In *Crossman v. R.*,[202] the Federal Court of Canada, Trial Division, awarded $500 *punitive* damages to a person who was denied the right to counsel in flagrant circumstances, even though the individual suffered no resulting harm, having failed to make any statements during the time he was without counsel, and having eventually pleaded guilty anyway.

It is now clear that *Charter* damage claims are a distinct cause of action, independent of any private law wrong, and that such claims are not necessarily subject to statutory bars on claims against the Crown.[203] It is also clear that liability may fall upon individual Crown officers in addition to the Crown itself. However, the threshold of liability remains in doubt: a number of cases suggest that claims against public officials will proceed only if it can be shown that they acted in bad faith.[204]

---

[196] *R. v. Germain* (1984), 53 A.R. 264 (Q.B.).

[197] *Bertram S. Miller Ltd. v. R.* (1985), 18 D.L.R. (4th) 600 (Fed. T.D.), reversed [1986] 3 F.C. 291 (C.A.), leave to appeal to S.C.C. refused (1986), 75 N.R. 158n (S.C.C.).

[198] *Collin v. Lussier* (1983), 6 C.R.R. 89 (Fed. T.D.), reversed on other grounds (1984), [1985] 1 F.C. 124 (C.A.).

[199] *Blouin v. Canada* (1991), 51 F.T.R. 194 (T.D.).

[200] *Rollinson v. Canada* (1994), 73 F.T.R. 16 (T.D.).

[201] (1984), 84 D.T.C. 6489 (Fed. C.A.).

[202] (1984), 9 D.L.R. (4th) 588 (Fed. T.D.).

[203] *Nelles v. Ontario* (1989), 60 D.L.R. (4th) 609 (S.C.C.); *Jane Doe v. Metropolitan Toronto (Municipality) Commissioners of Police* (1990), 72 D.L.R. (4th) 580 (Ont. Div. Ct.), leave to appeal to C.A. refused (1991), 1 O.R. (3d) 416 (note) (C.A.); *Prete v. Ontario (A.G.)* (1993), 110 D.L.R. (4th) 94 (Ont. C.A.), leave to appeal to S.C.C. refused (1994), 110 D.L.R. (4th) vii (note) (S.C.C.); *McGillivary v. New Brunswick* (1993), 140 N.B.R. (2d) 365 (Q.B.), affirmed (1994), 116 D.L.R. (4th) 104 (C.A.), leave to appeal to S.C.C. refused (1995), 120 D.L.R. (4th) vii (note) (S.C.C.).

[204] *R. v. Germain, supra,* note 196; *Vespoli v. R., supra,* note 201; *McGillivary, supra,* note 203 (C.A.); *Moore v. Ontario* (1990), 20 A.C.W.S. (3d) 630 (Ont. Dist. Ct.); *McCorkell*

(vii) *Other Remedies*

Section 24(1) places no restrictions on the types of remedies that a court with jurisdiction may treat as appropriate and just, and the courts have exhibited great imagination and pragmatism in exercising this broad-ranging authority.

Timing of proceedings. In many situations, the *Charter* infringement can be satisfactorily redressed by adjustments in the timing of proceedings. A temporary stay of proceedings may be ordered to permit a preliminary *Charter* argument to be considered.[205] Where the *Charter* infringement consists of undue delay by officials which caused the applicant to miss an application deadline, the deadline can be extended.[206] Where the only prejudice to the accused of unreasonable delay is the disappearance of an important defence witness, the Court may order an adjournment to permit the defence and the Crown to search for the witness, and decide later, if the witness cannot be found, whether the charge should be dismissed.[207]

Regulation of Proceedings. Other forms of regulation of proceedings may also be necessary to remedy or avoid *Charter* violations. "Gag orders" prohibiting the publication of evidence or the identity of witnesses may occasionally be regarded as appropriate, for example, although the requirements of "public hearing" under section 11(*d*) and "freedom of the press and other media" under section 2(*b*) seriously limit the circumstances in which this would be so.[208]

Quashing of search warrants and other orders. The quashing of search warrants[209] and other orders[210] of subordinate authorities is a common form of relief.

Return of the goods. Where items have been seized in an unconstitutional manner, the Court may order the return of the goods.[211] Like all

---

v. *Riverview Hospital* (1993), 104 D.L.R. (4th) 391 (B.C. S.C.); *Stenner v. British Columbia (Securities Commn.)* (1993), 23 Admin. L.R. (2d) 247 (B.C. S.C.).

[205] *R.L. Crain Inc. v. Couture* (1983), 6 D.L.R. (4th) 478 (Sask. Q.B.). There was a logical problem in applying s. 24(1) here, because the argument concerned whether the Court was one of "competent jurisdiction" under that section. Presumably, the stay was based on the Court's inherent powers.

[206] *Alvero-Rautert v. Canada (Min. of Employment & Immigration)*, [1988] 3 F.C. 163 (T.D.).

[207] *R. v. Spina* (1983), 10 W.C.B. 8 (Ont. Dist. Ct.).

[208] See *R. v. Harrison* (1984), 14 C.C.C. (3d) 549 (Que. S.C.), *Keegstra v. One Yellow Rabbit Theatre Assn.* (1992), 91 D.L.R. (4th) 532 (Alta. C.A.); *Dagenais v. Canadian Broadcasting Corp.* (1994), 34 C.R. (4th) 269 (S.C.C.).

[209] E.g., *R. v. Chapman* (1984), 9 D.L.R. (4th) 244 (Ont. C.A.).

[210] *R. v. Mason* (1983), 43 O.R. (2d) 321 (H.C.).

[211] *R. v. Chapman, supra,* note 209; *Dobney Foundry Ltd. v. Canada (A.G.)*, [1985] 3 W.W.R. 626 (B.C. C.A.); *Lewis v. M.N.R.* (1984), 15 D.L.R. (4th) 310 (Fed. T.D.); *Morris National Inc. v. Canada* (1987), 63 O.R. (2d) 97 (H.C.); *R. v. Carroll* (1989), 47 C.C.C. (3d) 263 (N.S.C.A.); *Vincent v. Québec (Cour du Québec (Chambre Criminelle et Pénale))*, [1990]

remedial powers under section 24(1), however, this power is discretionary, and it has been held that the discretion may properly be exercised by delaying the return until a lawful warrant can be obtained, in cases where the items may be required for the purpose of prosecution. In *Dobney Foundry Ltd v. Canada (A.G.)*, Esson J.A. of the British Columbia Court of Appeal ruled, in chambers, that because "public interest in the effective detection and proof of crime and the prompt apprehension and conviction of offenders is [not] to be ignored,"[212] it was reasonable to delay the return of illegally seized documents, even though the Crown, having not yet examined them, could not state categorically that they would be required for prosecution. It is submitted that this approach could encourage illegal search and seizure practices. While the Court does appear to have a discretion in the matter under section 24(1), and it is true that other swift methods of regaining possession of illegally detained goods (such as replevin) are also discretionary, it is submitted that a too generous exercise of the discretion in favour of the Crown would impair unduly the right under section 8 of the *Charter* to be secure from unreasonable searches and seizures.

Appointment of counsel. Is the appointment of counsel one of the remedies a court may order under section 24(1)? It has been held that a provincial court judge conducting a preliminary hearing does not have the jurisdiction to make such an appointment.[213] The rationale for this decision — that section 24(1) restricts courts to the remedies over which they have jurisdiction independent of the *Charter* — was examined above.[214] Even if correct, it leaves open the possibility that a superior court judge would have the power to appoint counsel. Alternatively, a judge could stay the proceedings until funded counsel is provided.[215]

Passing sentence. Where a *Charter* violation has occurred which does not affect the cogency of the case against an accused, the Court may convict, but should take the violation into account when passing sentence.[216] In *R.*

R.J.Q. 813 (S.C.); *R. v. Lagiorgia* (1987) 42 D.L.R. (4th) 764 (Fed. C.A.), leave to appeal to S.C.C. refused (1988), 50 D.L.R. (4th) vii (note) (S.C.C.).

[212] *Supra*, note 211, p. 634; see also *Commodore Business Machines Ltd. v. Canada (Director of Investigation & Research)* (1988), 50 D.L.R. (4th) 559 (Ont. C.A.).

[213] *Legal Services Society (British Columbia) v. Brahan* (1983), 148 D.L.R. (3d) 692 (B.C. S.C.). See also *R. v. Lyons* (1982), 141 D.L.R. (3d) 376 (B.C. C.A.), where it was held that a judge of the Court of Appeal has no such power with respect to a case pending before the Supreme Court of Canada.

[214] See text related to notes 295 *et seq., infra*.

[215] *R. v. Rowbotham* (1988), 41 C.C.C. (3d) 1 at 69 (Ont. C.A.).

[216] *R. v. Sybrandy* (1983), 9 W.C.B. 328 (Ont. Prov. Ct.); *R. v. Elliott* (1984), 57 A.R. 49 (Prov. Ct.); *R. v. Petrovic* (1984), 10 D.L.R. (4th) 697 (Ont. C.A.), leave to appeal to S.C.C. refused (1984), 58 N.R. 317n (S.C.C.); *R. v. Charles* (1987), 36 C.C.C. (3d) 286 (Sask C.A.); *R. v. Grimes* (1988), 70 Nfld. & P.E.I.R. 11 (Nfld. T.D.); *R. v. Dennison* (1990), 60 C.C.C. (3d) 342 (N.B. C.A.), leave to appeal to S.C.C. refused (1991), 63

v. DeWael,[217] an Ontario county court judge employed section 24(1) to avoid imposing a mandatory jail sentence because the accused, who had pleaded guilty, was ill, and medical evidence indicated that a mandatory jail sentence would "no doubt end in her death." In those circumstances, it was held that the statutory requirement of imprisonment would be "cruel and unusual," contrary to section 12 of the *Charter*.

Costs. In some circumstances, the appropriate remedy for denial of a *Charter* right may be an award of costs. *R. v. Marshall*.[218] is an example. The accused was kept in custody a little longer than lawfully authorized, apparently so he could be turned over to police from another jurisdiction. The accused sought release from custody of the second police force and, although the Court refused to grant such relief,[219] it ordered the Crown to pay the costs of the application on a solicitor-and-client basis. It has been held, however, that the jurisdiction of provincial courts to award costs is quite limited.[220] Even when the power exists, it is discretionary, of course, and a court may decline to exercise it.[221]

New Trial. In cases where a *Charter* violation has irreparably compromised an accused's right to a fair trial, but the circumstances do not warrant a stay of proceedings, the appropriate remedy may be a new trial. This remedy has taken on considerable importance in cases where the Crown has failed to meet its obligation to disclose its case to the accused.[222]

3. EXCLUSION OF EVIDENCE — SECTION 24(2)[223]

The problem of what to do about evidence that has been obtained illegally, but is probative of a matter under litigation, has long vexed legal authorities and has been solved differently in different jurisdictions.

C.C.C. (3d) vi (note) (S.C.C.); *R. v. Carlini Brothers Body Shop Ltd.* (1992), 10 O.R. (3d) 651 (Gen. Div.).

[217] (1984), 12 C.R.R. 117 (Ont. Co. Ct.), *per* Clements Co. Ct. J.

[218] (1984), 13 C.C.C. (3d) 73 (Ont. H.C.); See also *R. v. Pawlowski* (1993), 101 D.L.R. (4th) 267 (Ont. C.A.), leave to appeal to S.C.C. refused (1993), 104 D.L.R. (4th) vii (note) (S.C.C.); *R. v. Jedynack* (1994), 16 O.R. (3d) 612 (Gen. Div); *R. v. Dostaler* (1994), 91 C.C.C. (3d) 444 (N.W.T. S.C.).

[219] It appears that the accused was free by the time the reserved judgment was delivered in any event.

[220] *R. v. Halpert* (1984), 15 C.C.C. (3d) 292 (Ont. Co. Ct.); *R. v. 421375 Ont. Ltd.* (1984), 5 C.R.D. 525.100-02 (Ont. Co. Ct.).

[221] *R. v. Canadiana Recreational Products Ltd.* (1984), 17 C.C.C. (3d) 473 (Ont. H.C.); *R. v. Young* (1993), 79 C.C.C. (3d) 559 (Ont. C.A.).

[222] *R. v. Stinchcombe*, [1991] 3 S.C.R. 326.

[223] See D. Gibson, *The Law of the Charter: General Principles* (Toronto: Carswell, 1986), p. 219 *et seq*; R.J. Delisle, "The Exclusion of Evidence Obtained Contrary to the Charter: Where Are We Now" (1989) 64 *C.R.* (3d) 288; D.M. Paciocco, "The Judicial Repeal of

The traditional English approach, generally followed in Canada, has been to accept and rely on the tainted evidence (in most circumstances), and to leave the punishment of any illegality involved to separate proceedings. In the United States and certain other jurisdictions,[224] a very different rule has been developed: evidence obtained by unconstitutional means is inadmissible, no matter how reliable or cogent it may be to the issues in dispute.[225]

The approach adopted in section 24(2) of the *Charter* appears to be a middle position, somewhere between the English and American rules. Evidence obtained in contravention of the *Charter* must be excluded if, in the circumstances, its admission "would bring the administration of justice into disrepute."

(a) Application

The application of section 24(2) involves numerous considerations that cannot be explored in depth in the present context,[226] but should be kept in mind by anyone seeking to invoke the guarantee:

- Unlike the remedies under section 24(1), the exclusion of evidence is not discretionary. Courts *"shall"* exclude evidence obtained in violation of the *Charter* if its admission would bring the administration of justice into disrepute.
- Section 24(2) is the *sole* evidentiary remedy; section 24(1) has been construed not to permit exclusion of evidence.[227]
- "Administration of justice" certainly includes all aspects of the *criminal justice system*, from police to courts. In the writer's opinion, it also includes the *civil and administrative adjudicative processes*, though views are divided about the latter category.[228]

---

s. 24(2) and the Development of the Canadian Exclusionary Rule" (1990) 32 *Crim. L.Q.* 326; A.W. Bryant *et al.*, "Public Attitudes Toward the Exclusion of Evidence: Section 24(2) of the Canadian Charter of Rights and Freedoms" (1990) 69 *Can. Bar Rev.* 1; B.B. Donovan, "The Role of Causation Under s. 24(2) of the Charter: Nine Years of Inconclusive Jurisprudence" (1991) 49 *U.T. Fac. L. Rev.* 233; S.C. Coughlan, "Good Faith and Exclusion of Evidence Under the Charter" (1992) 11 *C.R.* (4th) 304.

[224] The Scottish position is much less receptive to the admissibility of illegally obtained evidence than the common law. See, *e.g.*, Walker & Walker, *Law of Evidence in Scotland* (1964), p. 2.

[225] See *Mapp v. Ohio*, 367 U.S. 643 (1961); S.R. Schlesinger, *Exclusionary Injustice: The Problem of Illegally Obtained Evidence* (1977).

[226] Examined more fully in the commentaries in note 223, *supra*.

[227] *R. v. Therens*, [1985] 1 S.C.R. 613.

[228] See Gibson, *supra*, note 223, p. 231 *et seq*. Section 24(2) has been applied in civil trials in *Ouellette v. Douglas* (1989), 49 C.R.R. 187 (B.C. S.C.) and *Gilchuk v. Insurance Corp. of B.C.* (1992), 94 D.L.R. (4th) 553 (B.C. S.C.), reversed on other grounds (1993), 82 B.C.L.R. (2d) 145 (C.A.); but see *Zucchiatti v. Griffiths* (1989), 20 R.F.L. (3d) 93 (Ont. Dist. Ct.).

- Although the English version of section 24(1) refers to what "would" bring justice into disrepute, it is now established, in light of the French text, that evidence should be excluded if it "could" have that effect.[229]
- It is disrepute in the eyes of the *general public*, not of a restricted legal audience, that counts.[230] However, public opinion is to be evaluated through the eyes of a hypothetical "reasonable person." Long-term community values are to be respected, but not passing shifts in opinion due to current events. Therefore, such aids as public opinion polls are not considered reliable.[231]
- It is not essential that there be a causal link between the *Charter* violation and the obtaining of the evidence. If the evidence was obtained as part of the "chain of events" containing the *Charter* violation it will generally fall within the scope of section 24(2), provided the connection is not too remote.[232]
- While the basic rationale for the American exclusionary rule is the deterrence of unconstitutional behaviour by police, this rationale has not been accepted by Canadian courts as a criterion for applying section 24(2).[233]
- The availability of other remedies to a victim of a *Charter* violation has no bearing on whether evidence should be excluded under this subsection.[234]

(b) Elements of Disrepute

What factors are to be taken into account in deciding whether the administration of justice would or would not tend to be brought into disrepute by the admission of particular kinds of evidence? Courts are directed by section 24(2) to have regard to "all the circumstances," but no further elaboration or guidance is offered by the *Charter*. Obviously, therefore, no list of factors to be considered could ever be exhaustive.

Both the Ouimet Committee and the Law Reform Commission of Canada had recommended against this vague approach. They supported the principle of a wide judicial power to exclude illegal or unconstitutional evidence, but they suggested that it should be accompanied by a listing of factors to be taken into account in exercising that power:

---

[229] Gibson, *ibid.*, pp. 233-235; *R. v. Collins*, [1987] 1 S.C.R. 265.
[230] *Ibid.*, p. 235.
[231] *Ibid.*, p. 236 *et seq.*; *Collins, supra*, note 229; *R. v. Burlingham*, [1995] 2 S.C.R. 206 at 288-289.
[232] *R. v. Strachan*, [1988] 2 S.C.R. 980 at 1005-1006; *R. v. Bartle*, [1994] 3 S.C.R. 173 at 208-209.
[233] *Collins, supra*, note 229, p. 275.
[234] *Ibid.*, p. 286.

> In order to reduce the inherent difficulties in the exercise of any legal discretionary power and to a certain extent to avoid the danger of too great a disparity between the legal decisions, the legislators should indicate the criteria that should be applied in the exercise of discretion and set out guidelines for general use of such powers.[235]

The McDonald Commission was of the same opinion.[236]

Although the approach recommended by these reports was not adopted in either the *Charter* or the *Criminal Code*, the courts have been developing their own lists of factors to guide themselves when attempting to determine whether particular investigative abuses would bring the administration of justice into disrepute. While these lists can never be exhaustive, they serve much the same purpose as the legislated lists suggested by the pre-*Charter* reports, and include most of the same factors.

It may be instructive to begin with the criteria considered by Justices Estey and Lamer in the *Rothman* case.[237] It will be recalled that this was a pre-*Charter* case, and that only those two judges (along with Chief Justice Laskin, who concurred in the Estey judgment) considered the reputation of the administration of justice to be relevant. The case was a prosecution for trafficking in *cannabis* resin, and the disputed evidence had been obtained by planting a police officer, posing as a prisoner, in the accused's cell. The majority of the Supreme Court of Canada admitted the evidence without considering the question of discrediting the administration of justice.

Of the three judges who did regard that question as germane, two dissented concerning the admissibility of the evidence, and the other concurred in the result reached by the majority. The dissenters, Justice Estey and Chief Justice Laskin, were of the view that the police conduct would bring the administration of justice into disrepute. Their only stated criterion for reaching that conclusion was that the conduct involved a "determined subversion" of the accused's rights.[238]

The third judge, Mr. Justice Lamer, held that acceptance of the evidence would not bring the administration of justice into disrepute. He offered a much fuller explanation of the factors that influenced his decision. Evidence should not be rejected, he said, merely because it is produced by "conduct on the part of the authorities a given judge might consider somewhat unfortunate, distasteful or inappropriate."[239] Then, after stating that

---

[235] Law Reform Commission of Canada, *The Exclusion of Illegally Obtained Evidence* ("Study Paper") (1974), p. 28.
[236] Commission of Inquiry Concerning Certain Activities of the Royal Canadian Mounted Police, Second Report, *Freedom and Security Under the Law*, vol. 2 (Ottawa: August 1981), pp. 1046-1047.
[237] *R. v. Rothman*, [1981] 1 S.C.R. 640.
[238] *Ibid.*
[239] *Ibid.*, p. 696.

the conduct must be so shocking as to justify the judiciary dissociating themselves from it, he continued:

> The judge, in determining whether under the circumstances the use of the statement in the proceedings would bring the administration of justice into disrepute, should consider all of the circumstances of the proceedings, the manner in which the statement was obtained, the degree to which there was a breach of social values, the seriousness of the charge, the effect the exclusion would have on the result of the proceedings. It must also be borne in mind that the investigation of crime and the detection of criminals is not a game to be governed by the Marquess of Queensbury rules. The authorities, in dealing with shrewd and often sophisticated criminals, must sometimes of necessity resort to tricks or other forms of deceit and should not through the rule be hampered in their work. *What should be repressed vigorously is conduct on their part that shocks the community.* That a police officer pretend to be a lock-up chaplain and hear a suspect's confession is conduct that shocks the community; so is pretending to be the duty legal-aid lawyer eliciting in that way incriminating statements from suspects or accused; injecting Pentothal into a diabetic suspect pretending it is his daily shot of insulin and using his statement in evidence would also shock the community; but generally speaking, pretending to be a hard drug addict to break a drug ring would not shock the community; nor would, as in this case, pretending to be a truck driver to secure the conviction of a trafficker; in fact, what would shock the community would be preventing the police from resorting to such a trick.[240] [Emphasis added.]

It is important to bear in mind that these remarks, made in a pre-*Charter* case by a judge whose interpretation differed from that of the other two judges who considered the question, are of limited authority in a *Charter* context. Nevertheless, Justice Lamer's approach was considered in many of the early decisions under section 24(2), and his emphasis on that which "shocks the public" was widely followed.

The paraphrase has not been universally approved, however. Chief Justice Howland of Ontario noted, for example:

> If the evidence is obtained in such a manner as to shock the Canadian community as a whole, it would no doubt be inadmissible as bringing the administration of justice into disrepute. There may, however, be instances where the administration of justice is brought into disrepute within s. 24(2) without necessarily shocking the Canadian community as a whole. In my opinion, it is preferable to consider every case on its merits as to whether it satisfies the requirements of s. 24(2) of the Charter and not to substitute a "community shock" or any other test for the plain words of the statute.[241]

---

[240] *Ibid.*, p. 697.
[241] *R. v. Simmons* (1984), 45 O.R. (2d) 609 at 634 (C.A.).

In *R. v. Therens*,[242] Mr. Justice Le Dain, after noting that many courts have adopted the "community shock" test, expressed agreement with Ontario Chief Justice Howland: "[W]e should not substitute for the words of s. 24(2) another expression of the standard." Mr. Justice McIntyre concurred in the entire Le Dain judgment, but the rest of the Supreme Court of Canada judges were silent on this question.

As to the factors to be considered when deciding what would shock the public or otherwise bring the administration of justice into disrepute, those referred to by Justices Lamer and Estey in the *Rothman* case[243] have all been taken into account in *Charter* decisions, along with several other factors they did not mention. Mr. Justice Lamer, in the landmark *Collins* case,[244] grouped the numerous factors into three categories:

1. those affecting the fairness of the trial;
2. those relating to the seriousness of the violation; and
3. those affecting whether the *exclusion* of the evidence will bring the administration of justice in to disrepute.

Each of these categories will be considered separately.

(i) *Fairness of the Trial*

This group of factors derives its importance from the right against self-incrimination, a key legal right both at common law and under the *Charter*. In *Collins*, Lamer J. drew a distinction between "real evidence" that "existed irrespective of the violation of the *Charter*" and "cases where, after a violation of the *Charter*, the accused is conscripted against himself through a confession or other evidence emanating from him."[245] Use of the second kind of evidence will inevitably lead to an unfair trial and will presumably therefore bring the administration of justice into disrepute.

The use in *Collins* of the term "real evidence" led, for a time, to considerable confusion in the case law. Some lower court judges fell into the error of assuming that the admission of tangible evidence would never warrant consideration under this heading. However, it is now clear that the test is whether the evidence, of whatever variety, could have been obtained without the assistance of the accused.[246] This distinction is illustrated by two contrasting cases, in each of which the murder weapon, a knife, was

---

[242] *Supra*, note 227, p. 651.
[243] *Supra*, note 237.
[244] *Supra*, note 229, further elaborated in *Strachan, supra*, note 232 and *R. v. Jacoy*, [1988] 2 S.C.R. 548. For a controversial critique of the Supreme Court's jurisprudence in *Collins* and subsequent cases, see Paciocco, *supra*, note 223.
[245] *Ibid.*, p. 284.
[246] *R. v. Ross*, [1989] 1 S.C.R. 3 at 16; *R. v. Mellenthin*, [1992] 3 S.C.R. 615.

found after an improperly obtained confession. In *R. v. Black*,[247] the knife was held admissible because it would almost certainly have been found even without the *Charter* violations. In *R. v. Burlingham*,[248] the opposite conclusion was reached.

The question of whether or not an accused has been "conscripted against himself" in a particular fact situation has given rise to much case law. Participating in a police line-up,[249] and having a blood sample taken,[250] and submitting to a breathalyzer test[251] have all been held to be forms of self-incrimination leading to an unfair trial. On the other hand, being objected to video surveillance,[252] having one's car tracked electronically,[253] submitting to a rectal search,[254] and having pubic hair samples taken[255] have been held not to fall in this category.

Once illegally obtained evidence has been characterized as self-incriminating, there is a very strong presumption that it will not be admissible.[256] However, this presumption does not preclude consideration of other factors, which in exceptional cases may justify admission of such evidence. In *R. v. Tremblay*,[257] a breathalyzer test obtained in violation of the right to counsel was admitted because the violation had been caused by the accused's obnoxious and obstructive behaviour. Similarly, in *R. v. Mohl*,[258] breath test results were admitted where the accused was too drunk to understand his right to counsel.

(ii) *Seriousness of Charter Violation*

The element to which the Law Reform Commission, in its pre-*Charter* Study Paper, proposed giving first priority was the seriousness of the violation of rights involved: "[T]he more serious the illegality, the more the court should be strict in not admitting it as evidence."[259] The *Report on Evidence* referred to this element as "the extent to which human dignity and social values were breached in obtaining the evidence."[260] The

---

[247] [1989] 2 S.C.R. 138.
[248] *Supra*, note 231.
[249] *R. v. Ross*, *supra*, note 246.
[250] *R. v. Pohoretsky*, [1987] 1 S.C.R. 945.
[251] *R. v. Therens*, *supra*, note 227.
[252] *R. v. Wong*, [1990] 3 S.C.R. 36.
[253] *R. v. Wise*, [1992] 1 S.C.R. 527.
[254] *R. v. Greffe*, [1990] 1 S.C.R. 755.
[255] *R. v. Paul* (1994), 145 N.B.R. (2d) 272 (C.A.).
[256] *R. v. Elshaw*, [1991] 3 S.C.R. 24.
[257] [1987] 2 S.C.R. 435.
[258] [1989] 1 S.C.R. 1389.
[259] Study Paper, *supra*, note 235, p. 28.
[260] Law Reform Commission of Canada, *Report on Evidence* (1977), proposed Evidence Code, s. 15(2).

McDonald Commission made much of this consideration as well, dealing separately with three different aspects of it:

1. the extent to which human dignity and social values were breached in obtaining the evidence;
2. whether any harm was inflicted on the accused or others;
3. the seriousness of any breach of the law in obtaining the evidence as compared with the seriousness of the offence with which the accused is charged.[261]

The Law Reform Commission Study Paper stressed in this regard that it is not sufficient merely to distinguish breaches of *procedural* requirements from violations of *substantive* requirements. Some procedural infringements can have very serious consequences, while some substantive infractions may not have significant ramifications.[262]

The early decisions under section 24(2) of the *Charter* have given great weight to factors relating to the seriousness of the *Charter* breach. There seems to be wide agreement with the observation of the Alberta Court of Appeal that "where the illegality . . . is due to a minor technicality, it would trivialize the *Charter* to exclude the evidence on the ground of that technicality."[263] On the other hand, serious *Charter* breaches are not tolerated without very strong justification, and even a series of small infractions have been held to add up to a serious violation:

> It may well be that no one of those errors individually would suffice to bring the matter within s. 24(2), but here we have such a concatenation of errors, trivial or otherwise, and apparent disregard or indifference to the niceties and the normal rules of procedure in matters of this kind, that the community would be shocked by the acceptance of evidence obtained in this fashion, and to permit it to be admitted would tend to bring the administration of justice into disrepute.[264]

The importance of the right involved, as an abstract principle, is not the key; denial of the same right (for example, the right to counsel) in two different situations could have minor consequences in one case and disastrous ones in the other. The essential consideration must be the seriousness of the *detriment* resulting to the accused from the violation in question. It has been held, for example, that the duty of the police under section 10(b) of the *Charter* to advise accused persons of their right to counsel requires "even greater care" in the case of juveniles than with respect to adults, and

---

[261] *Supra*, note 236, pp. 1046-1047.
[262] Study Paper, *supra*, note 235, p. 28.
[263] *R. v Heisler* (1984), 11 C.R.R. 334 (Alta. C.A.).
[264] *R. v. Thompson* (1983), 2 C.R.D. 850.50-06 (B.C. Co. Ct.).

that failure to carry out the duty should lead more readily to the exclusion of evidence in the former case than in the latter.[265]

Another illustration can be found in the courts' greater tendency to exclude evidence obtained from unreasonable searches and seizures contrary to section 8 of the *Charter* where the suspect's home was violated than where other premises were involved. Whereas "from time immemorial the inviolability of a person's home has been held up and defended as one of the most cherished values,"[266] other premises are less important: "[A] warehouse is less sacrosanct than a home."[267]

Seriousness of impact is sometimes related to the fairness of the investigative methods employed, since methods which violate "human dignity and social values," to use the words of the McDonald Report,[268] are likely to be regarded by the public as more serious or "shocking" than more forthright *Charter* contraventions. Trickery always smacks of unfairness, but some forms may be thought to be more so than others. In his *obiter dictum* in the *Rothman* case,[269] for example, Mr. Justice Lamer expressed the view that the public would be shocked by the acceptance of evidence obtained by a police officer posing as the suspect's priest or lawyer, but not as a fellow prisoner.

The Supreme Court of Canada, in *R. v. Therens*,[270] its first decision under section 24(2), gave prominence to "flagrancy" as a test of the seriousness of *Charter* violations for this purpose. In rejecting evidence obtained from a breath sample taken from the accused without informing him of his right to counsel, the majority said:

> Here the police authority has *flagrantly* violated a *Charter* right. . . . Such an *overt* violation . . . must . . . result in the rejection of the evidence thereby obtained.[271] [Emphasis added.]

Even the two dissenting judges, who would have admitted the evidence, agreed that in determining the seriousness of the violation one should consider "whether it was deliberate, wilful or flagrant."[272] This test was explicitly adopted by Lamer J. in *Collins*.[273] He held that seizing an accused

---

[265] *Re A.D.*, [1983] W.C.D. 108 (B.C. Prov. Ct.).

[266] *R. v. Carriere* (1983), 32 C.R. (3d) 117 (Ont. Prov. Ct.).

[267] *R. v. Tomaselli* (1984), 4 C.R.D. 850.60-19 (Ont. Gen. Sess.). See also *R. v. Penner*, [1984] W.C.D. 157 (B.C. Co. Ct.).

[268] Commission of Inquiry Concerning Certain Activities of the Royal Canadian Mounted Police, Second Report, *Freedom and Security Under the Law*, vol. 2 (Ottawa: August 1981), pp. 1046-1047.

[269] *R. v. Rothman*, [1981] 1 S.C.R. 640.

[270] [1985] 1 S.C.R. 613.

[271] *Ibid.*, p. 621, *per* Estey J.

[272] *Ibid.*, p. 662, *per* Le Dain J.

[273] *R. v. Collins*, [1987] 1 S.C.R. 265, pp. 285, 288.

by the throat without reasonable grounds was a "flagrant and serious" violation, and that the evidence obtained thereby should consequently be excluded.

Since flagrancy, in its primary meaning, has to do with conspicuousness, and the term was used by the majority in tandem with "overt," one might wonder whether a surreptitious or covert *Charter* violation by authorities would be permitted to produce admissible evidence. However, since that conclusion would be nonsensical, the Court must have meant by "flagrant" that which is conspicuous for its wrongfulness and would produce public controversy if exposed in a courtroom. It is not clear whether the dissenters, by associating "flagrant" with "deliberate," intended to indicate synonymity in this context, but their words do serve as a reminder that deliberateness can be a test of the seriousness of a *Charter* contravention.

The key question is whether the public would be shocked, and it seems to be universally conceded that the public would be more shocked by the admission of evidence obtained through a deliberate *Charter* violation than through an accidental one. In *R. v. Caron*,[274] where the police officer obtained a search warrant by misrepresenting to the magistrate the true object of the search, the judge who rejected the resulting evidence laid stress, in doing so, on the deliberateness of the police conduct. Mr. Justice Le Dain, in the *Therens* case,[275] described the *Charter* violations that justify the exclusion of evidence as "deliberate, wilful or flagrant." As Justice Le Dain pointed out, deliberateness is simply one factor to be taken into account when determining the relative seriousness of the *Charter* violation. On the other hand, inadvertent *Charter* violations committed in "good faith" have been held not to warrant exclusion of evidence,[276] although this mitigating factor will not apply in cases where an accused's right to a fair trial has been compromised.[277]

It would be wrong, however, to assume that the *absence* of wilfulness necessarily supports the admissibility of evidence. The public may well be shocked by *Charter* violations that are intentional, though not "wilful," and even by mere carelessness, if this results in a serious contravention of an individual's *Charter* rights. The McDonald Royal Commission, which accepted wilfulness as an important factor, pointed out that

> if only the wilfulness of the violation were to be considered, this would place a premium on the ignorance of the officer. Therefore, to ensure that police

---

[274] (1982), 31 C.R. (3d) 255 (Ont. Dist. Ct.).
[275] *Supra*, note 270.
[276] *R. v. Jacoy*, [1988] 2 S.C.R. 548; *R. v. Simmons*, [1988] 2 S.C.R. 495; *R. v. Goncalves*, [1993] 2 S.C.R. 3.
[277] *R. v. Elshaw, supra*, note 256; *R. v. Hebert*, [1990] 2 S.C.R. 151.

forces are motivated to train and educate officers adequately, *the court should be required to consider whether the officer's ignorance was inexcusable.* This would, we hope, have the effect, in the case of inadvertent error, of requiring the judge to determine whether adequate training procedures were undertaken.[278] [Emphasis added.]

In short, while a guilty state of mind on the part of an investigator would be likely to shock the public, the absence of such guilt is no guarantee against shock. This was confirmed by the Supreme Court of Canada in *R. v. Kokesch*,[279] where evidence was excluded because the police ought to have known they were trespassing when they obtained it.

The consequences of the *Charter* violation for the legal system may in some cases be an even more important factor in determining disrepute than its impact on the individual. In *R. v. Caron*,[280] the disputed evidence was obtained on the strength of a search warrant issued after a police officer had misrepresented the purpose of the search to the issuing magistrate. Judge Bernstein of the Ontario District Court excluded the evidence, saying that the act of an informant in deliberately withholding evidence from a judicial officer "so as to prevent that officer from deciding an issue which only he had the authority to decide" would shock the community, or the right thinking members of it.[281]

Another case that ought to have had the same result, but for a questionable ruling as to causation, was *R. v. Clarke*,[282] in which the police, in order to plant an informer in the accused's cell and protect the deception from discovery, arranged to have the informer appear before a provincial court judge on a trumped-up charge and be remanded in custody. According to the Court of Appeal, the judge "presumably was ignorant of the charade before him." While the general public might not always frown upon obtaining confessions by trickery, the deception of judges by police is something else altogether. Few factors would have a greater detrimental impact on public esteem for the administration of justice than the knowledge that evidence obtained by compromising the integrity of the legal system itself may be admissible.

Another factor sometimes considered relevant to the seriousness of a *Charter* violation is whether the violation was necessary in order to obtain the evidence. The logic of basing the seriousness of Charter violations on investigative necessity is hard to follow, however, and the danger in doing so is considerable.

---

[278] *Supra*, note 268, p. 1046.
[279] [1990] 3 S.C.R. 3.
[280] *Supra*, note 274. See also *R. v. Sarnia Home Entertainment Library Ltd.* (1984), 11 C.R.R. 106 (Ont. Prov. Ct.).
[281] *Caron, ibid.*, p. 260.
[282] (1985), 19 C.C.C. (3d) 106 (Alta. C.A.).

The Ouimet Committee suggested that consideration should be given to

> whether there existed a situation of urgency in order to prevent the destruction or loss of evidence, or other circumstances which in the particular case justified the action taken.[283]

Both the Study Paper[284] and the *Report on Evidence*[285] of the Law Reform Commission adopted this element, and the Report referred separately to the "importance of the evidence" as well. The McDonald Commission also called for "urgency" to be considered.[286] The courts have taken this advice, and have frequently held that it would not shock the public to admit unconstitutionally obtained evidence in circumstances where investigators had no reasonable alternative to proceeding as they did to secure evidence necessary to prove a charge.[287] In some situations, it has been said, the public might be shocked if they did *not* do so.

This kind of argument has received some acceptance from the Supreme Court of Canada.[288] However, in *R. v. Kokesch*,[289] Sopinka J. said that

> the unavailability of other, constitutionally permissible, investigative techniques is neither an excuse nor a justification for constitutionally impermissible investigative techniques. . . .
>
> Where the police have nothing but suspicion and no legal way to obtain other evidence, it follows that they must leave the suspect alone, not charge ahead and obtain other evidence illegally and unconstitutionally. Where they take this latter course, the *Charter* violation is plainly more serious than it would be otherwise, not less.

(iii) *Impact of Exclusion*

Public opinion is shocked by learning of egregious abuses of suspects' rights during investigations by police or other authorities; it is equally shocked by reports of criminals going free because of "legal technicalities." Courts called upon to make admissibility rulings under section 24(2) of the *Charter* must accordingly balance these two competing considerations. Justice Le Dain referred to the balancing exercise in these terms in the *Therens* case:

---

[283] *Report of Committee on Corrections* (1969).
[284] Law Reform Commission of Canada, *The Exclusion of Illegally Obtained Evidence* (1974).
[285] *Supra*, note 260, proposed *Evidence Code*, s. 15(2).
[286] *Supra*, note 268, p. 1047.
[287] *E.g., R. v. Noble* (1984), 14 D.L.R.(4th) 216 (Ont. C.A.); *R. v. Maitland* (1984), 4 C.R.D. 8550.60-15 (N.W.T. S.C.); *R. v. Zlomanchuk* (1984), 30 Man. R. (2d) 283 (Q.B.).
[288] *R. v. Thompson*, [1990] 2 S.C.R. 1111; *R. v. Wong*, [1990] 3 S.C.R. 36.
[289] *Supra*, note 279, pp. 28-29.

> [T]he two principal considerations in the balancing which must be undertaken are the relative seriousness of the constitutional violation and the relative seriousness of the criminal charge.[290]

It is submitted that this formulation misdescribes the second category somewhat. There is much more to be considered in favour of admitting unconstitutional evidence than the seriousness of the charge, and that factor, as we will see, is of limited usefulness. Mr. Justice Anderson, of the British Columbia Court of Appeal, has described the basic equation more fully:

> A balance must be struck between the need for firm and effective law enforcement and the right of the citizen to be as free as reasonably possible from illegal and unreasonable conduct on the part of the police.[291]

The seriousness of the offence with which the accused is charged operates as a factor at two different points in the section 24(2) analysis. On the one hand, the more serious the charge, the more serious the consequences of denying the accused his or her constitutional rights. On the other hand, the more serious the alleged offence, the more justifiable is the unconstitutional conduct by the authorities.[292]

In cases where admission of the evidence will compromise the accused's right to a fair trial, these two effects will cancel out, and the seriousness of the charge will not be a factor in the analysis.[293] However, in other cases the seriousness of the charge may be considered as a factor going to potential disrepute caused by *exclusion* of the evidence, and, therefore tending towards a finding of admissibility.[294]

4. INHERENT POWERS OF SUPERIOR COURTS

The inherent remedial power of superior courts with respect to matters within their jurisdiction[295] is limited only by express legal proscription. Mr. Justice Beck of the Alberta Supreme Court once described "the development of remedial methods of giving effect to substantive law and the rights and obligations arising therefrom" as "a power . . . inherent in the court."[296]

---

[290] *R. v. Therens*, [1985] 1 S.C.R. 613.
[291] *R. v. Cohen* (1983), 5 C.C.C. (3d) 156 (B.C. C.A.). While Anderson J.A. dissented in that case, the quoted observation reflects the approach taken by most courts.
[292] E.g., *R. v. Stevens* (1983), 1 D.L.R. (4th) 465 (N.S. C.A.); *R. v. Hamill* (1984), 13 D.L.R. (4th) 275 (B.C. C.A.); *dictum* of Le Dain J., in *R. v Therens, supra*, note 290.
[293] *R. v. Collins, supra*, note 273, pp. 285-86.
[294] *R. v. Jacoy*, [1988] 2 S.C.R. 548; *R. v. Colarusso*, [1994] 1 S.C.R. 20.
[295] I.H. Jacob, "The Inherent Jurisdiction of the Court" (1970) 23 *Curr. Legal Probs.* 23; approved in *Canada Labour Congress v. Bhindi* (1985), 17 D.L.R. (4th) 193 at 203 (B.C. C.A.). And see *Danson v. Ontario (A.G.), supra*, note 110.
[296] *U.M.W., Local 1562 v. Williams* (1919), 45 D.L.R. 150 at 177 (Alta. C.A.). The innovation involved was to permit an action to be maintained against an unincorporated trade union. The substantive decision of the Alberta Court was reversed by the Supreme Court of Canada: 59 S.C.R. 240; but the procedural question was not conclusively resolved.

Relying on English authority to the effect that "every superior court is the master of its own practice," he continued:

> I think that, without any statutory rules of practice, the court can, should a case arise[,] . . . award such remedies, though they be new, as may appear to be necessary to work out justice between the parties.[297]

An aspect of this inherent power is the judicial enforcement of constitutional rights in countries which, like the United States, have a constitutional Bill of Rights, but no express enforcement machinery. The willingness of Canadian courts to perform a similar function without any explicit remedial authority can be seen in rulings of the Supreme Court of Canada on the language guarantees contained in section 133 of the *Constitution Act, 1867* and section 23 of the *Manitoba Act*.[298]

The *Manitoba Language Reference*,[299] in particular, demonstrated remedial inventiveness of the highest order. It will be recalled that the Supreme Court of Canada declared all unilingual statutes passed in Manitoba during a 95-year period to be invalid, but endowed them with temporary validity during a judicially determinable minimum compliance period in order to avoid legal chaos. The Court found the authority to grant such temporary relief in no more explicit a source than the principle of the "the rule of law," upon which the Constitution is based. Similar remedial powers, innovative if necessary, can be expected to be exercised by courts faced with significant infringements of constitutional rights in the future if the explicit remedial provisions of section 24(1) and (2) and section 52(1) should prove to be inadequate.

It could be argued, to the contrary, that because section 24 and section 52(1) provide certain explicit remedies for the breach of *Charter* rights, any other remedies that might otherwise have been available are impliedly denied: *expressio unius est exclusio alterius*. However, such an interpretation would, so far as section 24 is concerned, offend section 26 of the *Charter*:

> The guarantee in this Charter of certain rights and freedoms shall not be construed an denying the existence of any other rights or freedoms that exist in Canada.[300]

---

[297] *Ibid.*, p. 178, *per* Beck J. quoting from his article, "The Development of the Law" (1916) 36 *C.L.T.* 373 at 382. The English authority cited was *Scales v. Cheese* (1844), 12 M. & W. 685, 152 E.R. 1374.

[298] *Manitoba (A.G.) v. Forest*, [1979] 2 S.C.R. 1032; *Quebec (A.G.) v. Blaikie*, [1979] 2 S.C.R. 1016.

[299] *Reference re Manitoba Language Rights*, [1985] 1 S.C.R. 721.

[300] Section 25 similarly provides that the *Charter* should not be read as limiting aboriginal rights.

It would be possible, of course, to read section 26 as referring only to substantive rights and freedoms, and not to the remedial rights conferred by section 24, but it is highly unlikely that any court would be persuaded to adopt so narrow a view. Although section 52(1), not being a part of the *Charter* in the strict sense, may not be subject to section 26,[301] it was enacted at the same time as part of the same endeavour to strengthen the constitutional rights of Canadians, and it is almost certain to be construed, like the *Charter*, as an expression or expansion of existing rights rather than as a limitation of them. There was no suggestion in the *Manitoba Language Reference*[302] that section 52(1) hampered in any way the Court's power to grant temporary validity to statutes that, on the basis of that section, were of "no force or effect."

It appears, therefore, that neither section 24 nor section 52(1) restrict the courts' historic intrinsic authority to provide suitable remedies for violations of legal wrongs.

5. ENFORCEMENT STATUTES

It should not be forgotten, either, that it is within the power of the Parliament of Canada and of the provincial legislatures, legislating within their respective jurisdictions, to expand the remedies available for *Charter* infractions. The U.S. Congress has enacted enforcement provisions for constitutional rights,[303] and similar measures are possible for Canada. The Evidence Acts, federal and provincial, for example, could be amended to provide for a more (but not less) extensive exclusion of unconstitutionally obtained evidence than that which is called for by section 24(2) of the *Charter*.

---

[301] In one sense, s. 52(1) *is* part of the *Charter*. It applies to all *Charter* rights and freedoms, and provides an important means of enforcing them. Earlier *Charter* drafts included a provision like s. 52(1), and it was moved to its present location only because it was recognized that the principle it expresses has a broader application than to the *Charter* alone.

[302] *Supra*, note 299.

[303] *E.g., Voting Rights Act*, 1965, 42 U.S.C.A., §§ 1973 *et seq.*; *Civil Rights Act 1964*, 42 U.S.C.A. §§ 2000 *et seq.*; and see L. Tribe, *American Constitutional Law* (Mineola, N.Y.: Foundation Press, 1978), p. 224 *et seq.*

20

Hate Speech, Equality, and Harm Under the Charter: Towards a Jurisprudence of Human Dignity for a "Free and Democratic Society"

Irwin Cotler*

1. Introduction
2. Nature and Extent of Hate Propaganda in Canada
3. The Canadian Legal Regime of Hate Propaganda Regulation — A Typology of Remedies
   (a) Criminal Law Remedies
      (i) Hate Propaganda — The Origins, Enactment, and Application of Anti-Hate Speech Laws
         (A) Advocacy or Promotion of Genocide (Section 318)
         (B) Public Incitement of Hatred (Section 319(1))
         (C) Wilful Promotion of Hatred (Section 319(2))
            (1) *R. v. Keegstra*
            (2) *R. v. Andrews and Smith*
         (D) Interception, Seizure and Forfeiture of Hate Materials (Sections 184.2, 320, 319(4))
      (ii) Spreading False News (Section 181)

---

* Professor, Faculty of Law, McGill University. I would like to thank law student David Outerbridge for his research assistance on the whole of this article, as well as law students Dougall Molson and Jon Kay for their assistance on certain parts.

(A) *R. v. Zundel*
  (iii) Defamatory Libel (Sections 298-301)
  (iv) Sedition (Sections 59, 61)
 (b) Federal Human Rights Legislation
  (i) *Canada (Human Rights Commission) v. Taylor*
 (c) Administrative Remedies
  (i) *Canada Post Corporation Act*
  (ii) *Customs Tariff Act*
  (iii) *Broadcasting Act*
 (d) Provincial Human Rights Legislation
  (i) Human Rights Codes
   (A) Creation of a Discriminatory Environment
   (B) Racial Harassment
   (C) Discriminatory Notices
  (ii) Group Libel Legislation
   (A) Manitoba *Defamation Act*
   (B) British Columbia *Civil Rights Protection Act*
 (e) Civil Remedies for Discrimination
  (i) Is There a Tort of Discrimination at Common Law?
  (ii) Is There a Remedy for Discrimination under Quebec Civil Law?
 (f) International Human Rights Law — A Source and Validation of Legal Remedy
 (g) Other Remedies
  (i) Prohibition on Racist Associations
  (ii) Non-Registration or Dissolution of Racist Organizations
  (iii) Restrictions on Racist Political Parties
  (iv) Prohibition of Holocaust Denial
4. Hate Speech Jurisprudence: Principles and Perspectives
 (a) Principle One: "Chartering Rights": The Constitutionalization of Freedom of Expression — The "Lifeblood of Democracy"
 (b) Principle Two: Freedom of Expression — Fundamental — But not an Absolute Right
 (c) Principle Three: The Scope of Freedom of Expression and the "Purposive" Theory of Interpretation
 (d) Principle Four: Freedom of Expression and the "Contextual" Principle
 (e) Principle Five: Freedom of Expression in a Free and Democratic Society
 (f) Principle Six: Freedom of Expression in Comparative Perspective
 (g) Principle Seven: Freedom of Expression in the Light of "Other Rights and Freedoms"
 (h) Principle Eight: Freedom of Expression and the Principle of Equality: Hate Propaganda as a Discriminatory Practice
 (i) Principle Nine: Freedom of Expression, Group Libel, and the Harms-Based Rationale
 (j) Principle Ten: Freedom of Expression, Hate Propaganda, and International Law
 (k) Principle Eleven: Freedom of Expression and the Multicultural Principle

(l) Principle Twelve: Freedom of Expression and the Principle of "Abhorrent Speech"
(m) Principle Thirteen: Freedom of Expression, and the "Slippery Slope"
5. Freedom of Expression, Hate Speech, and the American First Amendment Doctrine
6. Prosecuting Hate Speech: Constitutional Validity, Practical Efficacy, and the Dialectics of Inversion
7. Conclusion

1. INTRODUCTION

The fourteen years since the coming into force of the *Canadian Charter of Rights and Freedoms*[1] have witnessed an almost unprecedented explosion of racial and religious incitement against vulnerable minorities in democratic societies in Europe, Canada, the United States, Latin America, and Asia. The legal remedies invoked to combat such incitement have been the object of constitutional challenges in regions around the world, triggering a series of *causes-célèbres* in the 1990s, including the *Le Pen* case in France,[2] the *Radio Islam* case in Sweden,[3] the *Smirnov-Ostashvili* case in the former Soviet Union,[4] the *David Irving* case in England,[5] and the Minnesota "Cross Burning" case in the United States,[6] to name but a few.

The advent of the *Charter*, and the 90s in particular, has been a watershed for "hate speech" jurisprudence and the development of the principle of freedom of expression as guaranteed by section 2(*b*) of the *Charter*.[7]

---

[1] *Canadian Charter of Rights and Freedoms*, Part I of the *Constitution Act, 1982*, being Schedule B to the *Canada Act 1982* (U.K.), 1982, c. 11 [hereinafter *Charter*].

[2] Jean Marie Le Pen, the leader of the far right National Front Party in France, has been involved in a series of criminal prosecutions and civil defamation suits. A summary of these cases can be found in S. Roth, "The Legal Fight Against Anti-Semitism", supplement to the *Israel Yearbook in Human Rights*, Vol. 25 (1995), pp. 62-64.

[3] *Ibid.*, pp. 73-74.

[4] The case is discussed in Y. Schmidt & T. Smith, "Sources of Inter-Ethnic Discord Throughout the Former Soviet Union" in S. Coliver, (ed.), *Striking a Balance: Hate Speech, Freedom of Expression and Non-discrimination* (London: Article XIX, 1992) 130, pp. 133-34.

[5] David Irving has also been the subject of litigation in Canada where his attempts to enter the country were rejected by Canadian immigration authorities. The authorities advised Irving by letter on October 9, 1992 that his entry was barred because of his criminal record and because "there are reasonable grounds to believe [you] will commit one or more offences in Canada". Irving had previously been convicted for violating a German law making it illegal to deny the Holocaust. He was then arrested for illegally entering Canada and subsequently deported. See, for example, story in *Ottawa Citizen* of November 14, 1992.

[6] *R.A.V. v. St. Paul*, 505 U.S. 377 (1992).

[7] Section 2(*b*) of the *Charter* states:
   2. Everyone has the following fundamental freedoms:

Indeed, this article is being written against the backdrop of the most celebrated free speech jurisprudence in the history of Canadian law, including most notably the historic trilogy of *Keegstra*,[8] *Andrews*,[9] and *Taylor*,[10] decided together by the Supreme Court of Canada in 1990, as well as the *Zundel* case,[11] the constitutional aspect of which was decided by the Court in 1992.[12] Another *cause-célèbre*, involving a complaint lodged under the New Brunswick *Human Rights Act* against Moncton schoolteacher Malcolm Ross, is currently on appeal to the Supreme Court. As well, in the past few years there have been numerous lower court decisions under the federal and provincial human rights codes involving hate propaganda, notably the *Heritage Front* case in Ontario,[13] the *Harcus* case in Manitoba,[14] the *Bell* case in Saskatchewan,[15] the *Aryan Nations* case in Alberta,[16] and the *Liberty Net* cases in British Columbia.[17]

In each of the major hate speech cases decided under the *Charter* thus far there have been two central issues before the courts, issues that are likely to be the central concerns of any court in a democratic society called upon to decide a racial incitement case. The first issue is whether incitement to racial and religious hatred is protected speech under the *Charter*'s section 2(*b*) guarantee of freedom of expression. The second issue, even assuming that racial incitement is *prima facie* protected speech, is whether, and indeed not just whether, but how and to what extent, hate propaganda can nonetheless be subject, in the words of the balancing principle stated in section 1 of the *Charter,* to "such reasonable limits prescribed by law as can be demonstrably justified in a free and democratic society."[18]

. . .
(*b*) freedom of thought, belief, opinion and expression, including freedom of the press and other media of communication. . . .

[8] *R. v. Keegstra*, [1990] 3 S.C.R. 697.
[9] *R. v. Andrews and Smith,* [1990] 3 S.C.R. 870.
[10] *Canada (Human Rights Commn.) v. Taylor,* [1990] 3 S.C.R. 892.
[11] *Zundel v. R.,* [1992] 2 S.C.R. 731.
[12] *Ibid.*
[13] *Canada (Human Rights Commn.) v. Heritage Front,* [1994] 1 F.C. 203 (T.D.); *Canada (Human Rights Commn.) v. Heritage Front* (1994), 78 F.T.R. 241 (T.D.).
[14] *League for Human Rights B'Nai Brith Can. (Midwest Region) v. Man. Knights of the Ku Klux Klan* (1993), 18 C.H.R.R. D/406 (Can. Human Rights Trib.).
[15] *Saskatchewan (Human Rights Commn.) v. Bell* (1994), 114 D.L.R. (4th) 370 (Sask. C.A.).
[16] *Kane v. Church of Jesus Christ Christian-Aryan Nations (No. 3)* (1992), 18 C.H.R.R. D/268 (Alta. Bd. of Inq.).
[17] *Khaki v. Cdn. Liberty Net* (1993), 22 C.H.R.R. D/347 (Cdn. Human Rights Trib.); *Canada (Human Rights Commn.) v. Cdn. Liberty Net,* [1992] 3 F.C. 155 (T.D.); *Canada (Human Rights Commn.) v. Cdn. Liberty Net,* [1992] 3 F.C. 504.
[18] Section 1 of the *Charter* states:
   1. The *Canadian Charter of Rights and Freedoms* guarantees the rights and

An appreciation of this striking array of constitutional litigation reveals a little known but significant social and legal phenomenon: that Canada has become an international centre for hate propaganda litigation in general, and Holocaust denial litigation in particular. This is not because Canada is a world centre for the Holocaust denial movement, but because Canada has developed one of the most comprehensive legal regimes of criminal and civil anti-discrimination remedies to combat hate propaganda of any free and democratic society. Indeed, the Canadian experience has generated one of the more instructive and compelling sets of legal precedents and principles respecting this genre of litigation and the principle of freedom of expression in the world today.

The importance of these precedents and principles flows from a variety of factors. First, the Canadian mosaic has been experiencing a dramatic increase in both hate speech and hate crimes targeting vulnerable minorities. Second, the dynamic and dialectical encounter between the rise in racist hate speech and the existence in Canada of a comprehensive legal regime to combat it not only mirrors this phenomenon elsewhere, but emerges as a compelling case-study of both the efficacy and validity of legal remedy. Third, the encounter is not only a legal one but a philosophic one — for what is at issue is not only the efficacy or validity of legal remedy, but the balancing under the *Charter* of two fundamental normative principles: on one hand, freedom of expression as the lifeblood of democracy and of the autonomy of the individual; and, on the other hand, the right of vulnerable minorities to protection against discriminatory expression and its related humiliation, degradation, and injury. In effect, what is at stake in the invocation of these core principles — at the most profound, and painful level — is the litigation of the values of a nation — the competing visions of what constitutes, or is creative of, a free and democratic society.

Fourth, the *Charter* emerges in the cases as a double-edged constitutional sword — invoked by both the purveyors and the targets of hate propaganda alike. The "hate-mongers" shield themselves behind the freedom of expression principle. The victims shield themselves behind the right to protection against group-vilifying speech. Fifth and finally, the Supreme Court of Canada in its hate propaganda decisions has articulated a series of principles and perspectives which, in pouring content into the *Charter*'s dual guarantee of freedom of expression and non-discrimination, using international human rights law as an interpretive source, have placed Canada in the forefront internationally in developing a distinguishable "hate speech" jurisprudence for a free and democratic society.

---

freedoms set out in it subject only to such reasonable limits prescribed by law as can be demonstrably justified in a free and democratic society.

The present analysis of hate propaganda and section 2(*b*) of the *Charter* will be organized around five principal topics: first, the institutionalized legacy of racism, and the rising racism of hate in Canada, including the nature and extent of the present hate movement and of hate propaganda; second, the Canadian legal regime of hate propaganda regulation, including a typology of legal remedies to hate speech, as well as a summary of the major jurisprudential responses to these remedies; third, a discussion of the major principles and perspectives articulated by the Supreme Court of Canada in "balancing" the freedom to express hate and the right to protection against group-vilifying speech, in the context of both the *Criminal Code* as well as remedial anti-discrimination statutes; fourth, a comparison of freedom of expression principles under the *Charter* with the U.S. First Amendment Doctrine, using hate speech/equality as a case-study; and fifth, a perspective on the dialectics of constitutional validity and practical efficacy — and the dynamics of inversion — in the prosecution of hate speech in Canada. This article will conclude with a summary of the basic indices for developing a "hate speech" jurisprudence under the *Charter* — or the basic indices underlying a jurisprudence of free speech, equality and respect for human dignity in a free and democratic society.

2. NATURE AND EXTENT OF HATE PROPAGANDA IN CANADA

Canada is generally perceived both by its citizens and within the international community — and not incorrectly — as a pluralistic, multicultural society; yet it bears the legacy of centuries of racism and religious intolerance. Indeed, while Canadians understandably may view their country as one of the more egalitarian and reasonable polities in existence today, they often ignore a less sanguine aspect of Canadian social history and contemporary reality, both of which are replete with disturbing moments and movements of explicit discrimination and hatred.

For Canada has been a party to a legacy of institutionalized — and indeed legalized — racism and hate, a legacy largely absent from our history texts and law books. But the sanitized treatment of racism and the law — or racism *in* the law — cannot mask the scandalous treatment of the most vulnerable and disadvantaged amongst us. The history of aboriginal peoples, for example, whom the *Calder*[19] case acknowledged have been here "from time immemorial", reveals not respect for the entitlements of Canada's "First Nations", but rather dispossession, disenfranchisement, and mistreatment. Indeed, the once standard judicial view of native peoples as an "uncivilized" and "inferior" race at one time resulted in the Crown being "legally" authorized to ignore treaty agreements with them, and to dispos-

---

[19] *Calder v. British Columbia (A.G.)*, [1973] S.C.R. 313.

sess native peoples in the name of the "law".[20] Likewise, while the institution of slavery was never as pervasive or pernicious in Canada as it was in the United States, the economy of the British North American colonies from the early seventeenth century until 1833 was fuelled in part through the enslavement of blacks and natives.[21]

The period following Confederation is similarly marred by prejudice, animosity and racism in law. From the 1870s to the 1930s, Canada's western provinces enforced express policies of segregation and discrimination against those of Chinese and Japanese ancestry,[22] as well as against Hutterites, Doukhobors, and other religious minorities, while the federal Parliament enacted race-based immigration laws and maintained an explicitly race-based exclusionary immigration policy until 1946.[23]

Some of the most egregious examples of state-sanctioned racism were the enactment by Canada of a *Chinese Immigration Act* which imposed a head tax on Chinese entering Canada, the enactment of federal and provincial laws restricting the rights of Chinese, Japanese and East Indians to vote, and a provincial statute respecting the establishment of separate schools for "the coloured population".[24]

The racist motivations behind the framing of such legislation may be illustrated by an excerpt from the preamble of the *Chinese Regulation Act* of 1884, which was drafted during a period of fervent anti-Chinese racism on the west coast, and which purported to restrict the activities of persons of "the Chinese race":

> Whereas . . . [the Chinese in British Columbia] . . . are not disposed to be governed by our laws; are dissimilar in habits and occupation from our people; evade the payment of taxes . . . ; are governed by pestilential habits; are useless in instances of emergency; habitually desecrate grave yards by the removal of bodies therefrom . . . .[25]

The World War Two era in particular was a dark period for human rights in Canada, with the federal government turning away Jewish refugees at their time of greatest need,[26] while implementing a policy of dispossession

---

[20] See Bruce Morrison and Roderick C. Wilson, *Native Peoples: The Canadian Experience*, 2nd ed. (Toronto: McClelland & Stewart, 1995).

[21] See R. Winks, *The Blacks in Canada* (New Haven: Yale University Press). M. Trudel, *L'esclavage au Canada français: histoire et conditions de l'esclavage* (Quebec: Les Presses de l'Université Laval, 1960).

[22] See W.S. Tarnopolsky and W.F. Pentney, *Discrimination and the Law* (Toronto: Carswell, 1994), Ch. 1.

[23] *Ibid.*, fn. 11.

[24] *Ibid.*, Ch. 1, pp. 4-6.

[25] See T. Cohen, *Race Relations and the Law* (Toronto: Canadian Jewish Congress, 1988), p. 7.

[26] See I. Abella and H. Troper, *None is Too Many: Canada and the Jews of Europe 1933 — 1945*, 3rd ed. (Toronto: Lester Publishing, 1991).

and internment against Japanese Canadians.[27] In a word, from Canada's beginnings right up to the present day, aboriginal peoples, ethnic and religious minorities, blacks, Asians, women, gays, lesbians and others — the vulnerable amongst us — have been subject not only to unfairness and ill-treatment at the hands of governments, but to verbal harassment, discrimination in the provision of accommodation, facilities and services, employment discrimination and, in some instances, violent physical assault, based solely on their possession of certain immutable personal characteristics — traits which often may be said to define their very essence as individuals.[28]

Given this legacy of racism and hate — of a culture of exclusion — it is not surprising that more extreme manifestations of bigotry and intolerance have taken hold here; and that the first major Canadian organization devoted primarily to the promotion of hatred and violence towards religious and racial minorities should be the Ku Klux Klan, which moved to Canada from the United States in the early 1900s and quickly developed a list of members numbering in the tens of thousands, primarily in the western provinces.[29] The Klan directed its hatred primarily towards blacks, native peoples, Jews, and Catholics, promoting its views through meetings, rallies, the occasional cross-burning, and, notably, through written hate propaganda, thus inaugurating a phenomenon which has blossomed, particularly in the past 25 years, to spawn a "web of hate"[30] of unprecedented proportions and methods.

The Canadian hate movement is a closely-knit group of mainly anti-semitic and white supremacist organizations as well as individual purveyors of hate, whose uniting feature is that they all engage in the practice of "generally irrational and malicious abuse of certain identifiable minority groups".[31] The abuse usually takes one of two forms: it can be violent or destructive crime inflicted directly upon members of these minority groups or against their personal or communal property; or the abuse can take the form of hate propaganda — the public promotion of hatred or contempt against vulnerable minorities — which *inter alia*, "propagates the myth that a certain group poses some kind of menace or threat, and in so doing

---

[27] W.S. Tarnopolsky and W.F. Pentney, *supra*, note 22, Ch. 1.
[28] C. Sampogna, S. Harper, K. Rudner, "Historical Overview and Introduction" in E. Mendes, (ed.), *Racial Discrimination: Law and Practice* (Toronto: Carswell, 1995).
[29] A summary of the history of Canada's Ku Klux Klan may be found in W. Kinsella, *Web of Hate: Inside Canada's Far Right Network* (Toronto: Harper Collins, 1994), pp. 7-49. More detailed accounts are M. Robin, *Shades of Right: Nativist and Fascist Politics in Canada, 1920 to 1940* (Toronto: University of Toronto Press, 1992), and J. Sher, *White Hoods: Canada's Ku Klux Klan* (Vancouver: New Star Books, 1983).
[30] Kinsella, *ibid.*
[31] *Report of the Special Committee on Hate Propaganda in Canada* (Ottawa: Queen's Printer, 1965), p. 11 [hereinafter *Cohen Committee Report*].

contains an express or implied invitation to mobilize against the group in question."[32] The methods and media through which hate–mongers have endeavoured to spread their message are numerous, and include concerts, rallies, training camps, political campaigns, academic movements, films, radio and television programming, advertisements, posters, audio tapes, telephone hate lines, speeches, teaching, newspaper articles, letters to the editor, as well as the standard methods of promoting hate: pamphlets, books, mailings and the like. Hate propaganda has also begun to appear in significant quantities on computer bulletin boards and on the Internet.[33]

In recent years, the number of hate groups and prominent individual hate–mongers in Canada has multiplied. In addition to the Ku Klux Klan, which has itself experienced a resurgence in some provinces since the late 1980s,[34] there is now a veritable web of hate movements — the Western Guard, the Northern Hammerskins, the Nationalist Party of Canada, Citizens for Foreign Aid Reform, the Church of the Creator, and the currently dominant Heritage Front, to name only the most well-known groups. As well, U.S. hate groups such as the Aryan Nations, White Aryan Resistance and others have tried with varying success to get their message heard in Canada, and have established a network of links with their Canadian counterparts.[35] Meanwhile, Jim Keegstra, Ernst Zundel, and Malcolm Ross, among others, are not only the case names of the historic *Charter* hate speech jurisprudence, but passwords into the popular culture of hate propaganda.

It is often assumed that the individuals who make up the hate movement inhabit the so-called "fringes" of an otherwise moderate and rational society. Yet not all hate–mongers are social outcasts, nor does the fact of their extremism appear to diminish their capacity to grow as a movement and to publicize their ideas. Two of Canada's most notorious promoters of hatred towards minorities — Jim Keegstra and Malcolm Ross — were school teachers, and Keegstra was also at one time the mayor of Eckville, Alberta, the town in which he taught. Ernst Zundel, while characterized as somewhat of a social misfit, nevertheless continues, through his publishing company Samisdat Publishing, to make Canada literally one of the most important sources of anti-semitic and Holocaust denial literature in the world, printing hate propaganda in 15 languages to service the hate movements in 40

---

[32] T. Cohen, *supra*, note 25, p. 104.
[33] D. Johnston, D. Johnston, S. Handa, *Understanding the Information Highway* (Toronto: Stoddard Publishing, 1995), pp. 49-50.
[34] See S. Scheinberg, "Canada: Right Wing Extremism in the Peaceable Kingdom" in B'Nai Brith Canada, *The Extreme Right: International Peace and Security at Risk (Draft Report)* (Toronto: B'nai Brith Canada, 1994), pp. 49-52; W. Kinsella, *supra*, note 29, pp. 31-49, 283-310.
[35] League for Human Rights of B'Nai Brith Canada, *1994 Audit of Anti-Semitic Incidents* (Toronto: B'Nai Brith, 1995) pp. 12-13 [hereinafter *1994 Audit*].

countries across the globe.[36] Indeed, in the past five years in particular, the size and degree of activity of the hate movement in Canada have altered significantly, producing four intimately inter-related trends.

First, there has been a dramatic increase in the *number, organization and membership* of the hate groups. Although membership figures are difficult to document due to the transient quality of many of the groups, it is estimated that whereas through the 1980s there were only approximately 200 serious leaders of the various anti-semitic and white supremacist groups, today there are probably at least two thousand committed members, with an additional two thousand casual followers in local cells across the country.[37] This increase is due in large part to a policy of active recruitment lately put into practice by some groups, notably the Heritage Front and the Church of the Creator, with one of the favoured methods being recruitment among the young through the dissemination of hate propaganda at high schools and on university campuses.[38] Admittedly, some of the dominant hate groups such as the Heritage Front and the Ku Klux Klan have experienced financial and organizational setbacks in the past two years due to such factors as fines, judicial cease and desist orders, the imprisonment of leaders for contempt of court, the exposure and defection of major players such as Grant Bristow and Elisse Hategan, *etc.*[39] — the whole itself suggestive of the efficacy of legal remedy. Other groups, however, originating south of the border, are rising to take their place, while Samisdat Publishing has continued its propagation of hate with renewed vigour since Ernst Zundel's victory at the Supreme Court,[40] reflecting the fall-out not so much of the failure of legal remedy, but the absence of a legal remedy held to be unconstitutional.

Second, the *age and outlook* of the hate movement have changed. Whereas in the not-so-distant past most hate groups were composed of fairly inert middle-aged males, today's hate–mongers are often much younger (18-20 years old) and of both sexes.[41] Moreover, the members of today's hate groups are not just racists who enjoy the company of others with like views, but persons harbouring an angry grievance at "the establishment", and an angry resentment of "the other". One manifestation of this phenomenon is the recent rise in the number of skinheads in Canada and the United

---

[36] *Ibid.*, p. 20.
[37] These are the figures offered by W. Kinsella, cited in M. McDonald, "The Enemy Within", *Maclean's* (May 8, 1995), p. 34.
[38] *1994 Audit, supra,* note 35, pp. 14, 16.
[39] Project for the Study of Anti-Semitism, *Anti-Semitism Worldwide 1994* (Tel Aviv: Tel Aviv University, 1995) pp. 184-185.
[40] *1994 Audit, supra,* note 35, pp. 20-22.
[41] P. Raymont, quoted in M. McDonald, *supra,* note 37, p. 38.

States.[42] Some commentators argue that the anger and intolerance of today's youth is further exacerbated by poor economic times, generating a more intensified ill-will and hostility towards immigrants as well as towards society's traditional scapegoats — Jews, Asians, Natives, African-Canadians, and others.[43]

Third, the rise in youth hate has corresponded with an *increase in violence* perpetrated by members of hate groups in the 1990s. A 1993 Canadian Security and Intelligence Service report on hate groups acknowledged "a noticeable shift towards more violence-prone groups" in Canada in this decade,[44] and the League for Human Rights of B'nai Brith Canada has pointed to 1993 as the year in which Canadian racism came "out of the closet and into our streets" in the form of violent crime as well as the active recruitment of new members.[45] A recent study commissioned by the federal Department of Justice and conducted by University of Ottawa criminologist Julian Roberts suggests that the number of hate-motivated crimes perpetrated annually in Canada has risen in this decade to approximately 9,000,[46] a view shared by specialists in the area of hate crimes who point out that the incidence of hate-motivated criminal activity has increased recently, and suggest that the trend is continuing to worsen.[47] Symptom and symbol of the new violent face of the hate movement are the increased attention and resources devoted by police and various levels of government to combatting hate crime and its underlying causes. Police departments in Ottawa, Toronto and Winnipeg have recently established special hate crime units,[48] while Parliament in June 1995 passed a hate crimes amendment to the *Criminal Code,* which directs judges to increase the severity of criminal sentences where it is proved that a crime was motivated by hatred of the victim's race, religion, ethnic origin or sexual preference.[49]

Fourth and finally, the 1990s have witnessed a rather dramatic increase in the quantity of *reported hate* in Canada. The League for Human Rights of B'nai Brith Canada, which has maintained records of anti-semitic incidents in Canada since 1982, reported in its *1994 Audit of Anti-Semitic*

---

[42] See S. Scheinberg, *supra*, note 34, pp. 55-58.
[43] W. Kinsella, cited in M. McDonald, *supra*, note 37, p. 34. See though S. Scheinberg, *supra*, note 34, p. 57, where he disputes "facile economic explanations" for the rise in youth hate.
[44] Cited in M. McDonald, *supra*, note 37, p. 35.
[45] *1993 Audit of Anti-Semitic Incidents* (Toronto: B'Nai Brith, 1994).
[46] Cited in R. Corelli, "A Tolerant Nation's Hidden Shame", *Maclean's* (August 14, 1995), p. 40.
[47] *E.g.*, D. Dunlop, head of the Ottawa-Carleton Regional Police hate crimes unit, quoted in R. Corelli, *ibid.*
[48] The Institute of Jewish Affairs and the American Jewish Committee, *Anti-Semitism, World Report 1995,* (London: Inst. of Jewish Affairs, 1995), p. 21.
[49] *Criminal Code*, R.S.C. 1985, c. C-46, as amended by S.C. 1995, c. 22.

Incidents that it had received the greatest number of complaints of anti-semitic harassment and vandalism ever. The 290 complaints received in 1994 constitute a 13% increase over the 256 received in 1993, and a huge 130% increase over the average of 126 incidents reported over the years 1982-1992. In particular, between 1990 and 1994, the average annual number of complaints of anti-semitic "harassment" (a category which covers complaints regarding hate propaganda) was 170, while the average during the 1980s was only 52. Similarly, the average annual number of complaints of anti-semitic vandalism was 98 during 1993 and 1994, compared to an average of 43 incidents per year during the preceding years.[50] Although these statistics may not be a reliable indicator of an actual increase in hate-motivated activity in Canada (for instance, they may be evidence of an increased willingness of victims to come forward, or of greater awareness on the part of victims that records of hate-motivated incidents are being kept), they do indicate a greatly increased public awareness of the hate movement and of its broader social implications. Combined with the likelihood that the hate movement is in fact growing in Canada in the 1990s,[51] the rise in reported hate suggests that Canadians — and in particular Canadians who are members of targeted minority groups — today live their lives in the shadow of an expanding culture of hate.

3. THE CANADIAN LEGAL REGIME OF HATE PROPAGANDA REGULATION — A TYPOLOGY OF REMEDIES

Canada has one of the most comprehensive legal regimes in the world — including a spectrum of remedies — to combat hate propaganda. Both the federal and provincial governments have enacted laws which seek either to punish individual purveyors of hate, or to remedy the discrimination perpetrated through hate propaganda, often by limiting or forbidding its expression by a particular individual or group. The legislation is of several different types. At the federal level, Parliament has criminalized three distinct forms of hate propagation — advocacy of genocide, public incitement of hatred, and wilful promotion of hatred — and has otherwise restricted the ability of citizens to promote hatred, through various provisions in the *Criminal Code,* the *Canadian Human Rights Act,* the *Canada Post Corporation Act,* and the *Customs Tariff Act.* The provinces, although excluded by Parliament's jurisdiction over criminal law from actually punishing as such those who promote hatred against identifiable groups, have also attempted to remedy some of the harms effected by hate–mongers, through

---

[50] *1994 Audit, supra,* note 35, pp. 6-7.
[51] According to W. Kinsella, *supra,* note 29, although see S. Scheinberg, *supra,* note 34, who disputes the claim that the hate movement is growing other than in the public eye.

various types of human rights legislation. In the private law area, while Canadian courts appear to have foreclosed a common law tort of discrimination, Quebec civil law appears to offer a delictual remedy. And international human rights law has emerged in the post-*Charter* universe as a relevant and persuasive source in the invocation and application of legal remedy.

This second part of the paper will set out in summary form the major legislative regimes and provisions designed or able to regulate hate propaganda in Canada, as well as discuss the major freedom of expression cases decided to date under the provisions. The case-law illustrates both the parameters of the concept of freedom of expression as enshrined in the *Charter* and as understood by today's courts, as well as the effectiveness of the various legislative attempts to solve the problem of hate propaganda. Where appropriate, brief accounts of the historical circumstances leading to the adoption of particular laws regulating hate propaganda are provided.

(a) Criminal Law Remedies

There are numerous provisions in the *Criminal Code*[52] which regulate, directly or indirectly, the ability of individuals to promote hatred through expression in a public forum. Three distinct offences, described below, specifically punish the promotion of hatred and the advocacy of genocide against identifiable groups; additional provisions provide for the interception, seizure and forfeiture of hate materials, while several other *Criminal Code* offences, though not expressly addressing, or originally intended to control, hate propaganda against identifiable groups, conceivably could be and in some cases have been, used to this end.

(i) *Hate Propaganda — The Origins, Enactment, and Application of Anti-Hate Speech Laws*

Following the Second World War, a number of trends, both national and international, converged to render the issue of hate propaganda prominent on the Canadian public policy agenda. Across the country, a new human rights movement emerged and began to crystallize, resulting in, *inter alia*, the passage of remedial anti-discrimination legislation of various types.[53] Internationally, several conventions, including most notably the *International Convention on the Elimination of All Forms of Racial Dis-*

---

[52] R.S.C. 1985, c. C-46.
[53] See W.S. Tarnopolsky, et al., *supra*, note 22, Ch.2; W. Kaplan, "Maxwell Cohen and the Report of the Special Committee on Hate Propaganda" in W. Kaplan & D. McRae (eds.), *Law, Policy and International Justice: Essays in Honour of Maxwell Cohen* (Montreal: McGill-Queen's University Press, 1993), pp. 243 - 244.

crimination,[54] the *Convention on the Prevention and Punishment of the Crime of Genocide*,[55] and the *International Covenant on Civil and Political Rights*[56] committed Canada and other signatory states to a wide range of human rights norms in general, and to the punishment of hate propaganda and the promotion of genocide in particular. At the same time, there was a growing perception during the 1950s and 1960s among Canadians — and in particular among members of minority groups — that hate movements and hate propaganda were on the rise, and that existing *Criminal Code* provisions were inadequate to deal effectively with the problem.[57] In January 1965, responding to repeated and increasing calls for action by interest groups, minority communities, newspaper editorials, judges, as well as Members of Parliament from both sides of the House, then federal Minister of Justice Guy Favreau appointed a special committee of seven experts to "study in depth the problem of possible effective legislation to control or eliminate the publication and distribution of 'hate' materials".[58]

Chaired by Maxwell Cohen, then Dean of the Faculty of Law at McGill University, the Special Committee on Hate Propaganda in Canada (the "Cohen Committee") engaged in a wide-ranging, multi-disciplinary study of the phenomenon of hate propaganda in Canada. The Committee's focus was upon the most effective means of reconciling the centrality of free speech and public discourse within the Canadian constitutional order with the need to control public hate communications perceived to be harmful to Canadian society in general, and minorities in particular. In April 1966, the Cohen Committee released its Report, stating the essence of its mandate and perspective as follows:

> This Report is a study in the power of words to maim, and what it is that a civilized society can do about it. Not every abuse of human communication can or should be controlled by law or custom. But every society from time to time draws lines at the point where the intolerable and the impermissible coincide. In a free society such as our own, where the privilege of speech can induce ideas that may change the very order itself, there is a bias weighted heavily in favour of the maximum of rhetoric whatever the cost and consequences. But that bias stops this side of injury to the community itself and to individual members or identifiable groups innocently caught in verbal crossfire that goes beyond legitimate debate.[59]

The Cohen Committee Report unanimously recommended the introduction of new criminal legislation outlawing the advocacy of genocide, incitement

---

[54] Adopted by General Assembly resolution 2106 A (XX) of December 21, 1965.
[55] Approved by General Assembly resolution 260 A (III) of December 9, 1948.
[56] Adopted by General Assembly resolution 2200 A (XXI) of December 16, 1966.
[57] W. Kaplan, *supra*, note 53, pp. 244-48.
[58] Letter of M. Cohen to G. Favreau, 9 Nov. 1964, cited in W. Kaplan, *supra*, note 53, p. 247.
[59] *Cohen Committee Report*, *supra*, note 31, quoted in *Keegstra*, *supra*, note 8, p. 725.

to hatred likely to result in a breach of the peace, and group defamation. The Report provided draft legislation for the three offences, and also advised in favour of new legislation with respect to the seizure and confiscation of materials used to promote hate. In November 1966, a hate propaganda bill was introduced in the Senate, based almost entirely upon the Committee's recommendations. After more than three years of heated debate, resulting in the inclusion of several important defences not originally suggested by the Cohen Committee, Parliament in 1970 enacted the new crimes[60] as follows.

(A) Advocacy or Promotion of Genocide (Section 318). Section 318 [formerly section 281.1] of the *Criminal Code* creates the offence of advocating or promoting genocide:

> **318.** (1) Every one who advocates or promotes genocide is guilty of an indictable offence and liable to imprisonment for a term not exceeding five years.
> (2) In this section "genocide" means any of the following acts committed with intent to destroy in whole or in part any identifiable group, namely,
> (a) killing members of the group; or
> (b) deliberately inflicting on the group conditions of life calculated to bring about its physical destruction.
> . . . .
> (4) In this section, "identifiable group" means any section of the public distinguished by colour, race, religion or ethnic origin.

Section 318(3) in conjunction with section 2 of the *Criminal Code* states that no prosecution for advocacy or promotion of genocide may be instituted without the consent of the relevant provincial Attorney General. As of yet, no one has been convicted of the crime of advocating genocide, nor has the validity of section 318 ever been examined in light of the *Charter*.

(B) Public Incitement of Hatred (Section 319(1)). Section 319(1) [formerly section 281.2(1)] of the *Criminal Code* creates the offence of public incitement of hatred:

> **319.** (1) Every one who, by communicating statements in any public place, incites hatred against any identifiable group where such incitement is likely to lead to a breach of the peace is guilty of
> (a) an indictable offence and is liable to imprisonment for a term not exceeding two years; or
> (b) an offence punishable on summary conviction.

---

[60] W. Kaplan, *supra*, note 53, pp. 256-64.

(7) In this section,

"communicating" includes communicating by telephone, broadcasting or other audible or visible means;

"identifiable group" has the same meaning as in section 318;

"public place" includes any place to which the public have access as of right or by invitation, express or implied;

"statements" includes words spoken or written or recorded electronically or electromagnetically or otherwise, and gestures, signs or other visible representations.

Prosecutions under this section do not require the prior consent of the provincial Attorney General. The essence of this offence is that the incitement to hatred must be public, and must, upon a reasonable apprehension of the circumstances, be likely to result in imminent public disorder. The definition of "statements" indicates that the incitement need not be orally transmitted, and may instead take such forms as, for instance, an inflammatory poster or videotape, or even a bodily gesture. It should be noted that public incitement to hatred is prohibited regardless of whether or not a breach of the peace actually ensues; the offence requires only that the incitement be of a type which is "likely" to lead to such a breach. Up to now, there have been no convictions for the crime of publicly inciting hatred, and its consistency with the principle of freedom of expression has not been judicially considered.

(C) Wilful Promotion of Hatred (Section 319(2)). Section 319(2) [formerly section 281.2(2)] of the *Criminal Code* creates the offence of wilfully promoting hatred:

319. (2) Every one who, by communicating statements, other than in private conversation, wilfully promotes hatred against any identifiable group is guilty of:
(a) an indictable offence and is liable to imprisonment for a term not exceeding two years; or
(b) an offence punishable on summary conviction.

From the outset, the crime of wilfully promoting hatred has been the most controversial of the offences originally recommended by the Cohen Committee, and even prior to the advent of the *Charter,* critics complained that the provision was a serious infringement of the principle of freedom of expression.[61] Sensitive to this criticism, the Committee made two related recommendations: first, that no prosecutions should be undertaken without the consent of the relevant provincial Attorney General, and second, that a

---

[61] W. Kaplan, *supra*, note 53, pp. 258-67.

set of defences specifically designed to narrow the scope of the prohibition against the wilful promotion of hatred be included in the *Criminal Code*.[62] Both suggestions were subsequently transformed, albeit with some alterations in the case of the defences,[63] into law. Section 319(6) in conjunction with section 2 of the *Code* now states that no proceeding for the offence of wilfully promoting hatred may be instituted without the consent of the provincial Attorney General. Section 319(3) establishes four distinct defences unique to the crime of wilfully promoting hatred:

> **319.** (3) No person shall be convicted of an offence under subsection (2)
> (a) if he establishes that the statements communicated were true;[64]
> (b) if, in good faith, he expressed or attempted to establish by argument an opinion upon a religious subject;[65]
> (c) if the statements were relevant to any subject of public interest, the discussion of which was for the public benefit, and if on reasonable grounds he believed them to be true;[66] or
> (d) if, in good faith, he intended to point out, for the purpose of removal, matters producing or tending to produce feelings of hatred towards an identifiable group in Canada.[67]

Besides the existence of these special defences, the crime of wilfully promoting hatred is distinguished from the crime of publicly inciting hatred by the lack of a requirement, in the case of wilful promotion of hatred, that the incitement is likely to result in a breach of the peace. Also, although the wilful promotion of hatred must occur ''other than in private conversation'', it is not necessary that it occur in a ''public place'', as is the case for public incitement of hatred. The term ''wilfully'' has been equated, in the case of *R. v. Buzzanga and Durocher*,[68] with a *mens rea* of ''intent'', defined in that case to encompass not only the conscious desire to promote hatred, but also circumstances where an individual acts with foresight of the ''certainty or moral certainty of the consequence'' of promoting hatred.[69]

---

[62] *Cohen Committee Report, supra*, note 31, pp. 69-70.
[63] Compare *Cohen Committee Report, ibid.*, pp. 65-66 with S.S. Cohen, ''Hate Propaganda — The Amendments to the Criminal Code'', (1971) 17 *McGill L.J.* 740, p. 775.
[64] Recommended in the *Cohen Committee Report, supra*, note 31, p. 69.
[65] Added at the recommendation of the Senate: see Law Reform Commission of Canada, Working Paper 50: *Hate Propaganda* (Ottawa: Law Reform Commission of Canada, 1986), p. 9, fn. 29.
[66] The Cohen Committee stated in its *Report, supra*, note 31, p. 65 that ''at a minimum'' this defence was required.
[67] Added during the drafting process: see Law Reform Commission of Canada, *supra*, note 65, p. 9, fn. 31.
[68] (1979), 49 C.C.C. (2d) 369 (Ont. C.A.).
[69] *Ibid.* pp. 384-85.

Section 319(2) of the *Criminal Code* is the only hate propaganda offence which has so far been challenged as violating the *Charter*'s section 2(*b*) guarantee of freedom of expression. The leading cases are *R. v. Keegstra* and *R. v. Andrews and Smith,* decided concurrently by the Supreme Court in 1990, at which time the Court upheld by a narrow 4-3 margin the constitutional validity of the crime of wilfully promoting hatred in these cases, as well as the anti-hate provisions of the *Canadian Human Rights Act* in the *Taylor* case, which had been joined with them for hearing. What follows is a "snapshot" of these cases — the *Keegstra* judgment alone runs over one hundred pages; a fuller analysis and critique appears in Section 4 of this paper which inquires into the basic principles — and interpretive guides — developed by the Supreme Court of Canada in this historic trilogy.

(1) *R. v. Keegstra.* James Keegstra was a high school teacher in the small town of Eckville, Alberta, who imposed virulently anti-semitic views upon his students in the classroom; he taught from the early 1970s until his dismissal in 1982. As explained in the majority judgment of Chief Justice Dickson in the Supreme Court:

> Mr. Keegstra's teachings attributed various evil qualities to Jews. He thus described Jews to his pupils as "treacherous", "subversive", "sadistic", "money-loving", "power hungry" and "child killers". He taught his classes that Jewish people seek to destroy Christianity and are responsible for depressions, anarchy, chaos, wars and revolution. According to Mr. Keegstra, Jews "created the Holocaust to gain sympathy" and, in contrast to the open and honest Christians, were said to be deceptive, secretive and inherently evil. Mr. Keegstra expected his students to reproduce his teachings in class and on exams. If they failed to do so, their marks suffered.[70]

In 1984, Keegstra was charged under what is now section 319(2) of the *Criminal Code* with the offence of wilfully promoting hatred against an identifiable group by communicating statements other than in private conversation. A preliminary application to the Alberta Court of Queen's Bench seeking to quash the charge on constitutional grounds was dismissed,[71] and Keegstra was tried and convicted by a court composed of a judge and jury. He appealed his conviction to the Alberta Court of Appeal, arguing, *inter alia,* that section 319(2) of the *Criminal Code* violates the right to freedom of expression guaranteed by section 2(*b*) of the *Charter,* and that, by imposing a reverse onus of proof upon the accused, the section 319(3)(*a*) truth defence violates the *Charter*'s section 11(*d*) guarantee of the presumption of innocence.

---

[70] *Keegstra, supra,* note 8, p. 714.
[71] *R. v. Keegstra* (1984), 19 C.C.C. (3d) 254 (Alta. Q.B.).

The Court of Appeal unanimously overturned the constitutional ruling in the court below, and found in favour of both of Keegstra's major *Charter* claims.[72] On the section 2(*b*) argument, Mr. Justice Kerans, for the Court, stated that although the deliberate expression of lies is not protected by section 2(*b*) of the *Charter,* section 319(2) also criminalizes the innocent or negligent expression of falsehoods, and it is this feature which violates the *Charter*'s guarantee of freedom of expression.[73] Moreover, he concluded that section 319(2) is not a reasonable limit upon freedom of expression under section 1 of the *Charter,* primarily because the provision is overbroad, criminalizing not only expression which actually causes harm to identifiable groups in society, but also any expression which was made merely with the intent to promote hatred.[74] In the Court's view, neither prosecutorial considerations regarding the impossibility of proving actual harm nor the moderating principles contained in sections 15 and 27 of the *Charter* served to compensate for this overbreadth.[75]

The Crown appealed to the Supreme Court of Canada, which divided sharply on the issue of freedom of expression under section 2(*b*) of the *Charter.* The majority judgment was delivered by then Chief Justice Brian Dickson, and the dissent by Madam Justice Beverley McLachlin.

In arriving at the conclusion that section 319(2) of the *Criminal Code* does *prima facie* infringe the right to freedom of expression under section 2(*b*) of the *Charter,* Chief Justice Dickson followed and refined the expansive doctrine of freedom of expression developed by the Court over a series of cases.[76] The freedom of expression, Chief Justice Dickson stated, must be given a broad and liberal interpretation: any human activity which attempts to convey meaning is expression, and is protected under section 2(*b*) of the *Charter.* No human expression will be denied *Charter* protection based solely upon the deemed objectionable character of its content. Instead, the only barrier to the protection of expressive activity under section 2(*b*), Chief Justice Dickson said, relates to the activity's form: no expression

---

[72] *R. v. Keegstra* (1988), 43 C.C.C. (3d) 150 (Alta. C.A.).
[73] *Ibid.*, p. 164.
[74] *Ibid.*, pp. 175-78.
[75] The Court of Appeal also found that the section 319(3)(a) truth defence violates an accused person's right to a presumption of innocence, because it allows for the conviction of the accused under section 319(2) based solely upon his or her failure to prove on the balance of probabilities the truth of the statement communicated. The provision was found not to be a reasonable limit on the *Charter* right under section 1, on the basis that there is no logically necessary link between the wilful promotion of hatred and the falseness of the statements communicated. *Ibid.*, p. 160.
[76] *R.W.D.S.U. v. Dolphin Delivery Ltd.*, [1986] 2 S.C.R. 573; *Ford v. Quebec (A.G.)*, [1988] 2 S.C.R. 712; *Edmonton Journal v. Alberta (A.G.)*, [1989] 2 S.C.R. 1326: *Reference re ss. 193 & 195.1(1) (c) of the Criminal Code*, [1990] 1 S.C.R. 1123; *Rocket v. Royal College of Dental Surgeons (Ont.)*, [1990] 2 S.C.R. 232.

which takes the form of violence will be protected, regardless of the alleged value of the message contained therein. Thus, despite possible analogies which might be made between hate propaganda, threats of violence, and violence itself, only violence receives no *Charter* protection, while threats of violence and hate propaganda are *prima facie* protected expression under section 2(*b*).

With respect to the constitutional validity of the precise provisions of section 319(2) of the *Criminal Code*, Chief Justice Dickson applied the three-step test articulated in *Irwin Toy Ltd. v. Quebec (A.G.)*.[77] First, all activities which are intended to convey meaning are considered protected expression under section 2(*b*); therefore, communications which promote hatred against identifiable groups — however invidious and offensive the communications themselves — do convey meaning and are protected. Second, section 319(2) of the *Criminal Code*, in seeking to prohibit such expression or hate speech, directly infringes upon the right to freedom of expression. Only "violence" is exempted from the protection of section 2(*b*), and Chief Justice Dickson rejected the argument that hate propaganda is akin to violence and should therefore be excerpted from the ambit of protected speech. He also rejected the argument that section 2(*b*) is to be read in the light of the principles of equality (section 15), multiculturalism (section 27), and Canada's obligations under international agreements, so that hate speech is to be "read out" of the section 2(*b*) freedom of expression guarantee, as incompatible with the fundamental values underlying free speech and the *Charter*. Rather, said Chief Justice Dickson, "the large and liberal interpretation given the freedom of expression in *Irwin Toy* indicates that the preferable course is to weigh the various contextual values and factors in s. 1."[78]

Having followed the *Irwin Toy* case in giving section 2(*b*) an expansive interpretation so as to locate hate speech within the ambit of protected expression, the Chief Justice then invokes the *Oakes* test to weigh these "various contextual values and factors under section 1", finding section 319(2) to be a reasonable and demonstrably justifiable limitation in a free and democratic society like Canada.

First, the Court found that there was a "powerfully convincing legislative objective" of "utmost importance"[79] warranting a limitation on section 2(*b*). In the words of Chief Justice Dickson:

> Parliament has recognized the substantial harm that can flow from hate propaganda, and in trying to prevent the pain suffered by target group members

---
[77] [1989] 1 S.C.R. 927.
[78] *Keegstra, supra*, note 8, p. 734; see generally pp. 720-34.
[79] *Ibid.*, p. 758.

and to reduce racial, ethnic and religious tension in Canada, has decided to suppress the wilful promotion of hatred against identifiable groups.[80]

Second, regarding the proportionality principle of the *Oakes* test, Chief Justice Dickson concluded that the means chosen by section 319(2) are proportionate to the legislative objective. More particularly, with respect to the "rational connection" element of the proportionality test, Chief Justice Dickson concluded that there was a rational connection between section 319(2) and the objective of suppressing hate propaganda.[81] Regarding the "minimum impairment" principle, he reasoned that section 319(2) is narrowly tailored so as to minimize the infringement on freedom of expression, having regard to, *inter alia*, the high *mens rea* threshold, the requirement of public communications only targeted at an identifiable group, and the various defences available to the accused.[82]

As for the last prong of the proportionality test, Chief Justice Dickson held that the benefits of section 319(2) outweigh any restrictive effects on section 2(*b*), given that the tenuous nature of hate speech was effectively antithetical to the very free speech values underlying section 2(*b*) itself. As the Chief Justice put it:

> ... hate propaganda contributes little to the aspirations of Canadians or Canada in either the quest for truth, the promotion of individual self-development or the protection and fostering of a vibrant democracy where the participation of all individuals is accepted and encouraged.[83]

The restriction on hate speech, then, did not compromise the values of free speech; and the benefits of that restriction — the promotion of equality, the protection of human dignity, the prevention of harm, the adherence to international commitments, the enhancement of multiculturalism and pluralism — were overriding.

Madam Justice McLachlin, writing for the dissent, agreed that the objective of the legislation — the combatting of racist hate speech — was a substantial and pressing one. However, she found that section 319(2) breached each of the proportionality tests: first, Madam Justice McLachlin argued that section 319(2) "may well have a chilling effect on defensible expression by law-abiding citizens"[84] without even being an effective means of curbing hate–mongers themselves, who may well be the beneficiaries of both publicity and sympathy for their cause. The connection, then, between the objectives of the legislation and the means sought to achieve it was a tenuous one at best.[85]

---

[80] *Ibid.*, p. 758.
[81] *Ibid.*, pp. 767-71.
[82] *Ibid.*, pp. 771-86.
[83] *Ibid.*, p. 766.
[84] *Ibid.*, p. 852.
[85] *Ibid.*, pp. 851, 854.

Second, the dissent argued that the very nature of section 319(2) offends the "minimum impairment" principle; the vagueness, overbreadth, and subjectivity inherent in section 319(2) will deter and chill legitimate speech essential to the democratic process — and undermine the very *raison d'être* of free speech. Moreover, criminalization is an excessive and unnecessary remedy when alternative and more effective remedies are available, such as human rights legislation. In the words of Madam Justice McLachlin, summarizing this point, "section 319(2) of the *Criminal Code* catches a broad range of speech and prohibits it in a broad manner, allowing only private conversations to escape scrutiny . . . I conclude that the criminalization of hate statements does not impair free speech to the minimum extent permitted by its objectives."[86]

Respecting the third prong — the cost-benefit analysis weighing the cost of infringement against the benefits conferred by the legislation — Madam Justice McLachlin characterizes the costs as involving a veritable assault on all the basic values underlying free speech; and while she acknowledged the "most worthy nature" of the objectives of section 319(2), the means chosen to achieve them were found to be questionable at best. In the words of Madam Justice McLachlin, concluding on this point, "any questionable benefit of the legislation is outweighed by the significant infringement on the constitutional guarantee of free expression effected by section 319(2) of the *Criminal Code*".[87]

(2) *R. v. Andrews and Smith.* The *Andrews* case was heard by the Supreme Court of Canada at the same time as *Keegstra*, and was decided according to the same reasoning by the same seven judges, dividing as they had in the principal case. Accordingly, the decision does not add anything in terms of theoretical underpinnings to the law of hate propaganda and free expression in Canada, but it is notable and interesting for its facts, and for the views expressed in the appeal court below.

Andrews was the leader of the Nationalist Party of Canada, a white supremacist political organization. Smith was the Party's secretary. Both were members of the party's central committee, which was responsible for the publication and distribution of the bi-monthly *Nationalist Reporter*, which expressed extreme racist and anti-semitic views, as well as for the distribution of mimeographed sticker cards carrying such messages as "Nigger go home", "Hoax on the Holocaust", "Israel stinks", and "Hitler was right. Communism is Jewish". In January, 1985, after a legal search of the homes of both men in which 89 items were seized, including copies of the *Nationalist Reporter* and various sticker cards, they were each charged

---

[86] *Ibid.*, p. 862.
[87] *Ibid.*, p. 865.

under section 319(2) of the *Criminal Code* with wilfully promoting hatred against an identifiable group by communicating statements other than in private conversation.

Andrews and Smith were tried together and convicted in December 1985 before the District Court of Ontario. The constitutional validity of section 319(2) of the *Code* was not challenged at trial by the defence, but the principal grounds of appeal to the Ontario Court of Appeal were the issues of freedom of expression and the presumption of innocence.

The notable feature of the unanimous decision of the Court of Appeal in *Andrews*[88] upholding section 319(2) of the *Code* is that, although the Court was divided in its reasoning, both of the Court's judgments stand in direct and express conflict with the reasoning of the Alberta Court of Appeal in *Keegstra*. Accordingly, Mr. Justice Cory's separate and concurring opinion, much of which, notably, was subsequently affirmed by the Supreme Court in *Keegstra,* concluded that while section 319(2) infringes upon the right to freedom of expression under section 2(*b*) of the *Charter,* this infringement is justified under section 1. The *Charter,* Justice Cory stated, must protect different and unpopular views, regardless of how noxious or offensive these ideas may be to identifiable groups, and so section 2(*b*) should be given a large and liberal interpretation, with questions of the reasonableness of limitations on freedom of expression being settled only under section 1.[89] At the same time, he recognized a need to control propaganda aimed at "the deliberate, vicious promotion of hatred against" identifiable groups.[90] Referring to section 27 of the *Charter,* international human rights conventions, as well as the domestic law of other democratic countries in support of his decision, and noting the limited scope of application of section 319(2), Justice Cory concluded that hate propaganda constitutes a destructive assault upon the multicultural character of Canadian society, and that section 319(2) therefore constitutes a reasonable limit upon freedom of expression in the effort to prevent such harm.[91]

In particular, Justice Cory expressly disagreed with the conclusion of the Alberta Court of Appeal that section 319(2) of the *Criminal Code* is overly broad because it punishes the promotion of hatred even where no actual harm occurs. He pointed to numerous crimes such as attempted murder, conspiracy, *etc.*, where behaviour is punished even where no actual harm is inflicted upon society, and concluded that the crime of wilful promotion of hatred is justified, being "based upon the hard, chilling facts of history".[92]

---

[88] (1988), 28 O.A.C. 161.
[89] *Ibid.*, p. 167.
[90] *Ibid.*, p. 168.
[91] *Ibid.*, p. 179.
[92] *Ibid.*, pp. 180-81.

Alternatively, and interestingly enough from a methodological point of view, Mr. Justice Grange, with whom Mr. Justice Krever concurred, found that section 319(2) does not even violate the guarantee of freedom of expression contained in section 2(*b*) to begin with. He reasoned that freedom of expression under the *Charter* is not an absolute principle, and that in construing section 2(*b*) one must "necessarily have regard to the corresponding rights and freedoms of other persons",[93] concluding that "[t]he wilful promotion of hatred even more than the spreading of false news is entirely antithetical to our very system of freedom."[94] Further, he stated, even if section 319(2) were found to violate section 2(*b*), it would still be a reasonable limit on freedom of expression under section 1, for the reasons given by Mr. Justice Cory,[95] which methodology and reasoning were affirmed by the Supreme Court of Canada in upholding the constitutional validity of section 319(2) in both the *Keegstra* and *Andrews* cases.

(D) Interception, Seizure and Forfeiture of Hate Materials (Sections 184.2, 320, 319(4)). The *Criminal Code* contains several provisions which empower agents of the state directly to control the flow of hate propaganda, for both evidentiary and crime control purposes.

First, the *Code* contains special provisions which permit the interception of private communications which relate to the commission of certain criminal offences, including the offence of advocating or promoting genocide under section 318. Section 184.2(1) of the *Code* states that "[a] person may intercept, by means of any electromagnetic, acoustic, mechanical or other device, a private communication where either the originator of the private communication or the person intended by the originator to receive it has consented to the interception and an authorization has been obtained pursuant to subsection (3)". Section 184.2(3) provides that such an authorization may be given if the judge to whom the application is made is satisfied that:

(a) there are reasonable grounds to believe that an offence against this or any other Act of Parliament has been or will be committed;

---

[93] *Ibid.*, p. 182.
[94] *Ibid.*, p. 184.
[95] Mr. Justice Grange also addressed the issue of whether section 319(3)(a) of the *Criminal Code* infringes the presumption of innocence as guaranteed by section 11(*d*) of the *Charter*, and concluded that the truth defence does not create a true reverse onus. The offence, he said, is the wilful promotion of hatred, and it is possible for the Crown to prove its case against the accused beyond a reasonable doubt regardless of the truth or falsity of the matter communicated. The reverse onus concerns only an additional defence and not an essential element of the offence, and thus does not infringe the presumption of innocence. *Ibid.*, pp. 184-85.

(b) either the originator of the private communication or the person intended by the originator to receive it has consented to the interception; and

(c) there are reasonable grounds to believe that information concerning the offence referred to in paragraph (a) will be obtained through the interception sought.

Section 183 defines "offence" as, *inter alia,* "an offence contrary to . . . section 318" of the *Criminal Code,* and "private communication" as "any oral communication, or any telecommunication . . . that is made under circumstances in which it is reasonable for the originator to expect that it will not be intercepted by any person other than the person intended by the originator to receive it". Notably, the interception provisions do not apply to the offences of public incitement of hatred and wilful promotion of hatred, although they do apply to the offence of sedition under section 61, which is discussed below. Although they raise important issues relating to freedom of expression, to date the intercept provisions have not been challenged under section 2(*b*) of the *Charter.*

Second, section 320 of the *Criminal Code* expressly provides for the seizure and forfeiture of "hate propaganda". The provision is formally unconnected to the three hate propaganda offences, in that hate propaganda may be seized and ordered forfeited regardless of whether its author or possessor has been charged or convicted of an offence under section 318, 319(1) or 319(2). Section 320(1) states that "[a] judge who is satisfied by information on oath that there are reasonable grounds for believing that any publication, copies of which are kept for sale or distribution in premises within the jurisdiction of the court, is hate propaganda shall issue a warrant under his hand authorizing seizure of the copies." The term "hate propaganda" is defined as "any writing, sign or visible representation that advocates or promotes genocide or the communication of which by any person would constitute an offence under section 319". Subsections 320(2)-(5) establish a procedure to determine whether the materials seized shall be forfeited to the province (to be disposed of by the Attorney General), or shall be returned to the person from whom they were seized. This determination is made based upon the judge's evaluation of whether the materials seized constitute hate propaganda. Section 320(7) requires the consent of the Attorney General of the relevant province prior to the institution of proceedings under section 320. The seizure and forfeiture provisions have not yet been challenged under the *Charter.*

Third, section 319(4) of the *Criminal Code* provides that where a person is convicted of one of the hate propaganda offences — advocacy of genocide, public incitement of hatred, or wilful promotion of hatred — "anything by means of or in relation to which the offence was committed, on such conviction, may, in addition to any other punishment imposed, be ordered by the presiding . . . judge to be forfeited to Her Majesty in right of the province in which that person is convicted, for disposal as the Attorney General may direct.'' Thus, a perpetrator of one of these offences may be required to surrender such items as printed materials, audio and videotapes, answering machines, computers, *etc.* This forfeiture provision is broader and more severe than that in section 320, which applies only to ''publications, copies of which are kept for sale or distribution''. Section 319(5) exempts from such seizure and forfeiture any communication facilities owned by a person engaged in providing a communication service to the public, except, in the case of facilities able to record a communication, for use as evidence. The forfeiture-upon-conviction provisions have not yet attracted *Charter* scrutiny.

(ii) *Spreading False News (Section 181)*

Section 181 [formerly section 177] of the *Criminal Code* creates the offence of spreading false news:

> **181.** Every one who wilfully publishes a statement, tale or news that he knows is false and that causes or is likely to cause injury or mischief to a public interest is guilty of an indictable offence and liable to imprisonment for a term not exceeding two years.

Section 181 is effectively an historical remnant. It flows out of an English statute of 1275, creating the offence of *De Scandalis Magnatum,* which forbade the spreading of false news ''whereby Discord, or Occasion of Discord or Slander may grow between the King and his People, or the great Men of the Realm''. The offence was rarely charged in England, and was for centuries generally perceived as concerned primarily with the prevention of discord between the various estates, rather than with the fight against group defamation. It was abolished in England in 1888.[96] However, the offence of spreading false news persisted in Canadian criminal law, and was invoked on several occasions in this century to combat defamatory and mischievous speech.[97]

Prior to the introduction in 1970 of the three hate propaganda offences, the false news section was the only provision approximating a group defamation offence in the *Criminal Code,* conceivably allowing for the prosecution of hate–mongers as such. Indeed, even after the hate propaganda reform, the false news provision remained popular among those seeking to prosecute purveyors of hate, for three principal reasons: first, no consent of

---

[96] For a history of the offence of spreading false news, see F.R. Scott, ''Publishing False News'' (1952) 32 *Can. Bar Rev.* 37; Sir W. Holdsworth, *A History of English Law,* Vol. III (London: Methuen, 1966) pp. 409-10.

[97] *R. v. Kirby* (1970), 1 C.C.C. (2d) 286 (Que. C.A.); *R. v. Carrier* (1951), 104 C.C.C. 75 (Que. K.B. (Crim.Side)); *R. v. Hoaglin* (1907), 12 C.C.C. 226 (N.W.T.S.C.).

the Attorney General is required for the launching of a private prosecution for spreading false news; second, it is easier, arguably, to prove the conscious spreading of information known to be false, than to prove, for instance, the intention to promote hatred (under section 319(2)), or the reasonable apprehension of a breach of the peace (under section 319(1)); and third, unlike the situation with respect to the offence of wilfully promoting hatred, there are no special defences peculiar to the offence of spreading false news. The benefits of using section 181 — and the refusal of then Ontario Attorney General Roy McMurtry to consent to prosecution under section 319(2) — led to the initial prosecution in 1984 of Ernst Zundel, the notorious Toronto-based mass-purveyor of hate propaganda, whose case ultimately led the Supreme Court to strike down the false news provision in 1992 as an unconstitutional violation of the right to freedom of expression under section 2(*b*) of the *Charter*.

(A) *R. v. Zundel*. During the 1970s and 1980s, Zundel mass-produced and distributed white supremacist literature, videos, and other paraphernalia through his Toronto publishing house, earning himself a reputation as "one of the world's biggest purveyors of Nazi propaganda".[98] Among the publications he produced was a pamphlet entitled *Did Six Million Really Die?* which among other things alleged that an international Jewish-Zionist conspiracy was attempting to control the world, claimed that the Holocaust was a hoax, and urged the purification of the "Aryan race" through the expulsion of non-whites from "Anglo-Saxon" bastions such as Canada, the United States, and England. In particular, the pamphlet claimed that the Nazi concentration camps were only work camps, that the gas chambers were built by the Russians after the war, that millions of disappeared Jews actually moved to the United States and changed their names, and that the films and photographs of the concentration camps are forgeries.

Zundel's campaign of Holocaust denial was particularly vigorous in Ontario, and representatives of minority groups in that province lobbied the Ontario government to charge Zundel with wilfully promoting hatred against an identifiable group contrary to what is now section 319(2) of the *Criminal Code*. The Ontario Attorney General, as mentioned earlier, viewing the chances of successfully prosecuting Zundel under the provision to be slim, declined to act. The Canadian Holocaust Remembrance Association thereafter privately charged Zundel, under section 181 of the *Code,* with two counts of wilfully publishing a statement, tale or news, known to be

---

[98] *Globe and Mail*, 15 June 1983.

false and which causes or is likely to cause injury or mischief to a public interest. The Crown subsequently took over the prosecution.[99]

At trial, Zundel was convicted on one count in relation to the Holocaust denial pamphlet. An appeal to the Ontario Court of Appeal was unanimously allowed, but not on constitutional grounds, with the Court concluding, relying particularly upon American authority, that section 2(*b*) of the *Charter* does not protect the expression of deliberate lies likely to produce racial and social intolerance, and that even if it did, section 181 would constitute a reasonable limit upon freedom of expression under section 1. The Court also found that section 181 of the *Criminal Code* did not violate section 7 of the *Charter* by reason of being vague and overbroad.[100] Upon retrial, Zundel was again convicted, and his appeal (on 47 grounds) to the Ontario Court of Appeal was dismissed unanimously on all counts.[101] Leave to appeal to the Supreme Court of Canada was granted on the two constitutional issues of whether section 181 of the *Criminal Code* infringes section 2(*b*) and/or section 7 of the *Charter*.

In a closely divided decision, the Court struck down the false news provision, concluding that it violated section 2(*b*) of the *Charter* and could not be demonstrably justified as a reasonable limit under section 1. Madam Justice McLachlin, who wrote for the majority with Justices La Forest, L'Heureux-Dubé and Sopinka concurring, distinguished *Keegstra* on two basic grounds: first, the Court held that section 181 involved the prohibition of a much broader and vaguer class of speech than the anti-hate provisions at issue in *Keegstra*. Second, unlike section 319(2) of the *Criminal Code*, whose text and "detailed Parliamentary history" permit "ready identification of the objective Parliament had in mind,"[102] there was no identifiable purpose underlying section 181. Accordingly, the majority concluded that the rejection of the doctrine of "shifting purposes" in *R. v. Big M Drug Mart Ltd.*[103] prevented it from transforming section 181 into a law designed to prevent racial and religious intolerance.

Justices Cory, Iacobucci, and Gonthier dissented. While agreeing with the majority that deliberate falsehoods are protected under section 2(*b*) of the *Charter*, they concluded that section 181 could be justified as a reasonable limit under section 1. First, they characterized the evolving purpose of the legislation as extending the protections against the harm caused by false speech to vulnerable social groups, adding that "[t]he realities of Canada's

---

[99] For an account of the history of the Zundel proceedings, see G. Weimann and C. Winn, *Hate on Trial: The Zundel Affair, the Media and Public Opinion in Canada* (Oakville: Mosaic Press, 1986).
[100] *R. v. Zundel* (1987), 31 C.C.C. (3d) 97 (Ont. C.A.).
[101] *R. v. Zundel (No. 2)* (1990), 53 C.C.C. (3d) 161 (Ont. C.A.).
[102] *Zundel, supra*, note 11, pp. 763-64.
[103] [1985] 1 S.C.R. 295.

multicultural society emphasize the vital need to protect minorities and preserve Canada's mosaic of cultures.''[104]

Second, they interpreted the "public interest" as referring to the protection and preservation of basic rights and freedoms in the *Charter*, arguing that "there is a strong public interest in preventing the wilful publication of statements known to be false which seriously injure the basic dignity, and thus the security and equality of others which sections 7 and 15 of the *Charter* strive to provide.''[105] Finally, in an historical and "context-sensitive" perspective that contrasts with the more abstracted and First Amendment perspective of the majority, the dissent anchored its reasoning in the horrors of the Holocaust and the dangers of assaultive speech targeting minorities in a multicultural democracy. In the words of Justices Cory and Iacobucci:

> The tragedy of the Holocaust and the enactment of the *Charter* have served to emphasize the laudable s. 181 aim of preventing the harmful effects of false speech and thereby promoting racial and social tolerance. In fact, it was in part the publication of the evil and invidious statements that were known to be false by those that made them regarding the Jewish people that led the way to the inferno of the Holocaust.
>
> . . . .
>
> It is now clear that, in a multicultural society, the sowing of dissension through the publication of known falsehoods which attack basic human dignity and thus the security of its individuals cannot be tolerated. These lies poison and destroy the fundamental foundations of a free and democratic society.[106]

It is interesting to note that *both* the majority and the dissent in *Zundel* rejected the conclusion of the Ontario Court of Appeal that deliberate falsehoods are not protected by section 2(*b*) of the *Charter*. The Court was affirming on this point the line of reasoning, from *Irwin Toy* through *Keegstra*, that the analysis under section 2(*b*) is "content-neutral"; that any expressive activity which conveys a meaning — however offensive it may be — is protected speech under section 2(*b*); and that any content-related, context-sensitive inquiry is to be undertaken under section 1. It is somewhat ironic, though, that the majority, in a judgment written by Madam Justice McLachlin, a judge highly respectful of the First Amendment doctrine, reversed the decision of the Ontario Court of Appeal, which had relied on the First Amendment doctrine to exclude deliberate falsehoods from the protective ambit of section 2(*b*). Indeed, as I have argued elsewhere,[107]

---

[104] *Zundel, supra* note 11, p. 820.
[105] *Ibid.*
[106] *Ibid.*, pp. 820-21.
[107] I. Cotler, "Racist Incitement: Giving Free Speech a Bad Name", in D. Schneiderman, (ed.), *Freedom of Expression and the Charter* (Edmonton: Carswell, 1991) 253.

protecting racist hate speech even presumptively under section 2(*b*) "gives free speech a bad name".

(iii) *Defamatory Libel (Sections 298-301)*

Sections 298 to 301 of the *Criminal Code* create two distinct offences of defamatory libel. Section 298 defines defamatory libel as "matter published, without lawful justification or excuse, that is likely to injure the reputation of any person by exposing him to hatred, contempt or ridicule, or that is designed to insult the person of or concerning whom it is published." Section 300 creates the offence of publishing a defamatory libel known by the publisher to be false, while section 301 creates the lesser offence of simple publication of a defamatory libel. Section 299 states that a defamatory libel is "published" when it is exhibited in public, is caused to be read or seen, or is shown or delivered or caused to be shown or delivered, with intent that it should be read or seen by the person whom it defames or by another person.

Unlike the situation in English criminal law, where there is a common law offence of group defamation causing a breach of the peace,[108] the offence of defamatory libel in the Canadian *Criminal Code* applies only to defamatory attacks on an individual. Although the word "person", as defined in section 2 of the *Code*, includes such aggregate entities as public bodies, corporations and societies, nevertheless collectivities defined by shared traits such as race, religion, ethnic origin, or sexual orientation are not covered by the term and so cannot formally be the target of defamatory libel.[109] At the same time, however, some scholars have argued that the provision could be applied in cases of group defamation through hate propaganda, since every person within the targeted group is in some sense exposed to hatred, contempt, or ridicule by the publication of the information in question.[110] To date, no case involving hate propaganda has been prose-

---

[108] *R. v. Osborn* (1732), 94 E.R. 425; 25 E.R. 584; 36 E.R. 717 [accused published accusations that Jews burned and killed a woman and her illegitimate child, causing public disturbances in various parts of London]; *R. v. Williams* (1822), 106 E.R. 1308 [libel upon clergy in the diocese of Durham]; *Re Gathercole* (1838), 168 E.R. 1140 [libel upon Scorton nunnery]. There is some dispute as to whether the offence is simply one of defamatory libel upon a group, or whether it must further involve the causing of a breach of the peace as in *Osborn*. See Law Reform Commission of Canada, *supra*, note 65, pp. 3-4 and works cited therein.

[109] See *Ex parte Genest v. R.* (1933), 71 Que. S.C. 385.

[110] For example, this proposal was advanced by a number of scholars including Professor Kathleen Mahoney and David Matas at a November 1987 panel on hate propaganda at the International Human Rights Conference entitled, *Nuremberg Forty Years Later: The Struggle Against Injustice in Our Time* (McGill University).

cuted under these rarely-invoked provisions, nor has either of the two defamatory libel offences yet been subject to *Charter* challenge.

(iv) *Sedition (Sections 59, 61)*

Besides defamatory libel, the *Criminal Code* also punishes the offence of seditious libel, defined in section 59(2) as "a libel that expresses a seditious intention". Section 61 states that "[e]very one who . . . (*b*) publishes seditious libel . . . is guilty of an indictable offence and liable to imprisonment for a term not exceeding fourteen years." Although the phrasing of the offence of seditious libel could conceivably accommodate a prosecution for the advocacy of hatred against some members of Canadian society, the term "sedition" has been construed narrowly by the Supreme Court. In *Boucher v. R.*, a case involving a Jehovah's Witness who had published a pamphlet condemning the Quebec government and Quebec society generally for its persecution of Jehovah's Witnesses, the Court concluded that a person can be convicted of the offence of seditious libel only where he or she is proved to have intended to incite violence or public disorder, or to incite hatred or contempt against the administration of justice.[111] Understood in this sense, the offence overlaps somewhat with the offence of public incitement to hatred in section 319(1), although section 60 of the *Criminal Code* outlines certain defences to the offence of seditious libel which would not necessarily be available to an accused under the hate propaganda offence. The offence of seditious libel has not yet been subject to *Charter* challenge.

(b) Federal Human Rights Legislation

Between 1962 and 1977 all provincial and territorial legislatures as well as the federal Parliament enacted comprehensive human rights codes to protect individuals and minority groups from discrimination in employment, the provision of accommodation, facilities and services, and the rental and purchase of property, on grounds such as race, nationality, ethnicity, citizenship, language, religion, age, sex, sexual orientation, disability, marital and family status, social status, and previous criminal conviction, among other things. The statutes are remedial in nature, designed to rectify situations of current discrimination, and to prevent recurrences in the future. The focus of the legislation is upon the victims of discrimination, and not upon the perpetrators of discriminatory acts, although virtually all discrimination remedies require alterations, sometimes quite extensive ones, in the conduct and practices of those found to have discriminated within the meaning of

---

[111] [1951] S.C.R. 265.

the legislation in question. There are several different types of provisions within the various human rights codes which can be used to combat hate propaganda and its discriminatory effects, and the full scope of these laws will be explored in the section on provincial human rights legislation, below. The *Canadian Human Rights Act*[112] contains one provision which is unique among the human rights codes, however, which will be dealt with separately now.

Section 13(1) of the *Canadian Human Rights Act* provides that it is a discriminatory practice repeatedly to communicate telephonically "any matter that is likely to expose a person or persons to hatred or contempt by reason of the fact that that person or those persons are identifiable on the basis of a prohibited ground of discrimination." This provision was enacted largely in response to concerns voiced in the 1970s that existing anti-hate propaganda legislation would not apply to recorded hate messages on the telephone.[113] Section 3(1) of the *Act* lists as the prohibited grounds of discrimination "race, national or ethnic origin, colour, religion, age, sex, marital status, family status, disability and conviction for which a pardon has been granted". Section 13(1) applies only to telephonic communication and not other forms of broadcasting, only to telecommunications undertakings under the legislative authority of Parliament, and only to the actual communicator and not the carrier of the hate messages.

Section 13(1) has in the past five years become the most heavily litigated hate propaganda provision in Canada. The leading case is *Canada (Human Rights Commission) v. Taylor*, in which the constitutionality of the provision in light of section 2(*b*) of the *Charter* was unsuccessfully challenged before the Supreme Court. The *Taylor* decision was handed down by the Court in 1990 at the same time as the *Keegstra* and *Andrews* cases, discussed above, and applies similar reasoning, adapted to the context of a remedial human rights statute.

(i) *Canada (Human Rights Commission) v. Taylor*

John Ross Taylor and the Western Guard Party, of which Taylor was the acknowledged leader, financed and operated a telephone message service in Toronto in the late 1970s. The service was advertised through the distribution of cards bearing a maple leaf symbol and an instruction to call the phone number printed thereon, as well as in the telephone book, where the number was printed alongside the title "White Power Message". The wording of the message changed frequently, but callers would always hear an account, approximately one minute in length, drafted and recorded by

---

[112] R.S.C. 1985, c. H-6, as amended.
[113] W.S. Tarnopolsky, et al., *supra*, note 22, Ch. 10, p. 21.

John Taylor, of an international Jewish conspiracy which controlled society, caused unemployment, inflation and the spread of communism, and encouraged perversion, laziness, drug use and race mixing, among other things.

In 1979, the Canadian Human Rights Commission lodged several complaints under the *Canadian Human Rights Act* against Taylor and the Western Guard Party, alleging that they had contravened section 13(1) of the *Act* through the repeated telephonic communication of matter likely to expose persons identifiable on the basis of race and religion to hatred or contempt. A Human Rights Tribunal found that both respondents had engaged in a discriminatory practice contrary to section 13(1), and issued a cease and desist order against them. The order was filed with the Federal Court, Trial Division, thus making it an enforceable court order under section 43(1) of the *Canadian Human Rights Act*.[114]

Despite the order, Taylor and the Western Guard Party continued to play the discriminatory messages, and in February 1980, pursuant to an application by the Human Rights Commission, they were found to be in contempt of court.[115] A fine of $5,000 for the Western Guard Party and a sentence of one year's imprisonment for John Taylor were suspended on condition that the respondents adhere to the cease and desist order. The respondents did not do so, and in June 1980 the suspension was vacated, after which the Party paid the fine and John Taylor served his sentence.

Taylor and the Western Guard Party resumed the telephone message service after Taylor's release from prison, and in May 1983 the Human Rights Commission filed a second application with the Federal Court, Trial Division seeking an order of committal against both respondents. By this time the *Charter* had come into effect, and Taylor and the Party filed a motion challenging the validity of section 13(1) of the *Canadian Human Rights Act* in light of section 2(*b*) of the *Charter*.

Both the Federal Court, Trial Division[116] and the Federal Court of Appeal[117] rejected the respondent's *Charter* arguments, finding that any infringement on their section 2(*b*) right to freedom of expression was justified within the meaning of section 1. Taylor and the Western Guard Party then appealed to the Supreme Court of Canada on the two constitutional grounds that both section 13(1) of the *Canadian Human Rights Act* as well as the court orders made by the Human Rights Tribunal and the Federal Court, Trial Division, violate section 2(*b*) of the *Charter*. The appeal was

---

[114] *Taylor, supra*, note 10, p. 905.
[115] *Cdn. Human Rights Commn. v. Taylor* (1980), 1 C.H.R.R. D/47.
[116] *Cdn. Human Rights Commn. v. Taylor* (1984), 6 C.H.R.R. D/2595.
[117] *Canada (Human Rights Commn.) v. Taylor*, [1987] 3 F.C. 593.

heard together with *Keegstra* and *Andrews* in December 1989, and section 13(1) of the *Act* was upheld.

Chief Justice Dickson wrote the judgment on behalf of the majority, and Madam Justice McLachlin wrote the dissent. The methodology of review and conclusions of the Court are similar to those arrived at in *Keegstra* and *Andrews* with respect to the application of the *Oakes* test in determining the protective ambit of section 2(*b*), and the "balancing" under section 1.

There are, however, three notable features to the *Taylor* case, two of which dovetail with, and buttress, the methodology and reasoning in *Keegstra* and *Andrews*, and a third which distinguishes this case — and remedy — from the cases involving the anti-hate legislation of section 319(2).

First, Chief Justice Dickson once again cites the Cohen Committee Report in reaffirming the "harms-based" rationale for regulating hate speech as a basic interpretive principle underlying the validity of section 13(1);[118] and second, the Chief Justice invokes, once again, the values of equality and multiculturalism in finding that the objective of section 13(1) was of pressing and substantial concern:

> That the values of equality and multiculturalism are enshrined in ss. 15 and 27 of the *Charter* further magnify [*sic*] the weightiness of Parliament's objective in enacting section 13(1) . . . As the harm flowing from hate propaganda works in opposition to these linchpin *Charter* principles, the importance of taking steps to limit its pernicious effects becomes manifest.[119]

Finally, the Chief Justice took note of several differences between section 13(1) and section 319(2) of the *Criminal Code*. There was no intent requirement in section 13(1); the defence of truth is not available as it is in section 319(3); and the section applies to privately held conversations. Indeed, Madam Justice McLachlin invoked these features in support of the dissenting opinion that section 13(1) was overbroad and failed to meet the minimum impairment prong of the proportionality test;[120] and that the costs of its application outweighed the questionable benefits in combatting racism and discrimination.[121]

For the majority, however, these distinguishable features only demonstrated the differences between the human rights remedy and the criminal law remedy, and comported fully with the requirements of the proportionality test.[122] In a word, the human rights remedy was civil rather than

---

[118] *Taylor, supra*, note 10, p. 920.
[119] *Ibid.*, pp. 920-21.
[120] *Canada (Human Rights Commn.) v. Taylor* (1990), 75 D.L.R. (4th) 577 (S.C.C.), pp. 625-26.
[121] *Ibid.*, p. 632.
[122] *Ibid.*, pp. 603 and 606.

criminal; remedial rather than punitive; addressing more the effects of systemic discrimination rather than the intentions of the individual wrongdoer; and concerned with the balance of probabilities rather than proof beyond a reasonable doubt.

While one might have hoped that the Supreme Court's decision in *Taylor* would have deterred further uses of telephonic lines to spread hate propaganda, that has not been the case. Indeed the 90s have witnessed the establishment of a number of "dial-a-hate" telephone lines with recorded hate messages directed primarily against non-white immigrants, Jews and homosexuals. As the Canadian Human Rights Commission has put it:

> Those messages clearly contravene section 13 of the *Canadian Human Rights Act*, and the Commission has made it a priority to stop their transmission.[123]

As the Commission has acknowledged however, there are practical problems because of the ease with which these "dial-a-hate" telephone numbers can be set up, let alone the difficulty of tracking, monitoring, and controlling them. Nevertheless, as the Commission itself has stated:

> ... we have (...) had considerable success in bringing the authors before tribunals and courts and making it more difficult for them to continue.[124]

The *Liberty Net* cases[125] serve as an excellent case study of both the pragmatic obstacles involved in controlling these transmissions, and of the considerable success that the Commission has had before the Federal Court and Human Rights Tribunals. In December 1991, three people filed complaints with the Canadian Human Rights Commission alleging that Canadian Liberty Net had engaged in a discriminatory practice by playing hate messages on a telephone "hotline" in Vancouver contrary to section 13(1) of the *Canadian Human Rights Act*.[126] A Human Rights Tribunal was set up to consider the complaints and in September 1993 released its decision. It found that the Liberty Net "had discriminated against the complainants by playing messages that were likely to expose them to hatred and contempt. The messages . . . portrayed new immigrants as inferior and a threat to our society. They also portrayed Jews as perverse, as manipulators, and as destroyers of the rest of culture and society."[127] The Tribunal ordered the Liberty Net to cease and desist from playing the messages and forbade their transmission in the future.

But in the interregnum before the Tribunal was struck and heard the complaint, the Commission applied to the Federal Court for an interim

---

[123] See *Annual Report of the Canadian Human Rights Commission* (Ottawa: Minister of Supply and Services, 1994), p. 90.
[124] *Ibid.*
[125] *Supra*, note 17.
[126] *Khaki v. Cdn. Liberty Net* (1993), 22 C.H.R.R. D/347 (Cdn. Human Rights Tribunal).
[127] *Ibid.*, p. 90.

injunction prohibiting Canadian Liberty Net from operating its "dial-a-hate" message line until the Tribunal had heard the complaint and issued its final order.[128]

The first issue before the Federal Court was a jurisdictional one, *i.e.*, *could* the Federal Court grant a free-standing injunction in an action that was not before it. After reviewing the constitutional foundations of the Federal Court, the history of the *Canadian Human Rights Act*, and the special relationship that the *Act* created for the Canadian Human Rights Commission and the Federal Court, Muldoon J. concluded that the Court *could* grant the relief sought.[129]

The second issue was whether the Court *should* grant injunctive relief. As part of this analysis, Muldoon J. "balanced" the principle of freedom of expression against the rights of minorities to protection against group-vilifying speech. He reasoned that the harm to victims involved in being ridiculed and degraded "just for drawing a breath" outweighed a limitation on a hate-monger's speech. Accordingly, Muldoon J. granted an interim injunction enjoining Liberty Net "from playing messages which were likely to expose persons to hatred or contempt by reason of the fact that these persons are identifiable on the basis of race, national or ethnic origin, colour, or religion."[130]

But within a few months Liberty Net sought to circumvent the injunction by setting up a telephone "hotline" in the United States with identical hate messages by the "Canadian Liberty Net in exile". Accordingly, on June 15, 1992 the Canadian Human Rights Commission applied to the Federal Court for a show cause order naming the Canadian Liberty Net — and those individuals responsible for the transmission, including an individual named Tony McAleer — in contempt of court. The application was heard on June 29, 1992, and the judgment of Teitelbaum, J. was rendered on July 9, 1993[131], some two months before the Human Rights Tribunal was to issue its judgment, as described earlier, on the merits of the complaint. Mr. Justice Teitelbaum found that:

> The evidence is overwhelming, and beyond any reasonable doubt that Canadian Liberty Net and McAleer purposely and methodically arranged to have the prohibited messages transmitted by telephone to Canadians by specifically and purposely directing anyone who called the Canadian telephone number to call the American telephone number to hear the prohibited messages.[132]

---

[128] *Canada (Human Rights Commn.) v. Cdn. Liberty Net*, [1992] 3 F.C. 155 (T.D.).
[129] See discussion of case in E. Taylor, "Hanging up on Hate: Contempt of Court as a Tool to Shut Down Hatelines" (1995) 5 *N.J.C.L.* 163, pp. 174-76.
[130] *Ibid.*, p. 176.
[131] *Canada (Human Rights Commn.) v. Cdn. Liberty Net*, (1992) 56 F.T.R. 42 (T.D.).
[132] *Ibid.*, p. 52.

In essence, then, and in a decision that may have some "fall-out" for the regulation of hate messages on the Internet, Teitelbaum J. found that, even though the messages at issue were being broadcast from the United States, such that technically the Federal Court was without jurisdiction to hear a complaint regarding them, this was not determinative of the case. What was relevant was the fact that the Liberty Net and McAleer persisted "in causing to be communicated these hateful and reprehensible messages" to the Canadian public.[133] Tony McAleer was sentenced to two months in jail. The Canadian Liberty Net was ordered to pay a $5,000 fine.

(c) Administrative Remedies

(i) *Canada Post Corporation Act*[134]

Section 43(1) of the *Canada Post Corporation Act,* a federal statute which governs the postal system throughout Canada, states that the Minister responsible for the Canada Post Corporation may make an "interim prohibitory order" prohibiting the delivery of mail to or posted by a person, where there are reasonable grounds for believing that this person is committing or assisting another person to commit an offence. Section 43(2) provides that the person must within 10 days be informed of this order and of the reasons therefore, and may thereupon request in writing a review of the matter by a Board of Review. Section 46 states that where the person does not request a review, or where the person does request a review but fails to attend without reasonable excuse the hearing set by the Board, the interim prohibitory order is deemed to be a final prohibitory order.

Importantly, there is a direct statutory linkage between the *Act* and the *Criminal Code,* in that there must be reasonable grounds for believing that a person is committing an offence such as advocating genocide or wilfully promoting hatred before his or her mail privileges may be removed. As a result, the remedy provided by the *Canada Post Corporation Act* is only as effective and workable as the *Criminal Code* sections themselves. This point is borne out by an early case involving Ernst Zundel.

In 1981, an interim prohibitory order was made against Samisdat Publishers, owned and operated by Ernst Zundel, based on the Minister's belief that Samisdat was disseminating hate propaganda. A Board of Review later set aside this order because it was of the opinion that, although Samisdat's writings were "in bad taste and no doubt offensive to some", they did not amount to the promotion of hatred within the meaning of section 319(2) of the *Criminal Code*. Indeed, the Board of Review regarded the whole matter

---
[133] *Ibid.*
[134] R.S.C. 1985, c. C-10.

as an "inter-ethnic" quarrel between "Jews and Germans".[135] Interestingly enough, if this administrative remedy had been successful, the Zundel "false news" Holocaust denial litigation might never have taken place. To date, the constitutionality under the *Charter* of the prohibitory order provisions has not been challenged.

(ii) *Customs Tariff Act*[136]

The *Customs Tariff Act* is a federal statute which governs the importation of goods into Canada and dictates those materials which are not to be allowed into Canada. Until recently, Schedule C of the *Act* prohibited the importation of "books, printed paper, drawings, paintings, prints, photographs or representations of any kind of a treasonable or seditious, or of an immoral or indecent character". Although Schedule C was effective in prohibiting the entry of materials which could be classified as hate propaganda, it was primarily aimed at the exclusion of pornographic magazines and movies.

In 1985, in the case of *Luscher v. Deputy Minister of National Revenue*,[137] the Federal Court of Appeal found that the prohibition in Schedule C on importing materials of an "immoral and indecent character" violated the *Charter*'s section 2(*b*) guarantee of freedom of thought, belief, opinion and expression. Parliament responded to this decision by amending the *Customs Tariff Act*. Section 114 of the *Act* now reads:

> **114.** The importation into Canada of any goods enumerated or referred to in Schedule VII is prohibited.

Code 9956 of Schedule VII lists:

> Books, printed paper, drawings, paintings, prints, photographs or representations of any kind that
> (a) are deemed to be obscene under subsection 163(8) of the *Criminal Code*;
> (b) constitute hate propaganda within the meaning of subsection 320(8) of the *Criminal Code*;
> (c) are of a treasonable character within the meaning of section 46 of the *Criminal Code*; or
> (d) are of a seditious character within the meaning of sections 59 and 60 of the *Criminal Code*.

Note, however, that although the new schedule adopts *Criminal Code* definitions of terms such as hate propaganda, the *Customs Tariff Act* does not require that there be reasonable grounds for believing that a person is

---

[135] See T. Cohen, *supra*, note 25, p. 110.
[136] R.S.C. 1985 (3d Supp.), c. 41.
[137] (1985), 57 N.R. 386.

committing a criminal offence before an exclusion of materials from Canada may occur. To date, section 114 has not been challenged on freedom of expression grounds, although in the recent case of *Cardozo v. Canada* several plaintiffs who are members of minority groups challenged the validity of, *inter alia,* section 114 of the *Act* and Code 9956 of Schedule VII on the grounds that they are under-inclusive: by not forbidding the importation of all types of discriminatory representations, the plaintiffs argued, the provisions contravene section 15 of the *Charter*. A judgment has not yet been rendered in the case.[138]

(iii) *Broadcasting Act*

The basic legal framework regulating hate speech in broadcasting is anchored in the *Broadcasting Act*, 1991[139], and in the regulations governing the independent overseer for the broadcasting industry, the CRTC. The *Broadcasting Act*, which defines broadcasting policy in Canada, requires that the broadcasting system safeguard and strengthen the political, economic, cultural and social fabric of Canada,[140] and that broadcasters give expression to Canadian "values".[141] To the extent that the promotion of hatred or contempt constitutes an assault upon the fabric of the Canadian mosaic and Canadian values, it is the very antithesis of what Canadian broadcasting policy is supposed to reflect and represent.

As well, all public and private broadcasting in the country is subject to a licensing application, made to the CRTC. Once the licence is granted, the licensee is subject to the specific requirements set out in the *Broadcasting Act* and related regulations regarding program content. The broadcaster is also subject to the provisions of the *Criminal Code* and any other relevant federal legislation. Accordingly, the licensee is effectively prohibited from permitting his broadcasts to be used for the wilful promotion of hatred against an identifiable group, since that would violate the provisions of section 319(2) of the *Code*. Indeed, and so not to admit of any doubt, the relevant CRTC regulations prohibit radio, television and speciality service broadcast licence holders from broadcasting material which is likely to expose persons to hatred or contempt.

The enforcement of these prohibitions[142] is complaint-driven, *i.e.*, members of the public may write to the CRTC and complain regarding the content of a particular program, or intervene at public hearings into licence renewals. The CRTC may act on a complaint by initiating an informal

---

[138] See (1993), 62 F.T.R. 55 (T.D.) [granting the plaintiffs standing].
[139] S.C. 1991, c. 71.
[140] *Ibid.,* at section 3(1)(d)(i).
[141] *Ibid.,* at section 3(1)(d)(ii).
[142] CRTC, *Public Notice*, 1982-36.

investigation of the matter with the broadcaster, or by calling a public hearing on the complaint in the public interest. The complaint and any subsequent inquiries are placed in the broadcaster's file which is reviewed at each licensing hearing.

If the complaint is deemed justifiable, the CRTC may attach specific conditions to the broadcaster's renewal licence in order to prevent recurrence of the problem. The Commission also has the power to suspend or revoke a licence after the hearing if it is satisfied that to do so is in the public interest. To date, the Commission has not revoked a licence. It has, however, refused to renew licences in certain situations.

The CRTC may also prosecute the offending broadcaster for a breach of the regulations or of the *Broadcasting Act*. The remedy is a *Criminal Code* sanction and a conviction carries penalties of fines and imprisonment. The broadcaster may also be prosecuted for violations of the hate propaganda provisions of the *Criminal Code*.

In addition to the above prohibitions, the CRTC has a policy regarding the portrayal of certain groups on radio and television. Its most complete policy addresses gender portrayal. It is comprised of a mix of statutory commitments imposed on broadcasters by virtue of their position as federally-regulated industries.

The CBC also has an ombudsman office which will accept complaints regarding any matter broadcast on CBC radio or television. Generally, however, the broadcaster is subject only to the rules regarding the portrayal of visible minority groups.

(d) Provincial Human Rights Legislation

(i) *Human Rights Codes*

As mentioned above, all of the provinces as well as the federal Parliament have enacted comprehensive human rights legislation to remedy the effects of discrimination between private parties in various aspects of life.[143] Of specific relevance here, the various laws contain three different types of

---

[143] Federal: *Canadian Human Rights Act*, R.S.C. 1985, c. H-6.
Ontario: *Human Rights Code*, R.S.O., 1990, c. H-19.
Quebec: *Charter of Human Rights and Freedoms*, R.S.Q., c. C-12.
Nova Scotia: *Human Rights Act*, R.S.N.S., 1989, c. 214.
New Brunswick: *Human Rights Act*, R.S.N.B., 1973, c. H-11.
Manitoba: *Human Rights Code*, C.C.S.M., 1987, c. H175.
British Columbia: *Human Rights Code*, S.B.C. 1984, c. 22.
P.E.I.: *Human Rights Act*, R.S.P.E.I., 1988, c. H-12.
Alberta: *Individual's Rights Protection Act*, R.S.A., 1980, c. I-2.
Saskatchewan: *Saskatchewan Human Rights Code*, S.S. 1979, c. S-24.1.
Newfoundland: *Human Rights Code*, R.S.N. 1990, c. H-14.

provisions which can be invoked to combat racist incitement or hate propaganda, and which may raise, and in some prominent cases already have raised, issues in relation to the *Charter*'s section 2(*b*) guarantee of freedom of expression.

(A) Creation of a Discriminatory Environment. First, there are provisions prohibiting unwarranted discrimination in the provision of employment, accommodation, and services, which provisions have been interpreted to preclude "creating a negative atmosphere" through the use of certain forms of expression. For example, in the case of *Simms v. Ford of Canada*,[144] an Ontario Human Rights Tribunal stated, in *obiter,* that for an employer to permit a black employee to be repeatedly humiliated by racist language in a plant where the majority of the workers were white, amounted to the imposition of a discriminatory condition of work. This approach was affirmed in subsequent cases, including *Dhillon v. F.W. Woolworth*,[145] where the complainant was subjected to constant racial name-calling and verbal abuse from other employees in his place of employment because of his racial origin. The tribunal found that then section 4(1)(*g*) of the *Ontario Human Rights Code,* prohibiting discrimination with regard to any term or condition of employment, included within its scope a consideration of the emotional and psychological circumstances in the workplace.

More recently, the contentious issue of how to strike a fair balance between remedying a discriminatory learning environment within a classroom and preserving the right of a schoolteacher to express hateful views outside of the classroom has arisen in the case of *Ross v. Moncton Board of School Trustees, District No. 15,* currently on appeal on constitutional questions of freedom of expression and religion to the Supreme Court of Canada.

Malcolm Ross is a Moncton schoolteacher who, unlike James Keegstra, does not appear to have expressed his anti-semitic views in the classroom, but who had expressed these views publicly between 1977 and 1988 through a number of books, and through letters to the editor of New Brunswick newspapers. Ross's publications claim that western Christian civilization is being undermined and destroyed by an international Jewish conspiracy, and call upon Christians to hold those of the Jewish faith and ancestry in contempt because they undermine freedom, democracy, and Christian beliefs and values.

In April 1988, after the Jewish community in Moncton had found itself unable to persuade the Attorney General of New Brunswick to prosecute Ross for wilful promotion of hatred under section 319(2) of the *Criminal*

---

[144] Board of Inquiry, Chairperson H. Krever (June 4, 1980) [unreported], cited and discussed in W.S. Tarnopolsky and W.F. Pentney, *supra*, note 22, Ch. 4, pp. 31-32.
[145] *Dhillon v. F.W. Woolworth* (1982), 3 C.H.R.R. D/743.

Code, David Attis, a Jewish parent, lodged a complaint against the school board which employed Ross, under section 5(1) of the New Brunswick *Human Rights Act.* Attis alleged that, through its failure to remove Ross from the classroom, the Board of School Trustees of District No. 15 was discriminating against three of his children and against other Jewish students in the provision of "services and facilities available to the public", based upon their religion and ancestry. The result of this failure, Attis claimed, was that the Board implicitly condoned Ross' views, provided a racist and anti-semitic role model for its students, fostered a climate of student anti-semitism, reduced the credibility of its official history curriculum, and deprived Jewish and other minority students of equal educational opportunities.

Attis' complaint was investigated by the New Brunswick Human Rights Commission, which recommended to the Minister of Labour that a Board of Inquiry be struck to inquire into the matter. This Board, whose sole member was Professor Brian Bruce, found in August 1991 that Ross' actions in expressing hateful views regarding Jews were discriminatory within the meaning of section 5(1) of the *Human Rights Act,* and concluded that the school board, by failing to discipline Ross for his behaviour, unintentionally endorsed his views and thus discriminated against Attis' children by allowing them to be subject to a "poisoned environment" which interfered with the provision of educational services.[146]

The Board of Inquiry ordered the New Brunswick Department of Education to modify its curriculum so as to emphasize study of the Holocaust, and ordered Ross suspended without pay for 18 months, during which time the school board must attempt to appoint him to a non-teaching position if a position became available, and after which time the Board must fire Ross if a position did not become available. The school board was also ordered to fire Ross at any time if he subsequently published or wrote for the purposes of publication anything, including his existing books, which mentioned a Jewish conspiracy or which attacked Jews.[147]

Ross sought judicial review of the Board of Inquiry order, and in December 1991 Mr. Justice Creaghan of the New Brunswick Court of Queen's Bench quashed the parts of the order requiring the school board to promote Holocaust studies and forbidding Ross to publish his views extracurricularly as having been made without jurisdiction.[148] Justice Creaghan also found that the gag order on Ross violated his right to freedom of conscience and religion under section 2(*a*) and freedom of expression under

---

[146] *Attis v. Bd. of Education, Dist. No. 15* (1991), 121 N.B.R. (2d) 1, 304 A.P.R. 1 (Bd. of Inquiry), p. 62.
[147] *Ibid.*, pp. 89-90.
[148] *Ross v. Moncton Bd. of School Trustees, Dist. No. 15* (1991), 121 N.B.R. (2d) 361, 304 A.P.R. 361 (C.A.).

section 2(*b*) of the *Charter*, and concluded that the gag order could not be saved under section 1 due to a lack of rational connection between it and the objective of section 5(1) of the *Human Rights Act*, and the disproportionate impairment of Ross' rights effected by the order, given the form of discrimination at issue.[149] The order forbidding Ross from teaching was found to violate Ross' *Charter* rights to freedom of religion and expression, but to be justified in the circumstances under section 1.

Ross appealed to the New Brunswick Court of Appeal on a number of grounds, including the claim that the removal and relocation order against him violated his rights to freedom of conscience, religion and expression under section 2(*a*) and (*b*) of the *Charter*, and the claim also that various portions of the *Human Rights Act* violated the *Charter*. In December 1993, a divided Court released its decision quashing the remainder of the order against Ross on constitutional grounds.[150]

Chief Justice Hoyt, with whom Mr. Justice Angers concurred, largely confined himself to the issue of the constitutionality of the order itself. He found "there can be little doubt" that the removal and relocation order infringed Ross' rights under section 2(*a*) and (*b*), because it punished him for publicly expressing his sincerely held religious views. Moreover, he concluded that, given the lack of evidence that Ross' views were ever expressed or even influenced discussions and remarks in school, the objective of the particular order in question — silencing Ross by removing him from the classroom — was not sufficiently pressing and substantial as to justify overriding his *Charter* rights. Chief Justice Hoyt did not deal with the finding of the Board of Inquiry that Ross' views created a poisoned learning atmosphere, suggesting that to allow an order such as that in question would be to open the door to government censorship of politically unpopular views.[151]

Conversely, Mr. Justice Ryan, in dissent, would have upheld the decision and reasons of Justice Creaghan in the Court of Queen's Bench regarding the removal and relocation order, and further would have applied those same reasons to uphold the gag order against Ross' publications. Calling the objective of anti-discrimination a "laudable goal", and stressing the beneficial effects of the order for the community, Justice Ryan found the entire order made by the Board of Inquiry against Ross to be an effective means of eliminating the presence of bigoted role models in the school system, and of encouraging the teaching of impartiality and non-discrimination, while restricting Ross' freedom of expression as little as possible.[152]

---

[149] *Ibid.*, p. 370.
[150] *Ross v. Moncton Bd. of School Trustees, Dist. No. 15* (1993), 110 D.L.R. (4th) 241 (N.B. C.A.).
[151] *Ibid.*, pp. 248-51.
[152] *Ibid.*, pp. 254-60.

The competing claims — and values — are now before the Supreme Court of Canada.

(B) Racial Harassment. There are provisions in the various provincial human rights codes which specifically seek to remedy verbal harassment in employment and in accommodation. For instance, section 2(2) of the Ontario *Human Rights Code*[153] provides:

> (2) Every person who occupies accommodation has a right to freedom from harassment by the landlord or agent of the landlord or by an occupant of the same building because of race, ancestry, place of origin, colour, ethnic origin, citizenship, creed, age, marital status, family status, handicap or the receipt of public assistance.

Section 5(2) provides:

> (2) Every person who is an employee has a right to freedom from harassment in the workplace by the employer or agent of the employer or by another employee because of [same grounds].

Section 10 defines "harassment" as "engaging in a course of vexatious comment or conduct that is known or ought reasonably to be known to be unwelcome". Pursuant to this definition, hate propaganda or racial slurs in the workplace, whether written or verbal, may well amount to harassment, as reflected in the following two cases, the first from British Columbia and the second from Quebec.

In the British Columbia case, *Mohammad v. Mariposa Stores Ltd.*,[154] the owner of a store was held vicariously liable for not eliminating racial harassment toward one of his employees. Indeed, the complainant had been fired from her manager's position after responding to racial harassment from a customer. Mariposa Stores was found to have condoned the harassment by dismissing the complainant, and was ordered to pay $2,000 for humiliation and three months' salary ($3,600). This case is particularly useful in its description of a "poisoned work environment" where the victim/complainant herself is blamed, and in its comparison of racial harassment to sexual harassment.[155] It should be noted that the *Canadian Human Rights Act* also contains provisions intended to remedy harassment which apply to employment, public services and accommodation.[156] Under

---

[153] R.S.O. 1990, c. H-19.
[154] (1990), 14 C.H.R.R. D/215 (B.C. Human Rights Council).
[155] *Ibid.*, p. D/218. Indeed, the tribunal found a common element in reasoning between sexual and racial harassment:
> Racial harassment, like sexual harassment, is a "demeaning practice" and one which constitutes a "profound affront to the dignity" of the employee and furthermore, this type of verbal abuse is specifically prohibited by human rights legislation.
[156] Cited and discussed in E. Mendes, (ed.), *supra*, note 28, at 2,II.D.7.

the federal harassment provisions, responsibility for eliminating racial harassment and creating a healthy environment lies with the employer.[157]

In the Quebec case, the Quebec Human Rights Tribunal in 1993, six years after its inception, handed down its first decision dealing with a case of racial discrimination or harassment: *Québec (Commission des droits de la personne) c. Deux-Montagnes (Commission scolaire)*.[158] After equating the analysis to be applied in racial harassment cases to that in sexual harassment cases, the Tribunal held that an employer is responsible for ensuring a workplace that is free from discrimination, and working conditions that are just and reasonable and respect the employee's health, safety and physical integrity. The C.S.D.M. was obliged to respond promptly and efficiently to the situation and since it did not fulfil this obligation, it was required to compensate the plaintiff with the sum of $10,000, the maximum awarded in such cases.

(C) Discriminatory Notices. There are provisions in every human rights code which deal directly with expression, by prohibiting (a) the publication, display, or broadcast of any notice, sign, symbol, or other representation indicating discrimination or the intent to discriminate, as well as (b) discriminatory employment advertising. Some provincial codes, such as those in Saskatchewan and Manitoba, also include sections specifically prohibiting representations which expose persons to hatred. For example, section 14(1) of the *Saskatchewan Human Rights Code* prohibits the publication or display, by any means, of a representation "which exposes, or tends to expose, to hatred, ridicules, belittles or otherwise affronts the dignity of any person, any class of person or a group of persons" on the basis of one of the listed grounds. In a challenge to the constitutionality of this provision on freedom of expression grounds under the *Charter*, the Saskatchewan Court of Appeal upheld the provision as a reasonable limit, noting that the prohibition in section 14(1) is so similar to that considered by the Supreme Court in *Taylor* that the reasoning in the earlier case is decisive.[159]

(ii) *Group Libel Legislation*

Several provinces have sought to prohibit hate propaganda directly through the enactment of provincial "group libel" legislation.

---

[157] *Mohammad v. Mariposa Stores Ltd., supra*, note 154.
[158] *Québec (Comm. des droits de la personne) c. Deux-Montagnes (Comm. Scolaire)*, [1993] R.J.Q. 1297 (T.D.P.).
[159] *Saskatchewan (Human Rights Commn.) v. Bell* (1994), 114 D.L.R. (4th) 370 (Sask. C.A.), p. 382.

(A) Manitoba Defamation Act. [160]Manitoba's *Defamation Act,* first enacted in 1934, contains a section prohibiting publications which are likely to expose persons to hatred, contempt or ridicule. The prohibition covers, among other things, words that have been broadcast, printed in a newspaper, or "marked upon any substance". The exact wording of the section is as follows:

> **19.** (1) The publication of a libel against a race or religious creed likely to expose persons belonging to the race, or professing the religious creed, to hatred, contempt or ridicule, and tending to raise unrest or disorder among the people, entitles a person belonging to the race, or professing the religious creed, to sue for an injunction to prevent the continuation and circulation of the libel; and the Court of Queen's Bench may entertain the action.

However, the constitutionality of section 19(1) on division of powers grounds is questionable, the Manitoba Court of Appeal having stated in *obiter* in a 1972 case that matters "tending to raise unrest or disorder among the people" fall within federal jurisdiction.[161] The constitutionality of section 19(1) under section 2(b) of the *Charter* has yet to be tested.

(B) British Columbia Civil Rights Protection Act. [162]Another example of provincial regulation of hate propaganda is British Columbia's *Civil Rights Protection Act,* enacted in 1981, which makes it an offence to promote, through conduct or communications, "hatred or contempt of a person or class of persons" or "the superiority or inferiority of a person or class of persons" on the basis of colour, race, religion, ethnic origin or place of origin. The claim is actionable by the person or by a member of the class of persons against whom the conduct or communications were directed. The prohibited promotion of hatred is also a penal offence, punishable by a fine of not more than $2,000 or by imprisonment of not more than six months.

(e) Civil Remedies for Discrimination

(i) *Is There a Tort of Discrimination at Common Law?*

It now appears, as a result of the Supreme Court's decision in *Board of Governors of Seneca College v. Bhadauria*,[163] that the use of a civil remedy against discrimination at common law — a common law tort of discrimination — has been effectively foreclosed. Admittedly, prior to *Bha-*

---

[160] R.S.M. 1987, c. D20.
[161] *Courchene v. Marlborough Hotel Co.*, [1972] 1 W.W.R. 149 (Man. C.A.).
[162] S.B.C. 1981, c. 12.
[163] [1981] 2 S.C.R. 181.

dauria, there had not been any express judicial recognition of a common law tort of discrimination; but some commentators drew positive inferences from this unresolved situation. For example, in an article entitled "Civil Action for Discrimination" published shortly before the Ontario Court of Appeal decided *Bhadauria*, I.A. Hunter wrote that:

> ... while no Canadian case has explicitly held that discrimination is tortious conduct, it is noteworthy that in none of these early cases did the court question the cause of action *per se*.[164]

Two years later, the optimism was vindicated in the *Bhadauria* case at the Ontario Court of Appeal. Madam Justice Wilson clearly recognized a common law tort of discrimination and did "not regard the [Ontario Human Rights] Code as in any way impeding the appropriate development of the common law in this important area."[165] Even though there was no precedent for a tort of discrimination, Madam Justice Wilson concluded that the law is not static, and that lack of precedent should not preclude the existence of such an action. As she said, "[w]hile no authority cited to us has recognized a tort of discrimination, none has repudiated such a tort."[166]

In the immediate aftermath of the decision, Professor Dale Gibson wrote expectantly that "given sympathetic and intelligent care and nourishment by future courts, the infant tort of discrimination can grow to productive adulthood."[167] Such a hope appears to have ended, however, with the reversal of *Bhadauria* by the Supreme Court of Canada. Chief Justice Laskin unequivocally rejected any common law tort of discrimination in Ontario, or even any civil remedy for breach of a human rights statute,[168] a position followed by all other common law provinces.

(ii) *Is There a Remedy for Discrimination under Quebec Civil Law?*

Interestingly enough, Quebec courts have not followed the *Bhadauria* decision on the grounds that the Quebec civil law of delict is clearly distinct from its common law counterpart. As well, the Quebec *Charter of Human Rights and Freedoms* has been regarded as distinguishable from the Ontario *Human Rights Code*; while the interrelationship in Quebec between the Quebec *Charter* and the *Civil Code of Quebec* is itself different from the relationship in Ontario between the Ontario *Human Rights Code* and the common law tort of discrimination. As stated in *Blanchette c. Cie d'assur-*

---

[164] (1977), 55 *Cdn. Bar Rev.* 106.
[165] *Bhadauria v. Bd. of Governors of Seneca College* (1979), 9 B.L.R. 117 (Ont. C.A.), p. 128.
[166] *Ibid.*, p. 127.
[167] D. Gibson, "The New Tort of Discrimination: A Blessed Event for the Great-Grandmother of Torts", (1980) 11 *C.C.L.T.* 141.
[168] [1981] 2 S.C.R. 181, pp. 194-95.

ance du Can. sur la vie, in which a complainant pursued a recourse in damages under the *Civil Code of Quebec* on grounds of discrimination,

> The defendant proposes that in the absence of a recommendation taken up by the Commission, a complainant cannot personally obtain a recourse for damages after an alleged violation of one or more of his *Charter* rights. In support of this proposition, she bases herself upon the Supreme Court of Canada decision *Bureau des gouverneurs du Seneca College of Applied Arts and Technology v. Bhadauria*. . . . It is not possible to apply this solution to Quebec. The coming into force of the *Charter* did not make article 1053 of the *Civil Code of Lower Canada* disappear. Civil recourse for the victim of discrimination is governed by article 49 of the *Charter*, which has a general application.[169] [translation]

Article 49 of the *Quebec Charter* reads as follows:

> **49.** Any unlawful interference with any right or freedom recognized by this Charter entitles the victim to obtain the cessation of such interference and compensation for the moral or material prejudice resulting therefrom.
> In case of unlawful and intentional interference, the tribunal may, in addition, condemn the person guilty of it to exemplary damages.

In light of *Blanchette*, one author has argued that, although there is no unanimity in the doctrine, Quebec courts generally remain true to this precedent, denying the exclusive jurisdiction of human rights commissions, contrary to the general principle established for common law jurisdictions in *Bhadauria*:

> This 1984 decision confirmed a widely held view in the province that discrimination is a delict under the *Civil Code of Lower Canada*. . . . The idea that discrimination is a delict under Quebec law continues, therefore, to exert considerable influence on the interpretation and the application of the law of non-discrimination in this province.[170]

Thus in Quebec there are three avenues by which victims of discrimination may pursue a remedy:[171]

- a complaint may be filed with the Quebec Human Rights Commission alleging Quebec *Charter* violations;
- if the Quebec Human Rights Commission decides not to pursue the complaint, a complainant may on his or her own initiative take a case before the Human Rights Tribunal alleging *Charter* violations; or
- a complainant may take a case directly before the civil courts alleging damage incurred due to the delict of discrimination.[172]

---

[169] *Blanchette c. Cie d'assurance du Can. sur la vie*, [1984] C.S. 1240, p. 1242.
[170] B. Vizkelety, "Discrimination, the Rights to Seek Redress and the Common Law: A Century-Old Debate" (1992), 15 Dalhousie L.J. 304, pp. 308-09.
[171] Victims can, of course, seek alternative dispute resolution mechanisms (ADR).
[172] Note that in civil law the concept of nominate delicts does not exist.

(f) International Human Rights Law — A Source and Validation of Legal Remedy

While international law does not provide a direct cause of action or remedy to combat hate propaganda in the sense in which there exists a statutory criminal law or human rights regime, it would be remiss to exclude international human rights law from the analysis of the comprehensive legal regime or typology of legal remedies available for that purpose. Indeed, some of the domestic measures — such as section 318 (advocacy of genocide), or section 319(2) (group libel provision) — may be said to implement international obligations requiring their enactment, or have been expressly enacted for that purpose; as well, the *Charter* itself is expressive, if not also implemental, of international human rights norms, just as the international human rights obligations undertaken by Canada reflect the values and principles of a free and democratic society, and thus those values and principles that underlie the *Charter* itself.[173] The *Charter*, then, must provide guarantees for human rights — including the right of minorities to protection against group-vilifying speech — no less than that provided by international human rights law.[174] In the words of Chief Justice Dickson in the *Keegstra* case on this very point:

> No aspect of international human rights has been given attention greater than that focused upon discrimination. The large emphasis placed upon eradicating discrimination is evident in the fact that all but one of the major international human rights instruments (the *European Social Charter*) proscribe it in an article of general application. . . . This high concern regarding discrimination has led to the presence in two international human rights documents of articles forbidding the dissemination of hate propaganda.[175]

Indeed, it is noteworthy that since the words of the Chief Justice in the *Keegstra* case, there have been a number of dramatic initiatives to combat racist hate propaganda in the United Nations, in the European community, and amongst free and democratic societies generally speaking. First, one of the most important developments in 1993 in the United Nations system was the historic World Conference on Human Rights — attended by representatives from 171 states and some 3,700 representatives from 841 non-governmental organizations[176] — and which adopted the *Vienna Declaration* and *Programme of Action*. The Declaration declares the "speedy and

---

[173] *Keegstra, supra*, note 8, p. 750.
[174] Principle invoked in *Slaight Communications Inc. v. Davidson*, [1989] 1 S.C.R. 1038, per Dickson C.J.C., pp. 1056-1057, and applied in *Keegstra*.
[175] *Keegstra, supra*, note 8, p. 750.
[176] See overview of Conference prepared by UN Centre for Human Rights in Geneva entitled, "The UN World Conference of Human Rights" (Vienna, June 1992), 14 *Hum. Rts. L.J.* 352 (1993).

comprehensive elimination of all forms of racism and racial discrimination, xenophobia and related intolerance" to be "a priority task for the international community",[177] while in the Programme of Action it is called a "primary objective".[178] The Programme of Action demands "effective measures to prevent and combat" all phenomena of racism,[179] including "strong policies" and the "enactment of appropriate legislation, including penal measures".[180]

Second, at the end of 1993, the United Nations General Assembly proclaimed the *Third Decade to Combat Racism and Racial Discrimination* (for the years 1993-2003).[181] The goals and objectives of the Third Decade are the same as those adopted for the First Decade.[182] The *Programme of Action* points out that "[t]he most meaningful contribution that States can make to the elimination of racial discrimination is that brought about by measures taken in their own territory" (Paragraph V.1).

Third, from the perspective of international jurisprudence, an important new General Comment No. 22(4) on freedom of thought, conscience and religion (article 18 of the CP Covenant) was adopted by the United Nations Human Rights Committee, the treaty monitoring body to the *International Covenant on Civil and Political Rights*:[183] apart from setting out the Committee's interpretation of the wording of article 18, it links, in a most useful way, the freedom of religion (and its restraints) to Article 20 of the CP Covenant on the protection against incitement to hatred, including religious hatred. The relevant section of the document reads (in part):

> According to article 20, no manifestation of religions or beliefs may amount to propaganda for war or advocacy of national, racial or religious hatred that constitutes incitement to discrimination, hostility or violence. As stated by the Committee in its General Comment II [19], States parties are under the obligation to enact laws to prohibit such acts (Point 7).
>
> The measures contemplated by article 20, paragraph 2, of the Covenant constitute important safeguards against infringements of the rights of religious minorities and of other religious groups to exercise the rights guaranteed by articles 18 and 27, and against acts of violence or persecution directed toward those groups (Point 9).

Fourth, and again marking an important development in international jurisprudence, the United Nations Committee on the Elimination of all

---

[177] *Declaration* adopted by the World Conference on Human Rights, June 25, 1993, UN Doc. A/CONF. 157/24 (32 I.L.M. 1661 (1993)).
[178] *Ibid.*, para. II.B.19. *See* also para. II.B.20.
[179] *Ibid.*, para. I.15.
[180] *Ibid.*, para. II.B.20.
[181] UN G.A. Res. 48/91, 12 December 1993.
[182] UN G.A. Res. 3057(XXVIII), 2 November 1973, Annex, para. 8. The Second Decade was proclaimed in UN G.A. Res. 38/14, 22 November 1983.
[183] UN Doc. CCPR/C/48/CRP.1/Add.26, 22 July 1993.

Forms of Racial Discrimination (hereinafter: CERD), the treaty monitoring body to the Convention, made it clear on two occasions that *implementation* of legislation is an essential part of fulfilling the commitments under the *International Convention on the Elimination of All Forms of Racial Discrimination* (ICERD).

On March 17, 1993, the CERD adopted its General Recommendation XV (42) on article 4 of the ICERD. It reaffirmed that the provisions of article 4 are mandatory and added that "[t]o satisfy its obligations, States parties have not only to enact appropriate legislation but also to ensure that it is effectively enforced." It also makes a special point about ICERD's provision regarding the ban on racist organizations. The same point was made emphatically in the Committee's Opinion,[184] adopted on March 16, 1993, in which it held, *inter alia:*

> The Committee cannot accept any claim that the enactment of law making racial discrimination a criminal act in itself represents full compliance with the obligations of State parties under the Convention [on the Elimination of All Forms of Racial Discrimination].[185]

The concrete case at issue in the opinion concerned a Moroccan citizen residing in the Netherlands who complained that he had been subject to racial discrimination and insults and that the authorities did not react properly to these incidents. The Committee reiterated the need for enforcement as follows:

> ... [t]he Committee recommends that the State party review its policy and procedures concerning the decision to prosecute in cases of alleged racial discrimination, in the light of its obligations under Article 4 of the Convention.[186]

Fifth, the Council of Europe, at its Vienna Summit meeting in October 1993, for the first time committed the signatory states to "strengthening national laws and international instruments" and:

> ... to combat all ideologies, policies and practices constituting an incitement to racial hatred, violence and discrimination, as well as any action or language likely to strengthen fears and tensions between groups from different racial, ethnic, national, religious or social backgrounds.[187]

Finally, on April 21, 1993, the European Parliament passed a Resolution[188] which appears to be one of the strongest — and most detailed —

---

[184] *L.K. v. Netherlands*, Communication No. 4/1991. UN Doc. CERD/C/42/D/4/1991 of 29 March 1993, published also in 14 *Hum.Rts.L.J.*, 249 (1993).

[185] *Ibid.*, para. 6.4.

[186] *Ibid.*, para. 6.8.

[187] Annex III, *supra*, note 51.

[188] Res. A3-0127/93 "on the resurgence of racism and xenophobia in Europe and the danger of right wing extremist violence", *Official Journal*, HO C 150, 127 (May 31, 1993) based on the De Piccoli Report.

resolutions against racism and racist incitement ever adopted by any international body. More particularly, apart from its express condemnation of "any form of incitement to extremist violence, racism, anti-semitism, or religious intolerance", it "considers the following legal and institutional measures to be essential: — the agreement by the Council of a directive . . . for the introduction of national legislation designed to combat racism, xenophobia and anti-semitism on the basis of the most stringent measures existing in the Member States."

International law, then, as the Canadian Supreme Court determined in the post-*Charter* Canadian "international jurisprudence" — and even before these more recent and dramatic developments in the international community — plays a significant and variegated role in the juridical arsenal limiting racist hate speech. It serves both as an authoritative source and validating instrument for the invocation and application of legal remedy as follows: first, since racist hate propaganda has been defined by Canadian legislation — and Canadian courts — as a "discriminatory practice", and since the prohibition against racial discrimination may be regarded as a norm of customary international law, this international law prohibition against racial hate speech is arguably part of Canadian law even in the absence of any transformative legislative act.

Second, as Chief Justice Dickson stated in *Keegstra*, the major international human rights treaties — including the *Convention on the Elimination of All Forms of Racial Discrimination* (CERD) and the *International Covenant on Civil and Political Rights* (ICCPR) — expressly and specifically prohibit racist hate speech. As a State Party to these treaties, Canada is required to implement its obligations under the treaties. As expressed in *Keegstra*, "*CERD* and *ICCPR* demonstrate that the prohibition of hate-promoting expression is considered to be not only compatible with a signatory nation's guarantee of human rights, but is as well an obligatory aspect of this guarantee."[189]

Third, the overwhelming number of state parties to these treaties — buttressed by the dramatic legal initiatives at the United Nations and in the European community as described above — are compelling evidence that the prohibition of racist hate speech is an integral part of the "general principles of law recognized by the community of nations".

Fourth, both the domestic courts of these free and democratic societies — and the international treaty monitoring tribunals of both CERD and ICCPR — have upheld the validity of these domestic measures as reflective and representative of international human rights norms — customary and conventional — sanctioning hate propaganda.

---

[189] *Keegstra, supra*, note 8, p. 754.

The invocation and application of international human rights law as a "relevant and persuasive source" in the interpretation of the *Charter* — including in particular, section 2(*b*) and section 1 — is set forth more fully in Section 4 of this paper.

(g) Other Remedies

(i) *Prohibition of Racist Associations*

Although Canada is a state party to the *International Convention on the Elimination of All Forms of Racial Discrimination* which calls for the proscription of all organizations attempting to justify or promote racial hatred and discrimination (article 4 of CERD), it has yet to enact any measures to implement this requirement.

Admittedly, as I have written elsewhere,[190] freedom of association is a fundamental right, and Canada has a rather suspect history in proscribing organizations on arbitary, if not politically motivated grounds. But that is precisely the point; while Canada has proscribed political organizations on spurious grounds that they threaten the state or public order, it has not considered proscribing racist organizations who threaten vulnerable and disadvantaged minorities.

Moreover, as racist hate speech becomes increasingly anchored in racist hate organizations, it may be appropriate to consider whether the racist hate group and not just the racist hate speech, needs to be sanctioned. Indeed, the measures taken by other "free and democratic societies" in the 90s points increasingly in this direction. France, Germany, Italy, Spain and Israel have all taken measures against extremist racist groups, which measures have been upheld by their respective courts. The new Italian law of June 25, 1993, for example, contains the following section 1(1) on this point.

> Organizations, associations, movements or groups, one of whose objects is to encourage discrimination or violence on racial, ethnic, national or religious grounds are banned. Persons taking part in such organizations, associations, movements or groups, or assisting their activities, shall, by the mere fact of their participation or assistance, be liable to a term of imprisonment between six months and four years. Persons promoting or managing such organizations, associations, movements or groups shall, by this fact alone, be liable to a term of imprisonment between one and six years.[191]

---

[190] I. Cotler, "Freedoms of Religion, Association and Assembly" in W. Tarnpolsky and G. Beaudoin, (eds.), *Canadian Charter of Rights and Freedoms: Commentary* (Toronto: Carswell, 1982), p. 123.

[191] *Gazetta Officiale*, general series, no. 148, June 26, 1993. It is usually referred to as the Mancino law after Nicola Mancino, the Minister of Interior who introduced it.

Most important, perhaps, and of direct relevance to Canada on this point, the Committee on the Elimination of All Forms of Racial Discrimination not only reaffirmed that the "enforcement" provisions of article 4 of the *Convention* are "mandatory", but it made a special point about CERD's provision regarding the ban on racist organizations. In the words of the Committee:

> Some States have maintained that in their legal order it is inappropriate to declare illegal an organization before its members have promoted or incited racial discrimination. The committee is of the opinion that article 4(b) places a greater burden upon such States to be vigilant in proceeding against such organizations at the earliest moment. These organizations, as well as organized and other propaganda activities, have to be declared illegal and prohibited. Participation in these organizations is, of itself, to be punished.[192]

(ii) *Non-Registration or Dissolution of Racist Organizations*

While Canada may not wish to proscribe racist organizations on considerations of both "chilling" civil liberties and driving its members underground, the federal government and the provinces should exercise their respective incorporation or registration powers to prevent such racist organizations from being registered to begin with, or should bring about their dissolution once their racist operations become evident. More particularly, the registration or incorporation procedures for non-profit organizations or companies require a detailed report of the organization's goals in the instruments of incorporation. Indeed, government registers are authorized to reject incorporation of any entity where objects are illegal or improper. A request, therefore, to incorporate an organization which, *inter alia,* has racist objectives as its purpose, or which seeks to distribute racist material, could well be denied. Similarly, should the incorporation of such a non-profit organization or company somehow be secured, its unlawful purpose or operation should serve as the basis of a court order for its dissolution; as well, if the organization or its Board of Directors incite to racial hatred, then such actions could constitute independent and separate offences for themselves and the organization.

(iii) *Restrictions on Racist Political Parties*

A number of liberal democracies have enacted measures to prevent racist political parties from competing in Parliamentary elections. For example, on March 8, 1992, the Israeli Knesset (Parliament) passed the *Polit-*

---

[192] UN Doc. A/48/18, 19 January 1994, 114-15.

ical Parties Law, 5752-1992,[193] under which political parties must register with the Register of Parties. Section 5 of the law states that:

> A party will not be registered if there is on its aims or actions, explicitly or implicitly, one of the following:
>
> . . .
>
> (2) incitement to racism

It might be worthwhile for federal and provincial governments to inquire into whether their respective election laws authorize the exclusion of racist political parties, and if not, whether they should be specifically amended for this purpose.

(iv) *Prohibition of Holocaust Denial*

If racist hate propaganda is one of the more insidious manifestations of racism, then Holocaust denial has emerged as among the most insidious forms of racist hate propaganda. Moreover, Holocaust deniers are not a bunch of social misfits, but part of an increasingly sophisticated, and interconnected international movement whose "assault on memory and truth"[194] is the "cutting edge" of anti-semitism old and new — with all the attending harm and injury that such racist incitement connotes.

But the danger of this international hate movement does not lie only in its assaultive speech denying the Holocaust, however harmful or injurious such hate propaganda may be. Rather, it resides first in the imputation of this "hoax" to the Jews — in the libel that the Jews "fabricated" this hoax so that they could illegally extort reparations from Germany — a teaching of contempt and incitement to hatred and violence against the "evil Jew thief"; and it lies second, in its whitewashing of the worst crimes and criminals in history. In effect, the Holocaust denial movement is an international criminal conspiracy to cover up the crime of genocide against the Jewish people, excoriating the crimes of the Jews as it rehabilitates the crimes of the Nazis.

Accordingly, it is not surprising that Austria, France, Germany, Israel and Switzerland have adopted laws to combat this insidious form of hate propaganda; and that the European Parliament itself has called for legislation to prohibit Holocaust denial. For Canada, which has become a world centre of Holocaust denial litigation — and an important supply source for the international movement worldwide — the situation might well warrant the consideration of the adoption of a *lex specialis* to prohibit this egregious form of racist propaganda.

---

[193] Sefer Hakukim 5752 (1992), 190. Official translation by Israeli Ministry of Justice.
[194] D. Lipstadt, *Denying the Holocaust: The Growing Assault on Truth and Memory* (New York: Free Pr., 1993).

4. HATE SPEECH JURISPRUDENCE: PRINCIPLES AND PERSPECTIVES

The "hate speech" jurisprudence of the Supreme Court of Canada — particularly as represented in the historic trilogy of *Keegstra*, *Andrews*, and *Taylor* — has articulated a series of principles and perspectives which may help to pour content into what American First Amendment scholar Fred Schauer has called the "multiple tests, rules, and principles" reflecting "the [extraordinary] diversity of communication experiences",[195] a matter of particular importance as the rise in racist hate propaganda is now an international and not just domestic phenomenon.

What follows is a distillation from the case-law of some of these interpretive principles and perspectives which offer a looking glass into the considerations that ought to be factored into any analysis of hate speech, freedom of expression, and non-discrimination and seek to strike a balance between competing normative principles.

(a) Principle One: "Chartering Rights": The Constitutionalization of Freedom of Expression — The "Lifeblood of Democracy"

The adoption by Canada of the *Canadian Charter of Rights and Freedoms* in 1982 was regarded by the then Minister of Justice, Mark MacGuigan, now a judge of the Federal Court of Canada, as the "most significant legal development in Canada in the second half of the twentieth century." The present Chief Justice of the Supreme Court of Canada, the Right Honourable Antonio Lamer, characterized the enactment of the *Charter* as a "revolutionary" act, parallel to the discoveries of Pasteur in science. Indeed, it transformed the ethos of the free speech debate in Canada from a power process or "jurisdictional" one to a rights process or normative one. In pre-*Charter* law the question was which jurisdiction has the power to legislate respecting free speech; in post-*Charter* law the question is whether the legislative exercise of power is in conformity with the *Charter*.

Section 1 sets forth the fundamental premise for balancing competing rights and interests: "The *Canadian Charter of Rights and Freedoms* guarantees the rights and freedoms set out in it subject only to such reasonable limits prescribed by law as can be demonstrably justified in a free and democratic society." Section 2(*b*) constitutionalizes freedom of expression. It guarantees "everyone ... freedom of thought, belief, opinion and expression, including freedom of the press and other media of communication".

In the words of the Supreme Court, the rights and freedoms guaranteed by the *Charter*, such as freedom of expression, are to be given "a generous

---

[195] F. Schauer, "Book Review", (1989) 56 *Univ. Chicago L. Rev.* 397, p. 410.

and liberal interpretation", as befits constitutionally entrenched rights. The Constitution, said the Court, in its paraphrase of Paul Freund, "should not be read like a last will and testament, lest it become one."[196]

This by no means suggests that the Canadian experience is irrelevant to societies that do not have an entrenched Charter of Rights. As stated by the Supreme Court, the notion that "freedom to express oneself openly and fully is of crucial importance in a free and democratic society was recognized by Canadian courts prior to the enactment of the *Charter* . . . freedom of expression was seen as an essential value of Canadian parliamentary democracy."[197] In a word, freedom of expression was regarded as a "core" right even before the advent of the *Charter*, a perspective that ought to be instructive for societies without a constitutionally entrenched Bill of Rights.

What the Canadian experience demonstrates is that a constitutionally entrenched Charter of Rights invites "a more careful and generous study of the values informing the freedom",[198] and therefore commends itself to those concerned with a more enhanced promotion and protection of human rights generally. But while it regards freedom of expression as "the lifeblood of democracy", it acknowledges that it may be subject to reasonable and demonstrably justified limits; and, as will be seen below, this balancing act involves existential as well as legal questions — rights in collision as well as rights in the balance. On the one hand, there is the "fundamental" right of free speech, a core principle; on the other hand, there is the right to protection against group-vilifying speech — also a core principle. What is at stake is the litigation of the values of a nation.

Accordingly, one cannot say that those who challenge anti-hate legislation are the only civil libertarians, or the only ones promotive of free speech; or that those who support anti-hate legislation are not really civil libertarians, or are against free speech, rather, there are good civil libertarians and good free speech people on both sides of the issue. In a word, one can adhere to the notion of free speech as the lifeblood of democracy and still support anti-hate legislation.

(b) Principle Two: Freedom of Expression — Fundamental, but Not an Absolute Right

Freedom of expression, then, as Professor Abraham Goldstein has put it, "is not absolute, however much so many persist in talking as if it is".[199]

---

[196] *Hunter v. Southam Inc.*, [1984] 2 S.C.R. 145, p. 155.
[197] *Keegstra, supra*, note 8, p. 726.
[198] *Ibid.*, p. 727.
[199] Abraham Goldstein, "Group Libel and Criminal Law: Walking on the Slippery Slope". Paper presented at the *International Legal Colloquium on Racial and Religious Hatred and Group Libel*, Tel Aviv University, 1991, p. 3.

Indeed, in every free and democratic society certain forms and categories of expression are clearly regarded as being outside the ambit of protected speech. Even in the United States, certain categories of speech — obscenity, personal libel, and "fighting words" — are not protected by the First Amendment; such utterances, said the U.S. Supreme Court in *Chaplinsky*, "are no essential part of any exposition of ideas, and are of such slight social value as a step to the truth that any benefit . . . is clearly outweighed by the social interest in order and morality";[200] while some American scholars argue that *Beauharnais v. Illinois*,[201] which upheld the constitutionality of a group libel ordinance, is still good law.

In a word, all free and democratic societies have recognized certain limitations on freedom of expression in the interest of national security, such as prohibitions against treasonable speech; or limitations in the interest of public order and good morals, such as prohibitions against obscenity, pornography, or disturbing the public peace; or limitations in the interest of privacy and reputation, such as prohibitions respecting libel and defamation; or limitations in the interest of consumer protection, such as prohibitions respecting misleading advertising.

(c) Principle Three: The Scope of Freedom of Expression and the "Purposive" Theory of Interpretation

In the view of the Canadian Supreme Court, the proper approach to determining the ambit of freedom of expression and the "pressing and substantial concerns" that may authorize its limitation is a *purposive* one. This principle of interpretation was set forth by Chief Justice Dickson (as he then was) in the *Big M Drug Mart Ltd.* case as follows: "The meaning of a right or a freedom guaranteed by the *Charter* was to be ascertained by an analysis of the purpose of such a guarantee; it was to be understood, in other words, in the light of the interests it was meant to protect."[202]

In the *Keegstra* case, the Court reiterated the three-pronged purposive rationale for freedom of expression that it had earlier articulated in the *Irwin Toy* case as follows:

> (1) seeking and attaining truth is an inherently good activity; (2) participation in social and political decision-making is to be fostered and encouraged; and (3) diversity in forms of individual self-fulfillment and human flourishing ought to be cultivated in a tolerant and welcoming environment for the sake of both those who convey a meaning and those to whom meaning is conveyed.[203]

---

[200] *Chaplinsky v. New Hampshire*, 315 U.S. 568, pp. 571-72 (1942).
[201] *Beauharnais v. Illinois*, 343 U.S. 250 (1952).
[202] *R. v. Big M Drug Mart Ltd.*, [1985] 1 S.C.R. 295.
[203] *Keegstra, supra*, note 8, p. 728.

Hate-mongering, however, according to the Court, constitutes an assault on these very values and interests sought to be protected by freedom of expression as follows: first, hate-mongering is not only incompatible with a "competitive marketplace of ideas which will enhance the search for truth," but it represents the very *antithesis* of the search for truth in a marketplace of ideas.[204] Second, it is antithetical to participation in democratic self-government and constitutes a "destructive assault" on that very government.[205] Third, it is utterly incompatible with a claim to "personal growth and self-realization"; rather, it is analogous to the claim that one is "fulfilled" by expressing oneself "violently."[206] Citing studies showing that victims of group vilification may suffer loss of self-esteem and experience self-abasement,[207] the Court found that incitement to racial hatred constitutes an assault on the potential for "self-realization" of the target group and its members. It is not surprising, then, that the Court anchored its reasons for judgment in the "catastrophic effects of racism."[208]

(d) Principle Four: Freedom of Expression and the "Contextual" Principle

A fourth principle of interpretation — or "building block"[209] as Madam Justice Wilson characterized it — the "contextual" principle. In a word, the contextual principle, as with the purposive principle, is relevant both in the interpretation of the ambit of a right and the assessment of the validity of legislation to limit it.

As the Supreme Court put it in *Keegstra*, "it is important not to lose sight of factual circumstances in undertaking a s. 1 analysis [of freedom of expression and hate propaganda], for these shape a court's view of both the right or freedom at stake and the limit proposed by the state; neither can be surveyed in the abstract."[210] As Wilson J. said in *Edmonton Journal*, refer-

---

[204] *R. v. Zundel* (1987), 58 O.R. (2d) 129 (C.A.), pp. 155-56, and quoted with approval on this point in *R. v. Andrews and Smith* (1988), 28 O.A.C. 161, to the effect that "the wilful promotion of hatred is *entirely antithetical* to our very system of freedom" [emphasis added].

[205] *R. v. Andrews and Smith, id.*, per Grange J.A., pp. 181-84.

[206] See *Irwin Toy Ltd. v. Quebec (A.G.)*, [1989] 1 S.C.R. 927, p. 970.

[207] See empirical data respecting the harm to target groups as summarized in *Report of Special Committee on Hate Propaganda in Canada* (1966), pp. 211-215; findings of the Ontario Court of Appeal in *R. v. Andrews and Smith, supra*, note 204, per Cory, J., p. 171; and empirical data cited in M. Matsuda, "Public Response to Victim's Search: Considering the Victim's Story," (1989) 87 *Michigan L. Rev.* 2320.

[208] *Keegstra, supra*, note 8, p. 725.

[209] See Justice B. Wilson, "Building the Charter Edifice: The First Ten Years," in G-A. Beaudoin, (ed.), *The Charter: Ten Years Later*, (Yvon Blais, Cowansville, 1992) p. 95.

[210] *Keegstra, supra*, note 8, p. 737.

ring to what she termed the "contextual approach" to *Charter* interpretation:

> ... a particular right or freedom may have a different value depending on the context. It may be, for example, that freedom of expression has greater value in a political context than it does in the context of disclosure of the details of a matrimonial dispute. The contextual approach attempts to bring into sharp relief the aspect of the right or freedom which is truly at stake in the case as well as the relevant aspects of any values in competition with it. It seems to be more sensitive to the reality of the dilemma posed by the particular facts and therefore more conducive to finding a fair and just compromise between ... competing values. . . .[211]

In a recent retrospective on the case, Justice Wilson commented that "there was, for example, no point in assessing the value of freedom of speech for balancing purposes in the context of our political institutions if it had come before the Court in the context of advertising aimed at children."[212]

One might equally argue — as will be seen through the prism of the principles below — that it makes all the difference in the world if the freedom of expression principle at issue comes before the Court in the context of political speech, or in the context of hate speech aimed at disadvantaged minorities. As Justice Wilson concluded on this point, "a contextual as well as purposive interpretation of the right was required for purposes of section 1 balancing."[213] In the matter of hate-mongering, then, whether the principle of interpretation adopted is the purposive or the contextual one, both interpretations converge in favour of the right of disadvantaged minorities to be protected against group vilification, while maintaining an "expansive" and "liberal" view of freedom of expression itself as a core right.

(e) Principle Five: Freedom of Expression in a Free and Democratic Society

According to Supreme Court doctrine, the interpretation of freedom of expression must involve not only recourse to the purposive character of freedom of expression (section 2(*b*)), but "to the values and principles of a free and democratic society". This phrase, as the Court put it, "requires. more than an incantation . . . [but] require[s] some definition, an elucidation as to the values that [the phrase] invoke[s]."[214]

---

[211] *Edmonton Journal v. Alberta (A.G.)*, [1989] 2 S.C.R. 1326 pp. 1355-356.
[212] *Supra*, note 209, p. 95.
[213] *Ibid.*
[214] *Keegstra, supra*, note 8, p. 736.

Such principles, said the Court, are not only the genesis of rights and freedoms under the *Charter* generally, but also underlie freedom of expression (section 2(*b*)) in particular. These values and principles include "respect for the inherent dignity of the human person ... [and] respect for cultural and group identity";[215] accordingly, anti-hate legislation should be seen not as infringing upon free speech but as promoting and protecting the values and principles of a free and democratic society.

(f) Principle Six: Freedom of Expression in Comparative Perspective

In determining whether incitement to racial hatred is a protected form of expression, resort may be had not only to the values and principles of a free and democratic society such as Canada, but to the legislative experience of other free and democratic societies. An examination of the legislative experience of other free and democratic societies clearly and consistently supports the position that such racist hate speech is not entitled to constitutional protection.[216]

Indeed, by 1966, the Cohen Committee on Hate Propaganda had already recorded the existence of legislation in a number of countries which sought to proscribe incitement to group hatred. The countries concerned were demonstrably "free and democratic".

Moreover, the legislative pattern since 1966 in these and other free and democratic societies supports the view that not only is such legislation representative of free and democratic societies, but its very purpose is to ensure that such societies remain free and democratic. Indeed, free and democratic societies in every region of the world have now enacted similar legislation, including countries in Asia, the Middle East, and Latin America, as well as the countries of Scandinavia and Western and Eastern Europe. Such legislation can also be found in the countries of the former Soviet Union.

(g) Principle Seven: Freedom of Expression in the Light of "Other Rights and Freedoms"

The Supreme Court has also determined that the principle of freedom of expression must be interpreted in the light of other rights and freedoms sought to be protected by a democracy like Canada. In the words of the Court: "the purpose of the right or freedom in question [freedom of ex-

---

[215] *R. v. Oakes* (1986), 24 C.C.C. (3d) 321 (S.C.C.), p. 346.

[216] See, for example, the *Study on the Implementation of Article 4 of the International Convention on the Elimination of All Forms of Racial Discrimination* (a report on the United Nations Committee on the Elimination of Racial Discrimination, submitted in May 1983) A/CONF. 119/10 18 May 1983.

pression] is to be sought by reference to . . . the meaning and purpose of the other specific rights and freedoms with which it is associated".[217]

It should be noted that the purpose, if not also the effect, of hate speech is to diminish, if not deny, other rights and freedoms, or the rights and freedoms of others; indeed, such hate-mongering is the very antithesis of the values and principles underlying these rights and freedoms. Accordingly, any reading of freedom of expression in the light of other rights and freedoms admits of no other interpretation than that such hate speech is outside the ambit of protected expression.

(h) Principle Eight: Freedom of Expression and the Principle of Equality: Hate Propaganda as a Discriminatory Practice

If freedom of expression is to be interpreted in the light of other rights and freedoms, a core — and underlying — associated right is that of equality. The denial of other rights and freedoms — or the rights and freedoms of "the other" — makes freedom of expression, or group defamation, not just a speech issue, but an equality issue. In the words of Professor Kathleen Mahoney:

> In this trilogy of cases, the majority of the Supreme Court of Canada articulated perspectives on freedom of expression that are more inclusive than exclusive, more communitarian than individualistic, and more aware of the actual impacts of speech on the disadvantaged members of society than has ever before been articulated in a freedom of expression case. The Court advanced an equality approach using a harm-based rationale to support the regulation of hate propaganda as a principle of inequality.[218]

(i) Principle Nine: Freedom of Expression, Group Libel, and the "Harms-Based" Rationale

According to the Supreme Court in *Keegstra*, the concern resulting from racist hate-mongering is "not simply the product of its offensiveness . . . but stems from the very real harm which it causes."[219] This judicial finding of the "very real harm" from hate-mongering is not only one of the most recent findings on record by a high court, but may be considered a relevant and persuasive authority for other democratic societies. The following excerpt from the *Keegstra* case is particularly instructive in this regard, while anchored in the analysis and findings of the Cohen Committee:

---

[217] *R. v. Big M Drug Mart*, [1985] 1 S.C.R. 295 at 344.
[218] K. Mahoney, "*R. v. Keegstra*: A Rationale for Regulating Pornography?" (1992) 37 *McGill L.J.* 242.
[219] *Keegstra, supra*, note 8, p. 746.

Essentially, there are two sorts of injury caused by hate propaganda. First, there is harm done to members of the target group. It is indisputable that the emotional damage caused by words may be of grave psychological and social consequence. In the context of sexual harassment, for example, this Court has found that words can in themselves constitute harassment (*Janzen v. Platy Enterprises Ltd.*, [1989] 1 S.C.R. 1252). In a similar manner, words and writings that wilfully promote hatred can constitute a serious attack on persons belonging to a racial or religious group, and in this regard the Cohen Committee noted that these persons are humiliated and degraded (p. 214).

In my opinion, a response of humiliation and degradation from an individual targeted by hate propaganda is to be expected. A person's sense of human dignity and belonging to the community at large is closely linked to the concern and respect accorded the groups to which he or she belongs (see I. Berlin, "Two Concepts of Liberty", in *Four Essays on Liberty* (1969), 118, at p. 155). The derision, hostility and abuse encouraged by hate propaganda therefore have a severely negative impact on the individual's sense of self-worth and acceptance.[220]

A second harmful effect of hate propaganda which is of pressing and substantial concern is its influence upon society at large. The Cohen Committee noted that individuals can be persuaded to believe "almost anything" (p. 30) if information or ideas are communicated using the right technique and in the proper circumstances (at p. 8):

> ... we are less confident in the 20th century that the critical faculties of individuals will be brought to bear on the speech and writing which is directed at them. In the 18th and 19th centuries, there was a widespread belief that man was a rational creature, and that if his mind was trained and liberated from superstition by education, he would always distinguish truth from falsehood, good from evil. So Milton, who said "let truth and falsehood grapple: who ever knew truth put to the worse in a free and open encounter".
>
> We cannot share this faith today in such a simple form. While holding that over the long run, the human mind is repelled by blatant falsehood and seeks the good, it is too often true, in the short run, that emotion displaces reason and individuals perversely reject the demonstrations of truth put before them and forsake the good they know. The successes of modern advertising, the triumphs of impudent propaganda such as Hitler's, have qualified sharply our belief in the rationality of man. We know that under the strain and pressure in times of irritation and frustration, the individual is swayed and even swept away by hysterical, emotional appeals. We act irresponsibly if we ignore the way in which emotion can drive reason from the field.[221]

---

[220] *Ibid.*, pp. 746-47.
[221] *Ibid.*, p. 747.

The Supreme Court's conclusion on this point — relying as it does on the conclusions of the Cohen Committee itself — is particularly relevant today. In the words of the Court:

> The threat to self-dignity of target group members is thus matched by the possibility that prejudiced messages will gain some credence, with the attendant result of discrimination, and perhaps even violence, against minority groups in Canadian society. With these dangers in mind, the Cohen Committee made clear in its conclusions that the presence of hate propaganda existed as a baleful and pernicious element, and hence a serious problem, in Canada. . . .[222]

Again, in the words of the Cohen Committee as quoted by the Supreme Court of Canada:

> The amount of hate propaganda presently being disseminated . . . [is] probably . . . not sufficient to justify a description of the problem as one of crisis or near crisis proportion. Nevertheless the problem is a serious one. We believe that, given a certain set of socio-economic circumstances, such as a deepening of the emotional tensions or the setting in of a severe business recession, public susceptibility might well increase significantly. Moreover, the potential psychological and social damage of hate propaganda, both to a desensitized majority and to sensitive minority target groups, is incalculable. As Mr. Justice Jackson of the United States Supreme Court wrote in *Beauharnais v. Illinois*, such "sinister abuses of our freedom of expression . . . can tear apart a society, brutalize its dominant elements, and persecute even to extermination, its minorities".[223]

(j) Principle Ten: Freedom of Expression, Hate Propaganda, and International Law

In the words of the Supreme Court, international law may be regarded as "a relevant and persuasive source"[224] for the interpretation of rights and freedoms under the *Charter*. Moreover, as Chief Justice Dickson (as he then was) wrote in *Keegstra*, "no aspect of international human rights has been given attention greater than that focused upon discrimination. . . . This high concern regarding discrimination has led to the presence in two international human rights documents of articles forbidding the dissemination of hate propaganda."[225]

---

[222] *Ibid.*, p. 748.
[223] *Ibid.*
[224] *Reference re Public Service Employee Relations Act (Alta.)* (Dickson C.J.C. dissenting, but not on this point) [1987] 1 S.C.R. 313 per Dickson C.J., p. 349. See also *R. v. Videoflicks Ltd.* (1984), 14 D.L.R. (4th) 10 (Ont. C.A.) pp. 35-6.
[225] *Keegstra, supra*, note 8, p. 750.

Accordingly, reading the freedom of expression principle in light of international human rights law generally, and under these two international human rights treaties in particular,[226] requires that such racial incitement be excluded from the protective ambit of freedom of expression. Any legislative remedy prohibiting the promotion of hatred or contempt against identifiable groups on grounds of their race, religion, colour, or ethnic origin would be in compliance with Canada's international obligations, and indeed have the effect of implementing these international obligations.

As Chief Justice Dickson put it in the *Reference Re Public Service Employee Relations Act*, "[t]he content of Canada's international human rights obligations is, in my view, an important indicia of the meaning of 'the full benefit of the the *Charter*'s protection'."[227] Indeed, as the Chief Justice wrote in the *Slaight* case, and applied in *Keegstra*, "Canada's international human rights obligations should inform not only the interpretation of the content . . . [of freedom of speech], but also the interpretation of what can constitute pressing and substantial s. 1 objectives which may justify restrictions on those rights."[228]

As for these two specific human rights treaties, CERD and ICCPR, it should be noted that since the United Nations adopted the *International Convention on the Elimination of All Forms of Racial Discrimination*,[229] (CERD) in 1965, 160 countries are now parties to the Convention. Article 4(a) of the Convention calls upon State Parties to the Convention, *inter alia*, to "*undertake to adopt immediate and positive measures* designed to eradicate all incitement to, or acts of, discrimination . . . [and] to *declare an offence punishable by law* all dissemination of ideas based on racial superiority or hatred, incitement to racial discrimination" [emphasis added].

In May, 1983, the Study of a Special Rapporteur on the Implementation of article 4 of this Convention recorded the concerted measures taken by the States Parties to this Convention to enact legislation in accordance with article 4 under the Convention.[230] In the context of racial incitement and freedom of expression, this record of implementation indicates what is considered not only justifiable in an overwhelming number of free and democratic societies, but is also representative of the general principles of law recognized by the community of nations. As such it would oblige a

---

[226] *International Convention on the Elimination of All Forms of Racial Discrimination.* See especially article 4(a) of the *Convention*; and *International Covenant on Civil and Political Rights.* See especially article 20(2) of the *Covenant.*
[227] *Reference re Public Service Employee Relations Act, supra*, note 224, p. 349.
[228] *Slaight Communications Inc. v. Davidson*, [1989] 1 S.C.R. 1038, per Dickson C.J.C., pp. 1056-1057, applied in *R. v. Keegstra, supra*, note 8.
[229] Done at New York, 24 August 1966.
[230] Study on the Implementation of Article 4 of the International Convention on the Elimination of All Forms of Racial Discrimination, A/CONF. 119/10, 18 May 1983.

country like Canada to enact legislation to implement such a Convention if it had not yet done so.

In 1966, the United Nations adopted the *International Covenant on Civil and Political Rights*. Articles 19 and 20 of the Covenant are directly relevant to the definition and scope of freedom of expression. In particular, article 20(2) provides that:

> Any advocacy of national, racial or religious hatred that constitutes incitement to discrimination, hostility or violence shall be prohibited by law.

It should be noted that during its 19th session (457th meeting on 25 July 1983), the UN Human Rights Committee adopted a general comment relating to article 20(2) which concluded, *inter alia*, that "State Parties are *obliged* [emphasis added] to adopt the necessary legislative measures prohibiting actions referred to therein . . . and that these required prohibitions are fully compatible with the right of freedom of expression as contained in article 19".[231]

As with State Party — and Canadian — obligations under CERD, as set forth above, it would appear from this comment by the United Nations Human Rights Committee that State Parties to the ICCPR, like Canada, are similarly obliged to enact measures to prohibit racist hate speech; that if a free and democratic society like Canada had not enacted legislation to prohibit incitement to racism, it would now be obliged to do so; and if it has enacted such legislation, it would find itself in default of its international obligations if such legislation were set aside. Indeed, even in the absence of such domestic legislation, the interpretation of freedom of speech in accordance with Canada's obligations under international human rights law would appear to require the exclusion of racist incitement from the ambit of protected speech.

It should also be noted that, within Western Europe, 21 States are parties to the *European Convention for the Protection of Human Rights and Fundamental Freedoms*.[232] Article 10 of the Convention protects freedom of expression in the following terms:

> i) Everyone has the right to freedom of expression. This right shall include freedom to hold opinions and to receive and impart information and ideas without interference by public authority and regardless of frontiers. This Article shall not prevent States from requiring the licensing of broadcasting, television or cinema enterprises.
> ii) The exercise of these freedoms, since it carries with it duties and responsibilities, may be subject to such formalities, conditions, restrictions, or penalties as are prescribed by law and are necessary in a democratic

---

[231] General Comment 11 [19] H.R.C. 1983 report, Annex VI, pp. 109 *et seq.*
[232] Done at Rome, 4 November 1950, 213 United Nations Treaty Series 221.

society, in the interests of national security, territorial integrity or public safety, for the prevention of disorder or crime, for the protection of health or morals, for the protection of the reputation or rights of others, for preventing the disclosure of information received in confidence, or for maintaining the authority and impartiality of the judiciary.

The European Commission of Human Rights, whose role it is, *inter alia*, to determine whether an application for relief under this Convention is admissible, has considered whether restrictions on incitement to racism violate article 10 of the *European Convention*. In a series of cases, it has decided that such restrictions do not violate article 10.[233]

It would appear, therefore, that paragraph 10(2) of this Convention permits legislation by member states which limits incitement to racial hatred. Indeed, in these cases both the national courts, and the European Commission of Human Rights, have upheld limitations on racially inciteful speech of the genre of that communicated in Canada. Such case-law, together with the *European Convention of Human Rights*, informs us as to what ought to be excluded from the ambit of protected speech in Canada; or, if racial incitement is nonetheless to be regarded as *prima facie* protected speech, any limitation prohibiting racial incitement would be demonstrably justified, even necessary, in a society like Canada.

Accordingly, reasoned the Supreme Court in *Keegstra*, after a review of international human rights law and jurisprudence, "it appears that the protection provided freedom of expression by *CERD* and *ICCPR* does not extend to cover communications advocating racial or religious hatred."[234] Of crucial importance, the Court concluded, in assessing the interpretive importance of international human rights law, that "*CERD* and *ICCPR* demonstrate that the prohibition of hate-promoting expression is considered to be not only compatible with a signatory nation's guarantee of human rights, but is as well an obligatory aspect of this guarantee."[235]

(k) Principle Eleven: Freedom of Expression and the Multicultural Principle

Freedom of expression must be read in light of Canada as a multicultural democracy; accordingly, it should be interpreted, to quote section 27 of the *Canadian Charter of Rights and Freedoms*, "in a manner consistent

---

[233] *Glimmerveen and Hagenbeck v. The Netherlands* (1979), 4 E.H.R.R. 260 (European Commn. of Human Rights), pp. 266-68; *Felderer v. Sweden* (1986), 8 E.H.R.R. 91 (European Commn. of Human Rights), p. 92; *X. v. The Federal Republic of Germany*, European Commn. of Human Rights: Decisions and Reports (1982), Vol. 29, 194; *Lowes v. U.K.*, Application No. 13214/87, Dec. 9, 1988 (unreported).
[234] *Keegstra, supra*, note 8, p. 752.
[235] *Ibid.*, p. 754.

with the preservation and enhancement of the multicultural heritage of Canadians.''

In a word, this interpretive principle admits of no other reading than that such hate-mongering is not only an assault on the members of the target group singled out on grounds of their identifiable race or religion, but it is destructive of a multicultural society as a whole; as such, it falls outside the protection of freedom of speech. Conversely, and again to paraphrase Mr. Justice Cory in *Andrews*, anti-hate legislation is designed not only to protect identifiable groups in a multicultural society from publicly made statements which wilfully promote hatred against them, but also to ''prevent the destruction of our multicultural society''.[236]

(l) Principle Twelve: Freedom of Expression and the Principle of ''Abhorrent Speech''

It is important that one distinguish between political speech — where the government, its institutions, and public officials are the target of offensive speech — and abhorrent, racist speech, intended to promote hatred and contempt of vulnerable and targeted minorities. The hate-mongering at issue in *Keegstra* — and in analogous cases — is not the libel of public officials as in the *Sullivan* case;[237] or directed against ''the world at large'' as in the *Cohen* case;[238] but it is hate-mongering wilfully promoted against disadvantaged minorities with intent to degrade, diminish, vilify. In a word, this is not a case of a government legislating in its own self-interest regarding its political agenda, but an affirmative responsibility of governments to protect the inherent human dignity — and equal standing — of all its citizens.

(m) Principle Thirteen: Freedom of Expression, and the ''Slippery Slope''

Those who reject anti-hate legislation on the grounds that such group libel legislation leads us inevitably down the ''slippery slope'' to censorship, ignore a different ''slippery slope'' — ''a swift slide into a marketplace of ideas in which bad ideas flourish and good ones die''.[239] In a word, it is submitted that the more that hateful speech is tolerated, the more likely it is to occur. As Karl Popper put it, the ''paradox of tolerance'' is that it breeds more intolerance — so that the tolerance of hateful speech results in more, not less, hate speech, in more, not less harm, and in more, not less hateful

---

[236] *R. v. Andrews and Smith* (1988), 43 C.C.C. (3d) 193 (Ont. C.A.), p. 211.
[237] *New York Times v. Sullivan*, 376 U.S. 254 (1964).
[238] *Cohen v. California*, 403 U.S. 15 (1971).
[239] This principle and perspective find expression in A. Goldstein, *supra*, note 193.

actions. For tolerance of hate speech risks legitimizing such speech on the grounds that "it can't be all bad if it is not being prohibited". The slippery slope is there, but it may lead not in the direction of more censorship — which the Canadian experience does not demonstrate — but rather in the direction of more hate — which it does.

5. FREEDOM OF EXPRESSION, HATE SPEECH, AND THE AMERICAN FIRST AMENDMENT DOCTRINE

An inquiry into the Canadian "hate speech" jurisprudence — and the challenges to the constitutionality of Canadian anti-hate legislation — would demonstrate the extent to which these challenges are inspired by, and anchored in, the American First Amendment doctrine. As Madam Justice McLachlin described it, "[t]he relevance of aspects of the American experience to this case is underlined by the factums and submissions, which borrowed heavily from ideas which may be traced to the United States."[240] And she added, "The *Charter* follows the American approach in method, affirming freedom of expression as a broadly defined and fundamental right, and contemplating balancing the values protected by and inherent in freedom of expression against the benefit conferred by the legislation limiting that freedom under s. 1 of the *Charter*."[241]

Indeed, in the *Taylor* case, decided the same day as *Keegstra*, Madam Justice McLachlin in her dissent was even more explicit about the relevance and authority of the American First Amendment doctrine:

> In the United States, where freedom of expression is viewed as perhaps the most fundamental liberty, the validity of legislation restricting the promotion of hate and discrimination is seen as conflicting with free expression and to survive must meet onerous tests, such as a connection between the legislation and a clear and present danger to society . . . . The Canadian *Charter* suggests an analysis closer to the American model than to the international, in so far as it confers a broad and virtually unlimited right, which, in cases of conflict, must be weighed against countervailing values under s. 1. . . .[242]

Madam Justice McLachlin is certainly correct in her characterization and comprehensive review of the American First Amendment doctrine, as American constitutional jurisprudence has generally considered such antihate legislation as a violation of the American *Bill of Rights*;[243] and as Chief Justice Dickson stated in the *Keegstra* case, the American "practical and

---

[240] *Keegstra, supra*, note 8, p. 812.
[241] *Ibid.*, p. 822.
[242] *Canada (Human Rights Comm.) v. Taylor*, [1990] 3 S.C.R. 892, p. 952.
[243] *Collin v. Smith*, 578 F.2d 1197 (7th Cir. 1978); *American Booksellers Ass'n. Inc. v. Hudnut*, 771 F.2d 323 (7th Cir. 1985); *R.A.V. v. St. Paul*, 120 L.Ed. 2d 305 (1992), at p. 326.

theoretical experience is immense, and should not be overlooked by Canadian courts",[244] or indeed by courts in any democratic society.

"On the other hand," Dickson also noted, "we must examine American constitutional law with a critical eye", and in this respect La Forest J. has noted in *R. v. Rahey*:

> While it is natural and even desirable for Canadian courts to refer to American constitutional jurisprudence in seeking to elucidate the meaning of *Charter* guarantees that have counterparts in the United States Constitution, they should be wary of drawing too ready a parallel between constitutions born to different countries in different ages and in very different circumstances. . . .[245]

In fact, the American constitutional jurisprudence may well be less relevant and persuasive for Canada than comparable experience in other free and democratic societies, for the following reasons:

1. In the first major case to consider the constitutionality of group libel legislation, a closely divided United States Supreme Court in *Beauharnais v. Illinois*[246] upheld the constitutionality of a statute not unlike section 319(2) of the *Criminal Code*. Mr. Justice Frankfurter, writing for the majority, held that there is a certain class or genre of speech — such as group libel — "which by their very utterance inflict injury or tend to incite to an immediate breach of the peace."[247]

    Forty years later, however, after reviewing a series of cases that have given *Beauharnais* "very limited reading",[248] Madam Justice McLachlin concluded that "the effect of these cases has been to undermine the authority of *Beauharnais*,"[249] and cited Professor Laurence Tribe to the effect that "the continuing validity of the *Beauharnais* holding is very much an open question".[250]

    This does not mean that the post-*Beauharnais* development of the First Amendment doctrine must necessarily be regarded as having overtaken — let alone overruled — the *Beauharnais* case;[251] or, even if that were the case, that this development must therefore now be authoritative and controlling for Canada. For one thing, it is not clear that *Beauhar-*

---

[244] *Keegstra, supra*, note 8, p. 740.
[245] [1987] 1 S.C.R. 588, p. 639.
[246] *Beauharnais v. Illinois*, 343 U.S. 250 (1952).
[247] *Ibid.*, pp. 255-57.
[248] L. Tribe, *American Constitutional Law*, 2nd ed. (Mineola, N.Y.: Foundation Press, Inc., 1988), p. 861 fn. 2 cited by Madam Justice McLachlin in *Keegstra, supra*, note 8, p. 816.
[249] *Ibid.*
[250] *Ibid.*
[251] Chief Justice Dickson in *Keegstra, supra*, note 8, p. 739 (". . . appears to have been weakened . . ." though never overruled and, p. 741, ". . . it is not entirely clear that *Beauharnais* must conflict with existing First Amendment doctrine").

nais is no longer good authority, or that it has expressly been overruled. Indeed, as Chief Justice Dickson put it, "credible arguments have been made that post-*Beauharnais* United States Supreme Court cases have not undermined its legitimacy."[252] And if indeed *Beauharnais* is no longer authoritative, then, as Professor Lorraine Weinrib has put it:

> The idea that the *Charter* emulates the American model runs counter to the evidence that the international instruments, with their specific limitation clauses, were considered an improvement upon the American formulation of rights protection, and were later further refined in the general limitation clause in s. 1 of the *Charter*.[253]

2. As the Supreme Court further noted in *Keegstra*,[254] there is a growing body of academic writing in the United States which focuses "upon the way in which hate propaganda can undermine the very values which free speech is said to protect. This body of writing is receptive to the idea that, were the issue addressed from this new perspective, First Amendment doctrine might be able to accommodate statutes prohibiting hate propaganda".[255]

3. That feature of the First Amendment doctrine that is seemingly most incompatible with anti-hate legislation is the doctrine's seeming antipathy to content-based regulation of expression. Yet, as Chief Justice Dickson put it: "I am somewhat skeptical, however, as to whether this view of free speech in the United States is entirely accurate."[256] Rather, as the Chief Justice pointed out, in rejecting the extreme position that would provide an absolute guarantee of free speech in the *Bill of Rights*, the Supreme Court of the United States has developed a number of tests and theories by which protected speech can be identified and the legitimacy of government regulation assessed; and what is often required,

---

[252] See, for example, K. Lasson, "Racial Defamation as Free Speech: Abusing the First Amendment" (1985) 17 *Columbia Human Rights Law Review* 11.

[253] L. Weinrib, "Hate Promotion in a Free and Democratic Society", (1991) 36 *McGill L.J.* 1416, p. 1438.

[254] *Keegstra, supra*, note 8, p. 741.

[255] See, for example, R. Delgado, "Words That Wound: A Tort Action for Racial Insults, Epithets, and Name-Calling" (1982) 17 *Harv. C.R.-C.L. Law Rev.* 133; I. Horowitz, "Skokie, the ACLU and the Endurance of Democratic Theory" (1979) 43 *Law & Contemp. Prob.* 328; K. Lasson, *supra*, note 252, p. 2030; M. Matsuda, "Public Response to Racist Speech: Considering the Victim's Story" (1989) 87 *Mich. L. Rev.* 2320, p. 2348; "*Doe v. University of Michigan*: First Amendment — Racist and Sexist Expression on Campus — Court Strikes Down University Limits on Hate Speech" (1990) 103 *Harv. L. Rev.* 1397.

[256] *Keegstra, supra*, note 8, p. 742.

even with the First Amendment doctrine, is a content-based categorization of the expression under examination.[257]

In short, as the Supreme Court observed in *Keegstra*, "a decision to place expressive activity in a category which either merits reduced protection or falls entirely outside the First Amendment's ambit at least impliedly involves assessing the content of the activity in light of free speech values".[258]

4. The legislatures and courts of the United States are not bound by international treaties to prohibit hate-mongering; in particular, the United States, unlike Canada or other Commonwealth countries and the European States, has *not* ratified the major human rights treaties including the *International Covenant on the Elimination of Racial Discrimination*, while its belated (1992) ratification of the *International Covenant on Civil and Political Rights* was replete with reservations respecting articles 19 and 20 of that treaty. Accordingly, the United States, unlike Canada and the community of free and democratic societies, is not bound to enact legislative measures to implement the anti-hate provisions of those treaties, or to interpret the First Amendment in the light of international human rights law, or to abide by decisions of judicial and quasijudicial international tribunals.

5. The *textual* reference to speech in the United States Constitution differs from that of section 2(b) of the Canadian *Charter*, as do the *travaux préparatoires* bearing on the respective provisions. As Chief Justice Dickson put it, "Canada and the United States are not alike in every way, nor have the documents entrenching human rights in the two countries arisen in the same context."[259]

6. The United States Constitution does not contain a limitations clause as do the Canadian *Charter*, the *European Convention*, and the international human rights treaties. In a word, the two stage analytical construct of Canadian *Charter* jurisprudence has no United States parallel.

7. The United States Constitution contains no section 27 provision directing American courts to interpret the First Amendment in a manner

---

[257] As the Supreme Court points out by way of example, obscenity is not protected because of its content (see, for example, *Roth v. U.S.*, 354 U.S. 476 (1957)) and laws proscribing child pornography have been scrutinized under a less than strict First Amendment standard even where they extend to expression beyond the realm of the obscene (see *New York v. Ferber*, 458 U.S. 747 (1982)). Similarly, the vigorous protection of free speech relaxes significantly when commercial expression is scrutinized (see, for example, *Posadas de Puerto Rico Assoc. v. Tourism Co. of Puerto Rico*, 478 U.S. 328 (1968)), and it is permissible to restrict government employees in their exercise of the right to engage in political activity (*Cornelius v. N.A.A.C.P. Legal Defense & Educ. Fund Inc.*, 473 U.S. 788 (1985)).

[258] *Keegstra, supra*, note 8, p. 742.

[259] *Ibid.*, p. 740.

consistent with the preservation and enhancement of the multicultural heritage of the United States.

8. The historical development and doctrinal underpinning of the First Amendment doctrine — including the "political speech" metaphor and the Meiklejohn influence — are less relevant to a Canadian multicultural society whose enduring *jus gentium* — reflected in the *Cohen Committee Report* — has been the rights of vulnerable identifiable groups to protection against deliberate and incipiently malevolent incitement to racial hatred.

9. The United States Constitution, unlike its Canadian counterpart, has not developed interpretive principles whereby the First Amendment doctrine will be read in the light of the other rights and freedoms in the United States Constitution, as section 2(*b*) is read in the light of other *Charter* rights, *e.g.*, equality. On the contrary, the First Amendment doctrine has always enjoyed a "preferred" status in the hierarchy of rights and freedoms, whereas in Canada, section 2(*b*) cannot be insulated from the other associated rights and freedoms.

10. The American Constitution, unlike its Canadian counterpart, has no theory of protection of group rights, and no corresponding ethos of group libel legislation.

11. The American First Amendment doctrine eschews comparative inquiry. There is very little reference to the legislative and jurisprudential experience of other free and democratic societies. This is not surprising in a society where, as Charles Fried put it, "in freedom of expression we lead the world";[260] but such a doctrine — or demeanor — is less relevant for a *Charter* that mandates the factoring in of a comparative perspective in the "balancing" under section 1.

12. The marketplace metaphor of the American First Amendment doctrine is anchored in the freedom of expression *of* the speaker, not the freedom *from* expression of the listener or target. In the American configuration, liberty is valued above all other values, or is the only value, and freedom of speech is tantamount to liberty. In the Canadian configuration, liberty is an important value but not the only one, nor is it read apart from other values; and it is the liberty not only of the purveyor of hate speech, but of its targets as well.[261]

---

[260] C. Fried, "The New First Amendment Jurisprudence: A Threat to Liberty", in G. Stone et al. (ed.), *Bill of Rights in the Modern State* (Chicago: University of Chicago Press, 1992), 225, p. 229.

[261] See, for example, Cory and Iacobucci JJ. dissenting (but not on this principle) in *Zundel*, *supra*, note 11, p. 487:

> ... history also teaches us that minorities have more often been the objects of speech than its subjects. To protect only the abstract rights of minorities to speak without addressing the majoritarian background noise which makes it impossible for them

6. PROSECUTING HATE SPEECH: CONSTITUTIONAL VALIDITY, PRACTICAL EFFICACY, AND THE DIALECTICS OF INVERSION

While the constitutionality of anti-hate legislation was upheld in *Keegstra* and *Andrews*, the very features of section 319(2) of the *Criminal Code* that Chief Justice Dickson characterized as essential to its constitutionality — as the foundation of the minimum impairment principle — may make the legislation ineffective, if not unworkable.[262] Contrary to the concern of some civil libertarians, including Madam Justice McLachlin, dissenting in *Keegstra*, that the hate propaganda provisions of the *Criminal Code* would have a "chilling effect" on free speech, the combined effect of subsections 319(2) and (3) of the *Code* may in fact make it very difficult, if not impossible, to convict, for the following reasons.

First, the term "hatred" must be defined contextually and purposively rather than abstractly and vaguely. In the words of Chief Justice Dickson, "the term 'hatred' connotes emotion of an intense and extreme nature that is clearly associated with vilification and detestation."[263] As Cory J.A. stated in *R. v. Andrews*:

> Hatred is not a word of causal connotation. To promote hatred is to instil detestation, enmity, ill-will and malevolence in another. Clearly an expression must go a long way before it qualifies within the definition in section 281.2(2) [now s. 319(2)].[264]

While this definition is clear, the Court proposes, in order to avoid situations where the trier of fact adopts his or her own interpretation, that the judge direct the jury regarding the nature of the term, such direction to include an

---

to be heard is to engage in a partial analysis. This position ignores inequality among speakers and the inclination of listeners to believe messages which are already part of the dominant culture. It reflects the position put forth by the dissent but rejected by the majority in *Keegstra* that the right to freedom of expression entails only the freedom to "loose one's ideas on the world" and not to be respected, "listened to or believed."

[262] The fact, however, that it is dificult to secure a conviction makes it consistent not only with the constitutional requirement of "minimum impairment", but with the purposive character of criminal justice. As B. Elmer put it: "S. 319(2) was upheld because of the narrow drafting of the section and the creation of special statutory defences in s. 319(3). Thus the text of s. 319(2), itself, is its most valuable feature from a constitutional perspective but also makes it quite difficult to employ from the perspective of criminal law. Maybe this is the answer: it is difficult to secure a conviction on s. 319(2) and so it should be." "Combatting Racist Speech: The Canadian Experience" (1994) 32 Alta. L. Rev. 623.

[263] *Keegstra, supra*, note 8, p. 777.

[264] *R. v. Andrews and Smith* (1988), 43 C.C.C. (3d) 193 (Ont. C.A.), p. 211.

express warning not to find that the accused intended to promote hatred merely because the expression is distasteful.[265]

Second, it is not enough under section 319(2) to show that the accused is a hate propagandist or is engaged in the dissemination of hate propaganda as defined in section 319(2) of the *Criminal Code*. Rather, the accused must be shown to have engaged in the *promotion*, as distinct from simply the dissemination, of hatred.

Third, "promotion" is only the *actus reus* of the offence. The Crown must also prove that the accused *wilfully* promoted hatred — that his or her specific and conscious purpose was the promotion of hatred. It is not enough to show that the accused accidentally, negligently, recklessly or even knowingly promoted hatred. In a word, the very high *mens rea* threshold which Chief Justice Dickson relied upon to support both the "rational connection" and "minimum impairment" prongs of the proportionality test under section 1 may make prosecutions more problematic and ineffective.

Fourth, the accused's wilful promotion of hatred must be shown to have been directed not against just anyone but against an *identifiable group*, namely one that is distinguishable by colour, race, religion or ethnic origin (section 318(4)). Interestingly enough, this qualification, which narrows the scope of the offence and thereby further supports the "proportionality" test, may yet make the legislation constitutionally vulnerable on other grounds. For it is now impossible to prosecute anyone under section 319(2), or indeed under any of the hate propaganda offences, for the promotion of hatred or genocide against groups defined by sex, sexual orientation, mental or physical disability, and other unlisted grounds. Query: is there a possibility of a challenge for "underinclusiveness" of identifiable groups under section 15 of the *Charter*?

Fifth, the statements which promote hatred must be shown by the Crown to have been made *other than in private conversation*.

Sixth, the Crown must *disprove any defences* raised by the accused, beyond a reasonable doubt. In particular, the Crown must:

- prove beyond a reasonable doubt that the accused was not making a good faith argument on a religious subject;
- disprove, also beyond a reasonable doubt, any reasonable mistaken belief defence;
- prove beyond a reasonable doubt that the accused was not, in good faith, attempting to point out, for the purpose of removal, matters tending to produce feelings of hatred.

Seventh, even assuming that the Crown overcomes each of these defences available to the accused, the accused may still escape conviction if

---

[265] *Keegstra, supra*, note 8, p. 778.

he proves that the statements made were true. And finally, no prosecution may be initiated without the *consent* of the Attorney General.

It is not surprising, then, that the representatives of groups, "identifiable" and otherwise, have regarded the hate propaganda provisions of the *Criminal Code* as unworkable, while the Attorneys General of the provinces, whose responsibility it is to prosecute under the provisions, have for the most part agreed with them.[266]

Moreover, not only may the requisites of constitutionality undermine the efficacy of prosecution, but the dialectics of prosecution may result in moral and legal inversions. In other words, as the *Zundel* case has shown, the prosecution of Holocaust deniers, in particular, may well end up putting the Holocaust itself, rather than the Holocaust denier, on trial, and this for a number of reasons. First, the trial may become an occasion, as both the *Keegstra* and *Zundel* trials did, for an international gathering of the Holocaust denial movement, with all the attending media "hoopla" and publicity. Indeed, Holocaust denial litigation is a natural magnet for "man bites dog" journalism, and the first *Zundel* trial, in particular, fell victim to this adage. For the prosecution under section 181 for disseminating "false news" (*i.e.*, Holocaust denial) effectively invited the defence that the "news" was indeed true — *i.e.*, that the Holocaust is a "hoax" — thereby putting the Holocaust on trial. Similarly, a trial under section 319(2) invites a defence of "truth" under the statutory defences to the charge. Admittedly, the anti-hate legislation is not as vulnerable to this strategy as was the "false news" prosecution; and a motion by the Crown at the outset of the trial for the Court to take judicial notice of the existence of the Holocaust as an historical fact is likely to succeed. But the potential for inversion is still there. The irony is that, in a jury trial, taking judicial notice of the existence of the Holocaust as an historical fact may predispose the jury to acquit the accused; for they need not fear that an acquittal will be inferred to be an acquiescence in the denial of the Holocaust.

Second, there tends to be an asymmetry in the approaches taken by the Crown and the accused in Holocaust denial hate propaganda litigation, to the benefit of the accused. More particularly, as occurred in the first *Zundel* trial, the Crown may approach the proceedings as another "breaking and entering" case, and may well assign as Crown prosecutor someone whose experience lies primarily in this type of prosecution. Conversely, the Holocaust deniers may well be defended by someone (like Doug Christie — counsel for Ernst Zundel, James Keegstra, John Taylor and Malcolm Ross) who has developed an expertise in this genre of litigation, to the disadvantage of the Crown.

---

[266] T. Cohen, *supra*, note 25, p. 109.

Third, and as a corollary to the second point, inexperience may result in the Crown making a number of tactical and strategic mistakes that undercut the efficacy of the prosecution. For example, in the first *Zundel* trial, the Crown failed to ask the judge to take judicial notice of the existence of the Holocaust at the outset of the trial, instead of doing so only after having led with its evidence. The result was a denial of the Crown's motion, leading to "Holocaust denial litigation" which put the Holocaust itself on trial. Moreover, as some of the witnesses for the prosecution themselves averred, the Crown did not prepare them for the brutal cross-examination of their testimony respecting the Holocaust, again being inexperienced in this genre of litigation. The Crown also did not object sufficiently to the admissibility of convicted Holocaust deniers as expert witnesses, or sufficiently impugn their testimony, or object effectively to the pleading and tactics of defence counsel. Finally, there was insufficient appreciation of the relevance of international law, or the authority of comparative law, or the use of empirical data to demonstrate harm.

7. CONCLUSION

In the end one comes back to the beginning. The encounter over hate speech is not only a legal one but a philosophical one. What is at issue is not only the validity and efficacy of legal remedy but the encounter between two fundamental normative principles: on the one hand, freedom of expression as the lifeblood of democracy and the autonomy of the individual; and on the other, the right of vulnerable minorities to protection against group-vilifying speech and its related humiliation, degradation and injury. In a word, what is involved here is the litigation of the values of a nation — the competing visions of what constitutes a "free and democratic society".

In this encounter, the Supreme Court of Canada, from a methodological perspective, established two fundamental "balancing" principles of interpretation: first, and following the principle and precedent of *Irwin Toy*, the Court held that the guarantee of freedom of expression — the core principle of a free and democratic society — must be given a large and liberal interpretation. Second, the Court held that, for a limit on freedom of expression to be justifiable under section 1 of the *Charter*, it must satisfy the *Oakes* test, *i.e.*, it must be in furtherance of an objective that is "pressing and substantial" — such as combatting racist hate speech — and the means chosen, namely anti-hate legislation, must be "proportionate" to the objective sought to be secured. The commonality which links the guarantee of freedom of expression with the limits upon it lies in the phrase "free and democratic society".

However, as the Supreme Court itself acknowledged, the application of section 1 of the *Charter* — the reconciliation of these two fundamental principles involving freedom of expression and freedom *from* expression — requires more than an incantation of the words "free and democratic society". Indeed, as the Court might also have said, to say that it must "balance" between two competing principles is to say nothing more than that the Court must decide.

The question, then, is *how* does the Court decide? *What* are the basic principles that are to guide it? *Can* it recognize the validity of each of these two principles and reconcile them both? How can it develop a jurisprudence of human dignity, anchored in both of these principles, for a free and democratic society?

This paper has sought, through the looking-glass of the historic Canadian hate speech jurisprudence, to discuss and extrapolate the principles and perspectives that form the basis for a jurisprudence of human dignity for a free and democratic society, and it holds that the invocation of these principles demonstrates that the wilful promotion of hatred — assaultive speech — is composed of a number of characteristics whose collection is itself representative, if not determinative, of a genre of expression that is beyond the ambit of protected speech. These characteristics, taken together, provide a set of indices warranting the exclusion from the ambit of protected speech of such a genre of expression; or if such expression is to be considered *prima facie* protected speech, then such anti-hate legislation as is designed to combat it should be regarded as a reasonable limit prescribed by the law as can be demonstrably justified in a free and democratic society. These indices are:

(a) Where the genre of expression involves not only the communication of hatred — "one of the most extreme emotions known to humankind"[267] — but the wilful promotion of such hatred against an identifiable group, an incipiently malevolent and violent act constituting an assault on the inherent dignity of the human person.

(b) Where it involves not only an assault on the inherent dignity and worth of the human person, but on the equal worth of all human beings in society. For the systematic, public promotion of hatred against an identifiable group has the effect of reducing the standing and respect of that group and its members in society as a whole, while resulting in the self-abasement of each.

(c) Where such hate-mongering not only does not preserve, let alone enhance, a multicultural society such as Canada, but is destructive of it. In the words of Cory J. (as he then was), "what a strange and perverse

---

[267] *R. v. Andrews and Smith* (1988), 28 O.A.C. 161 (Ont. C.A.), per Cory J. (as he then was) p. 178.

contradiction it would be if the Charter of Rights was to be used and interpreted so as to strike down a law aimed at preserving our multicultural heritage.''[268]

(d) Where the constitutionalization of the wilful promotion of hatred would not only constitute a standing breach of Canada's international obligations under treaties to which it is a party, but a standing breach of its obligation to implement domestic legislation to prohibit such expression. To paraphrase Justice Cory, "what a strange and perverse contradiction it would be if freedom of expression was to be used and interpreted so as to undermine Canada's conformity with international human rights law.''

(e) Where such hate-mongering is not only destructive of the values and principles of a free and democratic society — and opposite to the legislative experience of other free and democratic societies — but constitutes a standing assault on the values and interests — and the purposive rationale — underlying protected speech.

(f) Where the hate-mongering not only constitutes an assault on the very values and interests underlying freedom of expression, but is destructive of the entitlement of the *target* group to protection from group defamation.

(g) Where the hate-mongering not only lays the basis for discrimination against, and debasement of, members of the target group, but engenders, if not encourages, racial and religious discord, while causing injury to the community as a whole.

(h) Where such hate-mongering not only does not partake in the conveyance of ideas or meaning of any kind, but is utterly without any redeeming value whatever.

The wilful promotion of hatred is not only assaultive of a free and democratic society, but is assaultive of its core principle — free speech. To allow racist hate speech to be protected speech under the *Charter* is to give democracy — and free speech — a bad name.

---

[268] *Ibid.*, p. 176.

APPENDIX

The Canadian Charter of Rights and Freedoms

CONSTITUTION ACT, 1982*

SCHEDULE B

PART I

CANADIAN CHARTER OF RIGHTS AND FREEDOMS

Whereas Canada is founded upon principles that recognize the supremacy of God and the rule of law:

Guarantee of Rights and Freedoms

Rights and freedoms in Canada.

1. The *Canadian Charter of Rights and Freedoms* guarantees the rights and freedoms set out in it subject only to such reasonable limits prescribed by law as can be demonstrably justified in a free and democratic society.

Fundamental Freedoms

Fundamental freedoms.

2. Everyone has the following fundamental freedoms:

(*a*) freedom of conscience and religion;
(*b*) freedom of thought, belief, opinion and expression, including freedom of the press and other media of communication;

---

* Enacted as Schedule B to the *Canada Act 1982* (U.K.) 1982, c. 11, which came into force on April 17, 1982. The *Canada Act 1982*, other than Schedules A and B thereto, reads as follows:

An Act to give effect to a request by the Senate and House of Commons of Canada.

Whereas Canada has requested and consented to the enactment of an Act of the Parliament of the United Kingdom to give effect to the provisions hereinafter set forth and the Senate and the House of Commons of Canada in Parliament assembled have submitted an address to Her Majesty requesting that Her Majesty may graciously be pleased to cause a Bill to be laid before the Parliament of the United Kingdom for that purpose.

Be it therefore enacted by the Queen's Most Excellent Majesty, by and with the advice and consent of the Lords Spiritual and Temporal, and Commons, in this present Parliament assembled, and by the authority of the same, as fllows:

1. The *Constitution Act, 1982*, set out in Schedule B to this Act is hereby enacted for and shall have the force of law in Canada and shall come into force as provided in that Act.

2. No Act of the Parliament of the United Kingdom passed after the *Constitution Act, 1982* comes into force shall extend to Canada as part of its law.

3. So far as it is not contained in Schedule B, the French version of this Act is set out in Schedule A to this Act and has the same authority in Canada as the English version thereof.

4. This Act may be cited as the *Canada Act 1982*.

(*c*) freedom of peaceful assembly; and
(*d*) freedom of association.

Democratic Rights

Democratic rights of citizens.
   3. Every citizen of Canada has the right to vote in an election of members of the House of Commons or of a legislative assembly and to be qualified for membership therein.

Maximum duration of legislative bodies.
   4. (1) No House of Commons and no legislative assembly shall continue for longer than five years from the date fixed for the return of the writs at a general election of its members.

Continuation in special circumstances.
   (2) In time of real or apprehended war, invasion or insurrection, a House of Commons may be continued by Parliament and a legislative assembly may be continued by the legislature beyond five years if such continuation is not opposed by the votes of more than one-third of the members of the House of Commons or the legislative assembly, as the case may be.

Annual sitting of legislative bodies.
   5. There shall be a sitting of Parliament and of each legislature at least once every twelve months.

Mobility Rights

Mobility of citizens.
   6. (1) Every citizen of Canada has the right to enter, remain in and leave Canada.

Rights to move and gain livelihood.
   (2) Every citizen of Canada and every person who has the status of a permanent resident of Canada has the right

   (*a*) to move to and take up residence in any province; and
   (*b*) to pursue the gaining of a livelihood in any province.

Limitation.
   (3) The rights specified in subsection (2) are subject to

   (*a*) many laws or practices of general application in force in a province other than those that discriminate among persons primarily on the basis of province of present or previous residence; and
   (*b*) any laws providing for reasonable residency requirements as a qualification for the receipt of publicly provided social services.

Affirmative action programs.

(4) Subsections (2) and (3) do not preclude any law, program or activity that has as its object the amelioration in a province of conditions of individuals in that province who are socially or economically disadvantaged if the rate of employment in that province is below the rate of employment in Canada.

Legal Rights

Life, liberty and security of person.

7. Everyone has the right to life, liberty and security of the person and the right not to be deprived thereof except in accordance with the principles of fundamental justice.

Search or seizure.

8. Everyone has the right to be secure against unreasonable search or seizure.

Detention or imprisonment.

9. Everyone has the right not to be arbitrarily detained or imprisoned.

Arrest or detention.

10. Everyone has the right on arrest or detention

(*a*) to be informed promptly of the reasons therefor;

(*b*) to retain and instruct counsel without delay and to be informed of that right; and

(*c*) to have the validity of the detention determined by way of *habeas corpus* and to be released if the detention is not lawful.

Proceedings in criminal and penal matters.

11. Any person charged with an offence has the right

(*a*) to be informed without unreasonable delay of the specific offence;

(*b*) to be tried within a reasonable time;

(*c*) not to be compelled to be a witness in proceedings against that person in respect of the offence;

(*d*) to be presumed innocent until proven guilty according to law in a fair and public hearing by an independent and impartial tribunal;

(*e*) not to be denied reasonable bail without just cause;

(*f*) except in the case of an offence under military law tried before a military tribunal, to the benefit of trial by jury where the maximum punishment for the offence is imprisonment for five years or a more severe punishment;

(*g*) not to be found guilty on account of any act or omission unless, at the time of the act or omission, it constituted an offence under Canadian or international law or was criminal according to the general principles of law recognized by the community of nations;

(*h*) if finally acquitted of the offence, not to be tried for it again and, if finally found guilty and punished for the offence, not to be tried or punished for it again; and (*i*) if found guilty of the offence and if the punishment for the offence has been varied between the time of commission and the time of sentencing, to the benefit of the lesser punishment.

Treatment or punishment.

12. Everyone has the right not to be subjected to any cruel and unusual treatment or punishment.

Self-crimination.

13. A witness who testifies in any proceedings has the right not to have any incriminating evidence so given used to incriminate that witness in any other proceedings, except in a prosecution for perjury or for the giving of contradictory evidence.

Interpreter.

14. A party or witness in any proceedings who does not understand or speak the language in which the proceedings are conducted or who is deaf has the right to the assistance of an interpreter.

Equality Rights

Equality before and under law and equal protection and benefit of law.

15. (1) Every individual is equal before and under the law and has the right to the equal protection and equal benefit of the law without discrimination and, in particular, without discrimination based on race, national or ethnic origin, colour, religion, sex, age or mental or physical disability.

Affirmative action programs.

(2) Subsection (1) does not preclude any law, program or activity that has as its object the amelioration of conditions of disadvantaged individuals or groups including those that are disadvantaged because of race, national or ethnic origin, colour, religion, sex, age or mental or physical disability.

Official Languages of Canada

Official languages of Canada.

16. (1) English and French are the official languages of Canada and have equality of status and equal rights and privileges as to their use in all institutions of the Parliament and government of Canada.

Offical languages of New Brunswick.

(2) English and French are the official languages of New Brunswick and have equality of status and equal rights and privileges as to their use in all institutions of the legislature and government of New Brunswick.

Advancement of status and use.

(3) Nothing in this Charter limits the authority of Parliament or a legislature to advance the equality of status or use of English and French.

English and French linguistic communities in New Brunswick.

16.1 (1) The English linguistic community and the French linguistic community in New Brunswick have equality of status and equal rights and privileges, including the right to distinct educational institutions and such distinct cultural institutions as are necessary for the preservation and promotion of those communities.

Role of the legislature and government of New Brunswick.

(2) The role of the legislature and government of New Brunswick to preserve and promote the status, rights and privileges referred to in subsection (1) is affirmed.

Proceedings of Parliament.

17. (1) Everyone has the right to use English or French in any debates and other proceedings of Parliament.

Proceedings of New Brunswick legislature.

(2) Everyone has the right to use English or French in any debates and other proceedings of the legislature of New Brunswick.

Parliamentary statutes and records.

18. (1) The statutes, records and journals of Parliament shall be printed and published in English and French and both language versions are equally authoritative.

New Brunswick statutes and records.

(2) The statutes, records and journals of the legislature of New Brunswick shall be printed and published in English and French and both language versions are equally authoritative.

Proceedings in courts established by Parliament.

19. (1) Either English or French may be used by any person in, or in any pleading in or process issuing from, any court established by Parliament.

Proceedings in New Brunswick courts.

(2) Either English or French may be used by any person in, or in any pleading in or process issuing from, any court of New Brunswick.

Communications by public with federal institutions.

20. (1) Any member of the public in Canada has the right to communicate with, and to receive available services from, any head or central office of an institution of the Parliament or government of Canada in English or French, and has the same right with respect to any other office of any such institution where

>   (*a*) there is a significant demand for communications with and services from that office in such language; or
>   (*b*) due to the nature of the office, it is reasonable that communications with and services from that office be available in both English and French.

Communications by public with New Brunswick institutions.

(2) Any member of the public in New Brunswick has the right to communicate with, and to receive available services from, any office of an institution of the legislature or government of New Brunswick in English or French.

Continuation of existing constitutional provisions.

21. Nothing in sections 16 to 20 abrogates or derogates from any right, privilege or obligation with respect to the English and French languages, or either of them, that exists or is continued by virtue of any other provision of the Constitution of Canada.

Rights and privileges preserved.

22. Nothing in sections 16 to 20 abrogates or derogates from any legal or customary right or privilege acquired or enjoyed either before or after the coming into force of this Charter with respect to any language that is not English or French.

Minority Language Educational Rights

Language of instruction.

23. (1) Citizens of Canada

> (*a*) whose first language learned and still understood is that of the English or French linguistic minority population of the province in which they reside, or
>
> (*b*) who have received their primary school instruction in Canada in English or French and reside in a province where the language in which they received that instruction is the language of the English or French linguistic minority population of the province,

have the right to have their children receive primary and secondary school instruction in that language in that province.

Continuity of language instruction.

(2) Citizens of Canada of whom any child has received or is receiving primary or secondary school instruction in English or French in Canada, have the right to have all their children receive primary and secondary school instruction in the same language.

Application where numbers warrant.

(3) The right of citizens of Canada under subsections (1) and (2) to have their children receive primary and secondary school instruction in the language of the English or French linguistic minority population of a province

> (*a*) applies wherever in the province the number of children of citizens who have such a right is sufficient to warrant the provision to them out of public funds of minority language instruction; and
>
> (*b*) includes, where the number of children so warrants, the right to have them receive that instruction in minority language educational facilities provided out of public funds.

Enforcement

Enforcement of guaranteed rights and freedoms.

24. (1) Anyone whose rights or freedoms, as guaranteed by this Charter, have been infringed or denied may apply to a court of competent jurisdiction to obtain such remedy as the court considers appropriate and just in the circumstances.

Exclusion of evidence bringing administration of justice into disrepute.

(2) Where, in proceedings under subsection (1), a court concludes that evidence was obtained in a manner that infringed or denied any rights or freedoms guaranteed by this Charter, the evidence shall be excluded if it is established that, having regard to all the circumstances, the admission of it in the proceedings would bring the administration of justice into disrepute.

General

Aboriginal rights and freedoms not affected by Charter.

25. The guarantee in this Charter of certain rights and freedoms shall not be construed so as to abrogate or derogate from any aboriginal, treaty or other rights or freedoms that pertain to the aboriginal peoples of Canada including

> (*a*) any rights or freedoms that have been recognized by the Royal Proclamation of October 7, 1763; and
> (*b*) any rights or freedoms that now exist by way of land claims agreements or may be so acquired.

Other rights and freedoms not affected by Charter.

26. The guarantee in this Charter of certain rights and freedoms shall not be construed as denying the existence of any other rights or freedoms that exist in Canada.

Multicultural heritage.

27. This Charter shall be interpreted in a manner consistent with the preservation and enhancement of the multicultural heritage of Canadians.

Rights guaranteed equally to both sexes.

28. Notwithstanding anything in this Charter, the rights and freedoms referred to in it are guaranteed equally to male and female persons.

Rights respecting certain schools preserved.

29. Nothing in this Charter abrogates or derogates from any rights or privileges guaranteed by or under the Constitution of Canada in respect of denominational, separate or dissentient schools.

Application to territories and territorial authorities.

30. A reference in this Charter to a province or to the legislative assembly or legislature of a province shall be deemed to include a reference to the Yukon

Territory and the Northwest Territories, or to the appropriate legislative authority thereof, as the case may be.

Legislative powers not extended.

31. Nothing in this Charter extends the legislative powers of any body or authority.

Application of Charter

Application of Charter.

32. (1) This Charter applies

(*a*) to the Parliament and government of Canada in respect of all matters within the authority of Parliament including all matters relating to the Yukon Territory and Northwest Territories; and

(*b*) to the legislature and government of each province in respect of all matters within the authority of the legislature of each province.

Exception.

(2) Notwithstanding subsection (1), section 15 shall not have effect until three years after this section comes into force.

Exceptions where express declaration.

33. (1) Parliament or the legislature of a province may expressly declare in an Act of Parliament or of the legislature, as the case may be, that the Act or a provision thereof shall operate notwithstanding a provision included in section 2 or sections 7 to 15 of this Charter.

Operation of exception.

(2) An Act or provision of an Act in respect of which a declaration made under this section is in effect shall have such operation as it would have but for the provision of this Charter referred to in the declaration.

Five year limitation.

(3) A declaration made under subsection (1) shall cease to have effect five years after it comes into force or on such earlier date as may be specified in the declaration.

Re-enactment.

(4) Parliament or a legislature of a province may re-enact a declaration made under subsection (1).

Five year limitation.

(5) Subsection (3) applies in respect of a re-enactment made under subsection (4).

Citation

Citation.

34. This Part may be cited as the *Canadian Charter of Rights and Freedoms*.